강대원 심방 본풀이

탐라문화총서 32

강대원 심방 본풀이

강소전·이현정·송정희·강경민·류진옥·김승연·고은영

동복본향당굿 신과세제

본향당신을 청하는 강대원 심방

도쿠야마 하르방 굿당 큰대세우기

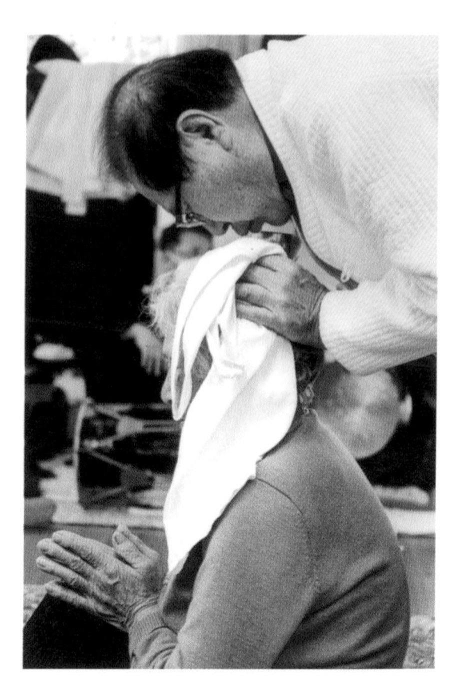

넋들임

제비쌀점

강대원의 특장(特長)인 북 연주

2017년 강대원 심방 본풀이 채록 현장

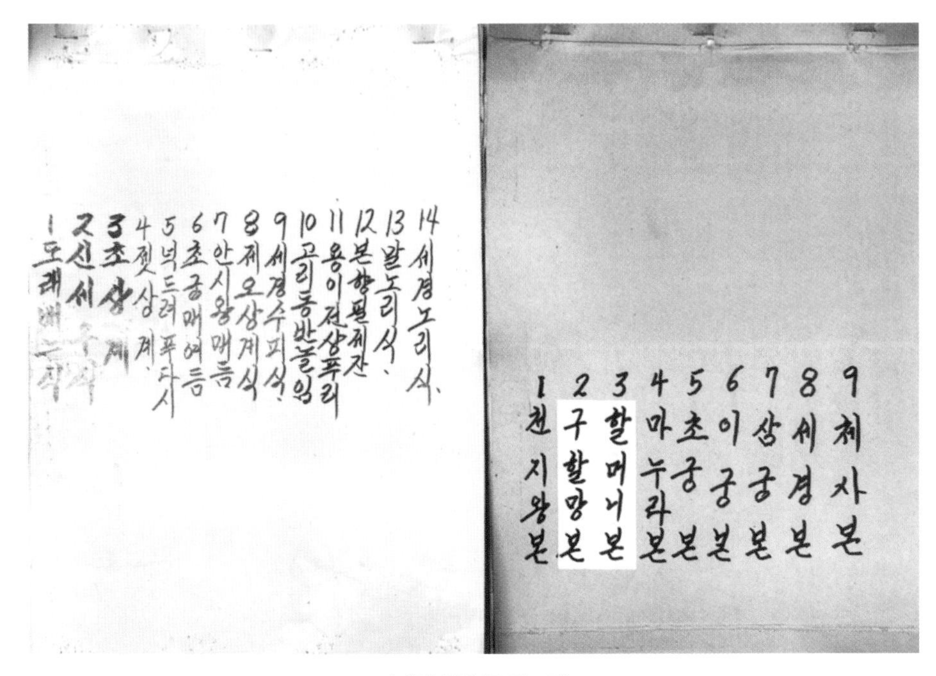

1 도래 [illegible]
2 신서 [illegible]
3 초상 [illegible] 제
4 젯상계,
5 넉드려푸다시
6 초공매여듬
7 안시왕매듬
8 제오상계식
9 세경수피식,
10 고리동반놀임
11 용이전상푸리
12 본향필제잔
13 말노리식,
14 세경노리식,

1 천지왕본
2 구할망본
3 할머니본
4 마누라본
5 초공본
6 이공본
7 삼공본
8 세경본
9 체자본

강대원 심방 문서(표지)

천 지 왕 본 푸 는 식

원칙으로는, 천지왕본풀때식은, 중광굴, 죽광굴세게나, 머저 맨곳이 면
보당상을 치입니다. 그래서 굿시작후 연유닦이, 각신전, 제마리를 거
느리게 됩니다. 천군, 지군, 인왕만군 뒤, 하늘창이는 올리옥황상제, 미명
왕 등 바든 천지왕이란, 신전, 재목이, 초감제때와 대신왕 大神王.

멀었던이제때 만이, 이번 천지왕본을 풉니다. 그런데 오주구은 보면는
심방드리, 배보 [illegible] 풀때 죽는데, 이것은 안니라고 생각합니다.
오주금 제주 출속 신자들이, 하는것을, 가만히 생각을 해보면, 신방이, 영기곳
안일고, 본의 목바든 조상이, 영기곳 안일고, 오주 자기 자신이 하고만 생각합니다.

그래서는, 안되고, 학자, 박사님들과, 연구이 학생님들이, 질문을 하면 옛불
속 그대로 하고만 하고, 대답이, 연구는, 없읍니다 ——

(천 지 왕 본.)

옛날에 수면장제라, 시람이 부모님, 배비러, 살비러 찬생을 한데다
그러지다서, 이십스물 넘어서, 장가들려서, 아들 삼형을 내어 납데다
어린때에 가난하게 시간는지, 너머나도, 악박한, 살청시리로 사는것이, 천
하 거부자로, 잘시라 강데다. 남에게 죽은곡식주고, 여무곡식으로 받고

또, 남에게 곡식을 빌, 러줄때는, 말금이 줄져 잘 놓고, 그우에는
잔 지갈 놓고, 지갈우에는, 모래를 놓고, 모래우에는 곡식을 놓고, 곡식을 빌
려주워 다가, 또 좋은 곡식을, 받고 하면서 사는데, 부모님이 늘어 망연증을
노아 갑데다. 수면장제가, 부모님 앞에, 하루 때 삭끼을 드리다가, 하루
한끼 주고, 양끼를 드리난, 부모님은, 배곱파 갑데다, 하루에 양끼를

강대원 심방 문서(천지왕본)

초 궁 본.

참고 ── 노신망의 ── 인도야 ── 오, 중국이라, ── 유리나라이라 할수 있읍니다.
그런데, 이글을, 쓰는 본인은, 불교로 보면, 인도고, ── 한편으로 보면 중국이라고 생
각하면서, 각 선생님네가 초궁본는 전을, 종합하고, 다음과 같이 써봅니다

초 궁 본.

옛날, 노신망이라, 나라에, 임정국이란 시람, 김진국에 여자와 [illegible], 이십스물 살
넘고, 결혼하여서, 시리 가는데, 삼십세가, 너머서, 사십세가, 진당해도,
자식이 없어서, 걱정이 됩데다. 그때에, 황금산 절, 부처 지킨, 이청불공 끝나고서
생각 하가을, 인생들이 사는데로 가서, 권재을, 바다다, 헌당도, 헌일도, 수리하고, 권
제 큰 집안에는, 산명지는, 장수장명, 비러주고, 단복지는, 생산이 복을 제겨줍서하
여서, 비러주라, 권제 바드러, 느신 땅부락으로, 내려가서, 집집마다 권제 바드
러 다니다가, 임정국이 대감 집으로, 드러가면서, 소송은 절이, 뱁니다 이, 천하 임
정국 이대감은, 수별감, 수장남 불러서, 우리 올레, 어느 절 대사가 온 소리난다 면서
말을 하난, 수별감, 수장남은, 먼올레, 나고보니, 금법당, 대사님이 먼올레 있스
난, 우리 대감이, 청하라 합니다 면서, 말씀하난, 황금산 대사님은, 수장남 뒤
따라, 대청 한간으로, 구버 성천 하면서, 소송은 절이, 뱁니다 하난, 천하 임정국
대감은, 권재을 내여 드리라 이, 김진국 부인은, 권제 내여 줍데다, 천하 임정국 대감님은
어느 절 대사며, 속한이가, 되는 인 하난, 황금산 대사님은, 저는 황금산 절 부처
지킨, 대사라고, 대답을 합데다, 느신망 천하 임정국 대감이, 대사님 보고,

강대원 심방 문서(초궁본)

체 사 본 푸 리.

옛날, 옛날, 그옛적에, 동경국이, 범울왕 살았수다. 이십은 스물 넘어서 살아도 가속 가노리고
곳간는 강현참, 좋아지고, 수별감 수장남 거느리고, 아들은 삼삼은 구로, 구형제 소원 하여서 잘
살아 갑데다, 신해이 부족 하여, 모르다 지 안은, 우로부터, 첫째 지 삭부터, 셋째 아들 끄지를
다여, 삼오세 나는데로 죽어서, 부럽하고, 넷째 다섯째 여섯째 자식은 삼오세를 넘겨서고
일곱째, 여덟째, 아홉째 아들, 삼형제 도 삼오세 나는데로 죽어서 무럽합데다 시러 [illegible]
다 한데, 동개 남은 상주절, 서개 남은 은중절, 남개 남은 불 동절, 부처님 직한 대사님은 머는 [illegible]
세가 너머 있는데, 하루 밤은 법당 직한 속한이를 불러 놓고 서 하는 말이, 자 살다 죽거든 [illegible]
천 바리 드려서, 절 천소에 쉬키고 나 들것은 금강 방이 에 지어서 놓은 산이 [illegible]
신체 간곳 없시 매 달라 고 속한이에 부탁하고, 열이 못시라 대사님은, 부처님을 하직하
고, 부처님, 연당 알로 잠 잡데다. 속한이는 대사님이, 남이 못 남고 부근 [illegible]
소이 석가 다나고 신체는 금강방에 비지여 빼 시녀 평산에 뿌리고, 부처님 직한 [illegible]
하루 밤은, 동방 삭보고 잠을 자다가, 인중 금중 대명 천지 밝아 온 부 날이 대사는 속한이 신중
을 시켜서 삽데다 대사가, 선몽을 속한이에 하기를, 대사가, 야 속한이야 그 대강을 자면
우리 절을 엇찌 수리하고, 유분 소문 건이 나게 할수가 있는 나고 하면서 하는 말이, 지금 일러 나서
동경국이 범울왕 집을 찾어서 내려가라, 보리, 보면 알도래가 있스리라. 범울왕이 이십
스무살 너머서, 아들 아홉 형제 낫고, 논전답, 강전답 좋아 지고 수별감 수장남 거느려서
사는데, 범울왕이 아들 우로 삼형제 알로 삼형제, 죽어 무럽하고, 중간으로 삼형제 사러
있는데 이 아들 삼형제도 내일 모레면 삼오 전명 막이 난, 우리 절간 내려 가서, 번상 넌년
명과 복을 비러 주라 면, 우리 절 소원 나고, 헌당 헌절 수리도 한다 고 말 합데다 ——

속한이는 잠에서 깨여 나고 보이 발도 새였고 대사님이 선몽을 주워 습데다, 속한이는
바로 행착 찰려서 부처님이 불공하고, 대사 행착을 차려서 동경국이 범울왕이
집을 찾어서 내려 갑데다 이, 곱거곱 지 권제 바드레 다이 단보난, 속한이는 범울

강대원 심방 문서(체사본푸리)

용 이 전상. 배 푸 리 굿 식.

첫제 말식. ── 이집안 모진 전상부리 배 놀려 드려 가면서 용이 전상 배푸리 가 어간 됨
니다, 초공에는 신배, 이공에는, 연배 삼공에는 전상배 가 됨니다.

첫양 당조상 신왕에는, 몸조 차리, 신중 자리 당조상 신왕 용이 전상배, 명부 대신왕
전에는, 동이와당 청비개 용이전상배, 남이와당 적비개, 서이와당 백비개 배
북이와당 흑비개, 용이전상, 배가, 내 읍니다, 금번에 저형신해 대신, 장안
부지 영화 전상 배광, 신이집사, 저형신해, 대신 양찬 억게 가마 비여 저러 맛자

연불 친다 ── 심방, 손춤 추고서면. ── 또 참고 ── 만약에 심방 집이면, 이집안 저형신해
대신 ── 주번 축원 지자, 저형신해 대신 ── 가마 비여 저러 맛자 ── 연불 친다 ── 다음은 같아.

2.
초공신으로 연기외, 당조상 신왕 실력 수덕으로, 옛날이라, 선생님, 옛날에 황소 남게 때
여 맛든, 용이전상 배 외다 ── 굴선생님, 불도 선생, 로자님, 곽곽선생, 주역선생님,
이술봉 소강절, 제갈공명 재선생, 매여 맛든 용이 전상배 가 됨니다.
명도선생, 소미선생, 북, 장구, 대양 선생 설쇠선생 매여 맛든 용이 전상배 외다
심방선생 매여 맛든 용이 전상배 우다, 지리선생, 당반선생, 기매선생, 보답선생, 각
출물 선생님네, 매여 맛든 용이 전상배 우다, ── 참고, ── 만약 심방 집이면, 안공시 선생
부허 거느려야 합니다 ── 그리고 평민 집이면, 저형신해 몸바든 선생 부터 거느리시요
또 같이 일 간 시람 [illegible] 차례로, 거느린 다음 이는 선생 거느린 다음. ——

3.
용이전상 배광, 신이집사, 양찬 억게, 가마 비여, 저러 맛자 ── 연불 친다 손춤 추고서면
당이 장배, 절이 절배, 중이 궁배가, 신이 몸에 옵니다, 당배랑 당드레 풀고, 절배는
절 너레 풀고, 중이 궁배랑, 양궁으로 푸러 ── 연불 칩니다. ── 양억게 가운 시렁 목을 [illegible]
[illegible] ── 참고, 어궁 발으로 풀어 봅니다. ── 다음 ── 신이 신배랑 신공시로 푸러 ──

강대원 심방 문서(용이전상베푸리굿식)

인사말

'강대원 심방 본풀이' 자료집은 2017년 11월 11일에서 12일 이틀 동안 채록한 자료와, 두 번에 걸친 보완 채록 자료를 바탕으로 한다. 제주대학교 한국학협동과정이 네 차례에 걸쳐 본풀이 채록을 한 바 있다. 이용옥, 양창보, 고순안, 서순실 심방의 본풀이에 이어 강대원 심방의 본풀이가 다섯 번째다. 당시 한국학협동과정 주임이었던 저와 경기대 김헌선 교수 등이 본풀이 채록 자리를 마련하였고, 강소전, 송정희, 고은영, 김승연, 류진옥, 이현정, 강경민 선생이 전사를 담당하였다. 그 외 경기대 김은희 선생이 촬영에 동참한 바 있다.

강대원 심방은 제주 서쪽 출신이지만 제주도 전역을 돌아다니면서 목안(제주시)과 대정과 정의 굿에 두루 능한 심방이다. 다양한 무속 지식을 갖고 있고, 알려지지 않은 굿법도 잘 알고, 형식에 매이지 않고 자유자재한 태도로 굿에 임한다. 단골 신앙민과도 친숙하게 대하고 굿법과 관련된 질문에도 편하게 응대한다. 굿이 지나치게 진지하거나 무겁게 흐르면 이를 차단하면서 익살스런 말투와 행동을 보여주면서 굿의 흥미성을 더하기도 한다. 학자와 대학원생에게 무속의 감추어진 내력을 알리려 노력하기도 하고, 자신이 궁금한 점을 터놓고 묻기도 한다. 참 편한 심방이었다.

1945년생인 강대원 심방은 15세 즈음 신기(神氣)를 느꼈고, 20세 즈음 신병(神病)을 앓았다. 군대 제대 후 1972년부터 심방 일을 시작했고, 1980년경 일본을 갔다가 1984년 제주로 돌아와 줄곧 심방 일을 해오다 2023년 타계하였다. 자신의 본풀이 책의 출간을 기다리다가 끝내 보지 못하고 세상을 하직하여 애석하기 그지없다.

기존의 본풀이 책도 일반신본풀이 열두 본풀이를 위주로 채록하고 그 의미를 살폈기에 여기서도 그 관례를 따른다. 여기에 강 심방이 매던 동복본향당본풀이와, 특이하게 전승하는 이승굴당 메구니할망본풀이를 덧보탠다. 그리고 책 뒤쪽에는 강 심방이 직접 필사하여 김헌선 선생과 전사작업팀에게 전한 무가 문서를 그대로 활자화하여 옮겨 부록으로 함께 싣는다.

〈천지왕본풀이〉에는 베포도업침이 없어 대별왕과 소별왕의 일월조정 화소도 없다. 천지왕과 서수암이 사이에서 태어난 대별왕과 소별왕의 이승차지 내용이 주가 된다. 서두가 수면장제(수명장자)의 악행과 천지왕의 응징으로 장식된다. 천지왕은 서수암이와 인연을 맺고 대별왕과 소별왕을 낳는데, 이 둘은 인세차지 내기를 하게 된다. 아방국과 어멍국의 차지 내기인 셈인데, 아방국은 저승이고 어멍국은 이승이다. 소별왕의 속임수 내용은 기존 본풀이와 같고, 소별왕의 그릇된 행동으로 이승법이 어지럽게 된다. 수면장제(수명장자)를 환생시켜 인세에 머물게 하는 화소가 덧보태진 것이 특이하다. 소별왕의 악행과 수면장제의 악행이 합하여져 인간세상의 악(惡)이 존재하게 된 당위성이 강조된 듯하다. 수면장제가 환생하여 귀양풀이와 불찍굿에서 얻어먹는다는 설정이 새롭다. 그 환생시키는 주역이 염라대왕이다. 저승을 관장하는 대별왕과 염라대왕이 함께 등장하는 것을 보면, 본디 있던 대별왕 이야기에 염라대왕이 덧보태진 흔적을 보인다. 염라대왕은 중세이념인 불교나 도교의 영향하에서 등장한 저승의 왕이다. 그러니 강 심방의 본풀이에서는 고대에서 중세로 변화한 서사를 살필 수 있다 하겠다.

〈할망본풀이〉에서는 서천꽃밭에 꽃감관을 두는 사연이 더해져, 〈할망본풀이〉와 〈이공본풀이〉가 연관되어 있음을 보여주는 서사가 특징적이다. 임박사의 능력을 강하게 드러내는 특징이 있지만, 임박사의 명령으로 인간불법으로 들어선 동이용궁 똘애기는 실패하고 결국 옥황에서 임명한 명진국똘애기가 해산에 성공하니, 생명이 인세에 의해 좌우되지 않고 천상의 힘으로 이루어짐을 강조하는 서사라고 하겠다. 여기서는 명진국할마님과 대별상과의 대결이 상세한데, 대별상이 할마님에게 잘못을 비는 행위 절차 또한 상세하다. 대별상의 손주가 눈·코·귀도 없이 태어났다가 대별상의 사죄 뒤에 온전해지는 과정이 특이하게 덧붙어 있다.

〈초공본풀이〉에서 주인공의 부친인 황금산 수제자의 이름이 '황활남'인데, 주자 혹은 주접선생이라는 이름보다 오래된 이름인 듯하다. 주자 등의 이름은 유교적 성인의 이름이고 그의 직업은 승려라는 불교적 특징으로 채색되어 있는 것이다. 삼멩두는 아버지에게서 '천문'을 받고, 어머니에게서 '상잔' 두 개를 받고, 외조부에게서 '신칼'을 받는 설정이 특이하다. 무조신 삼멩두의 세 가지 무구를 그들 조상으로부터 받은 설정이다. 그리고 나무로 된 천문·상잔·신칼을 오래 전하고자 쇠철이의 도움으로 쇠로 무구를 만들게 되고, 아울러 대양(징)과 설쉐도 함께 마련하게 되었다는 설정이 특이하다. 주인공이 어머니를 되살린 후, 무당의 업을 잇는 유정승 따님애기 등장 서사가 길게 부연되어 다른 본풀이와 차별성을 보인다. 서부지역 출신으로 독특한 전승을 하고 있는 것으로 평가된다.

〈이공본풀이〉에서 할락궁이 부모의 고난과 이별, 할락궁이의 고난 내용은 기존 본과 비슷하다. 다만 할락궁이가 서천꽃밭에 가서 아들임을 확인받고 악심꽃을 관리하는 '지왕악심·멸망악심(아미도령)'으로 들어서는 것이 큰 차이점이다. 아울러 할락궁이를 도운 장자의 막내딸을 악심꽃으로 죽이는 대목에서 악독한 역할을 자처하는 측면이 두드러지는데, 그래서 아버지를 거역한 때문에 사라도령의 꽃감관 역할이 아들로 이어지지 않는다. 삼승할망이 생명과 연관된 꽃감관의 역할을 하기 때문에, 사라도령은 잠시 꽃감관으로 삼승할망을 돕지만, 아들 아미도령은 삼승할망의 생명 탄생의 역할과 나누어 죽음을 담당하는 쪽으로 분화해 나가는 것이 아닐까 추측해 본다. 서천꽃밭에는 생명 탄생의 꽃도 있지만, 악심 멸망의 꽃도 있다는 설정과 부합하는 분화로 보인다.

〈삼공본풀이〉 내용은 기존 본과 거의 같다. 다만 가믄장아기의 아버지는 하늘님의 재앙으로, 어머니는 조왕대신의 재앙으로 눈이 먼다는 설정이 다르다. 부모가 가믄장아기를 따라 나오다가 문에 부딪혀 자연스럽게 봉사가 된다거나, 가믄장아기의 감춰진 능력에 의해 봉사가 된다는 설정과 차이가 있다. '은 보듯 금 보듯'하여 이름이 은장아기라 해서 특이한데, 그 작명법이 놋장아기와 가믄장아기로 이어지지는 않는다. 어떤 사람은 거지잔치를 백 번 한다고 하지만, 강 심방 자신이 들은 것은 '두 이레 열나흘'이라 하여 그렇게 구술한다고 고백하고 있다. 강 심방의 태도 속에는 다양한 정보와 자신이 가진 정보의 차별성을 자주 거론하는 특징이 있다.

〈세경본풀이〉에서 특이한 점은 환생꽃을 구하는 방식이다. 정수남을 죽이고 난 후 되살리는 과정에서 환생꽃을 문도령이 구해다 주어 문제를 해결하는 설정으로 되어 있다. 후에 문도령의 죽음 뒤에는 스스로 환생꽃을 구해온다. 자청비의 능력이 점점 커져가는 과정을 보여주는 사례로 평가된다. 한편 정수남을 살리는 환생꽃을 얻는 데 문도령의 능력에 의존하는 측면은 그가 상세경의 존재임을 부각하는 과정일 수도 있다. 천상계에 변란이 생겨 문도령이 죽고, 세변을 자청비가 해결해 나가는 문맥이 여기 강 심방 본풀이에는 없다. 친구들과 술마시기 내기에서 문도령이 죽고, 자청비는 그 친구들과 내기에서 트릭으로 이기는 화소는 자청비의 캐릭터가 여성영웅으로 강화되기 전, 즉 본풀이 속에 고전소설의 영향이 있기 전의 고형(古形)으로 보인다. 이런 측면에서 강 심방의 본풀이가 소중하다. 오곡종자를 가져오고 난 후에 뒤늦게 가져오는 것이 메밀씨인데, 여기서는 메밀씨 이외에 유채씨가 덧보태진 것은 이상하다.

〈사만이본풀이〉에서 소사만이가 해골을 모셔오자, 부인이 고팡에 모시고 지극정성을 들여 천하거부가 되는 설정이 다른 본풀이와 차별적이다. 여기서 염라대왕이 삼차사를 삼명감으로 좌정시켜 명과 복을 주는 직능을 명한다고 하여, 주인공 사만이의 명을 길게 해주는 삼차사가 명감(冥監)이 된다는 설정은 후반부의 주제다. 우리가 아는 멩감은 제석멩감, 산신멩감, 선왕멩감 등 생업 수호신이고, 전반부의 주제는 부자로 살게 해주는 '생업신 멩감'이라 하겠다. 이렇게 두 주제가 나타나게 된 정황이 이 강 심방의 본풀이에 자세하다. 소사만이가 가난하여 아내의 머리털을 팔아 돈을 손에 쥐는데, 가난한 자를 먼저 구원한다. 여비 없는 자에게 여비를 주고 옷 없는 자에게 옷을 주고 배고픈 자에게 밥을 주는 자비의 모습을 보면서, 사만이의 복과 부의 근원은 이 '자비'에 있음을 보여준다. 사만이가 사냥을 잘 해 말과 새 등 모두를 사냥하여 신구간에 신들이 타고 갈 말이 없어, 그 내력을 찾아보니 소사만이의 소행임을 알고 정명이 다 된 소사만이를 잡아들이게 한다. 이런 설정은 부(富)가 죽음의 원인이 된다는 정황을 보여주는 독특한 사례로 해석된다. 이 강 심방의 본풀이는 앞의 '빈-부'와 뒤의 '생-사'가 잘 결합되어 풍요신과 수명신의 내력을 적절하게 보여준다고 하겠다.

〈문전본풀이〉 서사에서 특이점은 별로 보이지 않는다. 다만 주인공의 이름이 녹디생이의 '생이'가 아니라 녹두성인의 '성인(聖人)'인 듯하다. 가족과 형제들 중 지혜와 용기를 갖춘 인물이어서 '성인'이란 명칭으로 전화된 것은 아닐까 추측해 본다. 어머니를 살리기 위해 서천꽃밭을 찾는데 국새의 도움을 받는다. '새'의 도움을 받는 점이 〈원천강본풀이〉에서 오늘이가 연꽃과 이무기의 도움을 받는 정황과 유사하다. 인간은 인간의 도움만이 아니라 천지자연의 도움으로 살아간다는 설정이 공유되고 있음을 발견할 수 있다. 이 강 심방의 본풀이 속에는 문전제의 유래, 초혼의 유래, 노루꼬리의 유래(노루 대신 산돼지를 희생으로 삼으며 노루를 대신 살려주면서 노루 꼬리를 잘라낸 사연), 지역적인 차이(대정, 정의, 목안의 차이), 제주방언 설명(예를 들어 '물이슬'이 해파리라는 설명) 등 열 여섯 번의 유래 설명이 부기되어 있다. 강 심방만의 두드러진 특색이다.

〈칠성본풀이〉에서는 칠성애기가 뱀으로 변하는 과정이 자세하게 묘사되어 있다. 그리고 칠성애기의 무쇠설캅이 제주도 해안 지역에 이미 좌정한 신들에 의해 거부되어 제주도 전역을 도는 기왕의 본풀이와 달리, 대정 원님과 성읍 현감과 목안 판관과 명월 만호의 위세를 피해 함덕에 표착하는 것으로 그려지고 있다. 이는 지배권력의 위세에 대한 민중의식의 반영으로 볼 수도 있고, 무속에 대한 유교의 탄압으로 설정되어 있다고 볼 수도 있다. 이처럼 강 심방의 본풀이 속에는 지배이념에 저항하는 제주적 서사가 두드러진다. 칠성신에 대해, 제주시 서쪽에서는 칠성불공에 의해, 동쪽과 정의, 대정 지역에서는 칠성단 치성에 의해 태어난 것으로 다르게 사유하고 있다고 곱가르고 있다. 강 심방은 자신의 견문을 자주 언급하면서 자신의 문서가 지닌 특성을 설명하고 있다.

〈차사본풀이〉 서사는 무속적 의례(상장례)와 관습에 대한 설명이 자세한 특징을 지닌다. 그리고 버무왕이 원불수륙을 드리는 내력 등 서사가 길게 부연되어 있다. 어린아이가 자주 앓는 경우 무사히 자라기를 바라면서 자식을 심방에게 맡겼다가 데려오는 신충애기법 외에, 헛봉분법, 서천꽃밭 인정법 등이 자세하다. 과양생이각시가 과부로 등장하는 점도 특이하다. 강림도령이 동방삭이를 잡아들이는 것으로 끝을 맺는 기왕의 본풀이와 달리, 동방삭이를 이승차사로 삼는 내용과 귀양풀이 때 항아리를 깨는 법 등이 덧보태 있고, 본풀이 길이도 다른 것보다 긴 점이 특징이라 하겠다.

〈지장본풀이〉 서사는 기존의 것과 유사하다. 다만 지장아기씨가 본가와 시집의 잇따른 죽음을 겪고, 이 상황을 극복하기 위해 뽕나무를 심고 누에를 치고, 명주를 짜서 빨래하고, 그 명주를 굿의 제물로 바치는 긴 과정이 특이하다. 떡을 하는 과정은 기존의 것과 같다. 지장아기씨가 새로 환생하는 기존의 서사와 달리, 마지막에 지장보살이 된다는 점은 전후 정황을 보아 적절한 마무리다. 서천강에 빨래 갔을 때 전새남굿을 권하는 대사의 등장 장면을 본풀이에서 누락하였는데, 구연을 끝낸 후 실수로 누락하였다고 말한 것으로 보아, 줄거리는 기존 본풀이와 대동소이하다.

〈동복본향당본풀이〉는 상여할마님과 상여하르방이 부부로 좌정하였는데, 돼지고기 금기와 별거 내용을 주로 한다. 할마님은 어부와 해녀의 풍요를, 하르바님은 농경과 마을을 책임지고 있다.

〈이승굴당 메구니할망본풀이〉는 메구니할마님의 남편이 친구에게 죽임을 당한 것을 모른 채 그 친구와 재혼하여 아이 7~8남매를 낳고 사는 중에, 현 남편이 전남편을 죽였다는 말을 듣고 마침내 불을 질러 남편과 아이들을 모두 죽인다. 그 후 할마님은 광령 유진동 본향 올레에 좌정한다. 다른 메구할망 전설에서는 식구를 죽인 후 땅굴을 파서 들어가 지내다 죽는다는 내용이 보편적인데, 여기서는 올레 근처에 좌정하여 단골의 위함을 받는 신이 되었다는 이야기다.

전체적으로 보면 강 심방은 다양한 정보를 본풀이 구연 중에 제시하고 자신이 가진 정보의 의미를 강조한다. 더욱 특징적인 것은 굿판에서 놀이굿 진행을 재미있고 익살스럽게 만드는데, 이는 다른 심방들의 진지하고 신중한 태도와 차이를 보이는 점이다. 그리고 무속 의례에 관련한 다양한 유래를 설명하고 있다. 특정 대목을 거듭 강조하면서 여기에 자신의 견문을 덧보태는 방식을 취한다. 자신의 문서가 이미 채록된 심방들의 문서와 다르며, 기존 심방보다 자신의 문서가 풍부하고 정확하다는 견해를 밝힌다.

2023년 12월, 강대원 심방을 보냈다. 이제 그 다양하고 풍부한 설명이 가미된 익살스런 굿판을 볼 수 없어 아쉽다. 굿에 대한 해박한 지식을 숨기지 않고 젊은 대학생 단골들과도 스스럼없이 어울리던 유쾌함을 더 이상 만날 수 없다. 제주대학교 한국학협동과정과 국어국문학과의 젊은 선생들이 합심하여 전사한 본풀이를 그의 귀양풀이에 상재하게 된다고 하니 다행이다. 미여지벵디를 지나는 강대원 심방의 명복을 빈다.

2023년 12월 세모에
제주대 국문학과 명예교수 허 남 춘

목차

강대원 심방 본풀이 조사 경위

송정희

1. 본풀이 조사 목적

‘강대원 심방 본풀이’ 자료집은 제주대 한국학협동과정과 국어국문학과의 강경민, 강소전, 고은영, 김승연, 류진옥, 송정희, 이현정이 모여 2017년부터 2023년까지 전사하고 함께 윤독하여 정리한 결과물이다. 본풀이 채록은 제주대학교 대학원 한국학협동과정을 중심으로 제주에서 전승되는 본풀이의 중요성을 인식하여 시작되었다. 제주도 본풀이 자료집은 2009년 『이용옥 심방 본풀이』, 2010년 『양창보 심방 본풀이』, 2013년 『고순안 심방 본풀이』, 2015년 『서순실 심방 본풀이』에 이어 다섯 번째 자료집이다.

본풀이는 굿 현장에서 직접 듣고 그것을 채록하는 것이 당연한 것이지만 지극히 개인적인 사가굿 현장을 쉽게 볼 수도 없고 또한 한자리에서 모든 본풀이를 다 구연하는 것이 아니기에 부득이 현실적인 문제들을 고려하여 심방에게 인위적인 자리를 마련하여 본풀이 구연을 요청하였다.

본풀이는 제주굿에서 근본이 되는 것이라 여겨진다. 무속의례 속에서 다양한 방법으로 연행된다. 독립 제차로 구연하는 방법, 제차 속에서 얼러서 구연하는 방법 등 제차와의 관계에서도 다양한 형태를 볼 수 있고, 또한 특정 무가에 본풀이를 가사로 얹어 부르는 경우도 있다.

‘강대원 심방 본풀이’에서 본풀이 구연 방식은 세 가지 방식으로 구연하였다. 장구 장단을 앞세워 소리·음영·말로 구연하는 방식, 아무 장단 없이 말명으로만 구연하는 방식, 북장단을 앞세워 소리로 구연하는 방식이다. 장구 장단으로 구연한 본풀이는 천지왕본풀이, 초공본풀이, 이공본풀이, 삼공본풀이, 세경본풀이, 문전본풀이, 칠성본풀이, 차사본풀이다. 장단 없이 구연한 본풀이는 할망본풀이, ᄉᆞ만이본풀이, 동복본향당본풀이, 이승굴당 메구니할망본풀이다. 북장단을 기본으로 놓고 구연한 본풀이는 지장본풀이다. 매번 동일한 방식으로 구연된다고 할 수는 없다. 굿 현장 사정에 따라 달라질 수 있다.

본풀이 채록 전사를 하는 작업은 단순한 작업은 아니다. 제주굿에서 사용되는 용어, 제주어의 이해, 굿 제차 등 기본적으로 알고 있어야 어느 정도 전사를 시작할 수 있다. 어렵지만 이런 작업을 통해 수천 년 구술로 이어져 온 제주의 역사와 문화를 기록하여 연구의 대상으로 삼을 수 있고, 자라나는 세대에게 제주의 참된 문화를 알려 줄 수도 있다. 그리고 우리가 얻는 것이 더욱 많다는 것은 사실이다. 이런 작업을 통해 기본적인 제주 굿 전사자를 양성할 수도 있고, 제주 굿 전문가, 제주문화 전문가를 양성할 수 있으리라 기대한다.

2. 조사 일시와 장소, 방법

강대원 심방 본풀이 1차 채록은 2017년 11월 11일에서 11월 12일까지 2일 동안 매일 오전 9시에서 오후 7시까지 진행하였다. 이후 지장본풀이만 다시 2차 채록을 2017년 11월 17일 오후 6시에서 오후 7시까지 진행하였다. 이후 3차 채록으로 2017년 12월 22일 오전 9시부터 10분가량 이승굴 메구니할망본풀이를 진행하였다.

장소는 1차, 2차 채록은 (사)한국아동국악교육협회 제주지부 연습실을 이용하였고, 3차 채록만 별도의 다른 사무실을 이용하였다.

본풀이 구연에 필요한 무구인 장구와 연물북은 강대원 심방 본인의 것을 사용하였다. 강대원 심방은 평상복을 기본 차림으로 하였고, 본풀이 구연 장소에 제상에 제물은 진설하지 않고 빈 상 위에 휜종이만 깔아 놓고 그 앞에서 신자리 초석을 깔고 방석을 놓고 앉아서 구연하였다.

채록을 위한 촬영은 SONY HDR-CX700 캠코더와 SONY HXR-NX30N 캠코더 그리고 액션캠으로 촬영하였고, 보조 녹음을 위하여 Zoom H6 Handy Recorder SPEC 녹음기로 기록하였다. 주 촬영은 강소전, 보조 촬영은 김은희가 맡았고, 보조 촬영으로 액션캠을 상 위에 놓고 촬영하였다. 보조 녹음은 이현정이 맡았다.

3. 본풀이 전사 분담

강대원 심방 본풀이는 총 13편을 채록하였는데 11월 11일에 천지왕본풀이, 할망본풀이, 초공본풀이, 이공본풀이, 삼공본풀이, 세경본풀이, ᄉᆞ만이본풀이를 채록하였고, 11월 12일에 문전본풀이, 칠성본풀이, 차사본풀이, 지장본풀이, 세경본풀이(2차), 동복본향당본풀이를 채록하였다. 이후 11월 17일에 지장본풀이(2차), 12월 22일에 이승굴당 메구니할망본풀이를 별도로 채록하였다.

이번 채록 및 전사 작업 참여자는 촬영에는 강소전과 김은희, 녹음에는 이현정이 담당하였고, 전사 작업 참여자는 강경민, 강소전, 고은영, 김승연, 류진옥, 송정희, 이현정이 담당하였다.

전사 분담은 아래 표와 같다.

전사 분담 내용

채록일	구연순서	소요시간	무구의 사용	전사자
2017. 11.11.	천지왕본풀이	약 29분	장구	강소전
	할망본풀이	약 58분	-	이현정
	초공본풀이	약 1시간 46분	장구	강소전
	이공본풀이	약 48분	장구	고은영
	삼공본풀이	약 32분	장구	송정희
	세경본풀이(1차)	약 1시간 14분	장구	-
	ᄉᆞ만이본풀이	약 28분	-	류진옥
2017. 11.12.	문전본풀이	약 1시간 12분	장구	송정희
	칠성본풀이	약 46분	장구	이현정
	차사본풀이	약 2시간 12분	장구	류진옥
	지장본풀이(1차)	약 16분	북	-
	세경본풀이(2차)	약 1시간 41분	장구	김승연
	동복본향당본풀이	약 11분	-	강경민
2017. 11.17.	지장본풀이(2차)	약 16분	북	고은영
2017. 12.22.	이승굴당 메구니할망본풀이	약 10분	-	강경민

본풀이 전사 분담은 기본 1인이 2개의 본풀이를 담당하는 것으로 하고 본풀이 시간을 계산하여 안배하였다. 세경본풀이와 지장본풀이는 구연 당시 심방이 다시 하기를 원하여 2차에 걸쳐 채록하였다. 이 중에 2차로 채록한 본풀이를 전사하였다. 그리고 전사 담당자가 본인이 맡은 본풀이에 대해 개관과 내용을 함께 작성하였다.

2017년 11월 본풀이 채록 이후 2019년 11월까지 각자 맡은 본풀이를 전사하는데 주력하였다. 2019년 11월 29일에 '강대원 본풀이 세미나'를 개최하여 본풀이 개관, 내용 등을 발표하고 토론하여 강대원 본풀이에 대한 이해도를 높였다. 2019년 11월부터 2020년 2월까지 9회에 걸쳐 모임을 가져 본풀이 영상을 다같이 보며 불청 확인 작업과 주석, 표기의 문제 등 전사 내용을 수정하고 보완하였다. 표기법에 관하여 심도 있게 논의하였다. 2020년 3월부터 2023년 12월까지 모임을 통해 결정된 내용들을 수정 보완하여 완성하였다. 강대원 심방 문서는 2019년 11월 7일에 문서를 한글파일로 옮기는 작업을 위해 담당자를 선정하였고, 문서 워드 작업은 2022년 7월에 모두 마쳤다.

강대원 심방 본풀이 구성·문서 개요

이현정

1. 구연자 선정기준과 강대원 심방의 생애[1)]

구연자 선정은 기존과 마찬가지로 2008년 이용옥 심방 본풀이 채록 시 마련한 세 가지 기준을 따랐다. 첫째는 구연할 수 있는 본풀이 문서가 풍부한 심방이다. 일반신본풀이·당신본풀이·조상신본풀이를 다양하게 구연할 수 있으며, 본풀이의 내용면에서도 부족함이 없어야 한다는 것이다. 둘째는 실제 한 마을의 당맨 심방으로 활동하는 이다. 심방으로서 단골판과 관계하며 당굿과 사갓집굿을 두루 연행한 경험과 연륜을 갖추어야 한다는 점을 염두에 두었다. 셋째는 본풀이 채록이 비교적 수월하고 자료를 공개하는 데 부담을 갖지 않는 심방이다. 인위적으로 꾸린 채록 환경에는 일정한 한계가 있기 마련이다. 그래서 전사 작업 전후로 구연자에게 도움을 청할 수밖에 없는 상황이 적지 않게 생겨난다. 이와 함께 여러 현실적인 사정을 고려하였다.

이번 작업에서는 조상신본풀이가 구연되지 않았다. 하지만 구연자로 선정된 강대원 심방은 자신이 배우고 익힌 문서들을 갈고 닦는 데 한평생을 바쳤다. 그의 문서는 모자란 것, 모르는 것, 다른 것, 전승 상 혼란이 있는 것 등을 찾고, 묻고, 모으고, 정리하며 끊임없이 다듬어 간 노력의 산물이다. 이러한 정리벽 덕분에 강대원 심방

---

1) 강대원 심방의 생애는 기존 자료(강정식·강소전 조사·집필, 「제주지역의 무구」, 『인간과 신령을 잇는 상징, 巫具 : 전라남도·전라북도·제주도』, 국립문화재연구소, 2008, 412~462쪽; 허남춘·강정식·강소전·송정희, 『증편 한국구비문학대계 9-5 : 제주특별자치도 제주시 ②』, 한국학중앙연구원 어문생활사연구소, 2017, 30쪽.)에 정리된 내용들을 대부분 인용하여 작성되었다. 다만 강대원 심방의 생년을 감안할 때 기존 자료에서 나이와 년도가 맞지 않는 경우가 종종 있었다. 이는 부록에 실린 〈강대원 심방 문서〉에서 강대원 심방 스스로가 정리한 생애 정보를 참고하여 수정하였다.

의 본풀이에는 다른 구연본에서 쉽게 찾아볼 수 없는 정보들이 가득하다. 본풀이 서사와 함께 그가 무업에 종사하는 동안 쌓아 온 다양한 무속 지식과 견문 등이 빼곡하게 담겨 있다. 이러한 특성을 십분 감안하였다.

강대원 심방은 1945년생으로 제주시 애월읍 유수암리의 속칭 '거문데기' 동네에서 태어났다. 2세부터는 출생지를 떠나 애월읍 수산리에서 살았다. 8세~13세까지 초등학교를 다녔으며 그 뒤로 별도의 정규 교육은 받지 않았다.

강대원 심방의 집안은 조부 때부터 심방일을 해 왔다. 백조부는 생계를 유지하려다 보니 심방일을 하게 되었다고 한다. 조부는 지관이었지만 모친의 죽음으로 방황하다가 거문데기 고씨 심방이 하는 굿에서 장난 삼아 연물을 친 일을 계기로 무업에 종사하게 되었다. 그의 작은어머니도 심방이었다. 그래서 강대원 심방은 백조부의 멩두, 거문데기 고씨 심방의 멩두, 작은어머니의 멩두까지 모두 세 벌의 멩두를 모셔 왔다.

심방 집안 출신이지만 강대원 심방이 어려서부터 굿을 차근히 배운 것은 아니었다. 그의 조부나 부친이 일찍 사망한 데다, 결혼한 이후에도 큰형이 강대원 심방이 본격적으로 무업활동을 하는 것을 크게 반대하였기 때문이다. 하지만 강대원 심방은 15세부터 몇 차례 신기체험을 하고 신병(神病)도 앓았다고 한다. 15세에는 '춘향아가씨'라는 놀이를 하던 중 혼례를 앞둔 신부의 옷가지를 훔쳐간 도둑이 언제 잡힐지 알아내는가 하면, 20세부터는 몸이 아프기 시작하더니 종기나 나서 도무지 아물지 않고 번지기만 하는 신병을 겪기 시작하였다. 강대원 심방 특유의 걸음걸이는 당시부터 몇 년간 줄곧 앓았던 이 허물병 때문이라고 한다. 21세에는 트럭 조수를 하며 화물을 나르는데, 연물소리가 들리자 갑자기 힘이 솟아 혼자 힘으로 모든 화물을 내려버리는 경험을 하게 되었다. 트럭을 보내 두고 연물소리를 좇아 굿하는 집에 들어섰는데, 그 굿은 다름 아니라 뒤에 강대원 심방의 스승이 된 홍창삼 심방이 맡아 벌이는 것이었다고 한다. 그덕에 홍창삼 심방과의 인연이 닿게 되었다. 강대원 심방은 이 굿판에서 연물을 치고 삯까지 받게 된다.

이후 강대원 심방은 소소하게나마 굿판에 참여하기 시작하였다. 하지만 이상하게도 몸은 더욱 불편해져만 갔다. 어쩔 수 없이 22세가 되던 해에 허물병을 치료하기 위하여 굿을 벌이게 된다. 이것이 강대원 심방의 초신질을 발루는 굿이 되었다. 첫 신굿은 스승인 홍창삼과 양태옥 심방을 모셔 벌였다. 굿을 벌인 뒤에는 신기하게도 허물병이 나았다. 같은 해 강대원 심방은 고춘선과 결혼하였다. 23세가 되던 이듬해에 입대하여 26세에 전역한 뒤 제주시로 이사하기 전까지, 그는 고향에서 택시·마이크로버스 사업과 심방일을 병행하였다.

강대원 심방은 제주시로 터전을 옮기면서 심방일은 잠시 접고 트럭·시내버스 조수 등을 하며 생계를 꾸렸다. 그 즈음부터 임신한 아내가 자주 아프기 시작하였다. 이로 인하여 마음 아픈 일도 여러 번 겪었다. 철학관을 하는 고모부에게 물으니, 그가 반드시 심방일을 해야만 우환을 막을 수 있다는 점사가 나왔다. 하는 수 없이 심방일을 하려 했는데 큰형의 반대가 만만치 않았다. 결국 강대원 심방은 집을 팔아 택시를 사고 셋집에 살면서, 다시금 운전일과 심방일을 함께하게 된다. 이때까지도 온전하게 무업에 몰두할 수 없었던 셈이다. 35세까지 이런 상황이 계속되었다. 당시를 떠올리며 강대원 심방은 일정한 단골도 없고 다른 심방들과도 어울리지 않아 제주도에서 좀처럼 심방일에 달려들 수 없었다는 고백을 남긴다.

결국 가정 형편이 점점 어려워지자 강대원 심방은 일본행을 택하였다. 36세가 되던 해였다. 하지만 그제서야 강대원 심방은 제대로 된 무업 활동을 시작하게 된다. 가장 많은 도움을 준 이는 나라현(奈良縣) 이꼬마시(いこまし, 生駒市) 보덕사(寶德寺)에 있는 홍수일 심방(도쿠야마 하르방)이었다. 강대원 심방은 생전에 홍수일 심방을 아버지라 부를 만큼 각별하게 여겼다. 그가 홍수일 심방을 얼마나 믿고 따랐는지 알 수 있다. 일본에 머무르는 약 4년 동안 강대원 심방은 홍수일 심방과 함께 일하며 깊이 있게 굿을 배웠다. 이 경험은 이후 그가 제주도에서 심방 활동을 해 나가는데 든든한 밑천이 되었다. 당시 홍수일 심방의 주된 단골들은 남원읍 의귀리 출신 교포들이었다고 한다. 이러한 사실을 감안하자면 강대원 심방은 홍수일 심방에게서 남군굿을 배우고 익혔을 여지가 크다.

40세가 되던 해 강대원 심방은 불법체류로 인하여 제주도로 돌아오게 되었다. 이후 41세에는 두 번째 신굿을 하였고 세 차례의 역가굿(50대에 2번, 60대에 1번)도 바쳤다. 제주도에 온 뒤에도 기회가 닿는 대로 일본에 가서 굿을 하기도 하였다. 강대원 심방은 일본에서 고향으로 돌아와 보니 많은 것이 달라져 있었다고 술회한다. 특히 여러 연구자들이 제주도 무속과 굿에 관심을 가지는 것을 보면서, 자신도 굿 공부를 소홀히 해서는 안 되겠다는 생각이 들었다고 한다. 굿법과 제차, 굿과 본풀이 사설 등을 지역별·심방별 차이까지 망라하며 꼼꼼히 정리하게 된 시점도

이 즈음이 아닌가 싶다. 이에 대한 강대원 심방의 열정을 지금은 모르는 이가 없을 정도이니, 그 노력과 정성이 실로 대단할 따름이다. 그는 갈룡머리(용놀이), 세경놀이, 몰놀이 등 굿놀이 또는 놀이굿의 연행에 여느 심방보다 농익은 이었다. 강대원 심방은 자타공인 '알아주는' 연물북 연주자이기도 했다. 손수 북메우는 일을 할 정도로 손재주도 솜씨도 뛰어났다. 익살스러운 언담으로 굿판의 분위기를 단숨에 바꾸어 놓는 '입담 좋고' '말명 좋은' 타고난 심방이 그였다.

강대원 심방은 주로 제주시와 서부지역에서 활동하였지만 일이 있다면 특별히 지역을 가리지 않았다. 찾아주는 단골만 있다면 어디든 감사히 가야한다는 것이 그가 가장 중요하게 여겼던 심방의 사명이요 직업의식이었다. 강대원 심방은 집안 대대로 맡아 하던 유수암리의 거문데기 본향굿을 한 바 있으며, 43세가 되던 1987년부터 제주시 구좌읍 동복리 본향당을 도맡아 왔다. 사망 연도인 올해 2023년 영등달에도 어김없이 동복리 본향당굿을 집전하였다. 36년 동안 동복리 본향당의 당맨심방으로서 자신의 소임을 온전히 감내하고 또 다해낸 셈이다.

2. 강대원 심방 본풀이 자료와 문서 체계

제주도 심방들이 보유한 본풀이를 채록·전사하여 책으로 펴내는 작업이 이어진 지도 15년째가 되어 간다. 앞선 4편의 본풀이 자료집–『이용옥 심방 본풀이』(2009), 『양창보 심방 본풀이』(2010), 『고순안 심방 본풀이』(2013), 『서순실 심방 본풀이』(2015)–은 1~3년 간격으로 발간되었다. 4편 모두 본풀이 채록·전사·발간까지 1~2년 남짓한 기간 안에 이루어졌지만, '강대원 심방 본풀이 자료집'은 채록에서 발간까지 햇수로만 7년이 걸렸다. 2017년 11월~12월 세 차례에 걸친 채록 작업 이후, 정례화 된 모임을 거쳐 발간 작업을 마치기까지 오랜 기간을 소요한 셈이다. 설상가상으로 코로나19 사태가 겹치며 많은 시일 동안 전체 작업이 순연될 수밖에 없는 상황이기도 하였다. 허울 좋은 핑계임을 알지만, 이러한 사정으로 긴 시간이 할애되었다는 사실을 밝혀 두고자 한다.

이 책은 기존에 발간된 본풀이 자료집과는 다소 다른 체계를 갖추고 있다. 우선 전사 자료를 정리·분석하는 방식을 달리하였으며, 강대원 심방의 자필 문서를 부록으로 싣기 위하여 활자화하고 이를 검토·보완하는 작업 등이 추가되었다. 본풀이 자료 전사와 정리·강대원 심방 자필 문서 활자화 작업은 강경민, 강소전, 고은영, 김승연, 류진옥, 송정희, 이현정이 분담하였고, 이후 교정·교열·편집·감수 등 발간 작업은 강경민, 강소전, 류진옥, 송정희, 이현정이 맡았다.

강대원 심방이 구연한 본풀이 자료는 다음과 같은 체계에 준하여 정리하였다.

1. 개관 | 2. 내용 | 3. 구연 자료

'개관'은 본풀이 구연 당시 컨텍스트에 해당하는 정보를 제공함과 동시에, 강대원 구연본의 특성을 의례적·서사적으로 다른 사례들과 견주어 정리·분석한 항목이다. 각 본풀이별로 채록 순서, 구연 시간, 구연자 특성(복장, 자세, 연물 동반 여부 등), 본풀이 제차 구성, 서사 특징 등을 되도록 빠짐없이 기술하였다. 또한 서사 단락을 별도로 정리·제시하였다. 서사적 얼개, 즉 사건의 인과 관계나 긴장 관계 등을 일목요연 하게 확인할 수 있기 때문이다. '내용'은 각 본풀이의 줄거리를 기술한 항목이다. 본풀이 전반의 내용 전개 정도에 해당하며, 강대원 심방이 구연한 것 그 자체의 서사 흐름에 따라 정리하였다. '구연 자료'는 강대원 심방이 구연한 본풀이를 입말 그대로, 전사 표기 원칙에 준하여 옮겨 둔 항목이다.

더불어 이 책에는 기존 본풀이 자료집과 달리 '부록'이 수록되어 있다. 무업에 종사하며 배우고 익힌 일반신본풀이, 굿 제차별 무가 사설, 신앙권별 당신(堂神) 정보 일람, 당신본풀이 등을 강대원 심방이 직접 쓰고 정리한 자료에 해당한다. 자료 속에는 강대원 심방이 무속 신앙·굿의 원리를 공부하며 생긴 의문점들을 깊게 고민하고 탐구한 내용들도 상당수 들어 있다. 이를 '강대원 심방 문서'로 명명하고 그 전문을 부록으로 실었다.

'강대원 심방 문서'의 수집 경위는 둘이다. 하나는 강대원 심방이 김헌선 교수에게 전한 자료이다. 이 자료는 김헌선 교수가 활자화한 뒤 발간작업팀에게 제공하여 함께 실을 수 있었다. 자료 분량은 A4기준 약 41쪽 정도이다. 다른 하나는 강대원 심방이 전사작업팀에게 건넨 6개의 편철 자료이다. 자료 분량은 A4기준 약 190쪽 정도이다. 이 자료의 경우 활자화 작업을 진행할 때, 가능한 한 원자료의 형식과 표기를 변형치 않고자 하였다. 행갈이, 띄어쓰기, 문장부호 표기 등 강대원 심방이

작성한 방식 그대로를 따르고자 하였다. 다만 자료에서 각 편이 끝날 때마다 쪽수를 의도적으로 나누거나, 본문과 제목란 사이에 행갈이를 한 경우가 있다. 이는 원자료 상의 형식과 다르지만, 가독성을 높이고자 불가피하게 감행한 조처이다. 덧붙여 '▶'는 원자료에서 쪽수가 달라지는 경우, '○'는 원자료 상에 표기된 글자가 미상일 경우를 표시하는 부호로 사용하였다.

지면의 한계, 발간 일정 관계 등으로 부록에 미처 싣지 못한 자료들도 있다. 활자화 작업을 완료한 뒤에 추가 수집된 자료, 일부 자료에 수록된 그림, 원자료의 영인본이다. 되도록 원자료의 영인본은 적합한 기관과 협력하여 추후 디지털 아카이브로 제공할 계획이다.

'강대원 심방 문서'는 다음과 같은 체계로 제시·정리하였다.

1. 강대원 심방 문서 소개 | 2. 강대원 심방 문서

'강대원 심방 문서 소개'는 '이 글을 시작하면서', '제주 섬중이 생긴 원인은?', '신앙의 원인은?'의 세 단락으로 구성하였다. 이 내용들은 김헌선 교수가 제공한 자료의 서두에 해당한다. 첫 단락인 '이 글을 시작하면서'는 강대원 심방이 읽는 이들에게 자신의 내력, 문서의 성격, 당부의 말 등을 간단하게나마 밝혀 적은 것이다. 나머지 두 단락은 강대원 심방이 옛 선생들과 선배들에게서 들었던 말을 토대로 '제주섬이 생겨난 유래', '한라산을 여장군산이라 부르는 까닭', '제주도의 무속 신앙이 생겨난 이유'에 대한 자신의 견해를 쓴 것이다. 이 내용들은 소위 '심방 문서'라는 틀로 묶기에는 글의 성격이 다소 맞지 않으므로 '강대원 심방 문서'에 앞서 별도의 항목으로 실었다. 여러 가지 굿식을 열 가지로 개략하게 항목화한 부분은 '신앙의 원인은?'에 덧붙은 것이어서 연이어 두었다.

'강대원 심방 문서'는 '강대원 심방 문서 소개'에 삽입된 내용을 제외한 원자료들의 전문을 편차에 준하여 실은 것이다. '강대원 심방 문서'의 앞부분에는 김헌선 교수가 제공한 자료의 나머지 내용들을 모두 실었다. (큰대 만들기를 포함한) 삼대트는 법, 큰대를 장식하는 기메 만드는 법, 당클 수(굿 규모)에 따른 심방집·사갓집 굿의 각 제차와 사설, '용왕맞이'와 '산신놀이'의 제차, '초감제'의 '제청설입'부터 '날과국섬김'에 해당하는 주요 굿 제차의 사설들이 정리되어 있다.

'강대원 심방 문서'의 뒷부분에는 강대원 심방이 전사작업팀에게 건넨 편철 자료 6개의 전문을 실었다. 6개 편철은 각각 '일반신본풀이 1~4', '굿 제차별 무가', '당신 일람과 당신본풀이'로 목록화하여 이 순서대로 편차(編次)하였다. 그러나 목록화한 순서가 자료 간 위계나 경중을 뜻하지는 않는다. 열두 본풀이를 중심으로 다루어 온 본풀이 자료집의 성격과 관례를 고려하여 일반신본풀이를 앞세웠을 따름이다.

일반신본풀이 1~4는 본풀이 사설만을 정리한 것과 의례 형식을 갖추어 본풀이 사설을 포함한 제차의 사설 전반을 정리한 것으로 나뉘는데, 대개 후자의 형식을 취한다. '천지왕본풀이', '구할망본풀이', '삼승할망본풀이', '마누라본풀이', '초공본풀이', '이공본풀이', '삼공본풀이', '세경본풀이', '처서본풀이', '지장본풀이'가 정리되어 있다. 특히 '초공본풀이'를 세 번이나 거듭 정리한 사실이 이목을 끈다. 강대원 심방은 초공본을 정리하면서 "각 선생님네가 초공본 푸는 것을 종합하여 다음과 같이 쓴다."고도 덧붙였다. 그가 '초공본풀이'에 두었던 관심이 어느 정도였는가를 짐작할 수 있다. '천지왕본풀이' 자료에서는 '베포도업침'이 아닌 '신도업(신메움)' 제차에서 '천지왕본풀이'를 푸는 것이 옳다는 견해를 거듭하여 밝혀 적는다. 이 사정을 알아야만 강대원 심방이 구연한 '천지왕본풀이'의 특성을 제대로 이해할 수 있다. 그밖에도 지역별로 본풀이 내용이 상이한 대목, '처서본풀이'와 같이 하나의 본풀이가 굿이나 제차에 따라 다른 신격에 대한 의례로 구연되는 지점 등도 꼼꼼하게 짚고 있다.

굿 제차별 무가는 '초감제', '시왕맞이' 등 굿 제차의 연행 순서에 따라 사설들을 정리한 자료이다. '초상계', '젯상계', '제오상계'의 연행상을 각각 자세하게 정리한 부분, '고리동반놀림', '용이전상베푸리(갈룽머리)', '몰놀이', '세경놀이' 등의 제차와 무가 사설을 정리한 대목도 눈에 띈다. 하나의 의례가 여러 유형으로 연행되는 방식들이 이 자료에 잘 정리되어 있다. 강대원 심방은 이 같은 양상을 특별하게 '~식'이라 표현하였다.

신앙권(마을)별 당신 일람은 거의 제주도 전역을 정리하다시피 하였을 정도로 강대원 심방이 공을 들여 작성한 자료이다. 당 신앙 계보, 신앙권의 변화와 가지가름에 대한 정보, 셋송당과 동·서과양의 신앙 양상, 북촌리 당굿과 산신놀이의 상관성을 언급하여 둔 대목 등 주목해야 할 정보들이 산재하여 있다. 대부분 신앙권(마을)별로 신명(神名)을 열거하는 방식을 취하였지만, 특정 권역에서는 당신본풀이를 함께 기록한 경우도 존재한다. '토산ᄋᆞ드렛당신본풀이', '토산일뤳당신본풀이'도 수록되어 있다. 다만 이 자료들은 본풀이의 서사만을 중점적으로 기록한 것이다. 따라서 신앙권(마을)별로 당신들과 당신본풀이를 정리한 자료와는 다소 결이 다르다.

편철 자료 가운데 '광산김댁전적본', '고전적본', '송당삼남매본', '봉개임조방장본'이란 제목만 달린 채 비어버린 쪽도 있다. 이 자료들까지 제대로 수합되었다면, 채록 시 조상신본풀이가 구연되지 못하였던 정황을 충분히 보완할 수 있었을 터라 아쉽다. 전사와 발간 작업에 치중한다며, 이를 놓쳐 버린 저자들의 과오가 너무도 크다. 강대원 심방이 타계하였으니 더없는 애석함만 남는다.

> 요주금제주토속신자들이, 하는것을, 가만회, 생각을해보면, 신앙에, 영기도, 안밑고, 본의, 몸바든, 조상에, 영기도안밑고, 오즉, 자기자신이다고만, 생각합니다
> 그레서는, 안되고, 학자, 박사님들과, 연구에, 학생님들이, 질문을하면, 옛풍속, 그대로다고만하고, 대답에, 연구는, 엾읍니다

강대원 심방이 자료를 건네며 했던 말들이 아직도 귀에 쟁쟁하다. 입으로 하는 말은 할 말도 잊게 되기 마련이니 이것을 꼭 함께 살펴 보아달라고 하였다. 못다한 말은 다 이 자료에 있다며 신신당부 하던 강대원 심방이다. 어찌보면 정작 이 책에서 가장 값지고 소중한 것은 '강대원 심방 문서'가 아닌가 한다. 강대원 심방은 연구자들과 학생들의 물음에 시원한 답, 정성을 다한 답을 주고 싶었던 듯하다. 이를 위해서는 자신부터 '제대로', '잘' 알아야 한다는 '확고한 의지', 그것이 곧 '신을 섬겨온' '강대원 심방의 믿음'이었다는 사실을 이제서야 깨닫는다. 그의 신념이 짙게 베인 '강대원 심방 문서'가 이 자료집을 계기로 보다 많은 이들에게 읽히기를, 관심의 대상이 되기를 간곡하게 바란다.

일러두기

1. 이 본풀이 자료집은 본풀이 채록을 목적으로 마련한 인위적인 상황에서 강대원 심방의 본풀이를 4일간 채록하여 전사한 결과물이다.
2. 목차의 본풀이 수록 순서는 강대원 심방이 4일에 걸쳐 구연한 순서를 그대로 따랐다.
3. 전사는 가능한 제주어 표기법을 따르되, 강대원 심방의 발음, 호흡 등을 최대한 반영해 구연자의 특성을 드러내고자 하였다.
4. 본풀이를 구연하는 데에 따르는 심방의 동작, 무복, 무구, 연물 반주, 말과 소리 등의 변화는 〔 〕를 이용해 모두 나타내었다.
5. 심방이 본풀이를 구연하다가 설명을 덧붙이거나 본풀이와 직접적인 관련이 없는 말을 하는 등의 대목은 〈 〉로 묶어 본풀이와 구분하였다.
6. 본풀이 내의 세부 제차(祭次)를 구분하여 표시하였다.
7. 심방이 치는 장구 장단을 기준으로 삼아 행을 나누었다.
8. 한문 표기는 ( )를 사용하였다.
9. 본풀이는 말, 소리, 음영으로 구분하여 전사하였다. 말은 장구를 치지 않고 일상적으로 말하듯이 구연한 것이다. 소리와 음영은 연물 반주 여부에 따랐다. 연물 반주를 하지 않으면서 읊조리듯 노래하는 부분이 음영이다. 말과 음영은 〔말〕, 〔음영〕으로 표기하여 밝히고, 소리는 따로 밝히지 않았다.
10. 본풀이 구연에서 내용 상 대화나 음조 등은 다음과 같이 구분하였다.
    - ― : 한 음으로 길게 한다.
    - ~ : 가락이 있는 음조로 길게 한다.
    - " " : 본풀이 내용 중 대화로 이루어진 부분을 나타낸다.
11. 심방이 구연하는 본풀이 내용 중 채록에 참가한 이들의 인명(人名)과 같은 개인정보는 감추었다.
12. 연물 반주 없이 구연한 본풀이의 경우 전사하는 과정에서 적절하게 임의로 문단을 나누었다. 이는 독자의 가독성을 돕고자 하는 취지이다.

천지왕본풀이

1. 개관

천지왕본풀이는 강대원 심방의 본풀이 채록 과정에서 가장 처음에 구연된 본풀이다. 2017년 11월 11일 오전 9시 20분경에 시작하였다. 천지왕본풀이의 서사 내용만을 구연하였기 때문에 시간은 약 29분 정도 걸렸다. 이 천지왕본풀이는 〈말미-본풀이〉의 하위 제차로 짜였다. 사실 '말미'라고는 하나 매우 짧게 언급한 정도로 그쳤을 뿐이다. 하위 제차를 세부적으로 구분할 만한 정도는 아니다. 본래대로 서사를 가진 '본풀이'로만 구연된 셈이다. 또한 평복을 입고 앉은 채로 장구를 치면서 천지왕본풀이를 하였다. 이러한 양상은 인위적인 환경을 만들고 본풀이를 채록하는 데 따른 것이다.

천지왕본풀이는 실제 굿판에서는 심방이 무복을 갖추어 입고 신을 청하는 '초감제'에서 구연하는 것이다. 천지왕본풀이는 초감제의 '베포도업침' 제차에 포함되어 있는 본풀이다. 베포도업침에는 창세(創世)와 관련한 내용이 담겨 있고, 그 가운데 해와 달의 유래를 말하는 월일광도업과 관련하여 천지왕본풀이가 구연된다. 초감제의 베포도업침 제차에서 하다 보니, 제주도 굿에서 가장 처음으로 구연되는 본풀이라고 할 수 있다. 그런데 '앚인굿'(앉은굿)으로 하는 큰굿의 초감제인가, '산굿'(선굿)으로 하는 맞이굿의 초감제인가에 따라서 구연하는 모습이 달라진다. 큰굿이 드물게 벌어지다 보니 시왕맞이 같은 맞이굿에서 심방이 서서 천지왕본풀이를 구연하는 모습을 더 많이 볼 수 있다.

서사 단락은 다음과 같다.

① 수면장제가 부자로 잘 살았지만 불효하고 남을 속이는 악행을 일삼았다.

② 천지왕이 염라대왕의 명에 따라 이승으로 가서 수면장제의 악행을 확인한 뒤 벌하였다.
③ 천지왕은 바구왕과 총명부인의 딸 서수암이와 인연을 맺은 뒤 옥황으로 올라갔다.
④ 서수암이는 아들 형제를 낳고 천지왕이 말한 대로 대별왕과 소별왕이라고 이름 지었다.
⑤ 대별왕과 소별왕은 성장하자 아방국과 어멍국을 각각 누가 차지할지를 두고 다투었다.
⑥ 대별왕이 이길 듯하자 소별왕이 속임수를 써서 결국 이겼다.
⑦ 대별왕과 소별왕은 각각 아방국(저승)과 어멍국(이승)을 차지하였고, 소별왕의 그릇된 행동으로 이승법은 어지럽게 되었다.
⑧ 염라대왕은 수면장제가 죽자 인간 세상에 환생시켜 귀양풀이나 불찍굿에서 얻어먹으며 살라고 벌을 주었다.

강대원 심방이 구연한 천지왕본풀이의 서사 단락을 바탕으로 이 본풀이에 나타난 특징을 살펴본다. 천지왕본풀이 이본들과 공유되는 부분도 있지만 때로는 자신만의 독자적인 특징이 두드러지는 면도 더러 발견할 수 있다.

강대원 심방이 구연한 천지왕본풀이의 서사는 넓은 관점에서 보면 기존에 알려진 다른 심방의 천지왕본풀이와 비슷한 면모를 보인다. 천지왕이 수면장제의 악행을 징치한다. 그 뒤 천지왕은 서수암이와 인연을 맺어 대별왕과 소별왕을 낳는다. 형제는 서로 겨루고 그 결과 각각 아방국(저승)과 어멍국(이승)을 차지한다는 내용이다.

천지왕본풀이의 이본들과 견주어 본다면 일월조정(日月調整) 혹은 월일광도업과 관련한 서사가 없다는 점은 큰 차이라고 할 수 있겠다. 즉 천지왕본풀이의 일반적인 특징으로 많이 알려진 창세적 요소가 드러나지 않는다. 대별왕과 소별왕 형제가 활을 쏘아 두 개의 해와 달을 각각 하나씩으로 조정한다는 내용이 없는 것은 이본들과 변별되는 가장 큰 특징이다.

대별왕과 소별왕이 차지하는 영역 혹은 직능도 여러 형태로 표현되어 나타난다. 흔히 천지왕본풀이는 대별왕이 저승(저승법)을 차지하고, 소별왕이 이승(이승법)을 차지하는 정도로 구연된다. 하지만 강대원 심방은 이들 형제가 단순히 저승과 이승만이 아니라, 여러 영역에 걸쳐 연관된다고 인식하고 있다. 곧 대별왕은 아방국–저승–옥황–하늘을 차지하고, 소별왕은 어멍국–이승–지국성–땅을 차지한다고 하였다. 다만 전자인 경우 저승이 옥황이나 하늘과 어떠한 맥락으로 연결될 수 있는지는 서사에서 분명히 드러나지 않았다.

수면장제의 악행과 염라대왕의 징치가 서사 내용이나 구연 분량 등에서 매우 비중 있게 다루어졌다는 사실도 주목할 수 있다. 강대원 심방 구연 천지왕본풀이의 서두와 마무리는 수면장제와 염라대왕의 이야기로 이루어졌다. 크게 보면 대별왕과 소별왕 이야기는 수면장제와 염라대왕 이야기 속에 들어 있어 마치 액자 구성과도 같은 상황이다. 서두에서 염라대왕이 천지왕을 시켜 수면장제에게 벌을 주게 한다는 내용이나, 마무리에서 염라대왕이 직접 수면장제의 악행을 징치한다는 내용을 강조하였다. 또한 저승과 관련하여 염라대왕과 대별왕을 함께 언급하는 점도 흥미롭다. 염라대왕이 이미 저승에 존재하는데 대별왕이 저승을 차지한다고 하였기 때문이다. 강대원 심방이 나름대로 이 본풀이를 인식하고 해석하는 지점이 엿보인다.

이밖에 다른 몇몇 사항도 거론할 수 있겠다. 천지왕이 서수암이에게 증표로 준 박씨의 양상이 두드러지지 않고, 서사적 맥락에서도 의미 있게 활용되지 않았다. 대별왕이 옥황으로 올라가 보니 아버지가 타던 용상이 비어 있었고, 대별왕이 그 용상에 앉으니 용상이 우는 소리를 내었다는 대목도 다른 서사 단락과 연결되는 맥락이 보이지 않는다. 그런가 하면 제주시 해안동에 있는 '동당'과 '서당'의 당신명이 각각 대별왕과 소별왕이라며 천지왕본풀이와 관련이 있다는 설명도 하였다. 기존 조사 자료에 따르면 해안동에서는 동동 본향당은 '하르방당'이라고 하며 '대별왕또 소별왕또'를 모신다. 다만 동당에서는 천지왕의 아들로 인간 세상의 곡식 낟알을 먹은 죄로 귀양 정배되어 대별왕이 좌정하였다는 본풀이가 전한다. 해안동의 중동·서동 본향당은 '할망당'이라고 하며 '송씨 할마님'을 모시고 있다. 실제 해안동의 당신앙 사례를 천지왕본풀이에 연결하였다.

강대원 심방은 자신이 알고 있는 무속지식을 본풀이 구연에 포함하여 강조하는 경향이 있다. 수면장제가 어느 고을 사람인지 알 수 없다거나, 본풀이 구연을 마치는 대목에서 천지왕본풀이가 어떤 굿의 어떤 제차에서 구연하는지에 대한 부연 설명을 하였다. 이러한 점은 강대원 심방이 평소 굿 문서를 기록하는 데 집중하며 자신의 지식을 점검하기를 즐겨하는 양상과 관련이 깊다. 게다가 제주시 해안동의 당신앙

언급 사례를 볼 때 자신이 제주 서촌(西村) 지역 출신으로 해당 지역 사정에 비교적 밝다는 장점을 기회가 닿는 대로 활용하고자 한다.

2. 내용

강대원 심방 구연 천지왕본풀이의 줄거리는 수면장제의 악행, 천지왕의 징치, 천지왕과 서수암이의 결연, 대별왕과 소별왕의 출생, 형제의 아방국·어멍국 차지 다툼, 소별왕의 승리, 형제의 아방국·어멍국 차지, 염라대왕의 수면장제 징치로 이루어졌다. 이를 구체적으로 정리하면 아래와 같다.

수면장제가 부자로 잘 살았지만 나쁜 행동을 일삼았다. 가난한 사람들이 곡식을 꾸러 오면 모래를 섞어 주거나 좋지 않은 곡식을 주기 일쑤였다. 게다가 부모도 잘 모시지 않았다. 수면장제의 부모는 아들에게 살아있을 때라도 하루 세 끼 잘 먹여달라고 하여 겨우 얻어먹다가 죽었다. 하루는 염라대왕이 저승 영혼들에게 자손들을 찾아가 명절 제사를 대접받고 오라고 하면서 저승 옥문을 열어 주었다. 염라대왕은 수면장제의 부모가 가지 않는 것을 알고 그 사연을 듣게 되었다. 염라대왕은 천지왕을 불러 수면장제에게 벌을 주라고 하였다.

천지왕은 이승에 가서 바구왕 집에 머물렀다. 총명부인은 천지왕에게 밥을 대접하기 위해 수면장제에게 쌀을 꾸어왔다. 하지만 수면장제가 쌀에 모래를 섞는 바람에 아무리 잘 씻어 대접하여도 천지왕이 그만 모래를 씹고 말았다. 천지왕은 괘씸한 수면장제에게 벌을 주기 위하여 수면장제의 집에 흉험을 준 뒤에 머리에 무쇠철갑을 씌웠다. 수면장제는 머리가 무거워 괴로워하다 아들들에게 도끼로 자신의 머리를 내리치게 하였다. 그제야 천지왕은 수면장제의 무쇠철갑을 거두어주었다.

천지왕은 바구왕의 딸인 서수암이를 보고 하룻밤 인연을 맺었다. 천지왕이 옥황으로 올라갈 때 서수암이가 증표를 달라고 하자 박씨를 주었다. 서수암이는 천지왕에게 포태를 가졌다고 말하였다. 천지왕은 아들을 나면 큰아들은 대별왕, 작은아들은 소별왕이라고 이름 짓고 딸을 나면 큰딸은 데별덱이, 작은딸은 소별덱이라고 이름 지으라고 일러주었다. 서수암이는 박씨를 심고 그 줄기가 커서 뻗어갈 때 아들 형제를 낳았다. 아이들을 각각 대별왕과 소별왕이라고 이름 지었다.

대별왕과 소별왕 형제는 열다섯이 넘어 성장하자 아방국과 어멍국 가운데 서로 어느 곳을 차지할 것인지를 두고 다투었다. 형제는 먼저 수수께끼를 겨루고 이어 꽃 가꾸기와 잠자기 내기를 하였다. 소별왕은 수수께끼 겨루기에서 자신이 이겼다고 할 뿐만 아니라, 대별왕이 번성하게 키운 꽃사발마저 대별왕이 잠자는 사이에 자신의 것과 바꿔놓는 속임수를 써서 결국 이겼다. 대별왕은 아방국(저승)을 차지하고 소별왕은 어멍국(이승)을 차지하였다. 이에 대별왕은 소별왕이 그릇된 마음을 먹었기 때문에 이승법은 도적이나 사기꾼이 많아 어지러울 것이라고 하였다. 대별왕이 옥황으로 올라가 보니 아버지가 타던 용상이 비어 있었다. 대별왕이 그 용상에 앉으니 용상이 우는 소리를 내었다.

염라대왕은 수면장제를 크게 혼내 줄 생각을 하고 있었다. 마침 수면장제가 죽어 저승에 가자 염라대왕은 수면장제에게 부모에 불효하고 가난한 사람을 박대한 죄를 물었다. 염라대왕은 수면장제를 인간 세상에 환생시켜 사람 죽으면 하는 귀양풀이나 불이 났던 집에서 하는 불찍굿에서 오곡밥 오곡떡이나 얻어먹으며 살라고 벌을 주었다.

3. 구연 자료

천지왕본풀이>말미

〔장구를 몇 번 치다가 그치고 말명을 시작한다.〕

하늘 ᄎᆞ지 천지왕 난산국[1] 본산국 시주낙형 과광선드레 제ᄂᆞ려[2] 지돌아 하강(下降)헙서-.

천지왕본풀이>본풀이

〔장구를 치기 시작한다.〕

엿날이라 엿적 됩네다.

---

1) 난산국 : 본디 태어난 곳과 그 내력.

2) 제ᄂᆞ려 : 내려.

〔음영〕 수면장제란 옛 인셍(人生)이 아바지 몸에 뼈 빌곡 어머니 몸에
술 빌언 이 세상 탄셍(誕生)허여
이 세상 탄셍 후 육아[3] 커 갈수록 ᄋᆞ망지고[4] 머리가 좋아지여 사녑데다 헌디
이십 쓰물 넘어 어~
갈림허고[5] 사는 게
아덜 삼형제 소셍허고 어~
딴[6] 불턱[7] 허여근 사녑데다.
〔음영〕 살아가멍 세경땅 농서(農事) 농업(農業)
지어근
부가허고 예 지가허게[8] 잘 살아가는디
〔음영〕 옛 엇은[9] 사름덜 에~ 곡석(穀食)을 꾸레
왕 허민
〔음영〕 ᄋᆞᆷ은[10] 곡석 줄 떼에
에~
〔음영〕 말 뒈[11] 속에 존[12] 자갈 담곡 그 우이
흑몰레를[13] 담곡
〔음영〕 쏠 ᄒᆞᆫ 말 뀌와 도렝[14] 허민
예~ 어~
〔음영〕 ᄒᆞᆫ 뒛박 주믄 예 우이

---

3) 육아 : 성장하여.
4) ᄋᆞ망지고 : 야무지고.
5) 갈림허고 : 혼인하고.
6) 딴 : 다른.
7) 불턱 : 땔감으로 불을 피우는 곳. 즉 '딴 불턱'은 여기서는 혼인을 하여 분가하였다는 뜻.
8) 지가허게 : 앞의 '부가허고'에 조운(調韻). '부가'는 '부유하다'는 의미.
9) 엇은 : 없는.
10) ᄋᆞᆷ은 : 여문.
11) 말 뒈 : 말 되(斗). 곡식의 양을 헤아리는 단위.
12) 존 : 크기가 아주 작은.
13) 흑몰레 : 검은 모래.
14) 뀌와 도렝 : 꾸어 달라고.

옶은 곡석 놓앙
〔음영〕 예 또로 빌려주엉 받을 떼에는
예 또로 죽은 곡석 주엉
옶은 곡석 말로 받곡 뒈로 받곡 허여근 사는디
〔음영〕 예 수면장제도 나이 들어가곡 예 아이덜토 나이
들어가 가난
〔음영〕 또 이전 아바지 어머님도 계시고
영 헌디 부모님에 음식을 주는디
〔음영〕 ᄒᆞ를 삼끼 구짝[15] 멕영
살려 갓당
〔음영〕 욕심이 많은 수면장제랑
ᄒᆞᆫ 끼 줄여 양끼 멕여 살리곡
양끼 멕여 살리당 양끼 줄여 ᄒᆞᆫ 끼 멕여
부모님도 살려 갑데다 영 허여 산디
어~ 어~
〔음영〕 아바지 어머님 예 베고판 살 수가 엇어져 가난 아덜 불러놓고
허는 말이
〔말〕 예 "설운 애기야. 어떵 헤연 ᄒᆞ를 밥 삼끼 주단 ᄒᆞᆫ 끼 줄여 양끼 주고
양끼 줄여 ᄒᆞᆫ 끼만 주느냐.
베고판 못 살키엔." 영 허연 말을 허난 수면장제님은
〔말〕 아바지 어머니보고 허는 말이 "아바지 어머니 그런 말 맙서. 일로후제[16]
아바지영 어머니영 살당
죽엉 ᄒᆞ민
〔음영〕 장서(葬事)도 지네사 헐 게고 ᄒᆞ를
예~
〔음영〕 상식(上食)도 올려사 뒐 게고 초ᄒᆞ를 보름도[17] 허여사 뒐 거고

15) 구짝 : 제대로.
16) 일로후제 : 후에. 나중에.

일 년 돌 상[18] 이 년 돌 상[19]

〔음영〕 데소(大小) 기일(忌日)도 허여사 될

게곡

〔음영〕 삼년상(三年喪)은 오민 식게도[20] 헤사곡 멩질(名節)도

허여근 데접(待接)허여사 헐 거난

〔음영〕 산 떼에 나도 욱은[21] 오몽허곡[22] 야 곡석 돈이영 이거 줄영 놔두지 안 허민 아바지 어머니 죽엉

모실 수 업십네덴."

말을 허난

〔말〕 예 아바지 어머니 허는 말은

〔음영〕 "설운 애기야. 우리가 산 떼에 베불게 멕여 도라. 죽엉은 와질티 못 올티도 모르고 상식도 안 놔도 좋고 초ᄒᆞ루 보름도 안 헤도 좋고

데소 기일도 아니 허여도 좋고

어~

〔음영〕 제서(祭祀) 멩질(名節)도 아녀도 좋덴."

허난

"어서 걸랑 기영 헙서."

이리 허여근

에~

〔음영〕 이젠 아바지 어머니 예 ᄒᆞ를 ᄒᆞᆫ 끼만 멕이단

음식

삼끼 멕여

살리당 아바지 어머니 나이 웬만(年晩) 뒈여

17) 초ᄒᆞ를 보름도 : 삭망제(朔望祭)도.

18) 일 년 돌 상 : 일 년 만에 돌아오는 소상(小喪)을 이름.

19) 이 년 돌 상 : 이 년 만에 돌아오는 대상(大喪)을 이름.

20) 식게 : 기일제사.

21) 욱은 : 약은.

22) 오몽허곡 : 움직이고. '욱은 오몽허곡'은 약게 행동하는 모양을 말함.

세별(世別)허난 감장(勘葬)시겨 두곡

사는디 훈 헤 날은

〔음영〕 선돌 그믐이 당허고 예 저싱 염녜왕(閻羅王)이 옥지기덜 불러 놓고

허는 말이사

〔음영〕 "옥문(獄門)을 열고 즈순(子孫)이 잇던 없던 몬짝[23] 나강 즈순 잇는 혼벽(魂魄)이랑 제서(祭祀) 멩질(名節)

받앙 오곡

〔음영〕 즈순 없는 혼벽이랑 올레[24] 걸명이라도[25] 허영

케우리거들라근[26]

〔음영〕 응감(應感)허영 오렌." 헤연

놔뒷인디만은

염녀데왕은 어~

〔음영〕 옥(獄)을 돌아보저 허여 돌아다니는디 난데엇은

울음소리가 나지곡

〔음영〕 이리 허여 간 보난 수면장제 아방 어멍

네웨간(內外間)입데다.

〔음영〕 "어떵 헨 오널은 이엣 넬 정월(正月) 초호를 몬딱 옥문 열령 네려강 즈순이 잇던 없던 즈순 잇인 혼벽이랑

이엣 송하쓰[27] 데멩질(大名節) 받곡

〔음영〕 예 엇은 혼벽이라근 걸명이라도 받앙 오렌

허연

〔음영〕 옥문을 몬딱 열련 보넷인디 아이 갓이닌?" 허난

수면장제

〔말〕 아바지영 어머니영 허는 말은 "우린 네려가도 즈순 잇곡 아기가 잇어도

23) 몬짝 : 모두.

24) 올레 : 거릿길에서 집으로 가는 길.

25) 걸명 : 제(祭)를 지낸 뒤에 잡신(雜神)을 대접하기 위하여 음식을 조금씩 걷어 던지는 일.

26) 케우리거들라근 : 고수레하거든.

27) 송하쓰 : 정월(正月) 명절이라는 뜻의 일본어 しょうがつ.

어느 누게 이승 녹(祿)을 다 먹언 와 부난

물 ᄒᆞᆫ 적[28] 아니 줄 게난

아니 간 옥에서 울엄수덴." 허난

〔음영〕 "어느 누게가 뒈느넨?" 허난 "수면장제엔." 허난 〈어느 고을 말은 이제ᄁᆞ지 ᄀᆞᆮ는[29] 심방이

엇입데다.〉

이리 허여근

〔음영〕 "경 허넨." 허난 그떼엔 염녀데왕이

천지왕을 불러 놓고선

예 "수면장제 집을 ᄎᆞ아가

〔음영〕 예 수면장제 집이 예 숭엄조훼(凶險災禍)를 불러 줘동

오렌." 허여 말을 허난 천지왕은

〔음영〕 문세(文書) ᄎᆞ지 췌판관(崔判官) 염녀데왕 말을 듣고

네려오는 것이

〔음영〕 날이 저물어 지어 이엣 주인 묵앙 허레[30] 가는 게

바구왕 집으로

〔음영〕 주인 묵앙 들어가곡 영 헌디 예 바구왕 부인

총명부인은

〔음영〕 아이고 손임이 오난 손임

데접허저

〔음영〕 고팡(庫房)에 들언 ᄊᆞᆯ항은 보난 ᄊᆞᆯ ᄒᆞᆫ 줌도

엇어지곡 그떼에

〔음영〕 총명부인이 수면장제 집이 간 ᄊᆞᆯ ᄒᆞᆫ 뒛박만

꿔와 도렌 허난

〔음영〕 ᄊᆞᆯ ᄒᆞᆫ 뒛박 꿔와 줄 떼도 속에 자갈 몰레 담곡 그 우이[31]

---

28) ᄒᆞᆫ 적 : 한 모금. 적=직. '직'은 모금, 숟갈 등을 가리키는 단위.

29) ᄀᆞᆮ는 : 말하는.

30) 주인 묵앙 허레 : 유숙(留宿)하러.

31) 우이 : 위에.

이엣 쏠 훈 뒈왁세기[32] 놓안

〔음영〕 예 꿔 주난 그거 앗안[33] 오란

총명부인은

〔음영〕 천지왕에 저녁 진짓상

출려근 올려놓저 영 허여

〔음영〕 머흘을[34] 크쿨이[35] 일어 쏠 싯어[36] 진짓상

출려근

〔음영〕 들러다 놓고 또 천지왕은 저녁 진짓상이난

훈 술 뜨고 두 술 뜰 적에근

〔음영〕 머흘이 들어 머흘을 씹어 지난 이엣 천지왕은 총명부인 불러

예 "이거 어느떵[37] 헌 일로

〔음영〕 훈두 적에 머흘을 씹엄시닌?" 허난 "그게 아이라 수면장제 집이 간 쏠 저녁 진지쏠 엇이난

어~

〔음영〕 또 훈 뒛박 꾸어 오는 게 쏙엔

자갈 놓고

우에 중간에는

몰렐 놓고

〔음영〕 그 우이 쏠 훈 뒛박

놓안 주언 허여

〔음영〕 예 그걸 다 씻어

〔음영〕 머흘을 인뎅 헤도 머흘 든 듯 허우다."

아닐 케 아니라

32) 뒈왁세기 : 식되. 집에서 곡식, 가루 등을 담아 그 양을 헤아리는 데 쓰는 작은 그릇.

33) 앗안 : 가져.

34) 머흘 : 돌멩이, 자갈.

35) 크쿨이 : 깨끗이.

36) 싯어 : 씻어.

37) 어느떵 : 어떠한.

〔음영〕 천지왕은 요 수면장제놈

어~ 헹실머리

궤씸허긴 허구나 영 생각허연

뒷날은 날이 세여지영

〔음영〕 여 천지왕 집이 이에 가 숭엄(凶險) 불러주기를

밧갈쉐[38] 쉐왕에[39] 메엿이난

〔음영〕 이걸 클러놓고[40] 집 상상 주추ᄆᆞ를[41] 어떵사 올렷인딘 모르쿠다만은

올려놓고

〔음영〕 봉에[42] 치멍 홍에 치멍[43] 집 상ᄆᆞ를 예 파궤(破壞)허여 가난 수면장제

아덜덜은

〔말〕 "아바지야. 어떵 헨 저 밧갈쉐야 지붕 상ᄆᆞ를 올란 홍에 치멍 상ᄆᆞ를 팜수다." 〔음영〕 "네여 불라 오유월(五六月)

마간이[44]

〔음영〕 갈멍 얼먹으난[45] 검불림[46] 갓저." 요것도 아니 뒐로구나.

밧갈쉐 네류고[47]

〔음영〕 그 다음 두 번쩨는 예 부억에[48]

솟단지[49]

〔음영〕 저 마당에 걸음을 걷게 허난

---

38) 밧갈쉐 : 밭을 가는 데 부리는 소.

39) 쉐왕 : 외양간. = 쉐막.

40) 클러놓고 : 풀어놓고.

41) 상상 주추ᄆᆞ를 : 지붕.

42) 봉에 : 등에. = 봉엥이.

43) 봉에 치멍 홍에 치멍 : 소에게 등에가 달라붙어 소가 '홍홍' 소리를 내는 모양. 즉 소가 흥분하여 날뛰는 모양을 말함.

44) 마간이 : 장마 시기가 지난 뒤에 파종하는 조(粟) 농사 따위.

45) 얼먹으난 : 고생하니.

46) 검불림 : 시원한 바람 맞기.

47) 네류고 : 내리고.

48) 부억 : 부엌.

49) 솟단지 : 솥단지.

어허근

〔말〕 "아바지야." "무사?"[50] "어떵 헨 부억에 솟단지가야." "어." "마당에 걸음을 걸엄수다." "네여 불라. 그거 아침 정심 저녁

뒈여 지여근

삽데다.

〔말〕 하도 더우난 검불림 나오랏저."

요것도 아니 뒐로구나.

〔음영〕 영 허여 그떼엔

또 다시

〔음영〕 천지왕이 수면장제 머리에 무쉐설캅을

씌와 간다 무쉐설캅을 씌와근 이리헌 게

〔음영〕 아이고 수면장젠 머리 무거우난 데천 한간 엿날 지방 베연 누멍 예 황기 도치[51] 네놔 큰아덜 불러 "나 머리 벌르렌."[52] 허난 큰아덜은 ᄎᆞ마 진정 아바지 머리레 황기 도치 놀 수

없어지여 무너사난[53]

〔음영〕 둘쳇 아덜을 불러놓고 〔말〕 "설운 애기야. 이 나 머리레 황기 도치로 벌르라. 머리 무거완

못 살키여."

〔음영〕 둘쳇 아덜도 물러사고

족은아덜

〔음영〕 불러근 "족은놈아. 나 머리 벌르렌." 황기 도치 주난 족은아덜은 벙에눈[54] 버릅뜨고 삼각술 거시려 예 아바지 머리 우터레 또이 황기 도칠 놓젠 헌 것이 확

예 천지왕은

무쉐설캅을 어~ 어허근

---

50) 무사 : 왜.

51) 도치 : 도끼.

52) 벌르렌 : 깨뜨리라고.

53) 무너사난 : 물러나니.

54) 벙에눈 : 봉안(鳳眼).

걷어 갑데다 그날이 어두와지영
또 이전
〔음영〕 누워근 좀을 자다 천지왕은 소피를 보고정
허난
〔음영〕 예 저 화장실러레 가단 보난 예 구들에 불 싸진[55] 디가 시언[56] 간 보난
바구왕 뚤입데다 서수암이
〔음영〕 혼자 잇이난 언약(言約) 엇이
눌려 들어근
〔음영〕 예 그날 밤을 세고
또이
〔음영〕 뒷날이 세고 예 또로 이 천지왕은 옥황(玉皇)드레 도올르젠 허난 예 서수암이
허는 말이
〔말〕 "ᄒᆞ룻밤을 살젱 헤도 만리성(萬里城) 둘르고 ᄒᆞ룻밤에
정을[57] 두엇수다.
〔음영〕 영 허연 헌디 예 나에게 본메 본짱을[58] 두고 갑서."
본메 본짱은
ᄏᆞᆨ씨[59] ᄒᆞᆫ 방울을 예 네여 주며
〔말〕 "문 욜앙[60] 딱 봐질 디
심어근
이주 이거 ᄏᆞᆨ씨 나근
줄 벋어 꼿 피어 열메 욜앙
〔말〕 허영 허민 나 올키엔." 허난 "경 허우꽈? 경 헌디 내 어떵사 뒐런지 모르쿠다.

55) 불 싸진 : 불 켜진.
56) 시언 : 있어.
57) 정 : '정낭'의 준말. 거릿길에서 집으로 들어오는 길목에 대문(大門) 대신 가로 걸쳐 놓는 길고 굵직한 나무.
58) 본메 본짱 : 증거가 되는 사물.
59) ᄏᆞᆨ씨 : 박씨.
60) 욜앙 : 열어.

꼭 포테(胞胎) 궂어진[61] 거 담고

영 허니

〔말〕 아덜 나민 뭣이옝 이름 집곡[62] 뚤은 허민 뭣이엥 지읍네까?" "아덜 문저[63] 난 걸랑 데별왕

예 말쩨(末子) 난 건

〔말〕 소별왕." "뚤은마씸?"[64] "큰걸랑 데별덱이 족은걸랑

소별덱이 마련허라."

〔음영〕 일러두곡 갑데다 천지왕은 옥황 도올르고

그날 예

서수엠인 또 다시

〔음영〕 그 콕씨 혼 방울 심으난

순(筍)이 난다.

줄이 벋고 입이[65] 난다.

〔음영〕 예 혼 가달은[66] 지붕 우트레[67]

올라가곡

〔음영〕 혼 가달은 땅 알로[68]

벋어갈 적

〔음영〕 예 서수엠인 아덜 성제(兄弟) 나 문저 난 건 천지왕 말데로

데별왕

족은건 소별왕

〔음영〕 영 허여근 이름 집고 크어가 열다섯 십오 세 넘어가난 성제(兄弟)가 아방국광 어멍국

61) 궂어진 : 가진.

62) 집곡 : 지우고,

63) 문저 : 먼저.

64) 뚤은마씸 : 딸은요. '마씸'은 서술어미 뒤에 덧붙여 존대를 나타내는 첨사.

65) 입이 : 잎이.

66) 가달은 : 다리는.

67) 우트레 : 위에.

68) 알로 : 아래로.

ᄃᆞ투왕[69]

〔음영〕 싸와 갑데다 헌디 〔말〕 ᄒᆞ를은 소별왕이 형님보고 "옵서 형님 나영[70] 예숙 제꼉[71] 진 사름으로 아방국 어멍국 ᄎᆞ즐락[72] 허게마씸."

"어서 걸랑 기영 허저."

〔음영〕 이리 허여근 이엣 예숙을 제끼는디 〔말〕 "성님." "무사?" "어떵 헨 동산에 풀은야." "응." "메가 졸르곡[73] 굴렁엣 풀은 메가 집네까?"[74] "아이고 설운 동싱(同生). 경 헌 말 허지 말라.

예헤근

〔말〕 동산에 풀 메 졸르는 건이." "예."

〔말〕 "비가 오랑 그디 그 좋은 거름덜 문짝[75] 굴렁드레

이엣 씰어[76] ᄂᆞ류와 불민[77]

〔말〕 메가 ᄌᆞ땅[78] 동산엣 풀은 메가 졸르곡 굴렁엣 풀은 걸름[79] 잇어부난

메가 질어진다."

〔말〕 "아이고 경 허우꽈. 견디[80] 성님 경 헌 소리 허지 맙서." "무사?" "사름은야."

"어." "머리엔 털이 셔도[81] 손등뗑이[82] 〔음영〕 발등뗑이엔[83]

털이 엇수다.

〔말〕 나앞이[84] 예숙 하나 지엇수다." "경 허냐."

---

69) ᄃᆞ투왕 : 다투어.

70) 나영 : 나와.

71) 예숙 제꼉 : 수수께끼 하여.

72) ᄎᆞ즐락 : 찾기.

73) 졸르곡 : 짧고.

74) 집네까 : 깁니까.

75) 문짝 : 모두.

76) 씰어 : 쓸어.

77) ᄂᆞ류와 불민 : 내려 버리면.

78) ᄌᆞ땅 : 짧아.

79) 걸름 : 거름.

80) 견디 : 그런데.

81) 셔도 : 있어도.

82) 손등뗑이 : 손등.

83) 발등뗑이 : 발등.

"경 허민 설운 성님아.
어떤 남은[85] 속이
〔음영〕 튼튼헤도 잎사귀 문짝
떨어지곡
〔음영〕 또 어떤 낭은 속이
구려도
〔음영〕 예 동지(冬至) 섣돌에 설한풍(雪寒風)에도 예 이파리가 푸릅네까?"
"그것은
〔음영〕 예 속이 구려
예 또이 겨울 나민 단풍법(丹楓法)
영 허영
〔말〕 또 이전에 경 뒈어진덴." 허난 그뗀 "경 헌 소리 맙서. 성님 왕데 죽데 수리덴 양[86] 속이 구려도 동지(冬至) 섣돌 설한풍(雪寒風)에 봄에만 아니라
예
〔말〕 잎사귀가 퍼렁케 삽니께. 〔음영〕 그것도 나앞이 졋수다."
"기영 허냐."
또 다시
〔말〕 "성님 삼시번쩬 무슨 예숙을 제끼는곤 허난 은쒜양 놋쒜양[87] 놓곡 그디 흑[88] 담아 놓곡
영 허여근
어~
〔음영〕 꿋씨 연씨 들영 꿋번성 뒈는 냥 아방국 어멍국
예
〔음영〕 ᄎ지헐락[89] 허게마씸."

---

84) 나앞이 : 나에게.
85) 남은 : 나무는.
86) 왕데 죽데 수리데 : 대나무를 이름.
87) 은쒜양 놋쒜양 : 은과 놋으로 만든 대야.
88) 흑 : 흙.

"어서 걸랑 기영 허라."

영 허여근

이젠

〔음영〕 예 꿋씨 연씨 들여 가곡 〔말〕 또 소별왕은 허는 말이 "성님. 옵서 줌이나 혼줌 잘락[90] 허게마씸." "기영 허라."

이엣 줌잘 네기[91]

〔음영〕 허엿인디만은 성님은 ᄆᆞ음 놓안 코롱코롱 쿳소리도 치멍 자고 예 소별왕은 여세줌[92] 자멍 엽눈으로 베려보난 이녁[93] 싱근[94]

예 놋쒜양에는

〔음영〕 예 꿏이 금뉴울꿋[95] 성님 꿋은 동청목(東青木) 남적화(南赤火) 서벡금(西白金) 북헤수(北黑水) 중앙(中央) 황토(黃土) 오섹(五色) 꿋 모냥으로 만발(滿發)허여 간다.

〔음영〕 술짝허게[96] 성님 자는 디 꿋 봐꽈 놓아 이떼에 초감제[97] 헐 떼 또 시왕(十王) 맞인 떼에 고리동반[98] 예 바꽈놓기법[99]

마련도 허엿수다.

마련허여지곡

또 이전~

〔음영〕 예 이젠 또 소별왕이 〔말〕 "성님 잠수가? 무슨 줌을 경 잠이꽈? 아이고

---

89) ᄎᆞ지헐락 : 차지하기.

90) 혼줌 잘락 : 한잠 자기.

91) 줌잘 네기 : 잠자는 내기.

92) 여세줌 : 여윈잠. 깊이 들지 아니한 잠.

93) 이녁 : 자기.

94) 싱근 : 심은.

95) 금뉴울꿋 : 시든 꽃.

96) 술짝허게 : 살짝.

97) 초감제 : 제주도 굿에서 청신(請神)하는 제차.

98) 고리동반 : 방석 역할을 하는 벙게떡과 일곱 개의 방울떡을 연결하고 위에 너울지를 씌워 만든 떡.

99) 바꽈놓기법 : 바꾸어 놓기 법. '고리동반 바꽈놓기법'은 실제 굿에서 천지왕본풀이를 구연할 때 이 대목에 이르면 소미들이 제상 위에 놓인 고리동반들을 서로 위치를 바꾸어 놓는 행위를 말함. 실제 굿판에서 이 본풀이를 구연하는 것이 아니기 때문에 부연하여 설명하고 있음. 만약 실제 굿에서 구연되었다면 소미들이 알아서 고리동반을 바꾸어 놓는 행동을 함.

성님이랑 저싱 ᄎᆞ지헙서. 난 이싱 ᄎᆞ지허쿠다. 이승 꽃은 나 꽃은 번성꽃이 뒈고 형님 꽃은 금뉴울꽃 뒈난." "기여." 저

데별왕 허는 말이

〔말〕 "설운 동싱아 아방 어멍국 ᄃᆞ투왕 싸우멍이 늘랑 이싱 ᄎᆞ지허고 날랑 저싱 ᄎᆞ진 허켜만은 허뒈 느부떠이[100] 음훈[101]

ᄆᆞ음

먹어 노난

〔음영〕 이싱법은 강적(江賊) 수적(水賊) 도적(盜賊) 역적(逆賊)이

만허여지곡

〔음영〕 요셋말로 사기꾼도 하지곡[102]

영 헐 거여.

어서 너 어멍국 ᄎᆞ지허라. 난 아방국을

ᄎᆞ지허민." 이리 허여

〔음영〕 예 소별왕은 지국성

ᄎᆞ지

쳇 데별왕은

〔음영〕 아방국 옥항으로 도올란 보난 아버지 타던

용상(龍床)은 비엇구나.

〔음영〕 아버지 타던 용상 비엇인디 이 그 용상더레 ᄒᆞᆫ 번 턱 올라 앚이난 용상이 드르르허게 우난

"이 용상아 저 용상아

임제[103] 모른 용상아

〔음영〕 주인 모른 용상아 아무도 앚으믄 주인이고 임제여 무사 경 울엄시니?"

영 허멍 허난 그떼엔

예 요세엔

---

100) 느부떠이 : 너부터.
101) 음훈 : 의뭉스러운.
102) 하지곡 : 많고.
103) 임제 : 임자.

〔음영〕 베포도업 치멍[104] 또 다시

보면은

어~

〔음영〕 하늘 ᄎ진 데별왕 땅 ᄎ진 소별왕이엔 허곡 저 제주시(濟州市) 헤안동(海安洞) 가면은 동당(東堂)은[105] 천지천왕

데별왕또

서당(西堂)은[106] 소별왕 할망당

〔음영〕 마련도 뒈엇수다만은 허뒈 글지후에[107] 수면장젠 멩(命) 졸란[108] 죽어지언 저싱을

간다

〔음영〕 염녀데왕은 문셀[109] 잡안 앚아 요놈으 ᄌ석(子息) 어는제민 오민 훈번 뒌[110] 벌역(罰役)

시기리

〔음영〕 허는 게 죽언 수면장제 저싱 기난 염녀데왕은 문서 잡안 앚앗단

수면장제 올라가난

〔음영〕 '요놈으 ᄌ석 오랏구나.'

어허근

〔음영〕 "너 인간 살아 허인 공덕(功德) 몬딱 일르렌." 허난 "부모 ᄌ식도 잘 부모 데접도 잘 허고 아기 ᄌ순도 잘 키왓젠." 허난 "경 허냐.

느네

〔음영〕 아방 예 뻬 주곡 어멍 술 주언 난 열다섯 십오 세 넘곡 갈림

후에

---

104) 베포도업 치멍 : 베포도업침을 하면서. '베포도업침'은 청신 제차인 초감제에 속하는 하위 제차.

105) 동당(東堂) : 제주시 해안동에 있는 신당. 동동 본향당(하르방당). 대별왕또 소별왕또를 모심.

106) 서당(西堂) : 제주시 해안동에 있는 신당. 중동·서동 본향당(할망당). 송씨 할마님을 모심.

107) 글지후에 : 뒷날의 어느 때. =그루후제.

108) 졸란 : 짧아.

109) 문셀 : 문서(文書)를.

110) 뒌 : 고된.

〔음영〕 아바지 어머니 어떵 어떵 공양(供養)을 헨딘?" 허난 "잘 헤엿수덴." 허난 "무신 거 무신 거 잘 헷이니?" "ᄒᆞ루 삼끼 죽어 상식(上食) 초ᄒᆞ를 보름 데숙일(大朔日) 식게 멩질(名節) 잘 헷수덴."

말허난

"그리 허겟느냐.

〔음영〕 너는 이싱서 부모에도 불효(不孝)헤여

ᄌᆞ식에도 불효여

〔음영〕 동넷 어룬덜 예 박데(薄待)헌 줴척(罪責) 엇인 사름

박데헌 줴척

〔음영〕 죽은 곡석 주어 예

욺은 곡석 받은 줴(罪)."

〔음영〕 하나서부떠 열ᄁᆞ지 문딱

마련을 허며

〔음영〕 줴목(罪目) 다시리는디 〔말〕 "넌 인간더레 도환생(都還生)시겨 주거들랑이." "예." "사름 죽엉 귀양풀이[111] 허여

〔말〕 마지막에 돌려 세울 적에 오곡밥 오곡떡

받아먹어 살곡

불난 디 가민

〔음영〕 불찍 앗는[112] 디 강 오곡밥

오곡떡

예 받아 먹어근

예 ᄒᆞᆫ 세상

〔음영〕 살렌." 허난 〈난 그ᄁᆞ진 들엇수다 견디 글지후에는 또 뜬 사름덜 뭐라고 더 이상

ᄀᆞᆮ는[113] 사름 보도[114] 못 허고

---

111) 귀양풀이 : 사람이 죽어 장사 지내고 난 뒤에 벌이는 제주도 굿.

112) 불찍 앗는 : '불찍'은 부싯깃으로, '불찍 앗음'은 불이 났던 곳에서 벌이는 불찍굿에서 불을 끄는 행위를 하는 연극적 제차를 말함.

113) ᄀᆞᆮ는 : 말하는.

〔음영〕 이 본풀인 중당클[115] 메영 문전(門前)으로 탁상(卓上) 예 싱거 놓고[116]

또 이전

〔음영〕 초감제 떼 또 ᄉᆞ당클[117] 메여

초감제 떼

〔음영〕 신ᄀᆞ레데전상으로[118] 천지왕 지 아니우다 예 천군 지군 인앙 만군네 영을 받은 옥항상저 데명전 데명전 왕에 몸받은 천지왕 난산국을

신풀어

각 신전 신도업허는[119] 법이곡 그 두에 또 중당클 메여

이허근

〔음영〕 어 데신(大神) 맞인 떼나 ᄉᆞ당클 메어 데신 맞인 떼 신도업 떼에 이 난산국 본산국 시주낙형 신푸는

법이우다에-.〉

〔장구 치기를 그친다. 〈난 영 벳긴[120] 모릅니다.〉〕

---

114) 보도 : 보지도.

115) 중당클 : 당클을 세 개 마련하여 벌이는 굿으로 큰굿보다 규모가 작음.

116) 싱거 놓고 : 심어 놓고, 즉 '마련하고' 혹은 '차려 놓고'라는 뜻.

117) ᄉᆞ당클 : 사당클. 당클을 네 개 마련하여 벌이는 굿으로 큰굿을 뜻함.

118) 신ᄀᆞ레데전상 : 신을 맞아들일 때 쓰는 상. 데령상.

119) 신도업 : 신을 청하기 위하여 차례대로 신들을 언급하는 순서.

120) 영 벳긴 : 이렇게 밖에.

할망본풀이

1. 개관

할망본풀이는 강대원 심방이 천지왕본풀이에 이어 두 번째로 구연하였다. 2017년 11월 11일 오전 10시 14분경에 시작하여 약 58분간 이어졌으나, 오전 10시 19분경 강대원 심방의 요청에 따라 신메움 대목부터 다시 시작하게 되어 구연 시간이 늘었다. 재구연 한 본풀이에는 인간 불법이 부재하던 인세의 모습, 임박사의 내력이 동이용궁뚤애기의 탄생담에 앞서 더해졌다. 강대원 심방이 첫 구연 시에 미처 언급하지 못하고 지나친 부분들이다.

구연 복장은 송낙, 도포 등을 갖추지 않은 평복 차림이었다. 실제 의례가 아니라 채록을 위하여 마련된 자리였기 때문이다. 구연 자세는 앉아서 두 손을 공손히 모으는 모습이었다. 이따금 허리를 숙여 신격에 대한 예우를 갖추기도 하였다. 본풀이 구연 시 장구는 곁들이지 않았다. 그러나 심방에 따라 요령을 흔들거나 장구를 치는 경우도 있다.

강대원 심방이 구연한 할망본풀이는 구할망본풀이, 삼승할망본풀이, 마누라본풀이의 서사를 모두 포함한다. 마지막 대목에는 인간불법이 서천꽃밭에 꽃감관과 꽃생인을 두게 된 내력까지 더해졌다. 강대원 심방이 할망본풀이와 이공본풀이 간 서사적·의례적 연관성을 염두에 둔 탓이다. 그러면서도 강대원 심방은 수레멜망악심의 기원은 할망본풀이가 아닌 이공본풀이에 두어야 함을 별도의 사설로 덧붙인다.

강대원 심방이 구연한 할망본풀이에서는 인간불법의 관장 영역, 임박사의 위상, 동이용궁뚤애기의 과오와 저승할망의 직능 간 연관성 등의 설정이 특별하다. 다른 이본들과 견주어 주목할 만하다.

서사 단락은 다음과 같다.

① 동이용궁뜰애기가 황정싱과 매화부인 사이에서 태어난다.
② 동이용궁뜰애기는 자랄수록 행실이 바르지 못하였다.
③ 동이용궁뜰애기를 황정싱이 무쉐설캅에 가두고 바다로 띄워버린다.
④ 무쉐설캅은 바다를 떠돌다 처녀물가에 당도한다.
⑤ 임박서가 무쉐설캅을 발견하고 요령을 흔들어 동이용궁뜰애기를 풀어준다.
⑥ 임박서의 명령으로 동이용궁뜰애기가 인간불법으로 들어선다.
⑦ 동이용궁뜰애기로 인하여 인세에 온전치 못한 해산이 많아진다.
⑧ 임박서가 이구산에 올라 인간불법을 내려달라 옥황에 청원한다.
⑨ 옥황에서 명진국뜰애기를 적임자로 선택하여 인세로 내려보낸다.
⑩ 인세로 내려온 명진국뜰애기가 난산을 겪는 여인을 해산시킨다.
⑪ 동이용궁뜰애기가 이 사실을 알고 명진국뜰애기와 다툰다.
⑫ 명진국뜰애기는 옥황에 올라가 이미 인세에 인간불법이 들어서 있음을 고한다.
⑬ 옥황에서 명진국뜰애기와 동이용궁뜰애기를 불러 경합을 벌이게 한다.
⑭ 경합에서 승리한 명진국뜰애기는 인간불법으로, 패배한 동이용궁뜰애기는 저승할망으로 좌정한다.
⑮ 명진국할마님이 인세에 포태를 주러 바삐 다닌다.
⑯ 때마침 아이들에게 마누라를 시킬 작정으로 나서던 어전국 데별상과 마주친다.
⑰ 어전국 데별상은 명진국할마님을 몰라보고 우를 범한다.
⑱ 명진국할마님은 어전국 데별상의 행실을 괘씸하게 여긴다.
⑲ 명진국할마님은 어전국 데별상의 외아들이 혼인할 때까지 기다린 뒤 며느리에게 포태를 주고 해산을 시키지 않는다.
⑳ 홍진국 마누라가 이 일이 남편인 데별상이 명진국할마님에게 저지른 잘못 때문임을 깨닫고 사죄할 것을 요구한다.
㉑ 어전국 데별상이 의관을 갖추고 명진국할마님을 찾아가 잘못을 빈다.
㉒ 명진국할마님은 데별상에게 자손을 해산시켜 주겠다 약속한다.
㉓ 데별상의 손주가 눈도, 코도, 입도 알아볼 수 없는 형체로 태어난다.
㉔ 데별상이 다시 명진국할마님을 찾아가 잘못을 빈다.
㉕ 명진국할마님이 큰 비를 내려 사죄하는 데별상을 흠뻑 젖게 만든다.
㉖ 데별상이 체면을 뒤로한 채 진정으로 잘못을 빌자 명진국할마님이 손주의 얼

굴을 보게 하여 준다고 약속한다.

㉗ 명진국할마님이 바늘로 데별상 손주의 태막을 터뜨려 완전히 해산시킨다.

㉘ 명진국할마님은 데별상이 아이들에게 내린 마누라를 모두 걷어가라 명한다.

㉙ 명진국할마님이 포태를 주러 다니는 틈을 타 누군가 서천꽃밭을 망쳐 놓는다.

㉚ 명진국할마님은 옥항에 올라 자신을 대신하여 꽃밭을 관리할 꽃감관, 꽃생인을 둘 수 있게 해달라 요청한다.

㉛ 이후 명진국할마님의 꽃밭은 꽃감관과 꽃생인이 대신하여 관장한다.

이 서사 단락들을 여타 이본과 견주면 다음과 같은 특징을 도출할 수 있다.

할망본풀이는 보통 삼승할망, 불도할망, 생불할망, 인간불도 등으로 불리는 신의 좌정담이다. 그런데 강대원 심방은 할망본풀이에서 삼승할망을 특별히 '인간불법'이라 칭한다. 인간불법의 직능은 보편적으로 알려진 삼승할망의 직능과 다르다. 인간불법은 인간 탄생을 주관하는 생불신이면서 인간세상에서 문서, 호적, 장적을 차지하는 신이다. 생불신(산육신)이 본향신과 비슷한 직능까지 겸하는 셈이다. 본향신은 당 신앙권마다 달리 존재하지만, 인간불법은 일반신 신앙권에서 인간 일체의 문서, 호적, 장적을 오롯이 홀로 관장한다. 생불신(산육신)의 관장 영역이 '탄생' 자체에서 '생(生)', '삶'으로 확장되는 특별한 양상이다.

강대원 심방이 구연한 할망본풀이에서는 임박서의 역할과 위상이 두드러진다. 다른 이본에서 임박서의 역할은 대개 보조적이다. 인물의 면모 역시 지극히 인간적으로 묘사된다. 보통 임박서의 서사는 자식이 없어 근심하던 임박서 내외에게 동이용궁또애기가 포태를 주지만 해산을 못 시켜 문제가 발생하고, 이 때문에 임박서가 다른 생불신을 내려달라 옥항에 청원하게 된다는 내용으로 짜이기 마련이다.

그러나 강대원본에서 임박서는 동이용궁또애기를 인간불법으로 좌정시키는가 하면, 동이용궁또애기가 인간불법이 되고난 뒤, 인간세상에 벌어지는 모든 문제들을 바로잡고자 옥항에 청원을 올리기도 한다. 다른 이본에서는 임박서의 서사가 다분히 개인적 차원으로 그치는 반면, 강대원본에서는 임박서의 서사와 역할이 인간세상 전반, 즉 공동체 차원으로 확대되는 셈이다.

한편 강대원본에서 동이용궁또애기는 처음부터 인간불법으로 들어설 수 없는 자질을 지닌 존재로 묘사된다. 동이용궁또애기가 인간불법으로 들어서자 인간들은

조산, 유산, 사산 등의 불상사만을 겪는다. 인간의 해산법을 묻는 옥황상제의 질문에 유산, 난산(難産), 산모와 태아의 죽음 등을 답으로 내놓는 설정 역시 신격의 자질을 부각시키는 대목이다. 그래서 동이용궁뚤애기는 흉험을 주는 저승할망으로 좌정할 수밖에 없다는 논리가 본풀이 속에 담겨 있다.

강대원 심방이 할망본풀이를 구연하며 덧붙인 이공본풀이와의 서사적·의례적 연관성과 구분점 등도 주목할 만하다. 강대원 심방은 꽃감관과 꽃생인의 기원을 할망본풀이에 두고 있다. 명진국할마님(인간불법)이 자리를 비운 틈을 타 누군가 꽃밭을 망쳐놨기 때문에 꽃밭을 관리할 대리자인 꽃감관, 꽃생인을 두게 되었다는 것이다. 다만 수레멜망악심법과 주화의 불휘(근원)만은 이공본풀이에 있다며 두 전승을 구분하였다. 이는 양창보 심방이 구연한 할망본풀이의 내용과 대조된다. 양창보본에서는 수레멜망악심이 생불신으로 들어서지 못한 저승할망이 보복을 가하며 생겨난 것이라 한다. 심방들 간에도 할망본풀이, 이공본풀이를 두고 꽃감관, 꽃생인의 내력과 수레멜망악심법의 기원을 이해하는 전승이 달리 마련되어 왔다는 사실을 방증하는 사례이다.

2. 내용

할망본풀이는 심방, 혹은 구연 상황에 따라 구할망본풀이, 삼승할망본풀이, 마누라본풀이가 결합, 분리되는 방식으로 짜여진다. 강대원 심방이 구연한 할망본풀이는 세 편의 본풀이(구할망본풀이, 삼승할망본풀이, 마누라본풀이)가 하나의 이야기처럼 엮여 있다. 특히 마누라본풀이는 큰 틀인 할망본풀이(삼승할망본풀이, 구할망본풀이) 안에서 인간불법(삼승할망)의 좌정 이후 벌어진 사건처럼 맥락화 된다. 따라서 강대원본은 세 본풀이의 엮음 방식에 따라, 서사 맥락이 다분하게 조정될 수 있다는 사실을 잘 보여주는 사례이다.

본풀이 서사 내용을 간추리면 아래와 같다.

동이용궁뚤애기는 황정싱과 메화부인 사이에서 태어난 딸이다. 동이용궁뚤애기는 어릴 적부터 행실이 바르지 못하였다. 결국 동이용궁뚤애기는 무쉐설캅에 갇힌

채 바다에 버려진다. 무쉐설캅은 장시간 동안 떠다니다 처녀물가에 당도한다. 마침 석카산에서 원불수륙을 드리던 임박서가 무쉐설캅을 발견한다. 임박서는 요령을 흔들어 동이용궁뜰애기를 풀어주고 인간세상에 생불, 문서, 호적을 차지할 인간불법으로 좌정하길 권한다.

동이용궁뜰애기가 인간불법으로 들어서자, 인세에는 온전치 못한 해산이 많아진다. 참다 못한 임박서는 이구산에 올라 옥항에 원불수륙을 드린다. 청원을 들은 옥항에서 명진국뜰애기를 인간불법을 차지할 적임자라 판단하고 인세로 내려 보낸다.

명진국뜰애기는 해산에 필요한 물건들과 문서책, 호적책, 군졸들을 거느려 인간세상으로 내려온다. 때마침 한 인가(人家)에서 산고를 겪는 여인이 있어 명진국뜰애기가 해산을 시킨다. 동이용궁뜰애기가 이 사실을 알게 되고 결국 두 여신은 인간불법 자리를 놓고 싸운다.

명진국뜰애기는 옥황으로 돌아가 인세에 다른 불법이 이미 들어서 있다는 사실을 고한다. 옥항에서는 명진국뜰애기와 동이용궁뜰애기에게 인간 해산법 답하기, 꽃피우기 경합을 벌이게 한다. 경합에서 승리한 명진국뜰애기는 인간불법이, 패한 동이용궁뜰애기는 저승할망이 된다.

명진국할마님은 청룡산에 거처를 마련하고 생불을 주러 다닌다. 어느 날 어전국 데별상이 명진국할마님을 몰라보고 수모를 준다. 명진국할마님은 데별상의 외아들이 결혼하기를 기다렸다가 데별상의 며느리에게 포태를 주되 해산은 시키지 않는다. 홍진국마누라는 데별상에게 할마님을 찾아가 잘못을 빌고 며느리를 무사히 해산시켜 달라 간청드리길 요구한다.

명진국할마님은 자신을 찾아 온 데별상에게 거듭 고초를 겪게 하여 완전히 굴복시킨 뒤, 데별상의 며느리를 해산시킨다. 또 자신이 포태를 준 아이들에게서 천연두를 거둬가라 명한다.

한편 명진국할마님이 인세에 포태를 주러 바삐 다니던 중, 자신이 가꾸던 꽃밭이 누군가의 훼방으로 망가진 것을 발견한다. 할마님은 옥항에 올라가 꽃감관, 꽃성인을 꽃밭에 두어 자신의 일을 덜어달라고 청한다. 이때부터 꽃감관과 꽃성인은 할마님을 대신하여 서천꽃밭을 관리하게 된다.

3. 구연 자료

〈좋다, 이거, 오늘 ᄀᆞ트민[1] 꼿밧디[2] 놀, 놂이 좋다이. 그냥 내가 할망에 비는 식으로예, 목청을 그냥 네여 허겟습니다, 예. 인자[3] 옛날 목청도 엇고 들어봐야 뭐 그렇고 그렇수다만은 인제…….〉 〔헛기침을 한다.〕

할망본풀이〉신메움

〔심방이 제상을 앞에 두고 앉아서 허리를 앞으로 숙인 채 두 손을 모아 잡고 구연한다.〕

〔음영〕 동살장[4] 침방(寢房) 우전[5] 어간(於間) 뒙네다, 서살장은[6] 모람장[7] 안으로, 천왕불도(天皇佛道) 지왕불도(地皇佛道) 인왕불도(人皇佛道) 옥항천신불도(玉皇天神佛道), 이리셍전 안테중,[8] 명진국 할마님―. 업개삼싱[9] 구덕삼싱,[10] 예― 난산국 신풀저, 본산국 시주낙형 과광선 신풀어 올리저 영 헙네다. 어느 누게가 신이 본을 다 알 감냥[11] 능력 잇수과. 이엣― 〔헛기침을 한다.〕 구할마님 신할마님 마누라에, 원정 들저 헙네다. 제네려 지돌아 하강 헙서.

할망본풀이〉본풀이

엿날 엿적에 아방국은 동이 용궁 황정싱, 어멍국은 서이 와당 메화부인이 뒈여지여 사는디, 아호 열 둘 춘삭(準朔) 체와 부부간 멧인 후 똘애기 탄셍허기는 이엣

1) ᄀᆞ트민 : 같으면.
2) 꼿밧디 : 꽃밭에. 심방 자신이 서천꽃밭과 같은 환경에 있다는 비유로 쓰임.
3) 인자 : 이제.
4) 동살장 : 기메 중 '살장'의 한 종류. 살장은 당클(제장) 앞에 창호지를 오려 발처럼 늘어뜨려 붙인 종이 장식.
5) 우전 : 위.
6) 서설장 : 기메 중 '살장'의 한 종류.
7) 모람장 : 기메 중 '살장'의 한 종류. 흔히 '마흔여덟 모람장'이라 함.
8) 이리셍전 안테중 : 임신 중 태아를 키워주는 신.
9) 업게삼승 : 업저지의 수호신.
10) 구덕삼싱 : 아기를 눕혀 재우는 구덕을 지키는 신.
11) 감냥 : 깜냥.

갑저년(甲子年) 갑저월(甲子月) 인일(寅日), 인시(寅時)에 이 세상 탄생허엿수다. 탄생허여 동이용궁할마님, 어린 떼부떠~ ᄒᆞᆫ 돌 두 돌, 석 돌 벡 일 넘어 가난, 빌흐럭이[12] 쎄어지여 삽데다. 낮인 낮역시로[13] 이엣 부모에 걱정 초상에[14] 걱정 밤인 밤대로 이엣 부모 초상, 걱정 기탄(忌憚)을 불러 주어 삽데다.

영 허곡 욕아[15] 갈수록, 누운 자리 오줌 싸불기 똥 싸불기 이에 욕아 갈수록, 하르바님 아바지 예~ 진 쉬염[16] 훑으기, 마련허곡. 또 이전 상퉁[17] 잡아 흔들기 마련허곡 또 이, 욕아근 갈 수록 이엣 놈이 울담 ᄆᆞᆫ[18] 멜라[19] 잣혀 불기, 또 이전 뒐 쳇 종저(種子)~,[20] 우[21] 꺼꺼[22] 막아 불기 영 허여 가난, ᄒᆞᆫ 설 두 설 ᄋᆞ더 아홉 설 나던 헤엔, 옛 아방국 동이 용궁 황정싱이 이엣 생각허기를 이엣 '이 아기 어떵 허민 좋곤.' 허담[23] 이에 메화부인광 이논(議論) 공논(公論) 허난 또 이엣, 동이 용궁은 이엣 또 이 천게왕(天帝王) 벡게왕(白帝王) 촟아 가, 이논 공논 훼론(會論)을 허여 갑데다.

천게왕은 벡게왕 허는 말이 "양반이 집이 사름을 어찌 죽이고 살려 사겟는고?" 영 허여근, 말을 허난 〔말〕 "게민 어떵 허민 좁네까?"[24] "무쉐설캅을[25] 차근[26] 이 아기 안 난 폭허영,[27] 〔음영〕 무쉐 창 먹을 거 입을 거 다 시꺼[28] ᄉᆞ신요왕[29] 귀양정베

12) 빌흐럭 : 어린애가 무엇을 달라고 거짓으로 노(怒)하여 흥흥거리는 짓이 = 빌흐레비, 빌흐럼, 빌흐럽.
13) 낮역시 : 아기가 낮에 울며 보채는 것.
14) 초상에 : 조상(祖上)에.
15) 욕아 : 말귀를 알아듣고 혼자 판단할 만큼 성장하여.
16) 진 쉬염 : 긴 수염.
17) 상퉁 : 상투.
18) ᄆᆞᆫ : 모두 = ᄆᆞᆫ딱, 멘딱, 모도, 모신딱이, 문짝, ᄆᆞᆫ짝.
19) 멜라 : 짜인 물건을 아주 망그러뜨려 납죽하게 만들어.
20) 뒐 쳇 종저(種子) : 싹이 잘 되는 종자.
21) 우 : 위.
22) 꺼꺼 : 꺾어.
23) 허담 : 하다가. '허단'에서 견인된 발음임.
24) 좁네까 : 좋겠습니까.
25) 무쉐설캅 : 무쇠상자.
26) 차근 : '마련하여', '만들어' 정도의 의미임.
27) 폭허영 : 실제로 그렇지 않으나 그렇게 된 것으로 가정하여. 셈하여.
28) 시꺼 : 실어서.
29) ᄉᆞ신요왕 : 사신용왕(四神龍王). 여기서는 '바다'를 뜻함.

이엣 마련허렌." 허난,

그때엔 이엣 동이 용궁 황정승이 둬여~, 집이 오라 이엣 동이 와당 쒜철이[30] 아덜 불러놓고 데천바다 벡몰레를 일어근 사곡. 이엣 또 이 명철 광대 아끈[31] 도간 한[32] 도간 들어 강 아끈 불미[33] 한 불미에 쒜 녹여, 또 이 무쉐설캅을 차 놓곡, 이엣 동이용궁할마님~, 둬여지여 삽데다. 먹을 거 시끄고 담고, 이엣 입을 옷도 담아근 처녀물가로, 이엣 ᄉ신요왕드레 귀양정벨 마련허난 들물에는 서이 와당 쌀물엔, 동이 와당 후네기[34] 절고개로 물 우이도 연삼년(連三年), 물 알에도 연삼년, 아홉 삼 년을 살다.

〔구연을 중지한다.〕 〈"아, 이걸랑 새로 하자. (손뼉) 데구리말 오꼿 끊어부러졋져, 내가. 누구 시절을 말을 헤야 뒈는데. 새로 허겟습니다. 줴송헙니다."[35]〉

할망본풀이〉신메움(재)

〔음영〕 동살장 침방 우전~, 서살장 장 안으로 어간허며, 천왕불도 지왕 인왕불도 청룡산(青龍山) 데불법(大佛法), 명진국할마님 업개삼싱 구덕삼싱 난산국 본산국, 시주낙형 과광선 신풀어 올리저 영 허여 삽네다. 난산국 본산국 시주낙형 아는 데로, 이엣 본풀어 신풀어 올리겟십네다.

할망본풀이〉본풀이(재)

엿날 엿적이 뒈여지여 삽네다. 임병나라 임모로주 임박서 시절엔디, 우리 이 인간에~, 인생덜이 탄생허여산 허난 어~ 또 이전, 문세(文書) ᄎ지 호적(戶籍) ᄎ지가 읏어지여 삽데다. 영 허여 임병나라 임모로주 임박서 시절에, 초담[36] 수룩(水陸) 가기는 몸 정성허고 서카산(釋迦山)으로 들어가 원불수룩(願佛水陸) 드려 살 적에,

---

30) 쒜철이 : 무쇠장이.

31) 아끈 : '작은'이라는 뜻으로 쓰이는 접두사.

32) 한 : 큰, 많은.

33) 불미 : 풀무(冶).

34) 후네기 : 홍애기 소리.

35) 심방이 구연 대목을 잇지 못하여 처음부터 다시 구연함.

36) 초담 : 첫째 번, 처음.

아방국은 동이 용궁 황정싱, 어멍국은 서이 와당 메화부인이엥도 허고, 또로 이엣, 아방국은 동이 용궁 어멍국은 서이 용궁이엥도 허고, 이엣 이리 허여 삽네다. 천상베필(天上配匹) 인연을 무어근[37] 사는 것이, 이엣 또 이전 이엣 서이 용궁 어멍국이 포테(胞胎) 갖어, 이엣 동이용궁할마님 갑저년 갑저월 인일 인시에 이 세상 이엣 탄생을 헌디 이 애기가 어린 떼부떠 나[38] ᄒᆞᆫ 돌 두 돌 벡 일 넘어사난, 낮인 낮역시로 부모 조상 걱정 밤인 밤데로 울어 말안~.[39]

이엣 조상부모 걱정 기탄을 불러 주어가고, ᄒᆞᆫ 설 두 설 시 설 니 설, 이에 육아가곡 크어 갈수록, 이엣 또 이전 빌흐럭이 쎄어 젓젠 헌 건 누운 자리에 그냥 오줌 싸쿠다[40] 똥 싸쿠다도 아니 헤영 오줌 싸불기 똥 싸불기 영 허여 사고. 또 이 칠팔 센 나아가난, 뒐 첫 종저 우 막아 불기 뒐 첫 곡석(穀食) 문 돌아뎅기멍 볼령[41] 곡석이에 물도 아니든 떼 욤도[42] 아닌 떼 문, 볼령 곡석 아니 뒈게 헤불기, 놈이 울담 밧담 문 멜라 잦혀불기 동넷 어른덜 봐지믄, 이엣 돌 방둥이[43] 헤단 돌로 마쳐불기, 영 허여 사난 이에 헹실머리 궤씸허여지고,

아방국 동이 용궁 황정싱 어멍국은 서이 와당 메화부인이엥도 허고, 서이 용궁이엥도 허고, 영 허여 삽네다. 헌디 이논 공논 훼론 허고, 동이 용궁 황정싱 아방국이, 천게왕 벡게왕을 ᄎᆞᆽ아가고, 이논 공논헐 적 "양반이 집이 사람을 죽이고 살린덴 말이 무신 말이리, 이 ᄄᆞᆯ애기 하나 아니 난 폭 가져근, 이엣 무쉐설캅을 창 ᄉᆞ신요왕 귀양정베 마련을 허렌." 허난,

그떼예는 그 이엣 동이 용궁 황정싱, 아방국이 이엣 동이 와당 쒜철이 아덜 불러놓고 벡몰레 일어[44] 쒯ᄀᆞ를[45] 허여, 이엣 또 이전 무쉐설캅을 차 갑데다. 무쉐설캅을 차 놓고 이 애기 먹고 입을 거 문짝 줏어 담아 처녀물가로, 또 이전, 귀양정베를

---

37) 무어근 : 맺어서. 마련하여.
38) 나 : 나이.
39) 울어 말안 : 울어 가난, 울어가니까 정도를 의미함.
40) 싸쿠다 : 싸겠습니다.
41) 볼령 : (조 따위를) 파종한 밭을 밟아.
42) 욤도 : 여물지도.
43) 방둥이 : 장난감= 방뒤, 방둥이, 장난ᄀᆞ음.
44) 일어 : 제련(製鍊) 방식 중 하나를 뜻함.
45) 쒯ᄀᆞ를 : 쇳가루.

마련허난, 들물에는 서이 와당 쌀물엔 동이 와당 홍당망당 물 알에 연삼년, 물 우이도 연삼년, 아홉 삼 년 살다, 또 이엣 이 동이용궁할마님 탄 무쉐설캅이 이엣 처녀물가로 도올르난, 그떼엣 네려오도 못허고 무쉐설캅은 올라가도 더 못허고, 벡몰레왓디 또 떤 올란 잇인디,

임병나라 임모로주 임박선 서가산에서 원불수룩 드리다 연찻물이[46] 뺍데다.[47] 연찻물이 뺄언 허난, 연찻물 뜨레 처녀물가로 네려 또 보난 난데엇은 무쉐설캅이 도올랏구나. '필연곡절(必有曲折) 이건 무신 건고?' 천앙낙훼[48] 네여놓고, 동서르레 삼시번, 흥글치난[49] 무쉐설캅이 절로 정강 올아지고 그 안넨 보난, 월궁네(月宮女) 시녜청[50] ᄀᆞ뜬 청비발[51] 아기가 앚앗구나.

"사름이냐 귀신이냐?" 말을 허난, 동이용궁 할마님은 "사름이우다." "어찌 허여 이런 고단을[52] 당허엿느냐?" "그게 아이라, 우리 아방국은 동이 용궁 황정싱, 어멍국은 서이 와당 메화부인이엥도 허곡 서이 용궁이엥도 허곡 영 헙네다. 이리 허여근 사옵신디, 나가 ᄒᆞᆫ 아바지 몸에 뼈 빌고 어멍 몸에 술 빌어 탄셍허여, 이엣, 어머님 젓가심 품에 안긴 떼부떠 헹실머리 궤씸허여, 날 귀양정베 마련허난, 일로 올라와졋수다."

"경 허냐?" 임병나라 임모로주는 '게민 이거 나가 서가산에서 원불수룩을 드리난, 천(天)이 감동허여 마련을 헷인가?' 〔말〕 영 헌 셍각으로, 동이용궁할마님보고 임병나라 임박서는 "너 인간불법(人間佛法)으로 들어사민 어찌 허겟느냐?" "아이고, 난 열칠팔 세가 나도 어리석고 미욱헙네다. 베울 것도 못 벱고, 아는 것도 하나토 엇수다." 〔음영〕 "그리허여 사겟느냐? 기영 허여도 어딋 명령이라 거역헐 수 잇겟느냐? 이엣 인셍(人生) 불법으로 들어사렌." 허난,

"기영 헙서." 동이용궁할마님도 말지 못허여 임병나라 임모로주, 임박서 영을

46) 연찻물 : 찻물. '연-'은 접두사임.
47) 뺍데다 : 뺄다. 괴었던 물이 빠져서 줆.
48) 천앙낙화 : 요령.
49) 흥글치난 : 흔드니.
50) 시녜청 : 신녀(神女)들. 여기에서 '청'은 복수접미사.
51) 청비발 : 청비바리. '비바리'는 조금 성숙하나 아직 미혼인 여자를 상스럽게 일컫는 말임.
52) 고단 : 고역. 고달픔.

받고 또 이전 젊은 아기덜 이십 쓰물 안네나[53] 이십 쓰물 넘엉이나 갈림시경[54] 허민 아방 몸에 흰 피 빌곡 어멍 몸에, 검은 피 빌어, 부베간 천상베필(天上配匹) 무어,[55] 포테를 주고 또 이전, 나상 또 뜬 디 강 갈림허민 그디 강 포테 주곡 허영 돌아뎅이멍 포테 주당, 아호 열 둘 춘삭 차시카부뎅 애기 넵젠[56] 허영 보민, ᄒᆞᆫ 둘 넘어 두 둘 쯤 뒌 애기어멍 이엣 또 이 헤산 시기는 거 물로 피로 유월(流血)이 낭자(狼藉)허게, 두석 떼도[57] 시겨불곡. ᄉᆞ오 개월에도 시겨불곡 육칠 개월은 뒈여근, 이엣 헤복(解腹)을 시겨상 이리 허면은 뒈여지어 삽네다.

이엣 애기가 잘 구명도석(求命圖食) 허영, 이 아기 이엣 살아나민 역력 똑똑허여져도, 칠팔구 세 넹기기가 어렵는 법도 잇어 지곡. 또로[58] 경 아녀민 탄생헌 떼에 죽어부는 수도 잇곡, 영 헌다. 아호 열 둘 춘삭 체와근 이엣 아기 어멍 늦인 심[59] 뻐뜨고[60] 뻐뜬 심 늦추멍 헤복시겨 상 허민, 산천 좋은 집안에 어멍 살민 애기 죽곡 애기 살민 어멍 죽어 ᄒᆞ나 떼여 ᄒᆞ난 가불고, 허당 버치믄 이에 어디 물, 줄, 메영 풀 멕이는 디[61] 넘어 가불민 열두 둘도 이엣 포테 갖엉 ᄒᆞ나 떼여 ᄒᆞ난 가게 멘들아불곡 허여 가난, 임모로주 임박선 ᄀᆞ만이 석카산에서, 원불수룩 드리멍 동이용궁할마님 거동(擧動)을 보난, 이 불법으론 인셍 범이[62] 환싱(還生) 시길 수가 읏어지난, 제ᄎᆞ(再次)이 제ᄎᆞ 뒈여지어 삽네다. 연주단발[63] 신연벵물[64] 허고 금바랑[65] 옥바랑[66] 천앙낙훼 들러 받아, 이구산(梨邱山)으로 원불수룩을 올라가고. 낮인 듯인[67] 볏[68] 맞고 밤인

---

53) 안네나 : 안에나.
54) 갈림시경 : 혼인시켜서. 흔히 '입장(入丈)' 또는 '갈림'이라 함.
55) 무어 : 맺어.
56) 넵젠 : 나오게 하려. 낳게 하려.
57) 두석 떼도 : 두석 달 때도.
58) 또로 : 달리.
59) 심 : 숨.
60) 뻐뜨고 : 조이고. 빳빳하게 하고.
61) 디 : 곳. 장소.
62) 범이 : 번이. 버네.
63) 연주단발 : 전조단발(剪爪斷髮). 제사를 지내거나 기원을 올리기 전에 근신하는 뜻으로 손톱을 깎고 머리털을 자름.
64) 신연벵물 : 신연백모(身瓔白茅). 근신하는 뜻으로 좋은 옷을 벗고 몸에 흰 삘기를 두름.
65) 금바랑 : 금바라.
66) 옥바랑 : 옥바라.

춘이슬 맞으며, 원불수룩을 드려가는디,

옥황상저 만주 저데신님에선 받아 통촉(洞燭)허여 이엣 이논 공논 훼론 허길, "어떤 일로 밤낮 주야장천(晝夜長川) 금바랑 소리, 옥바랑 소리, 천앙낙화 소리가 들[69] 옥항드레 울렴신고?" 이논허난, 아는 선이[70] 엇어 지어 삽데다. 영 허여 또 이 선관도서(仙官道士) 뒤 금부도서(禁府都事) 불러 웨고선. 이엣 지국성[71] 도ᄂᆞ리어 "어떤 일로 낮과 밤 ᄀᆞᆸ[72] 없이 옥항드레 금바랑 옥바랑 전지 소리 들울렴시니?[73] 강 알아 봥 오렌." 허여, 지국성더레 이엣 도ᄂᆞ릴 적,

선관도서 금부도서 네려 오는디 ᄌᆞ지어남[74] 탕천(撐天)허여 앞더레 ᄒᆞᆫ 발자국 네놀 수도 엇고 ᄂᆞ린 디 ᄀᆞ만이 산 들으난 바랑 소린 와라지라[75] 나지고, 이에 "어떵헌 일인고?" 그디 ᄀᆞ만이 앚아, 선관도서는 기달리는디 조금 잇이난, 이엣 벡구름 흑구름 갈메 월산 번구름이 걷어, 이엣 이구산에서 금바랑 소리 ᄌᆞᄁᆞᆺ디[76] 간 보난, 임병나라 임모로주 임박서가 옥항드레 등수[77] 들엄구나.

"아이고, 임병나라 임모로주 임박서님아 이거 어떵헌 일롭서,[78] 옥항에 밤낮 주야장천 낮인 ᄃᆞᆺ인 볏 밤인 춘이슬 맞으멍 울렴수겐?" 허난 임병나라 임모로주 임박서 허는 말이우다. "인간엔 생불법 읏은[79] 건 아닌디, 문세(文書) ᄎᆞ지[80] 호적(戶籍) ᄎᆞ지가 읏어지언 허난, 문서 호적 ᄎᆞ질 마련시겨 줍서근 옥항에 등수 들엄수덴." 임병나라 임모로준 선관도서에 이엣 말을 허난 "알앗수덴." 허여, 선관도서님은

---

67) ᄃᆞᆺ인 : 따뜻한. 다스운.
68) 볏 : 별.
69) 들 : 냅다.
70) 선이 : 선비(士).
71) 지국성 : 땅. 지상. 인간세계.
72) ᄀᆞᆸ : 금. 나눈 몫. 분별.
73) 들울렴시니 : '마구 울리느냐?' 정도의 뜻. '들'은 부사 '드러'의 뜻으로 보임.
74) ᄌᆞ지어남 : 짙은 안개.
75) 와라지라 : 소리 따위가 우렁차게 나는 것을 흉내낸 말임.
76) ᄌᆞᄁᆞᆺ디 : 가까이.
77) 등수 : 등소(等訴).
78) 일롭서 : '일로'의 공경스런 표현임.
79) 읏은 : 없는.
80) ᄎᆞ지 : 차지.

임모로주 말 들어 옥항에 도올라, 만주 저데신님전에, 일러 갑데다.

"지국성 임벵나라 임모로주 임박서님이 이엣 지국성에 셍불법(生佛法) 없는 건 아닌디, 나민 호적 문서 호적 ᄎ지가 읏어지언 허난, 이엣 문서 호적 ᄎ지 불도법(佛道法)을 마련시겨 줍센. 허여, 또 이엣 뒙데다. 밤낮 주야데천 옥항 금바랑 옥바랑 소리로 등수 들엄십디다." "그리 허겟느냐?" 옥항상저 만주 저데신임네가 앚아 이논 공논을 허여 가는디, "어느 누게 문서 호적 셍불 ᄎ지 마련을 시기리?" 영 허는디,

ᄒᆞᆫ 데신이 잇다 허는 말이 "잇수다." "어느만 쭉이[81] 잇겟느냐?" "우리나라가 아니고 놈이 나라우다." "어느 나라?" "명나라엔 헙데다. 명나라 명진국뚤애기옌 헌 아바지 뻬도 아니 빌고 어멍 술도 아니 빌고, 하늘은 아방 삼고 땅은 어멍 삼아, 무에이화로[82] 병인년(丙寅年) 병인월(丙寅月) 상갑자월[83] 인일 인시에 이엣 탄셍허여 당년 혼[84] 일곱 설인디. 역력허고 똑똑허뎬 헙데다. 그자가 이엣 문서 호적 인세상, 이엣 지국성에 셍불 ᄎ지를 헐 만헌 자우뎬." 허난,

그뗸 옥항상저가 또 선관도서 불러 허는 말이우다. "야, 멩나라 강 멩진국 ᄯᅳ님애기 강 돌아 오렌." 허난 "기영 헙서." 선관도서 금부도선 옥항상저 만주 저데신 논일[85] 받고, 또 명나라 명진데왕 집을 촟아 간 헌디. 멩진데왕은 "어떵 허연 아이고 선부, 선관도서님이 ᄂᆞ립디겐?" 허난. 이엣 "그런 게 아니라, 지국성 세상에 인셍에 셍불법 없는 건 아닌디, 셍불 베필법(配匹法)은 있어지어도 나민 문서 ᄎ지 호적 ᄎ지 법이 읏어젼 허난, 이엣 멩진데왕 ᄯᅳ님애기 이에 마련을 허젠 헨 이논허여 청허레 오랏수다." "아이고, 이거 무신 말이리."

그 말이 떨어져 얼마 읏이난, 멩진국할마님은 이엣, 어디 간 노념사[86] 갓단 오랏인디사,[87] 올레로 들어오멍 "어떵 헨 선관도서 금부도선 우리 집이 오고 아바지 어머닌 ᄌᆞ들암수겐?"[88] 허난,

---

81) 쭉이 : 즈음에.

82) 무에이화 : 무이이화(無爲而化)에 견인된 표현임.

83) 상갑자월 : 심방이 혼동하여 잘못 언급한 듯함.

84) 혼 : 흩.

85) 논일 : '논의를'의 준말.

86) 노념사 : 놀이라도.

87) 오랏인디사 : '왔는지' 정도를 뜻함.

88) ᄌᆞ들암수겐 : 근심하십니까?

멩진데왕 허는 말이 "설운 애기야, 느 옥항상저 만주 저데신서 이논허고 공논허고 훼론을 허여근, 이엣 인간 셍불법 ᄎᆞ지 문서 호적 ᄎᆞ지를 시기젠 청허레 오랏젠." 허난 "아이고 아바지, 어머니 ᄌᆞ들지 맙서. 제 복력 제 팔자 개 줍네까? 어쩔 수 엇수다. 어딧 멩령이라 아니 갈 수도 읏수다." 영 허여 이에 "함포를[89] 싸줍센." 허난. 멩진데왕 부부간은 "아이고 이엣 그떼에 드르 카 쓰다 남은 장 집이 오라 쓸 곳 엇다."[90] 네던져 두고 반찬덜 데껴두곡,[91] 오는 법. 이엣 영장난 디 가온 비바리 쓸 곳 엇다,[92] 이엣 또 이전 영 헌 말도 잇수다.

영 허여 '나 똘 하나 봉가당[93] 아니 키운 폭 허주.' 어쩔 수 엇이 멩진국할마님 함포를 싸 선관도서, 뒤똘루와 옥항에 도오릅디다. 옥항에 도올라 또 이전, 이엣 올리 옵기는 황송허고이옵뒈 선관도선 들어가고 할마님은 먼 문간 벳겻디[94] 업데허여[95] 사난, ᄒᆞᆫ 데승(大僧)이 잇다 허는 말이 "저거 봅서. 얼만이나 머리가 역력 똑똑허니, 철모른 애기라도 먼 디서부떠 높은 어른 부모 생각허는 거 아니우꽈?" "글쎄우다." 옥항상저 데답허고 "가찹게[96] 올라오라." 가찹게 가난 여릿돌[97] 앞으로 간 또 업데허난, 옥항상저 허는 말이 야, (헛기침) 멩진국할마님보고 "너 인, 인간에 도ᄂᆞ령. 불도 불법을 으지(依支)허민 어찌 뒈겟느냐? 문세 ᄎᆞ지 호적 ᄎᆞ지 셍불법을 문짝 일임(一任)헐 거난, 느가 네려가렌." 허난, "어리석곡 미욱헌 어린 소녀우다." 멩진국할마님은 데답을 허난,

옥항상저 만주 저데신에서 "아니여, 느이 어리고 미욱허뎅 헤여도 허는 것만 보아도 역력허고 똑똑허니 어딧 영이라 거역을 허겟느냐?" 영 헨 말허난 〔말〕 게민,

---

89) 함포를 : 짐보따리를.

90) 드르 카 쓰다 남은 장 집이 오라 쓸 곳 엇다 : 바깥에서 쓰다 남은 장은 집으로 가져와도 쓸 일이 없다는 뜻임.

91) 데껴두곡 : 던져두고.

92) 영장난 디 가온 비바리 쓸 곳 엇다 : 장사(葬事)난 집에 다녀온 처녀는 부정탄 몸이므로 쓸 일이 없다는 뜻임.

93) 봉가당 : '얻어서' 정도의 뜻. '봉그다'는 비용이나 노력을 들임이 없이 뜻하지 않은 물건을 거저 줍다는 뜻임.

94) 벳겻디 : 바깥에.

95) 업데허여 : 공손히 엎드려 절하며.

96) 가찹게 : 가깝게. 가까이.

97) 여릿돌 : 댓돌.

멩진국할마님은 "나 도렌 헌 거 문딱 네줄 수 잇수과?" "무신 거니?" 〔음영〕 "문서책도 네여 줍서 호적책도 네여 줍서~ 이엣 지성귀[98] 끄음[99] 네줍서 은씰,[100] 은바농[101] 업개삼싱 구덕삼싱 네여 줍서." 영 허여 문짝[102] 거니려, 또 이 지국성 하강헐 적에 삼신 정월 열사흘 날 체얌으로[103] 할마님이 인셍 불도 불법으로 네렷뎅 헙네다.

이리 허여근, 불법으로 네려사젠 허난 또 할마님은 아이고 그만 ᄌ지어남 탕천허여 네릴 수가 엇고 지국성 발 디뎌지난 앗안 '어는제민 이 벡구름 흑구름 갈메 월산 번구름을 걷으민 인셍덜 사는 디 문 돌아 보코.' 헐 적에, "아이고 베여 가심이야 아이고 베여, 아바지 날 살립서, 어머님 날 살립서." 문[104] 죽어감구나 아이고 시간은 바빳구나 "어딘고, 어딘고?" 이엣 앏드레 ᄒᆞᆫ 발자국 잘못 놓단 게당[105] 무신 일이나 나카부덴 어는제민[106] 이 벡구름 흑구름 갈메 월산 번구름 걷거들랑 이 딜 강 보린?' 헨 ᄒᆞ끔[107] 시난 이엣 구름 걷어사 바로 ᄒᆞᆫ 발자국 두 발자국 네여 노민, 비주리엄막 막살이로구나.[108]

창문 잇고 정짓문[109] 밧긴[110] 웃은 이간(二間) 막살이 놀려[111] 든다. 창문은 ᄌᆞᆼ가지고[112] 부엌으로 놀려들고 셋문[113] 욜안 보난, 애기어멍 누운 방에는, 이엣 왕골자리 뒷초석에 꼴아지어 그 우이 애기어멍 이엣 굴터진[114] 옷 하나 입져 또 이엣, 둥그렴구

98) 지성귀 : 기저귀.
99) 끄음 : 감. 재료. = ᄀᆞᆷ, ᄀᆞ음, ᄀᆞ심, ᄀᆞ슴. 즉 '기저귀를 만드는 천'을 뜻함.
100) 은씰 : 은실.
101) 은바농 : 은바늘.
102) 문짝 : 모두.
103) 체얌으로 : 처음으로.
104) 문 : 모두. 다.
105) 게당 : 그러다가.
106) 어는제민 : 언제면.
107) ᄒᆞ끔 : 아주 잠깐. 아주 자그만큼.
108) 비주리 엄막 막살이로구나 : 사는 형편이 아주 초라한 초막살이구나. 비주리엄막은 비저리초막의 뜻. 비저리초막은 아주 형편이 안되게 얽어서 지은 초막. = 비소리초막, 비수리초막.
109) 정짓문 : 부엌문.
110) 밧긴 : 밖에.
111) 놀려 : 날아.
112) ᄌᆞᆼ가지고 : 잠기고.
113) 셋문 : 부엌과 마루 사이에 있는 문.
114) 굴터진 : 구멍난.

나.[115] "이건 왕골자리 뒷초석 걷으라. 저 보리남 눌에[116] 강 보리남 빵 ㅋ콜히[117] ㄱ스락[118] 하나 엇이 께끗허게 멘들아 앗당 북덕자리[119] 마련허렌." 영 허여,

할마님은 이 아기어멍 늦은 심 빳따 가멍 빳뜬 심 늦춰 가멍 오모순이[120] 알로 독ᄆ립[121] 떼여, 알르레[122] 초펀(初番) 밀어덴다. 이펀(二番) 제 삼펀(三番) 밀어데어 산 이리 허난 애기어멍 구에문[123] 열려 애기 훼복 시겨 사곡, 또 이전 애기 벳똥줄[124] 안터레 삼시번 훑어 놓고 은씰로 무꺼근~ 은ㄱ세로[125] 벳똥줄 끊어, 이엣 벳똥에 ᄒᆞᆫ 바퀴 벵 허게 돌려 벳똥줄 놓고, 그 다음엔 ㅋ콜헌[126] 애기 지성귀 싸 눅져 놓곡 애기어멍티[127] 애기방석 허여 애기어멍 구에문 알로 이엣 또 이전에 울르기법[128] 마련허곡, ᄒᆞ를 이틀 삼일 뒈난 곱닥헌[129] 디 난 숙[130] 케여다 쑮아, 애기어멍 구에문 울리기 마련허고, 또로 ᄒᆞ를 이틀 사흘 나흘 일뤠 뒈난, 애기어멍 집이서 할마님 공(功) 가프저 업게 구덕삼싱 공 가프저 영 허영, 할마님 몸상도 마련헌 떼 이엣~.

애긴 누게사 줍아 틀롸불어사신디[131] 그냥 빽 허게 우난, 동이용궁할마님은 넘어 가단 "누구가 놈이 생불에 훼복을 시겻이넨?" 허난 할마님이 허는 말이 "나가 시겻 노라." 동이용궁할망은 "누구가 뒈겟느냐?" "난 옥황상제 영(令)을 받은, 이 세상 불법이고 문서 호적 ᄎᆞ지렌." 허난 "경 허냐?" 또 멩진국할마님은 동이용궁할망보고

---

115) 둥그렴구나 : '굴러다니는구나' 정도를 뜻함.
116) 눌에 : 짚더미에. '눌'은 가리의 뜻으로 짚이나 마소의 꼴 따위를 차곡차곡 둥그렇게 쌓아 올린 더미를 말함.
117) ㅋ콜히 : 모두. 다.
118) ㄱ스락 : 까끄라기.
119) 북덕자리 : 해산을 위해 보리짚을 평평하게 깔아놓은 자리.
120) 오모숭이 : 명치. 오목가슴.
121) 독ᄆ립 : 무릎.
122) 알르레 : 아래로.
123) 구에문 : 궁(宮)의 문. 여성 생식기를 뜻함.
124) 벳똥줄 : 탯줄.
125) 은ㄱ세로 : 은가위로.
126) ㅋ콜헌 : 지저분하지 않고 깨끗한.
127) 티 : ~에게.
128) 울르기법 : 산후회복을 위해 좌훈(坐熏) 등을 하는 일을 말함.
129) 곱닥헌 : 아주 매끈하고 고운.
130) 숙 : 쑥.
131) 줍아 틀롸불어사신디 : '잡아 비틀어버렸는지' 정도의 뜻. '꼬집어 버렸는지'와 비슷한 말임.

"어느 누구에 영을 받은 불법이녠?" 허난 "난 임병나라 임모로주 임박서 영을 받은 불법이노렌." 말을 헙데다.

말을 허여산 이리 헌 것이, 할마님광 동이용궁할마님 입절림[132] ᄃᆞ툼[133] 싸움허단 "아이고 내 무사, 추잡허게 놈광 ᄃᆞ투곡 싸우린." 영 허영 업게구덕삼싱 은씰 은바농 ᄆᆞᆫ짝 걷어 설런,[134] 옥항에 도올라 옥항상저 만주 제데신임에 등술 듭데다.

"지국성 하강 허고 인간 백성덜 돌아보난야, 옥항에 모른 일이 잇입데다." "무슨 말이겟느냐?" "임병나라 임모로주 임박서 명령을 받은 불법이 잇입디다." 옥항상저 만주 저데신도 생각허기를 '임병나라 임모로주 임박서도 지금 ᄀᆞᄐᆞ민 데통령 ᄀᆞᄐᆞᆫ 양반이라 거역헐 수 없어지여 그리 허겟느냐?' 영 허연, 선관도서 금부도서 불러 놓고서는, 지국성 도ᄂᆞ리어 무쉐철망 네리와, 동이용궁할마님을 걸려 올리렌 허난,

이엣 선관도서 금부도선, 옥항상저 만주 저데신 말데로 무쉐철망을 지국성 하강 시견, 동이용궁할마님 무쉐철망에 놓고 옥항드레 도올려 산 보난 칠팔 세 난 애기광, 또 열칠팔 세 넘는 애기광 이엣 ᄀᆞ찌 ᄀᆞᆯ을[135] 수 엇수다만은 허뒈, 요세에 전싱 굿고 팔제 굿인 선셍님덜은 보민, "칠팔 세 난 아기광 열칠팔 세 난 비바리광 세완 보난 질이도 ᄀᆞᄐᆞ고 얼굴도 ᄀᆞᄐᆞ고. 어느 게 동이용궁할망이멍 어는 게 멩진국할망이멍 알 수 읏덴." 영 헌 말도 헙네다만은 경 헌 말은 시나 읏이나 헌 말이고,

또 이전 이엣 세와 놓고 옥항상저 만주 저데신님이 ᄆᆞᆫ저 동이용궁할마님 보고 "너 임병나라 임모로주 영을 받은 불법이녠?" 허난 "예, 경 허우다." "그리허겟냐? 경 허민 인셍덜 번성 환성을 어찌 시겨사겟느녠?" 허난 동이용궁할마님은 허는 말이, "아방 몸에 흰 피 어멍 몸에 검은 피 빌어 아호 열 ᄃᆞᆯ 춘삭 체왕, 메우경 허영 보민~ 포테 주엉 ᄒᆞᆫ ᄃᆞᆯ 넘으민 두 ᄃᆞᆯ째 다 아이 뒌 떼에 석 ᄃᆞᆯ째 다 아이 뒌 떼 넉 ᄃᆞᆯ째 이엣 다 아니 뒌 떼에 피로 물로, 유월이 낭자허게, 헤산시겨 불곡 또로 이엣 오륙 개월은 뒈여가민 그림 그린 것 이엣 유산도 시경 죽여불곡, 일곱 ᄃᆞᆯ만이도~ 또 이전, 훼복시경 이에 멩이 질민 칠팔 세ᄁᆞ장 이엣 열다섯 십오 세 못 넹경 죽게 마련 헤여불곡, 또 허당 버치믄 애기어멍 애기 벤 양 이엣 돌아뎅기당

132) 입절림 : 말싸움. = 입ᄌᆞᆲ름.

133) ᄃᆞ툼 : 다툼.

134) 설런 : 그만두고.

135) ᄀᆞᆯ을 : 말할.

어딧 물 논 디, 물석[136] 가달[137] 넹경 가민 물은 일 년 열두 둘 포테 가졍 나는 법이라 열두 둘만이 훼복시기기 마련허곡, 또로 산천 좋은 집안엔 ᄒᆞ나 낭 ᄒᆞ나, 가불곡 어멍 살민 아기 죽곡 아기 살민 어멍 죽곡 영 헙네다." "그리 허겟느냐?"

경 허민 멩진국할마님신디 "어찌 허여근, 이엣 인간 범이 환생을 시기겟느녠?" 허난 "아방 몸에 흰 피, 어멍 몸에 검은 피, 빌어산 포텔 주는디. 아방 몸에 흰 피는 석 둘, 어멍 몸에 검은 피는 일곱 둘, 아호 열 둘 춘삭 체왕, 일 분 일 초 아니 틀리게, 영 허여근 헤산을 시겨갈 적에, 뒈여지여 사곱네다근 이엣 애기어멍 늦인 심 ㅃ뜨고 ㅃ뜬 심은 늦추곡, 애기어멍 구에문 열령, 조침뜨리 앚졍,[138] 애기어멍 오모순이로 독ᄆᆞ립으로 받아 알르레 삼시번 네리쳐 또 이전 뒈여지여 삽네다. 훼복시기곡 이에 모든 법지법 벳똥줄 끊어, 안터레 삼시번 훑어 놓아 이엣 은씰로 무꺼, 이엣 벳똥줄 끊어 또 이전 이엣 생불법을 마련헙니덴." 허난,

할마닌 이에 ᄀᆞ는 말이 맞아지고 동이용궁할마님 ᄀᆞ는 말은 ᄌᆞ격이 떨어지여 산 허난. 그떼에 은세양[139] 놋세양,[140] 네여 놓곡, 또 이전 이엣 그디 삼진 정월(正月) 초삼일(初三日) 날 지드리곡. 이월 이돗일(二豚日)은 삼일 날 순(筍)이 나곡 삼월 삼진일(三辰日)에는 이엣 동청목(東青木) 서벡금(西百金) 남적화(南赤火), 북헤수(北黑水) 중앙황토(中央黃土) 오섹(五色) 꽃이 만발허게 이엣 피엇입데다. 헌디, 멩진국 할마님 싱근 꼿엔 오섹꼿이 등청[141] 헤도 동이용궁할마님 싱근[142] 꼿은 금뉴울꼿이[143] 뒈여지여산 영 허난,

이엣 동이용궁할마님 보고는 "널랑 저싱 ᄎᆞ지허라. 꼿 번싱(蕃盛)뒈는 데로." 경 허민 할마님은 앞인, "저 동더레 벋은 가지에 핀 꼿은 어떤 이미멍 남드레 가지 벋어 핀 꼿은 어찌 뒈멍, 서르레 가지 벋어 핀 꼿, 북더레 가지 벋어 핀 꼿, 가운디

---

136) 물석 : 말고삐. 말의 재갈에 잡아매어 끄는 줄.

137) 가달 : 다리.

138) 조침뜨리 앚졍 : '조촘앉혀서' 정도의 뜻. '조촘앉다'는 엉덩이를 들고 두 다리를 구부려 발로 디디어 앉다의 뜻임.

139) 은세양 : 은대야.

140) 놋세양 : 놋대야.

141) 등청 : 등성. 무성. 만발.

142) 싱근 : 심은.

143) 금뉴울꼿이 : 시든 꽃이.

ᄁ짝[144] 솟아 오른디 핀 꼿 오섹꼿인디~, 에~ 헤석을 ᄒ번 헤여보렌." 허난,

"어멍 포테 갖엉 애기 열 ᄃᆯ ᄀ만 춘삭 체와 날 적에 동더레 머리 헤영 난 아기 동청목~ 동부젯법 남드레 머리 허여 난 애기는 남장숫법, 이엣 또로 서르레 머리 허여 난 애긴 이엣 서가난법, 북더레 머리 허여 난 애기는 북단명법이라, 북두칠원데성군(北斗大聖貪狼星君)에 명복을 빌어 살렝 마련허곡. 가운딧 ᄁ짝 올른 가지에, 솟은 가지에 핀 꼿은~ 황토꼿이렝 허영,

나라엣 데통령(大統領) ᄁ음[145] 이엣 아니 뒈민 또 국무총리(國務總理) 이엣 장관(長官) ᄁ음, 도(道)엔 가민 도지서(道知事) ᄁ음 시장(市長) ᄁ음, 읍장(邑長) 멘장(面長) ᄁ음 머리 큰사름 법을 마련허곡. 낳는 날부떠 문서에 올려 호적법 마련허고 멩(命)과 녹(祿)이 떨어지면은 장적(帳籍)을 마련허는 법도 마련뒈엿수덴." 이리 허여산 말을 허난. "멩진국할마님이랑 이싱을 ᄎ지허라." 이엣 동청목 남적화 서벡금 북헤수 중앙황토 오헹법(五行法)도 마련허여 할마님이 두 번쩻 문 업개 구덕삼싱 다 거느려 ᄂ릴 떼에는,

이엣 또 이전 ᄉ월(四月) 초파일날 할마님이 네릴 뗀디 그 전엣 동이용궁할마님은 저싱을 ᄎ지허렌 허난, 옥항상제 등수 들기를 "내가 저싱을 ᄎ질 허민 어느 누게 물 ᄒᆫ 적 아니 줍네다. 영 허난 마련을 시겨줍서." "게거들랑이 느~ 애기어멍 열 ᄃᆯ 춘삭 체왕 애기 낭, ᄒᆫ ᄃᆯ 두 ᄃᆯ 석 ᄃᆯ 벡일, 몸정성 아니 허고~ 몸에 궂인 피 흐를 적에, 이엣 또 이전 가심에 젓냄새도 가시기 전이 물허벅[146] 지엉 물질레[147] 갓건 물또에[148] 앚앙 놀당이?" "예."

"잇당 이엣 애꿎은 애기어멍 젯냄새 허고 핏내 허영 뚤랑 오란 자는 애기 좁아 틀렁 낮역시 밤역시도[149] 빌르럭찡[150] 불러 주곡 이엣, 또 이전 벡에 천에 만에 억에 ᄒ나랑 이엣~ 느 셍각 아니 허는 집이 또 이~ 뒈여지여근 사곱네다. 숭엄[151] 조훼[152]

---

144) ᄁ짝 : 곧게. 굽거나 삐뚤어지지 않고 똑바르게.

145) ᄁ음 : 감. 일정한 자격이나 조건을 갖춤. 또는 그런 사람을 말함.

146) 물허벅 : 물을 길는 데 쓰는 허벅.

147) 질레 : 길러.

148) 물또에 : 물길러 간 곳에, 물길러 간 주변에.

149) 밤역시도 : 아기가 밤에 울며 보채는 것도.

150) 빌르럭찡 : 어린애가 무엇을 달라고 거짓으로 노(怒)하여 홍홍거리는 증세.

151) 숭엄 : 흉험(凶險). = 숭험.

줭 상(床) 받으라." 영 허난, 이엣 동이용궁할마님은 저싱 ᄎᆞ질 허뒈 이 세상 오라, 숭험 뿐이주 멜망법(滅亡法)은 없십네다. 멜망법은 엇고 멜망법은 이공서천 도산국에 가사 잇는 게우다. 영 허여 시왕 악심 멜망 악심이엥 헤영 잇는 거주. 할마님 본에는 이에 숭엄 조웨 벳긴 엇고 동이용궁할마님은 옥항상저 만주 저데신 영을 받아, 저싱 ᄎᆞ지 할마님은 문짝 거느려 지국성드레 또로 하강을 허는 게,

〔말〕 아마 서가모니 부처님 탄생일사 뒈엿인디. 집집마다 청사초롱 불을 밝혀 동성방이 시원허게 불을 붉힌디, 할마님 노각성 ᄌᆞ부줄 ᄃᆞ리 다 〔음영〕 도ᄂᆞ리멍 은주랑 금막데로 앞이 궂인 쿨[153] 어지러운 건 문딱 후려 ᄀᆞᆯ기멍,[154] 이엣 도네렷뎅 헙네다. 영 허여 도, 멩진국할마님은 산을 "산썰(山穴)을 돌아보저 물혈을 돌아보저." 허여, "동헤산(東海山)을 돌아봐도 악산(惡山)이여, 서헤산(西海山)을 돌아봐도 악산 남헤산(南海山) 악산 북헤산(北海山) 악산이로구나." 자금산(紫金山) 칠금산(七金山) 악산이라도 청룡산 이하에 이엣 만리투성(萬里土城) 둘러놓고 또 이저는 네려사면은~, 아~ 뒈여지여 삽네다.

들러 논 것ᄀᆞ찌 유리 석벽 무은 거ᄀᆞ찌 ᄒᆞᆫ 딜로 ᄇᆞ름 들어 ᄒᆞᆫ ᄀᆞ망으로[155] ᄇᆞ름든 딜로 나곡 헐, 세경 무각전[156] 시난, 그디 가 초불 이불 제 삼불 데[157] 다까 데 무어 갑데다. 데 무어 놓고 삼친경 노각성 집을 짓어 놓고 유리석벽 무어[158] 놓고 영 허여, 앚아 천리 사고 만리 술피곡 장[159] 안네도 예순 업개 장 밧깃디도, 예순 업개 거느리여근 이엣 할마님은 각성바지 각성친 ᄌᆞ손드레 이에 가지 번성 꼿 번성 시겨 갑데다. 시겨 가는디 또 이전, 꼿씨 연씨 들이는 양, 동청목 남적화 서백금 북헤수 중앙 황토 오섹꼿이 만발허여 가곡, 이제랑 할마님 앚아 천리 사고 만리 술피당, 이엣 ᄌᆞ순덜 돌아보저 영 허여근, 네릴 떼 이엣 청룡산(青龍山)에서, 각성바지 사는 ᄆᆞ을 ᄆᆞ을 춘춘히 돌아보젠 네릴 떼에, 훼복시길 거 훼복도 시기곡 이엣 영 허여, 또

152) 조웨 : 조화(造化).
153) 쿨 : 넝쿨 따위의 풀.
154) ᄀᆞᆯ기멍 : 갈기면서.
155) ᄀᆞ망으로 : 구멍으로.
156) 세경 무각전 : 사람들이 모여 사는 곳.
157) 데 : 바닥.
158) 무어 : 모여.
159) 장 : 장안. 읍내.

이전 네릴 떼에 그떼에 어전국 데별상 이거, 〈이엣 할마님 구할망 신할마님 마누라 본이 뒤서꺼 범벅이 퉤여지여 요 떼부떤 또 마누라본이 들어가게 퉤엿수다, ᄒᆞᆫ디.〉[160)]
〔기침을 한다.〕

마누라본풀이〉본풀이

어전국은 각성바지 ᄌᆞ순덜 할마님 ᄌᆞ순에 몰탄정게[161)] 헤명정게[162)] 엿날 말로, 마누라[163)] 이엣 시기저, 큰마누라[164)] 족은마누라[165)] 시기져, 이엣 돌아보레 뎅길 떼에 할마님광, 마주치어 갑데다. 이엣 어전국 데별상은 할마님인 줄 몰란 큰소리로 "아이고, 사나이 데장부 헹 허는디, 어찌 여자가 이엣 질을 갈라 사느냐? 이엣 핏내 남저." 영 허멍 휘욕(詬辱)허멍 "ᄇᆞ름 알로 네려 사렌." 허난. 할마님은 슬짝 ᄇᆞ름 알로 네려사고 데별상은 소나이 녀석이노렌 이엣 또로 ᄇᆞ름 우로 가는디. 할마님은 이엣 각성바지 ᄌᆞ순 셍불 번성 환성 포테 주젠 돌아뎅이단 보난, 어전국 데별상 집이 가지엇구나.

어전국 데별상 집이 가지언 헨 보난, 이엣 어전국 아덜이 웨아덜 무남동저[166)]로구나. 영 허여 그떼에 '어는제민 요거 갈림시경 포테 주엉 네ᄌᆞ둘루린.'[167)] ᄆᆞ음을 먹어 산 게, 아닐 케라[168)] 얼마 읏어 이엣 어전국은 이엣 몰탄정게 헤명정게 시겨 두고 오란, 이엣 또 아덜애기 장겔 보네여, 웨아덜에 웨며느리 할마님은 포텔 불러주고. 이엣 ᄒᆞᆫ 돌 두 돌 넘어 아호 열 돌 춘삭 차난, 홍진국 마누라님은 아이고, 이거 열 돌 춘삭을 체와도 이엣~ ᄌᆞ순을 못 봐 가난 어전국 데별상을 불러놓고 "어떵 헌 일로 아기 ᄌᆞ순(子孫)을 못 봅수과? 할마님앞이 뭣을 잘못헙디가?" 영 허영 허난,

〔말〕"나 잘못헌 거 ᄒᆞ나토 엇고 나 몰탄정게 헤명정게 큰마누라 족은마누라

---

160) ᄒᆞᆫ디 : 그런데.
161) 몰탄정게 : 천연두.
162) 헤명정게 : 천연두.
163) 마누라 : 천연두.
164) 큰마누라 : 본디 천연두의 뜻. 심방은 '정도가 심한 천연두'의 의미로 사용함.
165) 족은마누라 : '정도가 경미한 천연두'를 뜻함.
166) 무남동자 : 독자(獨子)를 잘못 표현한 말.
167) 네ᄌᆞ둘루린 : '매우 걱정하도록 만들다' 정도의 뜻임.
168) 아닐케라 : 아닌 게 아니라.

시기레 가단 보난 앞에 웨헌[169] 여자가 어지렴고[170] 걸엄고 또, 핏내 나고 영 허나난[171] ᄇᆞ름 알로 부정허다 서정허다 헨 네려 사렌 허난. 어떤 여자산딘[172] 몰라도 ᄇᆞ름 알르레 네려 산. 난 이젠 또, 큰마, 족은마누라 몰탄정게 헤명정게 시기젠 〔음영〕 가분디 그거 벳긴 참." "아이고, 이 어른 저 어른 데별상님아, 할마님앞이 굴복(屈伏)을 허영 옵서." "어찌 헤여 굴복을 허리?" "청세도폭(青紗道袍) 홍포관디(紅袍冠帶) 말관 입곡, 말관 씨곡 이레 허여근." 〔가슴에 찬 마이크가 흘러내려 바로 잡고자 잠시 중단한다.〕 〈"어떵 헨 그디 가불엇어? 이 방석이 잘못이여."〉

영 허여 또 이저는 뒈여지어 삽네다. 아이고 할마님 촟안 간 먼 올레 문간 어귓돌 밧깃디서부떠[173] 엿날 ᄂᆞ람지[174] 할마님 창문 앞ᄁᆞ장, 이엣 페와[175] 놓고 "할마님아, 할마님아, 잘못헤엿수다. 아까운 ᄌᆞ순 범이 환성 시겨줍서." 꿀려 앚어 이엣 이엣 ᄉᆞ정 ᄉᆞ정 ᄉᆞ정 ᄉᆞ정허여 갑데다. ᄉᆞ정 ᄉᆞ정허여 가멍 여릿돌 앞ᄁᆞ지 창문 앞ᄁᆞ지, 들어 간 업데헤연 ᄉᆞ정헤가난 어~ 이엣 할마님은 몸받은 늦인덕[176] 엥화부인 불러놓고 "야, 〔말〕 저디 데별상 어떵 헴시니?" "아이고, 쩌 올레 먼 디서부떠양 이 ᄂᆞ람지 페완 할마님 창문 앞ᄁᆞ지 여릿돌 앞ᄁᆞ지 꿀련 이제도록 상불[177] 피완 빌엄수다." "그리 허겟느냐? ᄌᆞ들지 말앙 강 시믄 애기 헤복을 시기주켕 허영 보네라." "경 협서."

영 허여근 이젠 멩화부인은 메화부인이 아니고 엥화부인은 또 할마님 몸종이우다. 영 허연 헌디, 아이고, 데별상보고 "ᄌᆞ들지 말앙 강 시믄 아기 헤복을 시겨주켄 헴수다." 할마님신디 삼세 번 절헤 두고 이젠 돌아산 집이 오란 얼마 엇이난, 이엣 또 할마님은 웨아덜 메누리 훼복을 시기는디 눈도 코도 읏인 ᄃᆞᆨ세기[178] 닮은 애길

169) 웨헌 : 웬.
170) 어지렴고 : 어지럽히고.
171) 허나난 : 하니. '허난'이라 할 것을 늘여 발음함.
172) 여자산딘 : 여자인지는.
173) 밧깃디서부떠 : 바깥에서부터.
174) ᄂᆞ람지 : 이엉과 비슷한 것으로 낟가리 위에 덮는 물건. = ᄂᆞ래미, ᄂᆞ람쥐, ᄂᆞ레, 놀래.
175) 페와 : 펴.
176) 늦인덕 : 몸종. 하인.
177) 상불 : 향불.
178) ᄃᆞᆨ세기 : 달걀.

탄생시겨 두언, 할마님은 이엣 ᄒᆞᆫ 번 꿀려, 또 이전에 ᄉᆞ정 받고, 청룡산 오란 할마님 노각성 집 안네 앚안 잇이난,

아이고 홍진국 마누라는 또로 데별상 불런 "어떵 어떵 굴복을 놉, 놉디가? 이에 또 강 옵서." 어쩔 수 엇이 말관 씨고 이엣 데별상 청세도폭 홍포관디 조심띠[179] 찌언[180] 또 초석 페완 이엣 먼 올레서부떠 할마님신디 굽어 ᄉᆞ정을 허는디, 이번은 조훼 숭엄 불러주기를 데오방수천리(大五方數千里)로 싹싸다[181] 이엣 비를 ᄂᆞ리치는디, 어전국 데별상은 꿀련, 비념을 허곡 말관도 ᄆᆞᆫ 젖어 가고 옷도 젖고 강알로[182] 물은 휫휫 넘어가는디도 여릿돌 앞ᄁᆞ지 빌어 ᄉᆞ정허여산 허난,

〔말〕 또 할마님은 엥화부인을 불러놓고, "어떵 헴시니?" "아이고, 그 비 잔뜩 맞고 옷도 젖고 말관도 젖고양. 〔음영〕 아이고 상불도 이제 ᄆᆞᆫ 물에 ᄃᆞᆼ가져불고 강알트멍으로 물이 잘잘 넘어도 ᄉᆞ정헨 여릿돌 앞ᄁᆞ지 오랏수덴." 허난 "경 허냐, 경 허민 이엣 강 잇이민이? 아기 얼굴 보게 허여주켕 헤영 놔두렌." 헨 보넷수다. 영 허여근 이엣 데별상은 집이 오란 잇이난, 할마님은 어들로[183] 간 그자, 은바농 금바농으로 톡 허게 터주난,[184] 아이고 빽 허게 애긴 울멍, 허여 가난 그떼엔 어전국 데별상은 "나 부술(符術)이 좋곡, 허여도 할마님 부술만 못허쿠다." 〔말〕 견디 "야, 데별상아." "예." "너 ᄌᆞ순 아까움이나이?" "예." 〔음영〕 "나 ᄌᆞ순 아까움이나 마찬가지여. 이엣 나 난 ᄌᆞ순덜 ᄆᆞᆫ딱 제 얼굴 제 메치[185] 제 신상(身像)으로 허여 노렌." 허난 "어서 걸랑 경 헙서. 다신 경 아녀쿠덴." 데별상은 할마님앞이 굴복허고 어쩔 수 엇이 할마님 말대로,

엿날 엿적에 서미녕[186] 서마페우다.[187] 곱닥헌 거 이엣 쏘주여 사발에 담안 뎅기멍 어~ 그걸로 또 다시 큰마누라 헌 사름, ᄌᆞ순. 족은마누라 헌 인셍덜앞이 간 ᄆᆞᆫ딱

---

179) 조심띠 : 가슴띠.
180) 찌언 : 끼고.
181) 싹싸다 : 싹. 전부. 모두.
182) 강알로 : 사타구니로.
183) 어들로 : 어디로.
184) 터주난 : 구멍이 나게 하여.
185) 메치 : 맵시.
186) 서미녕 : 세무명
187) 서마페 : 세마포. 세삼베.

씰멍 어릅씰멍[188] 전잇 얼굴 전잇 메치 전잇 기상(氣像)으로 시기젠 허는디, 족은마누라 이 얼굴에영 몸뗑이에영 이엣 족은 허물 나난 인셍덜은, 가차운[189] 디설 보나 먼 디설 보나, 제 메치 제 얼굴 제 신상 뒈여도, 큰마누라 헤난 딘 암만 어릅씰곡 다까도, 그자 그, 본칫그르는[190] 그대로 잇어지언 먼 디서 베리민[191] 알뭇알뭇 곱곡[192] ᄌᆞᆽ딘[193] 오민 '아, 이거 큰한집 헤엿구나. 족은한집 헷구나.' 말썽도 낫젱[194] 헙디다. 〈요ᄁᆞ진 마누라본이고.〉

할망본풀이〉본풀이

글지후에[195] 또로 할마님은 어~ 이엣 세경 ᄌᆞ순덜 문짝 돌아봔 오란 보난 "아이고 꼿밧딘, 어느 누게사 몽니 피와부럿인디 뒐 첫 종저 우 막음 허여불엿구나. 우 막음 허여부난 이제엔 이걸 어떵 허민 좋으리." ᄒᆞᆯ 수 엇이 또로, 이엣, 뒐 첫 종저 우 막음 헤부난 이엣 문짝, 갈아 잣히여 씨 들여 순이 나기 전이 ᄒᆞᆫ저 옥항에, 들어상영 허여, 이엣 '꼿감관 꼿셍인 마겨 사주[196] 나만 업개 거느령 만민ᄌᆞ순 각성바지 인셍덜, 이엣 범이 환셍을 시겨 거느릴 수 엇어지엿구나.'

옥항상저에 등수 들기를 "꼿감관 꼿성인 메겨줍서." 등수 들어, 지국성 청룡산 이하 이에 도네려 이에 삼친경 노각성 집이 오라, 좌정을 허여 〈요까지는 할마님본이 뒈곡 글 다음에는, 인젠 또로 이공서천도산국 난산국 꼿감관 꼿셍인 본풀이가 들어가게 뒈엿수다.〉

영 허여 구할마님, 이엣 신할마님은 멩진국할마님 이엣 또 마누라 삼본이 합쳐진 본풀이우다예-.

---

188) 어릅씰멍 : 어루더듬으며.
189) 가차운 : 가까운.
190) 본칫그르는 : 본래 발진이 났던 자리에는.
191) 베리민 : 쳐다보면.
192) 곱곡 : 곱고. 곱게 보이고.
193) ᄌᆞᆽ딘 : 가깝게.
194) 낫젱 : 났다고.
195) 글지후에 : 뒷날의 어느 때. = 그르후제, 그지후제, 글지후제.
196) 마겨 사주 : 맡겨야지.

초공본풀이

1. 개관

초공본풀이는 강대원 심방이 세 번째로 구연한 본풀이다. 즉 천지왕본풀이와 할망본풀이에 이어 초공본풀이를 하였다. 2017년 11월 11일 오전 11시 43분경에 시작하였다. 구연에는 약 1시간 46분 정도 걸렸다. 이 본풀이는 〈말미–신메움–본풀이(들어가는 말미〉본풀이)〉의 하위 제차로 짜였다. '말미'와 '신메움'은 간단히 언급하는데 그쳤다. '들어가는 말미'도 미미하여 사실상 본풀이 서사 내용만을 구연하였다. 실제 굿판처럼 본풀이를 한 뒤에 비념이나 산받음 등 다른 하위 제차들도 추가되었다면 더욱 구연시간이 늘어났을 것이다. 인위적인 구연 환경이다 보니 옷차림도 평복을 하여 앉은 채로 장구를 치면서 하였을 뿐이다.

초공본풀이는 그 의미에서나 구연 방식 등에서 주목할 만하다. 초공본풀이는 제주도 무업조상의 유래를 전하는 본풀이다. 신칼, 산판, 요령 등의 '멩두'라고 하는 심방의 무구는 그 무업조상을 상징한다. 실제 굿판에서 초공본풀이를 구연할 때는 심방이 머리에 송낙을 쓰고 상체에 퀘지띠를 두르는 차림을 갖춘다. 앉아서 장구를 치면서 구연하는데, 대목에 따라 요령을 흔들거나 쌀을 비우는 시늉을 하는 등의 동작도 한다. 초공본풀이 구연 시간은 2시간을 넘기기도 한다. 한편 초공본풀이는 '초공맞이'나 '삼시왕맞이'(당주맞이)의 '질침'에서도 구연된다. 이때는 본풀이의 핵심내용을 중심으로 축약하고, 연극적인 행위들도 있어 무업조상의 내력을 시각적으로 보여주기도 한다.

서사 단락은 다음과 같다.

① 임정국 대감과 김진국 부인이 자식이 없어 근심하다가 황금산 절에 불공을

드려 자지멩왕 아기씨라는 딸을 얻었다.

② 부부는 벼슬살이를 떠나면서 장성한 딸을 살장 안에 가두고 늦인덕 정하님에게 보살펴 달라고 당부하였다.

③ 황금산 수제자 황할남이가 대사의 후임이 되고자 아기씨 집으로 권제 받으러 가서 살장의 문을 열고 자지멩왕 아기씨의 상가마를 쓰다듬은 뒤 본메를 주고 돌아갔다.

④ 자지멩왕 아기씨는 황할남이와 만난 뒤에 포태를 하였고 늦인덕 정하님의 연락을 받고 집으로 돌아온 부모에게 임신 사실을 들켰다.

⑤ 자지멩왕 아기씨는 늦인덕 정하님과 함께 집에서 쫓겨나 갖은 고생을 한 뒤에 황금산 도단땅에 당도하여 증표를 확인하고는 황할남이에게 인정을 받았다.

⑥ 자지멩왕 아기씨는 황할남이가 이르는 대로 적금산 불도땅으로 가서 본명두, 신명두, 살아살축 삼멩일이라는 아들 삼형제를 낳았다.

⑦ 삼형제는 어렵게 글공부를 하고 과거급제를 하였으나 결국 삼천 선비들의 모략으로 급제를 취소당하고 어머니가 깊은 옥에 갇힌 것을 알았다.

⑧ 삼형제는 외조부모를 찾아가 황할남이가 아버지임을 들은 뒤 아버지에게 가서 증표로 천문을 받고 어머니를 살릴 방도를 물었고 북과 장구 마련하는 법도 얻는다.

⑨ 삼형제는 너사무 너도령을 만나 함께 굿을 하여 어머니를 살려내고 어머니로부터 증표로 상잔 두 개를 받았다.

⑩ 삼형제는 어머니와 함께 외가 땅으로 가서 외조모에게서 배석자리를 얻고 외조부에게서는 명도칼이라는 신칼을 받았다.

⑪ 삼형제가 나무로 된 천문, 상잔, 신칼을 만대유전 하고자 동이와당 쒜철이 아들을 불러 쇠를 녹여 다시 만들고 남은 쇳물로는 대양, 설쒜도 마련하였다.

⑫ 삼형제는 옥황으로 올라가며 어머니에게 무구를 받아갈 이가 올 것이라고 말해주었고 너사무 너도령도 어머니와 함께 살게 하였다.

⑬ 삼형제 가운데 살아살축 삼멩일이 양반에게 원수를 갚고자 유정승 외딸아기가 엽전 여섯 냥을 우연히 줍도록 만들었다.

⑭ 유정승 따님아기는 눈이 어두워지는 신병이 나서 다니다가 나중에 죽을 지경을 당한 자북장제 외딸아기의 목숨을 살려낸다.

⑮ 유정승 따님아기는 굿을 하기 위하여 서강베포땅의 자지멩왕 아기씨를 찾아가 삼형제로부터 무구를 모두 물려받는다.
⑯ 유정승 따님아기가 너사무 너도령까지 데리고 와서 자북장제 집에서 굿을 하였다.
⑰ 유정승 따님아기는 집의 고팡에 살장을 치고 당주를 마련하였다.

강대원 심방이 구연한 초공본풀이의 서사 단락을 바탕으로 이 본풀이에 나타난 특징을 살펴본다. 사실 이본들과 견주어 서사 전개에 두드러지게 큰 차이점이 드러나는 것은 아니다. 그러나 강대원 심방이 이 초공본풀이에서 나름대로 강조하고자 하는 특징도 여럿 찾을 수 있다.

강대원 심방 구연 초공본풀이의 서사는 크게 보면 제주도의 일반적인 초공본풀이 전승과 동일한 양상을 보인다. 즉 부부가 자식이 없자 기자불공을 드려 자지멩왕 아기씨를 얻는다. 아기씨는 황금산 중과 결연하여 세 아들을 낳는다. 삼형제는 과거 급제를 하였지만 어머니를 살리기 위하여 벼슬을 버리고 굿을 하였다. 나중에 유정승 따님아기가 삼형제로부터 무구를 물려받아 심방이 되었다. 삼형제가 무업 조상으로 좌정하고, 유정승 따님아기를 통하여 무업 전승이 이루어졌다는 핵심적인 내용을 모두 갖추었다. 기존 채록된 이본 가운데 유정승 따님아기 서사가 없었던 자료도 일부 있었다는 점을 생각하면 강대원 심방의 자료는 핵심적인 서사를 두루 갖추었다고 할 수 있다.

강대원 심방은 이번 초공본풀이의 후반부에서 멩두와 연물(무악기) 같은 무구를 마련하는 과정을 강조하고 때로 자신의 독자적인 논리를 제시하였다. 그는 본풀이에서 무구를 마련하는 데 여러 존재들이 도움을 주었다고 하였다. 즉 아버지 황할남이는 천문과 북·장구, 어머니 자지멩왕아기씨는 상잔, 외조모는 배석자리, 외조부는 명도칼을 마련하는 과정에서 제각각 역할을 맡는다고 하였다. 특히 외조부가 명도칼을 만들어 주는 장면을 구체적으로 설명한 점은 주목할 만하다. 천문과 상잔만큼이나 명도칼도 나름대로 유래가 있음을 밝히고자 한 의도로 보인다.

무구들의 속성, 전승 등에 대해서도 논리적으로 설명하고자 시도하였다. 멩두는 처음에는 나무로 만들었다가 나중에 만대유전을 위하여 쇠로 다시 만들었다고 하였다. 이때 멩두를 만들다가 남은 쇳물로 무악기인 데양과 설쇄도 마련하였다. 북이나

장구와 달리 데양과 설쉐는 쇠로 만드는 것이니 가능한 일이다. 더욱이 유정승 따님아기가 얻은 엽전(육간제비)도 멩두를 마련하다가 남은 쇳물로 만들었다는 언급은 매우 흥미롭다. 강대원은 멩두와 연물뿐만 아니라 나아가 엽전까지 동일한 속성으로 이루어져 있다고 인식하는 것이다. 유정승 따님아기 서사에서 다소 갑작스럽게 등장한 엽전을 어떻게든 멩두에 연결하고자 하는 생각인 듯하다. 한편 유정승 따님아기가 멩두를 물려받은 뒤 집의 고팡에 살장을 치고 당주를 마련하는 과정까지 거론하며 마무리하였다.

이 초공본풀이에 등장하는 신의 면모와 직능에서도 지역적 변별성이나 독특한 인식을 드러낸다. 삼형제의 아버지를 황금산 황할남이라고 하였다. 흔히 알려진 황금산 주접선성은 조부라고 설정하였다. 삼형제 가운데 작은아들은 살아살축 삼멩일이다. 대개 살아살축 삼멩두라고 알려져 있는 존재이다. 황할남이와 삼멩일은 기존 채록 자료를 바탕으로 한다면 제주 서남부 지역에서 전승되던 신명이기도 하다. 강대원이 제주 서부 지역 출신임을 감안하여 이해할 수 있겠다. 한편 삼형제가 나중에 옥황상제의 명으로 각각 하늘, 땅, 인간을 차지하였다는 내용이 언급되어 있는 것도 눈에 띈다. 삼형제가 무업조상으로 삼시왕이 된다는 일반적인 전승과는 다소 다른 인식도 섞여 있다. 삼형제를 두고 '적부기 삼형제'는 별호이며 '궁이 아들 삼형제'라고 의미를 분명히 하였다. 실제 구연할 때도 적부기(젯부기) 삼형제라는 표현을 거의 쓰지 않았다. 이밖에 삼형제와 너사무 너도령이 육형제를 맺어 결연하는 대목은 자세하지 않다.

강대원 심방은 이번 초공본풀이를 구연하면서 기회가 닿는 대로 제주 서부와 동부 지역 무가의 차이점을 구별하여 언급하고자 하는 모습을 보여주었다. 서사 단락 정리에서는 구체적으로 드러내지 못하였지만 이러한 대목을 여럿 발견할 수 있다. 동서 지역 무가의 차이는 자지멩왕 아기씨가 부모에게 쫓겨나 길을 떠나고 갖은 고생을 하는 대목에서 특히 두드러진다. 동서 지역 차이를 강조하면서도 무업 활동을 하며 먹고 살기 위해서는 설사 자신이 생각하는 이치(理致)에 맞지 않아도 큰심방이 하는 대로 따라갈 수밖에 없다는 실제 굿판의 사정도 담았다. 하소연하듯이 말하는 이 대목에서도 제주도 굿판의 무가 구연양상의 한 면모를 확인할 수 있다. 다만 이번 초공본풀이는 인위적인 자리이니 자신의 생각을 가감 없이 담았다.

강대원 심방의 초공본풀이에 나타나는 남다른 특징은 심방 자신의 사정에 기인한 점이 크다. 그는 제주 서부 지역 출신으로 일본에서도 오랫동안 활동한 이력을 가지고 있다. 제주 동부 지역 심방들과도 어울렸기 때문에 제주도 굿판의 양상을 두루 아는 편이다. 따라서 제주도 동서 지역 무가의 차이를 곧잘 견주고, 심지어 일본의 제주식 굿판에서 이루어지는 사정도 드러내기를 마다하지 않는다. 게다가 그는 평소 굿에 대한 자신의 지식을 점검하고 굿의 문서를 열심히 기록으로 남기고자 노력하는 이다. 굿의 제차와 사설을 두고 나름대로 논리를 만들어 이치 따지기를 즐겨한다. 자연히 자신의 굿 지식을 무가 구연에 적극적으로 강조하고 활용하고자 한다. 심방의 출신 지역, 무업활동 경력, 평소 성향 등이 본풀이 구연에 어떤 영향을 미치는지 종합적으로 살필 수 있는 좋은 사례이다.

2. 내용

초공본풀이는 제주도 일반신본풀이 가운데 가장 분량이 길다고 할 수 있다. 서사의 앞뒤로 붙는 다른 무가들까지 구연하면 쉽게 두 시간을 넘긴다. 그만큼 장대한 내용을 가진 본풀이다. 강대원 심방 구연 초공본풀이의 줄거리는 자지멩왕 아기씨의 출생, 자지멩왕 아기씨와 황금산 황할남이의 결연, 삼형제의 출생, 삼형제의 굿법 마련, 유정승 따님아기의 무구 전승으로 이루어졌다. 이를 구체적으로 정리하면 아래와 같다.

노신땅에 임정국 대감과 김진국 부인이 부자로 잘 살았지만 늦도록 자식이 없어 근심하였다. 하루는 황금산 도단땅 대사가 권제 받으러 왔다가 부부의 사주팔자를 보아 주었다. 부부는 대사의 말에 따라 부처님께 불공을 드려 드디어 딸을 얻고는 녹화단풍 자지멩왕 아기씨라고 이름을 지었다. 부부는 아기씨가 열다섯이 넘어 장성하였을 때 벼슬살이를 하러 떠나게 되었다. 부부는 딸을 걱정하여 할 수 없이 살장 안에 가두고 늦인덕 정하님에게 잘 보살펴 달라고 당부하였다.

하루는 황금산 도단땅 대사가 자지멩왕 아기씨에게 증표를 두고 오는 자에게 자신의 후임을 맡기겠다고 하였다. 이에 수제자인 황할남이가 자지멩왕 아기씨에게 권제를 받으러 아기씨 집으로 갔다. 황할남이는 아기씨가 갇힌 살장의 문을 열어주고 권제를 받으며 한쪽 손으로 아기씨의 상가마를 쓰다듬었다. 황할남이는 나중에

아기씨가 자신을 찾을 일이 있다고 하였고 아기씨는 증표를 받아두었다. 황할남이는 황금산으로 돌아가 대사의 뒤를 이었다.

자지멩왕 아기씨는 황할남이와 만난 뒤에 포태를 하였다. 늦인덕 정하님은 대감 부부에게 이를 알렸다. 부부가 돌아와 딸을 살펴보고는 차마 죽이지 못하여 늦인덕 정하님과 함께 집에서 내쫓았다. 아기씨와 정하님은 길을 떠나 갖은 고생을 한 뒤에 황금산 도단땅에 당도하여 증표를 확인하고는 황할남이를 찾았다. 황할남이가 아기씨에게 나록 두 동이를 내주며 까라고 하자 새들이 몰려들어 나록 까는 일을 도와주었다. 황할남이가 비로소 아기씨를 인정하였지만 중은 부부살림을 할 수 없으니 적금산 불도땅으로 가라고 일러주었다.

자지멩왕 아기씨는 불도땅에서 본명두, 신명두, 살아살축 삼멩일이라는 아들 삼형제를 낳았다. 삼형제는 서당에서 재에 글을 써가며 어렵게 글공부를 하였고 장성하자 자신들도 선비들처럼 과거를 보러 가겠다고 나섰다. 과거보러 가는 길에 배짓골 배정승 집에서 선비들에게 속아 배를 따러 나무에 올랐다가 내려오지 못하는 처지를 당한다. 배정승이 현몽하여 삼형제를 구해주고 이들의 천하문장 실력을 알게 된다. 삼형제는 과거를 보지 못하였지만 상시관이었던 배정승의 도움으로 급제한다. 하지만 선비들의 모략으로 급제가 취소되고 급기야 어머니 자지멩왕 아기씨는 깊은 옥에 갇힌다.

삼형제는 노신땅의 외조부모를 찾아가 아버지가 황금산 황할남이라는 사실을 듣는다. 삼형제는 아버지에게 가서 증표로 천문을 받고 어머니를 살릴 방도를 물었다. 아버지는 북과 장구 등을 마련하는 법을 가르쳐주었다. 삼형제는 서강베포땅에서 너사무 너도령을 만나 동행하였다. 이어 삼형제는 밤낮으로 굿을 하여 깊은 궁에 갇힌 어머니를 살려내었다. 어머니는 삼형제에게 자신의 증표로 황할남이가 내준 나록 두 동이처럼 상잔 두 개를 주었다. 삼형제는 어머니와 함께 외가 땅으로 가서 외조모에게서 배석자리를 얻고 외조부에게서는 명도칼이라는 신칼을 받는다.

삼형제는 서강베포땅으로 돌아와 나무로 된 천문, 상잔, 신칼을 만대유전 시키고자 동이와당 쐐철이 아들을 불러 쇠를 녹여 다시 만들었다. 남은 쇳물로는 데양, 설쐐도 마련하였다. 삼형제는 옥황상제의 명에 따라 옥황으로 올라가며 어머니에게 무구를 받아갈 이가 올 것이라고 말해주었다. 너사무 너도령도 어머니와 함께 살게 하였다.

살아살축 삼멩일이 양반에게 원수를 갚고자 유정승 외딸아기가 엽전 여섯 냥을 우연히 줍도록 만들었다. 유정승 따님아기는 눈이 어두워지는 신병이 나서 다니다가 나중에 죽을 지경을 당한 자북장제 외딸아기의 목숨을 살려낸다. 유정승 따님아기는 굿을 하기 위하여 서강베포땅의 자지멩왕 아기씨를 찾아가 삼형제로부터 멩두 조상을 모두 물려받는다. 너사무 너도령까지 데리고 와서 자북장제 집에서 굿을 하였다. 그 뒤 유정승 따님아기는 집의 고팡에 살장을 치고 당주를 마련하였다.

3. 구연 자료

초공본풀이〉말미

〔장구를 몇 번 치다가 그친다.〕

안느로 만서당클[1] 밧겻딜로,[2] 천지천왕 신수퍼, 초공 연ᄃᆞ리 난산국 신풀저, 영 헙네다 설운 장구 받아 들러 난산국, 더레 신메와 석살읍네다-.

〔장구를 잠깐 치고 그친다.〕

석살려 드려 가며~, 또 이제는 이엣 올리옵긴, 셍사름이 신이 본을 다 알 깜냥 능력 잇소리까. 업십네다 들어 벱고,[3] 아는 데로 시주낙형, 과광선 신풀저 영 허여 사는디 지만썩[4] 지 본풀이가 다, 생각데로 맞아 붸민, 옳은 걸로 생각을 헙네다만은 허뒈, 아는 데로 들어 베운 데로~, 하늘 ᄀᆞ룬[5] 신공시론, 권제삼문(勸齋三文) 받아 위올리곡 금탁, 금보십쏠은 삼도레우심상으로~,[6] 게ᄀᆞᆯ아[7] 위올리곡, 삼곡마량(三穀馬糧) 어간허며, 초공 난산국으로 제ᄂᆞ립서에-.

〔장구를 치기 시작한다.〕

---

1) 만서당클 : 신이 좌정하는 여러 당클을 꾸미고 마련한 제장.
2) 밧겻딜로 : 바깥으로.
3) 벱고 : 배우고.
4) 지만썩 : 자기대로.
5) ᄀᆞ룬 : 가린.
6) 삼도레우심상 : 신을 청할 때 쓰는 제상.
7) 게ᄀᆞᆯ아 : 갈아.

초공본풀이〉신메움

초공 하늘님 난산국 신풀저 허시는디

〔음영〕 초공 성하르바님 천하 데궐 황금산

어~

주접선성 어 초공 성할마님

적금산 불도땅

여주님 ᄂᆞ립서 또 이전 웨하르바님은

〔음영〕 노신땅 천하 임정국 데감 웨할마님

김진국 부인님

멩듯 아방 황금산 황할남이 주접선성(朱子先生) ᄂᆞ립서 멩듯 어머님은

녹화단풍 ᄌᆞ지멩왕 아기씨

에산[8] 신구월 초ᄋᆢ드레[9] 본멩두 ᄂᆞ립서 신멩두 열ᄋᆢ드레[10] 쓰무ᄋᆢ드레[11] 살아살축 삼멩일 ᄂᆞ립서.

멩듯 선성 명철광데 정나라 정데장

아끈[12] 불미[13] 한 불미 아끈 도간[14] 한 도간 아끈 집게 한 집게 ᄂᆞ립서.

소미(小巫) 선성(先生) 열두 주에 펜수청[15] 뒤으으로

너사무 너도령~ 어~

삼형제 ᄂᆞ립서 디려두곡

초공본풀이〉들어가는 말미

난산국이 어디며 본산국 어딥네까.

---

8) 에산 : 애달픈.

9) 초ᄋᆢ드레 : 초팔일(初八日).

10) 열ᄋᆢ드레 : 십팔일(十八日).

11) 쓰무ᄋᆢ드레 : 이십팔일(二十八日).

12) 아끈 : 작은.

13) 불미 : 풀무(冶).

14) 도간 : 도가니.

15) 펜수청 : 편수(片手)들.

초공본풀이〉본풀이

옛날 옛적에 노신땅 천하 임정국 데감님과
김진국에 부인님 입장(入丈) 갈림[16] 허여근 사녑데다.
삼십(三十) 서른 넘어상 영 허여도
〔음영〕 ᄉ십(四十) 굽 놓아가도[17] ᄌ식(子息) 생불(生佛) 없어
호이[18] 탄복(歎服)이
뒈어 지어 사는디 ᄒᆞ를날은
〔음영〕 황금산 도단땅 부처 직헌[19] 예
데서(大師)님이
〔음영〕 권제(勸齋) 받으레 지국성 도ᄂᆞ려
이 집 저 집 각성친(各姓親) 집으로
〔음영〕 권제 받으레 뎅기다[20]
예
〔음영〕 천하 임정국 데감님칩 먼
올레[21]
〔음영〕 당도(當到)허난 들어사며 나사며 짓알르로
"소승(小僧)은 절이 벱네덴." 일러사난
임정국 데감님은 수벨캄(首別監) 수장남(首長男) 불러 놓고
〔음영〕 "우리 먼 올레에 어느 절 예 데서(大師)가 온
듯허다.
진 안느로 청허라." 수벨캄은 올레 밧겻[22] 나고 보난
〔음영〕 금법당(金法堂)에 부체 직헌 데서님이 네렷구나. 예 수벨캄 허는 말은

16) 입장(入丈) 갈림 : 혼인(婚姻).
17) 굽 놓아가도 : 다 되어가도.
18) 호이 : 한숨을 내쉬는 소리 또는 모양.
19) 직헌 : 지키는.
20) 뎅기다 : 다니다.
21) 올레 : 거리에서 집으로 들어가는 골목길.
22) 밧겻 : 바깥.

〔말〕 "어느 절 데서며 어느 절 속한이꽈?[23] 우리 집 천하 임정국 데감님이 〔음영〕 진 안느로 청헤렌 헴수다.
어서 듭서."
〔음영〕 데서님은 원불수룩(願佛水陸)을
드려 가며
〔음영〕 데천(大廳) 한간 여잇돌[24] 앞으로 가 업데헤여[25]
"소승은 절이 벱네다." 일러사난
〔음영〕 "권제를 네여주라." 김진국 부인 권제 앗안[26] 나오라
높이 들러 야이[27]
스르르르 허게
〔음영〕 비와 데서님 권제 받아 일어사젠 허난 임정국 데감님은 "어느 절 데서며 어느 절 속한이
뒙네껜?" 허난
〔음영〕 "난 황금산 도단땅 부체 절간 법당에 부체 직헌 데사가
뒙네덴."
일러사난 "오헹팔괄(五行八卦) 단수육갑(單數六甲) 집뜰[28] 줄 아오리까?" "아오리다."
〔음영〕 "ᄉ주역[29] 볼 줄 압네까?" "ᄉ주역도
볼 줄 압네다."
〔음영〕 "경 허건 우리 부부간(夫婦間) ᄉ주팔자(四柱八字)
판단(判斷)허여 줍서."
"어서 걸랑 기영 헙서." 황금산

---

23) 속한이 : 속환이(俗還－). 여기서는 앞의 대사(大師)에 견주어 지체가 낮은 중을 일컬음.
24) 여잇돌 : 디딤돌. = 잇돌.
25) 업데헤여 : 엎드려서.
26) 앗안 : 가져.
27) 야이 : 얄게.
28) 집뜰 : 짚을.
29) ᄉ주역 : '화주역'이라고 할 것을 잘못 언급함. 화주역(畵周易)은 『주역』의 64괘를 사주에 대입시켜 사람의 일생에 대하여 풀이한 도설서.

〔음영〕 부체 직헌 데서님은 오헹팔괄
단수육갑 집떠 놓고
ᄉᆞ주역을 네놓아 초년(初年) 중년(中年) 말년(末年) 판단허는 것이
〔음영〕 논전답 강전답[30] 좋고 수벨캄 수장남 거느려 부가허고 지가허게[31]
잘 살아지곡
〔음영〕 삼십 서른 넘도록 살아도 ᄌᆞ식 셍불 없어 호이 탄복 허렌 헌
팔저 ᄉᆞ주로구나.
〔음영〕 영 허여 이에 데서님은 이제 오헹팔괄 단수육갑 집뜨고
ᄉᆞ주팔저 판단허여근
〔음영〕 임정국 데감님보고 허는 말이 "어찌 데감님네 부가허고 지가허게 종하님 거느려 잘 살긴 헴수다만은 삼십 서른이 넘어 ᄉᆞ십 굽이 놓아도 ᄌᆞ식 셍불이 없어지어 호이 탄복 허렌 헌 팔제(八字)우다." 임정국 데감님은 "게민 데서님아 어찌 허면은 이에 ᄌᆞ식을 볼 수 잇수가?"
"금법당 도올라
〔음영〕 석 둘 열흘 벡일(百日) 원불수룩(願佛水陸)을 드려상 허민 ᄌᆞ식 셍불 잇일 듯 헙네다." 일러두고
〔음영〕 예 데서님은 먼 올레부떠 하늘 ᄀᆞ룬[32] 철쭉데로 선그믓을[33] 긋으며
또 이전
〔음영〕 황금산 금법당 올레ᄁᆞ지 데웅전(大雄殿) 이에 문 앞ᄁᆞ지 이에 선그믓 긋어 올라가고 임정국 데감님 김진국
부인님은
〔음영〕 수벨캄 수장남 늦인덕 다 불러 이엣 데벡미(大白米)여 소벡미(小白米)여 짝쏠[34] 없이 벡근(百斤)을 물멩지여[35] 강멩지여[36] 고리비단 능라비 세미넹[37] 서마

30) 강전답 : 강답. 조금만 가물어도 물이 곧 마르는 논. = 건답. 앞의 '논전답'에 운을 맞춤.
31) 지가허게 : 앞의 '부가허고'와 운을 맞춤. '부가'는 '부유하다' 정도의 뜻.
32) ᄀᆞ룬 : 가린.
33) 그믓 : 금.
34) 짝쏠 : 쪼개진 쌀알. = 착쏠.
35) 물멩지 : 물명주. 수화주(水禾紬).

페[38] 돈 천금(千金) 은(銀) 말량(萬兩)을

체우렌 허여

체와 놓고서는

마바리에[39] 시껀[40]

〔음영〕 임진국 데감 예 김진국 부인은 금법당 황금산 절간 법당

부체 츷아

〔음영〕 예 먼 올레 절간 법당 초군문

당도허난

〔음영〕 법당 직헌 땅나구린 니 발[41] 끓려 주꺼 가난[42] 데서님은 속한이

불러놓고

〔음영〕 "땅나구리 어찌 주꺼 사겟느냐?" "니 발 끓려

주꿉네다."

〔음영〕 "야 노신땅 천하 임정국 데감님이 원불수록 오람져 진 안으로 청허라."

"경 허우꽈?"

〔음영〕 속한이 나가 먼 올레에 가 문 욜아[43] 임정국 김진국 부인 예 네웨간

진 안으로 청허여 앗안[44] 간 것은

〔음영〕 부처님 큰상 앞으로 올려놓고 데축남은[45] 은저울데로[46]

저울려근[47]

〔음영〕 또다시 낫인 영청[48] 밤인 극락(極樂) 원불수룩을 드려 간다 ᄒᆞ를 넘고

---

36) 강멩지 : 명주(明紬).

37) 세미녕 : 세무명.

38) 서마페 : 베의 일종인 듯함.

39) 마바리 : '바리'(駄)는 마소 한 마리가 등에 실어 나를 수 있는 무게의 분량.

40) 시껀 : 실어.

41) 니 발 : 네 발.

42) 주꺼 가난 : 짖어 가니.

43) 욜아 : 열어.

44) 앗안 : 가져.

45) 데축남 : 대추나무.

46) 은저울데 : 저울.

47) 저울려근 : 저울질하여.

훈 둘 넘어 두 둘 넘어

석 둘 넘어

〔음영〕 벡일 굽에 딱 들어사 가난

김진국 부인은 원불수룩 드려근 돌아오고 그날 저녁에

〔음영〕 임진국 데감님앞이[49] 간 "데감님아 어찌 허여 우리 ᄒᆞ를도 아니고 이틀도 아니고 훈 둘 두 둘 석 둘이 넘어 이젠 벡일 굽더레 날짜가 들어삿인디 좋덴 말도 엇곡[50] 궂덴 말도 엇곡 영 허켜 저영 허켄 말도 엇어지여 네일랑 아침

또이 수룩 드려근

〔음영〕 법당 하직(下直)허여 가기 어찌 허오리까?" "어서 걸랑 기영 헙서."

그날 저녁

〔음영〕 누워 좀을 자는디

예 어~

천하 임정국

데감님에 꿈에 선몽(現夢) 김진국 부인님에 꿈에 선몽 낭게일몽(南柯一夢) 시겨 갑데다.

〔음영〕 시겨 가는디 청감주(淸甘酒) 호박 안주(按酒) 먹어 붸고

영 허여

예 뒷날 아적[51]

〔음영〕 원불수룩 드려 끗데엔[52] 김진국 부인님이 〔말〕 "데서님아 우리 법당 하직 시겨 줍서." 데서 허는 말은 "어서 걸랑 기영 헙서. 오널 법당 하직허곡 부처님 하직허여 집이 네려가거들랑 남생기(男生氣) 여복덩일(女福德日) 부베간(夫婦間)

합궁일(合宮日) 받아근

예 천상베필(天上配匹) 무어사민[53]

---

48) 낮인 영청 : 낮이 새도록. 낮이 지나가도록.

49) 데감님앞이 : 대감님에게.

50) 엇곡 : 없고.

51) 아적 : 아침.

52) 끗데엔 : 끝에는.

53) 무어사민 : 맺으면.

〔음영〕 알 도레(道理) 잇수다." "고맙수다." 인사허고 부처님에
하직
데서 속한이
법당 하직허여
또 이전 집으로 돌아오고
〔음영〕 남셍기 여복덩일 합궁일
천상베필일
〔음영〕 다 받아 부부간 베필
무엇더니 ᄒᆞᆫ 둘 넘어간다.
두 둘 석 둘 넘어가
벡일 굽을 노난
〔음영〕 김진국 부인님은 옷에 옷네 밥에 밥네
장칼네[54] 나간다.
먹던 밥이
〔음영〕 멀어지여 가고 아오 열 둘
준삭(準朔) 차고
〔음영〕 저 밤 이 밤 지픈[55] 밤 야사삼경은[56] 에산 신구월 열나흘날
초경(初更)이 뒈엇구나.
〔음영〕 임정국 데감님은 늦인덕 불러 "야 어느 떼가 뒛이니?" "초경이 넘어삼수다."
"그리 허겟느냐."
〔음영〕 예 또 김진국 데감 부인님은 죽억 살악
허여근 가는디
〔음영〕 예 또 임진국 데감님은 늦인덕 불러놓고 "어느 떼냐?"
"예.

54) 장칼네 : 묵은 장에서 나는 냄새.
55) 지픈 : 깊은.
56) 야사삼경 : 야삼경(夜三更).

〔음영〕 다멀이[57] 정가운데에 오진 아녀 거저 믄 오람수다."[58] "그리 허겟느냐."

또로

〔음영〕 잇다근 임정국 데감님은 늦인덕 불러 "어느 떼가 뒛이니?" "저 밤 이 밤 지픈 밤 야사삼경 개 고넹이[59] 좀든 시간이우다. 다멀은 정가운디 오랏수다. 저 산 앞이

줄이 벋고 발이 벋어

예 단풍(丹楓)이 들어삼수다."

〔음영〕 얼마 엇어 예 열나흘날 초경 이경 지픈 밤

야사삼경 넘어

뒷날 보름 아적

세벽 ᄌ시(子時)가

뒈여사난

예 김진국 부인 헤산(解産)허여 살 적 똘애잇기[60] ᄒ나

탄셍(誕生)허여 이 아기

저 산 앞 줄이 벋고 발이 벋어

예 단풍이 드난 녹화단풍 애기씨

이름 성명(姓名) 지완

이 아기 은 보듯 금 보듯 봉근[61] 애기

〔음영〕 상다락 중다락 하다락 무어놓고[62]

키와 가는디 예

칠팔 세 넘어 열다섯 십오 세 넘어 열칠팔 세 굽

〔음영〕 놓아가는디 아이고 임정국 데감님은 천하문장 살레 오라

김진국 부인은 지하문장 살레 오렌

---

57) 다멀 : 밤에 한군데 여럿이 총총히 모여서 반짝이는 별.

58) 거저 믄 오람수다 : 거의 모두 오고 있습니다.

59) 개 고넹이 : 개와 고양이.

60) 똘애잇기 : '똘애기'라고 할 것을 부정확하게 발음되었음. 즉 '딸아기'를 말함.

61) 봉근 : 주운. 즉 '얻은'.

62) 무어놓고 : 마련하고.

말이 서란장이[63]

〔음영〕 ᄂᆞ립네다[64] 서란장이 ᄂᆞ리난 아이고 이 아길 어떵 허민 좋으리.

또 이전

〔음영〕 종하님 불러놓고 일흔ᄋᆞ덥

고무살장[65] 무어가듯

마흔ᄋᆞ덥 모람장[66]

예 무어간다 빗골장[67]

무어놓고

〔음영〕 이 아기 궁 안네 가둡고 아바지 ᄌᆞᆷ근[68] 문에 어머님 수레[69] 어머님 ᄌᆞᆷ근 문에

아바지 수레 두고

〔음영〕 늦인덕 정하님 불러 "요 궁기로이[70] 밥 주고 옷 주고 오줌단지 똥단지랑 네치곡 뒤치곡

허멍 키왐시면

우리가

〔음영〕 공서(公事) 살앙 오랑 종이 문서도[71] 삭 시겨 주곡."[72]

영 허여 "어서 걸랑 기영 헙서."

일러두고

〔음영〕 예 임정국 데감님은 천하문장 살레

김진국 부인은 지하문장 살레

---

63) 서란장 : 서장(書狀).

64) ᄂᆞ립네다 : 내립니다.

65) 고무살장 : 살장의 한 종류. 살장은 신이 머무르는 공간 앞에 늘어뜨려 가리는 용도의 기메.

66) 모람장 : 살장의 한 종류.

67) 빗골장 : 살장의 한 종류.

68) ᄌᆞᆷ근 : 잠근.

69) 수레 : 잠가서 봉한 표지를 하고.

70) 궁기 : 구멍.

71) 종이 문서 : 종 문서.

72) 삭 시겨 주곡 : 없애 주고.

갑데다.

살레간 후

또 이전

〔음영〕 예 황금산 도단땅이우다 일천 선비덜이 글공뷔 허단 예 데보름 돌이 둥실 허게 뜨고 올라오난 글공뷔 허던 선비덜은

〔음영〕 천 명인가 삼천 명인가 만 명인가 모르쿠다만은

돌구경 나오랑

〔음영〕 예 돌구경 허는디 예 그떼 예 그디 수제저(首弟子)는 황할남이고 부처 직헌

데서님이

〔음영〕 돌구경 허는 선비덜앒이 오란 "느네덜 나 예숙 제끼거들랑[73] 예숙을 풀 수 잇겟냐?" "어서 걸랑 기영 헙서." "우리 절간 법당 오라 원불수룩 드려 낳은 애기

이 아기는

〔음영〕 지금 일흔ᄋ덥 고무살장 모람장

빗골장

〔음영〕 지게살장[74] 속에 가두아져 잇인디 이 애기

본메 본짱[75] 두고 오는 자에게는

〔음영〕 이 절간 다 멜기곡[76] 난 물러 앚앙 데서로

일임(一任)허곡

〔음영〕 전득(傳得)을 문딱[77] 시기켄." 허난 선비덜이 앚안 돌구경 허멍도 어느 누게 하나 데답을 아니 헤연 데서님 질문에 영 허난 그떼에

〔음영〕 수제저 멩둣 아바지 황할남이 "제가 갓다 오겟십네다." "못헤영 오민 어찌 허겟느냐?" "메 흔 데썩이라도 우리 선비덜 천 명이민 천 데 또 삼천 명이민

---

73) 예숙 제끼거들랑 : 수수께끼를 하면.

74) 지게살장 : 살장의 한 종류.

75) 본메 본짱 : 증거가 되는 사물.

76) 멜기곡 : 맡기고.

77) 문딱 : 모두.

삼천 데

〔음영〕 아니우꽈. 뜨리곡[78] 나가 본메를 게민[79] 두고 오거든." 황할남이 멩듯 아방 허는 말은 "이 절간 법당을 다 전부 줄 수 잇수가?" "그걸랑 기영 허켜."

그떼엔 또 이에 황할남이 수제저는

데서님 말 들어 데서 헹착(行着) 출려근[80]

〔음영〕 노신땅 천하 임정국 데감님 집으로 소곡소곡[81] 도느려 먼 올레 당허난 예 금바랑 옥바랑[82] 천앙낙화[83] 소리 왕글왕글 젱글젱글 홍글치난[84] 일흔으덥 고무살장 속에 든 녹화단풍 즈지멩왕 애기씬 늦인덕 정하님 불러간다 웨어간다[85] 불러놓고 〔말〕 "야 저 올레 나고 보라. 아바님이 오는가 어머님이 오는가 모르켜. 어떵허믈 왕방울 소리가 왕강싱강 왕강싱강 남저." 〔음영〕 영 허난 "기영 헙서."

늦인덕 정하님은

〔음영〕 애기씨 상전(上典) 녹화단풍 즈지멩왕 애기씨

말 들어근

이젠

〔음영〕 예 올레 간 보난 아바지 어머닌 아니 오고 하늘이 ᄀ득헌 굴송낙 씨고[86] 하늘이 쏘암직헌[87] 철쭉데 지프고[88] 아강베포[89] 등에 지고 금바랑 옥바랑 천앙낙훼 손에 잡아

〔음영〕 예 데서가 네렷구나 돌아오란

예 "애기씨 상전임아

---

78) 뜨리곡 : 때리고.

79) 게민 : 그러면.

80) 출려근 : 차려서.

81) 소곡소곡 : 앞으로 다가가는 모양.

82) 금바랑 옥바랑 : 금바라 옥바라. '바랑'은 제주도 굿에서 쓰이는 작은 바라 모양의 무구.

83) 천앙낙화 : 요령을 말함. '요령'은 제주도 굿에서 쓰이는 작은 종 모양의 무구.

84) 홍글치난 : 흔들어가니.

85) 웨어간다 : 외친다.

86) 씨고 : 쓰고.

87) 쏘암직헌 : 쏠 듯한.

88) 지프고 : 짚고.

89) 아강베포 : 중이 들고 다니는 자루.

〔음영〕 아이고 아바지 밧상전 안상전도 아니 오고야.” “어.” “어느 절 데서님이 ᄂᆞ렷수다.” “무신 따문[90] ᄂᆞ려시니

들어보라.”

〔음영〕 늦인덕 정하님은 황할남이 멩둣 아방앞이 간 “어떵 헨 데서님아 네립디겐?” 허난 예 황할남이 멩둣 아방 허는 말은

에허근

어~

〔음영〕 “오헹팔괄 단수육갑을 집떤 보난 우리 절간 법당 황금산에 오라 부처님에 수룩 드려 낳은 애기 녹화단풍 ᄌᆞ지멩왕 애기씨 지금 궁 안에 가두와져 잇는 듯 헌디

이 애기가

〔음영〕 궁 안네서 어멍 아방 얼굴 보기 전이 멩(命)도 떨어질 듯 복(福)도 떨어질 듯 허난

권제 받으레 네렷수다.”

일러 간다.

〔음영〕 일러산 허난 그떼 늦인덕은 또로[91] ᄌᆞ지멩왕 애기씨앞이 간 “아이고 아기씨 상전임아 황금산에 예

부처 직헌 데서님

허는 말이우다.

〔음영〕 예 지금 애기씨 상전이 궁 안에 가두와졍 잇어도 또이 단명(短命)헐 듯허여 권제 받앙 부처님에 강 올령 원불수룩 낮도 영청 밤도 극락 드리켄

허염수다.”

〔음영〕 “난 궁 안네이 가돠젼 잇어부난 줄 수 엇고 느라도[92]

뜨어가근

〔음영〕 권제를 주켕[93] 허여

90) 따문 : 때문에.

91) 또로 : 다시.

92) 느라도 : 너라도.

93) 주켕 : 주겠다고.

보라.

〔음영〕 권젤 주어 보라." "어서 걸랑 경 헙서." 늦인덕 정하님은 애기씨 상전 녹화단풍 즈지멩왕 애기씨

말을 들어 놓고

이젠 뒙네다.

〔음영〕 안느로 가 권제 떤 나오란 예 올레에 간 권제 주젠 허난 예 황할남이 멩둣 아방은 "늦인덕 정하님 손으로 열 말 쏠허고 애기씨

상전

〔음영〕 훈 홉 쏠허고 맞사질 못 허난예."

"들어옵서."

〔음영〕 "늦인덕 정하님 준 건 아이[94] 받앙

가쿠다."

〔음영〕 돌아오란 늦인덕은 "아이고 상전임아 나 준 건양 아이 받으켄 허고 나 손으로 열 말 쏠 주는 권제허곡 애기씨 상전은 손으로 훈 홉 주는 거만[95] 맞사질

못헌덴 허염수다."

〔음영〕 "아이고 난 궁 안네 잇어부난 나가지 못 허난 아무라도 준 거 받앙 가렌 골라."[96] 아이고 간 "아기씨 상전은 궁 안네 가두아젼 잇어부난 나 준 거라도 받앙 갑서."

"아니 뒙네다.

〔음영〕 경 헌디 게민 그 고무살장

문을 열어주민

〔음영〕 권제 네여줄 수 잇이넨[97] 들어봅서."

"어서 걸랑 기영 헙서."

〔음영〕 늦인덕 정하님은 즈지멩왕 애기씨앞이 오란 〔말〕 "아이고 상전임아 이 문을 열어주민 권제 네줄 수 잇이넨 헴수다." "아이고 문 열어주민 권제 주곡 말곡."

---

94) 아이 : 아니.

95) 거만 : 것만큼.

96) 골라 : 말하라.

97) 잇이넨 : 있느냐고.

이에근

〔음영〕 그떼엔 "문 욜아주민 권제 네주켄 헴수다."

예 황할남이

〔음영〕 가고 천앙낙훼 네놓아 〔장구채를 잡고 있는 오른손을 들어 가슴 앞에서 몇 번 가로로 움직인다.〕 동서(東西)러레 왕글장글 왕글장글 삼시번 흥글치난 이에 아바지 중근 문 어멍 수리두고 어멍 중근 문 아버지 수리 둬도 절로 절칵 열려 무쉐설캅[98] 열려

가압데다에-.

무쉐설캅

〔음영〕 욜아지여 일흔으덥 고무살장문

열엇구나.

〔음영〕 즈지멩왕 애기씬 하늘이나 볼까 지하님이나 볼까 인셍(人生)이나[99] 볼까 청너월

벡너월 흑너월 둘러씨연

〔음영〕 안느로 들어가 고팡(庫房)에 간 문 욜아 아바지 어머니 먹던 쏠은 베려보난 좀[100] 일엇구나 거무집[101] 둘러쓰엇구나.

〔음영〕 거려다[102] 줄 수 엇고 녹화단풍 즈지멩왕 애기씨

예 먹는 쏠은

바련 보난

〔음영〕 예 얼음ᄀ치 곱닥허여[103]

지어

〔음영〕 그걸 뜨언 나오젠 홀

떼에

98) 무쉐설캅 : 무쇠로 만든 상자(鐵匣).

99) 인셍(人生) : 사람.

100) 좀 : 좀벌레.

101) 거무집 : 거미집.

102) 거려다 : 떠다.

103) 곱닥허여 : 매끈하고 고와서.

〔음영〕 또다시 이 황할남이 어 훈쪽 웬손은 전뎃귀[104] 잡고 전뎃귀 훈 귀는 물고 훈 손은

예

〔음영〕 우머니[105] 속에 담아 잇인디 나오란 예 황할남인 〔말〕 "권제쏠 높이 들렁 얏이[106] 스르릅게 비웁서. 훈 방울이 떨어지민 멩 떨어지곡 복 떨어지는 법이우다." 〔음영〕 늣인덕은 말을 허뒈 "야 훈쪽 팔은 어디 갓이며 전뎃귀는 느미귀라 물엇시며 네미귀라

물엇겟느냐?"

〔음영〕 "경 헌 소리 맙서. 오헹팔괄 훈쪽 손은 단수육갑

지프레[107] 하늘 강

도올랏수다."

〔음영〕 "그리 허겟느냐." 영 허여 즈지멩왕 애기씨

나오라

〔음영〕 권제 쏠을 높이 들러 얏이 비울 적에 오꼿[108]

황할남인

〔음영〕 전뎃궐 물엇단 네여부난 아이고 권제 쏠은 알러레[109] 솓아지고[110]

또 이전

〔음영〕 "무남제[111] 네여놓안 요 전데 즈근즈근[112] 방울방울 줏어 놉서.[113] 훈 방울이 떨어지민 멩도 떨어지곡 두 방울이 떨어지민 복도 떨어집네다."

〔음영〕 영 허여 아이고 즈지멩왕 애기씬 너월[114] 쓴 냥[115] 업더젼[116] 방울방울

---

104) 전뎃귀 : 전대 끄트머리.

105) 우머니 : 도포(道袍)의 소매 속에 간단한 물건을 담아둘 수 있게 만들어진 속주머니.

106) 얏이 : 얕게.

107) 지프게 : 짚으러.

108) 오꼿 : 그만.

109) 알러레 : 아래로.

110) 솓아지고 : 쏟아지고.

111) 무남제 : 향나무 가지를 짧게 깨어 두 개씩 메 위에 꽂아놓을 수 있게 만든 물건.

112) 즈근즈근 : 자근자근. 여기서는 '자세하고도 차례가 있게 일하는 모양'을 뜻함.

113) 줏어 놉서 : 주워 놓으십시오.

114) 나월 : 너울.

즈어놀 떼에 하늘 옥황 단수육갑
 집뜨레 갓젠 ᄒᆞᆫ
 〔음영〕 손이 우머니 속에서 나오란 애기씨 상가메 웨오[117] ᄒᆞᆫ 번 ᄂᆞ다[118] ᄒᆞᆫ 번 웨오 ᄒᆞᆫ 번 ᄂᆞ다 ᄒᆞᆫ 번 삼시번썩 건드리난 애기씨 줌막줌막[119]
 삼세번
 놀레여 헌 것이
 〔음영〕 "개 ᄀᆞ뜬[120] 중이여 쉐[121] ᄀᆞ뜬 중 양반이 집이 못 뎅길 중이로구나." 후욕만발(詬辱妄發)
 허여 가멍 들어간다.
 〔음영〕 그떼에 황할남이 멩둣 아방은 지금 현제(現在)에 말을 ᄀᆞᆯ기를[122] "지금 현젠 나신디[123] 욕허염주만은 허뒈 어느 떼가 모르쿠다 그헤산디 뒷헤산디[124] 모른디
 〔음영〕 에산 신구월이 당허여 가민 나 셍각 날 일이 잇이리라." "야 늦인덕아. 야 저 중 이상헌 말 헴저. 본메 본짱 두라." 놀려들어 늦인덕은 송낙도 ᄒᆞᆫ 귀 ᄇᆞ려 앗고[125] 장삼도 ᄒᆞᆫ쪽 발 칮어 앗곡[126] 철쭉데도 꺼꺼[127]
 앗아 간다.
 〔음영〕 그떼에 녹화단풍 ᄌᆞ지멩왕 애기씨 일흔ᄋᆞ덥 고무살장 안느로 들어간 허난
 〔말〕 "아이고 이거 야 늦인덕아." "예." 〔음영〕 "이 ᄋᆞᆫ[128] 문 ᄌᆞᆷ가뒁[129] 가렝 허라."

115) 쓴 냥 : 쓴 대로.
116) 업더젼 : 엎드려.
117) 웨오 : 왼.
118) ᄂᆞ다 : 오른.
119) 줌막줌막 : 갑작스러운 행동에 놀라는 모양.
120) ᄀᆞ뜬 : 같은.
121) 쉐 : 소.
122) 말을 ᄀᆞᆯ기를 : 말하기를.
123) 나신디 : 나에게.
124) 그헤산디 뒷헤산디 : 그해인지 이듬해인지.
125) ᄇᆞ려 앗고 : 찢어 가지고.
126) 칮어 앗곡 : 찢어 가지고.
127) 꺼꺼 : 꺾어.
128) ᄋᆞᆫ : 연.
129) ᄌᆞᆷ가뒁 : 잠가두고.

"기영 헙서." "이 올아 논 문 이에 데서님아 중가뒁 갑서."

"어서 걸랑 기영 허저." 천앙낙홰 네어놓아

〔음영〕 동서레 또로 삼시번

홍글치엇더니[130)]

〔음영〕 거부통쉔[131)] 또로 중가지고

글지후[132)] 황할남인

〔음영〕 황금산 도단땅 초군문에 에

굴송낙도 걸어간다.

장삼도 벗어 걸고

철쭉데 꺼꺼진 것도 걸어두고

황금산에 들어가

〔음영〕 데서님보고 "본메 두언 오랏수다." 온 건 보난 아닐 케

아니라

〔음영〕 그냥 이에 "비랑장삼이여[133)] 굴송낙이여[134)] 철쭉덴 어떵 헷느니?" 〔말〕

"초군문에 본메로 걸어두언 오랏수다."

"그리 허겟느냐."

예 또 이전

이제엔 데서님 말데로

〔음영〕 데서님은 황금산 데서로 잇다 물러앚아 황할남이앞이 데서로 일임허고

예 선비덜은

수제저(首弟子)로 예 살아갈 떼

〔음영〕 이허근 노신땅 천하 임정국 데감님 집 아이고

에 녹화단풍 즈지멩왕 아기씨 훈 돌 두 돌

석 돌이

---

130) 홍글치엇더니 : 흔들었더니.

131) 거부통쉐 : '통쉐'는 자물쇠.

132) 글지후 : 뒷날의 어느 때.

133) 비랑장삼 : 비단장삼(緋緞長衫).

134) 굴송낙 : 위 꼭지가 뾰족한 고깔.

〔음영〕 넘어간다 벡일 굽 누어가난 〔말〕 "아이고 늦인덕아." "무사마씀?"[135] 〔음영〕 "밥에 밥네 옷에 옷네

장에 국엔 장칼네 난

〔음영〕 아이고 못 먹키여." "게민 어떵 허민

좋쿠가?"

〔음영〕 "신산꽂[136] 도올라 가근

에미저(五味子)나 틀[137] 도레[138] 정갈레[139]

에~

〔음영〕 타[140] 오라 먹어보게." 중산촌(中山村)엔 뎅유지(唐柚子)

소유지(小柚子)여

〔음영〕 아이고 신산꽂 도올라 가멍 예 남으 집 종도 원 살곡 신 살주만은 이런 일이 어디 시리.[141] 신산꽂

도올란 보난

〔음영〕 아이고 낭은 높은 높은 허고 도레도 욜고 틀도

익엇구나.

예 에미저

다

〔음영〕 정갈레 돌아졋주만은[142] 높아부난 올라갈 수

엇어지어 사고

〔음영〕 "아이고 멩천(明天) 씨던 하늘님아 하늘님아 우리집이 애기씨 상전 죽게 뒈엇수다 이 높이 난 게 틀 도레 에미저

〔음영〕 정갈레 떨어지게 데오방(大雨方)이나 혼번 와작착[143] 큰 ㅂ름 불게 허영

---

135) 무사마씀 : 왜 그러세요.

136) 신산꽂 : 신산곶. '곶'은 깊은 숲.

137) 틀 : 산딸나무의 열매.

138) 도레 : 다래.

139) 정갈레 : 정금나무 열매.

140) 타 : 따.

141) 시리 : 있으리.

142) 돌아졋주만은 : 달려있지만.

저거 떨어지게 헤줍서." 헌 축원(祝願)허난

아닐 케 아니라

이것도 황금산 신력(神力)인가 부처님 신력인가

〔음영〕 홀연광풍(忽然狂風)이 불더니만은 에미저 틀 도레 정갈레

떨어지어

〔음영〕 아 예 또 ᄀᆞ는데구덕에[144] 줏어 담아 집이 오란 "요거 산에 간 타오랏수다 먹어봅서 잡솨봅서." ᄒᆞ나 씹젠 허난 "낭네[145] 난

못 먹키여.

시금세금[146]

〔음영〕 예 이거 뎅유지 소유지도 시고 못 먹키여."

"아이고 게민 어떵 허민 좁네까?"[147]

〔음영〕 "게거들랑 데천(大川) 바다 강이[148] 데전복(大全鰒)

소전복(小全鰒)

〔음영〕 문둥쌀구젱기[149] 조쿠젱기[150] 허여 오라 보저 그거는 아이고 바당네[151] 나고 이건 오히려 더 못 먹엉 나 죽어지켜."

아이고 어떵 허민 좋아지리.

〔음영〕 늦인덕 정하님은 어쩔 수 엇이 천하 임정국 데감 김진국 부인앞이 서란장 편지를 띄와

가압데다에-.

〔음영〕 펜지(便紙) 띄우난 그걸 받안 보고 야 삼년 살 공서(公事) 일년 일년 살 공서 석 돌 석 돌 살 공서 단사흘에 부지런히 공서 살안 ᄆᆞ까 잇언[152]

---

143) 와작착 : 한꺼번에 일이 끝나는 모양.

144) ᄀᆞ는데구덕 : 대나무를 가늘게 쪼개어 엮어 만든 바구니.

145) 낭네 : 나무 냄새.

146) 시금세금 : 시큼한 모양.

147) 좁네까 : 좋습니까.

148) 강이 : 가서.

149) 문둥쌀구젱기 : 껍질의 돌기가 닳아 없어진 성숙한 소라.

150) 조쿠젱기 : 어린 소라.

151) 바당네 : 바다 냄새.

오랏구나.

〔음영〕 오라놓고 아바지 어머니가 일흔ᄋᆞ덥

거부통쉐

열려간다.

〔음영〕 예 녹화단풍 ᄌᆞ지멩왕 애기씬 이녁[153] 방에 간 늦인덕 정하님 불러 〔말〕 "아바지앞이 선신(現身) 어찌 가겟느냐?" "아바지 앞이랑양." "응." "풀 죽은 저고리 치메 입엉 〔음영〕 등 베짝 베 베짝 허멍 예 〔말〕 선신문안(現身問安) 가곡양. 머린 무사[154] 경 이젠 〔음영〕 허붕쳐졋이니엥[155]

허거들랑

〔음영〕 아바지네 신[156] 떼에 어머니 잇인 떼엔 ᄒᆞ를 멧 번썩 용얼레기로[157] 머리 빗어주난 고왓주만은 예 궁 안네 가돠지고 ᄒᆞᆫ 번도 못 빗어

메방석[158] 뒛젱 허고

〔음영〕 눈은 무사 흘그산이 가시녠[159] 허거들랑 예 고무살장 창곰으로[160] 예 언제 민 아바지 어머니 올 건곤 하도 하도 예 울멍 베리단 보난[161] 흘그산이 무사 콘 뭘똥코[162] 뒛이니 허거들랑 울멍 코만 심언[163] 잡아다 풀어 부난 아이고 뭘똥코 뒛젠 입은 무사 작박부리[164] 울멍 입이 ᄐᆞ라지게[165] 울어 부난

예

152) ᄆᆞ까 앗언 : 마쳐 가지고.

153) 이녁 : 자기.

154) 무사 : 왜.

155) 허붕쳐졋이니엥 : 풀어져서 이리저리 뒤얽혀졌냐고.

156) 신 : 있는.

157) 용얼레기 : 머리빗.

158) 메방석 : 맷방석. 주로 매통이나 맷돌 아래 깔아 곡식을 담거나 방석으로 쓰는 짚으로 만든 물건.

159) 무사 흘그산이 가시녠 : 왜 흘깃흘깃하게 되었냐고.

160) 창곰 : 창구멍.

161) 베리단 보난 : 바라보니.

162) 뭘똥코 : 둥글게 망가진 코.

163) 심언 : 잡아.

164) 작박부리 : 주걱처럼 생긴 입모양.

165) ᄐᆞ라지게 : 바르지 않고 비뚤어지게.

또 이전

〔음영〕 예 작박부리 됏젱 허곡야." "으." "또로 가심은

무사 어

〔음영〕 아니우다 발등뗑이[166] 손등뗑이[167] 무사 붕물어시녱[168] 허건 어는제민 올 건가 울멍 들러켜 부난[169]

또 이전

이에~

〔음영〕 붓엇뎅[170] 허곡 무사 벤 두룽베[171] 됏이녠 허난 베창[172] 낫뎅 허라

예 베창 낫뎅 ᄀᆞᆯ읍서."[173]

〔음영〕 "기영 허라." 늦인덕 정하님 ᄀᆞᆮ는 냥 아바지신디[174] 풀 죽은 치메 저고리 입언 선신 간 창문 앞에 간 영 사난[175] "들어오라. 요 동무릅더레[176] 오랑 앚이라." 쏠쏠[177] 어름씰멍[178] "아이고 설운 애기 머린

어떵 허연 메방석 뒈엿이니?"

〔음영〕 예 늦인덕 ᄀᆞᆯ은 냥 "나 궁 안네 앚아 불곡 ᄒᆞ를 멧 번썩 빗던 머리 ᄒᆞᆫ 번토 못 빗어 메방석

뒈엿수다."

〔음영〕 "무사 눈은 흘그산이 갓이녠?"

허거들랑

---

166) 발등뗑이 : 발등.
167) 손등뗑이 : 손등.
168) 붕물어시녱 : 부르텄냐고.
169) 들러켜 부난 : 날뛰어 버리니.
170) 붓엇뎅 : 부었다고.
171) 두룽베 : 둥그렇게 부어오른 배.
172) 베창 : 배가 아픈 증상.
173) ᄀᆞᆯ읍서 : 말하십시오.
174) 아바지신디 : 아버지에게.
175) 사난 : 서니.
176) 동무릅 : 무릎.
177) 쏠쏠 : 어루만지는 모양.
178) 어름씰멍 : 어루더듬으면서.

〔음영〕 ᄒᆞ를 아이고 어는제민 어머니 오코 예 저 살장 창곰으로[179)] 베려보난
흘그산이 갓뎅 헙서.
〔음영〕 "예 갓수다." "무사 콘 물똥코?" "어멍네 보고펀 막 울멍 코만 풀어부난
물똥코 뒈엇수다."
"입은 무사 작박부리 〔음영〕 뒈시니?" "우는 사름 입 곱네까.
〔음영〕 아니 곱네다 하도 울멍 입 ᄐᆞ라지게 자우려 부난."[180)]
예
경 허민
〔음영〕 "무사 벤 두룽베?" "아바지 어머니 실[181)] 적에는 흡 마련 아바지 어머니
엇인 뗀 줘어지는 냥 주민 주곡 아이 주민 말곡 헤부난야 베창 난
두룽베 뒈엿수다." "무사 발과 손은
〔음영〕 덩드렁발[182)] 손등떼 뒛이니?" "어는제민 올코[183)] 예 아바지네 어머니네
오는 거 창곰으로 보젠
허여
〔음영〕 기다리단 보난 오꼿[184)] 멕(脈) ᄂᆞ련
손발등 붓엇수다."
"설운 애기 고셍허엿구나."
〔음영〕 영 허고 또로 "무사 조롬팍은[185)] 뽀롱쉐[186)] 뒛이니?" "단지에만 앚안 오줌
똥 싸 부난
뽀롱쉐 뒈엇수다."
〔음영〕 "그리 허겟느냐. 느 방으로 나고 가라
고셍헷저."

179) 창곰 : 창구멍.
180) 자우려 부난 : 갸울어져 버리니.
181) 실 : 있을.
182) 덩드렁발 : 둥글넓적하게 생긴 발.
183) 올코 : 올까.
184) 오꼿 : 그만.
185) 조롬팍 : 꽁무니. 뒤.
186) 뽀롱쉐 : 풀무 작업을 할 때 밖으로 흘러내린 쇳물이 방울져 굳어진 것.

〔음영〕 영 허여 방에 간 또 늦인덕 불런 "어머님신딘
어떵 허민 좋아지리."
〔음영〕 "어머니 앞이라그네양 풀 산 치메 입곡 풀 산 저고리 입엉
선신 갑서."
영 허여
선신 어머니앞이 간
〔음영〕 예 어머니도 아버지ᄀ치록[187] 예 ᄌ근ᄌ근 질문허는 냥
데답(對答)을 헙데다.
〔음영〕 데답헤도 여자에 부모라 아메도[188] 으심(疑心)이 간 요거 진짠가 헤연 젓골롬[189] 확 클르고[190] 앞가슴 헤쳔 보난 핏줄이 젯머리[191]
사앗구나.
예 젯머리 젯꼭지가
〔음영〕 검엇구나. "야 늦인덕아 버텅[192] 걸라 ᄌ각놈[193] 불르라. 망나니 칼춤
추라."
〔음영〕 죽이젠 헤여
간다.
〔음영〕 ᄌ지멩왕 애기씨 죽이젱
허민
〔음영〕 늦인덕이 "나 잘못이주 상전 잘못 아니우다." 예 늦인덕 죽이젱 허민 또로 ᄌ지멩왕 애기씨가 "나 잘못이우뎅 늦인덕 잘못
아니우다에."
〔음영〕 아이고 이걸 어떵 허민 좋으리. 김진국 부인광 임진국 데감님은 이논(議論)

---

187) 아버지ᄀ치록 : 아버지처럼.
188) 아메도 : 아무래도.
189) 젓골롬 : 안고름.
190) 클르고 : 풀고.
191) 젯머리 : 젖꼭지. 유두(乳頭).
192) 버텅 : 형구(刑具). 벌(罰)틀.
193) ᄌ각놈 : 자객(刺客).

헙디다. "우리 즈식 하나
아니 난 폭[194] 허게마씸
〔음영〕 이 아기 갈 길로 가렝 헹 네좇아불게
마씸."
〔음영〕 "어서 걸랑 기영 허저."
영 허여근 또이 어멍 아방
〔음영〕 이별허여 가젠 허난 군문[195] 잡아 나갓져 군문ᄃᆞ릿법
또 이전에
〔음영〕 예 어머니 "아이고 ᄒᆞᆫ 번 입엉 간 옷 수억말년(數億萬年) 입겟느냐?" 물멩
지
강멩지 네여준다 고리비단 능라비 네여주곡
멩둣마~ 네여놓고
〔음영〕 먹을 거 입을 거 다 시꺼주곡[196] "아바지 살암십서[197] 난
감수다."[198]
영 허여근
〔음영〕 이별(離別) 작별(作別)헐 떼에 "가당 질 멕히건[199] 요걸로 두드령 질 넘어
질 좇앙 가라."
〔음영〕 금봉ᄃᆞ리체 네주고 애기광 부모 등지여
갑네다.
등진ᄃᆞ리[200] 놉네다.
등진ᄃᆞ리 설련허고
〔음영〕 또로 올레 밧겻은[201] 나가난

194) 아니 난 폭 : 낳지 않은 셈.
195) 군문 : 제주도 굿에서 멩두로 점치는 점괘의 하나.
196) 시꺼주곡 : 실어주고.
197) 살암십서 : 살고 계십시오.
198) 감수다 : 갑니다.
199) 멕히건 : 막히면.
200) 등진ᄃᆞ리 : 제주도 굿에서 멩두로 점치는 점괘의 하나.
201) 밧겻은 : 바깥은.

동(東)더레도~

질이 나고에-.

서(西)러레도 질이 나고 일흔ᄋᆞ덥

공거름질이[202] 당허여 갑데다.

〔음영〕 시왕데번지[203] 심방칩이 곱은멩두[204] 맞을 적에 예 이떼 일흔ᄋᆞ덥 공거름 질 ᄃᆞ리옝 헤영 신칼 놓기

마련허영 넘어사 가단 보난

〔음영〕 와랑와랑 불 부뜨는[205] 산이

잇어예. 〔창조가 서창하게 바뀐다.〕

〔음영〕 "아이고 늣인덕아 저건 무사 불부떰시녠?" 허난 "요 ᄒᆞᆫ 일 알곡 두 일 모른 상전임아.

애기광

〔음영〕 ᄌᆞ식 이별허젠 허난에 부모님 가심엔덜

얼만이나 큰 불이

부뜹네까."

〔음영〕 예 아야산 말은 허멍

넘어간다.

가단 보난

〔음영〕 알로[206] 우터레[207] 솟는 물이 시언[208] "아이고 늣인덕아 저 물은 어떵 헤연 우로 알러레 네려살 건디 알로 우터레

솟아올람시니?" "ᄒᆞᆫ 일 알곡 두 일 모른 상전임

〔음영〕 상전임아 이거 남저(男子)가 예 여자(女子) 찾아오는 게 당연헌 일이주

202) 공거름질 : 갈림길.

203) 시왕데번지 : 신칼을 달리 이르는 말.

204) 곱은멩두 : 제주도 굿 가운데 신굿에서 신의 길을 바르게 한다는 의미로 행하는 제차.

205) 부뜨는 : 붙는.

206) 알로 : 아래로.

207) 우터레 : 위로.

208) 시언 : 있어.

여저가 남자 좇아가는 거난

거은물[209] 건드리

이수농장법

〔음영〕 뒙네다." 건지산이여[210]

거신산 넘어간다.

동(東)이 청수(靑水)

청수와당[211]

남(南)게 적산(赤山)

적수와당[212] 넘어가곡

서(西)이 벡산(白山)

벡수와당[213] 넘어간다 북(北)이 흑산(黑山)

흑수와당[214] 넘어산 가단 보난

알은[215] 뺄아지고[216]

〈나 무사 이 본풀이허멍 눈물이라 이거.〉 〔주위에서 웃는다. 심방이 합장하며 말한다.〕 〈ᄒᆞ끔만 지체(遲滯)헤엿입서.〉 〔휴지로 눈물을 닦는다.〕 〈이 데목부떤예, 아니 울젱 헤도 아니 울 수가 없어예. 아니 울민 또 안 뒈고.〉 〔창조가 다시 원래대로 바뀐다.〕

〔음영〕 영 허여 운[217] 퍼지고 알은 뺄아진 산이 잇엇구나. 그땐 또로 ᄌᆞ지멩왕 아기씨가

늦인덕 정하님보고

〔음영〕 "아이고 저 산은 어떤 산이니?" "예 저건 건지산이우다." 아이고 상전임

209) 거은물 : 거슬러 흐르는 물.

210) 건지산 : 딴머리처럼 우뚝한 산. 위는 넓고 아래는 좁은 모양의 산.

211) 청수와당 : 청수바다.

212) 적수와당 : 적수바다.

213) 벡수와당 : 백수바다.

214) 흑수와당 : 흑수바다.

215) 알은 : 아래는.

216) 뺄아지고 : 줄어들고.

217) 운 : 위는.

예 시갑머리[218] 육갑에[219]
갈라다웁서 갈라다왕
머리 올립데다 머리 올련
건지산 넘어간다.
〔음영〕 예 또로 가단 보난 아이고 은진미럭산이로구나[220] 요 테역만[221] 땅에 ㅂ짝[222] 난 예 올라가당 둥글민[223] 알러레 털어지영[224] 걷도
못 헐
〔음영〕 산이 잇언 그 산 앞인 가난 동도 캄캄
서도 캉캄
〔음영〕 멩둣마에 시꼈던 짐 다 부려두고 멩둣마
건지산
올려간다.
〔음영〕 예 건지산 올려두곡 예 늦인덕 정하님이
앞에 사곡
〔음영〕 "상전임아 나 오는 냥 옵서. 경 아녀민 이 산을 넘어가지 못
헙네다."
또 이전은
〔음영〕 예 늦인덕이 웬발 앞이 놓아 예 오른발 앞이 놓고 웬발 다음에 갈 짓째(之字)로 일로 절로 발디디멍
올라간다.
〔음영〕 은진미럭산 꼭데기에 올라가 네려가젠 허난 또 예 늦인덕 정하님이 앞이 사

218) 싀갑머리 : 세 가닥으로 갈라 땋은 머리.
219) 육갑에 : 여서 가닥에.
220) 은진미럭산 : 민둥산을 뜻함.
221) 테역 : 잔디.
222) ㅂ짝 : 바짝.
223) 둥글민 : 뒹굴면.
224) 털어지영 : 떨어져.

갈 짓쩨로

〔음영〕 조심조심 네려가는 것이 조심드릿법 놓앗수다 〈이 말 아이 곧는 심방도 제주도에 막 하우다.[225]

이리 허니

〔음영〕 일본 가도 읏언[226] 은진미럭산도 초공본에 들어간디 〔말〕 "골아납디가?"[227] "아이 골아낫저. 건 어느 데목에 잇이니?" "영 겡헌[228] 데목에마씨." "어 고향에 선 경 푸느냐?" "아니 제주도에도 ᄋᆢ라[229] 반디[230] 식(式)이 잇수다만은 우리 저 제주시 서쪽드렌양 이런 말 골은덴." 허난

그떼에

김녕(金寧)[231] 고황수[232] 수제저 고창화 심방

〔음영〕 선생이 일본 강 살단 예

서문밧

예선

〔음영〕 그 말 곧는 거 들어나곡 그 본메로 이 안덕(安德)[233]

가민

〔음영〕 어디 이 ᄌᆞ심드리가 잇젠 말

듣기도 허엿수다만은

가보진 못네 허엿수다.〉

〔음영〕 은진미럭산 넘어가 ᄌᆞ심드릿법

마련 뒈언

〔음영〕 벡몰레왓[234] 당허여 벡몰레왓 막 가단

---

225) 하우다 : 많습니다.

226) 읏언 : 없어.

227) 골아납디가 : 말하곤 했습니까.

228) 영 겡헌 : 이러저러한.

229) ᄋᆢ라 : 여러.

230) 반디 : 군데.

231) 김녕(金寧) : 제주시 구좌읍 김녕리(金寧里).

232) 고황수 : 고행수(高行首). 즉 고 씨 성을 가진 큰심방을 말함.

233) 안덕(安德) : 서귀포시 안덕면(安德面).

베려보난

서천강

낙수와당질 당허여 삽데다.

〔음영〕 아바지 준 금봉드리체로 두드려도 질이 낫당도 넘젱 허민 탁 메와졍 넘어갈 수 엇언 울고불고 늦인덕광 즈지멩왕애기씬 허단 버치난[235] 지쳔 그디 앚아 비세 ᄀ찌 울단 무정눈에[236] 좀이

들어사압데다에-.

〔음영〕 〈지금 제주시로 골을 말은 아니우다만은 허둬, 동쪽더렌 가면은 이떼에 예 저 요왕국(龍王國) 말젯딸아긴가[237] 족은뚤아기가 부모 눈에 골리나고[238] 시찌나[239] 인간에 벡강생이로[240] 보네여 부난 또 벡강생인 즈지멩왕 애기씨앞이 간 살단 죽언 묻어주난 또 이승 줴(罪)풀련 아방국 요왕국에 간 살단 즈지멩왕 애기씨 늦인덕 정하님 그 서천강인가 낙수와당 넘어가젠 허난 거북이로 뒈연 나오란 넹겨주고[241] 초공드릿법 마련헷젱도 허곡 제주시로 서쪽은 가민

고산(高山) ᄁ지는[242] 예 뒙네다.〉

또 이전

예

〔음영〕 멩둣마가 건지산 올란 풀 뜯단 보난 아기씨 상전광[243] 늦인덕은 서천강 바위에서 고생허염구나.

네려가고

또 이전

---

234) 벡몰레왓 : 백모래밭.

235) 버치난 : 지치니.

236) 무정눈 : 정기가 없는 눈.

237) 말젯딸아기 : 셋째딸아기.

238) 골리나고 : 눈엣가시가 되어.

239) 시찌나 : 눈에 거슬리어.

240) 벡강생이 : 백강아지.

241) 넹겨주고 : 넘겨주고.

242) 고산(高山) : 제주시 한경면 고산리(高山里).

243) 상전광 : 상전과.

〔음영〕 "상전임네 졸암수가? 께어납서. 나 등에
탑서."
〔음영〕 멩둣마 등에 타 넘어가난
초공ᄃᆞ릿법
마련뒈젱 허곡 그 뒤에
〔음영〕 〈또로 이 안덕(安德) 중문(中文)[244] 저 서귀(西歸) 남원(南原)더레[245]
들어가면은
〔음영〕 여러 가지로 나옵네다만은 허뒈 황할남이 멩둣 아바지가 예 데서가 뒈고
부처님에 수룩(水陸) 올리다
〔음영〕 깜박허게 졸드는 사이에 늦인덕 정하님 ᄌᆞ지멩왕 아기씨
서천강에서
〔음영〕 울고불고 통곡(慟哭)허단
이에근
〔음영〕 ᄌᆞ는 꿈을 꾸어 얼른
산신단(山神檀)에
〔음영〕 상불[246] 피와 등수(等訴) 들어 산과 물은
치노난
〔음영〕 예 요왕황제국더레 연락시겨
요왕황제국에서는
〔음영〕 요왕국 말젯딸아기 거북이로 나오란 예 넹긴 게 아니고 요왕황제국에서
거북이 ᄒᆞᆫ 쌍
〔음영〕 예 네놓아 ᄌᆞ지멩왕 애기씨 늦인덕 정하님
넘어가난
초공ᄃᆞ릿법 마련도 뒈엇젠 헙데다.
영 허연

---

244) 중문(中文) : 서귀포시 중문동(中文洞).
245) 남원(南原) : 서귀포시 남원읍(南原邑).
246) 상불 : 향불.

〔음영〕 지만썩[247] 지 이견(意見)데로 영 허곡 또로 또 특허게나[248] 네 네노렝 허는 열리[249] 죽어분 예 김 씨 삼춘은[250]

어허근

〔음영〕 멩둣마 클런[251] 네부난 나룩밧딘가 산디밧딘가[252] 간 틀단[253] 베려보난 ᄌᆞ지멩왕 애기씨 늦인덕 정하님 그 낙수와당 서천강에서 고생헴시난

그떼에

넹겨주난 초공ᄃᆞ리 또로이

〔음영〕 마련뒛젱 허곡 어느 말이 그 데목인 가민 맞인딘[254] 모르쿠다 일본은 간 보난 아이고 아바지 네준 금봉ᄃᆞ리체로

〔음영〕 ᄄᆞ련[255] 질 나난 넘엉 ᄌᆞ지멩왕 애기씬 늦인덕 정하님

넘어갓젱 허곡

영 헙데다.

〔음영〕 영 헌디 어느 누게 말짝 아니라도[256] 일 하영 나민 큰소리 헤영 그 뒤에 아이 돌아가민 또 얻어먹엉 살 수 엇곡 얻어먹엉

살젱 허민

〔음영〕 단궐 엇인

신네덜은[257]

〔음영〕 그 사람 ᄀᆞ튼 냥 ᄀᆞᆯ을 수벳긴[258]

엇어지곡

---

247) 지만썩 : 자기대로.

248) 특허게나 : 특히나.

249) 열리 : 서귀포시 예래동(猊來洞).

250) 김 씨 삼춘 : 김명선 심방.

251) 클런 : 풀어.

252) 산디밧 : 밭벼밭.

253) 틀단 : 뜯다가.

254) 맞인딘 : 맞은 지는.

255) ᄄᆞ련 : 때려.

256) 말짝 아니라도 : 말한 대로. 말한 것과 같이.

257) 신네덜은 : 심방들은.

258) 수벳긴 : 수밖에는.

이치(理致) 아니 맞곡〉

영 허여근

〔음영〕 서천강을 넘어가고 벡몰레왓을 넘어 가단 가단

바려보난

〔음영〕 황금산 도단땅 절간 법당 먼 초군문이 당도허고 그딘 간 또

보난

〔음영〕 아이고 본메 둔 송낙이여 장삼(長衫)이여

철쭉데

꺼꺼진 거여

〔음영〕 걸어지여 맞추난 오독똑이[259] 맞아지고 욜로[260] 헹 가민 예 황할남이 데서님 춫앙

가질로구나.

초군문 본메 맞추아 들어간 보난

〔음영〕 칠팔 세 난 애기중이 요레 주르룩 저레 주르륵 질

다깜구나.[261]

〔음영〕 "야 늦인덕아 저 애기나 앞이 강이[262] 들어보라. 어딜로 가민 황금산을 춫아갈 수 잇이녱."

영 허연

〔음영〕 늦인덕 정하님은 애기 스님앞이[263] 간 "아이고 스님 미안헙네다." 그때 넨 말

두고서

〔음영〕 나라 데통령(大統領)이라도 절간 법당 가민 예 칠팔 세 난 애기 시님앞이 시님 허는 냥 양손 모아

예

---

259) 오독똑이 : 작은 물건이 부러지는 소리. 여기서는 서로 잘 맞아 들어가는 모양을 뜻함.

260) 욜로 : 여기로.

261) 다깜구나 : 닦는구나.

262) 강이 : 가서.

263) 스님앞이 : 스님에게.

허리 굽히는 법

뒙네다.

〔음영〕 "이디 어딜로 가민 황금산 춫 절간 법당을 춫아갈 수 잇수가?" "어디서 오는 손임덜이우꽈 나그네우꽈?"

영 허난

〔음영〕 "우린 노신땅에서 황금산 예 황주저 데서를 만나레 오람고렌." 허난 〔말〕 "아이고 데서님이야." "어." "상전임네 온데 헤연 날ᄀ라[264] 질 다끄렌[265] 헨 〔음영〕 질 ᄀ리쳐[266] 예 질 다깜수다." "경 허우꽈?" 앞이 산[267] 애기 스님광

〔음영〕 간다. 예 늣인덕허곡 ᄌ지멩왕 애기씬 뒤에 산 가는디

초군문 당허여

〔음영〕 예 문직데장(門直大將) 도레 감찰관(監察官) 인정 돌렌[268] 허난 아이고 인정 쓸 건 엇고 입언 온 옷 열두 폭 치메 벳긴[269] 엇어지엇구나.

ᄒᆞᆫ 폭 칮어[270]

초군문

〔음영〕 예 초제(初第) 진간데왕문(秦廣大王門)

두 번쩨 이제(二第) 초강데왕문(初江大王門)

〔음영〕 두 폭 튼어 걸고 삼세번쩬 세 폭 튼어 걸고 늬번체 예 네 폭 튼어

막문엔

〔음영〕 열 문 또 좌우도(左右頭) 판관문(判官門) 인정 걸어사고 예

넘어간다.

〔음영〕 그때 넨 말 두고서 지금 현제도 심방덜은 갈셋질 열네(十四) 진간 올셋질 열네 진간 가멍 오며 쓰물ᄋᆞ덥 제진간질이옝 허여도 데왕(大王)이 뭣이멍 문세(文書)

---

264) 날ᄀ라 : 나에게.

265) 다끄렌 : 닦으라고.

266) ᄀ리쳐 : 가리켜.

267) 산 : 선.

268) 돌렌 : 달라고.

269) 벳긴 : 밖에는.

270) 칮어 : 찢어.

ᄎᆞ지 판관(判官)이 뭣이멍 몰릅네께. 이 제주도에도 도지사(道知事)가 시믄[271] 그 알에 두 번째 높은 딘 시청(市廳)이고 세 번째 높은 딘 읍(邑)이고 네 번째 높은 딘 면(面)이고 다섯 번째는

ᄆᆞ을에도 이장(里長)이여

〔음영〕 멘장(面長)이여 읍장(邑長)이여 시장(市長)이여 잇는 법

아니리까.

〔음영〕 영 허곡 각 과(各科)가 잇는 법이우다. 영 허여 초제 진간데왕 초강 송제(宋帝) 오관(伍官) 염라(閻羅) 변성(變成) 테산(泰山) 평등(平等)

도시데왕(都市大王)

〔음영〕 예 열 십(十) 오도전륜데왕(五道轉輪大王) 열 문허곡 좌도나찰(左頭羅刹)예 우도나찰(右頭羅刹) 동ᄌᆞ(童子) 췌판관문 허민 열두 문허곡 시왕도군문 허민 열세 문 사름이 나가곡 들어가는 올레 먼 문 허민

열네 문

뒈어지어 삽네다.

〔음영〕 영 허여 가고 오는 길이 쓰물ᄋᆞ덥 제진간질 인정 걸어 아이고 ᄌᆞ지멩왕 아기씬 옷 허리만 남앗구나. 늦인덕 정하님 보난 열두 폭 치메라 ᄋᆞ섯[272] 폭썩 갈란 앞만

막아삿단

〔음영〕 데서님 나오민 인사허젠 아이고 영 허곡 또 속한인 〔말〕 "이디 십서.[273] 이디 시민양 나 들어강 데서님앞이 강 상전임네 오랏젠 허쿠다." 〔음영〕 "경 허렌." 헤뒨 예튼[274] 어궁전 문 벳겻디 잇인디 ᄒᆞᆫ끔[275] 잇단 예 아기 스님이 나오란 〔말〕 "아이고 상전임네 왓젠 허난 왓이넨 허고예." "어." "이거 ᄎᆞ나록[276] 두 동이 네여주멍 이거 겁죽을[277] ㅋ클허게[278] 손콥으로[279] 벳겻든[280] 뭣으로 벳겻던지간에 ᄒᆞᆫ 방울

271) 시믄 : 있으면.
272) ᄋᆞ섯 : 여섯.
273) 십서 : 있으십시오.
274) 예튼 : 여하튼.
275) ᄒᆞᆫ끔 : 조금.
276) ᄎᆞ나록 : 찰벼.

도 떨어치지[281] 말곡 이 동이에 굴게도[282] 말곡 〔음영〕 영 허여근 깡[283] 가져오민 예 당신 춫아오신 데서님 춫아온 게 맞덴 헤여멍 네줍디다." 아이고 이건 무신 말이리 오면 반겨주카부덴 허난

〔음영〕 아이고 아이고 예 즈지멩왕 애기씨 늦인덕 정하님은 그 ᄎ나록 두 동이를 예 방울방울 손콥으로 께젠 허난 〔손톱으로 까는 시늉을 한다.〕 손콥도 아파지곡 껠 수 엇언 비세ᄀ치 울단 좀이 든디 이떼도 말이 틀립네다. 천왕새 지왕새 인왕새가 네렷젠 헌 것은 분명허나 허뒈 초공본은 아직 다 풀도 아넌디[284] 초공새여 이공새여 삼공새 말은

엄토당토[285] 엇인 말 뒈여지여 삽네다.

〔음영〕 네려오곡 조동이로[286] 오조조거리멍 예 문짝[287] ᄎ나록 두 동이

에헤~

〔음영〕 께어 야 놀아날 적은 체가[288] 불리믄[289] 두 동이가 바짝 ᄀ득게[290] 뒈엇인디 즈지멩왕 애기씨 늦인덕 정하님은 "요 새야 저 새야 밥주리[291] 욕은[292] 새야 놈이 에간장 타는 줄 모르고 오란 문[293] 방울은 시까먹고 거죽은 네불엄시냐."[294] 주어 휠쭉허며 드린[295] 것이 에 초감제 새드리기[296]

277) 겁죽 : 가죽.
278) ᄏ콜허게 : 깨끗하게.
279) 손콥 : 손톱.
280) 벳겻든 : 벗겼든.
281) 떨어치지 : 빠뜨리지.
282) 굴게도 : 없어지게도.
283) 깡 : 까서.
284) 풀도 아넌디 : 풀지도 않았는데.
285) 엄토당토 : 얼토당토.
286) 조동이 : 주둥이.
287) 문짝 : 모두.
288) 체 : 겉겨.
289) 불리믄 : 날리면.
290) ᄀ득게 : 가득하게.
291) 밥주리 : 참새.
292) 욕은 : 역은.
293) 문 : 모든.
294) 네불엄시냐 : 내버리느냐.

ᄎᆞ나록 두 동이 또 이전

뒈어지어 삽네다.

〔음영〕 오고셍이[297] 께언 아기 스님 불런 "이거 영 헨 데서님앞이 바쪔수덴."
허난 오고셍이 갖단 주난 "날 ᄎᆞ아온 건

분명허나 이리 허덴

〔음영〕 아이고 나는 비구승이라 비구승은 부베간(夫婦間) 출려 살 수가 엇이난

어멍국은 적금산 불도땅 도ᄂᆞ리라."[298]

〔음영〕 적금산 불도땅 ᄎᆞ아 가젠 허난 멀고 멀어지다.

시왕곱은연ᄃᆞ리로구나-.

〔음영〕 시왕곱은연ᄃᆞ리 네여주어 그딜 구짝[299]

ᄎᆞ아가는디 가단 보난

왕데월산이 당허난

〔음영〕 가도 가도 하늘만 캄캄허게 보이고 예 질 ᄎᆞ아갈 수 엇이난 아바지 준
금봉ᄃᆞ리체

ᄌᆞ지멩왕 애기씨 네여 놓아근

어허근

〔음영〕 후려 ᄀᆞᆯ기난[300] 질이 번뜩허게 나고

가단 보난 왕데 ᄒᆞ나가 질 가운디

〔음영〕 ᄀᆞ짝허게[301] 세와젼 잇엇구나. 예 잇엇젠 허난 ᄉᆞ가칩이[302]

굿헐 떼민

〔음영〕 천지천왕 예 저싱 염랏데 드든 잉헌[303] 이 삼하늘 붉은[304] 이 삼하늘

---

295) ᄃᆞ린 : 쫓은.

296) 초감제 새ᄃᆞ리기 : 굿의 청신제차인 초감제에 속한 '새ᄃᆞ림' 제차를 말함.

297) 오고셍이 : 물건이 상하거나 수가 줄어들지 않고 본디 그대로 있는 상태.

298) 도ᄂᆞ리라 : 내려가라.

299) 구짝 : 곧장.

300) ᄀᆞᆯ기난 : 갈기니.

301) ᄀᆞ짝허게 : 곧게.

302) ᄉᆞ가칩 : 사가(私家).

303) 잉헌 : 인(戴).

잉헌 이 삼하늘

〔음영〕 삼십 삼천 서른시 하늘 법으로 예 서른시 ᄆᆞ작[305)]

왕데 세우기

〔음영〕 심방칩인 초ᄋᆞ드레 본멩두 열ᄋᆞ드레 신멩두 쓰무ᄋᆞ드레 살아살축

삼멩일 법으로

〔음영〕 큰데 좌우독[306)] 예 ᄒᆞ끔 큰데보단 족은 ᄍᆞᆯ른[307)] 걸로 예 삼형제 본메

또 이전

〔음영〕 세우기법 마련허고 적금산 간 얼굴 모른 메누리 "인서(人事) 드렴수덴." 허난 "이거 무신 말이리." 적금산 씨어멍 불도땅에서 절간 법당

데서도

또 이전

〔음영〕 "서방 각시 출령[308)] 살겟느냐 부부간(夫婦間) 출려근

살겟느냐?"

일러간다.

〔음영〕 그리허나 허뒈 얼굴은 모른 예 메누리 예 부모 영 허는 걸 그냥

둘 수 없어 "어서 들라."

〔음영〕 에산 신구월 초ᄋᆞ드레 당허난

아야 베(腹)여 아야 베여

자라 베여

〔음영〕 아이고 아이고 아이고 ᄌᆞ지멩왕 아기씬

죽어간다.

예 벳속 초ᄋᆞ드레 본명두

〔음영〕 아바지 본메 아니 두어 우리 어머니 우리

벳속 임신(妊娠) 뒈엿구나.

---

304) ᄇᆞᆰ은 : 밝은.

305) ᄆᆞ작 : 마디(節).

306) 큰데 좌우독 : 큰굿을 할 때 제장의 바깥에 세우는 큰대와 좌우둣기.

307) ᄍᆞᆯ른 : 짧은.

308) 출령 : 차려.

예 오른 겨드렝이
열려근
헤쳐 나오곡
열ᄋᆞ드레 당허난
예
아이고 베여 가심이여
〔음영〕 아이고 아이고 어멍 ᄌᆞ지멩왕 애기씬 죽어가곡 애긴 나오젱
허곡
〔음영〕 아바지 본메 아니 둔
우리로구나
예 웬[309] 겨드렝이
헤쳐근 나오라 초ᄋᆞ드레
본멩두
웡이자랑[310]
열ᄋᆞ드레 신멩두도 웡이자
은동아 금동아 ᄌᆞ동아
에헤근
통곡(慟哭)허며 쓰무ᄋᆞ드레
당허여 가난
〔음영〕 아이고 아이고 또로 또로
ᄌᆞ지멩왕아기씨는
죽어간다.
〔음영〕 늣인덕은 "상전임아 또 애기 낳젠 헴수다." "아이고 이거 개세끼나 돗세
끼냐[311]
ᄒᆞᆫ 베에

309) 웬 : 왼.
310) 웡이자랑 : 어린아이를 재울 때 흔히 부르는 노랫소리.
311) 돗세끼 : 돼지새끼.

〔음영〕 애기가 싯썩[312] 예 나온덴." 허난
어허
〔음영〕 살아살축 삼멩일도 아바지 본메 아니 둔
어머니 예 이로구나.
오목가슴 헤쳐 열려 나오라
초ᄋᆞ드레 본명두 웡이자랑 열ᄋᆞ드레 신명두 쓰무ᄋᆞ드레
〔음영〕 살아살쭉 삼명두 웡이자랑 금도 자랑 옥도
자랑
〔음영〕 이 애기덜 노는 거 글 소리 자는 거 활 소리
예 제주공뷔[313] 소리로구나.
ᄒᆞᆫ 일곱 설 낭
〔음영〕 또 이전 일천 서당(書堂) 거무선성님앞이 글공뷔 활공뷔 제주공뷔
시겨갑데다에-.
글공뷔 활공뷔 제주공뷔 간 허는디
설운 애기덜
〔음영〕 중이 ᄌᆞ식이옝 허영 양반이 집이 ᄌᆞ식이노렝 높이 놀저
예 똘롸간다.[314]
〔음영〕 ᄒᆞᆫ 방에 ᄀᆞᆮ찌[315] 앚게도 못 허고
어떵 허여 글공뷔 허리.
〔음영〕 영 헌 것이 선 선성님 예
앚는 자리 굴묵에[316]
가근
〔음영〕 굴묵 짇으멍[317] 제[318] 나민 제 둥경[319]

---

312) 싯썩 : 셋씩.
313) 제주공뷔 : 재주를 익히는 공부.
314) 똘롸간다 : 따라간다.
315) ᄀᆞᆮ찌 : 같이.
316) 굴묵 : 구들방에 불을 때게 만든 아궁이 및 그 아궁이 바깥 부분.
317) 짇으멍 : 불을 때며.

식형[320] 제에서

〔음영〕 예 하늘 천(天) 따 지(地) 감을[321] 현(玄) 누르 황(黃) 천자문(千字文)

또 이전

게몽편(啓蒙篇) 동문선습(童文先習) 멩심보감(明心寶鑑) ᄉᆞ력초권(史略初卷)

예 논어(論語) 소학(小學) 공부 ᄆᆞᆫ[322] 허여

천하문장(天下文章) 뒈여 갑데다.

〔음영〕 열다섯 십오 세 날 적 양반이 집이 ᄌᆞ식덜 과거(科擧)가 뭣산디 모르쿠다만은

과거 간덴 허난에

"과거엘 우리도 가쿠다." 어머니앞에 강 골으난 "가지 말라.

과거 뭣허젱 허느니?" 설운 애기덜

영 허여산

〔음영〕 허여도 예 본멩두 신멩두 살아살축 삼멩일은 선비덜 또롼 과거 보레 가는디 가당 돌로 마치민[323] 떨어지곡[324]

예

헙데다 헌디 베짓골 당허여 베정싱(裵政丞)

집안에

〔음영〕 야 벳낭에[325] 베가 잔뜩 욜아십디다[326] 욜안 헌 것이 어~ 어허근 "저디 강 베 탕[327] 오민 야

너이 과거 돌앙[328] 가키엔." 허나근

---

318) 제 : 재(灰).

319) ᄃᆞᆼ경 : 당기어.

320) 식형 : 식혀서.

321) 감을 : 검을.

322) ᄆᆞᆫ : 모두.

323) 마치민 : 던지면.

324) 떨어지곡 : 뒤처지고.

325) 벳낭 : 배나무.

326) 욜아십디다 : 열려 있습니다.

327) 탕 : 따서.

328) 돌앙 : 데리고.

〔음영〕 "어서 걸랑 기영 헙서만은 베낭은 높아 부난 우리 올라갈 수 엇수다."

〔음영〕 예 선비덜이 올려주멘 헤연 베낭 우터레 삼형제 올려갑데다.

〔음영〕 올려놓고 베낭 알엔 가실[329] 넙게[330] 싸부난 예 벤 타단[331] 보난

〔음영〕 베도 하영[332] 타졋주만은 알러레 보난 ᄂᆞ려올 수 없어지어 간다.

그떼에

〔음영〕 베정싱이 좀자단 먼동 금동 데명천지(大明天地) 붉아 올 떼에

〔음영〕 예 꿈에 선몽 낭게일몽 허기를 벳낭 우에 청룡(靑龍) 벡룡(白龍) 흑룡(黑龍)이 감아진 듯 영 허여 실픈[333] 소필[334] 보젠

나오란

마당에 산

〔음영〕 소피 보멍 예 베낭더레 보난 무신 게 세커멍[335] 게 잇엇구나.

〔음영〕 예 소필 보고 간 "사름이냐 귀신(鬼神)이냐?" "사름이우다." "사름이건 네려오곡 귀신이건 엇어지렌." 허난 "사름이우다." "네려오라." "네려갈 수 엇수다." "어떵 헨 못 네려오크니?" "우리 베 하영 타 부난 네려갈 수 엇수다." "경 허민

허리띠

329) 가실 : 가시나무를.
330) 넙게 : 넓게.
331) 타단 : 따다.
332) 하영 : 많이.
333) 실픈 : 귀찮은.
334) 소필 : 소피(所避)를.
335) 세커멍 : 시커먼.

클르라."[336] 잘 심엉[337]

〔음영〕 허리띠 클르난 우으로 널러 베는 문딱 알러레

털어지언

〔음영〕 "조심헤영 네려오라." 네려오난 "어드레 가는 도령(道令)덜이니?" "우리 과거보레 가는

선비우다."

그떼에 베정승이

〔음영〕 예 데벡지(大白紙) 필먹 네여놓고 게민 흔 번 글

써보라.

글 쓰고 또 이전

〔음영〕 야 허난 천하문장이로구나.

예 그떼엔

〔음영〕 예 베정승 집이서 밥 흔적[338] 못 얻어먹고 가단 예 시커리[339] 안긴디 퐃죽[340] 장시 할망이우다.

〔음영〕 퐃죽 프는 디 간 예 퐃죽을 사먹고 돈을 주젠 헌디 그 밤이 전날 밤 예 "넬ᄆ리믄[341] 예 퐃죽 사먹으레 오는 사름 도령이 잇일 거난 퐃죽 깝[342] 받지 말앙 그냥 보네라. 경 아녀민

〔음영〕 느도 못살." "어서 걸랑 기영." 께난 보난 예 선몽 뒈고 진짜로 예 도령덜 서이가[343]

오라 퐃죽 풀아 공껄로[344] 멕여

〔음영〕 보네여 부지런히 상시관(上試官)에 시험(試驗) 보레 간 보난 불써 예 동문

---

336) 클르라 : 풀어라.
337) 심엉 : 잡아.
338) 흔적 : 한 입에 먹을 수 있는 양.
339) 시커리 : 세거리.
340) 퐃죽 : 팥죽.
341) 넬ᄆ리 : 낼모레.
342) 깝 : 값.
343) 서이가 : 셋이.
344) 공껄로 : 힘이나 돈을 들이지 않고 얻어. 즉 공짜로.

(東門) 남문(南門) 서문(西門)은

중가비엇구나.[345]

〔음영〕 "문 욜아줍서." 아이고 문지긴 아니 욜아준다. 어떵 허민

좋곤.

〔음영〕 그떼엔 앗안[346] 간 종이에 필먹 네놘

글 써근

〔음영〕 돌에사 쌋인디[347] 어떵사 헷인디 모르쿠다만은 그 글 쓴 걸 상시관은 베정싱인디 베정싱 앞더레 데끼난[348] 떨어지고 베정싱은 그거

봉간[349] 보난

〔음영〕 동세벽이 보앗던 글씨광 닮은

글이로다.

〔음영〕 그디 과거 보레 온 선비덜 앞이 페와 놓고 "이 글 누가 썼느냐? 너이덜 썼으면 나오렌." 허난

〔음영〕 아무도 데답허는 선빈

엇어지영

〔음영〕 베정승 상시관은 문지기 불러 "과거 보레 오라[350] 못 들어온 선비덜이 잇겟느냐?" "잇수다." 허난 "돌아 들이라."[351]

돌아다근

〔음영〕 "이 글 너네가 썻느냐?" "예 썻수다." "오널 과거는 이 도령덜 서이옌." 헤여 예 그 과거는 끝납데다.

끝나곡

〔음영〕 알은[352] 사름덜은 큰아덜은 무신 장원급제(壯元及第) 셋아덜은 선달급제

345) 중가비엇구나 : 잠가버렸구나.

346) 앗안 : 가져.

347) 싸신디 : 쌌는지.

348) 데끼난 : 던지니.

349) 봉간 : 주워.

350) 오라 : 와서.

351) 돌아 들이라 : 데려와 들이라.

352) 알은 : 아는.

(先達及第)여 어 몬[353] 헷젱 굴읍데다만은 삼형제 과거헌 것은 분명허나 허뒈
예 음식 출려 주어간다.
〔음영〕 예 조그만 상(床)에 열두 가지 음식을 출려 주는디 예 큰성허고[354] 셋성
은[355] 붉은 건 먹어도 도욕[356] 안주(按酒) 예 즈수지(紫蘇酒) 아니 먹어간다.
〔음영〕 청감준 먹어도 족은아시[357] 살아살축 삼멩일은 "성님덜 혼저[358] 먹읍서.
아이 먹으민 우리 과거 낙방(落榜) 뒙네다."
〔음영〕 영 허여 아신 못 먹는 술 궤긴[359] 먹단 보난 우으로 역기(逆氣)가 올라오고
토일이[360] 올라오고
영 허는 게
〔음영〕 ᄉ당클[361] 메여 아궁이것 먹기법[362] 마련도
뒈엇수다 세경숙피법[363]
예 고리동반[364] 전상놀이[365] 푸다시법[366]
용이전상베풀잇법[367]
영 허여근 또다시
〔음영〕 예 헌디 양반이 집이 즈식덜 하도 몽닐 피와 노난 오꼿 삼형제 과거도
거두와 불곡
〔음영〕 삼형제 궁이 아덜 삼성젠

---

353) 몬 : 모두.
354) 큰성 : 큰형.
355) 셋성 : 둘째 형.
356) 도욕 : 제육(猪肉).
357) 족은아시 : 막냇동생.
358) 혼저 : 빨리.
359) 궤기 : 고기.
360) 토일 : 토할 것 같은 기운.
361) ᄉ당클 : 사당클. 가장 큰 규모로 하는 굿은 네 개의 당클을 갖춤. '당클'은 신이 좌정하는 장소.
362) 아궁이것 먹기법 : 제주도 굿의 한 제차. 흔히 '아공이전상법'이라고 함.
363) 세경숙피법 : 제주도 굿의 한 제차.
364) 고리동반 : 방석 역할을 하는 벙게떡과 일곱 개의 방울떡을 연결하고 위에 너울지를 씌워 만든 떡.
365) 전상놀이 : 제주도 굿의 한 제차. 삼공맞이.
366) 푸다시 : 제주도 굿의 한 제차.
367) 용이전상베풀잇법 : 제주도 굿의 한 제차.

용심이[368] 난다 부에가[369] 난

〔음영〕 아이고 예 상시관 문 올안 나오란 보난 일천 선비덜 천근들이 벡근 쌀[370] 벡근들이

천근 쌀

둘러 받아

〔음영〕 옥향더레 예 쏘아 올리는 것이 저싱

연주문을

〔음영〕 맞추고 저싱은 들울려 간다.

〔음영〕 저싱을 들울리는디 “이거 어느 집이 ᄌ식이냐?” “녹화단풍 ᄌ지멩왕 애기씨우다.”

“아덜 너미 낫저.”

어멍 예

시퍼다 심어다 지픈 전옥(典獄)에

하옥(下獄)시겨 가곡

늦인덕 정하님은 또 이전

펜지(便紙) 씌여 간다.

〔음영〕 펜지 씌여 예 상전임네 베실은[371] 무신 베슬이꽈 베슬은 당데(當代) 뿐이우다. 그떼에 이 제주시(濟州市) 동쪽으로는 예 베슬을 두 번 주엇젱 허곡

또 이전

〔음영〕 예 청만주에미[372] 벡만주에미 질칼름[373]

허난

〔음영〕 예 붋아 올 떼 갈 떼 또로 예 앞 갈랏젱 헹 볼롸[374] 어머님 보넨

---

368) 용심 : 화. 노여움.

369) 부에 : 부아.

370) 쌀 : 화살(矢).

371) 베실 : 벼슬.

372) 만주에미 : 작은 뱀.

373) 질칼름 : 길 가름.

374) 볼롸 : 밟아.

펜지
〔음영〕 예 바꽈 그거 줏어
또 이전
뒈어지어 삽네다.
〔음영〕 께언 보난 어머니 예 지픈 전옥에 하옥시겻젠 늦인덕
정하님 글이로다.
〔음영〕 아이고 이 만주에미덜 웨오 ᄂ다
감아지어
예 일산(日傘)에
또 이전 돌아
〔음영〕 예 청만주 백만주 만주 홍걸렛베법
마련뒈어지고
집이 간 어머님아 간 보난
〔음영〕 어머니 잇어난 방에 소중기[375] 하나
걸어지엇구나.
그거 앗안
〔음영〕 예 늦인덕 정하님 앞세완 웨진 노신땅 웨하르방신디 가난 예 가메(駕馬)
우펜 문도
아니 열어주고
어허근
〔음영〕 "우리 아바진
누게우꽈?"
〔음영〕 허난 "황금산 도올라 도올르라. 도올라 강 허민이 그디
황주저
〔음영〕 예 황할남이 너이 아방국이
뒈어진다."
〔음영〕 울멍불멍[376] 통곡허멍 예

375) 소중기 : 속옷.

가는 것이

〔음영〕 올레로 들어가고 하늘 보멍

갓저

〔음영〕 또 이전 하늘 천쩨(天字) 올렛 문쩨(門字) 예 돌 월쩨(月字)에 날 일쩨(日字) 걱(刻)을

메겨 간다.

〔음영〕 "설운 애기덜 아이고 무사 경 울엄디? 경 과거가 좋아냐?" "좁디다." "뭣이 좋아니?

골으라 보저."

〔음영〕 "청빗살 홍빗살 좋아지어 삽데다." 초역례(初役禮) 바쪄 초역가(初役價)

이역(二役)

〔음영〕 퀘짓법[377] 이역례(二役禮) 바찌면은 또다시 청세도폭법[378]

삼역례(三役禮) 바쪄 홍포관디 조심띠법[379]

마련허고

〔음영〕 "뭣이 좋아지더니?" "도레 칠반상(七盤床) 좁디다." 기여 그거 데투로[380] 공싯상[381] 마련

〔음영〕 아바지 본메 천문(天文)이로구나.[382]

네여주고

〔음영〕 예 아기덜 "아이고 어멍 원술[383] 어떵 가프 어멍 젤 어떵 풀립네까?" "설운 에기덜

신산꿋 도올라 물사오기 쒜사오기 허여근

〔음영〕 야 낮도 영청 밤도 영청 두드려 테작 신산꿋 도올라 물사오기 쒜사오기

---

376) 울멍불멍 : 울고불고.

377) 퀘짓법 : 쾌자(快子)를 입는 법.

378) 청세도폭법 : 도포(道袍)를 입는 법.

379) 홍포관디 조심띠법 : 홍포관대(紅袍冠帶)를 입고 조심띠를 매는 법.

380) 데투로 : 대신으로.

381) 공싯상 : 심방이 굿판에서 무구를 올려놓는 상.

382) 천문(天文) : 제주도 심방의 무구인 멩두 가운데 하나.

383) 원술 : 원수(怨讎)를.

허여 열두 주이 벤수청[384] 불러 웨고[385] 가운디 고망[386] 뚤르멍[387] ᄀ쉐로[388] 복복[389] 옴탕지게[390] 긋곡."

〔음영〕 아이고 이거 소리나겐 허젱 허민 뭣이 헤사 좋으리. 사름 나룩 송아지 놈이

밧디

〔음영〕 노는 송아지 심어다 벳겨근

예 북가죽

예 첫쨋 동

〔음영〕 어떤 사름덜은 나도 ᄒᆞ끔 넘어가멍 앞뒤에 ᄀᆞ아졈수다만은

이리 허게

〔음영〕 동넷 울북 둘쳇 북은 울랑국 범천왕 싯체 닛체

다섯쳇 동은

〔음영〕 삼동막 살장궐 멘들아

가는디

〔음영〕 아이고 이것도 소리는 나게 ᄒᆞᆯ 수 엇으난 신산꼿 도올라 오를 목에 데각록(大角鹿) 네릴 목에 소각록(小角鹿)

심엇다 가죽 벳겨

〔음영〕 또 이전 예 이 장귀통에

싸놓고

예 부전[391]

〔음영〕 멘들앙 예 두드려 소리나 그걸 지어 앚언 삼성제(三兄弟) 어멍국 어주에 삼녹거리

384) 벤수청 : 편수(片手)들.

385) 웨고 : 외치고.

386) 고망 : 구멍.

387) 뚤르멍 : 뚫어.

388) ᄀ쉐 : 호비칼. 나무 따위의 속을 호벼 파내는 데 쓰는 칼.

389) 복복 : 박박.

390) 옴탕지게 : 가운데가 둥글게 파여 깊숙이 오목하게.

391) 부전 : 장구의 줄을 조이는 데 쓰이는 가죽 조각.

서강베포땅에

네려사단 보나근

〔음영〕 예 갈 디 올 디 엇은 너사무 너도령 삼성제 읒안 울엄시난 “느넨 어드레 가는 도령덜이니?” “아이고 우린 갈 디도 엇고 올 디도 엇고 어멍도 아방도

읏수다.”[392]

“기영 허냐.

설운 아기덜

〔음영〕 우리영 ᄀᆞ찌[393] 글라.” 어주에 삼녹거리 서강베포땅에 들어가 아이고 그냥 히야장창 벌판에 그데로

〔음영〕 장귀 북 두들 수 엇어지어 또 이전 유저남[394]

비어놓고

〔음영〕 예 텡저남[395] 비어 놓아 마흔ᄋᆞ덥 상간ᄌᆞ법

예 또이

〔음영〕 이간주 삼간주

마련허고

〔음영〕 밤낮 주야장창[396] 예 울랑국 범천왕 삼동막 살장귀

드리울려 네울려

〔음영〕 삽데다 영 허여 적부기 삼형제엔 헌 말은 벨히(別號)고 궁이 아덜 삼성제엔 헌 말은 원레에 예 황금산 예 부체[397] 앚인 디 데웅전(大雄殿) 궁이우다. 예 이리 허여 궁이 아덜이옝 허곡 〈요세에 어느 심방을 물론허곡

벨히 불릅네다.〉

이리 허여

〔음영〕 적부기 삼성제 두드리는 예 어머님 지픈 궁에 들어 얕은 궁에 네놀리젠

---

392) 읏수다 : 없습니다.

393) ᄀᆞ찌 : 같이. 함께.

394) 유저남 : 유자나무.

395) 텡저남 : 탱자나무.

396) 주야장창 : 주야장천(晝夜長川).

397) 부체 : 부처.

밤낮 드리울려 네울리는 소리도 뜰리고[398] 낮이 영청 밤이 극락 원불수룩 장단도
뜰려지는 법인디
〔음영〕〈중간에 훈 법은 돌아나 불고[399] 훈 법은 일본 가불고[400] 훈 법은 한국
땅에
잇입데다.〉
영 허여 그때에는
〔음영〕또다시 야 옥향상저(玉皇上帝)에서 "이거 어느 집 즈순덜이 밤낮 우리에게 시끄럽게 영 들울렴시니?" "아이고 즈지멩왕 애기씨 아덜 삼성제가 잘못헌 줴척(罪責)으로 어머님 심어단 지픈 전옥에 가두아 부난 얄은 궁 네놀려 줍센
영 허영
또 이전은
〔음영〕예 울렴수덴." 허난 "아덜 너무 낫저. 예 즈지멩왕 애기씨 얄은 궁더레
네놀려 주라."
네놀려 〈쪼끔만 지체(遲滯)헤줍서. 아멩 헤도 목이 단절허우다.〉
〔잠시 약 6분 정도 휴식한다.〕
어머님 얄은 궁 네놀려 사난
〔음영〕어머닌 즈지멩왕 아기씨 허는 말이 "아방국
보안디야?"[401]
"아방국 보앗수다."
〔음영〕"아바지 무신 본메 주더냐?"
"낭천문에[402]
〔음영〕이 하늘 천제 올레 문쩨 둘 월쩨 날 일쩨 세견
줍데다."
〔음영〕"그리 허겟느냐? 난덜 본메 엇이리야. 예 느네덜 나 벳속에 잇인 떽에이[403]

398) 뜰리고 : 다르고.
399) 돌아나 불고 : 달아나 버리고. 즉 '없어져 버리고'.
400) 일본 가불고 : 일본에서 하는 방식이 되어 버리고.
401) 보안디야 : 보았느냐.
402) 낭천문 : 나무로 만든 천문(天文).

느네 아바지

줓안 황금산 가난

ᄎᆞ나룩 두 동이 네여주어라.

〔음영〕 그거 본메로 예 상잔[404] 두 겟법

본메 놓곡."

예 어멍 본메 받곡

〔음영〕 이젠 아기덜 예 허는 말이 〔말〕 "어머님." "무사?"

"웨진 땅을 ᄀᆞ리칩서."[405]

웨진 땅을 ᄀᆞ리쳐 들어근 가는 것이

〔음영〕 ᄌᆞ지멩왕 애기씬 아니 들어가고 아덜덜

삼성제만

〔음영〕 웨진 하르바님 할마님앞이

들어간다.

〔음영〕 들어가난 웨할마님은 예 초석(草席)을 ᄀᆞᆽ언 나오란 "벤[406] 것덜 지엇구나. 이레 부려 노라."

베석(拜席)자리

마련허고

〔음영〕 웨하르바님은 초다음[407] 간 뗀 가메 우펜 문을 아니 열어줘게만은

두 번쩬 가난

가메 우페 문을 열려간다.

〔음영〕 웨하르바님 ᄋᆢᇁ인 ᄋᆢᇁ인[408] 보난

예

천근들이 벡근 쌀 예

---

403) 떽에이 : 때에.

404) 상잔 : 제주도 심방의 무구인 멩두 가운데 하나. 산잔(算盞).

405) ᄀᆞ리칩서 : 가리키십시오.

406) 벤 : 무거운.

407) 초다음 : 처음.

408) ᄋᆢᇁ인 : 옆에.

벡근들이 천근 쌀

활이 잇어지고 예 그디도 이젠

〔음영〕 데장검(大長劍)이 세와지고 청비 홍빗살 세와지난 예 아기덜 삼성제

허는 말이사

〔말〕 "하르바님." "무사?" "저 세와진 거 날 하나 줍서." 〔음영〕 "무슨 거 헐티?"[409)]

"양반이 원수 갚음

헐쿠다."

〔음영〕 "기영 허냐 나 그거보단이." "예." "더 존[410)] 거 허여주마." "무신 거꽈?

경 헙서."

영 허영 또 이전에

뒈어 지어근

삽네다.

〔음영〕 웨하르바님이 칼ᄀ치록[411)] 예 멘들아 그디 칼 돗쩨(刀字) 붉을 명쩨(明字)

겍(刻)을 사겻구나.[412)]

〔음영〕 뒤에는 예 물멩지여 강멩지 허연

치메를

둘아메엿구나.

〔음영〕 영 허여 "이거 묵게[413)] 쓰라." 시왕데번지 웨하르바님

본메

〔음영〕 두어 웨하르바님도 진연상봉(親緣相逢) 허는디 웨할마님은 예 "느네 어멍은 어디 갓이녠?" 허난 "저 올레 잇수다." 애긴 어멍 보저 어멍은 애기 보저 이 데목에 가민 서문밧은 시왕곱은연질

치는 법 마련

〔음영〕 허엿수다. 멩두덜은[414)] 다 어느 떼사 데양이영[415)] 설쒜영[416)] 나오랏인디

409) 헐티 : 하겠느냐.

410) 존 : 좋은.

411) 칼ᄀ치록 : 칼같이.

412) 사겻구나 : 새겼구나.

413) 묵게 : 밝게.

알 수

업십네다.

〔음영〕 웨진 땅 돌아보고 또 어주에 삼녹거리

서강베포 들어오라

〔음영〕 궁이 아덜 삼성제 초ᄋᆞ드레 본멩두 열ᄋᆞ드레 신멩두

쓰무ᄋᆞ드레 살아살축 삼멩일

예

삼형제가

〔음영〕 이거 낭[417] 상천문 낭상잔[418]

또이

〔음영〕 낭신칼을[419] 허연 주난 이거 만데유전(萬代流傳) 시길 수 엇다 동이와당[420]

쒜철이 아덜 불러 놓고

벡몰레[421] 일어 쎗ᄀᆞ를[422] 허연

예어근 멩철광데

〔음영〕 정나라 정데장 춫안 간 쎗물 녹여 아끈[423] 도간[424]

한 도간에서

아끈 불미[425] 한 불미에서

〔음영〕 아버지 본메 낭천문 마련허고 어머니 본메 예 쒜천문[426] 마련허고 어머니

414) 멩두 : 제주도 심방이 조상으로 모시는 무구. 신칼, 산판(천문, 상잔), 요령으로 이루어짐.

415) 데양 : 제주도 굿의 무악기를 이르는 연물 가운데 하나.

416) 설쒜 : 제주도 굿의 무악기를 이르는 연물 가운데 하나.

417) 낭 : 나무.

418) 낭상잔 : 나무로 만든 상잔.

419) 낭신칼 : 나무로 만든 신칼.

420) 동이와당 : 동쪽 바다.

421) 벡몰레 : 백모래.

422) 쎗ᄀᆞ를 : 쇳가루.

423) 아끈 : 작은.

424) 도간 : 도가니.

425) 불미 : 풀무.

426) 쒜천문 : 쇠로 만든 천문.

본멘

쒜상잔[427]

마련헌다.

〔음영〕 웨하르바님 본멘 낭신칼도 쒜로

멘들아

〔음영〕 본메 본짱을 두엇인디만은 천문허고 상잔 놓아둘 그릇이 엇구나.

영 허여

쐣물로

〔음영〕 또로 접시 보시ᄀᆞ찌[428] 사라ᄀᆞ찌[429]

멘들아

〔음영〕 예 산판[430] 마련허고 허다 남은 쐣물은

하영은[431]

〔음영〕 데양도 마련 남은 걸로 또 족은

설쒜도 마련

허여 둡곡

〔음영〕 어머님광 사노렌 허난 옥항상저에서 궁이 아덜 삼성제 옥항으로 도올르렌 서란장이

ᄂᆞ리난

〔음영〕 아이고 어머니앞이 ᄀᆞᆮ는 말이 "어머님 이거양 누게 오랑 풀렝[432] 헤도 돈 받앙 풀도 말곡 도렝[433] 헤도

주도 말곡

〔음영〕 허영 ᄀᆞ만이 직허영[434] 앚암시면은

---

427) 쒜상잔 : 쇠로 만든 상잔.

428) 보시ᄀᆞ찌 : 보시기같이.

429) 사라ᄀᆞ찌 : 사라같이. '사라'는 접시를 속되게 이르는 말.

430) 산판 : 제주도 무구 멩두 가운데 하나. 산반(算盤).

431) 하영은 : '하영 남은'이라고 하려다가 불분명하게 발화됨. '하영'은 '많이'라는 뜻의 제줏말.

432) 풀렝 : 팔라고.

433) 도렝 : 달라고.

434) 직허영 : 지켜.

살암시민
〔음영〕 예 이거 받아갈 인생(人生)이[435] 나올 게우다 경 허곡
어머니
〔음영〕 동풍(東風) 불건 동벽(東壁) 으지(依支)허여 으지헤영
잇곡 살곡
〔음영〕 서풍(西風) 불건 섯벽(西壁) ᄇᆞ름 예 서벽
으지헙서."
ᄇᆞ름 불어 ᄇᆞ름 도벽 뜻 불어 뜻 도벽
〔음영〕 마련허곡 예 너사무 너도령광[436]
ᄀᆞ찌덜
〔음영〕 살게 허고 궁이 아덜
삼성제
〔음영〕 본멩두 신멩두 살아살축 삼멩일은 옥항상저 영(令)을 받아 등신으로 예 등불 등쩨(燈字) 귀신 신쩨(神字) 불로 옥항에
도올라
옥항상저
〔음영〕 영을 받아사기를 본멩둔 하늘 ᄎᆞ지 신멩둔 땅 ᄎᆞ지 살아살축
삼멩일은
〔음영〕 인간(人間)에 만물(萬物) 제푸십세[437] 인셍(人生)ᄁᆞ지 ᄎᆞ지를
시겨 놓고
〔음영〕 마련을 허여 시엇수다. 마련을 헌디 그떼에 이젠 살아살축 삼멩일 족은아시가[438] 어떵 헹 양반이 원수 갚음을 허리 ᄀᆞ만이 보난 유정싱 웨똘아기
무남동저[439]
〔음영〕 노는 시커리가[440] 잇엇구나 그디 쐣물 녹인 떼에 그떼 엽전 여섯 냥을

435) 인셍(人生)이 : 사람이.
436) 너도령광 : 너도령과.
437) 제푸십세 : 모든 초목(草木).
438) 족은아시 : 막냇동생.
439) 무남동저 : 무남독녀(無男獨女).

멘들안 놔두고 파란 기지에[441] 무껀[442] 앗안
 잇다네
 〔음영〕 유씨 엄메[443] 데선생(大先生) 잘 노는 디 간 예 네비난[444] 놀레 갓단 그거 봉가 앗언[445]
 〔음영〕 예 집이 오라 어머니나 보민 삐앗음이카부덴 가심에여 곱지곡[446] 이리 곱젹 저리 곱젹 허여 가는 것이 그만
 〔음영〕 예 유정싱 뜨님애기 유씨 엄마 데선생은 눈이 어두와 열일곱 설 나 어둔 눈 붉고 열아홉은 나난 부모 눈에 골리나 예 시찌나
 또 이전에
 〔음영〕 낮인 웨난[447] 가위(家戶) 밤인 불썬[448] 가위
 호호방문(戶戶訪問) 마련
 거리 걸식(乞食)을 헐 때에
 〔음영〕 또이 주북장제 웨뚤아기 죽어 일곱 멘가 열두 멘가 무껏젱[449] 헙네다. 영 허여 침방(寢房) 우전 누젓젠 허난 죽은 소문 들어 유씨 엄메 데선생은
 줓아가곡
 〔음영〕 "팔저 긋인 아이 뎅겸수덴." 허난 주북장젠 "팔제 긋인 아이가 뎅기민 어느 때 죽어 열두 메에 무꺼 게벽헌 애기 살릴 수 잇이리야."
 영 허난
 〔음영〕 일가친척 동넷 사름덜은 앚아 허는 말이 "아기업젯[450] 말도 귀넘어 듣지 말렌 헷이난 훈번 들엉 멕(脈)이나 지퍼 보게." 허여 허여 하도 허난 그때엔 주북장제

440) 시커리 : 세거리.
441) 기지 : 양복을 만들 때 쓰는 옷감을 속되게 이르는 말.
442) 무껀 : 묶어.
443) 엄메 : 엄마.
444) 네비난 : 내버리니.
445) 봉가 앗언 : 주워 가지고.
446) 곱지곡 : 숨기고.
447) 웨난 : 대개 '네난'이라고 함. '네난'은 내(煙)가 난다는 뜻.
448) 불썬 : 불을 켠.
449) 무껏젱 : 묶었다고.
450) 아기업게 : 업저지.

가 "게민 훈번 멕이나 지퍼 보렌." 헤연
간 지펀 보난
〔음영〕 애긴 삼시왕에 걸렷구나 멩(命)은 아이[451] 떨어지엇구나 시간
바쁩네다근
〔음영〕 시간 바빠지난 "일문전(一門前)으로 초석(草席) 페웁서 펭풍(屛風) 칩서
큰 상 네여놉서
〔음영〕 쏠 세 사발 거려[452] 놉서 연찻물 떠 놓고
상불 피곡[453] 술 삼잔(三盞)
겁센." 허여근
〔음영〕 골을 말 엇어지난 공신은 공신 강신은 공신 골으난 더 골을 말이
없어지곡
예 데벡지(大白紙) 소벡지(小白紙)
〔음영〕 석 장에 예 쏠 시(三) 사발 올린 거 네려놓곡 훈 사발썩 초데김[454] 이데김
삼데김
〔음영〕 받아간다. "이 아기 삼시왕(三十王) 명부전(冥府殿)에서 절체(決處)를 시겨
살려줍서.
역가(役價)를 바찌쿠다."
〔음영〕 영 허여근 예 삼형젠 "소지(所志) 꺼꺼 누울려 죽은 애기 머리맛디[455] 강
베웁서.[456] 이걸 베왕 내가 이거 문딱 치와 두고 낭간[457] 네려 여잇돌[458] 알러레 네려
사 저 올레 이문간[459] 나가기 전이 아기 숨소리 나건 삼시왕에
역가를 바찝서."

---

451) 아이 : 아니.
452) 거려 : 떠.
453) 피곡 : 피우고.
454) 데김 : 다짐.
455) 머리맛디 : 머리맡에.
456) 베웁서 : 보이게 하십시오.
457) 낭간 : 난간(欄干).
458) 여잇돌 : 디딤돌.
459) 이문간 : 제주도 가옥에서 볼 수 있는 대문의 일종.

영 허여근 예 말을 허난

또 이전

〔음영〕 예 ᄌᆞ북장젠 유씨 엄메 데선생 소지 꺼꺼준 거 은닌(銀印) 금인(金印) 옥닌(玉印) 타인(打印) 감봉수레[460] 막인 거 예 죽은 애기 머리맛디 간 딱 베게ᄀᆞ찌 베완[461] 눅젓구나.

〔음영〕 앞이 문딱 치와 낭간 밧기

네려사고

〔음영〕 여잇돌 앞더레 ᄂᆞ려

사는 게

〔음영〕 문 게벽헌[462] 아기 "어멍아 목 ᄆᆞ르난

물 줍서

베고프메 밥 줍서." 〔창조가 서창하게 바뀐다.〕

영 허여근

말을 허난 그떼엔

게벽헌 창문 떼고

지게문[463] 열어근

〔음영〕 유씨 엄마 올레 벳겻 나가기

전이 다 좇아가

"살려줍서 우리 애기 살렷이난

삼시왕에 명부전 등수(等訴) 들어

역가를 바쪄줍서."

〔음영〕 영 허여 말을 허난 유씨 엄메 데선생은 이 애기덜 살리긴 살렷주만은 뭣을 놓곡 명부전 삼시왕에

등수 들어

〔음영〕 이 아기 살려준 공을 가프린[464]

---

460) 감봉수레 : 잠가서 봉한 표지를 하고.

461) 베완 : 베어.

462) 문 게벽헌 : 문을 연.

463) 지게문 : 옛날식 가옥에서 마루와 방 사이의 문이나 부엌의 바깥문.

영 헌 게 〔창조가 원래대로 바뀐다.〕

또다시 예

〔음영〕 소문(所聞) 기별(奇別) 들으난 어주에 삼녹거리 서강베포땅에 예 즈지멩왕

애기씨

〔음영〕 앞이[465] 조상(祖上)[466] 일천기덕(一天旗纛) 삼만제기(三萬祭器) 잇젠 허난 그 소문 들어 훈 번 두 번 삼세번쩨 간 떼 먼 올레 업데헨[467] 잇인 적에 궁이 아덜 삼성젠 어멍국 보저

ᄂᆞ려온다.

〔음영〕 ᄂᆞ려오란 보난 예 웨헌[468] 여자가 먼 올레예 야 업데헤엿구나 들어간 또 어

전에

〔음영〕 예 너사무 너도령 삼성제 보고 "저 올레 먼 올레 업데한 여자가 잇이난 석 자 오 치

예

〔음영〕 물멩지 강멩지 고리비단 능라비 서미녕 서마페 압송(押送)허영

어~

〔음영〕 올레 업데헌 여저(女子) 여청을[469] 강 돌아오레[470] 진 안느로 돌아오렌." 허난 "어서 걸랑 기영 헙서." 영 허여 이 데목에도 가민 곧게 갑네다만은 목베여[471] 무신 폴치거리여[472] 개세끼꽈 쉐세끼꽈 사름이

인셍(人生)인디

〔음영〕 물멩지 강멩지

---

464) 갚으린 : 갚으리.

465) 앞이 : 에게. 즉 윗줄의 '애기씨'와 합하여 '애기씨에게.'

466) 조상(祖上) : 여기서는 무구(巫具), 즉 '멩두'를 뜻함.

467) 업데헨 : 엎드린.

468) 웨헌 : 웬.

469) 여청 : 여자.

470) 돌아오레 : 데려와.

471) 목베 : 사람의 목에 걸어 당길 만한 긴 천.

472) 폴치거리 : 왼팔에 완장처럼 묶는 긴 천.

예 석 자 오치

〔음영〕 예 발로 발아 압송허여

또 이전

〔음영〕 예 유씨 엄메 데선성 청헤여 간

그때에

〔음영〕 "어디서 온 누게니엔?" 허난

"난 팔제(八字) 전싱(前生) 그리쳔

〔음영〕 또 이전에 예 거리거리 낮인 웨난 가위 밤인 불썬 가위 비 온 날 ㅂ름분 날 엇이 뎅기는디 ᄌ북장제 웨뚤아기 죽어 열두 메 무껏젠[473] 헌 애기 명부전 삼시왕에 강신 공신 말 올려 은닌 타인 감봉수레 두어 예 소지 꺼꺼 베우난[474] 이 아기도 살아나고 역갈 바찌젠 헌디 조상도 읏곡[475] 예 골을 첵도 읏고

이리 허여

〔음영〕 소문 들으난 어주에 삼녹거리 서강베포땅 노가단풍 ᄌ지멩왕 어머님앞이 예 조상 잇젠 허난 〔흐느끼며 말한다.〕

조상 물리저[476] 오랏십네덴." 허난

그때에

예~ 어

〔음영〕〈어떤 심방덜은 초펀(初番) 오라 벡근이 아이 차다 이펀(二番) 가 벡근 안 차다 예 제삼펀(第三番)

〔음영〕 가난 벡근 찬 그때엔 옷도 입젼 뭔 춤도 추우곡 헷젠 허곡 동(東)더렌 가민

〔음영〕 예 옛날부떠 그런 식(式) 잇엇는가 모르쿠다만은 삼시왕맞이[477] 앞으로 약밥 약술[478] 다 역가 바찌믄 예 옷 입져 춤추기 마련

---

473) 무껏젠 : 묶었다고.

474) 베우난 : 보이니.

475) 읏곡 : 없고.

476) 조상 물리저 : 조상을 물리려고. 즉 심방의 조상인 멩두를 물려받으려고 한다는 의미.

477) 삼시왕맞이 : 제주도 신굿에서 무업조상을 청하여 기원하는 제차.

478) 약밥 약술 : 제주도 신굿의 한 제차.

서(西)러렌 그런 법 업십네다.〉

〔음영〕 영 허여 조상 문딱

물려받아

〔음영〕 예 너사무 너도령 돌아 앚언[479]

오라근 예 즈북장젯 집이서

〔음영〕 삼시왕 데신왕 명부전 문세 ᄎ지 췌판관에 역갈

바찌난

〔음영〕 이 아기 살아나고 그 굿 ᄆ까[480] 또 이전 너사무 너도령

삼성제 갈 떼에

〔음영〕 바농만[481] 아니 주언 옷 헤여볼 기지 옷 헐 씰[482] 밥 헤여 먹을 쏠 반찬 사먹을 돈 노수(路需) 문짝 주단 바농 하나만 아니 물려줫젠 말도

잇입네다.

〔음영〕 영 허여 너사무 너도령 삼성제덜은 즈지멩왕 애기씨 잇인 딜로 갓젱 허곡 뜨로이[483] 유씨 엄마

데선성은

조상 업어

예허근

예~

이젯날은

〔음영〕 집이 간 조상을 다 풀어놓곡 궤(櫃) 우이 놓젠 허난 사름이 들락날락 허멍 지게문 을민 봐질 듯 허난 아이고 이디도[484] 모실 디가

못 뒈키여.

영 허영

479) 돌아 앚언 : 데려와.

480) ᄆ까 : 마쳐.

481) 바농 : 바늘.

482) 씰 : 실.

483) 뜨로이 : 따로.

484) 이디도 : 여기도.

고팡에[485] 들어가

또 이전은

게수나무 상당클이여 비저남

〔음영〕 널판데기 허연 끈 돌아메고 허연

예 조상 올리난 조왕전에도

〔음영〕 고팡문 울고 더끄고[486] 헐 적에 봐질

거라부난

〔음영〕 벌언 간 기지 허연 또이 줄 메여 돌아메연 보난 너미 막아지고 예 ᄀ세로[487] 글로 절로[488] 고망[489] 고망

예 뚤르단[490] 보난

어 일흔ᄋ덥

고무살장 마흔ᄋ덥

예 모람장 지게살장법

마련도 뒈엇젠 헙데다.

〔음영〕 초공 난산국 신풀어

삿십네다에-.

485) 고팡 : 고방(庫房).

486) 더끄고 : 덮고.

487) ᄀ세 : 가위.

488) 글로 절로 : 그리로 저리로.

489) 고망 : 구멍.

490) 뚤르단 : 뚫다.

이공본풀이

1. 개관

강대원 심방 〈이공본풀이〉 자료는 2017년 11월 11일 오후 2시 35분부터 오후 3시 23분까지 48분에 걸쳐 구연한 것이다. 강대원 심방은 평상복 차림으로 장구를 사용하여 〈신메움-본풀이〉의 순으로 구연하였다. 〈이공본풀이〉의 주요 내용은 부모들의 기자(祈子), 이로 인해 태어난 사라도령과 원강아미의 결혼과 이별, 할락궁이의 심부(尋父), 원강아미의 재생 등이다.

서사 단락은 다음과 같다.

① 부모의 기자불공에 따라 사라도령과 원강아미가 태어나고, 이들은 15세가 되어 결혼을 한다.

② 사라도령이 꽃감관직을 맡게 되고, 원강아미는 헤어질 수 없다고 하여 사라도령과 함께 길을 떠난다.

③ 원강아미는 임신한 몸으로 더 이상 사라도령을 따라가지 못하게 되어 천년장자의 집에 종으로 들어가기를 자청한다.

④ 사라도령은 원강아미에게 삼동낭 용얼레기 한 쪽을 간직하게 하고, 앞으로 태어날 아이의 이름도 지어준 뒤에 길을 떠난다.

⑤ 천년장자는 사라도령이 떠난 뒤부터 원강아미에게 여러 번 동침을 제안하나 원강아미는 천년장자의 제안을 거절한다.

⑥ 원강아미가 할락궁이를 낳은 후에도 천년장자의 제안을 거절하자, 천년장자는 원강아미와 할락궁이에게 고된 벌역을 시키고 이들은 여러 도움을 받아 벌역을 완수한다.

⑦ 할락궁이는 자신의 아버지가 누구인지 어머니에게 물어 천년장자가 아니라 꽃감관 사라도령이 자신의 아버지라는 사실을 알게 되고, 본메를 지니고 자신의 진짜 아버지를 찾아 길을 떠난다.
⑧ 할락궁이는 천리둥이와 만리둥이를 따돌리고, 발 아래 차는 물, 무릎에 차는 물, 등까지 차는 물을 지나 사라도령이 있는 서천꽃밭에 당도하여 아버지를 만난다.
⑨ 할락궁이는 본메 삼동막 용얼레기를 사라도령 앞에 내놓아 자신이 그의 아들임을 확인시킨다.
⑩ 할락궁이는 어머니의 죽음을 알게 되고 어머니의 원수를 갚기 위해 천년장자의 집으로 향한다.
⑪ 할락궁이는 서천꽃밭에서 가지고 온 꽃으로 어머니를 살려내고, 천년장자의 막내딸을 죽인다.
⑫ 할락궁이는 시왕악심 멸망악심으로 들어선다.

강대원 심방이 구연한 〈이공본풀이〉는 다양한 화소들을 두루 갖추고 있다. 이는 강대원 심방이 평소에 문서를 만들어 기억하는 것을 좋아하고 이를 드러낼 수 있는 상황에서 적극적으로 활용하고자 한 것으로 보인다. 여러 심방의 전승을 두루 포괄하여 할락궁이의 신직, 막내딸의 죽음, 고리동반의 내력 등의 내용을 확인할 수 있다.

강대원 심방이 구연한 〈이공본풀이〉는 세 가지의 특징으로 간추릴 수 있다. 할락궁이의 신직이 아미도령 처서로 제시되어 있는 것, 천년장자의 막내딸이 죽음을 맞는 것, 고리동반의 내력이 본풀이에 담겨 있다는 것이 이에 해당한다.

첫째, 할락궁이의 신직이 아미도령 처서로 제시되어 있다. 아미도령 처서의 역할은 악심꽃을 관리하는 역할로 표현되었다. 이는 서순실 심방이 구연한 〈이공본풀이〉에서도 확인할 수 있는 내용이다. 〈이공본풀이〉는 꽃불휘와 관련된 신화이고 꽃불휘라 함은 생명의 근원으로 이해된다. 아미도령 처서는 생명의 근원보다는 죽음과 관련된 직분이다. 〈이공본풀이〉는 불도맞이에서 불리는데 강대원 심방이 구연한 아미도령 처서의 직분을 의례 속에서 어떻게 연관시킬 수 있을지 의문점이 남는다. 할락궁이가 꽃감관의 직분을 맡는 각편에 대해서 강대원 심방은 지역적 차이로 이해할 수 있다고 말하였다.

둘째, 천년장자의 막내딸이 죽음을 맞는다. 사라도령은 할락궁이가 어머니의 원수를 갚겠다고 서천꽃밭을 떠날 때에 막내딸은 살리라고 명령한다. 사라도령의 명을 어기면서까지 막내딸을 죽이는 할락궁이의 모습에 사라도령은 악하고 독하다고 말한다. 조흘대 심방, 고산옥 심방, 고순안 심방이 구연한 〈이공본풀이〉는 막내딸의 목숨이 보전된다. 원강아미가 죽은 곳을 할락궁이에게 가르쳐 주었다는 이유로 막내딸의 목숨을 살려두기 때문이다.

셋째, 고리동반의 내력이 본풀이에 담겨 있다. 고리동반은 흔히 심방떡이라고 하는데 둥글고 납작한 떡 위에 일곱 개의 방울 모양 떡을 댓가지로 엮고 백지로 감싼 것이다. 양창보 심방과 이용옥 심방이 구연한 〈이공본풀이〉에서도 고리동반의 내력을 확인할 수 있으나 강대원 심방은 고리동반의 내력과 떡의 모양뿐 아니라 제의가 끝나 본주와 심방이 떡을 나누는 방법까지 본풀이에 포함하여 구연하였다. 심방과 본주가 떡을 나눌 때, 심방은 방석 역할을 하는 벙개떡을 갖고, 본주는 방울떡을 갖는다고 하였다.

위의 세 가지 특징을 고려한다면 강대원 심방 〈이공본풀이〉의 가장 큰 특징은 종합성이라 할 수 있다. 여러 심방들이 구연한 이야기가 강대원 심방이 구연한 본풀이 속에 녹아 있기 때문이다. 강대원 심방은 〈이공본풀이〉를 푸는 데 있어서 독특한 사설을 풀기 보다는 여러 심방들의 이야기를 두루 갖추어 놓았다고 할 수 있다.

강대원 심방의 〈이공본풀이〉에만 담겨 있는 독특한 양상은 〈이공본풀이〉와 〈할망본풀이〉의 서사가 겹치게 된 이유를 나름대로 풀어내고 있는 부분이다. 자신이 본풀이를 이해한 내용을 바탕으로 하여 본풀이의 모순을 풀어내고자 한 노력이라 하였다. 이러한 특징은 강대원 심방의 구연 방식에서도 발견할 수 있는데 본풀이를 구연하는 도중에 설명을 보태고 해설하고 이해시키며 구연하고자 하였다.

강대원 심방은 사라도령이 꽃감관이 되기 전부터 서천꽃밭을 지키고 있는 존재가 삼승할망이라 말한다. 불도맞이를 행할 때, 삼승할망이 서천꽃밭에서 생불꽃을 가져다주는 이유가 삼승할망 역시 꽃감관의 역할이기 때문이라 설명한다. 삼승할망이 서천꽃밭을 혼자 지킬 수가 없어서 사라도령에게 도움을 청하고, 사라도령이 삼승할망과 함께 서천꽃밭을 지키게 되었다고 하였다. 옥황의 부름으로 인해 사라도령이 꽃감관으로 들어서고 이 역할은 할락궁이에게 물림되며, 삼승할망은 꽃을 나르는 존재로 설정된 〈이공본풀이〉의 일반적인 양상과는 다소 상이한 내용이다. 강대원 심방은 삼승할망, 사라도령, 할락궁이 모두를 꽃감관으로 이해하였고, 삼승할망은 꽃감관의 역할에서 꽃을 나르는 역할로 변이된다고 하였다. 삼승할망이 꽃감관이라는 설정은 강대원 심방이 구연한 〈이공본풀이〉의 개성적인 내용으로 이해되나 이러한 내용이 삽입되게 된 이유가 의례 절차들을 풀어내어 본풀이에 반영하고자 하는 심방의 개인적인 이해 과정에서 발생한 것으로 보인다. 할락궁이가 꽃감관 직분을 맡는 것이 아니라 서천꽃밭의 시왕악심, 멸망악심을 담당하는 내용은 강대원 심방이 구연하는 〈이공본풀이〉에서만 볼 수 있는 독특한 설정이다.

2. 내용

김진국과 원진국은 자식을 얻기 위해 수륙재를 드리고, 김진국은 아들을 얻고 원진국은 딸을 얻는다. 아들은 사라도령으로 딸은 원강아미로 이름을 짓고, 이들이 십오 세가 되자 결혼을 시킨다. 사라도령이 꽃감관 직분을 맡기 위해 원강아미를 떠나려 하자 원강아미는 사라도령과 이별하지 않겠다고 하여 동행하게 된다.

원강아미는 사라도령과 가는 도중에 힘이 들어 천년장자 집을 찾아가 자신을 종으로 사라 말한다. 천년장자는 원강아미를 종으로 사도 될지를 자신의 딸들에게 묻는다. 첫째딸과 둘째딸은 원강아미를 사지 말라고 하지만 막내딸이 아버지의 말벗이라도 할 수 있으니 원강아미를 종으로 사라고 한다. 원강아미는 천년장자의 집에서 종으로 일하게 되고, 사라도령과 이별한다. 원강아미는 사라도령이 떠나기 전 임신한 아이의 이름을 지어달라고 하였다. 사라도령은 남자로 태어나면 할락궁이, 여자로 태어나면 할락덱이라고 이름 붙이라고 말하고 삼동낭 용얼레기 한 쪽을 본메로 남긴 채 꽃감관 직분을 맡기 위해 천년장자의 집을 떠난다. 원강아미는 동침을 요구하는 천년장자를 할락궁이가 태어나서 자랄 때까지 기다리는 것이 자기 고을의 풍습이라 말하며 여러 차례 거절한다. 원강아미는 천년장자의 집요한 요구에 방책을 내어 방에 들어오라고 말을 한 뒤 빨래 방망이로 천년장자를 때려 그를 내쫓는다. 천년장자는 원강아미의 이러한 행동에 화가 나서 할락궁이와 원강아미를 죽일 방법을 모색하다가 막내딸이 힘든 일이나 시키라는 권유에 모자에게 고된 벌역을 시킨다. 원강아미는 궁녀, 시녀와 개미의 도움을 받아 고된 벌역을 행하나 천년장자는 더욱 어려운 벌역을 모자에게 시킨다.

할락궁이가 열다섯이 넘어 자신의 아버지가 꽃감관인 것을 알게 된다. 아버지가 남긴 본메와 어머니가 만들어준 범벅을 가지고 아버지를 찾아 길을 떠난다. 천리둥이와 만리둥이가 할락궁이에게 달려들자 할락궁이는 짠 범벅을 개들에게 주어 물을 마시러 간 사이에 위기를 모면한다. 할락궁이는 발 아래 차는 물, 무릎에 차는 물, 등까지 차는 물을 지난다. 헌당 헌절을 수리하는 간애기를 돕고, 간애기는 할락궁이에게 아버지가 있는 곳을 안내한다.

할락궁이는 삼통 가운데 있는 나무에 올라 자신의 피를 뿌려 물을 흐리게 만든다. 물이 오염되자 서천꽃밭의 꽃이 시들게 되고, 사라도령은 꽃을 시들게 한 할락궁이를 잡아들인다. 할락궁이가 사라도령을 만나자 본메를 내놓아 자신이 아들임을 확인시킨다. 할락궁이가 집을 떠난 뒤, 천년장자가 어머니를 죽였다는 것을 알게 된다. 할락궁이는 천년장자에게 원수를 갚고 어머니를 다시 살려내기 위해 서천꽃밭에 있는 꽃들을 가지고 천년장자의 집으로 향한다. 할락궁이는 천년장자와 친인척을 모두 죽이고 막내딸의 도움으로 어머니의 뼈가 어디 있는지 알게 되어 서천꽃밭의 꽃들로 어머니를 되살린다. 사라도령이 막내딸을 살려 오라고 말하였으나 할락궁이는 아버지의 말을 거역하고 막내딸을 죽인다. 사라도령은 할락궁이가 자신의 말을 어겼다는 사실을 알고 할락궁이가 악독하다며 시왕악심 멸망 악심으로 들어서라고 말한다.

3. 구연 자료

〔심방이 이제 시작하겠다고 말한다.〕

이공본풀이〉신메움

〔심방이 장구를 몇 번 치다 멈춘 뒤 읊조린다.〕

삼천전제석궁(三天天帝釋宮) 어간(於間)허며 이공(二公) 서천도산국더레 제네려 하강헙서.

〔장구를 친다.〕
이공서천 도산국 난산국[1)] 신풀저 허곱는데
삼곡마량 권제[2)] 받아 위올립고
〔음영〕 삼상양(三上香)[3)] 등향 상촉지권상[4)] 영로 삼주잔(三酒盞)[5)]
게꿀아 위올리며
〔음영〕 천게왕도 네립서 백게왕도
너립서 시주낙형으로
잘살아 어~
〔음영〕 원진국 못살아 김진국
사라국 사라도령 원강아미 원강부인
〔음영〕 할락궁이 네립서 천년 만년 장제(長者) 집안
씨멜족 시겨오던
〔음영〕 아미도령 체서도
너립서 허곡
〔음영〕 예 궁예(宮女) 시녜청덜
너립서.

이공본풀이〉들어가는 말미
난산국이 어디며 본산국이[6)] 어딥네까.

이공본풀이〉본풀이
엿날 엿적
〔음영〕 김진국 데감광

---
1) 난산국 : 본디 태어난 곳과 그 내력.
2) 권제 : 권재(勸齋). 여기서는 쌀이나 금전의 뜻으로 쓰임.
3) 삼상양(三上香) : 신위 앞에 향을 피움.
4) 상촉지권상 : 신에게 향과 초를 올림. = 상촉권상(香燭勸上).
5) 삼주잔(三酒盞) : 하나의 잔대 위에 놓인 세 개의 술잔을 '삼주잔'이라 함.
6) 본산국 : '본산국'은 본디 태어난 곳과 그 내력. = 난산국.

원진국 데감 훈 동네 살아

일친구가 뒈여근 지도 사녑데다 헌디

〔음영〕 예- 원진국은 갈림 허여 잘살아 주식 엇고 김진국은 갈림 허여 못살아

가난은 질이 공서 뒈여지어 사옵데다 헌디

〔음영〕 ᄒᆞ를날은

원진국이 김진국 촟아가 허는 말이

〔음영〕 예- 〔말〕 "야 김진국아 오라 우리 〔음영〕 느도 장게 강 애기 엇곡 나도 장게 강

애기 엇으난에

금법당 도올라 원불수룩(願佛水陸)[7] 드려

〔음영〕 주식 보기가 어찌허겟느녠." 허난 "어서 걸랑 기영 허렌."

김진국이 데답을 허곱데다.

〔음영〕 데답허고 원진국은 수룩 갈 껄 먹다 씨다

남은 걸로 벡 근 체와 마바리에 시껑[8] 가젠 허고

김진국은 ᄒᆞ루 삼끼 먹다

훈끼 줄여 양끼 먹어근

이엣 정성을 먹어간다 ᄒᆞ를 양끼 먹당

훈끼 먹어 양끼 줄여 이에~ 물멩지[9] 강멩지 고리비단 능라비 서미녕[10] 서마페 벡 근 장데[11] 준준 체와

〔음영〕 마바리에 시꺼[12] 잇어 동게남은 상중절

서게남은 금법당 원불수룩 들어간다.

〔말〕 원불수룩 들어가 부처님 앞으로 잇안[13] 간 거 예-

---

7) 원불수룩(願佛水陸) : 불공(佛供).

8) 시껑 : 싣고.

9) 물멩지 : 좋은 명주.

10) 미녕 : 무명.

11) 장데 : 장죽(杖竹).

12) 시꺼 : 싣고.

큰 상에 올려 데추남은[14] 은저울데로

〔음영〕 저울여 낫인 영칭[15] 밤인 극락(極樂)

원불수룩 드려 간다.

〔음영〕 석 둘 열흘 벡일 원불수룩 드려

법당 하직

〔음영〕 허고 〔말〕 〈아이고 또로 떨어졋저.〉

〔음영〕 원불수룩 들어갈 적에

예 에근

〔음영〕 원진국이 김진국보고[16] 허는 말이 으떤사[17] 허엿인디

모르쿠다마는

예~

〔음영〕 허는 말이사 〔말〕 "야 김진국아." "무사?"[18] "원불 수룩 드령이." "으."

〔음영〕 "느가 아들 나나 나가 뚤이 나나 내가 아덜 나나

느가 뚤이 나나

우리 구덕혼서[19] 허게."

〔음영〕 영[20] 허연 이에 언약을 멧곡 금법당

도올라근

〔음영〕 부처님 앞으로 가 갖엉 간 거 데축남은 은저울데로

저울여[21] 석 둘 열흘 벡일

원불 수룩 드려

〔음영〕 법당 푸처님[22] 하직허여

---

13) 앗안 : 가지고.

14) 데추남 : 대추나무.

15) 낫인 영칭 : 낮이 새도록. 낮이 지나가도록.

16) 보고 : 에게.

17) 으떤사 : 어떻게. 어떵사.

18) 무사 : 왜.

19) 구덕혼서 : 태어나자마자 혼인 약속을 하는 것.

20) 영 : 이렇게.

21) 저울여 : 무게를 달아서.

집으로 오라 원진국도 합궁일 받아간다.
〔음영〕 김진국도 합궁일을 받아 천상베필 무어[23]
아호 열 둘 춘삭[24] 체와
또 다시
〔음영〕 아긴 낳는 게 김진국은 아덜
난다.
원진국은 똘을 낳고
〔음영〕 이 아기덜 크어 자라는 게 열다섯 십오 세
나갑데다.
〔음영〕 예- 사라국
사라도령
〔음영〕 용잠데[25] 거느려 세경땅
농서(農事) 농업 짓게 뒈여 가고
또 예 〔음영〕 원진국 뚤도 골겡이[26]
호미 들렁
〔음영〕 세경땅에 검질[27] 메멍
〔음영〕 예 살게 뒈 육안[28] 헌디 이젠 김진국이
원진국 집이 ᄒᆞ를[29] 아척[30] 춫아강
〔음영〕 약속헌 말이 잇이난 사둔(査頓)허겐
영 허여사는 것이
〔음영〕 ᄒᆞ를 아적[31] 가 웃인[32] 생각허여 말 못허여

22) 푸처님 : 부처님.
23) 무어 : 맺어.
24) 춘삭 : 준삭(準朔). 일정한 달수가 다 참.
25) 잠데 : 쟁기.
26) 골겡이 : 호미.
27) 검질 : 김.
28) 육안 : 말귀를 알아듣고 혼자 판단할 만큼 성장하여.
29) ᄒᆞ를 : 하루.
30) 아척 : 아침.

돌아온다.

〔음영〕 말 못허여 돌아오고

또로 예근

〔음영〕 예— 이틀 아척 가 원진국 집이 간 김진국이 말 못헨

돌아오고

〔음영〕 삼시 번쩬 간 이번이랑 기십[33] 바짝 출령[34] 약속헌 게 시난 사돈허겐

말을 허젠 영[35] 허여산 것이

〔음영〕 말 못허고 놀단 집으로 돌아온디 그떼에 원진국 뚤

원강아미 가근

어이에 옛

아바지보고

허는 말이

〔말〕 원강아미가 "아바지." "무사?" "김진국이양." "어." "무사 우리집이 이거 훈 번도 아닌 세 번썩이나 오란 뭣이옌 Ꞁ암직[36] Ꞁ암직 허멍 아이 Ꞁ앙 감수가?"

"느[37] 들을 말 아니여.

네여 불라."[38]

〔말〕 "경[39] 헤도 아바지 Ꞁ아 줍서.[40] 무신 말이꽈?"

"아니여 느 들을 말 아니여."

〔음영〕 멧 번 Ꞁ아도 "아니 아니여." 헤 가난 "아바지 바른대로 애기 아녀민 나 ᄆᆞ음 돌아가는양

---

31) 아적 : 아침.

32) 읏인 : 없는.

33) 기십 : 기세(氣勢).

34) 출령 : 차리어서. 기운이나 정신 따위를 가다듬어 되찾아서.

35) 영 : 이렇게.

36) Ꞁ암직 : 얘기할 듯.

37) 느 : 너.

38) 네여 불라 : 내버려라.

39) 경 : 그렇게.

40) Ꞁ아 줍서 : 말해 주십시오.

예근

〔음영〕 김진국 집이 야 강 거 김진국 아들이영 부부간 멧엉 살켄." 허난

그때엔 겁난 원진국이 허는 말이

〔음영〕 "설운 애기야~ 예- 느네들[41] 낳기 전이이 원불수룩 가명 예- 김진국이 아들 나나 내가 아들 나나 똘을 나나 간이

〔말〕 사둔허겐 구덕혼선 헷인디 김진국이 읏은 생각헤영 사둔허겐 말 못헴실 거여."

"아이고 아바님아.

그게 무신 말이우꽈."

〔음영〕 "아이고 설운 애기야. 엇인 집이 강 어찌

시녁살이[42]

허겟느냐."

〔음영〕 "아버지 경 헌 말 허지 맙서. 신[43] 사름은[44] 항시 잇곡 읏인 사름은 이에 항시 읏어집네까?" "읏은 집이 강

고생허지 말라." 〔말〕 영 허여 시집 아니 보네켄 허는 걸 "아버지 허락 아녀켄 허민 난 김진국 집이 강 사라도령이영

살아불쿠덴." 허난에

〔음영〕 그때엔

또 다시

〔음영〕 예 아바지 아이 뒌덴 허는 걸 원강아민 붕뜨련[45] 예 김진국 집이 간 사라도령허고

부부간 멧어근

살아갑데다 살아갈 적

〔음영〕 젊은 놈덜이라 ㄱ만이 줌자민 좋주만은 부모

---

41) 느네들 : 너희들.

42) 시녁살이 : 시집살이.

43) 신 : 있는.

44) 사름 : 사람.

45) 붕뜨련 : '우겨서' 정도의 뜻.

아니 시긴 자파리[46] 허여부난

〔음영〕 그떼예 어허 오꿋[47] 원강아민 예 포테(胞胎) 가져 가곡 〈그 당시에 아까 할마님본 풀멍 할마님 옥항(玉皇)에 도올랑 옥항상저(玉皇上帝)보고

예~ 이엣

〔음영〕 꼿감관(花監官)[48] 꼿성인 혼자 직헐[49] 수 엇이난[50] 마련헤줍서 영 허여 네려살 떼에 또 일로 이공본이 합쳐지게 퉤엿수다.

꼿질 칠 떼면은

〔음영〕 영 허연 헌디.〉[51]

〔음영〕 옥황상저에서 이논(議論) 공논(公論) 훼론(會論)을 허여

선관도서 불러 웨여

사라국 사라도령 불러 오렌 이논허여근

〔음영〕 선관도설 보네여

삿구나.

〔음영〕 네려올 적에 원강아민 물허벅[52] 젼[53]

물 질레[54] 갈 떼에

〔말〕 예 선관도서 만나 선관도서 허는 말이 "이디 어느 만쭉이[55] 예 사라국 사라도령네 집이우꽨?" 허난 〔음영〕 아이고 이녁 서방이난 몰르리야 〔음영〕 "어떵[56] 헨 그 집 촟암수과?" "아이고 옥항상저 만주 저데신에서 이논을 허고예." "어." 또 청룡산 데불법 명진국할마님이[57] 혼자 꼿밧을 직헐 수 웃언

46) 자파리 : 장난.
47) 오꿋 : 그만. 경황이 없이 불시에 어떤 상황이 벌어진 것을 나타냄.
48) 꼿감관(花監官) : 서천꽃밭의 주화(呪花)를 관장하는 벼슬.
49) 직헐 : 지킬.
50) 엇이난 : 없으니까.
51) 〈그 당시에 ~ 헌디.〉 : 본풀이 내용을 설명하고 있다.
52) 물허벅 : 물을 긷는 데 쓰는 허벅.
53) 젼 : 물건을 등에 짊어 메어.
54) 질러 : 길러.
55) 만쭉이 : 만쯤에.
56) 어떵 : 어떻게.
57) 명진국할마님 : 삼승할망.

꼿밧 꼿감관
이엣
직헐 성인 메기젠
〔말〕 "둘레[58] 오람수덴." 허난 〔음영〕 가찹게[59] 갈 선관도설 멀리
돌려 보네고
〔음영〕 원강아민 물 지언 집이 간 보난 예 선관도선 아니 오랏고 예 사라도령보곡
〔말〕 "곱읍서.[60] 도망갑서." "무사니?" "아이고 재게 곱읍서 도망가 붑서." "무슨 일고?" 허난
그떼옌
원강아미가
〔음영〕 "인간 청룡산 데불법 명진국할마님이 꼿밧 수축(修築) 허여 꼿번성을 허는디 예 혼자 직헐 수 읏이난 꼿감관 꼿셍인 메기젠 옥항에 등수(等訴) 들어 옥항상저에서 이논 공논 훼론 헤여 당신을 청허레
오람시난
곱읍서 도망갑서."
영 허영
예
〔말〕 일를 적에 선관도선 "아이고 실례허쿠다. 이거 사라국 사라도령네 집이우꽈?" "예. 어떵 헹 옵디가?"
사라도령은 데답허난
〔음영〕 "예 청룡산 데불법 명진국
할마님이
또 이에
〔음영〕 예 섯[61] 꼿밧을 수축 허여 예 꼿번성 허게 뒈염신디 옥항에 등수 들어
옥항상제에 등수 들어근 예 꼿감관 꼿셍인 메겨 줍센 허곤 이논 공논 훼론을

58) 둘레 : 데리러.
59) 가찹게 : 가깝게.
60) 곱읍서 : 숨으십시오.
61) 섯 : '서천꼿밧을' 말하려다가 '서'만 발음이 됨.

헤여

이엣 사라도령님

청허여 오렌 허연

〔음영〕 오랏수다." "함포[62] 싸라." 아이고 원강아미 허는 말은 "이 어룬아,[63] 저 어룬아. 젊은 가속(家屬) 네부려 뒁 저 어룬 혼자 어찌 갈 수

잇수과?

〔음영〕 나도 나 혼자

살 수 엇이난

〔음영〕 나도 ᄀ찌[64] 가쿠다." 〔말〕 "어서 걸랑 기영 허라." 선관도설 〔음영〕 앞이 보네여

간다.

〔음영〕 사라도령 원강아미

원강부인은

이엣~ 뒤에

〔음영〕 함포 싼 서천꼿밧을 춫아가는디 얼마나 먼 질인지 가단 오꼿 헤 저물어도

서천꼿밧 춫아 갈 수 읏어지여 사난

〔음영〕 밤인 츤이슬 네려간다. 츤 ᄂ룻[65]

네려간다.

〔음영〕 청세왓디[66] 눌려 들언 보난 예 큰 어욱페기가[67]

잇어지어

〔음영〕 우[68] 더꺼지난[69] 그걸 으지(依支)허여근 이엣 청세왓디

눌려 들어 잇는디

---

62) 함포 : 보자기.

63) 어룬 : 어른.

64) ᄀ찌 : 같이.

65) ᄂ룻 : 서늘한 기운.

66) 세왓 : 띠밭.

67) 어욱 : 억새.

68) 우 : 위.

69) 더꺼지난 : 덮으니.

〔음영〕 이 밤 저 밤 지픈[70] 밤 야사삼경 넘고 먼동

금동

데명천지 붉아근

올 떼우다.

〔음영〕 천앙둑 목 들러 지왕둑 눌갤 들러 인앙둑 지리반변[71] 예 천게왕 벡게왕 집이서

울어 간다.

〔말〕 원강아민 "이건 누게 집이 둑이우꽈?" 〔음영〕 "처년 만년 장제집이 둑이여."

"아이고 나 저디 강 종으로 폴아뒹 갑서. 나 다리 종에도[72] 아판

못 가쿠다."

〔말〕 "어찌 가숙을 폴리. 프는 디 돈은 얼마 받앙 프느니." "은 벡 냥 돈 벡 냥 받앙 폽서."

"경 허라."

〔음영〕 이젠 날은 세여 가난 천년장제집 울 밧겻딜로[73] 예 사라도령은 돌아뎅기멍 〔말〕 "얼굴도 곱고 문뜰락헌[74] 게 아깝수다.

얼굴 메치[75] 좋은 고운 종 삽서."

영 허영

〔음영〕 웨여 가난 철련장젠 야 큰뜰애기 불런 "나고 보라." 〔말〕 "아바지 그 종 사지 맙서. 우리 집이

열두 숭험(凶險) 저훼(災害) 들 듯

영 허여 삽네다."

〔음영〕 영 허여 사곡

또 예 이전

70) 지픈 : 깊은.

71) 지리반변 : 닭울음소리.

72) 종에 : 종아리.

73) 밧겻딜로 : 바깥으로.

74) 문뜰락헌 : 둥글고 매끈한.

75) 메치 : 맵시.

〔말〕 셋똘아기[76] 불런 "셋똘아기 나왕 보라." 〔음영〕 셋똘아기도 "사지 맙서 우리 집이 열두 숭험 조훼 다 줄 듯 허우다." 〔말〕 "경 허냐? 〔음영〕 게믄 족은똘아기 나고 보라."

〔말〕 족은똘아기 나오란 봔 들어간 "아바지." "무사?" "그 종 삽서." "무사?" "아이고 아버지양 늙어도 젊은 여자난예." "응." "그 종 사근에 허민 아바지 심심하믄 강 말도 곧곡[77] 예숙도 제끼곡[78] 〔음영〕 ᄒᆞ룻밤 품자리도 허염직

허우다."

〔음영〕 "기영 허냐 게민 얼마 받을 틴[79] 들어 보라." 예 족은딸 나산 "얼마 받으쿠겐?" 허난 은 벡 냥 돈 벡 냥 받을로렌

허니

〔말〕 오란 "아버지 은 벡 냥 돈 벡 냥 받으켄 헴수다." "게민 은 벡 냥 돈 벡 냥

주어

원강아미 사라."

예 이제엔

〔음영〕 은 벡 냥 돈 벡 냥 주어 예 사라도령은 돈 받고 원강부인은 그 디 종으로 살게 뒛인디 원강아미

허는 말이

"둬여지어 삽네다.

〔음영〕 이 고을에 풍속은 어찌 헌 줄 몰라지나 허뒈 우리 골에

풍속은

〔음영〕 부베간(夫婦間) 이별 작별 시기젱 허민

맛상 출려 주는 법이우다."

〔음영〕 "어서 걸랑 기영 허라." 종하님[80] 시겨

맛상 출려 들러다 놓고

76) 셋똘아기 : 둘째 딸아기.

77) 곧곡 : 말하고.

78) 예숙도 제끼곡 : 수수께끼도 하고.

79) 받을 틴 : 받겠느냐고.

80) 종하님 : 노복(婢僕). = 정하님.

맞상 받아 물렷고나.

〔말〕 맞상 받안 또로 물련 허난 원강아미 허는 말이 "천년장제님아 이 고을에 풍속은 어찌헌지 몰라도 우리 고을 풍속은양 부베간 이별허젱 허민 저 올레[81] 이문간에서[82]

벡 보 밧겻 나가근

〔음영〕 부부간 이별 작별 헙네다."

"어서 기영 허라." 허락을 허난 예 올레

〔음영〕 이문간 벳겻디서 벡 보 밧겻 나간 이엣 아이고 원 원강아미 허는 말이 "설운 가장 혼저 잘 갑서." 이에 사라도령도 "설운 가숙 고생허멍 살렌."

어~

〔음영〕 말 허는디 원강아미가 〔말〕 "아덜은 나민 이름 뭣이엥 짓곡 〔음영〕 뚤은 나민 이름을 뭣이엥 지읍네까?" "아덜은 나믄 할락궁이 뚤은 나믄 할락덱이로 지우라."

"어서 걸랑 기영 헙서. 헌디

〔음영〕 본메 본짱[83] 두고 갑서." 본메 본짱은

〔음영〕 삼동낭[84] 용얼레기[85] 네놔 똑허게 꺼꺼[86]

한 척씩 앗앙[87]

〔음영〕 훈 측씩 앗아 본메 본짱 두고 이엣 이젠 사라도령도 가숙 이별허젠 허난 울어지고 원강아미도 예~ 남편 보네젠 헌 게

〔음영〕 울어져 간다. 주충ᄀᆞ뜬[88] 눈물 연수반에

비세 지듯[89] 허며

81) 올레 : 거릿길 쪽에서 대문까지의 집으로 드나드는 아주 좁은 골목 비슷한 길.

82) 이문간 : 집의 입구에 대문 곁에 있는 집채.

83) 본메 본짱 : 증거가 되는 물건.

84) 삼동낭 : 상동나무.

85) 용얼레기 : 용 모양의 얼레빗.

86) 꺼꺼 : 꺾어.

87) 앗앙 : 가지고.

88) 주충 : 지충.

89) 비세 지듯 : 눈물을 비 오듯 흘리는 모양.

〔음영〕 혼저 갑서 손수건 흔들멍

보네여 갑데다.

영 헌디

〔음영〕 아이고 할락궁인 그날 저녁부떠 어~

〔음영〕 천년장제집이 종으로 살게 뒈고 야 사라국 사라도령은 꼿감

서천꼿밧 꼿감관 꼿성인

〔음영〕 들어갓수다 헌디 이엣 이젠 원강아민 ᄒᆞ룻밤은 자누렌 허난 창문 벳겻디 발자국 소리도 나고 들그럭들그럭 헤 가난 〔말〕 알고 두고도 "이 천년장저집이 종깨야 무사 사름 〔음영〕 좀자는디 좀도 못 자게 창문 밧겻디 오라근

들각거렴시니."[90)]

이리 허난

〔말〕 천년장저 허는 말이 "나 천년장제집이 종개가 아니라 〔음영〕 천년장제여." 〔말〕 "아이고 어떵 헹 옵데가?" 아이고 천년장저 허는 말은 "심심허고 야심허연 느영 오랑 〔음영〕 말이나 ᄀᆞᆯ고[91)] 예숙이나 제끼고 ᄒᆞ룻밤

넹경 가카 오랏저."

"아이고 그거 무신 말이우꽈?

〔말〕 이 고을에 풍속은 어쩐지 몰라도양 벤 애기 낭[92)]

〔음영〕 ᄒᆞᆫ 설 두 설 시 설 나 이엣

부부간 합궁법 잇수다

베필법 잇십네다."

〔음영〕 영 허난 게민 너네 고을 풍속데로 허렌 허멍 천년장젠 돌아가비연 예거 난 할락궁이 이름 집고

또 다시

〔음영〕 다서 ᄋᆢ섯 설 낫고 데막뎅이[93)] 헤근에 저 마당이서 물탈락 헹 와랑와랑 돌아뎅겨

90) 들각거렴시니 : 달각거리니.

91) ᄀᆞᆯ고 : 말하고.

92) 낭 : 낳아서.

93) 데막뎅이 : 대막대기.

가는디
〔음영〕 천년장제 오란 또로 허난 〔말〕 "아이고 이 어룬아
그런 말
〔음영〕 허지 맙서. 우리 고을 풍속은야 일천서당 글공비 가게 뒈여사
베필법 합궁법 잇수다."
〔음영〕 "너이 고을 풍속데로 허라." 예 첵가방 들러 일천서당 글공비 활공비
뎅겨[94] 가난 또로 천년장제 오라
〔음영〕 이엣 보네젠 허난 "이 고을이 풍속은 어떵[95] 헌디 몰라도 우리 고을 풍속은 열다섯 십오 세 넘어
용잠데 거느려
〔음영〕 세경땅 농서 농업을 짓게 뒈영 허민
부베간 베필법
〔음영〕 잇수다." 영 허여산 헌디 할락궁인 어멍 눈치
알앗구나.
이-
〔음영〕 천년장제 훈 번 두 번 삼세번 오라 속이고
〔음영〕 보네고 또 이번은 오민 너다섯 번째 뒈여 가는디 어멍이 〔말〕 ᄌ드는[96] 거 닮안 할락궁이 허는 말은 "어머니 무사 저 경 ᄌ들 거 엇수다." "무사? 나 아이 ᄌ들암쪄." "어머니 ᄀ만이 보난 천년장제 오랑 훈 번 두 번양 삼세 번 속엿수게." "ᄋ." "이번이랑 오걸랑예." "으." "어머니 경 ᄌ들 것도 읏고 저 훈 번 쐑이곡[97] 두 번 쐑이고 여러 제펀 쏙여졈젱 허여근에 ᄌ들지 말앙 창문을 올곡양 막깨랑 창[98] 누읫당 훈 쪽 발랑 들여 놓고 훈 쪽 발랑 아이[99] 들여 논 때 훈쪽 발 들여 논 거 그 ᄆ른 정강이싯팡양 앗아 부지데겨[100] 불믄 꺼껄지나 뭊알지나[101] 벌렬지

94) 뎅겨 : 다녀(行).
95) 어떵 : 어떻게.
96) ᄌ드는 : 걱정되는 일이 있어서 매우 근심하는.
97) 쐑이곡 : 속이고.
98) 창 : 가까이 두고.
99) 아이 : 아니.

나[102] 껠지나 허여도 다신 아니 옵네다."

"어서 걸랑 기영 허라."

〔음영〕 얼마 읏언 또로

천년장제가

〔음영〕 예 할락 원강아미앞이[103] 오란 허난 아덜 굳는[104] 양 원강부인은 예 막깨 찬 누웟단 창문 율멍 "아이고 천연장제님 훈 번 쏙이고 두 번 쏙이고 여러 제펀 속여지엄수다. 어서 듭센." 허난 지꺼젼

에헤~

〔음영〕 난간 우이 올라사고 창문 여난 창문 안테레[105] 어느 발사 들여 놧인디 뜰림엇이 들여 놔도 오른발 들여 놧일 께우다 들여 놓으난 앗아 막게 찬 늦단 앗아넨 그걸로 알쩽구리[106]

뭇아분다.

예~ ᄆᆞ른 정게인

〔음영〕 오꼿 꺼꺼져 저 마당더레[107] 천년장제 둥글멍 큰뚤 셋뚤

불러

〔음영〕 앞밧디 버텅[108] 걸라 뒷밧디 작수[109] 걸라.

ᄌᆞ각(刺客)놈 불러 웨라.

〔음영〕 칼선다리[110] 놓아간다. 아이고 족은뚤 싯단[111] 〔말〕 "아바지." "무사?" "사[112] 양반이 집이 사람 죽인덴 말이 무신 말이꽈? 저것덜 뒌[113] 벌역 시겨붑서."

---

100) 부지데겨 : 때려.
101) 뭇알지나 : 찧어 부수나.
102) 벌렁지나 : 깨지나.
103) 앞이 : 에게.
104) 굳는 : 말하는.
105) 안테레 : 안으로.
106) 알쩽구리 : 종아리.
107) 마당더레 : 마당으로.
108) 버텅 : 형틀.
109) 작수 : 작두를 잘못 발음함.
110) 칼선다리 : 칼날을 나란히 세운 모양.
111) 싯단 : 있다가.

"기여." 족은뚤
  말 들어근
  〔음영〕 예 원강부인허고 할락궁이 으세끼[114] 앞이
  벨진밧[115] 둘진밧[116]
  〔음영〕 ᄒᆞ를에 갈곡 씨 드리곡 볼리곡[117] 허영
  오렌 허난
  〔음영〕 불써이 예~ 서천꼿밧 궁녜 시녜청 문딱[118] 모다[119] 무등여기[120] 실총각덜 모다 들언 예 벨진밧 둘진밧 갈고 씨 드리고
  볼리고
  〔음영〕 영 허연 헤는 높은 디
  오랏구나.
  〔음영〕 예 또로 작두 걸라 죽이젠 헤 가난 족은뚤이 "그거 문짝[121] 씨 거둬 들이렝 헙서."
  "어서 걸랑 기영 허라."
  〔음영〕 이엣 원강부인 할락궁이 궁녜 시녜청 모다
  들러근
  〔음영〕 예 씨 문딱 줏언[122] 이하 뒈로[123] 뒈멍 마련을 허는디 ᄒᆞᆫ 뒈 귀아자리가[124]
  골라부렷구나.[125]

---

112) 사 : 뒤에 나올 '사람이'라는 말 중에서 '사'가 먼저 나와 버림.
113) 뒌 : 힘든 혹은 어려운.
114) 으세끼 : 엄마와 아이.
115) 벨진밧 : 별이 떨어진 밭이라는 뜻으로 넓은 밭.
116) 둘진밧 : 달이 떨어진 밭이라는 뜻으로 넓은 밭.
117) 볼리곡 : 파종한 밭을 밟고.
118) 문딱 : 모두.
119) 모다 : 모아.
120) 무등여기 : 장가들어 보지 못한 종.
121) 문짝 : 모두.
122) 줏언 : 주워.
123) 뒈 : 되.
124) 귀아자리 : 귀퉁이.

〔음영〕 이걸 체우렌 허난 “아이고 어떵 허민 좋으리.”
영 허여
〔음영〕 이야 밧 벨진밧 둘진밧 간 고량 딱
잣아근
〔음영〕 이에 그거 혼 방울 춫젠 허는 게 장성거염지가[126] 겨울 살젠 좁씨
혼 방울
〔음영〕 물어 앗언 이 골에서 저 골러레 넘어감구나. 그때에 예 원강부인은
〔음영〕 예 허 장성거염지 존등이[127] 톡 허게 붋으멍 〔말〕 “아이고 이 거염지야 저 거염지야 는 겨울 살젠 〔음영〕 그거 씨 혼 방울 물언 감쪄만은 우린 그걸로 헨 뒌 벌역을
받암쪄.”
〔음영〕 영 허여 바끈[128] 거 좁씨 혼 방울 이에 춫아 놓고 발을 떼난 또 그 장성거염진 요 장귀 모냥으로 삼동막이[129]
납데다.
서천국 연질 칠 때
〔음영〕 이에 장구드리 놓기 마련 집이 오란 허난 “이것도 아니 뒈켜. 아이고 버텅 걸라.” 죽이젠 허여
간다.
〔음영〕 족은뚤은 〔말〕 “아바지.” “무사?” “그거 죽이젱 말앙야.” “어.” “또 뒌 벌역 시깁서.”
“무슨 벌역고?”
“아덜랑 노 쉰 둥이
〔음영〕 어멍이랑 물멩지 강멩지 서미녕 서마페 쉰 필썩 ᄒᆞ를에 짜
들이렝

125) 골라부렷구나 : 부족하였구나.
126) 장성거염지 : 날개가 돋은 개미.
127) 존등이 : 허리.
128) 바끈 : 뱉은.
129) 삼동막 : 세 부분으로 분리할 수 있는.

협소서."

어서 걸랑 기영 허저."

〔음영〕 뒌 벌역을 시겨도 그것도 문 허여 간다.

〔음영〕 ᄒᆞ를날 아이고 할락궁이 열뎃 넘어 욱아 가는디

〔말〕 "아이고. 어머니." "무사?" "콩 보까[130] 줍서." "야 콩 어디 시니?"[131] "아이고. 이 부젯칩이 ᄀᆞ을 농서 허여난 콩깍지 눌 밑에 강 줏어도 ᄒᆞᆫ 줌은 줏읍네다." "어서 걸랑 기영 허라." 〔음영〕 원강아민 예 그 콩 눌굽에[132] 간 콩 ᄒᆞᆫ 방울썩 ᄒᆞᆫ 방울썩 ᄒᆞᆫ 줌을

줏어단

〔음영〕 솟[133] 들러 네여 소두껭이[134] 가리쳐 삼덕 우이 놓고 콩 놓고 알로 불 떼가난 와닥닥 와닥닥 콩은

익어갈 적에

〔음영〕 할락궁이 올레서 놀단 오란 〔말〕 "어머니." "무사?" "콩 보깜수과?" "ᄋᆞ." "저 올레양." "어." "어떤 하르방 오란 ᄎᆞᆽ암수다. 누게산디 모르쿠다. ᄒᆞᆫ저[135] 강 봅서." 〔음영〕 아이고

콩 보끄단

〔음영〕 네비여뒨 아덜 말엔 간 보난 아무 것도 엇고 어멍 가분 트멍에[136] 아들 할락궁인 이엣 콩 젓던 비차락 베수기[137] 문짝 곱져두고[138] "어머님 그디 간 뭣 헴수과? 콩 캄수다.[139] ᄒᆞᆫ저 왕 콩 젓입서." 와랑와랑 둘려 오란 보난 아이고 베수기고 비차락[140]이고 콩 젓단 건 하나토 엇어지여

---

130) 보까 : 볶아.

131) 시니 : 있니.

132) 눌굽 : 노적가리.

133) 솟 : 솥.

134) 소두껭이 : 솥뚜껑.

135) ᄒᆞᆫ저 : 어서. 빨리.

136) 트멍에 : 틈에.

137) 베수기 : 죽젓개. 죽을 쑬 때에 고르게 끓게 하기 위하여 죽을 휘젓는 나무 방망이.

138) 곱져두고 : 숨겨두고.

139) 캄수다 : 타고 있습니다.

140) 비차락 : 빗자루.

삽데다예.

엇어지여산

이리허난

그떼엔

〔음영〕 원강부인이

〔말〕 "야 이디 콩 젓단 베수기 빗자락 다 어디 갓이니?" "아이고 콩 캄수게 어머니. 자게[141] 젓입서." 〔음영〕 손으로 그레저레

〔음영〕 손뿌리로 주왁거려[142] 가난 홀목[143] 위에 폭 심언[144] 솟두껭이 우트레[145] 시딱ᄒᆞ게 누뜰언 "바른 말 헙서.

어머니 우리 아방이 누게우꽈? 어디 갓수과?"

영 허여

〔음영〕 말을 헌다 천년장제 어멍은 "만년장제여 벡게왕이여 천게왕이여."

〔말〕 "우리 아방이믄 우리 뒌 벌역 아이 시깁네다. 바른대로 일릅서." "아이고 이 손 캄저.

이 홀목 노라."

홀목 노난 바른 말 허여 간다.

〔음영〕 "느 나 벳 속에 잇인 적에 예 아바지 날 이 집이 종으로 풀아 두고 아바진 서천꼿밧

꼿감관 꼿셍인 살레 갓져."

일러 간다.

〔말〕 할락궁이 허는 말이 "게민 우리 아버지 서천꼿밧 갓고야." "어." "본메 본짱 잇수과?" "잇져."

"네여 놉서. 보저."

〔음영〕 삼동낭 용얼레기 반착[146]이로구나.

---

141) 자게 : 빨리.

142) 주왁거려 : 내밀어 가니.

143) 홀목 : 손목.

144) 심언 : 잡고.

145) 우트레 : 위에.

〔음영〕 그거 가져 놓고

〔말〕 "어머니." "무사?" "나양 범벅 두 덩어리만 멘들아 줍서." 〔음영〕 "머신 걸로 범벅을 멘드느니?"

이엣 "이 부제칩이

〔음영〕 모멀[147] 장만 헤낫인디 모멀 깍지만 털어도 범벅 두 덩어리 친

나옵네다."

〔음영〕 그 모멀랑 꺽데기엣 거 닥닥 털언

또 이전

ᄀ레 놓완 골곡.

〔음영〕 "아이고 이거 범벅 멘들젱 허믄 어떵 어떵 헹 멘들민 좋거니?" "ᄀ를[148] ᄒᆞᆫ 뒈건 소금이랑 닷 뒈만 놓곡

영 허영

〔말〕 범벅 두 덩어릴 멘들아 줍서." "기영 허라." 범벅 두 덩어리 멘들안 숢안 주난 아이고 할락궁이 어멍보고 허는 말이 "어머님." "무사?" "나 이제 이 시간 후엔양 나 읏어질 거고 어머닌 죽얼지나 살알지나 나 간 곳이랑 절데 절데로

ᄀᆞᆮ지 맙서.

일르지 맙서."

〔음영〕 "어서 결랑 기영 허라." 그날 밤인 아무도 모르게 천년장제집 문 밧겻 나오라 아방 춫아

서천꼿밧 춫아간다.

〔음영〕 서천꼿밧 춫아가는디 철릿길 넘 춫단 철년장제 집이선 버치난[149] 이에 철리둥이 네어놘 할락궁이 물어 오렌 헤여

가는구나.

〔음영〕 이엣 〔말〕 할락궁인 철릿길 넘젠 허난 아이고 철리둥이 앞이 요 옷 끄트머리 톡허게 물련 줌막줌막 둥기난 할락궁이 허는 말이 "야 철년장제 집이 종깨야.

---

146) 반착 : 반쪽.

147) 모멀 : 메밀.

148) ᄀ를 : 가루.

149) 버치난 : 힘이 모자라니.

느도 좋 나도 좋. 날 돌아 가민 어떵 헐 티엔. 는 존[150] 게 뭣이 심광[151] 난 존 게 뭣이 시니 이ᄁᆞ장 오젠 허난 벤 얼마나 고프고 엔들 얼마나 몰르멍 시장은 얼메나 헷이니 〔음영〕 이거 먹엉…….”

이에 근

이에 나 철릿길 넘으난

또 이전

〔음영〕 이엣 개는 철리둥인 그거 범벅 ᄒᆞᆫ 덩어리 짠 거 먹어 노난에

또 이전

〔음영〕 할락궁이 돌아갈 수 엇어 숨통에[152] 물먹으레 가분 트멍에[153] 철릿길 넘고 말릿길 할락궁이 넘젠 허난

〔음영〕 할락궁이가 예 또로 천년장제집이 말리둥이 앞이 범벅 ᄒᆞᆫ 덩어리 주엉 멕여 간다.

〔음영〕 예 할락궁이 돌앙 가젠 허난 에 ᄆᆞ르고 목몰라 예 돌앙 갈 수 읏어지여

〔음영〕 숨통에 물먹으레 간 트멍에

또 다시

〔음영〕 만릿길 넘어가고 가단 보난

이젠 어머님 초데김[154] 받은 눈물이여

〔음영〕 구마리[155] 차는 물 있어 넘엇구나.

또로 가단 보난 독ᄆᆞ립[156] 차는 물

〔음영〕 있어지여 넘어가고 또 가단 보난 존등허리에

차는 물

〔음영〕 당허여 발은 땅에 싹 부쩌[157] 놓고 술술술술 이엣

150) 존 : 좋은.

151) 심광 : 있으며.

152) 숨통 : 땅을 깊게, 둘레가 조금 넓게 파서 음료수로 먹을 빗물이 괴게 한 곳.

153) 트멍 : 틈.

154) 초데김 : 초대김. 첫 번째 다짐.

155) 구마리 : 발목.

156) 독ᄆᆞ립 : 무릎.

157) 부쩌 : 붙여.

존등 차는 물 넘어간다.

넘어가곡

또 이에 에~

〔음영〕 가단 보난 일곱 가냐귀가[158] 야 헌 당 헌 절 수리헴구나 〔말〕 가냐귀 보고 "야 이디 어딜로 가민 서천꼿밧을 촞아

가겟느냐?"

〔말〕 "서천꼿밧 가젱 허민 먼다. 견디 우리영이." "으." "이 절과 당을 〔음영〕 수리헤 주민 가찹게

갈 길 ᄀ리쳐 주마."

"어서 걸랑 기영 허라."

〔음영〕 가냐귀광 헌 당 헌 절을 수릴 다 허연

나사난[159]

〔말〕 "욜로 요 영 헌 가민 서천꼿밧 가찹게 가고 욜로 요 영 헨 가민 멀리 돌안 간다."

"기영 허냐.

〔음영〕 고맙덴." 헤연 서천꼿밧을 간 보난 궁녜 시녜청

이엣

〔음영〕 서천꼿밧 마탄 물떠단 주엄구나 헌디

〔음영〕 숨통 까운데 낭이[160] 하나 잇이난 술짝허게 숨통 가운딜로 헤연

낭 우이에 올라

〔음영〕 예 앚아

〔음영〕 또다시 상손가락[161] 께물어 피짝 뺄안 물러레 바까부난[162] 물은 벌겅케[163]

피도 올랏구나.

---

158) 가냐귀 : 까마귀

159) 나사난 : 나서니.

160) 낭 : 나무.

161) 상손가락 : 가운뎃손가락.

162) 바까부난 : 뱉어 버리니.

163) 벌겅케 : 붉게.

〔음영〕 그때에 꼿밧 마튼[164]

예~ 에잇~

〔음영〕 훈 설 적에 두 설 적에 시 설 적ᄁ지 간 애긴 저싱[165] 유모 어멍 이엣 앞이

〔음영〕 젯 얻어먹으멍 아구 것 얻어먹으멍 살암고 닷 니[166] 설 다서 ᄋ서 일곱 ᄋ톱 설 안네 아종아종 걷는 애기덜

또 이전

〔음영〕 뒈여지어 삽네다~. 어~

걷는 애기덜

〔음영〕 꼿밧 마탕 물 떠당 주민 꼿번성 뒈는양 이승 형제간 예 저싱 간 애기덜 ᄌ들 일

아니 나곡

가난 서난헌[167] 집엣 아기덜

또 이전

〔음영〕 차롱착에[168] 밥 먹던 애기 이야 차롱착에 숨통이 강 들이치민 물은 떠정 들르민 알로 문딱 세불엉 비세 울듯 이싱더레 돌아앚앙[169] 울민 이승 형제간 울고 ᄀ음을 일만 나곡 또 사기그릇에 밥 주던 애기덜은 사기그릇에 물떵 머리에 잉엉[170] 허천 베리멍[171] 웃임 웃이멍 ᄃ당[172] 발 창[173] 엎더지믄 아이고 사기그릇

사발도

〔음영〕 벌러지어[174]

---

164) 마튼 : 맡은.

165) 저싱 : 저승.

166) 니 : 네.

167) 서난 : '가난'의 조운(調韻).

168) 차롱착 : 채롱.

169) 돌아앚앙 : 돌아앉아서.

170) 잉엉 : 이어.

171) 허천 베리영 : 다른 곳을 보면서.

172) ᄃ당 : 달리다가.

173) 발 창 : 돌부리를 걷어차서.

174) 벌러지어 : 깨져.

불곡

이싱더레 돌아앚앙

〔음영〕 비새ᄀᆞ찌 울어가민 이승 형제간 울고 ᄀᆞᆷ ᄌᆞ들[175] 일만 나진뎅 허영 불도맞이헤영 예 은동이 놋동이 꼿동이 깝[176] 저싱더레

보네기 마련허고

〔음영〕 ᄒᆞ를날은 꼿감관 꼿성인이 꼿밧 돌아보젠 나오란

〔음영〕 돌아보는디 어떤 꼿밧덜은 잘뒈고 어떤 꼿밧들은 금뉴울꼿[177] 뒈연 허난 예 궁녜 시녜청 무등여기 실총각 불러 놓고 〔말〕 "야 이거 어떵 허난 이런 꼿밧은 영 잘뒈고 이런 꼿밧은 영 금뉴울꼿 뒛이니?" "ᄒᆞᆫ 메칠 전이야." "응." 저 숨통 까운디 펭저남[178] 상가지에 어떤 도령이 〔음영〕 앚인 지 후젠 물떠단 주어도 이추룩[179] 예 금뉴울꼿 뒈염수다." "경 허냐 게민 그 디 강이 그 도령 〔음영〕 오렝 허라."

이엣~

〔음영〕 숨통 까운딧 펭저남 가지 앚인

이엣 또 예

〔말〕 할락궁이보고 "네려오라 우리 꼿감관 꼿셍인이 불럼젠." 허난 "꼿감관 꼿셍인이주 날 오랑 만나렌." 허난 이젠 사라국 사라도령은

알앗구나.

〔말〕 설운 애기 날 ᄎᆞ아 오랏구나 간 "사름이냐? 귀신이냐?" "사름이우다. 구신은 아니가 아니우다." "게민 느 성진녁 잇고 웨진녁 잇이냐?" "예. 잇수다." "성진녁은 성이 먼 가고?" "성진녁은 김진국." "웨진녁은?" "원진국이우다." "느 아바지 시냐?" "예. 잇수다." "어디 시니?" "서천꼿밧 꼿감관 꼿셍인으로

들어가고."

〔말〕 "어멍은 어디 시니?" "천년 만년 장제집이 종으로 살암수다."

"설운 아기 ᄂᆞ려오라."

---

175) ᄌᆞ들 : 걱정할.

176) 깝 : 값.

177) 금뉴울꼿 : 시든 꽃.

178) 펭저남 : 팽나무.

179) 이추룩 : 이처럼.

〔말〕 ᄂᆞ려오란 "너 본메 본짱[180] 잇겟느냐?" "잇수다." "네노라 보저." 네놓안 맞추난 삼동낭 용얼레기 오도독이 맞아지여

갑데다이-.

〔말〕 예 이젠 꼿감관 꼿셍인 사라국 사라도령은 "너 철릿 길 넘고이." "예." "말릿 길 넘어산지 후에 구마리 차는 물 잇더냐?" "예." "느 도망가부난이." "으." 초데김[181] 받은

눈물강이여."

〔말〕 "독ᄆᆞ립 차는 물 잇더냐?" "잇입디다." "그건 이데김 받은 〔음영〕 눈물"

〔말〕 "너 존등 허리 차는 물 잇더냐?" "예, 잇입디다." "그건 막데김 받아 어머니

죽여 죽어가는 눈물이여.

〔말〕 오단 보난 일곱 가냐귀 헌 당 헌 절 수리헴서냐?" "예. 헴십디다." "그건 느네 어멍

죽어 무덤허는 넋이로구나."

〔음영〕 "아이고 설운 아바지 이 원수를

어찌 허여 가프리까?"

〔음영〕 말허난 "설운 애기야 ᄌᆞ들지 말라. 느이 이제 천년장제집이 가민 죽일 팔로 둘르젠 헐 거여." 영 허난 "예." "천년장제 만년장제보고 천게왕 벡게왕보고

또 이전에

〔음영〕 사둔에 일촌 엇이 문짝 ᄉᆞ춘 오춘 엇이 모다 듭서 모다 들엉 허민야 나가 도망 강 베와온 기술을 붸와[182] 드리쿠덴 허영이." "예." 나 허여주는 꼿 시[183] 가지 그걸랑 ᄄᆞ로 놓곡 어멍 살릴 꼿도

ᄄᆞ로 놓곡

족은뚤아기 살령 돌앙 오라."

〔음영〕 "어서 걸랑 기영 헙서." 아방이 꼿밧디 돌앙 강 예 할락궁이 어멍

원수 가픔 헐 꼿

---

180) 본메 본짱 : 증거가 되는 사물.

181) 초데김 : 초다짐.

182) 붸와 : 보여.

183) 시 : 세.

〔음영〕 예 초다음은[184] 사둔에 ᄉᆞ춘 오춘 엇이 문딱 모다 들엉 웃임꼿

허틀[185] 거

〔음영〕 두 번째 느 머리 나 머리 허운데기[186] 싸움헐

꼿

〔음영〕 삼시번쩬 족은ᄄᆞᆯ아기 돌앙 오렌 허난 ᄃᆞᆼ겨 두고

또 이엣

수레멜망악심꼿[187]

〔음영〕 허터부난[188] ᄂᆞ룻ᄂᆞ룻이 문딱 죽어부난 〔말〕 족은ᄄᆞᆯ은 "아이고 상전임 살려줍서." "느가 상전이주 나가 상전가. 우리 어멍 죽언 어디 묻엇이니?" "저 청데왓디 벡데왓디 흑데왓 알에[189] 휜 돔박낭[190] 굽[191]에

묻엇수다."

설운 어머님 누어 난 자리 간 보난

〔음영〕 청데 벡데 흑데 예 휜 돔박낭 우이 삼수세기가[192] 잔뜩 싸지연

잇엇구나.

〔음영〕 그걸 문딱

걷어간다.

〔음영〕 예 고리동반에[193]

청너월[194] 벡너월 흑너월 지기 마련허고

또 이전

〔음영〕 예 어머니 죽어 누운

184) 초다음 : 처음.

185) 허틀 : 흩을.

186) 허운데기 : 머리털.

187) 악심꼿 : 악심(惡心)을 불러일으키는 꽃.

188) 허터부난 : 흩어 버리니.

189) 알 : 아래.

190) 돔박낭 : 동백나무.

191) 굽 : 밑.

192) 삼수세기가 : 한삼덩굴이.

193) 고리동반 : 벙게떡과 일곱 개의 방울떡을 합하여 만든 떡.

194) 너월 : 너울.

자린 보난

〔음영〕 눈도 다 눈 잇어난 디 코 잇어난 디 입 잇어난 디 귀 잇어난 디 왕데 족데 수리데 잎이 믄짝

나 찔러지엇고나.

〔음영〕 영 허여 지금은 믄짝 그자 합동뒈엿수다만은 엿날 식이 어디 잇수과 엿날에 이에 할락궁이가 어머니 열두 신뻬 누워난 자릿 흑인들 네여 불리엔 헤연 방울방울 열두 방울 대정더렌 가민 윤돌 들민 열시 방울 또 저 남군으로 헹 동더레 가가민 표선 성산더레

〔음영〕 이엣 동목안더렌 강 허민

〔음영〕 또로 벨[195] 정기로 낳고 벨 젱기로 강 원강아미 죽엇젱 허영

〔음영〕 일곱 방울을 허여근 놓곡 아이고 알에 방울떡 바툼 넙싹헌[196] 정반떡은 어머님 초데김 이데김 삼데김 받으멍 얼만이나 에간장 석곡 허여시리

영 허여

〔음영〕 이엣 방울떡 정반떡 마련허곡 큰굿 허여나 족은굿을 허나 고리동반 이엣 풀 적에민

이에 근

〔음영〕 막산이구석[197] 밤밧디 밤도 지랑지랑 잘 율앗져 아덜애기 동글동글 뚤애기 동글동글 아덜애기 여레덥 뚤애기 쓰물으덥 손지방상[198] 일은으듭이옌 허멍 방울떡은 놀령[199] 본가 주곡 그 정반떡은 이 집이 오랑 큰심방 기도허젠 허난 시작부떠 끗날 떼꼬지 가심답답 안동답답 허엿구나. 앗안 신가심도 히여맞자 허멍 두 게 시게로 벌러지는[200] 양 벌르기 마련허엿수다.

〔음영〕 어머니 살려근 또 다시 저싱 유모 어멍 지부쪄 두고

〔음영〕 족은뚤아기 둘아앗언 아방국 서천꼿밧더레

---

195) 벨 : 별.
196) 넙싹헌 : 넓적한.
197) 막산이구석 : 지명.
198) 손지방상 : 방손(傍孫).
199) 놀령 : '체 놓아 흔들어서 정도'의 뜻.
200) 벌러지는 : 깨지는.

올라가단

〔음영〕 ᄀ만이 생각하난 아방 살령 오렌 허는 말은 잊어

불고

〔음영〕 아이고 악한 덥덜[201] 독한 덥덜 살령 놔뒁 뭣 허리

영 허여

〔음영〕 죽여두고 〔말〕 아바지 ᄎ자 꼿밧 가난 아바지 허는 말은 사라도령 허는 말은 "야 그 천년장제 족은뚤아기 어떵 헨디?" "아이고 아바지 ᄀ은 말은양 생각허난 잊어 불고. 또 이것덜 악허곡 독허곡 우리 뒌 벌역 어멍이영 나영 고생시겨난 생각허연 죽여 뒨 오랏수다." "이놈의 자슥 족은뚤로 허영 우리 느 아비 느 어멍 느ᄁ정[202] 문딱

살아신디만은

〔음영〕 인정 모른 ᄌ석

수덕 모른 ᄌ석이여

〔음영〕 악허고 독허다 너 시왕악심 멜망악심으로 들어사라." 그떼 넨 말 두고

ᄉ당클 메여근

〔음영〕 큰굿 헤여 낭 허민 또 이전 큰굿 헐 떼 이공찔 치영 이공에 시왕악심 말 잇곡

불도할마님이 이엣

〔음영〕 악심은 엇수다 숭엄 조훼 주엉 살리당 버쳥 죽기사 협주마는 멩(命) 마기민[203] 죽음은 협주마는 숭엄 조웨 벳긴[204] 읏뎅[205] 허여

이엣 악심 잡을 떼

〔음영〕 앚인제나 탁상굿이나[206] 불도맞이굿 헐 떼민

〔음영〕 예 꼿질로[207] 이공본ᄁ지 들어강 이공본 다 풀어사

201) 덥덜 : '덥'은 무리를 낮추어 이르는 말이고 '덜'은 복수를 뜻함.

202) 느ᄁ정 : 너까지.

203) 마기민 : 다하면.

204) 벳긴 : 밖에는.

205) 읏뎅 : 없다고.

206) 탁상굿 : 제상 정도를 차려서 하는 굿.

또 이엣

〔음영〕 악심 잡곡 번성 가지 꿏은 타젱[208]

허민

〔음영〕 열 말 쏠 금시리데레[209] 흔 퉤짜리 시리라도 벡시리 허여 놓곡 술 흔 병 허곡 쏠 흔 사발 허곡 인정 걸곡[210] 허영 이엣 꼿시에[211] 받아드는 법 마련헷수다 이공 난산국 신풀엇수다—.

〈영 헷수다.〉

207) 꿋질 : '질침'을 달리 이르는 말.

208) 타젱 : 타려고.

209) 시리 : 시루.

210) 인정 걸곡 : 신(神)에게 재물을 바치고.

211) 꼿시에 : 꽃으로 바치는 '시에'. '시에'는 신에게 바치는 온갖 공물.

삼공본풀이

1. 개관

삼공본풀이는 강대원 심방이 다섯 번째로 구연한 본풀이다. 2017년 11월 11일 오후 3시 40분경에 시작하여 약 32분 구연하였다. 본풀이 제차는 〈말미–신메움–본풀이〉으로 구성되어 있다. '말미'에는 구연상황에 대해 언급하고 '신메움'에서는 전상신에 대하여 간단한 신명 나열로 이어진다. 이후 바로 '본풀이'를 하였다. 심방은 평상복 차림으로 장구를 치며 구연하였다.

본풀이의 내용은 일반적인 삼공본풀이 내용과 크게 다르지 않다. 하지만 보통 본풀이의 마지막 부분에 신직에 대한 설명과 전상에 대한 설명 등을 구연하는데 강대원 심방은 이런 내용은 구연하지 않았다. 그것은 구연환경이 인위적인 것이어서 생략된 것일 수도 있다.

서사 단락은 다음과 같다.

① 가난한 강이영선 이서불과 홍수문천 구에궁전 애기씨가 우연히 만나 결혼을 한다.

② 부부는 세 딸을 낳고 이름을 은장아기, 놋장아기, 가믄장아기로 짓고 셋째 딸이 커갈수록 부자가 된다.

③ 부부는 어느 날 세 딸에게 누구 덕에 사는지를 묻는데 은장아기와 놋장아기는 하늘님, 지하님, 부모님 덕에 산다고 하고, 셋째 딸 가믄장아기는 하늘님, 지하님, 부모님과 자신의 덕으로 산다고 대답한다.

④ 부부는 가믄장아기의 대답에 화가 나 가믄장아기를 집에서 쫓아낸다.

⑤ 은장아기와 놋장아기는 가믄장아기가 다시 집으로 돌아오지 못하도록 거짓말

을 하고 그로인해 황지네와 용달버섯이 되고 부부는 봉사되어 집이 망해 거지가 된다.

⑥ 집에서 쫓겨난 가믄장아기는 늦은덕 정하님과 암소를 데리고 인가를 찾아 정처 없이 떠돌다가 마 파는 마퉁이 삼형제를 만나 그 집에서 머물게 된다.

⑦ 가믄장아기는 가지고 온 쌀로 밥을 하여 마퉁이 삼형제와 그의 어머니에게 밥상을 차려 주지만 셋째 마퉁이만 그 밥을 먹고, 셋째 마퉁이에게 수수께끼를 하자고 하여 방으로 불러 같이 하룻밤을 보내 옷을 지어준다.

⑧ 가믄장아기는 마퉁이가 마를 파는 곳을 찾아가 금을 발견하고 그것을 팔아 부자가 된다.

⑨ 가믄장아기는 걸인잔치를 열어 부모를 만나게 된다.

⑩ 가믄장아기는 부모 앞에서 〈놀레〉를 불러 자신이 가믄장아기임을 알리고 부모는 눈을 뜨게 된다.

삼공본풀이에서 가믄장아기의 능력에 관한 화소로 자신의 타고난 운명을 알아보는 능력, 도술을 부리는 능력, 쌀을 가지고 온 농경문화 전파자로서의 이주민의 역할, 금을 알아보는 능력 등을 이야기할 수 있다. 그런데 강대원 심방이 구연한 삼공본풀이에서는 가믄장아기가 도술을 부리는 능력에 대한 내용은 없다. 언니들인 은장아기와 놋장아기가 가믄장아기에게 거짓말을 해서 황지네와 용달버섯으로 변신할 때 가믄장아기가 아무런 역할을 하지 않는다. 부모가 봉사가 될 때도 아버지 강이영선 이서불은 대법천왕 하늘님이 재앙을 주고, 어머니 홍수문천 구에궁전 애기씨는 삼덕조왕대신이 재앙을 줘서 그런 결과가 나온 것으로 설정되어 있다. 가믄장아기와 마퉁이의 잠자리를 같이 하게 되는 과정에서도 수수께끼를 하자는 이야기 화소로 이루어진 점이 특이하다고 볼 수 있다. 그러나 실제 수수께끼를 하는 내용은 나오지 않고 가믄장아기가 마퉁이 옷을 만들어 입히는 이야기로 넘어간다.

벌을 받은 네 명의 인물인 강이영선 이서불, 홍수문천 구에궁전 애기씨, 은장아기, 놋장아기 중 부모인 강이영선 이서불, 홍수문천 구에궁전 애기씨만 눈을 뜨게 되고 언니들은 그 이후 어떻게 되었는지 나오지 않는다.

본풀이 연행방식은 기본적으로 앉아서 장구를 치면서 구연하며 구연 방식은 말, 음영, 소리 부분으로 나뉘고 그 방법은 심방마다 조금씩 다르다. 강대원 심방인 경우는 말, 음영, 소리 부분이 확연히 구분되지 않는다. 그중 소리 부분이 매우 적은 편이다.

삼공본풀이 마지막 부분에 〔놀레〕로 본풀이를 푸는 것이 일반적인데 〔놀레〕를 부모가 한 번 부르고 가믄장아기가 한 번 불러 두 번 구연되는 경우도 있다. 여기서는 가믄장아기가 〔놀레〕를 하는 것으로 한 번만 구연되었다.

〔놀레〕는 8/9박자로 본다면 세마치장단과 매우 비슷하다. 세마치 장단의 소리는 경쾌한 소리가 많지만 〔놀레〕는 경쾌한 소리는 아니다. 〔놀레〕 소리가 가지고 있는 느낌은 세마치 장단보다 진양조의 느낌으로 매우 느리게 부른다. 장단은 두어 번 정도의 변형장단을 제외하면 매우 정확한 박자로 이루어져 있으며 1박을 3소박으로 나눠지고 3박으로 이루어져 있다. 그것을 기준으로 줄나눔을 하였다. 하지만 제주도 무가 속에서 부르는 소리들의 특징이 첫 소절은 박을 무시하고 부르는 경향들이 있다. 그래서 첫 소절은 박을 계산하지 않고 줄나눔을 하지 않았다.

2. 내용

삼공본풀이의 내용은 일반적으로 두 거지의 결혼-세 딸의 탄생-문답-가믄장아기 쫓겨남-부부 몰락-가믄장아기 결혼-가믄장아기 금 발견-가족 상봉-효도(개안) 단계로 구성된다. 강대원 심방의 삼공본풀이 내용을 정리해 보면 다음과 같다.

옛날 옛적에 가난한 강이영선 이서불과 홍수문천 구에궁전 애기씨가 살고 있었다. 둘은 우연히 길에서 만나 결혼을 하여 딸 셋을 낳고 잘 살게 된다.

하루는 딸들에게 누구 덕으로 사는지를 물어보는데 첫째 딸 은장아기와 둘째 딸 놋장아기는 하늘님, 지하님, 부모님 덕으로 산다고 하고 셋째 딸 가믄장아기는 하늘님, 지하님, 부모님 덕도 있지만 자신의 덕도 있다고 한다. 그 길로 가믄장아기는 집에서 쫓겨나게 된다.

언니인 두 딸은 가믄장아기가 다시 집으로 돌아오지 못하게 거짓말을 하게 되고 그 이유로 큰딸은 지네, 둘째 딸은 버섯이 된다. 그리고 가믄장아기를 쫓아낸 강이영선 이서불과 홍수문천 구에궁전 애기씨는 봉사가 되고 그로인해 집안이 망하게 된다.

가믄장아기는 길에서 우연히 만난 마퉁이와 결혼하여 살다가 금을 발견하게 되어 부자가 된다. 그러던 어느 날 부모님 생각이 난 가믄장아기는 걸인잔치를 열어 부모님을 만난다. 가믄장아기를 만난 강이영선 이서불과 홍수문천 구에궁전 애기씨는 눈을 뜨게 된다.

3. 구연 자료

삼공본풀이〉말미

〔장구를 치며 말명을 시작한다.〕

설운 장구 받아들러 전제석궁드레 삼공 난산국[1] 제네립서. 신메와[2] 석살룹네다.

석살려 드려가며~, 신에 본을 셍사름이[3] 어찌 다, 알 수 잇수과?[4] 제인정 하영 받아단 앞이 막, 카메라 테레비 라디오, 몬[5] 놓앗수다.

난산국드레, ᄎᆞ례ᄎᆞ레로 제네려, 지돌아~, 하강덜 헙서예-.

삼공본풀이〉신메움

드님 애기 전상,[6] 나님 아기 전상

숨부산 데전상, 글허기 활허기 전상

강이영선 이서불, 홍수문천, 구에궁전 아기씨, 은장 놋장 가믄장아기, 월미월산 신마퉁이 삼성제

너립서.

---

1) 난산국 : 태어난 곳과 그 내력. = 본산국. 본풀이를 뜻함.

2) 신메와 : 신을 메와. '신메우다'는 해당 제차에 신을 청하여 모신다는 뜻.

3) 셍사름이 : 살아있는 사람이.

4) 잇수과? : 있습니까?

5) 몬 : 모두.

6) 전상 : 어떤 행위를 하거나 그런 행위를 하려는 마음을 뜻함.

삼공본풀이〉본풀이

옛날이라[7] 옛적

우잇녁[8] 강이영선 이서불이 살고, 알엣녁[9] 홍수문천 구에궁전, 애기씨가 사녑데다.

〔음영〕 사는디 훈 헤엔 오꼿[10] 칠년한기[11] 들언, 그만 우잇녁게도 시절이 나빠, 먹고 입고

살 수가 없어지어 가고

〔음영〕 알엣녁게도 흉년 들언, 먹고 입고 헹공발신(行窮發身)

이엣 살기 곤란헌 떼

〔음영〕 눈소문은 못허고, 이엣 귓소문 입소문 들언

강이영선 이서불, 알엣녁 시절 좋덴 허난 얻어먹엉 살저.

〔음영〕 직부찰리[12] 둘러메어 알엣녁 도네려 사고, 또 알엣녁 홍수문천 구에궁전 아기씨도 눈소문은, 못허여 입소문

귓소문 들어

〔음영〕 우잇녁 시절 좋덴 허난, 이엣 얻어먹엉 살저. 이엣 직부찰리 둘러메어

도올라 사실 떼에

질노변에서,[13] 〔음영〕 강이영선 이엣 허고 홍수문천

구에궁전 애기씨영

서로 맞커라 〔음영〕 맞컬어 갈 떼에,[14] 이엣 우잇녁 강이영선

이엣~

이서불이 남자에, 헹착(行着)이곡 데장부(大丈夫)라

알엣녁 이엣 구에궁전 애기씨앞이, "어드레 가는 애기씨가 뒙네껜." 허난

〔음영〕 "난 알엣녁게양, 홍수문천 구에궁전 애기씨우다. 헌디, 〔기침〕 알엣녁게

---

7) 옛날이라 : 옛날이라.

8) 우잇녁 : 윗녘.

9) 알에녁 : 아래녘.

10) 오꼿 : 그만. 또는 '아뿔싸' 정도의 뜻임.

11) 칠년한기 : 가뭄을 뜻함.

12) 직부찰리 : 쌀같은 곡식을 넣는 자루를 뜻함.

13) 질노변에서 : 길가에서. (질=길, 노변=路邊)

14) 맞컬어 갈 떼에 : 마주쳐 지나갈 때에.

칠년한기 흉년 들어 이엣, 얻어먹어 살 수 없어지어근사 우잇녁 눈소문은 못허고 귓소문 입소문 헤여, 시절 좋덴 허난

얻어먹엉 살저

〔말〕 감수덴." 허난, "경 허우꽈?" "어드레 가는 도령이우꽈?" "난 우잇녁 강이영선 이서불인디, 〔기침〕 〔음영〕 우리 우잇녁게도, 칠년한기 흉년 들어, 이엣 얻어먹어 살 수 엇고, 눈소문은 못허고 귓소문 입소문헤여

알엣녁게 시절이 좋덴 허난

얻어먹엉 살저

〔말〕 감수덴." 말헤 놓고 강이영선 이서불 허는 말이, "아이고 홍수문천 구에궁전 애기씨님아." "무사마씀?" "우린 서로 간에 말은 굳단 보난양, 성도 통명 다 퉤고, 훈 ᄉᆞ주(四柱) 훈 팔자(八字) ᄀᆞ뜨난,[15] 우리 둘이 ᄀᆞ찌[16] 손 심엉 뎅기고 어디 강 ᄀᆞ찌 일헤영, 훈 술 밥 빌거들랑 반 술씩, 두 술 밥을 빌거들랑 훈 술씩, 갈라 먹엉 살기 어떵허우꽈?"

"어서 걸랑 기영 헙서." 홍수문천 구에궁전 애기씨가 허락을 허여 갑데다.

〔음영〕 그뗀 강이영선 이서불 홍수문천

구에궁전 애기씨허고

이엣~

〔음영〕 훈 손 잡아 온갖 일을 문 허멍, 얻어먹으러 뎅기는디, 밤이 누워 잘 딘[17] 읏이난[18] 아이고

어딜 강 눅콘[19]

〔음영〕 영 헌 것이 동네 물가레[20]

이엣 들어가고

〔음영〕 강이영선은 ᄇᆞ름[21] 알르레,[22] 홍수문천 구에궁전 애기씬

15) ᄀᆞ뜨난 : 같으니.
16) ᄀᆞ찌 : 같이.
17) 잘 딘 : 잘 곳이.
18) 읏이난 : 없으니깐.
19) 눅콘 : 누울까.
20) 물가레 : 연자방아.

ᄇᆞ름 우트레[23)]

〔음영〕 누워근 좀을 자는 게 젊은 것들이라 ᄀᆞ만이덜[24)] 눅주만은[25)] 오꿋 자파리가[26)]

시작둬어지고

부부간이 둬어지어상

〔음영〕 이엣, 홍수문천 구에궁전 애기씨는 오꿋 포텔[27)] 가져

아호 열 달 준삭(準朔) 차, 물가레에서, 이엣 애길 나간다. 〔음영〕 동넷 사름덜은, "야, 얻어먹는 거와시[28)] 물가레에서

아기 낫저."

〔음영〕 먹을 것도 헤다주고 더퍼 눌 꺼

이엣 허여다 주어 사는 게

〔음영〕 또다시 이 아기 체염[29)] 난 건, "아이고 이름을 우리 뭣으로 지우코마씸?" "난 은 보듯 금 보듯

이 아기 나난, 은장아기 이름 지우쿠다." 강이영선 이서불이

〔말〕 대답을 헙디다. 또로 포테 가져

낳는 게

똘이 낫구나.

〔음영〕 이 아기 또

이에 놋장아기 이름 지우고

〔음영〕 삼시번째 포테 가져, 낳는 게 또 똘 나, 이 아긴, 이름을 뭣이엥 지우리, 가믄장아기로 이름을 지와

갑디다에-.

---

21) ᄇᆞ름 : 바람.

22) 알르레 : 아래.

23) 우트레 : 위에.

24) ᄀᆞ만이덜 : 가만히.

25) 눅주만은 : 누워있지만.

26) 자파리가 : 장난이. 어떤 것을 가지고 하는 놀이 또는 장난.

27) 포텔 : 포태(胞胎)를.

28) 거와시 : 거지.

29) 체염 : 처음.

〔음영〕 욱은[30] 아긴 걸룹고,[31] 두린[32] 아긴 업고 안고
영 허여 얻어먹으레
〔말〕 사 얻어먹으멍 사는디, 가믄장아기 크어
욱아 갈수록
없는 금전이 절로 솟아나고, 이에, 좋은 집에 이에 좋은 땅에 농사허멍 부가허고 지가허게
잘 살아가
갑데다. 헌디
〔음영〕 ᄒᆞ룰날은, 이에 비가 오고 밖에 나갈 수도 없고, 강이영선 이서불허고, 홍수문천 구에궁전 애기씨 부부간이, "저것덜 불렁 ᄒᆞ나씩 우리 누게 덕에 살암시닌 들어보기 어떵 허니?" 허난, "어서 걸랑 기영 헙서."[33]
부부간 허락 이논(議論)허여근
〔말〕 큰뚤아기 불러, "야, 넌 누게 덕에덜 살암디?" "하느님 덕 지하님 덕
아바지 어머니, 덕이우덴." 허난
"나 뚤아기
나고가라."
이엣
놋장아기 불러근
〔음영〕 "너는 누구 덕에 펜안히 먹고 입고 사느넨?" 허난, "하느님이 덕 지하님이 덕
아바님 어머님이 덕이우다." "나 뚤아기 적실(適實)허다.
니 방으로 나고가라."
족은뚤아기
불러 놓고
〔말〕 "넌 누게 덕에 사느냐?" "하느님이 덕 지하님이 덕, 아바지가 아바지도 덕 어머님 덕이우다만은, 허뒈 나 베똥[34] 알[35] ᄀᆞ른 선그뭇이[36]

---

30) 욱은 : 여문. '말귀를 알아듣고 혼자 판단할 만큼 성장한' 정도의 뜻임.
31) 걸룹고 : 걷고.
32) 두린 : 어린.
33) 기영 헙서 : 그렇게 하세요.

덕이우덴."

일르난

〔음영〕 호 말꼭지 틀련 "이거 나 뚤아기 아니여

나고가라.

〔음영〕 느 갈 딜로[37] 가라." 영 허여근 이엣, 감은 암쉐에[38] 입을 거 먹을 거 시끄고

늦은덕 정하님

거느려근 부모영 이별허고 작별허여 나올 떼에

〔음영〕 이엣 큰성 은장아기 나오란 "아이고 설운 동싱아. 혼저[39] 돌아나불라. 혼저 가라.

아바지 어머니가

이엣, 뜨리젠[40] 오람저. 몽둥이 들런 욕허젠, 오람저."

〔음영〕 영 허여 가는디 정신이 감에 아뜩헌 게, 큰 팡돌[41] 우이서 알르레 네려사는 것이, 큰 팡돌 알에

황지네로 환생허여, 들어가고

〔음영〕 놋장아기 셋성이[42] 나오란, "아이고 설운 동싱아 혼저 가라. 아바님이 메[43] 들러 뜨리젠 오람저. 어머님이, 욕허젠 오람저.

혼저 가불라. 혼저 가라." 허단 보난 〔음영〕 또 놋장아기도, 정신 아뜩허여 큰 팡돌

알르레 네려사는 것이

용달버섯으로근

---

34) 베똥 : 배꼽.

35) 알 : 아래.

36) 선그뭇이 : 여자의 성기를 뜻함.

37) 딜로 : 곳으로.

38) 감은 암쉐에 : 검은 암소에.

39) 혼저 : 어서.

40) 뜨리젠 : 때리러.

41) 팡돌 : 말을 타고 내리거나 짐을 지고 부리거나 할 적에 대(臺)가 되게끔 놓인 넓적한 큰 돌 따위.

42) 셋성이 : 둘째 형이.

43) 메 : 매.

또 이전
뒈여지여 삽네다.
〔말〕 이에 도환싱 헤불고, 집이서 아방은 "이년이 ᄌᆞ식덜 아시[44] 간디 ᄎᆞ안 가불엇인가?" 휘욕만발(詬辱妄發)허멍, 강이영선 이서불은 데천한간으로,[45] 나오젠 허난
일문전(一門前) 데법천왕(大法天王)
하늘님에서 조훼[46] 주고
〔음영〕 이엣 그만 오꼿 봉사 멘들아 불고
또 이 할망은
하르방 불르멍
〔음영〕 이엣 조왕 문전으로[47] "이것들, 어딜 가신고?" 나오젠 허난 삼덕 조왕대신(竈王大神)에서
조훼(災禍) 주웡
〔음영〕 봉서 멘들아 부난 하르방은 할망 할망은, 하르방
불러 웨는디
〔음영〕 동네 피청[48] ᄀᆞ뜬 도둑놈덜은, 강이영선 이서불 홍수문천 구에궁전
애기씨
〔음영〕 네웨간(內外間)이 벌어 논 거 문짝[49] 앗아가부난, 더끌 거 입을 거 먹을 거, 하나토 엇어지언, 이젠
ᄒᆞᆫ 몽둥이 지펴근
〔음영〕 거리걸식을 허여 가고, 가문장아긴, 이에 발 가는양 가단 보난, 월메월산[50]
들어간다.
월메월산 들어가곡

---

44) 아시 : 동생.
45) 데천한간으로 : 마루로.
46) 조훼 : 재화(災禍)를.
47) 조왕 문전으로 : 부엌과 출입문으로.
48) 피청 : 무쇠.
49) 문짝 : 모두.
50) 월메월산 : 깊은산. 월뫼(越-), 월산(越山).

〔말〕 아이고 가단 보난 마 파는 마퉁이 잇언, 가문장애긴 "야 늦인덕아." "양." "저 어디 강 들어보라 어느 만쪽이[51] 사름 사는 고단이나[52] 시니?"[53] 〔음영〕 이야 가문장애기 골으난, 〔말〕 늦은덕은 마 파는 마퉁이앞이[54] 간 "아이고 미우, 미안허우 다만은 말 혼끔[55] 물으쿠다." 펀펀,[56] 혼 번 골아[57] 펀펀 두 번 골아 펀펀, 〔음영〕 삼시번 골아도 펀펀, 마 파당 마 뚝허게 꺼꺼지난,[58] "아이고 여잔 꿈에만 시꾸와도[59] 세물(邪物)인디, 오늘 제수(財數) 다 봣저." "마 파당 꺼꺼져 불어라." 휘욕만발허여 사름 사는 고단을 아니 골아주고

또 이전

〔말〕 늦은덕은 오란 가믄장아기, "뭐옌 골아니?" 허난, "아무엔도 안 골안 마 파단 꺼꺼지난 여잔 꿈에만 시꽈도 세물이엔 허멍 욕만 헙디다." 〔음영〕 "오라. 가게." 가단 보난 또

〔음영〕 셋마퉁이 마 판 디 션, 그디 간 허난, 아이고 그디도 욕만 허멍 아이 골아주고. "야. 오라. 가게. 느도 지집[60] 나도 지집

시 지집이, 어서 가게."

〔음영〕 가단 보난 또 마퉁이 족은마퉁이

마 파는 디 시엇구나.

"저디나 강

〔음영〕 들어보라 골아 주쿠냐?" 그딘 간 〔말〕 "아이고 미안허우다." 마 파는 마퉁인, 〔음영〕 서른여덥 닛바디[61] 허와덩싹[62] 웃이멍 〔말〕 "무신 거마씀?" 허난, 〔음영〕

---

51) 만쪽이 : 만큼.
52) 고단이나 : 지경(地境)이나.
53) 시니 : 있는지.
54) 마퉁이앞이 : 마퉁이한테.
55) 혼끔 : 조금.
56) 펀펀 : 아무런 반응이 없다. 혹은 아무 것도 없다는 뜻.
57) 골아 : 말해도.
58) 꺼꺼지난 : 꺾어지난.
59) 시꾸와도 : 비쳐도, 나타나도.
60) 지집 : 계집.
61) 닛바디 : 이가 쭉 박힌 열(列)의 생김새. 치열(齒列).
62) 허와당싹 : 활짝 웃는 모양.

"이디 어느 만쪽이 가민, 에 사름 사는 고단 잇수과?" 첫 말에

허는 말이

〔말〕 "아이고, 어디서 오는 어룬덜산디 모르쿠다만은, 요 제 저 제 넘어 가단 보민 비조리 엄막집[63] 하나 잇수다." "경 허우꽈?" 〔음영〕 "그디 가근 이엣, 또 들어 봅서." 오란 〔말〕 "뭣이엔 골아니?" "요 제 넘고 저 제 넘엉 가당 보민, 쪼글락헌[64] 비주리 엄막집 하나 잇인디, 〔음영〕 그디 강 들어보렌 헙디다."

"오라 가게." 이 제 넘어 저 제 넘어

〔음영〕 가단 보난, 아닐 케 아니라 비조리 엄막집 하나 싯고 늙은 벡발노장 할망 잇입데다. 〔말〕 아이고 날은 저물고 "할마님." "무사마씀?"[65] 〔음영〕 "아이고 미안 허우다만은 이엣, 방이나 훈쏠 빌립서." 〔말〕 "아이고 어디 이거 조름데곡[66] 발데곡 헐 디도 엇수다. 〔음영〕 경호고 우리 집이 마퉁이덜양, 마 팡 오민 방 빌렷젠, 영 허여 휘욕만발 헐 꺼우다." "아이고 난 디 난 사람 집 지엉 낫곡 밧[67] 지엉 납네까? 저 부엌 혼착[68] 구석이라도 좋수다."

"게거덜랑 경 헙서."

영 허여

〔음영〕 '아이고 이젠 솟[69] 빌엉 밥이나 헤보카.' 이엣 솟은 율안[70] 보난 마만 숢아[71] 먹어난 솟이난, 마누넹이[72] 잔뜩 눌어 앞밧 뒷밧

눌려들어

〔음영〕 삼수세기[73] 헤단 초불[74] 이불[75] 제 삼불[76] 씻어

---

63) 비조리 엄막집 : 허름한 움막집.

64) 쪼글락헌 : 조그만.

65) 무사마씀? : 왜요?

66) 조름데곡 : '꽁무니 없이고' 정도의 뜻임.

67) 밧 : 밭.

68) 혼착 : 한쪽.

69) 솟 : 솥.

70) 율안 : 열어서.

71) 숢아 : 삶아서.

72) 마누넹이 : 마 누룽지.

73) 삼수세기 : 한삼덩굴.

74) 초불 : 초벌. 애벌. 같은 일을 여러 차례 거듭하여야 할 때에 맨 처음 대강 하여 낸 차례.

데껴두고

〔음영〕 쏠[77] 싯엉 놓아근 밥 허젠 허는디 와랑치랑 베락 천둥소리가 나지어, 아이고 가믄장아기씨ᄒᆞ고 늦은덕은 〔말〕 겁이 난, "할마님." "무사?" "이거 무신 소리꽈?" 〔음영〕 "우리 집이 큰마퉁이

마 파 앗언[78] 오는 소리우다."

〔음영〕 조금 기달리난, 앞이 본 마퉁이가 오란, 말 불강불강 싯언

솟디 놓아 솖아근

〔음영〕 양끗은[79] 톤안[80] 어머니 줘 두고, 가운디 술진[81] ᄆᆞ작은[82] 욤치엇이[83]

이녁만[84] 먹어 방에 강 누워 간다.

〔음영〕 또로 이엣, 에 솥에 얻엉 쏠 놩 밥 허젠 허난, 베락천둥 소리에 할망 앞이 들으난, "셋마퉁이 마 판 오는 소리우다." 기다리난 두 번째 본 마퉁이로구나. 마 싯어 솖아 양끗 톤안 어멍 주고 가운디 껀, 이것도 욤치엇이 지만[85] 쳐먹어, 아가리

담아갑데다에-.

〔음영〕 또로 솟을 씻엉, 쏠 놩 밥을 허카 허는디 또 베락천둥 소리 삼시번이, "이건 무신 소리우꽈?" "족은마퉁이 마 파 앗어

오는 소리우다."

〔음영〕 기달리난, 마지막으로 본 마퉁이로구나. 올레[86] 쉐[87] 멧여시난,[88] 이 족은

75) 이불 : 두 번.
76) 삼불 : 세 번.
77) 쏠 : 쌀.
78) 앗언 : 가지고.
79) 양끗은 : 양끝은.
80) 톤안 : 뜯어서.
81) 술진 : 살찐.
82) ᄆᆞ작은 : 마디는.
83) 욤치엇이 : 염치없이.
84) 이녁만 : 자기만.
85) 지만 : 자기만.
86) 올레 : 길거리에서 집으로 드나드는 작은 골목길.
87) 쉐 : 소.
88) 멧여시난 : 매여 있으니까.

마퉁인 지꺼지언, 서른여덥 닛바디 허와당싹 웃이멍 들어 오란, 마 씻언 숣안, 가운디 무작 술진 딘, 어멍 안네고 양끗은 톧안

이녁 먹어 방에 들어가난

〔음영〕 그떼엔 초불 이불 제삼불, 잘 이에 마 숣아난 솟 씻어두고

〔음영〕 쏠 놓아 밥 허여

〔음영〕 늦은덕 보고 가문장아긴, "이거 할망 앒이 들러 가렌." 허난, 할망 앒이 이에 곤밥허연[89] 들러 가난, "이거 우리 지 조상도[90] 아이 먹어본 음식이라 아이 먹켄." 헨 물리난, 큰마퉁이앒이 가난, "아이고 부모도 아이 먹는 거 난들, 어찌 먹으리

안 먹켄." 셋아덜앒이 들러 가도 밥상, 물려 간다.

족은마퉁이앒이 들러 간 허난

〔음영〕 서른여덥 닛바디 허와덩싹 웃이멍, 우으로 풀풀 걷으멍

좋은 곱닥헌 쏠밥에 좋은 반찬

〔음영〕 국에 우으로 걷으멍 먹어 가난, 성덜은 〔말〕 히뜩히뜩 베리단,[91] "야 동싱아."[92] "양." "맛 조냐?"[93] "아이고 맛만 좋읍네까? 베가 봉봉헴수다."

영 허난

〔음영〕 "혼 수깔[94] 도라 보저." 〔말〕 "경 헙서 먹구정 허우꽈?" "어 혼 수깔 도라." "경 헙서." 이엣 영 허연, 〔음영〕 쏘곱으로[95] 수꾸락[96] 푹 찔런 뜻인 딜로 떤, 손더레 노난 이 손에 놩 둥구령 먹고, 저 손에 놩 둥구령 뺄앙[97] 먹곡

허는디

이엣 족은마퉁인 밥 혼 사발

89) 곤밥하연 : 흰 쌀밥을 해서.
90) 지 조상도 : 자기네 조상도.
91) 베리단 : 바라보다가.
92) 동싱아 : 동생아.
93) 조냐? : 좋으냐?
94) 수깔 : 숟가락.
95) 쏘곱으로 : 속으로.
96) 수꾸락 : 숟가락.
97) 뺄앙 : 빨아서.

이엣 큰성 셋성, 밥 훈 수꾸락 먹기 전이, 문짝[98] 먹어 상 물려 간다.

상 물련

〔음영〕 이제엔 또 가믄장아긴 늦은덕, 정하님 보고, "할망앞이나 저 아덜덜앞이 가그네 들어보라. 들은 말이나 본 말이나 싯거들랑, 오랑 예숙 제끼렌."[99] 허난 할망도 들은 말 본 말 엇덴 허멍 누원 자불고

큰성도, 큰마퉁이 셋마퉁이도

〔음영〕 들은 말 본 말 웃덴 허여근

이에- 에

〔음영〕 누워 불고, 족은마퉁이신디 강 골으난, 허와덩싹 웃이멍 오란, 이에 무신 거 치메 닮은 거 우이 더퍼 씨난[100] 그 알에 발덜 쭉쭉 놓안덜 앚안

〔음영〕 훈룻밤이 저구리 바지, 다님[101] 멘들안

족은마퉁이 입져근

〔음영〕 "어머님앞이 선신(現身) 갑서. 성님앞이 선신 갑서 이엣 셋성앞이 갑센."

허난 영 허연

〔음영〕 할망은 겁난, "이거 동네 반장 이장이 오랏수과? 어느 누게우꽈?" 족은아들이렌 헤도 아니 들어

나고간다. 큰성 셋성도

〔음영〕 인설[102] 허젠 허난, 문짝 마 파레덜 돌아나비언, 이젠 족은아덜허고 가문장애기씨허고 늦은덕 정하님허고, 어젯날 마 파는 디 강 보젠 허여근

〔음영〕 큰성 파는 딘 간 보난

이엣 자갈이영, 개똥물만 흘러간다. 셋성 마 파난 디도

이엣 자갈이여

〔음영〕 이엣 개똥물ᄀ찌 궂인 물만 흐르고

족은마퉁이 마 파난 딘 간 보난

---

98) 문짝 : 모두.

99) 예숙 제끼렌 : 수수께기 하자고.

100) 더퍼 씨난 : 덮어 써서

101) 다님 : 대님.

102) 인설 : 인사를.

〔음영〕 은이 뭣이멍 금이 뭣이멍 알 수가 잇입네까? 이에 ᄒᆞᆫ 봉뎅이[103] 풀민 웃은 집밧 와게(瓦家) 부제(富者) 뒐 돌멩이가 잇엇구나.

그거 앗아 앚안 집이 오란

〔음영〕 "쉐에 시꺼 앗엉, 가그네 풀앙[104] 올 때랑 쏠이영 종이영 한집이영 상 옵서.

〔음영〕 허당 남은 걸랑 ᄀᆞ졍[105] 옵서 우리도 ᄒᆞᆫ번 부제로 살아보게."

"어서 걸랑 기영 협서."

〔음영〕 족은마퉁인, 가믄장아기

ᄀᆞᆮ는[106] 데로

〔음영〕 들언, 그것 간 풀안 쏠, 군량미(軍糧米) 사고 종덜 사고 오란, 일시 거부제(巨富者)로

〔음영〕 이엣 잘 살게 뒈어 사는디, 그때에 가믄장애긴 잘살아지난, 부모 생각 형제간 생각 나아지고, 족은마퉁이 보고, "옵서. 우리, 이에 걸인(乞人)잔치 두 일레 열나흘 허여 보게." 〈어떤 사름은 벡일이렌 협디다만은, 그자 나 들어 베운 건 두 일레 열나흘이엔 협디다.〉

영 허여

〔음영〕 이에 걸인잔치 허켄 허난, 족은마퉁이도, 이에 가믄장아기 덕텍에 부제 뒈지난 "어서 허고픈양 협서." 영 허여

걸인잔칠 허는디

〔음영〕 잔치 시작허난, 초불 이불 제삼불, 너뎃불썩[107] 먹엉 가는 거와시덜은 가고, 눈에 익숙은 거와신 아니 오라

갑데다.

〔음영〕 '아이고 어떵 헌 일인고 죽엇인가?

살앗인가?'

---

103) ᄒᆞᆫ 봉뎅이 : 한 묶음.

104) 풀앙 : 팔아서.

105) ᄀᆞ졍 : 가지고.

106) ᄀᆞᆮ는 : 말하는.

107) 너뎃불썩 : 네다섯 번씩.

〔음영〕 이에 〔말〕 어멍 아방도 아이 보이고, 눈 익숙은 거와시, 〔음영〕 성제간덜토 아이 보건디 막 ᄆᆞᆺ까[108]

가는 날

〔음영〕 열락서산 헤는 거반 이상 믄 지어 ᄀᆞᆺ,[109] 떨어지게 뒌디 올레로 ᄒᆞᆫ 몽둥이 지픈, 거와시가 어듬더듬, 오라가고 '눈 익숙은 거와시로구나.' 아이고 종하님 불러 "저디 저 ᄒᆞᆫ 몽둥이 지펑, 오는 거와시랑, 이에 우으로 앚거들랑[110] 알로 밥 멕여가당 떨어추왕 주지 말고, 알로 앚거들랑, 우로 멕여가당 떨어추왕 주지 말고, 가운딜로 앚거들랑 양끝으로 멕여가당, 떨어추왕, 이에 ᄒᆞᆫ끔 기달리렌 허고, 어둡도록 물 ᄒᆞᆫ 직[111] 주지 말렌." 허난

"어서 걸랑 기영 헙센." 허연

〔음영〕 어듬더듬 오란, 이에 거와시덜 우트레 영 헨 앚안 잇이난, 알로 아닐 케 아니라[112] 멕여가단 떨어불곡, 알로 앚이믄 우로 멕여가단 떨어추와불곡, 가운딜로 앚이믄 양끝으로 멕여가단

떨어추와불곡, 영 허는디

〔음영〕 오꼿 날은 어두와지어

가는구나.

〔음영〕 하르방 할망은 아이고 오널은, 베분 밥[113] 먹어지카부덴[114] 헌 게, "아이고 얻어먹음이랑마랑, 물 ᄒᆞᆫ 직도 못 얻어먹엉 갈로구나." 올러레

어듬더듬 가가는디

〔음영〕 에 하님덜 가문장애기씨

불러 놓고

〔말〕 "저 올러레 가는 거와시, ᄒᆞᆫ 몽둥이 지픈 하르방 할망 거와시랑, 〔음영〕

---

108) ᄆᆞᆺ까 : 마쳐.
109) ᄀᆞᆺ : 곧. 금방.
110) 앚거들랑 : 앉거든.
111) ᄒᆞᆫ 직 : 한 모금.
112) 아닐 케 아니라 : 아닌 게 아니라.
113) 베분 밥 : 배분 밥.
114) 먹어지카부덴 : 먹을 수 있을까 해서.

사랑방으로

불러들영 앚지라."

사랑방에 불러들여 앚져 놓고

〔음영〕"도레칠반상(統營漆盤床)에이, 떨어진 거 엇이 상다리가 부러짐직이

출려당[115] 놓으라."

"어서 걸랑 기영 헙서."

〔음영〕 가문장애기씨 곧는 데로, 상다리가 부러졈직이 촘 먹엄직이 넴세가[116]

쿠싱헌[117] 게

출려단

〔음영〕 창문 열언 하르방, 할망 앞이 노난, "이거 어떵 헌 일이고 이거 둧인 방에 우리 오란 앚게 허고, 넴세도 보난, 아이고 건득건득 먹엄직이 출려 놓은 것 닮다." 이에 눈은 곰아짐시롱[118]

영 허여

〔음영〕 말 허는디, 하님덜은 나오라 불고 가문장아긴 들어간, 〔말〕 허는 말이 "하르바님이나 할마님이나 들은 말이 잇거들랑, 본 말이나 잇거들랑

훈 말 꼭지 일릅서."

〔음영〕"우린 앞도 못 보곡 뒤도 못 보곡, 캄캄허영, 두 늙은이 훈 몽둥이 지편 뎅이는디 본 말도, 들은 말도 아무 말도

읏덴" 허난

〔음영〕"그리 허우꽈? 게민양, 하르방이랑 북 심곡 할망이랑 장귀 심곡, 영 허영 나가 놀렐[119] 불르커메서믄, 하르방 할망 들어 봅서." "어서 걸랑 기영 헙서."

〔놀레〕

오~날~ 오날~ 오날이라

115) 출려당 : 차려서.
116) 넴세가 : 냄새가.
117) 쿠싱헌 : 구수한.
118) 곰아짐시롱 : 감기면서.
119) 놀렐 : 노래를.

에-
어제 오널~
오널이라~
날도 좋아
오널이라
돌도 좋아
오널이라
만낫구나에-
만낫구나
기다리고 바레던[120]
설운 부모
만낫구나
엿날 엿적
우잇녁
강이영선 삽데다
알엣녁은
홍소문천
구에궁전 아기씨
살앗수다근
영 허온디
칠년한기 들어사
영 헌 게
얻어먹어 살 수가
없어지난
눈소문은
눈소문 못네허고
입소문 귓소문

120) 바레던 : 바라던.

들어근
하르방 할마님
얻어먹엉 살젠
허단 보난
질노변서
서로 만나
말 막끗떼
뒈옵디다
부부간 뒈고
사는 게 또 삼형제
솟아나고
또 이 이전
큰똘 셋똘
ᄀ따지고
말 막띠가
족은똘은 ᄒᆞᆫ 말 뜰련
부모형제 눈에
골리나고
월메월산
들어오라 살게 뒈고
아방 어멍광
성제간은
살 수 없어지언
영 허온디
족은똘
월메월산 신마퉁이
족은아덜 만나근
부가허고 지가허게
잘 살게 뒈난

살게 뒈어 걸인잔치헤여
오널 오널
메일장상
오널이라
어멍 아바지
만납데다

〔음영〕 강이영선 이서불, 홍수문천, 구에궁전 애기씨, 부부간은, 눈은 ᄀᆞᆷ고 설운 아기 이에, "전잇 메치 전잇 기상 잇이냐?"[121] 영 허여, 손을 그레 저레 허우적거릴 적에, 상잔 두 게, 텡글랑허게 털어지난, 어멍 아방 눈이 펠롱허게
뜨엇수다.
놀레 불러 난산국 신풀멍, 아바지 어머니 입던 이복
〔음영〕 벳겨다[122] 올레 또 이전 머구낭[123]
상가지에 돌아메여부난,[124] 동풍 불민 청ᄉᆞ록[125] 서풍 불민 벡ᄉᆞ록, 남풍 불민 적ᄉᆞ록 북풍 불민 흑ᄉᆞ록
나무광데 흑토실명 ᄉᆞ록이 뒈어지어 삽데다.

삼공본풀이〉비념

〔음영〕 이 집안, 모진 전상 연ᄃᆞ리랑,[126] 문딱 천지왕 골목 밧겻 네놀립서. 동안데주 안성방 아기 ᄌᆞ순덜 앞장에 머리로부떠, 발톱 손톱 끗꺼지
알리고 달리는 신병, 문짝 전상 연ᄃᆞ리서 네놀립서 난산국
신풀엇수다.
〔장귀채를 장귀에 끼워 넣고 장귀를 앞으로 민다.〕

121) 전잇 메치 전잇 기상 잇이냐? : 전에 모습 전에 기상 있느냐?
122) 벳겨다 : 벗겨서.
123) 머구낭 : 무환자나무.
124) 돌아메어부난 : 달아매어버려서.
125) 청ᄉᆞ록 : ᄉᆞ록은 되어가는 일을 그르치게 하는 사기(邪氣)를 뜻함.
126) 연ᄃᆞ리랑 : 다리는. '연-'은 접두사.

〔말〕〈영 허여 또 이떼에, 머리로부떠 뭐 눈에 가민 청걸리어 흑걸리어 영 헹에, 푸는 거에, 에 ᄀᆞᆯ읍네까? 영 뒙수다. 경 헌디 앚앙 ᄀᆞᆯ을 떼에는 더 잘 ᄀᆞᆯ아짐직 헌 디 장구 두드리멍은 아멩 헤도이, 게난 놀레는 경 하영 안 부르주게 데구리 ᄀᆞᆮ고 끝에 머리 다 ᄀᆞᆯ앙 끈으멍 어멍 아방 그 상잔에 놀 떼, ᄀᆞᆷ앗던 눈이 펠롱허게 떳수과? ᄀᆞᆷ앗수과? 봥 두 개 다 뭐헤영 갈라졍 헤여 허믄 어멍 아방 어두운 눈 팔락허게 텃수다 헤여 이젠 그 다음엔 어멍 입던 이복 아방 입던 이복 벗겨다, 올레 걸어부난 경 뒙젠 ᄒᆞ고, 또 세옷 헹 놔뒷당 입젼 어멍 아방 만낫수덴 헹 끝난.〉

세경본풀이

1. 개관

강대원 심방은 〈세경본풀이〉를 2017년 11월 11일 오후 4시 32분부터 오후 5시 46분까지 총 약 1시간 14분으로 1차 구연을 하였다. 구연 도중 20분쯤에서 장단을 그치며 '다시, 다시. 다시'라고 말하며 중단하였다. 그리고 바로 마지막까지 이어갔다. 강대원 심방은 본풀이 구연을 마치고도 별다른 설명 없이 다시 한다는 말을 하였다.

다음날 12일 오후 4시 7분부터 오후 5시 52분까지 총 약 1시간 45분로 2차 구연을 하였다. 구연 진행 중에 약 54분에 이르자 치던 장구를 그치고 '조금 지체하십시오.'라며 조사자들에게 말한 뒤 구연동작을 멈추었다. 그리고 커피를 달라고 하고 다리를 펴서 주무르기도 하고 담배를 피우며 잡담을 하다가 조사자에게 어디까지 했는지를 묻고 중단한 부분을 알려 주자 다시 구연을 이어갔다. 쉰 시간은 약 5분 정도다. 조사녹음이 멈추지 않은 상태여서 구연을 이은 시각은 약 58분에서부터 끝까지 구연을 하였다. 그래서 강대원 심방은 〈세경본풀이〉를 총 약 1시간 41분으로 2차 구연을 하였다.

강대원 심방은 1차 구연에서 주인공 자청비가 느진덕 정하님과 빨래를 하러 가는 대목을 정수남이가 나무하러 간 대목으로 혼동하여 구연하게 된 것이다. 그래서 구연 도중에 이를 알아차리고 다시 한다고 한 것이다. 그리고 2차 구연 도중에는 쉬는 시간을 가지기도 하였다. 이것으로 보아 본풀이를 두 시간 가까이 구연할 때는 심방들이 쉬기도 한다는 것으로 볼 수 있는 사례가 된다.

강대원 심방의 〈세경본풀이〉는 1차 구연과 2차 구연에서 약 28분라는 시간 차이가 있다. 일반적으로 세경본풀이를 구연하는 데 걸리는 시간은 약 1시간 30분을 넘는다. 그래서 이 책에 타당한 자료로 적합한 것을 따져서 2차 구연을 선택한다.

여기에 제시된 것은 2차의 녹음 자료다.

본풀이 구연순서는 들어가는 말미, 신메움, 본풀이, 테우리청 지사귐으로 된다. 구연할 때는 평상복 차림으로 앉아서 장구를 치며 장단을 맞춘다.

세경본풀이는 농경신인 자청비와 문도령의 사랑을 노래하는 신화다. 자청비는 문도령과 사랑을 이루는 과정에서 지혜를 발휘하고 어려운 난관을 극복해 나간다. 이는 영웅으로 능력을 얻어 신으로 힘을 가지게 되는 것이다. 그래서 자청비가 오곡 종자를 인간세상으로 가져와서 풍요롭게 한다는 것이 본풀이의 중심서사다. 그런 자청비는 문도령과 더불어 세경신이 되고 정수남이는 이 둘의 사랑을 방해하지만 세경장남으로 대접받는다. 이런 화소는 자청비가 사람들에게 사랑과 관심을 많이 받게 한다. 그래서 이야기 주인공이면서 농경신으로서 추앙받는 이유가 된다. 특히 남성위주의 신화가 대부분인 본풀이에서 여성이 주인공이면서 남녀 사랑이야기를 구연하는 환경에서 현실적인 재미를 주려는 구술자의 의도가 개입될 여지가 많다. 이 점은 점차 여성영웅성이 확대되어가는 것에 영향을 준 것으로 볼 수 있겠다.

강대원의 세경본풀이는 먼저 채록된 자료와 서사구성에서 크게 다르지 않다. 보편적인 화소가 누락된 부분이 보이기도 하는데 기억이 생략된 것으로 이해된다. 내용면에서 보면 중요 화소가 없거나 이를 다르게 구성한 부분이 있다. 그리고 구연 도중에 청자를 가끔 거론하는 모양은 재미를 유도하려는 개인적인 성향이 나타난 것으로 볼 수 있다. 그래도 본풀이 구연 분량에서 보면 다른 구연자들과 비슷하다.

자청비가 발휘한 영웅능력의 축약이다. 자청비가 옥황에 올라가서 문왕성한테 며느리 자격시험을 통과하고 난 뒤 부분이다. 세변난리를 평정한다는 내용이다. 세변난리를 평정한 화소는 자청비가 여성영웅을 증명하는 부분이다. 그런데 문도령을 괴롭히는 친구들과 겨루기를 통해 위력을 보인다. 이때 쇠수제비를 먹는 장사로 거론되지만 거짓으로 상황을 모면하는 기지만 있다. 이 점은 전쟁을 소재로 하는 여성영웅을 버리고 남성들과 술을 마시는 겨루기로 여성장수의 면을 약화시키고 있다.

죽음을 살려내는 능력에서 주도적이지 못하다. 자청비가 정수남이를 죽인 뒤 다시 살릴 꽃을 찾아 나서지만 문도령을 통해서 문제를 해결한다. 주모할망 집에서 짠 베로 자신임을 알려서 문도령이 꽃을 구하게 하고 그것을 얻어서 정수남이를 살려낸다. 스스로 살려낼 꽃을 구하지 못하고 있다. 그런데 문도령과의 혼인 후에는 스스로 꽃을 구해오고 있다. 이러한 데서 자청비가 커가면서 능력을 키우는 성장과정에 있다는 것으로 이해해야 될 것이다. 정수남이와 문도령이 각각 죽어서 살려낼 때가 자청비는 다른 성장과정에 있다는 것이다. 그렇지만 서천꽃밭에서 살려낼 꽃을 구해다가 죽은 생명을 살려내는 것은 세경본풀이에서 중요하다. 그렇기 때문에 자청비가 성장하는 과정에 따라 내용을 구성하고 있는 것으로 보인다.

강대원 심방 본풀이는 자청비가 지닌 여성영웅의 지위를 약화시킨 모습이라고 볼 수 있다. 자청비가 문도령 친구와 겨루기에서 쇠수제비를 먹은 것으로만 여성영웅의 면모를 보이기 때문이다. 다른 본풀이의 세변난리를 평정시키는 화소에서 약화된 것이라고 할 수 있다.

강대원 심방의 세경본풀이 구연 태도는 특별난 점이 있다. 강대원은 굿판에서 놀이굿 진행을 재미있게 한다는 평을 듣는다. 다른 구연자들이 진중한 태도에 비해 재미있고 익살스러운 부분이 두드러지게 나타나고 있다. 특히 자문자답이 많아서 본풀이에서도 그대로 드러난다. 그래서 본풀이를 재미있게 끌고 간다는 인상을 준다.

강대원은 청중의 반응을 유도한다. 구연 도중에 주위를 살피며 조사자 이름을 거론하기도 한다. 구연 도중이라도 잠시 쉬겠다 하여 멈추기도 한다. 특히 본인이 하는 구연이 실수가 있는지 스스로 검토하기도 한다. 이 점은 다른 구연자의 신중한 구연 태도와 다르다. 본풀이는 신의 이야기로서 신성성을 가진다. 일반적으로 다른 구연자는 구연 태도에서 신중한 면을 보여준다. 이 경우 본풀이의 신성성이 유지되는 것으로 보인다. 다른 구연자와의 태도에서 보면 강대원은 재미를 주려는 의도가 드러나고 있다. 그래서 강대원은 신성함보다 재미있게 하려는 의지가 많은 구연자라고 할 수 있다.

서사 단락은 다음과 같다.

① 자청비는 부모의 치성으로 태어난다.

② 자청비는 15세가 되자 빨래하러 갔다가 문도령을 만나고 함께 글공부를 하러 간다.

③ 자청비는 공부하는 삼년 동안 문도령과 같은 방에서 지내면서도 여자인 사실

을 속이며 겨루기마다 이긴다.

④ 문도령이 장가간다며 옥황으로 돌아가려고 하자 자청비는 목욕을 하자며 여자인 것을 알려준다.

⑤ 자청비는 집으로 가서 문도령과 하룻밤을 보내고 도실씨를 본메로 받는다.

⑥ 자청비가 정수남이한테 나무를 해 오라고 하니 소와 말을 잡아먹고 돌아와서 문도령을 보았다고 거짓말을 한다.

⑦ 자청비는 이 말을 사실로 듣고 정수남이와 함께 점심을 싸서 문도령이 있는 데를 찾아간다.

⑧ 자청비는 산속에서 날이 어두워지자 수작하는 정수남이를 피하려고 움막을 짓자 하고 시간을 보내는데 날이 밝아 정수남이가 달려들자 죽인다.

⑨ 자청비가 집으로 돌아오자 죽인 종을 살려내라고 하는 부모에게 쫓겨난다.

⑩ 자청비는 주모할망 집에서 문도령한테 소식을 전하고 살릴 꽃을 구해오게 해 정수남이를 살려낸다.

⑪ 자청비는 부모에게서 사람을 죽이고 살린다는 욕을 들으며 다시 쫓겨난다.

⑫ 자청비는 절에서 지내다가 장가간다는 문도령의 소식을 듣고 옥황에 가서 만나서 병풍 뒤에서 숨어 지낸다.

⑬ 문도령은 서수왕딸에게 장가가지 않겠다고 말하고 자청비는 며느리시험을 통과하게 된다.

⑭ 문수왕은 서수왕딸에게 혼인서약서로 보낸 막편지를 되찾으려고 하는데 서수왕딸이 되돌릴수 없다며 태워서 먹고 목을 매어 죽어서 원귀가 된다.

⑮ 자청비와 문도령은 혼인하는데 문도령이 친구들과 술 마시기 내기에서 죽게 되자 자청비가 친구들에게 쇠수제비를 먹기 시합을 제안해서 먹은 척하자 친구들은 놀라서 도망을 간다.

⑯ 자청비는 사람살리는 꽃을 찾으려고 남장을 해서 부성감댁에 장가들고는 서천꽃밭에서 꽃을 구해가서 문도령을 살린다.

⑰ 자청비는 문도령한테 남장을 해서 부성감댁에 장가들었으니 대신해서 선보름과 후보름을 각각 살라고 한다.

⑱ 자청비는 부성감댁에 간 문도령이 되돌아오지 않자 화가 나서 못살겠다며 오곡을 가지고 세경땅으로 가다 정수남이를 만난다.

⑲ 자청비가 정수남이를 데리고 세경땅을 돌아보는데 배가 고픈 정수남이한테 밥을 얻어주려고 하자 안준 데는 흉작을 주고 준 데는 풍작을 준다.
⑳ 자청비가 메밀씨와 유채씨를 다시 가져오게 되는데 두 작물 파종이 늦은 것은 이 때문이다.
㉑ 자청비가 메밀씨를 가져오면서 소중이 끈에 매어오느라고 네모 모양이 되었고 이렇게 해서 열두시만국 법이 되었다.
㉒ 테우리청으로 일소장에서 십소장까지 대접한다.

원래 세경본풀이 서사는 ①~⑳까지다. ㉑과 ㉒는 본풀이에 덧붙여지는 설명하는 내용이다. 다른 구연 본풀이들도 같은 구성이다. 세경본풀이는 자청비가 농경신으로 오곡씨앗을 하늘에서 가져왔다는데 메밀을 이용하고 있는 것이다. 그리고 농경에 필요한 소와 말을 부리는 장남이 있는데 이를 정수남이가 하는 것으로 설명하고 있다.

2. 내용

세경본풀이 줄거리는 다음과 같다.

자청비는 부모의 치성으로 태어난다. 15세가 되자 느진덕 정하님과 연네못에 빨래하러 가서 문도령을 만난다. 문도령이 글공부하러 간다는 말을 듣고 부모 사후 제사에서 지방을 쓰기 위해 글공부가 필요하다 하고 부모한테 허락을 받아 자청비 남동생이라고 하며 따라간다.

자청비는 문도령과 삼년 동안 같은 방에서 지내는데 글공부와 힘겨루기에서 이긴다. 문도령이 서수왕에 장가가야 한다며 옥황으로 돌아가려고 하자 자기가 여자라는 사실을 알리기 위해 목욕을 하자고 한다. 자기는 윗탕에서 하겠다 하여 나뭇잎에 사실을 써 물에 띄운다. 문도령이 나뭇잎을 보고 사실을 알고 자청비 집에서 하룻밤을 보낸다. 다음날 도실씨를 본메로 주고 옥황으로 돌아간 문도령은 소식이 없게 된다.

자청비는 정수남이에게 소 아홉과 말 아홉을 주며 일하러 보낸다. 정수남이는 모두 잡아먹고 돌아와서 문도령을 보았다며 거짓말을 한다. 문도령을 찾아가려는데 정수남이가 시키는 대로 점심을 싸고 말안장에는 돌멩이를 놓고 앉아서 가는데 날이 어두워져서 산중에서 밤을 맞는다. 움막을 짓자 하는 정수남이가 밖에서 돌을 쌓으면 자청비는 안에서 빼기를 반복한다. 날이 밝자 정수남이가 자청비의 무릎을 베고 눕자 띠를 정수남이 왼쪽 귀에 찔러 오른쪽 귀로 빼어 피를 흘려 죽게 한다. 집에 돌아와 정수남이를 죽였다고 하니까 다시 살려내라는 부모한테 쫓겨난다.

자청비는 베 짜는 주모할머니 수양딸이 되어 베를 짜서 옥황에 자신을 알려서 문도령이 찾아가니까 정수남이 살릴 꽃을 얻게 된다. 정수남이를 살려내고 집으로 돌아갔는데 사람을 죽이고 살리는 딸이라며 다시 쫓아내 버린다.

자정비는 절에서 살다가 하늘에서 목욕하러 내려온 선녀들이 문도령이 서수왕에 장가간다는 말을 듣고 옥황으로 간다. 문도령을 만나고 병풍 뒤에서 숨어사는데 어머니가 장은 묵을수록 달다고 하는 말을 들은 문도령은 서수왕에 장가를 들지 않겠다고 한다. 자청비는 베를 짜서 문국성의 옷을 맞게 짓고 칼선다리를 건너는 시험을 통과하고 며느리로서 인정받는다. 이때 문국성이 서수왕에 보낸 막편지를 되찾으려고 하자 서수왕딸이 태워서 먹고 목을 매 죽는데 사람들에게 원귀가 된다.

자청비는 문도령과 혼인하는데 문도령이 친구들과 술 마시는 내기를 하다 죽게 된다. 자청비는 남장을 해서 부성감 딸과 혼인하고 서천꽃밭으로 가서 사람 살릴 꽃을 가져다가 문도령을 살려낸다. 그리고 문도령한테 자신이 남장하여 부성감댁에 암창개 들었으니 대신해서 선보름과 후보름을 살라는 약속을 하고 보낸다. 문도령이 잊고서 약속을 지키지 않아 돌아오지 않자 화가 나서 세경땅으로 간다.

자청비는 길에서 졸고 있는 정수남이를 데려서 세경땅을 돌아본다. 정수남이가 배고프다고 하니까 밭가는 장남들에게 밥을 얻어먹으려는데 거절당해서 밭가는 소에게 병을 줘서 흉작 되게 한다. 다음 만난 늙은 부부에게 밥을 얻어먹게 되자 소원대로 씨를 뿌린 만큼 수확하고 밭에 김은 나지 않게 한다. 이때 메밀씨와 유채씨를 가져오지 않아 다시 신농씨한테 받아오니까 두 작물은 파종이 늦어지고 메밀씨는 소중이 끈에 매듭을 지고 와서 모양이 네모나게 되는 열두 시만국법을 마련한다.

테우리청으로 일소장에서 십소장까지 대접한다.

3. 구연 자료

〔심방이 앉아서 장구를 당겨 무릎에 맨다.〕
난 뜬 본풀일[1] 놔뒁[2] 뜬 본풀일 박젠[3] 헷인디[4] 그거 오꿋[5] 셍각낫네이.

세경본풀이〉말미

연당알 즈부일월 상세경 신중 마누라님 난산국 본산국이우다 시주낙형 과광성 신풀이로
〔장구〕 제느립서-.[6]

세경본풀이〉신메움

상세경은 염저 올라 실농씨
중세경 문도령 하세경 즈청비 세경 장남
정이 읏은 정수남이 느립서[7] 김진국 대감, 즈진국 부인 늦인득이 정하님 느립서 난산국 시주낙형

세경본풀이〉본풀이

엿날이라 엿적
김진국 대감 삽데다. 즈진국이 부인광 열다섯 십오 세 이십쓰물 넘어 초년에 갈림ᄒᆞ고
논전답(-田畓)도 좋아지고 강전답(江田畓)도 좋아지어
부가ᄒᆞ고[8] 지가ᄒᆞ게 잘 사는디 삼십 서른 넘어 ᄉᆞ십 굽이[9] 뒈어가도

---

1) 본풀일 : 본풀이를.
2) 놔뒁 : 놔두어서.
3) 박젠 : 박으려고.
4) 헷인디 : 했는데.
5) 오꿋 : 원래는 그만의 의미인데 여기에서는 갑자기 생각난다는 의미로 말한다.
6) 제느립서 : 내리십시오.
7) 느립서 : 내리십시오.
8) 부가ᄒᆞ고 : 부유하게.

즈식생불(子息生佛)없어 지어근 사옵데다 김진국 대감님 호이 탄복허다

〔말〕 상시관 조에[10] 보레 간[11] 조에 끗난[12] 퉤청(退廳) 허연[13] 〔헛기침을 한다.〕

돌아오단 보난[14] 왕천 웃음소리 나고

웃음소린 나는 딘[15] 이엣 몰 탄[16] 오단[17] 못 담고망으로[18] 눈 쏘안 보난

얻어먹는 거와시[19] 비조리

엄막집이[20] 살멍[21]

〔말〕 애길 하나 나 놓고 이 애기가 어머니 앞이서[22] 아바지 앞디레[23] 기어가 가민[24] 어머님이 손뻑 쳥[25] 왕천 웃임[26] 또 아바지 앞이서

어머니 앞더레 기어가 가민

〔말〕 왕천 웃임 허멍[27] 놀암시난[28] 김진국 대감님은 웃은[29] 생각허연,[30] 그 거와시덜[31] 잇인[32] 줓긋디[33] 간[34] 아이고 허는 말이 "그 아기

---

9) 굽이 : 고비.

10) 조에 : 조회.

11) 보레간 :보러가서.

12) 끗난 : 끝난.

13) 허연 : 해서.

14) 보난 : 보니까.

15) 딘 : 데는.

16) 탄 : 타서.

17) 오단 : 오다가.

18) 담고망 : 담구멍.

19) 거와시 : 거지.

20) 비조리 엄막집이 : 아주 형편없는 움막집에.

21) 살멍 : 살면서.

22) 앞이서 : 앞에서.

23) 앞디레 : 앞더레.

24) 가민 : 가면.

25) 손뻑쳥 : 손뼉쳐서.

26) 웃임 : 웃음.

27) 허멍 : 하면서.

28) 놀암시난 : 놀고 있으니까.

29) 웃은 : 없는.

30) 생각허연 : 생각해서.

31) 거와시덜 : 거지들.

날 주민[35)]
이에 고데광실 높은 집 남단북단 너른[36)]
밧을[37)] 밧을 주멘."[38)] ᄒᆞ니
〔음영〕 얻어먹는 거와시[39)] ᄒᆞ는 말이사[40)]
〔말〕 "아이고 대감님아 가는 길이나 갑서.[41)] 우리 지금 현제에 얻어먹엉[42)] 살암주마는[43)] 이 애기 크민[44)] 대감님보단 더나 잘 살티,[45)] 또 우리와 ᄀᆞ치[46)] 뒈티[47)]
모르난 돈 신[48)] 거부량허지[49)] 맙서."[50)]
영[51)] 허여근[52)] 말을 허난[53)] 김진국 대감님 말을 못ᄒᆞ여근
ᄆᆞᆯ 탄 집드레[54)] 오는디[55)] 말 모른 쉐짐승 ᄆᆞᆯ짐승도[56)]
〔말〕 어멍이[57)] 불르민[58)] 아기 데답 아기 불르민 어멍 데답

---

32) 잇인 : 있는.
33) ᄌᆞᆺ궃디 : 곁에.
34) 간 : 가서.
35) 날 주민 : 나를 주면.
36) 너른 : 넓은.
37) 밧을 : 밭을.
38) 주멘 : 주마하고.
39) 거와시 : 거지.
40) 말이사 : 말이야.
41) 갑서 : 가십시오.
42) 얻어먹엉 : 얻어먹어서.
43) 살암주마는 : 살고 있지마는.
44) 크민 : 크면.
45) 살티 : 살지.
46) ᄀᆞ치 : 같이.
47) 뒈티 : 될지.
48) 신 : 있는.
49) 거부량ᄒᆞ지 : 거불량(巨不良)하지.
50) 맙서 : 마십시오.
51) 영 : 이렇게.
52) 허여근 : 해서.
53) 허난 : 하니까.
54) 집드레 : 집으로.
55) 오는디 : 오는데.
56) 쉐짐승 ᄆᆞᆯ짐승도 : 소짐승 말짐승도.

말 모른 가막세도[59]

아기어멍을 불러가고 또 오단[60] 생각허난 날만[61] 못훈 인생도 애기 낭[62] 웃음을 흐는디 난 무슨 팔젠곤[63] 흐연[64]

오단 정ᄌ남[65] 알에 오난

〔말〕 일천 선비덜이 이에 바둑 장귀 두엄십디다[66] 그디서[67]

〔헛기침을 한다.〕 바둑을 훈 판 두 판을 두는 게

이엣 돈 석 냥을

따 갑데다.

〔음영〕 훈 선비가 허는 말이

〔말〕 "대감님." "무사."[68] "그 돈 땅[69] 강[70] 무신디[71] 쓰쿠과?[72] 어디 쓰쿠과?

돈이 어멍 아방[73]

부릅네까 딴 돈이랑 우리덜[74] 갈라 주어두고 갑서."

딴 돈은 쓸짝 네불고[75] 이엣 물 타 앗언[76] 집으로 오라[77] 물팡돌에[78] 물을 메여두고

---

57) 어멍이 : 어머니가.

58) 부르민 : 부르면.

59) 가막세도 : 까마귀도.

60) 오단 : 오다가.

61) 날만 : 나만.

62) 낭 : 낳아.

63) 팔젠곤 : 팔자인가.

64) 흐연 : 해서.

65) 정ᄌ남 : 정자나무.

66) 두엄십디다 : 두고 있습니다.

67) 그디서 : 그 데서.

68) 무사 : 왜.

69) 땅 : 따서.

70) 강 : 가서.

71) 무신디 : 무엇에

72) 쓰쿠과? : 쓰겠습니까?

73) 어멍 아방 : 어머니 아버지.

74) 우리덜 : 우리들.

75) 네불고 : 내버리고.

76) 앗언 : 가지고.

이엣 ᄉᆞ랑방에 들어오라 문 잡아근[79]
누워간다 느진덕 정하님은 이엣 대감님 퉤청(退廳)허연 오란 허난
이엣 진지상 출련[80] 들런[81] 간 문 ᄋᆢᆯ젠[82] 허난 문은 다 ᄌᆞᆼ가 지어 비엇구나[83]
〔음영〕 ᄌᆞ진국 부인앞이[84]
ᄂᆞᆯ려간[85]
"아이고 부인임아 안상전임아"
이엣 대감님 퉤청(退廳)허연 오란 이엣 베고팜시카부덴[86]
진짓상 출련 간 보난
문을 잡앗수다. 〔음영〕 이게 무신[87] 말이리 ᄌᆞ진국 부인도 돌아간 보난,
아니케[88] 아니라 안느로[89]
문을 잡앗구나.
〔말〕 "대감님아 이 문 ᄋᆢᆸ서[90] 이 문 ᄋᆢᆸ센." 헤가난[91]
가속(家屬)이 말이라근[92]
〔음영〕 아니 들을 수 엇언[93] 문을 ᄉᆞᆯ진 ᄃᆞᆺ이[94] ᄋᆢᆯ아[95]

---

77) 오라 : 와서.
78) 물팡돌에 : 노둣돌에. 말을 탈 때 발을 딛고 오를 수 있게 '올레'어귀에 놓아 둔 돌. 하마석(下馬石).
79) 잡아근 : 잡아서.
80) 출련 : 차려서.
81) 들런 : 들어서.
82) ᄋᆢᆯ젠 : 열려고.
83) ᄌᆞᆼ가지어비엇구나 : 잠가져버렸구나.
84) ᄌᆞ진국 부인앞이 : ᄌᆞ진국 부인에게.
85) ᄂᆞᆯ려간 : 날아가서.
86) 베고팜시카부덴 : 배고팠을까보다고.
87) 무신 : 무슨.
88) 아니케 : 아닐게.
89) 안느로 : 안으로.
90) ᄋᆢᆸ서 : 여십시오.
91) 헤가난 : 해가니까.
92) 말이라근 : 말이라서.
93) 엇언 : 없어서.
94) ᄉᆞᆯ진 : 슬쩍.
95) ᄋᆢᆯ아 : 열어.

진지상 들러 놓아 진지상 받아 물립디다.
이엣 ᄌ진국 부인은 또 늦인득을 불러 "야
은단펭에[96] 서단마게[97] 서단펭에[98]
은단펭에 막고 촘씰로[99] 양 끗[100] 무꺼 앗아오라."[101] 갖어 오난
〔말〕 그레 놩[102] 둥그리곡[103] 저레 놩 둥그리곡 허여도 대감님이 웃임은[104] 아니 난다.
"은세양[105] 갖어 들이라. 놋세양[106] 앗아 오라.[107]
은세양 놋세양
〔음영〕 앗단[108] 이엣 ᄌ진국 부인이 김진국 대감님보고,
〔말〕 "아이고 대감님, 이열이[109] 많은 듯 허우다[110] 옵서[111] 〔음영〕 이열 토열 벨을락[112] 허여보게."
김진국 대감님은 죽도록 바까도[113] 일곱 동이 벳긴[114] 못 바끄난[115] ᄉ나이 녀석덜에 일뤠 굶어 아니 죽곡,[116]

96) 은단펭에 : 은당병에.
97) 서단마게 : 뚜껑.
98) 서단펭에 : 서단병에.
99) 촘씰로 : 참실로.
100) 끗 : 끝.
101) 앗아오라 : 가져오라.
102) 그레 놩 : 그리 놓아서.
103) 둥그리곡 : 둥글리고.
104) 웃임은 : 웃음은.
105) 은세양 : 흔히 은대야라고 한다.
106) 놋세양 : 흔히 놋대야라고 한다.
107) 앗아오라 : 가져오라.
108) 앗단 : 가져다가.
109) 이열 : 열이 나고 가슴이 답답하며 입이 쓴 증상이다.
110) 허우다 : 합니다.
111) 옵서 : 오십시오.
112) 벨을락 : 벨기.
113) 바까도 : 뱉어도.
114) 벳긴 : 밖에는.
115) 바끄난 : 뱉으니까.

ᄌᆞ진국 부인은

ᄒᆞᆫ 동이 두 동이 바끄는 게

아홉 동일 벱으난 여ᄌᆞ 아ᄒᆞ레 굶어 아니 죽넨[117] 말도 잇수다.[118]

〔음영〕 영 허여[119] 짐진국 대감은 "아이고 ᄉᆞ나이덜은 경 헤도[120] 벳겟디[121] 나가문[122] 웃임도 ᄒᆞ곡,[123] ᄒᆞᆫ 잔 술 먹엉 좀자는[124] 시간 잇곡[125]

이엣 여ᄌᆞ만은 이엣 이열 휀필[126]

못 쿰는[127] 게로구나.[128]

〔음영〕 여ᄌᆞ는 선돌 그뭄날 네일 송앗스멩질[129] 초상 부몰[130]

위홀 음식 출려놩[131]

〔말〕 넘으민 또 다음 헤 이엣 선덜 그뭄ᄁᆞ지, 아적[132] 먹은 ᄆᆞ음[133]

저녁ᄁᆞ지[134] 먹어삼구나.[135]

그뗸 김진국 대감님이 엇인 웃음 나간다.

---

116) 'ᄉᆞ나이 녀석덜 ~ 아니 죽곡' : 이 문장의 내용은 이 본풀이에서만 나온다. 강대원의 평소 생각을 이야기 하는 것으로 보인다.

117) 죽넨 : 죽는다는.

118) 잇수다 : 있습니다.

119) 영 허여 : 이렇게 하여.

120) 경 헤도 : 그렇게 해도.

121) 벳겟디 : 바깥에.

122) 나가문 : 나가면.

123) ᄒᆞ곡 : 하고.

124) 좀자는 : 잠자는.

125) 잇곡 : 있고.

126) 휀필 : 피는. '이열 휀필'은 열과 피 정도의 뜻임.

127) 쿰는 : 품는.

128) 게로구나 : 것이로구나.

129) 송앗스멩질 : '송앗스'는 정월(正月) 명절이라는 뜻의 일본어 しょうがつ.

130) 초상부몰 : 조상부모를.

131) 출려놩 : 차려놓아서.

132) 아적 : 아침.

133) ᄆᆞ음 : 마음.

134) 저녁ᄁᆞ지 : 저녁까지.

135) 먹어삼구나 : 먹어 사는구나.

〔말〕 영 허여 사는디 동게남(東觀音) 상중절(上衆寺) 중게남(中觀音)

금법당

부처 직헌 데서가[136] 권제[137] 받으레[138]

네려오라[139]

〔말〕 짐진국 대감님앞이 권제 받고 〔음영〕 또 ᄉᆞ주역(四柱易) 네여놓고 오헹팔괄(五行八卦) 단수육갑(單數六甲)

집떠[140] 보난

〔말〕 "어떵 ᄒᆞ여[141] 부가(富家)ᄒᆞ고 지가ᄒᆞ게 잘살아도 ᄌᆞ식 없어 탄복이우뒌." ᄒᆞ난 "어떵 ᄒᆞ민 ᄌᆞ식 잇이쿠과."[142] "절간 법당 강, 〔심방이 침을 삼킨다.〕 원불수룩(願佛水陸)[143] 들이문,[144] 이엣 ᄌᆞ식생불(子息生佛) 잇일[145] 듯 헙네다." 일러두고

데서는 금법당(-法堂)

도올라 사고

〔말〕 이엣 김진국 대감은 이엣 수벨캄(首別監) 수장남 느진덕 다 불러놓아, 데벡미도(大白米) 짝ᄉᆞᆯ[146] 없이 벡근 쳅고[147] 소벡미도(小白米) 짝ᄉᆞᆯ 엇이

벡근 체우곡

〔말〕 물멩지[148] 강멩지[149] 고리비단[150] 능라비(綾羅緋) 세미녕(細-)[151] 서마페[152]

---

136) 데서가 : 대사가.
137) 권제 : 시주.
138) 받으레 : 받으러.
139) 네려오라 : 내려와.
140) 집떠 : 짚어.
141) 어떠 ᄒᆞ여 : 어떻게 해서.
142) 잇이쿠과? : 있겠습니까?
143) 원불수룩(願佛水陸) : 기자(祈子) 하는 불공의 뜻.
144) 들이문 : 드리면.
145) 잇일 : 있을.
146) 짝ᄉᆞᆯ : 짝쌀.
147) 쳅고 : 채우고.
148) 물멩지 : 물명주.
149) 강멩지 : 명주.
150) 고리비단 : 고리문양의 비단.
151) 세미녕(細-) : 좋은 무명.

송낙지[153] 가사지,[154] 돈 천금(千金) 은(銀) 말냥(萬兩) 득근허게[155]

체우렌[156] 허여근[157]

〔음영〕 체와 놓고 마바리에 시꺼[158] 금법당(-法堂) 원불수룩(願佛水陸) 가난

먼 올레[159] 당ᄒᆞ고

법당 직헌[160] 땅나구리[161]

늬[162] 발 꿀련[163] 주꺼간다.[164]

〔말〕 데서님은 법당 직헌

속한이 불러 놓고

〔말〕 "야 속한아." "예." "땅나구리 어찌 주끄겟느냐." "늬 발 꿀련 주껌수다."[165]

"지국성 김진국

〔말〕 원불수룩(願佛水陸) 오랏저[166] 진안느로[167] 청허라."

〔음영〕 진안느로 청허여 갓엉 간 거 부처님 앞에 큰상 잇인디,[168] 그 상 우이[169]

올려놓고

데축남은[170] 은저울데로[171] 저울연[172]

---

152) 서마페 : 서양 베.

153) 송낙지 : 고깔 만들 종이.

154) 가사지 : 가사 만들 천.

155) 득근허게 : 가득하게.

156) 체우렌 : 채우라고.

157) 허여근 : 하여서.

158) 시꺼 : 실어.

159) 올레 : 큰 길에서 집까지 이어진 작은 길.

160) 직헌 : 지키는.

161) 땅나구리 : 여기에서는 개를 일컫는 말이다.

162) 늬 : 네.

163) 꿀련 : 꿇려서.

164) 주꺼간다 : 짖어간다.

165) 주껌수다 : 짖고 있습니다.

166) 오랏저 : 왔다.

167) 진안느로 : 안으로.

168) 잇인디 : 있는데.

169) 우이 : 우에.

170) 데축남은 : 수수깡은.

〔음영〕 또이 김진국 대감 ᄌᆞ진국 부인

뜬[173] 방 출련 ᄒᆞ루 이틀

〔말〕 ᄒᆞᆫ 돌[174] 두 돌 석 돌을 수룩을 드리고, 〔음영〕 벡 일체[175] 수룩이 드려온디[176] ᄌᆞ진국 부인은

〔말〕 "아이고 데서님 영 허다 정 허단[177]

말도 엇어 지어산."

〔말〕 영 허난 김진국 대감님앞이 가 "대감님 옵서 넬랑[178] 수룩 드려나건[179] 집이[180] 가게. 석 덜이[181] 넘어 벡일(百日) 굽[182] 놓아도 좋다 궂단[183] 말도 엇고 애기도 시키여[184] 엇이키엔."[185] 말도

엇어지고[186] 허난

〔음영〕 "어서 걸랑[187] 경 헙서."[188] 〔말〕 헌디[189] 그날 ᄌᆞ녁[190] 김진국 대감님과 ᄌᆞ진국 부인 네웨간이,[191] 청감주[192] 호박안줄[193] 먹어 퉤여[194]

---

171) 은저울데로 : 은저울대로.
172) 저울연 : 저울여서.
173) 뜬 : 딴.
174) ᄒᆞᆫ 돌 : 한 달.
175) 일체 : 일째.
176) 드려온디 : 드려왔는데.
177) 영 허다 정 허단 : 이렇게 하다 저렇게 하다는.
178) 넬랑 : 내일랑은.
179) 드려나건 : 드려나면.
180) 집이 : 집에.
181) 석 덜이 : 석 달이.
182) 벡일 굽 : 백일 고비.
183) 궂단 : 궂다는.
184) 시키여 : 있겠다.
185) 엇이키엔 : 없겠다고.
186) 엇어지고 : 없어지고.
187) 걸랑 : 거랑은.
188) 헙서 : 하십시오.
189) 헌디 : 한데.
190) ᄌᆞ녁 : 저녁.
191) 네웨간이 : 내외간에.
192) 청감주 : 감주.

삽데다에-.

〔말〕 뒷날 아척[195] 나간[196] 수룩 디련[197] 끗나난[198] ᄌ진국 부인은 대감님 데서님보고 허는 말이 "데서님아 우리 ᄒ룰도[199] 아니고 이젠 석덜이 넘언[200] 벡일(百日) 굽낫수게."[201] "예." "우리 법당 하직 시겨줍서."[202] "기영 협서 헌디양[203] 지난 밤 아무 선몽[204] 엇입데가?"[205] "잇입데다[206] 〔음영〕 청감주예 호박안줄 먹어뵙데다." 〔말〕 "술에 ᄌ수지에[207] 돗궤기나[208] 쉐궤기[209] 안줄 먹에 뷉이민[210]

아덜[211] 날 건디[212]

〔음영〕 호박안주 청감주 먹어붸엿데는[213] 집이 강 좋은 날ᄌ[214] 텍일(擇日) 받앙,[215]

합궁(合宮) 일에

멧어봅서."[216]

---

193) 호박안줄 : 호박안주를.
194) 붸여 : 보아서.
195) 아척 : 아침.
196) 나간 : 나가서.
197) 수룩디련 : 수륙불공 드려서.
198) 끗나난 : 끝나니까.
199) ᄒ룰도 : 하루도.
200) 넘언 : 넘어서.
201) 낫수게 : 되었습니다.
202) 시겨줍서 : 시켜주십시오.
203) 헌디양 : 한데요.
204) 선몽 : 현몽(現夢).
205) 엇입데가? : 없었습니까?
206) 잇입데다 : 있었습니다.
207) ᄌ수지에 : 소주에.
208) 돗궤기나 : 돼지고기나.
209) 쉐궤기 : 소고기.
210) 뷉이민 : 보였으면.
211) 아덜 : 아들.
212) 날 건디 : 낳을 건데.
213) 먹어붸엿데는 : 먹어보였다는.
214) 날ᄌ : 날자.
215) 텍일 받앙 : 택일 받아서.
216) 멧어봅서 : 맺어보십시오.

〔음영〕 "어서 걸랑 기영 헙서." 〔말〕 법당 하직허여

김진국 대감 ᄌ진국 부인 집이오라[217] 좋은 날ᄌ 텍일(擇日) 받아, 부부간 천상배필(天上配匹)

무어[218] 삽데다에–.[219]

〔말〕 무어산[220] 이젠 ᄒᆞᆫ 둘 두 둘 석 둘 열흘이 넘어가난 ᄌ진국 부인 포테(胞胎) 갖인[221] 기섹이 나고 아ᄒᆞ 열 둘[222] 차 또 낳는 게

ᄄᆞᆯ[223] 아기 소셍허난[224]

〔말〕 ᄌ진국 부인은 김진국 대감님보고 "이 아기 일름은[225] 뭣이엔[226] 지우쿠과?"[227] 〔음영〕 "난 이 애기 ᄌ청헨[228] 나시난[229]

ᄌ청비로

〔말〕 지우쿠덴."[230] ᄒᆞ난, ᄌ진국 부인은

"난 가련 적막ᄒᆞ게 본간[231] 〔말〕 또이 가령비로." 짐진국 대감님은 지우켄 ᄒᆞ난, 이에 ᄌ진국 부인은 "ᄌ청헨 난[232] 아기

ᄌ청비로

〔음영〕 지우리다 가령나다 가령비 ᄌ청나다 ᄌ청비 첫 이름 지왕[233] 궂이문[234]

---

217) 집이오라 : 집에 와서.
218) 무어 : 맺어.
219) 삽데다 : 삽니다.
220) 무어산 : 맺어 살아서.
221) 갖인 : 가진.
222) 아ᄒᆞ열 둘 : 아홉 열 달.
223) ᄄᆞᆯ : 딸.
224) 소셍허난 : 소생(所生)하니까.
225) 일름은 : 이름은.
226) 뭣이엔 : 무엇이라고.
227) 지우쿠과? : 짓겠습니까?
228) ᄌ청헨 : 자청(自請)해서.
229) 나시난 : 낳으니까.
230) 지우쿠덴 : 짓겠습니다.
231) 본간 : 본다.
232) 난 : 낳은.
233) 지왕 : 지어서.
234) 궂이문 : 궂으면.

두 번쩨 이름 지우깃법

마련ᄒᆞ고 이 아기 상다락 중다락, 하다락을 무어 키와가는디

열뎃 넘어 가는디 ᄒᆞ룰날은

〔말〕 늦인덕정하님 세답(洗踏)허연 오란, 세답(洗踏) 넛는[235] 걸 보난 손발이 고와지언[236] 세답(洗踏) 다 너난[237] "야 늦인덕아." "양." "는 어떵 헤연 메날 세답(洗踏)ᄒᆞ고 일헤도이." "으." "손발이 고와지는디

난 놀아도 손발이 〔말〕 영 궂어지다." "아이고 ᄒᆞᆫ 일 알고 두 일 모른

상전님아

〔말〕 날광[238] ᄀᆞ치록[239] 세답(洗踏)을 허여봅서." "기여." 그떼에 나산[240] 고운 거 궂은 거, 몬[241] 제견[242] 나둿단[243]

네여[244] 놓아

〔말〕 ᄀᆞ는데질구덕에[245] 담안,[246] 주천당 연네못디[247] 연세답(-洗踏) 간, 이 팡더레[248] 사민[249] 궁굴궁굴 저 팡에 사도 궁굴궁굴 "야 늦인덕아." "야." "어떵 연[250] 난 이 팡 사도 궁굴곡 저 팡 사도 궁굴엄쩌."[251] 느진덕정하님은 "아이고 상전임 경 헌 소리 허지맙서." "무신 말이냐?" "팔자 ᄉᆞ주[252] 기렴ᄒᆞ고[253] 험악ᄒᆞᆯ 인셍은양."

---

235) 넛는 : 너는.
236) 고와지언 : 고와서.
237) 너난 : 너니까.
238) 날광 : 나와.
239) ᄀᆞ치록 : 같이.
240) 나산 : 나서서.
241) 몬 : 모두.
242) 제견 : 쌓아서.
243) 나둿단 : 놔두었다가.
244) 네여 : 내어.
245) ᄀᆞ는데 : 가는 대나무로 만든 등에 짐을 져 나를 때 쓰는 큰 바구니.
246) 담안 : 담아서.
247) 연네못디 : 연네못에.
248) 팡더레 : 넓직한 돌 따위를 놓아 만든 자리로.
249) 사민 : 서면.
250) 연 : 해서.
251) 궁굴엄쩌 : 구르고 있다.
252) 팔자ᄉᆞ주 : 팔자사주(八字四柱).

“어.” 〔음영〕 “산짓물에[254] 가도

궁군[255] 팡에 산덴[256] 헙데다.”

〔말〕 그 말 끗덴[257] ᄌᆞ청빈 아무 말도 못네허여[258]

세답을 허는디 옥황 문왕성 문도령이 아덜[259] 지국성 거무선생앞이[260]

글공비 활공비[261] 오라[262] 간다.

〔말〕 글공비 활공비 오단 보난[263] 주천강 연못디 곱닥헌[264] 지집아이,[265] 두 개가 앚안[266] 세답(洗踏)ᄒᆞ는 걸 보난 〔심방이 조사자를 향해 말을 한다. 〈“아마 우리 ○○○[267] 선생보다 더 고왓일[268] 거라이. 영 ᄒᆞ여 아 ○○이가 아니고 ○○이 으, 그 똑바로 허여. 예 알앗수다.”[269]〉〕 응.

드려가며[270]

〔말〕 어떵 연 히야가실[271] 허영[272] 넘어가린[273] 헌 게 페지박[274] 네여놓안[275] ᄌᆞ끗

---

253) 기렴ᄒᆞ고 : 그립고.

254) 산짓물에 : 산짓물은 제주시 삼성혈(三姓穴) 동쪽에서 제주항 쪽으로 흘러내리는 내. 팔자가 궂은 사람은 산짓물에 빨래를 하러 가도 많은 돌 중에도 나쁜 곳에서 하게 된다는 것을 비유한 말.

255) 궁군 : 구르는.

256) 산덴 : 선다고.

257) 끗덴 : 끝에는.

258) 못네허여 : 못하여.

259) 아덜 : 아들.

260) 거무선생앞이 : 거무선생에게.

261) 글공비 활공비 : 글공부 활(弓)공부.

262) 오라 : 와.

263) 오단 보난 : 오다가 보니까.

264) 곱닥헌 : 곱다란.

265) 지집아이 : 계집아이.

266) 앚안 : 앉아서.

267) ○○○ : 조사자들 중 한 명.

268) 고왓일 : 고왔을.

269) 알앗수다 : 알았습니다.

270) 들여가며 : 들어가며.

271) 히야가실 : ‘히야가실’은 놀림이나 눈요기를 가리키는 일본말 ひやかし.

272) 허영 : 해서.

273) 넘어가린 : 넘어가리 하고.

274) 페지박 : 표주박.

디[276] 오란[277] "아이고 미안홉주만은[278] 세답ᄒᆞ는디 미안ᄒᆞ우다[279] 물 ᄒᆞᆫ 박만[280] 떠 줍서." 영 허연 ᄀᆞᆯ으난[281] ᄌᆞ청빈 복기[282] 그걸 페지박 빼연[283] 물 떠놓고, 그 안터렌[284] 버드남[285] 이파리 숨[286] 복히 홀터단[287] 톡ᄒᆞ게[288] 담안 주난[289] 문도령은, "아이고 얼굴광 ᄆᆞ음광[290] 답지[291] 못ᄒᆞᆫ 아기씨 닮수다."[292] ᄌᆞ청빈 "무사마씸."[293] "아니 곱닥헌 물에 티가 들엇이민[294] 틸 앗언[295] 데껴둬근에[296] 줘사[297] ᄒᆞᆯ 겐디[298] 곱닥헌 물에 또 틸 담앙[299] 주는 일이

어떤 일이우꽈."[300]

〔말〕 "아이고 이 도령 저 도령 멍청ᄒᆞᆫ 도령 나 ᄀᆞ만이[301] 보난 먼질[302] 헹ᄒᆞ는

---

275) 네여놓안 : 내어놓아서.
276) ᄌᆞᆺ끗디 : 곁에.
277) 오란 : 와서는.
278) 홉주만은 : 하지만은.
279) 미안ᄒᆞ우다 : 미안합니다.
280) ᄒᆞᆫ 박만 : 한 바가지만.
281) ᄀᆞᆯ으난 : 말하니까.
282) 복기 : 힘껏.
283) 빼연 : 빼어서.
284) 안터렌 : 안으로.
285) 버드남 : 버드나무.
286) 숨 : 순.
287) 홀터단 : 훑어다가.
288) 톡ᄒᆞ게 : 담아주는 모양을 이름.
289) 주난 : 주니까.
290) 얼굴광 ᄆᆞ음광 : 얼굴과 마음과.
291) 답지 : 닮지.
292) 닮수다 : 같습니다.
293) 무사마씸? : 왜요?
294) 들엇이민 : 들었으면.
295) 앗언 : 가져서.
296) 뎃겨둬근에 : 던져둬서.
297) 줘사 : 주어야.
298) ᄒᆞᆯ 겐디 : 할 것인데.
299) 담앙 : 담아서.
300) 일이우꽈? : 일입니까?
301) ᄀᆞ만이 : 가만히.

거 닮고[303] 물을양, 괄락괄락 목 알레레[304] ᄂᆞ류왕[305] 물에 체 나민[306] 물에 체ᄒᆞᆫ 건약도 엇곡[307] 목돌지름[308] 빼어도 먹돌지름도 나도

아니 헙네다.

〔말〕 "경 ᄒᆞ우꽈." 그떼엔 ᄌᆞ청비가 "어드레[309] 가는 도령이꽈?" "아이고 나 옥황에 문왕성이 아덜 문도령인디양." "어." "거무선생앞이 글공비 감수다.[310]" "아이고 경 ᄒᆞ우꽈."

〔음영〕 "나도 우리 집이 가민

〔말〕 우리 동생 오라방 잇수다게 우리 오라비 신디[311] 이엣 벗 엇언 글공비 못 감수다." "경 ᄒᆞ우꽈 게민,[312] 나영[313] ᄀᆞ찌[314] 보냅서." 경 허단 세답 몬딱[315] 허우쳐[316] 담아앗언[317] 집이 오란 젖인[318] 세답(洗踏)은 젖인 데로

ᄆᆞ른[319] 세답(洗踏)은

ᄆᆞ른 데로

〔말〕 놓아두고 이젠 어머님 아버님앞이 간, "아바지" "무사?" "나 글공비 가쿠다."[320] "누게가[321] 지집년이[322] 글공비 ᄒᆞᆫ덴[323] ᄒᆞ드냐?"[324] "아이고 아바지 아바지

302) 먼질 : 먼길.
303) 닮고 : 같고.
304) 알레레 : 아래로.
305) ᄂᆞ류왕 : 내려서.
306) 나민 : 나면.
307) 엇곡 : 없고.
308) 목돌지름 : 후두 뼈대의 연골.
309) 어드레 : 어디로.
310) 감수다 : 가고 있습니다.
311) 신디 : 있는데.
312) 게민 : 그러면.
313) 나영 : 나하고.
314) ᄀᆞ찌 : 함께.
315) 몬딱 : 전부.
316) 허우쳐 : 허우적거려.
317) 담아앗언 : 담아가지고.
318) 젖인 : 젖은.
319) ᄆᆞ른 : 마른.
320) 가쿠다 : 가겠습니다.

영 어머니영[325] 산 떼사 종이문서[326]영 축지방이영[327] 쓸 일 엇주마는[328] 아바지영 어머니영 살당[329]

죽어불민[330]

〔말〕 축지방(祝紙榜)은 누게[331] 쓰곡 이 제산센 누게가 보곡

종이문센 누게가 봅네까?"

〔음영〕 "어서 ᄆᆞ심양[332] 허라." 〔말〕 그것도 ᄀᆞᆯ안[333] 보난 또 ᄀᆞᆮ는[334] 말도 이엣 김진국 대감

ᄀᆞᇀ아 붼다.[335]도 ᄀᆞᆯ

또 어머님앞이 간 "어머님." "무사?" "나 글공비 가쿠다." "야 이 지집년이 남도 낫저[336] 누게가 지집년이 글공비 활공비 제주공비[337]

간다더냐."

〔말〕 "어머님 경 ᄒᆞᆫ 말 허지 맙서[338] 아바지영 어머니영 살당양."[339] "어." "죽으민 종이문세 제산세, 축지방은 누게가 씁네까?"

〔음영〕 "어서 ᄆᆞ심데로[340] 허라."

---

321) 누게가 : 누구가.
322) 지집년이 : 계집년이.
323) ᄒᆞᆫ덴 : 한다고.
324) ᄒᆞ드냐? : 하더냐?
325) 아바지영 어머니영 : 아바지하고 어머니하고.
326) 종이문서 : 종문서.
327) 축지방이영 : 축(祝)지방하고.
328) 엇주마는 : 없지만.
329) 살당 : 살다가.
330) 죽어불민 : 죽어버리면.
331) 누게 : 누구.
332) ᄆᆞ심양 : 마음대로.
333) ᄀᆞᆯ안 : 말해서.
334) ᄀᆞᆮ는 : 말하는.
335) ᄀᆞᇀ아 붼다 : 닮아 보인다.
336) 남도 낫저 : 나기도 났다.
337) 제주공비 : 재주공부.
338) 허지맙서 : 하지 마십시오.
339) 살당양 : 살다가요.

어멍앞이 아바지앞이[341] 허락을 받아 놓고
이녁 방에 간 이제엔
남ᄌ입성[342] 개입성[343] 허연
〔말〕 이엣 올레에 나오란 보난 문도령이 시엇구나[344] "아이고 〔머리를 숙여 인사하는 모양새를 취한다.〕 나 지국성이 김도령이우다." "경 ᄒ우꽈." "난 옥황에 문왕성이 아덜 문도령이우다." "경 ᄒ우꽈."
ᄀ찌 말 ᄀ᠋ᆯ으멍[345]
또이
〔말〕 거무선생앞이 글공빌 가는디 아명헤도[346] 문도령이가 꼭 여ᄌ만 닮아 뵌 "아이고 ᄀ᠋ᆺ사[347] 온 저 누나엔 ᄒ᠋ᆸ디다 누나ᄒ고 똑 닮수다양." 허난 "예." "ᄒ᠋ᆫ 아방에 ᄒ᠋ᆫ 어멍 난 애긴디 오누이가 아이 닮을텍이 잇수꽈." "게메마씸."[348] 말 ᄀ᠋ᆯ안
거무선생앞이 간
인설허고[349]
〔말〕 이엣 글공비 활공비 허여가는디 ᄒ᠋ᆯ룰날은 아이고 ᄌ청빈 소피 보고정[350] 허연, 화장실 변소 칙간에
오라분 떼[351]
〔말〕 거무선생은 문도령 보고 "야 문도령아." "양."[352] "느영[353] 온 거이." "예."

---

340) ᄆ᠋ᆞ심데로 : 마음대로.
341) 어멍앞이 아바지앞이 : 어머니한테 아버지한테.
342) 남ᄌ입성 : 남자입성.
343) 개입성 : 갈아입다.
344) 시엇구나 : 있었구나.
345) ᄀ᠋ᆯ으멍 : 말하면서.
346) 아명헤도 : 아무리 해도.
347) ᄀ᠋ᆺ사 : 아까.
348) 게메마씸 : 글쎄요.
349) 인설허고 : 인사를 하고.
350) 보고정 : 보고 싶어서.
351) 오라분 떼 : 와버린 때.
352) 양 : 예.
353) 느영 : 너하고.

〔음영〕 "ᄉᆞ나이가?[354] 지집아이가?"[355] 〔말〕 "ᄉᆞ나이우다."[356] "진짜가?" "예." "경 ᄒᆞ거들랑 닐[357] 아침이 헤돋이[358] 삼베중이 입엉

저 난간더레[359]

나삿다[360] 보저.[361]

여ᄌᆞ 남ᄌᆞ 분간 시겨주마."[362]

〔말〕 아이고 ᄌᆞ청비 ᄆᆞᆫ 온디[363] 그 말 ᄀᆞᆯ으난 그 말 들언[364] 술짝[365] 물러산[366] 잇단[367] 이엣

하늘 천 따 지 문도령 허여 가난

들어간 못 들은 첵[368] 허연 이엣 〔음영〕 글공비 끗나난[369] '아이고 어떠민

ᄉᆞ나이 헹척[370] 출리코'[371]

〔말〕 영 ᄒᆞ여 뒷칩이,[372] 하르방앞이[373] 간 불치통[374] 빌언[375] 맞추난[376] 꼬지락ᄒᆞᆫ

354) ᄉᆞ나이가 : 사내인가.
355) 지집아이가 : 계집아이인가.
356) ᄉᆞ나이우다 : 사내아이입니다.
357) 닐 : 내일.
358) 헤돋이 : 해돋이.
359) 난간더레 : 난간으로.
360) 나삿다 : 나섰다.
361) 보저 : 보자.
362) 시겨주마 : 시켜주마.
363) ᄆᆞᆫ 온디 : 전부 왔는데.
364) 들언 : 들어서.
365) 술짝 : 살짝.
366) 물러산 : 물러서서.
367) 잇단 : 있다가.
368) 첵 : 척.
369) 끗나난 : 끝나니까.
370) 헹척 : 행착.
371) 출리코 : 차릴까.
372) 뒷칩이 : 뒷집에.
373) 하르방앞이 : 할아버지한테.
374) 불치통 : 재통.
375) 빌언 : 빌어서.
376) 맞추난 : 맞추니까.

게 〔음영〕 조젱이도[377] 닮아 붸고[378] 이엣 동네 뜨로[379] 물[380] 질르는[381] 디 간 물똥[382] 두 벙뎅이[383] 줏어다[384] 놓고 이엣 기제헤연[385] 오제미[386] 짠[387] 담안 돌아메난[388] 동그랑ᄒᆞ게[389] 불득세기도[390]

닮아지엇구나.[391]

영 헤여[392]

〔말〕 그날 ᄌᆞ냑 누워 아침이 삼베중이[393] 입언

나오렌[394] ᄒᆞ난

〔말〕 삼베중이 입언 나가난 "저 난간 우이[395] 나사라."[396] 헤돋이에 난간 우이 네세완[397] 거무선생은 문도령앞이도 간 앞이도 보곡[398] 뒤로 보곡 ᄌᆞ청비앞이도 오랑 앞으로 뒤으로 알로 웃터레[399] 문 그냥 조사허젠

이에 베려간다.[400]

---

377) 조젱이도 : 자지도.
378) 닮아 붸고 : 같아 보이고.
379) 뜨로 : 따로.
380) 물 : 말(馬).
381) 질르는 : 기르는.
382) 물똥 : 말똥.
383) 벙뎅이 : 덩어리.
384) 줏어다 : 주워다.
385) 기제헤연 : 기지(機智)를 발휘해서.
386) 오제미 : 오자미.
387) 짠 : 짜서.
388) 돌아메난 : 달아매니까.
389) 동그랑ᄒᆞ게 : 동그랗게.
390) 불득세기도 : 불알도.
391) 닮아지엇구나 : 같아졌구나.
392) 영 헤여 : 이렇게 해서.
393) 삼베중이 : 베로 만든 중의.
394) 나오렌 : 나오라고.
395) 우이 : 위에.
396) 나사라 : 나서라.
397) 네세완 : 내세워서.
398) 앞이도 보곡 : 앞에도 보고.
399) 알로 웃터레 : 아래로 위에로.

〔말〕 베리단 "야." "양." "느네덜[401] 훈번 오줌 골길[402] 네기나[403] 헤보라." "경 홉서." 문도령이 앞산[404] 그자 원영이정[405] ᄉ나이 녀석이난 네놘[406] 이엣 골리는[407]게 여릿돌[408] 앞디레[409] 조로르ᄒ게[410] 떨어지고, ᄌ청빈 이기젠[411] 엎더지멍 갈라지멍[412] 골리는 게 두 줌 주언[413] 방축 반을[414] 앚언 오줌을 골깁디다[415] ᄒ난 "이것도 아니 뒈키여[416] 느네 씨름덜 훈 번 헤보라." "경 헙서." 훈 번 이기민[417] 훈 번 지고 훈 번 이기민 훈 번 지곡 헤가난 시간은 간다.

"그만덜 헹 오라 공부ᄒ게."

공부시겨 가는디

〔말〕 그날 저녁엔 ᄌ청빈, 풰[418] 써사주[419] 그냥 〔음영〕 눅당[420] 이에 ᄋ녀르[421] ᄌ석 나앞이[422] 놀려들민[423] 어떵 허콘[424] 허연 〔말〕 시숫데양에[425] 물 떠단[426] 구들

---

400) 베려간다 : 보아간다.
401) 느네덜 : 너희들.
402) 골길 : 갈기기를.
403) 네기나 : 내기나.
404) 앞산 : 앞서서.
405) 원영이정 : 사물의 근본 원리나 도리.
406) 네놘 : 내놓아서.
407) 골리는 : 갈기는.
408) 여릿돌 : 디딤돌.
409) 앞디레 : 앞으로.
410) 조로르ᄒ게 : 조르륵하게.
411) 이기젠 : 이기려고.
412) 엎더지멍 갈라지멍 : 엎어지면서 나자빠지면서.
413) 주언 : 쥐어서.
414) 방척반 : 평방척으로 제곱 눈금을 매긴 자의 한 자 반.
415) 골깁디다 : 갈깁니다.
416) 뒈키여 : 되겠다.
417) 이기민 : 이기면.
418) 풰 : 꽤.
419) 써사주 : 써야지.
420) 눅당 : 누웠다가.
421) ᄋ녀르 : 요녀석.
422) 나앞이 : 나 앞에, 나에게.
423) 놀려들민 : 날아들면.
424) 허콘 : 할까.

가운디, 놓고 무남제[427] 두 갠 딱 걸쳐 놘[428] "문도령이랑 저 저 〔심방이 앞을 향해 가리킨다.〕 저 펜더레[429] 저 펜데레 눕곡 난 이 펜이[430] 누쿠다.[431]" 영 헨[432] 게난[433] 또 문도령은 또 순헌[434] 양반이난 그자 원헹이정으로 곧는양 주청비 곧는양 들언, 저쪽 이쪽 우알 굴련,[435]

누웟인디마는[436]

〔음영〕 아이고 문도령인 〔말〕 경 ᄒᆞ단 자당[437] 몸질[438] 허는 첵 ᄒᆞ멍 주청비 앞더레 와졍[439] 이거 건드리민[440] 글공비 활공비 떨어질 게고 주청빈 ᄆᆞ옴 놘[441] 콧소리

치멍 자 간다.

〔말〕 뒷날부터 글공비 활공비

제주공비 강 허민

〔말〕 아이고 문도령인 졸멍 자멍 앞임뎅이[442] 좆이멍,[443] 글공비ᄒᆞ젠 ᄒᆞ난 글공비 활공비 주청비앞이

떨어지어 갑데다.

〔말〕 영 ᄒᆞ여 ᄒᆞᆫ 헤 두 헤 넘고 연삼년 퉤여 가는디 ᄒᆞ룰날은, 〔음영〕 문도령이가

---

425) 시숫데양에 : 세숫대야에.
426) 떠단 : 떠다가.
427) 무남제 : 제주에서 굿을 할 때 향나무 가지를 짧게 쪼개어 두 개씩 메 위에 꽂아 두는 향나뭇가지.
428) 걸쳐 놘 : 걸쳐 놓아서.
429) 펜더레 : 편으로.
430) 이 펜이 : 이 편에.
431) 누쿠다 : 눕겠습니다.
432) 영 헨 : 이렇게 해서.
433) 게난 : 그러니까.
434) 순헌 : 순한.
435) 우알 굴련 : 위아래 갈라서.
436) 누웟인디마는 : 누웠는데 마는.
437) 자당 : 자다가.
438) 몸질 : 몸부림.
439) 와졍 : 와져서.
440) 건드리민 : 건드리면.
441) ᄆᆞ옴 놘 : 마음 놓아서.
442) 임뎅이 : 이마.
443) 좆이멍 : 쪼면서.

올레에 간[444] 오란게만은

편지 갖언 오란

〔말〕 "아이고 선성님 나 장게[445] 가렌양[446] 펜지 오랏수다." "기여[447] 가라."

〔음영〕 또 이이

ᄌᆞ청비도

'아이고 나도 그냥 잇당[448] 거무선생안티 좀든[449] 떼에 겁탈이나 당ᄒᆞ민 어떵 허린.'

〔말〕 거짓말 펜지[450] 씨어 이에 올레 간 놧단[451] 이에 둣날은[452]

간[453] 보는 책 ᄒᆞ명

이에 앚언 오란 "아이고 나도 집이서 장게 가렌 펜지 오랏수다." "기여 느네 올 떼도 ᄀᆞᆯ찌 오랏고 갈 떼도 어서

ᄀᆞᆯ찌 가라."

"어서 걸랑 경 헙서." 〔말〕 거무선생 앞이 하직을 ᄒᆞ고 집으로 돌아오는디

ᄌᆞ청도령이

허는 말이 〔말〕 "문도령님아?" "무사마씀." "우리 저 연삼년 글공비 ᄀᆞᆯ찌 헷수게."[454] "어." "글공빌 ᄀᆞᆯ찌 헷인디 ᄒᆞᆫ 번토 뚬[455] 밀언[456] 뗄[457] 밀어보지 못ᄒᆞ고 모욕도 못헤 봣이난[458] 우리 누님 만나난 주천당 연못디 강 〔음영〕 몸모욕허영 갈

---

444) 오란게마는 : 오더니마는.
445) 장게 : 장가.
446) 가렌양 : 가라고요.
447) 기여 : 그래.
448) 잇당 : 있다가.
449) 좀든 : 잠든.
450) 펜지 : 편지.
451) 놧단 : 놨다가.
452) 둣날은 : 뒷날은.
453) 간 : 가서.
454) ᄀᆞᆯ찌 헷수게 : 함께 했습니다.
455) 뚬 : 땀.
456) 밀언 : 밀어서.
457) 뗄 : 떼를.
458) 봣이난 : 보았으니까.

려[459] 사기[460] 어떵 허우꽈?"

"어서 걸랑 기영 헙서."

영 허여

〔말〕 말을 허난 ᄀ들ᄀ들[461] 주천당 연못디 가난 또 ᄌ청도령이 ᄒ는 말이 "저 문도령님?" "양." "글공비 활공비 제주공비 나앒이 떨어졋고 난 이겻이난[462] 문도령이랑 알통에[463] 강 ᄀᆞᆷ으민[464] 난 우통에서[465] ᄀᆞᆷ으쿠다."[466]

"어서 걸랑 기영 헙서."

〔음영〕 문도령인 ᄉ나인 녀석이라근

〔말〕 우알로[467] 활딱 벗어 담 우터레[468] 지쳐 두고[469] 물에 팡당ᄒ게 빠젼[470] 동더레 서러레[471] 팡당팡당 히여[472] 뎅기고[473] ᄌ청빈 웃통 벗는 첵[474] 웃통에서 허단[475] 술짝[476] 입고 버드남 이파리 하나 툳안[477]

〔음영〕 "아이고 이 어리석고 미혹헌 문도령아

연삼년 글공비 활공비 제주공비 허여도 남ᄌ 여ᄌ 분간 못허는 멍청헌 문도령아."

〔말〕 버드남 이파리에 씨연 물러리에[478] 티완[479] 네비여뒨[480] 도망을 가고 문도령인

---

459) 갈려 : 갈라.

460) 사기 : 서기.

461) ᄀ들ᄀ들 : 천천히 하는 모양. 힘 안들이고 여유있게 걸어가는 모양.

462) 이겻이난 : 이겼으니까.

463) 알통에 : 아래통.

464) ᄀᆞᆷ으민 : 감으면.

465) 우통에서 : 위통에서.

466) ᄀᆞᆷ으쿠다 : 감겠습니다.

467) 우알로 : 위아래로.

468) 우터레 : 위에로.

469) 지쳐두고 : 쳐두고.

470) 빠젼 : 빠져서.

471) 동더레 서러레 : 동으로 서로.

472) 히여 : 헤어.

473) 뎅기고 : 다니고.

474) 벗는 첵 : 벗는 척.

475) 허단 : 하다가.

476) 술짝 : 살짝.

477) 툳안 : 뜯어서.

히여 뎅기단[481] 그걸 봉간[482] 보난,

ᄌᆞ청비 글이로구나.

〔음영〕 김도령 글이로구나.

〔음영〕 나오란 보난 좇일[483] 몽둥이 ᄒᆞ나도 엇고 아무것도 아이 보이고 ᄒᆞᆫ참은[484] ᄒᆞ게 데가리만[485] 베쭉거리멍[486] ᄃᆞᆯ암구나[487] ᄌᆞ게[488] 옷 입엉 이엣 ᄌᆞ청비 심젠[489] 헌 게, 그만 바지 ᄒᆞᆫ 가달에[490] 시[491] 가달 찔러 ᄂᆞᆼ 씨러지곡[492] 헐 떼 동녯 할망 똥 ᄌᆞᆺ ᄆᆞᆯ똥 ᄌᆞᆺ으레 뎅기단 이거 어디 영 멍청헌 도령이 시니 두리멍청ᄒᆞᆫ[493] 짓 이엣 〔말〕 "두리멍청 ᄒᆞᆫ 게 아니우다. 저디 저 ᄃᆞᆮ는[494] 게 지집아인디양, 연삼년 나 글공비 ᄒᆞ멍 날 쉑연양."[495] '지집년이 ᄃᆞᆯ으민 얼마나 ᄃᆞᆯ으리'[496] ᄎᆞ레데로[497] 옷 입어근 '두 자국 반이문[498] 심주기.'[499] ᄎᆞ레데로 문도령이 못 입언 허리띠 메연[500] 와작착 두 자국 반에 ᄃᆞᆯ으난, ᄌᆞ청비 집 먼 올레 어귓담 당허난 뒷꼭지 폭 심언[501] "요년[502]

---

478) 물러리에 : 물에.
479) 티완 : 띠워서.
480) 네비여� : 내버려두고서.
481) 히여 뎅기단 : 헤엄쳐 다니다가.
482) 봉간 : 주워서.
483) 좇일 : 쫓을.
484) ᄒᆞᆫ참은 : 한참은.
485) 데가리만 : 머리만.
486) 베쭉거리멍 : 비쭉거리면서.
487) ᄃᆞᆯ암구나 : 달아나는구나.
488) ᄌᆞ게 : 빨리.
489) 심젠 : 잡으려고.
490) 가달에 : 가닥에.
491) 시 : 세.
492) 씨러지곡 : 쓰러지고.
493) 두리멍청ᄒᆞᆫ : 사고력이 모자라서 어리석고 정신이 흐릿한.
494) ᄃᆞᆮ는 : 달리는.
495) 쉑연양 : 속여서요.
496) ᄃᆞᆯ으리 : 달리리.
497) ᄎᆞ레데로 : 차례대로.
498) 반이문 : 반이면.
499) 심주기 : 잡지.
500) 메연 : 매서.

몽근년[503] 어드레[504] 날 쉑연[505] 돌아나젠[506] 헴시니?"[507] "아이고 문도령님아."

즈청빈 허는 말은

〔말〕"이거 놉서.[508] 우리 아바지 어머니 알민양[509] 〔음영〕 청뎃섭으로[510] 나 목 굴려[511] 죽입네다. 〔말〕 술째기[512] 나만 들어 강 아바지 어머니앞이[513] 글공비[514] 헤영 오랏수덴[515] 헤영, 인스[516] 허여두고

〔말〕 영 ᄒᆞ영 오랑[517] 돌앙 가쿠다."[518] "경 못ᄒᆞ민 어찌 ᄒᆞ겟느냐?" 〔음영〕 "그때랑 저 어룬[519] 허고픈냥[520]

협소서."

〔말〕 일러두고 게민 경 ᄒᆞ렌 ᄒᆞ연 문도령인 올레 어귓담에[521] 앚안 기다리고 즈청빈 들어간, 또 개입성[522] 허여 "아바지 어머니 나 글공비 활공비 제주공비 〔음영〕 허연 오랏수덴."[523] 허난

---

501) 폭 심언 : 꼭 잡아서.

502) 요년 : 요년.

503) 몽근년 : 상대방 여자에 대한 욕설로 하는 말.

504) 어드레 : 어데로.

505) 쉑연 : 속여서.

506) 돌아나젠 : 달아나려고.

507) 헴시니 : 하고 있니.

508) 놉서 : 놓으십시오.

509) 알민양 : 알면요.

510) 청뎃섭으로 : 청댓잎으로.

511) 목 굴려 : 목 갈려서.

512) 술째기 : 살짝이.

513) 어머니앞이 : 어머니에게.

514) 글공비 : 글공부.

515) 오랏수덴 : 왔습니다고.

516) 인스 : 인사.

517) 오랑 : 와서.

518) 돌앙 가쿠다 : 데리고 가겠습니다.

519) 어룬 : 어른.

520) 허고픈냥 : 하고픈 대로.

521) 어귓담에 : 어귀의 담에.

522) 개입성 : 옷을 갈아입음.

523) 오랏수덴 : 왔습니다.

"나 또 아기 착허다."

〔말〕 착허덴 말 들어놓고 경 ᄒᆞᆫ디 또 ᄌᆞ청비가 "아바지영 어머니영 들읍서."[524) "무슨 거니?" "나영 글공비 연삼년을 헌 친구가양 갈 길이 멀언 〔음영〕 오늘 ᄌᆞ냑[525) 인 밤 세영[526) 가켄[527) ᄒᆞᆫ디[528) 이엣 〔소리〕 ᄒᆞ룻밤 제웡[529) 보네기 어찌 ᄒᆞ오리까?"[530)

〔말〕 영 ᄒᆞ난 김진국 대감은 "야." "양." "열다섯 십오 세 넘엇건 아방 방에 돌아오곡[531) 십오 세 아이 넘엇거들랑 느[532) 방에 돌아가라." "열다섯 십오 센 아이 나고[533) 안직은양[534) 세헤 나사[535) 열다섯 뒌 줄 알고 올리는[536) 열늬 설 반착[537) 벳긴[538) 아이 뒌 듯 헙네다."

〔말〕 "느 방으로 돌앙 가렌."[539) 헤연 아바지앞이 허락을 받아 이에

남ᄌᆞ입성 개입성 허여 여ᄌᆞ입성

〔음영〕 이에 또로[540) ᄒᆞᆫ 불 더 입언 올레에 나간 문도령이앞이 입져 놓고[541) 둘이가 ᄏᆞ찡이[542) 걸어 ᄌᆞ청비 사는 집드레 들어가는 걸 아방 어멍이 보아도 아뭇 소리 엇고[543) 그떼에

---

524) 들읍서 : 들으십시오.
525) ᄌᆞ냑 : 저녁.
526) 밤 세영 : 밤을 새서.
527) 가켄 : 가겠다고.
528) ᄒᆞᆫ디 : 한데.
529) 재웡 : 재워서.
530) ᄒᆞ오리까? : 하겠습니까?
531) 돌아오곡 : 데려오고.
532) 느 : 너.
533) 아이 나고 : 아니 되고.
534) 안직은양 : 아직은요.
535) 나사 : 나야.
536) 올리는 : 올해는.
537) 반착 : 반쪽.
538) 벳긴 : 밖에는.
539) 돌앙 가렌 : 데리고 가라고.
540) 또로 : 다시.
541) 입져놓고 : 입혀 놓고.
542) ᄏᆞ찡이 : 나란히.
543) 엇고 : 없고.

저녁 진지상을 출려 간다 정이 엇인 정수넴인, 이엣 ᄌᆞ청비 애기씨 상전 허는 거동을 그자 앞뒤로 먼 발로 뎅기멍[544] 욮 눈짓으로[545] ᄆᆞᆫ딱[546]

돌아보고[547]

〔음영〕 또 ᄌᆞ청빈 ᄌᆞ녁 진짓상 출련[548] 문도령이앞이 들러단[549] 놔두고 어멍 아방 정이엇인 정수넴이 늦인덱이 데 고넹이[550] ᄌᆞᆷ들민[551] 이엣 문도령이영 오랑 맞상 받젠 ᄒᆞᆫ 게 상다락에 ᄌᆞ청빈 앚안 기다리고 또 문도령인 알엣층에서, 밥상 받안 어느제민[552] 올 건고 이떼 저떼 허당 보난 ᄁᆞᆨ ᄌᆞᆷ이 들어짐직ᄒᆞ연[553] ᄁᆡ난 정신 출련

웃층에 올라간 보난에

〔말〕 아이고 ᄌᆞ청빈 앚안[554] 졸암구나[555] "아이고 이 년아 저 년아. 야 이 ᄌᆞ청도령아."

〔말〕 영 허여근 이에 허난 발딱 그떼사[556] ᄌᆞ청비도

정신 출려 앚언[557]

〔말〕 알에층에 네려오란 맞상 받아먹어 치와두고[558]

또로 ᄌᆞ청비ᄒᆞ고 문도령인 ᄒᆞᆫ 방에 누웟구나 먼동 금동[559] 데명천지 붉아[560] 올 적에 천왕 ᄃᆞᆨ[561] 목 들러 지왕ᄃᆞᆨ[562] 눌겔 [563]들러 인왕ᄃᆞᆨ[564] 꼴리 치멍[565] 지리벤벤[566]

---

544) 뎅기멍 : 다니면서.
545) 욮 눈짓으로 : 옆 눈짓으로.
546) ᄆᆞᆫ딱 : 전부.
547) 돌아보고 : 돌아보고.
548) 출련 : 차려서.
549) 들러단 : 들어다가.
550) 데 고넹이 : 개 고양이.
551) ᄌᆞᆷ들민 : 잠들면.
552) 어느제민 : 언제면.
553) 들어짐직ᄒᆞ연 : 들어짐직해서.
554) 앚안 : 앉아서.
555) 졸암구나 : 졸고 있구나.
556) 그떼사 그때야.
557) 출려 앚언 : 차려가지고.
558) 치와두고 : 치워두고.
559) 먼동 금동 : 먼동이 터서. 금동은 먼동에 운(韻)을 맞추기 위하여 붙인 것.
560) 붉아 : 밝아.
561) 천왕ᄃᆞᆨ : 천왕 닭.

울어 가난 옥황 문국성이서
 올라가젠[567] 허는디[568]
〔말〕 ᄌᆞ청비가 "아이고 도령님아. ᄒᆞᄅᆞᆺ밤을 살아앚엉[569] 만리성 눌르고 ᄒᆞᄅᆞᆺ밤을 줘도, 본메를[570] 줘뒁[571] 갑서." "경 허라."
"아이고 무신 걸로[572]
〔음영〕 이에 본메를 두리." 도골씨[573] ᄒᆞᆫ 방울 잇어[574]
도골씨 ᄒᆞᆫ 방울
〔말〕 네여놓안[575] "요거이." "응." "저 창문 앞이 싱겅[576] 순 나곡 잎 나곡 꼿 피곡 열메 열곡 열메 익엉 따 먹게 뒝
허민 오켄."[577] 이리 허난
〔음영〕 "어서 걸랑[578] 기영 헙서."[579] 도골씨 ᄒᆞᆫ 방울 본메 두어 두고 ᄌᆞ청비 문도령 이별헌다.
〔음영〕 작별헌다 ᄒᆞᆫ디[580] 이에 ᄌᆞ청비 그 놈으 도골씨 ᄒᆞ나 싱건 순 난 잎 나곡 꼿 피고 열메 열고 열메 익엉 따 먹게 뒈도

---

562) 지왕ᄃᆞᆨ : 지왕 닭.
563) ᄂᆞᆯ겔 : 날개를.
564) 인왕ᄃᆞᆨ : 인왕 닭.
565) 꼴리치멍 : 꼬리를 치면서.
566) 지리벤벤 : 의성어 닭울음소리를 나타낸 말.
567) 올라가젠 : 올라가려고.
568) 허는디 : 하는데.
569) 살아앚엉 : 살아가지고.
570) 본메를 : 증표를.
571) 줘뒁 : 주어두고.
572) 무신 걸로 : 무슨 걸로.
573) 도골씨 : '도실씨'로 복숭아씨를 말함.
574) 잇어 : 있어.
575) 네여놓안 : 내 놓아서.
576) 싱겅 : 심어서.
577) 오켄 : 오겠다고.
578) 걸랑 : 그것은.
579) 기영 헙서 : 그렇게 하십시오.
580) ᄒᆞᆫ디 : 한데.

또 이전

〔음영〕 ᄆᆞ음에 든 ᄉᆞ나이 녀석은 아니 온다.

〔말〕 아니 오라 가는 게 ᄒᆞ꼼[581] ᄆᆞ음이[582] 어중구랑[583] ᄒᆞ고 정신이 히엿득[584] 허여 갑데다.

〔음영〕 심네벵(心火病)이[585] 걸린 게 〈저 ○○○[586] 선생 닮수다.〉

〔음영〕 서울서

어느 ᄉᆞ나이 셍각허연

영 허연 올레에 이제랑 나 강 보주긴 먼 올레 간 보난

동네에 집이 〔음영〕 이엣 머심덜 장남덜은 신산곶 도올란 푸나무 장작 아진베기꼿[587] 진달레꼿

허여 앗언

ᄂᆞ려근 옵는디

〔말〕 보난 곱닥ᄒᆞ고 아까완 "야 나 그 꼿 ᄒᆞ나만 주민 아이 뒈크냐?" "야 이 ᄌᆞ청비야." "무사?" "느네 집이 ᄒᆞ룰 삼끼 먹엉이 구석구석 똥 싸곡 줌만 자는 정수넴이 아이 시냐?" "으." "정수넴이앞이

신산곳디 강 푸나무 장적 아진베기 진달레꼿 곱딱ᄒᆞᆫ 거 허여 오렌 허라." 아이고 그 말도 ᄌᆞ청비 들언 보난

닮아지여

〔말〕 안네 오란 정수넴이보고 "야." "양." "ᄒᆞ루 삼끼 먹엉이." "으." "구석구석 뎅기멍 줌자곡, 오줌 똥만 싸지 말앙 놈이 집이 장남덜

ᄀᆞ찌

---

581) ᄒᆞ꼼 : 조금.

582) ᄆᆞ음이 : 마음이.

583) 어중구랑 : 어중간.

584) 히엿득 : 아뜩해서.

585) 심네벵이 : '심네벵'은 심화병(心火病).

586) ○○○ : 조사자중 한 명.

587) 아진베기꼿 : 철쭉꽃.

신산곳 도올라

푸나무 장작

아진베기 진달레꿋

〔음영〕 곱딱ᄒᆞᆫ 것도 ᄒᆞ끔 허영 오라." "경 헙서." 뒷날은 쉐 아홉 물 아홉 질메 집고,[588] ᄌᆞ청비 정심 허여주난

그거 시꺼 앚언 와라치라

물ᄆᆞ쉬 몰아 신산곳 도올라

시간 잇이난 동더레 벋은 가진 쉐 아옵 서드레

벋은 가진

물 아옵

메여 두고

〔음영〕 쉐남석에[589] 좀을 자단 께난디 열락서산

헤 지여 간다.

황기도치 둘러메여

〔음영〕 쉐 아옵 멘 낭도 눅지곡 물 아옵

멘 낭도 눅지고[590] 가지 거지시 거시령[591]

〔음영〕 이엣 쉐에 물에 시껑 오젠 헨 보난 아이고 쉐 아옵도 죽고 물 아옵도 죽엇구나.

'이걸 어떵 허민 좋으리.'

멩게나무[592] 단단 숯불[593] 피와 간다.

쉐가죽 물카죽

〔말〕 문짝 이구십팔 열ᄋᆞ둡 개 벳겨 놓고 그떼엔 또 다시

어허 나저

588) 질메 집고 : 길마를 지우고.

589) 쉐남석 : 흔히 '헤남석'이라 하는데 볕 바른 양지를 말함.

590) 눅지고 : 눕히고.

591) 거시령 : 가지치기해서.

592) 멩게나무 : 청미래 덩굴.

593) 단단 숯불 : 달궈진 숯불.

〔음영〕 아이고 이엣 쉐가죽 쉐궤기 몰궤긴
익엇이냐 설엇이냐
구워 먹단
〔음영〕 남은 건 네비여 두고 이엣 ᄂᆞ려오단 보난 ᄉᆞ만 올리소에 올리 ᄒᆞᆫ 쌍 앚안
놀암구나.
〔음영〕 "우리 애기씨 상전 곤 거 좋아ᄒᆞ난 저거라도 마쳥 강 주저." 황기도치로 다락 마치난 올린 오꼿 놀아나고 황기도친 물쏘굽드레
�라 앚어 갑데다.
ᄀᆞᆯ라 앚으난
아이고 올리도 못 잡고 이에 정이읏인 정수넴인
이에 그 황기도치 네노렌 ᄒᆞ민 어떵 ᄒᆞ콘 ᄒᆞ연 황기도치 ᄎᆞ젠 〔말〕 우알로 갈중이[594] 점벵이[595] 벗언 산담 우이 걸쳐 두고
ᄎᆞ이레 숨방귀[596] 들멍 ᄒᆞᆯ 떼에, 헤변(海邊) 어른덜 산에 간 지들커[597] 헨 오단
〔음영〕 이엣 산담 우이 쉬멍 그 몰가죽 쉐가죽 시난 굽을 텡이헨[598]
온 것이
〔음영〕 엿날 헤변(海邊) 어룬 물질 갈 떼에 구덕 알에 귀에기에[599]
바딧 헌 법 잇수다.
〔음영〕 나오란 보난 아이고 갈중이 점벵이도 없고 쉐가죽 몰가죽도 ᄒᆞ나토 엇어지엇구나 동더레 보난, 버드남닙 서르레 보난 겟남닙 번들번들 헤난
그거 툳아근
이녁 동갑[600] 싸놓고
〔음영〕 올레로 바로 가젱은 허민 ᄌᆞ청비가 기다렴실 게곡 아이고 그 울담 퀴언[601]

594) 갈중이 : 감물들인 중의.
595) 점벵이 : 잠방이.
596) 숨방귀 : 물속에 들어가면서 참는 숨.
597) 지들커 : 땔감.
598) 굽을 텡이헨 : 감추고 가져가는 모습을 표현한 말인 듯.
599) 귀에기 : 귀퉁이.
600) 동갑 : 정수남이 성기.
601) 퀴언 : 뛰어서.

이엣 뒤에 간 장항 시난 그디 간 주젱이 썬

곱아시난

〔말〕 느진덕 정하님 저녁밥은 헤놓고 국 〔음영〕 끌리멍 이엣 국 맛 맞추젱 간장 뜨레 이엣 두에 장항 신 디 오란

보난

〔말〕 장항이 주젱일 씨엿구나 이상ᄒᆞ다 이에 생각ᄒᆞ멍

중껏 둥기문 중끗 중끗 둥기문 중끗

용심 네멍 복깃 심언 둥길 적에 정수넴인 〔음영〕 이엣 장 망데긴가[602] 항아린가 지프멍 일어산 것이

〔말〕 장항은 와쌍 벌러지난, 늦인덕은 겁난 올레에 돌으멍 "상전임 〔음영〕 저 장항 잇인 디 정수넴이 오란 곱앗수다." "앞밧디[603] 버텅[604] 걸라 뒷밧디 작수[605] 걸라

ᄌᆞ각 놈[606] 불르라."

죽이젠 허여 가난

〔말〕 정수넴이 허는 말이 "아이고 상전임아. 내 잘못헌 줄도 알고 목숨 바찌는 건 억울 안 허우다만은 허뒈 〔음영〕 이제ᄁᆞ장 살아 온 말을 허쿠다." 〔말〕 "무신 말이냐?" "아이고 옥황에양 어느 뗸 무신 밧인디사, 〔음영〕 문왕성이 문도령 이엣 궁녜 시녜청 돌아 잇언 신산곳디 노념 놀이게 허는 거 구경 ᄒᆞ단 보난

〔음영〕 아이고 날도 ᄌᆞ물아 ᄌᆞ기 지들커[607] 헹 오젠 ᄒᆞᆫ 게 쉐 아홉 멘 낭 몰 아홉 멘 낭 문짝 눅젼 몰광 쉐 죽게 ᄒᆞ고 에 또로 그냥 네불젠 헤도 그렇고 본메라도 뒤동 오젠 두엉 오젠 쉐가죽 아옵 몰가죽 아옵 이구십팔 여레둡 장에 걸머지어 잇언 오단 보난, ᄉᆞ만 올리소에 올리 ᄒᆞᆫ 쌍 잇안 놀암시난 그거 마쳐 오랑 애기씨 곱닥ᄒᆞᆫ 거 좋아ᄒᆞ난 디리젠 ᄒᆞᆫ 게 황기도친 물쏙에 들어가 불곡 아이고 올린 놀아나

602) 망데기 : 독보다 조금 작고 배가 부른 오지그릇.
603) 앞밧디 : 앞밭에.
604) 버텅 : 형틀.
605) 작수 : 작두의 잘못 발음.
606) ᄌᆞ각 놈 : 자객 놈.
607) 지들커 : 땔감.

불고 나오란 보난 또 헤변(海邊) 어룬덜 이엣 쉐가죽 물카죽 나 갈중이 점벵이꺼장 문짝 굽을 눕뜨난[608] 잡을 테기 헤연

돌아나부난

나 동갑은 모싯님에 겟님 허여단 싸놓고 바로 올레로 들어올 수 엇언 이엣 이 울담 퀴언 오란 곱앗수다." 〔말〕 그 말을 들으난 "어는제ᄁᆞ장 ᄒᆞᆫ다드냐?" ᄌᆞ청빈 "넬 모리 글피ᄁᆞ장 ᄒᆞᆫ덴 ᄒᆞᆸ디다." "경 허거들랑

〔말〕 느 헌 갈중이 입엉이." "예." "또 짚신 ᄒᆞᆫ 제 새 거 솜으라 〔음영〕 우리랑 갈중이 젬벵이 멘들아주마."

〔음영〕 "어서 걸랑 기영 헙서."

느진덕과 ᄌᆞ청비 갈중이 점벵이

〔말〕 만들아 가곡 정수넴인 신 삼으멍 "아이고 어는제민 저 애기씨 상전광 〔음영〕 늦인덕 저 갈중이 점벵이 제기 멘들앙 날 주건

〔말〕 나 입엉 이엣 또 애기씨 상전 물 테왕 신산곳디 강 아무도 몰른 디 강 이엣 등 베짝 베 삐짝 입도 뽁 맞추곡 몽그랑 ᄒᆞᆫ 가슴도 문직아 보곡

허리 허어

〔말〕 중중 헤가민 "야." "양." "뭣이엔 ᄀᆞᆯ암디." "아이 나 아무 거엔도 안 ᄀᆞᆯ안양. 어느제민 자게 저 갈중이 젬벵이 멘들곡 나 신 삼앙, 신엉 신산곳디 강 애기씨 상전이 영양." "응." "문도령이 궁네 시녜청 돌앙 앚엉 오랑 노는 거 구경허린 헷수다." "어 ᄒᆞᆫ저 제기 신 삼으라."

영 허여

〔말〕 ᄀᆞᆯ아 가멍 어늣세 옷도 다 ᄒᆞ고 신도 다 삼안, 뒷날은 오젠 ᄒᆞ난 ᄌᆞ청비가 정수넴이보고 "야." "양." "느 먹을 정심은 어떵 출림광 나 먹을 정심은 어떵 출리문 뒈크니?" 아이고 저 정수넴이 허는 말은 "상전임양 저 상전임 먹을 쏠, 는젱이[609] ᄀᆞ를[610] 닷 뒈민 소곰 닷 뒈 나 먹을 거 또 소금 놓나마나[611] 영 헤근에양 진ᄀᆞ를 닷 뒈건 상전임 꺼 소곰 닷 뒈 놓곡 나 는젱이 ᄀᆞ를 닷 뒈건 소곰 ᄒᆞᆫ 줌 놓나마나

608) 눕뜨난 : 눌러지니까.

609) 는젱이 : 메밀나께.

610) ᄀᆞ를 : 가루.

611) 놓나마나 : 넣거나 말거나.

영 헤근에 경 출립서.", 〔음영〕 "어서 걸랑 경 허라." 〔말〕 이엣 이젠 정수넴이 곧는 양 ᄌ청빈, 진ᄀ를 닷 뒈에 소곰 닷 뒈 놘 이엣 ᄌ청비 먹을 건 출리고 또 정수넴이 먹을 건 는젱이 ᄀ를 닷 뒈 소곰 논[612] 둥 만 둥 허영

출려근

〔말〕 허여 가는디 정수넴이가 "상전임." "무사?" "저 뭣고 아바지 타던 철리메(千里馬) 안장 지웁네까? 어머니 타던 귀웅메[613] 안장 지웁네까?" "야 ᄉ나이 보문이 ᄒ끔만 잘못헤도이 궥궥 울르멍이 ᄉ나이노렌 아버지 타는 철리메(千里馬)랑 안장 집지[614] 말라." "경 ᄒ민 어머니 타는 귀웅메 안장 집네까?", "ᄋ게[615] 여자 보문이 아멩헤도 치ᄉ랑은 멀어지곡이 ᄂ려 ᄉ랑은 가차왕[616] 어멍 타던 귀웅메가 좋다."

"기영 헙서."

〔말〕 정순넴인 어머니 타던 귀웅메 안장 지와노코, 안장 지우멍 안장 알레레 놀신 무신 구젱기 딱살이엔[617] 헙디다마는 그떼 그 집이 구젱기 딱살 섯인디 엇어신디도 모를 게고 어디 간 돌멩이 존 거 놀신[618] 거 서너 개 줏어단 안장 알러레 놓고 또 ᄌ청빈 물을 탁 탄 ᄒ 발로 놓젠 ᄒ난 와닥탁헨 들러키난[619] "야 이거 어떵 연 물 들러켬저." 정수넴인 "아이고 상전님 먼질 오레만간이양 상전임 테왕 가젠 ᄒ난 경 헴수게 ᄆ ᄏ술[620] 넹겨사 헙네다." "경 허냐?"

"경 허민

〔음영〕 ᄆ ᄏ술 어찌 ᄒ여 넵겟느냐?" 〔말〕 "예 ᄃ ᄒ ᄆ리 잡앙 슮앙 올리곡, 술 이엣 애기 벤 등돌펭[621]으로

〔음영〕 ᄒ나 ᄒ곡 삼 잔 걸곡 석 자 오 치 〔심방이 양팔을 좌우로 나란히 들었다가

---

612) 논 : 놓은.

613) 귀웅메 : 귀가 늘어진 말.

614) 집지 : 지우지.

615) ᄋ게 : '응. 그렇지' 정도의 뜻.

616) 가차왕 : 가까워서.

617) 구젱기 딱살이엔 : 소라딱지라고.

618) 놀신 : 날이 선.

619) 들러키난 : 날뛰니까.

620) ᄆ ᄏ술 : 혼인잔치 따위에 신랑이 탈 말에 지내는 고사(告祀)를.

621) 등돌펭 : 질흙으로 만든 두 되들이 병.

내린다.] 혼 발 능긋 볼앙 먼길 헹혼디 물 야게기[622] 걸청

또 이전

물ㅋ술 넹겨사

[말] 헙네덴 ᄒᆞ난 "어서 경 ᄒᆞ라." 얼룬 정수넴인 와작착 눌려 들언 둑 심어 죽여 갓털[623] 벳겨 솖아 [음영] 또 이전 물 이엣 앞이 놓고

새끼 벤 등돌펭으로

이엣 술 훈 벵 굿단 놓고 술 웨잔 걸어 놓고 야게기에 이엣

또 이전

[음영] 물 똠수건 이에 걸어간다.

[말] 걸어놓고

또 이전

[말] 이엣 정수넴인 술잔에 술 비와 논 디 둑 거죽 ᄒᆞ끔 벳견 담아놓고, 물 귀러레 간 지난[624] 물은 마니[625] 닥닥 터난 오꿋 귀에 든 술은 얼굴드레

삐여지고

[말] "야 물 그만 먹켄 헴수다." "기여." "이거 어떵 허코양?" "느 먹어 불라." ᄒᆞᆫ 펜 구석에 간 둑 ᄒᆞᆫ ᄆᆞ리 술 ᄒᆞᆫ 벵 문짝

둘러 메여

[말] 들러 먹어놓고 오란 "상전임." "무사?" "물 탑서." "기여." 그떼여 술짝ᄒᆞ게, 눌신 돌 두어 벙뎅이[626] 앗아 불고 ᄒᆞ난 네 불고 올레 벳긋디 가난

또로 물은 꼭꼭 누뜨럼신ᄀᆞ라[627] 오꿋 들러퀴난 정수넴이 "아이고 상전임." "무사?" "요거 졍[628] 요레 옵서. 게민 나예 얼룬 물 탕 안장턱 네왕 오쿠다."

"어서 걸랑 기영 허라."

---

622) 야게기에 : 목에.
623) 갓털 : 새의 머리에 길고 더부룩하게 난 털이나 여기서는 그냥 털을 말한다.
624) 지난 : 길어 놓으니.
625) 마니 : 도리질.
626) 벙뎅이 : 덩어리.
627) 누뜨럼신ᄀᆞ라 : 누르고 있는지.
628) 졍 : 지어서.

영 허여

〔음영〕 이엣 ᄌᆞ청빈 생전 어디 아니 지어 본, 정심 그릇 지고 정수넴인 ᄉᆞ네긴[629] 녀석이라 "네 무사 예펜은 ᄆᆞᆯ 타곡 ᄉᆞ나이가 정심 경 가린." ᄌᆞ청비안틴 정심 그릇

지와 두고

ᄒᆞᆫ 체 두 체 ᄆᆞᆯ체질[630] ᄒᆞ난 그만 아싹 터젼

철(千) 리 말(萬) 리 높은 동산

도올라

〔음영〕 이엣 정수넴이도 뚬낫주만은 ᄆᆞᆯ도 뚬나 쉬우는디, 〔말〕 ᄌᆞ청빈 "야 정수남아 정수남아." 〔음영〕 목이 카지게[631] 불러 웨어갑디다. "아이고 상전임 ᄒᆞᆫ저 옵서 ᄒᆞᆫ저 옵서 어떵 ᄒᆞᆫ 일이우꽈?", "이거 보라 발도 콩구슬ᄀᆞ찌 ᄆᆞᆫ 붕물고[632] 다리 종에도[633] 아판 아이고 못 가키여, 정심 네놩 정심 먹엉 가기 어찌 ᄒᆞ겟느냐?"

"어서 걸랑 기영 헙서."

〔음영〕 강 이엣 또 정수넴이 정심ᄒᆞ고 ᄌᆞ청비 정심허고

네여 놓앗인디

〔말〕 이엣 ᄌᆞ청빈 ᄀᆞ찌 먹젠 ᄒᆞ난 정수넴인 "아이고 상전임 경 ᄒᆞᆫ 소리 맙서. 안 사름은 종광 한집이엔 허곡 모른 사름은 두갓이엔[634] 헙네께." "경 허냐." 〔음영〕 이녁 정심 앗안 굴러레 터전

돌아나 볏구나에-.

〔음영〕 정수넴인 이엣 는젱이 범벅 ᄒᆞᆫ 적 두 적 석 적에 문짝 먹엇인디

ᄌᆞ청빈

진ᄀᆞ를 범벅

〔음영〕 ᄒᆞᆫ 적 끊어 먹고 두 적은 먹젠 ᄒᆞ난 에가 ᄏᆞᆫ ᄆᆞᆯ라

두 적을 먹을 수 없어근

629) ᄉᆞ네긴 : 사나이기는.

630) ᄆᆞᆯ체질 : 말 채찍질.

631) 카지게 : 타지도록.

632) 붕물고 : 부르트고.

633) 종에도 : 종아리.

634) 두갓이엔 : 부부라고.

지어도 삽데다.

〔음영〕 영 허연 이엣 "정수남아 정수남아." ᄌᆞ청비 불러 간다 〔말〕 이엣 ᄌᆞ청비 정수넴이 불런 오난 "야." "예." "느 먹다 남은 정심 잇이냐?" "건 무신 말이꽈?" "아이고 나 정심은 짠

먹을 수가

없어지다."

〔말〕 그뗀 또 정수넴이가 허는 말이

"ᄒᆞᆫ 일 알곡 두 일 모른 상전임아.

〔음영〕 한집이 먹단 건 종이 먹곡 종이 먹단 건 개가 먹는 법이우다." "게거들랑 이거ᄁᆞ지 문짝 먹엉 글라."

순작만썩[635] 꿩 빙에기만썩[636] 이에

〔말〕 진ᄀᆞ를 범벅을 문짝 먹언 빈 정심 그릇은 이엣 정수넴이 지고

ᄌᆞ청빈 몰 타근

〔말〕 가는디 물 봐지민 에ᄆᆞ르난 "야 이 물 먹엉 가게." "아이고 이 물은 아이 뒙니다." "무사 아니 뒈느니?" "이거 이엣 개발 짐승 손발 씻은 물 아이 뒙니다." "경 허냐." 또로 가당 또로 물 성 이 물 먹젠 ᄒᆞ민 "이 물도 아니 뒙니다." "무사?" "궁녜 시녜청덜 손발 씻은 물."

〔음영〕 지픈 산중 하늘만 바지는 디 간 물 시난 〔말〕 "이 물 먹엉 가게." "예 네려 옵서." 〔음영〕 몰 알러레 네려 오난 이에 정수넴인 그뗀 ᄆᆞ음 놓안 웃통 확 벗언 데껴 두고

알바지 벗어

데껴 두고

〔음영〕 이에 낭 웃터레 걸쳐 두고 〔말〕 이에 또르 "상전임." "무사?" "나 먹는 거 봥양." "으." "이 물을 먹어사는 거우다." "경 허라." 〔음영〕 이에 정수넴이 업더젼 이에 물 먹젠 ᄒᆞ난 그 정수넴이 아덜은[637] 가운디 드랑ᄒᆞ게 둘아지어

---

635) 순작만썩 : 메추라기만큼.

636) 빙에기만썩 : 병아리만큼.

637) 정수넴이 아덜 : 정수남의 성기.

"아이고 그만 먹으라 나도 목 ᄆᆞ르다."

"웃통 벗엉 먹읍서."

〔음영〕 웃통 벗고 치메 벗어주난 낭 우터레 앚언 데껴 부난

"물 알이 얼룽얼룽 ᄒᆞᆫ 게 ᄆᆞᄉᆞ완 못 먹키여." 〔말〕 ᄒᆞᆫ디 이에 ᄌᆞ청비 ᄀᆞᆯ으난 정수넴인 두에 사둠서 "아고 상전임" "무사?" "어떵연 상전임 조름에양." "응." "검은 디영 흰 디영 붉은 디영 ᄆᆞᆫ 봐졈수다." "이야 아이고 물 알에레 얼룽얼룽 ᄒᆞᆫ 게 ᄆᆞᄉᆞ왕[638] 못 먹키여. 저 옷 ᄂᆞ려 도라." 그때엔 정수넴인 지꺼지언[639]

ᄌᆞ청비앞이 〔말〕 "옵서 상전임양 뿔끈 안앙 나영 등 베짝

베 베짝 ᄒᆞ여 보게."

〔말〕 "나영 등 베짝 베 베짝 ᄒᆞ는 거보단 〔음영〕 나 방에 강 허민

이불 자리 좋아지다 그디 강 갈라지곡 데싸져 보라 그거보다

더 좋아진다."

〔말〕 "경 ᄒᆞ민 옵서 상전임이영 나영 입이나 뺙ᄒᆞ게 맞추와 보게." "나 입 마추느니 나 방이 가민 꿀단지 잇저.

꿀단지에

〔음영〕 입을 맞추와 보라 둘곡 그보단

더 좋나.

〔음영〕 "경 ᄒᆞ민 옵서 상전임 가심이나 ᄒᆞ꼼 그레 저레 문직아 보게.

"나 가심 문직느니

〔음영〕 나 방에 가민

이엣 베릿돌잇

〔음영〕 이엣 물 떠놓는 〈벤 베벨레기? 〔심방이 조사자들에게 묻는다.〕 "벤직이엔 ᄒᆞᆸ네까? 뭐엔 ᄒᆞᆸ네까? 물 떠 놓는 것ᄀᆞ라 벳물 물 영 떠 놓는 것ᄀᆞ라. 나도 잊어불언 모르키여 거. 안 ᄀᆞᆯ아나난 이젠."〉 영 허연

〔말〕 그것 간 가근에이 우로 영 영 〔심방이 왼손을 들어 쓰다듬고 어루만지듯 시늉을 한다.〕 어루 쓸어보라 촘 나 가슴 문직은 것보단 문질락 문질락 더 좋아진다."

---

638) ᄆᆞᄉᆞ왕 : 무서워서.

639) 지꺼지언 : 기뻐해서.

"경 ᄒᆞ……."

〔음영〕 아이고 영 ᄀᆞᆯ아도 쉑이고 정 ᄀᆞᆯ아도 넹기곡 허여가난 아이고 이엣 벙에눈 버럭 뜨고 정수넴인 놀려 들젠 ᄒᆞ난 〔말〕 "야 야야 〔심방이 왼손을 여러 번 흔든다.〕 아이고 정수남아 정수남아." "야." "저이 이 산중에 오란 이거 ᄂᆞ룻[640] 남시네 헤 지난." "예." "얼지 아녀냐?" "어우다." "저 담돌 주어당이 도롱담[641] 다왕[642] 우 더껑[643] 그 안네 들어 가불민이 사름이 넘어가도 못 보곡 그냥은 느영 나영 자파리ᄒᆞ 당 놈 보민 어찌 ᄒᆞᆯ 거니? 산전이라도."

"게 걸랑 경 ᄒᆞᆸ서." 정수남이 욕느렌[644] 헤도 ᄌᆞ청비 ᄀᆞᆮ는양

돌멩이 주어다

도롱담 다와 간다.

동더레 벋은 낭 서러레 서러레 벋은 낭

동더레 남더레 벋은 낭은 북더레 북더레 벋은 낭은 남더레

이엣 귀와[645] 놓고 〔음영〕 이엣 또 섬피 허여단 우 더끄난 우이로 ᄂᆞ룻은 아이 들언 좋키여 영 ᄒᆞ연 ᄌᆞ청비 들어가난 정수넴인 서른ᄋᆞᆸ 니빨이 허와뎡썩 웃이멍 조름에[646] 들어간디 〔말〕 "야 정수남아." ᄌᆞ청비 허는 말은 "무사마씀?" "얼지 아녀냐?" "아이 궁기로[647] ᄇᆞ름 왐수다게." 〔음영〕 "이거 궁기 막앙 이엣 오라 느영 나영 야게기 ᄇᆞᆯ근 안앙 눕게." 그뗀 또로 야게기 안앙 눕겐 ᄒᆞ는 ᄇᆞ름에

지꺼지언

〔음영〕 벳깃디 나간 풀 튼으멍 "욜로 ᄇᆞ름 들엄저 욜로

막으라 절로 ᄇᆞ름 들엄저, 절로 막으라." ᄒᆞᆫ 밧디 막으민 ᄒᆞᆫ 밧디

터줍곡

〔음영〕 허단 보난 오꼿 날은 ᄇᆞᆰ안 일출동방(日出東方) 헨 불긋허게

640) ᄂᆞ룻 : 맑고 바람이 없는 밤이나 새벽에 대기의 몹시 추운 기운.
641) 도롱담 : 외줄로 동그랗게 쌓아 올린 담.
642) 다왕 : 쌓아서.
643) 더껑 : 덮어서.
644) 욕느렌 : 약다고.
645) 귀와 : 끼워.
646) 조름에 : 꽁무니에.
647) 궁기로 : 구멍으로.

떠오라 갑데다.

〔음영〕 또로 그떼에 정수넴인 놀려들젠 ᄒᆞ난 ᄌᆞ청빈 두 발 총꼬레기[648] 벋언 앚이멍 〔말〕 "야 정수남아." "양." "요디 오랑이." "응." 〔음영〕 "나 ᄃᆞ리[649] 베엉 누라. 머리 니나[650] 잡아주마."

"어서 걸랑 기영 ᄒᆞᆸ서." 지꺼지어

〔음영〕 ᄌᆞ청비 앚이난 이번은 촘말이로구넨 ᄒᆞ연 발 두 발 벋은 디 지 지방 베듯 탁 완 베연 허난 뽈써이[651] 정수넴인 콧소리 치어가고 쉐스랑 글겡이[652]

닮은 손은

〔음영〕 어느 세게(世界) 춫앙 오젠 ᄒᆞ난 앙금추침[653] 물러앚는 게 콧소리 팡팡 치고 쉐스랑 ᄀᆞ튼 손도 ᄀᆞ만 헤가고 욮더레 보난 세 꼴[654] ᄀᆞ짝 헷구나 그거 술진 걸로 앚어 꺼껀, 정수넴이 좀든 트멍에[655] 돌아 앚으멍 양 귀르레 앚안

찔러 부난

〔말〕 "아이가 귀여." ᄒᆞᆫ 게, 정수넴인 그디서 죽읍데다 ᄌᆞ청빈 또 탄 간 물을 들러 타멍 "이 물아 저 물아 온 길 굳짝 춫앙 글라. 잘못 가민 느도 죽고

나도 죽나.

〔음영〕 ᄂᆞ려 오단 보난 장담 우이 비둘기

ᄒᆞᆫ 쌍 앚앗구나.

〔음영〕 비둘기 ᄒᆞᆫ 쌍 앚앗이난 "야 정수넴이 혼령(魂靈)이거들랑 나 풀 요 홀목드레[656] 오랑 앚으렌." ᄒᆞ멍 영 풀 네노난 〔심방이 오른손을 왼손 위로 갖다 댄다.〕 요레 놀아 오란 톡ᄒᆞ게 앚으난 발 두 개 심언[657] 야구마지 데와[658] 물석[659] 돌아 메는

648) 총꼬레기 : 두 발을 쭉 뻗는 모양을 이름.

649) ᄃᆞ리 : 다리.

650) 머리 니나 : 머리 이나.

651) 뽈써이 : 벌써.

652) 글겡이 : 갈퀴.

653) 앙금추침 : 엉거주춤.

654) 세 꼴 : 띠 꼴.

655) 트멍에 : 틈에.

656) 홀목드레 : 손목으로.

657) 심언 : 잡아서.

658) 야구마지 데와 : '야게기 데와'를 말하는 것으로 목을 틀어서.

몰미줄[660] 알에 완 돌아메고 ᄂᆞ려 오는디

올라 산으로

산신데왕

산신벡관 삼신전

삼멩감

〔음영〕 이에 바둑 장귀 두단 〔말〕 "저디 가는 저 아가씨 탄 몰 몰ᄆᆞ지 머리에 이엣근

〔음영〕 어떵 연 양 귀레 피 잘잘 나는 〔음영〕 무지락총각[661] 놈이 몰석 잡안 몰 못 가게 헴젠." ᄒᆞ난 그떼엔 ᄌᆞ청비 비둘기 무껏단 거 끌런[662] 데껴두고 옥출경(玉樞經) 익으멍 ᄒᆞᆫ 체 두 체 딕 우난, 몰을 귀웅메 어머니 타던 몰은 와작착 집ᄁᆞ지

돌려 옵데다.

돌려 오라

〔말〕 ᄌᆞ청빈 아바지 어머니신디 간 "아바지 어머님." "무사?"

"종이 아까우꽈? ᄌᆞ식이 아까우꽈?" 〔말〕 "종이 아명 아깝덴 헌들 ᄌᆞ식만이 아깝겟느냐?" "정수넴이야 어제 날 돌앙 간 아이 뒐 헹실머리 ᄒᆞ젠 ᄒᆞ난

죽여뒨 오랏수다.

〔말〕 짐진국 대감 ᄌᆞ진국 부인 네웨간은 "이년 ᄆᆞ근년 남도 낫저 지집년이 글공비 활공비 제주공비 허연 오란게만은

이젠 종놈ᄁᆞ지

ᄆᆞᆫ 죽이는 거 베왓구나.

〔음영〕 기여나라 쏘아나라 이에 ᄌᆞ청빌 네쫓가

갑데다에-.

〈ᄒᆞ끔만 지체헷입서-.〉

〔심방이 무릎에 감았던 장구 끈을 풀어 다리를 펴고 앉는다.〕 〈날 커피 줍서.〉 〔심방이 잠시 쉬겠다 하여 커피를 주문한다. 조사자가 잔을 옆으로 가져다 놓는다.

659) 몰석 : 말고삐.

660) 몰미줄 : 말미잘.

661) 무지락총각 : 무지렁이총각. 머리를 풀어친 총각을 얕잡아 부르는 말.

662) 끌런 : 끌어서. 풀어서.

담배를 피우며 한담한다. 내용은 동료 심방에 대한 개인적 생각을 이야기 한다.〕〔장구 끈을 무릎에 끼워 시작하려 한 후 조사자를 향해 말한다.〕 나 아까 어디ᄁᆞ지 가졋지? ○선생 쓴 거 ᄀᆞᆯ아봐이. 〈○○○ : 오늘은 안 썼는데.〉 〈○○○ : 쫓겨난 거ᄁᆞ지.〉 어? 〈○○○ : 쫓겨난 떼.〉 아 쫓겨날 떼 응. 음 ᄌᆞ청빈

아바지 눈에 ᄀᆞᆯ리나고[663)]

어머니 눈에 시찌나[664)]

〔음영〕 아이고 이젠 어딜 가리

금법당을 춫아 가카 가다가단 베려 보난

〔음영〕 이엣 주모땅을 들어가 젓입데다 주모땅 들어가고

주모할망이

〔음영〕 이엣 문왕성 문도령이 이에 혼서 ᄀᆞ음을 성클[665)] 우이 앚안

짬시난

〔말〕 요거 잘 뒛젠 허연 이엣 "할마님 물 ᄒᆞᆫ끔 줍서. 영 ᄒᆞ난 "저 정지[666)]에 강 보민 물항 우이

이엣

또이 물사발도 시난

〔음영〕 느냥으로 거령[667)] 먹으라." "경 ᄒᆞ우꽈." 영 허연 오란 물사발 오꼿

곱져[668)] 두고

이엣 또 다시

〔말〕 "할마님아 이 딘 무슨 걸로 할마님은 물 떵 먹엄수꽈?" "무사 그 물항 우이 물사발 엇이냐?"

"엇수다." 〔말〕 "그디 싯저."

"엇수다."

663) ᄀᆞᆯ리나고 : 거슬리고.

664) 시찌나 : 거슬려서.

665) 성클 : 베틀을 잘못 발음함.

666) 정지 : 부엌.

667) 거령 : 떠서.

668) 곱져 : 감추어.

"오라근 촟아줍서." 〔음영〕 할망 성클 알에 네려 오란 정지에서 또이
〔말〕 물사발 촟는 동안에 와작착 돌려 간 ᄌ청빈,
성클 우이 올라 앚안
〔음영〕 이엣 그 미녕 이복(衣服) ᄀ음[669] 짜젠 헨 보난 ᄒᆞᆫ 셀[670] 늦고
ᄒᆞᆫ 셀 뻔땃구나.[671]
늦인 거 뻔뜨고
뻔뜬 거 늦추멍
〔음영〕 왈각칠각 차가난 〔말〕 주모할망 ᄒᆞ는 말이 "야." "양?"
"그거 아무나 짱 될 게 아니여."
〔말〕 "무사마씸?" "그거 옥황 문왕성이 아덜
문도령이
〔말〕 혼서 ᄒᆞ는 디서 이복 ᄀ음이난이 아무라도 짱 아니 뒌다.
"경 ᄒᆞ우꽈."
그떼엔 점점 왈칵질칵
주청[672] ᄀ튼 눈물이
연소반(-小盤)에 비세 지듯 허여 가멍
왈칵질칵 왈칵질칵 짜 갑데다.
짜는디
눈물 방울 떨어진 건
바둑바둑 바둑 몸에
표적을 두어 간다.
〔음영〕 그거 문딱 짜 놓안 〔말〕 이엣 주모할망ᄀ라 "나 뚤로 삼읍서." "기영 ᄒᆞ라."
〔음영〕 "나 갈 디 올 디 없고양 어멍 아방 엇언 나 하늘 아방 삼고 땅을 어멍 삼안
낳수다."

---

669) ᄀ음 : 옷감.
670) 셀 : 새는. 피륙의 날을 세는 단위.
671) 뻔땃구나 : 짧구나.
672) 주청 : 지충이.

"어서 걸랑 기영 허라."

〔말〕 주모할망 수양똘 들언 그날 즈녁인 술쩨기[673] 펜지 써 놓고, 나 어멍 아방 눈에 굴리나고 어멍 눈에 시찌나고 허연 지금 주모땅 주모 할망네 집이

오랏인디

이엣

〔음영〕 사름 살릴 꿋 허영 오렌 허난, 아이고 이엣 문도령인 즈청비 편지 써 논 거 문짝 보안 그데로, 이엣 꿋을 허여놓고

잇인디만 〈응? 왜 또 서끄냐 그디 가난 〔혼잣말을 한다.〕〉

아니우다.

〔음영〕 이엣 둣날[674] 아칙이 즈청비 께어난

또 이전

〔음영〕 펜지 쓴 건 곱젼[675] 놔두고 〔말〕 이엣 "어머니." "무사?" "이거 오늘 가져갈 거꽈?" "ᄋ." "가져갈 건디양." "으." "그디 가거들랑 욜로 요디랑 어머님 짯젠 ᄒ곡 일로 이딘 누게 짯이넌 ᄒ거들랑 두 손메엔[676] ᄒ걸랑

나 짯젠 골읍서."

"어서 걸랑 기영 허라."

〔말〕 영 허여 또 다시 그 트멍드레[677] 펜진

썬 곱지고

〔음영〕 펜지 썬 보넬 떼에 난 어멍 눈에 시찌 아방 눈에 굴리나 지금 주모땅 오긴 이엣 저 어룬 오란 가분디 나 후제 나 심넷병(心火病) 걸련

아이고 정수넴이 신산곳디[678] 간 지들커 헹 오렌 보네영 놔두난

그만 에 또 다시 나 신산곳 돌안 간

〔음영〕 나영 아닌 버릇 허젠 허난 죽여뒨 온디 부모 눈에 시찌 굴리나 이디 오란

673) 술쩨기 : 살짝.

674) 둣날 : 뒷날.

675) 곱젼 : 감추어서.

676) 손메 : 솜씨.

677) 트멍드레 : 틈으로.

678) 신산곳디 : 깊은 곳의 수풀.

잇이난 사름 살릴 꼿 정수넴이 살릴 꼿

허영 오렌

펜지 썽 보네엿구나 〔말〕 가난 주모할망은 어떵 연

이엣 허

〔말〕 문도령이가 그 옷ᄀ음 짠 걸 보고 "요건 틀린 손메우다.", "예 뜰리우다 문도령님." "이건 할마님 짭디가?" "예." "요건 나가 짜고 〔음영〕 요건 우리 수양뚤 ᄌ청비 짯수덴 ᄒ난." ᄌ청비 말에 눈이 번찍 터지고[679]

〔말〕 "아이고 할마님." "무사?" "나 저 사위 ᄒ 수 엇수꽈?"

"무사 엇입네까? 저 어룬 닮은 어룬만 사위 ᄒ민 좋주기."

〔말〕 영 ᄒ여 헌디 "게난 ᄌ청비 만날 수 잇수과?"

"만날 수 잇수다."

〔음영〕 "어느 방에 누웝수꽈?" "저 안방에 어느 쪽에

누웝수다."

〔말〕 "경 ᄒ우꽈." 〔음영〕 영 ᄒ여 이젠

또 다시 그 말만 들어두고 이엣 주모 할망 보네고 이에 그 펜지 읽어 반

또이

〔말〕 ᄌ청비 글데로 정수넴이 살릴 꼿 문딱 허여 앗언

이엣

저 밤 이 밤 지픈 밤 야사삼경(夜事三更)엔

ᄂ려 온다.

〔음영〕 ᄂ려 오고 ᄌ정비 누운 창문 밧겻디 어뜩어뜩 헤가난 〔말〕 "사름이냐 귀신이야?" "나 사름이주 구신은 아니여."

"경 허우꽈.

〔말〕 어느 누게 뒙네까?" 〔음영〕 "나 옥황에 문왕성이 아덜 문도령이 뒈여진덴." 영 허난

〔말〕 그떼에 이엣 "나 허영 오렌 헌 꼿 허연 옵디가?" "허연 왓저." "요 창굼으로[680] 들이칩서[681] 보저." 창굼으로 들이치고 낮이 이에 문도령 모르게 허드렁 ᄒ

679) 터지고 : 떠지고.

꼿 허여단 놔뒷단, 문도령이 허영 온 꼿은 곱지고 이녁 허여단 놔둔 꼿 네치멍 〔음영〕
"영 훈 꼿낭은 나도 잇수다.

ᄌᆞ들지[682] 맙서 갖엉 갑서."

〔말〕 "아니여 아니여." 헤가난 게민 ᄌᆞ청빈 또로 "게민 정녕코 네 글공비 연삼년 홀 떼에, 본 손가락이 맞이냐 아이 맞이냐 상손가락을 네놉서 보저." 상손가락을 네여 노난 어느세 바농은 앗단 놔두엇단

〔말〕 상손가락을 꼭 찔르난 찔런 삐부난 피가 나난 "아이고 인간은

부정ᄒᆞ다 서정ᄒᆞ다."

〔음영〕 문도령이 옥황에 도올라 간 ᄌᆞ청비 만나도 못허연 오꼿 심훼병(心火病) 걸렷구나.

심훼병 걸려근

〔말〕 잇는디 ᄌᆞ청빈 뒷날 아침인이 주모할망 맞상 헨 오랏이난 "어머니 이거 어떵 훈 일이우꽈?" "어치냐 누게 아니 오랏어냐?" "아무도 아니 오라수다. 겐디 창문 벳긋디 뭣 어득어뜩 헤가난 옥출경(玉樞經) 익어부난양 간디 온디 엇입디다." "아이고 이년 뭉근년 나 먹은 거 밤 제운 거 아니 받으키여 기여나라 쑤어나라."

그떼엔

〔음영〕 이에 정수넴이 살릴 꼿 문도령이 헤다 준 거 갖언 신산곳 도올라 간

정수넴이 살련

집으로

ᄂᆞ려 오란

"아바지 아까운 종 살려오랏수다.

어머니 아까운 종 살려오랏수다."

〔음영〕 아방 어멍 허는 말은 "이년 뭉근년 어디 간 곱젼 놔둠서[683] 벌서방질 ᄒᆞ단 돌아오랏이니?"

그 말을 들으난 ᄌᆞ청빈 하도 억울헤연 어멍 아방 아니 셍긴 난 폭 허자.

---

680) 창곰 : 창틈.

681) 들이칩서 : 안으로 들어오게 하십시오.

682) ᄌᆞ들지 : 걱정하지.

683) 놔둠서 : 놓아두고서.

영 허여 머리 삭발허여 이에 원불수륙(願佛水陸) 드려 낳은 금법당(-法堂)으로 도올라 가 연삼년

법당 종서 허다근

〔음영〕 또 다시 옛날 이엣 문도령 봐난 생각허연 주천당 연못디 간 보주기 허연 〔말〕 이엣 오단 보난 주천당 연못딘 월궁녀 시녜청 애기씨들은 오란 비세ᄀ치 울엄구나 "야 느네덜 무사 울엄시니?" "아이고 경 ᄒᆞᆫ 소리 허지 맙서. 우리 집이 문왕성 문도령이가양." "응." "오꿋 지국성 오란 간게만은, 무신 놈으 생각사 잇인디 심훼병(心火病) 걸련 지국성 네려 간[684] ᄌᆞ청비 먹어난 물이라도 떵 오민 먹엉 살아낭 장게 가켄 헴수다." "경 허냐? 게민 나 그 물 촟아 주거들랑 〔음영〕 날도 돌앙 갈 수 잇이냐?" "돌앙 갈 수 잇수다. ᄌᆞ들지 말앙 촟아줍서."

이엣 영 허여

이에 표주박을

〔음영〕 네여 놓아 또르 물 떠 맛보는 척 맛보는 척 허단 마지막에 떠 맛본 물은 〔말〕 "ᄋᆞ 물이." "으." "지국성 ᄌᆞ청비엔 ᄒᆞᆫ 사름 꼭 먹어난 물 닮다.", "경 ᄒᆞ우꽈." 그떼엔 궁녜 시녜청 지꺼젼[685] 쪼끔 시난 두레박 ᄂᆞ려 옵디다 두레박 ᄂᆞ려오란 ᄌᆞ청빈 두레박을 타고 궁녜 시녜청은 두레박 줄 발아[686] 〔음영〕 이엣 우이서

ᄃᆞᆼ겨[687] 올리난 올라간 이엣 또 ᄌᆞ청빈 뒷 떨어지고 궁네 시녜청들은 이엣 문도령이 사는 집더레 들어가는 거 보아 열락서산(日落西山) 헤 지어

갑데다.

〔음영〕 ᄆᆞᆫ딱 헤 지어가 가난

그떼엔 이엣 중이 헹척 출려 앚언 또 들어가멍 "소승은 절이 벱네뎬." ᄒᆞ난 늦인덕은 권제 갖언 나오난 "이집이 벵자 환자 잇일 듯 허우다.

벵자 손으로

〔음영〕 권제(勸齊)[688]를 네주민 좋쿠다." 들어 간 늦인덕은 이엣 문도령보고 "상저

---

684) 간 : 가서.

685) 지꺼젼 : 기뻐하여서.

686) 발아 : 타서.

687) ᄃᆞᆼ겨 : 당겨서.

688) 권제(勸齊) : 중이 돌아다니며 받아 가는 재미(齋米).

님 저 옷 권제 받으레 온 스님가양 또 벵자(病者)가 실[689] 듯ᄒᆞ고 영 ᄒᆞ난 환자 손으로 이에 권제를 네주민 부처님에 올려근 빌어주켄 헴수다." 영 ᄒᆞ난 문도령인 ᄉᆞ나이 데장부라 이엣 늦인덕 ᄀᆞᆮ는 말

아니 들을 수

없어지고

〔음영〕 권제 들런 나올 적에 송낙 써도 알로 걸어오는 걸 보고

또 "높이 들렁 얍피 비웁서." 〔음영〕 높이 들러 권제를 얍드레[690] ᄉᆞ르르ᄒᆞ게 비울 덕에[691] 오꼿 ᄌᆞ청빈 또 전뎃기[692] 네부난 쏠은 알르레 헐어지고[693] 무남제 네놓안 방울방울

어 가는디

〔음영〕 '날은 어둡고 어떵 허민 좋으리.' ᄇᆞ름으지[694] 춫안 거죽테기[695] 잇엇구나 거죽테기 둘러씨언 시난 그날

ᄇᆞ름돌이 뜨고 옵데다.

〔음영〕 문도령이 돌 구경 나오란 "저 돌은 하늘이 떠 곱긴 곱고 세게(世界) 각국(各國)을 잘 비추와 좋다마는 ᄒᆞ뒈

게수나무(桂樹-) 박혀부난

〔음영〕 지국성에 ᄌᆞ청비만은 아니 곱덴." 놀레[696] 불러 돌 구경 헤가난 ᄌᆞ청비도

거죽테기 쏙에 업더져둠시로[697] "하늘 높이 뜬 ᄇᆞ름돌 곱기는 곱고 세게(世界) 각국(各國)을 비치왐저마는[698]

가운디 게수나무 박혀부난 옥황 문왕성이 아덜 문도령만은 아니 곱덴."

---

689) 실 : 있을.

690) 얍드레 : 앞으로.

691) 덕에 : 적에.

692) 전뎃기 : 전댓귀. 전대 끝.

693) 헐어지고 : 헐리고.

694) ᄇᆞ름으지 : 바람막이가 있어 바람을 받지 않는 곳.

695) 거죽테기 : 가죽.

696) 놀레 : 노래.

697) 업더져둠시로 : 엎드려 있어두고.

698) 비치왐저마는 : 비추고 있지만.

일러 간다.

〔말〕 그떼옌 문도령이가 "거 이상ᄒᆞ다. 날 ᄌᆞ물아 갈 적에 이엣 중이대ᄉᆞ가 오라는 가긴 헷주마는 ᄒᆞ뒈 소리 나는 곳을

강 보저."

〔음영〕 소리 나는 곳을 간 보난 거죽테기가 ᄉᆞ랑ᄒᆞ게[699] 잇엇구나 확 걷언 보난 사름이 몸짓을 보여 또 머리에 송낙 쓴 거 확 벳견 보난 머리를 문들문들 가까 불어도 아이고 멧 년 전이 보아난

얼굴이로구나.

〔음영〕 꿈이리야 셍시리야 돌아앚언 이녁 방에 간 낮인 펭풍 두에 곱졍 정심 떼민 정심 저녁 떼민 저녁 먹으민 밤인 늦인덕정하님 모르게 돌앙

이엣 누워 간다.

〔음영〕 영 ᄒᆞᆫ디 어떵 ᄒᆞ난 ᄌᆞ청비 눈치 알암주마는 이엣 늦인덕은 세숫물 떠가도 세숫물도 궂어지곡 밥도 넹경[700] 이녁이 먹어졋인디 아이고

밥도 부족허여 가곡

〔음영〕 영 ᄒᆞ는디 볼써이 ᄌᆞ청빈 눈치 아난, 문도령 보고 그 날 밤이 펭풍 두에 곱앗단 나오란 허는 말이 "닐 아침이양

붉기 전이

어멍 앞이 강 〔음영〕 베고프난 식은 밥에 물제미[701] 헤도렌[702] 헤영

얻어 먹곡

〔음영〕 어멍광 예숙제낄[703] 적에 묵은 옷이 좋읍네까? 새 옷이 좋읍네까? 헤영 묵은 옷이 좋덴 허건 나신디 장게들곡 새 옷이 좋으덴 ᄒᆞ건 이엣 서수왕뚤애기앞이 또 이전

장게가곡, 또 묵은 장 ᄃᆞᆸ네까?[704] 새 장이 ᄃᆞᆸ네까? 헤영 질문 헤영 묵은 게 좋덴

699) ᄉᆞ랑ᄒᆞ게 : 조금 긴 듯하게.
700) 넹경 : 남겨서.
701) 물제미 : 물에 말아서.
702) 헤도렌 : 해 달라고.
703) 예숙제낄 : 수수께끼 할.
704) ᄃᆞᆸ네까? : 달콤합니까?

허건 나신디 장게들곡 세게[705] 좋덴 ᄒᆞ건 이엣 서수왕 뚤애기 앞이
장게듭서."
〔음영〕 "어서 걸랑 기영 허저." 〔말〕 문도령인 그날 ᄌᆞ녁 ᄌᆞ청비영 안앙 누웟단, 이에헤 날이 붉아 가난 어멍 눈 자리에[706] 일어나기 전이 눌려들언 〔말〕 "어머님." "무사?" "아이고 엇치냑[707] 저녁밥을 먹어도 베고판 시장ᄒᆞ기 버천[708] 어멍 먹다 씨다 남은 밥 싯건 물ᄌᆞ미라도
허여줍센 허난."
〔음영〕 어멍은 늦인덕 불러 먹다남은 밥
물ᄌᆞ미 헤단
〔말〕 문도령이 주고 문도령인 실픈[709] 음식 먹어놓고 또 "어머님." "무사?" "옵서 우리 예숙직허게." "기여 나덜[710] 늘[711] 골은 ᄀᆞᆮ는 말 들으마 느만 살아나키여 ᄒᆞ문."
영 허연
〔말〕 허는디 "새 옷이 좋읍네가? 묵은 옷이 좋읍네까?" "임시 ᄀᆞ짝[712] 산 걸음 걸을 뗸이 새 옷이 풀 버닥허난 좋나.[713] 경 ᄒᆞᆫ디 ᄆᆞ음데로 어디 간 앚일 뗸이." "예." "묵은 옷만
못 ᄒᆞᆫ다."
〔말〕 "경 ᄒᆞ우꽈? 묵은 장이 둡네까? 새 장이 둡네까?" 〔음영〕 "임신 맛은 새 장이 좋다만은 짚은 맛은 묵은 장 보민[714] 못허다."
〔말〕 "경 ᄒᆞ우꽈." "어머님." "무사?" "나 서수왕 뚤애기앞이 장게 아이 가젠." "야 이놈아 〔음영〕 이거 무신 말이니?" 늦인덕정하님 불러간다. 불러 놓고

705) 세게 : 새 것이.
706) 눈 자리에 : 누운 자리에.
707) 엇치냑 : 엊저녁.
708) 버천 : 부쳐서.
709) 실픈 : 싫은.
710) 나덜 : 나 아들.
711) 늘 : 너를.
712) ᄀᆞ짝 : 나무나 줄기 따위가 굽거나 비뚤어지지 아니하고 똑바른 모양.
713) 좋나 : 좋다.
714) 보민 : 보다를 잘못 말함.

〔음영〕 "이거 어떵 훈 일고. 서수왕 똘애기앞이 장게 아니 가켄 헴저." 〔말〕 "그게 아니우다. 훈 메칠 전이 어떤 데서중이 오란 간지후젠[715] 나 먹는 저 도령님 먹는 밥도 족아지고양 그전 뗸 남안 나가 베불게 먹고 나가 술저[716] 뚱뚱 헷인디 이에 부족훈고양." "Ç."[717] 〔음영〕 "세숫물 떠다 놔도 세숫물은 뒈여 굿엄수다." "경 훈냐." 게민

이제엔

〔말〕 어머님이 이엣 문국성각시 문도령 어머님이 허는 말이 "얼굴 모른 씨아방

얼굴 모른 씨어멍

〔음영〕 이에 홍포관디(紅袍冠帶) 조심띠[718] 호상을[719]

허여 오렌

〔음영〕 노렌 훈난, 그걸 ᄌ청빈 기지[720] 갓다 주난 보도 아년 씨아방 씨어멍 옷

홍포관디(紅袍冠帶) 조심띠ᄁ지

〔음영〕 믄딱 헤단 입지난

씨아방도 맞고 씨어멍도

맞아지어 갑데다.

〔음영〕 맞아지어 가고 또 이전

〔말〕 이에 문국성이 홍포관디(紅袍冠帶) 조심띠 찌언 조휄 보레 간훈디 옥황상저(玉皇上帝)가 문국성 입은 옷 보난 하도 욕심난, "나도 경 훈 옷 훈불 허여 줄순 엇이넨." 허난 "허여줄 수 잇수다. 무사 엇입네까?" 이젠 또 문국성은 퉤청(退廳)헨 집이 오란 〔음영〕 이에 아덜 늣인덕이 불러놓고 얼굴 모른 옥황상저(玉皇上帝) 홍포관디(紅袍冠帶) 조심띠 똑이 맞게

허연 놓으렌 훈난 그것도 기지 갓다 주난 갓단 멘들안

또이엣

715) 간지후젠 : 가버린 후를 말함.

716) 술저 : 살쩌.

717) Ç : 상대방에 긍정으로 대응하는 말.

718) 조심띠 : 남자 심방이 관대를 입은 뒤에 가슴에 매는 띠.

719) 호상 : 수의.

720) 기지 : 천.

문국성이 조훼(朝會)보레 갈 떼 가졍 간 입지난 뜩이 맞아지언 지어사곡

〔음영〕 아이고 이젠 어떵 ᄒᆞ민 좋으리 문국성은 수벨감(首別監) 수장남덜 불러 놓고 〔말〕 "쉬운 자 구뎅이 파라." 쉬운 자 구뎅이 판 이에 "벡단[721] 숯불 피우라." 벡단 숯불 피우고 칼선ᄃᆞ리[722] 딱 놓고 "우리 메누리 뒈커거들랑 이 칼선ᄃᆞ리 〔음영〕 발아가고[723] 발아오민 메누리 허켄." 허난 ᄌᆞ청빈 어쩔 수 엇이 이엣

그 벡단 숯불 피운디 딱 가난 아이고 알로 불기운이 활딱활딱 허는 게 정신 아뜩허민 털어졍[724]

죽을로구나.

영 허여근

〔음영〕 "명철[725] 실은 하늘님아 지에님아 난 부모혈속(父母血屬) 빌언 이 세상 이십 쓰물 나도록

살아도

〔음영〕 아무 줴도 엇수다 줴엔 ᄒᆞᆫ 건 정수넴이 행실머리 궤심허연 죽엿단 살려 논

줴 벳긴

엇수다.

〔음영〕 영 허여 이날 이 시간에 이 벡단 숯불을 끼와줍서."[726] 등술 드난

이엣

〔음영〕 남방(南方)으로 번구름에 와작착 허난 그 벡단 숯불은 물이 솜빡ᄒᆞ게[727] 문딱 깁고

더운 징 단 징은 다 가부난 ᄌᆞ청빈 칼선다리 발아가고 발아오단 아이고 어느 발 산디 오꼿 발 뒤치기 ᄒᆞᆫ 짝이 비연, 허양ᄒᆞᆫ[728] 옷 입어신디 꿀려 앚안 인ᄉᆞᄒᆞ고

---

721) 벡단 : 하얗게 달궈진 숯.
722) 칼선ᄃᆞ리 : 칼날이 위로 향한 모양.
723) 발아가고 : 밟아가고.
724) 털어졍 : 떨어져서.
725) 명철 : 명천(明天)이 원래인데 잘못하여 말함.
726) 끼와줍서 : 꺼주십시오.
727) 솜빡ᄒᆞ게 : 물건이나 물이 가득하게 차 있는 것.
728) 허양ᄒᆞᆫ : 하얀.

일어산 이엣 돌아사젠 허난 아이고 엉둥이에 뿔강훈 점이 딱 박여지난 부정허다 서정허다 돌아 산 "아이고 요거 훈 일 알고 두 일 모른 부모님네야, 그런 소리 허지 맙서. ᄉᆞ나이 녀석덜은 열다섯 십오 세가 넘어가민양. 놈이 집이 뚤애기덜 컷이냐 족앗이냐 고우냐 굿이냐,

울 넘어 붸리기

〔음영〕 지집년덜은 열다섯 십오 세 넘어 칠팔 세 나가민 훈 둘 거저 지 몸에 지 구실 훈 번썩 마련 흡네다." 〔말〕 아이고 그것도 곧안 보난 데답을 씨아방 씨어멍 ᄀᆞ슴덜은 못ᄒᆞ여 간다.

〔음영〕 그때 문국성이 수벨캄 수장남을 불러 〔말〕 "야." "양?" "저 문도령 저 서수왕네 집이 강이." "예." "막펜지[729] 강 ᄎᆞᆽ앙 오라." "아니 주켄 ᄒᆞ민 어떵 흡네까?" "그디 글짜 ᄒᆞ나 뜰려부난[730] 〔음영〕 글자 고쪄근 가져 오켄 곧으라." "어서 걸랑 경 헙서." 〔말〕 이에 수벨캄 수장남은 서수왕네 집이 간 "아이고 저 미안 헙주만은 거 우리 문도령임 막편지 온 거 줍서." "무사닌?" "그디 글자 ᄒᆞ나 틀렷젠양 글자 고쳥 가져 오쿠다." 경 훈넨 헤연 또 서수왕은 네여주난 그거 앗언 나오는디 〔음영〕 어디사 간 오람신디사, 아니문 올레서 기다려신디사신디 갈 떼 못 본 서수왕 뚤애기, 올레레 집드레 들어오람구나 〔말〕 "아이고 문도령님 수벨캄(首別監) 수장남아 어떵 허연 우리집 오람 감딘?" 허난 "아이고 그게 아니고 상전님양, 〔심방이 장구채로 뒷머리를 긁는다.〕 저 막펜지에 글 ᄒᆞ나 틀린 거 션예. 그거 고쳥 또르 가져 오젠 허염수다." "경 ᄒᆞ냐."

서수왕 뚤애기 이엣근

〔음영〕 문도령네 집이 수벨캄 수장남보고 "아이고 오늘 오랑 가민 다신 아니 올로구나. 어는제 오리 요레 오라 나 술 훈잔 비와 주건

먹엉 강 막펜지 글 고쪙 오라.", "어서 걸랑 기영 헙서." 〔음영〕 훈 잔 두 잔 막 멕이단 보난 술 훈 병 다 멕여지고 또 문도령네 집이 수벨캄 수장남은 오꼿 술에 취ᄒᆞ연 아망지망 헐 떼예 서수왕뚤애기

---

729) 막펜지 : 혼인하기 전에 신랑 측에서 정식으로 신부집을 찾아갈 때에 가지고 가는 의례 문서. 혼인의 성사를 알리는 내용이 적혀 있다.

730) 뜰려부난 : 틀려버리니까.

〔말〕 "야." "양?" "막펜지 어느 거니?" "이디 잇수다." "네 놓으라 보저. 나 글 틀린 거이 고처주커메 우리 아바지신디 갖다줘뒹 가라." 〔음영〕 "경 홉서." "네 노라 보저." 추그리난[731] 술 취훈디 "요거우텐." 헨 네주난 앗아네연 복흐게 찢어놓고 허는 말이 〔말〕 "문국성네 집이 가거들랑 문국성 우리 씨아방 ᄀ음ᄀ라이 난 죽어도 문칩이 귀신 살아도 문칩이 귀신, 〔음영〕 문칩이 귀신이난 기영 알렝 허영 골으라." 〔음영〕 안네 간 막펜지 불 술안 옴막 들러먹어 문 ᄀ진[732] 방안에 물멩지 통전데

목에 걸어

〔음영〕 문 잡아 삿인디 서수왕네 집이선 석 돌 열흘 벡일 넘언 이엣 똘애기 눈 방 문 올안 보난, 아이고 이엣 똘애긴

새 몸에 갓구나.

머리로 ᄂ는 건 두통새

눈으로 흘깃새

입에는 하멧새

목에 목걸리

가심 이열 장열새로구나

열두 심뻬 ᄋ금종에[733]

알리곡 달리곡 뻬담 골담 신경통 각기통 불러주던 새로

ᄂ는양 뒈어 간다.

〔말〕 영 허고 이에 문도령네 집이 수벨캄 수장남은 가난 〔음영〕 "어떵 헨디?" 〔말〕 "아이고 막펜지 촟안 나오단 서수왕 똘애기앞이 오꼿 뻿견 또 어는제 올틴 허멍 술 훈잔 주언 얻어 먹으난 술 취흐연 이엣 〔음영〕 오도 가도 못헨 오랏수다."

〔말〕 "네불라." "죽어도 문칩이 귀신 살아도 문칩이엔 헙디다."

"네여불라."

어쩔 수 엇이 ᄌ청비 문도령 혼설(婚事) 멧고,

---

731) 추그리난 : 치켜세우니.

732) ᄀ진 : 가진.

733) ᄋ금종에 : 무릎 뒤편 종아리.

서수왕뚤애기

새 몸에 가고

〔음영〕 문도령은 날 닮은 건 셍인ᄀ라 아이고 정신까리가 빠졋인가 각시 잘 헷ᄀ렌 아도들[734] 자랑 허여 가난

문도령이 친구들은 어어근

엇은 셍일(生日)잔치 실픈 셍일잔칠 허여도 볼써이 ᄌ청빈 문도령 친구 ᄒ는 걸 다 알앗구나.

알아 노난

〔음영〕 이엣 문도령이 보고 "술잔 오른손에 들렁 허거들랑 웬손으로 ᄀ르[735] 막앙 입더레 데영 먹는 췌 허멍 이디 이거 〔심방이 목으로 손을 갖다 댄다.〕 솜 잔뜩 담암시메 솜은양 또 이레 비와 붑서. 경 안허민 건 고얌약주난 먹엉 죽어집네다. 나영 못삽네다." "기영 허냐."

〔음영〕 ᄌ청비 곧는양 친구덜앞이 간, 술을 고쁘로 주나 사발로 주나 문짝 누류와 간다 이엣 문도령 친구들은 문도령이 죽여뒁 ᄌ청비 ᄌ들르젠[736] ᄒ 게 겁나 문짝

도망가난

〔음영〕 그떼엔 또르 문도령은 물 탄 오는디 쪼끌락ᄒ[737] 비조리 어막 집이서 할망이 "아이고 문도령님아 친구 벗덜. 〔심방이 장구를 들고 옆으로 치웠다가 다시 장구를 들고 무릎에 장구 끈을 걸친다.〕 〈아이고 다리야.〉 준 것사 아니 먹엇주만은 나 술이랑 ᄒ 잔 먹엉 가렌." ᄒ멍 물 우이 앗은디

술 ᄒ 잔 갖다 주난 그걸 먹으난, 두 말 못허여

〔음영〕 물 알러레 털어저 갑데다 털어지난 물은 와작착 집이 둘려오라 난간 앞 지방을 닥닥 지으난 ᄌ청빈

알아 먹언

〔음영〕 물 타 간 "이 어룬아 저 어룬아 아멩 친구 벗이라도 에잉간이[738] 잡술

---

734) 아도들 : 아들을 잘못 말함.

735) ᄀ르 : 가로.

736) ᄌ들르젠 : 괴롭히려고.

737) 쪼끌락ᄒ : 조그마한.

738) 에잉간이 : 엔간히.

게 아니꽈? 몰 우이서 털어지게 술잔을 받읍디겐." 영 허멍 몰에 또 들러 테와 앚언 집이 오란 구들에 눅저 놓고

또 이에

〔음영〕 아이고 이거 산일 체 어떵 ᄒᆞ리 어디 간 둣테비[739] 심어단

옷 쏙곱에 넌닝구 쏙곱에 담으난 그레 둘락 저레 둘락 숨쉬는양

허여 가난 〔음영〕 문도령이 죽지 아년 문도령이 숨쉬는 거 ᄀᆞᇀ아지고 어디 간 또 벌이영 쥐열이영[740] 심어단 ᄂᆞᆯ 무끈 ᄂᆞᆯ류난

ᄫᆞᆼᄫᆞᆼᄒᆞ는 게 사름 코 좀잘 때 코 ᄀᆞ는 거ᄀᆞ찌

뒈여지엿구나.

〔음영〕 그뗸 ᄀᆞ만이 문 게벽도 아니ᄒᆞ고 문 더낀 앚안 신디

〔말〕 문도령이 친구덜 오란 "문도령이 어디 갓수과?" "이 어룬덜아 저 어룬덜아 친구덜 멕이민 ᄒᆞᆫ 두 잔에

셍일잔치 끗나주.

〔음영〕 얼마나 멕엿길레 몰 탄 오단 몰 우이서 털어지게 술을 멕입데가? 저 방에 잠수다." 창곰 터진 딀로 이엣 친구덜이엔 ᄒᆞᆫ 사름덜은 보난 옷도 불락 거리고 숨 쉬는 거 닮고 이에 쥐열이여 벌이여 심어단 ᄂᆞᆯ류운[741] 건 코고는 소리 닮아지고, 또 ᄌᆞ청빈 〔말〕 "아이고 이 문도령이 친구님네 이레 옵서. 나 이제 정심 헴시난양 께나기 전이 나 정심 먹엉

어서 갑서."

〔음영〕 영 허여 이엣 무쉐ᄌᆞ베기[742] 헤단 ᄒᆞᆫ 그릇썩 주고 진 뜬 ᄌᆞ베기 멘들안 와삭와삭 먹어가난, 겁나고 혼나

〔음영〕 휏똥 골기멍 벗덜은 돌아나부난 아이고 이젠 이 남펀 ᄌᆞ청빈 살려살로구넨 이레 허여근 〔심방이 장구를 다시 무릎에 고쳐 맨다.〕 남ᄌᆞ 입성 서방 꺼 개입성ᄒᆞ고

서천꼿밧을 촟아 가는디, 부선감덱이로구나

부선감덱이

739) 둣테비 : 두꺼비.

740) 쥐열이영 : '재열이영'을 잘못 말한 듯 재열은 매미를 말함.

741) ᄂᆞᆯ류운 : 날린.

742) 무쉐ᄌᆞ베기 : 쇠수제비.

〔음영〕 숭험조훼 주는 부엉새 어린 아이덜 〔말〕 둘이가 심언 "느 심엇저 나 심엇저." 이엣 싸와 갑데다.

싸와 가는디

〔음영〕 또 이저는

〔말〕 "느네덜 그거 ᄒᆞ나 놓앙 ᄃᆞ투왕[743] 싸지 말라 쌉지[744] 말라. 나 돈 ᄒᆞᆫ 푼썩이 주거들랑

갈랑 앚앙

그걸랑 날 도라."

"어서 걸랑 경 헙서." 〔음영〕 아이덜앞이 돈 한 푼 썩 두 푼 줘두고

〔음영〕 그새 쿰에 톡ᄒᆞ게 쿰엇단[745]

이엣 부엉감

〔음영〕 이엣 울성(鬱盛) ᄌᆞ끗디[746] 오난 오라가난 화살 하나 네놘 ᄌᆞ름으로 입꺼장 나오게 찔런 울성 안트레 뎃견 ᄌᆞ청빈 문지기고 아무거고 확 문 올앙[747] 가젠 ᄒᆞ난 문지긴 탁 ᄀᆞ르 막아사난 아메도 여ᄌᆞ과 남ᄌᆞ라 들어갈 수가 엇언 "어드레 가는 선비닌?" ᄒᆞ멍 문지긴 말허난, "나 서울 과거 보레 가는디 〔심방이 장구채를 든채 오른손을 들고 앞을 가리켰다가 내린다.〕 넘어가는 새 ᄒᆞᆫ 마리 맞혓인디 이 울성 안터레, 털어지난 그거 이엣 셍이랑[748] 허여도 활데는

내가 춫앙 가사 헐 거난

〔음영〕 그거 춫이레 감젠 ᄒᆞ난, 〔말〕 "이디 시문이." "예." "네 가근에 빵 춫아오랑 주멘." ᄒᆞ난

"어서 걸랑 기영 헙서."

〔음영〕 이엣 문지긴 꼿밧디 간 보난 새 ᄒᆞᆫ ᄆᆞ리 조름으로 맞안 주둥이로 나오게

이야 맞혓구나 그걸 갖언

743) ᄃᆞ투왕 : 다투어서.

744) 쌉지 : 싸우지.

745) 쿰엇단 : 품었다가.

746) ᄌᆞ끗디 : 곁에.

747) 올앙 : 열어서.

748) 셍이랑 : 새는.

〔음영〕 이에 부성감덱 문지긴 부성감앞이 간 〔말〕 이건 넘어 가던 선비가 영 이걸 맞혓수다. "아이고 이거 〔음영〕 우리 집이 숭험조웨

꼿밧디 주는 새로구나 "야 이거 맞힌 선비

돌아오라.

〔음영〕 이리허여근 이젠 이에 새는 활데 화살데 벳견

〔말〕 이에 또 이전 갖고 새는 부원감이 갖언 올레 오란 "아이고 선비님 우리 집 주인 부성감이 청허염수다.

어서 듭서."

〔음영〕 어서 들멍 마당에 물팡돌에[749)]

물 메멍

총껍 ᄒᆞ나 빼연 물 촐이고[750)] 아무 거고 주민 먹지 못ᄒᆞ게 셀 무꺼 불고[751)]

〔음영〕 ᄄᆞ로 부성감칩이 장남은 물 먹을 촐을 갓단 주난 물은 이에 먹을 수 엇언 고게만 그레 저레 허여 간다.

〔말〕 그떼에 ᄌᆞ청비는 부성감ᄒᆞ고 ᄒᆞ는 말이 "이거 당신 쏘운 새녠?" ᄒᆞ난 "예 쏘앗수다." "아이고 이것에 이건 암놈이고 수놈이 ᄄᆞ로 잇인디, 〔심방이 기침을 한다.〕 이걸 맞혀 줍서. 이 새가 아무거라도 오랑 ᄒᆞᆫ 번 울엉 가민 우리 꼿밧디양 문딱 숭엄조췌가 들어 금뉴울꼿[752)] 뒙네다." "경 ᄒᆞ우꽈?"

"어느 떼 뒈민 옵네까?"

〔음영〕 "이에 저 밤광 이 밤 사이에 옵네다." 〔말〕 "어디 앚안 옵네까?" "저 정짓문[753)] 욮뎅이[754)] 물팡 잇수게." "응." "그디서

옵네다."

〔음영〕 "알앗수덴." ᄒᆞ영 나오멍 이젠 이엣 눌 팡을 ᄀᆞ리쳐 주난 그 방드레 가멍 ᄒᆞᆫ디 이엣 그 집이 수벨캄 수장남은

---

749) 물팡돌에 : 노둣돌에.

750) 촐이고 : 꼴이고.

751) 셀 무꺼 불고 : 혀를 묶어 버리고.

752) 금뉴울꼿 : 이우는 꽃, 시드는 꽃.

753) 정짓문 : 부엌문.

754) 욮뎅이 : 옆쪽에.

〔말〕 "아이고 저 선비님양.", "으." "물은 어떵 ᄒᆞ난 입사 도그 높은디사 아무거나 아이 먹엄수다." "예. 그 집이 그 물은양 난디 나민 난 디 풍습 든 디 나민 든 디 풍습(風習)을 못 ᄒᆞᆸ네께." "게민 어떵 ᄒᆞ민 저 물은 굶지지 안 ᄒᆞᆯ 거꽈?", "큰도고리에양."[755] "ᄋᆞ으." "밀축 쒕

담앙 오랑 이엣 줘봅서." 〔음영〕 그걸 헤단 앞이 놔도 고게만 그레저레 좌웃거리멍 헤가난

ᄌᆞ청빈

〔음영〕 이엣 물앞이 간 물 빰양데기[756] ᄯᅡ리는 첵 허멍 손까락 들이쳐 물 세 무끈 총 클러 부난

물은 업더젼

놀만판에 논 밀축

〔음영〕 이엣 왈탕발탕 먹어 갑데다 큰굿 ᄒᆞ는디 이엣 상잔 하난 ᄀᆞ르치곡 산판은 엎어 놓앙 그 우이 놓앙

이 물 저 물아

난 디 나건 난 디 풍습

든 디 들건 든 디 풍속

〔음영〕 ᄒᆞ렌 허멍, 윮이[757] 둑둑 두들당[758] 상잔을 확 걸렷커령[759] 갈라지민 잘 먹엇정ᄒᆞ곡 업더지면 부족허덴 허고

또 새로 허곡

영 헙네다.

〔음영〕 영 허여 이젠 부성감앞이 들은 말로 이녁 눵 잘 방에 간 누워, 잇단 문짝 문 중간 사름으 세끼 이에 개 고넹이 하나 얼씬 안거릴 떼 쏠쩨기 곱안 물팡 우이[760] 간 갈라젼 시난

755) 큰도고리 : 함지박.
756) 빰양데기 : 볼때기.
757) 윮이 : 옆에.
758) 두들당 : 두드리다가.
759) 걸렷커령 : 걸려지면.
760) 물팡 우이 : 물을 길어 나르는 동이를 올려놓는 대(臺) 위에.

저 밤 이 밤

〔음영〕 지픈 밤 야사삼경에 부엉새 놀아오란 툭허게 ᄌᆞ청비 갈라젼 눛인디 벳데기 옷터레 발 디디난 발은 돗돗헤 가고 그때 ᄌᆞ청빈 또 그 부엉새 발콥데기 심어 화살 ᄒᆞ나 ᄌᆞ름으로

찔러

〔말〕 주둥이레 나오게 찔런 놓고 그 물팡돌 앞이 네비여뒨 누는 방에 오란 화살데 ᄒᆞ나로 또 창곰을 뚤롸 이에 늦줌을 자간다.

날이 낫 뒈여 가도

〔음영〕 이렇덴 말 엇어지고 〔말〕 지난밤 이에 부엉새 오라 우는 소린 부성감도 들엇인디 수벨캄 수장남 불러 "야 그 선비 강 보라 어떵 헴시니?" 야 간 보난 갈라지언 잠꾸나 "즘 잠수다." "선비님 우리 부성감 춫암수다." 좇아 간 부성감앞이 가난 "어떵 연딘?" 허난 〔음영〕 "나 누는 방에 이엣서 화살로 쏘앗인디 소리가 아이 납디다." 그 물팡돌 앞이 간 보난 아이고 낮이 본 새ᄀᆞ치록

〔음영〕 ᄌᆞ롬으로 ᄌᆞ동이레 나오게

화살

꼽아지엇구나.

〔음영〕 그때에 부성감이 이녁 뚤애기ᄒᆞ곡 ᄌᆞ운사위[761] ᄒᆞ켄 ᄒᆞ난 ᄌᆞ운사윌 ᄒᆞ엿인디 여ᄌᆞ광 여ᄌᆞ 어떵 안앙 누코

〔음영〕 이엣 자꾸 다 안젠 허민 돌아눠 불곡 일어나 불곡 앚아 불곡 허멍 이에 〔말〕 부성감 뚤은 안지 못ᄒᆞ게 ᄒᆞ난 아바지신디 간 "아바지." "무사?" "어떵 연사윈 ᄒᆞ난양." "응." "도고 높은 사윌 헤수다.", "무사?" "안젠 헤도 안도 못ᄒᆞ게 ᄒᆞ곡 누젠 헤도 누지도 못ᄒᆞ게 ᄒᆞ고 ᄀᆞ찌 아이 누젤 헴수다." 이젠 ᄌᆞ청빌 불런 "선비님 어떵 ᄒᆞᆫ 일이우꽈? 우리 뚤이 미우꽈? 고우꽈?" "아니우다 그게 아니고양. 나 지금 닐모리 서울 과거가 잇는디 과걸 보레 가멍 몸을 어떵 궂정 과걸 보레 가린 영 허연, 몸을 아이 뎀수다." "경 ᄒᆞ우꽈." 경 헨 이젠 야 모린 과거 갈 거엔 ᄒᆞ고 볼 거엔 ᄒᆞ고 그 뒷날 또 이젠

〔음영〕 이엣 꼿밧을 구경시켜 간다 문도령이 살릴 꼿 ᄌᆞ근ᄌᆞ근 ᄀᆞᆮ는양

761) ᄌᆞ운사위 : 신부 측에서 적극적으로 서둘러 얻은 사위.

허여 놓고

〔음영〕 이엣 부성감똘애긴 이별 작별허젠 허난 삼동낭[762] 용얼레기[763] 하나 네놘 똑이 꺽어

ᄒᆞ나씩 ᄀᆞ즈어

ᄌᆞ청빈 집이 오라 문도령이 살려

〔음영〕 그날 밤 세고 듯날 밤 세여 놓고 이에 삼일만인

〔말〕 문도령보고 허는 말이 "나 당신 살리젠 허난 〔음영〕 암창게 들엇수다." "건 무신 말이우꽈?" "부성감 칩이 암창게 들엇인디 나도 여자 부성감 똘도 여자 영 허여 나 어제양 과거 볼 거난 또 몸을 못 뎀ᄁᆞ렌[764]

허엿인디만은

〔음영〕 나영 살당 실프건 그디 선보름허건 나신디 후보름 나신디 선보름 허건 그디 후보름 허영 삽센." 허난 〔말〕 "얼굴 틀리덴[765] ᄒᆞ민 어떵 ᄒᆞ여?" "아이고 나 과거 낙방(落榜) 뒈연 죽어불젠 허단 마지막으로, 얼굴이나 봥 죽젠 ᄎᆞ아오랏ᄀᆞ렌 ᄒᆞ곡 본메본짱 네 놓렌 ᄒᆞ건 요거메성은[766]

네놩 맞춥서."

〔음영〕 "어서 걸랑 경 흡서." 문도령인

ᄌᆞ청비 ᄀᆞᆮ는양

〔음영〕 ᄌᆞ청비영 잇단 아이고 또 부성감덱에 가난

〔말〕 부성감 똘애기나 부성감이나 "아이고 그 선비 아니엔." ᄒᆞ난 "경 ᄒᆞᆫ 소리 허지 맙서. 내가 음식도 아이 먹고 어디 가 얻어 먹도 못ᄒᆞ고 과건 낙방 뒈고 죽어 불젠 허단 마지막으로 오늘 얼굴 봥 가젠

오랏수덴." 영 허난

〔음영〕 아닐케 아니라 부성감 똘애긴 본메 네노렌 ᄒᆞ난 본메 네노난[767] 똑이 맞추난

---

762) 삼동낭 : 삼동나무.

763) 얼레기 : 얼레빗.

764) 뎀ᄁᆞ렌 : 대고 있다고.

765) 틀리덴 : 다르다고.

766) 요거메성은 : 이것이니까.

767) 네노난 : 내놓으니까.

맞아집데다 맞아지언 영 헌 게

〔음영〕 그떼부떤 부성감 똘애긴 문도령이 안으난 그자 여펜이 막 좋아지언 정신이 왁왁ᄒᆞ여지고

영 ᄒᆞᆫ디

〔음영〕 이엣 ᄌᆞ청빈 문도령 살련 선보름 후보름 허렌 ᄒᆞᆫ 헨 놔두난

오도가도 아녀고 아이고 이젠 나도 막ᄉᆞ랑ᄒᆞ저 영 허여

열두 폭 치메 이에 베 치메산디 멩지 치메산디

알 순 엇수다.

〔음영〕 삼년 묵은 장항에 캇다[768] ᄆᆞᆯ렷다 ᄒᆞ는 게 이놈으 기지가 오꼿 삭고 또 ᄌᆞ청비

펜지 쓴다.

〔말〕 펜지 써 아이고 새 것이 좁주[769] 묵은 게 좁네까 아명 ᄀᆞᆯ아도

그디 갓이난 부성감 똘이영 삽서 난 지국성에 네려강

세경땅 ᄎᆞ지 허쿠다.

〔음영〕 펜질 씨언 문도령이

세수ᄒᆞ레 나온 떼

〔음영〕 이에 물 세숫물 그릇 앞이 떨어지난 확 줏언 튼언[770] 보난 ᄌᆞ청비 글이로구나.

어차불상 잊혓구나.

〔음영〕 아이고 물안장 꺼꿀로[771] 지와놓고[772] ᄆᆞᆯ 들러타 와닥닥이 집이 오단 보난 불써이 지국성드레 ᄌᆞ청빈 네려감구나 〔말〕 '날 네비여뒁[773] 어디레 가젠 헴시닌.' 심엉 치메 심언 ᄃᆞᆼ기민 오꼿 터저 네불민 〔음영〕 나비 ᄂᆞᆯ듯 새 ᄂᆞᆯ듯

ᄂᆞ는 양

---

768) 캇다 : 담갔다.

769) 좁주 : 좋지요.

770) 튼언 : 뜯어서.

771) 꺼꿀로 : 거꾸로.

772) 지와놓고 : 지워놓고.

773) 네비여뒁 : 내버려두고.

〔음영〕 청나비 벵나비 꿈꾼 나비 줄전나비 뒈렌

〔말〕 ᄌ청빈 허멍 지국성 네려사고 옥황에 문도령은 어쩔 수 엇이 부성감 ᄄᆞᆯ이영 살게 뒈고

네려오란 헤남석에[774] 보난

정수남이

〔음영〕 ᄇᆞ름으지 앚안 니 잡암구나.

〔말〕 그떼엔 "야 정수남아." ᄒᆞ난 "아이고 상전임."

〔음영〕 영 ᄒᆞ여 "우리 아방 어멍은

어떵 뒈엿이니?"

〔음영〕 "죽언 헤남석 감장(勘葬) 허여수다."

"경 허냐."

〔음영〕 "세경땅을 돌아보게." "어서 경 헙서." 〔말〕 이엣 정수넴이 ᄒᆞ고 세경땅을 돌아보는디 유월 영청 한 더위에

마가지왓[775]

〔음영〕 이엣 농ᄉᆞ(農事) 아옵 쉐(牛)에 일곱 장남[776] 갈암구나 "저디 강 식은 밥에 물ᄌᆞ미라도 ᄒᆞ끔 빌어도렝[777] ᄒᆞ영 가졍 오라." 그디 간 식은 밥 물ᄌᆞ미 도렌 ᄒᆞ난 〔음영〕 밧 갈던 장남덜은

〔음영〕 "아이고 우리 먹을 것도 엇인디

넘어 가는 질캇난[778] 년놈덜 줄 거랑말앙 우리 먹을 것도 엇덴." ᄒᆞ난 오난 그와 ᄀᆞ치 정수넴인 ᄌᆞ청비앞이 소도리[779] 허난

〔말〕 이에 ᄌᆞ청비가 또르 정수넴이 보고이 허는 말이 〔음영〕 "장남에랑 이엣 광난이쫑 막난이쫑 불러 줘 불곡

볏보섭에[780] 살기살썽

---

774) 헤남석 : 별 바른 양지를 말함.

775) 마가지왓 : 장마가 지나간 후에 밭.

776) 장남 : 머슴.

777) 빌어도렝 : 빌려 달라고. 여기서는 '나누어 달라고'의 의미.

778) 질캇난 : 길 가르는.

779) 소도리 : 고자질.

용잠데에[781] 살기살썽 이엣 쉐랑 벙엣이쯩[782] 불러 줘 불라 〔음영〕 오꼿이게시리 용잠데 문딱 부서져 불고

장남덜은 광난이쯩 쉐는 벙엣이쯩

둘렀다.

〔음영〕 도망 가불연 허난 ᄄᆞ로 정수넴이영 ᄌᆞ청비영 넘어가단 보난 두 하르방 할망이 골겡이[783] 농ᄉᆞ농업ᄒᆞᆫ디 시난 그디 간, 〔말〕 "하르바님네 할마님네 농ᄉᆞ 짐이꽈?"[784] "예." "저 미안 ᄒᆞᆸ주마는 질 넘어가던 아이덜 밥 ᄒᆞᆫ직[785] 줍서." "우리 안적 정심 떼 아이 뒈난 저 잣벽[786] 우이 동고량착 우알에 정심을 싼 왓인디 알에착이랑 네불곡 우착이라근에[787] 먹엉 가렌." ᄒᆞ난 고맙수덴 헤연 이엣 잣벽 우이 간 정수넴이ᄒᆞ고 ᄌᆞ청비ᄒᆞ고 앚안 이에 알착은[788] 네불고 우착은

이엣 갈라 먹언

〔말〕 할마님 하르바님앞이 오란 "이 밧디 농ᄉᆞ 얼마나 뒙니까?" "아이고 농ᄉᆞ가 무슨 것꽈. 죽듯 살듯 ᄒᆞ여도 저 감은 암쉐 ᄒᆞ나만 시꺼져도[789] 좋주마는 그자 우리 두 늙은이 두어 뭇썩 지엉 집이 가민 맙네께." "경 ᄒᆞ우꽈. 게민, 이 밧디 농ᄉᆞ농업양 저 쉐도 잔뜩 다리 종에 부러지도록 시껑 가게끔 농ᄉᆞ뒈고 할마님 하르바님 잔뜩 졍[790] 먹고 입고 헹공헤영 살게끔 농ᄉᆞ시겨 주쿠다." "아이고 이 밧디 농ᄉᆞᄒᆞ영 그자 저 쉐 시끄곡 우리 두 늙은이 잔뜩 지민 그거 벳긴 더 좋은 건 엇수다."

"기영 ᄒᆞ우꽈."

〔말〕 "검질은[791] 얼마 메엄수꽈?" "검질 말 ᄒᆞ지 맙서. 죽도록 문 곡석이 뒈도록

780) 볏보섭에 : 볏보습에.
781) 용잠데에 : '잠대'는 농기구의 하나.
782) 벙엣이쯩 : 소를 괴롭히는 증세.
783) 골겡이 : 호미.
784) 짐이꽈 : 짓고 있습니까?
785) ᄒᆞᆫ직 : 한 모금. 한 숟갈.
786) 잣벽 : 기다랗게 돌을 쌓아 올린 담.
787) 우착 : 위짝.
788) 알착 : 아래짝.
789) 시꺼져도 : 실어져도.
790) 졍 : 지어서.
791) 검질은 : 김은.

검질메도양 검질 못 메마씨.", "경 허민 검질을 아니 메어도 이 밧디 농ᄉᆞ농업 허영 살게 ᄒᆞ쿠다.", "아이고 늙어도 ᄀᆞ만이 앚으민 뻬 아프곡 다리 종에 허리 존둥이 아프난 그자 ᄒᆞ룰 헤 지울 검질이나 멘들아 주민 좋수다."

"기영 협서."

〔음영〕 영 허여 그 밧디 하르방 할망 일 아녀도 먹고 입고 헹공허게 농ᄉᆞ법(農事法) 마련 허여두고 세경땅

돌단 보난

〔음영〕 떨어진 이엣 곡석 씨 두 방울이 잇엇구나 무신 씬곤 허난

뻐국새 울어상 허민

〔음영〕 ᄆᆞ멀 갈 떼 뒈곡 산디 갈 떼 뒐 거난 이에 ᄆᆞ멀씨도 마련ᄒᆞ저

또 이저는

〔음영〕 ᄂᆞ물씨도 마련ᄒᆞ저 ᄌᆞ청빈 이에 정수냄이 보고 〔말〕 "늘랑이 세경땅에 시라. 나 옥황에 염녀데왕(閻羅大王) 앞이 강 이엣 아니우다. 이에 염저실농씨앞이 강

이에 ᄆᆞ멀씨 이에 ᄂᆞ물씨 강 탕 오마."

"어서 걸랑 기영 협서." 영 허여근

〔음영〕 ᄆᆞ멀씬 탄 오난 담을 디 엇구나 소중기[792] 끈에 둘아멘 것이

이 귀 저 귀

〔음영〕 소중기 옷 귀ᄀᆞ찌 나곡 ᄂᆞ물씬 어디 받앙 가리 손에 받앙 심언 오단 요 손가락 〔심방이 왼손을 들고 주먹 쥔다.〕 트멍으로 털어진 건

드릇ᄂᆞ물씨[793]

손에 시어 온 건 인셍덜 먹고 펜안이 살 ᄂᆞ멀씨 허연 오난

〔음영〕 여름 나 여름 용ᄉᆞ(農事) 오곡나열[794]

또 이전

ᄀᆞ을 농선

〔음영〕 온갓 육곡번성(六穀繁盛) 열두 가지 시만국법(新萬穀法) 마련허엿수다. 세

---

792) 소중기 : 소 중의.

793) 드릇ᄂᆞ물 씨 : 들나물 씨.

794) 오곡나열 : 오곡이 풍성하다는 의미.

경신중마누라님은 이번은 똑바로 알아지는양 정신 출리멍 조라와도[795]
신풀어 올립네다. 〔심방이 장구를 몇 장단 치다 그치고 장구채를 끼워 넣는다.〕

세경본풀이〉테우리청 지사귐

영 훈 끗에는 또 세경신중 받다 씨다 남은 거 웃철변 허여다 저먼정 네여당 천앙테우리 지왕테우리 인왕테우리 권권허곡 제사귀자.[796] 또 일소장 제주도 이소장 삼소장 ᄉ오육칠팔구십 십일 십이 십삼 십ᄉ 소장(所場)에 놀던 테우리, 비 오민 큰 엉덕[797] 알로 강 놀곡 큰 남[798] 알로 수덕[799] 알로 놀던 테우리덜, 비으지 ᄇ름으지 ᄒ던 테우리덜 많이 제사겸수덴 헤영 끗나는[800] 법이우다. 〔심방이 두 손을 가지런하게 모으고 고개 숙여 절한다.〕 난산국 신풀엇수다.

〔장구를 치운다.〕

〈아이고 착허다.〉 〔조사자 일동 : 속아수다.[801]〕

795) 조라와도 : 졸려도.

796) 제사귀자 : 달래자.

797) 엉덕 : 언덕.

798) 남 : 나무.

799) 수덕 : 큰 돌들이 엉기정기 쌓이고 잡초와 잡목이 우거진 곳.

800) 끗나는 : 끝나는.

801) 속아수다 : 수고하셨습니다.

ᄉᆞ만이본풀이

1. 개관

ᄉᆞ만이본풀이는 11월 11일 구연 중 마지막 순서로 진행되었다. 오후 6시 9분에서 6시 37분까지 이루어진 대목이다. 강대원 심방은 ᄉᆞ만이본풀이를 구연하는 데 있어서 평상복 차림으로 앉아서 이야기를 풀어 나가는 방식으로 구연하였으며, 무구(巫具)를 하나도 사용하지 않았다. 일반적으로 심방들이 ᄉᆞ만이본풀이를 구연할 때 요령을 사용하는 것과는 다른 상황이었다. 실제 굿 현장이 아니라 인위적인 공간에서 본풀이를 구연하는 식이라 그렇게 한 것이다. 강대원 심방은 ᄉᆞ만이본풀이에서 서사의 주된 인물을 '소ᄉᆞ만이'로 칭하고 있다. 대부분의 ᄉᆞ만이본풀이가 'ᄉᆞ만이'라는 호칭을 쓰는 것과 다른 것으로 특별한 경우라 할 수 있다.

ᄉᆞ만이본풀이는 달리 멩감본풀이라고도 한다. 하나의 본풀이에 두 가지 이름이 붙여진 경우이다. ᄉᆞ만이본풀이는 본풀이 서사의 주된 인물인 'ᄉᆞ만이'를 내세워 붙인 이름이다. 일반적으로 ᄉᆞ만이본풀이로 칭한다. 이본 중 ᄉᆞ만이를 대신하여 오ᄉᆞ만이가 차사에게 잡혀가기도 하는데, 오ᄉᆞ만이에 대응하여 강대원 심방의 본풀이에 소ᄉᆞ만이(사ᄉᆞ만이)가 등장한 것으로 보인다. ᄉᆞ만이가 백년해골의 도움으로 삼차사를 잘 대접하여 수명을 연장한 내력이 액맥이의 근거가 된다.

멩감본풀이는 멩감(멩감코ᄉᆞ)의 대상신을 내세워 붙인 이름이다. 멩감(멩감코ᄉᆞ)은 새해를 맞이하여 장명다복(長命多福)을 기원하기 위하여 벌이는 의례이면서 동시에 생업신을 청하여 생업의 번성을 기원하며 벌이는 의례이기도 하다. 농가의 제석(帝釋)멩감, 축산가의 산신(山神)멩감, 어업에 종사하는 집안의 선앙(船王)멩감 등 집안의 생업에 따라 다양하게 변화된다.

ᄉᆞ만이본풀이 또는 멩감본풀이는 같은 내용의 본풀이를 다른 의례인 액맥이와

멩감(멩감코ᄉ)에서 동일하게 구연하는 경우이다. 이처럼 하나의 본풀이를 여러 기회에 활용하는 것도 제주굿의 특징 가운데 하나이다.[1)]

강대원 심방의 소ᄉ만이본풀이에 청해진 신(神)은 삼멩감(三冥官)이다. 통상 천왕멩감(天王冥官), 인왕멩감(人王冥官), 지왕멩감(地王冥官)으로 관념하는 신격이다. 서사 단락은 다음과 같다.

① 소ᄉ만이는 스무살이 넘어 결혼을 하고 자식을 낳았으나 가난하게 살았다.
② 소ᄉ만이는 부인이 주는 돈 석 냥과 머리 두 타래를 들고 장안으로 가서 마세총만 사서 집으로 돌아온다.
③ 소ᄉ만이는 마세총을 들고 사냥을 가지만 아무런 소득이 없어 산에서 죽을 결심을 한다.
④ 소ᄉ만이는 죽을 길에 백년해골을 만나는데, 백년해골은 자신을 조상으로 위하면 거부(巨富)가 되게 해주겠다고 약속한다.
⑤ 소ᄉ만이가 백년해골을 집앞 퐹저남에 걸어 두었는데, 소ᄉ만이 부인이 치마폭에 감싸 안아 안고팡에 모신다.
⑥ 소ᄉ만이 부부가 초하루 보름 상식(上食)을 올리며 백년해골을 모시자 천하거부가 되었다.
⑦ 소ᄉ만이는 염라대왕에게 정명(定命)이 다한 것이 드러나서 삼차사를 맞을 위기에 처한다.
⑧ 소ᄉ만이는 백년해골이 일러주는 대로 집안에서는 굿을 하고, 삼도전 거리에 차사상을 크게 차려놓고 백 보 밖에서 숨어서 기다린다.
⑨ 삼차사는 배가 고파 소ᄉ만이가 차려 놓은 음식을 배불리 먹는다.
⑩ 삼차사는 소ᄉ만이가 대접한 음식을 먹은 댓가로 대신 ᄉ필이를 데려간다.
⑪ 삼차사는 ᄉ필이를 데려간 죄로 염라대왕에게 벌을 받는다.
⑫ 삼차사는 지동토인에게 청하여 소ᄉ만이의 정명을 삼십에서 삼천으로 바꾸게 한다.
⑬ 삼차사는 염라대왕에게 소ᄉ만이의 정명을 확인할 것을 청하여 벌을 면한다.

---

1) 강정식, 『제주굿 이해의 길잡이』, 민속원, 2015, 202쪽.

⑭ 염라대왕은 삼차사를 삼멩감으로 좌정시켜 명과 복을 주는 직능을 명한다.

강대원 심방 구연본 서사 단락은 크게 전·후반부로 나눌 수 있다. 전반부는 생업의 번성을 주된 내용으로 하고, 후반부는 차사를 대접하여 액을 막고 수명을 연장하는 것을 주된 내용으로 한다. 전반부는 생업수호신을 위하여 신년에 주로 벌이는 멩감(제)의 주된 근거가 되며, 후반부는 수시로 벌어지는 액막이의 주된 근거가 되는 내용이라 할 수 있다.

전반부는 소ᄉᆞ만이가 백년해골을 조상으로 모셔 재물을 성취하는 내용으로 전형적인 조상신본풀이의 구조를 보인다. 소ᄉᆞ만이로 표현되는 곤궁한 살림살이의 인간이 백년해골을 우연히 만나 조상과 자손으로 인연을 맺으면서 조상인 백년해골의 도움으로 거부가 된다는 내용이다. 자손은 조상을 대우하고, 조상은 자손의 번성을 약속한다. 조상신본풀이의 구성을 갖고 있지만 특정 인물이나 집안이 제시되는 것이 아니라는 점에서 생업수호신의 직능을 갖는 일반신본풀이의 성격을 갖는다.

후반부는 소ᄉᆞ만이가 삼차사를 잘 대우하여 수명을 연장하는 내용이다. 소ᄉᆞ만이는 백년해골의 도움으로 삼차사를 대접하여 삼십 년의 정명을 삼천 년으로 연장한다. 소ᄉᆞ만이가 삼차사를 대접하는 방식은 현재 제주굿에서 액맥이를 행하는 의례의 준거가 되었다. 본풀이 마지막에 삼차사가 삼멩감으로 좌정하여 명과 복을 관장하는 직능을 갖는다는 내용이 추가되어 있다.

강대원 심방이 구연한 ᄉᆞ만이본풀이의 가장 큰 특징은 염라대왕이 삼차사를 보내게 되는 계기의 차별성이다. 대부분의 이본에 비하여 생업 번성의 직능이 더 강조되어 있다.

강대원 심방 구연본의 경우, 백년해골을 조상으로 모신 이후 소ᄉᆞ만이의 사냥 성취가 탁월해진 것이 직접적인 이유가 된다. 소ᄉᆞ만이의 사냥으로 말이나 날짐승들이 거의 멸족의 위기를 맞이하게 된 것이다. 제주도의 신구간(新舊間)에는 일만팔천의 신이 모두 하늘에 오른다. 그런데 산신(山神)이 타고 다니는 말이나 날짐승들이 모두 사라져 제주의 산신들이 신구간에 늦게 되고 염라대왕은 그 이유를 알게 되었다. 소ᄉᆞ만이가 부를 성취한 이유가 동일하게 소ᄉᆞ만이에게 위기의 근거로 작용한다.

이와는 달리 기존에 채록된 대부분의 ᄉᆞ만이본풀이에서는 ᄉᆞ만이가 백년해골을 조상으로 극진히 모시는 대신 자신의 혈연 조상을 위하는 데에는 소홀한 것이 이유가 된다. 이로 인하여 ᄉᆞ만이의 조상이 기제사마저 제대로 받지 못하게 된다. 이 사실을 알게 된 염라대왕이 ᄉᆞ만이를 징치하려는 과정에서 정명을 확인하는 것으로 되어 있다.

서사 구조의 합리성을 따져본다면 강대원 심방 구연본이 근거 있는 구성이라 할 수 있다. 태운 조상을 모시기 위하여 혈연 조상을 모시지 않는 것에 대한 논리적 모순이 해결될 수 있다. 또한 동일한 이유가 한 편으로는 성취의 근거가 되고, 다른 한 편으로는 위기의 근거가 된다는 구조는 상당한 긴장감을 낳게 한다. 서사적 완결성에 더 닿아 있는 것이다.

2. 내용

옛날 주년국 땅에 아주 가난하게 살아가는 소ᄉᆞ만이가 있었다. 스무 살이 넘도록 결혼을 못하다 인연을 만나 결혼을 하고 아이들도 태어났다. 부인은 매우 부지런해서 안하는 일 없이 일을 하여 아이들을 먹여 살렸다. 어느 날 힘에 부친 부인이 소ᄉᆞ만이에게 그동안 모아 놓은 돈 석 냥과, 결혼할 때 올렸던 머리 두 곡지 잘라 놓은 것이 있으니 그것을 갖고 나가 장사를 해보라고 주었다. 소ᄉᆞ만이는 머리 두 곡지를 들고 장에 나가 팔아서 배 고픈 사람에게 밥을 사주고, 여비 없는 사람에게는 여비를 주고, 신발 없는 사람, 옷 없는 사람에게는 신발과 옷을 사주면서 결국 돈을 다 쓰고 가져간 돈 석냥만 남았다. 그때 장 앞에서 마세조총을 파는 사람이 있어 얼마냐고 물으니, 소ᄉᆞ만이에게만 팔 총이라고 하여 돈 석냥을 주고 그 총을 사서 집으로 돌아왔다.

먹을 양식이 없는데 총 한 자루만 들고 온 소ᄉᆞ만이를 보고 부인은 울음을 터뜨리는데, 소ᄉᆞ만이는 부인에게 도시락을 싸주면 저 총으로 사냥을 해 와서 부자로 살게 해주겠다고 한다. 부인은 마을에서 양식을 꾸어다 도시락을 싸주고, 소ᄉᆞ만이는 사냥을 하러 산에 오르지만 한 마리도 잡지 못하고 도시락만 다 먹어치워 차마 집에 돌아가지 못하고 죽겠다고 결심한다.

엉덕궤에 누워 죽을 생각을 하는데, 깊은 밤이 되니 어디선가 "소ᄉᆞ만아, 소ᄉᆞ만

아, 소ᄉᆞ만아예~."라는 소리가 들린다. 환청인가 하여 다시 누웠는데 또 같은 소리가 들린다. 일어나서 소리가 나는 곳으로 가 보니 덤불 속에 백년해골이 있어 사연을 듣는다.

백년해골은 서울 서정승 서대문 밖 백정승의 아들인데 산이 좋고 사냥이 잘 된다고 하여 그 산에 왔다 사고를 당하여 죽고, 뼈와 살은 다 녹아 내리고 해골만 남았다는 것이다. 자신을 집으로 모셔 가 초하루, 보름을 잘 위하여 주면 소ᄉᆞ만이 집안을 흥하게 해주겠다는 약속을 한다. 그 말을 들은 소ᄉᆞ만이는 백년해골을 모셔 엉덕궤로 가 그 다음날 집으로 모셔 가려고 잠을 청하였다. 새벽녘에 소ᄉᆞ만이는 백년해골이 부르는 소리에 잠이 깨었다. 백년해골은 지금 일어나 산목 잘라 불 세 방을 붙여 놓으면 내일 알게 될 것이라고 하여 소ᄉᆞ만이는 백년해골이 시키는 대로 하고 다시 잠을 청하였는데 아침에 일어나 보니 궤 앞에 여러 마리의 짐승들이 죽어 있었다. 소ᄉᆞ만이는 백년해골을 모시고 내려가 집 앞 올레에 두고 집안으로 들어갔는데 배 고파 울던 소ᄉᆞ만이 부인을 백년해골이 불러 다시 집안의 부귀영화를 약속하였다. 소ᄉᆞ만이 부인은 백년해골을 안고팡에 조상으로 모셨다. 그날부터 소ᄉᆞ만이 집안은 날로 재수가 좋아 사냥이 잘되고 천하 거부가 되었다.

소ᄉᆞ만이가 사냥을 잘 하는 탓에 산신들이 탈 말이나 새도 다 없어지게 되었다. 신구간이 되어 산신들이 신들의 회의에 참석하러 옥황에 가는데 타고 갈 말이 없어 늦었다. 이를 이상하게 여긴 염라대왕이 이유를 묻고 산신들은 소ᄉᆞ만이의 행적을 고한다. 염라대왕이 문서책을 펴보니 소ᄉᆞ만이의 정명이 다 되어 있었다. 염라대왕은 삼차사에게 소ᄉᆞ만이를 잡아오라 명하였다.

백년해골은 이 사실을 다 알고 소ᄉᆞ만이 부인에게 소ᄉᆞ만이를 불러 자신을 원래 있던 자리에 놓아달라고 소리를 치며 울어간다. 이에 소ᄉᆞ만이 부인은 백년해골을 이웃 밭에 갖다 버린다. 그 날로 소ᄉᆞ만이는 사냥이 되지 않고 그냥 집에 오다, 버려진 백년해골을 보고 삼차사가 오고 있다는 얘기를 듣는다. 살 방법을 달라는 소ᄉᆞ만이에게 백년해골은 집안에 큰굿을 하고, 삼도전 거리에 차사를 위한 상을 크게 차려놓고 백 보 밖에 숨어서 기다리라고 이른다.

소ᄉᆞ만이가 백년해골이 이르는 대로 하고 삼도전 거리 밖에 숨어서 기다리니, 삼차사는 소ᄉᆞ만이를 잡으러 내려오다 너무 배가 고파 그 상의 음식을 먹는다. 다 먹고 나서야 그 상이 소ᄉᆞ만이의 상이라는 것을 알고 삼차사는 소ᄉᆞ만이를 부른다.

삼 세 번을 부르고 나서야 대답을 하고 삼차사 앞에 나선 소亽만이는 가기 전에 가족들에게 마지막 인사를 할 수 있게 청한다. 밥 먹은 값으로 삼차사는 이를 거절하지 못하고, 소亽만이 집으로 가서 가족들을 만나게 한다. 가족들은 모두 삼차사에게 소亽만이 대신 자신들을 데려 가라고 애걸하고, 이를 보던 삼차사는 소亽만이 대신 그 마을의 亽필이를 데려간다.

염라대왕은 삼차사가 소亽만이에게 인정을 받고 소亽만이 대신 亽필이를 잡아온 것을 알고 삼차사를 죽이려고 하옥을 시켰다. 삼차사는 지동토인에게 청을 한다. 염라대왕이 새벽에 화장실 가는 사이 소亽만이의 정명인 삼십(三十)의 십자(十字) 위에 한 침을 질러 삼천(三千)으로 바꿔달라는 것이었다. 지동토인은 삼차사의 청을 들어주어 소亽만이의 정명이 삼천으로 바뀐다. 다음 날 염라대왕은 삼차사를 처형하기 위하여 불러내서 마지막 말을 하라고 하는데, 삼차사가 소亽만이의 정명을 확인해 달라고 한다. 염라대왕은 바뀐 것을 모르고 소亽만이의 정명을 확인한다. 염라대왕은 삼차사를 삼멩감의 자리에 좌정시키고 명과 복을 주는 직능을 명한다.

3. 구연 자료

〔아무런 무구 없이 앉아서 말로만 풀어간다.〕

亽만이본풀이〉말미

삼멩감(三冥官)[2] 하늘님 난산국드레 신메와, 석살려 드려 가며 지 돌고, 위 돌아 갑네다. 난산국드레 제 네리저 헙기는, 예 주년국~,[3] 소亽만이 난산국 본산국이우다.

亽만이본풀이〉본풀이

엿날 엿적에 주년국땅, 소亽만이란 인셍이[4] 아방 몸에 뼈 빌어 어멍 몸에 술 빌어

2) 삼멩감 : 멩감은 저승에서 영혼의 죄를 다스리는 신. 삼멩감은 천앙멩감, 지왕멩감, 인왕멩감.
3) 주년국 : 무가에 나오는 미상의 나라 이름.
4) 인셍(人生) : 사람을 뜻함.

탄생은 허고 가난은 지리공서[5] 허여, 열다섯 십오 세 이십 쓰물 넘도록~ 살아가도 예~ 입장 갈림[6] 못 헤여 삽데다 헌디, 경 허여도 예~ 소ᄉ만이 연분이 있어 이십 스물 넘어 갈림 허고 사는 게 애기덜 콩끄르 퐃끄르 소생헙데다.[7] 소생허여 이 아기덜 멕여 살리저 허는 것이근, 뒈여지어 삽네다.

예~ 가숙은[8] 예~ 소ᄉ만이 부인은 예~ 비가 오나 눈이 오나 예~ 부지런 부젠 하늘도 못 막는 제격 동네방넨 헐 일이 있으믄 신산꼿[9] 도올라근, 푸나무 장적[10] 헤당 풀아 구명도식(救命圖食) 허여 사곡 허는디, 또 예 이전 ᄒᆞ를날은 예 소ᄉ만이 부인님도 피곤허고 지치고 다쳐지어 소ᄉ만일 불러 놓고 "서울 장안에 들어강 장서나 헹 옵서." "무엇을 가져 예 장서를 허오리까?" "내가 당신광 갈림 헐 적 시갑머리 육갑에 갈라 다와,[11] 멀리[12] 올린 거 머리 올린 거 두 곡지[13] 비여 놔둔 게 잇곡, 푼푼 세세허[14] 모은 금전 돈 석 냥이 잇수다. 이거 앗앙[15] 강 풀앙[16] 올 적에 반찬전에 반찬 쏠전에 쏠 사고 옵서~."

영[17] 허여근 소ᄉ만이 예 각시 준 돈 석 냥에 네려근사 열룬 머리 두 곡지 예, 가져 장안에 장터 가 풀아 예 또 다시 돌아서난, 배 고파 우는 인셍 예 밥전에 밥 사멕이고 노비 없는 왕레노수(往來路需) 없는 인셍 왕레노수 사주어 보네고 신발 떨어진 인셍 신발 사주어 보네고 옷 떨어진 이복(衣服) 떨어진 인셍은 이복 사주어 보네곡 허단 보난 이예 머리 두 곡지 푼 돈은 간데 온데 없어지어근사고, 남은 돈은

---

5) 가난은 지리공서 : 오래도록 늘 가난하다는 의미의 관용구. 질이공서, 길에서 산다는 의미. 노숙 신세. cf.자리공서 : 누웠다, 아프다는 의미.
6) 입장 갈림 : '결혼하다'는 의미의 관용구.
7) 소생헙데다 : 태어났습니다.
8) 가숙 : 처(妻).
9) 신산꼿 : 신산곶. 깊은 숲.
10) 장적 : 장작.
11) 다와 : 땋아.
12) 멀리 : 머리.
13) 곡지 : 한 줌 정도의 뭉치를 세는 단위.
14) 세세허 : 세세히. '푼푼이'의 뜻.
15) 앗앙 : 가지고.
16) 풀앙 : 팔아서.
17) 영 : 이렇게.

돈 석 냥 남고 가젼간 돈, 또 장또[18] 밖엔 나오라지고

그때예 벡발 노장님이근 뒈여지어 삽데다 지레 맞인[19] 마세조총[20] 거느려 이에 둘러메어 넘어가난 다 좇아가 "벡발 노장님아 이 총 풀 겁네까?" "풀 거우다." "얼마 받을 거우꽈?" "아무앞이나[21] 풀 총이 아니우다." "누구앞이 풀 거우꽈?" "예 소ᄉ만이가 오라사 풀 총이우다." "제가 주년국 소ᄉ만이우다. 얼마 받으리까?" "돈 석 냥 받으리다." 앗안 간 돈꺼지 주언 풀아 사앚어 예 집으로 돌아오난,

예 소ᄉ만이 부인은 초장 이장 막장 보난 "어떵 협데가?" 아무 소리 못 허고 엳인 보난 지레 맞인 마세조총 잇엇구나. "이거 어느 누가 쓰단 총입네까?" 예 숫닥비가 비세 울 듯 울어갑데다.[22]

그때예 소ᄉ만이는 부인을 불러 놓고 예-, "양석(糧食) 반찬을 싸주민 오를목에[23] 데각록(大角鹿) 네릴목에[24] 소각록(小角鹿)[25] 맞혀다 동네 푸납 돌리면 우리도 먹고 입고 살 수 잇덴." 허난 예 양반이집 뚤 후레롭서,[26] 소ᄉ만이 부인은 동네 뎅기멍 군량미(軍糧米)[27] 반찬을 예 꾸어다 예 그걸 싸 소ᄉ만이 신산꿎 도올르난 네릴목에 오를목에 데각록 소각록이랑 말앙 놀짐승 하나 못 맞힌디 군량민 문짝[28] 숢아 먹어지고 집이 네려오젠 허난 가숙 애기 부모 얼굴 볼 형편이 아니 뒈여근지어 삽데다.

'나 살아 무엇 허리, 나 이 산중에 오라근, 좋은 반찬에 배 분 밥 먹어 살고, 나 죽어불주긴.' 철련 말련 엉덕궤[29] 알로 가 자리 출려 누엇인디만은 그날 저녁 초경 넘어 이경 넘어 지픈[30] 밤 야사삼경이 뒈여지어근 삽데다. 뒈여지여산 헌디~ 난디

18) 장또 : 장도. 시장 입구. 장터.
19) 지레 맞인 : 자신의 키와 비슷할 정도로.
20) 마세조총 : 마상조총(馬上鳥銃).
21) 아무앞이나 : 아무에게나.
22) 비세 울 듯 울어갑데다. : 처량하고 서글프게 우는 모습을 표현하는 관용구.
23) 오를목 : 오르는 길에, 사냥하러 가는 길에.
24) 네릴목 : 내리는 길에, 사냥하고 오는 길에.
25) 소각록 : 작은 사슴.
26) 후레롭서 : 자손으로서, 출신으로서.
27) 군량미 : 식량, 양식, 쌀을 의미.
28) 문짝 : 모두.
29) 엉덕궤 : 주로 바닷가 절벽 밑에 돌들이 안으로 파여 굴처럼 된 곳.
30) 지픈 : 깊은.

엇이 "소ᄉᆞ만아, 소ᄉᆞ만아, 소ᄉᆞ만아예~." 삼시 번 불러 웨여사난[31], 소ᄉᆞ만이 생각엔 나가 죽저 ᄆᆞ음 먹으난 필연곡절 귓설메[32] 소리가 아닌가 정신 출려 또 누운 자리 자리 출려 누웟인디 또 제ᄎᆞ에 "소ᄉᆞ만아, 소ᄉᆞ만아, 소ᄉᆞ만아." 삼세 번 불러 웨난 불르고 웨는 꿋딜로[33] 소ᄉᆞ만이가 "예~." 가고, 또 이전 보난 예 가시 자왈[34] 속 덤벌 속이난 "사름이꽈 귀신이꽈?" "사름이 뒈여진다. 이 밤중 이 산천, 어떤 인생이 오라 너를 불르고 ᄎᆞᆺ겟느냐? 나는 서울 서정싱 서데문 밧 옛 벡정싱이 벡정싱이 아들인디 이 산 영기 좋고 놀기 좋고 구경 좋고 사냥 좋다길레 오랏다근 그만, 군량미 떨어지어 배 고파 시장헌디 인생 사는 꿋을 ᄎᆞᆽ아 네리다근 발착 엎뎌지는 것이 이 눈두세에[35] ᄏᆞᆺ존등이 부서지고 나는 멩(命)과 녹이[36] 매기고,[37] 뻬 녹고 술 녹다 남은 거 머리빡 하나인디 이 머리빡을, 앗앙 너이 집으로 강 모사[38] 초ᄒᆞᆨ를 보름 위망 허여주민[39], 예 먹을 연 입을 연[40] 부귀영화 시겨주켄." 허난 눌려들어[41] 덤벌[42] 헤쳐 벡년이 조상 예 앗아네어, 엉덕궤 알로 오라 능물그릇 우이 눠두고 또로 잠자다 날이 세민 집으로 오저 허엿는디만은

예 먼동 금동 데명천지 붉아올 적에, 벡년이 조상이 제ᄎᆞ "소ᄉᆞ만아, 소ᄉᆞ만아, 소ᄉᆞ만아예~." 삼시 번 불러 웨어 "아이고 조상님 줌도 아이 자고 무사[43] 영 줌을 못 자게미꽈?" "너 그리 줌만 자민 어찌 사냥을 허겟느냐 지금 께어나 산목 쫄라[44] 불 삼 방[45] 틀어[46] 네일[47] 아적[48] 날이 복건[49] 퀫도[50] 밧겻[51] 나고 보라 알 도레[52]

31) 웨여사난 : 외치니.

32) 귓설메 : 정신이 흐린 때 들리는 듯한 소리. 환청.

33) 꿋딜로 : 곳으로.

34) 자왈 : 돌과 숲이 얽히고 설킨 깊은 숲 지역.

35) 눈두세 : 양 눈 사이.

36) 녹 : 운명의 의미.

37) 매기고 : 끝이고.

38) 모사 : 모셔. 집안의 조상신으로 모시라는 의미.

39) 위망 허여주민 : 위하여주면. 제물을 올려 의례를 지내며 신앙하라는 의미.

40) 먹을 연 입을 연 : 먹고 입는 것에 대한 인연, 즉 운세. 재물운의 의미.

41) 눌려들어 : 힘차게 달려들거나 덤벼들어.

42) 덤벌 : 덤불.

43) 무사 : 왜.

44) 쫄라 : 잘라.

45) 불 삼 방 : 횃불 삼 대.

잇이리라.[53)]" 예 벡년이 조상 말데로 소ᄉᆞ만이, 산목 ᄌᆞᆯ라 불 삼 방 놓아두고, 날이 세고 궷도 밧겻 나고 보난 데각록 소각록 ᄂᆞᆯ짐승이 죽엇구나. 그디서 족은 거 하나 예 가죽 벳기고 열두 뻬 네화근,[54)] 예 또로 오장육부 간담 네담은 "조상임 이거 염통이우다 북부기우다[55)] 간이우다 지레 예 천메씸이우다.[56)]" 영 허멍 "잡숩서 테두 우다.[57)]" 잡숩센 허난 "나는 양반이 후레로 그런 거 은감을 아니 허니라. 이 도량청정 노는, 산앙데신 산신데왕 산신벡관 뒤에 못 얻어 먹고 배고파 시장허기 버친[58)] 군졸덜(軍卒–) 제사귀라.[59)]"

동서남북(東西南北)드레 오장 내장은 문짝 걸려[60)] 케우려[61)] 두고, 예 열두 신뻬[62)] 가죽에 능물그룻 담아 앗어, 집이 네려오다 벡년이 조상 올레 펭저남[63)] 뒤에 걸어 두고, 낭간[64)] 우에 능물그룻 부려 두고 상깃도[65)] 앗아 시난 그날도 소ᄉᆞ만이 부인은 예 푸나무 장작 허여 풀아, 쏠 ᄒᆞᆫ 줌 사다 씨부모 애기덜 배분 밥을 멕여산디, 소ᄉᆞ만이 부인은 예 솟창에[66)] 누운 누넹이[67)] ᄒᆞᆫ 적 긁어다 예 먹젠, 허단 보난 남편 오라

---

46) 틀어 : 일으켜, 켜서.
47) 네일 : 내일.
48) 아적 : 아침.
49) 복건 : 밝으면.
50) 궷도 : 굴 입구.
51) 밧겻 : 바깥.
52) 알 도레 : 알 도리가. 알게 될.
53) 잇이리라 : 있을 것이다.
54) 네화근 : 발려 내어.
55) 북부기 : 허파, 폐.
56) 천메씸 : 혀. 제주방언으로 셋머슴.
57) 테두 : 콩팥.
58) 시장허기 버친 : 배가 고파 상당히 힘이 드는.
59) 제사귀라 : 지사비다. 위무(慰撫)하다.
60) 걸려 : 걸어.
61) 케우려 : 고수레하여, 이리저리 흩뿌려.
62) 열두 신뻬 : 동물의 몸을 이루는 열두 뼈.
63) 펭저남 : 팽나무.
64) 낭간 : 난간.
65) 상깃도 : 마루방과 큰방 구들 사이의 입구.
66) 솟창 : 솥바닥. 솥 안의 밑바닥.
67) 누넹이 : 누룽지.

또 남편앞이 그 음식 들러다 놔두고 솟 앞이 앚아 울어근 가는디, 벡년이 조상이 펭저남 알로 떨어지어 여릿돌[68] 앞으로 둥글어 오면서 소ᄉᆞ만이 부인을 불르난, 소ᄉᆞ만이 부인은 열두 폭 치메 입은 대로 놀려들어 "아이고 어느 누게듬.[69] 예~." "나를 너이 안고팡으로 강 모상 초ᄒᆞ를 보름을 헤주민, 예 먹을 연 입을 연 부귀영화 시겨 주멘." 허난 소ᄉᆞ만이광 계수나무 상당클 비자나무 중당클 아웨남 하당클 추껴 메어, 예 벡년이 조상을 모사 놓고, 초ᄒᆞ를 보름 상식을 허여가난, 오름목에 소ᄉᆞ만이 젯수가 좋아, 데각록 네릴목에 소각록 놀짐승 맞혀다 동네 푸납을 돌렷더니만은 허데 먹으라 쓰라 물멩지[70] 강멩지[71] ᄀᆞ리비단[72] 능나비[73] 서미녕[74] 서마페[75] 군량미, 앗다[76] 주어가는 것이, 일제 천하 거부제(巨富者)가 뒈고

어느 사이에, 해가 구물어[77] 신구간[78] 떼가 요세 ᄀᆞ뜨민 뒛는지 몰라도 산앙데신 산신데왕 산신벡관 삼친제는 조휄[79] 보레 어~ 옥항에 가젠 허연, 예 물석[80] ᄌᆞ어 나오란 보난 소ᄉᆞ만이 문 맞혀 먹어불고, 타고 갈 물이 엇서지여 걸언, 조훼 보레 옥항에 도올르난 아~, 염녀데왕 허는 말이 "어떵 헤여 질로 문저 오는 산앙데신 산신데왕 산신벡관임이 영 늦엇수가?" "그런 게 아니우다. 예 주년국 소ᄉᆞ만이란 놈이, 우리 타고 다니는 물 다 맞혀단 이예 먹어부난~, 우리 타고 다닐 물 웃이, 예 놀짐승 웃이, 예 이 산천 저 산천 헐 것 웃이, 예 씨 멸족 뒐 듯 허니, 이 절체를 허여줍서.[81]"

---

68) 여릿돌 : 잇돌. 댓돌.
69) 누게듬 : 누구든.
70) 물멩지 : 좋은 명주. 수아주(水禾紬).
71) 강멩지 : 명주. 강명주.
72) ᄀᆞ리비단 : 고리비단. 고리 문양의 비단. 꼬리비단.
73) 능나비 : 능라비단(綾羅緋緞).
74) 서미녕 : 세무명.
75) 서마페 : 세마포.
76) 앗다 : 가져다가.
77) 해가 구물어 : 그 해가 거의 세밑에 가까워져.
78) 신구간 : 절기 상으로 대한 후 7일부터 입춘 전 3일까지 6일 동안의 기간. 제주도를 관장하는 각처의 신들이 모두 하늘로 올라 신구관(新舊官)이 바뀌는 기간.
79) 조휄 : 조회를. 신구간에 열리는 신들의 회의.
80) 물석 : 말고삐.
81) 절체를 헤여줍서 : 잘못을 따져서 죄과를 판단하는 일을 해주십시오.

소ᄉᆞ만이 문서췍을 염녀데왕 네여 놓고 건언 보난, ᄌᆞ 서른 사고전명이[82] 마기라[83] 영 허여근, 또 예, 예 뒈여지여 삽데다 마기엿구나 천왕 지왕 인왕 체설 불러 예 주년국 소ᄉᆞ만이를 잡혀들이렌 허난, 삼처서는 염네왕 분부를 받아 놓고, 또 이제는 예 소ᄉᆞ만이 잡히레 네릴 적에

벡년이 조상은 집이 모사도 저 세상 일 이 세상 일 문딱 알아, 안고팡 못슨 조상 벡년 다구리가 소ᄉᆞ만이 부인 집 청소헐 적에 마리레[84] 떨어지어 비세 울듯 울멍 소ᄉᆞ만이 불러, "나 뻬 간 꿋 녹은 꿋으로 술 녹은 꿋으로 나 이 머리빡을 앗다 노렌." 웨여 가난 소ᄉᆞ만이 부인은 '이 조상 너미 먹언, 예 틍 자랑 헝이 자랑 허염구나.' 빗자락으로 딱딱 두드려 이웃한 밧 고량드레 앗아 데껴부난,[85] 간밧 고랑에 떨어지어 벡년 조상은 또 소ᄉᆞ만이 불르멍 웨곡 울어간다.

소ᄉᆞ만이 그날 사냥 가난 사냥도 아니 뒈어지고 네려오라 불르는 곳을 간 보난 집이 모신 벡년이 조상이구나. "아이고 조상님아 이거 어떵헌 일로 예 노실을[86] 헴수과? 어떵헌 일이우꽈?" 경 헐 떼 소ᄉᆞ만이 부인은 울담 안네서 예 울담 고망으로[87] 귀 줜 들으난,[88] 벡년이 조상 허는 말이 "내가 읏으면[89] 니가 어찌 살고 니가 읏으면 내가 어찌 살겟느냐, 이제 지금 이러 나 뻬 녹은 꿋드로[90] 술 녹은 꿋드로 앗다 돌라." "아이고 조상님아 그건 무신 말이꽈?" "닐 모리믄 삼처서가 너를 잡히레 네렴시난,[91] 훈저 나 뻬를." "게민 아이고 조상님, 죽을 일은 알곡 살 일은 모르쿠과?" "무사 죽을 일 아는디 살 일 모를 수 잇겟느냐? 시간 읏다. 집이서 안으로 만서당클[92] 추껴[93] 메고, 밧겻딜로[94] 천지 천왕 저싱 염랏데 신수퍼, 굿을 치고 늘랑

82) 사고전명이 : 정명(定命)이, 타고난 수명(壽命)이.
83) 마기라 : 끝이라, 다하였다는 의미.
84) 마리레 : 마루에.
85) 데껴부난 : 던져버리니, 데끼다는 던지다.
86) 노실 : 노망.
87) 고망 : 구멍.
88) 고망으로 귀 줜 들으난 : 몰래 엿들으니.
89) 읏으면 : 없으면.
90) 꿋드로 : 곳으로.
91) 네렴시난 : 내려올 것이니.
92) 만서당클 : 사당클.
93) 추껴 : 위쪽으로 올려.

이."[95] "예." "드른 노변 삼도전 세 거린, 네 강[96] 큰 펭풍[97] 치곡, 큰 상 시거,[98] 삼처서 먹을 음식 상이 부러지게 출려[99] 놓곡, 삼처서 탈 벡마 삼 필에 안장 지와근 세와 노면~ 뒈곡 또 널랑 벡 보 밧겻딜로, 물러상 예 초펀[100] 불러 데답 말고 이펀[101] 불러 데답 말고 제삼펀 부르거들랑 데답허여 일어서라." "어서 걸랑 기영 헙서."

벡년이 조상 말 허는 데로 벡메 삼 필 예 타는 안장 지와 놓고 또 예 삼처서 음식 큰 상에 펭풍 치어 출려 놓고~ 예 집이서는 만서당클 추껴 메고 천지 천왕 저싱 염랏데 신수퍼 굿 시작허고 어~ 벡 보 밧겻디 업데 헤연 잇이난 삼처서 네려오는디, 베고파 시장허여 갑데다.

앞에 오는 체서가, "영 헌 떼에 우리에게 누게[102] 식은 물 ᄒᆞᆫ 직이라도[103] 줘이민 ᄒᆞᆫ 번은 예 목심 보명을 시겨줄 건디." 두 번째 오는 체서도 "겔쎄[104] 말이우다." 세 번째 오는 인앙체서 허는 말은, "낮말은 새가 듣고 밤말은 쥐가 들읍네다~. 무신 소릴 헴수가. ᄒᆞᆫ저 글읍서.[105]" 뒤에 오는 인앙체서도 이예~ 베고파 시장허여 앞드레 ᄒᆞᆫ 발 노민 뒤터레 두 발자국씩 무너사 지어가는디 네려오단 보난 상촉지권상[106] 넴세도 건드렝이[107] 나고, 예 불빛도 보여갑데다. 막 네려오란 보난 높은 펭풍 쳐지고 높은 탁상 싱거져[108] 상 우이는 음식이 상다리 부러지게 그득이 출려 놓고, 벡메 삼 필에 안장 지와 물석 허여 무껀 잇엇구나. 영 허여 시장 허기 버치난 우선 은감을 허저 이리 허여근 초잔 이잔 제삼잔 은감허며 각 출물 음싱허고[109] 배부난 "아이고

---

94) 밧겻딜로 : 바깥으로.

95) 늘랑이 : 너는.

96) 강 : 가서.

97) 펭풍 : 병풍.

98) 시거 : 세워서.

99) 출려 : 차려.

100) 초펀 : 첫 번째.

101) 이펀 : 두 번째.

102) 누게 : 누가.

103) 직 : 적. 모금. 'ᄒᆞᆫ 적'은 한 모금. 한 입.

104) 겔쎄 : 그러게.

105) ᄒᆞᆫ저 글읍서 : 어서 가십시오. 어서 걸으세요.

106) 상촉지권상 : 향촉권상. 신에게 향과 초를 올림.

107) 건드렝이 : 바람이 불어 시원한 것처럼 음식 냄새가 강하게 나는 것을 뜻함.

108) 싱거져 : 세워져.

이거 남이 거 공이[110] 먹어 목 걸리고, 공이 입어 등 실리는 법이난, 어느 누게 음식인곤 혼번 술펴보게마씸."

체서님네가 이레저레 술피단 보난 혼 체서가 소스만이엔 이름 쓴 지방을 보앗구나. 어차 불쌍 "우리 아니 먹을 음식을 먹어 치엿수다." "건 무신 말이꽈?" "이거 봅서. 소스만이가 출린 음식이우다. 소스만이 지방이 써부쪗수다." "아이고 게민 어떵 허민 조으린. 이젠 소스만이 어디 잇일런가[111] 모를 꺼난, 소스만이 불러보게마씸." "어서 걸랑 기영 헙서."

"소스만아 소스만아 소스만아." 삼시 번 불러 웨난, 벡 보 밧깃디서, 소스만인 데답허여 일어서난 "가찹게 올라 오라." 가찹게 상 앞이 오라 체사 앞이 업델 허난[112] "이거 어떤 일이겟느냐?" "당년 제가 근 서른이고 운수 운벡이 불길허여지여근 삽네다~. 불길허난 체서님네가 오랑 돌앙[113] 갈지라도근, 손에 스주 발에 박쒜[114] 예 등에 스문절박 벨 다 풀령 양와 치어 예 또로 예 저 세상 가게 시깁서." "게거들란[115] 어서 손에 스주 발에 박쒜 아이 무끄곡 등에 스문절박 베 아니 무끌로구나 어서 가자." 말을 허난 소스만이는 제츠이 "아이고 체서님네야 이끼지 오라 이젠 체서님네앞이 잡힌 몸, 어딜 갑네까 집이 강 예 아바지 어머니 이별 말 가숙앞이 애기덜앞이 이별 작별 말 허고, 또 예 가겟습네다." "걸랑 기영 허라." 얻어 먹어노니 어쩔 수 엇이 삼체서도 예 혼 번은 봐줍데다.

집이 가 "아바지 살암십서, 어머니 살암십생." 헤가난 아바지가 체서에 눌려들고 "아이고 체서님아, 소인이 즈식이 무슨 줴가 잇수과? 날 돌앙 갑서." 아방이 스정 허당 버치믄[116] 예 어머니가 스정허곡 어머니 스정허당 버치믄, 또 가숙이 눌려들어 "체서님아 내가 잘못입네다. 가숙으로 시아바지 시어머니 남인 가장이[117] 잘못이

109) 음싱허고 : 웅감허고.
110) 공이 : 공짜로.
111) 잇일런가 : 있을런가.
112) 엎델 허난 : 엎드리난.
113) 돌앙 : 데리고.
114) 손에 스주 발에 박쒜 : 스주는 오랏줄. 박쒜는 족쇄(足鎖).
115) 게거들란 : 그러 하거든, 그렇거든, 그러면 등을 뜻함.
116) 버치믄 : 힘에 부치면.
117) 남인 가장 : 남편.

아니우다근~." 영 허여 가난 또 낳은 아기덜은 체서 옷 앞섭에 돌아지고, "체서님아 우릴 돌앙 가줍서. 초상[118] 부모 잘못 아니우다. 우리가 어리석고 미욱허고 부모, 엇인 줄도 모르고, 잇인 줄도 몰라, 배 고파 밥 줍서 울어데곡 등 실리민[119] 옷 줍서 우리가 허여노난 우리 살리젠 부모 조상이 잘못헌 일 아니우다, 우리가 잘못이주. 우릴 돌앙 갑센." 헤가난 삼체서 허는 말은 ᄉᆞ만이 보고 "야 너가 이 동네 동성동명 잇겟냐?" "예 잇수다." "어느 누가 뒈겟느냐?" "ᄉᆞ필이가 뒙네다." "ᄉᆞ필이 집 ᄀᆞ르치라." "금세 넘어간 놈이우다." 급허게 삼체서 놀려 간, ᄉᆞ필이 잡혀 저싱을 가난,

예 급허게 이거 또 이전 저싱 가고, 예 ᄉᆞ만이는 살아나 또 이전 잇는디, 불써 염녀데왕은 예 삼체서 오라 ᄉᆞ필이 ᄉᆞ만이앞이 인정 받아 예 ᄉᆞ필이 잡혀간 걸 알고, 저 세상 올라간 지동토인[120] 불러 "삼체서 목에 큰칼 씨우라. 줴 엇은 ᄉᆞ필이 잡혀 오랏구나." 영 허여근 지픈 전옥 닐 모릿날은 하옥 시기저, 또로 예~ 예 죽이젠 허여 어~ 하옥을 시깁데다.

하옥을 시견 이리 허여산디, 그 떼예 지동토인은 삼체서 지픈 전옥 하옥 시겨가며, 예 지동토인이 "이거 무슨 일이펜?" 헤가난, 삼체서가 "우리 말 ᄒᆞᆫ 번만 들어줍서." "무신 말이 뒐 거우꽈?" "아이고 닐 모릿날, 우리 죽이켄 허는 날, 아침이 세벡이 염녀데왕이 소피 보레 화장실 요셋 말로 화장실 엿날 칙간 변소에 갈 거난~, 그 떼랑 ᄉᆞ만이 문서첵을 네어놓 보민 예 석삼 짜 알에 열십 쩨가 써젓일 께우다. 열십 쩨 써젓일 거난, 그 석삼 쩨광 열십 쩨 ᄐᆞ멍에[121] 비낀 ᄒᆞᆫ 일 갖다 부쪄 놓고 일천 천 쩨를 멘들아 줍서 뒈민 군왕 아이 뒈민 역적이우다." "어서 걸랑 기영 헙서."

예~ 지동토인은, 염녀데왕광 잇다, 닐 모릿날 동세벡이 아닐 케 아이라, 예 칙간 소피 보레 갑데다. 가분 ᄐᆞ멍에 얼른, 어~ 지동토인은 ᄉᆞ만이 석삼 짜레 열십 쩨 두 ᄐᆞ멍에 비낌 ᄒᆞᆫ 일 허연 일천 천 쩨를 멘들어 놓고, 걸 써놔도 아인 척 ᄀᆞ만히 놘 네분디,

날은 세고, 또 삼체서 지픈 전옥에서 예 풀려네라, 동헌 마당 풀려네난, 에– 염녀데왕이 체서 보고 천왕 지왕 인왕 체서 보고 "너네덜 헐 말이나 없겠느냐?" "무사

---

118) 초상 : 조상.
119) 실리민 : 시려우면.
120) 지동토인 : 관아의 심부름꾼.
121) ᄐᆞ멍에 : 틈에. 사이에.

엇수가. 염녀데왕님아 우리가 잘못이멍 염녀왕이 시레법난[122] 잡히는 일인가, 문서첵을 네여 놓고 예 ᄉ만이, 예 연세 ᄉ고전명을 봐줍서." 그떼 그리 허여논 줄은 몰라지고 염녀데왕이 문서첵을 걷언 베려보난, 석삼 짜광 열십 쩨 두 트멍에 비낀, 훈일 허여 일천 천 쩨난 이에 ᄉ만이 삼천 년 목심 보명이 뒈여지여 사십데다. 이리 허여근, "이제에는 어차 불상 내가 역력똑똑헌 체서를 홈마[123] 죽일 뻔 허엿구나, 천앙체서랑 천앙멩감으로 이에 지왕체서랑 지왕멩감으로 인앙체서랑 인앙멩감으로 들어상, 단명자 단복자 장수 장명 석숭이복[124] 제겨주라." 영 허여 영이 네립데다.

영 허여 삼 년 일제나, 예 집이서 큰굿 허며 멩감 숙일 적에는[125] 이와 ᄀ치 난산국 신풀곡 명부전 데신왕앞으로 천우 방엑헐 떼도 이 본을 풀어사는 법이우다. 난산국 본산국 시주낙형 과광선 신풀엇수다예~.

122) 시레법난 : 미상. 법난(法難)은 '불교 교단이나 그것을 포교하는 사람이 받는 박해'를 뜻함.

123) 홈마 : 하마터면.

124) 석숭이복 : 구복여행을 떠나 복을 얻게 되는 구복설화. 석숭이는 복을 가장 많이 받은 인간으로 알려짐.

125) 멩감 숙임 : 양궁숙임과 동일한 의미, 양궁숙임을 멩감숙임이라고 말하는 심방이 있으며, 특히 강대원 심방이 자주 쓰는 말.

문전본풀이

1. 개관

문전본풀이는 강대원 심방이 일곱 번째로 구연한 본풀이다. 2017년 11월 12일 오전 9시 33분경에 시작하여 약 1시간 12분 구연하였다. 이 본풀이 제차는 〈말미-신메움-본풀이〉로 구성되어 있다. 심방은 평상복을 입고 장구를 치며 구연하였다.

문전본풀이는 집안의 여러 공간, 즉 문전, 올레, 오방(五方) 및 앞문, 뒷문, 그리고 조왕 및 측간을 지키는 신들에 관한 본풀이이다. 전형적인 계모설화로 후처인 계모가 전처를 죽일 뿐만 아니라 전처의 자식들을 구박하고 죽이려고까지 하는 악인형 계모설화이다. 본풀이의 내용은 일반적인 문전본풀이 내용과 크게 다르지 않다.

서사 단락은 다음과 같다.

① 남선비와 여산부인은 결혼하여 아들 일곱 형제를 낳아 살았다.
② 남선비는 자식들을 키울 걱정에 육지로 장사를 떠난다.
③ 남선비는 배를 타고 육지로 가는 길에 풍랑을 만나 오동나라로 가게 된다.
④ 남선비는 오동나라에서 노일저데귀일이 딸을 만나서 삼 년을 같이 살게 된다.
⑤ 여산부인은 삼 년이 넘도록 남선비가 돌아오질 않자, 남선비를 찾으러 육지로 떠난다.
⑥ 여산부인은 배를 타고 육지로 가는 길에 풍랑을 만나 오동나라로 가게 된다.
⑦ 여산부인은 오동나라에서 노일저데귀일이 딸과 함께 살고 있는 남선비를 찾아 함께 집을 돌아갈 계획을 세운다.
⑧ 여산부인과 남선비가 고향 집으로 돌아갈 이야기를 하는 것을 듣고 노일저데귀일이 딸이 자신도 데리고 가라고 한다.

⑨ 여산부인과 남선비는 노일저데귀일이 딸과 고향 집으로 함께 가기로 한다.
⑩ 노일저데귀일이 딸은 고향 집으로 출발하기 전에 여산부인에게 함께 목욕을 하자고 하고선 물에 빠트려 죽인다.
⑪ 노일저데귀일이 딸은 죽은 여산부인 행세를 하면서 남선비와 함께 집으로 간다.
⑫ 아들 일곱 형제가 마중을 나와 환대한다.
⑬ 아들 일곱 형제 중 막내 녹두성인은 노일저데귀일이 딸이 어머니 여산부인이 아니라는 것을 알아채고, 이 사실을 형제들에게 알린다.
⑭ 노일저데귀일이 딸은 자신이 여산부인이 아니라는 사실을 아들 일곱 형제에게 들킬까봐 아들 일곱 형제를 죽일 계획을 세운다.
⑮ 노일저데귀일이 딸은 남선비에게 배가 아프다고 하고 점을 보고 오라고 하자, 남선비는 점을 보러 가는데 그곳에 점쟁이로 변장한 노일저데귀일이 딸이 아들 일곱 형제 간을 먹어야 부인이 살 수 있다는 점사를 내준다.
⑯ 남선비는 아들 일곱 형제를 죽여서 그 간을 노일저데귀일이 딸에게 먹일 계획을 세운다.
⑰ 막내아들 녹두성인은 동네 할머니에게서 이 사실을 우연히 알게 된다.
⑱ 막내아들 녹두성인은 아버지 남선비에게 자신이 여섯 형제를 죽일테니 아버지는 자신만 죽이라고 권유한다.
⑲ 막내아들 녹두성인은 형제들을 데리고 산으로 도망가다가 그곳에서 만난 노루의 조언으로 여섯 마리 산돼지를 잡아 간을 빼내어 들고 집으로 돌아간다.
⑳ 막내아들 녹두성인은 간을 노일저데귀일이 딸에게 주며 먹으라고 하지만 노일저데귀일이 딸은 간을 먹지 않고 이불 밑에 숨긴다.
㉑ 막내아들 녹두성인은 노일저데귀일이 딸이 간을 먹지 않은 사실을 알고 형제들을 불러들여 노일저데귀일이 딸을 죽이려고 달려든다.
㉒ 노일저데귀일이 딸은 아들 일곱 형제가 죽이려고 하자 도망가다가 변소에서 목매어 죽고 남선비는 올레에서 죽는다.
㉓ 아들 일곱 형제는 노일저데귀일이 딸을 원수풀이로 몸을 잘라 바다에 버린다.
㉔ 노일저데귀일이 딸의 몸은 각종 해산물이 된다.
㉕ 아들 일곱 형제는 죽은 어머니를 찾아 오동나라로 간다.
㉖ 아들 일곱 형제는 죽은 어머니 시신을 수습하고 살릴 방법을 찾다가 국새 양반

을 만나 서천꽃밭으로 가서 어머니 살릴 꽃을 구하여 어머니를 살린다.

㉗ 아들 일곱 형제는 어머니가 누웠던 자리의 흙을 가지고 시루를 만든다.

㉘ 아버지 남선비는 올레신, 어머니 여산부인은 조왕신, 계모 노일저데귀일이 딸은 측간신, 막내아들 녹디성인은 문전신, 아들 여섯 형제는 각 방위 신으로 좌정을 한다.

문전본풀이의 내용은 일반적으로 부부맺음-아버지의 부재-아버지가 후처 맞음-후처가 본처 죽임-후처가 아들들의 간 요구-후처 응징-가족이 신으로 좌정 단계로 구성되어 있다.

강대원 심방의 문전본풀이 서사 전개는 이본들과 크게 다르지 않다. 다만 본풀이 구연상황이 학술조사를 위한 인위적인 환경이다보니 구연하는 과정에서 본풀이 내용을 열여섯 번에 걸쳐서 나름의 해석을 추가하여 설명하였다. 추가한 내용은 언어에 대하여 제주방언, 일본어 설명과 의례에 대하여 무혼굿 제차, 문전제 유래, 초혼(招魂)을 하게 된 유래 설명과 동물담에 대하여 노루 꼬리 유래 설명, 그리고 본풀이 내용의 지역적인 변이 대한 것이다. 이 중에 제주 방언을 가장 많이 설명하고 있다. 강대원 심방이 이를 설명하는 방식은 본풀이 구연 방식과 동일하여 크게 구분되지 않아 마치 본풀이 내용처럼 느껴지기도 한다.

2. 내용

남선고을 남선비와 여산고을 여산부인이 결혼을 하여 일곱 아들을 낳고 살았다. 남선비는 자식들을 먹여 살 걱정에 육지에 장사를 하러 나갔는데 그만 풍랑을 만나 오동나라로 들어가게 된다. 남선비는 오동나라에서 노일저데귀일이 딸을 만나 함께 사는데 사는 것이 형편없다.

그 사이 여산부인은 남편 남선비가 돌아오지 않자, 찾아 나서기로 마음을 먹고 배를 타고 찾아간다. 여산부인도 풍랑을 만나 오동나라로 들어가게 되고 그곳에서 남선비를 만난다. 남선비와 여산부인은 집으로 돌아가기로 결심을 한다. 이 사실을 안 노일저데귀일이 딸은 자신도 데리고 가라고 한다. 셋이서 함께 가기로 하고 집을

나서는데 노일저데귀일이 딸이 여산부인에게 목욕을 하자고 하고는 물에 빠트려 죽인다. 노일저데귀일이 딸은 여산부인 옷을 입고 여산부인 행세를 한다. 남선비와 노일저데귀일이 딸은 집으로 가서 아들들을 만난다.

막내아들 녹두성인은 어머니가 아니라는 것을 알아차리고 형제들에게 그 사실을 말한다. 노일저데귀일이 딸은 자신이 여산부인이 아니라는 것을 아들들이 알아볼 것을 염려하여 꾀병을 앓고 죽어가는 척을 한다. 남선비는 노일저데귀일이 딸의 병을 낫게 하기 위해 점을 보러 간다. 노일저데귀일이 딸은 점쟁이로 변장하여 남선비에게 아들 일곱 형제 간을 먹어야 살 수 있다고 말한다. 남선비는 아들 일곱 형제 죽이기로 결심을 한다. 이때 녹두성인이 아버지에게 자신이 형제들을 죽일테니 아버지는 나중에 자신만 죽이라고 한다. 남선비는 흔쾌히 알겠다고 한다. 녹두성인은 형제들과 산으로 도망을 가 그곳에서 돼지 여섯 마리를 발견하고는 그 돼지 간을 가지고 집으로 간다. 아버지에게 간을 주니 아버지는 어머니 노일저데귀일이 딸에 주라고 한다. 노일저데귀일이 딸은 그 간을 받고 먹는 척만 하고는 숨겨둔다. 그 사실을 안 녹두성인은 형제들과 함께 집으로 쳐들어온다. 이에 놀란 아버지는 올레에서 죽는다. 노일저데귀일이 딸은 스스로 변소에 목을 매어 죽는다.

녹두성인과 그 형제들은 원수풀이를 한다. 노일저데귀일이 딸의 몸을 잘라 바다에 버린다. 노일저데귀일이 딸 몸은 각종 해산물이 된다.

일곱 형제는 어머니를 찾으러 오동나라로 떠난다. 일곱 형제는 어머니가 죽은 곳을 찾고 어머니 시신을 수습하여 살릴 방도를 찾다가 국새를 만나 서천꽃밭으로 가서 어머니 살릴 꽃을 구하여 어머니를 살린다. 이때 어머니 누웠던 흙으로 시루를 만든다.

이후 녹두성인은 일문전신이 되고, 아버지는 올레신이 되고, 어머니는 조왕신이 되고, 형제들은 집을 지키는 각 방위의 신이 된다. 노일저데귀일이 딸은 변소신이 된다.

3. 구연 자료

〔장구를 치기 시작한다. 그리고 장구 치는 것을 잠시 멈추고 〈문전본 풀쿠다.〉라

고 말을 하고 다시 장구를 친다. 장구 치기를 멈추고 말명을 시작한다.〕

문전본풀이〉말미

들썩 문전 날썩 문전~, 안문전 밧문전, 일르러 데법천왕(大法天王) 하늘님전, 에어간뒙긴 난산국~[1] 시주낙형, 과광선 신풀어, 올리저 영[2] 허는디, 아는 데로 들어 베운 데로~, 이에 시조낙형드레, 제네려[3] 지돌아[4] 하강 헙서예-.

〔장구를 치면서 말명을 한다.〕

문전본풀이〉신메움

들썩 문전~

열여레둡 날썩이도 문전

안문전 여레둡 문전 쓰무여둡 일르러, 데법천왕

하늘님 난산국~, 본산국 제너립서.[5] 남선비 하르바님 여산고을

여산부인님 네립서. 아덜 칠 형제 큰아덜

동방(東方) 청제장군(青帝將軍), 둘쨋 아덜 남방(南方) 적제장군(赤帝將軍)

셋쩬 서방(西方) 벡제장군(白帝將軍), 넷쩬 북방(北方) 흑제장군(黑帝將軍)

다섯쩬 중앙(中央) 황제장군(黃帝將軍), 여섯쩨는

에~, 헤년마다 연살방[6] ᄎ지

족은아덜은~

영력 똑똑헌 녹두성인님

일르러 데법천왕 하늘님인디, 요망 ᄉ망스러운 칙조부인 노일저데귀일이 딸

1) 난산국 : 본디 태어난 곳과 그 내력을 말함. 또는 '본산국', '본', '본초'라고도 함.

2) 영 : 이렇게.

3) 제네려 : 내려. '제-'는 접두사.

4) 지돌아 : 돌아. '지-'는 접두사.

5) 제너립서 : 내립서. '제-'는 접두사.

6) 연살방 : 삼살방(三煞方). 세살(歲煞), 겁살(劫煞), 재살(災煞)이 낀 불길한 방위. '연-'은 접두사.

문전본풀이〉들어가는 말미

시조낙형, 신풀어 올리건, 과광선 제네려 지돌아 하강협서에-

문전본풀이〉본풀이

엿날이라[7] 엿적

남선ᄀ을 남선비

여산ᄀ을 여산부인님

이엣 이십 쓰물 넘어 삼십, 서른 굽에 천상베필(天上配匹) 인연(因緣) 무어[8]

〔음영〕 살아가는디 아기덜 콩끄르 퐂끄르 멜로, 셉세[9]

일곱 형제 솟아납데다.[10]

〔음영〕 어리곡 미욱헐 떼는 죽 밥술을 딸려 멕이멍[11]

키왓주만은 허데[12]

열다섯 십오 세가 나아가는고.[13]

〔음영〕 이 아기덜 용잠데[14] 거르령, 세경땅[15]

농서 농업 짓게 뒈어 가난

〔음영〕 남선비하르방이, 이 아기덜 멕여 살릴 걱정

혼연풍독(婚姻風俗) 갈림,[16] 시길[17] 걱정이, 뒈어지여[18] 사녑데다[19]

---

7) 엿날이라 : 옛날이라.

8) 무어 : 맺어.

9) 콩끄르 퐂끄르 멜로 셉세 : 콩과 팥의 씨를 뿌려 새싹이 혀가 메롱하듯이 나오는 모습으로 아이들이 연이어 태어났다는 뜻 정도임.

10) 솟아납데다 : '태어났다' 정도의 뜻.

11) 멕이멍 : 먹이면서.

12) 키왓주만은 허데 : 키웠는데.

13) 나아가는고 : '커가는데' 정도의 뜻.

14) 용잠데 : 쟁기(犁).

15) 세경땅 : 밭.

16) 갈림 : 혼인(婚姻).

17) 시길 : 시킬.

18) 뒈어지여 : 되어.

19) 사녑데다 : 살아갑니다.

〔음영〕 이젠 어떵 허민 좋곤, 영 허여 생각허다
이엣 여산부인광
〔음영〕 이논 공논허여, 남선골서 나는
소산지 각, 제물 준비허여
〔음영〕 육짓장서 나강, 이엣 장서허영 올 적에
무곡 사 들엉
〔음영〕 이 아덜 칠형제 베부른 밥 멕이저, 등 둧인[20] 옷 입지저
갈림시겨 주저
〔음영〕 영 허여근, 아들 일곱 성제 불러 놓고 "느네덜[21] 신산곶[22] 도올라 강
씰 곧은 남 올 곧은 남 비어."
어~ 허근
뒈어지어 삽네다.
〔음영〕 "베 지엉 요왕에[23] 띄와주민 육지 강 무곡(貿穀)허영 오랑, 느네덜 베분
밥 멕이고 등 둧인 옷
입지곡
〔음영〕 혼연풍덕 갈림을 시겨주멘." 허난 이엣 아덜덜 일곱 성젠 황게도치[24] 둘러
메고 데톱 소톱
받아 들러근
신산 만산곶 도올라
〔음영〕 씰 곧은 남도 비곡,[25] 올 곧은 남 비어 가지가지
거시렁[26]
이엣 또 엣

20) 둧인 : 따뜻한.
21) 느네덜 : 너희들.
22) 신산곶 : 깊은 곳의 수풀.
23) 요왕에 : '바다' 정도의 뜻으로 쓰임.
24) 황게도치 : 도끼의 일종.
25) 비곡 : 베고.
26) 거시령 : '다듬어서' 정도의 뜻.

이 아기덜

〔음영〕 이 낭글[27] 이엣 ᄉ신요왕 서강 도지쪽으로[28]

끗어[29] 네류와근[30]

〔음영〕 베를 지어갑데다.

베를 지어 ᄉ신요왕, 띄와 놓고

〔음영〕 이엣 아덜덜 일곱 성제는, 아바지앞이[31] 오란[32] "베 지엉 요왕에 띄와수덴." 허난,

"기영 허녠." 허여

〔음영〕 이엣 남선골서 나는, 소산지(所産地) 제물

문짝[33] 베에 시꺼[34] 앚어근[35]

육짓장서 나가당, 이엣 물머리 당협데다

〔음영〕 〈물머리엔 헌 건 제주바당광 예를 들엉 말허민, 제주바다광 육짓바다 이에 곱이[36]

뒈어지어 사는디〉[37]

갑자기 홀연강풍(忽然强風) 불어산 이레 헌 것이

이엣 베 질 헐 수 엇고, 남선비하르방은, 벳머리 돌려 이엣

가는 데로

가는 것이 오동나라 들어가, 벳머리에 가, 베 메는 디

〔음영〕 〈요세 ᄀᄐ민[38] 축항(築港)〉[39] 강 베 메여 두고 네려, 보난 사름 사는,

27) 낭글 : 나무를.

28) 도지쪽으로 : 바닷가로. 갯맛으로. 바닷물이 드나드는 개(浦)의 뭍(陸) 쪽이 되는 곳.

29) 끗어 : 끌어서.

30) 네류와근 : 내려와서.

31) 아바지앞이 : 아버지한테.

32) 오란 : 와서.

33) 문짝 : 모두.

34) 시꺼 : 실어.

35) 앚어근 : 가지고.

36) 곱이 : 경계가.

37) 〈물머리엔 ~ 사는디〉 : 강대원 심방이 '물머리'라는 말의 뜻을 바다의 경계선이라고 설명하였음.

38) ᄀᄐ민 : 같으면.

인간처(人間處)가 읏어지영[40)]

발 가는 양 가당 보난

〔음영〕 물허벅 지어 물 질레[41)] 오는 여자가 시난,[42)] "미안협주만은 말 ᄒᆞᆫ끔[43)] 들으쿠다.[44)] 물으쿠다."[45)] 영 허난, 그떼에 요망(妖妄) ᄉᆞ망(詐妄)스러운

노일저데귀일 또 칙조부인입데다.

〔말〕 "무슨 말이 뒈옵겐?"[46)] 허난, "이디[47)] 얼로[48)] 어느 만쭉이[49)] 가민, 사름덜 사는 고단,[50)] 〈옛날 말이우다. 이건 요세 ᄀᆞᄄᆞ민, 이엣

〔음영〕 부락(部落)이옝 허카[51)]〉,[52)] 영 헌 디가 어디 잇수겐?" 허난, 욜로[53)] "어디서 오는 손님이우꽈?" "아이고 난 육짓장사 가단 홀연강풍(忽然狂風) 만난 양, 이디 오랏수다." 영 허난 "경 허꽈? ᄒᆞᆫ끔만 이디 앚안[54)] 기다림시민 나 얼른 요디 강,

물 지어 앚엉 오라근

〔음영〕 이엣 사름 사는 고단을 ᄀᆞ리쳐[55)] 안네쿠다." "경 헙서." 남선비하르방은, 귀일이 또 칙조부인 말 들언,

그디 앚안 기다리고

요망 ᄉᆞ망스러운 칙조부인 귀일이 또은

---

39) 〈요세 ~ 축항(築港)〉 : 강대원 심방이 '배를 매는 곳을' 요즘 말로 축항이라고 설명하였음.
40) 읏어지영 : 없으니깐.
41) 질레 : 길러.
42) 시난 : 있으니까.
43) ᄒᆞᆫ끔 : 조금.
44) 들으쿠다 : 들어보겠다.
45) 물으쿠다 : 물어보겠다.
46) 뒈옵겐 : 됩니까.
47) 이디 : 이곳.
48) 얼로 : 어디로.
49) 만쭉이 : 만큼.
50) 고단 : 지경.
51) 허카 : 할까.
52) 〈옛날 ~ 허카〉 : 강대원 심방이 '고단'이라는 옛말을 부락이라고 설명하였음.
53) 욜로 : 여기로.
54) 앚안 : 앉아서.
55) ᄀᆞ리쳐 : 가리키어.

〔음영〕 물 젼 오란 "글읍서. 나영 ᄀᆞ치 가게."

돌아 앚언 이녁[56] 집이 간 이엣

〔음영〕 초담은[57] 난간(欄干)만 빌립센 허단, 밤이 지퍼 가난 추움도[58] ᄒᆞ고, 마리레,[59] 마리에서 또 말 ᄀᆞᆮ단 보난

더 밤은 지퍼 가고, 방안으로 들어가

〔음영〕 이말 저말 ᄀᆞᆮ는 게, 그날 ᄒᆞᄅᆞᆺ밤 자고, 그디서 밥허여 주난

얻어먹고

또 둣날 저냑 인밤[60] 세어간다

ᄒᆞ를 이틀 사는 게, 오꼿[61] 이엣 남선비하르방은

노일저데귀일이 뚤년, 하도 읏인[62] 언강[63] 치멍 우알로[64] 어릅쓸어삿인디[65] 모르쿠다만은,[66] 영 헌 디 속아 넘어가는 것이

〔음영〕 육짓장서도 못 가고, 그디서 그만 연삼년 동안

이엣~ 이젠 살고 〔음영〕 고향산천(故鄕山川) 남선고을서 여산부인은, 하르방 육짓장서 간 올만 뒈엇인디,[67] 오도 가도 아니오고 죽음 삼[68]

몰라지어

〔음영〕 연삼년 뒈어 '이 하르방이 죽엇인가? 살앗인가?'

몰라지난

〔음영〕 물허벅 젼,[69] 물 질레 간 핑게허영 물허벅은 부려 두곡

---

56) 이녁 : 자기.
57) 초담은 : 처음은.
58) 추움도 : 춥기도.
59) 마리레 : 마루에.
60) 인밤 : 깊은 밤.
61) 오꼿 : 그만.
62) 읏인 : 없는.
63) 언강 : 애교. 아양.
64) 우알로 : 위아래로.
65) 어릅쓸어삿인디 : '어르고 달래다.' 정도의 뜻.
66) 모르쿠다만은 : 모르겠지만은.
67) 뒈엇인디 : 되었는데.
68) 죽음 삼 : 죽었는지 살았는지.

〔음영〕 이엣 아끈여 한여 숨은여 지방여, 정살여[70] 돌아 뎅기멍 보아도 어느, 요 옷 ᄒᆞ나라도 올라 온 게, 읏어지고 '이상허다.'

영 허여, 물허벅 지엉 집이 오라 물 부려 두고, ᄒᆞ를날은

〔음영〕 여산부인이 쏠[71] ᄒᆞᆫ 사발 허여 가지껭이 더퍼[72] 놓고,

술 ᄒᆞᆫ 벵 담아 놓고, 용얼레기[73] 무꺼[74] 놓고, 벡(百) 발[75] 술에[76]

〔음영〕 데천바다레 던저 띄와

또 이엣

〔음영〕 "죽엇거들랑, 이 용얼레기에 본멜[77] 두던, 쏠 속에 본멜 두던, 본멜 둡센." 허멍 그레 저레 끗엉 뎅기멍, 영 허여

어허 나히~

〔음영〕 건젼 보난, 용얼레기에도 아무 요 머리털 하나라도

본메가 읏고, 쏠은 헤싼[78] 보난

〔음영〕 물 담가지고 봉봉 ᄀᆞ득안,[79] 잇엇구나 그때 넨 법으로

어~ ᄉᆞ신요왕

〔음영〕 〈남자로 말허민 고기 잡으러 갓단, 홀연강풍(忽然狂風) 만나 신체 못 춪으나 신첼 춪아도,

요왕맞이 허영

〔음영〕 혼 건질 때, 또 물질 갓당

이엣 물 속에서~

---

69) 젼 : 지어서.

70) 아끈여 한여 숨은여 지방여 정살여 : 바닷가 지경 이름.

71) 쏠 : 쌀.

72) 더퍼 : 덮어.

73) 용얼레기 : 머리빗

74) 무꺼 : 묶어.

75) 벡 발 : '아주 긴' 정도의 뜻임. 한 '발'은 두 팔을 양옆으로 펴서 벌렸을 때 한쪽 손끝에서 다른 쪽 손끝까지의 길인데 그것이 백 개가 되는 정도의 뜻임.

76) 술에 : '술'은 장식처럼 여러 개의 실 같은 구조가 늘어져 있는 것을 이르는 말.

77) 본멜 : 본메를. '본메'는 본디 모양을 증명할 수 있는 물건이라는 뜻임.

78) 헤싼 : 헤치어.

79) ᄀᆞ득안 : 가득 차서.

〔음영〕 나오지 못 헤영 죽은 헤녀, 이엣 또 신체 못 촟인 헤녀, 이런 사름덜
아니민 엣날
스테에[80] 뒈어지언 삽데다. 〔음영〕 육지레 시껑[81] 가당 무꺼놩[82] 그자, ᄒᆞ나 드리
침이사[83] 시작ᄒᆞ민 눈이영 다 막아부난 퐁골랑퐁골랑, 물드레[84] 문딱 빠졍 궤기[85]
입에, 술 가불고 나오지 못 ᄒᆞ고, 요왕에서 죽은 사름덜
혼 건질 떼
〔음영〕 요왕질 청, 죽은 사름 본메 혼 적삼 받아 들러, 이엣 동서르레 히어 뎅기멍
혼 불러
〔음영〕 어느 누게 이름 데곡, 영 허여
혼 불렁
올라 오랑 허민, 또 이전
〔음영〕 요왕문도 열리는 법, 요왕 체섯본
푸는 법
마련이 뒈엇수다에-〉[86]
〔음영〕 영 허여 여산부인은 이젠 또 아덜
일곱성제, 불러 놓고
〔음영〕 "설운 아기덜 신산곳 도올라 강이, 또로 썰 곧은 남 올곧은 남,
비어 놓고
〔음영〕 베 지엉[87] 바당에 띄와 도라." 허민, "느네 아바지 강 촟앙[88] 오마." 아들덜
일곱성제는

80) 스테에 : 사태에. 4·3항쟁 때를 말함.
81) 시껑 : 실어서.
82) 무꺼놩 : 묶어 놓아서.
83) 드리침이사 : 들이치기이야.
84) 물드레 : 물속으로.
85) 궤기 : 고기.
86) 〈남자로 ~ 뒈엇수다에-〉 : 강대원 심방이 '무혼굿'에서 요왕맞이〉질침〉초메장함 재차와 요왕체서본풀이를 푸는 것을 설명하고 있다.
87) 베 지엉 : 배를 만들어서.
88) 촟앙 : 찾아서.

데톱 소톱, 데한기 소한기[89]

받아 들러

〔음영〕 신산곳 올라 씰 곧은 남 비어, 이엣 끗어 네류와, 베 지어 요왕에 띄와 사난

〔음영〕 여산부인은 "아바지 강 춫앙 오커멘[90] 너네덜랑 집이 시라." 〔말〕 "어머니 가지 맙서. 우리가 가쿠다." "아니여 너네랑 집 직허곡이[91] 나라그네[92] 아바지 춫아 오마."

"어서 걸랑 기영 헙서."

여산부인 또다시 이엣

〔음영〕 베를 타고, 이엣 베질허여 물머리 당허엿구나. 하르방ㄱ찌록,[93]

홀연강풍(忽然狂風) 만나

이엣 벳머리 돌려 가는 데로, 가는 게, 여산부인도

〔음영〕 오동나라 겟맛디[94] 간,

베 메여 어

사름 사는 고단을 춫아가저

가단 보난, 지장[95] 밧디[96] 새ᄃ리는[97] 애기씨 있어 지엇구나

〔음영〕 새ᄃ리는 애기가 잇어진 디 이 애기, 본 어머님 죽어 불고 다슴어멍[98] 돌아단[99] 사는 디

지장 밧디 새 아니 ᄃ련[100] 지장, 까먹게 허민

---

89) 데한기 소한기 : 큰도끼 작은도끼

90) 오커멘 : 올테니.

91) 직허곡이 : 지키고.

92) 나라그네 : 나는.

93) 하르방ㄱ찌록 : 할아버지처럼.

94) 겟맛디 : 축항에

95) 지장 : 기장(黍).

96) 밧디 : 밭에.

97) 새ᄃ리는 : 새를 쫓는.

98) 다슴어멍 : 의붓어미(繼母).

99) 돌아단 : 데리고.

100) ᄃ련 : 쫓아.

〔음영〕 웃인 트집을 받아 잡앙, 이엣 휘욕(詬辱)허고

뜨리고 허여 가는디

〔음영〕 이엣 이 아기 새드리멍[101] 허는 말이, "요 새 저 새 밥주리 욕은[102] 새야. 너무 욕은 첵 허지 말라. 남선비하르방, 욕은 깐에도, 아덜 일곱성제 멕어 살리저 혼연풍덕 시기저, 남선골서 나는 소산지(所産地) 제물 시껴,

육짓장서 가단

벳머리에서, 이엣 홀연강풍 만나

〔음영〕 벳머리 돌려 가는 데로 오는 게, 이 오동나라 들어오라 요망 亽망스러운, 노일저데 귀일 뚤

칙조부인(廁祖婦人)[103] 만나

〔음영〕 육짓장서 가젠 허단 거 문짝 허여 먹고, 베도 문딱 풀아 먹고, 가도 오도 못 허여 그날 그날, 남 이에 노일저데귀일이 뚤, 어디 가그네, 불림질[104] 허영 〔말〕 이녁은 베분 밥 얻어먹고, 하르방은 체[105] 혼 줌 빌어 오랑,

이엣 또다시

〔음영〕 주민 그걸로 구명도식(求命圖食)허며, 남돌척이[106] 거적문에 체죽단지, 삼끼 끼어 살암저, 주어 헐쭉 주어 저 새." 허멍

돌여 두고 엄막[107] 안트레[108]

〔음영〕 들어가난, 아이고 저 여산부인은, 요 애기씨 앞이 강 들으민

하르방 춫아가질로구나

이리 허여근

〔음영〕 다 좇아 엄막 속에 들어간 〔말〕 "아이고 설운 애기야 굿사[109] 굳은 말

101) 새드리멍 : 새를 쫓으면서.

102) 욕은 : 약은.

103) 칙조부인 : 노일저데 귀일이 뚤이 죽고 난 뒤에 변소신이 된다. 그 신명이다.

104) 불림질 : 곡식을 바람에 날려서 쭉정이 등을 날려버리는 일.

105) 체 : 겨. 벼, 보리, 조 따위의 곡식을 찧어서 벗겨 낸 껍질.

106) 남돌척이 : 나무로 만든 돌쩌귀.

107) 엄막 : 움막. 초막.

108) 안트레 : 안으로.

109) 굿사 : 금방.

훈번만 더 골아 도라." "나 아무 거엔도 아이 골앗수다." "아이고 골아 도라 은뎅기 체와 주마." 놋뎅기

〔음영〕 진 머리에 체와주멘 하도 여산부인이 울어 마라 허다 실피[110] ᄉ정헤여 가난, 〔말〕 "그게 아니고양, 우리 어머니 다슴어멍이우다게 우리 아바지, 두 불[111] 각시마씸."

영 허여 산 헌

〔음영〕 에 오랑 살멍, "나 요 엄막 속에 살리고, 또 지장밧디[112] 이엣 새 아니 ᄃ리민, 웃인 트집 믄 허멍 날 욕ᄒ고 ᄄ리난, 새ᄃ리멍 요 새 저 새 밥주리 욱은 새야. 너무 욱은 첵 허지 말라. 남선비 욱은 깐에도, 이엣 아덜 일곱성제 멕여 살리고 혼연풍덕 시길, 껄 마련허젠, 육짓장서 가단 홀연강풍 만난, 이 오동나라 오란, 노일저데광 ᄒ룻밤 이틀밤 살단 보난, 무곡(貿穀)도 믄짝 풀아 먹고,

어허~

〔음영〕 베ᄁ지 허여 먹고, 가도 오도 못 허연 남돌체기 거적문에, 체죽단지 삼끼 견, 살암젠 허멍 〔말〕 새 벳끼 아니 ᄃ렷수다."

"기영 허냐."

여산부인은

그떼에 애기씨광 골은[113] 은뎅기 놋뎅기 머리에 체와 주고

〔음영〕 "그 집 어딜로 헹[114] 가느니?" 영 헹 들으난, "요 제[115] 넘고 저 제 넘고 가당 보민 그 집 잇수다. 하르방도 잇고."

"경 허냐? 고맙덴." 허여

하르방 죷아 여산부인은

갑데다

가는디

110) 실피 : 실컷. 한컷.

111) 두 불 : 두 번째.

112) 지장밧디 : 기장밭에.

113) 골은 : 말한.

114) 헹 : 해서.

115) 제 : 재. 고개.

〔음영〕 아닐 케 아니라, 야 비조리엄막집[116] 남돌체기 거적문, ᄒᆞ나 돌아진 집이 하르방 있었구나

〔말〕 "하르바님 미안협주만은야." "어." "집 ᄒᆞ쏠[117] 빌립서." "아이 뒙네다." "무사마씸?" "우리 집잇 할망 오민양, 날 죽일 팔로[118] 들릅네께,[119] 아닌 트집 문딱 허멍." "아이고 하르바님 경 헌 소리 허지 맙서. 난디 난 사름야, 집을 지엉 나멍, 밧을[120] 지엉 납네까? 아무 데라도 좋수다 정지[121] 구석이라도 조벨사믄,[122] ᄒᆞ끔 빌립센." 허난

"정지 구석이랑 빌려 안네쿠다."[123]

영 허여

〔음영〕 여산부인은,

이젠 솟[124] 빌언 밥허연, 먹저

〔음영〕 이엣 솟은 보난, 얼메사[125] 이엣 체죽단지만 딸려 먹어나산지,

잔뜩 눌엇구나. 청소세,[126] 벡소세,[127] 허여다근

〔음영〕 이제엔, 이걸 이에 문짝 싯어 던져 두고 갖엉[128] 간 쏠 놓안,

밥 허여 앚언[129]

〔음영〕 상에 놓안 들러단 하르방 안네난,[130] 하르방은 오꼿[131] 그 사이에

116) 비조리엄막집 : 빗자루를 만드는 싸리나무로 아주 형편이 안 되게 얽어서 지은 초막(草幕).
117) ᄒᆞ쏠 : 아주 조금.
118) 죽일 팔로 : 죽일 듯이.
119) 들릅네께 : 날뜁니다.
120) 밧을 : 밭을.
121) 정지 : 부엌.
122) 조벨사믄 : 치우면. -베리싸믄. '조-' 접두사.
123) 빌려 안네쿠다 : 빌려 드리겠습니다.
124) 솟 : 솥.
125) 얼메사 : 얼마나.
126) 청소세 : 청수세미. '청-' 접두사.
127) 벡소세 : 백수세미. '벡-' 접두사.
128) 갖엉 : 가지고.
129) 앚언 : 얹어서.
130) 안네난 : 드리니깐.
131) 오꼿 : 가만히 있다가 선뜻 일어서는 모양.

이엣

눈이 어두왓인가[132] 모르주만은 허데, 넴센[133] 맞추난 쿠싱쿠싱[134] 엿날 큰각시앞이, 얻어 먹으난,

셍각이 나간다

〔음영〕 주충(珠琉)ᄀᆞ뜬[135] 눈물 연수반에,[136] 비세지듯[137]

울어 간다.

〔말〕 여산부인은 그걸 보고 "하르방 무사, 그 밥 아이[138] 먹언 울엄수꽈? 약 아이 놧수다." 〔음영〕 "아이고 약 놔도 좋수다만은, 이엣 나도 엿날 영 헌 밥을 먹언 살앗우다." 〔말〕 "게난 하르방 어디꽈?" 〔음영〕 여산부인은 알고 두고 이젠 질문을 허여 가는 게 "아이고 난 남선고을양, 남선비옝 헙네다." 〔말〕 "경 허우꽈? 게난 가숙 잇수꽈?" "예 할망도 잇우다. 우리 할망은 여산부인, 애기도 싯고마씸.[139] 아이고 아기덜은양 날 보단 더 컨, 일곱성제 잇어마씸." "경 허우꽈?" 이젠 또 그 다음엔 남선비 하르방이, 여산부인 보고, "어드레[140] 가는 여청 어른이꽌?" 허난, "난 여산고을 여산부인이고 우리 하르방은야." "어." "남선고을 남선비이고, 또 우리 아덜덜 일곱성제우다."

"이것사 무신 말이지

꿈이리랴 셍신이랴."[141]

〔음영〕 이엣 여산부인광, 울멍 불멍 말헐 떼에

노일저데귀일이 뚤년은

어디 강 불림질허여

---

132) 어두왓인가 : 어두웠는지.

133) 넴센 : 냄새는.

134) 쿠싱쿠싱 : 구수한 냄새를 나타내는 말.

135) 주충ᄀᆞ뜬 : 진주같은. 주충(珠琉)

136) 연수반에 : -소반에. '연-'은 접두사.

137) 비세지듯 : '비세'는 제비새를 줄임말. '-지듯'은 '-같이'. '제비새가 울듯이' 정도의 뜻임.

138) 아이 : 아니.

139) 싯고마씸 : 있습니다.

140) 어드레 : 어디로.

141) 셍신이랴 : 생시냐.

〔음영〕 이녁은, 베 뽕그렝허게[142] 밥적이나 얻어먹고,
또 나오멍 체 혼줌 빌어, 이엣
것디[143] 쌓아 놓고
이엣
〔음영〕 오멍 울담 벳깃디서,[144] 하르방 시 살앗걸랑 요거[145] 줏어당,[146] 또 미음 쒕[147] 혼 적 먹엉 잇이믄 닐은[148] 더 하영 빌어다 줄로렌[149] 허멍, 넘어가멍 귀 영 들으난 〔말〕 말소리가 난 〔음영〕 '이상허다.' 담 트멍 ᄀ망으로,[150]
이엣 붸레보난[151]
〔음영〕 남선비하르방이 여저광 앗안, 말 헴시난 올레로 들어가멍
"요놈으 늙은이, 저놈으 늙은이
난 뭣ᄀ찌 죽지 말렌
〔음영〕 어디 강 불림질이라도 헤여 체 혼 줌 빌어당,
멕영[152] 살리단 보난
넘어가는 예펜(女便) 심엉, 아니 히야까시[153] 허염구나."
〔음영〕 〈요샛 말로 경 헹 골으난〉,[154] 남선비하르방 허는 말은
"경 헌 소리 허지 마시멘[155]
우리 집이 아덜 일곱성제 나 준, 큰부인이 날 춫아오랏구나."

---

142) 뽕그렝허게 : 배(腹)가 매우 부른 상태.
143) 것디 : 가축의 먹이를.
144) 벳깃디서 : 바깥에서.
145) 요거 : 이것.
146) 줏어당 : 주워다가.
147) 쒕 : 쑤어서
148) 닐은 : 내일은.
149) 줄로렌 : 줄 것이라고.
150) ᄀ망으로 : 구멍으로.
151) 붸레보난 : 바라보니깐.
152) 멕영 : 먹어서.
153) 히야까시 : 일본어 ひやかし. 희롱하다.
154) 〈요샛 ~ 골으난〉 : 강대원 심방이 일본어 ひやかし에 대한 설명하였음.
155) 마시멘 : 마세요. '맙서' 정도의 말이 나와야 할 듯하나 발음이 흘려버림.

〔음영〕 "아이고 이것사 무신 말이우꽈? 난 성님인 줄 몰란양." 요망스런 노일저데귀일이 뚤은 또루 여산부인앞이

〔음영〕 엇인 언강 말을 헤가난, 여산부인은, "아이고 속앗인걸,[156] 하르방 체 흔줌이라도 빌어당 죽지 말게

구명도석(求命圖食), 시겨젠 헌 게

〔음영〕 속앗인걸 고셍헷인걸."

영 허멍

〔음영〕 "저 부엌 솟디 강 보민,

밥 시난 밥 먹어 오렌."

〔음영〕 말허난, '어떤 밥을 허엿인곤' 노일저데귀일이 뚤은,

간 보난

〔음영〕 이엣 체 누넹이[157] 눈 건, 문딱 싯언 던져 두고, 곤쌀 〈요샛 말로 벡미쏠〉[158] 놓안

〔음영〕 밥을 허연 먹엇구나 그거, 얻어먹고 말만 허단 보난 날은, 즈물어지고[159]

〔음영〕 흔방에서 이에 누워 좀을 자게 뒈는디, 그날 밤이 이엣 여산부인흐고, 남선비흐곤 고향산천(故鄕山川) 뒷날은 갈 걸로 말헤 가난, 노일저데귀일이 뚤년은 이엣 여산부인 보고, 〔말〕 "성님 나도 가민 아이 뒙네까?" "아이고 우리 집이 아기덜, 일곱성제 셔부난[160] 가그네 살 수 웃어." "경 허우꽈? 경 허주만은 네 성님 물이라도 져다 놓고 남선비, 부림씨 허여그네 나도 ㄱ찌 가믄 아이 뒈쿠과?"

"어서 걸랑

기영 허렌."

여산부인

허락허여

〔음영〕 날이 세난, "하르방 남선비 벳머리 베레, 베에 강 잇입서." 영 헤여 두고,

---

156) 속앗인걸 : 애썼구나.

157) 누넹이 : 누룽지.

158) 〈요샛 ~ 벡미쏠〉 : 강대원 심방이 '곤쏠'을 백미(白米)라고 설명하였음.

159) 즈물어지고 : 저물고.

160) 셔부난 : 있어서.

귀일이 똘

칙조부인은

어~허근 〔음영〕 이엣 "성님, 또 우리 어는제 이 오동나라 옵네까? 옵서. 동네도 구경ᄒᆞ고 산썰 물썰도,

구경허영 가게."

〔음영〕 "어서 걸라 기영 허자." 순헌 여산부인이난 노일저데귀일이 똘,

이에 ᄀᆞ는 냥

〔음영〕 들어 동네 구경 산썰 물썰 구경허는 게, 이엣 옷이 축축이 젓게

뚬이 나지난

〔음영〕 노일저데귀일이 똘년은, 〔말〕 "형님." "무사?" "몸에 뚬 아이 낫수꽈?" "무사 아이 나 옷에 ᄒᆞ끔 축축헌 게 몸에 아니 좋안."

"경 허우꽈?

옵서 저디 강, 〔음영〕 이엣 등떼기에 물이나 놩 ᄒᆞ끔 헤왕[161] 가게."

"어서 걸랑 기영 허라."

〔음영〕 그때 ᄀᆞ는 데로 간 주천당 못이엔 헙디다 영 허여, 그디 간 이에 웃통 벗어 사난, 〔말〕 "성님 굽읍서." "아시 굽어~." "엇따가라[162] 성님 경 우기지 말아그네. 성님 굽읍서." 〔음영〕 이엣 노일저데귀일이 똘,

이에 말에 여산부인

〔음영〕 이에 돌 지펀, 이어 엎데 허난,[163] 물 손으로 두어 번 떠 노는체 미는체 허단, 오꼿 조름을[164] 자락 받으난,

물러레[165]

〔음영〕 여산부인은 엎더져 빠지고, 노일저데귀일이 똘은 ᄆᆞ른 밧 신 디 올라 오젠 허민, 허운데기[166] 심엉[167] 물러레 누뚜렁[168] 복멕이고,[169] 발로 차고, ᄌᆞ더레[170] 못

161) 헤왕 : 씻어서.

162) 엇따가라 : '아이고' 정도의 감탄사.

163) 엎데 허난 : 엎드려서.

164) 조름을 : 꽁무니를.

165) 물러레 : 물속으로.

166) 허우데기 : 머리카락.

나오게 돌멩이로 마쳐 가고,

손에 당허는 양

〔음영〕 허는 게 여산부인은, 오꿋 숨 다 먹어

이엣, 물 알더레[171]

〔음영〕 줄아 앚이난 노일저데귀일이 뚤년,

여산부인 이복(衣服)

줏어 입언

벳머리 오고, 〔음영〕 벳머리 오랑 보난, 하르방은 베에 잇엇구나. "이에 훈저[172]
이에 베 닷줄 풀엉 떼영 베질 헙서

〔음영〕 이에 그년 몽근년[173] 죽여돈 오랏수다." 〔말〕 "죽여돈 오랏어?

아이고 잘 죽엿구나

아이고 우리 아기덜 먹을 거, 나 육짓장서 무곡질 강 올 걸

〔음영〕 몬딱 먹은년." 아이고 영 허여, 벳머리 돌려근 오동나라 겟맛 떠나오는디

〔음영〕 고향산천 겟맛디서,

아덜 일곱성제가

〔말〕 허는 말이, 〔음영〕 큰아덜 갓 벗언 드리[174] 노멍[175] "베도 우리 베, 아바지도
우리 베 아바지

어머니도 우리 어멍 오람저."

둘쩻 아덜

망긴[176] 벗어 드리, 싯쳇[177] 아덜 두루막[178] 벗어 드리 놓고

---

167) 심엉 : 잡아서.

168) 누뚜렁 : 눌러서.

169) 복멕이고 : 물먹이고.

170) 굿더레 : 물가로. 가(邊)로.

171) 알러레 : 아래로.

172) 훈저 : 어서.

173) 몽근년 : 여러 가지 일을 겪고 많이 나다니며 놀아먹어서 더 될 수 없이 다된 사람을 나쁘 일컫는 말.

174) 드리 : 다리.

175) 노멍 : 놓으면서.

176) 망긴 : 망건.

이에 닛쳇[179] 아덜

저구리[180] 벗어

이에

다섯체 바지 벗어근

〔음영〕 드릴 놓고 으섯쳇[181] 아들은,

헹경[182] 보선 벗어, 드릴 노난

〔음영〕 족은아시 영력[183] 똑똑헌 녹두성인은, 칼선드리[184] 탁 노난, 우로[185] 여섯 성제 성님덜이 허는 말이, 〔말〕 "설운 동싱아. 아바지 어머니 우리 베 오는디 이거 무신 일고." "경 헌 소리 허지 맙서." 큰소리랑 탕 치멍, "성님덜 베도 우리 베고 아바지도 우리 아바지라도, 어멍은 우리 어멍 아니우다."

"어찌허여 알겟느냐?"

〔음영〕 "예 이 베 오랑 메영양, 하르방 할망 베에서 네령

앞이 세왕

〔음영〕 에 집 ᄀ리칩서 경 헹 가단, 하르방이랑 심엉 둥기고, 할망이랑 네부러 봅서. 이 올레 저 올레 주왁거리고양.

집이 강

또 이전

〔음영〕 밥 허영 밥상 ᄎ려 주는 걸, 보와도 몬딱 뜰립네다."[186] "경 허냐?" 아이고 큰아덜로부떠, 이에 갓 벗어 탕건 벗어 드리 놧당, 몬딱 걷어사난,

이엣 벳머리 오란

---

177) 싯쳇 : 세 번째.

178) 두루막 : 두루마기.

179) 닛쳇 : 네 번째.

180) 저구리 : 저고리.

181) 으섯쳇 : 여섯 번째.

182) 헹경 : 행전(行纏)

183) 영력 : 영리하고,

184) 칼선드리 : 칼날이 위로 향하여 놓인 다리.

185) 우로 : 위로.

186) 뜰립네다 : 틀립니다.

베를 메고

하르방 할망 네려간다

아바지에 노일저데귀일이 뚤년

이야 네려

〔음영〕 아이고, 이에 족은아시 녹두성인가, 〔말〕 "아바지영 어머니영 저 앞이 나상, 집 ᄀ리칩서. 오멍 멀미도 헷지양. 정신도 엇지양." 영 허멍 말허난

"경 허라."

이에 하르방 할망, 노일 귀일이 뚤년 손 심언

〔음영〕 앞이 세우난 ᄀ들ᄀ들 하르방은 집 아난 촟아가는디, 가던 집이 다 가기 전이 이에 아바지 심언

둥겨 두고

〔음영〕 요망스러운, 노일저데귀일이 뚤, 칙조부인앞이

〔말〕 "어멍 집 ᄀ리칩서." "기여." 〔음영〕 이 올레 주왁

저 올러레 주왁

〔말〕 주왁주왁거려 가난,[187] 아덜덜 일곱성제 뒤에 사둠서 허는 말이, "봅서. 아바진 우리 아바지라도양, 어멍은 아니우다."

집이 이에 가젠 허난

〔음영〕 "어떵 헨 경 그레 저레 주왁거림우꽈? 어머님." "아이고 어멍이 벤, 〔말〕 멀미허연 〈요샛말로, 〔음영〕 정신이 하나토 엇다〉[188] 베 탄 오난."

"이에 경 허우꽈?" 집이 간

또다시

〔음영〕 이엣 쏠 신 항[189] ᄀ리쳐 안네고, 밥은 허연 밥상더레, 밥 출려 노멍, 앗다 주는 게, 이에 족은아덜 상은 아방 앞이 가고

아바지 상은 싯체 아덜더레

〔음영〕 이에 큰성 상은 족은아덜 앞이

---

187) 주왁주왁거려 가난 : 기웃기웃거리며 가니깐.

188) 〈요샛말로 ~ 엇다〉 : 강대원 심방이 '멀미'를 설명하였음.

189) 쏠 신 항 : 쌀 있는 항아리.

〔음영〕 그레 저레 믄짝 뒤범벅

서꺼[190] 갑데다

〔말〕 "상 출련 주는 것 봐도양, 우리 아바지 우리 어머니 아니꿰."

"기영 허다."

〔음영〕 아덜덜 수근수근 거려 가고, ᄒᆞ루 이틀 사흘 나흘 메칠 동안

〔음영〕 그 동네 네 굿을[191] 어딜로 어떵 헹 가민, 이 동네서 네 요것덜 일곱성제 믄딱 죽영, 이에 말린 헌 것이

〔음영〕 여허근, 동네 네 굿 알고, ᄒᆞ를날은 갑자기, 이에 동세벡이,[192] "아이고 가심[193] 아이고 베여." 구들 뉘 귀[194] 벵벵 둥글멍, 이에 죽어 말아

허여 갑데다

〔음영〕 그뗸 아덜 일곱성제덜은 붉으난, 신 삼으렌가 공부허렌가 가불고, 또 하르방은 어쩔 수 엇이, 구들 ᄒᆞᆫ 펑 구석에 ᄀᆞ만이 앚이난, 노일저데귀일이 딸년은, "이놈으 늙뎅이 저놈으 늙뎅이, 아덜 일곱성제 난 각시

죽어가도

〔음영〕 무사 어디 아프녠 말 한마디도 읏곡, 또 어디 강 들어 보젠도 아니 헴젠."

이리 허난

〔음영〕 그떼에 또루 노일저데귀일이 딸년은, 하르방 욕허는 쳭 허멍

〔음영〕 "아 어디 강 들어 봥 옵센." 허난, "기영 허여 어디 강 들으민 뒈코?" "욜로 요 오른쪽으로양 벵허게[195] 돌앙 가단 보민, 시커림[196] 잇인디, 그디 바구니 썽 앚인 중 잇일 게우다. 그디 강 문점(問占) 허영 옵서."

"어서 걸랑 기영 허라."

〔음영〕 하르방은 빙허게 돌아 앚안, 촟아가는 사이에 볼써에[197] 동네 네 굿 믄딱

---

190) 서꺼 : 섞어.
191) 네 굿을 : 네 귀퉁이를.
192) 동세벡이 : 꼭두새벽에.
193) 가심 : 가슴
194) 뉘 귀 : 네 귀퉁이.
195) 벵허게 : 빙그르.
196) 시커림 : 세거리가.
197) 볼써에 : 벌써.

안 노일저데귀일이 뚤년은,

셋질로[198] 들어 간

〔음영〕 이야 바구니 썬 앚안 잇이난, 이엿 〔말〕 "아이고 미안허우다." 남선비 하르방 허는 말이, "무사마씸?" "아이고 저 나 문점허레 오란마씸." "문점마씸?" 경 허는 첵허멍 귀일이 뚤년은, 또 손가락 오그력 페왁 허단,[199] "하르방 아덜 일곱성제 잇수과?" "예." "할망 아팟구나양?" "예." "이 할망 살리젱 허민, 아덜 일곱성제 애 네영 멕여사, 이 할망 살리곡양. 하르방 늙은 거 닮수다만은 헌디, 늙어도 잘 허민 ᄒᆞᆫ 베에 시 게 나민 시 베에 아홉 게 두 게 이짜 출리고, 뜨루 ᄒᆞᆫ 베 두 게 썩 늬 베만 나민 ᄒᆞ나 이짜 출령, 하르방 이익 보쿠다 게난, 이 각시를 살리케 허거들랑, 이 아기덜 일곱성제 애 넹[200] 멕이믄 좋구다."

하르방은 눈앞이 점점 어두운디

캄캄허게 집 춫아 어듬더듬

〔음영〕 오노렌 허난, 또 귀일이 뚤년은 간 셋질로, 집이 오라 방에 잇단, 창 꿈[201] 터지완 올러레 보난, 하르방이 올레로 오라 가난

"아이고 아이고 가심이여. 아이고 베여

자라 베여."

〔음영〕 죽어 말아 구들 네 귀 도는 첵 허여 가는디, 하르방 들어오난, 〔말〕 "무신 거엔 골읍디가? 가난." "아이고 잘 알앙 걸." "어떠헨마씸?" "나 간 실례우다 영 헤연, 손꼬락 오구력 페왁 오구력 페왁 허단, 아이고 아덜 일곱성제 잇수겐 허난, 아덜 일곱성제 싯젠 허고, 또 할망 아팡 오랏구나양 허ᄀᆞᆫ테, 예 할망 아팡 오랏우덴 허난, 뭐야, 아덜덜 일곱성제 애 넹 멕이민 좋기옌, 경 ᄒᆞ곡 나 늙어도 저 사람이영 그자 밤이 시간만 잘 보네민, ᄒᆞᆫ 베 시[202] 썩 시 베 나민 두 게 이짜 출려그네 이익 보고, 또로 ᄒᆞᆫ 베 두 게 썩 니 번[203] 나민 ᄒᆞ나 이짜 출리켄 허고."

198) 셋질로 : 샛길로.

199) 오그려 페왁 허단 : 오그리다 펴다 하다가.

200) 애 넹 : 간을 내어서.

201) 꿈 : 틈새.

202) 시 : 셋.

203) 니 번 : 네 번.

아이고 노일저데귀일이 뚤년

〔음영〕 "나 죽어불민 말주. 아덜덜 나 베 아프게 난 것덜, 이에 젖 주멍 키운 것덜, 죽 밥술 딸령 멕이멍, 키운 것덜 어떵

애 네여 먹으리."

〔음영〕 이리허여 구들 눠 귀 둥그는 척 허단 또, 〔말〕 "하르방." "어." "이번이랑 요 웬쪽으로 영 헤그네 돌아강 보민, 삼도전시커리[204] 그디 또 멩텡이[205] 썽 앚인 중 잇일 께우다 〔음영〕 그디 강 문전 헹 옵서."

"어서 걸랑 기영 허라"

〔음영〕 노일저데귀일이 뚤년은, "훈 궁에[206] 지켜들랑, 이에 아멩케라도[207] 나가 살아사, 하르방도 베분 밥 먹으멍,

오레 살 꺼난."

〔음영〕 영 허여, 이에 그떼엔

에~근

〔음영〕 남선비 하르방은 뜨로, 삼도전시커림 웬쪽으로 빙허게 돌앙강 보난, 망텡이 썽 앚인 중이 잇엇구나. 〔말〕 "아이고 실레허쿠다." "예. 어떵 헹 할망 아판 문점 옵디가?" "예게. 아이고 잘 알암수다 양." "아덜 일곱성제 잇구나야?" "아이고 문 봐졈수과?" "예 봐졈수다." "경 허우꽈? 예 우리 할망 어떵허민 살려지쿠과?" "하르방 곧기엔 미안허고 죄송허우다만은허데야." "어." "이 할망을 살리젠 허민, 아덜 일곱성제 애 넹 멕여사 좋곡, 하르방 늙어도 잘만 허민 양 훈 베 시 썩 시 번 나민 두 게 이짜 출령 아홉성제, 또 두 베에 두 게 훈 베에 두 게 썩 늬 베만 나민 훈나 이짜 출령 으둡성제 보쿠다." 〔음영〕 아이고 이거 점은 지난, 훈 궁에 지엄구나.

ㄱ뜩ㄱ뜩, 집으로 들어오라근

〔음영〕 이젠 하르방이 남선비 하르방은, 이에 큰칼 네어놓고 씬돌 네놓고, 이에 또 이 그릇에 물 떠 놓안, 이에~

〔음영〕 칼 골젠, 준비를 허여간다. 노일저데귀일이 뚤년은 "그디 가난, 뭣이옌

204) 삼도전시커리 : 세거리길.

205) 멩텡이 : 망태기.

206) 훈 궁에 : 같은 점괘. 같은 결과. 같은 궁리(窮理).

207) 아멩케라도 : 아무렇게라도.

헙디가?" "그디 가도 흔 궁에 진 걸." "아이고 게민 마기무가,[208]

아니로구나."

〔음영〕 귀일이 뚤년 하르방 칼 네어논 거영 문짝 보완 구들에 강

"아이고 아이고 나 살려줍서

나 죽어지쿠다." 〔음영〕 이에 엇인 엄살을 부려갑데다. 남선비 하르방은 칼 골젠, 실강실강허는디 동넷 할망은, 남선비 하르방 각시 아팟젠 허난 병문안

오라근

봐려 보난

〔음영〕 정지 무뚱에[209] 큰 칼 네놓고 신돌[210] 네놓고, 물 적지멍 칼 골암구나. 〔말〕 "하르방." "양." "무신 거 허젠 칼 골암수과?" "아이고 흔 밧디도 강 아이 듣고 양 두어 밧디도 강 들어신디 흔 궁에 젼, 각시 살리젠 허민 아이덜 애 네영 멕어사 좋겐 헤영, 칼 골암수다." 〔음영〕 아이고 그뗀 할망은 하늘이 벌겅 땅이 왁왁 두 번 말을 못 골안 아기덜,

노는 디 간 "설운 아기덜아

〔음영〕 느네 아방, 느네 죽영 느네 어멍 멕영 살리젠, 칼 골암서라."

이 말 들은 아기덜, 일곱형제는

〔음영〕 비세 울 듯 울멍 집더레 오단, 족은아시 녹두성인 허는 말이사, 〔말〕 "성님덜 울지말앙양." "어." "이 울담 벳깃딜로 멀리 둘러 상[211] 잇단,[212] 나가 안네 강[213] 제기[214] 아이 나오건 동서남북으로 문딱, 발 가는 양 헛터져그네 강 살곡, 내 들어 강 빵 아바지 나 꿰에[215] 넘으면은, 우리가 사는 거우다." "경 허냐?" "나 들어강 오레[216] 아니 나오걸랑, 문딱 둘아나 붑서양." "기여 즈들지[217] 말라." 아시 말 들언

208) 마기무가 : 끝이.
209) 무뚱에 : 처마 밑에 신발 따위를 벗어 놓는 공간에.
210) 신돌 : 숫돌.
211) 상 : 서서.
212) 잇단 : 있다가.
213) 강 : 가서.
214) 제기 : 빨리.
215) 꿰에 : 꾀에.
216) 오레 : 오래.

동서남북으로 육형젠 갈라사고, 또 녹두성인은 들어간 보난, 아닐 켈 아니라,
아바지 칼 굴암시난

〔말〕 "아바지." "무사?" "뭣허젠 칼 골암수과?" "으 느네 어멍 오널 아침이" "예." "갑자기 아파녜?" "예." "어디 강 문점 허난, 느네 일곱성제 애 넹 멕이민 좋켄 헨 칼 골암저."

이리 허여근

그떼엔 또다시

뒈어지엉 삽데다

〔음영〕 족은아덜 녹두싱인가 〔말〕 "아이고 아바지 살 헴수다. 우리 죽영, 아바지 애 네영 어멍 멕영, 어멍 살려그네, 어멍앞이 밥 얻어 먹으멍 아바지 오레 사는 것도 좋고, 또 영 헌디양, 그 칼 날 줍서. 그 칼 신돌 다 날 주민, 나 성님네 신산곶[218] 돌앙[219] 강, 아무도 모르게 죽영, 애 네영양. 오란 아바지 그자 애간장 훈 번만 쎅이고,[220] 눈물 훈 번만 네왕 속히 씰어동, 보멍 나 죽영 애 네여그네 어머님 앚다 주는 게 좋주. 일곱성제 문딱 죽이멍 애 네젠 허민, 어떵사 영 애 네어졈신지 말암신지 창지사,[221] 네졈신지 궤기사[222] 둘러졈신지 모를 거난양. 그 칼 날 줍서." 〔음영〕 아이고 그떼엔 이엣 남선비 하르방도

순헌 양반이라

족은아덜 곧는 양, 칼도 네여줍데다

엣 또 이 신돌

〔음영〕 네여줍데다 물 담을 그릇 네여주고, 이에 애 네영 담앙 올 멩텡이도, 네여주고

〔음영〕 영 허난 그걸 즈근즈근 놓안, 녹두성인 둘러메여 앚언,

올러레 나오멍 "설운 시던, 성님네.

---

217) 즈들지 : 걱정하지.

218) 신산곶 : 깊은 곳의 수풀.

219) 돌앙 : 데리고.

220) 쎅이고 : 썩이고.

221) 창지사 : 창자가.

222) 궤기사 : 고기가.

어디덜 다 가붑데가, 문 이레 옵서." 웨여 드난[223)]

성님덜 오란, "옵서 가게. 우리 어멍 어딜 간 죽엇인고." 일곱형젠, 울멍 시르멍 신산곳

발 가는 양 가단 보난, 노리[224)] 시 게가[225)] 돌락돌락 네려 오람시난, 노리 보고 〔말〕 허는 말이 "야 느네. 〔음영〕 우리 칠형제 목심보명(救命) 시겨도라." 〔말〕 "우린 시 게뿐이고, 느넨 일곱성제 목심보명 시겨줄 수 엇다." 〔음영〕 "게민 어떵 허민 우리 목심보명 〔말〕 시겨줘질티." "우리랑이, 이 산에 산멩감(山冥官)이난, 우리 죽이지 말앙 올라가단 보민 산톳[226)] ᄋᆞ섯 게 든 일곱 으세끼가[227)] 오람시난, 그디 가그네 들어보라." "그짓말[228)] 아니가?" "그짓말 아니여." 〈엿날에 노리도 꼴리가 잇엇인디, 큰칼로 노리 꼬리 휏허게 끊어난, 피가 붉끗허게 납데다. 피가 붉끗허게 나난 그레 일곱형제가 노리 시 게 꼴리 둗안 끊어분 디 춤 베트멍, 헌 것이 꼴리 둗아난 디 힌털

박아지기

마련도 허고〉[229)]

〔음영〕 이젯 노리 시 ᄆᆞ린 보네여 두고, 올라가단 보난, 아닐 케 아니라, 어미 산톳 ᄒᆞ고 새끼 산톳 ᄋᆞ섯 게

일곱 ᄆᆞ리가

네려오람구나. 〔음영〕 그디 강 "우리 목심보명을

시겨 달렌."

〔음영〕 영 허난 에미 도새기가 허는 말이, "기여. 이디서 어리고 ᄋᆞᆨ고[230)] 간이, 씨 전종(傳種)헐 꺼 ᄒᆞ나만 네비어 두고, ᄋᆞ섯 ᄆᆞ리랑 죽영

애 네여근

223) 웨여 드난 : 소리치니깐.

224) 노리 : 노루.

225) 시 게가 : 세 마리가.

226) 산톳 : 산돼지. 멧돼지.

227) 으세끼가 : 어미와 새끼가.

228) 그짓말 : 거짓말.

229) 〈엿날에 ~ 마련도 허고〉 : 강대원 심방이 노루 꼬리가 짧아진 사연을 설명하였음.

230) ᄋᆞᆨ고 : 성장하고.

〔음영〕 느네 목심보명 허라."

"어서 걸랑 기영 헙서."

〔음영〕 영 허여 어멍 산톳은, 살련 보네여 두고, ᄋᆞ섯 ᄆᆞ린 심언 죽연

애 네영

〔음영〕 〈멜망텡이에[231] 담앙 왓저 허는 사름, 또 청세[232] 비언 청세 오장삼[233] 멘들안, 쌍[234] 오랏젱 허는 사름,

이에 요 데목도, 두 가지 시 가지로 말을 허여 삽니다.〉[235]

〔음영〕 영 허여 산톳 새끼 ᄋᆞ섯 ᄆᆞ리 애 네여, 이것덜 네빌어 뒁, 오젠 허난, 〈어떤 사름은 또 그디서 멩세사왈[236] 걷어 벡(百) 단 숫불[237] 피완, 구워 먹엇젠 허는 사름, 잇습데다만은허데, 나가 서문밧 선생님들앞이 들어

벱건딘〉[238]

아이고 우리 일곱형제 목심보명 시겨주고, 우리 데토로[239] 죽은 이 산톳 새끼덜

그냥 네어불민[240] 메[241] 입에 강야기 입에 짐승 입에 갈로구나

땅 파 헤남석에[242] ᄌᆞ근ᄌᆞ근 묻엉 놓와 두고

집으로 돌아오멍 족은아시 〔말〕 또 허는 말이 "성님덜 야, 내가 들어강 이거 아바지 안넬 꺼고 또 성님네랑 오지 맙서 나만 들어강 말을 ᄀᆞᆯ으쿠다." "기영 허라."

---

231) 멜망텡이에 : 어깨에 메고 다니게 만든 두서 말들이의 망태기에.

232) 청세 : 푸른색 띠.

233) 오장삼 : 띠나 짚을 재료로 하여 가방 모양을 만들고 그 속에 고기 따위를 담아 가지고 다니게 만든 물건.

234) 쌍 : 싸서.

235) 〈멜망텡이에 ~ 삽니다〉 : 강대원 심방이 돼지 간을 내어서 망태기에 담아 갔는지 오장삼에 담아 갔는지는 심방마다 다르게 구연한다는 설명을 하였음.

236) 멩게자왈 : 청미래덩굴이 마구 엉클어진 덤불.

237) 숫불 : 숯불.

238) 〈어떤 ~ 벱건딘〉 : 강대원 심방이 간을 낸 돼지를 이후 숯불에 구워 먹었다고 제주의 다른 지역 심방은 구연하기도 한다고 설명하였음.

239) 데토로 : 대신으로. '대토(代土)하다' 땅을 서로 맞바꾸다의 뜻으로 여기서는 목숨을 서로 맞바꾼 뜻으로 쓰임.

240) 네어불민 : 내버려두면.

241) 메 : 매.

242) 헤남석에 : 양지 바른 곳.

동서남북으로 또루 은칙[243] 갈라졍 잇듯 갈라졍 잇당 안네서 무신 소리 나걸랑, 손에 잡히는 양 돌멩이고 낭 토막이고 들르멍 놀려 둡서."

"걸랑 기영 허라."

〔음영〕 성님덜신디 다 시겨 두고

또 에~

〔음영〕 녹두성인 족은아덜은, 산톳 새끼 애 ᄋ섯 ᄆ리 멩텡이 담은 거,

이에

〔음영〕 들러 앚언 들어간 "아바지." "무사?" "성님덜 죽영 이거야 애 네엉 이 멩텡이옌 담앙 오랏수다." "난 모른다 느 어멍 앚단 줘불라." "경 헙서." 이에 어멍 눈 구들에 강 〔말〕 "어머니." "무사?" "성님덜 죽연 애 넨 오랏수다." "기어게 이리 가졍오라."

아이고 진짜 이엣 사름 애카부덴

〔음영〕 이에 받아 놓고 허는 말이, 〔말〕 "저이" "예." "사름 중병 들언 약 먹는 디 아이 본다." 〔음영〕 "경 헙서 ᄌ들지 맙서 나 나갓쿠다." 나오멍 손가락에 춤[244] 잔뜩 부쪄, 창고망 터주는디 노일저데귀일이 똘은,

몰랏인가 모르쿠다만은

〔음영〕 창 끔 터진 딜로 눈 쑤산 영 헹 보난,

아 아근

〔음영〕 조동이레[245] 볼르는 첵 마는 첵 허멍, 자리 알러레 ᄌ근ᄌ근 끌아 누워 갑데다. 영 허여 〈그떼에 네인 말 두고서 엿날 젊은 어룬덜, 이십 쓰물 넘어 아가씨 총각덜, 양친부모 허락 받앙 갈림헐 적에, 이엣 인뎅이영[246] 얼굴에도 빨강헌 거 부찌곡 또 조동이에, 구 〔말〕 요센 말로 구지벵이,[247] 〔"구지벵이렌 헙네까?"〕 어긋도 것도 볼르고, 영 허여 곱다허게

출령,

---

243) 은칙 : 좀 전. 아까.

244) 춤 : 침.

245) 조동이레 : 주둥이에.

246) 인뎅이영 : 입술이영.

247) 구지벵이 : 입. 일본어 くちー-.

〔음영〕 이에 시집 장게 간덴 헙데다.〉[248)]

〔음영〕 영 허여 이젠 그걸 다 보완 멩텡이 비운 줄 아난

이엇

〔음영〕 녹두성인은,

어허근

〔말〕 "어머님." "무사?" "다 먹읍데가?" "오 다 먹엇저." "살아지쿠가?" "게메이 아이고." 진 한숨 쉬는 쳑허멍, "아이고 겔쎄[249)] 말이여 ᄒᆞ나만 더 먹어시민, 눈이 더 훤허게 헹 나 간장 확 풀령 살아점직은 허다만은이." "경 허우꽈?" 녹두성인 허는 말이 "어머님." "무사?" "중병 들어 눈 니양." "어." "옵서 머리에 니나 ᄒᆞᆫ번 내 하나 잡앙 드려뒁 목심 바치쿠다 아바지앞이." "야 중병 드런 눈 디 머리에 니 아이 잡나." "경 허우꽈? 게민 옵서 어머니양, 이거 며칠동안 누워난 자리 ᄒᆞᆫ번도 아이 치왓수게?" "기여게." "나 ᄏᆞ컬허게[250)] 자리 구둠 ᄆᆞᆫ짝 씰엉 네쳐동양." "어." "나 아바지앞이 목심 바치쿠다." "아이고 중병 들어 눈 딘 이 자리 안 침나 나 죽어불어사, 자리 침는 거주." "경 허우꽈?"

그떼에 부예주제 용심ᄁᆞ지

〔음영〕 나아간다 놀려 들언 살작 심엉, 허운덱이 심엉, 구들 ᄒᆞᆫ 펜 구석더레 앗아, 다락 박치난 귀일이 뚤년은 정신이 캄캄허고 자리 걷언 ᄒᆞᆫ손에 산톳 애 간 북부기[251)]시 게썩 들러 앗언, 에 지붕 상ᄆᆞ루 도올라간 "요 동네 어룬덜 다심어멍광 두 불어멍광 사는 어룬덜 날 봥 정다십서

〔음영〕 설운 성님네, 살앗거들랑 산성 죽은성 혼벡으로 이에

〔음영〕 또 에 손에 잡히는 양 들언 들엉 놀려 듭서." 웨제기난[252)] 성님덜은 동서남북 ᄉᆞ웨 팔방으로[253)] 오라 들러 삿단, 아시 웨는 소리에 들어오라 가는디 〈그떼 헌

---

248) 〈그떼에 ~ 헙데다.〉: 강대원 심방이 노일저데귀일이 뚤이 피를 입술에 바른 모습이 혼례 때 입술연지을 바른 모습으로 설명하였음.

249) 겔쎄 : 글쎄.

250) ᄏᆞ컬허게 : 깨끗하게.

251) 북부기 : 허파.

252) 웨제기난 : 외치니깐.

253) ᄉᆞ웨 팔방으로 : 사방팔방으로.

말두고 엿날 나라 요세 ᄀ뜨민 데통령 ᄀ뜬 양반, 죽으민 지붕 상므루 도올라 강,
또 이전
〔음영〕 삼혼도 신덴 허고 펭민은 죽으민 죽은 방 문뚱 앞이, 난간 아레 여릿돌 앞이 상 누게 아바지 죽엇우덴, 삼혼도 부른덴
협데다에-〉[254]
영 허여근 또다시
이에~ 아기덜 칠남메가 〔음영〕 칠형제가, 놀려 들어가난 아이고 하르방은 올러레 터젼 돋단 정낭에 발 걸려 푸더지는 게, 눈두세 콧존둥 머리
꺼꺼 부서지연
죽엇수다 〔음영〕 노일저데귀일이 뚤년은 뒤로 나가젠 허난, 뒷문으로 놀려 들곡 정지문으로 가젠 허난 정지문으로 정지 듯문으로 정지 듯문으로 도망갈 떼 엇이난, 벡장[255] 알 축을 발로 두루 신으난
또 이전
〔음영〕 고망이 나고 그 고망으로 나가는 것이
〔음영〕 바로 데소변 보는 벤소 디딜팡이로구나[256]
〔음영〕 "아이고 이레도 저레도 못 갈꺼난, 네 요 디딜팡에 나 머리로 저것덜 손에 무사 죽으리."
이녁 머리로 이녁 모가지
〔음영〕 졸라 메고 돌아젼 얼마사 높앗인딘
몰라도
〔음영〕 죽어 노일저데귀일이 뚤년,
춫젠 허단 보난
아바지 올레에서 죽엇구나. 하늘ᄀ뜬 아바지
〔음영〕 좋은 육신은, 이엣 세경땅 헤남석에 간
감장 시겨두고

254) 〈그때 ~ 협데다에-〉 : 강대원 심방이 초혼(招魂)을 하게 된 유래를 설명하였음.
255) 벡장 : 벽장.
256) 디딜팡이로구나 : 부춛돌이로구나.

〔음영〕 또루 집으로 오란 이에 동네방네 이, 노일저데귀일이 뚤년, 칙조부인 봐져 녠 소문 들어도 봐져렌 허는 사름은 엇고, 이엣 울성 안네 좇단 보난,

변소간에 간

이녁 머리로

목메여

〔음영〕 죽엇구나. 죽언 허난, "이거 물통에서 이년 몽근년

이에, 우리 어멍

줴엇인 우리 아방 이에게

우리 애간장 썩인 년

〔음영〕 원수풀이 허저." 영 허여 마당 가운디, 이엣 끗어다 놓고 머리 비여 데천(大川)바다 던지난, 엿 선성님덜 말이 감테 듬북[257] 미역

이에 헤초로

〔음영〕 환생허여 법지법, 설련헷젠 허고

또 이전은

〔음영〕 이에 머리빡은 탁 벌르난, 골빡세기 잇어난 디 이에, 옴탕허엿구나. 돗통에[258] 이엣 돗 것 주는 돗도고리[259]

설련허멍

원수풀이 허저

눈꾸녁은[260] 천리통[261]

이엣 입은 마이쿠,[262] 요센 말로 권[263] 전놔[264]

또다시 이에 네려 가심팍 돌라단

〔말〕 〈우리 제주도도 말이 〔음영〕 시 군데[265] 뒙네다.

257) 듬북 : 모자반.

258) 돗통에 : 돼지우리에.

259) 돗도고리 : 돼지먹이 주는 함지박.

260) 눈꾸녁은 : 눈은.

261) 천리통 : 만원경.

262) 마이쿠 : 영어 mike.

263) 권 : 귀는.

264) 전놔 : 전화.

정이렌 가민 장군이여 우리 서목안더레 가민

또로 아호[266] 몰라 굴멩이렌[267] 허는 사름 이엣 또

〔말〕 동더레 오민 뭣인사 ᄀᆞᆮ지 몰라마씸 나 동촌은〉[268]

영 허곡

또 이전 베뿌긴

〔음영〕 이에 돌라당 바당에 던지난, 이에 물이슬[269] 〈요세 무신 거? 물에 그 오란 쒜우는 거? 무시 거렌 헙니까? 헤숫장에 올라 말, 뭐? 어? 어? 헤파리. 어. 헤파리 설련허고,〉[270]

또 이전 가운디 베똥은[271] 베말로[272]

〔음영〕 넙싹헌 디 부떠 낫저, 큰 돌에 많이 부뜨는 거 크나 족으나 보이곡,

또 이전 그 알동넨

여허근

굵은소남[273] 전소남밧[274] 설연, 알동네 ᄉᆞ나이 싸움 본천

돌라당 이에, 전복 설련 또 그 알동네 구렁네, 나는 디 물미절 설련

〔음영〕 하고 닛빨은, 데천바다 데껴부난,

베체기[275] 설련

〔음영〕 손톱 발톱은, 이에 빼여 데천바다 던지난, 군벗[276] 딱지

〔음영〕 손은 글겡이[277] 쉐스랑[278]

---

265) 시 군데 : 세 군데.

266) 아호 : 별명.

267) 굴멩이렌 : 군소라고.

268) 〈우리 ~ 동촌은〉 : 강대원 심방이 '군소'를 제주 지역별로 다르게 말하는 것을 설명하였음.

269) 물이슬 : 해파리.

270) 〈요센 ~ 설련하고,〉 : 강대원 심방이 '물이슬'에 대한 표준어 해파리를 설명하였음.

271) 베똥은 : 배꼽은.

272) 베말로 : 애기삿갓조개.

273) 굵은소남 : 굵은 소나무

274) 전소남밧 : 소나무 밭

275) 베체기 : 거북손.

276) 군벗 : 딱지조개.

277) 글겡이 : 갈퀴.

발은 곰베[279)]

허벅다리 디딜팡 설련

이엿

또루 큰 베설은,[280)] 〔음영〕 〈요센 말로 소방소, 이에 물호수 즌 베설은 집이 가정 물호수〉[281)]

〔음영〕 설련 헷젠 허고 허당 남은 건, 굴묵낭[282)] 방게 도게남[283)] 절게 닥닥 찌언,

허풍 ᄇ름 불리난

〔음영〕 이야 모기 ᄀ따기 뒈고, 산 떼도 생사름 피 먹젱 허던 년, 이엣 여름 낭 이엣 그 엣날 어~, 모기장 잇인 떼 사름 잇이민 줌자는 디 귀에 돌아정 〔말〕 “잠수꽈? 〔음영〕 피 ᄒᆞᆫ 적 줍센.” 엥 거리곡,

헌 덴 헙디다.

이젠 아덜 일곱성제 우리 어멍 어딜 간 곳, 어멍 춫이레 가저, 〔음영〕 이엣 타고 온 베 또 타 앚언, 어멍 춫이레 가는디

물머리 당허연 홀연강풍 만나 가는 것이

오동나라 들어 가, 오동나라근, 이엣 벳머리에 베 메여 두고, 이에 사름 사는 고단을 춫아가단 보난 주천당 연못 당ᄒᆞ고

그 동네 청비발[284)] 아기덜, 연세답[285)] 허단 보난 날이 ᄌ물아[286)] 가고, 이에 ᄌ물아 가난 집이덜 가젠 허멍 허는 말이, 〔말〕 “야 야들아 ᄒᆞ저[287)] 글라,[288)] 이엣 어두왕 밤이 지퍼민[289)] 고요헌 밤에, 이 물에서이, 이여

---

278) 쉐스랑 : 쇠스랑.

279) 곰베 : 곰방메.

280) 베설은 : 창자는.

281) 〈요센 ~ 물호수〉 : 강대원 심방이 ‘노일저데귀일이 뚤 창자’가 크고 작은 물호수가 되었다는 유래를 설명하였음.

282) 굴묵낭 : 느티나무.

283) 도게남 : 누리장나무. ‘도-’ 접두사.

284) 청비발 : 조금 성숙하나 아직 미혼인 여자. 비바리.

285) 연세답 : 빨래. ‘연-’ 접두사.

286) ᄌ물아 : 저물어.

287) ᄒᆞ저 : 어서.

288) 글라 : 가자.

〔말〕 울음소리 나고 귀신소리 나고 귀신난덴 헤라." 경 허멍

이엣 또 이전은

〔말〕 "이엣 어떵 헨." ᄒᆞ나 지집아이 ᄀᆞᆯ으난, "엿날 남선고을 남선비 하르방 큰각시이 여산부인 하르방 ᄎᆞᆽ이레 오랏단 이디서, 노일저데귀일이 ᄄᆞᆯ년앞이 죽엇젠."

아이고 그 말 들으난 아~

〔음영〕 문짝 세답허레 온, 아가씬가 비바린가 처년가,

이에

〔음영〕 가불고 아덜 일곱성젠 비세 울 듯 팡돌[290] 우이덜, 앚안 울멍 "설운 어멍 이디서 죽엇구나."

영 허여

〔음영〕 물은 푸젠 허난, 풀 수가 없어지고 비세 울 듯 울단, 께어난 보난, 〔말〕 물은 주천당 연못, ᄇᆞ짝

ᄃᆞᆫ 물 용궁에서 뺄게 허고

〔음영〕 이엣 어머니, 열두 신뻬 술아지엉 잇이난

베석(拜席)자리

〔음영〕 이에 출려 놓아근, 그레 문딱 ᄌᆞ근ᄌᆞ근 머리로부떠, 목뻬로, 이에 등뻬로 이엣, 양 폴 잇인 건 문짝

ᄎᆞᆽ어단

〔음영〕 놓안 직허여 앚안, 비세ᄀᆞ치 울멍 어머님 살린 능력 엇어 우는디, 난데 엇이 ᄀᆞᆨ세[291] 양반이

오랏구나

〔음영〕 ᄀᆞᆨ세 양반 오란 〔말〕 "설운 아기덜아 무사 울엄디?" "어머니 열두 신뻬는, ᄎᆞᆽ앗우다만은허데, 어머님 살린 능력 엇언양, 울엄수다." "경 허냐? 경 허민이." "예." "느네 일곱성제가, 숭에[292] ᄒᆞᆫ 머리썩 일곱 머리만 잡앙, 나 왁[293] 허는 소리에,

---

289) 지퍼민 : 깊으면.

290) 팡돌 : 말을 타고 내리거나 짐을 지고 부릴 때, 또는 일 할 대 걸터앉는 넓은 디딤돌.

291) ᄀᆞᆨ세 : 왜가리.

292) 숭에 : 숭어.

293) 왁 : 왜가리 소리 의성어.

하나 멕여 주고 왁 허는 소리에 하나 멕여 주고, 영 헹 허민 느 어멍 살릴 곳도 강 허고, 이디 또 오게 헤주마. 경 헌디 느네 문딱 날 탕 갈 순 엇다. 저 ᄋᆞ섯성제랑이." "에." "어머니 누워난 디 흑[294] ᄌᆞ근ᄌᆞ근, ᄒᆞᆫ줌 썩 두 줌 썩 갖다그네 메와 놓고, 족은아덜 녹두성인이랑, 나 등에 타근에, 나 왁 헌 양 멕어 도라." "어서 걸랑 경 헙서." "성님덜 양 어머니 눠난 자리 흑 ᄌᆞ근ᄌᆞ근ᄌᆞ근 아까 ᄀᆞᆮ는 양, 예 줏어당 메와 놔둡서야." "경 허라."

ᄀᆞ세 양반 등에 타고

〔음영〕 또다시 족은아시 녹두성인은

이엣 등에 다 괵[295] 허민 하나 괵 허민 ᄒᆞ나, 영 허여 맥이멍

어~ 여허근

둬어 지어삽네다

올리 옵기는

〔음영〕 서천꼿밧을,[296] 간 보난 말리토성(萬里土城) 유리석벽(瑠璃石壁)을, 무어[297] 놓고 양 어기 문엔, 니눈이반둥게[298] 딱 메노난, 아이고 ᄂᆞ는 새도 번접을 못 헐로구나.

"어떵 허영 어머님 살릴 꼿

허영 가콘." 헌 것이 경 허여도, ᄀᆞ세 양반 등에 탄 허난

〔음영〕 ᄀᆞ세 양반이 높이 올라, 이에 서천꼿밧드레, 들어가기 전 이에 ᄒᆞᆫ쪽으로 가, 서천꼿밧 울성 장안, 밧겻 만두리기[299] 섭섭고장 구진 쿨에,[300] "불이여 불이여." 웨난

꼿감관 꼿성인

꼿궁녀 무둥녁이 실충각은

---

294) 흑 : 흙.

295) 곽 : 왜가리 소리 의성어.

296) 서천꼿밧을 : 서천꽃밭(西天花田). 환생꽃(還生花) 멸망꽃(滅亡花) 등 주화(呪花)를 가꾸는 꽃밭을. 여기에서는 저승의 뜻임.

297) 무어 : 맺어.

298) 니눈이반둥게 : 두 눈에 위에 반점이 있어 눈이 네 개 달린 것처럼 보이는 제주도 토종개.

299) 만두리기 : 멘드라미.

300) 쿨에 : 종자에.

ᄆᆞᆫ딱 ᄒᆞᆫ쪽에 와르르허게 모여 들어

사분 떼

에 뒙네다

〔음영〕 눌려 들어 어머님 살린 꼿, 허여 앚어 또 ᄀᆞᆨ세 양반,

등에 타 오는 디

이에 ᄒᆞ를 헤 전, 아이고 녹두성인도 아이 먹으난 베고파 시장허기는

서천 꼿밧 강 오는 동안에, 나간다

〔음영〕 ᄋᆞ섯 ᄆᆞ리 ᄀᆞᆨ세 양반 멕이고, 숭에 숭어 ᄒᆞᆫ ᄆᆞ리는,

남아 잇는디

〔음영〕 '이거 나가 먹어불민, 이 ᄀᆞᆨ세 양반 또 다음에 왁 허민, 멕일 건 읏어지고 어떵허민 좋으린.' 녹두성인 ᄌᆞ들단, '아멩허민 어떵 허린, 내 살아사 ᄀᆞᆨ세 양반도 살주.' 영 허여 숭에 ᄒᆞᆫ ᄆᆞ리, 녹두성인이 먹어불고 얼마 못 네려 간

〔음영〕 그만 아닐 케 아니라, ᄀᆞᆨ세 양반은 왁 허난,

멕일 게 없어지여

〔음영〕 입에 물릴 거 엇어지여, 얼른 셍각나는 게, 요 독ᄆᆞ립[301] 궤기 확허게 돌란,

어 ᄀᆞᆨ세 양반 입에 멕이난

〔음영〕 곽세 양반은, 목 알에 네린디 〔말〕 "아이고 숭에 고기 맛이 아니로구나

이에 인(人)이 고기 맛이로구나." ᄀᆞᆨ세 양반은 〔말〕 "야." "양." 〔음영〕 "ᄀᆞᆽ사 나 입에 뭔 멕인디?" "데답 못 헌다."

〔음영〕 "제기 ᄀᆞᆯ으라 제기 ᄀᆞᆯ으라." 제기 아이 ᄀᆞᆯ아부난, ᄀᆞᆨ세 양반은 먹은 거 멜롯 바깐 보난, 동골랑 허엿구나. 이거 독ᄆᆞ립짱 곽세짱 정반짱

마련허여 간다

〔음영〕 네려간 이엣 보난, 어머님 이엣 누워난 자리 흑, ᄒᆞᆫ줌 두 줌 ᄒᆞᆫ줌 두 줌, 이에 메와논 망데기 시리뿡ᄀᆞ추룩[302] 멘들아지고, 고망은 우이 하나 둘 신 닛 다섯 육형제 ᄋᆞ섯 게 뚤르고, 족은아신 〔말〕 주먹 불끈 쥐멍 "성님네 이거 무신 짓이꽈? 〔음영〕 어린 아기 장난이꽈?" 바위로 벵허게 돌아가멍 이엣 ᄋᆞ섯 궁기[303] 뚤라, 주먹

---

301) 독ᄆᆞ립 : 무릎.

302) 시리뿡ᄀᆞ추룩 : 시루처럼.

불끈 쥐어 가운데 팍 터준 것이 이엣 시리 고망

일곱 게

마련 뒈고

뻬 올를꼿 술 올를꼿 〔음영〕 ᄌᆞ근ᄌᆞ근 어머니 육신 열두 신뻬 우이, 이엣 놓아, 어 종낭[304] 몽둥이로, 동서르레 삼시 번 후려치멍, "이거 아기로써, 부모에게 메친 건 아이 뒈수다만은허데. 어머님 살리젠 허난

어쩔 수 엇수다."

그리허여 사겟느냐

영 허여근

이에 어멍은, "봄좀이나 여산부인 너미 잣저." 우라딱허게[305] 일어나 아덜덜 일곱 성제 돌아

또루 베 타고 오동나라에서 남선골 살던 집 오랏구나

〔음영〕 오란 헌디, 그때에 족은아덜 녹두셍인가, 마련허기는, 아바지 저 올레서 이에, 죽어 〈어느 심방을 물론 허고 다, 올레에서 이에 제서 떼나 멩질 떼나 걸명을 받넨 허여도〉,[306]

하늘ᄀᆞ뜬 아바지 뻬 주던, 아바지

천(天)은 부(父)여 지(地)는 모(母)라, 허 이리 허나근

들썩 문전 날썩 문전

〔음영〕 일문전, 데법 천왕, 하늘님으로 좌정을 시기멍, 아바지광 족은아덜은, 일문전 좌정헷젠 허고 어머님,

물 알에 연삼년 물 우이 연삼년, 뻬 녹고 술 다

〔음영〕 얼메나 얼고 추웟우과? 조왕 데신 두에 이에 조왕할망 시리, 할망으로 들어 상

첫 시리에, 이에 인정 아니 잘 주건

〔음영〕 세각시[307] 잘 아이 물연 바갈락바갈락, 이에 궤여[308] 튀여나게, 부꺼가건

---

303) 궁기 : 구멍.

304) 종낭 : 때죽나무.

305) 우라딱허게 : 급하게 일어나는 모습.

306) 〈어느 ~ 하여도〉 : 강대원 심방이 문전제를 지내는 유래를 설명하였음.

신착 벗어 웬 볼떼기, 노단 볼떼기 두드령,

이엣 또 다시 잘 물령

〔음영〕 이엣 상벡 받고 이엣 조왕 좌정헙서 허는디, 또 설운 성님네 큰성님은 동방(東方) 둘째 성님은, 삼서 남방(南方) 또 싯째 성님은 오육 서방(西方), 닛쨋 성님은 칠팔 북방(北方),

또이 다섯째 성님은

중앙(中央) 황제 장군으로

뒈어 지어삽네다 이에 〔음영〕 오십 이에 가운딜, ᄎᆞ질허고 ᄋᆞ섯쨋 성님이랑 헤년마다, 이에 막은 연살방, ᄎᆞ지 허여 삽서 영 허고, 난 아바지 늑곡[309] 〔말〕 하늘ᄀᆞ뜬 아바지, 〔음영〕 이엣 눈 어둡고 일문전 동서벽 허여, 좌정허여 식게[310] 멩질[311] 떼에

상 받고

〔음영〕 이에 우리 아바지 어머니 칠형제 뒤, 요망 ᄉᆞ망스러운 노일저데귀일이 똘년 뒤에, 이엣 시군줄랑 올레 시걸명

잡식 받게 허고

〔음영〕 욕 칙간(廁間)에서 이에 여산 노일저데귀일이 똘,

죽언 허난

〔음영〕 이에 칙간 ᄎᆞ지 칙간에 것 조왕오민 동티, 조왕에 거 칙간 가도, 동티 나기 법

마련허엿수다

일문전 난산국 신풀엇십네다에-.

---

307) 세각시 : 시루 아래 그릇과 윗 그릇을 붙이는 반죽.

308) 궤여 : 끓어.

309) 늑곡 : 늙고.

310) 식게 : 제사.

311) 멩질 : 명절.

칠성본풀이

1. 개관

칠성본풀이는 강대원 심방이 아홉 번째로 구연하였다. 구연 일시는 2017년 11월 12일이며 구연 시간은 오전 11시 8분경에 시작하여 약 46분이 소요되었다. 심방은 평복 차림으로 앉은 채 장구를 치며, 간단한 신메움에 이어 본격적으로 본풀이를 구연하였다.

강대원 심방은 칠성본풀이를 구연하면서 특정 대목을 거듭 강조하고 여기에 자신의 견문을 덧보태는 방식을 취하였다. 자신과 다른 심방들의 문서가 다르며, 자신의 문서는 보다 풍부하고 정확하다는 점을 알리려 했던 것이다. 자의적인 해석이 덧붙은 대목이 더러 있지만, 칠성본풀이를 둘러싼 많은 의문들이 명쾌하게 해소될 수 없는 지금에서는 그마저도 소중할 따름이다. 강대원 심방이 구연한 칠성본풀이에는 칠성애기가 뱀으로 변하는 과정이 꽤 자세하게 묘사된다. 무쉐설캅 표착담도 이본들과 달라서 주의 깊게 살필 만하다.

서사 단락은 다음과 같다.

① 장설룡 송설룡 부부가 자식이 없어 근심한다.
② 권제를 받으러 온 대사중에게 자식을 얻을 방도를 물어 백일 동안 칠성불공을 드린다.
④ 절에서 하직하기 전날 태몽을 꾸고 칠성애기를 얻는다.
⑤ 칠성애기가 십오 세가 되던 해 장설룡과 송설룡이 벼슬을 살게 되자 방에 칠성애기를 가두고 종에게 살피도록 당부한다.
⑥ 칠성애기가 방에서 빠져나와 부모를 뒤쫓지만 모두 놓쳐 버리고 방황하다가

세 명의 중을 만난다.

⑦ 마지막으로 만난 중이 요령을 흔들어 칠성애기를 뱀으로 만든 뒤 오장삼에 가둔다.

⑧ 뒤늦게 종에게 기별을 받은 장설룡 송설룡이 돌아와 딸을 애타게 찾는다.

⑨ 장설룡은 꿈 덕에 칠성애기를 찾았으나 이미 반인반사의 몸이 된 채 임신한 상태이므로 무쉐설캅에 딸을 가두어 바다로 띄워버린다.

⑩ 무쉐설캅은 제주도에 다다라 대정 원님, 성읍 현감, 주목안 판관, 명월 만호의 위세를 피해 함덕 서무봉 무신개 아래로 표착한다.

⑪ 함덕 일곱 잠수가 무쉐설캅을 발견하고 서로 차지하려 벌이는 다툼을 송동지 하르방이 중재한 뒤 무쉐설캅을 열어 보니 여덟 마리의 뱀(칠성애기와 일곱 딸)이 있었다.

⑫ 일곱 잠수가 칠성애기와 딸들을 더럽다 욕보이고 병을 얻어 치료 방도를 문점한다.

⑬ 일곱 잠수가 칠성애기와 딸을 잘 위하여 점점 부자가 되자 신흥리 사람들도 함께 모신다.

⑭ 단골들을 빼앗긴 함덕 본향신 급수황하늘이 칠성애기와 딸을 쫓아낸다.

⑮ 칠성애기와 딸들이 좌정처를 찾아 조천, 삼양, 화북 등을 거쳐 제주 성안의 산짓물에 머무르다가 칠성통 송씨 집안 여인의 빨래 바구니로 들어간다.

⑯ 송씨 집안 여인이 빨래를 널다 칠성애기와 딸들을 발견하고 태운 조상으로 맞아들인다.

⑰ 송씨 집안이 나날이 부자가 되자 동네에 소문이 퍼진다.

⑱ 사람들의 해코지를 염려한 칠성애기가 딸들에게 각자 헤어져 좌정할 것을 권하여 칠성애기는 안칠성으로 일곱 딸은 각자 창밧할망, 동원할망, 옥지기, 과원지기, 마방지기, 궁기지기, 밧칠성으로 좌정한다.

강대원 심방이 구연한 칠성본풀이는 평소 여러 심방들의 문서에 관심을 가지고 꼼꼼히 굿드리를 짚어 가길 좋아하는 그의 성향이 돋보이는 자료이다.

강대원 심방은 칠성본풀이를 구연하면서 'ㅇ듭 ㅇ뚤'이란 어구를 여러 번 강조한다.[1] 칠성애기와 딸들의 수가 이본마다 일곱 또는 여덟으로 달리 설정되는 사정을 염두에 둔 구연이다.

강대원 심방이 비슷한 의도에서 구연한 대목들이 꽤 여럿 있다. 보통 칠성본풀이에서 칠성애기를 얻는 기자(祈子) 의례의 방식은 크게 둘(칠성불공, 칠성단에 기원드리기)로 나뉜다. 강대원 심방은 이 대목에서 제주시를 중심으로 서쪽에는 칠성불공의 삽화가, 제주시 동쪽이나 정의·대정 지역에서는 칠성단에 치성을 드리는 삽화가 나타난다고 덧붙인다. 칠성애기와 딸들을 '태운 조상'으로 모셨던 송씨 집안의 본거지가 칠성통과 남문통으로 엇갈려 전승되면서, 이 대목에서 심심치 않게 심방들이 설전을 벌였다는 사실도 짚었다. 그런가 하면 제주도에서 칠성제를 시작한 지역이 함덕과 신흥이라는 정보를 덧붙이기도 하였다. 두 지역의 해녀들이 무쉐설캅에 떠내려 온 칠성애기와 딸들을 처음으로 모신 것이 곧 칠성제의 시원이라는 것이다. 다만 칠성제의 성격을 북두칠성신앙과 엮어서 풀이한 대목만큼은 자의적인 삽입일 여지가 크다.

본풀이 서사에도 몇 가지 특이점이 있다. 우선 강대원 심방이 구연한 칠성본풀이에서는 칠성애기의 변신에 대사중이 흔드는 요령이 결정적인 역할을 한다. 실제 의례에서 활용되는 요령의 주술적 기능이 극대화·극화(劇化)된 연출이다. 제주굿에서 요령은 가로막혀 있거나 분리된 장소를 통합하는 기능을 발휘하는 무구이다. 〈군문열림〉이 한 예이다. 본풀이 상에서 극화된 사례도 없지 않다. 〈초공본풀이〉에서 주자선생(주접선생)이 굳게 닫힌 살장문을 요령으로 여는 장면 등을 이와 견줄 만하다.

칠성눌과 관련한 서사들도 흥미롭다. 칠성눌의 유래를 뱀으로 변한 칠성애기가 갇혔던 오장삼과 연관하여 풀어내는 사례는 여타 이본에서 찾기 어렵다. 칠성눌을 마련하는 재료가 '시루'인 것 역시 특별하다. 시루는 육지부에서 터줏가리·터줏단지 등을 마련할 때 쓰이는 재료인 데 반하여, 제주에서는 칠성눌을 마련할 때 주재료로 기와를 쓰기 마련이다.

칠성애기와 일곱 딸들의 입도 과정에서 갈등을 빚는 대상도 보편적인 내용과 다르다. 보통 칠성애기와 일곱 딸이 입도할 때는 각 지역 당신(堂神)들과 마찰을

---

1) '오둡 으뚤'은 '어미와 딸을 함께하여 여덟이 됨'을 의미하는 제줏말이다. '-으뚤' 대신 '-애새끼'라는 표현이 쓰이기도 한다.

빚는데, 강대원본에서는 원님, 현감, 판관, 만호 등의 관료들이 당신들을 대체한다. 무속 신격 간의 관장처 다툼과 그 갈등을 무속과 유교의 갈등, 무속에 대한 유교의 탄압으로 달리 설정하는 새로운 유형이여서 색다르다.

2. 내용

강대원 심방이 구연한 칠성본풀이의 서사 전개는 대부분의 이본들과 일치한다. 이는 크게 칠성애기의 탄생, 칠성애기의 변신과 추방, 칠성애기와 일곱 딸의 제주 입도, 좌정처 탐색과 각 신격의 좌정으로 나눌 수 있다. 줄거리는 다음과 같다.

장설룡 대감과 송설룡 부인이 나이 사십이 되도록 자식이 없어 근심한다. 마침 권제를 받으러 온 대사중이 부부의 사주팔자를 보고 금법당 칠성단에 불공을 올리면 자식을 얻을 수 있다고 말한다. 부부는 정성껏 백일 불공을 드린다. 그 덕에 딸인 칠성애기를 얻는다.

칠성애기가 십오 세가 될 즈음 장설룡 대감과 송설룡 부인은 각각 벼슬살이를 떠난다. 부부는 칠성애기를 방에 가두고 늦인덕에게 먹을 것 입을 것을 넣도록 명하고 떠난다. 칠성아기는 문틈으로 빠져나와 부모를 쫓지만 길을 잃고 지나가는 중에게 자신을 데려가 달라 부탁한다. 중은 칠성애기의 고운 자태에 반하여 동침할 요량으로 뱀으로 둔갑시킨 뒤 오장삼에 넣어 가둬 버린다.

한편 늦인덕은 장설룡 대감과 송설룡 부인에게 칠성애기가 없어진 사실을 말한다. 부부는 급히 소임을 마무리하고 돌아오지만, 딸을 찾을 길이 없어 탄식한다. 장설룡 대감의 꿈에 칠성애기가 나타나 자신을 찾을 방도를 일러준다. 그러나 장설룡 부부가 칠성애기를 찾았을 때는 이미 반인반사(伴人半巳)의 몸으로 변한 뒤였다. 장설룡 대감은 칠성애기를 무쇠상자에 담아 바다로 띄워버린다.

표류하던 무쉐설캅은 제주도에 닿는다. 해안가 여러 마을을 떠돌지만 각 마을의 원님, 현감, 판관, 만호들의 세력이 강하여 정착하지 못하다가 겨우 함덕리 서우봉 해변에 표착한다. 함덕 일곱 잠수가 물질을 하러 나섰다가 상자를 발견하고 안에 들어 있는 물건을 갖겠다며 싸움을 벌인다. 송동지 영감이 싸움을 중재하고 상자를 열지만, 그 속에는 뱀으로 변한 칠성애기와 딸 일곱이 있었다.

잠수들은 뱀들을 박대한 뒤 물질을 하러 간다. 그러나 보통 때와는 다르게 소득이 없고 뒷날에는 모두 큰병까지 얻는다. 문점을 하니 조상을 함부로 대하여 생긴 병이므로 조상을 잘 위하라는 점괘를 얻는다. 일곱 잠수는 정성을 다하여 칠성애기와 딸들을 섬기고 곧 부자가 된다. 소문을 전해 들은 신흥마을 잠수들도 칠성애기와 딸들을 섬기게 된다. 칠성애기와 딸들을 섬기는 사람들이 많아지자, 함덕 본향신 급수황하늘을 찾는 자손들이 줄어든다. 결국 급수황하늘은 칠성애기와 딸들을 쫓아낸다.

쫓겨난 칠성애기와 딸들은 제주 시내를 구경다니며 머물 곳을 찾으려 한다. 칠성애기와 딸들은 조천, 삼양, 화북 등을 거쳐 제주 성안의 산짓물에 머무르다가 칠성통 송씨 집안 부인의 빨래 바구니로 들어간다. 부인은 집으로 돌아와 빨래를 널다 칠성애기와 딸들을 발견하자, 자신의 치마를 펼쳐 이들을 조상으로 받아들이고 집 뒤 대나무밭에 모셔 위한다.

하루가 다르게 송씨 집안이 부자가 되자 동네에 소문이 퍼진다. 칠성애기는 송씨 집안에 계속 머무르면 자신과 딸들이 사람들에게 험한 일을 당할까 걱정하여, 각자 갈라질 것을 권한다. 칠성애기는 안칠성으로 들어서고 일곱 딸은 창밧할망, 동원할망, 옥지기, 과원지기, 마방지기, 궁기지기, 밧칠성으로 좌정한다.

3. 구연 자료

칠성본풀이〉들어가는 말미

〔심방이 장구를 몇 차례 치다 멈추어 창한다.〕

〔음영〕 안느로[2] 안칠성~[3] 〔헛기침을 한다.〕 제석칠성(帝釋七星) 부군칠성(府君七星) 한집님~ 난산국을[4] 신풀저 본산국을 신풀어 올리저 헙네다~ 시주낙형 과광선(果廣宣)[5] 신풀이로 제네려 지돌아 〔장구를 치기 시작한다.〕

---

2) 안느로 : 안으로.

3) 안칠성 : 고팡(庫房)에 모시는 뱀신.

4) 난산국 : 본향(本鄕)과 내력. = 본산국, 본초.

5) 과광선(果廣宣) : 공과(功果)를 세상에 널리 알린다는 의미임.

하강협서예-.

칠성본풀이〉본풀이

〔음영〕 어멍국은 안칠성

제석칠성 부군칠성 뒈여지고 난산국 ᄂᆞ립서 큰ᄄᆞᆯ아긴 창밧할망

〔음영〕 둘쳇 ᄄᆞᆯ은 동헌(東軒)할망[6] 시쳇 ᄄᆞᆯ은

옥(獄)지기[7] 니쳇 ᄄᆞᆯ은~

과원(果園)지기[8] 다섯쳇 ᄄᆞᆯ 마방(馬房)지기[9] ᄋᆞ섯쳇 ᄄᆞᆯ은 궁기지기[10]

〔음영〕 일곱쳇 ᄄᆞᆯ은

뒷칠성[11] 청주제,[12] 벡주제[13] 흑주제[14]

연그늘 알로 좌정허여

삽데다 강나목골 미옹선 질친밧 한가름 소피엣 ᄀᆞ을

고장남밧[15] 살아 옵던 장설룡엣 데감님 송설룡에 부인님

〔음영〕 난산국

시주낙형 과광선 신풀이로 제ᄂᆞ립서.

엿날 엿적에

〔음영〕 강나목골 미옹산

질친밧 한가름 소핏 ᄀᆞ을

〔음영〕 고장남밧디 장설룡 데감과 송설룡 부인 천상베필(天上配匹)

인연 무어[16]

---

6) 동헌(東軒)할망 : 관청(官廳)을 수호하는 신.

7) 옥(獄)지기 : 송사(訟事) 등 옥사(獄事)를 관장하는 신.

8) 과원(果園)지기 : 과원(果園)을 관장하는 신.

9) 마방(馬房)지기 : 마굿간을 차지한 신.

10) 궁기지기 : 구멍마다 서려 있는 뱀을 신격화하여 부르는 말임.

11) 뒷칠성 : 집 뒷결 주저리에 모셔지는 뱀신. 밧칠성.

12) 청주제 : 청주저리. 흔히 청주젱이라 함. 주젱이는 띠나 짚으로 둥글게 엮어 가리 꼭지 따위에 덧덮는 물건을 뜻함. '청'은 접두사.

13) 벡주제 : 백주저리.

14) 흑주제 : 흑주저리.

15) 강나목골 ~ 고장남밧 : 모두 지명.

〔음영〕 종하님 거느리고 논전답 강전답[17]

좋아지고 부가 허고 지가 허게[18] 잘살아도

〔음영〕 삼십 써른 넘어 ᄉ십 굽[19] 뒈도록 ᄌ식생불(子息生佛)

없이

〔음영〕 살아가며 호이[20] 탄복(坦腹)헙데다.

ᄒᆞ를날은

〔음영〕 동게남(東觀音)으 상중절[21] 서게남(西觀音)으 금법당(金法堂)

부처 직헌[22] 데서(大師)님이

〔음영〕 권제(勸齊) 받으레 도너리고[23] 장설룡 데감님 먼

올레에

〔음영〕 들어사며 나사며

"소승(小僧)은 절이[24] 뵙니덴." 일러 사난

〔음영〕 송서야[25] 장설룡

데감님이

〔음영〕 수벨캄(首別監)[26] 수장남(首長男)[27]

불러

〔음영〕 "우리 먼 올레 어느 절 데서가 온 듯 허난 진 안으로 청허라." 수벨캄 수장남은 장설룡 데감

말 들어근

---

16) 무어 : 맺어.

17) 강전답 : 마른 논. 주로 물 없이 벼농사를 짓는 논을 말함. 강답에 견인된 말임.

18) 지가 허게 : 앞의 '부가 하고'와 운을 맞춘 표현임.

19) 굽 : 가까이. 다.

20) 호이 : 한숨 쉬는 소리를 흉내낸 의성어임.

21) 상중절 : 상좌(上佐)절에서 나온 말.

22) 직헌 : 지키는.

23) 도너리고 : 내리고.

24) 절이 : 절하면서.

25) 송설룡을 잘못 발음함. 장설룡을 말하려 했으나 착오로 언급한 듯함.

26) 수벨캄 : 머슴의 우두머리.

27) 수장남 : 머슴의 우두머리.

〔음영〕 올레 나고 보난 이하 어느 절 데서가 오랏이난 "어서 듭서. 우리 데감님이 청허렌 헴수다." 염불 치며 데서님은 안으로 들어가 데천(大廳) 한간[28] 앞 여릿돌[29] 알로

굽어 셍천허며[30]

〔음영〕 "소승은 절이 벱니덴."

이엣 일러사니

〔음영〕 이하 송설룡 부인 권제 앗아 나오라

권제 네여 준다.

〔음영〕 장설룡 데감님은 이엣 금법당

데서님보고

〔음영〕 "어느 절 데서며 어느 절 속하니 뎁네까?" "나는 금법당 푸처 직헌 데섭니다."

〔음영〕 "오헹팔괄(五行八卦) 집뜰[31] 줄 압네까?" "압네다." "단수육갑(單數六甲) 집뜰 줄

압네까?" "아오리다."

〔음영〕 "ᄉ주역을[32] 볼 줄 압네까?" "ᄉ주역도 볼 줄 압네다." "경 허민 우리 부부간

ᄉ주팔자(四柱八字) 판단(判斷)을 허여 줍센." 허난

〔음영〕 데서님은 오헹팔괄 단수육갑 집떠 주고 집떠 놓고 ᄉ주역을 네놓아

초장(初章) 걷어 초년(初年) 판단

〔음영〕 둘쳇 장 걷어 중년(中年) 판단 제삼편[33]

걷어

〔음영〕 말년(末年) 판단을 허는디 어떵 허난 데서님 허는 말이 "데감님아, 부가

---

28) 한간 : 상방.

29) 여릿돌 : 댓돌. 섬돌.

30) 셍천허며 : 미상.

31) 집뜰 : 짚을.

32) ᄉ주역 : 화주역(畵周易)의 잘못. 사주와 궁합을 풀이하여 그림으로 나타낸 책.

33) 제삼편 : 세 번째. 여기서는 '셋째 장'을 의미함.

허고 지가 허게 종하님 거느리고 논전답 강전답 좋아
잘 살암수다만은." 허돼
〔음영〕 "갈림[34] 후에 ᄌ식생불 없어 초년 호이 탄복 허는 듯
헙네다."
〔음영〕 말허난 장설룡 데감은 "어찌 허여 ᄌ식생불을
잇겟십네까?"
말을 허는디 이엣 데서가 하는 말이 "금법당 춫아 강 칠성단(七星壇)에 불공(佛供)을 석 둘 열흘 벡일
올리면
〔음영〕 ᄌ식생불 잇일 듯 헙니다." 〈영 허여 그 다음에 제주시 서쪽으로는 이에 본을 풀어가고 동쪽으로나 남군드레[35] 강 보민 사는 집 뒤에 청결터 좋은 디 ᄏ쿨히[36] 소지허영[37]
칠성단을 무어[38]
〔음영〕 칠성에 등수(等訴) 들민 또 ᄌ식 잇이켕[39] 허영 이엣 요 대목은
두 갈래로 나갑네다.〉
〔음영〕 영 헌디 이젠 그 말 ᄀ잘아 두고[40] 데서는 이엣 올레 밧겻[41] 나가멍 철쭉데로 절간 법당ᄁ지 선그믓[42] 끗어[43]
가곡
〔음영〕 장설룡 데감은 수벨캄 수장남 늦인덕 믄 불러 "대벡미(大白米) 소벡미(小白米) 짝살[44] 없이 믄짝[45] 벡근 체우라. 물멩지[46] 강멩지[47] 고리비단 능나비[48] 돈

34) 갈림 : 혼인.
35) 남군드레 : 남제주군 쪽에.
36) ᄏ쿨히 : 깨끗하게.
37) 소지허영 : 청소하여.
38) 무어 : 마련하여.
39) 잇이켕 : 있겠다고.
40) ᄀ잘아 두고 : 말하여 두고.
41) 밧겻 : 밖으로.
42) 선그믓 : 선. 금.
43) 끗어 : 그어.
44) 짝살 : 모양(알맹이) 등이 온전치 못한 쌀을 뜻함.

천 금 은 만 량

출려 놓으라."

〔음영〕 영 허여근 마바리에[49] 시꺼

이엣

〔음영〕 금법당 부처님을 홋아가 칠성단을 어간(於間)허고 장설룡 데감 송설룡 부인

이엣 딴[50] 방 출려

불공 올려 갑데다.

〔음영〕 석 둘 열흘 이엣 벡일 불공이난 훈 둘 두 둘

넘어

〔음영〕 이엣 벡일 굽 놓는디 좋다 궂단 말

읏이난

이엣~

〔음영〕 송설룡 부인은 장설룡 데감님앞이 간 "옵서 우리 법당 하직(下直) 헹 가게 이제꼬장 이거 벡일 굽이 다 뒈도록 수룩(水陸)을 드려도 좋다 궂단 말이

엇어지난."

"어서 걸랑 기영 헙서." 영 허여

〔음영〕 그날 밤 줌자는디 청감주(淸甘酒) 호박 안주(按酒) 먹어 뷔고 뒷날

불공 가 불공 끗나난

〔음영〕 소, 장, 〔헛기침을 한다.〕 송설룡 부인이 데서님보고 "우리 법당 하직 시겨 줍서." "기영 헙서. 오늘랑 어서 집 홋안 너려갑서. 헌디 지난 밤 아무 선몽(現夢) 엇입데가?"

---

45) 문짝 : 모두.

46) 물멩지 : 물명주. 수화주(水禾紬).

47) 강멩지 : 마른명주. 여기서 '강'은 앞에 나온 '물명주'의 '물'에 대응되어 견인된 말임.

48) 능나비 : 능라도비[菱羅塗壁].

49) 마바리 : 말 따위에 실을 수 있는 짐. 본래 바리는 마소에 실을 수 있는, 곧 마소 한 마리가 등에 실어 나를 만한 무게의 분량을 의미함.

50) 딴 : 다른.

"무사 엇입네까?

〔음영〕 청감주에 호박 안줄 먹어 봅데다." "경 허민 집이 강 좋은 날짜 텍일(擇日) 받앙 베필 무으민 ᄌᆞ식생불

잇일 듯 헙네다."

〔음영〕 그 말 들어 집으로 장설룡 데감 송설룡 부인은 네려오고 좋은 날쩌 텍일 받아

베필 무어

ᄒᆞᆫ 둘 두 둘

석 둘 벡일 넘으난

송설룡 부인 포테(胞胎) ᄀᆞ젓어[51] 아호 열 둘 춘삭(準朔)

차

〔음영〕 이 아이, 애길 낳는디 ᄄᆞᆯᄌᆞ식 나

이 아기 상다락 중다락

하다락을 무어

〔음영〕 키워 가는디 열뎃[52] 넘어

사가난

〔음영〕 장설룡에 데감은 "장송상 베실 살레 오라." 송설룡

부인은

〔음영〕 "송승상 베실 살레 오렌." 허여 서란장이[53]

ᄂᆞ리난

〔음영〕 "아이고 이 아기 어떵 헤뒨 가코." 장설룡 데감님 생각엔 '나가 ᄃᆞᆯ앙[54] 가젠 허난 어멍이 섭섭헐 듯 어멍이 ᄃᆞᆯ앙 가민 내가 섭섭헐 듯.'

영 허난

〔음영〕 사는 집 문 ᄀᆞ젓인[55]

---

51) ᄀᆞ젓어 : 갖어.

52) 열뎃 : 열댓살. 십오 세.

53) 서란장 : 서신(書信).

54) ᄃᆞᆯ앙 : 데려서.

55) ᄀᆞ젓인 : 온전하게 갖춘.

방 안

〔음영〕 이엣 칠성아기

들이쳐[56] 놓고

〔음영〕 이엣 문을

중가근[57]

〔음영〕 늦인덕이 불러 〔말〕 "요 궁기로 밥 주곡 옷 주곡 물 주곡 키왐 시민[58] 우리 베실 다 살앙 오민 종이 문서[59] 삭시기곡[60]

양반잇

〔음영〕 도레(道理) 시켜 주마." "어서 걸랑

기영 헙서."

〔음영〕 영 허여 문 줏인 방 안에 칠성아기 가둡고, 이엣 문을 더꺼[61] 거부통쉐로[62] 중가 늦인덕 정하님앞이 "키와도라 공서(公事) 살앙 올

동안."

〔음영〕 영 허여 멜겨 두고 이젠 아바지 어머닌 베실 살레 가젠 헌디 칠성아긴 "아이고 어멍 아방 베실 살레 가는 걸 보아사 할 건디 어들로 나가코?" 벵벵 돌아뎅이단 보난 문 더께 중그노렌 헤도 ᄒᆞ끔[63] 트멍[64] 나난 글로[65] 술짝허게[66]

나오란

〔음영〕 먼 올레 간 숲속에 곱앗구나.[67]

곱앗인디

---

56) 들이쳐 : 안쪽으로 막 집어넣는 행동을 뜻함.

57) 중가근 : 잠가서.

58) 키왐 시민 : 키우고 있으면.

59) 종이 문서 : 종[奴]문서.

60) 삭시기곡 : '없애 주고' 정도를 의미함.

61) 더꺼 : 닫아.

62) 거부통쉐 : 큰 빗장으로 채우는 자물쇠.

63) ᄒᆞ끔 : 조금.

64) 트멍 : 틈.

65) 글로 : 거기로. 그곳으로.

66) 술짝하게 : 살짝이.

67) 곱앗구나 : 숨었구나.

〔음영〕 아바지 탄 가메 나갑데다 어머니 탄 가메 나갑데다

뒤쫓아 가는 게

〔음영〕 삼도전 시커리가[68]

당허고

〔음영〕 아이고 아바지 탄 가멘 동드레 어머니 탄 가멘 서르레 가난 아이고 이거 아방 탄 가메 쫓아 가젠 허민 칠성애긴 어멍 탄 가메 일러불[69] 듯 어멍 탄 가메 쫓아 가젱 허민 아바지 탄 가메

일러불 듯 영 허여근

〔음영〕 그디서 앙작치멍[70] 울단 보난 아버지 탄 가메 어멍 탄 가메 문짝[71] 일러불고[72] 날은 ᄌᆞ물아[73] 가고 춘이슬은

ᄂᆞ려 간다.

〔음영〕 '어떵 헤영 이 춘이슬을 피허린.' 헌게 욮드레 보난 욮 밧디 청세왓이[74] 싯고 그디 청세왓디 들어간 보난 어욱페기[75] 잇이난

어욱페기 으질(依支)허여근

〔음영〕 잇노렌 허난 동으로 삼베중이[76] 오는디 "앞에 가는 데서님아 날 돌앙 갑서." 눈도 아니 거듭 떠 베리고 두 번째 오는 데서님 "날 돌앙 갑서." 눈도 아니 거듭 뜨고 세 번째 오는 데서보고 "날 돌안 갑센." 허난 욮눈으로 영 헨 보난 곱들락[77] 허고, 열뎃 넘어 '그만허민 몸짐이라도[78] 이엣 돌앙 누울만 허여 들일 만헌 거로구넨.' 헤연 그뗸 아강베포[79] 부려 요랑[80] 네본 왕글왕글 왕글왕글 홍그난 아이고 이

---

68) 시커리 : 세거리.

69) 일러불 : 잃어버릴.

70) 앙작치멍 : 어린애가 엄살하며 울어대면서.

71) 문짝 : 모두.

72) 일러불고 : 잃어버리고.

73) ᄌᆞ물아 : 저물어.

74) 청세왓 : 띠밭. '청'은 접두사.

75) 어욱페기 : 억새.

76) 삼베중 : 세 사람의 중.

77) 곱들락 : 매끈하고 고운.

78) 몸짐 : 본디 체온(體溫)을 뜻함. 여기서는 동침(同寢)의 대상을 의미함.

79) 아강베포 : 중이 재미(齋米)를 얻으러 다닐 때 멜빵으로 등에 지는 보자기 비슷한 것을 말함.

칠성애긴 그만 열두 신뻬가[81] 요랑

소리에

〔음영〕 몰랑거려지고[82] 데서님은 청세왓디 놀려[83]

들어근

〔음영〕 청세 비여 오장삼[84]

멘들아

〔음영〕 칠성아기 들여놓고 툰툰허게 청세 또 비연 노 꼬안

이엣

〔음영〕 무꺼 간다 그것이 칠성눌이엥[85] 허영 주젱이[86] 논 디 강 보민 우인[87] 줄 헤영 벵벵 사려지기 법

마련도 뒈엿십네다.

〔음영〕 영 허여 이엣 삼베중이 권제 받으레 뎅기는디 집이서 늦인덕은 '아이고 밥을 줘도 아이 받고 국을 줘도 안 받곡 물 줘도 안 받곡 오줌 ᄆ렵다[88] 똥 ᄆ렵다 단지 들이렌 말도 없고 아이고 이젠

어떵 허리.'

〔음영〕 고망[89] 터진 딜로 야게[90] 들이쳔 늦인덕 정하님은 방 안에 보난 아이고 개칠몽둥이 하나 엇엇구나[91] 칠성애기 간 데 온 데

---

80) 요랑 : 요령.

81) 신뻬 : 몸의 뼈. 여기서는 몸을 뜻함.

82) 몰랑거려지고 : 말랑거리게 되고.

83) 놀려 : 날아.

84) 오장삼 : 띠나 짚을 재료로 하여 가방 모양을 만들고 그 속에 고기 따위를 담아 가지고 다니게 만든 물건.

85) 칠성눌 : 칠성을 모시는 주저리.

86) 주젱이 : 띠나 짚으로 둥글게 엮어 가리 꼭지 따위에 덧덮는 물건.

87) 우인 : 위엔.

88) ᄆ렵다 : 마렵다.

89) 고망 : 구멍.

90) 야게 : 목의 양옆과 뒤쪽.

91) 개칠몽둥이 : 개를 때릴 때 사용하는 몽둥이. '개칠몽둥이 하나 엇엇구나'의 의미는 방안이 아주 하찮은 물건도 찾아볼 수 없이 텅 비어 있다는 뜻임.

웃어지엇수다예-.

〔음영〕 읏어지언 허고 아이고 이젠 올레 벳겟 나오란 울성에[92] 촟단도 못 촟고 또 올레 벳겟 나오란 동넷 사름덜ᄀ라[93] "아이고 우리 칠성애기나 봐졋녠."[94]

허난~

〔음영〕 봐져렌[95] 헌 사름 엇고 "큰일 낫저 어떵 허민 좋고." 늦인덕 정하님은 또 장설룡 데감 송설룡

부인앞이

〔음영〕 편지(便紙) 서신(書信)을 띠와

가녑데다.[96]

〔음영〕 편지 서신 띠우기를 '아이고 데감님아 부인님아 상전임네 가분 지 후제[97] 칠성애긴 물 주어 아니 받고 물 도렌[98] 말도 읏고[99] 또 밥 줘도 국 줘도 아니 받고 똥 오줌 ᄆ렵뎅 헤 단지 도렌 말도 엇수다 큰일 낫수다 동네 소문을 듣뒈 봐져렌 헌 사름은

읏어지고

〔음영〕 삼 년 살 공서 일 년에 일 년 살 공서 석 둘에 석 둘 살 공서 단 사흘에 ᄆᆞ깡 옵서.'[100]

〔음영〕 영 허여 편질 띠우난 그걸 받안 보앗고 장설룡 데감 송설룡 부인은 삼 년 살 공서 일 년에 일 년 살 공서 석 둘에 석 둘 살 공서 단 사흘에

ᄆᆞ깐 오란 이엣

〔음영〕 열쉐 올아, 문 올안 보난 아무것도

읏어지엇구나.

92) 울성 : 울타리.
93) 사름덜ᄀ라 : 사람들에게.
94) 봐 졋녠 : 보았냐고.
95) 봐 져렌 : 보았다는.
96) 가녑데다 : '갔습니다.' 정도의 뜻임.
97) 후제 : 이후에.
98) 물 도렌 : 물을 달라고.
99) 읏고 : 없고.
100) ᄆᆞ깡 옵서 : 마치고 오십시오.

나간 글도 읏어지엇구나.

〔음영〕 아이고 동네방네 소문 기별 놓아간다 봐져렌 헌 사름은 ᄒᆞ나토 엇고 장설룡 데감은, 탄복허단 데천 한간 지방[101] 버여[102] 누언 좀이 얼풋[103] 든디 꿈에 선몽[104] 낭게일몽(南柯一夢) 허길 "닐모릿 날 어느 시간이 뒈민야, 우리 집이 삼베중이 이엣 권제 받으레 올 께우다 권제 받으레

오라근

이리 허거들란

〔음영〕 처얌[105] 오는 중도 권제 주엉 보네곡 두 번째 오는 중도 권제 주엉 보네곡 삼시 번째 오는 중이랑 권제 주엉 문점(問占)을 헴 시민[106] 알 도레(道理)가 잇수덴." 선몽을 시겨 얼른 께난 보난 장설룡 데감

꿈에 선몽 허엿구나.

〔음영〕 "아이고 어는제민[107] 닐모리 삼베중이 오린." 헌 게 시간을 동동

기다린다.

〔음영〕 아닐 케 아이라 꿈에 선몽 똘애기 시긴 냥[108] 오라 갑데다 앞이 오는 데서 오라 권제 주어 그대로 보네고 두 번째 오는 데서도, 들어오난 권제 주언 보네고 삼세번째 오는 데서는 문점을 허렌 허난 기달리는디 시 번째 오는 데서는, '아이고 들어강 요것 이녁[109] 집이 왓젠 헤영 오믈락거령[110] 던티나[111] 나민 어떵 허콘.' 헤연 먼 올레서 아강베포 부려 그 끌레기[112] 큰 팡돌[113] 알러레 쏙 놓아뒨 아강베포 지어

---

101) 지방 : 문지방.
102) 버여 : 베어.
103) 얼풋 : 잠깐.
104) 선몽 : 현몽(現夢).
105) 처얌 : 처음.
106) 헴 시민 : 하고 있으면.
107) 어는제민 : 언제면.
108) 시긴 냥 : 시킨 대로.
109) 이녁 : '하오'할 상대를 마주 대하고 이야기할 때, 상대를 조금 낮추어서 부르는 말임.
110) 오믈락거령 : 꼼지락거려서.
111) 던티나 : 동티나.
112) 끌레기 : 띠, 짚 등을 한 줌 정도 해서 그 양쪽 끝을 묶고 그 속에 물건을 싸 넣는 꾸러미.
113) 팡돌 : 말을 타고 내리거나 짐을 지고 부리거나 할 적에 대(臺)가 되게끔 놓인 넓적한 큰 돌 따위.

권제 받으레 들어갑데다 권제 받으레 들어간 "권제를 네 줍센." 허난

권제 네여 주고

〔음영〕 장설룡에 데감님이 허는 말이 "데서님아 문점이나 ᄒᆞᆫ꼼 헤줘 뒹 갑서." "무신 문점이꽈?" "금법당 가 수룩 칠성단에 드려 낳은 아기 칠성애긴디, 이 애기 우리 과거 보레 갈는 시간에사 나갓인디 글지후제사[114] 집 밧게 나갓인디, 죽엇이냐 살앗이냐 ᄒᆞᆫ번 문점이나 헤줍센." 허난 "어서 걸랑 기영 헙서." 데서가 허는 말이, 오헹팔괄 달수육갑을 집떠 두고 〔말〕 "이 애기 죽진 아년[115] 살안 잇수다 살안 잇인디야." "응." "웨민[116] 들을 만 부르민 데답(對答)헐만 헌 디 잇수다." 〔음영〕 그때에 장설룡 데감이 허는 말이 수벨캄 수장남 문짝 불러 "저 중 이 중 잡아 총베에[117] 물 적경 ᄉᆞ문절박[118] 허렌." 일러

가는디

〔음영〕 데서님은 이엣 ᄌᆞ지어남[119] 보은 안개[120] 잔뜩 끼어두고 도망을 가 불고 ᄌᆞ지 어남 걷언 보난 데서는 간 데 온 데

엇어지곡

〔음영〕 먼 올레 밧겻딜로[121] 애기 우념[122] 소리가

나갑데다예-.

〔음영〕 "필연곡절(必有曲折) 이상허다." 먼 올레에 나간 보난 애기 우념 소리고 이엣 장설룡 데감 수벨캄 수장남 문짝 동넷 사름들 모다들런[123] 그 돌을 잣현[124]

보난

---

114) 글지후제 : 뒷날의 어느 때. = 그르후제, 그지후제.

115) 아년 : 않고.

116) 웨민 : 소리치면.

117) 총베 : 말총으로 꼰 밧줄.

118) ᄉᆞ문절박 : 사문결박(私門結縛). 권세 있는 집에서 백성을 잡아다가 사사로이 결박하는 일을 뜻함. 여기서는 죄없는 사람을 잡아다가 괴롭히는 일을 의미함.

119) ᄌᆞ지 어남 : 짙은 안개.

120) 보은 안개 : 옅은 안개.

121) 밧겻딜로 : 바깥으로.

122) 우념 : 울음.

123) 모다들런 : 모여서. 모여들어서.

124) 잣현 : 젖혀.

〔음영〕 아이고 그디 오장삼이 잇언 "이건 무신 건고?" 헤연에 끌레길 문짝 튼언[125]
헤싼[126]

보난

〔음영〕 머리는 사름이 머리요 사신인수(巳身人首) 뒈엿입데다 베는 두룽베가[127]
뒈엿고나.

〔음영〕 영 허여 이걸 죽이젠 허단도 장설룡 데감은 이논(議論) 공논(公論) 〔말〕
누게앞이 간 헌 철인[128] 모르쿠다 이에 이논 공논을 헷젠 말은 들엇수다.

영 허여

〔음영〕 이논 공논 허고 동이 와당 쒜철이 아덜 불러 벡몰레에 쐣물

허여

〔음영〕 무쉐설캅 차[129] 먹을 거 입을 거 이엣 담아

놓고

강나목골 미옹산 질친밧

〔음영〕 한가름 소핏ᄀᆞ을 고장남밧서 이엣~ 솟아난

엣

칠성애기 부군 ᄉᆞ신요왕[130] 띠우난

〔음영〕 든물엔[131] 서이 와당 쌀물엔[132]

동이 와당

〔음영〕 물 우이 연삼년 물 알에 연삼년 아홉 삼 년 홍당[133] 망당[134] 이엣 뜨고
ᄂᆞ려 오는 것이 육지렌 아니 가고 우리 제주 절도(絶島)레 흘러 ᄂᆞ리는 게 함경면(翰

---

125) 튼언 : 뜯어.
126) 헤싼 : 헤쳐. 여기서는 '속에 있는 물건이 겉으로 드러나게 흐트러뜨리다.' 정도를 의미함.
127) 두룽베 : 임신하여 불룩하게 부른 배.
128) 한 철인 : 한 줄은.
129) 차 : 째.
130) ᄉᆞ신요왕 : 사신용왕(四神龍王). 여기서는 '바다'를 뜻함.
131) 든물엔 : 들물엔.
132) 쌀물엔 : 썰물엔.
133) 홍당 : 물에 오래 담겨져 있는 모양을 뜻함.
134) 망당 : 홍당에 견인된 말임.

京面)[135]

고산리(高山里)[136]

차귀(遮歸)[137] 당산봉(堂山峰)[138] 알로

〔음영〕 들어올 적에 글로 들젠 허난 대정(大靜)[139] 원임이[140]

씨여지고

못네 든다

〔음영〕 이엣 들물에 동드레 흘러가는 것이 이엣 안덕(安德)[141] 중문(中文)[142] 서귀(西歸)[143]

넘어근

남원(南元)[144] 넘어

표선(表善)으로[145] 들젠 허난

또 이전

〔음영〕 이엣 성읍리(城邑里)[146] 현감(縣監) 씨여

못 네든다

글로 허여 흘러 흘러 동드, 동 알러레 ᄂᆞ리는 것이

〔음영〕 주목안드레[147] ᄂᆞ려사고 제주시 산지포구(山地浦口)로[148]

들젠 허난

---

135) 함경면(翰京面) : 제주시 한경면.

136) 고산리(高山里) : 제주시 한경면에 있는 마을 가운데 하나.

137) 차귀(遮歸) : 차귀도(遮歸島). 제주시 한경면 고산리에 딸린 무인도.

138) 당산봉(堂山峰) : 제주시 한경면 고산리와 용수리 사이에 있는 오름.

139) 대정(大靜) : 서귀포시 서부에 있는 읍. 옛 대정면.

140) 원임 : 원님이.

141) 안덕(安德) : 서귀포시 안덕면(安德面).

142) 중문(中文) : 서귀포시 중문동(中文洞).

143) 서귀(西歸) : 서귀포시 서귀동(西歸洞) 일대 서귀읍(西歸邑)을 뜻함.

144) 남원(南元) : 서귀포시 남원읍(南元邑).

145) 표선(表善) : 서귀포시 표선면(表善面).

146) 성읍리(城邑里) : 서귀포시 표선면에 있는 마을 가운데 하나.

147) 주목안 : 과거 제주목 관아 일대.

148) 산지포구(山地浦口) : 제주시 산지천(山地川)에 있는 포구.

주목안

〔음영〕 판관(判官)이 씨여지여 들물에 또 서르레 흘러가는 게 한림(翰林)[149] 멩월(明月)[150]

이엿~

〔말〕 이엣 원임, 현감, 판관, 만호(萬戶) 〔음영〕 씨여지여 이엣 못네 들어 글로 쌀물에 흘러 ᄂᆞ리는

것이

〔음영〕 어딜로 오는곤 허난 조천면(朝天面)[151] 함덕(咸德)[152] 서무봉[153] 알에

오랏수다

〔음영〕 서무봉 알 무신개[154] 안핀[155] 그디가 휫 허게 이엣 둘러싸여진 디고[156] ᄇᆞ름 불엉 절을[157] 지치믄[158] 나가도 들어오도 못헐

궁기 안네 오꼿[159] 들언

〔음영〕 후네기[160] 절고개[161] 무숭개[162] 우이 빌레[163] 우터레[164] 갓단

지쳐 부난

또 이전에

〔말〕 ᄂᆞ려오도 못허고 올라가도 못허고 이젠 그디 잇노렌 허난 함덕 일곱 가위(家

149) 한림(翰林) : 제주시 한림읍(翰林邑) 한림리(翰林里).
150) 멩월(明月) : 제주시 한림읍(翰林邑) 명월리(明月里).
151) 조천면(朝天面) : 제주시 조천읍(朝天邑).
152) 함덕(咸德) : 제주시 조천읍에 있는 마을 가운데 하나. 함덕리(咸德里).
153) 서무봉 : 서우봉. 조천읍 함덕리에 있는 오름. 함덕리와 북촌리의 경계.
154) 무신개 : 무숭개. 함덕리에 있는 개의 이름.
155) 안핀 : '앞에' 정도의 의미를 뜻함. '앞인'의 잘못된 발음으로 보임.
156) 디고 : 곳이고.
157) 절 : 파도.
158) 지치믄 : 끼얹으면.
159) 오꼿 : 그만.
160) 후네기 : 홍애기 소리.
161) 절고개 : 물결 고개. 고개를 이루는 바다의 큰 물결.
162) 무숭개 : 앞의 '무신개'를 달리 발음한 것임. 함덕리에 있는 개(浦)의 이름.
163) 빌레 : 지면 또는 땅에 넓적하고 평평한 암반지대.
164) 우터레 : 위에.

戶) 신홍 으셧 가위 신홍 함덕 열시 가우[165] 마련헤여 사름이

살 뗀디

〔말〕 함덕 일곱

좀수가

〔음영〕 물질 허레 무숭개

알로 간

보난

〔음영〕 난데읏은 무쉐설캅 올랏입데다

영 허여

〔음영〕 일곱 좀수가 "느 봉갓저." "나 봉갓저." 영 허연 싸움헐 떼, 대흘(大屹)[166] 송칩이 송동지 하르방은 고셍이[167] 촘데에[168] 멩텡인가[169] 바구닌가 둘러메여 앚언 아침 물떼에[170] 가근에 고셍이나 나까당[171] 정심 반찬

허젠

〔음영〕 간 보난 일곱 좀수가 싸왐시난 〔말〕 "야야들아, 느네덜 흔 동네 살곡 흔 물에 들곡이 무사 싸왐딘."[172] 허난 "아니 나 이 설캅을 봉갓인디 저것이 봉갓ㄱ렌 헴수다." "아니우다 나가 봉갓인디양, 저 년이 봉갓젠마씸." 영 허멍 일곱 좀수가 쌉단 싸우는디, 송동지 하르방 허는 말이 "야야들아, 느네이 경 말앙 거죽이랑 날 주곡 그 안네 은이 드나 금이 드나 느네덜 갈랑 앗이라."[173]

"기영 헙서."

〔음영〕〈송동지 하르방은 그 무쉐설캅을 어찌 욜앗는지 것도 곧는 사름이 이제 ㄲ장

165) 가우 : '가위'의 다른 발음.

166) 대흘(大屹) : 조천읍(朝天邑) 대흘리(大屹里).

167) 고셍이 : 용치놀레기. = 코셍이.

168) 촘데 : 낚시대.

169) 멩텡이 : 망탱이.

170) 물떼 : 물때. 아침저녁으로 밀물과 썰물이 들어오고 나가고 하는 때.

171) 나까당 : 낚아다가.

172) 싸왐딘 : 싸우느냐고.

173) 앗이라 : 가져라.

못 들엇수다.〉

〔음영〕 무쉐설캅을 올안 보난 버얌 으사끼[174] 오덥 으똘[175]이 앚안 대가리 미쭉[176] 세[177] 멜록[178] 헤염구나 "요거 은이여 금이여 마 느네덜 앗이라." 하나썩 꼴리[179] 심언[180] 픽픽 데껴가난[181] "아이고 추접허다 덜럽다 저영 헌 거 놓안 우리 싸와지엿구나

물질 들어가게."

〔음영〕 물질 들어간 그날은 오꼿 눈도 구려불고[182] 아이고 쌀구젱기[183] 문둥구젱기[184] 딴 떈[185] 데전복 소전복 하영 헷인디 그날은 요 거드레기[186] 새끼 하나 못네 잡안 일곱 좀수가

〔음영〕 나오고 집이 간 지치난 그날 저냑 좀

자는디

〔음영〕 뒷날 아침인 일곱 좀수 집인 오꼿 갑자기 득병(得病)이 생깁데다 "아이고 머리여 아이고 눈이여 아이고 닛바디여[187] 손이여 발이여 베여." 문 일곱 좀순 죽어간다

〔음영〕 이 집이 강 봐도 부모들은 주들암곡[188] 저 집이 강 봐도 주들암곡 "아이고 어떵 허민 좋으코." 제주시로 이 서르렌[189] 가물개[190] 이원신앞이[191] 강 문점 헷젱

---

174) 버얌 으사끼 : 어미뱀과 새끼뱀들.
175) 오덥 으똘 : 어미 뱀과 일곱 마리의 새끼 뱀을 의미함.
176) 미쭉 : 머리나 대가리를 앞으로 들이미는 모양.
177) 세 : 혀.
178) 멜록 : 혀를 재빨리 내밀었다 들여놓는 모양.
179) 꼴리 : 꼬리.
180) 심언 : 잡아.
181) 데껴가난 : 던져가니.
182) 구려불고 : 가려버리고.
183) 쌀구젱기 : 껍질에 돌기가 돋은 성숙한 소라.
184) 문둥구젱기 : 껍질에 돌기가 닳아 없어진 성숙한 소라.
185) 딴 떈 : 다른 때는.
186) 거드레기 : 소라게. = 게들레기, 게드레기.
187) 닛바디 : 잇바디[齒列].
188) 주들암곡 : 걱정되는 일이 있어 매우 근심하고.
189) 서르렌 : 서쪽으로는.

허곡 또 제주시 동쪽으론 세화리(細花里)[192]
김씨 선성앞이 간 문점 허난
〔음영〕 이에 "이 일곱 좀수 눈으로 본 줴척(罪責) 손으로 지은 줴척 입으로
속절지 줴척[193] 뒈여진덴." 〔음영〕 허난 "어떵 허민 좋읍니껜?" 헤여 "글로 가근에
그걸 잘 위허여사
좋은덴." 허난
〔음영〕 또 이전 이엣 그 선성님네 굳는 양 글로 간 돌썩이덜[194] ᄌ근 ᄌ근 ᄌ근
이엣 모하[195] 놓고
〔음영〕 또 다시 글로 식게[196] 떼영 멩질(名節) 떼영 정월(正月) 낭[197] 허민 이엣
그 버염으새끼 일곱 개
ᄋ덥 잇똘
〔음영〕 유망적선(爲望積善) 헤 가난 유망적선 허는 양 그 함덕 일곱 가위집 해녀덜
은 잘 뒈고 신흥 ᄋ섯 가윗칩 해녀덜은 아이 뒈 가난 소문 기별
들어간다
〔말〕 "야 느네덜은 어떵 허난이 경 물에 들민 망시리[198] ᄀ득헨[199] 나오람디?"[200]
"우린 저디 영 정 헌 거 위허난." "아 게믄 우리도 위허켜."
"경 허라."
〔음영〕 경 허는 것이 제라헌 칠성제(七星祭)는 북두칠원데성군(北斗七元大星君)
테성군(太星君) 원성군(元星君) 정성군(貞星君), 류성군(紐星君) 강성군(綱星君) 기성
군(紀星君) 관성군(關星君)인디 버염 으사끼 일곱 개 ᄋ덥 으똘, 위망적선 허는 것이

---

190) 가물개 : 제주시 삼양2동(三陽二同)의 옛 이름.
191) 이원신 : 가물개 출신의 이름난 큰심방.
192) 세화리(細花里) : 구좌읍(舊左邑)에 있는 마을 가운데 하나.
193) 속절지 줴척 : 속절없는 언동을 한 죄목.
194) 돌썩이덜 : 돌쩌귀들.
195) 모하 : 모아.
196) 식게 : 기제사.
197) 낭 : 나서. 다다라서.
198) 망시리 : 바다에서 해녀가 해산물을 채취하고서 담아 넣는 그물로 엮어 만든 물건.
199) ᄀ득헨 : 가득차서.
200) 나오람디 : 나오느냐.

함덕광 신흥 두 ᄆᆞ을에서 지일(第一) 문저 칠성제엥 헤근에 기도법 낫젠
허옵데다-.
〔음영〕 영 허여 그디 신디 그 급수황하늘은[201] 어떵 헨 ᄌᆞ순덜 보민 〔말〕 올 떈 지영 오고 갈 떼엔 빈 구덕[202] 윱뗑이[203] 찬 가가난 '거 이상허다 ᄒᆞᆫ번 이거 순력(巡歷)을 돌아봐사주 그냥 놘 네불민[204] 뒐 일이 아닌 것 ᄀᆞᇀ고.' 당신도 베고파지고 헤노난 돌단 보난 난데 읏이 셍각 읏인 것덜 위망적선 헴시난 〔음영〕 아그랑
작데기 서벌[205] 가웃자리[206]
둘러 받안
〔음영〕 잡아, 잣[207] 헤싸 걸려 케우리는[208] 것이
함덕
〔음영〕 벡몰레왓디 떨어지연 낮인 ᄃᆞᆺ인[209] 볏에 더워 죽어질 게고 밤이덜은[210] 아이고 ᄎᆞᆫ ᄂᆞ릇에[211] 을구나[212] 숨부기낭[213]
알로 가근
〔음영〕 좌정허난 함덕 일곱 거리칩잇 애기덜, 신흥 ᄋᆞ섯 거리집
아기덜
〔음영〕 이엣 벡몰레왓디 뚠 부락(部落)엣 아이덜이라도 이엣 벡몰레왓디 놀레강 오줌 ᄆᆞ려우민 이엣 버염잇 새끼고 아무거고 숨부기낭 우트레 오줌 싸 ᄀᆞᆯ겨[214]

---

201) 급수황하늘 : 조천읍 함덕리 신흥리 본향신.
202) 구덕 : 바구니.
203) 윱뗑이 : 옆댕이. '옆'을 속되게 이르는 말임.
204) 네불민 : 내버리면.
205) 서벌 : 세 발.
206) 가웃자리 : 가운데 자리.
207) 잣 : 널따랗게 돌들로 쌓아 올린 기다란 담.
208) 케우리는 : 뭉치거나 모아 있는 물체를 헤집어 이리저리 흩어지게 하는.
209) ᄃᆞᆺ인 : 따뜻한. 다스운.
210) 밤이덜은 : 밤에는.
211) ᄎᆞᆫᄂᆞ릇 : 추운 기운.
212) 을구나 : 어는구나. 여기서는 '춥구나' 정도의 의미임.
213) 숨부기낭 : 순비기나무.
214) ᄀᆞᆯ겨 : 갈겨.

불민 지렁네 똥네

나간다

〔음영〕 "아이고 이디 좌정헐 디 못 뒈구나." 지금 서물한집 뒤에, 이엣 또 이에 서물하르방 서물할망

이엣

〔음영〕 또 급수황하늘 글로 좌정(坐定)시겨

두고

〔음영〕 "제주시 놀기 좋고 구경 좋덴 허난

오라 가게."

"어서 걸랑 경 헙서."

〔말〕 "낮이랑이, 신작로(新作路)로 못 간다. 밤이랑 신작로 길로 가곡 낮이랑 숲 속 덤벌[215] 속으로 가게."

"어서 걸랑 경 헙서."

〔음영〕 "소롯질로[216] 가게." "경 헙서." 일고[217] ᄋᆢ덥 으뜰이

가는 것이

〔음영〕 이엣 조천 만세동산[218] 가 이에 엿날 일본(日本) 한국(韓國) 헤방(解放)뒐 때 만세 삼창(萬歲三唱)

불러낫저 초첨[219] 영기(令旗)[220]

놀려두고

넘어간다.

가는 길

〔음영〕 지금 이엣 신촌초등훅교[221]

---

215) 덤벌 : 덤불.

216) 소롯질 : 소로(小路).

217) 일고 : 일곱.

218) 조천 만세동산 : 조천읍 조천리에서 만세운동이 전개되었던 장소.

219) 초첨 : '차츰차츰, 차례로' 정도의 뜻임.

220) 영기(令旗) : 흔히 '영기 불린다'고 함. 쉬면서 영기를 날렸다는 뜻으로 언급되는 장소들 가까이에는 신당들이 위치함.

221) 신촌초등학교 : 제주시 조천읍 신촌리에 있는 초등학교.

또 이전

〔음영〕 이에 앞이 간 이엣 그디 열녜비(烈女碑) 세와졋구나 글로도 간

이엣 초첨 영기 불려 두고 성 안드레

〔음영〕 낮엔 숲속 소롯질

밤이는

데롯질로[222]

갑데다

〔음영〕 아이고 짐도 질다 진드르[223]

신촌(新村)은[224]

서쪽 지와 갑데다

또 다시

〔음영〕 글로 허여 오는 것이, 삼양 파출소 넘어 삼양

삼동(三同)

〔음영〕 버렁은[225] 완 보난 이에 그디 "큰 물팡돌[226] 우이 시름 쉬엉 성[227] 안드레 가게." "어서 걸랑 경 헙서." 그디

초첨 영기

〔음영〕 큰 팡돌 우이 불려

두고

제주시 들어오는디

〔음영〕 〈예헤헷 어딘곤 허난, 〔말〕 지금 그 물통이[228] 웃수다. 그디 엿날 먹쿠실낭도[229] 잇어난 거 나가 알아집네다 어떠헹 아는곤 허난 질 넙게 문짝 파 밀어 데껴부난양 웃수다. 그 화북공업단지레[230] 들어가는 바로 그 고분데긴디[231] 엿날에 조그

---

222) 데롯질 : 대로(大路).

223) 진드르 : 조천읍(朝天邑) 신촌리(新村里)에 있는 지명.

224) 신촌 : 조천읍((朝天邑) 신촌리(新村里).

225) 버렁 : 제주시 삼양3동의 옛 이름.

226) 물팡돌 : 하마석(下馬石).

227) 성 : 제주목 안의 제주성을 의미함.

228) 물통 : 우물.

229) 먹쿠실낭 : 멀구슬나무.

만헌 물통이 잇엇고 그딘 또 먹쿠실낭이 잇엇수다.〉

그디

오랑 이여근

넘어사는 것이

〔음영〕 베릿네[232] 들어오라 보난 〔말〕 물이 벤직벤직[233] 헷이난 "야." "양?" "우리 이ᄁᆞ장 오젠 허난이?" "예." "몸에 구둠도[234] 쓰고 옷도 ᄆᆞᆫ 버물고[235] 묵은 옷 헐엇이 난이?

헌 옷이랑

〔음영〕 벗어근에 이엣 뭣인 거 저 탈낭[236]

이엣

또 이전

우터레도[237]

걸치고."

〔음영〕 〈아이고 그 가시낭[238] 이름은 이젠 ᄆᆞᆫ 잊어부렷수다. 걸랑 이땅[239] 생각헤영 선성님덜앞이 잘

ᄀᆞᆯ으쿠다.〉[240]

〔음영〕 세비낭[241] 가시여 우트레 걸치곡 묵은 옷 벗어 또 궁기 궁기 궁기 궁기

담 궁기

〔음영〕 이엣 ᄌᆞᆸ졍[242] 네불곡 영 허여 구월 구일엔 이엣 지픈[243] 땅 속 덤벌 속,

---

230) 화북공업단지 : 제주시 화북동에 있는 공업단지.

231) 고분데기 : 제주시 화북동에 있는 지명.

232) 베릿내 : 제주시 화북동에 있는 별도천(別刀川)의 옛 이름.

233) 벤직벤직 : 어떤 것이 번듯번듯 빛나는 모양.

234) 구둠 : 먼지.

235) 버물고 : 더러워지고.

236) 탈낭 : 산딸기나무.

237) 우터레도 : 위에도. '우터레도 걸쳤다'는 것은 뱀이 벗은 허물이 나무 위에 걸쳐 있는 것을 의미함.

238) 가시낭 : 가시나무.

239) 이땅 : 이따.

240) ᄀᆞᆯ으쿠다 : 말하겠습니다.

241) 세비낭 : 찔레나무.

엉덕 아래 숨엇당 삼ᄉᆞ월 나민, 나오랑 이엣 묵은 옷은 벗젱 허영 세비남 탈남 가시남 우트레 걸치곡 담 궁기로 뎅기멍 이엣 묵은 옷 벗어 나난 이엣 버염 헐벗은 거 잇기도 마련헷젠

ᄀᆞ릅데다.

영 허여

〔음영〕 그디 베릿네에서 아이고 모욕헨[244] 나오란 돌아상 보난 또 물이 골칭이마다[245] 벤직벤직 담아지엇구나 이 딜랑

베릿네 이름 지와두곡

〔음영〕 지금 교육데학[246] 이엣 잇인 동산이 얼메사[247] 높앗인디 ᄋᆞ덥 ᄋᆞ뚤이 그 동산을

올라가난

〔음영〕 숨이 찬다 ᄀᆞ읏 진다[248] ᄀᆞ으니ᄆᆞ를[249]

이엣

동산

〔음영〕 이름 지와 오단 보난 〔말〕 아이고 그 오일장 헤여난 디 ᄋᆞ충(兒冢) 피충[250] 사름 아기 죽언 많이 무덤덜 허엿구나 "무섭고 서껍다."[251] 그냥 그딘 그대로

이엣

〔음영〕 넘어사고

지금

〔음영〕 여상 혹교[252] 잇인디 그 옛날은 무과(武科) 급제(及第) 병과(兵科) 급제

---

242) 줍경 : 사이에 끼워서.

243) 지픈 : 깊은.

244) 모욕헨 : 목욕하고.

245) 골칭이 : 고랑창.

246) 교육데학 : 제주시 화북동에 있는 제주대학교 교육대학.

247) 얼메사 : 얼마나.

248) ᄀᆞ읏 진다 : 목이 마르고 숨이 차 간다는 뜻임.

249) ᄀᆞ으니ᄆᆞ를 : 제주시 건입동에 있는 고개의 옛 이름.

250) 피충 : 자손이나 돌보는 사람이 없어 버려진 무덤.

251) 서껍다 : 서럽다.

252) 여상 혹교 : 제주시 건입동에 있는 제주여자상업고등학교.

허젱 허영 또 이 천근 들이 벡근 쌀[253] 벡근 들이

천근 활

둘러 받앙

〔음영〕 활쏩기에 자원허민 무과 급제

병과 급제

또 이에

〔음영〕 보는디 무섭고 서껍다 들어가는 입구 초첨 영기

불려 두고

성안 읍중(邑中) 들어가저 동문(東門)이 중가진다

남쪽으로

〔음영〕 돌아가는 게 남문(南門)도 중가지엿구나 들 수 엇고 서쪽으로 돌아가 보난 서문도

중가지고

〔음영〕 "아이고 어들로 헹 들민 좋고이?" 영 허여 〈지금 이엣 제주시 안네 북국민혹교[254] 허곡 서르렌 오민 〔말〕 서국민혹교[255] 두 게 벳긴 읏인 떼엔 헙디다 헌디, 그디 신이 집서도[256] 열흔 설 열두 설 열서너 설 헐 떼ᄁ장 〔음영〕 지금 그 약국 잇인디 읏인디, 요 알녁[257]

펜이우다.

〔음영〕 시커리[258] 알녁 쪽 북국민혹교 뒤에 성담이[259] 잇엇수다. 건 나도 압네다.〉 영 헌디 어딜로 담 궁기라 난 디 싯카부덴[260] 영 헨 촟단 보난 개 고넹이[261] 들락날락 헐 만헌 수쳇궁기[262] 잇엇구나 글로

---

253) 쌀 : 화살.

254) 북국민혹교 : 제주시 삼도동에 있는 제주초등학교.

255) 서국민혹교 : 제주시 용담동에 있는 제주서초등학교.

256) 신이 집서 : 강대원 심방 자신을 가리키는 말임.

257) 알녁 : 아래쪽.

258) 시커리 : 세거리.

259) 성담 : 돌 등으로 성(城) 둘레를 막아놓은 축조물.

260) 싯카부덴 : 있을까봐.

261) 고넹이 : 고양이.

허여

〔음영〕 들어오고 "어딜로 가린?" 이 관덕청(觀德亭)[263] 집 뒷골목으로 허연

나오라

〔말〕 〈관덕정 집 앞이도 지금 그 돌이 뒤에 꼭 상석(床石)을 헌 거 닮은디 우리 집이 이엣 사진엔 강 보민 그 벳돌이[264] 잇수다.〉 베염 ᄋ덥 ᄋ뚤 눠난 돌

잇인디.

〔음영〕 선비덜 넘어가멍 "더럽다 추접허다 독살스럽다." 춤[265] 탁탁 바까가난 "야 이디 벳돌로[266] 이름이랑 집뒈이[267] 우리 이디 좌정 못허켜." 글로 헨 서르레 오젠 헌 것이 요 구시청(舊市廳) 앞이 남쪽으로 그디 쪼끌락[268] 헌 골목도 잇엇고 이젠 질 넘엉 이젠 보난 문짝 늘루와[269] 불엇수다. 그디 포졸(捕卒) 나졸(邏卒)덜이 서둠서룽[270] 베고팡 먹젱 허민 줴(罪) 엇은 벡성(百姓) 심어다 놘 테작머리[271] 헤영 눼물(賂物) 주민 살려주곡 아이 주민 그자 몽둥이로 테작헤근에 보네곡 허는 골목이 션디[272] 〔음영〕 "아이고 나 살려줍센." 허멍 웨염구나[273] 이딜랑 사름 죽건

겍섯골[274] 마련허곡

〔음영〕 또 제주데학병원[275] 헤난 앞으로

허여

〔음영〕 이엣 동드레 넘어가는 것이 남문통[276] 올라간 길 넘어산 보난 아이고 산물

---

262) 수쳇궁기 : 수챗구멍.

263) 관덕청(觀德亭) : 제주시 삼도동에 있는 군사훈련용으로 지어진 조선시대 정자.

264) 벳돌 : 볕이 잘 드는 돌.

265) 춤 : 침.

266) 벳돌 : 관덕정 부근의 지명인 듯함.

267) 집뒈이 : 여기서는 '짓되이'를 잘못 발음함. '이름 짓되'의 뜻임.

268) 쪼끌락 : 아주 작은 크기.

269) 늘루와 : 늘려. 여기서는 '길을 확장한 것'을 말함.

270) 서둠서룽 : 서서.

271) 테작머리 : 사람 따위를 마구 쳐 두드리는 일.

272) 션디 : 있었는데.

273) 웨염구나 : 소리치는구나.

274) 겍섯골 : 제주시 이도동에 속한 옛 지명. 무고한 백성이 군졸들에게 객사(客死)하던 곳이란 의미임.

275) 제주데학병원 : 제주시 삼도동에 있었던 옛 제주대학교병원.

276) 남문통 : 제주시 삼도동의 제주성 남문 일대에 있었던 마을을 말함.

이[277] 자랑자랑 네리곡 멘발에 걸을 수 엇곡

나는 물이난

〔음영〕 넘어가젱 허민 남신덜[278] 신엉 그 물을 넘어가멍 왈칵달칵 자갈에 걸령 소리 남구나 이디랑

남신 덜컥 남천골[279]

마련허고

〔음영〕 글로 헤여 또로[280] 나가는 것이

동문노타리[281]

〔음영〕 알녁쪽 보난 높직헌 동산 잇언 〔말〕 "야 오라 우리 저디 강이 ᄒᆞᆫ좀 낮줌 장 가게."

"어서 걸랑 기영 헙서." ᄋᆞ덥 이ᄄᆞᆯ이

그디 가근

〔음영〕 높은 동산에 갈라젼 헤남석에 누원 자당 깨나난 베가 두룽베 뒈 간다

이디랑 베분동산[282]

이름 짓저

〔음영〕 영 허여 베분동산 이름 지와 또로 오라 이엣 "우리 저레 구경 가게." 〔말〕 "어디마씸?" 〈이 대목 오랑 또로 ᄒᆞᆫ판 싸움이 납네다 칠성본에 무산곤[283] 허난 글로 헤연 그 바로 앞이가 산지(山地) 난 물이랏인디

이엣 ᄃᆞ린[284] 엇수다마는 허데〉

〔음영〕 글로 허연 산짓물에[285] 간 이엣 놀암시난 칠성통에[286] 〔말〕 송칩잇[287] 아들

---

277) 산물 : 용천수.

278) 남신덜 : 나막신들을.

279) 남천골 : 제주시 삼도동에 속한 옛 지명.

280) 또로 : 다시.

281) 동문노타리 : 제주시 일도동의 제주성 동문 부근에 있던 교차로 일대를 말함.

282) 베분동산 : 제주시 건입동에 있는 고개의 옛 이름.

283) 무산곤 : 왜냐하면.

284) ᄃᆞ린 : 다리(橋)는.

285) 산짓물 : 제주시 건입동에 있는 샘 이름.

286) 칠성통 : 칠성대가 설치되었던 것으로 알려진 제주목 관아 부근의 지명.

287) 송칩잇 : 송씨 집안의. 송대정(宋大靜) 현감의 집안을 말함.

인가 메누린가 각신간 똘인간 모르쿠다만은 세답허레[288] 강 돌라오랏젠[289] 허곡 〈나가 드러[290] 서촌(西村)에서 벱기에는[291] 남문통

송칩이

〔말〕 메누린가 똘인가 그디도 나 모르쿠다 각시

모르쿠다만은〉

〔음영〕 영 허여 세답을 산짓물에 간 허연 ᄒᆞ나 뺄앙[292] 들여 노민 하나 하나 뺄앙 들여 노민 하나 영 허멍 ᄋᆞ덥 으똘이 ᄆᆞᆫ 들어 앚으난 아명[293] 젗은 세답이주만은 무거완 죽듯 살듯 지어 앚언 집이 간 젗은 세답 널젠 하나 털민 하나 하나 털민 하나 ᄋᆞ덥 이똘이 ᄆᆞᆫ딱 털어지곡 세답도 다

널어지난

〔말〕 그 송칩잇 어멍인가 메누린가 똘인간 열두 폭 치메 입언 나오란 "나신디 테운 조상이건[294] 이 치메통드레 〔음영〕 어서 듭서."

영 허여근

또 이저는

예헤

〔음영〕 들어오난 그걸 치메통에 담앙 안네 간 고팡드레 비와 놩 모시젠 허난 널판데기[295] 궁기 궁기 이엣 좀 먹은 궁기여 또 벌거지[296] 먹은 궁기여 영 헨 잇엉 고망이[297] 글로 절로 이엣 터져 부난 어느 고망드레사[298] 들어가민 어느 고망으로사 위허믄 졸[299] 철이 몰라지언

---

288) 세답허레 : 빨래하러.
289) 돌라오랏젠 : 따라왔다고.
290) 드러 : 마구. 자주. 계속.
291) 벱기에는 : 배우기에는.
292) 뺄앙 : 빨아서.
293) 아명 : 아무리.
294) 테운 조상 : 타고난 조상.
295) 널판데기 : 널판때기. 널빤지를 속되게 이르는 말.
296) 벌거지 : 벌레.
297) 고망이 : 구멍이.
298) 고망드레사 : 구멍에.
299) 졸 : 좋을.

그냥
〔음영〕 뒤에 간 보난 동네 공터 유저남[300] 텡저남[301] 데왓이[302]
잇엇구나
글로 ᄋᆞ덥 이ᄄᆞᆯ
치메통엣 거 비와 놓곡
〔음영〕 초ᄒᆞ를 보름 데소상(大小祥) 멩질(名節) 떼
위망적선 허여가난 남문통
〔음영〕 이엣 송칩잇
이엣 또 이전엣
〔음영〕 부제가 부각부각[303] 뒈가난 동네서 수군수군거려 가고 이엣 부군 어멍국 칠성은 그 눈치 알안 "서룬 아기덜아, 우리 이디 잇당이 ᄒᆞᆫ 몽둥이 ᄒᆞᆫ 매에 ᄄᆞ리민[304] 죽을 거난 ᄆᆞᆫ딱 갈라상[305]
가 살게
갈랑 살게." "어서 걸랑 기영 헙서." 큰ᄄᆞᆯ아기 〔음영〕 어멍이 허는 말이 "어들로 갈디?" "난 창밧할망." 둘쳇 ᄄᆞᆯ은
동원할망
시쳇 ᄄᆞᆯ은 옥지기
니쳇 ᄄᆞᆯ은 과원지기 다섯쳇 ᄄᆞᆯ 마방지기
ᄋᆞ섯쳇 ᄄᆞᆯ은
〔음영〕 이 궁기 저 궁기 담 궁기 궁기
궁기지기 또 이전
〔음영〕 초가집에 안서리[306] 밧서리 서슬[307] 이엣 ᄎᆞ지

300) 유저남 : 유자나무.
301) 텡저남 : 탱자나무.
302) 데왓이 : 대나무 밭이.
303) 부각부각 : 거품 따위가 크게 부풀어 생기면서 잇따라 나는 소리. 여기서는 점차 부자가 되어가는 살림 모양새를 의미함.
304) ᄄᆞ리민 : 때리면.
305) 갈라상 : 갈라져서.
306) 안서리 : 서리. 서까래.

또이

〔음영〕 네려 "족은 똘애긴 어들로 갈디?" 〔말〕 "난 이디 그냥 잇이쿠다." "경 허냐?" "예." "이디 시엉 식게 멩질 떼에 웃제반[308] 걷엉 날 위망 허민 위망적선 〔음영〕 허는 데로 이엣 부귀영화(富貴榮華) 시기쿠다." 그떼 넨 말 두고서 이엣 족은 똘아기는 데왓 아니믄 유저 엿날 텡저남 또 산물낭[309] 알로 아니민 그런 거 읏이믄 검은 지세[310] 이엣

시리[311] 알로

우 더꺼[312]

〔음영〕 위망적선 헌디 족은똘 허는 말이 〔말〕 "어머니는 어딜로 가쿠과?" "난이어 제석땅 ᄎᆞ지 허켜." "아오, 경 허꽈? 어머님이 잘 감수다." "안으로 안칠성 ᄎᆞ질허영 일 년에 ᄒᆞᆫ 번 상정월 영등 이월 삼월 늦인 ᄌᆞ순은 ᄉᆞ월ᄁᆞ지 〔음영〕 이엣 좋은 날저 텍일 받앙 날 위망적선 허민 이엣 그 집이 먹을 연 입을 연 세경땅에 상눌굽[313] 중눌굽 하눌굽에, 일천석(一千石) 부귀영화 시겨줄노렌." 허난 〔말〕 "어머님이 질[314] 잘 감수다." "기여 나 질 잘 감저. 헌디이 정월에나 이월 〔음영〕 삼ᄉᆞ월ᄁᆞ지 〔말〕 요랑 소리 왕글왕글 젱글젱글 나걸랑 문짝 모다들라[315] 경 허민 나 떡이영 밥이영 궤기영 맛 좋은 거 하영[316] 받앙 놔뒷당 느네덜 문짝[317] 갈라 주마." 〔음영〕 "어서 걸랑 기영 협서." 부군칠성 한집 난산국

신풀엇수다-.

---

307) 서슬 : 지붕을 이기 위해 서까래 위에 가로로 걸치는 나뭇가지.

308) 웃제반 : 제사나 명절 때 제상에 있는 음식을 조금씩 골고루 뜯어 모은 잡신용 의례 음식. = 걸명.

309) 산물낭 : 감귤나무.

310) 지세 : 기와.

311) 시리 : 시루.

312) 우 더꺼 : 위를 덮어.

313) 상눌굽 : 눌굽은 짚이나 꼴 따위를 둥그렇게 쌓은 자리의 밑바닥. '상-'은 접두사.

314) 질 : 제일.

315) 모다들라 : 모여들어라.

316) 하영 : 많이.

317) 문짝 : 모두.

차사본풀이

1. 개관

차사본풀이는 둘째 날인 12일 세 번째 순서로 오후 1시 17분에 시작하여 3시 28분까지 총 2시간 12분가량 구연되었다. 이번에 강대원 심방이 구연한 본풀이 중 가장 긴 내용이다. 복장은 평복으로, 장구를 연주하며 장단에 맞춘 소리와 음영, 때로는 말로 본풀이를 풀어냈다.

차사본풀이는 인간의 영혼을 저승까지 인도하는 강림차사의 내력을 풀어낸 본풀이이다. 지금까지도 이어오는 일반적인 상장례 규범을 담고 있다. 제주도 무속의례 중 하나인 귀양풀이의 근거 또한 이 본풀이 안에 담겨 있다.

차사본풀이는 인간의 죽음과 연관된 의례에서 구연한다. 시왕맞이, 차사영맞이, 요왕맞이, 귀양풀이 등이다. 차사본풀이는 크고 작은 여러 제차에서 구연하지만 동일한 내용을 각 의례마다 다르게 부른다. 시왕맞이에서는 데명왕차사본풀이, 차사영맞이에서는 인간차사본풀이, 요왕맞이나 잠수굿, 영등굿 등에서는 요왕차사본풀이이다.

강대원 심방이 구연한 차사본풀이의 소제차는 〈말미—신메움—본풀이〉로 이루어졌다. 독립제차로서의 '본풀이'가 〈말미—공선가선—날과국섬김—연유닦음—신메움—들어가는말미—본풀이—비념—주잔넘김—산받아분부—제차넘김〉 등의 소제차로 이루어진다고 보았을 때 강대원 심방의 구연본은 〈공선가선—날과국섬김—연유닦음〉 등 앞부분을 모두 생략한 것이다. 〈말미〉로 시작하여 〈신메움〉으로 제상에 좌정할 신을 청하고는 바로 본풀이로 들어갔다. 또한 본풀이가 끝난 후에도 〈비념〉으로 기원하는 바를 청하거나 〈산받아분부〉로 운세를 점치는 내용도 없다. 실제 굿판에서 벌어진 것이 아니기 때문이다. 의례적인 부분은 모두 배제하고 서사로서의 본풀이 구연에만 집중한 것으로 설명할 수 있다. 강대원 심방은 이번 구연에서 실제로 제물(祭物)을 차리지는 않았으나 말명으로라도 '삼곡마량(三穀馬糧)'을 차사님전에 올리며 본풀이 구연을 시작하였다.

서사 단락은 다음과 같다.

① 옛날 동경국에 버무왕이 살았는데 초년운이 좋아 나이 스물이 넘어 결혼하고 아들 아홉을 낳아 부자로 살았다.
② 버무왕은 중년이 되면서 운이 나빠져 아홉 형제 중 위아래로 아들 여섯을 잃고 가운데 삼형제만 남게 되었다.
③ 금법당의 대사는 열반하면서 속하니에게 버무왕의 아들들이 불공드려 명을 잇게 하라고 이른다.
④ 버무왕은 속하니의 사주 판단을 듣고 남은 세 아들의 명이 다한 것을 알게 되고, 명을 잇기 위하여 세 아들을 금법당으로 보냈다.
⑤ 버무왕 아들 삼형제를 데려갈 삼차사가 내렸으나 불공 드리러 갔다는 조왕할망의 말에도 결국 삼형제를 찾지 못하였다.
⑥ 버무왕 아들 삼형제는 삼년 법당 종사를 지내고 속하니의 만류에도 부모님을 만나러 간다.
⑦ 금법당 대사는 속하니 꿈에 나타나 삼형제가 가져왔던 짐을 주라 하고 가는 길에 배가 고프면 공으로 먹지 말라는 경고를 전한다.
⑧ 버무왕 아들 삼형제는 과양땅에서 과양생이각시 집에 들게 된다.
⑨ 과양생이각시는 삼형제가 갖고 있던 은기, 놋기, 백비단을 탐내어 삼형제를 죽인다.
⑩ 버무왕 아들 삼형제는 과양생이각시에게 죽임을 당하여 광청못에 버려진 후 용왕황제국의 도움으로 삼색 꽃으로 환생한다.
⑪ 버무왕 아들 삼형제는 삼색 꽃에서 삼색 구슬로, 다시 과양생이각시의 세 아들로 환생을 이어 간다.
⑫ 버무왕 아들 삼형제는 과거 급제하여 금의환향하는 중에 과양생이각시의 저주를 받고, 김치원님에게 급제 인사를 하러 간 자리에서 모두 죽는다.
⑬ 과양생이각시는 세 아들의 죽음을 규명해 달라고 김치원님에게 소지를 올린다.

⑭ 김치원님은 과양생이각시의 소지를 해결하기 위하여 강님이에게 염라대왕을 잡아오라는 명령을 내린다.
⑮ 강님이는 큰각시의 도움으로 조왕할망의 안내를 받아 저승에 도착한다.
⑯ 강님이는 염라대왕을 만나 결박하고, 새남굿에 따라가 변신 대결에서 이겨 이승 김치원님 앞에 오겠다는 약속을 받는다.
⑰ 강님이는 염라대왕이 내어준 백강아지를 따라 이승으로 돌아온다.
⑱ 강님이는 큰각시 집으로 찾아가고, 부모 형제 처첩들 앞에서 상장법(喪葬法)을 마련한다.
⑲ 과양생이각시는 큰각시 집에서 이승에 돌아온 강님이를 훔쳐보고 김치원님에게 가서 고한다.
⑳ 강님이는 염라대왕의 약속을 전했으나 감옥에 갇힌다.
㉑ 강님이는 약속을 지킨 염라대왕에 의해 풀려나고, 염라대왕은 과양생이각시를 벌하고 버무왕 삼형제를 살려낸다.
㉒ 강님이는 염라대왕과 김치원님의 거래로 신체는 이승에 남고 혼은 저승에 가게 된다.
㉓ 강님이 큰각시는 강님이의 상을 치르며 상제례법을 마련한다.
㉔ 강님이는 염라대왕의 명으로 동방삭이를 잡아오고 이승차사로 임명된다.
㉕ 강님이가 인간 수명이 팔십 세인 적베지를 까마귀에게 맡겼다가 잃어버린 후 인간의 죽음에는 나이 순서가 없어졌다.
㉖ 까마귀는 물 길러 가던 노인을 쪼아 넘어지면서 바가지가 깨진 인연으로 귀양풀이 마지막에 항아리 깨는 법을 마련하였다.

강대원 심방의 차사본풀이는 다른 심방들의 구연 자료에 비하여 길다. 차사본풀이는 여러 본풀이 중 서사 구성이 다층적으로 복잡하게 구성된 경우이며 짧은 내용이 아니다. 그런 상황을 감안하여도 강대원 심방의 자료는 지금까지 채록한 다른 자료들에 비하여 상대적으로 긴 분량이다. 그 이유에는 차사본풀이와 연관되어 설명할 수 있는 여러 습속(習俗)이나 상장례(喪葬禮)에 대한 자세한 설명이 있다.

상장례나 귀양풀이의 근거가 되는 내용이 차사본풀이에 구연되는 것은 일반적이다. 그런데 강대원 심방 자료의 경우 그 내용이 더욱 세세하고 길게 구연되었다.

또한 대부분의 이본에서는 생략하거나 간단히 구연하고 지나가는 내용들에 대하여 추가적인 설명까지 하면서 구연하여 상당히 긴 분량이 되었다. 대략 다음의 내용들이다. 버무왕 세 아들이 원불수륙[願佛水陸]을 드리러 가는 내력, 원불수륙을 드리는 금법당의 대사와 속하니의 내력, 버무왕 세 아들이 살아난 후 성주 삼색꽃 상을 받아 살라고 하면서 성주풀이 본풀이에 등장하는 '만도로기섭섭고장'에 대한 내력 등을 자세하게 설명하고 있다.

여기에 더하여 다른 이본에서는 확인하기 어려운 다양한 습속을 담고 있는 점이 강대원 심방 구연본의 특색이다. 어린아이가 자주 앓을 경우 무사히 자라기를 바라는 뜻으로 몇 해 동안 심방의 자식으로 키우다가 다시 데려 오는 신충애기법, 헛봉분법, 서천꽃밭 인정법, 적베지에 붙이는 돈 석장과 차사상에 올리는 술 삼잔법 등 본풀이 곳곳의 요소에 대한 다양한 내력을 자세히 소개하고 있다.

습속과 상장례에 대한 세세한 내력 풀이, 신화적 요소의 축소와 실제적 요소의 강화 등 전반적으로 유교적 가치관이 강조된 점을 강대원 심방 구연본 차사본풀이의 특징으로 정리할 수 있다. 이러한 특징을 중심으로 강대원 심방 구연본이 여타의 이본들과 다르게 드러내는 점이 있는데, 그중 주요한 세 가지를 들어 다음과 같이 정리할 수 있다.

첫째, 버무왕 세 아들이 집으로 돌아갈 때 과양생이각시에 대한 금기가 없는 점이다. 다른 이본들은 대부분 금법당 대사의 현몽으로 과양땅과 과양생이각시에 대한 금기를 경고한다. 절대 집에 보내지 못하게 하는 강한 금기를 보이기도 한다. 가더라도 떠날 때 뱉은 침이 마르기 전에 와야 한다거나, 최소한 과양땅을 지나지 말라는 금기를 제시하기도 한다. 최소한의 금기라 하더라도 거기에서 절대 밥은 먹지 말라는 정도이다. 그런데 강대원 심방 구연본에서는 물에 말은 밥이라도 공짜로 먹어서는 안 된다는 경고를 할 뿐이다. 또한 그 경고와 함께 세 아들이 금법당에 들고 왔던 제물을 모두 내어 준다. 처음 보는 귀한 제물은 과양셍이 각시의 도심(盜心)을 자극하였고 세 아들의 죽음을 불러오는 주된 원인이 된다. 양창보 심방 구연본에도 아무런 금기가 없는데, 이 자료의 경우 1시간이 조금 넘는 정도로 대체적으로 축약된 내용이다.

둘째, 버무왕 세 아들의 시신을 유기하는 장소가 광청못이라는 점이다. 이본들의 경우 대부분 주천강 연네못(연화못)이다. 광청못과 주천강 모두 본풀이에 등장하는 공간이지만 주천강은 좀더 신화적 공간이며 광청못은 좀더 사실적 공간이다. 사실적 요소의 강화는 강대원 심방 구연본의 전반적인 특징을 이루고 있다.

셋째, 강대원 심방 구연본에서 과양생이각시는 '홀어멍[寡婦]'이라는 점이다. 대부분의 이본이 과양생이와 과양생이각시 부부가 등장하는 것과 다르다. 과부라는 과양생이각시의 조건으로 삼색 구슬로 인한 세 아들 잉태는 더욱 비난의 요소가 된다. 남편도 없이 잉태한 과양생이각시와 '살아 수절, 죽어 수절'로 표현되는 강님이 큰각시가 대비된다. 유교적 관념의 여성상을 근거로 강대원 심방 구연본은 여러 이본 중 과양생이각시를 가장 강도 높은 악녀로 만들었다.

2. 내용

동경국 버무왕은 나이 스물이 넘어 결혼하고 아들 아홉 형제를 낳아 나날이 집안이 번성하였다. 그러나 중년에 들어서면서 아홉 아들 중 위로 셋, 아래로 셋 여섯 아들을 잃고 중간의 셋만 남아 겨우 의지하며 살아가게 된다.

금법당 대사님은 나이 팔십이 넘어서면서 절을 함께 지켜가던 속하니에게 자신이 세상 떠날 일을 당부한다. 버무왕 세 아들의 정명이 얼마 남지 않았으니 법당에 데려다 명을 잇게 하라고 이른다. 속하니는 대사님의 분부대로 버무왕을 만나 세 아들이 법당에서 살며 불공을 드려야 명을 이어갈 수 있다고 한다. 버무왕은 그 말대로 세 아들을 법당으로 보낸다. 버무왕의 세 아들이 법당으로 떠난 날 밤 저승 삼차사가 세 아들을 데려가려고 와서 조왕할망에게 세 아들의 행적을 묻지만 결국 찾지 못하고 그냥 돌아간다.

금법당에 살던 세 아들은 부모님이 그리워 집에 다녀오기로 하는데, 대사님이 속하니 꿈에 나타나 불공 올 때 가져왔던 제물을 들고 가게 한다. 집으로 돌아가던 버무왕 세 아들은 과양생이각시 집을 지나치다 너무 배가 고파 식은 밥이라도 팔아 달라고 청을 한다. 과양생이각시는 세 아들의 행색을 보고 중인 줄 알고 행패를 부린다. 그러다 귀한 것으로 가득찬 세 아들의 짐을 보고는 욕심이 생긴다. 과양생이각시는 세 아들을 집으로 들여 밥도 먹이고 술도 먹여 잠을 재운다. 세 아들이 잠이 들었을 때 과양생이각시는 뜨겁게 끓인 참기름을 양 귀에 부어 모두 죽이고 하인에게 시켜 세 아들의 시체를 광청못에 갖다 버린다.

광청못을 지키는 단물 용왕황제국은 버무왕 세 아들의 원한을 듣고 삼색 꽃으로 환생을 시킨다. 과양생이각시는 광청못에 염탐을 갔다가 그 꽃을 꺾어 집으로 돌아온다. 집에 돌아와 삼색꽃을 앞문전, 뒷문전, 상깃도에 걸어 놓았는데 문을 오갈 때마다 삼색 꽃은 과양생이각시의 머리를 잡아당기고 흐트러뜨려 화가 난 과양생이각시는 삼색 꽃을 청동 화로에 던져 버린다. 삼색 꽃은 이제 삼색 구슬로 환생한다. 과양생이각시 집에 불씨를 얻으러 온 동네 할머니가 화로 속에서 구슬을 발견하고 과양생이각시에게 말하자 과양생이각시는 그 구슬을 바로 빼앗아 간다. 예쁜 구슬을 갖고 놀던 과양생이각시는 손에서 놀리다 입에 넣어 놀리니 삼색 구슬은 입안에서 사르르 녹아버렸다. 과양생이각시는 그 후로 임신을 하여 세 아들을 낳았다.

세 아들 모두 똑똑하게 잘 자라 동시에 장원급제를 하였다. 과양생이각시는 장원급제하여 금의환향하는 세 아들을 알아보지 못하고 남의 집 아들들인 줄 알고 저주를 퍼붓는다. 세 아들은 김치원님에게 인사를 갔다 과양생이각시의 저주대로 그 자리에서 함께 죽었다. 과양생이각시는 세 아들의 억울한 죽음을 풀어달라고 김치원님에게 매일 소지를 청한다. 김치원님은 과양생이각시의 난동에 원님직을 그만 두려 한다. 그것을 보고 백비원이란 아랫사람이 강님이에게 염라대왕을 불러오라고 시키라는 꾀를 낸다.

김치원님에게 걸려든 강님이는 일단 목숨을 건지겠다는 생각에 염라대왕을 잡아오겠다고 약속한다. 약속은 했지만 강님이는 저승 가는 길을 몰라 막막하기만 하다. 결국 혼인한 날 한번 보고 버려 두었던 큰부인을 찾아간다. 강님이 큰부인은 오랜만에 찾아온 강님이 다 죽어가는 것을 보고 저승 갈 방도를 구한다. 먼저 이승 적배지를 버리고 저승 적배지로 다시 받아오게 한다. 집에서는 홍포관대와 조심띠를 준비하여 저승 갈 강님이의 행색을 마련한다. 다음으로는 문전신과 조왕할망에게 올릴 떡을 만들어 강님이 저승길을 안내해 주길 청한다. 강님이 큰부인의 정성에 감응하여 조왕할망이 강님이 저승길을 동행한다. 강님이는 자신의 점심과 똑같은 조왕할망의 점심을 보고 놀란다. 강님이는 조왕할망의 설명을 듣고서야 모든 것이 큰부인 덕인 것을 알게 된다. 조왕할망은 강님이의 점심은 저승길에 있는 배고픈 혼백에게 나눠주라고 한다. 저승 가는 길에 강님이는 서천꽃밭을 지나는데, 가난한 집 아이들은 거기에 가서도 변변치 못한 그릇에 물을 떠다 꽃밭에 물을 주느라 고생하는 것을

보고 돈 석 냥 인정을 건다. 가다 보니 이승과 저승의 경계에 도달한다. 조왕할망은 개미 왼뿔만큼 좁은 길을 가리키며 염라대왕이 오고 가는 저승길이니 잘 보라고 알려 준다. 강님이가 그 길을 보고 다시 보니 조왕할망은 어디론가 사라져 버리고 강님이만 그 길에 남게 된다.

그 길 입구에는 저승차사 이원갑이 지키고 있는데 배고파 힘들어 졸고 있었다고 말한다. 강님이는 남겨 놓은 점심을 이원갑에게 준다. 이원갑은 그 떡으로 허기를 면하고, 그 값으로 강님이 염라대왕 만나는 일을 도와 준다. 먼저 강님이 속옷을 받아 삼혼을 불러 저승 간 영혼으로 만들고, ᄌᆞ북장제 외딸아기 새남굿을 받으러 오는 염라대왕을 초군문 앞에 적배지를 붙여 붙잡으라고 알려 준다.

염라대왕이 그 길에 오기만을 기다리던 강님이는 염라대왕의 가마가 내려오는 것을 발견한다. 강님이는 사령 행색에 차렸던 홍사줄로 가마를 묶어 염라대왕을 잡는다. 염라대왕은 갑작스런 강님이의 결박을 풀기 위하여 인정을 건다. 염라대왕은 강님이에게 함께 시왕맞이에 가자고 하여 강님이는 굿마당까지 따라간다. 그런데 심방이 시왕만 청하고 강님이를 청하지 않자 이번에는 홍사줄로 큰심방을 결박한다. 죽어가는 큰심방을 보고 신소미가 나서 차사기를 만들고 시루떡을 쪄내어 강님이를 대우하며 시왕맞이에 청하였다. 그제서야 큰심방이 살아난다. 시왕맞이 내내 염라대왕은 변신술로 강님이를 피해 보려고 하지만 번번이 진다. 결국 강님이 등에 내일 모레 사오 시에 김치원님 앞에 내리겠다는 약속을 적는다. 강님이는 염라대왕이 준 흰강아지를 따라 이승으로 돌아온다.

이승에 돌아온 강님이는 어둠 속에 희미한 불빛이 비치는 집으로 가보니 큰부인의 집이었다. 강님이 큰부인은 강님이 옷섶에 꽂아 놓았던 바늘쌈으로 강님이를 확인한다. 강님이가 이승으로 돌아간 날은 강님이의 첫 제삿날이었다. 강님이는 부모 형제들을 불러 모아 그간의 회포를 푸는데, 부모 형제간의 자신에 대한 생각을 들으며 상장례법을 마련한다. 모두 가고 강님이와 큰각시만 남아 잠이 들었는데, 과양생이각시가 그 모습을 보고는 김치원님에게 가서 이른다.

김치원님은 바로 강님이를 잡아 들인다. 강님이는 김치원님에게 등에 적힌 염라대왕의 약속을 보여 준다. 김치원님은 그것을 보고도 강님이를 염라대왕이 올 때까지 옥에 가둔다. 약속한 시간이 되어 염라대왕이 김치원님 앞에 내리는데, 김치원님은 무서워 기둥으로 변신하여 숨는다. 염라대왕은 강태공을 불러 가짜 기둥을 찾아낸다. 염라대왕이 김치원님에게 자신을 찾은 이유를 묻는다. 김치원님은 과양생이각시의 소지 절차에 대한 얘기를 한다. 염라대왕은 그 말을 듣고 마을사람 모두 나와 광청못의 물을 퍼내라고 시킨다. 사람들의 힘으로 안되니 염라대왕은 단물용궁황제국에 도움을 청한다. 그 도움으로 광청못 물을 모두 빼내자 바닥에 버무왕 세 아들의 뼈가 드러났다. 염라대왕이 그 뼈를 모아 놓고 대나무로 후려치니, 세 아들이 살아난다. 염라대왕은 세 아들에게 부모를 찾아가 살라 한다. 또 죽으면 성주풀이에서 삼색꽃으로 상을 받으라고 한다. 염라대왕은 버무왕 세 아들을 살려낸 후에 과양생이각시를 불렀다. 과양생이각시에게 세 아들이 묻은 자리를 파보라 하니 아무 것도 없는 헛봉분이었다. 염라대왕은 과양생이각시에게 죄에 대한 벌을 내렸다. 일곱 총각과 소 아홉 마리를 불러 과양생이각시 몸에 묶고 사방으로 몰아가서 과양생이각시를 잔혹하게 죽였다. 남은 과양생이각시의 몸은 짓찧어서 모기 각다귀로 환생시켰다.

과양생이각시에 대한 일이 끝나자 염라대왕은 김치원님에게 강님이를 함께 부리자고 한다. 김치원님은 강님이의 몸을 택하고 염라대왕은 혼을 빼어 저승에 오른다. 강님이 큰부인은 갑자기 죽은 강님이를 보며 김치원님을 원망하였다. 강님이 큰부인이 강님이를 살아 있는 사람처럼 대하며 집으로 모셔가는 것부터 시작하여 장사 지내는 법도를 하나하나 마련하였다.

저승에 간 강님이는 숯을 씻으며 동방삭이를 기다리다 잡아 들이고 이승차사로 좌정한다. 인간은 처음에는 칠십 고래 팔십 정명으로 세상에 온 순서대로 저승으로 돌아갔다. 그런데 강님이가 까마귀에게 적배지를 맡기고, 배고픈 까마귀가 말고기에 넋이 나가 적배지를 잃어버리게 되었다. 그 잃어버린 적배지는 구렁이가 먹어버렸다. 이러한 내력으로 인간의 죽음에 나이 순서가 없어졌다.

염라대왕은 적배지를 잃어버린 까마귀를 형틀에 놓고 종아리를 쳐서 까마귀 종아리가 까매졌다. 장사 치른 집 방안에 사리살성으로 동이 깨기, 사록을 제초하는 법으로 오곡밥 하기, 솥 엎어 숟가락으로 두드리고 솥과 숟가락을 대문 밖으로 던지는 법 등이 다 그때에 마련되었다.

3. 구연 자료

차사본풀이〉들어가는 말미

〔장구를 몇 번 치다가 말명을 시작한다.〕

〔음영〕 제가[1] 돌고 위(位) 돌아 갑네다. 체서[差使] 난산국 신풀저~[2] 영 헙네다. 삼곡마량(三穀馬糧)[3] 권제[4] 받아 체서님에 위올리곡 난산국드레~[5] 제 ᄂᆞ립서예~.

차사본풀이〉신메움

천앙체서[天王差使] ᄂᆞ립서 지왕체서[地王差使] ᄂᆞ립서 인앙체서[人王差使] 난산국 데명왕체서[大冥王差使] 시관장님[十官長-]

〔음영〕 네려 부동 명왕체서 관장임은

뎁니다.

〔음영〕 월직체서[月直差使] 일직체서[日直差使]

시직체서[時直差使] 난산국 ᄂᆞ립소서.

〔음영〕 전승 궂고 팔제 궂인 삼시왕 부림[6]

멩도멩감체서님[明刀冥官差使-][7] ᄂᆞ립서 뒤에는

〔음영〕 역존명왕(力尊冥王) 종관(從官)

예 명부전(冥府殿)[8]

몸을 받고 삼시왕 십전데왕 몸 받은

〔음영〕 문세[文書] ᄎᆞ지 췌판관[崔判官]

오엑체서 옥항체서님[玉皇差使-] 방나자[9] 저승은 이원ᄉᆞ제[10] 이싱은 강님ᄉᆞ제[11]

---

1) 제 : 좌(座).

2) 신풀저 : 신의 본(本)-본풀이, 내력담-을 풀저.

3) 삼곡마량(三穀馬糧) : 양푼에 담아 올린 세 종류의 곡식. 차사에게 바치는 주 제물.

4) 권제 : 중이 민간인 집집을 돌아다니며 부처께 올리기 위해 받는 쌀이나 금전 따위. 탁발(托鉢). 신에게 바치는 제물을 뜻함.

5) 드레 : 으로. 받침 있는 체언에 붙어서, 행동이 향하는 방향을 나타내는 격조사.

6) 부림 : 삼시왕의 하위 신격인 멩도멩감삼차사를 뜻함.

7) 멩도멩감체서 : 심방을 잡아가는 차사.

8) 명부전 : 불교용어. 지장보살을 본존으로 하여 염라대왕과 시왕을 모신 법당.

이 ᄆᆞ글[12] 신당체서[神堂差使]

본당체서[本堂差使]

〔음영〕 ᄂᆞ립서~. 요 다음엔예 금일 원고(怨苦) 망인(亡人) 안동헌(安同-) 체서예 전세남으로[13] 열명(列名) 영가(靈駕) 안동헌 체서도

몸상(-床)으로[14] ᄂᆞ립서~.

〔음영〕 동경국에 버무왕 난산국 ᄂᆞ립서. 또 금법당(金法堂) 부처 직헌 데서[大師] 법당 직헌 속하니도[15]

ᄂᆞ립서~.

〔음영〕 너머 과양땅 과양셍이

각시우다~.[16]

예~ ᄂᆞ립서.

난산국이 어디며 본산국이 어딥네까.

시주낙형[始祖落鄕]은

과광선(果廣宣) 신풀이

〔음영〕 제 네려 하강

협서예~.

차사본풀이〉본풀이

엿날이라 엿적에

동경국에 버무왕 사옵데니다.

부모 혈속 빌엉 낳은 열다섯 십오 세 이십 스물 넘어사고

삼십 서른 미만에 갈림허여[17] 사는 게 논전답 강전답 좋아지고 수벨캄[首別監][18]

---

9) 방나자 : 박나자. 옥황차사(玉皇差使) 중 하나.

10) 이원ᄉᆞ제 : 저승을 지키는 사자(使者) 이름. 저승길을 관리하는 사자.

11) 강님ᄉᆞ제 : 저승과 이승을 오가는 사자(使者) 이름. 차사본풀이는 강님ᄉᆞ제의 내력담.

12) ᄆᆞ글 : 마을의 잘못.

13) 전세남 : 환자가 위급한 지경에 처했을 때 살려주기를 비는 굿.

14) 몸상 : 의례의 주신(主神)에게 차려놓은 제상(祭床).

15) 속하니 : 절에서 대법사 아랫 사람의 의미로 쓰임.

16) 과양셍이 각시 : 차사본풀이에 등장하는 악인형 인물.

수장남(首長男)[19] 거느려

〔음영〕 부가허고 지가허게 잘살고

초년엣 아들덜 아홉 성제 나건

사녑데다.

〔음영〕 사는디 버무왕

중년 들어산

이리 허난

〔음영〕 낳은 아기 아덜 아홉 성제에 우로 하나 둘 싯 열다섯 십오 세 나는 냥[20] 죽어

무덤 허옵고

알로도 하나 둘 싯

삼 성제 열다섯 나는 냥 죽어

〔음영〕 무덤을 허엿수다 가운딜로 삼 성젠

어떵사 남아근 명 보존 허엿는가 알 수 읏어지나 이레 헙데

〔음영〕 예 버무왕이 이 아기덜 삼 성제 믿어

예 살곡

〔음영〕 금법당 부체 직헌 데서[大師]님은

ᄋᆞ든 팔십 넘어사

〔음영〕 ᄒᆞ를날은

예~

〔음영〕 법당 직헌 속하니 불러 놓고 허는 말이 〔말〕 "야 속하나." "예." "나 살당이 죽영 허거들란 〔음영〕 낭[21] 천 바리[22] 딜여근

17) 갈림허여 : 결혼하여.

18) 수벨캄 : 하인들 중 우두머리. 별감은 사내 하인끼리 서로 존대하여 부르던 말.

19) 수장남 : 건강한 일꾼, 머슴 중의 우두머리.

20) 냥 : 때.

21) 낭 : 나무.

22) 바리 : 마소 한 마리가 등에 실어 나를 만한 무게의 분량. 한 바리는 보통 20단에서 30단 정도를 가리킴.

예~ 불천소웨[23] 시겨근
신체 간 곳 엇이
허여도라."
〔음영〕 영 허여 일러두고 ᄋᆞ든 팔십 넘은 데서님이
얼마 못 살아
〔음영〕 예~ 부처님 연당 알로[24]
하직허여 죽으난
〔음영〕 예 속하닌 데서님
말데로
낭 천 바리 딜여근
데서님 육신 불천소웨 시기고 남은 거 뻬 간 곳 엇이
〔음영〕 술 간 곳 엇이 문짝[25] 허여 두고 법당 직허고 부처님을 으지허여 속하니
살아근 가는데
〔음영〕 ᄒᆞ를날은 예~ 속하닌 오꼿[26] 늦좀 자는 게 복진[27] 안혜도
예~
〔음영〕 데서님이 꿈에 선몽[現夢]
낭게일몽허여[28] 사기를
〔말〕 "야 속하나 너 경 좀만 자면이." "예." 〔음영〕 "어찌 우리 절 당 수리허고
〔말〕 유풍 수문 건이[29] 나겟느냐 지금, 동경국 버무왕이 집을 춪앙 네려가라. 네려강
허민 아덜 아홉 성제 난 잘살단 우로 싯 죽어 무덤 허고 〔음영〕 알로 삼 성제 죽어
무덤 허고
〔음영〕 가운딜로 삼 성젠 어떵사 명 보존 헤엿신디 살아잇는디 이 아기덜토 닐

---

23) 불천소웨 : 불사름. 불천수[一鑽燧].
24) 알로 : 아래로.
25) 문짝 : 모두.
26) 오꼿 : 그만, 완전히.
27) 복진 : (날이) 밝진.
28) 낭게일몽 : 남가일몽(南柯一夢). 제주도 무속에서 꿈을 이르는 관용구로 많이 쓰임.
29) 유풍 수문 건이 : 위품 있고 권위 있는 모습을 표현. 위풍, 소문, 권위 등을 이용한 조어.

모릿날은

ᄉ고전명[30] 마기난[31]

〔음영〕 얼른 일어낭 부처님에 불공허여 두고

동경국 네리라."

〔음영〕 께어난 보난

데서님이 꿈에 선몽 허엿구나.

〔음영〕 꿈에 선몽을 헤엿이난 께어난 예 뻔른[32] 헹첵[33] 속하니

출려근 가녑데이더.

어~

〔음영〕 뻔른 헹첵 출려 부처님에 불공허고, 데서 헹착을 출려 동경국 버무왕이 집을 춫아 네려가는디 어디가 버무왕 사는 집산디 알 수 없어 이 집 저 집

권제 받으레 뎅기단 보난

〔음영〕 버무왕임네 사는 집산딘 몰라도 먼 올레에서[34] "소승은 절이 벱네뎬." 영 허여, 바랑을 치난 버무왕임은

속하니 예 말 소리 바랑 소리 알아들어근

〔음영〕 수벨캄 수장남을 불러 놓고 "우리 먼 올레 어느 절 데서가 온 듯 허니

진 안으로[35] 청허라." 수벨캄 수장남은

버무왕이 말데로

〔음영〕 올레에 나고 보난, 아닐 케 아이라 하늘이 침침헌 철축데[36]

귀ᄃ리[37] 둠쑥[38] 굴송낙[39] 들러씌고

---

30) ᄉ고전명 : 사고정명. 정해져 있는 수명.

31) 마기난 : 끝이난. 끝이니.

32) 뻔른 : 빠른.

33) 헹첵 : 행착. 행색(行色).

34) 올레 : 거릿길 쪽에서 대문까지의, 집으로 드나드는 아주 좁은 골목 비슷한 길.

35) 진 안으로 : '집 안으로'의 의미.

36) 철축데 : 철쭉대. 철쭉나무로 만든 지팡이. 척촉장(躑躅杖).

37) 귀ᄃ리 : 귀노리. 귀 밑으로 내리게.

38) 둠쑥 : 담뿍.

39) 굴송낙 : 중이 머리에 쓰는 고깔. 송낙은 무속 의례에서 쓰는 무복 중 하나.

〔음영〕 금바랑은 웬손 옥바랑은 오른손

잡고 천앙낙훼[40]

둘러 잡아

〔음영〕 아강베포[41] 등에 지언 사 시난, 수벨캄 수장남은 "데서님아, 우리 버무왕님이 진안으로 청허렌 헴수다."

진안느로

속하닌 바랑 치고 염불 치며

〔음영〕 들어가 데천 한간 여릿돌[42] 앞으로 앚아 엎뎌 허며 "소승은 절이

벱네덴." 허니

〔음영〕 버무왕 허는 말이 "야 권제삼문 네여주라." 권제삼문 네여주난 속하니

권제 받고

〔음영〕 일어산 나오젠 허난, 버무왕 허는 말이 "어느 절 데서고, 어느 절 속하니가 뒈겟느녠." 허난 "데서님은 부처님을 직허여 잇고 난 법당 직헌

속하니 뒈여 지여 삽네다."

〔음영〕 "그리 허면은," 버무왕 허는 말이 "오헹팔과[五行八卦]를 집뜰[43] 줄 알며 단수육갑(單數六甲)을 집뜰 줄 알겟느냐?" "예, 오헹팔괄도 집뜰 중 알고.", 속하니는

"단수육갑도

집뜰 줄 알쿠다."

〔음영〕 "경 허면 〔말〕 ᄉᆞ주역(四柱易)도 볼 줄 알겟느냐?" "예, ᄉᆞ주역도 볼 줄 압네다." 〔음영〕 "경 허건," 버무왕 허는 말이 "우리 부부간

ᄉᆞ주팔저(四柱八字)

판단이나

허여 ᄃᆞ라."

〔음영〕 "어서 걸랑 기영 헙서." 하늘 ᄀᆞ른[44] 철축데는 옆으로 놔두고~, 이예

40) 천앙낙훼 : 천왕낙화. 천앙낙훼 금정옥술발은 무구인 요령을 의미.

41) 아강베포 : 중이 권제를 다닐 때 등에 지는 멜빵으로 물건을 담는 천.

42) 여릿돌 : 잇돌. 댓돌.

43) 집뜰 : 잡을, 해석할.

44) ᄀᆞ른 : 가린.

오헹팔
〔음영〕 오헹팔괄
단수육갑 집떠두고
ᄉᆞ주역을 네여 놓아
초장 걷어
초년 판단 허고 보난
〔음영〕 갈림 후에 아덜 아홉 성제 낳곡, 논전답 강전답 좋아지고 수벨캄 수장남 거느려
잘살렌 허엿구나.
〔음영〕 두 번째 걷어 중년 판단은
허고 보난
〔음영〕 어찌 허여 아덜이 아홉 성젠디 우로 삼 형제 명 졸라 죽어 무덤 허렌 허고 알로도 삼 성제 죽어
무덤 허렌 허엿구나.
가운딜로 삼 성제 살아 잇이난 좋고두고[45] 또 나쁜 ᄉᆞ주 팔제로다.
〔음영〕 또 제삼 장 걷어 말년을 걷언 보난
예~ 게~
〔음영〕 닐 모릿날은 데서님 꿈에 선몽헌 데로 아덜 싯 삼 성제~, 죽어 무덤 허민 망년[妄靈] 들어
무요헐[46] 팔저 ᄉᆞ주 뒈여 지여 삽데다.
이리 허여
〔음영〕 또 다시 예~ 속하닌 오헹팔괄 단수육갑 ᄉᆞ주역 다 봔 〔말〕 "버무왕님." "웨?" 〔음영〕 "어떵 허여 초년(初年) 팔저는 야 더 이보다 더 좋은 팔저가 엇수다." "어찌 좋덴 말이겟느냐?" "갈림 후에 초년에 아덜 아홉 성제 낳고 논전답 강전답 좋아지고
수벨캄 수장남 거느리어~

---

45) 좋고두고 : 좋고도.
46) 무요헐 : 무후(無後)할.

〔음영〕 잘살렌 허엿수다." "경 허민 중년(中年) 팔잔 어찌 허겠느냐?" 또 버무왕이 들으난 "좋고두고 나쁘우다." "어떵히 좋고두고 나쁘닌?" 허난 "아이구 어떵 헤여 아들덜 아홉 성제예 우로 싯 죽어 무덤 허고 알로 싯 죽어 육 형제

무덤헌 점꽈가 나오람수다."

〔음영〕 "그리 허겠느냐? 게면 말년(末年) 팔저는 어찌 허겟느냐?" "말년 팔저는 한갑[還甲] 넘어 예순 여섯 후에 이 아기 예~ 곧기에 미안허고 줴송헙네다. 다시 볼 참 엇우다." "건 무신 말이 뒈겟느냐?" 버무왕이 말을 허난, "이 아기덜 안즉 삼 성제 살안 남아 잇수다마는 허뒈 닐 모릿날은~ 이 아기덜토 이싱 록이[47] 떨어지고 저싱 원불 뒈어-, 무요허렌 헌 말년 팔저우덴." 허난

버무왕님 허는 말이

〔음영〕 "아이고 이 중아 저 중아 우는 가슴 말 팍듯[48] 그런 말

허지 말라."

〔음영〕 속하닌, "아이고 버무왕님 거 무신 소리꽈? 난 오행팔괄 집뜨고 단수육갑 집뜨고 ᄉᆞ주역을 보아 예 화주역(畫周易)[49] ᄉᆞ주역 보아 첵에 써진 데로 그려진 데로 판단을 헴수다." "너 우는 가슴 말 팍듯 죽을 점은 잘 허는디 이 아기덜 삼 성제

명지장단(命之長短) 살아날 점 헐 수가 없겟느냐?"

〔음영〕 "무사[50] 저욱 죽을 점 허는 사람이 살 점 못헙네까?" "그리허면 어찌 허민 이 아기덜~ 명지장단 살아나 부모 죽어 몽상(蒙喪)[51] 씨어 삼 년

공 가펴[52] 사겟느냐?"

〔음영〕 버무왕이 말을 허난 속하닌 "예, 아무리 양반이 집이 ᄌᆞ식이우다마는 허뒈, 데공데단[53] 드는 고칼로~

머리 삭발 시겨 놓고

---

47) 이싱 록 : 이승의 녹명(祿命), 즉 수명.

48) 우는 가슴 말 팍듯 : 우는 가슴에 말뚝을 박아놓듯 심한 말을 하는.

49) 화주역 : 주역의 효사(爻辭)를 풀이하여 그림으로 나타낸 책.

50) 무사 : 왜.

51) 몽상(蒙喪) : 상복을 입음.

52) 가펴 : 갚어.

53) 데공데단 : 대홍대단.

〔음영〕 예 이 아기덜 금법당 들어강 연삼년 법당 종설[54] 허민 없는 명복(命福)을 잇일[55] 듯

헙네다.”

〔음영〕 “잇일 듯 허난?” “예 경 헐 수 잇수과.” 영 허여뒁 이젠 속하닌 철쭉데로 올레 밧겻 나가 그믓[56] 긋어 절간 법당 문뚱ᄁ지[57]

들어가근

부처님에 간논 불공 허여 두고

〔음영〕 동경국 버무왕은 “아이고 이 아기덜로 걱정 근심허고 죽으켄 허난~, 얼굴이 세파랑헌 게

다시 볼 즘

없어지고

〔음영〕 아기덜 삼 성젠 놀단인가 서당에 공분가 간 돌아오멍 보난 아바지 얼굴도 페랑[58] 어머니 얼굴도 페랑 이아 아바지 어머니 살아남직헌 기섹이

아니로구나.

〔음영〕 아들덜 삼 성제 허는 말이 〔말〕 “아바지.” “무사?” “어머니.” “무사?” “죽은 아기 생각 말앙 우리 생각헙서.”

〔음영〕 아이고 아방 어멍 데답허기를 “느네덜 삼 성제

생각허는 게,

〔음영〕 예~ 게 걱정 근심 뒈어진다.” 아바지 어머니 허는 말은 “우리 ᄀ는 말 들을 수 잇이냐?” 〔말〕 “아이고 아바지 어머님 무신 소릴 헴수과?

하느님이 허는 일

〔음영〕 어찌 거역헐 수 잇수과?” 〔말〕 “기영 허면이.” 버무왕은 “느네덜 삼 성제 이제 데공데단 드는 고칼로

머리 삭발 시겨근

54) 법당 종설 : 법당 종사를. 절에서 수명을 비는 기도를 하는 일.

55) 잇일 : 이을.

56) 그믓 : 금. 선.

57) 문뚱 : 무뚱. 처마 밑에 신발 따위를 벗어놓는 곳.

58) 페랑 : 퍼렇게 질린 상태를 말함.

〔음영〕 좀자당 닐 모릿날 아침이랑 께와 주거들란 동게남 상중절~ 서게남 은중절~ 예 부처님 축앙 강 연삼년 살앙 와질 티야?" 〔말〕 "아이고 아바지 어머니 그런 말 허지 맙서. 우리가 데가 뒈믄 어찌 소가 뒈믄 어찌 명지장단 살아낭 아바님 어머님 ᄋ든 팔십

넘도록 살앙

〔음영〕 벨진기 녹이

떨어지면

〔음영〕 예 몽상 씨어 공 가프는 게 ᄌ식이 도레우다." 〔말〕 "경 허냐?" 〔음영〕 그떼옌 버무왕님이 지꺼지언[59] 아들덜

삼 성제

예~

〔음영〕 데공데단 드는 고칼로

머리 삭발

시겨 갑데다.

〔음영〕 시겨 놓고 ᄃ신[60] 안방에 둘안[61] 간 눅져[62] 좀을 제와두곡 버무왕과 버무왕 각시 부부간은 이 아기덜 원불수룩[願佛水陸] 가는디

왕레노수(往來路需) 차비 마련을 허여 주저

은기(銀器) 놋기[鍮器]

벡비단(白緋緞)

〔음영〕 석 짐을 딱 꾸려~, 예 닐날[63] 모릿날 아침이믄~ 금법당을 보네젠 허단~, 예 버무왕 네웨간은 좀도 아니 자고 근심으로 ᄀ만 서 보난 초경 넘고 이경 넘고 지픈[64] 밤

야사삼경 넘어사고

59) 지꺼지언 : 기꺼워.
60) ᄃ신 : 따뜻한.
61) 둘안 : 데리고.
62) 눅져 : 눕혀.
63) 닐날 : 내일.
64) 지픈 : 깊은.

〔음영〕 예 게 고넹이[65] 줌이 들고 조왕할망도[66] 예 데서가 오랑 가는 것도 보앗인디 줌이 들언 콧소리 치엄구나.[67]

영 허여근

〔음영〕 자는 애기덜 문짝 께와 은기 놋기 벡비단 석 짐 네놓고, 예 문전(門前)으로 하직 부모 하직 인설[68] 허고~, 하늘 줄른 철쭉데 그믓을 보며 금법당 도올라

갑~데다–.

〔음영〕 도올라 간 후에

또 이전[69]

〔음영〕 닐 모리엔

헌 날은

〔음영〕 버무왕 집이 아들 삼 형제 잡피전

삼체서가 네렷구나.

〔음영〕 동서(東西) 퍼짝[70] 동네 문 촟으레 뎅기단

문촟이난

〔음영〕 집이도 엇어지고 헌데, 삼처서가 조왕할망신디 들어간 "이 집잇 아들덜 어디 갓수겐?" 허난 "아이구 모루쿠다, 오늘양?" "어." "체서님네가 오민 아들 시 성제 읏으켄 허네 어느 금법당 부처 직헌 데서가 오란 일러뒨 간 지 후제 엇치냑사[71] 가멍 그지께 저냑사 가멍 나도 잠깐 눈 꼼안[72] 좀 들어분 사이에 읏어지엇수다."[73]

영 허난~

〔음영〕 금법당 갓젠 헤연 체서는 예 조왕할망은 소두리허난[74] 체선 알아들언

---

65) 게 고넹이 : 개 고양이.
66) 조왕할망 : 부엌의 수호신.
67) 콧소리 치엄구나 : 코 고는 소리를 내는구나.
68) 인설 : 인사를.
69) 이전 : 이제는.
70) 퍼짝 : 번쩍.
71) 엇치냑사 : 어제 저녁에.
72) 꼼안 : 감고.
73) 읏어지엇수다 : 없어졌습니다.
74) 소두리 : 남이 한 이야기를 전해서 말함. 고자질.

금법당엘 가는디 법당은 혼 반디만[75] 부처님 모삿시리야~ 멧 밧디 모사노난
그디 저디
〔음영〕 이 법당 저 법당 춫으레 뎅기도 춫일 수
없어지어
〔음영〕 시간은 넘으난 삼처서는 옥항 저싱드레
도올라불곡
〔음영〕 이 아기덜은 금법당에서 부처님에 불공 허멍
연도 삼 년 사는 게
〔음영〕 절과 당 수리가 아이 뒈난 그 떼엔 버무왕 아들덜
삼 성제이굿
〔음영〕 속하니 불러 놓고 허는 말이 "데서님아." 〔말〕 "무사?" 〔음영〕 "아이고 우리 연삼년 법당 종서 부처님 불공을 허여도 명복도 잇엇주만은, 명복 잇어준 은혤 가파뒁 갓다꿔 오께." "기여." "권셋문(權勢門) 율아 줍서."[76]
예 권셋문 율아 주난
〔음영〕 예 삼 성제가 속하니
헹착 출려
〔음영〕 초로 인생 사는 고단을[77] 네려오고
집집 호호 방문 권제를 받으레 뎅기다근
〔음영〕 삼 성제가 다리 종에[78] 아파지언 예 팡돌[79] 우이 쉬어 앚는디 큰성이 동쪽드레 베려보난 초셍 반달이 떠오람습데다~. 한탄 놀렐[80] 허는 게 "저 둘은 높이 떵 우리 집도 보곡 부모 얼굴도 진연상봉[親緣相逢]
허염주마는
이리 허뒈

75) 반디만 : 곳에만.
76) 율아 줍서 : 열어 주십시오.
77) 고단 : 고장. 곳.
78) 종에 : 종아리.
79) 팡돌 : 말을 타고 내리거나 짐을 지고 부리거나 할 적에 대(臺)가 되게끔 놓인 넓직한 큰 돌 따위.
80) 놀렐 : 노래를.

〔음영〕 우린 연삼년이

뒈어지네.

〔음영〕 어는 제민 집도 보곡 부모님 얼굴도 보리." 큰성이 아시덜[81] 보고 허는 말이 "설운 나 동싱덜아 집 생각 부모 생각 아이 나커냐? 아이 남시냐?" 영 허난 "아이고 설운 성님아 경 헌 말 허지 맙서. 유월 영청[炎天] ᄌ작[82] 한더위 물 기려운[83] 건 뜨어나 먹건만 그거보다 집 생각 부모 생각 더 간절허여집니덴." 일러

삽데다예-.

〔음영〕 일러서난 "오라 우리 법당에 올라가게." 삼 성제가 법당에 올라간 권제 받은 건 부처님에

올려 두고

〔음영〕 속하니앞이[84] 간 〔말〕 "데ᄉ님." "무사?" "우리 법당 하직시겨 줍서." "야 건 무신 말이니?

연삼년만

더 살당 가라."

"일 년도 몬 살겟십네다."

"일 년만 더 살앙 가라~." "경 헌 소리 맙서. 석 둘도 못 살쿠다."

"석 둘만

더 살당 가라."

"단 사흘도 못 살쿠다."

〔말〕 "무사? 무신 일이니?" 〔음영〕 "아이고 우리 이 법당에 명복 잇이레[85] 온디 연삼년 데엿신디~, 저 둘은 높이 떵 우리 집도 보곡 우리 부모님도 보건만

예 우린 어는 제민 집도 보곡

부모도 봅네까? 유월 영청 ᄌ작 한더위

〔음영〕 물 기려운 건 떠나 먹건만 그 보다 부모 생각 집 생각 더 남수덴."

---

81) 아시 : 동생.

82) ᄌ작 : 자작한. 잦아들어 적은.

83) 기려운 : 그리운, 목 마르다는 의미.

84) 앞이 : ~에게.

85) 잇이레 : 이으러.

일러갑데다예ㅡ.

일르난

〔음영〕 아이고 속하니 "게거들랑이 닐라근에 집도 강 보곡 부모님 얼굴도 상봉헹 오라." 아이구 그 뗀 버무왕이

아들덜 삼 성제가

지꺼지언

〔음영〕 줌도 아니 오고 어는 제민

이 날 세영

닐 아침은

부처님에 불공허여 두곡

집도 보곡

〔음영〕 부모님 얼굴 진연상봉허렌 영 허여근

예~

기달려 갑데다.

〔음영〕 기달려 가는디 아닐 케 아이라 그날 밤 먼동 금동 데명천지 붉아올 적에 또로 데서님이

속하니에 선몽

허여간다.

〔말〕 "잠시냐?" "예 잠수다." "닐 아침에 버무왕이 〔음영〕 아들덜

예~ 집에 보넬 적에

〔음영〕 올 떼 지언 온 거 은기 놋기 벡비단

또 이전

〔음영〕 석 짐을 다 네여주멍, 가당 시장허기 버치는 디가

있어질 거난

〔음영〕 그 디 가그네 또로 식은 밥에 물제미[86] 사먹곡 물제미 사먹엉 은기 놋기로 차비 허영 집도 강 보곡 부모님 얼굴도 진연상봉헹 오렝 일르라." "예."

께어난 보난

86) 물제미 : 물에 만 밥.

〔음영〕 속하닌 데서님 선몽이고 날은 세엿구나. 세연 허난 이에 연주단발[87] 속하니 신연벡물허여[88] 부처님에

불공 올려 갑데다.

〔음영〕 불공 끗나난 버무왕이 아들덜 삼 성젠 부처님에 선신[89] 헨 집에 강 오쿠다 인사헤 두고~, 또로 속하니앞이도

인설 허고

〔음영〕 올레로 나오젠 허난 〔말〕 "야이 야덜아." "예." 하난 "느네 올 떼도이." "예." "이거 지언 온 거 〔음영〕 갈 떼도 지엉 가멍 가당 만약에 갈 길이 멀어부난 시장 허기 버쳥[90] 식은 밥에 물제미 사먹으레 들어강 나올 떼에 공이[91] 먹지 말앙. 이걸로 이에 식은 밥 물제미 값 물어뒁 오라."

"어서 걸랑 기영 헙서." 데서님 말데로

〔음영〕 속하닌 은기 놋기 벡비단 짐을 문짝 네여줍데다.

네여주언 이리 허여

〔음영〕 네려오단 과양땅 짐칫고을 건당허여[92] 가난

아닐 케 아니라 아하~ 삼 성제가 시장기 나간다.

〔음영〕 식은 밥에 물제미 사먹으레 들어가는 건 울담도 놉직허고 올레 이문간도[93] 큰디 "이엣 이거 부젯칩 닮수다. 성님 강 옵서."

어서 걸랑 기영 허라 큰성이 들어간

〔음영〕 "미안헙주마는 식은 밥에 물제밀

풀아줍센."[94] 허난

〔음영〕 과양셍이각시년 서방도

죽어분 년~.

---

87) 연주단발 : 전조단발(剪爪斷髮). 손톱을 깍고 머리를 자름.

88) 신연벡무 : 신연백모(身瓔白茅). 근신하는 뜻으로 좋은 옷을 벗고 몸에 흰 삘기를 두름.

89) 선신 : 현신(現身). 아랫사람이 윗사람에게 예를 차리는 일.

90) 버쳥 : 버치어, 힘이 들어.

91) 공이 : 공짜로.

92) 건당허여 : 근당하여, 가까이.

93) 이문간 : 집의 입구에 대문 곁에 있는 집채. 문간채.

94) 풀아줍센 : 팔아줍센.

〔음영〕 홀로 살멍 구들에[95] 앚앗단 창문 영 올안 문 트멍으로[96] 보멍 "아이고 오늘 제수 다 바쪄

식전 아침부떠

예 중이 오랏고나."

〔음영〕 식은 밥에 물제미 안 풀아주고 수벨캄[首別監] 수장남(首長男) 불러 예 큰성 귀 잡아 훈두르난[97] 저 마당에 너부[98] 닥닥이[99]

엎뎌지어 간다.

못네 일어나

〔음영〕 또 큰성 아니 오난, 족은 아시가 〔말〕 "셋성[100] 강 옵서." 〔음영〕 셋성도 간~, 예 과양셍이각시년 예 수벨캄 손에 셋성도 마당에 네비쪄 부난 너부 닥닥

엎뎌지어 간다.

〔음영〕 또 족은 아신 성님덜 아니 오라가난 들어간 보난 성님덜 마당에 넙쎄기[101] 엎뎌지고 식은 밥에 물제미 또 족은 아시가 풀아도렌 허난 과양셍이

각시년

〔음영〕 수벨캄 수장남 불러 족은 아시꺼정 귀 잡아 훈둘리젠 허난, 족은 아시는 수벨캄 수장남 과양셍이각시년 보고 허는 말이 〔말〕 "우리 본레 중이 아니우다.

단명허덴 허난

〔음영〕 없는 명복을 잇젠 금법당 부처님신디[102] 간

오람수다.

〔음영〕 식은 밥에 물제밀 아니 팔아주민 말주. 이럴 수가 어디

잇수가?"

〔음영〕 영 허멍 성님들 일련[103] 나오젠 허연

---

95) 구들에 : 방에.
96) 문 트멍으로 : 문틈으로.
97) 훈드르난 : 휘두르니.
98) 너부 : 넓적하게 엎드려.
99) 닥닥이 : 덜덜. 춥거나 무서워서 몸을 몹시 떠는 모양.
100) 셋성 : 둘째 형. '셋'은 '둘째'의 뜻으로 쓰이는 접두사.
101) 넙쎄기 : 납작하게.
102) 부처님신디 : 부처님께.

예 올레 밧겻

〔음영〕 나오란 지연[104] 가는 건 보난 ᄒᆞᆫ 짐썩 잔뜩 지엿구나. 그 때에 과양셍이각시년 도독이 ᄋᆞᆷ치가[105] 나

갑데다예~.

〔음영〕 도독이 염치가 나고 앞으로 간 양팔 가로막아 산 "이 어른덜아 저 어른덜아, 미안하우다 줴송허우다 나 잘못헷수다.

나 잘못허엿수다."

〔음영〕 그때 넨 말 두고 옛날 아기 낳앙 열다섯 십오 세, 못 넹경 죽어가가난 전싱 궂고 팔제 궂인 심방칩 예 불도할망칩

ᄎᆞᆽ아강

〔음영〕 아닌 부모 부모 상경 열다섯 십오 세ᄁᆞ지 놈이[106] 부모 덕에 전싱 궂인 부모 덕에 팔제 궂인 애기 ᄌᆞ순이뎅 헤연 간 디마다 빌어줭 허면 명복 잇엉 열다섯 넘어, 예 신충[107] 벳겻디

네엿[108] 이녁 부모예[109]

〔음영〕 셍저(生子) ᄎᆞᆽ아 가기법도 마련허고, 예 과양셍이각시년 호탕헤 그만, 저 낭간 우이 간 삼 성제가 앚으난 식은 밥에 서리 짐치 걸치고 수꼬락[110] 시 게 놓고 헤연 식은 밥

물제미 허여 주어

〔음영〕 그거 먹곡 빈 그릇 물리젠 허난, 미안헤연 빈 그릇 물릴 수 엇고 족은 아시가 허는 말이 "성님덜 은기 ᄒᆞᆫ 불썩 네 놉서, 놋기 ᄒᆞᆫ 불썩 네 놉서.

은비단 벡비단

103) 일련 : 일으켜 세워.

104) 지연 : 지어.

105) 도독이 ᄋᆞᆷ치가 : 도둑의 마음이. 도둑질을 할 마음이.

106) 놈이 : 남의.

107) 신충 : 신충애기, 아기가 자주 앓을 경우에 무사히 자라기를 바라는 뜻으로 몇 해 동안 심방의 자식으로 삼는 습속에서 그 아기를 가리키는 말.

108) 벳겻디 네엿 : 벗겨 내어. 벗기어.

109) 이녁 부모예 : 자기 부모에게, 친부모에게.

110) 수꼬락 : 숟가락.

석 자썩 끊어 넵서."

은기 놋기

예 벡비단 네여 노와근

〔음영〕 과양생이각시년앞이 예 밀리난 "생전 날에 아니 보아난 이 물건이로구나." 아이 봐난 물건이난 과양생이각시년은 버무왕 아들덜앞이 "이건 뭣이엥 허곡 이건 뭣이엥 헙니껜?" 허난

문저[111] 주는 건

은깃징 네여 준다.

두 번째 주는 건 놋깃징

〔음영〕 네여주고 제삼 번쩬

여허근

데공데단 이헤

〔음영〕 아니우다. 예 벡비단을 석 자썩 끊어논 거 주난, "이건 뭣이엥 헙네까?" "이건 아무 디 서나 아니 낫고 동경국(東京國)에서만 나는 예 벡비단옌

헌 거우다."

〔음영〕 그뗀 과양생이각시년 점점 점점 아이고 도독이 욕치가 들어간다. 도독이 욕치가

들어가는디

〔음영〕 "이 좋은 물건을 앗아 뎅기당[112] 도중에서 부랑자 깡페 만낭 돈 일르는[113] 것사 막무간 아이주만은 허뒈 저 어룬네 삼 성제 야 좋은 멩지 목숨ᄁ지 일르민 어떵 허쿠가? ᄃ신 방에 오란양 누엇당 닐 아침이 세벡이 께와주건 ᄃ슨 밥 먹곡 또 가는 길을

ᄎ아 다녑소서."

〔음영〕 그 말도 들언 보난 닮아 뷁연 버무왕이 아들덜

삼 성제는

111) 문저 : 먼저.

112) 앗아 뎅기당 : 가져 다니다.

113) 일르는 : 잃는.

〔음영〕 예 과양생이각시년 뒤똘라 안방 드신 방 술짝한[114] 디
가 눕져 제와 갑디다.
〔음영〕 눕져 제와 가멍 또록 큰 솟띠[115] 장작 바리나 디련[116] 불 살라 인정[117] 냥건 청동(靑銅) 화리[118]에 담아다 놓고
또 다시
〔음영〕 쉐질매[119] 아레 도금착[120], 물 적젼 큰 솟강알에[121] 깍[122] 찔런 연기난 팡팡 네오멍 고암약주[123] 딸련 흔 잔썩 간 자는 애기덜 싯 께완 멕여 노난
아이고
〔음영〕 버무왕이 아들덜 삼 성젠
무정눈에[124]
좀이 듭데다.
〔음영〕 좀이 들고 또 과양생이각시년 삼 년 묵은 춤지름[125] 꿰아단[126] 양 귀르레[127] 흔나썩 질어부난[128], 어멍도 못 보고
집도 못 보고
과양생이각시년 손땅에[129]
〔음영〕 죽어 가고 뒷날 아적 수벨캄

114) 술짝한 : 살짝한. 조용한.
115) 솟띠 : 솥에.
116) 디련 : 들여.
117) 인정 : 불이 이글이글 붙은. 잉걸불.
118) 화리 : 화로.
119) 쉐질매 : 소 길마. 소 등에 얹혀 놓고 짐을 나르던 도구.
120) 도금착 : 안장.
121) 솟강알 : 솥 밑. 아궁이.
122) 깍 : 총.
123) 고얌약주 : 고암닥주. 탁주(酒).
124) 무정눈 : 졸려 눈빛이 흐릿한 눈. 정기(精氣)가 없는 눈.
125) 춤지름 : 참기름.
126) 꿰아단 : 끓여서. '꿰다'는 끓다.
127) 귀르레 : 귀에.
128) 질어부난 : 따라버리니.
129) 손땅에 : 손에.

수장남 불러건

〔음영〕 예 "언치낙[130] 온 손임덜 죽은 것 닮다. 저것덜 어디 놈 모르게 예 왓당 드리쳐 동 오렌." 허난 수벨캄 수장남은 바지게[131] 네놓고 거죽테기[132] 네놓고 놈 모르게 거죽테기에 톨톨 싼 바지게 노완 지언

광청못디 가

〔음영〕 디리쳐 두고 오랏수다. 오란 "어치낙[133] 번 거 갈라 네렌." 허난 "고만 시라. 혼 메칠 잇당이 나 광청못디 강 빵 아무 표적 엇이믄 어치낙 번 거 갈라주마." "어서 걸랑 기영 헙서."

일럿고나.

〔잠시 휴식을 청한다. 〈흐끔만 지체헤십서. 밥 먹어부난 오모숭이 뽕뽕허연 말 하영 못 골으쿠다. 요 커피 날 흐끔 주민 조켜.〉 조사자가 커피를 가져간다. 〈고맙습니다.〉 잠시 쉰다.〕

〔다시 장구를 치기 시작한다.〕

〔음영〕 이제옌 예 과양셍이각시년이, 수벨캄 수장남 간 어떵 데껴동[134] 왓인디 모르난 놈이 알카 예 송동 바구니에 헌 주럭[135] 하나 담고 물막게 놓고 물 물 멕이곡 세답하레 가는 첵 허연

예 물 이껀

광청못디 간 바려보난

〔음영〕 아무 표적이 읏어지고 물은 물 먹젠 주둥이 데담 예 앞발을 닥닥 지어가난[136] 물 물 멕일 떼나 쉐 물 먹일 먹을 떼에 앞발 지믄 그 물에 뭣이 씨연[137] 앞발도 짓는 법 마련허고 또 과양셍이각시년은 경 헤도 예 어디 커시카부덴[138] 물팡[139] 우이

---

130) 언치낙 : 엊저녁.

131) 바지게 : 발채를 얹은 지게.

132) 거죽테기 : 거적테기. 거적데기.

133) 어치낙 : 엊저녁.

134) 데껴동 : 던져 놓고. '데끼다'는 던지다.

135) 주럭 : 닳아서 떨어진 옷 따위.

136) 지어가난 : 쳐가니, 발길질을 하여가니.

137) 씨연 : 있어서.

138) 커시카부덴 : 잠겨 있을까 보아.

간 ᄌ짝 앚안 쑥 돌아보는디 또 난데 엇이

요왕 황제국에선

〔음영〕 "어느 누가 명녕 받아 우리신디 오란딘?" 허난 버무왕이 아들덜 삼 성제 혼정으로 "누게 멩녕이라 헐 수 잇수가? 우리 금법당 부처님에 원불수룩 드리레

간 오단

〔음영〕 베고판 과양생이각시년 집이

예이예~ 들어간

〔음영〕 식은 밥에 물제미 얻어 먹고 또로 ᄃ신 밥 얻어 먹엉 집을 촟아 가젠 헌디 오꼿 과양생이각시년 손에 죽언

오랏십네다."

"아이고 설운 애기덜

〔음영〕 이것도 금법당 부처님 덕이로구나. 요왕황제국 덕이로구나. 느네덜이

죄 엇은 애기덜

〔음영〕 이예 삼색꼿으로 도환생

시겨주거들란

〔음영〕 나강 원수 풀이 허라." 예 ᄃ물[140] 용궁에서 예 삼색꼿으로 도환생 허여 보넨 걸 과양생이각시년 욕심 나 툳아 앚언 바구 담안 집이 오란 큰 이엣[141]

상깃도에[142]

뒷문전에

앞문전에 걸어

〔음영〕 또로 예 과양생이각시년 앞으로 나가자면 앞살장[143] 문전에서 뚱겨가

틀억[144] 가곡

139) 물팡 : 허벅에 물을 져다가 부려 놓기 좋게 길고 넓적한 돌을 양쪽에 세우고 그 위에 또 넓적한 돌을 가로로 올려놓아 반반하게 한 것.

140) ᄃ물 : 단물. 담수(淡水).

141) 이에 : 기와.

142) 상깃도 : 마루방과 큰방 구들 사이의 입구.

143) 앞살장 : 앞살쩍. 앞살작. 관자놀이와 귀 사이에 난 머리털. 빈모(鬢毛).

144) 틀억 : 뜯어.

〔음영〕 뒤흐로 나가젱 허민

뒷문전에

돌아멘 꼿트로

〔음영〕 예 뒷살작 틑어 가곡 아이고 예 그레저레 상깃도에 건 꼿은 살작을 막 허운데기[145] 문 앞뒤로 문 허데겨

풍쳐 가난[146]

〔음영〕 "이 꼿 저 꼿 곱긴 곱다만은."

영 허데

〔음영〕 "헹실머리 궤씸헌 꼿 주인 모른 꼿이엔." 허멍 복복 복복 틑어단 예 정동 화리에[147] 벡단[148] 숯불

피와논 디

〔음영〕 질어부난 볼써그라 또

어허근

〔음영〕 삼섹 구슬로 도환승[149] 시겨가고 동넷 할망은 불 인준 오란 "아이고 요 상전임." 〔말〕 "무사마씀?" "불 인준이나 ᄒᆞ끔 헤여도렌." 허난 "불 우리집에 숨아난 디 오렛수다만은 어젯날꺼정은 정동 화리에 숯불 신 거 닮안게 강 봅서 시냐." "경 허쥬."

들어간 보난

〔음영〕 정동 화리 젓으멍 불 인준 허단 보난

삼섹 구슬 나온다.

〔음영〕 불 인준 허고 삼섹 구슬 봉간[150] 나오는디 "불 십데가?" 과양셍이 각신 허난 〔말〕 "응, 불 시언. 불 인준 헷주만은이 어떠현 구슬 시어 나 구슬 봉간 나오람

145) 허운데기 : 머리털. 〈허웅애기본풀이〉에 나오는 이야기에 근거한 관용구. 어린 딸아이를 두고 일찍 죽은 '허웅애기'가 딸 아이들을 돌보기 위하여 저승과 이승을 오가는 본풀이로 '허웅애기' 딸들의 머리가 부시시하고 헝클어져 있는 모습을 따서, 머리가 풀어 헤쳐지거나 단정하지 못할 때 하는 말.

146) 풍쳐 가난 : 풀어 헤치니. 어지럽히니.

147) 정동 화리 : 청동 화로(火爐).

148) 벡단 : 백탄(白炭).

149) 도환승 : 환생(還生). '도'는 다시의 뜻으로 쓰이는 접두사.

150) 봉간 : 주워서.

서." "어느 거우꽈?" "요거."

북기[151] 빼어 앗안

〔음영〕 과양셍이각시년 손에 놓안 아들애기 동글동글 뚤애기 동글동글 허멍 놀리단, 예 어느 보금지에라도[152] 놋으믄 허지만은 입드레 톡하게 노안 입에서 세록 그레 저레 동글동글 둥그려 가는디 얼음 녹듯 구름 녹듯

ᄉ르륵허게

녹아지어근 이허

〔음영〕 녹아지고 예 목 알르레 네려가난 서방 죽어 엇인 년이 홀어멍이

난데 엇이

〔음영〕 ᄒᆞᆫ 둘 두 둘 석 둘 열흘 벡 일

넘어가난

〔음영〕 벡장 동티[153] 나지고 아호 열 덜

준삭 차

〔음영〕 낳는 게 어디로 나신딘 모르쿠다.

영 헌디

어허어허허

〔음영〕 예, 아들 싯 난 아이고 이 아기덜 예 서데구덕[154] 헤 제우멍 홍그는디[155]

노는 것도

글소리여

자는 것도 글소리여

〔음영〕 이 아기 일고 ᄋᆢ돕 술 나가난 글 공비[156] 활 공비

제주 공비 보네져

---

151) 북기 : 무엇을 말끔하게 없애는 모양.

152) 보금지 : 지갑.

153) 벡장 동티 : 벽장 동티. 성관계로 일어난 동티.

154) 서데구덕 : 아주 가늘고 긴 대[竹] 오리로 엮어 만든 큰 바구니. 적은 양의 물건을 넣어 여자들이 허리에 끼고 운반해 다님.

155) 홍그는디 : 흔드는데.

156) 공비 : 공부.

〔음영〕 제주 공비 보네여 열다섯

십오 세 나 간다.

〔음영〕 야 과거 잇젠 허난 "과거 갈쿠다."

과걸 보네고

〔음영〕 큰아덜도 장원급제 셋아덜도[157] 장원급제 족은아덜[158]

삼 성제가

〔음영〕 〈무신 과건처른[159]

모르쿠다.〉

〔음영〕 과거 허고 앞에 선봉대장 뒤에 후봉대장

좌우돗

〔음영〕 벌련독게[160] 가메 둘러 탄

너리는디

〔음영〕 과양셍이 각신 불림질[161] 동산에서 불림질 허단

피리동저 옥동저

〔음영〕 검은 구슬이 와라지라

나갑데다.

〔음영〕 솔펴 보난 과거 허연

오람구나.

〔음영〕 과거 허연 오람시난 "어느 집엔 산천 좋앙 애기덜 과거 형 오고 우리

아기덜은

〔음영〕 어느 누게 손 땅에 죽언 못오람신가. 저녀리 것덜또 이 날 이 시간에 야고 맞으나 존등머리[162] 시꺼꺼정[163] 뒤어져불라, 죽어불라, 데싸져불라."[164] 휘욕 만발

157) 셋아덜 : 둘째 아들.

158) 족은아덜 : 막내 아들.

159) 과건처른 : 과거인지는.

160) 벌련독게 : 鳳輦獨轎. 봉연(鳳輦)은 임금이 타던 가마이고 독교(獨轎)는 말이나 소 한 마리가 끄는 수레를 의미.

161) 불림질 : 곡식을 체로 불리는 일.

162) 존등머리 : 잔등이.

163) 시꺼꺼정 : 꺾어져.

허는디[165)]

이엣 아덜 싯 탄 가메

〔음영〕 이녁 집드레 후르르허게 들어가가난 불림질 동산에서 과양셍이각시년

불림질 허당

〔음영〕 그떼엔 "예 우리집이 산천 조난[166)] 나 아덜

삼 형제 낳고

〔음영〕 아들덜 삼 성제 글 공비 활 공비 제주 공비 시겨

에헤 에헤근

〔음영〕 과거 득송 허엿젠." 허멍 웬손에 예 오른손엔 좀팍[167)] 들르고 웬손에 치메깍[168)] 웨우[169)] 둘러단 앞드레 둥겨 노멍 "얼씨구 좋다, 절씨구 좋다. 우리집 산천 조난 우리 나 아덜 싯 낳고 과거 현

오랏구나."

〔음영〕 집이 가난 아덜덜 시 성젠 〔말〕 "어머님." "무사?" "우리 어디 덕이우꽈?" 〔음영〕 "터신이 덕이우다. 물로 신장

덕이우다."

〔음영〕 "예 산천제 지네쿠다.

문전제

〔음영〕 문전으로 발원 헷수다.

문전제 지네쿠다."

〔음영〕 말 허난 과양셍이각시년 "어이구 설운 애기덜, 터신제 문전제 산천제 지넨 건 좋다마는 허뒈, 느네덜 싯 과거 형 오는디 동네 ᄆᆞ을 면에서 무신 과걸 허영 온 줄

알겟느냐?

---

164) 데싸저불라 : 뒤집혀 버려라.

165) 휘욕 만발허는디 : 후욕 만발허는디. 심한 욕을 마구 하는데.

166) 산천 조난 : 산천이 좋으니. 산천은 조상의 묏자리 또는 그로 인해 돌아오는 좋은 운.

167) 좀팍 : 솔박. 나무를 둥그스름하고 납죽하게 파서 만든 작은 바가지 비슷한 그릇.

168) 치메깍 : 치맛자락.

169) 웨우 : 왼편. 왼쪽.

〔음영〕 과거 열명 가라." 짐치원이앞이[170] 과거
열명 보네영
〔음영〕 또 다시 과거 열명허고 짐치원인 예 기셍년 싯에 삼 성제앞이 예 네여 주고 칠반상을 출려주어 기셍첩덜 술 훈 잔씩 비완 "요거 선달님네 들읍센." 허멍 주어가는데예
〔음영〕 그 술잔 받고 입더레도[171] 데기 전이 옆드레[172] 비식허난[173] 누워갑데다. 기셍첩덜은 일어나멍 "아이고 죽엇수다.
붐이[174] 넘엇수다."
〔음영〕 쉬프린[175] 엥 허게 콧구멍으로 놀아나난 "죽은 걸 어찌 허겟느냐." 짐치원이 지동토인[176] 보고 "과양셍이각시년앞이 죽엇젠 부곡을[177] 보네라." 영 허여 말허난, 예 지동토인은
"예." 둬여 삽네다.
〔음영〕 예 짐치원이 말 들언 과양셍이각시년앞이 부곡 보네난, 과양셍이각시년은 "설운 애기덜 과거 열명 오랏당 겍서 죽음이 무신 말이딘?"
업어다 큰아덜은 예~
〔음영〕 몬이로 난 거난 우녁밧디[178] 예 셋아덜은 앞밧 족은아덜은
뒷밧
〔음영〕 묻어놓고 후를 소지(所志)[179] 석 장씩 아옵 상저 반, 석 돌 열흘 벡 일 올렷젠 헙데다만은 아홉 하꼬[180] 반을 예~ 석 돌 열흘 벡 일 동안 후를[181] 석 장씩

170) 짐치원 : 김치원님.
171) 입더레도 : 입에도.
172) 옆드레 : 옆으로.
173) 비식허난 : 비슥훈난. 힘없이 한쪽으로 비스듬한.
174) 붐 : 부음(訃音).
175) 쉬프린 : 쉬파리는. 날파리.
176) 지동토인 : 관아의 하인. 기동통인(妓童通引).
177) 부곡 : 부고(訃告).
178) 우녁밧디 : 윗쪽 밭에.
179) 소지 : 청원이 있을 때 관아에 내던 서면.
180) 하꼬 : 일본어로 상자. はこ.
181) 후를 : 하루.

어찌 다 술아[182] 부찝네까[183]

예~ 근

〔음영〕 아홉 상저 반을 예 술아 환부 짐치원이앞이 환부찌데[184] 짐치원인 "아이고 이놈으 소지가 심방이라도 빌어다근

빌엇데민

〔음영〕 아무리 벡소지 벡원정이엥 허여도 무신 뜻을 알 건디." 말 훈 마디 엇고 허양헌 벡소지를 올리난 소지 절췌[185] 아니 헤주난 과양셍이각시년은 더 몽니[186] 피울 띤[187] 읏이난[188] 짐치원이 좀 자는디 아침 세벽이

놀려들어근[189]

〔음영〕 "원임아 원임아 짐치원임아 봉근파직[190]

협서.

〔음영〕 소지 절체 못허곡 고을에 녹 먹곡

또 이전

〔음영〕 사는 원임아 당신이 나가 불민 내가 역녁[191] 똑똑헌 관장을

돌아당[192]

〔음영〕 우리 아기덜 소지 절체 허곡 좋은 곳 지부쪄도렌[193] 헐쿠다."[194] 그 말 입사레, 아이고 짐치원인 훈를 나적[195] 그 원임 설렁 나가불젠 훈를 아척[196] 아적

182) 술아 : 태워.
183) 부찝네까 : 올립니까.
184) 환부찌데 : 올리는데.
185) 절췌 : 절차를. 소지 올린 건에 대한 행정적 처리를.
186) 몽니 : 음흉하고 심술궂게 욕심부리는 성질.
187) 띤 : 덴. 곳은.
188) 읏이난 : 없으니.
189) 놀려들어근 : 날아들어서.
190) 봉근파직 : 봉고파직(封庫罷職). 어사나 감사가 못된 짓을 많이 한 고을의 원을 파면하고 관가의 창고를 봉하여 잠금. 또는 그런 일.
191) 역녁 : 역역. 사람이 약아서 미련하지 아니한.
192) 돌아당 : 데려와.
193) 지부쪄도렌 : 지부쪄달라고. 영혼을 저승 좋은 곳으로 보내 달라는.
194) 헐쿠다 : 하겠습니다. '~쿠다'는 화자의 의도·추측을 나타내는 종결어미.
195) 나적 : 아적. 아침.

공서[197] 아니 받고 이틀 아척 아니 받고

삼일 아적 아적 공서 아니 받아갑데다.

〔음영〕 그떼예 짐치원임 밑에 벡비원이넨 헌 사름이 ᄀ만히 거동을 보단 짐치원이 앞이 오란 〔말〕 "원임." "무사?" "어떵 헤연 ᄒᆞ를도 아니고 사흘 아적 아침 공설 아이 받읍니꽈?" 짐치원이 허는 말은 "그런 게 아니라 과양땅 과양셍이 각시가이." "에." "서방도 엇저 죽어불고 땅 판 묻어불고 영 허엿인디만은, 어떵 헤연 아들 싯을 가젼, 낳고 이 아기덜 글 공비 활 공비 제주 공비 시기고 또, 과거 보넨 과거 열명 예 과거 헨 오란 과거 열명 오랏단 ᄒᆞᆫ 잔 술도 못 받안 죽언 헌디 과양셍이각시 년은 아들 싯 죽언 겍서 죽음 무사 시기렌 헨 돌아 업엉인가 지어단인가 우녁밧디 큰아덜 앞밧디 둘쨋아덜 뒷밧딘 ᄎᆞ례데로 족은아덜을 묻언 소지를 아홉 상저 반 ᄒᆞ를 석 장씩을 올리데 말 ᄒᆞᆫ마디 엇곡 글 ᄒᆞᆫ 귀 읏은 소지 절체를 아이 줌젠 허멍 몽니 피워 가난 난 봉근파직 허젠, 설러불젠,[198] 이 골 원임 안혀젠, 영 헨 아니 공설 받암젠." 허난 "하이고." 벡비원이 허는 말은 "아이고 원임아 그만썩 헌 것에 경 아침 공서 아이 받으멍 봉근파직 허쿠과?" "경[199] 허쥬 게민[200] 어떵 허느넨?" 허난, "나 말 들읍서." "무슨 말?" "저 야." "응." "ᄉᆞ관장을 돌립서." "ᄉᆞ관장 돌리믄 어떵 허것냐?" "ᄒᆞ를 이틀 사흘 아적 ᄉᆞ관장을 돌리면은 뜰림 없이 그 강님이가야 일곱 설에 성방청[刑房廳], 열세 설에 이방청(吏房廳), 열다섯 십오 센 동문 밧겻 방파도 뚤애기앞이 장게 들언 장게 드는 날 돌아단 네분[201] 그 큰각시 네비여뒨 장 안네 아홉 각시 장 밧겻 아홉 각시 이구 십팔 여러둡 [202] 각시 돌아보곡 또, 큰각시 ᄎᆾ아강[203] 방[204] 오젱[205] 허민, ᄒᆞ를 이틀 사흘 아적 조췔[206] 못 볼 께우다. 게난[207]

---

196) 아척 : 아침.

197) 공서 : 공사(公事). 공무(公務). 여기서는 관아에서 행하는 아침 조회를 의미.

198) 설러불젠 : '설르다'는 끝내다, 마치다, 그만 두다.

199) 경 : 그렇게.

200) 게민 : 그러면.

201) 돌아단 네분 : 데려와 내버린.

202) 여러둡 : 열여덟.

203) ᄎᆾ아강 : 찾아가서.

204) 방 : 보고(서).

205) 오젱 : 오려고.

206) 조췔 : 조회를.

그떼랑 강님이 목에 탁 큰칼을 씨와 놓고, 저싱 가 염레데왕을 청헤 오겟느냐 장안에 목심을 바치겟느넹 허민 무신 말이 셔도[208] 실 께우다."[209] 〔음영〕 "어서 걸랑 기영 허라." 이아 이젠 짐치원인 벡비원이 말 들언 ᄉ관장을

ᄒ루 아척 돌리고

이틀 아척 돌리고

〔음영〕 사을 아적을 돌리는디 열락서산[210] 해 지어갈 적에 동헌 마당에 강님이 아이고 두르막[211] 하도 지집바이랑[212] 장난헤부난 두르막 곰[213] 클러진[214] 냥[215] 오꼿 ᄒᆞᆫ 쪽 다림도[216] 어떵 장난치면서 ᄃᆼ긴[217] 클러부럿사신디[218]

클러진 냥

〔음영〕 동헌 마당 오란 예 강님이 ᄉ관장 부련 허멍[219]

엎데허난[220]

그 떼에

〔음영〕 예 짐치원이가 지동토인보고 "강님이 목에 큰칼 씨우라." 큰칼 갖단 탁 씨우난 강님인 어처구니 엇언 〔말〕 "이만쓱 헌 것에 내 목에 큰칼을 씨왕 날 죽이저 헴고넨. 〔음영〕 요리 죽어도 죽을 모양 저리 죽어도 죽을

모양이난

〔음영〕 ᄒᆞᆫ 번 낳고 ᄒᆞᆫ 번 죽는 건 여으 상소고 내 말이라도 ᄒᆞᆫ 번 ᄀᆞᆯ아그네[221]

---

207) 게난 : 그러니.
208) 셔도 : 있어도.
209) 실께우다 : 있을 것입니다.
210) 열락서산 : 일락서산(日落西山).
211) 두르막 : 두루마기.
212) 지집바이랑 : 계집아이랑. 죽은각시를 의미.
213) 곰 : 고름. '옷고름'의 준말.
214) 클러진 : 풀어진.
215) 냥 : 채. 모습으로.
216) 다림 : 대님.
217) ᄃᆼ긴 : 당겨서.
218) 클러부럿사신디 : 풀어버렸는지.
219) 허멍 : 하면서.
220) 엎데ᄒ난 : 엎더지난. 엎드리난.
221) ᄀᆞᆯ아그네 : 말해보고. 말하고서.

목심을 바찌젠.” 허연 강림이 허는 말이 〔말〕 “원임아.” “웨?” “날로 나 줴는 모르는 거우다. 내가 무슨 걸 잘못 헷기에 나 목에 큰칼을 씨움이꽈?” 영 헨 바짝 눈을 버릅뜨고 데드난 짐치원이 허는 말은 “야 이놈아.” “예.” “너 ᄒᆞ를 아직도 아니고 이틀 아칙도 아니고 사흘 아적, 아적 공서 미참허고[222] 열락서산 해 지게 뒈어 조훼 다 끗나[223] 믄짝 가분지[224] 후제사[225] ᄉᆞ관장 부련 허멍 업데허난 너 장안에 목심을 바찌겟느냐, 저싱 가 염레데왕을 잡혀오겟느녠?” 허난 〔음영〕 강님이 얼른 생각헤기엔 ‘아이고, 장게 가는 날 돌아당 네분 큰각시도 미안, 또 젊은 거 늑은[226] 거 욱은[227] 거 홀 것 웃이 장안에 각시 아홉 장 바꼇[228] 성담 바꼇 아홉 이구 십팔 여러둡에 큰각시 열아홉 게 네비여동[229] 죽기도 억울허고 연세도 생각헨 보난 죽기 억울허난 얼른 데답허는 것이 “저싱 가 염레데왕 청허여

오겟습네다.”

〔음영〕 이젠 그떼엔 짐치원인 지동토인보고 〔말〕 “야.” “야.” “저 강님이 목에 큰칼 벳기라. 큰칼 벳기고 그 디 설완

군복 퀘지

〔말〕 믄딱 출려 놓고 가운뎃 존등이 탁 무껑[230] ᄉᆞ령[使令] 헹첵[231] 찰령[232] 내 글 써주거든 그거 갖엉 저싱 강 〔음영〕 염려데왕 청허여 오렌.”

일릅데다.

일르근

이리 허난

〔음영〕 예 그떼에 강님이 ᄉᆞ령 헹착을 출리고 짐치원이 허여 준 글발은 힌 종이에

---

222) 미참허고 : 결석하고. 참석하지 않고.
223) 끗나 : 끝나.
224) 가분지 : 가버린지.
225) 후제사 : 후에야.
226) 늑은 : 늙은.
227) 욱은 : 말귀를 잘 알아듣고 혼자 판단할 만큼 성장한.
228) 바꼇 : 바깥. 밖.
229) 네비여동 : 놔두고.
230) 무껑 : 묶어서.
231) 헹첵 : 행색.
232) 찰령 : 차려. 차려 입고.

검은 글씨고 붉은

은도장 마겻고나.[233]

〔음영〕 아이고 그걸 받아 앚언 이제옌 예 동헌 마당 나사고 동드레도[234] 보난 컴컴 서르레도[235] 보난 컴컴 경 허데 기생첩덜앞이 장안에 사는 기생첩덜앞이 〔말〕 "야, 느네덜 저싱 가는 디나 알아지멍 들은 말 시냐?" "우린 몰라. 죽엉

저싱 간덴 허난."

또 이전에

〔음영〕 "몰라 몰라." 허멍 문짝 물러사불고 장 밧깃데[236] 나산 또 이 기생첩들앞이 "저싱 가고 오라난 말 들어난 기억이나 잇이젠?" 허난 〔말〕 "우리도 몰라. 몰라." 〔음영〕 문딱 헤싸져비연.[237]

아이구 이젠 어딜 갈코.

〔음영〕 이방청에 가난 이방임덜 〔말〕 "야, 저싱 가고 오는 길 알아집네까? 들으난 말이나 잇수과?" "아이고 우이서 네린 명녕 우리 거둘 수도 엇곡 그런 말 들어 보도 못헷어." 〔음영〕 성방청에 가도 모른덴 허연 물러사고 이젠 어디 가코, 아이고 여청방에나[238]

강 보쥬.

〔음영〕 여청방에 들어가멍 "아이고 설운 나 누님 나 동싱덜 속암수다."[239] 영 헹 곧으난 예 여청방에선 〔음영〕 허는 말이 "아이고 소문 들엇주만은 어떵 허민 좋고, 미안헌 걸. 우이서 네린 명령 우리

거둘 수도 엇곡

〔음영〕 미안허난." 술 삼 잔 비완 줍디다. 그걸 얻어 먹고 또로이 훈 법으로 체숫상에 삼잔

---

233) 마겻고나 : 찍었구나.

234) 동드레도 : 동쪽도.

235) 서르레도 : 서쪽도.

236) 밧깃데 : 바깥에.

237) 헤싸져비연 : 헤쳐지고.

238) 여청방 : 관아의 여자 하인들이 있는 공간.

239) 속암수다 : 고생하고 있습니다. 고생입니다.

올리게

마련허곡

〔음영〕 먼 길 가곡

오멍

〔음영〕 왕레노수 허영 강 오렝 헤연 돈 석 냥

네여준다.

〔음영〕 돈 석 냥 네여주난 그것 옛 심방 등에 지는 적베지엥[240] 헤영 돈 시 게
부찌게

마련허곡 또 예

〔음영〕 아이고 이젠 어디에 갈코. 셍각 셍각 허여근 허는 게 〔말〕 '아이고 나
장게 가는 날만 돌아당 네분 내 큰각시 이예 ᄒᆞᆫ 번 좋은 ᄉᆞ랑 못 풀어준 원고 줴가
아닌가.' 〔음영〕 셍각 허연 큰각시 사는 디 가단 보난 큰각신 유월영청 ᄌᆞ작 한더위
에 보리 방애 물 서꺼[241] 놓안

방에 지염고나

〔음영〕 불 맞인 꿩 모냥으로 강님인 야게[242] 숙연 으실으실 들어가는디 큰각신
방에 지멍[243] "이어 방에 이어 방에~

이어 방에~.

〔음영〕 아아고 강님인 어떵 헤연 저 올레 실거리[244] 구카시남 거뒨 욕은 셈 들언
이거 멧 년만이 날 셍각나난 ᄎᆞ아

오람신가."

〔음영〕 영 허연 ᄀᆞᆯ아도 불 맞인 꿩 모냥으로 못들은 체 헤연 안트레[245] 들어갑데다.
안트레 들어간 지게문[246] 올안[247] 예 또 지게문 중간[248]

---

240) 적베지 : 저승왕[冥王]의 명(命)을 기록한 문서. 적패지(赤牌紙).

241) 서꺼 : 섞어. 원형은 서끄다.

242) 야게 : 뒷목아지.

243) 방에 지멍 : 방아 찧으며. 원형은 방에 짛다.

244) 실거리 : 실거리나무.

245) 안트레 : 안으로.

246) 지게문 : 구들 샛문. 옛날식 가옥에서, 마루와 방 사이의 문.

247) 올안 : 열고서.

울어 갑데다.

〔음영〕 강님이 큰각신 ᄀᆞ만서[249] 방에 짓단 생각 허난 '처얌[250] 서방을 잘 우허여나사, 다음 만나는 서방도 잘 우찬헐 생각 나주. 이예 첫서방 박데 헤나민[251] 족은서방도 박데허는 법이난.' 이에 산디쏠[252] 고팡에[253] 조막단지에[254]

ᄒᆞᆫ 줌 신 거 네여 놓고

〔음영〕 솟데[255] 놔 진지싸 밥 허여 진지상

출려근

〔음영〕 예 들러간 지게문 을젠 걸쉘 둥기난 아이고 안으로 ᄌᆞᆼ가지고 고망[256] 터진 딜로 눈 쑤산 보난 비세ᄀᆞ찌[257] 울엄구나. "아이구 이 어룬아[258] 저 어룬아, 나 어는 제 저 어룬 밉덴 큰 소리

헙데가.

〔음영〕 저 어룬 미완 나 군소리 헌 것도

아니우다.

〔음영〕 이 밥 이 문 율앙 이 밥상 받앙 물립서. 나 저 어룬 ᄌᆞ드는[259] 거 헤결허여

안네쿠다예~."[260]

〔음영〕 강님인 그때사 슬쩍 허게 ᄌᆞᆼ근 문 지게문 율안 허난 강님이 큰각시

예~

〔음영〕 진짓상 들러다 놘 강님이 밥도 수꾸락[261] 뜨는 첵 허여 상 물리난 상 앗아

248) ᄌᆞᆼ간 : 잠그고.
249) ᄀᆞ만서 : 가만히.
250) 처얌 : 처음.
251) 박데 헤나민 : 박데하면.
252) 산디쏠 : 밭에서 나는 벼. 밭벼.
253) 고팡 : 창고.
254) 조막단지 : 손주먹만큼 자그마한 단지.
255) 솟데 : 솥에.
256) 고망 : 구멍.
257) 비세ᄀᆞ찌 : 비새같이.
258) 어룬아 : 어른. 남편을 의미.
259) ᄌᆞ드는 : 걱정되는 일이 있어 매우 근심하는.
260) 안네쿠다예 : 올리겠습니다.

두고[262] 큰각신 강님이앞이 간 〔말〕 "이 어룬 저 어룬아 오레만간이 날 찾앙 오멍 무사 경 ᄌ들암수과? ᄌ드는 일이 무신 거꽈?"[263] "아이고 나 닐,[264] 저 이 짐치원이 말 들언 저싱 염려데왕 청헤러 갈건디이." "예." "저싱 염레데왕 청하레 강 와질티[265] 못 올티[266] 모르고 우리 아바지영 어머니영 늙엇고 동싱덜은 어렷고 아바지영 어머니영 살당 죽엉 허민 나 와질티 못 올티 저 사름만[267] 수고헐 께난이 어린 동싱덜 앞셉곡[268] 허영 나 데토로[269] 저 사람도 ᄀ찌[270] 〔음영〕 속아ᄃ렝[271] 골아둥[272] 강[273] 오젠[274] 허노렌." 허난 〔말〕 "어이고." 큰각시 허는 말은 "이 어룬아 저 어룬아." 빙색이[275] 웃어 가멍, "그만썩 헌 것에 ᄌ듦이꽈게 ᄌ들지 맙서. 게 저승 강 오렌 허멍 아이고 아무 것도 아니 줍데가?" "무사 아니 줘?" "무싱[276] 거 줍데가? 네놉서 보저." 네논 건 보난 힌 봉투에 힌 글 쓰고 페와는 보난[277] 검은 글씨고 또 붉은 은도장을 마겻구나.[278] 붉은 은도장 마기난, "하이고 이 어룬아, 이싱법 모르곡 저싱 법 모른 이 어룬아 나 어룬아 나 서방." 영 헤 가난 "어떵 허연." "이건 예 이싱 관가에 드는 적베지, 힌 종이에 검은 글 쓰곡 붉은 은도장 탕 메경 누게 잡히라 헤근에 문서 잡는 법이고." "어." "저싱 적베진 틀렵네께." "어떠잉 틀려?" "붉은 종이에 힌 글을 쓰어사 저싱 염례데왕 아닌 아무라도 염레왕 아방이라도 잡힙니께."

---

261) 수꾸락 : 숟가락.
262) 앗아 두고 : 옮겨 놓고.
263) 거꽈 : 것입니까.
264) 닐 : 내일.
265) 와질티 : 와질지.
266) 올티 : 올지.
267) 저 사름만 : 큰부인만.
268) 앞셉곡 : 앞세우고.
269) 데토로 : 대신으로.
270) ᄀ찌 : 함께.
271) 속아ᄃ렝 : 수고해 달라고.
272) 골아당 : 이야기해 놓고.
273) 강 : 갔다.
274) 오젠 : 오려고.
275) 빙색이 : 살짝 웃는 모습.
276) 무싱 : 어떤. 무슨.
277) 페와는 보난 : 펴 보니.
278) 마겻구나 : 찍었구나.

경 허여 "게믄 붉은 종이 엇뎅 허면?" "그 떼랑양 저 어룬도 이견을 ᄒᆞ끔[279] 씁서. 저싱 짐치원이 헤준 이 그 갖언 ᄒᆞᆫ 발은 가단 생각을 허난 이건 갖엉 가민 이싱드레 오도 못 허곡 또 저싱을 들어 가지도 못 헐 거고 영 헨 허난 저싱법 염려데왕 청허여 올 적베질 바꿔 도렌 헙서." "만약 웃뎅 허민? 못 허레 도렝 허민? 무신 걸루데." "붉은 종이에 힌 글을 써ᄃᆞ렝 헙서." "붉은 종이 엇뎅 허민?" "붉은 토멩지라도[280] 이거 짐치원이 발로[281] ᄒᆞᆫ 발 능끗허게 발앙[282] 붉은 토멩지, 발앙 끈엉[283] 그것에 글을 쓰젱 허민, ᄃᆞㄱ세기[284] 깡[285] 붓에 적졍[286] 글 쓰멍 힌 ᄀᆞ를[287] 합체로 청, 털민 ᄆᆞᆯ르는[288] 양 붉은 것에 힌 글이난 붉은 종이 힌 글 넉시[289] 될 거 아니꽈. 경 헹 옵서." "어서 걸랑 기영." 〔음영〕 큰각시 말 들언

이원갑이앞이[290] 가 짐치원이앞이 가난

〔말〕 짐치원이 "야 이놈아." "야." "웨 저승도 안 가고 오랏느냐." "경 헌 소리 허지 맙서. 내 저싱." 큰각시 ᄀᆞᆮ는 양 "저싱 ᄒᆞᆫ 발을 가단 생각을 허난 이건 이싱 관가에 드는 적베지요, 저싱 적베진 틀리난 이 적베질 바꽈 ᄃᆞ렝[291] 허젠 오랏수다." "저싱 적베지 어찌 헤여 틀리겟느냐?" "붉은 종이에 힌 글을 써 줍서." "아이 미친놈이 아덜아. 붉은 종이가 어디 잇느냐?" "붉은 종이 엇거들랑양 당신 그 궤문 율앙 붉은 토멩지 네어 놩 ᄒᆞᆫ 발 능끗허게 발앙, 에 또 ᄃᆞㄱ세기 깡 붓에 적졍 그 붉은 토멩지레 쓰멍, 힌 ᄀᆞ를 합체로 청 털엉 ᄆᆞᆯ리우민 힌 종이 검은 붉은 종이에 힌 글 넉시가 뒐 거난 그와 같이 헤 줍서." 〔음영〕 "어서 걸랑 기영 허라." 이예

---

279) ᄒᆞ끔 : 아주 조금.
280) 토멩지 : 토명주.
281) 발 : 양 팔을 뻗은 정도의 길이를 재는 단위.
282) 발앙 : 양 팔을 뻗어 길이를 재어.
283) 끈엉 : 잘라서.
284) ᄃᆞㄱ세기 : 달걀.
285) 깡 : 깨서.
286) 적졍 :적셔서.
287) ᄀᆞ를 : 가루.
288) ᄆᆞᆯ르는 : 마르는.
289) 넉시 : 모양으로.
290) 이원갑이앞이 : 이원사자. 저승문지기 이원갑에게. '김치원님앞이'라고 해야 하는데 잘못 말함.
291) ᄃᆞ렝 : 달라고.

짐치원님또

〔음영〕 어쩔 수 엇이 강림이 곧는 냥 붉은 토멩지 네놓고 독세기 까 붓에 적져 글 씨멍 힌 ᄀ를 합체로 쳐 털어 뭘리우난 예 붉은 종이 힌 글 넉시 뒈고 사람 죽어 강님이 큰각시 네인 법지법 멩전법[銘旌法] 설련[292]

뒈엇수다예-.

〔음영〕 멩전법 뒈언 그걸 앗앙 큰각시앞이 오난 〔말〕 "ᄌ들지 말앙양. 이 어룬아 저 어룬아 저 구들에[293] 강 누웡 잠십서.[294] 누웡 잠시믄양 나 저싱 갈 시간 뒈민 께우쿠다."[295] "경 허여." 〔음영〕 큰각시 말 들언 이젠 그걸 갖고 ᄀ만히 구들 간 줌 자는디 아이고 강님이 큰각신 "아이고 나 서방~, 예 이젠 죽어도 마지막 살아도 마지막, 예 혼 번 막 호서[豪奢]

시기저

낳고 혼 설 두 설

우리 인셍

세 설꺼지

부모 초상[296]

형제간 손엣

예 노뉴애기[297] 호서 받곡

예 좋은 공부 끗낭 이십 스물 넘어

삼십 서른 안네[298]

예 양친 부모

허락 받앙

장게 가곡 시집 올 때

292) 설련 : 설립(設立). 마련.

293) 구들에 : 방에.

294) 잠십서 : 자고 계십시오.

295) 께우쿠다 : 깨우겠습니다.

296) 초상 : 조상.

297) 노뉴애기 : 일을 부리거나 생산 활동을 할 수 없는 어린 마소(馬牛). 어린아이를 의미.

298) 안네 : 안에.

두 번째 호서
〔음영〕 데여지곡 아이고 이젠 남편 가민 올티 말티
몰라지난
예 홍포관디[紅袍冠帶]
조심띠[299] 이복[衣服]
만들아갑데다 만들 적
〔음영〕 예 홍포관디 요 웬[300] 앞섭 끄트머리에 귀 엇은[301] 바늘
두 썹을[302]
꼭허게 찔러 나두어 두고
〔음영〕 아이고 이젠 문전광[303] 조왕에[304] 등수 들어사[305] 남인 가장[306] 저싱 가곡 오곡 허는 길을
ᄀ리쳐 주주겐[307] 〔음영〕 예 산디쏠 서 말 산디를 네여놔 훈 말 쏠에
방에 지어
〔음영〕 멘들아 놓고, 이걸 짓너븐[308] 사라에[309] 크어[310] 예 굴묵낭[311] 벵게 도게남 절깃데[312]
쾅쾅 찌어근
〔음영〕 예 체할망[313] 불러 체아레[314] ᄀ르로[315]

---

299) 조심띠 : 심방이 무복인 관복을 입고 가슴에 두르는 띠.
300) 웬 : 왼쪽.
301) 엇은 : 없는.
302) 썹 : 쌈.
303) 문전광 : 문전(門前)과. 문전신(門前神)을 의미.
304) 조왕 : 부엌. 부엌의 수호신인 조왕신(竈王神)을 의미.
305) 등수 들어사 : 제(祭)를 올려서. 기도를 올려서.
306) 남인 가장 : 한 집안의 가장이나 남편을 의미.
307) ᄀ리쳐주주겐 : 가르쳐줍사 하는.
308) 짓너븐 : 아주 넓은.
309) 사라 : 접시.
310) 크어 : 물 속에 담가 두어. '크다'.
311) 굴묵낭 : 느티나무.
312) 절깃데 : 절굿대.
313) 체할망 : 굿에 쓸 제물인 떡을 만들기 위한 쌀가루를 만드는 신격(神格).

벡시리[316]

제석궁[317]

〔음영〕 멧[318] 솟디[319] 초징 이징

삼징을[320]

〔음영〕 놓아 찌어 문전에 하나 올려 "강님이 닐 날 저싱 갈 꺼난 저싱 가는 길 문전 데법천왕 하늘님에서 ᄀ리쳐 줍서." 등수 드려 두고 또 둘째 징은 조왕할망

어멍국에

들어가 올려

〔음영〕 "닐 강림이 저싱 갈 거난양 어떵 헙네까? 아들광[321] 이논 허멍 조왕할마님에서 강님이 저싱 가고 오는 길

ᄀ리쳐줍서."

〔음영〕 영 허여 등수 드러 두고 날은 세여 가는디 지픈 밤 야사삼경 넘어 ᄃᆨ[322] 울 시간 뒈어갈 적 강님이 제 삼징은 정심으로[323] 예 파랑 조각포에 싼 옆드레[324] 놔두고 ᄒᆞᆫ끔 직산 허주긴[325] 머릴 벡장데[326] 영[327] 데여 눈은 꿈으난[328] 일문전 데법천왕 하늘님 뒤에

녹두성인가[329]

---

314) 체아레 : 가장 고운 체구멍. 체의 아래쪽. 좋은 가루. 고운 가루.

315) ᄀ를로 : 가루로.

316) 벡시리 : 쌀로 만든 시루떡.

317) 제석궁 : 전제석궁. 옥황상제부터 삼공까지의 신을 모신 신역(神域), 혹은 그 신을 청해 들여 모신 큰굿에 설치되는 당클 중 하나. 삼천전제석궁. 어궁.

318) 멧 : 몇.

319) 솟디 : 솥에.

320) 초징 이징 삼징을 : 한 켜 두 켜 세 켜를. '징'은 켜, 시루에 떡을 찔 때 생기는 층.

321) 아들광 : 문전신을 의미. 문전본풀이에 의하면 조왕할망은 문전신의 어머니.

322) ᄃᆨ : 닭.

323) 정심으로 : 점심으로.

324) 옆드레 : 옆에.

325) 직산 허주긴 : 앉아서 윗몸을 기대는데. '직산ᄒᆞ다'는 앉거나 섰을 적에 윗몸을 기대다의 의미.

326) 벡장데 : 벽장에.

327) 영 : 이렇게.

328) 꿈으난 : 감으난.

〔음영〕 조왕어멍 귀에 간 〔말〕 "어머님." "무사?" "잠수과?"[330] "아니여." "저닐 아침이야." "어." "붉으민 강님이 저싱 갈 꺼난 저싱 가는 길 ㄱ리쳐동 옵서." 〔음영〕 "어서 걸랑 기영 허라." 강님이 큰각신 어뜩[331] 께난

꿈이로고나예-.

〔음영〕 그 떼엔 강님이 저싱 갈 시간 뒈엿구나. 자는

강님이 서방 께와 놓고

〔음영〕 "저싱 갈 시간 뒈엿수다." 강님인 두령청[332] 캄캄이 나가는 것이 데천한간 문으로 못 나간

창문으로 올안 나갑데다. 〔음영〕 저 난간 우이 사난,[333] 죽어 살아 마지막 호서우다. 사름 죽어 예 호상법[334] 홍포

관디

청세도폭[335]

마련허고

〔음영〕 조심띠 찌완 "혼저[336] 갑서." 강님이 낭간[337] 알르레 네려사전

헐 떼에

〔음영〕 조왕 문전에서 예 벡발 노장 할마님이, 나삽데다. 나사 확 한간[338] 질[339] 칼라[340] 올레레 가가난 강님인 어떤 놈으 할망이 사나이 데장부 먼 길 헹허젠 헌디 질 칼람신곤

와랑와랑[341] 돌아가도[342]

---

329) 녹두성인가 : 녹뒤생이인가. 문전본풀이에 나오는 문전신의 이름.

330) 잠수과 : 주무십니까.

331) 어뜩 : 언뜻.

332) 두령청 : 정신이 얼떨떨하여 어리둥절한.

333) 사난 : 서 있으니.

334) 호상법 : 장례 지내는 절차.

335) 청세도폭 : 청사도폭(青絲道袍). 청실로 만든 남자의 겉옷. 홍포관대 댓구어.

336) 혼저 : 어서 빨리.

337) 낭간 : 난간.

338) 한간 : 가운데.

339) 질 : 길.

340) 칼라 : 건너가.

〔음영〕 할망은 걷는디 못 미치곡 걸어도 못 미치고 조왕할마님은 걸어 가단 저싱광 이싱 ᄒᆞᆫ 반은 가난 손 비치멍 그늘레 쉬어 갑데다. 강님인 넘어 가멍 꼽빡허게[343] 인설[344] 허난 할마님은 "어드레[345] 가는 젊은이가 날 닮은 늙은이 보안 인설 헴시녜?"[346] 강님이 허는 말은 "할마님 경 헌 소리 허지 맙서. 나도 집인 가민양 아바지도 벡발 노장 어머니도 벡발 노장 할마님 닮은

부모가 잇수다.

〔음영〕 늑신네 보아 인사헌 게 잘못이우꽈?" 〔말〕 "아니라, 경 헌디 젊은이." 조왕할망 허는 말이 "젊은이 먼 길 헹허는 거 닮은디 〔〈요거 비와동, ᄒᆞᆫ 잔만.〉〕 나영[347] ᄀᆞ찌[348] 정심을 갈라 먹고

가기가 어찌 허겟느냐?"

〔음영〕 "어서 걸랑 경 헙서." 강님이도 정심 네놓고 할망도 정심을 네논 건 보난 ᄒᆞᆫ ᄉᆞᆺ디 ᄒᆞᆫ 손메에서[349] 찌어 나온 음식이로구나. 할마님은 벡시리를 ᄒᆞ끔 은감[350] 허여가고 강임이 히뜩히뜩 베레가난,[351] 〔말〕 조왕할망 허는 말이 "야 젊은이야." "예." "어떵 헨 나 얼굴에 뭣 부떤? 나 얼굴 히뜩히뜩 베렘시니."[352] "할마님 얼굴에 뭣 부떤 베리는[353] 게 아니고야." "어." "할마님 정심광[354] 나 정심이예 ᄒᆞᆫ 사람 ᄒᆞᆫ 손 ᄒᆞᆫ ᄉᆞᆺ디서 꼭 나온 거 닮수다." "오냐, 너이 헹실머린 궤씸허나 허뒈, 너이 큰부인 정성이 기뜩허여 너 저싱 가는 질을 ᄀᆞ리쳐 뒨[355] 옵, 오랏 ᄀᆞ리쳐 줍센[356] 허난

341) 와랑와랑 : 사람이 힘차게 가거나 달리는 모양.
342) 돌아가도 : 달려가도.
343) 꼽빡허게 : 꾸벅.
344) 인설 : 인사를.
345) 어드레 : 어디에. 어디로.
346) 헴시녜 : 하였느냐.
347) 나영 : 나와.
348) ᄀᆞ찌 : 함께.
349) 손메 : 솜씨.
350) 은감 : 음복.
351) 베레가난 : 보니까.
352) 베렘시니 : 보고 있으니.
353) 베리는 : 보는.
354) 정심광 : 점심과.
355) ᄀᆞ리쳐 뒨 : 가르쳐 주고.

내 저싱 가는 길을 ᄀ리치 주젠[357] 나선 거라 헌디 너 정심이랑 갖엉 저싱을 가다가 배고파 시장허기 버친[358] 혼벽덜[359] 갈라 멕이멍 가곡 나 정심이랑

갈라 먹엉

〔음영〕 어서 저싱드레 강[360] 오렌," 〔〈이거 문딱헨 뒐 거냐게. 궂다 노민. 먹음직이 허지 아녀. 이것도 불합격이여. 그만. 떼끼.〉 물을 마신다.〕 이리 허여근 예 갈라 먹고 예 할마님 앞사고[361] 강님인 뒤에 산[362] 가는디 가단 보난 서천꼿밧이 당허고 강님이 동싱덜토[363]

꼿밧데 간

꼿밧 맡아

〔음영〕 물 주엄십데다. 가난허고 서난헌 집잇 애기덜은, 차롱착에[364] 또, 아니 민 예

벌러질[365]

〔음영〕 예 사기 그릇에 예 물 떠당[366] 꼿밧[367] 주젱[368] 허당[369] 예 사기 그릇 물 떠 머리에 잉엉[370] 가당[371] 발 창[372] 부더지곡[373] 사기 그릇

벌러져 불민[374]

---

356) ᄀ리쳐 줍센 : 가르쳐 달라고.
357) ᄀ리치 주젠 : 가르쳐 주려고.
358) 버친 : 힘에 부친. 힘이 모자란.
359) 혼벽덜 : 영혼들.
360) 강 : 갔다.
361) 앞사고 : 앞서고.
362) 산 : 서서.
363) 동싱덜토 : 동생들도.
364) 차롱착 : 채롱.
365) 벌러질 : 깨어질.
366) 떠당 : 떠다가.
367) 꼿밧 : 꽃밭.
368) 주젱 : 주려고.
369) 허당 : 하다가.
370) 잉엉 : 이어서. 이고.
371) 가당 : 가다가.
372) 창 : 차서.
373) 부더지곡 : 넘어지고. 느려지고.

〔음영〕 꼿밧디[375] 물 못 주곡 꼿밧튼[376] 금뉴울꼿[377] 뒈곡 꼿감관 꼿성인 궁네 시녀청앞이[378]

욕 들어

〔음영〕 예 울어가민 앞서 저싱 간 아기 ᄌᆞ들아 가민 고향 살아잇는 형제간덜 ᄌᆞ들 일만 나곡

〔음영〕 또로[379] 가난헤여 차롱착에

밥 먹던 아기덜

〔음영〕 차롱착 물에 들이쳥[380]

뜰 떼는

〔음영〕 소복이 들어갓당 들리민 알로[381] 문 세 불곡[382]

옷 앞섶

〔음영〕 문 젖곡 물 떠당 꼿밧디 못 주엉 꼿감관 꼿셍인앞이 욕 들어가곡 ᄌᆞ들아 가민

〔음영〕 예 이승 잇는[383] 형제간

ᄌᆞ들고 울 일만

나지어 가난[384]

〔음영〕 강님이 돈 석 냥 인정[385] 걸어 두고

넘어 간다 가다 보난

저싱 이싱 ᄀᆞᆸ이로구나.[386]

---

374) 벌러져 불민 : 깨져 버리면.
375) 꼿밧디 : 꽃밭에.
376) 꼿밧튼 : 꽃밭은.
377) 금뉴울꼿 : 검뉴울꽃. 시든 꽃.
378) 시녀청앞이 : 시녀들에게.
379) 또로 : 또. 다시.
380) 들이쳥 : 들이뜨려. 물 따위의 액체 속에 집어넣어.
381) 알로 : 아래로.
382) 세 불곡 : 새어버리고.
383) 잇는 : 있는.
384) 나지어 가난 : 나니. 일어나니.
385) 인정 : 신에게 바치는 모든 재화(財貨).

〔음영〕 예 염려데왕 이승 네리는 길 이싱[387] 오랏당 저싱드레 가는 길을 다끄는 질캄관[388]

질토레비[389]

〔음영〕 질[390] 다끄단[391] 조는디 그떼에 조왕할망이 〔말〕 "야, 강님아." "예." "졸암디?" "아니우다." "눈 꼼암시녜."[392] "아니우다게, 정신 잇언마씸."[393]

영 헌디

〔말〕 "거염지[394] 웬뿔만인[395] 헌 게 금박 올린 길이로구나. 요거 잘 봥 놔두라이. 요게 염려데왕 저싱서 이싱 올 떼 이싱 와랑 절체 상 받앙 저싱 갈 떼 오고 가는 길이여." "경 허우꽈?" 〔음영〕 허여 강님인 데답헤연 옆드레 베리젠 ᄒᆞ난 조왕할망은 간디 온디

읏어지고[396]

〔음영〕 아이고 이젠 강님이

어딜 가민

〔음영〕 저 세상 염려데왕 청허레 가곡 어디레 오민

어허어~

〔음영〕 이승 가숙[397] 부모 형제 보레 나오라질 겐고,[398] 허여 ᄌᆞ드는디 생각허난, 아이고 ᄌᆞ근ᄌᆞ근[399] ᄌᆞ근ᄌᆞ근 신전이 조상 가는 길

---

386) 곱이로구나 : 경계로구나.

387) 이싱 : 이승.

388) 질캄관 : 길 감관(監官). 이승과 저승 사이의 길을 감독, 관리하고 안내하는 이.

389) 질토레비 : 길을 안내하는 사람. 이승과 저승 사이의 길을 안내하는 이.

390) 질 : 길.

391) 다끄단 : 닦다가.

392) 꼼암시녜 : 감았네.

393) 잇언마씸 : 있습니다.

394) 거염지 : 개미. 게염지.

395) 웬뿔만인 : 왼뿔만 한.

396) 읏어지고 : 없어지고.

397) 가숙 : 가속(家屬). 집안 식구. 부인.

398) 나오라질 겐고 : 나올 수 있을까.

399) ᄌᆞ근ᄌᆞ근 : 자근자근. 자세하고도 차례가 있게 일하는 모양.

세여 올리저
천군 지군
인왕 만군 가는 길
올라 옥항상저
데명전 가는 질 천지왕 가는 질 지부 ᄉᆞ천데왕
가는 길
〔음영〕 올라 산으로 산앙데신 산신데왕
산신벡관
삼신전[400]
물로 ᄉᆞ에용신[401]
가는 길
〔음영〕 인생 ᄎᆞ지[402] 천왕 지왕 인왕 삼불도 청룡산 데불법 명진국할마님
업게구덕 삼싱[403] 가는 길
북두칠원 데성군 월일광
양데보살 가는 길
〔음영〕 어전국[404] 가는 길이여, 절 ᄎᆞ지 신산부 가는 길, 넘어 전싱 궂고 팔제 궂인[405]
밧초공
안초공[406]
〔음영〕 초공 하르바님, 할마님 가는 길 천하 임정국 김진국[407]

---

400) 삼신전 : 산신전(山神殿).
401) ᄉᆞ에용신 : 사해용신(四海龍神).
402) ᄎᆞ지 : 차지.
403) 업게 구덕 삼싱 : 업저지를 보호하는 신인 업게삼승과 아기구덕을 보호하는 신인 구덕삼승. 업저지는 아이를 업어주며 돌보는 여자 하인. 아기구덕은 대오리로 엮어 만든, 아기를 눕혀 재우는 장방형의 바구니.
404) 어전국 : 어궁. 전제석궁.
405) 전싱 궂고 팔제 궂인 : 전생 팔자가 좋지 않은. 심방으로 살아가는 어려움을 의미.
406) 밧초공 안초공 : 심방집에서 굿을 할 때, 굿을 의뢰하여 벌이는 본주 심방의 무업 조상을 안초공, 의뢰를 받고 와서 굿을 행하는 심방의 무업 조상을 밧초공이라 이름.
407) 천하 임정국 김진국 : 초공본에 나오는 노카단풍ᄌᆞ지멩왕 아기씨의 부모님 이름.

네웨간[408] 가는 길
〔음영〕 황금산 도단땅 황할람이[409]
가는 길
노카단풍ᄌ지명왕 애기씨[410] 네웨 가는 길
전싱 궂은 삼시왕[411]
〔음영〕 삼 형제 가는 길 넘어
여 천게왕
벡게왕
〔음영〕 가는 길 성진[412] 녁은[413] 김진국 웨진[414] 녁은 원진국 사라국 사라도령[415]
가는 길
원강아미 원강부인[416] 네웨간 가는 길
〔음영〕 아미도령 처서[417] 이공 서천 도산국[418]
가는 길
〔음영〕 ᄂ러 드님 아기 나님 애기 워님 아기 시님 애기, 예 강이영성이서불[419] 홍수문천구에궁저[420]
애기씨 가는 길
〔음영〕 또 이전 은장 놋장[421] 가는

---

408) 네웨간 : 내외간(內外間). 부부 사이.
409) 황금산 도단땅 황할람 : 강대원 심방이 구연하는 초공본에 나오는 삼멩두의 아버지.
410) 노카단풍ᄌ지멩왕 아기씨 : 삼멩두의 어머니.
411) 삼시왕 : 심방의 저승을 다스리는 시왕. 제주도 무조신(巫祖神)인 삼멩두를 이름.
412) 성진 : 부계(父系) 친족.
413) 녁 : 쪽. 편.
414) 웨진 : 모계(母系) 친족.
415) 사라도령 : 이공본풀이에 나오는 이공신(二公神) 할락궁이의 아버지.
416) 원강아미 원강부인 : 이공본풀이에 나오는 이공신(二公神) 할락궁이의 어머니.
417) 아미도령 처서 : 아이를 저승으로 데려가는 구천왕 구불법의 뒤를 따르는 차사. 강대원 심방이 구연하는 이공본풀이에서 할락궁이의 신직이 아미도령 처서.
418) 이공 서천 도산국 : 이공신이 거처하는 나라.
419) 강이영성이서불 : 삼공본풀이에 나오는 삼공신(三公神) 가믄장아기의 아버지.
420) 홍수문천구에궁저 : 삼공본풀이에 나오는 삼공신(三公神) 가믄장아기의 어머니.
421) 은장 놋장 : 은장아기 놋장아기. 삼공신(三公神) 가믄장아기의 언니들.

길이여근

〔음영〕 예 넘어 월메 월산 신마퉁이 삼 성제[422]

가는 길

〔음영〕 넘어사난 문세 ᄎᆞ지[423] 쵀판관[424]

감서 도서 병서[425]

십전데왕[426]

〔음영〕 좌우돗[427] 가는 길을 예 세여 갑데다. 불이본서[428] 제일 진강데왕[429] 직분자심[430] 제이 초강데왕[431] 수이왕생[432]

제삼 송저데왕[433] 양 옆인

〔음영〕 제ᄉᆞ 오간데왕[434] 당득작불[435]

제다섯 염려데왕[436]

〔음영〕 가는 길이로고나~. 금박 올린 길 조왕할망

ᄀᆞ리쳐준 길

〔음영〕 ᄎᆞ앗구나 그 옆인 보난 웨ᄒᆞᆫ[437] 인셍이[438] 앚언 졸암시난, "저디 〔말〕 누워자는 양반 초인서[439] 올렴수다." 인서 올려두고, "무사 그디 앚안 졸암수과?" "아이

---

422) 월메월산 신마퉁이 삼 성제 : 삼공신(三公神) 가믄장아기의 남편과 형제들.
423) 문세 ᄎᆞ지 : 문서(文書) 차지. 인간 생명 문서 차지.
424) 쵀판관 : 최판관. 최판관은 죽은 사람의 생전의 선악을 판단한다는 저승 관리.
425) 병서 : 병사(兵使). 원왕감사, 시왕감사에 따른 하위 신. 원병사 신병사.
426) 십전데왕 : 제십(第十) 오도전륜대왕(五道轉輪大王)의 축약.
427) 좌우돗 : 신이 내리는 길.
428) 불이본서 : 불위본서(不違本誓). 부처와 보살이 과거세에 수행하고 있을 때 세운 발원을 어그러뜨리지 않음.
429) 진강데왕 : 진광대왕. 첫째 지옥인 도산지옥(刀山地獄)을 차지한 시왕.
430) 직분자심 : 식본자심(植本慈心). 본래의 자비한 마음을 심어서 기름.
431) 초강데왕 : 초강대왕(初江大王). 두 번째 지옥인 화탕지옥(火湯地獄)을 차지한 시왕.
432) 수이왕생 : 수의왕생(隨意往生). 뜻한 대로 극락왕생함.
433) 송저데왕 : 송제대왕(宋帝大王). 세 번째 지옥인 한빙지옥(寒冰地獄)을 차지한 시왕.
434) 오간데왕 : 오관대왕(五官大王). 네 번째 지옥인 검수지옥(劍樹地獄)을 차지한 시왕.
435) 당득작불 : 當得作佛. 마땅히 부처의 지위를 얻음.
436) 염려데왕 : 염라대왕(閻羅大王). 다섯 번째 지옥인 발설지옥(拔舌地獄)을 차지한 시왕.
437) 웨ᄒᆞᆫ : 웬. 어인. 어떠한.
438) 인셍이 : 사람이.

고 난 저 세상광 이 세상 염려데왕 오고 가는 길 다끄는 질캄관 질토레비 이원갑인디, 질 다끄단 아이고 배고프고 시장허고 허기 버쳐

예 어허~

〔음영〕 졸암젠." 허난 강님이 〔말〕 "경 허우꽈? 게민야 〔음영〕 이승 임식이라도[440] ᄒᆞ끔 먹엉 정신 출립서." 벡시리 네놘 똑히[441] 꺼껀[442] ᄀᆞ릴[443] ᄈᆞᆺ안[444] 이원겝이 입에 놓고, 뒤에 또로[445] 물 ᄒᆞᆫ 꼽뿌[446] 쩍씬[447] 비완[448] 멕이난 예 이원겝인 배가 불고,[449] 목이 ᄌᆞ느느느허고[450] 가심이[451] 시원허게 정신

출려집데다.[452]

〔음영〕 영 헌디 이원갑이가 강님이 보고 〔말〕 "어디레 가는 이싱 ᄉᆞ제우꽈?" "나, 저싱야." "으." "염려데왕 청허레 감수다." "허허." 이원겝이 허는 말은 "저싱 혼벽덜토[453] 염려데왕 앞인 디는 가도 오도 못 허는디 이승 인셍이 어찌 염려데왕 앞인 딜 갈쿠과? 당신 검은 머리 힌 벡발 뒈도록 걸어도 염려데왕 앞인 딘 못 갈 게고 또, 힌 머리가 검은 머리털 밋데[454] 박아지도록 걸어도 염려데왕 앞인 딘 못 갈 거난 당신." "나 예." "시장허기 버쳔 조는디 살려준 덕택으로 남이 거 공이 먹어 목 걸리고 남이 거 공이 입어 등 실리는[455]

---

439) 초인서 : 첫인사.
440) 임식 : 음식.
441) 똑히 : 똑. 딱.
442) 꺼껀 : 꺾어서.
443) ᄀᆞ릴 : 가루를.
444) ᄈᆞᆺ안 : 빻아서.
445) 또로 : 또.
446) 꼽뿌 : 컵.
447) 쩍씬 : 만큼.
448) 비완 : 비워서.
449) 불고 : 부르고.
450) ᄌᆞ느느느하고 : 액체 따위가 시원하게 목을 타고 흐르는 느낌.
451) 가심이 : 가슴이.
452) 출려집데다 : 차려졌습니다.
453) 저싱 혼벽덜토 : 저승 혼벽들도. 저승 영혼들도.
454) 밋데 : 밑에.
455) 실리는 : 시리는.

법이난

〔말〕 저 어룬야 염려데왕신디[456] 가고 올 이서를[457] 씨아[458] 안네쿠다."[459] "어떵 헙네까?" 강님이 들으난 "속에 홑적삼 입읍데가?"[460] "입엇수다." "그거 벗어넵서. 벗어네영 나 당신을 삼혼을 시겨주면은[461] 염려데왕을 만날 수 잇을 게우다. 견디[462] 닐 모리야 염려데왕 앞이꺼정 가기 전이 닐 모리, 아렛녁 ᄌ북장제[463] 웨똘아기[464] 죽어 사남[465] 허는디 상 받으레 염려데왕이 올 건디 그떼랑 저싱 초군문[466] 당허거들랑[467] 저싱 초군문에 강 적베지 부쪄 두곡 염려데왕 탄 가미[468] 네려오거들랑 당신 수단껏 ᄒᆞᆫ번 염려데왕을 잡혀봅서." "어서 걸랑 기영 헙서." 영 허연 이젠 속에 속적삼 벗어주난 이원겝인 강님이 홑 ᄒᆞᆫ적삼이 아니고 홑적삼 홑 거, 홑 거, 안네 안 아이 노는 옷, 영 허연 그걸 벗어주난 그거 갖언 이구산에[469] 올라간 강님이 이름 석 자 데고 삼 세번 불러 웨난[470] 〔음영〕 강님이는, 죽언사[471] 가신디[472] 살언사[473] 가신딘 모르쿠다만은,[474] 저싱 초군문을 넘어사기 전 들어가난 저싱 초군문에 가 염려데왕 잡힐 적베지 부쪄 두고 또 닐 모릿날 아렛녁 ᄌ북장제집이

456) 염려데왕신디 : 염라대왕에게.
457) 이서 : 꾀. 의견.
458) 씨아 : 써서.
459) 안네쿠다 : 드리겠습니다.
460) 입읍데가 : 입었습니까.
461) 삼혼을 시겨주면은 : 초혼(招魂). 사람이죽었을 때 생시에 입던 저고리를 들고 이름을 부르며 죽은 혼을 세 번 부르는 의례를 하면.
462) 견디 : 그런데.
463) ᄌ북장제 : 자복장자(資福長者).
464) 웨똘아기 : 외동딸.
465) 사남 : 새남. 망자를 저승으로 고이 보내드리는 의례로 시왕맞이를 의미.
466) 초군문 : 신역(神域)의 첫 문.
467) 당하거들랑 : 당도하거든. 도착하거든.
468) 가미 : 가마.
469) 이구산 : 니구산(尼丘山). 이 산에 빌어 공자가 태어났다고 함.
470) 웨난 : 외치니. 소리치니.
471) 죽언사 : 죽어서.
472) 가신디 : 갔는지.
473) 살언사 : 살아서.
474) 모르쿠다만은 : 모르겠습니다만.

ᄂᆞ린덴 허난

〔음영〕 그떼ᄁᆞ장 기달리는데 아닐 케 아니라, 벡구름 흑구름 갈메월산[475] 번구름[476] 걷은 데 청구름 질이 나난 앞에 선봉대장 뒤에 후봉대장

좌우돗 거느리고

〔음영〕 벌련 독게 둘러타 와라치라[477] 네리는디 강님이 삼각수(三角鬚) 거느리고 벙에눈을[478] 버릅뜨고[479] 웬손에 심은[480] 홍ᄉᆞ줄[481] 오른손에 심어 ᄌᆞᄁᆞᆺ디[482] 가메 부출로난[483] 획 데끼는[484] 것이 가메 부출러레 홍사줄은 걸어지난 염려대왕은

예~ 여

또 이전에

〔음영〕 가메 하멜[485] 시기곡 가메 웃펜[486] 문을 올아 〔말〕 "야, 강님아." "야." "나 느 ᄄᆞᆺ집을[487] 받아보젠 헷주. 느앞이[488] 영[489] 나 홍사줄로 ᄉᆞ문절박[490] 시기카부덴은[491] 안 헷저" 영 헹 ᄀᆞᆯ으난 "이 가메 홍사줄 걷으라." "염려데왕님 경 헌 소리 허지 맙서." "무사?" "나도 이ᄁᆞ장[492] 오젠 허난양 왕레노수 차비 들고 음식도 들엇수다." 그떼예 넨 말로 영혼덜 사남허멍 질 치멍[493] 떡에 인정 받기 ᄉᆞ정 받기 영

---

475) 갈메월산 : 높은 산.
476) 번구름 : 뭉게구름.
477) 와라치라 : 고관의 행차 때 길을 비키라고 외치는 소리.
478) 벙에눈 : 붕어눈.
479) 버릅뜨고 : 부릅뜨고.
480) 심은 : 잡은.
481) 홍ᄉᆞ줄 : 사슬. 죄인을 묶는 줄.
482) ᄌᆞᄁᆞᆺ디 : 곁에. 가까이에.
483) 부출로난 : (가마 따위의) 대에.
484) 데끼는 : 집어던지는.
485) 하멜 : 하마를.
486) 웃펜 : 웃편. 위쪽.
487) ᄄᆞᆺ집을 : 마음 속을.
488) 느앞이 : 너한테.
489) 영 :이렇게.
490) ᄉᆞ문절박 : 결박.
491) 시기카부덴은 : 시킬 것이라고는.
492) 이ᄁᆞ장 : 여기까지.
493) 질 치멍 : 길을 치우면서. '질침'은 신이 오가는 길을 치우는 제차. 맞이굿마다 질침이 있다.

허여, 난 일이우다. 게난 염려데왕님도 무섭고 서꺼워도[494] 예 강님이앞인 드난 어쩔 수 엇이 발ᄆᆞ끔[495] 수금체[496] 인정 걸어 그 길을 넘어

삿~수다.[497]

〔음영〕 넘어살 적에 강님인 쉬ᄑᆞ리[498] 몸으로 환생을 허고 예 염려데왕 탄 가메 부출에

돌아지어근

예 ᄌᆞ북장제

〔음영〕 먼 올레 가난 몰 야 가메 하메허고 예 그디 예 큰심방은 시왕연맞이로[499] 신청궬[500] 메우멍[501] 염려데왕도 신수풉센[502] 쏠정미로[503] 신메와가난[504] 염려데왕은 큰뎃 고고리[505] 어간 허머 시왕데ᄃᆞ리[506] 줄 발아[507] 시왕당클르레[508]

네려 앉고

〔음영〕 아이고 강림인 오란 말도 엇곡 가란 말도 엇곡 부엔[509] 용심ᄁᆞ지[510] 바락허게[511] 나난 요놈으 거 나도 인정 받저 영 허여근 홍사줄 네놘 큰심방 마당굿[512] 허는 신자리레 홍사줄 데끼난, 이에 큰심방은 오꼿 ᄉᆞ문절박 뒈여

494) 서꺼워도 : '무서운'에 운을 맞춘 표현.
495) 발ᄆᆞ끔 : 발 묶음.
496) 수금체 : 굿판에서 인정을 받을 때 쓰는 체.
497) 넘어삿수다 : 넘어섰습니다.
498) 쉬ᄑᆞ리 : 쉬파리.
499) 시왕연맞이 : 시왕맞이. 인간의 생명을 관장하는 명부의 신인 시왕을 맞아들여 기원하는 의례.
500) 신청궬 : 신청궤를. 신청궤는 신을 굿에 청해 들이는 제차.
501) 메우멍 : 모시며. 청하며.
502) 신수풉센 : 신이 내리길 청하며.
503) 쏠정미로 : 백미(白米)로. 신청궤에서 신을 청할 때 신칼로 쌀을 떠 흩뿌린다.
504) 신메와가난 : 신을 모셔 들이니.
505) 큰뎃 고고리 : 큰대 꼭대기. 굿을 하는 동안 높이 세워 신이 강림하는 길로 삼는 큰대의 꼭대기.
506) 시왕데ᄃᆞ리 : 시왕다리. 시왕에게 바치는 무명.
507) 발아 : 타다.
508) 시왕당클르레 : 시왕당클로.
509) 부엔 : 부아는. 노엽거나 분한 마음.
510) 용심 : 화. 노여움.
511) 바락 : 성이 나거나 하여 갑자기 기를 쓰는 모양.
512) 마당굿 : 큰굿을 할 때 마당에서 벌이는 시왕맞이의 별칭.

죽어갑디다 죽어가는디

〔음영〕 연당[513] 알[514] 신소민[515] 역력허고 똑똑허난 예 데벡지로[516] 체섯기[517] 멘들아[518] 예 청데[519] 하나 비어다 둘아메고 올레에 간 세와 들어오멍 속는 건 단골이우다. 산 이 체서도 체서 죽은 이 체서도 체서, 급헌 놀랑[520] 체서가 당도허엿수다. 족은 상 하나 줍서. 족은 상 주난, 그디 쏠 시 사발 거려다[521] 올리고 ᄒᆞᆫ 푼 두 푼 돈서 푼 올리고 상불[522] 피우고 술 삼 잔 걸고[523]

연찻물[524] 떠놓앙

예 안느로[525] 들어오며

〔음영〕 또 시왕당클 알로 평풍 쳐 큰 ᄉᆞ젯상[526]

싱거근[527]

〔음영〕 단골님아 열 말 쏠

금시리[528]

ᄒᆞᆫ 구녁 데독판[529] 치어넵서.[530]

〔음영〕 영 허여 큰상 우이 열 말 쏠 금시리도 치언 올리곡 각서출물[531]

---

513) 연당 : 연양당클의 축약. 곧 제장(祭場)의 의미.

514) 알 : 아래.

515) 신소민 : 신소미는. 굿 하는 심방을 돕는 역할. 신소무(神小巫).

516) 데벡지로 : 대백지(大白紙)로. 백지를 의미.

517) 체섯기 : 차사기(差使旗). 차사를 상징하는 기메. 창호지를 오려 사람 모양으로 만들고 위쪽에는 댓가지를 단다. 가운데 '대명왕사자등중(大冥王使者等衆)'이라고 써놓는다.

518) 멘들아 : 만들어.

519) 청데 : 푸른 대나무[青竹].

520) 놀랑 : 날랜. 날쌔고 특별한.

521) 거려다 : 떠다.

522) 상불 : 향불.

523) 걸고 : 따르고.

524) 연찻물 : 물. 찬물.

525) 안느로 : 안으로.

526) ᄉᆞ젯상 : 사자상(使者床). 시왕당클 아래, 혹은 탁상 차림의 가운데 차림.

527) 싱거근 : (제상, 병풍 따위를) 차려 세워서.

528) 금시리 : 시루떡을 의미.

529) ᄒᆞᆫ 구녁 데독판 : 큰독 같은 시루떡. 나까시리놀림에 쓰는 시루떡.

530) 치어넵서 : 쪄내십시오. 치다는 찌다의 의미.

올리고

〔음영〕 예 ᄆᆞ을에 굿허당 동네 군, 영장[532] 나민 급허게 먼 올레에 굿허는 집 먼 올레예 예 상 싱거 상불 피와

인정걸기법

또 다시

〔음영〕 수제전[533] 초펀[534] 이펀[535] 제삼펀[536] 신청궤 신 메우멍 초펀 예 ᄉᆞ제님 시왕당클 알로

〔음영〕 강님이 신메와 초방광[537] 올려 공연[538] 올려 예 염려데왕은 야게[539] 힌 꿩으로 부술허여도[540] 자당[541] 강님이 꼐나민 촟아네곡 또

두 번쩨도

〔음영〕 예 이방광 공연 올령 강님인 술 취헤영, 자는디 염려데왕은 시왕당클 알 평풍 뒤 예 빗차락[542] 몸으로

숨어도

〔음영〕 촟아네곡 또

삼시 번쩬

〔음영〕 옛 염려데왕이 쉬ᄑᆞ리 몸으로 도환생을 허여 시왕당클에 ᄀᆞ만이 앚안 곱으난,[543] 여 강림인 “아이고 그건 꼭 촟을 수가 엇어짐직.” 케도 조왕에 간 그 집이 조왕할망 보고 〔말〕 “염려데왕 어디 곱앗이닌?” 허난 “저 시왕탕클 우이 저

531) 각서출물 : 각색출물(各色出物). 잔치나 제사에 쓰려고 만든 갖가지 음식물.

532) 영장 : 초상(初喪).

533) 수제전 : ᄉᆞ제전을 잘못 말함. ᄉᆞ제를 청하는 제차를 의미.

534) 초펀 : 첫번. 초번(初番).

535) 이펀 : 두 번[二番].

536) 제삼펀 : 세 번.

537) 초방광 : 첫 번째 방광침. 시왕에게 영혼을 저승 좋은 곳으로 보내달라고 기원하는 대목.

538) 공연 : 신에게 제물을 흠향하기를 권하는 제차. 추물공연의 줄임말.

539) 야게 : 목.

540) 부술 : 도술(道術), 변신술(變身術)의 의미.

541) 자당 : 자다가.

542) 빗차락 : 비, 빗자루.

543) 곱으난 : 숨으니.

쉬프리 몸으로 곱앗수게.” “아이고 그 또 것들토 시난.” “아 요 쪽인 아닌 요 편잇거 마씨.” “경 허냐?” “예.”

영 허여 ᄀ리쳐 주난

〔음영〕 아하허 쉬프린 거미 몸으로 강림이가 도환싱 헤연 곱아 둠서 예 거미줄을 팡팡 흘려가난 그 쉬프리레 벵벵 감아지어 갑데다. 염려데왕은 파딱[544] 나산 〔말〕 “야 강림아.” 좀좀.[545] “강님이 이리 오라 보저.” 삼시 번 불르난 “양.”[546] 허멍 오란, “나 부실이 좋아도이.” “예.” “느 부술만 못허다.” “무사마씸?” “난 일로 절로 변식(變式)을 헤도 느가 문짝 춫아네부난 느 부술만 못허난이.” “예.” “웃통 벗언 이레 돌아 앚이라.” 〔음영〕 “경 헙서.” 웃통 벗어 예 염려데왕 앞드레 돌아 앚으난 염려데왕은 강림이 등뗑이에 삼천리 훼독이라도 등에 진 거를 보난 닐 모리 ᄉ오 시가[547] 뒈민 동안 마당 네릴러라.[548]

글 석 자 사기고

〔말〕 “강님아.” “야.” “너 이승은 가젱 허면이 그냥은 아명 걸어도 못 간다 못 가난이.” “예.” “나 이 벡강생이[549] 네줘시메[550] 요 강생이 가는 양 가면이, 느 이싱 가진다.” “아이 뒙니다. 오늘 ᄀ찌 염레데왕이 나영 가사주, 아이 뒙니덴.” 허난, “아니여게, ᄌ들지 말앙. 나 닐 모리민이 가멘.” 〔음영〕 영 허연 곧아두고 오꼿 염려데왕은 저싱드레 가불고 강림인 어데 갈 중 몰랑 주악건데 강생인 예 ᄉ젯상 알루 네련 올레 밧겻드레

나가 가간다.

나가난

〔음영〕 그떼엔 강림이 강생이영 돌란 가단 웨나무 웨ᄃ리[551]

당허고

544) 파딱 : 퍼뜩.

545) 좀좀 : 말하지 않고 입을 닫음.

546) 양 : 예.

547) ᄉ오시 : 사시(巳時)와 오시(午時).

548) 네릴러라 : 내리겠다.

549) 벡강생이 : 흰강아지. 백구(白狗).

550) 네줘시메 : 내어 주면.

551) 웨나무 웨ᄃ리 : 외나무 외다리. 외나무다리.

〔음영〕 알르레 털어져 가난 "아이고 나 강셍이." 허연 심젠[552] 헌 게 강임이 이싱드레 뒈거꺼 돌아

오랏수다예-.

〔음영〕 아이고 낮도 캄캄 밤도 캄캄, 천지 분간을 헐 수 읏인디 불이 베롱허게[553] 싸진[554] 디 션[555]

촟안 간 보난

〔음영〕 예 큰각시네 집이고 창꿈[556] 터진 딜로 창문으론 보난 큰 상에 펭풍 쳐지고 펭풍 앞이 큰 상 우인 떡이영 밥이영 맛존 거 하영하영[557] 올련 큰각시

하나썩 둘썩 치왐고나.[558]

〔음영〕 데문 앞으로 간 〔말〕 "야, 이 문 열라 서방 오랏져." "뒤칩잇." 그 큰각시 허는 말은 〔음영〕 "뒤칩이 짐서방이거들랑 닐랑 오민 식게[559] 퉤물[560] 줄르렌 허난." "아니. 나 강림이여게." 멧 번 골아도 강님이 큰각신 이상헤 붸연 "경 허면야." "응." "홍포관디 웬 앞섭을 네놉서 보저." 웬 앞섭 문틈으로 영 헨 넨 허난 둥견 보난 바농[561] 두 썹 논 거 복삭허게[562] 삭안

꺼꺼진다.

그 문 열고

〔말〕 "이거 어떵 헌 일이우꽈? 저싱 아이 간 옵디가?" "무사 나 저싱 간 염레데왕 만난 왐쩌." "경 허우꽈?" "이거 어떤 일이니?" 〔음영〕 "아이고 이 어룬아 저 어룬양 간 날로 삼백육십오 일 일 년 소상 넘고, 이 년 쓰물넉 돌 데상 넘고, 벡 일 담제(禫祭)[563] 넘고 또 서른으섯 돌 첫 식게가

552) 심젠 : 잡으려고.
553) 베롱허게 : 불이 희미하게.
554) 싸진 : 켜진.
555) 션 : 있어서.
556) 창꿈 : 밝게 하려고 바람벽에 뚫어낸 구멍.
557) 하영하영 : 많이.
558) 치왐고나 : 치우고 있구나.
559) 식게 : 제사.
560) 퉤물 : 잔치나 제사를 지낸 후에 남은 음식 따위.
561) 바농 : 바늘.
562) 복삭허게 : 으깨어져서 형체를 알아볼 수 없게.

오랏인디

〔말〕 아바지영 어머니영 동싱덜 오란에[564] 이제ㄲ장 식게 문딱 넹기고 문 문딱 돌아가멍 다 중근 디 돌아보곡 돌아보곡 허멍 문 다 중가두고 또 날ㄱ라 이거 치워동 눵 자렌 헤연 치왐수덴." 허난 "경 허냐? 게믄 혼저 치우라." 큰각신

부지런히

제섯상 치와 두고

〔말〕 강님이 허는 말이 "아바지영 어머니영 강 옵셍 허라. 아까운[565] 아들 왓젠 헤영." 〔음영〕 "경 허우꽈?" 큰각시 와랑와랑[566]

둘려간

〔음영〕 "아까운 아덜 오랏수다." 아바지 와랑와랑 둘려오라

오른쪽에 앉이난

〔음영〕 성편[567] 마련허고 어머닌앞인 ㄱ으난 와랑와랑 오란 웨편에 앚아 간다. 성제간덜

기생첩덜

〔음영〕 앞에 앚아가는디 〔말〕 "아바지." "무사?" "나 엇이난 어떤 생각 납데가?" "아이구 설운 애기야. 어떤 생각 나느니? 속은 청청 구리멍이,[568] 밥 적 밥 먹을 떼 밥 적 올라갈 떼 생각 무디무디[569] 나지고 또 질레 뎅기당 발창 허민[570] 느 생각 무디무디[571] 나라." "겨면 아바진 죽으믄야." "어." "저 방장데[572] 속 구린 왕데 족데 수리데[573] 무디[574] 신 거 〔음영〕 방장데 설련허곡 아바지 삼 년 몽상 씨어 건데ㄲ지[575]

563) 담제 : 대상을 치른 다음다음 달 하순의 정일(丁日)이나 해일(亥日)에 지내는 제사. 상주가 평상으로 되돌아감을 알리는 제례. 담이란 담담하여 평안하다는 뜻으로 유족이 상복을 모두 벗어버린다는 제복제(除服祭)라고 할 수 있다.

564) 오란에 : 오라고 하여.

565) 아까운 : 귀한.

566) 와랑와랑 : 사람이 힘차게 가거나 달리는 모양.

567) 성편 : 부계 친족편.

568) 구리멍이 : 속이 들떠서 비어 있고.

569) 무디무디 : 무리무리.

570) 발창 허민 : 돌부리를 발로 걷어차면.

571) 무디무디 : 마디마디. 자꾸.

572) 방장데 : 상장(喪杖). 상주가 짚는 대나무 지팡이.

씨어 공은 가프쿠다만은[576] 놈앞이 잘못허나 아부지앞이 잘못헤도 욕허고 뜨리난[577] 상복 알단은 풀어 입기 마련

헐쿠다예–."

〔말〕 "어서 걸랑 기영 허라." 영 허고 어머니는 웬쪽에 앚으난 웨편[578] 웨편을 마련허는디 "어머님." "무사?" "나 엇이난 어떤 생각 납디가?" "아이고 설운 애기야 느 간 날 간 시간부떠 〔음영〕 난 이제꺼지 속은 청청 구려지멍 ᄒᆞ끔도 못 잊어봣져."

"설운 어멍 죽엉 허거들랑

〔음영〕 동드레 벋은 머구낭[579] 끊어다근

왕 예 방장데 설련허곡

〔음영〕 아바지앞이나 놈앞이 잘못허민 예 모든 걸 다 감춰주나부난 상복 알단 감촤 입기

마련헐쿠다.

〔음영〕 영 허곡 삼 년 몽상 씨엉 공 가프쿠다."

만은 영 헙데

〔음영〕 "아기덜 살곡 아방 산 떼에 어머님이 앞이 죽으민야" "어." "아바지 앞세왕 일년에 육 게월에 소상

마련허곡

〔음영〕 일년에 데상

마련허곡

〔음영〕 영 허쿠다." "어서 걸랑

기영 허라."

〔음영〕 법지법 마련헤여 두고 동싱덜앞이 〔말〕 "나 동싱덜 성 엇으난 어떵 생각

573) 왕데 족데 수리데 : 대나무 종류 이름.

574) ᄆᆞ디 : 마디. 대나무 마디. ᄆᆞ작.

575) 건대 : 건대(巾帶). 상복에 쓰는 삼베로 만든 두건과 띠.

576) 가프쿠다만은 : 갚을 것이지만.

577) 뜨리난 : 때리난.

578) 웨편 : 모계 친족편.

579) 머구낭 : 머귀나무.

나?" "어이구 경 헌 소리 성님 허지 맙서." "무사?" "어디 강야." "응" "씨름 헹지나 누구앞이 맞으나 헐 떼 성님 셍각 나고 경 아닐 뗸에 아이 납디다." 〔음영〕 "요것덜

옷 우잇 ᄇᆞ름이여.[580)]

기영 허민

〔음영〕 성제간은 살당 죽으민 예 머리에 두건 하나 씨곡 양 어깨에 두루메기 걸쳐

일 년 몽상 써주기."

〔음영〕 마련허고 기생첩덜앞인 〔말〕 "야 느네덜은 나 엇이난 어떵 생각 나니?" "어이구 어이구 누게 모냥으로 저 어룬양 가부난 젊은 거 늘근 거 헐 거 엇이양 오렝 헨 가면 술 멕영 존뜩 술 취헤불민 그자 어떵사 헤불엄신디 헤근에 영 영 헤 부난 그레저레 정은 주단 부난 저 어룬 셍각은 잊어 부리언게." 〔음영〕 "아이구 이 년 ᄆᆞ근년들[581)]

젊은 떼 ᄒᆞᆫ저

〔음영〕 큰 거영 족은 거영 문 ᄎᆞᆽ앙 가 불라." 영 허곡 큰각신 〔말〕 "저 사람은 나 엇이난 어떵 셍각나?" "난 시집 오는 날만 저 어룬 얼굴 알앗고양, 씨부모 공양 허멍 씨동싱덜 인도 지도 허멍 살멍 저 어룬 엇이난 아바지영 어머니영 살당 죽으민 어린 동싱덜광 아바지 어머니 육신은 어떵 감장(監葬)시기곡 삼 년 몽상 씨어 공을 어떵 갚으렌 허난양 눈 앞이 왁왁허고[582)] 저 어룬 셍각은 요마이도 안허곡 부모 셍각 벳긴 아이 납덴." 허난,

"아이고 경 허냐, 요게 요게

요게 요게 요게

요게 나 부인이고 나 각시로구나."

〔음영〕 경 허난 ᄉᆞ나이 녀석덜 술 한 잔 먹으민 법은 멀곡 주먹은 가차왕 잘못헵젠 허멍 주먹질 허기

---

580) 옷 우잇 ᄇᆞ름 : 옷 위에 부는 바람. 형제간의 사이는 옷 위에 부는 바람처럼 사이가 있다는 의미.

581) ᄆᆞ근년 : 상대방 여자에 대한 욕설로 하는 말.

582) 왁왁허고 : 조금도 보이지 않고 어둡기만 하고.

문저 마련허고

〔음영〕 이 어걸 저 어걸 이 예펜 저 예펜 춫아뎅기당 늙언 문 오그라져 가민 춫아오는 건 큰각시 벳겐

엇어지는 게 亽나이 ᄆ음이로고나.

영 허여

〔음영〕 법치법 마련허여 두고 이젠 강님이허고 예 큰각시허고 아방이여 어멍이여 문딱 보네뒨 그뗸 둘이만 혼 이불 속에 볼끈[583] 안안 누원 좀 자는디 오꿋 날은 붉아불고 올레 정낭은[584] 네리와지고 콧소린[585] 팡팡 나고, 이상허다 ᄆ음 좋은 과양 셍이각시년 치메깍 웨우 둘러놓고 뒷손찌언[586] 오난 창문 앞이 와도 모르게 콧소리 치멍 잠시난[587] 창꼼 터진 딜로 영 헨 베려보난

이헤근

〔음영〕 몸뗑인 하나 머린 두 게로 콧소리 치멍 잠구나 술째기 뒤물러산 예 짐치원 이앞이 고소장 밀세

들어갑데다예~.

〔음영〕 "강님인 저싱도 아니 가고 밤인 곱 낮인 고팡살렴[588] 밤인 구들살렴[589] 허는 셍입디다. 〔말〕 어치냑은 뭣사 헤낫인디 막 둘이가 콧소리 치멍 잠수다 지천."

"경 허냐?" 짐치원인

예 역력 똑똑헌 관장을 또로 불러 웨여 "강님이 목에 큰칼 씨왕

어서 돌아오라." 영 허여

〔음영〕 강님이 자는디 예 또로 역력 똑똑헌 관장 포졸 나졸 거느려 오란 탁 목에 큰칼

씨완

---

583) 볼끈 : 단단하게 힘을 주어 꽉 붙잡은 상태나 모양.

584) 정낭 : 거릿길에서 집으로 들어오는 길목에 대문(大門) 대신 가로 걸쳐놓은 길고 굵직한 나무.

585) 콧소린 : 코고는 소리는.

586) 뒷손찌언 : 뒷짐지어.

587) 잠시난 : 자고 있으니.

588) 고팡살렴 : 고팡에서 사는 것. 창고에 숨어 지낸다는 의미.

589) 구들살렴 : 방에서 사는 것.

〔음영〕 둘아단 동헌 마당에 앚저 놓고 〔말〕 "야 이놈아." "예." "너 저싱 간 오랏느냐?" "예." "게민 염려데왕 어느 거냐?" 웃통 확 벗언 붸우멍 "이거 봅서. 닐 모리 ᄉᆞ오 시 뒈민 오켄 헷수게."

아니 오민 죽일 걸로

큰칼 씨운 양

〔음영〕 지픈 전옥에

하옥시겨 갑데니다.

〔음영〕 그떼예 모릿날 ᄉᆞ오 시엔헌 시간언 ᄀᆞ랑비 서빗발로[590] 동안마당에 염려데왕이 딱 네려설 적 이원갑인[591] 짐치원인

예~

〔음영〕 ᄆᆞ서완[592] 굴묵[593] 어귀 지동으로[594] 예 곱아 불고 허좌복이 아덜은 동헌 마당에 그레 주왁[595] 저레 주왁 허염시난 〔말〕 "야 이놈아." "예." "너 이디 강님인 어딜 가고 짐치원인 어딜 가느냐?" "오늘예," 허좌복이 아덜 허는 말은 "오널 염녀데왕님 온뎅 헤도 아니민 죽일 걸로 강임이 지픈 전옥에 하옥시기고 아까 이디 짐치원이 잇어신디 모르쿠다." 영 헨 허난 〔〈메? 엉, 오랏구나. 막 보지 그리왓인디.〉〕

〔음영〕 영 허여 〔말〕 "모르쿠다." "강님이 풀어네라." 지픈 전옥 잇인 강님이 풀어네연 "야 강님아." "야." "저 집 누게 지엇이니?" "강테공이 지엇수다." 〔음영〕 "강테공이 불러 들이라." 〔말〕 강테공이 불러단 "너 저 집 지엇느냐?" "예." "너 안 세운 지둥 시냐?" "예 잇수다." "어느 거?" "저 굴목 어귀레양 들어가는 지동 뽈록헌 거 저건 아이 세운 지둥 닮수다." 〔음영〕 "게거들랑 데톱 받아

싸ᄀᆞᆯ기라이~."

〔음영〕 데톱 받안 잡아 존둥머리 빡허게 ᄀᆞᆯ겨

싸젠 허난

---

590) 서빗발 : 가는 빗발.

591) 이원갑인 : 김치원을 말하는 대목인데, 잘못 말한 듯함.

592) ᄆᆞ서완 : 무서워서.

593) 굴묵 : 구들방에 불을 때게 만든 아궁이 및 그 아궁이 바깥 부분.

594) 지동 : 기둥.

595) 주왁 : 기웃.

〔음영〕 피 불긋 허멍, 예 동헌 마당드레, 예 짐치원이가 염려데왕앞이 업델 허난 염려데왕은 〔말〕 "어떵 헤여 날 너놈이 오라가라 허느냐? 강임이 시겨." "아니우다. 나 오라가라 아니 헨 청헷수다." "웨 청허느냐?" 〔음영〕 예 짐치원이 허는 말이 〔말〕 "소지 절첼 허젠마씀." "기여 〔음영〕 소지 절체 하케거들랑 어른 아이 남녀노소 헐 것 엇이 문짝 나상 광청못 푸라." 문짝 좀박 함박 박세기 문 들런 나산 그놈으 물을 푸젱 허여도 물 풀 수가 엇어지연~ 염려데왕은 간 삼각수 거시리고 벙에눈 버릅뜨고[596] 이날 이 시간에, 둔물[597] 용궁에서 이 물 뿔민[598] 버무왕이 아이 아들덜 삼 성제 신체 춫을로렌 웨지난, 그떼 웨난 예 염레데왕 웨는 소리에 둔물 용궁에서, 광청못 물이 ᄇ짝[599] 뿔고 버무왕이 아들덜 삼 성젠 예 누원 ᄉ랑ᄉ랑[600] 열두 신뻬 시난 베식자리[601] 깔아놓고 문짝 열두 신뻬

춫아당

〔음영〕 놓고 또 종낭[602] 몽둥이로 삼시번 후려치난 "봄 줌이라 너무 자졋수다 염려데왕님." 허멍 버무왕이 아들덜 정신 출련 말을 하난 "기여." 염려데왕 허는 말은 〔말〕 "느네덜이." "예." "집이 강 아바지영 어머니영 공양 허영 살곡, 아바지 어머니 살당 죽거들란, 몽상 씨영 삼 년 상 공 가프곡 또 느네도 살당 죽어지거들랑, 새집 짓엉 성주풀이 헐 떼 삼색꼿으로 상 받으렌." 〔음영〕 영 허여 법지법을 마련헤여 〈그 엿날에는 성주풀이 헐 적에 집집마다 연꼿을 멘들앙 뎃가지엥 딱 찔렁 접쪙[603] 꼿을 멘들언 다 꼽아놧수다만은 요세에는 그런 식이 읏어지엇수다. 꼿 시 겔 허나 두 겔 허나 헌디 심방들이 하도 머리가 좋단 보난양 이거 서천꼿밧티 그 저 남선비 족은아덜 녹두셍이연 어멍 살릴 꼿 허레 간 떼 서천꼿밧테 불이여 불이여 허난 그 말 들어놧당 그 말도 그레 궂당[604] 부찌곡 저 말도 그레 궂당 부찌곡 영 허멍

596) 버릅뜨고 : 부릅뜨고.
597) 둔물 : 단물. 민물.
598) 뿔민 : 괴었던 물이 빠져서 줄면.
599) ᄇ짝 : 바짝.
600) ᄉ랑ᄉ랑 : 몸을 사려 똬리를 틀고 있는 모양.
601) 베식자리 : 베석자리. 제사 때 배례하는 데 쓰는 자리.
602) 종낭 : 때죽나무.
603) 접쪙 : 접어서.
604) 궂당 : 갖다가.

헌 것이 서천꼿밧 불이엥 허멍 불 질러부난 아는 심방들은 '서천꼿밧 불지더부믄 어떠 헐 거니? 다 죽을 게 아니냔?' 영 허멍 헌 것이 꼿 두 게 헤영 성주 성, 살성풀이 헤연 세우곡 올리곡 또 곱닥헌 꼿에 불 부쪄 불민 아이 뒐 거고 만도로기섭섭고장[605] 궃인 쿨[606] 낭이[607] 썩엉 빨지나 어디 누게 울어[608] 곱닥헌 꼿낭이라도 모지련[609] 문짝 카분[610] 거 그런 말 두고서 '만도로기섭섭고장에 불이엔.' 허면서 성주 문전본 풀어나민 그거 술기법도[611] 마련 허엿수다.〉

영 허연

또 이전

〔음영〕 이젠 염려데왕이 짐치원이보고 허는 말이 "그 소지 절치헐 어룬 이레 돌아오렌." 허난 "경 헙서." 예 ᄋᆞ망 ᄉᆞ망헌[612] 과양셍이각시넌 오난 〔말〕 "너 아기 시성제 낳고 시성제 죽언 소지 올련딘 허난." "예."

영 허연 허난

〔말〕 "경 허냐, 어디 어디 묻언디?" "큰 아덜은 우녁밧티야 우이 묻고 또로 둘쩻 아덜은 앞밧디 묻고, 족은아덜은 뒷밧디 묻엇수다."

영 허연

이리 허난

〔음영〕 강 보게 간 판 보난 아무 것도 엇은 헛봉분이로구나.[613] 그떼 넨 말 두고 엿날 산터 자리 좋은 딘 헛봉분 헤여 놔두기 법도 마련도

뒈여지고

〔음영〕 "아이고 이 넌 몽근넌, 줴일 넌아 잡을 넌아 데동강에 목벨 넌아, 너 버무왕

605) 만도로기섭섭고장 : 맨드라미꽃.

606) 쿨 : 종자(種子).

607) 낭이 : 나무가.

608) 울어 : 무엇인가를 기원하기 위하여.

609) 모지련 : 모지리언. 무지리언. 여린 물건을 손으로 직접 잘라 끊는 행위.

610) 카분 : 타버린.

611) 술기법 : 사르는 법.

612) ᄋᆞ망 ᄉᆞ망 : 'ᄋᆞ망'은 영리하고 똑똑한, 'ᄉᆞ망'은 재수가 좋음을 뜻함. 여기서는 나쁜 꾀를 쓴 과양셍이 각시를 욕하면서 하는 역설적 표현으로 쓰임.

613) 헛봉분 : 매장하지 않고 만들어 놓은 봉분. 虛封墳.

이 아들덜 삼 성제 단명(短命)허게 뒈고 죽게 뒈고 내 몸 받은 체서에 목심을 잡히게
뒈엇는디
〔음영〕 금법당 데서님 말 들어 속하니 예 금법당 돌아다 예 곱졍 이 아기덜 명복
잇언 네려올 적에 너 년이 예 이 아기덜
죽여 놓고
〔음영〕 또로 예 소지는 무슨 소지니, 쉐 아홉 몰아 들이라,[614] 총각 일곱 돌아오라."
ᄉᆞ도전 니커리[615] 삼도전
세커리[616]
〔음영〕 저잣거리에 끗어다[617] 놓고, 쉐 아옵에 과양생이각시년 폴[618] 다리
예 또예 무꺼놓고[619]
〔음영〕 총각 일곱이 동서르레
돌려 가멍 몰아간다 칮어[620] 발겨 간다.
아이구 소리 못 허고
〔음영〕 과양생이각시년
에흐근
〔음영〕 죽어 남은
것은
〔음영〕 또로 이 굴묵낭 방게[621] 도게남 절깃데[622] 놓안 콱콱 찧어 허풍ᄇᆞ름[623]
불리난
모기 ᄀᆞ다귀[624] 뒈어지고

614) 몰아 들이라 : 몰아 오라.
615) ᄉᆞ도전 니커리 : 네거리.
616) 삼도전 세커리 : 삼거리.
617) 끗어다 : 끌어가. 잡아당겨 자리를 옮기는 의미.
618) 폴 : 팔.
619) 무꺼놓고 : 묶어놓고.
620) 칮어 : 찢어.
621) 방게 : 방아에.
622) 도게남 절깃대 : 도게남은 도구(搗臼)방아의 와음인 듯. 절구방아. 절깃대는 절굿대.
623) 허풍ᄇᆞ름 : 허풍(虛風)바람.
624) ᄀᆞ다귀 : 각다귀. 모기처럼 생긴 곤충. 남의 것을 강제로 빼앗아먹고 사는 사람을 비유적으로 이르는

유월 영청[625)]

셍사름덜 잠시믄[626)]

〔음영〕 귀퉁에 오라근에 "잠수과? 맛존 거 아무 거라도 싯건 ᄒᆞ꼼 줍센." 헤영 엥 허게 논뎅도[627)] 허곡 귀에 둘아졍 엥 허는

소리도 네운뎅[628)] 헙네다.

영 허여 또 이전

〔음영〕 염려데왕은 소지 절첼 헤 두고 짐치원이앞에 오란 〔말〕 "짐치원임." "예." "강님이 혼자 부리쿠과?" "강님이 웃이믄양." "어." "이 고을에 나 혼자 직허질 못헙니께." "경 허면 나 곧는 양 들읍서." "무슨 거꽈?" "혼정을 앗이쿠과[629)] 신체를 앗이쿠과?"옌 헤난, 아이구 그 어리석고 멍텅한 짐치원인게 "혼정이 무신 거꽈? 신체 앗이쿠다." "경 헙서 게민." 〔음영〕 염려데왕은 아이고 시간은 웃어지고 강님이 머리 상가메로 머리 시 꼬풀[630)] 빼여[631)] 저싱드레

도올랏수다예~.

저싱드레 도올라산

이디 허난 그때에

〔말〕 "야 지동토인아." "예." "저 강님이 데답 안 헴쩌." "무사마씸?" "불러 보라." "강님아 강님아." 〔음영〕 예 짐치원이 불러도 데답 아니 허고 짐치원이 용심 나난

지동토인보고

〔음영〕 예~ 저싱 강 오랏고렌, 경 아이도 쿳데 높앙 말 졸바로[632)] 아이[633)] 듣는

놈인데

말이기도 함.

625) 유월 영청 : 유월 염천(炎天). 한더위.

626) 잠시믄 : 자고 있으면.

627) 논뎅도 : 논다고도.

628) 네운뎅 : 낸다고.

629) 앗이쿠과 : 가지겠습니까.

630) 시 꼬풀 : 세 가닥.

631) 빼여 : 빼어. 뽑아.

632) 졸바로 : 비뚤어지지 않고 똑바르게.

633) 아이 : 아니.

〔음영〕 주먹 ㅂ끈[634] 줴영 빠망데기[635] ᄒᆞᆫ 주먹 박아불렌 허난[636]
예~ 지동토인
짐치원이 말데로
〔음영〕 강님이 앒이 오란 주먹 볼끈 줸 귓퉁일 앗아 쥐어박으난 예 동헌 마당 능장데[637] 드러눅듯[638] 덩글렝이[639] 드러누워사고
〔음영〕 코로 쉬프린 엥 허게 ᄂᆞ난 〔말〕 "아이고 짐치원임아, 죽엇수다."
죽은 걸 어찌 허겟느냐.
〔음영〕 큰각시 강림이 어멍 아방앒이 형제간앒이
부곡을 보네여 갑데다.
그떼예 강림이
〔음영〕 큰각시 어멍 아방 형제간 돌아오란 〔말〕 "짐치원임아." "무사?" "무싱거 우리 서방 〔음영〕 잘못허연 예 우리 서방 죽게 헙데가 강림이 죽게 헙데가?"
영 허여 말 허난
〔음영〕 "겔쎄[640] 말이여. 볼써이 혼사 뒈신디 죽은 걸 어찌 허겟느냐. 돌으당이[641] 사름 죽어 모든 법지법 마련허라." 그떼엔 용심도 아이 네고 강림이 벗덜 보고 강림이 큰각시가
〔음영〕 "이 어룬들아 산 떼 친구고 죽으민 친구가 아니우꽈? 나 남편 무사 저승간 염려데왕을 못 칭겨 오랏수과? 벡ᄉᆞ지 원정 절차를 못 헷수가? 산 일 체로[642] 나 서방 우리 집에 돌아옵서." 경 골아 두언 강님이 큰각신 와랑와랑 집이 간 고팡에 쏠 한 줌 신 거 네놘
밥 허여

---

634) ㅂ끈 : 불끈.
635) 빠망데기 : 뻬야망데기. 뻬얌다귀. 빰따귀.
636) 박아불렌 허난 : 박아버리려고 하니.
637) 능장데 : 능장(稜杖)대.
638) 드러눅듯 : 드러눕듯.
639) 덩글렝이 : 뎅강. 덜렁.
640) 겔쎄 : 그러게.
641) 돌으당이 : 데려가서.
642) 산 일 체로 : 살아있는 것처럼.

〔음영〕 진짓상 출려두고 올레에 나오란 잇이난 강님이 벗덜은 산 일 체로 허져 술 먹은 사름 어깨동무 허영 집이 돌아가듯

양쪽으로

〔음영〕 앞뒤으로 으지허멍덜

돌아 앚어

집이~

돌아가난

〔음영〕 올레에 강님이 큰각신 삿단 "아이고 이 어룬아 저 어룬아 저싱 간 염려데왕 청헤 오랏젠 벗 친구덜 기영, 저 어룬 정신 못 출령 영 어깨동무 형 돌아오게 술덜 잡, 멕입데가? 혼저[643] 옵서, 나 셍각은 아니 납데가? 혼저 옵서, 혼저 옵서." 돌아젼 낭간 넘어 데천 한간 상깃도 앞으로 간 앚져 놓고 "밴 아니 고프꽈?

밥상 들러 놤수다."

진짓밥상

〔음영〕 들러 놘 ᄒᆞᆫ끔 잇다 "밥 다 먹읍디가? 이거 숭눙 떠놤수다.

물 먹읍서.

산 일 체로

허여간다.

〔음영〕 영 허여 ᄒᆞᆫ끔 잇단 "물 먹읍데가? 밥상 들럼수다." 밥상 들러 부억에 굿다 놔두고 또 뒈돌아오란 "아이고 밥 먹으난 시장 허기 버친디 배고픈디 먹으난 졸아졈 수과? 저 방에

자리 허엿십네다."

침방 우전으로근[644]

자리 출려 눅저 갑데다.

〔음영〕 문은 예상 창문도 더끄고[645] 지게문도 예상 더껀 강님이 부모네 마리예[646] 예또 지게문 앞인 강림이 큰각시 벗덜은 마당에서 말 ᄀᆞ르으멍 쉬어 가는디 열락서산

643) 혼저 : 어서 빨리.

644) 침방 우전으로근 : 안방 웃편으로.

645) 더끄고 : 닫고.

646) 마리예 : 마루에.

해 지어갈 때 더끈 문 문
헤싸놓고[647)]
문 올아놓고 어~
〔음영〕 "이 어룬아 저 어룬아, 낮좀은 무신 좀을 영 늦게 늦게 늦게 늦게 잠수과?" 이불자리 확확
걷어 가멍
〔음영〕 창문 바꼇 네치멍[648)] 신체 심어 옷 심어 "정신 출련 께어납서. 술 먹언 정신 못찰리꽈?" 홍글멍[649)] 말 훈 마디 웃어지난 강님이
큰각시
〔음영〕 머리 풀어간다. 예 헤.
형제간덜
〔음영〕 데성통곡 허멍 영 허연 허단 죽엇고넨 헤연, 예 이젠 강님이 쿳고망으로 궂인 벌레나 들 건가, 종이 허여 쿳고망 막기, 무신 말 들엉 저싱 강 소도리 헐 건가
궛고망 막아사기
〔음영〕 목에 ᄀ득이믄[650)] 말 못 할꺼난 사름 죽어 예 입에 쏠 물리기 마련허곡 또 사름 사는 방 굴묵짓는 디 궂인 짐승이 들어가민 죽은 혼벽이
일어낭
안넨 허난
〔음영〕예 굴묵 어귓도[651)]
막기
〔음영〕 마련허고 옆드레 보난 히뚜룩헌[652)] 험벅떼기[653)] 시난 강님이 큰각시 박허

647) 헤싸놓고 : 열어놓고.
648) 네치멍 : 내놓으며.
649) 홍글멍 : 흔들며.
650) ᄀ득이믄 : 가득 채우면.
651) 어귓도 : 입구.
652) 히뜨룩헌 : 희옵스름한.
653) 험벅떼기 : 험벅새기. 헝겊 쪼가리.

게[654] 칮언[655] 방퓃머리[656] 허득여논[657] 거 무끄난,[658] 사름 죽어 머리창[659]

들이기

〔음영〕 형제간덜토, 아이구 눈물 남쪄 콧물 남쪄, 험벅 칮언 우선 예 웃트레 둘런 허는 게 머리 무껀 헌 것이 사럼 죽엉 날 받곡 텍일허기 전인 예 벌통헹경[660] 예

두건 쓰기법

마련 뒈여

〔음영〕 좋은 날쩌 받고 산터 보난

이제옌

〔음영〕 강님이 죽어 강님이 형제간 빌어

상복 입자.

〔음영〕 예 강님이

큰각시

〔음영〕 산터 봐도 섭섭 집이 오랑 좋은 날쩌에

예~

〔음영〕 몸 모욕시겨 예

섭섭허고

〔음영〕 초소렴[661] 헤연 섭섭, 예 또이 넘어 초소렴 클러 처염[662] 입엇던 옷 벳겨 몸 모욕시겨

섭섭

호상[663] 입저 섭섭, 입에 군량미(軍糧米)[664] 저싱 양석 멕여

---

654) 박허게 : 박정하게.

655) 칮언 : 찢언.

656) 방퓃머리 : 딴머리.

657) 허득여논 : 흐트러진.

658) 무끄난 : 묶으니.

659) 머리창 : 부모나 시부모상이 났을 때 부녀자들이 머리에 넣어 땋는 긴 헝겊오리.

660) 벌통헹경 : 통행전(筒行纏). 행전은 한복 바지나 고의를 입을 때, 움직임을 가볍게 하려고 바짓가랑이를 정강이에 감아 무릎 아래에 매는 물건. 통행전은 아래에 귀가 없고 통이 넓은 행전. '벌'은 조율음(調律音).

661) 초소렴 : 처음 하는 염습(殮襲).

662) 처염 : 처음.

섭섭허고
질빼[665] 놓아
섭섭헌다.
또 이전 예허근
칠성판(七星板)[666] 우에 들러다 육신
놓아 갑데다.
섭섭허고
이제랑 입관허저 천판(天板)[667] 더끄저
섭섭허여집데다.
〔음영〕 아이고 강님이 삼 혼이나 씨어보저 창문 밧게 나산 예 "강님이 보, 강님이 보." 또 흩적삼으로 삼세 펀 불러 섭섭, 아이고 또로 이제랑 제나 훈 번 넹기저[668]
처염 넹긴 게
〔음영〕 성복제(成服祭) 예 상식 올리멍 좋은 땅 군왕지기[669] 에헤 봉가 놓고[670] 그디 강 묻저 마지막 이제랑 "제 받앙 갑서."
영 헌 것이
일폿제[日晡祭][671]
섭섭헌다 예- 데펫목[672] 딜여 간다.[673]
소펜목 딜여 간다 몰켓낭[674]
〔음영〕 들여 간다. 줄 놓아 데펫목에 몰켓낭 벵벵 앗앙 믄 예 절박 시겨놓고

663) 호상 : 수의(壽衣).
664) 군량미 : 쌀.
665) 질빼 : 질 때 쓰는 줄.
666) 칠성판 : 관 속 바닥에 까는 얇은 널조각으로 북두칠성을 본떠서 일곱 구멍을 뚫음.
667) 천판 : 관의 뚜껑이 되는 널.
668) 넹기저 : 넘기자고. 넘기고.
669) 군왕지기 : 군왕지지(君王之地).
670) 봉가 놓고 : 주워 놓고. 마련하고의 의미.
671) 일폿제 : 일포제. 장례 전 날 신시(辛時)에 지내는 제사. 제주도에서는 이 날 하루 조문을 함.
672) 데펫목 : 대팻목. 상여 양편 아래에 매어진 앞뒤로 길게 나온 채.
673) 딜여 간다 : 들여 간다.
674) 몰켓낭 : 몰케남. 상여 밑을 받치는 장강목(長杠木).

또 이전 섭섭허다.

〔음영〕 상이화단[675] 꿀려 간다. 예 좋은 날짜 예 강님이 세경땅 감장시기기 전관 들러

〔음영〕 예이예 또 이 데펫목 우이 갖다 놓고 상이화단

더프고[676]

〔음영〕 앞에는 예 마흔으돕 상청ᄃ리[677]

설빼[678]

〔음영〕 메여 간다 우이서 예 그, 상이화단 앞이 산 선소리 치멍 앞서 둥기멍 일흔여돕 제역게꾼[679] 울러메고[680] 등진 걸음 허여

세경땅 가보데

〔음영〕 섭섭허고 하메 시겨

섭섭허고

〔음영〕 설운 가장 좋은 육신 감장시길 땅 게광허여[681]

섭섭헌다.

시간 뒈여 하관 허저

〔음영〕 예 땅 속에 묻히멍 게판 곶다

우으로 더퍼 두고

〔음영〕 가운뎃 게판

들러네어

〔음영〕 하관제(下棺祭) 지네멍 술잔을 드리데

섭섭허여지고

〔음영〕 아이고 이젠 친구 벗들ᄀ라[682] "옵서, 우리 ᄒᆞᆫ 번 달구나 찍어 보게." "경

---

675) 상이화단 : 상여화단.

676) 더프고 : 덮고.

677) 상청ᄃ리 : 상청(上廳) 다리. 영혼의 저승길에 다리의 뜻으로 깔아놓는 무명. 상청ᄃ리는 상마을 영혼을 위한 것.

678) 설빼 : 설베. 상여에 매어 앞에서 끌게 만든 무명 밧줄.

679) 제역게꾼 : 모든 일꾼.

680) 울러메고 : 메다.

681) 게광허여 : 개광하여. 개광은 무덤을 쓸 때에 방향을 바로잡아 관이 들어갈 만큼 알맞게 판 구덩이.

허렌." 헤연 가운딧

예~ 어~허근

〔음영〕 뒙데다 또 이 예 방장데 세와 놓고 예 흙 갈레로[683] 그 우터레 예 게판 우트레 지치멍[684] 친구들ᄀ라 "나랑 선소리 걸랑 훗소리 받읍서." "경 헙서." 선소리 치멍 훗소리 받으멍 예 달구 찍어도 섭섭

봉분 허저

섭섭허고

〔음영〕 용모제질[685] 허저 섭섭, 아이고 ᄆᆞᆯᄆᆞ쉬나[686] 들 건가 ᄆᆞᆯᄆᆞ쉬 못 들게 이에 울담 싸저

산담허여 섭섭

허여 지곡

〔음영〕 산담 밧견 나오란 보난 먹다 남은 음식이 잇엇구나. "아유

설운 가정[687]

〔음영〕 배 고프게 말앙 저승 갑서." 먹다 남은 음식 용모제질 앞이 올려놓아 데성 통곡 허여도 섭섭헌다.

지방 들러 집에 오라근

〔음영〕 구들에 놓고 월미[688] ᄒᆞᆫ 술 올리고 산 때 먹단 술 잡숩서 올려놔도 섭섭 뒷날 아칙이 밥이영 국이영 거련 올려놓고 술잔 걸어 통곡허는 게 제우젯법[再虞祭法], 또 뒷날

예-

〔음영〕 아적 통곡허는 게 삼시 번쩨

예- 뒙네다.

---

682) 벗들ᄀ라 : 벗들에게.

683) 갈레로 : 가래로. 가래는 흙을 파서 헤치거나 떠서 던지는 데 사용했던, 나무로 만든 삽.

684) 지치멍 : 끼얹으면서.

685) 용모제질 : 용미계절(龍尾階節). 용미(龍尾)는 무덤 뒤편에 용의 꼬리처럼 만들어 놓은 곳. 계절은 무덤 앞에 평평하게 만들어 놓은 곳.

686) ᄆᆞᆯᄆᆞ쉬 : 마소[馬牛].

687) 가정 : 가장(家長)의 잘못된 음.

688) 월미 : 수월미.

〔음영〕 초삼우젯법[初三虞祭法] 마련허고 상식(上食) 올려 섭섭 초ᄒᆞ를날 삭망(朔望)허여 섭섭 보름날 삭망허멍 통곡헤도 섭섭 벡 일만이

졸곡(卒哭) 허여도

섭섭허여지곡

〔음영〕 일 년은 열두 덜 삼백육십오 일 돌아오라~.

예 또 이전

〔음영〕 형제간덜 앞세우멍 예 소상(小祥)법, 또 스물넉 둘은 데상[大祥]법, 아이고 흰머리창 풀젠 허난 너미[689] 섭섭허연, 엿드레 보난 또 실 ᄒᆞᆫ 거림[690] 시난 그거 허여 머리창 들인 건 뻬언 올려두고 실로 ᄒᆞᆫ 거림 허여

머리 찔르난

벡 일만이 담제(禫祭)법

마련허고

〔음영〕 서른ᄋᆞ섯 덜 삼 년 만이, 첫 식게 돌아오란 예–

허는 것이

〔음영〕 이젠 아이구 이거 일 년만이 제서 허염구나. 다음에도 일 년만이 또 제서 헐 거난 죽은 사람 뻬 처 술 처,[691] 술 처 가느냥 예 또로 강님이 큰각시 형제간덜토 서방 생각 성님 생각 두루 나지어 삼 년 죽어 삼 년 넘어 오 년 뒈가면 술 녹곡 뻬 녹아지어 가는 데로 정은 멀어진뎅 허곡 오 년 안넨 남편 죽엉 각시가 서방을 허나 각시 죽언 ᄉᆞ나이 녀석이 각실 허민 예 죽은 혼벽 세움에[692] 버쳐진덴 말도 잇입데다예–.

〔음영〕 영 허여 강님이 큰각시 법지법 허여 마련허고, 이젠 서방 생각도 삼 년 넘어 오 년 넘어가난

멀어져가고

〔음영〕 강님인 저싱 염려데왕광

갑데다.

---

689) 너미 : 너무.

690) 거림 : 몇 개로 나누어진 것 중 하나하나의 낱개.

691) 뻬 처 술 처 : 뼈 지고 살 지고.

692) 세움에 : 시기심에. 질투에.

〔음영〕 염려데왕허고 저싱을

가난

〔음영〕 문서 낙루(落漏) 뒛저 호적 낙루 뒛저, 동방섁이 삼천 년 뒌 혼벽을 잡혀들이렌 허난 "알앗수다." 데답은 허고 네려오젠 허난, 야 문서 호적 비엇젠 허멍 문서도 아이 네주고 강님인 그냥 빈몸으로 네려오는디, 아기업개

아기 업어 놀다근

어드레 가는 ᄉᆞ제우꽈.

〔말〕 "아이구 난 양 염려데왕 말을 들언 인제 지금 문서 낙루뒌 동방섁이 잡히렌 감수다." "아이고." 아기업갠 "어느 ᄉᆞ제가 오라도예, 동방섁이 잡힌 ᄉᆞ젠 읏수다. 당신이랑 나 이 차롱에 검은 숫을 줴시메, 요거 앗엉 광청못디 강, 앗앙, 컷다[693] ᄆᆞᆯ렷다[694] 컷다 ᄆᆞᆯ렷다 헴시민 ᄒᆞᆫ 번은 ᄋᆢ든 팔십 난 노인으로 오랑 ᄆᆞᆯ 물 멕연 가곡, ᄒᆞᆫ 번은 또 쉬남은[695] 난 젊은 청년으로 ᄆᆞᆯ 물 멕영 가곡, 또 ᄒᆞᆫ 번은 열뎃 난 어린 소년으로 완 ᄆᆞᆯ 물 멕영 가멍 당신 베리멍 ᄌᆞ끗데랑 웃인 ᄐᆞ집을 허여 가거들란 당신 수단껏 잡힙서."

어서 걸랑 기영 허저.

영 허여

〔음영〕 예 강님인 아기업개 말 들언 광청못디 간 앚안 예 그 검은 숫을 컷다 ᄆᆞᆯ렷다 컷다 ᄆᆞᆯ렷다 ᄒᆞᆫ 며칠 헤 가난 아닐 케 아니라 ᄋᆢ든 팔십

넘은 듯헌

〔음영〕 하르방이 오란

ᄆᆞᆯ 물 멕연

〔음영〕 히뜩히뜩 베리멍 야 가불고, 또로 얼마 읏이난 또로, 쉬남은 난 젊은 청년이 오란

ᄆᆞᆯ 물 멕연 돌아가멍

히뜩히뜩 베려 간다.

---

693) 컷다 : 물속에 담가 두었다가.

694) ᄆᆞᆯ렷다 : 말렸다가.

695) 쉬남은 : 나이가 쉰몇 정도 되는.

또로 얼마 읏어 으 열뎃 난 亽나이 녀석이

〔음영〕 예 몰 이껀 오란 몰 물 멕연 저레 가멍 히뜩히뜩 베리단 즈끗드란 〔말〕 "여보 당신." "웨요?" "어찌 헤여 내가 늙은이 젊은이 아이로 벤식을 허면서 당신 보니 자꾸나 검은 숫을 컷다 물렷다 컷다 물렷다 허는 게 어떤 뜨집이넨?" 허난, 그떼엔 강님이 허는 말은 "허허 야 그걸 몰람사? 이거이 검은 숫 컷다 물렷다 컷다 물렷다 헤 가민 힌 숫이 뒈영. 에이 벡발 노장 뒌 하르방 할망덜 부모덜 으, 골왕 멕이민 힌 머릿발에 검은 머리가 돋아낭, 게공선 허영, 도화허멍[696] 산덴 허난 컷다 물렷다 컷다 물렷다 헴쥬. 나는 헐 일 엇이 경 헌 줄 알암시냐? 우리 부모 살당 벡발 뒌 머리 검은 머리 돌아오게 게공선 허영 살게 허젠, 영 헷ᄀ렌 허난." "허허." 그 열뎃 난 동방섹이 허는 말은 "내 동방섹이 삼천 년을 살앗건마는 이런 말 듣긴 당신앞이 처얌이엔." 허난 〔음영〕 그떼엔 언약 엇이 와작착[697]

눌려들어

동방섹이 잡혀 강님인

〔음영〕 염려데왕앞이 가난 아닐 케 아니라 〔말〕 "야 강님아." "양." "참 역녁허고 똑똑허다. 삼천 년 살아 문서 낙루뒌 동방섹일 잡혀오랏이난이 역력 〔음영〕 똑똑허다. 느랑 이싱체서로이 칠십이 고레[古來], 팔십 전명[定命]으로 예 세상 사람을 보네라."

경 헙서~.

〔음영〕 영 허여 예 "이원젭이랑

저싱 체서로

들어사라.

〔음영〕 영 허여 허갈 받고 이젠 강님인 이승 적베지 갖언 네려오란 칠십 고레 염려데왕 말데로 팔십 전명으로 저싱드레 보네단, 돌아뎅이멍 다리 아프고 종에 아프난 높은 동산에 앚아 쉬는디 가냐귀[698] 녀석이 각각[699] 허멍 눌가가난[700] 〔〈강○○이 강대원이 궨당이라.〉〕

---

696) 도화허멍 : 도환생.

697) 와작착 : 한꺼번에 일이 끝나는 모양. 찰싹, 손바닥으로 뺨을 때리는 소리.

698) 가냐귀 : 까마귀.

699) 각각 : 깍깍.

700) 눌가가난 : 날아가난.

느도 강게 나도 강게여

〔음영〕 "가냐귀놈아 이루 오라." 〔말〕 "예." 오난 "느도 강가 나도 강가이, 맞이 녜?" "예예." 〔음영〕 영 허연 〔말〕 "느 이승광 저싱 사이에이 나 부름씨[701] 헤영 〔음영〕 상 받으라." "경 헙서." 가냐귀 젓놀게에[702]

저싱 이승

〔음영〕 적베지를 부쪄 두고 강님인 높은 동산에서 후망(後望)을 허노렌 헌디, 가냐귀 녀석은 적베지 부찌레 뎅기단 밴 고프고 어떵 허민 조으렌 헌디 마ㅂ름[703] 으지헤서 말피젱인[704] 물을 잡암시난 '아 저디 강 내 몰 잡아난디 지름[705] 는드레기 아무 거라도 물이라도 그디 몰궤기 씻어난 거 ᄒᆞᆫ 적[706] 얻어 먹엉 적베지 부찌레 가주긴.'은 담 우이 간 ᄌᆞ짝허게 앚으난 몰피젱인 몰 잡으멍 옆드레 보난 희뚜룩헌 거 뭐 시연 줏언 게와레[707] 담앗단, 그건 적베진디, 담앗단 몰 발통, 또 돌란 데끼젠 허난 가녜귀 녀석은

에헤근

〔음영〕 적베지 셍각 오꼿 잊어부런 파딱 허는 게

떨어지어

〔음영〕 몰피젱이 줏어 게왈 담고 몰 다 잡아난 예 칼 뭐안 엉덕 수덕[708] 알르레 데껴 부난 구렝이 녀석은 희뚜룩[709] 피구룽 허난 '요거 지름 는두레기구나.' 옴막[710] 들러 먹언 수덕 엉덕 속에 가 불고 가녜긴 '아이구 이느무 거 어는 제민 춫으리.' 이레 헤뜩[711] 저레 헤뜩

허여 간다.

---

701) 부름씨 : 심부름꾼. 하인.

702) 젓놀게 : 날개죽지.

703) 마ㅂ름 : 마파람. 남풍(南風).

704) 말피젱이 : 말을 죽여 잡는 일을 업으로 하는 사람. 피젱이는 백장[屠漢], 백정(白丁).

705) 지름 : 기름[油].

706) 적 : 모금. 'ᄒᆞᆫ 적'은 한 모금. 한 입.

707) 게와 : 호주머니. 게와쏨.

708) 엉덕 수덕 : 엉덕은 바위그늘. 수덕은 바위와 나무가 엉키어 있는 곳.

709) 희뚜룩 : 희읍스름.

710) 옴막 : 음식물을 입안에 들여넣어 입을 다문 모양.

711) 헤뜩 : 희뜩.

〔음영〕 하늘 우이 놀아 뎅기멍 소레기[712] 봐지민 "야 적베지나 봐져넨?" 혜영 가녜기영 메영

싸움도 허곡

〔음영〕 영 허단 버치난 가녜기 녀석은 놀아 뎅기멍 ᄆᆞ을 높은 큰 낭 상가지 앚앙 울민 늑신네[713] 죽곡 중가지 앚앙 울민 졺은이 죽곡

하가지 앚앙 울면은

〔음영〕 아이 노세 기노세 죽기법 마련, 또로 놀아 뎅기는디 하영하영 가녜기 노는디 ᄇᆞ름까녜기

데까냐귀

질 노변에서

〔음영〕 혼자 궂이 우는 가냐귀 노중 객서 체서 까냐귀, 밤중 야사삼경

홀로 우는 가냐긴

〔음영〕 도둑 들 까냐기

불 날 까냐기

〔음영〕 법지법 마련허곡 어룬 갈 떼 아이 아이 갈 떼

어른 가리

영 허연

〔음영〕 막 저싱 초군문더레 보네여 가는디 염려데왕이 소피 보구정 헤연 ᄉᆞ무실 밧겟디 나오란 저싱 초군문드레 보난, 어룬 아이 남녀노소 헐 것 읏이 막 담아 들엇이난 강님이 불런 〔말〕 "이거 어떵헌 이유고?" "나도 모르쿠다. 가냐귀 녀석앞이 적베지 붙염수다."

불러 들이라.

〔음영〕 가냐기 불러노난 〔말〕 "어떵헌 적베지양, 나 배고판 몰 눈드레깃 잡아난디 눈드레기 ᄒᆞᆫ 적 얻어먹엉 적베지 부찌젠 허젠 허단 오꿋 일러부런 어른 갈 떼 아이 아이 갈 떼 어른 가렌 헨에 보넷수다." "경 허냐?" 보리남[714] 성클에[715] 밀남[716]

---

712) 소레기 : 솔개. 소로기.

713) 늑신네 : 노인(老人).

714) 보리남 : 보리수.

715) 성클 : 형틀.

도리체[717] 올려놓안 알정구리[718] 하도 후려 부난 가녜기 알정구리 궤기 엇곡 핏독 올라난 법으로 검곡

예 영 허여

〔음영〕 다시 또 경 허렌 허멍 매 맞아난 일이고 또로 매 맞안 놀아 데니단 보난 이리른[719] 넘은 할망 ᄋᆞ든[720] 가차운 할망이 물데바지[721] 젼[722] 물 질러

감시난

〔말〕 "요 할망도 갈만헌 할망 ᄀᆞ자 아니 간 물허벅 젼 물 질레

감꾸나."

〔음영〕 넘어가멍 데간세기[723] 딱 좃이난[724] 할망은 데가리 아펀 허천베릿는디[725] 오꼿 발은 앞드레 놔지언 발찬 엎뎌지는 게 눈두세[726] 오꼿 부시레기 난 할망은 그 자리에서 죽고 데바진 머리 우이로 넘어난 벌러져 붑데다. 허난

사름 죽어

〔음영〕 누어난 방 안네 예 데바지 벌르기

또 이전

〔음영〕 동드레 벋은 버드남 가지 허여당 천하반에 청ᄉᆞ록 바닥에 벡ᄉᆞ록, 나모광데 구토실명ᄉᆞ록[727] 제촐[728] 허멍 오곡밥 허여다 데천 한간에

앚앙

716) 밀남 : 밀대.

717) 도리체 : 곤장.

718) 알정구리 : 종아리.

719) 이리른 : 일흔.

720) ᄋᆞ든 : 여든.

721) 물데바지 : 물을 길어 나르는 작은 동이. 가운데 배는 동그스름하고 위의 아가리는 아주 좁게 된 모양.

722) 젼 : 지언.

723) 데간세기 : 대가리.

724) 좃이난 : 쪼아. 좃다는 쪼다. 뾰족한 끝으로 쳐서 찍다.

725) 허천베릿는디 : 다른 곳을 보다가. 허천바레다.

726) 눈두세 : 두 눈의 사이.

727) 구토실명ᄉᆞ록 : 백정 영혼에 따른 사기.

728) 제촐 : 제초를. 제거하여 없앰. 除出.

〔음영〕 이건 조왕할망 소ᄃ리 헤 부난 이 집이 영장 낫젱 허멍, 예~ 솟 오곡밥 케우려 뒹 솟 엎어놓앙, 솟창[729] 수까락으로 닥닥 두드리멍 저싱 소ᄃ리 이싱 소ᄃ리 허렌 허멍 태작허곡 열 십쩨 시경 올레레 수꾸락이영 솟이영

던지는 법도 마련뒈엿수다예-.

〔〈아이고 실프다. 다 풀엇수다.〉〕

729) 솟창 : 솥바닥. 솥 안의 밑바닥.

지장본풀이

1. 개관

지장본풀이는 2017년 11월 17일 오후 6시 44분부터 오후 7시까지 16분에 걸쳐 구연되었다. 강대원 심방은 평상복 차림으로 북을 사용하여 구연하였다. 대개는 장구를 사용하여 본풀이를 구연한다고 하였다. 강대원 심방이 장구를 촬영 장소로 가져오지 못한 형편으로 장구 대신 북을 사용한 것이다.

강대원 심방이 구연한 〈지장본풀이〉는 제주도의 일반적인 전승과 대체로 유사하다. 〈지장본풀이〉는 지장 아기씨를 둘러싼 죽음을 굿을 통하여 위무하는 내용이다. 여러 굿에서 불리며 지장신의 내력이 본풀이에 담겨 있다. 심방들이 구연할 때 구연 시간이 비교적 짧은 편이다. 구연 방식은 심방이 선창을 하면 소미들이 후창을 하는 독특한 방식으로 구연하는 것이 보통이나 강대원 심방이 구연할 때, 소미 없이 촬영하는 상황이었기에 선창과 후창을 하는 방식을 취하지는 못하였다. 강대원 심방 〈지장본풀이〉의 특색은 지장 아기씨가 일반적 전승처럼 '새'의 존재로 나타나는 것이 아니라 지장보살로 살아간다는 새로운 결말에 있다.

서사 단락은 다음과 같다.

① 난산국과 여산국이 자식이 없자 수륙재를 올려 지장 아기씨를 얻는다.
② 지장 아기씨는 부모와 조부모 앞에서 어리광을 부린다.
③ 지장 아기씨의 부모, 조부모가 죽음을 맞고, 지장 아기씨는 외삼촌 댁의 수양딸로 가게 되는 시련을 연이어 겪는다.
④ 지장 아기씨는 옥황 부엉새의 도움을 받아 구박을 견디고, 문수이 댁에 시집을 가서 아들을 낳는다.

⑤ 지장 아기씨의 시련은 시집을 간 후에도 계속되어 시부모, 남편, 아들의 죽음을 보게 되고, 시누이에게까지 욕을 먹는 처지에 처한다.
⑥ 지장 아기씨는 이러한 상황을 극복하기 위해 세경땅에 뽕나무를 심어 누에를 키운다.
⑦ 지장 아기씨가 키운 누에로 명주를 짜고 명주를 깨끗이 빨기 위해 서천강으로 향한다.
⑧ 지장 아기씨는 깨끗하게 빨래한 명주를 사용하여 굿에 쓰일 여러 제물을 준비한다.
⑨ 지장 아기씨는 방아를 찧어 굿에 쓰일 떡을 정성껏 준비한다.
⑩ 지장 아기씨는 여러 신들에게 올리는 굿을 한다.
⑪ 지장 아기씨는 굿이 끝난 후부터 당과 절을 돌아다니며 지장보살로 살아가게 된다.

지장 아기씨의 시련, 굿에 쓰일 제물 준비 등과 관련된 부분은 일반적인 전승과 유사하다. 강대원 심방이 기억의 오류로 인하여 생략한 부분이 있다. 지장 아기씨가 굿을 하게 된 원인이 강대원 심방 〈지장본풀이〉에 드러나지 않는다. 이 부분은 다른 전승과 차별화된 부분으로 인식할 것이 아니라 지장 아기씨가 서천강에 빨래하러 갔을 때 대사가 등장하여 전새남굿을 권하여야 하는 부분이 있는데 그 부분을 생략한 것이다. 강대원 심방이 구연을 마치고 난 후에 대사가 등장하는 부분을 빠뜨렸다고 이야기하였기에 강대원 심방의 실수로 인한 누락으로 파악하여야 한다.

일반적인 전승과 상이하여 강대원 심방의 특색이라 할 수 있는 부분은 ⑪에 해당한다. 강대원 심방 〈지장본풀이〉에서 지장 아기씨는 굿을 정성껏 올리고 난 후에 지장보살로 살아간다. 고순안본, 서순실본, 양창보본, 이용옥본에서 지장 아기씨는 지장보살로 살아가는 것이 아니라 새로 환생한다. 강대원 심방은 지장 아기씨의 존재를 지장보살로 이해하기에 '새ᄃᆞ림'과 관련된 사설이 나올 이유가 없다고 하였다. 그렇기에 '새ᄃᆞ림'과 관련된 사설을 강대원 심방 자신은 풀지 않는다고 하였다. 강대원 심방의 이러한 견해는 〈지장본풀이〉 서사의 인과관계를 고려하면 타당해 보이나 다른 각편에서 공통으로 지장 아기씨의 재생을 '새'로 보기에 심방 개인의 독특한 해석으로 이해하여야 할 것이다.

2. 내용

난산국과 여산국이 수륙 불공으로 정성을 하여 지장 아기씨를 얻는다. 지장 아기씨가 태어나 어리광을 부리는 것도 잠시뿐이었다. 지장 아기씨가 태어난 이후 부모, 조부모가 모두 죽는다. 지장 아기씨는 외삼촌 댁의 수양딸로 가게 되고 구박받으며 살아가다가 문수이 댁으로 시집을 가게 된다. 시집을 가서 아들을 낳았으나 시부모, 남편, 아들까지 모두 죽는다. 지장 아기씨는 죽은 이들을 위로하는 전새남굿을 행한다. 지장 아기씨는 그 이후로 지장보살로 살아가게 된다.

3. 구연 자료

〔북을 치기 시작한다.〕
지장아 지장아
지장이 본이여
청하늘 청도전
벡하늘 벡도전
도전이 풀이로
신가심 열립서.
바국성 본풀저
지국성 본풀자.
난산국[1] 본이여
여산국 본이여.
난산과 여산이
ᄌᆞ식이 없어서
무후(無後)야 협데다.
어느야 절에다

1) 난산국 : 태어난 곳 혹은 그 내력.

영급(靈給)이 좋으며
어느야 당에사
수덕(授德)이 좋던고.
동게남[東觀音] 상주절
서게남[西觀音] 은중절
남게남[南觀音] 몽롱절
수덕이 좋고
영급이 좋던고.
남산과 여산이
송낙지[2] 구만 장
가사지 구만 장
물멩지[3] 통하전[4]
강멩지 통하전
서미녕 서마페
돈 천 금 은 말 량
데벡미 일천 석
소벡미 일천 석
벡근을 체와서
원수룩[5] 갑데다.
원수룩 드리난
세양짓 땅에서
지장이 아기씨
솟을라 납데다.
훈 설이 나는 헤
철 몰라지고

2) 송낙지 : 송낙 재료.
3) 물멩지 : 좋은 명주.
4) 통하전 : 통째로.
5) 원수룩 : 원불수륙(願佛水陸). 불공(佛供).

두 설이 나는 헤
어머님 무릅에[6]
온조세 불린다.[7]
세 설이 나는 헤에
아바님 무릅에
온조세 불리고
네 설이 나는 헤는
할마님 무릅에서
온조세 불리고
다섯 설 나던 헤
하르바님 무릅에서
온조세 불리고
ᄋᆢ섯 설 나는 헤엔
어머님 죽고
ᄋᆢ덥 일곱 설 나는 헨
아바지 죽고
ᄋᆢ덥 설 나는 헨
할마님 죽고
아홉 설 나던 헨
하르바님 죽어
나년이 팔저여
어딜로 가리요.
웨삼춘 집으로
수양(收養)을 갑데다
수양을 가난에
개 먹던 접시에

6) 무릅에 : 무릎에.
7) 온조세 불린다 : 온갖 어리광을 부린다.

술랍을[8] 덜렌다.
오장을 썩이고
간장을 썩인다.
얼음과 구름을
짓녹아 가는고.
짓녹도 못허고
빌흐럭[9] 쎄들어
웨삼춘 집에서
죽으라 허여서
삼도전거리로[10]
네던져 간다.
옥항에 부엉새
짓놀라 오는고.
훈 놀개 꼴리고[11]
훈 놀개 더펴
하늘이 옷 주고
지하가 밥 준다.
그런송 저런송[12]
살아사 갑데다.
열다섯 십오 세
원구녁 차는고.[13]
동으로 오는 건
은장이 거리여

8) 술랍 : 한 숟가락의 밥.
9) 빌흐럭 : 어린애가 무엇을 달라고 거짓으로 노(怒)하여 훙훙거리는 짓. = 빌헙.
10) 삼도전거리 : 세거리.
11) 꼴리고 : 깔고.
12) 그런송 저런송 : 그렇게 저렇게.
13) 원구녁 차는고 : 혼인을 할 나이가 되었다는 뜻.

서으로 오는 건
늣장이 거리여
은장과 늣장은
다 제쳐 버리고
서수왕 서편
문수이[14] 덱에서
문혼장[15] 옵데다.
허급(許給)을 허고
ᄉᆞ주가 가고
지남청[16] 놓앗저.
날글뤌 허고
돌글뤌 허고
이바지 오고 헤
막펜지[17] 온다.
신랑이 오는고
신부가 가갑데다.
가는 날 저녁에
부부간 무엇저.
열여섯 나는 헤
셍남자(生男子) 보고
열일곱 난는 헤엔
씨어멍 죽고 여레둡엔
씨아방 죽어 간다.
열아홉엔
남인가장(男人家長) 죽고

14) 문수이 댁에서 : 문도령 댁에서.
15) 문혼장 : 혼인하기 전에 신랑 쪽에서 정식으로 신부의 집을 찾아갈 때에 가지고 가는 의례적인 문서.
16) 지남청 : 지남석. 남쪽을 가리키는 물건. 나침반을 가리킴.
17) 막펜지 : 혼인의 연길(涓吉) 날짜를 신부집에 보내는 예장(禮狀).

ᄀᆞᆮ 스물엔
아덜ᄁᆞ지 죽어 어
지장 아기씨
어딜로 가리요.
씨누이 방으로
셋방을 가난
씨누이 나 ᄄᆞᆯ년
씨누이 테헌다.[18]
ᄒᆞᆫ 지방 넘으난
죽일 말 허고근
두 지방 넘으난
니[19] 베록[20] 닷 뒈여.
ᄀᆞ는데질구덕에[21]
허우쳐[22] 담아
삼도전 세커리
들어간다.
ᄀᆞ는데질구덕
네던져 두고서
헐 일 없어지언
쉬은 자 구뎅이 파고
굴묵낭[23] 웨지동에[24]
잡서리[25] 올리고

18) 테헌다 : '텃세 하는 행동'을 일컫는 말.
19) 니 : 이(蝨).
20) 베록 : 벼룩.
21) ᄀᆞ는데질구덕 : 가는 대오리로 결은 바구니. 등에 지고 다닐 수 있게 만듦.
22) 허우쳐 : 마구 잡아넣어.
23) 굴묵낭 : 느티나무.
24) 웨지동 : 외기둥.
25) 서리 : 서까래.

잡서슬[26] 걸쳐
청지에[27] 더퍼[28]
엄막[29] 짓고 또 이전
세경땅에 연뽕남 싱거
서천서약국 들어강
누에씨 타다
연뽕남 툳아다
누에씨 올리고
누에밥 멕이고
누에줌 제와
물멩지 고리여
강멩지 고리여[30]
고리비단 능라비
서미녕은 서마페
짜 놓고~
서천강 연세답[31] 들어가
실실이 올올이 발레여 간다.
에헤—
초감젯ᄃ리[32]
천신ᄯ리 불돗ᄃ리
할마님ᄯ리
걸렛베 금바랑친

26) 잡서슬 : 잣나무서리.
27) 지에 : 기와.
28) 더퍼 : 덮어.
29) 엄막 : 움막.
30) 물멩지 고리여 ~ 강멩지 고리여 : 고리가 아니라 'ᄃ리'가 나와야 할 부분임.
31) 연세답 : 빨래.
32) 초감제 : 모든 무속의례에서 첫머리에 행해지는 제차(祭次) 이름.

월일광ᄯᆞ리
초공전ᄯᆞ리
이공전ᄯᆞ리
삼시왕ᄯᆞ리
삼시왕에 양어께
멩돗 멩감 체섯ᄃᆞ리[33]
데명왕ᄯᆞ리
청비게 벡비게
양어께
팔만금사진베[34]
데명왕 체섯ᄃᆞ리
영갓ᄃᆞ리 에헤 이엣
눈물수건 똠수건
허다가 남은 건
지장 아기씨
〔음영〕 열데 자 드려 아강베포[35] 〈이건 스님덜 졍 뎅이는 거우다.〉
영 허고
일곱 자 드려근
호롬전데[36]
ᄊᆞᆯ 받는 그릇
멘들고
〈석 자 오 치
호롬준치는
심방 몸 받은 조상
싸고 다니는 포

33) 멩돗 멩감 체서 : 심방의 영혼을 저승으로 데려가는 차사.
34) 팔만금사진 : 팔문금사진(八門金蛇陣).
35) 아강베포 : 중이 쌀을 얻으러 다닐 때 지는 자루.
36) 호롬전데 : 중이 쌀을 얻으러 다닐 때 쌀을 넣게 된 자루.

자리 뒈여집네다〉 멘들앙
웨우[37] 들러 느다[38] 메고
느다 들러 웨우 메영
에헤 예~
호호 방문 권제 받아 간다.
낮인 웨난 가위[39]
밤인 불썬 가위[40] 마련허고
이에근~
또 이전
짓넙은 사라에 물 잡아 큰다.[41]
〔음영〕 굴묵낭[42] 방에에 도게남[43]
절깃데에[44] 이어 놓고
이여 이여 이여방에
〔음영〕 시콜방에[45] 세글러 간다 이 집 뜰 메누리
에헤 다 불러 세우라.
동네 청비발[46] 아기덜
문[47] 불러 세우라.
〔음영〕 이여 이여 이여방에
시콜방에 잘도 진다.
체 앞체 들이라 허근

---

37) 웨우 : 왼.
38) 느다 : 오른.
39) 웨난 가위 : 연기를 피우는 가호(家戶). 흔히 '네난 가위'라고 말함.
40) 불썬 가위 : 불을 켠 가호(家戶).
41) 물 잡아 큰다 : 곡식을 방아찧기 위해 물로 불리는 행위.
42) 굴묵낭 : 느티나무.
43) 도게남 : 복숭아나무.
44) 절깃데 : 절굿대.
45) 시콜방에 : 세 사람이 둘러서서 서로 절구공이가 부딪치지 않게 간격을 맞추어 방아를 찧는 일.
46) 청비발 : 나이 어린 처녀.
47) 문 : 모두.

〔음영〕 체 앞체 들이고 체할망[48] 부르고 이에 훈 바쿠 탁 치난 체 알엣[49] ᄀᆞ를은[50]
좀질도 좀진다[51]
〔음영〕 ᄌᆞ른[52] 편은 송편 물편
돌레[53] 월변[54] 허여 놓고
체 우엣[55] ᄀᆞ를은
〔음영〕 붕물도[56] 붕물어 짓넙은 사라예 잉어[57] 놓고
물 잡아 비와
짓밀어
〔음영〕 제석궁 멧솟디 이엣
제석궁 벡시리에
허우여 담고
〔음영〕 삼덕[58] 꿰운다[59] 수인씨(燧人氏) 불러 불화식
시겨 가난
〔음영〕 에 아이고 허리여 단짐[60] 올리라 세각씨[61]
물리라.
〔음영〕 단짐 올리라 아야도 허리여
허리띠 끼우라.

---

48) 체할망 : 체로 가루를 치는 할머니.
49) 알 : 아래.
50) ᄀᆞ를 : 가루.
51) 좀질도 좀진다 : 자잘하기도 자잘하구나. '좀질다'는 물건이 잘고 가늘다는 뜻.
52) ᄌᆞ른 : 길지 못한.
53) 돌레 : 메밀이나 좁쌀가루 따위로 쟁반만큼 크고 둥그렇게 만든 떡.
54) 월변 : 달 모양으로 둥글게 만든 흰 떡.
55) 우엣 : 위의.
56) 붕물도 : '불리다'의 의미를 가지고 있음.
57) 잉어 : '이다[戴]'의 의미를 가지고 있음.
58) 덕 : 솥을 받치는 돌.
59) 꿰운다 : 물을 와글와글 끓게 한다.
60) 단짐 : 더운 김.
61) 세각씨 : 새각시.

〔음영〕 바국성 하늘로 지국성
하늘로
초공전 이공전
삼공전 삼시왕 하늘로
〔음영〕 이에 데명왕 체서 하느님으로 이에
위올려 갑데다.
지장 아기씨
살아 부모 초상[祖上]
살아 먹고 씨는[62] 목
초세남 이세남
삼세남을 올리난
〔음영〕 지장이 아기씨 당이믄 당마다 절이믄 절마다
지장이 보살로
살아 갑데다.
만지장[63] 난산국[64]
본산국[65] 시주낙형 과광선
신풀어 올렷수다에-.
〔북채를 구덕에 놓는다.〕

〔북치기를 멈춘다.〕〈저 연천강 연못디 간에 세답헨 온 지 후제 동으로 데서야 헌 말 그 말을 내가 꼭 떨어진 거 닮아. 지장 아기씨 서천강 연못가 연세답 가고 자그만 애기와 예숙 제끼난 예숙이 지드라 물멩지 단속곳 다 벗어준 말 요거 안 들어 갓일 거우다 아까 푼 것에. 꼭 풀엉 허믄이 아무레도 안 넹겨지젱 헤도 안 넹겨질 수가 엇어.〉

62) 씨는 : 쓰는(用).
63) 만지장 : 지장본풀이를 달리 이르는 말.
64) 난산국 : 태어난 곳 혹은 그 내력. 본풀이.
65) 본산국 : 태어난 곳 혹은 그 내력. 본풀이. = 난산국.

동복본향당본풀이

1. 개관

동복본향당본풀이는 2017년 11월 12일 오후 6시에 시작하였다. 구연 중에 내용이 마음에 들지 않아 구연 시작 후 6분경에 다시 처음부터 구연하였다. 구연에는 11분 정도 걸렸고 앉은 자세로 장구나 북을 치지 않았다.

구좌읍 동복본향당신은 굴묵밧할마님과 송씨하르바님이고, 이 당의 제일은 음력 1월 17일이다. 현재 이곳의 당멘 심방은 강대원 심방이기에 동복본향당본풀이를 구연하였다. 강대원 심방이 구연한 동복본향당본풀이는 상여할마님과 상여하르바님의 좌정담이다. 이 본풀이는 동복 마을의 설촌 유래와 관련한 내용을 담고 있다. 또한 본향당 신이 마을에 좌정하게 된 경위와 상여할마님과 상여하르바님이 각각 따로 좌정하다가 한곳에 좌정하게 된 연유를 풀고 있다.

서사 단락은 다음과 같다.

① 서김녕에 사는 박씨 할아버지가 동복에 가서 마을을 이루고 살게 된다.
② 곡식이 잘 자라지 않아 걱정하고 있을 때 상여화단을 발견한다.
③ 상여화단을 잘 모셨더니 마을이 번성한다.
④ 상여할마님과 상여하르바님이 함께 상을 받다가 상여할마님이 돼지고기 금기를 어긴 죄로 쫓겨나게 된다.
⑤ 상여할마님은 상여화단을 발견하였던 곳에 좌정하여 어부와 해녀의 위함을 받고, 상여하르바님은 마을 사람들의 위함을 받는다.
⑥ 일제 강점기 뒤에 마을 사람들이 상여할마님과 상여하르바님을 한 곳에 모시고 본향 대우를 한다.

동복본향당본풀이의 서사 단락을 바탕으로 이 본풀이에 나타난 특징을 살펴본다.

이 본풀이는 다른 심방이 구연한 서사 내용이 다르다. 강대원이 구술한 동복본향당본풀이에 의하면 상여할마님과 상여하르바님이 부부이며, 상여할마님이 돼지고기 금기를 어기고 바람 아래로 좌정한다. 또한 다른 본풀이에 중요하게 등장하는 굴묵밧할마님에 대한 이야기가 없다.

본풀이를 보면, 박씨가 동복마을을 설촌하고, 난데없는 상여화단이 떠내려와서 마을 사람들이 모시게 된다. 상여할마님과 상여하르바님이 부부로 지내는데 상여할마님이 돼지고기 금기를 어긴 탓으로 바람 아래에 좌정한다. 상여할마님이 좌정한 곳이 상여화단을 발견했던 갯가이다. 할마님은 해녀와 어부의 위함을 받고, 상여하르바님은 바람 위에 좌정하여 마을의 위함을 받는다. 현재 동복본향당에 할마님과 하르바님이 한 곳에 모시고 있는데 이러한 경위를 사실적으로 설명하고 있다.

동복본풀이에서 상여할마님과 상여하르바님이 상여화단을 타고 들어오는데, 이처럼 부부가 외래신인 경우는 드문 경우라고 할 수 있다. 또한 상여화단으로 인한 좌정은 다른 본풀이에서 볼 수 없는 특이한 화소이다. 박인주 구연에 의하면 굴묵밧할마님은 마을을 설촌한 인물이면서 심방이다. 할마님이 죽은 후에 마을 본향신으로 좌정한다. 송씨하르바님은 상여를 타고 온 하르바님으로 할마님의 선택을 받은 인물이다. 할마님의 뒤를 이어 심방으로 있다가 신으로 좌정한다. 이처럼 박인주의 구술과 비교해 보았을 때 강대원의 동복본향당본풀이는 보편적인 일뤳당의 서사와 유사하게 변화되었음을 확인할 수 있다.

2. 내용

강대원 심방 구연 동복본향당본풀이의 줄거리는 상여할마님의 좌정 내력과 좌정처에 대한 내용으로 이루어졌다. 이를 정리하면 아래와 같다.

박 씨 할아버지가 농사에 쓸 거름을 구하고자 동복에 간다. 그곳의 물이 좋아서 터를 잡고 살게 되고, 그 뒤에 이삼백 호가 모여서 마을을 이루게 된다. 동복만 곡식이 잘 자라지 않아 마을 사람들이 걱정하고 있을 때 상여 화단이 떠오른다. 상여화단을 잘 위하니 마을이 번성한다. 상여할마님과 상여하르바님이 함께 좌정하고 있었는데 상여할마님이 육식을 했다고 쫓겨난다. 따로 좌정하다가 일제 강점기 후에 마을 사람들이 의논한 끝에 한곳에 함께 모시게 된다.

3. 구연 자료

구좌읍 동복리 지금 모신 본향이 원레 잇는 본향이 아니고,

김녕 섯[1] 서김녕 밀양 박칩잇 하르방이 밧디 농서허여 밑거름 헐 거 엇이난 밑거름 허젠, 그 동북에. 예 감테 듬북을[2] 허레 오란 아침이 물 싸난 감테[3] 듬북 올린 거 올려두고, 또로 뒷날 오란 갖엉 가젠 오후에 올릴 것도 올려놓고 헌디 목 물라[4] 물 네린 디 션[5] 물을 떠먹으난 물맛이 좋안, "아이고 이 지경도 사름 살 만헌 고단이로구넨."[6] 헤연 아침이 헌 듬북 지언 밧디 간 놔뒨 집이 간 누원 자단 뒷날 아침이, 아시날[7] 저녁 헌[8] 듬북 물 빠졋이민 지어당 놓젱 헨 갓던 사름이, 욕심이라예. 또 듬북을 올려시난, 듬북 아침이 올린 거 허여단 허단 또 올리단에 목 ᄆᆞ르난 또 물 떠먹언 허난, 그디도 물맛이 좋아지난 "아이고 이딘 사름 살 만헌 고단이여." 아시날 오후에 헌 듬북 져단 밧디[9] 놔두고 오란 이젠, 또 아침이 듬북 올리고 아시날 헌 듬북 허여단 밧디 놔두고 허연 헌디, 그 박칩잇 하르방이 그디 간, 좋은 땅에 엄막[10] 둘런 이 간 막사린가 짓언 사는디 사름들이 넘어가멍 보곡 넘어오멍 보앙, 네 남시난[11] 우리도 요디 오랑 살주긴 빌레왓디고 땅이고 그자 집 짓이멍덜 살아가는 게 그 당시에 ᄒᆞᆫ 이벡 호 넘어 삼벡 호가 뒛젠 헌디 글지 후,[12]

---

1) '섯' : '서'가 잘못되어 발화됨.
2) 듬북 : 바다풀의 총칭으로 거름용으로 씀.
3) 감테 : 약재로 쓰이는 것으로 미역 같은 것.
4) 몰라 : 말라.
5) 션 : 있어서.
6) 고단이로구넨 : 곳이로구나.
7) 아시날 : 전날.
8) 저녁 헌 : 저녁에 했던.
9) 밧디 : 밭에.
10) 엄막 : 음막.
11) 네 남시난 : 연기가 피어오르니.

사름 살기 곤란헨, 이상허다 동쪽으로 서김녕꺼지 곡석이 잘 뒈고 서쪽으론 북촌꺼지 곡석이 잘 뒈고, 영 헨 헤연 이젠 동북만 곡석이 아이 뒈가난, 부락 이장, 반장, 요셋말로 통장 믄 나산 유지 우으로 알르레 낭틈[13] 돌콥[14] 수덕[15] 헐 거 엇이, 막 춫안 내려오단 보난 멜막인가 물막인가[16] 헌디 난데엇은 상이화단 올랏이난, 그걸 거리 안네 앗단 폭낭 알에[17] 놓안 초ᄒᆞ를 초사흘 초일뤠 열ᄒᆞ를 열사흘 열일뤠 쓰무ᄒᆞ를 쓰무사흘 쓰무일뤠 영 허여 ᄒᆞᆫ 둘에 ᄋᆢ더 아옵 번썩 위헤 가난, 살기가 펜안헤지고 조상도 위허난 잘 베불엇인ᄀᆞ라 펜안허고 영 헨 헌디

그떼에 그 상이할마님이[18] 무슨 일사 동네 볼일사 셧인디,[19] 부락에 순력(巡歷)을 도는디 잔치칩인가 소상집 잇언 넘어가는디 그만 그 궤기[20] 숢는[21] 종경넬[22] 들러씨언 집이 가난, 하르방은 "어떵 헤연 저 사름 우이로, 종경네 남저. 부정허다. 서정허다." 영 허여.

ᄇᆞ름 알로 네려사렌 헌 것이, 그 체얌[23] 내가 보건데는 상이화단 봉근[24] 자리, 그 하르방 체얌에 듬북허레 온 디 멜막인가 물막인가 헌 디, 이젠 간 좌정(坐定)허난 웃찍 알찍 헤연.[25] 헤년[26] 헤녀데로 또, 어분 어부광 헤녀는 헤녀대로 또, 육지에 바당에 안 뎅이는 사름은 안 뎅이는[27] 사름 ᄯᅩ로ᄯᅩ로 영 허연 이제 본향을 데접허여 가는디,

---

12) 글지 후 : 그 뒤.
13) 낭틈 : 나무 틈새.
14) 돌콥 : 돌 틈새.
15) 수덕 : 큰돌들이 거칠게 쌓이고 잡초가 우거진 곳.
16) 물막 : 동복의 지명.
17) 알에 : 아래에.
18) 상이할마님이 : 상여할마님이.
19) 셧인디 : 있는지.
20) 궤기 : 고기.
21) 숢는 : 삶는.
22) 종경넬 : 소, 돼지 따위에서 나는 냄새.
23) 체얌 : 처음.
24) 봉근 : 주운.
25) 웃찍 알찍 헤연 : 위쪽과 아래쪽에 따로 모셨다는 뜻임.
26) 헤년 : 해녀는.
27) 뎅이는 : 다니는.

그때 일제시대 절과 당 문 부숩곡 유기제물 문 빼어[28] 갈 뗀디, 김 구장 시절에 부락에서 이논허곡 공론헤여 고 씨 선생 앞이 간 이 당을 웽기켄[29] 허난 고 씨 선성은 "난 ᄉᆞ또앞이 통정데부(通政大夫) 직함(職銜)을 받아부난, 난 갈 수 엇고 우리 할망이나 들어방 가켕 허거들랑 빌엉 허렌." 허난 그때에 신칩잇 신선달 하르바님 ᄌᆞ순은 울 둘르고[30] 또, 신칩잇 할마님광 강칩이 임칩잇 하르방 시[31] 할망이 앞산 그 본향을 지금 모신 딜로 웽겨 간. 이젠 또 웃찍 알찍덜 허멍덜 본향 대접을 해녀 어부는 그 물막으로 내려오랑 위허고 또로[32] 육상에, 어느 사름은 아이[33] 살암시랴만은 바다일 아니 보는 사름은 또로 하르방 위허곡 영 허멍 헤연 허단, 지금 현재로는 다 ᄒᆞᆫ 밧딜로[34] 김 구장 시절에 모다 놘 허는디, 매덜 초ᄒᆞ를 초사흘 초일뤠 허단 입춘 들민 초ᄒᆞ를 초사흘은 설러두고[35] 입춘 들민 초일뤳날 입춘 아이 들민 또 열일뤳날이나 쓰무일뤳날 본향 그 대우를 헙네다만은 헌디

그 본향을 글로 웽겨단 모사[36] 놓고 고 씨 선생 각신 홍 씨 할망인디 홍씨 할망이 오란 문짝[37] 궤를 뭇는딴,[38] 나중에 상단궐 중단궐 늑신네 젊은 청년 어린 ᄌᆞ순덜 아무 일 엇일건가 헨 산을 판을[39] 덜랑덜랑 놓는디, 그만 삼시왕 군문과 질 나쁜 벡마강 산질만 팡팡 주어가난, "큰일 낫젠!" 영 헤가지고 어둑기 전이 날이 세기 전이 저싱문세 ᄎᆞ지 췌판관 염녀대왕[40]을 청헹 등수(等訴) 들어사켄 허난, 그때엔 또 그 시왕 청허젠 헌 게, 본향이 남자라부니깐이 어쩔 수 엇이 또 고씨 선생이 오란 할망 데토로[41] 풀안, 시왕맞이 허여난 법으로 매해마다 매해마다 이제 입춘을

---

28) 빼어 : 빼앗아.
29) 웽기켄 : 옮기겠다고.
30) 신칩잇 신선달 하르바님 ᄌᆞ순은 울 둘르고 : 신씨 할아버지 자손이 본향 울타리를 두르고.
31) 시 : 세 명의.
32) 또로 : 따로.
33) 아이 : 아니.
34) ᄒᆞᆫ 밧딜로 : 한 곳으로.
35) 설러두고 : 그만두고.
36) 모사 : 모셔.
37) 문짝 : 모두.
38) 뭇는딴 : '뭇는'이라고 하려다가 '뭇단'이라고 급히 말을 바꿈.
39) 산을 판을 : 산판을
40) 염녀대왕 : 염라대왕.

들면은 또 초일뤠 안 들민 열일뤠 쓰무일뤳날 본향 대우를 허면서 시왕맞일 허게 뒈엿인디

홍 씨 할망이 허다가 설러부난 그 북촌 정 씨 할망이 그 당을 메고 또 박 씨 선생은 그 동네 간 살 떼난 박 씨[42] 선생광 이논(議論)허연. 그 본향을 이제 멕일 궤 모실 떼는 여자가 모시뒈 또, 시왕은 청허젱 허민 꼭 ᄉᆞ나일[43] 빌어서 헌디, 그 본향 멘 박 씨 선생도 허단 죽어부난, 할망이 김 씬디[44] 〈그 어른도 살앗이민 이제 지금, 임술생 아혼 멧인가 이렇게 뒛일 거우다.〉 영 헨 헌디 그 할망이 이젠 그 본향 시왕맞일 허젠 허난, 문성남이, 문 선생 산 떼도 빌언 이삼 년 허고 또 궤 뭇는[45] 건 당신양으로 다 궤 뭇곡 도점은 받는디, 문 선생 ᄒᆞ꼼 욕심 쎄게 건들거려 가난 또 정태진이 선생 불러 웨연. ᄒᆞᆫ 두어 해 허고 허단 〈그디도 ᄒᆞ꼼 구수구수 말이 한 선생인디.〉

난 또 그 다음에 이거 이십 년, 마 일본 간 오라 팔십오 년지 후, 팔십오 년지 후에 그 박 씨 선생 마누라님, 이제 어촌계장 어머니가 김 씬디 어떵헤연 날ᄀᆞ라 오렌 헨 ᄒᆞᆫ번 헤도렌 헨 간 보난, 묵은 그 본향도 잇인 욮뎅이[46] 시왕당클을 멧길레 허는 말이 "이거 어떵 헨 저 남쪽에 소남[47]도 잇고 또 베리는[48] 오른쪽엔 폭남도 잇고 또 웬쪽에 또로 폭남 족은 것도 잇고 헌디, 아, 저 소남 옆으로 헤도, 본향을 청헹 좋을 건디 하필이민 일로[49] 헷수가." 헨 그날 본향 데우허여 오라 삼ᄉᆞ일 잇이난, 오꼿 전주 이칩잇 사름은 거리에서 건널목에서 난데엇이 자가용 텍시 닮은 거 돌려오란[50] 앗아 쳐부난 그 이칩잇, 데주(大主)는 전주 이 씨 어른은 죽어불고 지금 마누라허고 애기덜은 서으세끼가[51] 살암수다만은 영 헨 허난

41) 데토로 : 대신.
42) 박 씨 : 박인주 심방을 말함.
43) ᄉᆞ나일 : 남자를.
44) 김 씬디 : 김수병 심방을 말함.
45) 뭇는 : 모시는.
46) 욮뎅이 : 옆.
47) 소남 : 소나무.
48) 베리는 : 보이는.
49) 일로 : 여기로.
50) 돌려오란 : 달려와서.
51) 서으세끼 : 어버이와 아이가 합쳐 세 명을 말함.

그 뒷해부떠는 또 신이집서가 이거 팔십칠년도서 부떤가 영 헤네 지금ᄁᆞ지, 이제 내년도 나민 그 본향에 갈 거고 영 허여. 그 시왕맞일 오전엔 각성바디 웨국나라 가도, 폴찍거리 헤당 돈헹 돌아메영 이거 오지 못헤부난 본인 못 와부난, 폴찍거리에 인정 걸언 돌아멤젱[52] 허곡, 제주도 안네에 ᄆᆞ을 넘어, 면 넘어, 읍 넘어 사는 사름덜 모르민 헤도, 알면은 꼭 오랑 궤 모사 두곡[53] 또, 그 부락에 사름덜은 남앙 그 시왕맞이 헤근에 또 집이서 안택 못 허는 단궐덜은 그딜로 엑멕이도 허곡 영 허영 넘는 본향이우다. 게난 뭐 본향 말은 하진 안여도[54] 그디 그 조금 잡담은 더 들어갓수다만은 영 허뒈 그렇게 아십서. 난산국 신풀엇수다.

---

52) 돌아멤젱 : 달아멘다고.

53) 모사 두곡 : 모셔 두고.

54) 안여도 : 아니하여도.

이승굴당 메구니할망본풀이

1. 개관

이승굴당 메구니할망본풀이는 2017년 12월 22일 9시 10분경에 구연하였다. 구연에는 약 10분 정도 걸렸다.

채록하는 과정에서 강대원 심방은 이 본풀이를 이승굴당 메구니할망본풀이라고 칭하였다. 강대원 심방의 구연에 따라 이 본풀이를 이승굴당 메구니할망본풀이로 정하고자 한다. 강대원 심방이 구연한 이승굴당 메구니할망본풀이는 이 지역에서 전승되는 전설을 바탕으로 하고 있다. 애월읍 광령2리에서 전해지는 전설에서는 메구니할망이 자신이 재혼한 남편이 전남편을 죽인 것을 알고 재혼한 남편과 그 사이에서 난 아이들을 죽인 후에 토굴에서 죽음을 맞이한다는 서사가 보편적인 내용이다. 강대원이 구연한 이승굴당 메구니할망본풀이는 토굴에서의 죽음으로 끝나지 않고 광령이리 이숭굴당 올레 어귀에 좌정하여 단골들에 의해 걸명잡식 하고 있음을 이야기한다.

서사 단락은 다음과 같다.

① 친한 두 벗 중 한 친구와 메구니할마님이 결혼을 했다.
② 메구니할마님 남편이 사냥 중 친구에게 죽임을 당하였다.
③ 혼자 남은 메구니할마님은 매일 살펴주는 남편 친구와 부부간이 되었다.
④ 애기를 낳고 살다가 전남편을 죽인 이야기를 듣게 되었다.
⑤ 메구니할마님은 집에 불을 지르고 남편과 자식들을 죽였다.
⑥ 메구니할마님은 관청에 가서 잘못을 시인하고, 사정 이야기를 해서 풀려났다.
⑦ 메구니할마님은 마을을 떠돌다가 광령이리 유신동 본향 올레 어귀에 좌정하

였다.

강대원 심방이 구연한 이승굴당 메구니할망본풀이는 복수 설화의 유형을 띠며 한국 전역에서 전승되고 있다. 전남편을 위해 복수 한 여인과 열녀라는 칭호를 받았다는 것이 중요하게 부각되는 이야기다.

제주도에서는 전남편의 복수를 위해 자신이 낳은 아이들마저 죽이는 비정한 여인이라는 점이 흥미를 끌며 전승되었다. 이 이야기는 광령2리라는 특정한 지역의 이야기라는 점, 여인의 이름이 메고라는 점, 현 남편과 아이들을 죽이고 스스로 무덤에 들어가서 죽는다는 점이 특징적이다.

강대원이 구연한 이승굴당 메구니할망본풀이는 앞에 설명한 서사 내용과 유사하지만 광령2리 본향당의 올레 어귀에 좌정하는 신으로 설명하고 있다. 이승굴은 광령2리의 옛 지명이고, 이승굴당은 광령2리 송씨할망당을 말한다. 메구니할망은 본향당인 송씨할망당 올레 어귀에서 오고 가는 단골들에게 얻어먹는 신이 되는 것이다. 현재 본풀이보다 광령2리의 전설로 폭넓게 전해지고 있지만 이 본풀이에 따른 당신앙은 찾아볼 수 없고, 신화로 구연한 자료도 거의 찾기 어렵다.

2. 내용

강대원 심방 구연 이승굴당 메구니할망본풀이의 줄거리는 메구니할망이라는 인물이 현재 광령2리 본향신 어귀에 좌정하게 되는 내용으로 이루어졌다. 이를 정리하면 아래와 같다.

메구니할마님은 결혼을 한다. 메구니할마님을 좋아하던 남편 친구가 사냥 중에 메구니할마님의 남편을 죽인다. 메구니할마님은 남편을 죽인 친구와 결혼하여 아이를 낳고 산다. 비오는 날 메구니할마님은 전 남편의 죽음에 관한 정황을 듣게 되고, 집에 불을 지르고 식구들을 모두 죽인다. 그 뒤에 떠돌다 광령2리 본향당 올레 어귀에 좌정한다.

3. 구연 자료

옛날 옛적에 제주시 서문밧 애월읍은, 예, 이승굴 옛날 이름은, 글지 후에는[1) 유신동, 또 지금 현재는 광령2리로 뒈여 잇는 부락 토조지관 한집이 뒈여지어 삽네다. 그 해 정월 첫 정일, 조온[2) 날짜로 ᄇᆞ름웃도 짐씨 영감 짐통정 하르바님 산신도광, ᄇᆞ름알도 금폭남[3) 엉덕 알 좌정헌 송씨 일뤠할마님, 예, 뒤후로 또, 이전 열 애기 스무 애기 나도 헌 ᄇᆞ람 엇어지고 억울허다, 에녁허다, 이리 허여근, ᄇᆞ름알도 송씨 할마님 좌정헌 어귓도 바꼇으로[4) 좌정헌 메구니할마님 난산국을 신풀저 본산국은 신풀어 올리저 영 헙네다.

ᄒᆞᆫ 동네에 ᄒᆞᆫ 친구 벗이 잇입데다. 예, ᄒᆞᆫ 친구는 결혼을 허고 ᄒᆞᆫ 친구는 결혼을 못허여 홀로 잇입데다. 헌디, 결혼헌 친구 각시가 요세 ᄀᆞᇀ으민 워낙 곱고 미녀라. 장게 못 간 친구가 어딜 강 저 친구만이 헌 각실 허여오리. 영 헌 게, 이 장게 아니 간 홀로 살고 영 헌디,

ᄒᆞ를날은 메구니할마님 남편광 두 친구가 사냥을 갑데다. 사냥 간 헌디, 메구니할마님 욕심사 나신디 사냥 간 때 친구를 죽여두고 오젠 허난, 그때에 죽어가는 걸 ᄀᆞ만이 보고 영 허연 이젠 또, 집이 네려오난 메구니할망 허는 말이 "우리 남편은 어디 간 네비어뒁[5) 옵데가?", "아이고, 올라가단 시커리[6) 안긴 딜로[7) 갈려산, ᄄᆞ로 사냥을 갓인디 어디사 갓인디 불러도 대답 아녀고 웨여도 대답 아녀고 ᄎᆞᆽ을 수가 없언 나 혼자 네려오랏고렌." 허멍 허난,

그때부떤 메구니할망도 홀로 살게 뒈고, 또 ᄌᆞ식[8) 엇이, 친구 벗도 홀로 사는디 메구니할마님 혼자 문 더껑[9) 눠시믄 밤이믄 문 베낏딜로[10) 오랑 돌아보는 첵[11) 허곡,

---

1) 글지 후에는 : 나중에는.
2) 조온 : 좋은.
3) 금폭남 : 팽나무를 말함.
4) 어귓도 바꼇으로 : 드나드는 길목 바깥으로.
5) 네비어뒁 : 내버려두고.
6) 시커리 : 세거리.
7) 안긴 딜로 : '세거리가 서로 맞닿은 곳에서' 정도의 뜻.
8) ᄌᆞ식 : 자식.
9) 더껑 : 닫아서.

문 두드리곡, 어떤 땐, 또 방에 들어오랑 앚앙 놀곡, 붉으민 가불곡 영 허멍 허는게.

세월이 흘러가고 친구 벗은 남편 죽여 뒨 오난, 요 메구니할마님을 어떵 헨 굳이 돌앙 살린 헌 것이 자꾸당 밤이 오랑 난간에 앚앗당 마리에[12] 앚앗당 구들에[13] 앚앗닥 허는 게 붉도록 앚앙 날 센 가민 메구니할마님은 미안허영 "춥지 안허꽝? 얼지 안허꽝?" 골으민 "얼지 안 허덴." 허멍, "내 친구가 셧이민[14] 무사 나가 이디 오랑 영 허느닌." 영 허멍, 그자 막 걱정 해주는 척허멍 헤야 가는 게 어떵어떵 허는 게 오꼿 부부간에 뒈엿수다.

부부간이 뒈여지어, 예, 좋은 살렴을 시작허여 사는 게, 메구니할마님은 아기를 하나, 두 개, 시 개, 니 개, ㅇ라 개 납데다. ㅇ라 개 칠팔 남매 나신디

또 ᄒ를날은 유월 영청 한 더위에 비가 오고 그 옛날은 농촌에나, 이 시라도 다 마당은 흑마당이 뒈여지고 요센 아스팔트도 허곡 세멘도 허곡 테역도[15] 문 심경 헴주만은 그 옛날엔 그런 일이 엇엇우다. 영 허연 비가 오난, 그 비가 마당에 물 골라지고[16] 비 오는 양 물 골른 딘 부글레기가 부글락 하영 나가 가난 그 메구니할마님 동무릅 베언 친구 벗은 늦인디 니 잡으멍 ᄀ만이 비 오는 디 베리난 친군 기륵기륵 웃어 가난 무사 웃엄딘 허난, "아무것도 아니옌." 허단 하도 메구니할망이 들으난 꼭 서방 죽을 때 닮덴.

아기도 낳고 허난 이 가숙(家屬)을 지탱헨 살아질 건가 헤연. 문딱 이녁 손으로 죽인 말 헙디다. 죽인 말 허고, 총으로사 죽엿인지, 칼로사 죽엿인지 몰라도 피 나는 디 보난, 게끔이[17] 바극바극 나난, 그 셍각이 난, "무사 웃엄딘." 허난, "꼭 당신 본서방 죽어갈 때 닮댄." 허난, "건 무신 말이닌." 메구니할망은 들으난 "사냥 간 뜨로 뎅기단 간 보난 피 나멍 죽엄서렌." 허난, 메구니할마님은, 어, '요 녀석 나영 살젠 이젠 나 서방 죽엿고렌.' 셍각을 허고 영 허연. 또 잇단 잊어불만 허난, 메구니할

---

10) 베끗딜로 : 바깥쪽으로.
11) 체 : 척.
12) 마리에 : 마루에.
13) 구들에 : 방에.
14) 셧이민 : 있었으면.
15) 테역 : 잔디.
16) 골라지고 : 고이고.
17) 게끔이 : 거품이.

마님은 "게난 나 본서방은 어디 죽엇이녠." 허난, "모르키여 난, 뻬도[18] 신지[19] 엇인지." "ᄀ르치렌."[20] 메구니할망은 허난, 간 보난 머리빡도 잇고 열두 신뻬가 담 틈에 찔러젼 잇이난 "요기서 죽엿고렌." 허연.

그때부터 네려오란 그자 아무 소리 엇이 메날[21] 들에 나강 어욱이고 새고 솔잎 가지고 ᄒᆞᆫ 짐썩[22] 헤단 안네 조근조근 조근 이젠 울[23] 베낏디고 앞으로고 뒤로고 그자 막 사름 뎅길 만헐[24] 디만 넹겨뒨 데며 놓고,[25] 울담 바꼇딜로 나강 돌아가멍 그 지들컬[26] 헤단 막 제겨 놘, 밤인 서방도 좀들어불곡 애기덜토 좀들어부난 떠[27] 이젠, 그때엔 또로 눌엇던[28] 어욱, 새, 소낭가지, 그자 나오도 못허게 방문 앞이고 대문 앞이곡 정지문 앞이고 뒷문이고 그자 아무 고망이라도 나오지 못허게 허주긴 허연. 딱 제겨놘 메구니할망은 눌려들언[29] 집을 그자 불 진어부난[30] 나오젠 헤도 나올 수 엇고 그 다음 친구 벗 서방도 죽고 애기도 죽고 허난, 이거 관과에선 심어단 "어떤 일로 영 헷이녠." 허난 ᄉᆞ실데로[31] 다 얘기허고

본서방 죽은 육신을 요세 ᄀᆞᇀ으민 경찰서 그런 디 옛날 ᄉᆞ또덜 사는 디 관청에 갓단 바찌난, "경 허녠. 잘헤불엇젠." 경 헌, 북 메치고 지금이라도 요세 ᄀᆞᇀ으민 상이라도 받을 메구니할망인디, 느[32] 가고픈 양 가렌 허연. 그 관과(官家)에선 허락을 해 주난 이 ᄆᆞ을 저 ᄆᆞ을 돌아뎅기단 이승굴, 지금 광령2리 유신동, 그 ᄆᆞ을 호적 ᄎᆞ지[33] ᄇᆞ름알도 송씨 할마님 올레 어귀에 오랑, 그 이승글 단궐덜 본향에 인사헤

18) 뻬도 : 뼈도.
19) 신지 : 있는지.
20) ᄀ르치렌 : 가리키라고.
21) 메날 : 매일.
22) ᄒᆞᆫ짐썩 : 한짐씩.
23) 울 : 우리.
24) 뎅길 만헐 : 다닐 만할.
25) 데며 놓고 : 쌓아 놓고.
26) 지들컬 : 장작을,
27) 떠 : 또
28) 눌엇던 : 쌓아 놓았던.
29) 눌려들언 : 달려들어서.
30) 진어부난 : 붙여버리니.
31) ᄉᆞ실데로 : 사실대로.
32) 느 : 너.

뒝 갈 때 걸명 잡식은 올레서 받아 먹으멍, 열 아기 스무 아기 나도 사름은 필요가 엇인거옌 허연 헌 본향이우다.

476 강대원 심방 본풀이

33) ᄎᆞ지 : 담당자. 담당관.

강대원 심방 문서

강대원 심방 문서 소개

강대원 심방 문서

강대원 심방 문서 소개

이 글을 시작하면서

이 글을 쓰는 본인은 1945년생이 됩니다. 학교는 6년간 초등학교를 끝마치면서 하라는 공부는 제대로 못하였습니다. 그래서 글씨도 안 좋고 받침도 많이 빠지고 있습니다. 이글을 쓰면서도 자식들 앞에 받침글을 배우면서 써봅니다.

또 초등학교 6년 끝에 저희 부모님이 한문 공부도 하라고 하였습니다만 하라는 공부는 아니하고 장난만 치다보니 세월은 가고 후회 생각이 많습니다. 그러나 즐겁게 잘 보아 주세요. 부탁합니다.

여러 학자 선생님과 제주에 토신신앙에 연구해주는 선생님께 부탁합니다. 저는 서기 1959년도에 신기(神氣)가 왔습니다. 그러나 신기가 무엇인지 모르고 무서운 생각만 들었습니다.

그런데 서기 1964년도 늦은 가을부터는 몸에 병이나기 시작했고, 서기 1965년 음력 1월 5일에 제가 트럭 자동차의 조수로 일을 할 때였습니다. 제주도 상호화물 자동차에 농사에 쓰는 밑거름 비료를 신고서 북제주군 애월읍 농협창고에 신고 가서 차에서 비료를 내릴 때 난데없는 굿 풍악소리가 들렸습니다. 그 소리가 나는 곳으로 찾아가서 몇 일간 일을 해주고 아무것도 모르지만 돈을 주길래 그 돈을 받고 집으로 돌아왔습니다. 그 후로 또 몸이 불편해졌고, 서기 1967년도에 군대에 갔다 오고 나니 집안에 여러 가지 손해도 보았습니다. 그러다가 서기 1972년도부터는 제주 토속신앙인 무속으로 밥을 먹고 살면서 1녀 3남으로 4남매의 자식을 공부시켜 왔습니다.

처음에는 저도 제주 토속신앙에 일을 하면서도 보고 들은 말 밖에는 할 수가 없었습니다. 그런데 서기 1980년도에 일본 땅에 들어가서 제주 토속신앙의 일을 하는 사람들을 알게 되었습니다. 더불어서 선배 선생님들이 고향에서 말해준 생각이

하나씩 떠오르기 시작했습니다. 그래서 서기 1984년도에 고향으로 돌아와서 제주 토속신앙인 사물놀이 걸궁을 보게 되었고, 또 여러 학자 교수 선생님들이 제주 토속 신앙을 연구한다는 말을 듣고 보니 정신이 들어서 누구보다도 제주 토속신앙의 길을 찾아야 한다는 생각이 들었습니다. 또 토속신앙을 조금이라도 공부하면서 살아야 한다는 생각이 들었습니다.

그러다 보니 우리 제주 토속신앙 신자들이 말로는 하면서도 학자 선생님들이 질문을 하면 대답을 잘 못하는 것도 알게 되었습니다. 저는 선배 선생님께서 해주신 말씀을 생각하면서 엄중하게 제주 토속신앙을 생각하고 무속 연구를 하면서 살아갈 생각입니다. - 끝 -

제주 섬중이 생긴 원인은?

1. 그 옛날 강남천제대국은 지금 중국땅으로 알고 있습니다. 그런데 소강남(小江南)땅이 어디인지는 알 수가 없지만, 소강님이라 대땅에 뿔이 두개 있었는데, 왼쪽 뿔 하나가 미여지여서 안종다리 줄이 뻗고, 밧종다리 발이 뻗고, 홀연 강풍에 밀려들어서 우뚝 솟아오른 우리 제주땅 섬중이라고 선배 선생들이 말을 하여왔습니다.

제주땅 머리 두(頭)자는 한경면 고산리 차기당산봉(堂山峯)이라고 하시고, 성산읍 오조리봉이 꼬리 미(尾)자라고 합니다. 오른 날개는 안덕면 사계리 산방산(山房山)이 도옵고, 왼쪽 날개는 애월읍 하귀리 가문동 서쪽코지라고 합니다.

그런데 제주 땅의 모든 토속신자들이 한라산(漢羅山)은 여장군산(女將軍山)이라고들 합니다. 왜 여장군산이라고 물어보면 알지 못합니다. 옛 성인(聖人)과 선조(先朝)의 말씀이 있습니다. 무슨 말인고 하니 남자(男子)는 오른쪽(右方), 여자(女子)는 왼쪽(左方)이라고 합니다. 이에 본인은 소강남(小江南)의 왼쪽 뿔이 꺽어져서 흘러온 줄기라고 하여 여장군산(女將軍山)이라고 하는 것으로 생각합니다.

신앙의 원인은?

이 글을 쓰는 본인은 다음과 같이 무속에 임해 살면서 다음과 같이 생각합니다. 우리 제주섬이 무인도(無人島)로 생기면서 중국땅에 서시동이란 사람이 동남(同

男) 오백인(五百人)과 동녀(同女) 오백인(五百人)을 거느려서 서부과찰시 지금의 삼성혈(三姓穴), 그 옛나르 모은골에 떨어졌다가 연평 팔년 을축년 3월 13일날 자시생천 고씨, 축시생천 양씨, 인시생천 부씨 도업을 하고, 짐통정 김장수는 항바두리·만리토성에 도업할 때 몽고인이 일백년을 살다가 돌아간 후 이태왕의 시절에는 각성치니 무인도(無人島)가 되었고, 탐라국 시절에 들어와서 살았습니다.

살다보니 육상에는 농사가 제대로 안되고 해상에는 해상대로 영업이 잘 안되고, 사람은 사람대로 병이 들어서 초약을 쓰면 좋은 사람도 있고 죽는 사람도 있었습니다. 그 옛날 구학문이 좋은 사람들이 책을 보면서 연구를 해서 한라영산이 그 옛날에는 화산이었고, 서남억게, 지금도 있지만 영급신력 수덕있는 영실담·요백장군 실력을 믿고서 한라산을 중심삼고, 남군에는 당록벽(堂祿闢) 마련하고, 북군에는 절록벽(寺祿闢)을 마련하고서, 신도법(神道法)은 공신(公信)하고, 불도법(佛道法)은 소중(所重)하게 우찬하고 살아온 것으로 인해서 제주땅의 여러 가지 굴법 신법이 생긴 것으로 압니다.

여러 가지 굿식

1. 사람이 몸이 불편해서 주사를 맞고 약을 써도 아니 듣는 병은 푸닥거리굿식, 간단히는 물합퇴서굿.
2. 애기들이 아프면 불도에 비념식
3. 새로 집을 지으면 성주 살성푸리식
4. 사람이 죽고 나면 원고양 신푸리, 신귀양 원눈푸리식굿
5. 새로 배를 지으면 연신푸리, 또 용왕에 고기잡이 잘 되게 해달라는 굿식
6. 해녀와 어부의 수신제굿
7. 결혼한 자식이 후탈을 받으면 자식을 키워줍서하여서 불도맞이굿
8. 집안 각 일월 군웅에 탈이 있으면 조상놀이굿식, 여러 가지 굿이 있습니다.
9. 큰대 세우고 하는 굿식은 우리 인생에 죄지은 사람이 첫째 지방법원판결, 둘째 고등법원판결, 셋째 대법원 판결을 받는 절차나 마찬가지입니다.
10. 신앙에도 그와 마찬가지가 되겠습니다. 이런 식의 비념, 저런 식의 비념이 많습니다.

강대원 심방 문서

Ⅱ. 삼 대

사당클 굿에는 평민집이나 심방집이나 같은 큰대를 세 개 세워야 합니다. 그런데 평민집에는 큰대를 하나 세우고, 심방집에는 세 개를 세워야 하는 이유는 다음과 같습니다.

심방이 평민집에 굿을 하러 가서 하늘과 땅 사이에 있는 신앙에나 아니면 생사람의 어느 집에서 굿을 한다고 알리는 것을 천지천왕 저승염라대라고 생각합니다. 그리고 심방집도 같지만 큰대 세 개를 세워야하는 이유는 '궁이아들 삼형제'라고 해서 삼대를 세운다고 생각합니다.

그리해서 뒷장에는 삼대를 꾸미는 방식과 대통기·소통기·지리역기양산기를 만드는 그림을 차례로 그려 보겠습니다.

가. 큰대의 높이를 앞장에 쓰고, 뒷장에 그림을 그림.
나. 제일 큰대는 중간대로, 높이는 8m 가량.
다. 오른쪽 대는 높이 7m 가량.
라. 왼쪽 대 높이 7m 가량.
마. 이것은 본인이 배운 그대로 쓴 것이다. 즉 삼십삼천 서른 세 마디 대를 써야 한다는 말씀을 듣고 배웠다.

1. 삼대틀

〈그림 Ⅱ-1〉 삼대의 기본틀(7쪽)

앞에 대나무를 세 개 그렸다. 제일 중간의 1번 대는 마디 마디가 33마디가 되어야 한다. 2번과 3번의 오른쪽 대와 왼쪽 대는 1번 대보다 작기 때문에 33마디가 아니어도 된다.

뒷장에는 큰 대나 작은 대를 꾸미는 식이다. 대나무 잎을 이용해서 다음 그림과 같이 만든다.

〈그림 Ⅱ-2〉 큰 대 어깨띠를 얹어 대나무 잎으로 장식 (9쪽)

〈그림 Ⅱ-3〉 오른쪽 대와 왼쪽 대에 어깨띠를 얹어 대나무 잎으로 장식 (10쪽)

2. 큰대 만들기

제일 위의 본기 만들기.
기지 놓고 자르기.
〈그림 Ⅱ-4〉 본기 자르기 (11쪽 상단의 좌우 그림)

다음. 대통기 만들기. 통기도 기지로 만든다.
〈그림 Ⅱ-5〉 대통기 만들기 (11쪽 중간 그림)

다음. 소통기 만들기.
〈그림 Ⅱ-6〉 소통기 만들기 (11쪽 하단 그림)

3. 지리애기양산기 만들기

1) '머리대'라고 해서, 보통 왕대나무로 길이 2m 30cm로 한다.
   속지를 열 장 가량 씩, 두 개를 잘라 놓는다.
〈그림 Ⅱ-7〉 머리대 (12쪽 상단)
〈그림 Ⅱ-8〉 속지 (12쪽 중단)

2) 머리대 양쪽에 잘라 놓은 속지를 묶는다.
〈그림 Ⅱ-9〉 속지를 붙인 머리대 (12쪽 하단)

3) 지래애기양산기 만드는 순서
   : 다우다 기지, 너비 1m, 길이 5m
     천을 반으로 접어서 자른다.
     천을 자르는 그림이다.
〈그림 Ⅱ-10〉 좌우의 기 만들기 (13쪽)

4) 몸천 만들기
   : 기지, 너비 1m, 길이 5m
〈그림 Ⅱ-11〉 몸천 만들기 (14쪽)

5) 어깨띠 만들기
   : 기지. 길이 1m, 너비 70cm
     아래와 같이 자른다. 편안히 놓고 자르거나, 두 개를 접어서 자른다.

자른 것을 다시 위 아래로 자른다.
〈그림 Ⅱ-12〉 어깨띠 만들기1 (15쪽 상단)
〈그림 Ⅱ-13〉 어깨띠 만들기2 (15쪽 하단)

6) 지리애기양산기 완성
: 머리대를 놓고 만든 기를 차례대로 묶는다.
〈그림 Ⅱ-14〉 대에 묶기 (16쪽)

4. 큰대 완성
: 제일 큰 대를 완성한 것이다.
〈그림 Ⅱ-15〉 완성된 큰대 (17쪽)

5. 오른쪽 대와 왼쪽 대
: 오른쪽 대나 왼쪽 대는 통기가 없다. 제일 위의 본기와 지리여기양산기를 단다.
오른쪽 대와 왼쪽 대의 완성된 모습은 아래의 같이 동일하다.
〈그림 Ⅱ-16〉 오른쪽 대와 왼쪽 대의 완성형태 (18쪽)

** 위와 같이 천지천왕 저승염라대를 꾸밉니다. 지도지왕 우독대(오른쪽 대), 인도인왕 좌독대(왼쪽 대), 삼강오륜지법(三綱五倫之法)으로 말합니다.

Ⅲ. 신방집 굿 차례

처음에 굿에 참여하는 심방들은 굿을 의뢰한 심방집으로 굿하기 전날에 들어간다.

1. 도착해서 심방들은 자리마련, 당반 매기, 기메 만들기, 제청차리기 같은 일을 한다.
2. 굿을 시작하기 전에 '기메코스'를 할 경우에는 안공시와 밧공시를 차리고, 도래상까지 마련해서 문전 쪽으로 놓은 다음 기메코스를 한다.
3. 문전 앞에 신고레대전상(보답상), 그 앞으로 양공시상과 도래상을 차려 놓는다.
굿을 시작할 시각에 삼석을 친다.
그리고 나서 밖에 삼대를 세운다.
4. 초감제.

굿 시작하는 말,
절
배포침
앉아서 연유 올림
서서 신전 오는 문 열음
분부
새다림
도래뵘굿
앉아서 신청계
본주 불러 절 올리게 함
큰심방 점사 받아, 간단히 분부
서로 인사
-끝-

5. 도올림, 추물공연
6. 초신맞이굿 : 하강 못한 신전 청하는 굿
   초감제
   문열음
7. 초상계굿 : 초상계굿은 서서한다. 초신맞이굿에 떨어진 신전을 옵서 청하는 굿
   초감제
   도올림
   추물공연

* 떨어진 신저을 청하면 그 끝에 마당에서는 삼대기메, 신전이 찾아 오는 군문기, 오방각기, 당반지, 군웅상, 살전지 등을 모두 건다.

8. 어궁 삼천전제석궁 추물공연
9. 안시왕당클 추물공연
10. 불도할마님 추물공연
11. 당주전 추물공연
12. 세경, 군웅일월, 부고칠사(?)신 추물공연
13. 문전과 본향 추물공연
14. ᄆᆞ을당클, 영신, 안공시, 밧공시 추물공연
15. 보세감상 : 첫문서 죄목굿
16. 안팎 양공시 초공본
17. 안팎 이공본
18. 안팎 삼공본

19. 안팎 세경본
20. 각 신전과 군웅 일월석시 놀판굿
21. 불도맞이
    제버림(?)
    절함
    베포침
    집안연유
    각 신전 차례로 거느림
    문 열음
    분부사룀
    새ᄃᆞ림굿
    도래뷈굿
    신청계
    본주 불러 절 시킴
    간단히 점사보고 분부
    인사
    -끝-
22. 추물공연 : 불도맞이에 온 신전에 추물공연 올리는 것임
    석살림
    연유닦음
    젯ᄃᆞ리 신부침
    상촉권상
    삼주잔 위 올림
    군졸사김 (잔냄식)
    수룩침: 연물에 송낙 받고, 장삼 쓰고, 바랑 들면, 권제 받고, 수룩침
    할마님 다리 놀림
    점사 받음
    분부 사룀
    불도맞이 파직 잔 잡힘
    불도맞이상 철상과 불도다리나숨
23. 구할망갈임
24. 송낙을 안으로 나수고, 군웅만판놀이굿 : 월일광맞이와 집안 각 일월맞이
25. 제청설립
    전하는 말

절 올림
베포침
연유닦음
신전신도업
문 열음
분부 사룀
새ᄃᆞ림굿
도래뵘굿
신청계
본주 절 시킴
점사 받음
분부
인사
-끝-

26. 일월맞이에
27. 추물공연
석살림
연유닦음
각 신전 젯ᄃᆞ리
상축권상
삼주잔 올림
남은잔 군졸 사김
신전에 영이 납니다. 대ᄉᆞ 차림으로 송낙 쓰고, 장삼 받고, 걸레베, 바랑 받아, 권제 받아, 수륙침
쇠띠굿(?)
분부사룀
끝
28. 월일광, 집안 일월 하직잔, 철상
29. 일월, 송낙 안으로 나숨, 군웅만판굿놀이
30. 시간 있으면, 아무 본이라도 푼다. (없으면 맞이굿을 함)
31. 초공맞이굿, 이공맞이굿 (동일함)
제청설립
절하는 말
절 올림

서서, 베포 침
연유올림
신전차례로 거느려 문 열음
분부사룀
새ᄃ림굿
도래뷤굿
32. 초공 밖길침
신청계
본주절
점사 받음
분부사룀
인사
-끝-
33. 초·이공에
34. 추물공연
석살림
집안연유닦음
각 신전 차례로 거느림
상촉권상
삼주잔 올림
남은잔 군졸사김
역가 바침
점사 받음
분부사룀
35. 서천국연길 꽃질침
36. 초이공맞이 파직잔
37. 초공 안으로 들어가는 질치고,
38. 초이공맞이 파직과 초이공 안으로 매어들임굿, 군웅만판놀이굿
39. 제상계 : 제각기 노는 신전을 청하는 굿
40. 당주 연맞이
제청설립
절하는 말
절 올림
베포 침

집안 연유 닦음
각 신전 차례로 거느림
문 열음
분부 사룀
새드림굿
도래뵘굿
41. (이어서)
당주 밧질침
신청계
본주 절 올림
점사받음
분부 사룀
인사
-끝-
42. 방광침
43. 추물공연
석살림
집안 연유 닦음
각 신전 차례로 거느림
상촉권상
삼주잔 올림
남은잔 군졸 사김
본주 불러 역가 바침: 본주 예필, 물멩지·통전대 압송시켜 잘 세 번씩 시키고, 초역가올, 역대 연유 올림, 백근장대 냄
어인타인 금인옥인 감봉 먹임
약밥약술 먹임
점사 받음, 분부사룀
신복 내어주어 입힌 후 초석·이석·삼석으로 놀림, 본인 신칼로 점사 받음
굿나감: "누구는 굿하난 저 굿 가자" 안채포 싸서 굿 나감(아무 집이나 먼저 약속해둠), 굿 갔다 와서 안채포 풀어 삼석침, 당주에 절
44. 액막이
45. 당주맞이 파직잔
46. 안당주 질침
47. 당주다리 나숨

안공시로 나숨
매어들임
베풀이
상촉권상
삼주잔권잔, 군졸사김
세경무지
군웅만판놀이

48. 제오상계굿 : 이 굿은 시왕 오는데 제주 삼읍 토조지관, 각 본향 청하는 굿

〈 대신왕맞이굿 〉

49. (초감제~)
대전시왕상 설립
시왕대다리 흘림
동이와당 청비게·서이와당 백비게·팔만금사진도처 시왕대전상으로 열명
절식
베포침
집안축원
각신전 차례로 섬김-천지왕본을 풀음
문열림
분부사룀
새ᄃᆞ림굿
도레둘러뵘굿

50. 신청계
시왕내리는 길침
신청계
본주 절시킴
점사, 분부
인사

51. 시왕에 초방광, 추물공연

52. 사제·체사에 방광침, 추물공연

53. 시왕에 석살림
집안축원
신전차례로 거느림
상촉권상

삼주잔 올림
남은잔 군졸사김
역가바침
점사 받아 분부

54. 체사에 나까시리놀림굿
지장본
일천과로 군병사김
55. 영신·체사영맞이
세남굿
영가님 질침굿
56. 액맞이굿
57. 각푸다시
58. 시왕파직잔
59. 연맞이, 신맞이잔
60. 밧시왕도올림, 안시왕 매여들임, 베풀이, 상축권상, 군웅일월 놀판굿
61. 영가체사본
62. 세경수피, 전상떡·고리동반 놀이, 용이전상 베놀이굿
63. 양궁숙임, 막지장본풀이, 군병풀이

〈 시왕곱은연질굿 〉

64. (초감제~)
제청설립
절 올림
베포침
집안연유닦음
각신전차례로 거느림
군문열음
분부사룀
새ᄃ림굿
신청계
본주 절올림
점사, 분부
인사
65. 추물공연

66. 시왕곱은연질침, 명도지와 점사 받음
67. 상당파직잔, 공시풀이, 양공시 안으로 들어감

〈 삼궁맞이 〉

68. (초감제~)
    제청설립
    절하는 말
    베포침
    집안연유
    각신전 차례로 거느림
    군문열음
    분부
    새ᄃᆞ림굿
    신청계
    본주 절 시킴
    점사, 분부
    인사
69. 추물공연
70. 석살림, 연유닦음, 각신전 차례로 거느림, 상촉권상, 삼주잔, 군조사김, 역가바침, 점사 받음, 분부사룀
71. 삼공에 강이영신하르방·홍수문처할망 신청계, 권제받음, 마지에 올려 수룩침, 점사받음, 분부
72. 삼공맞이 파직잔잡힘, 철상
73. 삼공 매어들임, 베풀이, 상촉권상, 군웅만판놀이
74. 세경놀이, 말놀이
75. 본향연다리 필부잔굿(파직잔굿)
76. 영가돌림굿-각당 하직방광
77. 군웅막판돌림굿
78. 각신전 돌려세움굿

* 앞의 굿 차례에서 관세우가 빠짐. 관세우굿은 신전에 '세수하러 가겠습니다'는 굿이다. 굿을 시작한 뒷날 아침부터 시왕맞이날 아침까지만 한다.

Ⅳ. 심방집 삼당클 굿

〈참고〉 굿할 심방들이 전날 굿할 집으로 간다. 가면 안에서 자리를 준비하고 삼당클을 맨다. 책지·살전지·당반지 등을 매서 준비한다.

⊙ 천지월덕기

〈그림 Ⅳ-1〉 천지월덕기의 대와 기메 (24쪽)

높이는 5~6m 정도 된다. 기메도 위의 그림과 같이 만든다. 옆의 기메도 조금 작다. 길이가 3.5m 정도된다.

⊙ 굿의 절차

1. 초감제
2. 초상계
3. 어궁 추물공연
4. 불도·세경·칠성·군웅 추물공연
5. 당주전 추물공연
6. 문전·본향 추물공연
7. ᄆᆞ을·각열명영신 추물공연
8. 보답상 둘러븜, 초공본풀이
9. 이공본풀이
10. 삼공본풀이
11. 세경본풀이
12. 본향본풀이, 군웅일월놀판굿

〈 불도맞이, 천신일월맞이, 군웅일월맞이 〉

13. (초감제~)
    본주 절시킴
    심방 절 올림
    베포도업
    연유닦음
    각신전 신도업
    군문열림
    분부사룀

새ᄃᆞ림굿(소미)
도레둘러뷈굿(소미)
신청계
본주 절 올림
간단히 분부 사룀
14. 추물공연
15. 권제받고, 수룩침, 꽃질침
16. 상당숙여 파직잔, 할마다리 나숨, 송낙지 나숨, 본향놀림, 군웅놀판굿

〈 당주연맞이 〉
17. (초감제~)
제청설립, 본주 절 시킴
당주연맞이로 절 올림
베포도업침
집안연유닦음
각신전 신도업
군문열음
분부사룀
새ᄃᆞ림굿(소미)
도레둘러뷈(소미)
당주밧질침
신청계
점사, 간단 분부
18. 당주연맞이 방광침, 추물공연
19. 당주전 역가 바침, 점사
20. 나까시리도전 놀이굿
21. 액막이
22. 안당주질침굿
23. 당주맞이 파직잔
24. 당주매여듬, 베풀이, 상축권상, 본향놀림굿, 군웅놀판굿

〈 시왕맞이 〉
25. (초감제~)
제청설립

본주 절 시킴
큰심방 맞이로 절 올림
베포도업침
연유닦음
각신전 신도업
군문열음
분부
새ᄃᆞ림(소미)
도레둘러뵘(소미)
시왕질침
신청계
점사
27. 초방광, 추물공연
28. 역가받음
29. 나까시리도전
나깐도전풀이
지장본풀이
군병굿
30. 체사영맞이, 영신질침굿
31. 푸다시
32. 액막이
33. 시왕맞이 철상, 막잔
34. 밧시왕 돌려세움굿
35. 영신체사본풀이
36. 상당숙임굿, 막지장본풀이, 군병침

(* 시왕고분연질 맞이굿에서 본주와의 의논에 따라서 당주연맞이·안당주질칠 때 명도다리 놓으며 끝나는 식도 있고, 별도로 하기도 한다. 삼당클 굿에는 시왕고분명도맞이는 없다.)

37. 각도비념
38. 각당하직방광, 영가돌림굿
39. 군웅막판
40. 월대기 지움, 돌려세우는 말 -끝-

V. 평민 당골집 사당클굿

0. 준비: 안에 사당클 준비, 기메준비, 큰대꾸미기
1. 초감제
2. 도올림하장
3. 초심맞이
4. 초상계
5. 어궁 추물공연
6. 안시왕 추물공연
7. 문전·본향 추물공연
8. ᄆᆞ을·영신 추물공연
9. 보세감상
10. 초공본풀이
11. 이공본풀이
12. 삼공본풀이
13. 세경본풀이
14. 본향놀림·군웅놀판

〈 **불도맞이** 〉

15. (초감제~)
    베포도업침
    연유닦음
    군문열림
    분부사룀
    신청계
16. 추물공연
17. 권제, 수룩, 생불ᄃᆞ리 나숨, 구할망돌림, 불도일월철상
18. 송낙나숨, 군웅놀림굿

〈 **초이공맞이** 〉

19. (초감제~)
    제청설립
    절 올림

베포도업침
연유닦음
군문열음
분부사룀

20. 새ᄃᆞ림, 도레둘러븜, 초공질침, 신청계
21. 추물공연
22. 이공 꽃질침
23. 초이공맞이필부잔
24. 초이공 매어들임, 토산굿놀이, 군웅놀판굿
25. 제오상계
26. 세경수피
27. 전상놀이굿
28. 용이전상베풀이

〈 시왕맞이 〉

29. 아침 신세우, 전송지대굿
30. (초감제~)
    시왕맞이 제청설림
    큰심방 절 올림
    베포도업침
    연유닦음
    각신전 신도업
    군문열림
    분부사룀
31. 새ᄃᆞ림, 도레둘러븜, 시왕질침, 신청계
32. 초방광, 추물공연
33. 대명왕체사본
34. 역가 받음, 나까시리도전, 지장본풀이, 군병사김
35. 체사영맞이, 영혼사남
36. 각자 손 푸다시
37. 체사 액마이
38. 시왕철상, 파직잔
39. 시왕매어들임, 베풀이, 토산놀이굿, 군웅놀판굿
40. 영신체사본풀이

41. 상당숙임, 막지장본풀이, 군병침
42. 세경놀이, 몰놀이
43. 본향막잔
44. 각당 하직방광
45. 영가돌림
46. 군웅막판
47. 대지와 돌려세움, 각신전 돌려세움 -끝-
(*굿을 시작한 뒷날 아침부터 사왕맞이날 아침까지 관세우를 한다.)

Ⅵ. 평민 당골집 삼당클굿

0. 안에 삼당클 준비, 기메준비
1. 초감제
2. 초상계
3. 어궁 추물공연
4. 할마님상 추물공연
5. 문전·본향 추물공연
6. ᄆᆞ을·영신 추물공연
7. 석살림, 본향놀이, 군웅놀판
8. 초공본풀이
9. 이궁본풀이
10. 삼공본풀이
11. 세경본풀이

〈 불도·월일광맞이 〉

12. (초감제~)
    제청설립
    불도일월맞이
13. 추물공연
14. 권제수룩, 꽃질침
15. 불도다리나숨

16. 송낙나숨, 군웅놀판

〈 시왕맞이 〉

17. (초감제~)
    제청설립
    시왕맞이
    절 올림
    베포도업
    연유닦음
    신도업
    군문열림
    새ᄃᆞ림
    도레둘러븸
    신청계
18. 초방광침, 추물공연
19. 역가바침, 나까시리도전풀이
20. 영맞이, 영가질침굿
21. 각푸다시
22. 액맞이
23. 시왕철상
24. 영가체사본풀이
25. 상당숙임
26. 본상 일부잔
27. 각당 하직방광
28. 영가돌림
29. 군웅막판
30. 각신전 돌려세움

Ⅶ. 용왕맞이

〈용왕맞이〉굿에는 두 가지가 있다.

하나는 제주땅 넘어 서울이나 강원도 등 각도로 집을 떠나서 직장에 다니는 사람을 위해서 고향에서 간단히 공을 드리거나 용와제를 바치는 것이다.

다른 하나는 고기잡이 배를 타거나 물놀이로 죽은 사람, 옛날 제주땅의 4·3사태때 물에 가서 죽은 사람, 때에 따라 일본가서 죽은 사람, 서울이나 충청도·전라도·강원도·경상도 등 밖에 나가서 죽은 사람의 시신을 찾지 못한 사람들의 '혼세임굿'이라하여서 하는 굿이다. 큰굿의 시왕맞이에서 영가님들의 저승질칠 때 용왕으로 가서 하는 것이다. 예전에는 흔히 볼 수 있었으나, 근래에는 간단히 혼신의 옷과 원미(또는 월미)를 가지고 바다에 가서 혼세고 와서 영가질을 치는 방식으로 한다.

0. 적당한 장소를 찾아서 제청벌림
1. 제성설립 말 올림
2. 절 올림
3. 베포도업침
4. 앉아서, 연유올림
5. 용왕신전 신도업
6. 문열림
7. 분부
8. 새드림
9. 쌀정미, 서서 신청계
10. 본주 절 시킴
11. 점사
12. 추물공연
13. 용왕체사영맞이
14. 요왕질침
15. 혼사김
16. 용왕문 주욕 사나움
17. 제청에 돌아와, 고혼 앉힘
18. 체사본풀이
19. 제청파직잔
20. 영가 돌려세움(물이 아닌 육상)

(*'수신기도'가 있다. 수신맞이도 거의 같다. 이굿은 큰배나 작은배, 해녀들이 하는 굿이다.)

Ⅷ. 산신놀이

; 산신맞이굿에는 두 가지가 있다. 산신놀이굿은 평민(당골)집에서 시왕맞이때 산신놀이라고 하는 것으로 흔힐 볼 수 있다. 산신상이라고해서 상을 차리고, 산에 사냥을 갈 때 산신제를 지내는 것이 있고, 그 앞에 가서 잠자는 식, 꿈 본 말, 개를 데리고 사냥하는 말을 한다.

사냥은 3~4명이 하는 것으로 한 사람은 닭을 묶어서 곱져두면, 세 사람의 포수가 그 닭은 찾아서 세 사람이 서로 '내가 잡았다'며 싸움을 벌인다. 그때 의논을 해서 닭을 잡고, 인정받고, 집안의 궂은 임신을 내쫓으면 뒤에는 군졸들 사기는 잔을 낸다.

Ⅷ.1 산신놀이

; 산신맞이는 제일 큰굿이나 중당클굿, 요즘의 탁상굿이나 영가돌려세움과 군웅막판을 하고나서 각신전을 돌라삽서 하기 전에 해야 원칙이다. 왜냐하면 가장 나중에 높은신전 뒤에 군졸을 대우하는 굿이기 때문이다.

산에 사는 들짐승들은 노루를 잡거나 꿩을 잡거나 내장은 빼내서 던져두고, 고기만 가지고 집에 돌아온다고 한다.

1. 제청설립, 분주 절 시킴
2. 심방 절 올림
3. 베포도업침
4. 연유닦음, 신도업
5. 군문열림, 분부사룀
6. 새ᄃ림(소미)
7. 신청계, 본주 절 시킴, 점사받음
8. 추물공연
9. 포수 불러 절 시킴, 개 부름. 사냥(한 사람은 닭을 숨기고, 세 사람이 닭은 잡아서 의논, 각발분식)
10. 본주 인정 받음

11. 산신맞이 사록을 내쫓는 굿
12. 산신맞이 파직잔잡힘, 철상
13. 안에서 각신전 돌려세움
14. 올레로 나가, 결명과 닭창자로 군병 사김 -끝-
(*그런데 요즘 산신놀이는 시왕맞이때 하는 방식을 저자는 이해할 수 없다.)

Ⅸ. ᄉᆞ가집과 심방집의 굿에서 하는 말

Ⅸ.1 ᄉᆞ가집굿에서 하는 말

1. 평민단궐 집에서 큰대를 거느릴때에 대통기도 없고 소통기도 없습니다.

말로만 '대통기 소통기 지리역이 양산기 나비역이 줄전지는 삼강오륜지법으로 저마당 좌우독을 신수푸고 안으로 입구자 만다당클 축겨매였수다'고 (참고) 말합니다.

2. 첫째말씀

안으로 만사당클 축겨매고 일문전 신고례대전상 신공시삼도래상 어간하고 초석 이석시 삼석시 천지옥황 쇠북소리 위울리고 밖으로는 천도천왕 지도지왕 인도인왕 삼강오륜지법(三綱五倫之法)으로 신이수퍼 세우고 (참고, 이때 다음말이 나갑니다.)

대통기는 소통기 지리역이 양산기 나비역이 줄전지 축겨다라서 초감제로 제청 신설립합니다. (참고: 앞에 말이 평민집에 굿시작 말이 됩니다.)

Ⅸ.2 심방집굿에서 하는 말

1. 신방집에는 첫말씀이 다름

안으로 전승궂고 팔자구진 신에 몸받은 령양내외 초궁불법상신당 삼하늘님과 령양내외당조 심신왕 어간하시옵고,

안으로 입구자 만사당클 축겨매고 일문전 기메코사너머 초감제로 어간하면서 신고래대전상 상별문서 중별문서 고리안동벽 신동벽 쌍쌍이 무어 양공시상 삼도래상 어간하고, 삼상향 삼주잔신수푸면서 초석시 이석시 삼석시 천지옥황 쇠북소리 울리시고,

저마당은 삼강오륜지법(三綱五倫之法)으로 천지천왕 지도지왕 인도인왕 저승염라대 좌

둑대 우둑대 신수푸고 대통기는 소통기 지리역기 양산기 나비역이 줄전지 어간하면서

2. 신방집에 삼대 세우는 식
가운데 큰대만, 대통기와 소통기 들어갑니다. 옆에 오른대와, 왼쪽대는 대통기나 소통기는 안들어갑니다. 알아두세요.

〈그림Ⅸ-1, 쪽수 없음.〉 큰대 그림 삽입
우둑기, 큰대, 좌둑기. 큰대에 대통기, 소통기,
등지거리 매는 곳: 약 오십센치 알로 등지거리라고하여서 큰대만 맵니다.

Ⅸ. 베포도업침

Ⅸ.1 제주에 토속신자 신방이 말하는 베포의 의미

이 글을 쓰는 본인은 아래와 같이 생각을 합니다. 사람이나 동물이나 공충이나 열매를 맺는 모든 식물이나 음(陰)과 양(陽)이 없으면 생산(生産)이 될 수 없습니다. 그것을 생각할 때 제주토속신앙에 베포(拜布)를 치는 생각이 듭니다.

무슨 말인고 하니 천지가 혼합이란 말씀이 음과 양이 합속(合俗)되여야 사람이나 동물 공충 열매를 맺는 식물도 열매를 엽니다. 그래서 이 글을 쓰는 본인은 다음과 같이 간단히 베포치는 식을 씁니다.

Ⅸ.2 베포도업침

1. 예전의 문서
; 그 옛날 제주 토속신앙(土俗信仰)을 만들었던 선배(先輩), 선생님(先生任)들은 간단히 하는 베포(拜布)도(到) 머리로만 다음과 같이 했다.

천지(天地)가 음(陰)과 양(陽)이 합속이 되었수다.
천지 혼합으로 제일러~~~ [연물침]
[춤추고 서면]

천지개벽(天地開闢)으로 제일릅니다. 하는과 땅이 개벽(開闢)하니 천왕베포도업(天王拜布到業) 지왕베포도업(地王拜布到業) 제일러 드립니다.

인왕베포도업(人王拜布到業) 할 때는 일일수성개문도업(日日水盛開門到業), 일일선우성별도업(日日先優星別到業), 일일주(日日晝)는 일광(日光), 밤(夜)에는 월광(月光)뜨니 선우성별월일광도업(先優星別月日光到業)합데다.

일일 동성개문 상경개문도업(日日東成開門上景開門到業)할때에 인왕베포도업(人王拜布到業)으로 제이르난,

메 산(山)자 산도업(山到業) 물 수(水)자 물도업(水到業) 나라 국(國)자 국도업(國到業) 임금 왕(王)자 왕도업(王到業) 제일릅니다.

제일르난 태고(太古) 천황씨후(天皇氏後) 춘추전국(春秋戰國) 각성인도업(各聖人到業)으로 제일러드립니다.

제일르난 각국(各國)이 도업(到業)한 후(後) 공자성인도업(孔子聖人到業)은 한글해석하고 유교법(儒教法)을 마련하고, 로자성인(老子聖人)은 불교법(佛教法) 마련할 때,

우리 제주땅(濟州地)에 유교(儒教)와 불교(佛教)가 합속(合俗)이 되어서 토속신앙법(土俗信仰法)이 되었수다

제청신제청도업(帝請神祭廳到業)으로~~

(*위와 같이 간단식이 첫째는 된줄 압니다. 또 아래로 간단히 써 보겠습니다.)

2. 몇 년 이후 베포치는 식

천왕베포도업으로 제일릅니다. [연물] (*참고: 무슨 굿에든지) 지왕베포도업으로 제일릅니다, 인왕베포도업으로 제일릅니다 산베포도업으로 물베포도업으로 국베포도업으로 왕베포도업으로 제일릅니다. 원베포도업으로 신베포도업으로 제청도업으로 제일릅니다.

(*또 무슨 굿에든지 초감제 시작할때나 불도 일월맞이 시왕마제굿이든 천왕베포도업으로 하면, 절하고, 위와같이 베포를 치다가 할말은 안하고 안할말은 합니다.

무엇인고 하니, 초감제면 초감제로 제청신도업으로하면, 끝인데, 금성 토성 울성장안제청도업으로 하는 것이 알면서도 조금 생각이 다를 때가 있습니다.

누군가 질문을 할 때 대답을 해줘야 되는데 못하거든요.)

3. 국생기는 식

국은 갈라 갑기는 서양은 각국이 됩니다. 동양은 삼국이외다.

강남은 천제대국이외다(지금 중국땅) 일본은 중년국이고 우리나라는 소제지국 그 옛날 해동은 조선이라 불러왓수다

지금은 남과 북이 갈라지여서 해동은 대한민국이 됩니다.

첫째 서울은 송태조가 개국할 때에 황해도 개성땅을 마련합데다.

둘째 서울은 이태조가 한양 서울 마련하고, 셋째 서울은 한성 서울, 넷째 서울은 한국과 일본 합방시절에 경성서울이고, 다섯째는 을유년 팔월십오일 해방당시에 일본국은 페제국이 되고 우리나라는 선전국이되면서 좌부올라 상서울이 되었수다. 그때 남과 북도 갈라집데다.

안동방골 자동방골 먹장골 수박골 모시전골 불탄대궐마련되난 동대문은 남대문 서대문은 북해상상 팔도명산 갈라갑기는 경산도는 태백산 강원도는 금강산 함경도는 북쪽에서 제일큰 산 백두산 평양도는 묘양산 황해도는 구월산 경기도는 동대문밭 지금 도봉산 그옛날 삼각산 총청도는 개룡산 전라도는 지리산 우리섬 중 제주땅에는 남쪽에서 제일 높은 한라영산입고, 크고 작은 상이많읍니다.

경상도는 칠십칠관 전라도는 오십삼관 충청도는 삼십삼관 호남드러 일제주 이거제 삼진도 사남해 오관안땅 유완도 중 제일 큰 우리 제주섬중인데 (*원래 근본있던 섬중이 아입니다. 소강남은 왼뿔 한 짝 뿌러지여서 줄이벋고 발이벋어서 호련강풍에 밀려드러서 웃득소소난 이섬중이 됩니다. 땅은 록이금천지땅이되고 산은 제일명산 한라영산이 됩니다. 장광척수 좌돌아도 사백리 우돌아도 사백리가 됩니다.)

제주섬 중 머리 두(頭)자 한경면 고산리가 되고, 꼬리 미(尾)자는 선산읍 오조리됩니다. 오른날개는 산방산 안덕면 사례리 있습니다. (*오른팔을 말합니다.) 왼쪽날개는 애월읍 하귀 가문동 서쪽코지라합니다. (*왼쪽팔은)

한라영산 서남어깨로는 영실담이 줄이벋어서 오백장군 오백선생 마련 될 때 모술포 알드르 송악산이 있고 물밖으로 마라도 석삼제 가파도 두이자 범환이는 범섬 서귀포는 문섬 보목리는 섭섬 위미리는 직구섬이 둘러있고,

한라산 동남어깨로는 성산포 일출봉으로 줄이 벋어서 소섬은 점복점자섬이 있고 한림읍 협제 앞바다 비양도 날비자 섬중이 들러있습니다. 제주땅 무인도시절 중국땅 서시동이란 사람이 동남오백인 동여오백인을 거느려 서부과찰 때 지금삼성혈 옛날을 모은골 고씨 양씨 부씨 삼성친이 떨어지여서 살다가 년평8년제는 을축년 3월 13일 자시에 고을랑이 소소나고 축시에는 양(良)을랑이 소사나고 인시에는 부(夫)을랑이 소사났다고 합니다. 글찌후에 애월읍 고성리 그 옛날 항바두리 김통정 김장수가 만리토성으로 도업할 때 진기스칸에 죽고 몽고백년을 사라온 섬중 입데다

또 글찌후 이태와이절에는 각성친이 무인도라고 하여서 드러와서 사라갈 때 제주한라 영산이 그 옛날 화산이고 악산이라고 불려왔습니다. 그런데 육상에나 해상에나 우리초로 인상에 모든 일력이 안니됩데다.

육상에는 농사일 해상에는 고기잡이 사람에는 모든 병에 만한타격을 받게될 때에 한라영산 서남어깨 영실담은 오백장군 오백선생 신력믿고 한라산 뒤는 당록백(남군: 당오백 사투리가 붙습니다) 설도하고 한라산 앞에는 절록백(북군: 절오백 사투리가 붙습니다.) 설도를 하여서,

신도업은 공신(供信)하고 불도법은 소중하게 우찬하여서 살라갑데다.

글찌후 영청이완목사가 제주땅에 시찰들고 (도입하고) 국가세금은 없어지고 절(寺)과 신당으로만 생각하니 절록벽은 불천소헤시켜사고 당은 파락시켜삽데다. 그때 제주도 삼읍 사관장을 마련합데다. 삼읍은 표선면 성읍리가 되고, 대정읍은 지금 모술포 제주시가 제주읍이 됩니다. 사관장은 성읍리 현감살아 삼십팔리 차지할 때 지금 성산읍 오조리서부터 성산읍 표선면 남원읍 서귀포지 용홍동까지 차지합데다. 사계면을 차지하고 대정골 원님이 차지할 때 지금 서귀포시로 속했수다만은 그 옛날 도순리 강정동으로 서쪽 도순리까지 이십칠리 차지할 때, 지금은 종문동이지만 그 옛날은 중문면이였수다 안덕면 대정읍 삼면을 차지합데다. 제주읍은 판관사또님이 차지할 때 대도장래 서수문밭 사십팔리 (제주시 서쪽으로 고산리까지) 소도장래 동수문밭 삼십팔리는 종달리까지 제주시에서 차지합데다. 명월은 만호를 살게하고 각진(各進)조방장을 마련합데다. 명월진 대정진 성읍진 동남진 별방진(하도리) 조천진 화북진 제주진 됩니다.

글찌후 서기 ○○○년도 후에 제주읍이 시가 되면서 남제주군 서귀면이 읍이되고, 한림면이 한경면과 갈라지면서 한림읍이되고 추자면이 애월면에 있었다가 애월면 추자면이 갈라지였수다.

또 그 후 북제주군에는 제주시가 일시 삼읍 십면인데, 서기 1981년 8월 1일부로 남제주군 서귀포읍과 중문면이 합동되면서 서귀포시가 되어 제주땅에 27읍 5면이 됩데다. 그리하여서 리(里)는 동(洞)이 되고, 동은 면(面)이 되고, 면은 읍(邑)이 되고, 읍은 시(市)되여서 살아오다가 서기 2006년 7월 1일부로 제주땅에 특별계획으로 남군과 북군이 없어지고 제주도 제주시 아무읍 아무면 아무리 몇 번지로 돌아가게 되었수다. 남군에도 군이 없어지고 제주도 서귀포시 아무읍 아무면 아무리 번지를 거느리게 되였수다.

3. 다음은 집안차례로 건명택주 성, 이름, 몇 살 들어갑니다.

(41쪽으로 -끝-)

차례

안시왕매듬
제오상계식
세경수피식
고리동반놀임
용이전상푸리
본향필제잔*
말노리식
세경노리식

강대원 심방 문서_당신 일람과 당신본풀이

* 편철 자료 목록에는 '본향필제잔'이 '말노리식', '세경노리식'보다 앞서 있지만, 실제로 본문에 정리된 순서는 맨 마지막이다.

강대원 심방 문서_일반신본풀이1

1 2 3 4 5 6 7 8 9
천 구 할 마 초 이 삼 세 체
지 할 머 누 궁 궁 궁 경 사
왕 망 니 라
본 본 본 본 본 본 본 본 본
▶

천지왕본푸는식.

원칙으로는, 천지왕본풀때식은, 중당클, 즉당클세게나, 내게맨굿이면
보담상을, 차입니다그레서, 굿시작후, 연유끝에, 각신전, 제따리을, 거
느리게됩니다. 천군, 지군, 인왕만군, 뒤, 하늘찾이는, 올라옥황상제, 대명
왕몸바든천지왕이란, 신전, 대목에, 초감제때와대신왕大神王,
연迎마지때만이, 이천지왕본을품니다그런대요주금은, 보면는
심방드리, 배포拜布을칠때푸는데, 이것은, 안니라고, 생각합니다.
요주금제주토속신자들이, 하는것을, 가만희, 생각을해보면, 신앙에, 영기도
안믿고, 본의, 몸바든, 조상에, 영기도안믿고, 오즉, 자기자신이다고만, 생각합니다
그레서는, 안되고, 학자, 박사님들과, 연구에, 학생님들이, 질문을하면, 옛풍
속, 그대로다고만하고, 대답에, 연구는, 엾읍니다

(천지왕본.)

옛날에수면장제라, 사람이부모님, 뻐비러, 살비러탄생을함데다
크어자라서, 이십스물너머서, 장가들러서, 아들삼형을, 태어납데다
어린때에가난하게, 사란는지, 너머나도, 악박한, 살렴사리로사는것이, 천
하, 거부자로, 잘사라갑데다. 남에게, 죽은곡식주고, 여문곡식으로밭고
또, 남에게, 곡식을빌, 려줄때는, 말급에굴근자갈녹고, 그우에는
잔자갈녹고, 자갈우에는, 모레을녹고, 모레우에는곡식을, 녹고, 곡식을빌
려주워따가, 또좋은곡식을밭고하면서사는데, 부모님이, 늘어망년급을
노아갑데다. 수면장제가, 부모님앞에, 하루때삼끼을드리다가, 하루
한끼주려, 양끼을드리난, 부모님은, 배곱파갑데다. 하루에양끼을 ▶
줄려서, 하루에, 아버지, 어머니, 앞에하루에, 밥한끼을, 드림때다. 그레가난, 아버지

와어머님이, 하는말이, 아들수면장제보고, 우리는배가곱파서, 살수엾다고합데다
아들수면장제는, 하는말이, 아버지영, 어머님이영살다죽으면, 장래도, 지내야하고
때상식도해야고, 초하루, 보름사길도해야고, 대, 소기도해야할거난저승양식을
냉경갑서고합데다. 아버지, 어머니, 하는말이, 산때하루밥삼기달라죽어서
는, 때식이나, 초하루, 보름사망이나, 대소기, 제사, 명질도하지마라서, 산때
배부리, 밥을도랜합데다그때사수면장제는, 아버지, 어머니앞에하루삼끼
때상식을, 드입데다. 그레서, 아버지, 어머니는, 배분밥먹고, 살다가죽어
이세상, 세별을합데다. 수면장제는, 아버지, 어머니죽으난, 안닐케, 안니라, 죽어
도, 대소기, 제사, 명질도, 안합데다. 그런대한해는, 송아스대명이땅하고육서달
구뭄날은저승염라대왕이, 옥문을, 전부열고, 자손이인는혼백이나, 자손엾는혼
백이나, 이승에도내려가서, 대명질넘고나면, 걸명잡식이라도, 어더먹고오
렌하여서, 저승옥문을엾데다. 옥문을연지후에, 염라대왕은, 옥방을도라보는
대, 우름소리가납데다. 염라대왕은, 우름소리나는, 감옥으로가고보니, 외, 늘은
이혼백이, 부부간이, 우럼십데다. 염라대왕님이, 엇찌하여서, 옥에안자우는냐
고말하면서, 자식도, 자손도, 엾느냐고말합데다.
수면장제아버지, 어머니는, 하는말이, 자식도, 있고, 자손도, 있수다만는우리는, 이승록
저승록을, 다먹고저승을, 오랏수다. 그레서, 이승을, 내려가도, 걸명한술줄, 자식
도, 자손도, 엾읍니다고, 대답을합데다. 염라대왕은, 그말을듯고서, 방에와문서
책을내여녹고, 수면장재호적을보고, 조상부모상에불호로구나. 행실이사괘심 ▶
생각을하고서, 천지왕을, 불러녹고서, 이승도내려, 수면장제집안에모든숭엄를
다주고오랜합데다. 염라왕이분부바든, 천지왕은, 이승에도내려서단보니날이
저뭇데다천지왕이주인무방하는 것이, 바구왕집에주인무방하난저녁쌀이, 엾써집데다
바구왕부인총명부인은수면장재집에가서쌀한되박을, 꾸워다가, 천지왕, 밥상을찰
려녹고서, 총명부인은천지왕앞에밥을들러다녹고간뒤에천지왕은, 밥한술을
뜨난, 첫밥술에, 마을이드러갑데다. 천지왕은첫밥술에머을이드난, 수명장
재집안에, 숭엄를, 불러주기시작할때첫제는, 밭갈소을, 집붕우에올려서
홍애기소리치면서, 집붕상머르을, 파게하여갑데다이것을본수면장재아들
은아버지앞에가서, 아버지소가, 집붕위에, 올라가서홍애기치면서, 집붕을팝수다
고말합데다. 수면장재, 아버지는, 내여불라, 아들보고, 그거너무나, 지치게, 여름
부중농사일, 만이식켜부난, 더위먹언, 건불렴시에말합데다. 천지왕은이것
도안되키여. 두번제는, 부억에, 솟단지가, 나둥구러갑고, 거름을것게하여갑
데다. 수면장재, 아들은또아버지, 저거봅서. 솟단지가마당에서거름을거러다염수다이
수면장재는, 내여불라. 아침, 정심, 저녁에하도, 불을때여부난, 더위먹언건불이레, 나와
시에말합데다. . 천지왕은, 이것도, 안니되키여. 세번제는, 수면장재머리에, 무쇠철망

을, 씨워갑데다. 수면장재는, 대천한간, 지방을배여누면서, 황게도치을, 내여
녹고서, 큰아들보고, 나이, 머리을, 찌그렌하난, 큰아들은못합데다. 둘재아들
불러, 황개도치주면서, 머리을, 깨렌하난못합데다. 작은아들불러서황게도치을
주면서, 수면장래, 아버지머리을, 깨렌하난, 작은아들은, 황게도치로, 아버지머
리을, 깨젠하난, 천지왕이, 무쇠철망을, 거더갑데다. ▶
천지왕은, 수면장재집에, 숭엄을주단보난, 날이저무러서박구왕집에또, 주인무방
을합데다. 그날밤, 천지왕과, 박구왕, 딸방에, 가서, 인밤센거시, 바구왕딸은, 포태
胞胎을주위사고, 천지왕은날이새난, 옥황으로, 도오르젠하난, 박구왕, 이딸은, 본매을두
갑센하면서, 아들나면, 무어라고이름지우고, 딸은나면무엇으로이름을, 지읍니까이
천지왕은아들낫건대별왕, 딸은낫거든, 대별댁이로, 지우라면서천지왕은박씨
한방을, 본매주고갑데다. 글찌후, 바구왕딸은, 애기난는것이, 아들형제납데
다. 큰아들은대별왕, 자근아들은소별왕, 이름지와녹고서, 키우는데, 형제가,
아방국과, 어멍국을다투고, 싸워갑데다. 박씨는싱거나두난, 두줄기로나서, 줄이번
는것이한줄은, 옥황을향하여서줄이벗어가고, 한줄은땅알로, 줄이버더갑데다.
하루날은, 동생소별왕이, 형, 대별왕보고, 하는말이형님무사동생은, 옵서우리예숙이나
형(답)그걸랑그리하라. 동생. (문)형님아, 엇찌하고, 동산에풀은매가짜르고, 굴렁에풀은
매가김니까고말합데다. (형, 답)동산우에풀은, 비가오면, 거름이, 전부씨서, 알너레
내리난, 동산에풀은, 매가짜르고, 굴넝에풀은매가긴다(동생답)형님그런말맞서
사람은, 머리에털은길고, 발우에는털이엾수다. 애숙, 나앞이젓수다
또, 형임아어던낭근, 춘하추동입싹이가살고, 엇던낭근, 입싹이가죽읍니까이
형답)속여문낭근입싹이가살고, 속구린낭근, 입싹이가, 죽낸하난(동생)형님그런
말맛서, 왕대, 족대, 수리대는, 속이구려도, 입싹이가, 춘하추동, 삼니다고말하면서
애숙이지였수다고합데다. 소별왕또, 형님옵서, 우리, 꽃씨, 연씨나, 심고서저승
이승법이나, 마련하게, 형은어서걸랑, 그리하라면서, 은세양, 놋세양에흑을담
고서, 꽃세, 연씨도, 드려, 가면서, 형님옵서, 우리잠이나, 잘락하게맛씨, 하난 ▶
형님은, 어서걸랑, 그리하라고, 말합데다. 꽃씨연씨드려두고잠사는세에꽃이난다
소별왕, 잠자다, 깨어낫고보니, 형님꽃은피여서, 만발하고동생소별왕꽃은금유를꽃이로
구나형님모르게꽃박구놉데다(참고)이때에, 사당클굿은고리동반두게니까초감제나
(시왕마지, 인때, 박꾸워놉니다. 아라두세요)
소별왕은, 잠을또자는척하면서하다가, 깨어낙고, 형님아무슨잠을, 그리잠니까고
말하면서, 잠자는형님을깨워갑데다소별왕이, 하는말이, 형님꽃은금유를꽃이
되어시니, 저승을찾이함서. 나꽃은번성꽃이난, 이승을, 찾이하구다고말합데다. 형님
대별왕은, 어서걸랑그리, 하라만는, 널노부터응큼한마음를, 먹으난, 인간에는역적, 강적
수적, 도적놈이만하고, 사기군, 모략, 개음, 투기가만하리라. 대별왕은저승으로

도올라갑데다소별왕은, 이승을찾이하여사는대, 형대별왕이말대로, 되여
갑데다. 저승도오른대별왕은아방국을가고보니아버지천지왕은읎고용상
만있씀데다. 아버지안든용상에올라안지난, 용상들들, 우러갑데다
대별왕은용상를때리면서, 이용상아, 저용상아, 임제모른용상이로구나
아무도안지면주인이여, 울던용상이, 안니우러갑데다대별왕은아버지
타던용상을직하여저승일를보누라니, 수면장재가죽어서저승을갑데
다
저승문서찾이, 염라대왕은문서책을, 거더보고수면장제에게인간
에서부모에불효되고, 남에게죽은곡식주고, 여문곡식받고, 흡으로준
곡식되로, 바다혼자먹고, 혼자잘사라몽이가, 구저, 살다왓구나염라
대왕이, 수면장제앞에인간도환생되면는악하게인간에사랒스니, 인간
에서, 불낫곳에불직굿에, 오곡밥으로, 저진것밭고마른건싸고시결명잡
식으로바다먹고상바드라고마련하고또, 사람이살다죽으면는 ▶
원고양, 신푸리, 신귀양, 원눈푸리 끝에, 시걸명잡식과오곡밥을밭고상바드
렌마련이, 되여삽데다. (이때부터, 초감제면초감제로, 천지왕도업제일릅니다
지부왕신도업제일릅니다제다리로드러가고, 또, 시왕마제인때도천지왕난
산국, 신푸럿수다. 시왕연마제로, 천지왕도업제일릅니다지부왕신도업제일릅
니다면서. 찻레로, 제다리, 각신전을거느리면서신도업함니다. ▶

구旧천天왕王, 구할망본本

그옛날, 천지가, 개벽후만물, 제짐승풀입세가, 탄생하고, 그가운대, 우리초로인생
도탄생하여삽데다. 만물지중에, 영역하고똑똑한것은, 우리
우리 초로인생입데다.
원시, 시대부터만물이, 음, 양, 지법이, 있써지고, 영역한것은, 발전따라서우리인
생입데다. 임병나라, 임물호주, 임박사님이탄생하고보니, 천지음, 양지, 법이있서지
여도, 문서, 호적찾지할사람이, 엽써지여삽데다. 그때, 임물호주, 임박사님은, 석해산
에, 옥황상제님에, 등장들러, 원불수록을, 올라갑데다. 그때, 아방국은, 동해용왕,
황정승입데다. 어멍국은, 서해용신, 매화부인, 이됩데다9월9일, 인일, 인시에동해용
궁, 구천왕구불법할마님이탄생하여삽데다. 동해용궁할마님이, 탄생하난, 행실이
나빠집데다. 한살적에, 철몰라지고, 두살적에, 어머니, 젓가슴두두린죄, 세살적에는
아버지, 통때배고, 대린죄, 네살적에는, 할아버지, 긴슈염, 훌튼죄, 다섯살에는널은
너른날래, 허댁인죄, 여섯살에는, 될체종자, 우막은죄, 일곱살에는형제간에, 불목
식킨죄, 여덥살에는, 동내에, 어른들, 박데한죄, 아홉살에는일가친척불목식킨죄,
동해용궁황정승은, 생각끝에, 천하동방, 박사을찾저가서, 의논을합데다. 암무리, 죄
가만한자식이라도, 죽여불긴, 그럭고귀양보내기로, 의논하고, 동이와당쇠철이, 아들
불러서, 백모래밭에, 쇠가루모여서, 무쇠설캄을만드러서, 동해용궁할머니, 먹을거, 입
을옷식거서, 사신용왕으로, 귀양정배을보냄데다. 동해용궁할마님은, 무쇠설캄속에
서, 들물에는, 서해바당, 쌀물에는동해바당, 악근절한절, 후내기절고개로, 뜨고다
니면서다니다가, 처녀물가로, 도올라삽데다. 그때, 임병나라, 임물호주, 임박사는
석하산에서, 옥황으로인간에, 문서, 호적, 찾이마련하여줍서고, 원불수록을, 올리
다가, 연찬물이, 뿌러서찬물뜨로, 처녀물가로내려서고, 보니, 난데엽는, 무쇠설캅
이올라십데다. 임병나라, 임물호주, 임박사님은, 천왕낙화을내여녹고서, 동서러레, 홍글
치난, 거부통쇠가, 절로열입데다. 무쇠설캅을, 열고보니, 월궁여, 신녀청, 같고열칠 ▶
팔세가량된, 애기씨가, 안자있습데다. 임병나라, 임물호주, 임박사님은, 동해용궁할마
님보고, 사람이냐, 귀신이냐이, 동이용궁할마님은, 사람이라고, 대답을, 합데다. 임물호주
임박사님은, 동이용궁할마님보고, 아방국이어데며, 어멍국이, 어데냐고, 말을합데다
동해용궁할마님은, 아방국은동해용궁황정승, 어멍국은, 서해용신, 매화부인됩니다고대답
을합데다. 임병나라, 임물호주, 임박사님은, 동이용궁할마님보고, 그러면, 엇찌하여서
이런곳을당하연느냐고, 말을합데다. 동해용궁할마님은하는말이, 임병나라임물호주
임박사님보고, 부모혈속비러탄생후, 행실이나빠지고, 한살적에철모르고, 두살적부터, 어
머니
젓가슴두둔죄, 세살에, 아버지통대빼여, 두둔죄, 네살에는, 할아버지, 긴슈염훌튼죄, 다섯
살에

널은날래, 허댁인죄, 여섯살에, 될체종자, 우막은죄, 일곱살에, 형제간, 불식킨죄, 동내어른
박대한죄, 아홉살에, 일가친척, 불목식킨죄, 마련하고보니, 귀양, 오랏수다고, 말합데
다. 임병나라, 임물호주, 임박사님, 생각하기을옥황에서, 생각하고, 인생에, 생불찾
이, 문서, 호적, 찾이할, 생불을마련하는가, 생각하고, 임물호주, 임박사님은동해용궁할
마님보고, 하는말이, 인생에생불자로, 문서, 호적, 찾이로, 드러서랜, 말을합데다. 동해용궁
할마님은, 임물호주, 임박사님보고, 어리고, 미육한, 소녀가, 됩니다고, 대답을, 합데다.
인물호주임박사님은, 동해용궁할마님보고, 어느영이라, 거역를, 하느냐고, 말하면서,
인생에, 생불과, 문서, 호적, 찾이로, 드러서라고, 말을합데다. 동해용궁, 할마님은, 임물호주
임박사님말을뜬고서, 인생에, 생불찾이, 문서찾이, 호적찾이로드러섭데다. 동해용궁
할마님은, 임병나라인물호주, 임박사, 명령을받고서, 인생에, 생불, 할망으로, 드러섭
데다. 인생, 생불로드러서서, 생불을, 주는데, 한권데생불주고, 다른데생불주고, 도라
라다니다보면, 앞에준, 생불은, 열달을시간으로, 삼백일이, 되연는가. 생각을하고
해산을식키다보면, 한달넘고, 두달만에, 물로피로, 해산을식켜가고, 두달너머
서, 석달만에도, 피로, 물로사람모양도, 전부못된때에, 유산을식켜사고, 칠개
월만에도, 유산을식켜산애기는, 잘구명하여서, 키우면, 영역하고, 똑똑 ▶
하여지고, 잘못구명하면죽기도합데다. 열달은시간으로, 일초, 일분안틀리게, 춘삭을
채워서, 애기을, 해산, 식키는것을임물호주, 임박사가식키는거, 거둥을보면, 어멍죽으면
애기살고, 애기죽으면, 어멍살기, 하여갑데다. 임물호주, 임박사님은, 동해용궁할머니하
는것을보고서, 제차, 옥황상제님에, 등장들저하여서, 금바랑옥바랑들러잡고서, 이구
산으로, 도올라가서, 낫지영청, 밤에극락, 밤에는찬이슬맛고, 낫에는따뜻한햇
빛마지면서, 옥황으로, 인생찾이문서찾이, 호적찾이할, 생불자을마련식켜줍서
고등수드러갑데다. 그때옥황상제님게서는, 선관도사, 금보도사을, 불러서,
지국성도내려서, 밤, 낫없이금바랑, 옥바랑소리가, 탕천하여선다웬일인다, 아라보고
오라고, 영이, 납데다. 선관도사님은, 옥황상제, 령을받고서, 지국성도내려삽데다
도내려살적에, 하늘과, 땅이, 왁왁하게, 캄, 캄하게, 자지어남, 보온안개가, 끼여
서, 선관도사는, 앞으로나갈수도없고, 또동서남북, 갑를갈를수가없써지는데,
금바랑옥바랑소리는, 들이고, 찾어갈수가, 없써지여삽데다. 그때, 얼마없서서, 자지어남,
보은안개가거더삽데다. 선관도사는, 금바랑소리, 옥바랑소리, 나는곳을찾어갑데다
찾어가단보니, 이구산에서, 임물호주, 임박사가, 옥황으로, 밤에는찬이슬, 낫에는따슨
햇빛을마지면서, 낫에영청, 밤에극락원불수록을, 올렵십데다. 선관도사는, 원불
수록을올리는, 임병나라, 임물호주, 임박사보고, 엇던일로, 석달열흘이너머가도록, 옥황
으로, 금바랑소리, 옥바랑소리, 낫제영청밤에극락, 원불을드럼수가고말합데다
임물호주, 임박사님은, 대답하는말이, 우리지국성에, 생불生佛, 찾이, 문서文書찾이, 호적號
籍찾이할만한자가없써서, 옥황상제님에등수듭니다고대답을합데다. 선관도사는

임물호주, 임박사말을듯고서, 옥황으로, 도올라서, 옥황상제님에선관도사는임물호주,
임박사님한말을일러갑데다. 옥황상제님에, 지국성도내련보니, 임물호주임박사님은
인생에생불법이, 있써지여도, 문서찾이와, 호적號籍찾이, 또인생이, 마음대로,
차래데로, 생불찾이가, 엾써지여서, 옥황상제님에등수를이구산 이구산繭旧山에서 ▶
등수을, 드럼십데다고, 선관도사는, 옥황상제님에말을합데다. 옥황상제님은, 선관도사님
말을듯고서, 만주제대신을모여서, 조회을열입데다. 옥황상제님은, 선관도사가한말대로, 만주
제대신에말하기을, 지국성, 임병나라임박사는, 인생에, 생불이, 있서도, 산천보며, 생불자
격자와, 호적, 문서, 찾지할사람이, 엾써서, 옥황으로, 등수를, 낫도영청, 밤도극락원불수
록을, 등수드는데, 어느누구가, 인생, 생불, 자격가되겐느냐고, 말을합데다. 어느대신
대답엾써집데다. 한데, 한대신이, 인간생불자격자가있읍니다고옥황상제님에대
답을합데다. 옥황상제님은, 어느누구가, 됩니까고, 말을합데다. 한대신이, 하는말이
인도국하에, 명진대왕, 따님애기가, 무이, 이화로, 탄생을하였수다. 병인년삼
신정월, 초삼일날, 인일인시에, 탄생하고, 당년혼일곱살인데, 영력하고, 똑똑합니
다고, 말씀합데다. 옥황상제님은, 선관도사을불러서, 한대신말대로, 인도국하
에, 명진대왕집으로가서, 명진대왕, 따님애기을, 청하여오라고, 명령을내입데다
선과도사는, 옥황, 상제님, 명령을밭고서, 인도국, 명진대왕집으로, 내려갑데다. 선관도사는
명진대왕집을찾어드러가면서, 명진대왕보고, 명진대왕, 집이됩니까고, 말을합데
다. 명진대왕은그럿읍니다만, 엇찌하여서, 선관도사님이, 내렷수가고말합데다.
선관도사는하는말이, 옥황상제님과, 만주저대신이, 모여안자서, 인간에, 임물호주, 임박
사님이, 인간생불, 문서, 호적찾이가엾서서, 옥황상제님에등수들고, 그사실을알고서
의논공논, 회론하고서, 명진대왕따님애기가, 인간생불, 자격자라하여서, 옥황상
제님명령을, 밭고서, 따님애기씨을청하러왔읍니다고, 말을합데다. 명진대왕님
은그말을듯고, 캄작놀내여갑데다. 명진대왕내외간은, 엇절줄을모릅데다.
참고-이때, 명진국, 할마님본과, 구할망본이석여진다.
이때, 명진국할마님, 은, 어대가서놀다가집으로야왓는지, 집에오고보니, 선관도사님이, 집
에와, 있습데다. 명진국할마님은, 선관도사님은, 엇찌하여서저이집에왓쓰며, 아버지
와어머님은얼굴에걱정이됩니까고말씀합데다. 아버지명진대왕은명진국할마
님보고, 하는말씀이, 인간에, 임물호주, 임박사가, 이구산繭旧山에서, 옥황상제에석 ▶
달열흘, 백일등수드난, 옥황상제, 만주제대신, 이조회을하고, 의논하여서, 너을, 인간생불 찾이
문서, 찾이, 호적찾이로, 마련되여서, 청하러, 왓젠하염저말을합데다. 명진국에할마님은, 어
덴영이라. 거역할수, 있수가. 함포을싸줍서고, 말씀을합데다. 아버지명진대왕님은
이게무슨말이되겐느냐고, 하면서, 상두집에간온, 비바리쓸곳, 엾다. 들레가서, 쓰다나

문장쓸곳읎다는아버지명진대왕은, 함포을싸고, 따님명진국할마님에, 내여줍데다
명진국할마님은, 함포을가지고, 선관도사, 뒤따라, 옥황으로, 도올라갑데다. 옥황상제님과, 만주저대신인는곳, 먼문이당도합데다. 명진국할마님은, 먼올래서부터, 구버절을합데다. 한대신이말하기을, 저거봅서하는행동이, 기득합니다고말합데다.
옥황상제님은, 명진국할마님보고, 갓참게드러오라고, 말합데다. 명진국할마님은
옥황상제말을듯고, 옥황상제인는앞에, 열이돌, 아푸로, 업데하고, 난이, 옥황상제님이하는말이, 명진국할마님보고, 인간찾이, 문서찾이, 호적찾이로, 드러서라고, 명령을내입대다. 명진국할마님은, 어리고, 미육한, 아일뿐임니다고, 말씀합데다. 옥황상제님은, 명진국할마님보고, 하는행동이나, 모든것이, 똑똑하고, 영력하니, 인간찾이로, 드러서라고말을합데다. 이때할마님은, 옥황상제님앞에, 말하기을, 그리하면, 옥황상제님, 저이요구가있읍니다고, 말씀합데다. 옥황상제님은, 명진국할머니보고, 무엇시냐고말합대다. 명진국할마님은, 저이요구을전부드러주겠씀니까고, 말합데다. 옥황상제님은, 무엇이되겐느냐고, 합데다. 명진국할마님은, 요구말을하면서, 명진국할마님은, 우선, 문서책을, 내여줍서. 호적책을, 내여줍서, 은씰, 은과세, 은바늘내여줍서.
업개, 삼신, 구덕삼신, 내여줍서고, 말합데다. 옥황상제님은, 문서책은멋세쓰고, 호적책은무엇에쓰며, 은씰, 은바늘, 은과세는무엇에, 쓰며, 구덕삼신은무엇이며, 업개삼신은무엇을할거냐고, 옥황상제님은, 말을합데다. 명진국할마님은, 인간찾이생불찾이, 문서찾이호적찾이을할려면, 피료합니다, 고대답을합데다. 옥황상제님은, 명진구할마님말씀데로, 요구을전부내여줍데다. 문서책, 호적책, 업개 ▶
삼신, 구덕삼신, 은씰, 은바늘, 은과세, 내여줍데다. 명진국할마님은, 전부거느려서, 옥황상제님, 명령대로, 인간지국성, 내려올때, 삼신정월십삼일날, 처얌으로, 내려살때에, 자지어남, 보온안
개가, 끼여서, 앞으로도, 뒤우로도, 한발자국도, 거려보지못하게, 안개끼여서, 인간으로내려온자
리에안자인노라이. 어머님아, 날살려줍서. 아바님아, 날살려줍서하면서, 죽억사락하는소리가
들려섭데다. 그때, 명진국할마님은, 어느곳잇고, 시간이바빠지역고나, 걱정을하던중에, 자지어남, 보은안개가, 거더갑데다. 자지어남것고보니, 바로할마님안자있던앞에, 한두, 발자국앞집, 비조이초간집이되여집데다. 명진국할마님은, 정진문으로날려드러서, 덕근지개문을열고보니, 배인애기, 해산때가, 너머, 있습데다. 자리는보니, 왕골자리뒷초석을까라십데다. 왕골자리뒷초석을거더두고, 보리나무, 북덕자리, 마련하고서, 명진국에할마님은, 애기엄마앞에달려드러서, 느진씸빠드고, 바든씸을, 느추고하여서, 애기엄마, 과른전동이안나서, 오모손이알로, 무릅데여서, 삼세번을내려치난
애기어멍, 해산되여갑데다. 애기내와서, 배똥줄은, 애기명길라고, 안으로삼세번흘

터녹고, 은씰로묵거서, 은과세로끄너녹고, 외우감고, 애기어멍옆으로눅저두고, 애기방
석내와서애기어멍밑에까라안치고, 삼일만에깨끗한자리, 숙하여다살마서애
기몸목욕식키고, 애기어멍, 머리감지고, 가슴씨서난물은, 문박개, 열리돌앞으로비웁
데다. 이식은애기먹을양식이, 만하여지라고애기몸목욕식켜난물, 비웁니다그리
하여서, 애기젓물리기도, 마련되였수다. 낙고보니, 아들자식이라, 명진국에할마님
은, 애기해복식켜두고, 또일외만은, 애기어멍집에서고마운치세상을, 차려놉데다. 할마님
은치세상, 차려논것을보니, 어마슬퍼집데다. 연반물치마에, 진옥색저고리에없는거없이
치세상을할마님앞에찰려올리난, 그때식으로, 지금은없읍니다만은, 할마님상비염식
에, 그옛날은, 꼭치마을, 상밑에깔고서, 할마님에, 비염할때, 노았읍니다. 지금도할마님
에비염할때논는집도가다금한반데식있읍니다. 명진국할마님은애기어멍보고,
없는집자식해산식키면엇찌할것이냐면서, 할마님이하는말이, 여자는열두폭에 ▶
치마을입고, 저고리입는것이, 원칙인데, 저고리는못하여도, 애기엄마치마는할마님상밑
에, 할
마님받드러모시는식으로, 깔라서, 할마님상을녹고, 또할마님이, 하는말이, 밥은은사발, 놋
사발에, 거리지말고, 작은, 보시에나, 접시에세게로떠올리곡, 또만약에, 나이실려받고서
살던사람집에는, 네보시매을떠녹고, 말근, 미역채나, 미나리채소도네게떠녹고, 연찬
물이나, 과일이나, 올리고, 동성방이많게초대불도켜녹고, 방안부정가일, 상축이나피워
올리렌하난, 애기어멍하는말이, 명진국에할마님보고, 하는말머리비여서, 찝신을삼
아서용강기를, 올려, 드립니까, 할마님공을, 엇찌가푸며, 전부갑소리까. 말을할때, 애기
는우러삽데다. 그때동해용궁할마님은아들자식, 딸자손을포태주레다니다가, 애기
우는소리에, 달려드러서, 남이생불에, 누구가해산을, 식권느냐고, 말을합데다. 명진국에
할마님은, 누구가포태胞胎을주워슬망정, 사람은살리고보아야할것안이냐고말합
데다. 동해용궁할마님은당신은, 누구요말하난, 명진국에할마님은, 나는옥황상제님명령
바든인간불법생불자노라고, 대답을합데다. 또명진국에할마님도, 동해용궁할마님
앞에당신은, 누구요말을하난, 동해용궁할마님은, 나는, 인간, 임병나라, 임물호주, 임
박사님, 명령바든, 불법이, 되여진다고, 말을함데다. 그레서동해용궁할마님과, 명
진국에할마님과, 내가인간찾이, 생불이노라. 내가인간찾이, 생불이, 노라고, 싸우다가
명진국에할마님이, 업게삼신, 구덕삼신, 전부거느리고서, 옥황으로도올라서, 옥황상
제님과, 만주저대신앞에, 어린소녀와, 히롱을함니까, 조롱을합니까고, 용심이나
지난, 말을합데다. 옥황상제님과, 만주저대신은, 그게무슨말이되는냐고, 말씀합데
다. 명진국에, 할마님은, 인간에, 내려가고보니, 인간에, 임병나라, 임물호주, 임박사님
명령을받고, 드러선생불, 찾이, 문서찾이, 호적찾이가, 있습데다, 고말을합데다.
옥황상제님은, 할마님말씀을, 듯고나서, 선관도사을불러녹고, 지금당장, 인간으로
무쇠철망을, 내류와서, 동해용궁할마님을, 거두워, 올리라고, 영이남데다. 선관도

사님은옥황상제, 님명령대로, 무세철망내류와서동해용궁할마님시레범난을 ▶
잡피고, 무쇠철망을, 타고, 동해용궁할마님은, 옥황으로, 도올라, 옥황상제, 만주저대신앞
으로, 드러갑데다. 동해용궁할마님과, 명진국에할마님을, 세워녹고, 옥황상제님은, 구두
시험
시작을합데다. 옥황상제님은, 알고두고, 동해용궁할마님보고, 누구명령바든, 인간생불
문서, 호적찾이냐고, 말을합데다. 동해용궁할마님은, 임병나라, 임물호주, 임박사님
명령을, 밭고, 인간생불, 문서, 호적찾이로, 이구십팔열여덥살에, 인간생불, 문서, 호적,
을찾이
하였읍니다고, 대답을합데다. 옥황상제님은, 임물호주, 임박사을, 무시할수가, 엾서집데다
그리하여서, 옥황상제님은, 동해용궁할마님보고, 인생에생불은, 엇찌주겐느냐면서, 질
문을
하여갑데다. 동해용궁할마님이, 대답하는말은, 애기아방몸에흰피빌고애기어멍몸에,
거문피빌고, 포태는주워두고, 다른집, 자식에, 포태을, 주다보면, 해산을춘삭체워서제대로
해산을못식켜보고, 어멍살면, 애기죽고, 애기살면, 어멍가기, 하옵데다고, 대답을, 동
해용궁할마님이, 합데다. 옥황상제님은, 명진국에, 할마님보고, 하는말이, 너는엇찌
인간생불을, 주겐느냐이. 애기아방몸에, 흰피석달비로녹고, 애기어멍몸에, 거문피일곱
달비러서, 부부간, 천상배필, 이년무어갈때부터, 시간보고, 문서책에올녀서, 삼백일
시간맞추워, 춘삭체워서, 느진심은빠드고, 바든심은느추워서, 애기엄마, 젓가슴밑으
로, 삼세번, 내려치면, 애기어멍구해문열여서해산식키고, 명줄은, 안으로, 삼세번흘터녹
고서, 은씰로묶거서, 은과세로끄너녹고, 삼일만에, 고운숙하여서, 살마애기몸목욕시키
고, 애기어멍머리깜지고, 함니다고, 말을합데다. 명진국할머니, 말을드른, 옥황
상제님은어려도, 명진국에할머니가, 인간생불, 자격자가, 분명합데다. 만은옥황
상제님은또은세양놋세양을, 두개내여녹고서, 할마님과, 동해용궁할마님에, 하낙
식주고, 흑담고, 꽃씨을, 내여주며, 정월첫돈일에씨드리, 이월이돈일에, 순이
낙고, 삼월, 삼진일에는, 명진국에할머니꽃과, 동해용궁, 할머니심은꽃과, 만발, 하는데,
옥황상제님은, 꽃번성되는데로, 이승과저승을, 마련시키려고, 꽃을도라봅데다
꽃을, 보이, 동해용궁할머니, 심은꽃은뿌리는사만오천, 발뿌리고, 순은외순으로, 올라 ▶
오고, 입삭기도, 외입이고, 꽃은, 외꽃에, 금유울꽃이되여서, 번성될수엾는꽃이되여집데다
명진국에할마님, 꽃은옥황상제가보니, 뿌리는, 외뿌리고, 가지는, 삼만오천가지에, 입도
등성, 꽃도, 동청목꽃, 남적화꽃, 서도백해수꽃, 북쪽은거문꽃, 천지중앙으로, 황토꽃
이만발합데다. 옥황상제님은, 명진국에할마니보고, 질문을합데다. 동쪽으로핀꽃은,
무슨꽃이며, 남으로핀꽃은엇던꽃이냐고질문을합데다. 명진국에할마님은, 옥황상제님보고
동쪽으로핀꽃은, 애기가어머니, 배속에서탄생할, 때, 동쪽으로머리한애기는동부자로살고
남으로머리하여, 난애기는, 남장수하고, 서우로머리하여서, 난애기는, 서가난하고, 북으로

머리하여난애기는북단명한다고, 북두칠원성군애명비러살기, 어머니배속에서탄생
할 때, 천에하나, 만에하나, 머리로, 나면서, 안자인는, 애기가있담니다. 그런에기는나라
대통령자격자라고, 말씀합데다. 그때옥황상제님과, 만주대신은, 명진국에할머
니가인간생불문서, 호적찾이로, 생각하면서, 옥황상제님은, 동해용궁할머니보고는, 저승을
찾이하고, 명진국에, 할머니보고는, 인간에도내려서, 각성친자식들, 생불주고, 호적, 문서
을찾
이하렌, 마련을합데다. 동해용궁할머니은, 저승을찾이하렌하난, 동이용궁할머니하는
말이, 저승을, 찾이하면, 어느누구가, 시근물한적, 우찬을, 못반는다고말씀합데다.
옥황상제님은그리하면, 산천부족한집나, 액구진애기어멍, 애기난뒤, 몸정성안하고, 한
달안내, 애기난뒤, 물허벅지고, 물길레갓거든, 물도에서놀다가, 애기어멍, 뒤따라가서
잠자애기나, 구덕에서, 노는애기, 호련이, 낫역시, 밤역시, 울개하여서상밭곡, 또정징
정세, 정풍, 망경질불러주고상밭곡, 백에천에, 만에하나, 죽게하여서상바다먹으렌
마련하면서동해용궁할머니는, 저승찾이합데다. 또이승명진국에할머니는또
구덕삼신, 업개삼신, 거느리고하여서, 두번제노각성, 자부줄다리, 들러타고은주랑은금목
뎅이지푸고, 내려오단보니, 집집마, 명산대천, 절집마다, 청사초롱초롱방등동성방이희
얀찰란하게, 불을발켜십데다. 명진국에할마님은, 산정기을도라보면서, 좌정할
곳을차집데다동해산을도라보니, 악산이요, 남해산도악산이고, 서해산은북해산도 ▶
도라보니악산이라. 자금산도, 악산이여, 칠금산도, 악산이요. 명진국에할마님이, 가만
서, 살
펴보이, 청용이하에, 만리토성두룬간하고, 좌청이좋아지고, 우백호가좋아진, 세경무각전
이있
습데다. 바람이들면, 든곳으로나고, 비가와도, 수기도안타고, 햇빛이만이나도, 크게, 가뭇안
탈땅이, 있습데다. 그리하여서, 할마님은, 그세경무각전으로, 가서, 제차, 수축을합데다.
재차이만리토성을, 무어녹고, 유리석벽을, 뭇고, 삼친경, 노각성, 집을지여서, 널분세경땅을
수축을하고, 정월첫돗일에, 꽃씨드려서, 이월이돈일에는, 순이낙고, 삼월, 삼진일에는, 꽃이
만발하게, 피여삽데다. 명진국에, 할마님은, 꽃밭수축하여서, 번성되난, 자손들, 도라보저하
여서, 청용산에서, 인간자손사는, 땅으로, 내려삽데다. 내려살적에, 대로신장로길에서

(이다음은, 할마님본과, 마누라본석여진다.)

명진국에할마님은, 자손들도라보저. 청용산에서, 내려사는길입데다. 어전국에대별상은할
마님자손에, 말탄정게, 회명정개을불러주저가는길인데, 할마님과, 어전국에대별상
과, 마주컬게되여집데다. 한데, 어전국대별상가, 남자노라고, 명진국에할마님인줄모르고,
큰소리로, 말을타고가면서, 외한여자가, 사나이대장부행차길에, 앞을가르냐면서, 큰소
리, 말하면서, 부정하다, 서정하다, 날왕, 날판내가, 난다면서, 바람알로, 내려사랜
합데다. 할마님은, 술적바람알로내려서고, 자손들을도라보니, 어전국이대별상가, 큰

마누라을불러주난, 자손들, 고운얼굴, 고운매치가, 엾습데다. 명진국에할마님은, 하도
억굴하여서, 어전국에대별상집에, 가고보니, 외아들, 입장결혼식을올려서, 사람십데다
명진국에할마님은, 하도억굴하여서, 외매누리에, 포태을, 불러주워삽데다. 포태을불러주
고, 한달, 두달, 석달, 아홉, 열달을, 춘삭체워도, 해산을못식켜, 삽데다. 소별상은홍진국에
마누라가, 남편어전국에대별상님보고, 하는말이, 대별상님아, 명진국에할마님앞에무엇슬
잘못합데가고, 말합데다. 어전국에대별상은, 소별상은, 홍진국부인앞에잘못한것이엾수
다고, 대답을하난, 소별상, 홍진국부인은, 대별상어전국님아, 당신이잘못을안하였
스면무사단매누리, 자손을못봄니까고, 말하면서, 잘햇든, 못하슬망정할마님앞에 ▶
가서, 사정하고옵서고말을합데다. 어전국대별상은가만이있다가, 생각을해보니, 어전국대
별상
이, 큰길에서, 할마님앞에큰소리을한것이생각납데다. 어전국에대별상은, 청세도폭, 홍포
관디,
조심띠매고, 말관을들러쓰고, 종하님에, 청나람지가지고, 명진국에할마님개신, 청룡산으로
찾어가서, 먼올래, 이문간서부터, 청나람지페웁데다. 할머니개신대천한간까지, 상불도
피워녹고, 어전국에대별상은, 양무릅굴려서비며, 할마님앞으로, 드러가는데, 갑자기대우방
비가, 오라갑데다. 그레도그비을마지면서, 할마님앞으로잘못하였수다. 말관이젓고후
리고, 청세도폭이젓고, 무릅알로물이내려도, 잘못하였수다. 애기해산을식켜줍서, 비
러갈때에, 명진국할마님은, 몸종앵화부인앞, 어전국대별상이, 엇찌비러오느냐이
그비을마지면서도, 문앞에까지비러오람수덴, 말을합데다. 명진국에할마님은, 그때사
앵화부인보고, 말하기을, 어전국보고, 집에가있스렌합데다. 할마님말듯고, 앵화부인은,
어전국대별상보고, 집에가있습센, 말합데다. 그말드른, 어전국은, 할마님앞에큰절
세번해두고, 집으로도라갑데다. 할머니는, 어전국, 대별상, 매누리해산식키로가서, 해산을
식켜, 주는데, 눈도코도, 안보이는, 애기내워두고, 청룡산으로, 온후에, 어전국에대별상
과, 소
별상에홍진국부인은, 눈도, 코도, 엾는애기바다안코, 엇절줄몰라하면서, 죽을차매누
리는, 살려노았건만, 애기는엇찌, 눈과, 코을보리, 하는것이, 걱정이되여지고, 엇찌하면
조후리생각을, 하다가, 소별상에홍진국부인은, 어전국대별상보고, 또, 명진국에할머니앞
에, 또강옵서고, 말합데다. 어전국에, 대별상은, 홍진국소별상부인말을듯고서, 제차이
황금산, 할머니앞으로, 도올라가서, 먼올래, 이문간에서부터, 나람지펴녹고, 상불피워
서, 할머니앞으로, 양무럽굴려, 빌면서, 애기얼굴을, 보게하여줍서면서빌면서할머
니앞으로드러가니, 명진국에할머니은, 어전국에대별상보고, 자손이악가우냐고무릅데
다. 어전국에대별상은, 자손이악갑읍니다고, 대답합데다. 할머니는, 너자손악까우미
나, 내자손내가악까움기나, 맛이한가지이, 내자손, 그전얼굴, 그전맷이식켜노면, 너자
손얼굴보게, 식켜주마고, 명진국에할마님은말을합데다. 어전국에대별상은, 상물

살마녹고, 고운배수건하여서, 작은마누라한애기드른, 고운얼굴로되여지여사고, ▶
큰마누라, 헌애기들은, 암무리닥가도, 제매치을못만드러갑데다. 한데겻태서보면, 얼근줄
알고, 먼데서보면, 알금알금, 고와집데다. 그레서, 어전국에대별상은또명진국에할머니앞
에가서, 먼올내로부터, 빌면서드러갑데다. 나람지페우고, 상불피워녹고, 빌면서, 명진국에
할머니앞으로, 드러가난, 할마님이, 어전국은대별상보고, 엇찌되연느냐이, 어전국대별상
은, 고운얼굴, 저잇매치, 저잇기상을, 하여노았수다고, 말합데다. 할마님은어전국대별
상보고집에가있스렌, 말합데다. 그레두고, 명진국에할마님은, 자손들을도라봅데다
도란보니, 작은마누라, 홍역해난, 애기들은, 전이얼굴, 전이맷치라도, 큰마누라홍역해난
애기, 자손들은, 먼데서보면모루고, 귀인성을지여서좋고, 겻태서보면알금알금, 더욱더
귀인성질너서고와집데다. 그래서마누라홍역해서, 승보면, 애기에걱정되면삼세번비
러야한다고, 말합데다. 명진국에할마님은, 어전국에대별상집으로가서, 눈도, 코도엾는
애기을좋은세상에보이게하난에, 어전국, 대별상과, 홍진국소별상부인은할머니앞에
큰절하면서, 명진국에할마님앞에, 내부술이, 좋아도, 할마님부술이, 더좋수다면서, 말을합
데다
할마님은, 어전국대별상, 손자탄생식켜두고, 자손들도라보면서청룡산으로도라와서
삼칭경, 노각성집에좌정하고, 안자서철리을살피고, 서면만리을살피면서산천보며
올래어귀장안에에순업게, 장박으로도, 에순업게거느려서, 아들, 딸, 생불을주워
삽데다 끝. ▶

초궁본.

옛날이라, 옛적에, 천하임정국에, 대감이삽데다. 지하김진국에부인이삽데
다. 이십스물살이넘고, 삼십, 서른살, 급노단, 입장갈임, (결혼식)을합데다.
논전답좋아지고, 강전답, 밭, 좋아지고, 수별캄, 수장남거느려서부귀영화롭
제, 천하거부자로, 잘삽데다만는, 삼십살이넘고, 사십세년세가되여가도
자식생불이, 엾써지난, 호이탄복, 걱정이, 되여집데다.
하루날은, 황금산, 黃金山, 도단땅, 절간법당, 부처님직한, 대사중이, 생각하기
을, 지극성, 인간처, 도내려서, 권제비러다, 부처님에위올려서, 명엾는인생명
도비러주고, 복엾는자, 복도비러주고, 모든소원성취발원를식켜줍서. 헌당헌
절도, 수리하저. 권제바드레, 도내려삽데다.
대서님은, 이집, 저집으로, 권제바드러다니다가, 천아, 임정국대감사는집, 먼올래당도하면서
소송은절이뱀니다고, 말씀을, 합데다. 천아임정국에대감은, 수별감수장남을부릅데
다. 임정국대감은수별감, 수장남보고, 우리집먼올래, 어느절, 대사님이신수푼듯하니
어서진안으로, 청하라고, 말합데다. 영을바든수별감수장남은, 먼올내나고보니, 하늘가득
한, 철축대을잡고, 귀다리답숙굴송낙쓰고, 아강배포, 등에지고, 왼손에금바량잡고
오른손에옥바랑잡고, 권제바드레내려십데다. 수별감, 수장남은, 대사님보고,
어느절대사며, 어느절속한이가, 됩니까. 우리집대감님이, 진안으로청하라고함니
다고말씀합데다. 대사중은수장남, 뒤따라진안으로, 드러갑데다.
대사님은, 집앞열리돌앞으로, 구버생천하면서, 소송은절이뱀니다고말합데다 ▶
천하임정국, 대감은, 느진덕, 정하님보고, 권제을, 내여주라고합데다. 김진국부인은, 권제을,
내여줍데다. 대사님은, 권제을, 바듭데다. 권제를, 바드난, 천아임정국대감님은
대사님앞에, 어느절, 대사며, 어느절속한이, 외까니, 대사님은, 황금산도단땅에, 금
법당, 부처님직한대사중임니다고, 대답합데다. 천아임정국대감은, 대사님보고, 오행
팔괄, 단수육갑을집들아느냐고, 말합데다. 대사님은, 암니다고, 대답합데다.
천아임정국대감은, 또, 대사님보고, 사주역을, 볼줄아느냐고말합데다
대사님은, 사주역도, 볼줄암니다고, 대답을합데다. 천아임정국에대감님은, 대사
님앞에, 부부간에, 사주팔자, 판단을, 해달라고, 말을합데다. 대사님은오행
팔괄, 단수육갑를, 집떠녹고, 사주역를내여녹고, 천아임정국대감님, 내외간에, 사주
팔자판단을하고서, 말씀을합데다. 대사님은, 천아, 임정국에대감님아, 부가하고, 지
가하게, 잘사람수다만는, 자식이엾써, 탄복되는, 점사가남니다고, 말씀합데다
천아임정국에, 대감님은, 대사님앞에, 엇찌하면, 자식이, 있슬뜻함니까고말씀
합데다. 대사님은, 금법당, 부처님앞으로, 가서, 석달, 열흘, 백일기도하면, 자식을
볼뜻함니다고, 말을하고, 일러서, 황금산도단땅금법당으로, 도올라갑데다
천아임정국대감은, 강답에강나록, 수답에수나록, 대백미, 소백미, 물맹지, 강맹

지, 꼬리비단, 능나비, 서미영, 서마페, 찰려간다. 송낙지, 가사지여. 백근을채워
서, 마바리에식거, 황금산, 도단땅, 금법당을, 찾어서도올라갑데다.
천아임정국대감, 지하김진국부인과, 황금산금법당, 먼문을, 당도하난에, 법당직한
땅아구리개는, 내발꿀려죽어갑데다. 부처직한대사님은, 문직이속한이불러서
하는말이, 전먼올내, 초근문에나고보라. 천아임정국대감님내외간이, 원불수록드리레
오는가보다. 속한이는, 대사님말을듯고서, 절간올내초근문에, 나고보니, 대사님이 ▶
말씀데로, 천아임정국에대감님내외간이, 금법당에, 원불수룩, 드리레오라십데다. 대사님
말데로, 속한이는, 진한으로청합데다. 부처님앞으로가서, 수록드리레, 가저온짐은, 대추나무
은저울로, 백근장제저우려서, 위올리고, 그날부터, 천아임정국, 대감과, 지하김진국부인은
몸목욕후, 딴방차려서, 낫에영청, 밤에극락, 원불수록을, 드려갑데다. 석달너머백일
이차갑데다. 천아임정국대감과, 지하김진국부인은, 수록드려서, 법당하직합데다
집으로도아와서, 합궁일를보고, 천상배필무어산후, 석달백일너머사난지하김
진국부인님이, 옷에옷냄새, 밥에밥내, 장에장칼내나갑데다. 에산신구월반
보름이당도하여갑데다. 지하김진국부인은해산때가당합데다.
천아임정국대감은, 느진덕이, 정하님을불러서, 어느때가되연느냐고무릅데다.
느진덕정하님은, 초경때가되였수다고, 대답합데다. 김진국에부인은, 죽억사락하여
갑데다. 임정국에대감은, 느진덕을, 불러서, 어느때가, 되연는냐고무릅데다
느진덕은, 이경때가되였수다고대답합데다. 임정국에대감은또조금있스난에
느진덕을불러서, 어느때가되였는냐고말하난, 느진덕정하님은, 이밤저밤, 정밤중이
되엿수다고, 말하난, 천아임정국대감은, 자시가되였고나, 그때에김진국에부인은
해산을합데다. 애기는낙고보니, 딸애기로구나. 그때구시월은모든풀입새가단
풍이드러떠러질, 절기로구나. 이산앞도단풍이러떠러지고, 저산뒤도, 단풍이드러
떠러질때로고나. 이산앞줄이버더, 저산뒤, 발이번더사고딸자식, 자시에
탄생하난, 녹화단풍자지명왕애기로, 이름을지워잡데다
임정국대감은, 딸자식, 키우젠하나, 상다락, 중다락, 하다락을지워서키워갑데다
한살이너머, 열다섯십오세가너머, 이십은스무살이건당, 하여가난, 임정국에대감
은천아문장, 살레오랜, 서란장편지가오고, 김정국에부인은지와문장, 살내오랜 ▶
서란장편지가옵데다. 임정국에대감과, 김진국에부인은, 걸정이되여갑데다. 임정국에대감
이, 걱정하다가, 일른여덥고무살장, 마은여덥모람장, 서른여덥지개살장, 을, 무어갑데다.
무어
녹고서, 녹화단풍자지명왕, 애기씨을, 드려안저녹고, 일른여덥거부통쇠로, 장가녹고아버지
장긴문어머님이수레둔다. 어머니장긴문은아버지가수레둔다. 천아임정국에대감은느진덕
을불러녹고, 하는말이, 우리가, 년삼년, 문장사라, 올동안, 궁기로, 밥주고, 옷주고, 물주면
서살

렴시면, 우리문장사라오면, 종이문서을삭식켜주맨합데다. 느진덕이정하님은, 어서걸랑
그리합서고, 대답합데다. 임정국에대감김진국에부인은, 문장사라갑데다.
가분후, 느진덕정하님은, 녹화단풍, 자지명왕, 애기씨, 궁기로밥주고물주고, 옷주고사는데
황금산, 도단땅, 절간에서는, 일천선비들이, 글공부하다가, 일출동방으로, 대보름달이
뜨고오라가난, 달구경을, 박으로나와서노는데, 황금산, 금법당, 대사님이, 나와서,
일천선비들앞에, 하는말이, 우리법당에, 와서, 원불수록드려서, 난애기씨가지금
궁안내가두워저, 인는데, 이애기씨앞에, 본매두고오는자가있스면, 이절간수제
로두고, 절간을물려주맨하난, 대답하는선비가엾씁데다. 그말드른, 황할람
이, 명도아버지는, 제가내려가서, 본매을두고, 오겠읍니다고, 대답을합니다
황금산주접선생대사님은, 만약에, 본매을못두고, 오면엇찌하겐느냐고, 말합데다
명도아버지황할남이는, 하는말이, 본매을못두고오거든각선배들이, 매한번식
이라도, 몇번이됩니까. 때려줍서고, 말합데다. 그때황주저대사님이, 어서걸
랑그리하라고, 말씀을하고서, 허락을합데다. 뒷날은황할남이는, 대사이행
착을찰려삽데다. 천아임정국이대감님집을, 찾어서내려갑데다. 황할남
이는임정국대감님집먼올래당도하난, 구비생천하면서, 소송은절이라고하
니, 궁안내있던, 자지명왕, 애기씨가, 느진덕정하님불러서, 저올래나고보라 ▶
아버지가, 오는가. 어머님이, 오는가. 왕방울소리가나진댄말을합데다. 말을하난느진덕에
정하
님은, 애기씨상전말대로, 먼올래나고보니, 밭상전천아문장, 아버지도안니오고, 김진국
부인어머니도안닌, 황금산대불법당, 부처님직한, 대사가, 내려고나, 하늘이크징한철축대
깁푸고, 귀다답숙굴속낙쓰고, 아강배포등에지고, 염줄배는목에걸고, 단줄은손에걸고,
한대서로고나, 느진덕은자지명왕애기씨보고, 상전님아, 아버지도안니고어머니도
안니고, 절간법당대사님이오랏수다. 자지명왕애기씨는, 엇찌하여서내려시엔
드러보라고, 느진덕앞에말하난, 느진덕은올래나가, 어느절대사며, 어느절속한
이가되며, 무슨때문내입데가고, 드릅데다. 황할남이, 명도아버지는하는말
이, 우리절간법당와서수록드려난애기, 천지오행팔괘, 육갑을, 들러보난, 지금궁안에가
둔애기씨, 단명과가되여집데다. 그래서, 시권제, 바드래내렸수댄황할남이, 명도
아버지는, 대답을합데다. 느진덕은, 자지명왕애기씨앞에가서, 상제님아, 금번당
대사님이고, 시권제바드레, 내렷수다고, 말합데다. 자지명왕애기씨는시권제내
여주렌합데다. 느진덕은, 시권제가저서, 올내로나시권제내여줍데다황할남이명
도아버지는, 권제을안니받고, 하는말이, 느진덕이정하님손으로열말쌀, 시권제와,
상제님손으로, 한홉쌀시권제와, 맛사질을못합니다고, 말하면서, 권을안니반
나, 느진덕은, 자지명왕애기씨상전보고하는말이, 상전님마, 시권제도나손으로열
홉쌀광, 상전님손으로, 한홉쌀과, 맛사질못하덴하염수다, 고말합데다

자지멩왕애기씨는, 하는말이, 아버지장긴문에, 어머니수래두고, 어머니쟁긴문에
아버지수래두나, 나갈수엾써서, 시권제못내여줍뎅말하랜합데다. 느진덕
은올내로나가서, 느진덕이하는말이, 대사님아, 아버지쟁긴문에, 어머니수래두고
어머니장근문에, 아버지가수래두고하난, 문을열수엾써서, 시권제을못내여죽키 ▶
엔하염수다제가시권제, 드릴지라도, 시권제바당갑서고, 말합데다. 느진덕이는, 또명도
아버지, 황할남이는, 그리허기든, 장근문을, 열려주면시권제내여줄수있시엥드러봅서
느진덕은, 자지명왕애기씨상전앞에와서, 장근문열려주면, 시권제내여줄티엔하
염수다. 자지명왕애기씨는장근문열려주면, 시권제내여주키엔, 하염젠하라.
고말합데다. 느진덕은, 올내로가, 황할남이보고, 장근문열려주면, 시권제내여
주키엔하염수덴말합데다. 황할남이는, 염불치면서, 안으로, 드러와서천왕락화
내여녹고, 동더레한번, 서러레한번식, 삼세번홍글치난, 일른여덥거부통쇠가, 절
로생깍, 열려집데다. 자지명왕애기씨는, 하늘이나볼까. 지혜님이나볼까. 인간이나
볼까하여서, 청너월은백너월, 흙너월, 들러쓰고, 일른여덥고무살장속에서나오라진
고팡으로드러간다. 아버지, 어머니, 먹덕, 쌀항을열고보니, 거머집이쓰고, 좀이일고, 곰팡이
가피였고나. 자지명왕보인먹덕항을열고보니, 차나록에찹쌀이로고나. 곱닥하여진
다시권제뜨고나올때에, 황할남이는, 전대귀, 한쪽은입에물고한손은장삼속으로
숨겨갑대, 다. 자지명왕애기씨는, 시권제들어나와서, 한쪽팔은어데간는냐이. 하늘
옥황, 단수육갑집드레, 갑수다. 또전대귀는, 니미귀라, 무런는냐. 내비귀랴무런느냐
할때, 황할남이는, 높이들러, 야지비웁서. 한방우리떠러지면, 명이떠러지고,
두방우리, 떠러지면, 복도떠러짐니다. 할때입에무러던전대귀을내부난, 시권제는
땅드레, 떠러지여삽데다. 황할남이는, 무남제을내여주며서, 이걸로공드리주서높서
하면서, 무남제내여준다. 자지명왕애기씨는, 무남제을받고서, 방을방을주워놀때에
황할남이한쪽팔, 하늘옥황단수육갑집드레갓다는말이나와서, 자지명왕애기씨상가
매, 외우, 나다, 삼세번어릅스난, 자지명왕애기씨는, 삼세번, 줌막, 줌막, 놀내면서집안
으로, 드러가면서, 양반이집못댕길중이라고, 휘욕을하면서, 드러갑데다 ▶
황할남이명도아버지는, 올너래, 나오면서, 지금은나에게, 욕를하염저만는, 에산신구월이
당하여
가면, 나생각나리라고말하난, 자지명왕애기씨는, 야, 느진덕아, 그중저중이상한말한다
본매두라고합데다. 느진덕정하님은황할남이, 몸에다라저서, 철축대을꺼꺼안고, 송낙
귀치저안고, 장삼한쪽팔을끝어갑데다. 자지명왕애기씨는, 일른여덥고무살장속에
드러가고, 느진덕을불러, 그중, 저중보고열린문장가두고가랜하라고, 일러삽데다
느진덕은, 황할남이보고, 열린문장겨녹고, 갑서고말하난, 황할남이천왕낙화내여
녹고, 동서러래삼세번홍글치난또, 일른여덥거부통쇠가절로정각, 장겨집데다.
황할남이는, 황금산도올라서, 초군문에, 꺼거진철축대, 귀엾는송낙, 장삼을거러두고, 대불법

당드러가난, 황주저, 대사님과, 일천선배들은, 말을못하고, 황할남이는, 수제저요황금산, 대불법당을, 맛트고, 대사님으로, 삽데다. 자지명왕, 애기씨는, 일른여덥고무살장속에서, 사라가는데, 글찌후, 에그만석달열흘백일이건당하여가난, 밤에밥냄세난다. 국에장칼내옷에옷냄세, 나갑데다. 먹단음식을, 못먹어갑데다.
느진덕이, 정하님은, 큰일이되여옵데다. 느진덕은, 자지명왕, 애기씨, 보고, 멋을먹으면사라지구가하난, 자지명왕애기씨는, 애미저나, 틀, 다래, 도먹구저하덴합데다. 느진덕은그말듯고서, 과는데구덕, 을가지고, 신산곳으로도올란보니, 작은나무에는, 엾고, 높은낭개만, 틀, 다래가있슴데다
느진덕이정하님이, 하도, 어이가엾써집데다. 나무집종사리도, 사람이살건만는, 긴한슴, 짜른한숨쉬면서, 명처시던, 하늘님아, 큰바람이나한주제부러줍서. 우리집애기씨상전이먹단음식, 못먹고죽을사경이당도하고, 멋을먹으면사라지구겐하난, 틀, 다래가, 먹고푸다하여서, 타래왓주다니, 난데엾는바람, 독구이바람이부난, 틀이여, 다래여, 떠러 ▶
집데다. 이것도황금산, 실력이로구나. 느진덕이정하님은, 틀과다래을주서가전, 집으로, 도라옵데다. 느진덕은, 틀과, 다래을, 자지명왕애기씨앞에드리난에, 자지명왕애기씨는, 틀이여, 다래을하나입에노난, 낭냄새나서못먹키여. 안니먹나. 느진덕은, 애기씨상전님아, 멋을먹구가고, 말합데다. 자지명왕애기씨는, 대천바다, 대전복이나소전복이나먹어시면족키여. 느진녁은그말듯고서, 대천바다, 대전복소전복하여다드리난바다냄새로, 못먹키여, 자지명왕애기씨는, 말을합데다. 느진덕은, 큰일낫구나, 할수엾이느진덕은, 천아문장임정국, 대감님, 앞으로지와문장김진국부인앞으로, 편지서신띠와갑데다삼년살문장, 일년에끝내고, 일년살문장은단석달에끝내고, 석달살문장, 단사흘에끝내고, 옵서. 밭상전님, 안상전님, 문장간뒤로, 애기씨상전은, 밥도못먹고, 죽을사경이우다고, 편지을띄왓수다. 이편지을본임정국대감과, 김진국에부인은, 문장사리다사라옵데다. 임정국대감님과김진국부인은, 일른여덥곰살장, 거부통쇠열입데다.
자지명왕애기씨는, 일른여덥, 고무살장속에서, 나와서, 자기방에드러가서, 아버지앞에, 선신가저, 어머니앞에, 선신을하젠하난, 느진덕을, 불러서, 하는말이, 느진덕아, 엇찌하여서, 아버지앞에, 선신을가겐느냐이. 느진덕이하는말이, 세수하고삼동낭은용얼럭이로, 머리빗고, 낫상식, 합서. 분상식합서. 느진덕은말을합데다이말드른자지명왕애기씨는, 느진덕이, 세순물, 뜨고오난, 세수하고, 삼동나무, 용얼럭이로머리빗젠하난못빗고, 분상식, 낫상식하고, 구지밴이바르고가젠하난또, 느진덕이불러서옷은어느옷를입고가리. 아버지앞에는풀죽은치마, 저고리입고, 허리젯닥, 등배작하면서갑서. 자지명왕애기씨는느진덕이, 말하는데로낫상식, 분상식하고, 풀죽은치마입고허리잿닥, 등배작하면서, 아버지인는방문앞에서난천아문장아버지는자지명왕딸을불러서, 동무름위에안저녹고하는말이, 서른애기야무사머리는매방석이되여 ▶

드르난, 자지명왕애기씨는하는말이, 아버지, 어머니, 잇슨때는하루에, 몇번식, 머리을, 비서주워
찌만, 아버지, 어머니가, 엽스난, 하루, 한번도, 못비서부난, 매방석이되엿수다. 눈은엇찌
하여서, 흘그산이되여시니하난, 창곰망으로, 어는, 제면, 아버지, 어머니가문장다사라올건고
바려단난, 흘그산이같수다고, 대답합데다. 배는엇찌하여서두룽배가되여시냐난, 자
지명왕애기씨는, 아버지, 어머니, 인는때는홉마련하고, 밥을주원는데, 아버지, 어머니가
엽스난홉마련엽이, 밥을주워부난두룽배가되엿젠말합데다. 엉둥이는엇찌, 뽀롱새
가, 되엿는냐이. 자지명왕애기씨는하도, 오줌단지에안자서, 대소변을, 보아부는, 뽀롱새
가되엿수댄대답을합데다. 아버지천아문장은, 자지명왕, 애기씨보고, 고생하엿저
니방으로, 나고가랜합데다. 또, 자지명왕, 애기씨는, 느진덕을, 불러녹고서, 하는말이
어머니앞에는, 엇찌선신을가겐느냐고말합데다. 느진덕은, 어머니앞에는풀산치마입고,
선신을갑서고, 말을합데다. 자지명왕애기씨는, 느진덕이말데로, 풀산치마입고서, 선신갑데다
어머니는딸애기불러서, 아버지와같이질문을하난, 대답을합데다. 어머니는 질문을다
하여녹고도, 으심이갑대다. 자지명왕애기씨, 앞골놈을클러서가슴을햇천보난, 젓
머리검고, 젓줄이파락에삭고나. 어머니김진국에부인은, 잘되엿저. 궁안내도바람이
드럿고나. 양반이집잘되엿저. 수장남수별감불러서, 앞마당에버텅걸라뒷
마당에작수걸라. 좌강놈불러, 망난이칼춤춰우라. 하여갑데다. 그때자지명왕애기
을죽이젱하면, 애기씨상전잘못이안나고, 느진덕은제가잘못이난, 나을죽여줍서고
합데다. 또느진덕을죽이젠하면, 자지명왕, 애기씨가, 나사고느진덕이, 잘못이안니고
애기씨, 자지명왕녹화단풍애기씨가, 잘못이난죽여줍서고말하여가난, 어머니, 김진국부인
은하나죽일 때, 몇목숨이, 죽게되난, 김진국에부인은, 자식하나, 안난폭하저. 버텅도거두
고, 작수도거두고망난이죄라놈도거두워두고, 천아임정국대감임과의논하고서, ▶
자식하나안난폭하고서, 제갈길로, 나고보내저, 의논하고, 자지명왕애기씨와, 느진덕불러서,
딸, 자식, 입덕, 이복을내여녹고명도마에실려녹, 고서, 자지명왕애기씨와느진덕을보내일때어머
니, 김진국에부인은, 사라도마지막이여. 죽어도마지막이여하면서, 열두폭에치마을내여줍데다
아버지는, 서른애기가다, 길이막키거든, 이결로, 길을차저가라면서금봉도리채을내여줍데다.
부모, 자식, 이별하여나간다. 등지여간다. 등진다리도, 마련합데다. 군문잡아나간다
군문다리마련한다. 올래박겻나서난, 동드래도길이난다. 서러래도길이난다
남으로, 북으로길이난다동서막급하여온다자지명왕애기씨는서천강에눈물이사비
새지듯, 내려간다. 어데로가면황금산을찾어가리. 오라가게, 울며, 시름면서가단

보난, 불이부트는산이, 있습데다. 자지명왕애기씨는, 느진덕아, 저산은, 무사불이, 와랑
와랑부텀시니, 말하난, 한일알고, 두일모른상전님아, 느진덕은, 부모자식이별하나, 상전임은
한마음이라도, 자식을내여보내는, 부모이마음속에는, 얼마나, 불인들사안부트며, 앤들사
안니앞품니까그와같은산이우다. 자지명왕애기씨는말못하고가단보난, 또알로웃트래
오르는물이있습데다. 느진덕아, 저물은무사위로알너래내야하는데, 알로웃트래올랍시니
말을하난, 느진덕은상전님아, 남자가여자을찾어와야는데, 여자가남자을찾어가니
거신물이우다. 자명왕애기씨와, 느진덕은, 명도마는, 황금산을찾어가는데, 동이청산
당하난, 청수와당너머간다. 남이적산당하난적수와당너머간다. 서이백산당하난,
백수와당너머간다. 북에흑산당한다흑수와당너머갑데다. 가단보니, 우는펴지고
알은뽀라진산, 이보입데다녹화단풍자지명왕애기씨는야, 느진덕아, 저산은엇던산
고, 우는펴지고알은뽀라지고, 절문애기씨들, 씨집갈때세갑머리육갑에다운것같
은산이여. 느진덕은, 아이고, 상전님아, 여기서, 세갑머리풀고육갑에머리여저올리
고저산너머그릅서. 녹화단풍자지명왕애기씨는, 느진덕이, 말대로, 세갑머리을 ▶
육갑에갈라다와서, 머리올려서, 건지산을, 너머갑데다. 가다보니. 은진미력산이당도합데다
은진미럭산을, 너머가젠하난, 자지명왕애기씨와느진덕과명도마, 가, 너머갈수엾쑵데다.
명도마는짐부러서, 명돈마, 마음대로가게, 풀러주고, 느진덕과자지명왕, 애기씨와은진미
럭산을
넘어가젠하난, 느진덕은, 앞에서고, 자지명왕, 애기씨는, 뒤에올라갑데다. 은진미럭산을,
올라
가는데, 느진덕은일로옵서. 손을잡고, 은진미럭산을조심, 조심너머갑데다. 그레서신칼
자록에, 그옛날신칼에는조심다리표시가있읍니다. 은진미럭산을 너머갑데다.
너머가단보니, 서천강이당합데다. 너머갈수가, 엾써집데다. 서천강바위에안자울다가
지치고, 자지명왕애기씨와, 느진덕은무정눈에잠이옵데다지처서잠이완는데그때
황금산황할남이주접선생은, 천지을집더보니, 자지명왕애기씨와, 느진덕은, 당신을찾어
오다가서천강바위에서조람구나 참고, 1, 이때명도마가, 배곱푸고차나록밭에서나미곡식
을먹다가
자지명왕애기씨와, 느진덕이서천강을못너머가난, 명도마가자지명왕애기씨와
느진덕을냉겨주난초공신다리마련되였다고합니다.
2.용왕국말젯딸이죄가만하여서, 인간에백강아지로도화생식켜서, 할때, 자지
명왕애기씨가, 밥주면서살리다, 죽고용왕국에드르치난, 거북이가되여서, 있다가
자지명왕애기씨와, 느진덕을, 등에태워서, 서천강을, 냉겨주워따는말도있읍니
다. 3, 또, 황금산에서, 천지을황할남이가집더보니, 서천강변바위에서, 조람시난, 산신으로
등장드난, 산과물은벗이요. 산신은, 용왕국으로, 열락하여서, 용왕국에서거북이가나와
서, 느진덕앞에, 물명지, 강명지, 서미영서마페있스면내여노라고하여서, 서천강, 이

쪽바위에서, 저쪽바위까지, 가서묵어노니, 서천강을너머갑수다. 초궁신다리식이
우다. 서천강을느진덕과, 자지명왕애기씨는너머가단보니백몰래왓이당하
가단보니, 황금산초군문이당합데다황금산초군문에당하연보난, 한쪽귀 ▶
엾는송낙이거러지였고철쭉대, 비랑장삼이, 거러지여십데다. 자지명왕애기씨와느
진덕이본매를아사녹고맛추난송낙도맛고, 꺼거진철쭉대도맛고, 한팔엾는장삼도마집
대다. 그때초군문을, 너머삽데다. 초군문을, 너머사고보니, 자그마한속한이중이, 그래저
래길을딱감드라. 느진덕은, 속한이중앞에, 어데로가면, 황금산, 대불법당을, 찾어가겐느냐
고말
합데다. 속한이중은, 어데서오는길이우가고말합데다. 느진덕은, 우리는, 황금산, 금법당,
대사님
을, 찾저오누렌하난, 속한이는, 앞을사고, 길을가르쳐갑데다. 그데금법당찾어가는, 자지
명왕애기씨와, 느진덕은, 속한이뒤따라가는데, 문이있써고문직이가안자서, 인정걸고,
너머가렌하난, 자지명왕에기씨는, 인정걸돈엾써지난, 열두폭에치마을, 한폭식때여
서문민마다, 인정걸며가단보니, 황금산도단땅, 대불법당, 그대문이당도합데다
속한이는, 여기서기다입써. 대사님앞에가서, 말씀을드러보구다하여간사이에, 자지
명왕애기씨는대사님황할남이나오면인사하젠할때. 입은이복치마을보니, 열
두폭치마는허리만나마고나, 그리하여서, 영신길칠때열두문잡기마련하고,
자지명왕애기씨는입를치마, 엾써지나, 느진덕이열두폭치마, 반갈라, 여섯
폭식갈라앞을가려서입고, 황금산대불법당문하난옛심방선생들이, 갈세길
열내진간, 올세길도열내진간길, 가명오명, 스물여덥제진간길, 마련되였수다
그리하여속한이는대불법당큰대문을, 드러가대사님, 황할남이보고, 자지명왕
애기씨와느진덕이정하님과, 대사님만나러, 오는길가르처대련왓수다고말합데다
황할남이, 대사님은, 그리하야고말씀하시면서, 차나록두동이을내여주면서, 이
거을가지고가서, 한방을이라도, 짝살이나면안되난, 한방울쌀도짝쌀안나고
한방울이라도골루지안케, 참쌀두동이을만드러오면, 날차저온것이분명하고
지년상봉할수있젠하라면서, 차나록두동이, 내여준걸가지고속한이는나와서 ▶
자지명왕, 애기씨와느진덕앞으로, 내여줍데다. 자지명왕애기씨와, 느진덕이차나록두동
이를
받고서짝쌀엾이깨여갑데다. 자지명왕애기씨와느진덕은, 그차나록두동이를깨여갑데다.
손콥으로깨는데, 손콥아파서차나록, 껍질을백길수엾써서울며, 시르면서, 하다가, 무정눈
에잠이
옵데다. 그때, 천왕새, 지왕새, 인왕새, 동이청새, 남이적새, 서이, 백새, 북에는흑새, 천지중
앙황신새가
도내로, 새주동이로, 차나록두동이전부깨고날적에, 자지명왕애기씨와느진덕은잠이깨여

가는대,
귀설매, 새들이와서노는소리깨여나면서, 이새저새주워헐죽, 하난새들이나라가는바람
에채는다불이고, 쌀만두동이, 나무난, 느진덕은속한이앞에, 줍데다. 속한이는차나록두
동이를가지고서, 황할남이, 대사님앞에가난, 황할남이대사는, 공드러고나, 지가드러고
나, 날
찾어온것은, 분명하나, 나는비고승이라, 절간법당에부부매저살수가엾스난시왕고
연길을속한이에내여주면서, 멀리도라갈길같차읍게, 가라면서, 어멍국, 불도당적금
산드레보내여갑데다. 이리하여서, 자미명왕애기씨와, 느진덕은황할남이대사
님얼굴도못보고, 적금산불도당으로, 도내려삽데다자지명왕애기씨와느진덕은
적금산어멍국도내려사단보난, 왕대월산, 금하늘길이당합데다. 가도가도, 하늘만, 보입
데다
길을찾어서, 어멍국적금산을찾어갈수가엾스난자지명왕애기씨는아버지생각이엄득나고
금봉도리채내여녹고앞을치난길이납데다. 자지명왕애기씨와, 느진덕은, 길을찾어가단보
니, 길가운대, 큰대하나있써십데다. 이걸랑 평민단궐집큰굿할때큰대하나세우기마
련한다. 적금산에 좌지명왕애기씨와, 느진덕은찾어가서적금산어멍국에선신한다
적금산어멍국은, 절간중이대사도부부무어살겐느냐할수엾다불도당어멍국으로드러
가서사는데, 에산신구월이들고, 초승초여드래되난, 자지명왕애기씨는해산때가당하고
초여드레날애기낫저, 배인아기, 아버지본매안니로다. 어머니왼저드랭이혜싸서소
사난다초여드레본명일금도자랑옥도자랑하면서키워갑데다. 열여드레당하난 ▶
자지명왕애기씨오른자드렝이혜처, 신명일, 탄생한다. 본명도도, 웡이자랑, 신명도도웡이
자랑
하면서키워가는데. 스무여드래당합데다, 또혜산때가됩데다. 적금산어멍국은개색끼냐
되지색끼냐한달에, 자식을세번남고나, 이것도, 황금산실력으로 되었수다
스무여드레날사라살죽삼명일이탄생하젠하난에, 아버지본매엾써진다. 삼명일은어머
니, 오모손니혜처서, 탄생을합데다. 애기구덕세계을녹고본명도도웡이자랑, 신명도도웡이
자랑, 사라살죽삼명일도웡이자랑하면서, 키우는데노는소리도글소리여, 자는소리도
글소리라. 혼일곱살에, 일천당글공부식키는데, 양반이집이자식들이중이자식이라똘려
가고, 양반, 중인, 갑가른다. 할수엾이, 궁이자식삼형제는, 양반이자식앞에똘임
받고서, 공부할수엾시난, 일천서당선생님, 굴묵하님으로삼형제가드러가서, 굴묵
지더주면서, 글공부을제에서합데다. 그레서궁에자식보고, 별명으로, 젯부기라고도하고
적북이라고도합니다 궁이아들삼형제는, 선생님, 굴묵에서공부를하여도천아문장, 자
격이됩데다. 양반이집자식들이글공부하고, 과거보레갑데다. 궁이아들삼형제도
과거보래가는데, 양반이집자식들이, 같이못가게 뒤똘루와갑데다그때너머가는대
사님이, 하는말이, 앞에가는도령드른과거에떠러지여도, 뒤에가는도령들은, 과거합

격하키엔하난, 양반이집자식들은, 점점화가납데다. 배지골이당하난, 양반이집
자식들이, 궁이아들삼형제보고, 배정승집, 배나무에, 배를따다주면, 대려서갈노라고, 말
을하난. 궁이아들삼형제는, 어서결랑그리합서. 하고서, 허락하고보니, 배나무가커서,
배나무우에올라갈수가엾씁데다. 양반이집자식들은궁에자식, 삼형제배나
무위에올려두고, 과거길로갑데다궁이자식삼형제는, 배을따면서, 바지옷속으로
놋탄보니, 너무만이, 배를타노난내려올수엾고배나무우에서찬이슬, 찬나롯맞고
인는데, 그날밤배정승이잠을자고, 먼동이발라올무렵에꿈을꾸는데, 배나무에청룡 ▶
적룡백용, 흑용이, 가마진꿈을꾸고서, 잠자리에깨여나고, 박에나와서, 배나무우에바려보니,
무엇인가있써고나, 배정승이, 사람이냐귀신이냐이, 궁이아들삼형제는, 사람이라고,
대답하난, 배정승은궁이아들삼형제앞에내려오랜합데다. 궁이아들삼형제는못내려각구뎬하
난, 배정승은그리하면바지다님을글르라내려올수있저면서말씀하난, 궁이아들삼형제는다림
클러서배가알로전부떠러지난, 배남에서내려옵데다. 배정승은하는말이어데로가는
도령드리냐고무릅데다. 궁이아들삼형제는, 과거보레감니다고, 말씀합데다.
배정승은, 붓, 배리, 종이, 내여주면서, 글을써보렌하니, 궁이아들삼형제글씨는, 천아명
필입데다. 날이세고, 과거가는데, 시간이느저, 동문, 남문, 서문전부쟁겨십데다
과거볼수엾시난, 문박에서, 삼형제가, 글을쓰고, 시험관앞으로던지난떠러진다
시험관은떠러진종이를주워서보니, 천아명필이고, 천아문장이라과거줄만하다고
생각든다. 시험관는과거보는학자들앞에, 이글을누구가써서내앞으로, 던전냐이
대답이, 엾써진다. 시험관은, 문직이, 불러갑데다. 불러녹고서, 하는말이문박에,
과거온선비가있겐느냐고, 무르난, 문직이는선비들서이가있읍니다고대답을합데
다. 시험관은문직이앞에그선비을, 대려오렌합데다. 문직이는궁이아들삼형제을
대려갑데다. 시험관앞으로, 시험관은너이들이글을짓고썬느냐질문하옵데
다. 궁이아들삼형제는, 그럿읍니다고, 대답하니, 시험관은궁이아들삼형제앞
에, 붓, 종이, 먹을 내여주면서쓰렌하난, 판바인거같이똑같으게씁데다
시험관은금일과거자는, 이세사람이과거합격이라고, 기을들릅데다
시험관은궁이아들, 삼형제앞에과거주면서, 청비쌀은홍배쌀, 벌려독게, 쌍가마내
여주워가니, 양반이집자식들은과거낙방되여가난몽이, 심설을, 파라갑데다
중이자식은과거주고, 우리양반자식은외, 과거낙방, 식키는냐고하여갑데다 ▶
시험관은어찌, 쌍놈이자식이냐고말하니, 양반이집자식들이, 도래칠반상에열두가지각출
물은식을차려녹고주워, 봅서고말하난, 시험관은그말에, 차려녹고 궁이아들삼형제앞으로
갈아녹고먹으렌하니, 큰형님과셋형은많은음식은먹어도, 술과고기는, 안먹고상알너
래, 곱저갑데다작은아시사라살죽삼명일은어거지로라도먹읍서하면서, 상우에각음
식을술이여고기여먹어갑데다. 조금있스난, 작은아시, 삼명일은, 귀역질이올라오라
박아갑데다양반이집자식들은저거봅서. 큰형, 셋형은, 많은 음식먹으난, 귀역질

이, 안올라오고동생은어거지로먹으난, 위로토역질이올라왐수게합데다시험관
은과거을거두운다. 궁이아들삼형제는, 과거낙방되고, 초궁길칠때에아궁이것, 먹는식도
있썻수다. 그리하여서궁이아들삼형제는과거낙방하고, 시험장을, 나오단보니, 선비들
활쏘우기, 무과급제, 병과급제을, 보암십데다. 거기드러가서삼형제는, 천근드리활
에백근쌀, 백근드리활에, 천근드리쌀을바다들너동대문, 남대문, 서대문쏘아서
부수와갑데다. 과거낙방원수푸리로, 이때옥황까지들울리난, 옥황상제에서는이
거, 엇떠한일로, 이승서일러나는일를옥황에까지, 들울리면서요란하며누구이일인고
말합데다옥황상저에서, 이승에궁이아들삼형제가과거낙방하여서섭섭하난
과거장문을부수고, 동내울북도부수왐수다. 말하난한대신이, 옥황상제에서는아
들너무잘낫저, 사나웁다. 어머니는어느누구되겐느냐이, 적금산불도당외진역은, 자
명왕 애기씨가됩니다고, 말합데다. 그때, 옥황상제님에서, 궁이아들삼형제
잘못으로, 자지명왕애기씨, 어머니을, 집은, 궁에전옥에, 가두웟수다
자지명왕애기씨와, 같이인는, 느진덕은편지을쓰고, 청만주엠이, 흑만주엠미
에, 불려서궁이아들삼형제오는길목으로보낼적에, 상제님내, 과거는무엇이우과
상전님에잘못으로, 어머님은깊은전옥으로 가두워있수다편지쓰고서, 만주엠이 앞으 ▶
로보내난, 궁이아들삼형제는, 과거낙방되고서, 도라오는길에, 청만주엠이가, 길을갈라갑
데다이만주
엠미, 제수엾는만주엠이, 과거갈때, 올때보염구나. 하면서, 만주엠이발부난, 마줌엠이는편
지을박
급데다. 궁이아들은편지봉아서보니, 느진덕이정하님이편지로구나, 삼형제가어머니사는
곳을가고
방에보니소중귀, 어머니속옷이거러지여십데다. 그걸같고서, 생각하난우리아버지가중이
대사
가, 안이되여스면, 우리삼형제가, 무사과거낙방하리, 아버지, 찾어황금산을도올라갑
대다. 황금산에황할남이는, 자식들, 찾어오는결아라갑데다. 아들삼형제오는것을알고
서, 어질고순한마음먹고, 아버지찾어오게합데다. 그리하여서, 황할이는아들삼형제
울며불면서, 찾어오라십데다. 아들삼형제가, 울며불며와서, 아버지, 중이대사가안
되여스면, 우리삼형제, 과거낙방은, 안될거안니과라고말씀하난, 아버지황할남이는
서른애기들라, 과거는당대뿐이여, 만대유전할걸마련해주마. 황할남이는아들앞
에, 과거난, 무엇이좋으냐, 청비살은, 홍배쌀좁데다. 청일산도좁데다. 흑일산도좁데
다. 일괄록, 유방하인청좁데다. 도래칠반상에, 각서출물올려녹고, 상반는거좁데
다말씀하난, 아버지, 황할남이는, 그보다더좋은거마련허여주마. 도래칠산데리는
공시상마련해준다서른애기들, 아버지본매두저, 하늘이두렷하다. 하늘이둥굴지다
동굴랑한나무에하늘보면서오라구나. 하늘천자사기고, 저올내로오라구나올래문자

사겨녹고, 낫에는햇님생각, 밤에는달님생각하라. 한쪽은, 해같이, 한쪽은 반달같
이객을만드러아버지본매내주난, 아들삼형제가, 아버지깊은궁에가둔어머니
는죄을어찌풀임니까. 말씀하난에, 신산곳에도올라서, 물사오기나무비라. 쇠사오
기나무비라. 먹사오기나무비여서, 첫동끄너, 동내울북설련하라둘제통은울랑국은북
을마련하고, 셋제동, 네제동다섯제동은, 하여서삼동막이, 살장구만들라궁이아
들삼형제는아버지본매가지고 신산곳도올라서, 대톱, 소톱, 바다들러서, 물사옥이 ▶
먹사옥이, 쇠사옥이비여서, 아버지말대로, 사옥나무동잘나, 열두펜수청, 즉, 목수불너서, 궁기파
사릅, 나릅암소가죽하여, 북을만들고, 장구는, 암노루가죽하여장구만들고, 하니, 북채, 장구채엾
써지난, 왕대월산, 도올라서, 왕대뿌리파, 북채, 만들고, 동잘나장구채만들러서, 궁이아들삼
형제는, 어주외, 삼로거리로, 내려살적에, 올대갈대엾는, 녀삼무, 아들, 삼형제가, 길내안자우럼십
데다. 궁이아들삼형제는, 녀도령보고, 어드레가는도령드리냐고말을합데다. 녀도령삼형
제는, 우린부모도엾고올띠갈때, 엾써지고, 배곱파서, 울고, 있웁니다이, 궁이아들삼
형제는, 개건오라우리하고가게, 하여서, 궁이아들삼형제와, 녀삼무아들삼형제녀도령
이, 어주외, 삼노거리로, 가서, 유자나문, 탱자낭, 탱자낭은유자낭글비여서, 마은여
덥상간주, 서른여덥중간주, 스물여덥하간주집을, 무어삽대다. 궁이아들삼형제
와, 녀도령삼형제는, 육항령, 유학형제매저갑데다. 게수나무비여서, 판자하여비자
나무상당클설련하고, 비자나무비여판자로, 중당클을, 설련하고, 아외나무비여서판자하고
하당클, 설련하여서, 하늘옥황으로, 밤낫을, 드리울려, 내울려갑데다. 북장구로, 밤낫
을, 울정울북소리, 올리나, 옥황상재님에서는, 이거엇젠일로, 밤낫을, 인간에서, 울정울복
소리가, 나는냐이, 옥황만주대신한사람이, 지국성궁이아들삼형제가깊은궁에가두운어머
니야진궁으로, 내놀려줍서야진궁에드려건, 벌방해벌식켜줍서. 자식이잘한죄우
덴, 밤낫드리울려, 내울렴수덴말합데다. 옥황상제님에서는, 자지명왕애기씨야진
궁에내여놉데다. 자명왕애기씨는, 아들삼형제, 녀사무, 녀도령, 지년상봉합데다
어머니는, 아들삼형제보고, 아방국보안는냐이, 아들삼형제는, 보았수다. 어머니는무
슨본매주던냐이 낭천문본매주고, 울랑국, 삼동막본매우다. 어머니는, 난들본매
엾겐느냐나무상잔두개내여줍데다. 그때, 아들삼형제는, 외진땅을가르칩서
외진땅을찾어가저, 어머니, 느진덕이앞세우고, 갑데다어머니는올내서안드러오 ▶
고, 아들삼형제만안으로보낸다. 아들삼형제, 일천기덕, 삼만제기, 진데로외하르방, 외할망
앞으로, 드러가니, 외하르방은, 가매우판문을열려간다. 외할망은, 자리초석들러나와서,
저마당에, 까랏수다. 외할망은외손자앞에, 진거부리라. 진걸부려갑데다

그때낸일로그옛날은, 큰굿강오면, 심방집당조앞에초석페와짐부리고, 당조에제물올
려서, 잔거러, 상불피와상석도치였수다만, 요주금은그식이없읍니다
그리하여외할마님은, 외손자들보고, 어머니는, 어데간는냐고, 말합데다. 저올래에어머님과느
진덕이, 있수다고말합데다. 외할망은, 서른애기, 전잇얼굴이시냐보저나갈적에자지명
왕애기씨와, 외할망김진국부인은, 일로곱고절로곱고하는것이, 일부한잔지연상봉때
라고합니다. 궁이아들삼형제는, 외하르바님을바라보다, 옆으로보니청비쌀흑비
쌀, 비조리창검이, 있습데다하난, 외하르바님보고, 하르바님아, 그옆에인는창검을
하나줍서하난, 외하르바님은, 이창검하여서, 무엇을하겐느냐이, 외손자드른
과거낙방식킨, 양반이자식들, 원수갑품하구다고말씀합데다그리하난외손자
들보고, 그리하냐면서, 이것은사람다친다. 그보다더좋은것을주마. 막게스라면서
칼같은것을내여준다. 발글명자에, 칼도자을사격고나시왕대번지, 신칼됩니
니, 외할르바님, 와할마님상봉하고, 삼형제는, 어머니대라고어주외삼도전거
리로 돌아옵데다. 아버지본매, 어머니본매, 성할아버지요랑, 외하르바님, 낭신
칼바다녹고, 가만이생각을하난, 이것은그냥나두면나무라좀먹고없써질거난
쇄로만들저, 만대유전하저, 동이와당쇄철이아들불러서, 백몰래이난, 쇄가르이난
다. 정나라정대장, 명철광대, 악근도간, 한도간, 불미왕에서, 쇄물녹여서, 청낭낙화만
든다. 쇄천문, 쇄상잔쇄신칼을만드랏수다. 만들고보니, 천문상잔놀것이없써진
다천문, 상잔놀거만드난산판그릇이여, 하다나문쇄물로대양, 설쇄도, 설연한다. ▶
옆전여섯입설연한다. 그때에, 옥황상제, 대명전에서, 궁이아들삼형제옥황으로올라오라고, 설안장이내입
대다. 그래서, 어머니앞에, 하는말이, 이것을누구에게돈바다, 팔지도말고, 주지도말고 나두면는, 알도래
가있습니다. 그리고우리생각나거든새벽에는, 동산새별보고시름십서, 저녁에는 서쪽하늘어스
렁별보고시름십서, 밤중에우리생각나거든, 삼태육성보고시름십서. 동풍불건 동벽으지하고
서풍불면서벽을으지하여시름십서. 바람부러, 바람도벽, 뜨부러뜻도벽영양새별세간주
영양육고비, 동심절, 본매가되였수다. 영양당조설련도, 되였수다.
이리하여서, 궁이아들삼형제는, 등신불로, 옥황으로도올라갑데다. 옥황상제명부전이
서는, 궁이아들삼형제는, 옥황상제님령을바다사기를너이들삼형제, 효성이기득하니,
한도, 법식을찾이하라. 큰형은, 저승찾이, 셋성은, 이승찾이, 작근아시는, 인생에팔자사
주을찾이하여상바드라고, 합데다. 그레서저승삼시왕, 이승은도시왕, 령양당조삼신
왕, 마련됩데다. 어머니가또, 삼형제나서, 어머니는삼하늘로, 생겻수다.
이때, 작근아시, 삼명일은, 양반이원수가폼하저, 인생들, 에사주팔자판단을 합데다, 판

단하고

보니 유정승따님애기가, 무남동여외딸이로고나, 유정승따님애기잘노념다니는곳을알고서,
삼명일, 삼신왕이, 엽전여섯입을파란가지줄로묶어서유씨엄마노념노리곳에같아노았
수다. 유씨엄마는혼일곱쌀에, 엽전여섯입을봉가픔에품고놀다집으로도라와서, 누구가
빼여아질까하고서, 밤, 낫픔에만 숨겨놋탄보니, 신병이, 드는것시, 눈이안이좋아지여갑데다
몸에도, 피일차일되어지곤합데다. 열일곱쌀이되난, 안명은발아도죽은사경신병이되
여서, 열아홉설나난부모눈에갈이가납데다. 죽도살도안고안니신경에, 어린사람같으면
실기초간같이하여가난, 유정승내외간은, 딸자식엾는셈하저, 추방을식켜갑데다. 그리하여
서유

씨엄마대선생은, 낫에는, 내난가오, 밤에는불산가위, 비온날, 바람분날 눈온날, 날좋날,
에간

장다석이면서, 거리걸식합데다하루날은아랫역, 좌복장제, 외딸애기죽어서일곱매묵 ▶
어논소문듯고서, 찾어갑데다. 찾어가고서, 하는말씀이, 팔자, 전승구진, 아이다염수다고말
합데다그때좌

복장제는, 팔자궂고, 전승구진사람이다니면, 죽고일곱매묵은애기살일수있스리냐추방을
식키켄하니엾

에인는사람이, 어린사람말씀도, 귀너머듯지말랜하여쓰니, 진맥이나하여보랭하는것이, 엇
더냐고합데다

자복장제는, 허급합데다. 유씨엄마는, 개벽한문열고드러가서죽은애기진맥을 합데다. 유씨
엄마

는진맥하고, 방에서, 나오면서, 이애기는안니죽엇수다. 삼시왕에걸렷수다. 시간이바뿌이
초석을내여놉서. 평풍을내여놉서큰상도내여놉서. 들고나는일문전으로초석까라평풍
치고, 삼심그고, 쌀세사발올리고, 연찬물떠녹고상촉권상지도투고, 삼잔걸고, 유씨엄마대
선생

은할말이엾습데다. 공신空神은공신供信은강신降神은공서恭書외다하니
유씨엄마대선생은, 더할말엾써지난, 삼신왕에, 백제왈다김, 삼장을누울입데
다. 이애기살려줍서삼신왕에역가을밭이구다고그때, 은인, 타인, 옥인, 금인, 감본수
레막음두면서, 곱개개여, 죽은애기머리맛으로, 배우랜하면서유씨엄마대선생
이제가여기상철상하고저아래열이돌에서백보가기전, 애기숨기적나커든삼
신왕에, 역가밭입서고, 말합데다. 유씨엄마시치우고열이돌알로내려산다. 자복
장제는애기머리밑에소지꺼근거배워간다. 죽은애기숨기적소리난다. 유씨어머니
올래박겻가전불러죽은애기사라낫수다. 당신말대로삼신왕에, 역가를밭저줍서고
합데다. 유씨엄마는, 뒤도라와서, 삼신왕에, 역가를밭이젠하난, 명도, 조상도엾고, 소미도
엾어서

삼신왕에역가를밭일수, 엾써집데다. 소문드르난, 어주외삼로거리, 서강베포땅가면, 조상도있고, 소미
도, 있젠말을, 드러찾어갑데다. 찾어가다, 좌지명왕애기씨, 삼신왕어머니, 삼하늘인는 먼올래업데
하여있습데다. 그때삼신왕삼형제는, 어멍국내려오단보니, 어머니사는먼올래외한여자
가엾대하여시난, 녀삼무, 녀도령식켜물맹지통전대앞송식켜삽데다유씨엄마대선생
은한간앞으로업대하난, 삼신왕이질문한다무엇때문이냐고말합데다유씨엄 ▶
대선생은사실말을다합데다. 삼신왕이대추나무은절대로, 초번이번, 제삼번, 백근저우려서,
무당서책내여준다조상도내여준다일천기덕, 삼만제기내여주면서, 녀삼무, 녀도령삼형제대리
고가서북도두두리렝하고, 대양, 설쇄도 두둘랭하고부름씨도식켜서, 기끝나거든옷하여
입을기지, 씰, 전부주되, 바늘은주지말라고합데다. 유씨엄마는삼시왕에역가밭저서
좌북장재딸살려소문난다기도끝나서녀삼무녀도령도보내고, 집으로와서, 누워서
잠자는방에괘우에조상을녹고보니, 남이보여부끄럽다. 안고팡으로가전드러가서,
널판하나, 다라매고, 조상올련보니, 좋아집데다만는고팡문을열면는남이보일로구
나, 안되키여별고간기지내여녹고가위로고망뜰펴서다라매난좋아진다.
그때내인식으로, 당클하나매나둘매나, 셋매나넷매나, 신청가리매 팔만나람,
지식이낫수다. 초공끝. 뒷장식. ▶

이궁. 본 푸 리.

옛날이라, 옛적에, 한동내, 원진국이삽데다. 김진국이삽데다. 원진국도 갈임, ~결혼, ~하고 잘살
아가는데, 자식엾서, 걱정되고, 김진국도갈임하고, 사는데못살고, 자식엾서걱정됩데다.
김진국과원진국, 이한동내살면서, 일친구가, 되어집데다. 하루날은, 원진국이, 김진국집에 놀너와서,
하는말이, 야아~김진국아, 우리, 자식을보기위하여서금법당으로수록드리레가기
가엇찌하냐고말합데다. 김진국은대답하기을, 어서걸랑, 그리하자고대답합데
다. 원진국은 김진국앞에자식을보기위하여서, 동개남상주절로원불수룩드리로가겐하
여서, 말해두고, 집으로, 돌아와서, 먹다쓰다, 나문걸로, 원불수룩, 드리러가젠하고, 김진
국은, 자식보기위하여서, 원불수룩드리로가게다고는대답하고, 수록드리러갈것이
엾쓰난에, 하루밥삼끼먹다가, 하루양끼먹고, 한끼주리다가, 하루한끼먹고, 두끼
먹을, 음식을주려서, 백근채워서동개남, 상주절, 금법당으로, 원진국과, 김진국이
가는길에, 원진국이, 김진국보고, 말을하길, 야김진국아, 우리수록드령와서,
느가아들이나, 나, 내가, 딸이나, 나, 내가아들나나, 느가딸이나나, 사돈하겐말을
하고서 동개남상주절, 금법당으로, 원불수룩, 드러갑데다. 김진국과, 원진국은석달
열흘, 백일수룩드려서, 집으로도라와서, 배필을무엇드니, 김진국부인포태가저아들
낙고이름은사라국사라도령, 원진국도, 수록드련와서포태가저딸나난원강아미지우고사라 도령은
열다섯십오세가, 되여가고, 세경땅에용잠대, 거느리고서, 농사, 농업을, 지을년세가되
여가난, 입장결혼식킬것이걱정되여가난, 김진국은생각을하다가, 원진국과금
법당, 원불수록갈때원진국이, 한말이있쓰난, 김진국은, 사돈하겡, 말하젠
하여서, 하루아침가서말못하고돌아온다. 이틀아침제가서돌아오고, 삼일제
아침에원진국집으로가서돌아올때에, 원진국에딸원강아미가, 김진국이집을
찾어가서, 하루, 이틀, 삼일제, 가고, 오는것을보고, 원강아미는, 아버지원진국앞 ▶
에가서, 아버지보고, 아버지, 김진국이우리집에무사왔단감수가말을하난, 아버지원진국은
아무것도안니여말하난, 원강아미는김진국이, 하루아침도안이고, 이틀도안이고삼일아
침이나무사완감수가고말을합데다. 원진국아버지는, 아무것도안니엔말하난.
원강아미는, 아버지보고말합서고개속말을하난, 원진국은사실대로, 딸앞에말합
데다. 김진국과느내들나면사돈하겐하여저만는김진국은엾는생각하여서사돈
하겐말못하여서갈저. 느도엾는집에, 씨집가서엇찌살겐느냐고아버지원진
국은말을하난에, 원강아미하는말은, 아버지그게무슨말이우가. 인는사람은항시있고
엾는사람은항시엾습니까. 난김진국집으로씨집을가구다고말하난원진국은서른
애야원강아미딸보고, 엾는집에씨집가서어덩살티하난, 원강아미는, 제복력제팔자로삼니

다면서, 김진국집안으로가서, 사라도령과, 부부매저사는데, 원강아미는포태가저사라가는데

그때, 우리인간불도명진국할마님은, 꽃밭수축하여서, 꽃번성하게되난, 옥황상제만주제대신에, 꼿감관꽃성인를, 마련식켜줍서고, 옥황상제님에등수드난, 할마님말씀데로, 옥황상제님은, 만주대신과 조회을간는것이한대신이, 사라국에사라도령이란자가꽃감관, 꽃성인이될뜻함니다고말씀을합데다. 옥황상제님은, 선관도사불러서사라국땅에, 사라도령을찾어오렌, 령이납데다. 선관도사는, 옥황상제, 명령을받고서사라국땅, 사라도령청하러내려서단보니, 외한여자가물허벅지고, 물길너감시난선관도사는원강아미보, 물길너가는부인님아, 말좀무르우구다이. 원강아미, 원강부인은대답을

합데다~예. ~선관도사는원강부인보고, 여기, 사라국이맛읍니까이~원강부인은예하고대답합데다. ~선관도사는여기, 사라도령집이어데임니까드르난내, 원강부인은, 엇찌하여서, 그집을차집니까하난, 선관도사는, 인간불도할마님이서천꽃밭에꽃감관꽃성인을막끼러옥황에서의논하여서청하레왓수다고선관도사는말을하난, 원강부인은남편이라서바로집을못말해주고멀리돌려 ▶

서, 집을가르처주고, 물을기러서한숨에집에가고보니선관도사는집에안찾어오고, 남편이있쓰난원강부인, 물비워두고, 남편앞에가서고붓서도망갑서말을하난, 남편사라도령은원강부인보고, 선관도사는어데로, 간느냐이, 원강인은, 절로저영보내였수다고말합데다. 사라도령은, 같찹게올손님을, 멀리, 보내였구나. 말을할때에, 선관도사는사라도령집마당에드려서면서, 선관도사는, 이게사라도령집이됩니까말을합데다, 사라도령은, 대답을합데다. 대답하면서, 사라도령은, 선관도사님은저이집에옵데가이, 선관도사하는말이, 옥황상제님에서, 의논하고, 사라도령님을, 인간생불할마님이꽃밭을하여서, 꽃밭에, 꽃감관, 꽃성이, 막끼저, 하여서, 청하러, 왔습니다고선관도사는말합데다. 사라도령은, 원강부인보고, 함포을싸라고말하면서, 어느령이라거역합니까. 말씀하난, 원강부인은, 저도가겠습니다이, 사라도령은 안니된단말을하는데, 원강부인은절문각씨홀로두고, 엇찌혼자감니까고말씀하난, 사라도령은, 선관도사보고, 앞에가고있쓰면, 뒤따라가겠읍니다고말하난, 사라도령은말을둣고, 선관도사는옥황으로, 도올라가고, 사라도령은, 원광부인과, 함포을싸고, 서천꽃밭을, 찾어가는데, 날이저무러가난, 밤세울곳을차집데다. 청세밭에드러가서, 어욱페기가, 있스난, 그것을, 으지하고, 그날밤을세워갈적에, 먼동금동, 대명천지가, 발가, 올때천년장제, 만년장제집에닭이울러갑데다. 원강부인은남편사라도령보고, 이것은누구집에닭우는소리우과고말하난사라도령은천년장제, 만년장제집에, 닭이우는, 소리라고, 말합데다. 원강부인은남편사라도령보고, 나을저기가서, 종으로팔아두고, 혼자서천꽃밭을찾어갑서니

사라도령은엇지하여팔갠느냐고말합데다원강부인은, 천년장제만년장제집울
성박으로도라다니면서얼굴고운종삽서. 매치고운종삽서. 사라도령은 갑 ▶
은얼마을, 반느냐이, 은백양돈백양을줍생합서. 그말을해두고원강부인은, 찬이슬, 찬나룻
마지면서, 내가남편따라서천꽃밭을, 찾어가는대, 여기까지올때마다마다, 피갈른거
누구가알리, 억욱페기낭, 마디마디, 불근점도주자. 나혼자종으로살게되면, 이가슴에
매친이열어느누구가알이어욱새, 뭉치듯본매두자, 어욱마디불근점, 어욱입에가마진
것이원강부인본매라함니다. 그리하여날은새여가난사라도령은원강강부인
말대로, 종삽서종삽서. 얼굴곱고, 매치좋은종삽서하면서, 천년만년장제울성박으
로다여간다천년장제는, 큰딸불러서, 저문박에나고보라, 엇던 동이냐, 큰딸은나고본다
큰딸나고보고서아버지앞에가서, 그종사지맙서. 우리집망할종이우다. 천년장제는
둘제딸보고, 나고보라이, 셋딸이나고보아, 아버지앞에가서, 그종사지맙서우리집망할종이
우다
천년장제는, 작은딸불너서, 느나, 나강보라. 하난작은딸이나고봄니다. 작은딸은드러오고서
아버지그종삽서. 아버지심심한때말벗도되고, 밤소열도할만한종이우다고말하난
아버지는드러보라. 작은딸보고, 얼마을바득키옝하는니말하난, 작은딸은박에나
가서얼마을바들거야고, 말하난, 사라도령은, 원강부인말대로, 은백양돈백양
줍서. 말하난, 천년만년장제작은딸은아버지앞에가서은백양돈백양바
득키엔하염수다니천년만년장제는은백양돈백양주고사랜합데다
작은딸은은백양돈백양주고, 원강부인을삽데다. 종으로사난, 원강부인은천년만
년장제앞에하는말이, 이국에절레는엇전지몰라도, 우리국에절례는소국이라도
부부간이별을식키젠하면맛상차려이별식킴니다고원강부인은말합데다
천년만년장제는, 어서걸랑그리하라고하여서, 맛상차려내여주난, 사라도령과원강부
인은맛상차려서상밭고나이원강부인은천년만년장제앞에하는말씀이, 이국은
엇찌하나모르데, 우리국에절례는부부간이별을식키젠하면, 저올래박으로나 ▶
서, 백보박으로, 가서, 이별식킵니다이, 천년만년장제가그리하라고, 허급을합데다.
사라도령과, 원강부인은천년장제올래박겻으로나와서백보박으로가서이별을하는
데원강부인이, 사라도령보고, 헌저갑서. 잘갑서고하면서, 아들나면이름을무엇으로
지우고 딸은나면이름을무엇으로지음니까이, 사라도령하는말이아들나면할락궁이
로, 이름지우고, 딸은나면, 할락댁이로이름을지우라고, 말을합데다. 원강부인는, 그러면본
매본
장을두고갑서고, 말하난, 사라도령은, 삼동나무용얼레기, 하나, 내여녹고, 두게로 꺽거서
하나
식, 갈라가저서, 사라도령과원강부인이, 이별을할때에, 사라도령은, 부인님아고생합
서, 원강부인은남편앞에한저갑서하면서, 이별을하고, 사라도령은옥황상제

명령대로서천꽃밭에꽃감관사리가고, 원강부인은, 천년만년장제집에종으로
사라가는데, 하룬날은깊은밤에, 천년만년장제, 가원강부인사는창문박을다가
드러서문을열젠하난, 원강부인은, 알고두고, 요놈이천년만년집종개야밤느진데
잠도안자고, 엇찌잠자는데잠도못자게하느냐이, 천년만년장제는, 종개가안니
라, 천년만년장제가된다고, 말을합데다. 원강부인은, 아이고몰라지였수다
면서, 장제님은잠도안자고, 엇던일로깊은밤에, 옵데겐하난천년만년장
제는심심하고, 야심하여서왓구라고말합데다. 원강부인은, 아이구, 천년
만년장제님아, 이국에절례는엇전지몰라도우리국절례는, 배인애기낙고삼년
만에배합법있수다이천년만년장제는어서너이국에절례대로하라면
서도라갑데다원강부인은배애기낙고보니아들이라할락궁이이름지워서
키워가는데, 삼년만에는또, 천년만년장제가옵데다. 원강부인은또천년만년장제보
고, 이국에절레는엇전지몰라도, 우리국절례는, 자식키워서일천서당굴공부가게되여야
부부배합이있수다이천년만년장제는너이국에절례로하라면서도라갑데다. ▶
할락궁이가, 일천서당에, 글공부가게되난또, 천년만년장제가원강부인잠자는창박에
와서문열저하여가난, 원강부인은알고두고또, 천년만년장제집에종개야, 잠도안자
고무사오라시니하난, 천년만년장제는, 종개도안니고, 천년장제노랜하난, 원강부인
은, 아이구천년장제님아이국에절레는모르나, 우리국에절례는, 자식낫고, 열다섯십오세가
되여서
용잠대거느려서, 세경땅世耕田에, 농사농업農事農業을짓게되여야, 부부합궁법이있
읍니다고말씀하난, 천년만년장제는또너이국에절레대로하라면서, 도라갑데다
글찌후할락궁이는, 어머니눈치을알고서, 어머니보고할락궁이하는말이, 어머니그리자들거
있수가, 이번이랑, 물막게창누웟다가오건한번속이고두번속기고여러번속여지였수뎅하여
서, 창문을열면는, 천년만년장제가, 한쪽발을, 구들방안으로, 드려녹커든물막게로알
정구리, 마사불면, 다신안니옴니다고말하난, 원강부인은, 할라궁이, 말대로, 막게을, 찬
누워시난, 얼마엾써서천년장제만년장제가, 오라갑데다창문을열젠하난원강부인
은또요놈이, 천년만년장제종개야무사또잠못자게하염시, 말하난, 천년장제종개
가안니고, 천년장제노라. 말합데다. 원강부인은, 아이구, 몰랏수다. 한번속여두번속여
여러제편속여지였수다면서, 창문을여난, 천년만년장제는서른여덥니빠디허
와덩삭우수면서한쪽발을드려노안, 원강부인은아들할락궁이말대로막게내여
노안, 천년만년장제알정구리, 다리을때리난, 천년만년장제, 알정구리는부서지고
저마당에누워둥굴면서, 천년만년장제는앞밭에버텅걸라. 뒷밭에작도걸라좌각놈을
부르라면서원강부인과할락궁이, 이색끼죽이켄하여가난, 천년만년장제작은딸이
아버지양반이집에사람을죽인덴말이무슨말이우과. 저것덜, 된버력식켜붓서고하난
천년만년장제는, 작은딸말드러서, 원강부인과할락궁이앞에별진밭달진밭에

하르에갈고, 씨드리고, 발리고하여서농사농업을식키난, 원강부인과할락궁이는 ▶
농사농업지여옵데다. 그때또천년만년장제는, 이것도, 안이되키여, 농사진오늘, 멸망일이여
고초일리여, 월파일이여, 씨을거두워드리랜하난, 원강부인과할락궁이는씨을전부거두워
다가,
되박마련하는데, 되박한귀가골라갑데다천년만년장제는, 원강아미부인과할락궁이앞에,
되박을과
떡이렌하나, 이색끼가, 밭에가서고량잡아서, 씨을찾어가는데, 한고량에보난, 장성거염지
가, 씨한
방울물고서, 이고량에서, 저고량드레, 너머감시난, 할락궁이는이거염지야저거염지야, 느
은겨을
살렌무런감저마는, 우리는이거하나로, 얼마나고생하는줄, 아람시냐하면서장성거염지
가운데를발로발부난, 장성거염지는씨을배터갑데다. 그리하여서씨을줏고서발들
런보난, 장구같이두동나면서머리쪽도살지고꼬리쪽도살저지고가운데는, 가느라지였
수다. 서천국꽃길칠때, 삼동막살장구다리도놉니다원강부인과, 할락궁이는씨을가
저다가, 맛추난되박이마자지였수다천년만년장제는, 이것도안되키엔하난, 작은딸
은아버지보고어멍이랑하루에, 물맹지쉬은필, 아들랑노쉰동이하여오랜버력을식켜붓서이
천년만년장제는, 작은딸말을드러서식켜간다. 이것도하여갑데다.
☆하룬날은, 비도오고바람도불고, 할락궁이가, 어머니보고, 콩복아줍서고
말합데다. 어머니원강부인은, 할락궁이보고, 콩어데이시냐이, 큰부자집에가을농사도햇
는데콩한좀못복아주쿠가고말하난, 원강부인은아들말에, 빈콩눌맛에가서, 콩한줌주
워다가, 원강부인은콩을솟뚜껑우에서, 복구는데, 할락궁이는, 어머니앞에와서, 어머니, 저
올래
서, 누구차점수다고, 말하면서, 한저강봅서고말하난원강부인은아들말을듯고서, 어머니
는올래로간뒤에, 할락궁이는, 나간틈에, 콩복구며, 전는, 배수기, 남자, 전부곱저두고, 어머니
을부르면서, 올래간어머니멋햄수가. 콩캄수다. 원강부인은, 아들말을, 듯고서, 올래간
보니, 아무것도, 엢써지난, 부억으로드러와서콩을젓젠하난, 아무것도엢서콩서슬수가엢
습 ▶
데다. 할락궁이는, 어머니보고, 콩캄수다. 저슬거엢거든손으로라도저습서. 말합데다아들
말드른
원강부인은, 손으로그레저레저서갑데다. 할락궁이는가만이보다가, 어머니홀목을잡고서
콩복
으는손뚜껑위로눌러대다, 어머니, 원강부인은, 엇떠불라뜨겁다이홀목노랜합데다
할락궁이는, 어머니보고바른말합서우리아버지누구이과고하난, 어머니는이홀목노라
바른데로말하마, 할락궁이는한저말합서어머니는이홀목노랜합데다할락궁

이는제게말합서원강부인은이홀목노면바른말하맨합데다할락궁이는어
머니홀목노안, 원강부인은서른애기다커구나하면서말씀을시작합데다할락궁
이보고, 느은나배속에있슨때, 너이아버지, 사라국, 사라도령님은서천꽃밭에, 옥황상제
명령밭고, 꽃감관으로가고, 나는, 천년만년장제집에종으로, 사라오랏저. 할락궁이는어머니
말을듯고서, 아버지, 본매있수가니, 어머니, 원강부인은, 용얼러기반착을내여논다
할락궁이는아버지본매삼동나무용얼레기밭고, 있따가, 원강부인어머니보고범벅
두덩어리만하여줍서하, 니, 어머니, 원강부인은, 무엇으로, 범벅두덩어리을하겐느냐
고말합데다. 할락궁이, 하는말은, 이부지집에, 모물눌밑에가서모물낭을터러도, 범벅
두덩어리만들건나옵니다고말하난어머니, 원강부인은, 아들할락궁이말을듯고서
모물낭, 눌아래가서, 모물낭을털고, 와서, 과래에가라서범벅을만들젠하난
할락궁이가, 어머니보고, 모물가르한홉이면, 소금도한홉을, 녹고서범벅을만드러줍
서고합데다. 어머니원강부인은, 아들할락궁이, 말데로, 범벅두덩어리를 만들어주
난, 할라궁이는, 어머니보고내가엢써지거든, 죽어지나사라지나, 내간곳을말
하지맛써하고밤중야사사산경아버지를찾어서서천꽃밭을찾어갑데다
할락궁이는서천꽃밭찾어가는데, 천리길을당도하난, 천년장제집에서, 천리동이개을
내여녹고서할락궁이찾저오랜하난, 천리동이는할락궁이천리길너머살무렵에천년장래
집천리동이는, 할락궁이, 바지알가리, 무어당기난할락궁이는이개야저개냐, 느도천년장 ▶
제집종이여. 나도천년장제집에, 종이여. 나을대려가면, 무슨소용잇겐느냐여기까지나을찾
어오
는길에, 고생하고, 배곱팟저, 이거나먹고가게하면서범벅한덩어리주난천리동이개는배
곱푸난, 범벅을먹어갑데다. 천리동이는, 그범벅을먹으난 목이말라지여서, 할락궁이를
대려갈수가, 엢습데다. 천리동이개는, 삼통에물먹으로간틈에, 할락궁이는천리길, 너머간다.
할락궁이, 만리길너머갈무렵, 만년장제집종개가와서, 할락궁이바지옷알가라기을무어간다
할락궁이는, 야, 만년장제집, 종개야, 너도종, 나도종인데, 나을대려가면무엇하겐느냐면
서, 만리동이개도, 범벅하나주난, 먹어갑데다. 만리동이개도, 목이말라서할락궁이대려
갈수엢습데다만리동이개도, 삼통에물먹으로, 간분틈에할락궁이는말리길을너머
갑데다. 천년장제와, 만년장제집에서, 원강부인을잡아녹고서할락궁이도망간
곳을말하라고, 초대김을바다갈때눈물이절로난다. 할락궁이는천리길만리길을너
머서, 서천꽃밭아버지을찾어가는데, 구마리차는첫제시냇물을너머간다. 가다보니동머리
찾는물이당합데다. 할락궁이너머간다. 이물이할락궁이도망가못찾이난원강부인, 이대
김밭은눈물에길이되고, 할락궁이는가단보니, 허리찬물이당하고너머갑데다. 이물은원강부
인막대김바든, 눈물이되여집데다. 원강인은죽으난백왓슨, 흰돔박남알원강부인신체
는, 뭇처가고할라궁이는, 서천꽃밭아버지을찾어가단보니, 일곱가마귀가헌절수리하염
드라, 할락궁이는, 가마귀보고, 서천꽃밭을어데로가느냐고말하난, 일곱가마귀는우리

와같이헌당, 헌절을수리해주면말해주겟따고대답하난, 할락궁이는일곱가마
귀와헌절수리해주난, 욜로하여서가면서천꽃밭을찾어가진다고 말합데다
할락궁이는가마귀말해준길로가단보니, 서천꽃밭이, 있고꽃궁여, 신녀청, 무동역이
실총각도있고, 한살두살세살간애기들은, 저승유모어멍앞에청버드남알래서아
귀것을어더먹고살고넷살후열다섯십오세안내죽은애기들은꽃밭을맛트고물떠 ▶
다꽃밭예주업십데다. 할락궁이는물떠다주는삼통물가운데, 평저나무가있스난그낭위로
상가지로도올나안자서상손가락깨물고, 피을짜서, 삼통물에뿌려삽데다글찌후, 꽃
밭맛은애기들은꽃밭에물떠더주는데로, 금유를꽃이되여갑데다. 하루날은꽃감관꽃
성인사라국사라도령은, 꽃밭을도라보고, 꽃궁여신녀청, 무동력이실총각을불러녹고서하는
말이, 엇던일로꽃밭에금유를꽃이치는이재, 한꽃궁여가말합데다. 몇일전삼통가운
데, 엇던도령이와서안자인는후부터는꽃밭이금유를꽃밭되엿수다고말합데다
꽃감관花鑑官꽃성인花聖人은, 그, 도령을불러오랜합데다꽃궁여花宮女신녀
청神女請은삼통물, 평자나무 三通水平息木에, 인는도령앞에와서우리꽃감
관님이, 오랜하염시난, 나무에서내려오고, 만나랜하난, 할락궁인은하는말이. 꽃
감관이면, 꽃감관이지못간다고말하난, 꽃궁여신녀청은꽃감관앞페가서안
옵니다고, 말합데다. 사라국사라도령, 꽃감관은알고두고서, 할락궁이앞에가서
사람이냐, 귀신이냐이, 사람이라고, 말합데다. 꽃감관은그리하면, 성진역은
어데냐이, 김진국이우다외진역은어데냐이, 원진국이우다. 너희아버지는사라
국사라도령이고, 서천꽃밭꽃감이우다. 어머니는누구냐이, 원강부인이우다고
하면서, 천년만년장제집에, 종으로, 사람수다고, 할락궁이는, 대답을합데다
꽃감관꽃성인, 사라도령은, 할락궁이보고내려오렌말합데다. 할락궁이는나무에서내려오
난, 사라도령은
할락궁이보고, 본매가있겐느냐이, 할락궁이는있수다고, 대답하면서, 삼동나무용얼레기,
반착을내
여놉데다. 사라도령꽃감관은, 마춰워보니, 오독똑이마자집데다. 사라도령꽃
감관이하는말이, 천리길을넘고, 만리길을넘어서, 올때에, 구마리, 발등차는물있드냐고
말하난, 할락궁이는, 있습데다사라도령꽃감관이, 할락궁이보고, 느가도망간후에초
다김바든, 눈물이여, 또오단보니, 동무리차는물있드냐이, 할락궁이는있습데다고 ▶
대답하난, 꽃감관, 꽃성인, 아바지, 사라도령은, 그물은, 이다김바든눈물이고또오단보난,
허리
차는물있드냐이, 할락궁이는, 있습데다아버지사라도령은, 삼대김바든눈물이고,
오단보니, 일곱가냐귀, 헌당헌절수리하는데있드냐. 있습데다고할락궁이는데답
합데다. 아버지꽃감관은, 그것은너이어머니죽여서, 무덤하는것이여. 할라궁이
는, 아버지말을듯고서, 이원수를엇찌갑품니까이, 아버지꽃감관은, 서른애기, 이

원수를갚푸려면, 느가, 천년만년장제집에가야한다. 가면는너을죽이려고할것
이난, 말을하면서 꽃밭구경가서초다음은, 원수가품꽃을해주면서, 아버지꽃감관, 사라
도령이,
할락궁이, 아들보고느가천년, 만년장제집에가면, 죽이젠할거난, 천년만년장제보고, 사돈
일촌어른, 아이할것없시전부못여듭서하고, 내가도망가서배운것을보여드려서, 목숨
밭이구다하면전부올거여. 오거들라, 그때랑, 아버지사라도령은, 우숨꽃을해주면서
허태불라 그러면난데없는 우숨이정신없이터질거여. 두번제꽃은, 싸움꽃을해주면서
헛터불라하면, 느머리, 나버리잡고싸울거여. 그리하거든, 천녕장제, 작은딸을땡겨두고서
셋제꽃을하여주면서, 헛터불렌합데다. 그리한후에, 아버지꽃감관은, 어머니원강부인
살려낼꽃을하여줍데다. 할락궁이는서천꽃밭가서아버지꽃감관을만나서천년
만년장제집으로, 도라옵데다. 할락궁이가, 천년만년장제집으로, 드러가난, 안닐커
안이라. 죽이려고하난, 할락궁이는, 천년만년장제보고, 사돈일촌없이, 모여듭서. 어른아이
없이
오면는, 내가도망가서, 좋은기술배워왓수다. 보여드리고목숨을밭이구다고말하난에
천년, 만년, 장제는, 어서걸랑, 그리하라면서, 양사돈, 어른아이없시, 모여드난, 할락궁이는,
아버
지, 꽃감관말한데로, 첫제꽃우숨꽃허트난, 두령청이, 우서감데다. 운는중에, 둘제꽃을
헛트난,
싸움이터집데다. 천년장제만년장집안, 어른아이할것없이, 싸움할때에, 할락궁이는, 천년장
제, 작은딸을땡겨두고서, 멸망악심꽃을헛터부난, 전부죽어갑데다그때천녀장제 ▶
작은딸은, 살려줍서말하난할락궁이는, 우리어머니, 죽여서어데무던느냐이, 천년만년, 작
은딸은저쪽
에, 청데왓은, 백대왓흑데왓에, 흰돔박낭아래, 무덧수다고가르처줍데다. 할락궁이는어머
니죽
여서인는곳을가고보니, 청대왓은, 백대왓, 흑데왓, 흰돔박낭, 알인데, 삼수세기가덥퍼지여
고나
삼수세기거더간다. 고리동반너월지마련한다. 어머니좋은신체, 살녹고뼈녹은후에눈잇써
난데, 코잇써난데, 귀있써난데, 입있써난데로는대나무입피소사낙고나, 고리동반떡에대
섭꼬바녹키도마련합데다. 할락궁이는, 초석자리찰려서, 페와녹고서, 어머니머리뼈부
터, 발뼈까지차래로, 찾저놉데, 다사람죽고, 이묘식도설입한다. 할락궁이는어머니,
열두신뼈우에, 아버지, 꽃감관준꽃을, 녹고서, 족나무몽둥이들러서, 하는말이, 어머니때
리는매가안이라, 살리려는매우다면서, 삼세번, 우로, 알로, 내려치난, 어머니원
강부인은, 봄잠이라, 너무잠자다면서, 일러나서, 몸을덥데다할락궁이는어머
니살려, 아버지광같이서천꽃밭에, 열다섯십오세안내간애기, 유모어머니로, 지

부처갑데다할락궁이는어머니죽어누워난자리에흑인들버리겐느냐면서, 방울방
울열두방울떡을만듭데다. 외열두방울떡이냐사람이탄생할때북두칠성에명빌
러낙고제석천왕에복비러낫건만은원강아미부인이천년만년장제집에서, 죽고
열두신뼈녹은흑본매가되고, 큰굿에는쓰물네방울만들고작은굿에는열두방울합니다
그리고심방집에작은굿을, 당조, 조상낫시로열두방울더하면스물네방울큰굿에는안내스
물네방울, 박겼터도스뭁내방울, 하면, 작은굿에는고리동반두게큰굿에는네게가됩니
다그리고, 정반떡은 외하는냐, 가르리, 나마서하는것이안니라천년만년장제집에서
끝내죽어가면서도, 아들할락궁이, 도망간곳을말안니하고그가슴에무켜서죽엇
읍니다. 그레서정반떡도다른떡과틀임니다. 떡가운대가보면올라오게 만들럿
고, 또그떡은반으로갈를적에는원강부인죽어갈대그가슴맛첫고나, 안동답답 ▶
가슴각갑하였고나안동답답, 가슴답답, 한신이가슴히여맛자면서두게로갈라녹고심방집
으로그옛날은가저같읍니다. 요주금은전부던저불지만, 그떡이써거도심방집으로가저같
습니다. 그리하여서, 법지법,식, 고리동반을마련해두고, 할라궁이는, 천년장제, 만년장제,
작은딸
대리고, 서천꽃밭아버지앞으로, 대려서가다가할라궁이는, 천년만년장제작은딸을
생각하난, 악하고, 독한년덜, 살려둘수없다고생각해죽여두고할락궁이혼자서천꽃
밭아버지찾어가난, 아버지꽃감관은, 천년만년장제, 작은딸은, 엇찌하연느냐이, 할락궁
이하는말이, 대려서오다가, 생각하난, 악하고독한집안식구들, 살려둘생각이없써서죽
여두고왓수다. 대답합데다. 할락궁이는, 꽃감관, 사라도령, 아버지는인정모른자식이
여, 남이공을모른, 자식이여. 악하고, 독하다면서, 멸망악심, 수레악심, 시왕악심으로 드러서
서, 이궁마제, 선천국연길로, 드러서서, 도령, 악심, 악심체사로상바다먹으렌하면서, 꽃감관
꽃성인, 아버지하는말이, 내가이꽃밭, 꽃감관, 으로살다가, 이번너앞에물려줄려고하
연는데, 못물려줄로구나. 너는, 명부시왕악심질로, 할락궁이, 마련되였수다.~
이궁서천도신국, 난산국, 본산국은, 신푸럿수다. 끝으로 축원은, 이집안모든식구, 조상논
다리, 부모가, 덕을받고, 명을밭읍니다, 부모논다리로, 자식이, 명과복을밭고, 자식
넘는복과명은, 자손대대, 밭읍니다금번이기도로, 번성꽃을, 치급헙서. 성꽃을
치급합서. 만대유전, 儒傳신의조상에서, 좋은절체을식켜줍서. 신의조상神義祖上에
축원굴복올임니다. 큰나무덕은, 없써도, 큰어른이덕은, 인는것이외다. 은앙성그늘은강동
팔십니을비추고그늘누는것이외다. 먼대나무는, 비추고, 겻태나무는그늘늠니다
신의조상님전, 무엇을더등장듬니까귀인성봉, 선인상봉식켜줍서. 소원성취식켜
줍서. 겁쌀제쌀천쌀, 지쌀, 년쌀, 월쌀, 역마쌀, 반안, 쌀, 화게쌀, 육해쌀, 나력쌀
달력쌀천왕손지왕손, 인왕손곳불쌀행불쌀, 일, 사, 칠, 구삼제팔란막아주면서 ▶
집안예명愛名올린식구명과복이랑고비첩첩제겨줍서~끝.
참고~본푼후말이야만치만이걸로끝치면소원된축원은, ~다음잔낼때

장구노아두고, ~ 다음식.

이궁서천도산국난산국은본산국신푸렀수다. 주잔은저먼정내여다가주잔드립니다

잔내는식.

주잔은내여다가, 이궁서천도산국신풀면서, 말명에떠러진신전주잔드립니다. 언담에떠러진신전, 천개왕은, 백개왕, 김진국에대감, 원진국에대감, 금법당대사님뒤, 속한이뒤신전, 주잔드립니다. 꽃감관꽃성인, 사라국사려도령뒤, 원강부인뒤, 할락궁이뒤, 신권주잔드립니다. 꽃궁여, 신녀청뒤, 무동녁이실총각뒤, 주잔드립니다. 동해용궁할마님뒤신전흑지성기

흑걸래받은신전, 물로피로, 유산되여가게하든신전한달, 두달석달, 넉달, 뒤열달안내살책목숨, 한살적, 두살적, 세살적, 열다섯십오세안내, 달고가든신전아미도령채사신전주잔드립니다전승궂고팔자구진신해뒤로불도애기당조자손달고간신전주잔드립니다. 이집안, 선조대대, 어리고, 미육한대열다섯십오세안내성편외편, 자손들달고가든신전, 배고, 안고, 업고가든신전, 주잔드립니다. 아이노새, 기노새신전주잔드립니다. 이날이시간에, 살책목숨달고가는, 채사님주잔드립니다

삼시왕부림명도명감삼체사주잔은드리며천왕손지왕손인왕손곳불행불손에가든신전주잔드리면서, ~개잔은개수하여서불법전위올리면서,

참고~이때쌀제비받고~본조주고~인사하면끝이됩니다 ▶

삼 궁 본

옛날이라. 옛적에, 우엔역마을에는강이영신이서불이삽데다. 아랜역마을에는, 홍수문천구에궁전
애기씨가삽데다. 한해는우엔역게, 마을에도흉년드러살수읎고, 아랜역이도흉년드러서살수엾써
집데다. 우엔역마을에사는, 강이영신이서불은직접눈소문못하고, 입소문귀소문을드러서
아랜역에, 시절좋아하난어더먹고살려고직보찰리들러매고, 아랜역마을로내려삽
대다. 아랜역마을하는, 홍수문천구에궁전애기씨도직접눈소문못하고, 입소문귀소문
을드러서, 우엔역마을시절좋아하난, 어더먹고살려고, 우엔역이마을로올라갑데다
길로변에서강이영신과홍수문천구에궁전애기씨는서로만나갑데다. 우엔역이강
이영신은홍수문천구에궁전애기씨보고어데로가는애기씨우가고말씀합데다
아랜역홍수문천구에궁전애기씨는나는아랜역마을삽니다. 아랜역시절구저흉년들
고, 살수엾써, 눈소문은못하고, 입소문귀소문에우엔역마을시절좋덴하난어더먹
고살젠감수다면서, 아랜역홍수문천구에궁전애기씨도, 강이영신보고어드
레가는도령이뒙니까고, 말을합데다강이영신도하는말이나는우엔역사는강
이영신이뒙니다. 우인역우리마을도흉년드러, 살수엾고나미소문에, 아랜역이시절좋아
하여서어더먹으레가는길리우다고말을합데다. 강이영신과홍수문천애기씨와
말을주고밭안보난, 통성명은되여집데다. 강이영신하는말이, 우리사주한팔
자가되염수다면서, 말씀하고, 하는말이, 우리둘이한사주한팔자난같이다니면서
한술밥을, 빌건, 반술식두술밥을빌건한술식갈라먹고살기가엇덩허우겐하난홍수문천
애기씨, 이리도저리도뭇하고, 어서걸랑기영합서면서, 허급을합데다. 그날부터강이영
신과, 홍수문천애기씨는한손잡아서일하면서사는데, 잠잘집이엾써지난에
밤에는, 말가레방아집에, 잠을자면서, 사는것이, 홍수문천애기씨는, 포태가저갑데다 ▶
포태가저서, 아홉열달준삭차난, 말가레방아집에서어더먹고사는, 거와시애기낫젠하면서, 동
내사람들이, 먹을거, 입을옷, 덥펴눌, 이불이여같아줍데다. 홍수문천애기씨는첫달나난이애
기, 이름을무엇스로지우리하난, 강이영신하는말씀이, 은보듣금보든, 본애기라은장애기이름을지워
갑데다. 또그애기크어가난포태가저애기난는것이또딸나난, 이애기는이름을무어라고
지우리, 강이영신은, 놋장애기이름을지워삽데다. 두린애긴엾고, 여근애기걸루와서다
니면서살단보난, 또홍수문천구애궁전애기씨는, 포태가저가는것이, 푼푼세세모은돈으로집
도나갑데다. 밴애기나난또딸입데다. 이애기가는이름을가문장애기로지워갑데다
가문장애기나, 크어가는데로부가하게잘삽데다. 살단보난하루날은비도오고바
람불고, 박으로놀래도못나가고, 강이영신과, 홍수문천어머니는, 심심하난에

큰딸애기, 은장애기불러녹고서, 누구덕에사는냐이은장애기하는말이나는하늘님이
덕이우다지해님이덕이우다. 아버지, 어머니, 덕으로삼네다고말을합데다. 강이
영신아버지와홍수문천어머니는나딸애기적실하다느방으로나고가라합데다
둘제딸애기놋장내기불러녹고, 질문하난에, 은장애기와같이말을합데다둘채딸
애기보내여두고, 작은딸은가문장애기불러녹고하는말이너는누구덕에사는냐
고아방, 어멍이질문하난, 하늘님이덕이고지혜님이덕이고부모님이덕이라도나는나
이배똥알, 에, 가른그뭇덕으로삼니다고대답하난강이영신아방과홍수문천어머니는
내딸애기안니로다. 내집박겻나고가라하면서휘욕만, 발하여갑네다. 가문장
부모눈에싯찌나고, 갈리난다형제간눈박에, 말한마디틀려서부모형제이별때가되여간
다가문장애기씨는느진덕이정하님거느리고, 가문암소에, 이불옷먹을것을식그고나고
갑데다. 동드레도길이난다. 서러레도길이난다. 가문장애기는느진덕과암소말고
오라가게발가는양가게하면서, 집을떠나갈때에집에인는큰형은장애기씨 ▶
는, 동생가문장애기씨가는전송나와서높은팡돌우에올라산허는말이서른동생한저가라아버지
가매들러서, 왐저, 때리려고, 욕하젠왐저, 하다가정신엢이팡알로내려서는것이황지내로되여서
드러간다팡돌알로, 이것도, 조회여, 둘제놋장형이나와서, 서른동생한저가라아버지어머니
가욕하젠왐저대리젠왐저, 하다정신엢이팡알너레내려서는것이, 팡돌아래용달버섯
별버섯으로도환생되여간다이것도승업이여, 집에서아버지, 강이영신과어머니홍수문천
은, 지동생가는데큰딸 셋딸은조차감시카부덴하여서아버지강이영신은휘욕하며
일문전으로, 나가젠하다가, 일문전대법천왕에서, 숭엄조회로천봉사을만들고, 어머니
홍수문천도, 휘욕하면서, 부억, 정지에있다가, 나가젠하난조왕간에서, 숭엄, 조회로
안명천지, 봉사을만드난, 하르방은 할망부르고, 할망은, 하르방을, 불러외여가난에
동내사람들은, 너머며보고, 너머오면서보다가, 강이영신하르방, 홍수문천할망앞에
인는거집문서, 밭문서, 먹을거, 전부가저가부난먹을것이엢써지여서, 하르방
할망이한몽둥이집퍼, 거리동영다입네다. 그풍속으로삼공마제는신청게대에
권제바드레내리는식도, 마련되였수다. 작은딸가문장애기씨는, 느진덕과가문암소
와발가는데로, 가단보난, 신맛퉁이마을팝십데다. 가문장애기씨는느진덕아하난, ~예
상제님, 가문장애기씨는, 저기가서, 사람사는곳이어데있느냐고드러방오랜하난, 느진
덕은가문장애기씨, 말드러서, 마를파는, 마퉁, 이앞에가서, 느진덕은, 여기사람사는곳이어
데있수가고, 드르난, 대답엢이, 마를파다가, 부러지난마퉁이는휘욕만발하여간
다. 사람사는곳은말을안해주고, 여자는꿈에만식구위도새물인데식전아침부터
여자가와서제수다밭저면서욕만하난, 느진덕은두번말못하고서, 되도라온이
가문장애기씨는무어라고하든냐이느진덕이하는말이, 사람사는곳은말도안해

주고, 욕만합데다고, 말합데다. 가문장애기씨는오라가게가단보난또마파는 ▶
마퉁이시난, 저기나강드러방오랜하난, 느진덕은두번제, 본마퉁이도사람사는곳은말을
안해주고마를파다가, 마는꺽거지난욕만한다가문장애기씨는느진덕아무엇
이엔하든냐하난, 거기도욕만합데다이오라가게가단보니, 또마파는마퉁이가
있스난, 저기나강드러보라. 느진덕은세번제본, 마퉁이앞에간하는말이, 여기사
람사는곳이, 어데, 있수가이, 세번제본마퉁이는서른여덥이빠디허워덩삭우수
면서마을파다, 나두고소, 요제, 저제, 너머가다보면는초가막사리있수다고말합데다
느진덕은가문장애기씨보고요제, 저제, 너머가다보면사람사는데가있젠말을합데
다이, 어서글라, 가고보게, 시지집이가단보난, 비조리엄막집이, 있습데다. 먼올래가문
암소매여두고, 드러간보니, 백발노장, 할머니가있습데다. 가문장애기씨는, 드러가서, 길
가든사람, 하루밤, 인밤세여줍서하난, 할망은안니된다고말하난, 가문장애기씨는, 부억한
쪽이
라도, 오늘하루밤만세여가게하여줍서고, 말합데다. 그때사할망이, 허락하여갑데다. 가문
장애기씨와, 느진덕은부억으로드러가서, 솟을비러서, 밥을하젠하여서, 본이, 마만쌀마먹든
솟이라 마누렁이가누럭구나초불이불제삼불시처두고, 밥을하러고, 할때에, 배락천둥소리
가납데
다. 가문장애기씨는, 말을하난, 우리큰마퉁이마를파오는소리라고, 말합데다. 조금시난드
러온다. 첫제본마퉁이로구나. 튼마퉁이마를씨치고쌀마서먹는것을보니, 양끝끄너서
어머니주고, 가운데는지가먹나, 또조금있스난, 배락천둥소리난다. 오는것을보니, 두번제
본, 마퉁입데다. 드러와서, 마를씨서서, 삼고먹는것을, 보니, 양끝끄너서어머니주고가운데
는, 자기먹는다. 또조금잇스난, 세번제본마퉁이여. 작은마퉁이는, 집으로드러오면서올내
보니
가문암소가 매여지여시난, 우수면서드러와서마를씨서살마서양끝은작음마퉁이먹고가운데
살진디는, 어머니주워갑데다. 그끝에, 가문장애기씨는, 쌀시처밥을하여다가, 느진덕보고어
머니앞에, 밥상을들러가갠하난, 느진덕은, 밥을어머니앞에들러가난조상적못먹든 ▶
음식아니먹나, 큰아들도밥상안받고둘제마퉁이도안먹나, 작은마퉁이는, 밥상바다서, 밥을
우로
거드면서먹어갑데다. 큰마퉁이는동생작은마퉁이, 먹는것을보아갑데다. 자근마퉁이는형님
보고, 먹고십푸냐고, 말하나, 대답합데다. 자근마퉁이는, 밥한사발속으로, 한숙갈거려서,
형손으로줍데다
큰마퉁이는, 뜨거우난, 이손저손드레, 바드면서먹는동안자근마퉁이는, 밥사발다먹고, 상물
려갑데다. 가문장애기씨는, 느진덕이보고, 저디가서할망앞에나, 큰마퉁이앞에나, 셋마퉁
이앞으
로, 가서본말이나드른말이나있거든우리애기씨와애숙이나젝겨봅서니어멍이나큰마퉁이

나셋마
통이나본말도, 드른말도엾다고대답하난, 작은마퉁이보고, 말하난서른여덥이빠디허와
덩삭우수면서, 가문장애기씨앞으로, 와서에숙젝끼기시작하는동안그밤이세도록가문
장애기씨와, 느진덕은, 작은마퉁이, 옷한불만드라서, 입찌고뒷날아침에어머니앞에랑
형들앞에, 인사을, 갑데다. 마퉁이어머니는, 동내반장이옵데가. 리장이옵데가말을하고큰
마퉁이
와, 셋마퉁이는, 마파러간뒤에, 가문장은작은마퉁이와어제날마를파난자리에구경을, 나갑
데다
큰마퉁이파난자리에가고보니, 자갈돌맹이만있고, 물은석은물이드라. 셋마퉁이마파난자
리도, 솜자
갈레, 구진물만흐르고있습데자. 작은마퉁이, 마파난데가고보니, 돌맹이라하여서던저분돌
맹이하나는, 돈을바들돌맹이고, 세파란고운물만흐르고있습데다. 그돌맹이하나을가
지고집으로, 도라와서, 첫날자근마퉁이는장사을, 보내여갑데다작은마퉁이는큰부
자로, 종하님거느려서, 가문장에기씨와사라가는데, 가문장애기씨는, 부모님생각이
나고, 자근마퉁이와, 두일외, 십사일, 거린잔치을시작하난, 한번두번, 세번네번식
거인들이, 먹어가도, 얼굴안사람은, 안보여가는데, 끝나는날, 열락서산에해지여가는데
먼올레로, 한몽둥집은하르방, 할망이오라가난일해주는하님을불러서저올래로
한몽둥이집펴오는거인이랑, 우로안지건알로음식가저다주다떠렷취고, 알로안겨은
우로맥여다가, 떠러추고, 가운데로안지거든, 양쪽으로맥여가다떠러추고 ▶
하면서,날이저물, 물한적주지말라고, 가문장애기씨는, 말을합데다. 아방과어멍이위로안
지면, 맥여가다가, 부족하다면서, 떠러추고, 알로안지면, 위로맥여가다, 떠러취고, 가운데
로안지면, 양쪽으로맥여가다안주고하단보니. 해는떠러지고, 날은저물고, 물한적못어더먹
고서, 저올
너레, 하르방, 할망이, 나고간다. 가문장애기씨는, 하님불너서, 저올너래가는, 하르방, 할망
두사람, 이랑, 사랑방으로, 불너드리랜합데다. 그리고, 도래칠반상에상다리가, 부러
지게, 상찰려서, 들너다노라고, 말합데다. 강이영신이서불과, 홍수문천구에궁전은 하
님들, 말하는데로, 뒤따라, 사랑방으로가, 안자있스난, 하님들이차린음식을들너다논
다. 냄새는먹어보지못한음식냄새다하르방, 할망이상을바단이스난, 가문장애기
씨, 작은딸이드러와서, 하는말이, 알고두고, 하르방이나할망이나드른말있건합센하
난하루방, 할망은, 우린앞도안보이고, 하난드른말도엾고본일도엾덴하난가문장
애기씨자근딸하는말이, 기영하면, 내가, 놀내로, 불르거든드러봅서고말합데다
참고, ~이때, 굿하는심방이말합니다 ~다음말,
하르방이랑북을시뭇서. 할망이랑장구자붓서고~말함니다
그때~참고, 소미한사림이북을잡고 ~또장구는굿하는심방이잡고노래로

본푸리을제처이푸는것이원칙이다삼공본을두번푸는식이됩니다
참고시작은~오늘~오늘~오늘이라~ 참고앞에와같이하면소미가
뒷소리는~저~하면서바다줍니다
그런데만약두번제노래로못부르면는앞에시작노래와같이, 하고다음
말을하세요. ~노래시작하끝마치는말은~다음식이됩니다
오늘, ~오늘~오늘리라 ~소미는~저합니다. ~끝부치는말,
하르방과할망은노래를부르는소리을드러보난작은딸가문장애기로구나하르방 ▶
과할망, 아버지어머니는, 나딸애기로구나하면서, 상위을, 어릅스는것이, 하르방, 할망앞에
술잔
두개가댕글랑소리나면서하르방할망눈은번직하게떠갑데다~
참고-이때에산대에상자두개에술을나두워따가, 신자리로산지운다두개다갈라지
면, 본을잘푸렷젱하고하나갈라지고, 하나는업더지면누구집에한쪽눈이안좋은사람
이있수다고말한다음에~는
아버지입던옷과, 어머니입던옷은보난치저지고, 어데서잠잔는지소똥개똥말똥
이대겨지고, 냄새가만이나이차래로계여서, 먼올내먹구슬나무에다라맨다가문장
애기씨는, 미리부모옷을하여나두워따가부모에입저드려갑데다
먼올래나무에다라맨옷은, 동풍이불면청대같은청사록불러주고, 서풍불면, 백
대같은사록, 남풍이불면적사록, 북풍이불면흑사록을불러주워갑데다
끝으로이집반, 에명올린식구에, 머리에랑, 동수살거더줍서. 무쇠철망, 거더줍서.
왼눈에청걸리, 오른눈에흑걸리입에하매, 목에목걸리푸러내자. 천지왕골목박그
로부가하고, 지가한데로, 가슴에잉열장열심장마비푸러내자배에설앵왼억
게청비게, 오른억게흑비게, 내놀이자. 등에산범, 가른전동이엉치, 양수쪽에무더
진사록내놀리자쇠똥좋은데로말똥좋은데로, 부가하고, 지가한데로, 내놀리자
신병본병, 악병질병교통사고, 겁쌀지쌀천쌀지쌀, 년쌀월쌀망신역마반안육해화
게쌀내놀리자. 뒤로거헝신내몸바든당조사, 록, 몸조사록, 지년상간조사록내놀리자
당조악심, 불도악심, 상안채, 중안채하안채놀든사록, 내놀리자 개음, 투기사록, 신병본병
불러주든사록내놀리자. ~참고, 아는데로, 생각나는데로, 전부거느리면~끝으로
날로나력막아줍서. 달로다력막아줍서천왕손지왕손인왕손낙아줍서명과복
이랑이집식구~신에자손들구버살펴동축하면서고비첩첩제겨줍서 ▶
참고, 장구녹고~잔내기, ~말씀식.
주잔은내여다, 저먼정나사면삼궁본푸리뒤로, 주잔바듭서. 말명에떠러진신전 입길에떠러진
신전언담에떠러진신전. 드님애기, 나님애기, 원님애기, 신님애기, 신전주잔드립니다
강이영신이서불뒤신전홍수문천애기씨뒤신전은장애기, 놋장애기뒤신전가문장애기씨
뒤신전월매월산신마퉁이, 삼형제뒤신정청사록백사록적사록흑사록뒤신전주

잔드림니다. 글로절로신병본병불러주던신전, 주잔들드림니다
집안될챈일력해말임불러주고애기, 자손에걱정근심불러주고사고걱정직장생활
해말임모략선전불러주고, 금전사록, 불러주든, 신전주잔드림니다
끝으로, 거형신내몸바든조상뒤우로도모진전상사록불도사록당조사록몸조사
록불러주고몸에신병본병불러주든사록주잔드리고개음투기모략불려주든신전
주잔드림니다. 이날시살챈목숨달고비고안고가는채사도주잔입고삼시왕
부림명도명감채사도주잔권잔드리며, 천왕손지왕손, 인왕손가든신전
주잔만이권자드림니다개잔은개수하여서제청상당불법전위올임니다
참고해두고~삼궁안당난산국본산국신푸렷수다상이나잘바듬니까
쌀제비, 받고본조주고, 신이아이잘못한걸랑앳선생님에서승광개랑
일시소멸식켜줍서신공시짓알로구버생천올임니다. ~끝, 인사함니다
항시말씀은공신하게인사하면됩니다 ▶

세경본푸는식,

참고~세경본풀기전, 장구몇번, 치고나서~첫제말식,

연당알은, ~평민집안에는, 1, 자부일월, 상세경, 중세경, 하세경신중, 마누라님전↘

어간합긴,

↙

심방집에는, 2, 직부, 상세경, 중세경, 하세경신중, 신중마누라님전

삼상향지도투와, 위올임고, 삼주잔, 삼공마량, 시권제제인정바다위올려드려가며, 본산국은

난산국, 시주낙형, 으로제내려, 하강합서. ~참고~앞에와같이간단이말하고다음할말하세요

연유를말하고, 시작은, ~공신으로, 시작되여야합니다. 또바로푸는식은다음과같읍니다

세경본, 바로드러가는식으로씀니다.

난산국으로, 본산국으로, 상세경, 염제신농시, 내입서. 중세경은문왕문도령, 하세경

은자청비, 내입서. 세경장남, 정수남이내입서. 김진국대감, 조진국부인, 느진덕정

하, 내입서. 동계남상주절, 대서님내입서. 속한이도내입서. 생사람이신전본

다알수있음니까. 너머가는말, 이저목농된말도, 있슬거우다만는기지여신하여

서, 본산국제내입서~ 세경본.

옛날옛적에. 김진국대감과, 조진국부인, 은임장갈임후, 논전답좋고강전답

좋아지고, 수별감, 수장남거느려서잘사라도, 삼십너머서, 사십세가, 당하여

도, 자식이엾써걱정근심되는데, 하루는상시관에조회보고집으로도라오는데, 왕천

우숨소리가, 들려서, 집으로오다, 담궁기로보니, 어더먹고사는, 거와시부부간이, 비조리엄막

집에살면서, 애기하나, 낙고, 아버지앞에서, 어머니앞으로기여가가면아버지가손벽치

면서웃고, 어머니앞에서아버쪽으로, 기여가가면어머니가, 손벽치며서웃고, 하는것을

보든김진국에대감은, 애기노염하는것을담궁기로, 보다가, 드러가고어더먹는거와시보

고하는말이, 저애기나을주면, 돈도주마. 은도주마. 고대광실높은집도주맨말을하난

거와시, 하는말이, 잘사는소리맛서. 우리는지금어더먹고살면서, 이애기낫주만은, 일찌

후에, 이애기가커서, 우리보다못살지, 대감보다, 더잘살티모릅니다. 고말하난에 ▶

김진국대감은, 집으로오단보니, 선비들이, 정자남아래서바득, 장귀을두엄십데다. 김진국

은, 저기라도가서시름쉬고가저, 선비노는데가서, 바득이여장귀여두는것이돈석량을팝데

다. 한선비가하는말이, 김진국에대감님아, 오늘우리앞에딴돈이랑주고갑서. 돈이아방, 어

멍부

릅니까. 말을하난에, 김진국은장귀두다가, 돈나두고집으로도라오단보니, 말모른소짐승가

마귀

어멍아방을불럽십데다. 김진국은말모른짐승도색기나서대리고다니는데우린무슨날에

난팔짜이고생각하면서집올래당하난, 말하매하고, 말팡돌에말매여두고사랑방으로

드러가서안으로문을전부잡십데다. 느진덕이정하님은대감님이퇴청하여서오라시난에진

지밥상차려서들러가고문열젠하난, 안으로문을잡아십데다. 느진덕은, 겁이나서
조진국부인방으로달려가서, 하는말이, 조진국부인님아, 대감님이퇴청하여서오난에
진밥상을, 차련간보난, 문잡아있수다이, 조진국에부인은, 이게무신말이냐면서,
김진국에사랑방으로가서, 이문열저쟁겨고나, 저문열저쟁겨십데다. 그때사, 문에조진국부
인이
다라지고하는말이게무슨일이우과, 죽을일이시나, 살일이시나, 나앞에야말한마디못하구가
고, 말합데다. 김진국에대감은부인이말이라. 실친드시문을열고, 밥상들러노난에, 밥상받고
물리난에, 조진국에부인은, 엇더한일이우까고말씀을합데다. 김진국은, 말을못합데다.
김진국에대감은, 말지못하여서, 부인에말이라하는데, 날만못한거와시도자식나서
퇴청길에오다보니, 비조리엄막집에서왕천우숨을하염고, 말모른짐승도색끼나서
대리고다니는것을보니, 하도어이가어서서, 살고푼마음이엾다고말을합데다
조진국에부인은, 내가우숨우술일을하구다면서, 느진덕정하님을부름데다불너녹고서, 하는
말이, 은단병에, 서단막에막고, 서단병에, 은단마게막아참씰한죄, 묵어서가저오라. 느
진덕이정하님은, 조진국에부인말대로, 은단병에서단막에막고, 서단평에은단막에마가
녹고참씰한죄묵어서, 가저갑데다. 조진국에부인과김진국에대감앞에녹고서, 일
로, 절로, 둥구려보데우숨안니납데다. 조진국에부인은또느진덕정하님불러서, 은세
양, 놋세양을가저오라고, 말합데다. 느진덕은조진국에부인말대로, 은세양과 ▶
놋세양을가저갑데다. 조진국에부인은김진국에대감보고하는말이, 대감님아, 걱정근심이
만하면는
이열, 치열이만하다고함니다. 그러니, 오늘대감님과, 나와이열치열은, 배터보기어찌허우
과고말
합데다. 그레서은세양은, 김진국에대감앞에녹고, 놋세양은조진국부인앞에녹고, 하여서,
이열치열를
배트기시작을합데다. 김진국은이열치열, 배트는것이, 일곱동이뱃틈데다. 그레서, 남자는,
일주일굴머도
안죽냉함니다. 조진국에부인은, 이열치열을배트는데아홉동이를뱃터갑데다. 그레서여자
는, 구일간을
굴머도, 안죽냉함니다. 그레서조진국에부인은, 김진국에대감님보고하는말이, 대감님아,
아무리남자
들이집안걱정이만하여도, 여자만은집안걱정이엾읍니다. 외냐면, 집안에서걱정거
리있서서걱정하다도, 올래박졌나가면, 친구들과말한마디에너머가고, 술한잔에담배한데피
우면서웃고말하다보면, 걱정거리가, 너머감니다만, 여자로는, 서달구뭄날은준비합니다조
상부모
우찬할, 음식을정월초하루날은, 생사람조반밥을, 먹는것이나다름, 이수가. 위하고나면, 다

음해, 정
초월하르아침까지걱정됩니다. 그리고, 부가하고지가하게잘사라도걱정은못버립니다고말
합데다. 김진국에대감은조진국부인말을듣고보니그말씀이올라삽데다. 그리하여서김진
국에대감님은엾는우숨소리가나오고살아가는데하룬날은동개남, 상주절금법당에, 부
처님직한대사님은, 아침불공을넘고, 지국성에인간처도내리고, 시권제바더다가
부처님에올려서, 명엾는자명도빌러주고, 복엾는자, 복도비러주고, 모든소원도빌러
주저, 헌당은헌절도수리하저시권제바드레도내려삽데다. 호호, 집집을시권
제바드러단이다가, 대사님은, 김진국, 대감집, 먼올래당도하난, 드러서며, 나서
며, 소승절이뱀니다이, 김진국에대감님은, 수별감수장남을부릅데다. 수별감이김진
국에대감앞으로, 가난, 김진국은수별감보고, 우리집먼올래, 어느절대사가오라시니, 어서청
하라고말을하난수별감수장남은김진국대감님말대로먼올래가고보니, 대감이말
씀데로금법당대사가하늘, 그득한철축대집푸고, 귀다리담숙굴송낙쓰고, 비랑잔삼들
러입고, 아강베포등에지고, 왼손에금바랑오른손에옥바랑잡고, 내려십데다. 수별감은, 김진
국대감님말대로우리집대감이청하라고, 합니다어서들라고수별감뒤다라서, 김진국 ▶
대감님집, 열리돌, 앞에, 업데하면서, 소송은, 절이뱀이단이, 김진국에대감은, 시권제을내
여줍
데다. 시권제을대사님이, 바드난, 김진국에대감은, 대사님보고, 어느절대사며, 어느절속한
이, 가겠읍니까고, 말하난, 대사님은, 동계남상주절, 서계남은, 은중절, 금법당부처직한
대사우다고, 말하난, 김진국대감은, 대사님보고, 하는말이, 오행팔괘집들암니까니, 대사
님은, 암니다고, 말합데다김진국에대감은, 대사님보고사주역도, 볼줄암니까니대사님
은김진국대감보고, 아노라고대답을합데다. 김진국에대감은, 대사님보고사주판단을
하여삽데다. 대사님은, 단수육갑, 오행팔괘, 집더녹고, 사주역을집더갑데다. 대사님은사주
역을보고서, 김진국에대감보고하는말이대감님아, 엇찌하부가하고지가하게잘살아도
자식생불이, 걱정되염수다고, 말합데다. 김진국은, 엇찌하면자식생불이있수구가고말
을합데다. 금법당대사님은하는말이, 동계남상주절, 서계남은, 은중절, 금법당을
찾어가서백일불공드리면, 자식생불이, 있써질뜻합니다고시권받고나가가난에, 우리하고
같이, 김진국대감은말을하난대사님은, 하는말이, 대감님집먼올래로부터, 철축대선그믓을
그스면서우리절까지갈거난, 철축대, 선그믓보고, 옵서. 말해두고, 금법당으로, 도올라갑데다
김진국에대감은, 금법당대사가부난, 종하님불너녹고, 강답에강나록, 수답에수나록물답에
물나록
대백미여, 소백미여, 물명지강명지고리비단능나부여, 서미영서마페, 송낙지여가사지여
명씰복씰, 돈천금은말량백근을득근채우라고말을합데다. 종한님은김진국에대감님말씀
대로전부찰려갑데다. 백근채워서, 마바리, 질매지워서, 식거녹고서, 김진국에부부간은
동계남상주절, 대불법당가다보니금법당초군문이당하난, 절간직한땅아구리는

내발꿀려서, 직거갑데다. 대사님은, 법당직한속한이을, 불러갑데다. 부처님직
한대사님은, 속한이보고, 땅아구리개가엇찌죽구는냐이, 내발꿀려서, 죽읍니다고말
합데다부처님직한대사님은, 저먼정나고보라, 지국성, 김진국에대감과, 조진국에
부인내외간이, 원불수록을오람시난진한으로, 어서청하라고말합데다. 법당직한
속한이는대사님말씀데로먼문간나고보니, 마바리짐실고, 김진국에대감과조진국 ▶
에부인내외간이, 원불수록을드려서자식볼려고, 오람십데다. 속한이는, 김진국대감, 조진
국에부인
을진안으로청하고마바리실고간것은, 부처님큰상위로올려녹고, 대추나무, 절울대로백근
을저우리
고서, 부처님전, 위올리고, 김진국, 대감과, 조진국에부인은몸모욕하고, 연주단발시년백몰
하고, 딴방
차려잠자기, 뒷날침부터, 부처님전, 원불수록을, 낫도영청, 밤도극락, 석달이넘도록, 백일
꿈을
드리는데, 대사님은, 말한마디, 엾써집데다. 하루날은, 저녁에조진국에부인은김진국방으로
가서, 대감님아, 우리그만, 수록끝내우고, 집으로, 도라가기가, 엇찌하우까고말합데다. 김진
국에대감은, 그게무슨말이냐고말합데다. 조진국에부인은, 우리가자식볼려고온지석달이
넘고, 백일날자가되고있읍니다. 그런대좋아, 굿다는말한마디엾써지고, 지금까지있수게
말을합데다. 김진국은생각을, 하고보니부인이말씀도, 마자집데다. 김진국대감은조진국부
인앞에그리하자고말을합데다. 그날밤은누워서김진국에대감, 꿈매선몽, 낭계일몽을식켜사
는것이, 청감주, 호박안주만먹어배고, 조진국에부인꿈에도청감주, 호박안주먹어밴다. 깨
고보니
꿈에선몽을낭게일몽하여십데다. 날이세여서, 아침불공끝납데다. 조진국부인하는말이
대사님아, 우리법당하직식켜줍서고, 말합데다. 대사님은그리합서만은지난밤, 아무
선몽못봅데가고말합데다. 김진국에대감은, 청감주에호박안주먹어뱁데다고말
합데다. 조진국에부인도, 하는말이, 나도청감주호박주먹어뱁데다고, 말합데다
금법당, 부처직한대사님은, 어서하직하여서집에가거든남생기여복덕일, 합궁
날을받고서, 천상배필을무어봅서고, 대사님은, 말을합데다. 김진국과조진국부
인은, 법당하직하여서, 집으로, 도라와서, 남생기여복덕일, 합궁일을받고서대사님말씀
데로천상배필을, 무어산후에조진국에부인은, 석달백일를너머서니옷세옷내, 밥에밥
냄새, 나가난, 먹던밥도머러지고, 사라가는데, 아홉열달춘삭차난, 자일자시에 자청비
가소사납데다. 김진국과, 조진국에부인은여식이라도남무집에엾는자식처럼
반가워합데다. 조진국에부인은, 김진국대감앞에, 하는말이, 이애기이름을무엇으로지
우리까니, 김진국에대감은좌청하여서, 난니, 자청비로이름을지우리다고말합데 ▶
다고말합데다. 조진국에부인은, 나는이애기을가련하게난시난, 가령비로지우쿠다고, 말합

대다그리하여서좌청하여나난자청비, 가련하게낫다하여서가량비, 첫이름지우고, 나
뿌면두번제, 이름지우기도합니다. 김진국에대감은, 자청비키울집을지여갑데다일칭경은
이칭경, 삼칭경집을지여녹고서, 자청비가안지고, 내발로기고두발로거름후다섯, 여섯살이,
되여가난삼칭경집에서키워사라가는데, 자청비가, 열다섯십오세나는해, 하루날은, 느진
덕에정하님이, 연천강연내못가서빨래하고와서세답을너는것을보니, 나는, 놀고사라도손과
발이안고운데, 느진덕은매일, 일을해도, 손과발이, 고와집데다. 그리하여서자청비는, 느진
덕이정하님보고, 야, 느진덕아, 너는매일일하여도손과발이고와지는데, 나는엇찌하여서놀
고살
아도, 손과발이구저지다고, 말합데다. 느진덕정하님은, 아이구, 한일알고두일모른애기씨
상저
님아, 나같이록매일, 매일, 연천강연내못가에가서연세답을하여봅서. 손과발이, 고와집니다
고느진덕은, 자청비보고말을합데다. 자청비는, 범문옷고운옷을내여녹고서느진덕이정하
님과, 연청강연내못가로연세답을갑데다. 느진덕은팡에안자서, 연세답을하는데, 자청비는
이팡도, 궁군팡, 저팡에가도, 궁군팡이되여지여서, 연세답을할수가, 엾써집데다. 자청비는
느진
덕정하님보고, 야, 느진덕아부르난, 느진덕은예하고대답을합데다. 자청비는엇찌하여
서, 이팡도궁군팡, 저팡도궁군팡, 되여지다. 그레서, 연세답을못하키엔말합데다.
느진덕은대답하는말이사, 사주팔짜, 그리칠사람은산진물에가도궁군팡산덴합
데다고말합데다. 자청비는두번대답을못하고, 궁군팡에안자서연세답을하노
라이옥황에문왕성아들문도령은지국성거미선생앞에글공부내려오단보니, 연
천강연못에, 월궁녀, 신녀청같은여자들이안자서, 연세답을하염십데다. 문도령은, 글공
부내려오면서, 사나이마음으로, 그냥보고너머갈수가엾서집데다. 문도령은생각끝에
물떠먹는페지박내여녹고, 자청비, 인는데로가서, 문도령이페이지박을내여녹고서
자청비앞에, 주면서물박을뜨어달라고합데다. 자청비는문도령준바가지을받
고서, 물을뜨어녹고서, 버드남입파리을흘터녹고줍데다문도령은페이지박을 ▶
받고보니, 물박에, 버드남, 입이드러시난, 문도령은, 자청비보고, 하는말이얼굴과같이못한
여자라고, 문도령이, 말을합데다. 자청비는문도령보고그개무슨말이냐고, 말합데다문도
령은자청비보고물에티가드럿스면, 건저두고주는것이오른일인데물에다티을넉고주는
식이머이냐고말합데다. 자청비는, 한일알고두일모른도령임아, 먼길을행하는것같아서
물을그나무입삭기틈으로물먹으면물채가안됩니다. 그대로물을먹으면물에채할
까나무입을녹고드렷수다이, 문도령은두번대답이, 엾써집데다. 그래서이번은자
청비가문도령앞에수작을거러갑데다. 자청비는, 어데로가는도령님이라고말합
데다. 문도령이하는말이, 나는옥황문왕성문도령인데, 지국성거미선생님앞에, 글공부
가는길이라고, 말을합데다. 자청비는, 우리집동생도, 벗이엾서서글공부못감수다. 같이

벗하고갑서고말을합데다. 문도령은, 그걸랑그리합서고, 말합데다. 자청비는하던세답을
거두워설러서, 질구덕에, 허우여담고집으로가다가문도령은먼올래안저두고집에드러가
서, 저진세답은저진데로널고담우에, 마른세답은, 마른데로, 노아두고, 자청비는아버
지앞에가서, 아버지글공부각구다고말합데다. 아버지는누구가여자들이글공부
한다더냐이, 자청비는, 아버지그런말맛서, 부모죽고축지방은누가쓰며종이
문서는누구가, 바줌니까이, 아버지는딸애기좌청비말을듣고보니자청비말이맛
아집데다. 아버지글공부허급한다. 자청비는또어머니앞에가서글공부를각구다이
어머니도누구가, 여자도글공부한다더냐이, 자청비는어머니그런말맛서, 아버지어머니살
다죽
으면, 종이문서는누가보며, 축지방은누구가씀니까이, 어머니도자청비말을듣고보니, 맛
아진
다. 어머니도글공부가랜, 허급을합데다. 자청비는, 자기방에드러가서, 남자입성옷를가
라입서, 올래자청비는, 나간보니, 문도령이, 안자시난, 인사하고서, 통성명을합데다.
자청비는나는지국성김도령이우다이, 문도령은나는옥황에, 문도령이우다고말합데다
둘이서문도령과, 자청김도령이노렌하면서, 글공부가는데, 문도령이, 생각을하는것이, 여자
만같아지여서하는말이, 김도령은아까본, 여자와꼭달마배다고말합데다. ▶
자청김도령은, 하는말이, 아까본것은우리누님이되고, 나는동생이됩니다고말하면서거미
선생
앞에글공부드러가서, 거미선생님에선신하고, 글공부을하여갑데다. 하루날은, 자청도령은
변소가고, 난뒤에, 문도령보고, 너하고같이온, 친구남자가, 여자가말을하난, 문도령은남자
우다고
대답을, 거미선생보고말합데다. 거미선생그리하냐면서, 하는말이, 내일아침해도다, 올라올
때, 삼배중이옷을입고서, 대천한간으로나서라. 그리하면, 여자냐, 남자냐, 구별을식켜
주마고말합데다. 그때, 자청비는, 변소에가서도라올때거미선생과, 문도령이주고반는말
을전부아라듣고서, 뒤물러섯다가, 거미선생말이끝나난모른척하고드러가공부을하는
데, 근심이되여집데다자청비는, 그날공부끝나고, 날이저물고, 밤이드난, 오제미두개을만드
라녹고는뒷집말막에, 말똥두개가저다, 담고다라매난, 불독사기다라진간합데다.
날저물매, 뒷집에, 하르방앞에가서, 불직통비러다는것은, 오주매, 두트멍에찔너녹고보
남자에, 물건도되여지여십데다. 뒷날아침, 해도지에삼비중이옷을입고서문도령과, 대
한간난간우에, 서난에, 거미선생은, 문도령과자청비앞으로보고, 뒤로보고하다가, 거미선생
은, 문도령과, 자청비보고, 소변을갈길락하라고, 말합데다. 문도령이가, 먼저, 소변을갈
깁데다. 다음은, 자청비가, 뒤로갈라지면앞더레, 갈기는것이문도령보다, 더멀리, 소변을
갈깁데다. 거미선생은, 남녀, 구별을못합데다거미선생은, 문도령과, 자청비와, 씨름을부
처삽데다. 문도령이, 한번익이면자청비가한번익이고, 하난거미선생은, 그만하고글공부

하겐
말을합데다. 그날도, 글공부가끝나고, 날이저물고, 누워잠을자개되난, 자청비는, 세수
대양에, 물을뜨어다녹고서, 문남제두게걸처녹고서, 문도령과자청비두사이에노면서자청
비기하는말이, 밤에잠을자면서, 문남제터러지거나물을사드면, 글공부나, 활공부도떠
러지기로, 하게맛씨말합데다. 문도령은어서걸랑그리합서고자청비앞에, 대답합데다
그날밤부터, 자청비는, 마음녹고잠을잡데다. 문도령은, 물이나, 세맨기에서, 사다질까, 적가
락하시나떠러질가잠을못자고, 하는것이글공부, 활공부, 도떠러지여삽데다글공부
활공부가, 년삼년이, 되여가는데, 옥황문왕성문도령집에서, 편지가옵데다. 서수왕딸 ▶
앞에, 장가, 가랜, 편지오난, 문도령은거미선생앞에, 가서, 집에서장가, 가랜편지왓수다고
말합데다.
거미선생은문도령보고, 집에가랜말합데다. 자청비는문도령이집에간덴하난, 잠이안오고
걱정이됩
데다. 자청비생각은혼자떠러지여, 있다가, 거미선생앞에, 엇떠한잘못이, 있스면, 엇찌하리생
각을하고서, 자청비도, 그진말편지를써녹고서, 거미선생앞에가서, 선생님저도집에서결혼
하렌편지가집에서왓수덴하난, 거미선생은, 자청비보고도, 어서가렌허급을하면서올
때도같이왓고, 갈때도같이가렌허급을합데다. 자청비는뒷날문도령과, 거미선생
하직하고집으로오다가, 문도령보고하는말이, 문도령님아, 자청비하는말이, 우리누님만
날때주천강연못에서, 만낫수다. 거기가서년삼년이, 되여갈때까지, 몸목욕을못하엿수게. 거
기가서몸목욕하고, 해여저가기가, 엇찌허우까이. 문도령은, 어서걸랑그리합서고, 대답을합
데다. 주천강, 연못으로가서, 문도령은, 자청비을, 남자로생각을하고서, 웃통옷을벗젠
하난, 자청비는, 문도령님아, 알통물에서목욕합서, 글공부, 활공부도, 나앞에떠러지여
시난, 하면서자청비는말을하며, 나는글공부, 활공부익여시난, 웃통에서목욕하구
다고말합데다. 문도령은숫붕이양반이라, 자청비말대로알통물로내려가서우알
옷버서나두고물에빠저동서러레히여다임데다. 자청비는, 웃통물에서웃옷번는척
하다, 버들입을하나하여서편지쓰어물위로띠워갑데다. 어리석고, 멍텅한요문도령
님아, 년삼년다되여가도록글공부활공부, 하여도, 여자, 남자, 분간모른문도령이여쓰
어서물내려가는데로띠워두고, 자청비는옷입고집으로도망갑데다. 문도령은, 동
서우로, 히여다니단보이, 난데없는나무입삭기가, 뜨고오라가난, 건전보니, 자청비글씨고
또, 년삼년글공부하여도, 여자, 남자, 구별못하는문도령이엔써저시난, 문도령은물
가에나와서, 동서러레살펴보니, 자청비도안보이고멀리여자옷차림에동망가는것
을보입데다. 문도령은급하게, 옷을입을수가엾써질때에 너머가든할머니는문도
령옷입는것을보고이리멍텅한도령이, 있스리야안무리급하여도옷을차래로입고
가주말을하난에, 문도령은말하기을그런것이안이고년삼년글공부같이한 ▶
것이여자인데, 남자로하여서나을속여서저기도망감수다이. 할머니는그래도옷을차래

로입고, 달려가면, 심어진다고, 말합데다. 문도령은할머니말듣고서차래로옷입고달려가난자청
사는집먼올내서, 뒷머리를잡읍데다. 자청비는, 아이구도령님아, 이머리노아줍서, 우리부모알면
큰일납니다. 내가집에드러가서, 부모에인사하고, 와서대려각구다고말합데다. 그때사자청
비머리심은거녹고, 문도령은먼올래안자서, 기다리고, 자청비는집에드러가서, 여자입성개입
성하고, 아버지에선신하고, 어머니에선신해두고, 자청비는, 아버지앞에가서, 말을합데다.
글공부같이간친구벗인데갈길이머러서, 하루밤세여집으로각키엔하염수다고말합데다.
아버지는, 열다섯십오세가, 너멋쓰면내방으로대려오고십오세가안너멋스면내방으로
대려가랜말합데다. 자청비는자기방으로가서, 남자옷를, 두개입고박으로올래나가서, 문도령과
한 벌식옷입고서자청비는문도령대리고자기방으로갑데다. 알래칭에서, 문도령앞에날이저무난, 저녁
밥상을차려다주고, 자청비는삼층에올라가서, 개와고양이전부잠들면문도령앞으로오젠
한것이자청비는자이들러사고 문도령은밥상받고, 기다리는것이, 밤중이되여밤이깁퍼사
도, 자청비는안옵데다. 문도령은밥상받고기다리다, 지처서삼칭경으로도올라간보니, 자청비
느안자서조람십데다문도령은잠을자는자청비을깨워갑데다자청비는, 잠에깨여낫고서,
깜작놀라, 자청비는잠에, 깨고보니개와고양이잠든시간이되여십데다. 그때사, 자청비는, 문도
령과, 아래로내려와서문도령과밥상받고, 말을합데다. 이때에자청비집, 몸종, 정수남
이는 자청비와, 문도령이, 말하는것을, 엿드러서, 자청비와문도령이정든내막을아라
갑데다. 그리하여서그옛날은, 씨집가고, 장가간날, 신랑신부노는것을엿본다고
함니다. 어느세, 자청비와, 문도령은, 말을주고바드면서하다보니, 밤이새여발아오고첫닭
이울개되여사고, 문도령은옥황사람이라서옥황으로올라갈때가되여삽데다. 자청비는
문도령보고, 하루밤을새려고, 만리성을, 두룬다고합니다. 본매을두고갑센하난, 문도령
은본매둘것이가진거라곤엾써집데다. 문도령은생각끝에도굴씨한방울이있습
데다. 문도령은자청비앞에도골씨한방울주면서, 문도령은날보드시창문앞에심 ▶
어녹고, 순나고, 꽃피여서, 열매여리서, 익고, 따먹게되면그전에왓다간다고말해두고문도령은옥
황으로도올라갑데다. 자청비는날이새고, 문도령준도골씨한방울를, 창문열면보일자리에심머녹
고난이얼마엾어, 순이나고입이나고, 꽃이피여서, 열매열고, 익어서따먹게되여도문도령은

소식이

엾써집데다. 자청비는기달리다, 벗처서, 심내병이납데다. 약방약, 백약이무효되여갑데다.

하루날은, 먼올래나사고보니, 나무집종하님들이, 신산만산곶에가서, 푸나무장작도하여서 소와말에식

그고꽃도하여서, 머리에꼬바서, 내려오고있습데다. 자청비는꽃이고아서, 하나달라고, 말을하난

동내집하님들은, 자청비보고, 하는말이, 하루삼시밥먹고잠자는, 정수남이보고하여다달렝

하렌말합데다. 자청비는집으로드러와서, 정수남이보고, 야, ~정수남아, 하루삼시밥먹고잠

만자지말고, 신산곶도올나서푸나무장작도하고이짐박이진달래꽃도하여오랜하난, 정수남이는하는

말이, 정심찰려줍서고말하난, 자청비는정수남이정심을차려주나, 소아홉마리, 말, 아홉마리에질매

지우고, 황게도치식커서신산곶으로, 도올라갑데다. 정수남이는, 신산곶도올라서, 한잠자고, 푸나무

장작도하고, 아짐박이진달래꽃도하여서가젠하여, 서큰나무동쪽으로버든나무가지에소아홉매

고, 서쪽으로버든가지에말아홉매여두고, 정수나미는잠을자갑데다. 정수남이는잠을자

다깨여나고보니, 열락서산에, 해는지여가고, 하는데, 황개도치로나무를쓰러눅지는것이, 소아

홉맨나무도눅지고말아홉맨나무도눅지고하다보니, 소도죽고, 말도죽어갑데다. 푸나무장작

을전부해녹고보니, 소아홉도죽고, 말아홉도죽어부난정수남이는, 소아홉가죽백겨녹고말아홉도

가죽을백겨녹고 본매로, 짐을꾸려두고, 보이소고기말고기가벌거케잇습데다. 명게나무

장작삭다리하여서불살라구워먹다버리고, 소가죽말가죽, 지여서내려오단보니, 사만

올리수에오리한쌍이놀고있습데다. 정수남이는, 오리한쌍을황게도치로맛치난오리는날아

나고, 황개도치는물속으로가라안지고하난, 정수남이는갈중이점방이버서두고물속으로

드러가서, 황개도치을, 찾어보데황개도치는못찾고, 물박에나오고보니옷도엾고소가죽말

가죽도엾고, 동드레서러렌보니, 개낭입도 들번들모신입도번들번들하여십데다.

소가죽말가죽갈중이점방이옷은해변어른들, 산에가서푸나무하연오다가구불을누두 ▶

난구불텡이하여가부렴수다. 지금은그런일엾지만그옛날, 해변에해녀어른드리, 질구덕밑에바

투는귀야기도마련하였다고합니다. 정수남이는개나무입삭이와, 모신입을로, 강아을막고서, 집으로내

오다가, 날이안저무난, 수덕에고바있다가, 날이어두우난, 울담너머서, 장팡뒤로가장항주

젱이, 쓰고안자

있슬때에, 자청비는올래가서, 정수남이올때기다리고, 느진덕이정하님은, 저녁밥을준비하다가

정수남이먹을, 국을끄리다가장거리레가고보니, 장항아리가, 주젱이쓰어시난, 주젱이뎅기면주

왁주왁하여가난, 느진덕은힘내고, 주젱이뎅깁데다. 정수남이는, 장항속에고바따가, 일러서는데, 장항은벌러지고, 느진덕은겁이나, 자청비앞으로가서, 말합데다. 정수남이장항속에고바수다고말합데다. 좌청비는, 앞밭에버텅걸리뒷밭에, 작도걸라망난이자각놈불러칼춤을추우렌하면서, 장팡뒤가고보니정수남이옷버슨데로, 가운데만막고서십데다. 자청비는이거엇던일이겐느냐, 성클우에안저녹고질문하난, 정수남이는, 아이구상제님아, 신산만산곳도올란보난, 옥황문왕성이문도령이궁녀신녀청대리고내려와서노념노리게하염십데다. 그걸보케소아홉말아홉매여녹고, 구경하다보난날도저물고푸나무장작이여, 진달레꽃이영발리하여서올려고, 나무을끄치다보난, 소아홉말아홉매여서, 나둔나무을끄너지고, 소도말도, 나무에, 지둘루와서죽고, 그냥올수엾서서소가죽말가죽아홉게식, 하여서내려오다가, 사만올리수에, 오리한쌍이놀암시난그걸황개도치로마치난올리는, 날아나고, 도치는물속에빠지난, 황개도치차지러물에드러가서나오고보니옷도, 가죽도엾써지고, 고부면서, 여기까지왓수덴하난자청비는정수남이죽이젠하단, 문도령말에는, 자청비는, 야, 정수남아, 언제까지한다더야고드르난, 몇일놀다가, 문도령과, 궁녀청은옥황으로간덴합데다. 자청비는정수남이죽이젠하단문도령말에는, 벗텅도거두워간다. 작수도거두워갑데다정수남이보고, 늘낭

신사무라. 날낭느진덕과, 갈중이옷을만들마. 정수남이죽을목숨사라납데다자청비와, 느진덕은옷를만들고, 정수남이는신을삼아갑데다. 정수남이는, 신을삼무면서, 어는제랑옷다

만들입고, 신다삼아서신고, 신산만산곳에가서, 자청비영놀아보리하여가면, 자청비는정수남 ▶

이말귀을못아라듣고, 야, 정수남아머라고말하염시니하면, 정수남이는, 안이우다, 옷도상저님

이자게만들고, 신도삼아그네, 신산곳에문도령과궁녀신녀청노는것을보리, 말하염수다고놀래불럼수다고말합데다. 자청비는옷도다맨들고, 정수남이는신도삼고, 하연는데자청비는정수남이보고, 야, 정수남아, 정심은엇덕게찰리는냐이. 정수남이는상제님먹을거, 진과닷되거소금도, 닷되녹고정심을찰리고, 나정심은, 는젱이과루닷되거든, 소금을노나마나하여서정심을찰입서고말합데다. 자청비는, 정수남이말데로, 정심을찰려갑데다. 자청비가, 정심을전부찰인것같으난, 정수남이는, 자청비보고, 상제님타고, 신산곳문도령노는데라

고갈말을, 어느말을, 안장지음니까, 밭상전타는철리마안장지음니까, 어머니상전타는, 귀욕마
안장을지음니까니. 자청비는, 여부모가만만하여사난, 귀욕마, 안장지우렌합데다.
정수남이는, 자청비말데로어머니타는귀욕마, 안장을지울때에, 구쟁기딱살은거진
말이고, 돌벌러난디가시, 코젱이난돌을주워다가, 두세게안장알레놉데다. 그래서
정수남이는, 정심그릇지고, 자청비는말을올라타난, 말은, 안장으로, 돌맹이코지난걸로
누울리난, 말은들르킵데다. 자청비는야, 정수남아, 말이들르키염저자청비는말을
하난, 정수남이는, 애기씨, 상제님아, 먼길을가젠하면, 말코사을냉기고, 가야합니다이.
자청비는, 말코사을, 엇찌, 지내겐느냐이. 정수남이는, 닭한마리자바살마올리고, 술한
병에, 말목배, 석자오치하여서, 말코사을지내여야합니다고, 정수남이는말합데다.
자청비는, 정수남이말대로, 허락을하고, 난이, 정수남이는자청비말대로, 닭한마리잡아삼
고, 술한병에, 말목배감, 미영, 석자오치, 하고, 술잔대하고, 말옆에, 도구리, 업퍼녹고,
닭올리고, 술걸고난다음, 정수남이는, 닭고기, 끄너서술잔에녹고, 말귀로지루난, 말은귀을
텁데다. 정수남이는자청비보고, 이말코사지내다, 나문거엇찌함니까이. 자청비는느먹어
블렌말하난, 정수남이는술한병에닭한마리가지고늘급에가서먹어갑데다.
정수남이는다먹고난이기분이좋와집데다. 자청비앞으로와서정심그릇지면서
자청비보고말을탑서고하면서말안장아래논돌맹이하나, 나두고, 두, 세게는, ▶
아사던저두고, 자청비을말에태우고, 올래박겻, 나가난또말이, 들르키여갑데다자청비는야
정수남아, 또말이들르킨다고, 말을하난정수남이는정심지고, 말익거서가다가, 정수남이는
하는말이, 상제님아요정심지고, 요레옵서. 말안장탁이, 안나서, 그리하염수다. 자청비는말에서내
려서, 정심을지고, 가게되고, 정수남이는말아래돌맹이논거아사던저두고, 말을타고철
리만리달려갑데다. 자청비는짐한번, 안지여난사람인데정심그릇지난무거웁
고, 발바닥은, 붕물고, 거러갈수가, 엾써지여갑데다. 자청비는, 정수남아, 정수남아, 조금만쉬고가게다리
아푸고, 발창도붕부러아파서거러갈수가, 엾써집데다. 정수남이는높은동산올라가서말에서내려서, 말
도쉬우고, 정수남이도쉬여갑데다. 자청비는, 죽을낙살락정심지고동산에정수남이인는데올리
갑데다. 정수남이는, 상제님한저옵서, 말을합데다자청비는, 정수남이, 앞으로, 죽을락살락
올라갑데다. 올라가서, 야정수남아, 배곱푸고, 다리도아푸고, 발창도붕물고못살키여, 오라우리정심먹
고, 가게하난, 정수남이는, 어서걸랑그리합서. 말하면서정심을같이안자서안먹고따로안자서, 먹젠

하난, 자청비는, 야어데가서먹젠하염시니말하난, 정수남이는, 아이구, 상저님아, 그런말을 맛서
아는사람은, 종과, 한집이같이밥을먹엄젱하고, 모른사람은, 두갓이엥함니다고, 말하면서, 정심을
가저서, 동산알로, 내령가서정심을다먹어갈때, 자청비는정심내여녹고, 한적을수제로떠
먹으난, 짜고, 두번거려서, 먹을생각이, 엾써집데다. 자청비는정수남아정수남아불러갑
데다. 정수남이가, 자청비앞으로가난, 자청비는, 냐, 느먹다나문정심잇시냐, 말하난정수남이는
다먹고엾수다고, 말합데다. 그레서정수남이는자청비보고, 무사드럼수간이. 자청비는, 나정심
은짜서못먹키여, 느먹다나문정심있스면, 먹젠하연노라고말하난, 정수남이는한일알고
두일모른상전님아, 한집이먹다나문것은종이먹고, 종이먹다나문것은, 개와되지가먹읍니다고
말을하난, 자청비는, 배가곱파도, 정수남이보고, 느이것도전부먹어불렌말하난정수남이는배가얼마
나컨는지, 자청비정심까지전부먹고나서, 자청비보고옵서가게자청비는말타고정수남이는빈정
심그릇지고하여서, 신산곳으로가는데, 자청비는물이그류와지여서목마르난, 길어염물혹에물
이잇스난, 야정수남아, 물기류와지다이물먹고가게말하난이물못먹씁니다자청비는무사못먹 ▶
느냐이개발짐승손발시슨물이우다. 정수남이가, 대답하난, 자청비는, 말못하고, 가다보니, 또물이보이난이물먹
고가게, 말하난, 정수남이는, 이물은궁녀청이, 손발시슨물이우다. 너머간다깊은산중드러가난, 하늘과
땅박게안보이고, 한곳에물이있스난, 자청비는목마르고, 물기류우난, 이물먹고가게말합데다. 정수
남이는, 어서이물, 먹고그릅서. 자청비는말에서내려서물을먹젠하난, 정수남이가말하기를
지가먹는것을보고그대로먹읍서고, 말하면서, 정수남이, 우알옷을벗고물을엎더지여서먹어
갑, 데다. 정수남이는, 물먹고, 일러서고, 나와같이물먹읍서고말하난자청비는저고리치마버서옆에
녹고물먹젠하난정수남이는, 자청비, 치마, 저고리옷을, 물엽에, 버드납위로, 던저걸처집데다.
좌청비는물먹젠, 물너레엾더질때지금은엾찌만그옛날, 여자옷중에강알터진, 굴중이여자

옷이
있썼수다. 정수남이는자청비물먹젠, 업더질때자청비뒤에선보니, 여자에, 몸에것이보입
대다. 그때정수남이는자청비것을보고, 자청비는물먹젠물너레업더지난물속이얼룽
거려무서워서, 물먹을수업서집데다. 자청비는야정수남아물속이얼릉거리고무서워
서물먹을수엾덴하난, 정수남이는, 그것이문도령과, 궁녀청이노념하는거우다고말하난그
때사
좌청비는속아수나, 정수남이앞에생각하면서, 자청비는, 고개들러서버들나무로보니, 옷이
거러저시난
정수남이보고, 저옷을내유달라고합데다. 정수남이는자청비앞으로달려들면서, 아이상저님
옵서. 우리이제랑, 한번놀아보겐하면서, 상저님옵서. 입이나한번마추워보게하니자청비는
나입맛추는니, 집에가건내방에, 꿀단지에입을맞추워보라, 나입맛추는것보다더좋아정
수남이는옵서상저님, 가슴이나, 만저보게하난내방에가면물기는편직을만저보라
더욱좋아, 정수남이는상저님과나영허리안아서, 등배작, 허리제닥하여보겐하난자청
비는내방에이불자리우에서, 허리제닥, 등배작하면서누워서둥구러보라더욱좋아고하니
그때, 정수남이눈치는, 인정사정엾이, 달려들듣하난에자청비는정수남이보고하는말이
야정수남아, 이젠날도저무람시에, 도롱담둘러서, 엄막지여서그속에서느영나영누워자나
장난을치여도, 누구못본다. 차이슬도내려감저, 추워지다고, 말합데다정수남이는자청
비말을드런보니, 찬이슬도내리고추워지난담을주워다가, 엄막을다지여서엄막속 ▶
에드러가서안지나, 찬바람이담궁기로, 드러와가난, 자청비는또머리써서, 야정수남아, 너
무담궁기로찬바람
이, 드러오람저, 추원못살키여. 박으로가서, 담궁기조금막고오랜하난, 정수남이도추워지
난박으로가서, 풀트더서
담궁기막을낙합데다. 자청비는안내서정수남이막는데로요쪽막으라막는데는안내서전부
뽀바서
자청비는까라안지고여기여, 저기여, 하다보니, 날을새여박고궁기는못막고합데다. 정수남
이는용
심이나서, 자청비앞으로달려드난자청비는, 안지면서, 야정수남아, 그럴것이안니고, 여기
와서나
다리배고서누렌하난정수남이직거지여서자청비다배여누나, 자청비는, 정수남이니잠바
주맨
하면왼귀알보니, 백몰밭에, 거문개안자난조름이달마지여고나. 오른귀퉁아레보니, 작은니
가시난
군줄노나두고큰니는장수로나두고중간니, 하낙식잡아죽일때에, 정수남이는잠도간밤못
자난

잠이드러서코소리칠때, 자청비는정수남이죽이젠옆을보니, 세골대가나고커시난, 자청비는그
걸꺽거서양손에잡고서정수남이양귀로같이찌르난, 정수남이는아구하면서깨여나단귀알
려서그자리에서죽으난, 나두고, 타고온말들러타고, 어서온길찾어서집으로글렌합데다. 귀욕마
는, 구작집을향하고내려오는데, 장담줄기에비들기, 하나가안자시난자청비는정수남이홀령이건
나이홀목에, 안지렌하난, 비들기는, 자청비홀목에안지난머리잡아야게기꺽거죽여서, 말탁아리아래
다라매여서내려오는데, 큰정자남아레선비세사람이바독장귀두는곳가니, 말발이저러서
말이안거러갑데다. 말채질을하여도, 안이거레갈때에, 정자남밑에서, 바독장귀두덕한사람
이하는말이, 엇찌하난, 말무쇠미앞에, 양귀로피나는무지락총각이, 말을못가게하염젠, 말합데다.
좌청비는, 비들기을때여서, 던저두고, 독경을익으난에, 말이발다리가풀려서, 집으로구작찾어옵
데다. 자청비는, 집에드러가서, 아버지앞에질문한다. 아버지, 자식이악가우과, 종이악까우까이.
종이악갑다한들, 자식보다더악갑겐느냐, 말합데다. 어머니앞에가서, 어머니, 자식이악
까우과, 종이악까우과이. 어머니도, 종이악까워도자식보다, 악갑겐느냐고말하난,
자청비는, 정수남이죽여녹고, 왓수다고말하난, 어머니는하는말이, 별진밭달진밭에
하루에갈고, 씨드리고발려서, 농사지여오는종이말하난, 자청비는나고농사질줄암니다면
서, 별진밭달진밭을갈고씨드려발이고, 집으로와서, 아버지와어머니앞에농사지여서 ▶
왓수다고말하난, 그레도아버지와어머니는정수남이죽여논것을살려오랜말합데다. 자청비는엇
절수없이, 아버지어머니, 이별하고, 집을떠나가는것이, 주모땅에드러가서이집저집을너머가
는데, 성클드려서, 미영을짜고, 있습데다. 자청비는그것을보고, 주모땅, 주모할망앞으로가
서자청비는할머니물조금줍서하난, 부억에, 물항아리가서, 떠먹으레말하난, 자청비는부억
에, 물항아리에가서, 물사발곱저두고, 할머니물사발, 엾수다고말합데다. 주모할망은거
기물사발있젠데답합데다. 자청비는, 물사발찾어줍센, 말하난, 주모할망은, 물사발을
찾이러온틈에, 자청비는발근눈에, 느진거빠뜨고, 빠든거누추와서미영을차노라이. 주모할
망은물뜨고완보니, 미영를자청비가참시나, 주모할망야그것은아무나차면, 안될기지여하고,
말을하난, 자청비는누구옷만들기지우과고말하난, 주모할망은, 그런줄도모르고, 바른데로말
을합데다. 옥황에문왕아들문령이혼사옷감이엔말하난, 자청비는왈각칠각더잘

차는데, 문도령혼사감이엔하난, 주충같은눈물은, 연수반에, 비세지듯, 하는것시옷감기지우에
떠러지여가는것이, 바득바득, 금바득으로옥바득으로표시납데다. 그래서옷기지에표시가되기도마련되였수다. 자청비는주모할망보고, 날수양딸로대려서, 삽센합데다. 그래서주무, 할망보고, 여기서, 여기까지는, 어머니가, 짠거라고말하고, 다음부터는어머니수양딸, 자청비가짠거라고말합서, 말해두고, 자청비는, 방에드러가서, 편지을, 사실대로, 써서기지틈에녹고서, 주모어멍앞에, 보냅데다. 주모어머니는, 문도령앞에, 옷기지가지고가서배읍데다. 문도령은옷가지만든것을, 거더서보면서, 일로여기까지는누구가짜고, 욜로, 여기까지는, 누구
짯수가고, 말하는데, 편지봉투가있습데다. 모른척하고, 인는데, 주모할망이여기서, 여까지는, 내가짜
고, 여기서끝가지는, 우리수양딸, 자청비가, 짠거라고, 말합데다. 문도령은자청비말에는, 문도령
자청비만날수가없읍니까이, 이밤, 저밤사이에, 와서만납서고, 말합데다, 주모할망은, 문도령은, 아랏수다고말하고, 주모할망보내여두고편지을, 익고보니, 문도령때문에, 정수남이, 죽여부난
부모눈박에나고, 주모할망내집에와서, 인는데날만나래올때저밤이밤사이에오는데, 정수남이
살일곳을하영오랜, 편지에써십데다. 문도령은, 정수남이, 살일꽃을하고서, 이밤저밤사이개, 고양이잠든시간에찾어갑데다. 자청비인는방문앞에주모할망모르게당도하고, 방문을 ▶
두둘기난자청비는누구냐고, 말합데다. 문도령이노랜말하난, 자청비는하는말이, 내가, 부탁한꽃을하
연오란디엔말하난, 문도령은, 꽃을하연왓구라고말합데다. 자청비는방안에서, 말하기을, 이창곰으
로, 드릇처보렌합데다. 문도령은자청비, 말한데로꽃을, 창구멍으로드릇치난, 자청비는, 낫제혓
된꽃을, 하여다, 나두웠다가, 영한꽃은, 내앞에도잇젠하면서, 박으로내보내난에, 문도령은자기
가하여서온꽃이안입데다. 문도령은이꽃은내가하여서온꽃이, 안이엔하난, 자청비는그리하면, 상손가락을이창구멍으로, 드릇처보렌합데다. 그러면알도레가있젠하난, 문도령은, 자청비말대로, 삼손가락을드릇치난, 바늘로, 꼭하게질르난, 문도령은, 아파서댕기난피가납데다. 인간사는데는부정하다면서, 옥황으로, 올라갑데다. 날이새고, 주모할망은, 맛상찰려서, 밥상을들러와십데다. 자청비는, 주모할망보고, 이거엇던일이우까, 말하난, 주모어멍은어제밤에, 아무도, 안왓뜨냐고, 말합데다. 자청비는, 말하기을, 여자혼자, 자는데, 아침도안

인밤

중에창문박에, 와서문도안두둘기고어스럭거려가길레, 옥출경을익으난, 간발무중합데다고, 자청

비는말을합데다. 주모할망은부에가, 용심까지나면서, 하는말이, 드러오는복을막게로치는년이여, 어서

나고가라, 밥잖도, 집잖도피료엾다. 주모할망은말을하난, 자청비는, 그길로, 정수남이살릴꽃가저

서, 신산곳도올라가서, 정수남이, 살일꽃을차래로녹고서, 정수남이살리여서, 집으로대려내려옵

데다. 자청비는집에, 정수남이살려오랏수다. 악까운종살려왓수다고, 아버지, 어머니앞에말합데

다. 아버지어머니는여자가남도낫저, 사람을, 죽엿다살다면서, 말하면서, 자청비보고말하난, 자

청비보고, 나고가라, 자식이있스면엇찌, 엾스면엇찌말하난, 자청비는입은옷에, 집을떠나고동

개남, 상주절, 서개남, 은중절로, 드러가서머리삭발하고, 자청비는, 부처님상제로살다가, 인간사는

곳으로내려와서, 호호방문하면서, 시권제을바드러다니다가, 문도령만나난, 주천당연내못

을가고보니, 궁녀, 신녀청들이, 우럼십데다. 자청비는외, 우느냐고, 궁녀, 신녀청앞에말하난, 우리

는옥황에문왕성문도령집에사는, 궁녀신녀청이우다. 문도령이, 병들고자리에누워있수다. 한데

지국성내려가서좌청비먹어난물을떠다주면, 먹고, 사라낙키엔하난, 어느물이, 자청비먹어난물

인지알수엾서서, 움니다고말합데다. 자청비는, 내가, 찾아주마면서, 말하기을, 그자청비먹 ▶

어난물을, 찾어주면, 나도옥황으로갈수시엔말합데다. 궁녀신녀청은, 갈수있수덴말합데다. 자청비는이

물, 저물을맛보는척하다가, 요물이, 자청비, 먹어난물이엔하면서, 물한그릇을, 떠줍데다. 그때사

궁여신녀청은울던, 눈물을거두고, 조금있쓰난, 두레박이내려옵데다. 자청비는, 두레박타고

궁녀신녀청은, 줄에매달려서, 옥황으로도올라갑데다. 자청비는먼발로궁여청이가는곳을살

피고날이저무난, 해지여갈무렵에, 문도령사는집아라나두웠다가, 시권제바드레, 드러갑

대다. 권제바드면서, 자청비는전대귀, 내부난권제쌀이땅으로떠러지난, 무남제내여녹고방

울방을하낙식곳단보난, 날이저무러지여서, 어둡데다. 바람으지찾어서, 거죽택이주어서 둘럿
쓰고, 있노라니, 그날밤둥군달이뜨고오라서, 밤중이드난, 문도령은, 달구경나와서노래을 부르
는것이, 저달이박고, 곱다만은개수나무박겨부난지국성, 에, 자청비만는안이곱다고, 노래을부릅데
다. 자청비도, 거죽택이, 둘러써둠시로, 저달이박기도하고, 곱다만는, 옥황에문도령만는안이곱덴노래을마주부릅데다. 문령은이상하다고, 생각하면서, 또노래을부르난, 자청비도, 또마주노래을부르난, 문도령은소리난곳을찾어와서보니, 사람은, 엾써지고, 거죽택이만있씁데다. 문도령은, 거죽택이을, 뎅겨것고보니, 속낙슨사람이있습데다. 송낙을벗견보니, 자청비가, 도여집데다. 머리는각겨도, 그때사문도령은, 자청비끄러안고서본인문도령방으로들러갑데다. 그날밤부터밤에는안겨자고, 낫에는평풍뒤살렴을합데다. 그때문도령이
몸종, 느진덕정하님은, 이상하다, 몇일전에중이대사, 가, 왓다간후로부터는, 문도령은, 먹는밥도다
먹고, 세수물도구저지고, 한난, 아침밥상들러가서, 나오면서창구멍터주고, 궁기로보니, 평퐁뒤로, 천하일색인여자가, 나와서, 밥상을같이받고, 밥을먹고, 세수물도, 같이써갑데다. 이것본느진덕은, 모른척하고, 세수물도떠다드리고밥상도같이놉데다. 문도령보다, 자청비는눈을, 발리아라냅데다. 그날밤은자청비가, 문도령보고, 하는말이, 문도령님아, 내일아침새벽에어머니, 눈자리에가서, 배곱푸난, 식은밥에물점이라도, 좋우난밥줍서고하여서밥먹고예숙을거러서, 세옷이좁니까, 묵은옷이좀니까, 예숙거러서, 묵은옷이좋아하거든또세장이담니까, 무근장이담니까하여서, 무근것이좋아하거든서수왕딸앞에장가을가지말
고, 내앞에, 장가옵서고말합데다. 문도령은자청비, 말을듣고서, 어머니눈자리에드러갑 ▶
데다. 어니니보고, 문도령은배곱푸난, 밥을달랜합데다. 어머니는문도령앞에, 이게엇던일고, 이아침
에밥이어데시닌하난, 문도령은, 자청비말데로, 시근밥에, 물점이라도하여줍서고말합데다.
어머니는반가워서, 식은밥에물점이, 해다주난, 문도령은, 전부먹고나서, 어머니보고, 어머니말하난, 어
머니는대답을합데다. 대답하난, 문도령은, 세옷이좁니까, 무근옷이좀니까고, 어머니앞에 질문
하난, 문도령어머니는, 임시풀버닥한땐, 세옷이좋고, 풀이죽고나면, 무근옷만못한다고대답을, 합데다. 문도령은또세장이담니까, 무근장이담니까고, 질문합데다. 어머니는, 임시첫맛은세장이좋아도, 깊은맛은무근장만못한덴하난에, 문도령은하는말이, 서수왕딸애기씨앞에장가안가구다. 어머니는, 이게무슨말고, 느진덕을불러서, 질문하난, 느진덕이말이우다
몇일전에, 중이대사가, 오고간뒤로, 세수물도구저지고, 밥도부족함니다고, 말을합데다.

그때사어머니는, 얼굴모른씨아방, 관디지여오라, 씨어머니, 진창옷을지여오랜영이내입데다. 자청비는, 문도령가저온, 옷기지로, 씨아방, 관디여, 씨어멍진창옷을지여다입혀갑데다. 씨아방, 관디, 만나, 씨어멍장옷마집데다. 그레도, 씨어멍은자청비죽이젠, 쉬운자구덩이파고백단숫불지워간다. 칼선다리녹고서, 자청비을불러내고서, 이칼선다리, 바라가고, 바라오면는매누리
할노랜, 문도령, 아버지, 어머니가말하난, 자청비는, 칼선다리, 앞에가서, 서고하는말이, 앞으론보니, 쉬
자구덩이고, 불이와랑, 와랑하염시난, 명처시던하늘님아, 나는이세상낙고, 정수남이, 죽엿다가살
려논죄박게, 엾읍니다, 나을죽일려면, 이불을그대로, 나두고, 살리게거든, 이시간에, 이불을끄게
하여줍서고축수하난, 남방으로, 번구름이, 뜨고오던이, 쉬자구덩이불을끄게비가내입데다. 불은꺼지고, 자청비는칼선다리, 바라가고, 바라와서, 칼알로내리다가그만발뒤치기가끄너집데다. 자청비는문도령이, 아버지와, 어머니앞에꿀려안고인사을하고, 일러서서도라서난흰옷치마에, 불근점이있스난, 문도령아버지와, 어머니는부정하다고말하니, 자청비는한일알고, 두일은모릅니까이. 문도령이부모는그게무슨말고합데다. 자청비는, 남자십오세가너무면, 나무집딸애기, 울너머보곡, 여자십칠세너무면, 제몸제구실한달한번마련합니다이. 문도령이부모님은아무말도못하고, 수별감을불러서, 서수왕집에가서막편지찾어오랜말을하면서, 무
사막편지찾어감시니말하거든, 글짜나가틀려서, 고치고가저옥구다고, 말하랜하여서보냅데다. 수별감
은, 서수왕집으로가서, 서수왕님, 막편지내여줍서고, 말합데다. 서수왕은무사막편지찾어가젠하염시 ▶
말하난, 수별감은, 막편지에, 글짜틀인것이, 있서서, 막편지, 가지러왓수다고말합데다. 서수왕은막편지
보도안고서그대로내여주난, 수별감은, 막편지밭고서, 나오는대, 서수왕딸애기, 올래나와서, 있다가
문도령집에, 수별감은, 우리집에, 멋하러, 와서감시엔하난, 문도령집수별감은, 막편지에, 글이틀인것이, 있서서
막편지찾어감니다고말하난, 서수왕, 딸애기는, 수별감아, 또어는제오리, 나술한잔먹고가라고말
하니, 수별감은, 서수왕딸애기속셈도모르고, 그리합서고, 대답을하면서, 드러가서, 서수왕딸애기술주는데로먹다보니, 수별감은, 술이취하고말이허둥지둥하여갑데다. 서수왕딸애기는, 수장남보고, 글틀인막편지, 어데인는냐, 내여노아보랜합데다. 내가익어보고틀인글을고

처주맨하난, 문도령수별감은, 술추한바람에, 막편지을내여준다. 서수왕딸애기막편지
받고, 야, 수별감아, 문도령집에가거든이, 서수왕딸애기가, 죽어도문집에귀신이고, 사라도
문집에귀신이엔하면서, 막편지불사라먹고, 방에드러가난, 모르구다고말하랜하면서, 서
수왕딸애기는, 막편지불사라, 물에카먹고서물맹지목에걸고서, 문가진방에서목매여죽고
석달열흘백일만에, 문열고, 보니새몸에, 날아갑데다. 머리로나는건, 두둥새, 눈에는흘기
새, 입에는
하매새, 목에목길리새, 가슴에이열새, 열두신뼈는조작새, 날아갑데다. 문도령집에, 수별감은
집으로가난에, 막편지, 엇찌하연느냐고, 문국성은말을하난, 막편지찾어서나오다, 서수왕
딸애기
앞에일러두고왓수다고말합데다. 문국성은엇절수엾덴하고서, 사라가는데, 강남천제대국
에백날
리, 일러나고문도령이가, 백난이막으로가게되엿는데, 자청비가, 남자행착을차리고서, 백난
리을막으로, 나갑데다. 자청비는가만이거둥을보고, 삼장수잘다니는, 길을알고서, 무쇠철
망을다라매고
자청비는, 풀을뜻고있습데다. 삼장수는너머가다가, 외한여자냐고말합데다. 자청비는하는
말이
저우에, 철망속에서보니, 사람이오래사는풀로초약이보여서, 풀로초약을캐고있읍니다고
말합
데다. 삼장수는자청비말을드러서, 무쇠철망속으로드러가난, 자청비는, 삼장수못나오게
죄와
무거서한칼에삼장수을죽여놉데다. 그레서자청비는, 삼장수군졸을, 동으로소리처달리다가
서쪽으로모라달려서, 뒤로죽이고, 서우로모라가다가, 동쪽으로뒤에서죽이고, 하는것이강
남천
제대국에서는, 세변난리가, 끝이납데다. 좌청비는, 강남천제국에서, 국세을밭겐느냐, 땅반
을찾이
하겐느냐, 물반을갈라먹게는냐이. 자청비는, 아무것도, 실타면서, 문도령앞으로, 도라
옵데다.
문도령은, 각씨잘하여서, 자기대투로, 강남천제국에, 세변난리막아왓젠자랑하난, 문도령
친구 ▶
들은문도령죽여두고, 각씨을좌들루젠하여서엾는수작부려갑데다. 문도령친구들은, 엾는
생일잔치버려
갑데다. 문도령보고, 오렌하난자청비는벌서알고, 서문도령이가슴에솜을다마주면서, 친구
들이주는술은고얌
약탄술이난, 입드레먹는척하고, 손으로막아서, 이솜드레, 비음서고말합데다. 문도령친구

들은, 문도령앞

으로권주가을, 이놈저놈이줍데다. 문도령은주는데로손으로막으면서, 입드레대는척하면서, 가슴속

에인는, 솜으로비워갑데다. 친구들은겁이나고, 도망간뒤에, 문도령은, 말을타고집으로오는길에, 비조리

엄막집에서, 늙은할머니가, 문도령나술한잔먹고가랜하이. 문도령은, 말우에서, 할망준술, 먹으난말우에서죽

고떠러지난, 말은집에달려가서, 좌청비앞에, 앞발지난, 자청비는, 말타고문도령앞에와서, 이어룬나

작으만이, 먹고옵서하면서, 문도령말에태우고집에가서, 방에눅지고, 얼른생각나는것이두태비,

개구리심어다옷속에담고, 그쪽, 저쪽다니는 것이 숨슈는것같고, 벌심어다묵어다라매니, 벌나는

소리는코가는소리달마진다. 자청비는, 문덕그고안자있스난, 문도령친구들이, 문도령죽고서, 말

레실너서집에갈젠소문듯고, 오라갑데다. 문도령친구들은와서, 좌청비보고, 문도령어데갈수

간이. 자청비는, 이어른들라, 술을맥여도, 자그만이, 맥이주, 너무맥여부난, 말타고오다가, 말

우에서, 떠러지여서대려다가방에눅젓수다고, 자청비는말하면서, 조금만기달리면일러날거

우다면서말합데다. 문도령친구들은, 창구멍터진데로보니, 옷도들먹거리고, 코가는소리도납데다.

그동안자청비는, 무쇠좌바기먹을하여다친구들앞에주면서, 자청비도, 문도령친구들앞에서좌박

기을먹어갑데다. 문도령친구들은, 겁이나고하낙식전부도망갑데다. 자청비는, 문도령을살릴려고

남자이행착을, 찰이고서, 서천꽃밭을, 찾어가는데, 중간에서, 어린아이두리서, 새한마리잡아녹고

느자발저, 나자발저, 하면서, 다투고있쓰난, 자청비는, 느내들무사, 싸왐시엔말합데다. 자청비는

아이들두리, 하는말이, 내가잡은새인대, 자이가잡았젠하염수다. 안니우다, 내가잡은새인데, 자이가

잡앗구라고, 하염수다면서, 말합데다. 자청비는그리하여서, 느내들, 그새랑나을달라, 돈을주마이.

아이두리, 그리합서고, 대답을합데다. 자청비는, 돈두푼을내여녹고서, 아이들앞에한푼식갈라주고, 새는
자청비가받고서, 자청비는, 새을품에, 따뜻하게품고서, 서천꽃밭을, 찾어가다보니, 울다리높프게둘
은집이있씁데다. 새골리로화살하나을찌르고, 높은울담안으로던저녹고, 울안내드러가는먼이문을찾어
서, 드러가젠하난, 문직이가서있씁데다. 문직이는엇더한도령이냐고, 말하난, 자청비는, 내가서울로과
거가는길인데, 금세, 새한마리날아가기에, 쏘안는데, 이집울안내떠러지여서, 새는하지만, 활대라도찾
이려고, 합니다고, 자청비는말합데다. 문직이는안내드러가서, 자청비가르친곳을가고보니새한마리가 ▶
화살에맞고떠러지엿는데, 그새는, 부선감댁에서, 잡을려, 하는부엉새가, 되여집데다. 문직이는, 그새을, 가지고부
선감앞에, 가서, 문직이는, 부선감보고, 우리집에서못잡는부엉새가저왓수다이. 부선감은그새을보고문직
이보고, 엇더한선비드냐이. 문직이는, 서울무과급제, 과거가는선비가, 된다고말합데다고말합데다.
부선감은, 그선비대려오라고, 말하난, 문직이는먼올래가서, 자청비보고, 우리주인부선감이청
함니다고말합데다. 자청비는, 말에서내려, 문직이따라드러가다, 말팡돌에말을매면서
총한겹뽀아서말혀을묵어두고, 부선감앞으로갑데다. 문직이는말먹을촐을주니안먹웁데다.
문직이는자청비앞에와서하는말이, 저말, 촐을주니안먹엄수다고말합데다. 자청비는, 그
말은집에서도아무거나안먹웁니다고대답하난부선감은, 멋을먹씀니까고, 자청비앞에드
르난, 논말판에, 도구리가득먹넨하난부선감은, 자청비말데로, 문직이에하여다맥
이라고, 말합데다. 문직이는논말판에밀죽을도구리가득하여다노도안먹고앞발만
지여가난문직이는자청비앞에와서, 선비님아, 말이것도안먹씀니다이. 자청비는말앞
에가서, 말혀에묵은총한겹을부선감모르게, 문직이모르게클러두고말뻬얌을때리는척하면
서, 이말아, 저말아, 난디나건, 난데풍속, 든디들건, 든디풍속으로먹으렌하면서, 말, 무주미내부
난말은논말판에밀축을, 왈탕, 발탕, 먹어갑데다. 부선감은자청비보고하는말이, 이새을
선비가, 맛천느냐고, 말합데다. 자청비는, 그럿웁니다고, 말합데다. 부선감이, 이새두마리인
데, 우리집물팡에안자서, 울고가면, 우리집안이안되고또, 꽃밭도숭엄이드니, 이새또한마리
만잡아주면좌운사위할노라고, 말합데다. 자청비하는말이, 그새는, 어느때에, 어데서음니

까고

말을합데다. 부선감은, 저부억, 정지앞에물팡이, 인는데저밤, 이밤사이에와서울고감니다고

부선감은말을합데다. 자청비는, 오늘도와서, 음니까고, 말하난, 부선감은올때가되엿수다

고자청비앞에, 대답을합데다. 자청비는, 그리하면, 날이저물고, 어두우거든, 전부문을안으로장

잠을잡서. 그리하면내가그새을잡아드리구다고, 말을합데다. 자청비는, 말하난에, 부선감은자

청비말을듣고서, 날이저물고, 어두우난, 부선감집에서는조용이기푼잠이들고, 자청비는, 밤이기퍼

가난에부선감집물팡우에간, 배거더서, 누워시난, 안일커라, 부엉새한마리가, 날아와서, 자청비눈

배우에안지난, 부엉새는발리따뜻하여질때에, 자청비는, 부엉새, 양쪽발을잡고서, 화살하나로

부엉새조름으로찔러서, 앞가슴으로나오게하여죽여, 물팡돌앞에노아두고방에와서화살 ▶

창구멍을터주와두고서, 늣잠을잡데다. 부선감집에서는, 지난밤에부엉새우는것을듣기는하연는데

아무소식이엾서집데다. 날이발아도, 그레서부선감님은, 수별감을불러서, 지난밤에, 엇찌, 되연는냐고

드러보랜하난, 수별감은, 부선감말을드러서, 자청비잠자는, 방으로가서, 선비님아, 늣잠을잠니까우리

부선감님이, 지난밤, 엇찌되연느냐고, 드러보랜하여서, 오랏수다고, 말합데다이. 자청비는잠에서

깨고이러나는듯하면서, 말하기을, 부선감집에, 수별감보고, 아궁기로, 활한대쏘안는데, 기척이엾

서지난, 늣잠을자시매, 수별감보고, 강보렌함데다. 그말드른수별감은, 부억, 정지, 문앞에, 물팡

으로가서보니, 부엉새한마리가, 화살에찔려죽어십데다. 수별감은, 부엉새활데꼬바진데로가저서, 부선감앞으로

가서배우난, 부선감은, 그선비불러오라고하니, 수별감은, 자청비앞에와서, 자청비대리고, 부선감앞으로갑

대다. 부선감은, 자청비보고, 고맙다고, 부선감이, 말한데로, 자운사위를매저줍데다. 그날밤부터

는부선감딸과, 자청비는, 암장가드러서사는데, 부선감딸은, 자청비을, 남자로생각하여서작꾸만

안고잘려고합데다자청비는, 작구, 도라눅고, 따로잠을잘려고, 하는것이하루이틀여러날이되여집
데다. 그레서부선감딸은, 아버지앞에가서, 저선비는, 따로만잠자고, 같이잠을안잠수다고말합
데다. 부선감은자청비을, 불러서, 엇찌하고, 우리딸과품자리가멀러짐니까고, 말하난, 자청비는그런것이안이
고, 내가, 내일, 모랜날, 과거을보고와서, 딸과, 품자리을하구다고말하면서, 딸과품자리을하면는, 부정이나
탈까하여서, 품자리을못함니다, 자청비는, 말을합데다. 뒷날은자청비는, 과거보래갈거라고, 말을하니, 부선
감은꽃밭이나, 구경하고가렌말하난, 꽃밭구경갑데다. 꽃밭구경가고, 자청비는, 꽃을만지그면서하는
말이, 이건무슨꽃이됩니까고, 하나하나, 드르난, 부선감은, 이꽃밭에꽃은, 사람이죽고살리는꽃이라고
말을하난, 자청비는문령살이려고, 하나하나, 만저보는척하면서, 부선감모르게서, 곱저갑데다.
자청비는문도령살일꽃하고, 부선감집을, 하직하여서, 과거보러가노라면서, 집으로도라옵데다.
자청비는, 문도령몸에, 숨실꽃부터차래로녹고서, 족낭몽동이로, 동서러레, 후려치난, 문도령은사라
납데다. 봄잠이라, 너무잣다면서, 일러나안지난, 자청비는, 문도령보고, 내가당신을살리젠
하난, 부선감집에, 암장가, 여장가드럿수다. 남자행착을, 차려서, 그리되여시난, 당신이내
말하는데로, 드릅서. 문도령은무슨말이냐고, 드릅데다. 나앞에서보름살거든, 부선감
딸앞에는후보름살고, 부선감딸앞에, 선보름살거든, 나앞에후보름, 반반찾이하여서
삽서고자청비는, 말을하난에, 문도령은, 얼굴이틀이는데, 그럴수가인느냐거든, 당신이 ▶
과거을, 낙방하고, 죽어버릴까, 생각을하다가, 마지막으로, 얼굴이나, 보고죽을려고, 오라구렝합서.
문도령은, 자청비말을드러서, 말타고, 부선감집으로갑데다. 안일커라, 얼굴이틀이덴합데다.
문도령은자청비, 말데로, 과거가서낙방하고, 죽어불려고, 집도버리고, 이곳저곳유람하다가마
지막으로, 얼굴이나보고갈려고와구라고말하난, 부선감딸은, 얼룬자기방으로, 데려서들러
갑데다. 문도령은부선감과, 선보름살다보니, 후보름생각은, 이저집데다. 고향자청비는, 선보
름넘고, 후보름이너머가도, 문도령은, 안오라가고, 생각하다가, 열두폭호단치마내여녹고서
삼년묵은, 장독에, 크고말유고하는것이, 년삼년이되여갑데다. 그때사, 자청비는, 문도령

앞에편지을쓰어갑데다. 문도령님아, 선보름도이집데가, 후보름도이집데가, 문도령이랑, 부
선감딸과, 옥황에서삽서. 나는지국성도내려서, 농사나, 돌보살구다고, 편지쓰, 제비새
날개에접저서, 보냅데다. 그때문도령은, 잠자다, 일러나고, 세수하러, 나와서, 세수대야
에, 물
떠녹고서, 세수할려고, 할때재비새가, 나라가면서, 자청비쓴, 편지을떠러추난, 문도령은편
지봉투주워서, 보이, 자청비글씨고, 편지을, 익고보니, 문도령은, 자청비말한것을, 이저지
여십데다.
그때사문도령은, 자청비, 생각이그때사나고, 문도령은, 세수도하다말고, 말을타고가는것
이급하난
안장도꺼꾸로지우고, 말도꺼꾸로타서, 가다보니벌서, 자청비는지국성으로발을돌려노난에
문도령은, 자청비치마을, 심고뎅기면는, 자청비치마는궁기나고, 문도령은, 자청비치마시
머던
것을내불면, 날아가는것이, 청나비로, 백나비로날아갑데다. 그레서, 문도령은, 부선감딸과옥
황에서살게되고, 자청비는, 지국성으로내려, 오단보니, 정수남이는해남석에서, 니잡암시난
자청비는, 야, 정수남아부르난, 정수남이는, 자청비소리에, 깜짝놀레여갑데다. 아이구애기씨
상제님하난, 자청비는, 우리부모는엇찌되연느냐이. 밭상전과안상전님은세별하여서
세경땅에감장을식켰수다고말합데다. 자청비는그리하냐면서, 정수남이보고, 오라우리, 세경,
땅世耕地이나, 도라보게하여서, 돌단보난, 여름한부중하는데가있쑵데다. 일곱장남에, 아
홉소
을하여서, 여름농사하염시난, 자청비는, 정수남이보고, 저농사, 진는밭에가서, 정심요기나
말려달랭
드러보렌말하난, 정수남이는, 자청비말데로, 가서, 정심밥이나조금달랜하난, 휘욕하면서,
길너머가는사
줄것도엾고, 우리먹을정심도, 엾덴하면서, 안주난에, 정수남이는, 그데로, 도리와서, 자청
비보고
휘욕을하면서, 길너머가는사람줄거랑, 자기들먹을것도엾덴하면서, 휘욕을합데다고말하 ▶
난, 자청비는말하기을, 그리하냐, 소에는봉앙이징불러주라, 밭갈든소아홉이, 갑자기들러
킨다잠데는살
기, 볏, 보섭, 에살기, 장남에는, 배에광난이징, 깜자기배아푸는징, 불러주곡, 또그밭에는,
호련강풍
불러주어서, 농사못짓게, 청빌레나게그밭만, 회오리바람불러주라이. 그날그시에, 장남애
는배아푸는
광난이병, 소에는봉앙이징, 잠대, 뱃, 보섭에도, 살기불러주고, 너머가단보이, 하르방과,
할망이마르땅

에서농사지염십데다. 정수남아, 저기나가서드러보라, 정수남이는, 자청비말데로, 팔강이
농사하는하르방, 할
망보고, 먹다나문정심이나, 있스면조금달라고, 말하난, 하르방과할망은, 우린안적, 정심
을, 안먹엇주만는
저작벽우에가보면, 동구량우알착에, 밥이, 있스난, 하나랑먹고, 하나랑, 내불면는우리가정
심먹을노
렌하루방할망은말하난, 정수남이는, 자청비앞에와서, 정심을줍데다고말하난, 자청비는정
수남
이보고글라가게, 작벽우에가서, 자청비와, 정수남이는정심을먹음데다하루방할망은, 자청
비와
정수남이밥먹는것을보니, 도구량웃착에거먹고, 알착에밥까지먹는것을, 봅데다. 자청비와
정수남이는, 정심을어더먹고, 하루방, 할망앞에가서, 이밭에여름농사는얼마나됩니까고말
하난, 우리두늘근이가죽도록농사지여도저암소로한짐박에안된다고말합데다. 자청비는
가을농사는얼마나됩니까이. 가을농사도그저그만박에안된다고말합데다. 자청비는그리하
면여름농사도만이되고, 가을농사도, 만이잘되여서하르바님할마님저소에도식그다, 지여
가다남게해드리구다. 또검질은, 얼마나, 매염주간이, 검질은매다바도, 또매고또매고한
덴말하난, 자청비는하르방할망이검질안매여도농사잘되게하여드리구다고, 말합데다.
하르방할망은하는말이, 아이구, 고맙긴, 하여도, 우리두늘근이, 놀민뭣하리, 남이욕을할거
난하루해나
짐게하여달랜합데다. 자청비는아랏수덴하여두고, 하루방, 과할망은, 농사짓고, 자청비영,
정수남이
는, 간곳업써집데다. 하루방할망은배곱푸난정심먹으레갑데다정심그릇내여녹고보니, 밥
이그
량있습데다. 하루방할망은, 분명이밥을먹고가신디, 하다가, 제석하르방제석할마님이오란
가고
나생각하여서, 밭에가서밥먹게되면, 동서남북으로케우리는식도낫수다지금은그런일엾
서도
그러나들에정심가지고놀너가고케우림니다. 글찌후자청비는세경땅을도라보면서하다
옥황으로, 여름농사, 오곡씨, 가을농사, 육곡씨, 바드레염제신농씨앞으로감데다. 자청비는
농사
씨을받다보니, 모물씨, 매밀씨, 밭고올게엾서서, 소중귀옷에바듬데다. 지금은빤쓰라고
함니다그레서매밀씨, 밭고오난이귀저귀난뎅함니다. 배추씨는손에밭고오면서, 손거림 ▶
으로떠러진것은, 들으에배추가되였다고도함니다. 세경신중마느라님난산국은본산국, 드
러배운

데로, 아는데로신푸럿수다. 과광선에기지여신합소서~~~끝~~~
참고, 장구노아두고, , ~~~다음식, 말~~~주잔은내여다가, 저먼정나서면는,
천왕태우리주잔드립니다지왕태우리, 인왕태우리주잔드립니다. 높은산, 높은동산놀든태우
주잔드립니다. 높은낭밑태자왈수덕, 내가이놀든태우리주잔드립니다. 제주절도사백리주
이안내, 일소장은, 이소장, 삼소장, 놀든, 태우리주잔드립니다.
사소장은오소장, 육소장은칠소장, 놀든태우리, 주잔드립니다팔소장은구소장, 십소장은,
십일소장, 십이소장, 십삼소장, 십사소장놀든태우리주잔드립니다. 뒤우로, 이집에삼년일
체로, 산신명감, 제석명감, 용왕선왕명감, 위하면주잔받저비오면우장쓰고눈오면
우장쓰고, 바람불면바람으지하여서, 밤에는찬이슬, 낫에는따뜻한햇빛마지면서
큰낭밑에큰돌급밑에서기다리는신전, 주잔드립니다. ~~~다음꼭, 체사에잔내세요.
산신왕부림명도명감체사, 명부전문세찾이최판관체사, 옥황체사, 저승체사, 이승체사신당
본당체사, 이날이시, 살첸목숨비고달고가는애마른체사, 목마른체사시장하고허기벗친체사
주잔드립니다. 거리길태장악하고, 독한체사, 주잔만이드립니다~~다음끝으로간단
이라도군졸, 거느리세요. 천왕손에, 지왕손에, 인왕손에시군졸만이, 주잔드립니다.
참고~~~만치만생약하고, ~~~다음, ~~~개잔개수하면서연당세경신중밭다나문, 각서출
물은
상당소숙어기재철변하면, 마도지신, 우도지신에상괘중괘하괘, 억만육괘무우쿠다.
참고~~~쌀제비바다, 드립니다. 본가에농사진는대로, ~~~쌀제비는, 한방을두방울
여섯방울, 여덥방을이, 제일좋읍니다세방을반반됩니다.
인사하면끝이됩니다. 순서엾이써보았읍니다참고하세요.
한두말식은전부틀임니다. 누구나, 어느것이맞고틀인지, 모름니다. ▶

체 사 본 푸 는 식.

참고~~~체사본풀때첫제, 말식이, 두가지가있습니다. 외냐면는요
당클맨굿이나, 안맨굿에대신왕, 연마지라고하면는, 곡, 대명왕채사본을푸는것이원칙
임니다. 그런대, 대명왕체사본은, 엾서지고, 영가길을치면, 영가체사본이라고품니다.
그리고, 귀양푸리가면, 체사본을, 품니다. 그레서두가지란말씀이됩니다.
또, 남군으로, 서귀포쪽남원쪽에가면, 귀양푸리에는체사본을풀고큰굿에는, 대명왕체사
본이라고한번풀면, 영가길을, 처도, 체사본은, 안니품니다. 아라두세요.
그러면, 체사본풀때첫제말식을 써봅니다.
1. 귀양푸리, 첫제말식, ~~~동살침방우전, 서살장안으로, 원고양신푸리, 신귀양은
원눈푸리로, 제청설입하여서, 축원하다가, 금번이는금일원고망인안동한체사님
난산국, 본산국, 어간이되였수다삼상향, 삼주잔, 개수하여위올리고, 권제바다
제인정결명서, 체사님난산국제내입서~~참고~~이레서공신으로드러도가고
2. 일번과같지, 간단이, 하고, 체사님난산국제내입서~~하면는, 다음은,
천왕체서내입서지왕체사내입서. 인왕체서, 내입서. 삼신왕부림명도명감체
사내입서. 문서찾이최판관몸바든, 오이체사내입서옥황체서, 저승이원체사
이승강임체사, 신당체사, 본당체사, 금일원고망인안동한체사내입서. 본산국으
로는, 범무왕내입서. 금법당대사님, 속한이중내입서, 과양땅과양생이각씨도
내입서. 생사람이신이본을다알수있습니까. 이저몽농된말, 선후도착된말씀
있슬지라도, 기지여신하여제내려, 하강합서~~~다음은본을품니다.
참고~~ 1번은체사본풀기전그집안영가에연유올려서푸는데본풀기전에
2번은바로푸는식이됩니다. 일번첫제말식은, 똑같읍니다. 아라두세요.
바로체사본풀라면2번식으로풀면됩니다. ▶
3. 대명왕체사본, 첫제말식, ~~~~마당벌금이어간하고, 명부전은대신시왕, 십전대왕좌우
득, 어간하엄중한, 신전각조상을매워축원합다가, 명부대신왕못고내인, 대명왕체사님
난산국은, 본산국, 어간이되였수, 삼상향은삼주잔, 개수하여위올리고, 시권제바다위올임
니다. 제인정, 이승돈, 돈천금, 은말양바다위올이면서대명왕체사님, 난진국하강합서
장구치면서, ~~~공신으로드러가서, 연유조금이라도올린다음, ~~~앞에와거이같읍니다
천왕채사내입서지왕체사, 인왕체서내입서삼신왕부임체사내입서. 문서찾이
심전대왕부임체사, 내입서. 옥황체사, 저승체사, 이승체사, 신당, 본당체사내입서.
범무왕, 난산국은본산국내입서. 금법당대사속한이중내입서과양땅과양이각씨내입서.
참고~~외, 영가안동한체사는안거느리는냐면, 영가길칠고나서거느리는것이우다.
똑같이, 천왕체사로거느리지만, 구분이틀임니다. 대왕체사본풀때는말임니다
4. 대명왕체사본, 바로풀때~~~첫제말식.
마당벌금, 이로, 제첨어간하기는, 엄중한명부대신왕, 십전대왕, 좌우득모셔

내린대명왕, 삼체사, 어간이되였수다. 삼상향, 삼주잔개수하여위올리고
시권제, 서천제인정바다위올리면서, 대명왕체사님, 난산국제내려하강합서
천왕체사, 내입서. 지왕체사, 내입서인왕체사, 삼신왕, 부임, 명도명감삼체사
내입서. 문서찾이최판관, 몸바든오위체사내입서. 옥황체사, 저승이원체사이승
강임체사, 내입서. 신당, 체사, 본당체사내입서. 뒤로, 영가몸바든체사는영가
길처나면위불너난산국, 신푸러드럭쿠다. ~~대명왕, 체사님난산국으로하강합
서. ~~~참고, ~~하여서, 본을풉니다. 옛날이라옛적에하여서,
처얌말식만, 틀이지, 영가, 채사본이나, 명도명감체사본이나, 대명왕, 체사본
이나, 첫제말식만, 틀이고, 본푸리는똑같읍니다. 모든본푸리가. ▶
또, 물에서죽으면용왕국, 부엉체사, 난산국, 어간되였수다.
민물에서나, 전수지물에서죽으면, 민물용궁체사라합니다. 꼭거느려야합니다
6. 나무에서, 목매여죽으면, 나무에절량, 홍배체사도, 난산국내립서거느여야하고
7. 약먹고죽으면독약체사가됩니다. 8. 길에서차오도바이에죽으면, 로중체사
말씀은그때그때꼭거느려서, 체사본은같읍니다.
9. 만약, 십오세, 미만, 어린이죽은데는, 이궁본, 푸는것이, 원칙입니다. 십육세우로년세는
강임체사본푸는것이원칙임니다. 아라두세요.
외냐면그옛날, 부터, 살기도골랏했지만, 할마님본을풀면, 알수있읍니다
요주금은먹을, 음식이좋와서초등학, 5, 6학년, 중학교1, 2, 학생도숙성함니다
참고해보세요 뒷 장, 강님체사본. ▶
장구몇번치고 난다음에, 아랜말식이됩니다. 또북이라도몇번친다음, 함니다.

체사본, 첫제말식.

동살장침방우전, 서살장은, 모람장안으로, 원고양신푸리, 신규양원눈푸리로제청설
입되여서 축원를하옵다가, 금번, 금일원고망인안동한체사님어간되였수다
난산국은본산국시주낙형신푸러올라저함니다. 삼공마량제인정바다위올리
고, 삼상향, 도지도투와, 위올임니다. 삼주잔도개잔해위올리면서난산국은
본산국으로제내려하강합서~~~~~
참고~~다음은, 장구나, 북이나, 두들기면서, 함니다. ~~~다음식은,
천왕체사, 지왕체사, 인왕체사, 명도명감체사내입서난산국은, 본산국으로,
문서찾이, 옥황체사, 저승체사, 이승체사, 신당체사, 본당체사내입서.
금일원고망인몸바든체서내입서.
금번당대사님속한이신삼부, 범무왕, 내입서난산국은, 본산국으로
시주낙형과광선신푸리로, 하강합서. ▶

체 사, 본 푸 리.

옛날, 옛날, 그옛적에, 동경국에, 범물왕살았수다. 이십, 은스무살너어서갈임후, 가숙거느리고

놋전답강전답, 좋아지고, 수별감수장남, 거느리고, 아들은, 삼삼은구로, 구형제소생하여서잘
살아, 갑데다. 산천이부족인다, 모릅니다만은, 우로부터, 첫제자식부터, 셋제아들까지열
다섯, 십오세, 나는데로죽어서, 무덤하고, 넷제, 다섯제, 여섯제자식은십오세을냉겨사고
일곱제, 여덥제, 아홉제아들, 삼성제도십오세나는데로죽어서무덤하여서사라갑데
다한데, 동개나무상주절, 서개나문은중절, 남개나문몽농절, 부처님직한대사님은여든팔십
세가너머인는데, 하루날은, 법당직한속한이을불너녹고서하는말이, 나살다죽거든낭
천바리, 드려서, 불천소에, 식키고, 나문것은굴뭉낭, 방에예지여서높은산에전부뿌려
신체간곳없시해달라고속한이에부탁하고, 얼마못사라대사님은, 부처님을하직하
고, 부처님, 연당알로잠잡데다. 속하이는대사님이, 얼마못살고죽으난, 낭천바리드려불천
소에식키다나문신체는굴묵낭방에예지여빠사서명산에뿌리고부처님직하고, 사옵데다
하룬날은, 몽농성깊은잠을자다가, 먼동, 금동, 대명천지발아올무엲에대사는속한이선몽
을식켜삽데다 대사가, 선몽을, 속한이에하기을, 대사가, 야, 속한이, 야그리잠을자면
우리절을엇찌수리하고, 유풍소문건이나게할수가인는냐고하면서, 하는말이, 지금일러나서
동경국에범물왕집을찾어서내려가라. 보라, 보면알도래가있스리라. 범물왕이이십
스무살너머서, 아들아홉형제낫고, 논전답, 강전답좋아지고수별감수장남거느려서
사는대, 범물왕이아들우로삼형제알로삼형제, 죽어무덤하고중간으로삼형제사라
인는데이아들삼형제도내일모레면사고전명막이난우리절간대려다가, 년삼년만
명과복을비러주라면, 우리절소문나고, 헌당헌절수리도, 된다고말합데다.
속한이는잠에서깨여나고보이날도새염고대사님이선몽을주워십데다. 속한이는
빠른행착찰려서부처님이불궁하고, 대사행착을차려서동경국에범물왕이
집을찾어서내려갑데다 이집저집시권제바드레다이단보난속하이는범물 ▶
왕집먼올래드러서난, 소송은절이뱀니다고굴복하난, 범물왕은수별감, 수장남을불
러갑데다. 범무왕이, 수별감불너서하는말이, 우리집먼올내에, 어느절대사가당도하여쓰니어서

안으로청하랜말합데다. 수별감은, 범물왕이말대로, 올래나고보니, 하늘이가득한철죽대지푸고귀다

리담숙굴송을쓴대사님이오라십데다. 수별감은속한이중보고, 어서드러옵서우리, 범물왕이청하

렌, 하염수다. 속한이는원불치면서진안집앞열이돌앞으로구버생천하면서, 소송은절이뱀니다

고하난, 범물왕이, 시권제내여주렌합데다. 속한이는, 시권제받고나이. 범물왕이하는말

이, 어
느절대서며, 어느절속한이냐고범물왕이말합데다속한이는, 대서님은, 법당부처님을
직하여있고, 나는법당직한속한이소서중이우다이, 대답을합데다. 범물왕이하는말이사
속한이보, 단수육갑, 오행팔괘집들알겐느냐이속한이는예하고대답합대다. 범물왕
은또사주역을, 볼줄, 알겐느냐이. 속한이는, 예, 대답하니, 범물왕은, 그리하면는우리
부부간, 사주판단하여달라고, 말합데다. 속한이는단수육갑오행팔괘, 집더녹고, 사주역
을내여녹고, 초장에초년핀다, 하고보니, 대사님이, 선몽대로, 아들아홉형제와논전답
강전답좋아지고, 수별감, 수장남거느려잘살랜하여십데다. 이장에중년판단을보니, 좋고
두고나뻐진다. 아들아홉형제에, 육형제는무덤하렌한팔자고제삼장에말련판단보
이, 다시불참, 엾써진다. 아들삼형제인대 내일모래면 삼형제도죽어서, 범물왕내외간
은, 말년은무호하렌하였고나. 속한이는, 대사님선몽대로되여시난, 범물왕보속한이는, 범
물왕
님아~, 초년팔자는이보다더좋은팔자가엾읍니다. 고말합데다. 범물왕은엇찌좋안말이겐
느냐
고, 말하난, 속한이는, 논전답좋아지고, 강전답, 좋아지고, 아들은구형제, 보랜하난이보다
더조
은팔자가어데, 있습니까, 고말하난, 범물왕은중년팔짜는엇찌하겐느냐, 말하난속한이는
족고두고, 나뿐니다. 범물왕은, 엇찌좋고두고나뿌겐느냐이아들이, 아홉형제에다우로삼
형제, 알로삼형제는무덤한넉시라족고두고나뿐니다고말합데다. 범물왕은, 말련팔자는엇
찌하겐는냐이, 속한이는, 말하기을, 말하기, 죄송하나, 다시불참, 엾읍니다이범물왕은엇찌
하여서, 나뿌단말이야합데다. 속한이는, 말하기에죄송하나지금아들삼형제가있수다 ▶
만는, 이애기들도, 명보존이어유와서, 내일, 모래면운명이부족함니다고, 말씀합데다
범물왕은그말듯고우는가슴말팍듯, 그런말, 말라, 속한이는범물왕앞에무슨말이우과
하난, 니가그리죽을점을잘치는데, 명지장단, 사라날점은, 할수엾는냐고말합데다
속한이하는말이죽을점을하는데, 사라날점을무사못함니까속한이중은, 왕이손이라도대공
대단
드는곡칼로머리삭발하여서, 금법당드러가서, 년삼년살면명과복을이슬구다고말합데다
그레서그옛날은단명자, 자식키우기어려운자식들, 자기부모버리고남이부모비러키우기
도하였수다. 속한이중은, 그리범물왕에말해두고서, 속한이는금법당으로, 도올라갑데다범
물왕
이내외간은걱정되고, 얼굴기색이엾써진때에, 아들삼형제는, 놀다가집으로돌아오고보니,
아버지, 와어머니가걱정되는얼굴이되여집데다. 아들삼형제는, 아버지어머니앞에무슨걱
정을하염수가우리삼형제생각합서고말합데다. 아버지와어머니는, 하는말이느내들생각
하난걱정이되여진다. 아들삼형는그게무슨말이우꽈. 말을하난 아버지범물왕이, 느내들

삼형제, 지금대공대단, 드는곡칼로, 머리삭발하고, 내일날금법당가서 년삼년명과복을
비러올수인느냐이. 아들삼형제는하는말이, 우리삼형제가대가되면엇저며, 소가되면
엇떳읍니까, 명지장단오래살다, 아버지, 어머니죽어몽상쓰고, 공가파드리는 것이
자식이도래가됨내다고말합데다. 범물왕내외간은, 대공대단드는곡칼내여녹고
과라서, 아들삼형제머리삭발식키고, 안방에대려드러가고, 눅저잠을제워두고, 범물왕이
내외간은, 아들삼형제금법당을보내젠하난또근심이되여진다. 그대로금법당을보낼수없써서
진다. 범물왕이생각을, 하는것이, 은기, 놋기, 백비단을내여녹고서석짐에꾸려놉데다.
이밤저밤깊은밤, 개, 고양이, 조왕할망잠든시간에, 아들삼형제을, 깨워서, 일문전하직, 부
모에하직하여서, 올내박겼나와서, 범물왕이, 아들삼형제들금법당으로보내여갑데
다. 범물왕아들삼형제는, 동개남상주절금법당, 먼문전당하난금법당, 땅아구리개는
내발굴려죽어갑데다. 법당직한속한이는, 나와서범물왕아들, 삼형제, 진안으로청하여서
지고간것은대추나무은저울로저우려, 부처님앞으로올려두고원불수록을드려삽데다한데 ▶
동경국에범물왕집에는삼체사가도내려서범물왕아들삼형제을잡피젠동서편작합데다. 삼
체사는,
범물왕이아들삼형제, 찾아못차지니, 삼덕조왕할망앞에, 범물왕이아들삼형제는어느곳에
간는
냐고말을, 하난, 조왕할망여산부인는모르구다도감박잠든시간에없서지엿수다만은,
어제, 그적게, 어느법당, 대사대리속한이중이오고간뒤, 범물왕이아들삼형제는없써지엿수
다고, 소도
리을, 합데다. 범물왕이아들삼형제잡일삼체사는, 금법당으로, 도올라갑데다. 암무리, 저승
체사
라도범물왕이, 아들삼형제간절을몰라지여서, 이절간, 저절간을찾다보니, 범물왕이아들삼
형제
잡필시간이너머사난, 삼체사는저승으로 도올라갑데다. 그리하여서, 범물왕이아들삼형
죽을목씀사라나고, 년삼년금법당, 종사하는데, 절과당이, 수리가 안됩데다. 범물왕이아들
삼형제는
속한이중보고, 대사님아, 우리년삼년, 법당종사하여도, 절과당은수리가, 안되염수다고, 말
을하면서, 권세
문을, 열려줍서. 우리삼형제가, 시권제을, 바더다가, 절과, 당을 수리하구다고, 말을합데다.
속한이중은
권세문을 열러주난, 범물왕이아들삼형제는, 속한이행착을 차려서 마을마을, 촌, 촌이 시권
제바드레
다이다가, 다리도아푸고, 하여서, 장간쉬여가는데, 큰형이, 동쪽하늘을보던이, 초생반달이
뜨고옵데다.

큰형이하는말이, 저달은초생반달이라도, 하늘높이뜨고, 우리집도 보고, 우리부모도보건만, 우리는언제
면, 집도보고, 부모님얼굴도보니, 서른동생들아, 집생각, 부모님생각, 안나는냐이. 동생들은형말끝에
무사안니남니가고대답을합데다. 큰형이그때오라, 우리금법당가서, 대사님보니절간하직식켜도렝
하여서, 집도강보고부모도그리난보아근오키엥하게말합데다. 동생들은어서걸랑그리합서고말
합데다. 삼형제가절간으로, 도올라감데다. 절에가서시권제바든것은, 부처님에올려두고
범물왕이, 아들삼형제는, 속한이보고, 하는말이사, 우리법당하직식켜줍서. 절간법당년삼년을사란는
데, 집생각, 부모님생각이남수다고말합데다. 속한이는, 그게무슨말고, 년삼년만더살고가라이범물
왕이아들삼형제는일년도못살구다. 일년만, 더살낸하난, 단석달도못살구다이속한이중은
석달만더사랑가렌하난범물왕이, 아들드르, 단삼일도못살구덴하면서하는말이, 유월영
청좌작한더위물그류운것은뜨어나먹건만그보다, 부모님집생각이, 더간절하여집니다
고대답을합데다. 속한이는엇절수없이, 어서게건내일낭집도보고부모님도보고오랜 ▶
대답을합데다. 범물왕이아들삼형제는, 어는제면오늘밤을세우, 내일아침이면, 부처님을, 하직하고
집에가서, 집도보고, 또, 부모님도, 보고오라한것이, 잠이안니옵데다. 속한이는무정눈에, 잠이옵데다. 먼동
금동대명천지가, 발가올때에, 대사은, 속한이중에, 꿈에선몽남게일몽을하는말이, 오늘범물왕
아들삼형제보내는데, 올때지고온, 물건을전부한짐식지워서보내는데, 집으로가다가시장하고
배곱푸거든, 왕내노수하고 집도보고, 부모님도보고오라만는시장하고배곱푸는곳을
조심하여너머가면, 부모도보고, 집도보건만, 시장하고, 허기가, 벗치는데서실수하면집도못보
고, 부모님도, 못본데, 말을하고, 범물왕아들, 삼형제을, 보내렌, 선몽합데다. 속한이중은 깨
고보니, 대사님이선몽하여고날이새여십데다. 속한이는, 부처님에, 아침불공하고범물
왕이아들삼형제을, 법당하직식키면서, 올때지고온, 은기, 놋기, 백비단, 한짐식, 석짐을
내여녹고, 범물왕이, 아들삼형제앞으로, 내여주면서, 대사님선몽할때와같이, 말씀을
합데다. 범물왕이, 아들삼형제앞에느내들법당하직하고, 집도보고부모님도가서보고오라

만는, 집으로, 가는길에, 시장하고, 허기가벗치는곳이, 있슬거난, 거기을조심하고너머
가야만, 집도보고부모님도, 볼수있저, 거기을, 조심하고, 너머가렌말을합데다.
범물왕이아들삼형제는, 부처님도절가집도속한이도, 하직한다. 속한이말드르범물왕이
아들삼형제는집으로, 내려오는것이, 속한이말대로, 과양땅, 짐치골건당하여가는데
앞에가는큰형이, 아이구, 동생들아, 앞으로한발노면뒤우로는두자국식, 물러서지고, 시장
끼도
나고, 배도곱푸고못각키여, 말을합데다. 두번제형도큰형님같이말을하는데, 작은아시는
형님들보고하는말이, 아까대사님이무어라고말합데가, 부모찾어집보레내려가다
가, 보면, 시장하고, 배곱푸는곳이, 이슬거난, 조심하고너머가랜안합데가고말을하
생조차, 배곱푸고, 시장끼가, 나갑데다. 그형님은동생말에대답도못하고, 내려오단
보난울다리도높으고, 큰대문다라진집이있습데다. 큰형님이드러가면서, 소승은절이뱀
니다이과양생이각씨는창문을열고보니애기중이드러와시난, 오늘제수다발저며
수별감불러 큰형귀잡바돌려불렌하난수별감은큰형님귀잡아돌이난저마당 ▶
에엽더지여서, 못일러납데다. 둘제형님드러가소송은절이뱀니다니. 또과양생이각시는보
고수별감불러서귀잡아돌이난, 둘제형도, 저마당에엽더지여서못일러납데다.
작은동생아시가, 드러가면서, 소송은절이뱀니다이과양생이각씨년은또보고수별감불러서
귀잡
아저마당돌이렌하난, 수별감이나오라가난, 작은아시하는말이, 우리가볼래중이안이우다
단명
하다고하여서동개나무상주절, 명과복을빌레간오면서, 시장하고, 배곱푸난식은밥에물점
이을, 사먹을까왓수다. 우리가공이먹고갈바도안이우다면서, 작은아시동생은형님들
일려세워서, 저올너레가는것을보니삼형제가한짐식지였구나. 그때사과양생이각씨
는, 엾는언강을, 치면서안사랑방좋수다. 밭사랑방좋수다. 손님내몰랏수다면서, 청하난
범물왕이아들삼형제는배곱푸고, 시장하난, 과양생이각씨집낭간우에안자시난, 과양
생이각씨는식은밥에, 물점이에수저세결처서, 간다주난그밥을다먹고빈그룬을돌이
젠하난, 미안하여서작은아시하는말이, 나무음식공이먹고목걸이고, 공이입고서등실이는
법이우다이큰형님하는말이, 무엇으로, 밥값을물겐느냐이자근아시하는말이우리가은기
놋기을안지였수가백비단을안젓수가면서, 은기놋기, 한불식백비단석자식끄너
놉데다. 내여녹고, 과양생이, 각씨앞으로주난, 과양생이각씨는안보든물건이여
과양생이각씨하는말이, 범물왕이아들보고, 이좋은, 물건을같고, 단이다가, 중
간에서, 강적수적, 도독놈만나고, 물건일러부는것싸하주마는좋은목숨까지,
일러부러지난, 우리집안방이따뜻합니다. 따뜻한방에누워서잠자고, 내일아침
일직, 밥먹고, 집을찾어가랜말함데다. 범물왕아들삼형제는과양생이각씨말도
드런보니, 범물왕들삼형제는과양생이각시말듯고서, 과양생이각씨뒤따라서, 안방으

로, 들러가서, 그날밤을, 세여가는데, 과양생이각씨는, 아침밥을하여서, 큰솟에물
여고, 불살라서물리우다가, 도금착에물적저서, 솟강아래지더서연기을내우
면서, 정동화루에, 숫불피워녹고, 고얌약주, 딸려녹고면새벽에잠자는범물
왕아들삼형제깨워녹고서, 과양생이각씨연은, 범물왕아들삼형제보고하는 ▶
말이, 요거한잔식먹고있스면곳조반식사가, 되염수다고, 말합데다. 범물왕이아들
삼형제는, 우리는이런것을, 안먹음니다고, 말합데다. 과양생이각씨는, 절박겻나서면
술도먹고, 고기도먹씀니다고, 권주가을, 하여가난, 범물왕이, 아들, 삼형제는과양생이각
씨년권주속에, 너머서고얌약주한잔식하난, 무정눈에또잠이오라서잠을잡데다.
과양생이각씨는또삼년묵은참기름, 정동화리, 에숫불피워서, 참기름, 딸려녹고, 잠자는, 범물
왕아들, 삼형제양귀로지르난, 범물왕아들, 삼형제는과양생이각씨년손에, 집도못보고
아버지, 어머니도못보고, 죽읍데다. 날이새난, 과양생이각씨는, 수장남불러서하는말
이, 어제저녁집에온손님죽은것같아, 광청못에지여다가, 드르처두고오라, 그러면는
어제번거, 반갈라주마고말합데다. 수별감은, 과양생이각씨말하는데로, 범물왕아들
삼형제, 신체을, 거죽택이에, 묵거녹고, 바지게로, 지여다가, 광청못물에지여다드르처두
고집으로도라와서과양생이각씨보고, 어제번거반갈라달라고말합데다. 과양생이
각씨는, 가만, 있스면, 몇일후, 한번광청못도라보고갈라주맨하난에, 수별감은과
양생이각씨하는데로대답하고도라섭데다. 범물왕아들삼형제신체는광청못밑
물속에드러가난, 밑물용궁에서는, 범물왕아들삼형제, 혼벽보고, 누구영을받고서
오란느냐이. 범물왕아들삼형제는누구명령이라, 할수엾읍니다. 과양생이각씨년손에
죽어서, 오랏수다고, 말합데다. 단물용궁에서는 불쌍한애기들, 저승염라대왕몸
바든체사가와도못죽은애기들인데, 독한년손에죽고오단이하면서, 인간드레, 삼
색꽃으로, 도환생식켜주거든, 인간에나가서물우에서돌다가과양생이각씨원수
갚음하라면서삼색꽃으로물우에, 도환생식켜줍데다. 글찌후, 얼마엾서서과양
생이각씨는헌주럭하나, 바구니에담고, 물막게녹고, 말물매기레가는척하면서
광청못으로가서, 주럭과, 막에다문, 바구니, 물팡우에나두고말물맥이는척하면서
물너레바려도, 아무것도안보이고, 말은물먹다가, 앞발을지여갑데다. 그레서, 말물맥
을때앞발지읍니다. 과양생이각씨는또, 물팡우에안자서실푼새답을하면서보니, 범물 ▶
왕아들삼형제, 신체뜬데는엾고, 삼색꽃이노람십데다. 이꽃본, 과양생이각씨는또삼색꽃에
욕심이나서, 눈을처도안오고손은못치고, 물막게로물뎅기난, 삼색꽃이오라갑데다. 앞에
오는
꽃은운는넉시꽃이고, 두번제오는꽃은울면서오는넉시꽃이되고, 세번제오는꽃은배락같
이용
심난, 넉시꽃이되여집데다. 과양생이각씨는, 그삼색꽃을건저바구니에다마서집에와
서, 한꽃은상기도걸고, 다음꽃은뒷문전걸고, 또한꽃은앞문전을걸러갑데다. 과양생이

각씨, 가, 앞으로가면앞살작매고, 뒤로가면뒷살작매고, 하여가난이꽃이곱고악구워
도행실이사괴심한꽃이라면서, 정동화리, 숫불살라서, 지드난삼색구슬로도환생
함데다. 그때에동내할망은, 집이살은불이, 꺼저서, 과양생이각씨앞에불빌레
갑데다. 과양생이각씨는집에불살라난데오레였수다만는, 정동화루에나강
봅서고대답합데다. 동내할망은안내가서, 정동화리에보니, 불도있고, 삼색구슬이있씁
데다. 동내할망이, 나오라가난, 과양생이각씨는, 할망보고불인존합데겐합데다.
할망은불도있써서, 담고, 삼색구술시난에, 봉가구렌말합데다. 과양생이각씨는, 어느거
우과, 우리집에와서, 불만, 비러가도하주, 우리일너분, 구슬까지, 도둑질하여서감수겐
하난, 동내할망은, 도둑질안니하고봉아구렌합데다. 과양생이각씨년은, 우린그구
슬로하여서얼마나, 걱정되는줄아람수겐하면서, 할망보고어느거우가, 내여놥서
보저, 하난할망은구슬을과양생이각씨년에주고갑데다. 과양생이각씨는, 손
에녹고삼색구슬놀이고, 입에녹고, 놀이다보니, 삼색구슬은, 온데간데없어집데다.
과양생이각씨는, 살다보니, 남편도죽어분여자가, 백장동토나서, 아홉, 열
달만에, 아들삼형제소사남데다. 과양생이각씨는, 아들, 삼형낫다고그골김
추원님앞에말하난, 김치원님은, 개삼신이지, 사람이색끼야면서, 김치원은, 채
서말을내여주면서, 죽수워딸려, 맥여, 살리라고합데다. 과양생이각씨는채, 서
말가지고, 집으로와서, 개와, 되지먹여살리고, 밥하여서딸려죽수고, 애기맥여
살이는데, 노는소리고글소리여잠자는소리도, 글소리가되여집데다. ▶
혼일곱살나고, 일천서당글공부가난글자원, 하여갑데다. 열다섯십오세과거가
난, 큰아들도장원하고, 둘제아들도장원하고, 자근아들도장원하고, 아들삼형제장원하
여서, 앞에선봉대장, 뒤에후봉대장거느리고, 기매불려높은벌련독개, 둘러타서
집으로내려올때에, 과양생이각씨는, 불임질동산에서, 불임질을할때에, 피리동자풍악
소리가납데다. 과양생이각씨는불임질하다, 나두고, 소리나는곳을바려보니, 과거을
하연오는소리가됩데다. 과양생이각씨하는말이, 어느집에는산천이좋아서, 과거간
자식들과거하연왐신고, 우리애기들은어데가신고, 남이손땅에발땅에마자죽어신가
저것들도이날이시죽어불나, 사라불나, 못할욕을한단보니, 자기집으로벌련가매가
집으로들러가난, 과양생이각씨는불님질하다버리고침매깍은외우둘러녹고
불임질좁팍은, 높이들러서, 얼시구좋아, 절시구좋아, 우리집, 산천좋우난, 내가아들삼
형제낙고, 키워서, 과거합격하여젠노래부르면서, 춤을추면서집에오니, 아들
삼형제는하는말이, 어머니, 우리삼형제과거는, 문전과, 터신에서준, 과거난, 산천
제을지내야합니다이과양생이각씨는, 아들삼형제보고, 하는말이, 서른애기들아
느내삼형제, 과거하여서완는데, 동내서나, 마을에서나, 무슨과거하여서온줄알
겐느냐, 이고을, 짐치원이앞에가서, 과거열명하영오랜, 말합데다. 아들삼
제는, 짐치원님앞에과거열명, 갑데다. 짐치원님앞, 열명하난짐치원님은

주한상차려녹고기생세명을내여줍데다. 아들삼형제는기생이따라주는, 술
한잔에스러지여서, 안일러납데다. 기생들은김치원님보고, 과양생이아들
삼형제죽엇수다. 코로, 슈파리가, 날아남수다. 짐치원님은죽어젱과양생이
각씨앞에, 열락을합데다. 아들삼형제죽엇쟁, 열락하난에과양생이각씨는아
들삼형제죽으난생각하기을, 죽은것도칭원하주마는, 객사죽음를엇찌하리생
각하여서, 큰아들, 대려다가, 사는집앞우영에뭇고, 둘제아들은, 뒷우영에뭇고작은
아들은, 옆우영에뭇어두고, 일문전으로, 죽은아들삼형제좋은국으로혼벽을보내여 ▶
서, 하루에백소지, 석장식백일동안, 아홉상자, 반을, 일문전으로, 올입데다. 짐치골짐
치원이는, 그골원님인데과양생이아들죽은것은알건만은, 엇지하여서죽언는지백
소지절체을못하고걱정이되는데, 과양생이각씨는소지절체을, 안해준다면서, 식
전, 아침에김치원이잠자인데, 달려드러서, 과양생이각씨는휘욕만발하여갑데다.
김치원앞에, 고을에원님으로살면서, 녹도먹고하면서, 우리아들삼형제죽고소지을아홉
상자반을올려도소지절체을못하난이날이시, 본금파직하면영력한관장을드려
안저서소지절체할노랜휘욕만발합데다. 그때에, 김치원은생각하다삼일아침
조회도안하고, 아침공사을안합데다. 김치원뒤에, 영역하고, 똑똑한, 관장이, 하는말이,
원님아, 엇찌하여서하루아침도안니고, 삼일동아, 아침조회도엾고아침공사도안바
듬니까이김치원님은하는말이, 이골에과양생이각씨가, 서방도엾이애기가저
서, 아들삼형낙고, 키워서과거하고, 내앞에열명하고, 한잔술에죽언는데
소지절체을, 안해준다면서날보고본금파직하길레, 김치원은, 본금파직하저하
노라고한관장에말을합데다. 한관장이하는말이, 그만식한것에, 걱정할거있수가,
말씀하니, 김치원은, 엇찌하면, 되겐느냐고말을하난, 영역한관장하는말이, 원님아
원님밑에서, 일하는강임이, 안있읍니까, 원님은, 하는말이, 엇찌하면되겐느냐이
백비원이는, 하는말이일곱살에, 이방청에, 일하고, 열세살에, 성방청에, 십오세에, 방파두
딸앞에장
가드러서, 이, 구십팔열여덥살부터는, 장안, 아홉각씨, 장박겻, 아홉각씨, 이구십팔열
여덥살, 후로는, 겁엾어, 떠도는, 강임이, 안있읍니까, 삼일아침사관장을, 돌리면, 사관장에
밑참하거든, 큰칼목에씨, 우고, 장안에목숨을, 밭이겐느냐, 안이면, 저승가서염라대왕을청
하여오겐느냐면, 장안에목숨밭이기는악까읍고, 저승가서염라대왕를청하여옥키엔할
거우다. 그때랑, 사령행착, 차려주고, 저승적배지하여주면, 소지절체가될뜻합니
다고, 말을합데다. 김치원은백비원이, 말대로사관장을, 삼일아침돌입데
다. 안일커라, 강님이는하루, 이틀, 삼일, 아침에사관장밑참하는데열락은서산드레너머가
는 ▶
데, 신유시가당하는데강님이는, 놀다보니, 사관장미참이되고, 동안마당, 업데하면서, 강
님이사관장불이요하난, 김치원은몸종지동토인앞에큰칼목에씨우라고, 영이납데다.

지동토인은, 원님말대로, 강님이목에큰칼을, 씨워갑데다. 강임이는, 생각해보이요
리죽어도죽을모양, 저리죽어도죽을모양, 한마디말이라도, 하고죽자고마음를강임이는먹
고, 김치원님앞에하는말이, 원님아, 날로나죄는모릅니다. 엇찌하여서사관장미참에, 저이
목에큰칼을, 씨웁니까이. 원님말씀이, 야~이놈아, 드러바라. 내가, 이골에원님일를보
면서, 너을영력하고, 똑똑하여서, 밑고사라가는데, 하루도안니고삼일식이나사관장을
미참하였스니, 장안에목숨을밭이겐느냐, 저승가서, 염라대왕를청하여오겐느냐이.
강임이는죽는것이, 억을하여서, 얼른대답하는것이, 저승가서염라대왕을청하여옥키엔대
답을합데다. 원님은강님이, 목에큰칼백기고, 염라대왕청하여올사령행착을찰려줍
데다. 강임이는원님앞에사령행착을밭고, 나선이, 동으로도길이나고, 서우로도길이난다.
강임이는어느곳을찾저드러야, 저승가는, 길을찾이리. 성방청에가서저승가는길을아는
냐이, 성방청에서는모른다고말합데다. 이방청에가도모른다고발합데다. 여청방
에가서드른이, 우리도저승가는길을, 모른다면서, 섭섭하다면서술삼잔내여주고,
왕내노수, 차비하라면서, 돈석량을내여줍데다. 그것을밭고강님이는기생첩들
앞에가서, 저승가는길을아는냐고, 드르난, 모른다고말합데다. 강님이는, 마지막으로큰각
씨을, 찾어갑데다. 큰각씨집으로, 찾어가단보니, 굴묵낭방아에, 도개남, 절귀로, 보
리방아물석겨질때, 강님이는, 고개숙겨서큰각씨집으로드러감데다. 강임이큰각씨
는방아지면서, 이제사, 나생각하연오람신가, 저먼올내실거리가시나무, 굿가시
나무도엷스난, 날생각하연오람신가하면서방아짓다가선님을생겨야,
홋님이로가, 밥상이나, 차려드리저, 생각하여서산뒤쌀한좀인는거녹고밥
하여서상찰려서, 지개문열고, 밥상을들러놀려고, 문을열젠하난, 지개문
이안으로, 장겨지고, 창구멍으로보니, 강님이는, 우럼십데다. 강임이큰각씨 ▶
하는말이, 이어른나, 그만식한것에, 우럼수가, 나가답답하다고, 노래부르면서, 방아지
였수다.
밥상바듭서, 말을하난, 강임이는그것이아니라고, 말을하난, 큰각씨는, 이문열고, 밥상바드
면, 답답한가슴해결해드리구다, 밥상을바듭서, 하니, 강님이는, 실친듯이지개문을열
입데다. 큰각씨는무엇이경칭원함니까고말하난, 강임이는, 큰각씨보고하는말이, 내가저
승을
가서올것인데, 만약에, 저승가서, 못오거든, 어린동생들과, 우리부모살다죽거든감장
을잘식켜달라고만하난, 큰각씨는누구명령이우가고드릅데다. 강님이는, 김치원님
이명령이엔하난, 큰각씨는, 저승강오랜하면서, 아무것도안해줍데가이. 강임이는, 짐치원이
해준적배지내여놉데다. 큰각씨는, 강님이내여논것을보니, 어처군이엷써집데다.
강님이큰각씨는, 아이구이어른나, 이만석한것에걱정하염수가. 흰종이에, 거문글쓴것은
이승
죄인잡피는, 적배지고, 저승염라대왕잡피는적배지는, 불은지에흰글을써야하는거우

다. 지금, 김치원이앞에이것을가지고가면, 외저승은안가고, 오란디엥말할거우다.
그러거든내말하는데로가서, 말합서. 강님이보고큰각씨는식켜갑데다. 강님이는
무어라고하겐느냐이. 큰각씨하는말이, 강님이보고, 김치원이앞에, 이적배지는이승죄인잡
피는적배지우다. 저승한반을가다가생각하난, 이적배지가저서저승도못가고, 저승가
면이승드레도라올수없스난, 염라대왕을청하여오게하커거든, 불근지에흰글발
로써달라고말합서. 불근종이없거든, 불근토명지라도, 한발바라서, 개란을깨여
부세적저, 글쓰고흰가르우에털면는, 불근종이에흰글발이나온뎅하여서강옵서
고말합데다. 강임이는큰각씨말대로, 원님을찾어갑데다. 원님은안일커라강님
이보고, 엇지저승은안가고오란느냐고, 말을합데다. 강임이는큰각씨말대로, 말을합데다.
원님아, 이적배지가저서저승염라대왕청하레가도못하고, 또저승가도오지못할적배지우다.
원님은외그적배지가저, 저승가면, 오지못하는냐이. 이적배지는이승죄인잡피는적배지우
다. 그레서저승적배지을, 만드러줍서. 원님은, 저승적배지을엇던것이냐고말하난
불근종이에흰글을써줍서, 고강님이는말합데다. 원님은, 야이미친놈아불근 ▶
종이가어데인는냐고하난, 강님이는, 불근종이없스면, 불근토명지라도한발끄너서개란까
부세적저, 글쓰고흰가르합체로처서, 털면불근종이에흰글발이되고, 하겠수다. 사람
죽어명전식도강님이큰각씨내운식이라고, 유전됩니다. 강님이는원님앞에적배지박구
고서큰각씨집으로와서, 적배지박끈것을줍데다. 강님이큰각씨는적배지보고서, 저방에자
리찰려시난, 누워서안심하고잠이나잠십서해두고, 고팡에산두쌀인는거, 서말쌀은석되로
만드러서, 큰도구리, 물크고, 굴묵낭, 방아에, 녹고산두쌀과루맨드라, 합체로치여서제석궁
백시리에, 삼징으로녹고, 치여다가, 첫징은, 일문전대법천왕으로올리고, 둘제징은조왕
할망에올리고, 막징떡은강님이저승가는데정심으로, 싸녹고, 강님이큰각씨는일문전으로
내일강님이저승감니다. 저승가는길가르처줍서고등수들고, 조왕에도등수들고서, 지숙하는
것이잠이온다강님이큰각씨꿈에일문전녹두성인이조왕어멍국에하는말이내일강님이가저승
감시난저승길을가르처두고옵센꿈에선몽을합데다. 강님이큰각씨는, 깨고보니꿈에선
몽을하여십데다. 날이세여지난, 잠자는강님이남편을잠애서깨워녹고, 저승갈시간
이바빠지였수다면서, 강님이를대천한간으로내세우고, 미리옷하여나둔청새도
폭홍포관디을, 내여녹고서, 사라도마지막이여, 죽어도마지막옷을입저주면서
조심띠도묵어주워삽데다. 그때조왕문전으로, 백발노장할머니가대천한간으
로, 길을갈라서, 저올너레나갑데다. 강님이는, 사나이대장부가먼저승길을가는데외
한여자할머니가, 길칼라감신고다조차가는데, 저승과이승한반을가난할머니가
솜비치면서쉬여갑데다. 강님이는머리숙여절하난에, 조왕할망은, 우리같은늘근이
앞에인사하염시엔말하난, 강님이는나도할머니와같은, 부모가있수다고말합데다.
조왕할망은, 멀리가는절문이같은데, 정심이나같이하고가겐말하면서할머니정심
과강님이정심이같아지고, 한손매고한솟에서나온음식이라. 할머니정심을바려가

난조왕할머니는, 강님이보고내얼굴에무엇이부터느냐작구보는냐이. 강님이는안
이우다. 면서하는말이, 할마님정심과저이정심이, 한손매고, 한솟데서나온음식담수 ▶
다고말을합데다. 조왕할망은, 강님이보고하는말이, 너이행실머리는, 괘심해도너이큰
부인, 정성이, 기득하여서저승, 가는길을, 가르처달라이. 저승길, 을가루처줄려고앞서거러
왓노라
고말하면서, 너이정심은가저서저승가다보면배곱푼혼벽이있슬터이니, 가저서저승가고
나이정심을갈라먹고저승글라고말합데다. 강님이는고맙수다고절삼배하고, 조왕할
망정심을갈라먹고서, 강님이는조왕할망과가다보니, 서천꽃밭이당합데다. 강님이
는서천꽃밭에가고보니, 어린때저승간, 강님이형제간도있고다른집안에서간애기들
도, 있고한데, 한살, 두살세살밑에간에기들은저승유모어멍에, 아구것을어더먹고살고
네살후, 십오세안에간애기들은꽃밭을맛아서꽃번성을식켜삼십데다. 강임이
는서천꽃밭을너머사니, 저승과, 이승에길이당합데다. 조왕할망은강님이앞에저승
염라대왕가는길이라고가르처주는길은거염지윈뿔만한길이고, 금박올인길이되여지여삽
대다. 강님이는염라왕가는길보는동안, 조왕할망은, 간데온대엾써집데다.
강님이는, 이젠어데로가면저승염라대왕을찾어가고, 또어데로가면, 이승으로, 내려
오는길인지알수엾써질때, 신이조상가는길을차래대로세여갑데다. 각신전
가는길을, 세여가다보니, 조왕할망가르처준길, 염라대왕, 가고오는길, 금박올인길
을, 보이고그옆에보니, 외한사람이졸고있습데다. 강님이는잠자는사람앞에인사을
올이고, 엇찌하여서거기서조는냐고강님이는드르난, 잠자든이원갑이는, 하는말이,
나는저승염라대왕몸종인데, 내일모래, 아랫역, 자복장제집에사남바드레, 내리는데길
을닥끄다가, 배곱푸고, 시장하여서, 장간졸려지엿젠말하난, 강님이는, 하는말이,
이승음식이라도, 먹고시장끼나, 말이라면서백시리꺽거서, 과루내여맥이면서물까지
맥이난, 이원갑이는정신이듭데다. 이원갑이는강님이보고, 어드레가는, 이승사람이냐고
말씀을합데다. 강님이는, 나는저승염라대왕님을청하러가는이승사람이라고말
하난, 이원갑이는, 어허, 저승사람도, 염여왕앞에는얼신도못하는데, 이승인간이저
승염라대왕를, 청하러온다이말합데다. 강님이는, 저승염라왕도왕이고이승김치 ▶
원이도, 왕이라면서, 왕이왕를못청하는냐고강님이는대답을합데다. 저승이원갑이는하는
말이, 나미거공이먹어목걸이고, 공이입으면등실이는법인데, 강님이보고, 당신검은머리가
흰털이되
여도저승못가고, 흰털밑에, 거문털이되도록거러도염라대왕앞에는못감니다. 그레서, 내
가죽
을목숨을살려주워스니, 그은공를갑아드리겠다면서, 강님이보고이원갑이하는말이, 당신
속에, 속적삼, 입엇수고, 그옷을버서냅서. 그러면저승가올, 여산을해드리겠습니다. 그리고
저승초군문당하거든, 적배지부처두고, 기다리면, 염라대왕, 탄가매, 내려오거든수단

것염라대왕, 잡피랜말하면서, 이원갑이는, 강님이속적삼, 들러서, 높은동산으로, 올라
가서, 강님이보, 강님이보, 삼세번, 부르난강님이는, 저승초군문에당도합데다. 그때낸
식으로, 사람죽어, 혼부르기, 마련합데다. 강님이는, 저승초군문에당하난, 적배지을부처두
고, 안자서염라대왕타고오는, 가매을기달입데다. 염라대왕, 탄가매가, 백구름, 흑구름, 것
고, 청구름길로, 염라대왕, 탄가마가내려오라가난, 강님이는, 삼각수거스리고벙에눈을
버름뜨고, 왼손에홍사줄을잡았다가, 염라대왕탄가마가, 것태오니, 강님이는, 홍사줄을
염라대왕, 탄마부출로거러지난, 염라대왕은, 가마을하매식키고, 탄가마창문을열고하
는말이, 야강님이야, 이홍사줄을, 거두워달라, 내가너이뜻을바다볼려고하연노라
고, 말을합데다. 강님이는, 염라대왕보고, 염라대왕님아, 나는염라대왕님청하러오는길레
발채수금채, 왕내노수도들럿수다. 인정줍서사정줍서강님이는, 말을합데다. 엄중한,
염라대왕도, 엇절수엾이강님체사에, 인정을, 내여주면서, 사정말을합데다. 야강님
이야내일모랜날은, 동안마당으로만나게. 지금아랜역에좌복장제집안에세남절체
가는길리여. 발체수금체거러시니, 그때에강님이는, 홍사줄을거드면서, 파리몸으로환생
하여갑데다. 염라대왕탄가매띠워가난, 강님이는파리몸으로있따가, 염라대
왕탄가매부출에매달려좌복장제집먼올내에가매을, 하매하고대신왕연마
제로큰심방이, 신청개로, 염라대왕청하난, 시왕당클로, 시왕대다리줄바라
내려가서, 상발고, 강님체사는, 오랜말안하난에, 용심이나집데다. 그때에 ▶
큰심방굿하는자리에홍사줄을던지난, 큰심방신자리에서, 쓰러집데다. 연당알수소미는
체사님거신기하나만들고, 먼올래가서, 세우두고, 드러와서작근상하나을, 쌀세발올리고
또, 돈석
량에, 올리고상불피우고, 술삼잔걸고, 찬물떠노아서먼올래체사기앞으로놉데다.
지금은엾지만, 그옛날은푸다시굿이라도, 같아가사람이죽으면꼭올래체사상을노았수다.
그리하여수소미는, 저올래로, 드러오면서하는말이, 속는것도단궐이고, 복반는것도단궐이
우다
하면서, 열말쌀, 금시리하나치여서내여놉서. 큰제상도, 하나내여놉서고말하면서,
시왕당클알로, 사제상도마련하고, 수소미는, 큰심방대투로, 산이체사도체사우다, 죽
은이체사도체사, 우다. 이날이시급한체사님도, 저승체사나, 이승체사나, 대신왕,
연마지시왕당클알로, 쌀정미, 오리정신청계로, 신매와, 신부처, 녹고, 신소미는, 시왕
전으로, 초방광올리고출물공양, 한번올이고, 사자왕전, 두번올이체사영신에삼세번
방광, 출물공양치다보니, 신자리기절한큰심방이사라나고강님체사는, 술취하고
잠자다, 깨여나고보니, 밤도깁푸고, 저승제판, 이승제판식이끝나고대신왕대다리
양억게도전부거더지고, 집안식구도, 잠들고, 심방들도잠이드러서조용합데다.
강님이는조용이, 염라대왕이, 간곳엾스난, 찾이러도라다니다보니, 조왕에서조왕할망이그릇
을시섬십데다. 강님이는문수처궁기로드러가서조왕할망에, 염라대왕간곳을말하

렌하난조왕할망은, 내일날이새거든, 큰대고구리에, 보면, 장켕한마리목에휜띠두루
게, 있슬거우다. 수단것잡펩서, 고말합데다. 강님이는날이새난, 큰대고구리로보니, 목
아지휜장켕이있습데다. 강님이는참매로부술부려서, 날아가, 목을치젠하난염라대왕
님은, 시왕당클로, 내려안집데다. 염라대왕이강님이, 부술을아라본다두번제는, 강
님이가술취한때비자루로, 변식해도, 강님이는, 조왕할망에의논하난사자상뒤로
비자루몸에, 고바다고, 소두리하여젠하난, 차저내고, 세번제는염라대왕이, 슈파리몸으
로, 변식을하여, 염라대왕이, 고부난, 강님이는, 조왕할망에, 의논하여서거미몸으로
부술부려서, 거미줄을흘려서, 슈파리을, 저려가마가난, 염라대왕은또시왕당클로 ▶
좌정하면서, 강님이, 불러서하는말이, 내부술이좋아도, 너이부술만못하다. 영력하고똑똑
하다면서
염라대왕은, 강님이보고, 웃웃벗고뒤도라안지라면서강님이등에, 삼천리회독이라도등에
써논
글을보라고써주고, 강님이보고, 염라대왕은또내일모래면동안마당에, 내려가마말하
고, 염라대왕은, 강님이앞에백강생이한마리, 내여주면서, 이강아지가는데로가면이승
땅으로, 집찾어갈수있따고하면서, 염라대왕은간곳엾써집데다. 강님이는염라대왕
내여준, 백강아지, 뒤따라내려오다보니, 외나무외다리가당합데다. 이때이원갑이는저승드레
올라올때고, 강님이는, 강아지뒤따라, 이승으로, 내려올때강아지는, 천지소알로중간에서떠
러지여가난, 강님이는, 강아지와알너레떠러지는것이, 낫도밤도캄캄한땅이승으로
내려서고정신을차련보니, 불빛이보입데다. 불빛보면서찾어간집은강님이큰각씨
집이되여집데다. 강님이는창문구멍터진대로, 방안을살펴보니, 높은평풍에높은탁상우에는
각출물이있고, 큰각씨는, 출물을치웜십데다. 강님이는, 대문앞으로가서, 문을열렌하난, 큰각
씨는, 뒷집에, 김서방인줄알고, 내일오면식게태물, 을, 죽키엔말하난, 강님이는또, 문을두
들기면서
문열라고, 합데다. 큰각씨는강님이노랜, 하난, 강님이서란관디도폴왼쪽앞섭에귀엾
는바늘, 두개를, 노아나두윗수다. 큰각씨는, 학인하젠하여서, 서란관디왼쪽앞섭을,
문두사이로, 내미러갑데다. 큰각씨는확인하고보니, 바늘두쌍이, 사가서껴거집데다.
큰각씨가문열드리난강님이는드러와서, 하는말이, 엇더한일이냐고, 큰각씨보고말합
대다. 큰각씨는당신이저승, 간날로부터일년은열두달, 소상넘고, 이년은스물넉달대상넘고,
삼년은서른여섯달첫제사날이우다고대답을합데다. 강님이는, 나는저승가서삼일
박에, 안사란왁구라고큰각씨보고, 말을하난, 큰각씨는, 저승이하르리면이승은일년
이로구나생각합데다. 강임이는, 큰각씨보고아버지는어데가고어머니는어데간느냐,
말합데다. 큰각씨는내앞에이거치우라면서, 문을전부장겨두고, 집으로간웁니다고말
합데다. 강님이는큰각씨보고, 치우든음식을전부치우고, 아버지, 어머니, 형제간드를불
러오라고, 합데다. 큰각씨는, 전부치워두고, 씨아버지앞에, 씨어머니앞에, 아들이저 ▶

승같다오랏수덴말합데다. 죽어삼년상너문애기, 아들사라오랏젠하난, 직거지고아버지는아들오른
쪽에안고, 어머니는와서, 왼쪽에안집데다. 강님이는아버지보고, 하는말이오른쪽에안지난, 성편마
련하구다. 어머니는왼쪽에, 안지난외편을마련하구다, 하면서, 아버지앞에, 나엷스난엇덕게
생각남데가고말하난, 아버지는, 느엷는후로, 속은청청비여지고, 발찰때마다밥적
마디무디무디, 생각이나라고, 말하난, 아버지살다죽으면방장대는왕대, 족대수리대, 마
작마작인는걸로설련하곡, 상복은, 알단푸러입기마련하구다. 무산고하난, 누구나잘못하면모든
일를안감추워주워끼때문에, 상복알단푸러입기마련하고, 두건우에건대에, 둘레, 두입, 입저서
공갑아드리구다. 어머니는나엷스난, 엇찌생각납데가니. 어머니는, 서른애기야느저승
간후로, 한시도, 속구리면서, 못이저지여라, 대답을합데다. 강임이는, 어머니살다죽으면, 동
쪽으로버든먹우나무끄너다가, 속구린거난, 방장대도설련하곡상복은알단가마서,
입기마련하구다. 누구에게나, 잘못해도감추워주고다시는그러지말라고식켜주워낙기
때문에말리우다한데만약아버지보다먼저죽으면, 육개월에소상축고하고,
일년제는대상축을드리구다고, 말합데다. 외냐면열애기효자라도, 하나에, 처만
는못하기때문이우다. 그레서어머니먼저죽으면, 그옛날은개모하기마련도
하였수다. 형제간들보고는, 나으시난엇찌생각나드냐이. 싸움하여서진때씨름하여서
진때형님생각이납데다고, 말합데다. 강님이는생각하기을, 형제간은옷우에바
람이여살다죽거든, 머리에두건하나쓰고, 두루막걸처서, 일년봉상식을마련합
데다. 기생첩들도오랏구나. 느내드른나엷스난엇지생각나든냐이, 저어른저승간
덴하난, 가는사람, 오는사람, 술자석에서, 오고, 가는말에너머지고, 저어른생각은멀
러집데다. 큰각씨보고, 저사람은나엷스난엇지생각나든고하난, 큰각씨는용심
내면서하는말생각날것은, 멋이있수가, 날세갑머리육갑에갈라다워서, 대려다
녹고, 정을줍데가, 상덕바드면서, 돈한푼을줍데가. 나는저어른생각은, 안나고
나이든부모에살면서어린씨동생들과살다부모죽어장사지낼것이걱정됩 ▶
데다고, 말하난, 강님이는, 이레서, 어걸어걸, 쓰무어걸하여도, 본작국본어걸이좋아하였구
나면서, 말도끝나고부모, 형제전부보내고, 강님이는큰각씨와잠을잡데다. 강님이는, 늣잠
을큰각씨와자는데과양생이각씨는, 지난밤, 강님이제사가너무난, 제사태물이나, 어더먹으레
식전아침에집을찾어, 가고보니, 정낭도, 내유와지여고, 문도전부다지연는데, 코소리가나서, 과
양생이각씨는, 발자국소리죽여서, 창문앞으로, 가고창구멍터진데로, 보니큰각씨와강님이가

늦잠자는것을보고뒤물러서서, 김치원이앞으로가서밀세을드러갑데다. 과양생이각씨는, 김치
원이앞에가서, 하는말이, 강님이는저승도안가고, 낫제는고팡살렴, 밤에는, 큰각씨와, 잠을 자고살
암수다고소도리합데다. 김치원는, 과양생이각씨앞에, 그게무슨말이냐이. 과양생이각씨
는지금가고봅서고, 말합데다. 김치원은영력한관장불러서강님이잡펴드리라고, 령
이납데다. 령을바든관장은, 강님이집에가서잠자는, 강님이잠자리에깨우고잡펴서
김치원이앞에가서동안마당에, 업데식키난, 원님은, 강님이보고하는말이, 너저승같
아완느냐고말을하난, 강님이는저승같아오랏수다고말하면서내일모래는동안마
당에온다면서강님이는웃옷벗고서염라대왕써준것을보여드립데다. 그레도원
님은, 못밑고강님이목에큰칼씌워서, 염라대왕안오면죽일것으로깊은전옥으로하옥식켜
삽데다. 아닐커라모래날은남방국으로번구름이한뭉치와뜨고오던이만는동안마당에염
라대왕이과랑비발서비발로내입데다. 김추원은무서워서, 사는집굴묵어귀엺에태지동으로
고바갑데다. 염라대왕은, 동안마당내리난, 아무도엢써진다. 허자북이, 아들이놀암십데다.
염라대왕은허자북이아들보고, 여기영력한강님이는, 어데가고, 김추원이는어데간느냐이.
허자북이아들하는말이, 오늘, 염라대왕, 온다고하여도, 안오면죽인다고하면서깊은전옥에
하옥식켯수다이. 염라대왕은, 강님이푸러내라고, 령이납데다. 허자북이아들은강님이
전옥에서풀려나오난염라대왕이, 저집누구가, 지였수가고말하난강님이는강태공이가지엿수
다고말합데다. 강태공이, 불러다가저집너가지연느냐이강태공이는, 제가집을지였
수다고말합데다. 염라대왕은강태공보고, 너안세운기둥이있겐느냐고합데다. ▶
강태공이는, 제가안세운기둥이, 있수다고, 대답합데다. 염라대왕은, 그기둥대톱으로싸괄기
라고, 말하난, 강태공은대톱으로굴묵어귀태기둥을, 한번싸괄기난김추원이가, 동안마
당에나서업대하난, 염라대왕님은, 엇찌하여서나을불런느냐이. 김추원은, 청하였수다이. 염라대왕
은무슨일이냐이. 김추원은사실대로말합데다. 과양땅과양생이각씨가서방도엢이아들삼
형제, 탄생식켜서, 글공부식켜과거을삼형제하고, 과거열명왓다죽고, 소지을바단는데
소지절체할수엢써, 청하였수다고, 김추원은말을합데다. 염라대왕은이골에아이
어른할것엢시, 나서고관청못에물을푸라고영이납데다. 어른아이엢시나서고물을푸는데
물을못펴갑데다. 염라대왕은, 뱅낙같은소리을지르면서, 단물용궁님아, 이나이시로
이물을뽈루와줍서범무왕아들삼형제열두신뼈찾이러왓다고우레지르난잛자
기, 관청못이뿌럿수다. 염라대왕은범무왕이아들삼형제, 마른밭배석자리펴녹고서열두가
지꽃을녹고, 족남무로동서우로후려치난, 범물왕아들삼형제가사라납데다. 염라대왕
원은범물왕아들삼형제살려녹고하는말이, 너희들삼형는부모죽고몽상○공갑푸
고, 살다죽어지건, 성주살성대푸리로상바다먹고살렌마련합데다. 그옛날은

성주푸리에연꽃가이삼색꽃은만드러서불태웟수다만는, 요주금식은서천꽃
밭에엇찌불을지드리하여서다르식으로만드라서불태우기도마련이되였수다. 염
대왕은, 김추원이보고, 과양생이각씨불너오라. 소지절채을하여주맨하난, 과양
각씨불너드려갑데다. 과양생이각씨가오난, 너난이죽어, 어데무던느냐고하난
앞밭에뒷밭에웃역밭에무덧수다고말합데다. 염라대왕은과양생이, 각
씨앞에, 말을하난에, 과양생이각씨는가루칩데다. 염라대왕은무덤을파라고영이납
데다. 파고보니헌주럭하나뿐이로고나. 앞밭뒷밭웃역밭무덤을파도같아진다.
염라대왕은, 과양생이각씨보고휘욕을하여간다. 이년아, 저년아, 내몸바든체사도
부처님신력과영기, 수덕으로못잡핀범물왕이아들삼형제인데, 이아이들삼형제
단명하다하여서, 동개남, 상주절, 서개남은, 은중절, 명과복을년삼년빌고 ▶
집도보고푸고, 부모도보고푸고, 법당하직하여서올때, 배곱푸난, 신근밥에물점이사머으
로너이집에드러가난, 고얌약주맥여서, 죽이고, 물건빼여안고, 수별감식켜서관청못에던
저부난, 단물용궁에서는꽃봉으로환생식켜서, 너이원수가푸는줄, 몰라드냐면서염라대
왕은김추원이불러서하는말이, 이골에총각일곱대려오라, 소아홉마리드리라고
영이납데다. 김추원은염라대왕, 말대로, 총각일곱데려온다. 소아홉마라다녹
고서, 과양생이각씨사각에묵어녹고, 총각일곱이삼도전4거리에서과양생이각
마라간다. 과양생이각씨는사각에치저발겨녹고서, 나문것은굴뭉낭방에도
개남절귀대에지여서허풍바람불이난, 목이여곽다기여되여지고, 사라있
슨데도, 생사람피먹고, 죽어서가도, 생사람피을유월영청에먹저자는사람에합
니다. 염라대왕은소지절체식켜두고, 김치원이앞에와서, 김치원이보고, 강님이
혼자부일거냐고말하난, 김치원은강님이가엾스면, 이골에, 안됩니다, 말합데다.
염라대왕은, 그러면, 반식부리면엇찌하겐느냐고, 말합데다. 김치원은, 엇찌반식
부림니까이. 혼정을안겐느냐, 신체을안겐느냐고, 말합데다. 염라대왕은, 김치
원은, 혼정이멋임니까신체을가지구다고, 말씀합데다. 염라대왕은시간이바빠
지난강님이신체는이승나두고상가매로삼혼빼고서저승으로도올라갑데다.
그때에낸식으로사람죽으면신체는남고삼혼은저승간덴말이있수다. 김치원은
염라대왕이강님이삼혼빼고저승가부난, 강님이앞에, 저승가서본말을듯
젠하여서, 강님이을, 불너도, 대답이엾써집데다. 김치원이는저거강님이
코대가높은놈인데, 이젠저승염라대왕까지, 청하여오난더욱더코대가
높아길로구나. 지동토인불러녹고, 저거강님이, 저승간왓구렌코대가더높아지
였저귀차지나후려불렌하난지동토인은, 주먹좌고강님니를박으난때리
난, 쇠난장시러지듯능장대드러눅듯시러집데다. 지동토인은죽엇다고말
하난, 김치원이는, 하는말리강님이죽엇다고, 부국을보내라고말합데다. ▶
지동토인은강님이부모처가숙, 형제간앞으로부국을, 보내난강님이큰각씨는

저승가서염라대왕을, 못청하여왔는지무엇을못하여서죽게하여시리말하
면서, 동안마당에강님이큰각씨는달려드러서, 김치원이앞에, 달려드러서통곡을
함대다. 부모형제간도, 통곡이터집때다. 김치원은, 죽은것을엇찌하겐느냐
강님이큰각씨, 부모, 형제간은통곡을하다가, 큰각씨는, 객사죽음이무엇이리하
여서, 강님이친구님내보고하는말이, 놀너같아, 술취하여서집에못는사람같
이, 억게동무하고집으로옵서고, 말씀해두고, 큰각씨는집으로가서, 밥상을차려녹
고, 강님이큰각씨는, 올내가서있다가, 강님이남편, 오라가난, 달려가서, 이어른
나, 저언른나, 저승간오난, 나생각을이저서, 이럭게술을먹고, 옵데가. 친구들
억게빌면서한저옵서. 배는안이곱푸과. 대천한간으로, 모셔다가상기도에
안저녹고, 밥상을, 들너다녹고밥잡숩서. 밥상들너논다. 조금있따가밥다먹음
대가, 승능듭서. 물먹읍데가, 밥상들럼수다또, 시장한데밥먹으난조람수가, 방에
자리찰려눅저간다. 얼마있다가강님이큰각씨는, 덕근창문열려갑데다활짝하
게, 덕근지게문을열리고, 이불자리, 치와가면서강님이큰각씨는, 이어른나무슨잠을
이리잠수가일러납서편편한다. 그때사, 통곡하면서죽엇고나죽엇고나집안이, 우
념굿이터집대다. 그리하여서, 난박에서죽은사람은, 앞에말같이한담니다.
강님이큰각씨는머리푸러을다가옆에보니희두루한, 헌벅시난, 찌저서머리단장하난
머리창드리기, 강님이죽어삼미치초소렴, 섭섭하다. 창문덕거장가문바르고, 지게문장
겨서상하나녹고, 술걸고, 월미수위올려도, 섭섭한다. 남편뭇저, 정시차저, 태일해
도섭섭하다. 정시대리고, 산터보고, 제일녹고섭섭하다. 집으로와서, 삼대치클
러몸목욕식켜호상입저섭섭한다. 질배녹고매치하여서도섭섭하다. 입관하
여섭섭한다. 성복제하여, 일포제하여섭섭하고, 동내상두어른비러대펜목
녹고말케낭드려, 트러묵어소방상, 상여화단씨워녹고, 앞에질배묵거녹고 ▶
일른여덥저역게군, 억게비러서강님이는등진거름하고큰각씨는, 질배앞에서서, 선소리
치여도섭섭한다. 장사지로가하매하여, 섭섭하다. 계광하여섭섭하다. 하관하여섭섭하다.
달구찍어섭섭하다. 봉봉하여서섭섭하고, 산담하여섭섭하고, 산담박으로나와서, 먹다나문
음식올려서통곡하난, 초우제식섭섭하다. 집으로와서혼벽못고, 뒷날아침밥올리고통곡
하난, 제우제식섭섭하다. 삼일제아침, 밥올려통곡하니, 삼우제식도마련되였수다.
한달두번초하루상망, 보름상망, 식, 하루삼시때식, 석달백일, 졸곡식, 일년돌상, 소
상, 이년돌상대상해도섭섭하고, 탈복은하젠하난, 너무섭섭하여옆에보니, 실
페씰시난세고비로길게잡아서, 머리묵거통곡하다가, 백일이단하여가난
죽은사람혼정도멀리하염고나. 나도멀리하저생각하는것이, 머리에씰묵거
던거풀고담제식마련하고또, 일년한번죽은사람은제사식, 생사람에는생일
법마련합데다. 강님이큰각씨는남편강님이죽고사람죽어모든식마련합데
다. 글지후강님이혼벽은염라대왕과저승가다보니, 과양생이각씨죽일때소

을모라대든, 총각일곱이길레안자서, 우럼십데다. 염라대왕이외우는냐이사실대로
말합데다. 사람죽이는, 소을모라낫젠하여서부모죽고, 절못하고, 어른축에도아이
축에도못부터놈니다고말하난염라대왕하는말이, 사람죽고, 신왕길로상바드
라고마련합데다. 염라대왕과, 강님이는, 저승으로가다보니, 소아홉이말도못하고
눈물만흘렴시난, 염라대왕이, 느낸무사, 우럼시니말하난, 소들은우린소축에도못부
트고, 말축에도, 못부터지염수다니, 우마죽거난디, 무독귀양살성푸리로상바드렌
합데다. 염라대왕은이승신도비염식마련하고강님이대려저승가난, 염라대왕이
강님이보고, 강님아, 너이승내려가서, 문서낭노된동방삭이, 잡펴오라그리하면이승
체사로, 마련하여주맨합데다. 염라대왕은, 강님이, 보고하는말이동박삭이는, 잡혀오라
고, 령이내입데다. 강님이는, 이승으로, 내려오는데길레에, 애기엾게가애기엾고놀
다가하는말이, 어데로가는체사우과고말을합데다. 강임이는이승에문서낭노 ▶
된동박삭이, 잡피로가는체사가되여진다고말을합데다. 애기엾게는어느체사가내려
와도, 하루열두번삼세번변식하는동방삭이잡피는체사는엾읍니다만당신은내
가내여주는가지고광청못에가서, 물에당아다가, 말유고, 말윤거을, 담그고, 하노라
면, 알도래가, 있슬것이고, 그때그사람말대로잡펴봅서고말하면서차롱에
검문숫인는것을내여줍데다. 강님이는애기업게, 내여주는숫차롱을받고서, 관청
연못에가서, 애기업게준차롱거문숫을물에크엇다가건저말리고, 말윤것을크고하노라
이강님이눈에하루는, 늘근이로와서말물을먹여가고하루는절문이로와서말물먹여가
고, 하루는, 열다섯십오세로보이면서, 말물을먹여도라서다가하는말이여보당신, 거엇찌
하여서, 거문숫을, 물에커다가, 말유와다하는냐고, 말을합데다. 강님이는예~우리집
에, 나이가만한노부모가있읍니다. 그레서옛어른말씀이, 백발노장을오래살게할려
면거문숫을물에커다가, 말유고, 말윤거물에크고하다보면는, 흰숫이되여지면그것을, 먹기
면개공서하여산답데다고말을하난, 말물맥이레온동박사기는하는말이, 어허허내가
동박사기, 삼천년을사라건만그런말은처얌듣는말이라고강님이앞에, 말을하난,
강님이는수단것동박삭이잡펴서염라대왕앞으로, 갑데다. 그때말두고어릿아이
말이나, 애기업게말이나누구이말한마디라도, 귀너머듯지말라고합데다. 본말
드른말을말하여주는것이우다. 강님이는염라대왕앞에동박사기잡편가난영력
하다똑똑하다. 이승문서가엾써도차레대로인간을잡펴올수있저그러나인생
은, 난날, 난시차래대로, 칠십이고래여, 팔십이전명으로저승드레보내라. 강님이에게
이승문서내여주면서, 이승강님체사가되엿수다. 저승체사는, 이원갑이우다. 염라대
왕몸바든강님이는, 이승문서가지고, 내려사, 일분, 일초, 안틀이게, 저승으로, 보내여갑
데다. 마을마을, 촌촌신당, 본향으로 다이면서저승적배지을부치로다니다가,
강님채사는높은동산에안자서쉬노라이, 가마귀가, 날아감시나에가마
귀불러녹고강님이는, 너, 이승과, 저승사이내부림을받고일하라고말합데다 ▶

가마귀는, 그리합서대답하고, 강님이에적배지맛고, 마을, 마을, 촌촌, 이본향에적배지을부지레다이다가, 가마귀는배가고파집데다. 그레서날아다니다보니, 마바람으지에서, 말을잡암시난에, 저기가서, 시장끼나말리고, 본향에적배지부치레가려고담우에, 안자있습데다. 말잡는사람은, 말발통을먼저끄너서, 던지는것이, 가마귀인는곳으로, 던저삽데다. 가마귀는, 맛첨시카부덴, 날아나는게, 적배지는이저지고땅으로떠러지여삽데다. 말잡는사람은종이카부덴, 주서, 보구두에, 논는것을가마귀는보고가마귀는보니적배지가, 엾습데다. 가마귀는, 큰일낫저생각하고, 인는데, 말잡는사람은말을다잡고서, 칼이버무러시난칼을딱그고큰돌알로, 던지난, 구렁이는, 북고희난에, 말기름이카부덴, 구렁이는먹어서, 담궁기, 숩속으로드러갑데다. 가마귀는, 적배지을, 찾어보젠글로절로햇득햇득하는것이, 가마귀는그래저래햇득거린다고함니다. 가마귀는적배지이르난, 강님이을찾어가는데, 찾어갈가엾써집데다구름을가늠하면찾어가도찾어갈수가, 엾써지고하난, 가마귀는어른갈때, 아이가라, 아이갈때어른갑서고, 저승으로, 이승에죄엾는사람을보내가는데, 저승초군문에는, 이승혼벽은가득하고, 거헌물, 건다리가되연는데, 저승염라대왕은하루날은, 초군문을나오고보니, 어른아이할것엾시저승초군문에가득하여시난, 염라대왕은, 강님이를불러서엇던일로, 어른, 아이, 갑엾이저승으로보내연느냐고무르면서, 이승에적배지는, 엇찌되연느냐고, 말합데다

강님이는본향마다, 적배지을, 칠십고래, 팔십전명으로적배지부치레다니다가다리아파서, 간야귀앞에적배지부치난모르구다고말합데다. 가마귀불르라가마귀불러서, 염라대왕이너, 이승적배지, 엇찌하연는냐이. 가마귀는, 일너부렸수다고말을합데다. 염라대왕은, 다시도경하라, 면서, 보리남성클에, 밀나무도리체로알정구리피독오르게때리난, 가마귀알정구리에, 고기엾고또, 다리검고, 간밭고량을너물려면뒷오금빗다서, 강골작, 강골작하면서, 넘냉합니다. 염라대왕은강님이앞에이승체사, 마련하면서, 문서낭노된동방삭이도, 잡혀쓰니이승체사로내려서라. 강님이는이승체사가되였수다만는, 가마귀는매마진생각으로, 양 ▶ 분이터지난마을마다날아다니면서높은나무상가지안자울면는늘군이죽고, 중가지안자을면, 절문사람죽고, 한가지안자울면아이가죽는다고, 옛어른말이있수다경하여도가마귀는, 앙분을못이겨서, 물도에가안자우럼시난, 물길레온청비발애기가옵데다.

참고, ~ 이때두가지말있읍니다. 열다섯십세너문청비발애기씨물길내왓다는말도있고또허궁애

기물길러왓다는사람도있읍니다. 아라두세요,

가마귀는, 까악까악을러가난, 청비발애기는, 우리집에가면하루방, 할망도있고또아버지어머니도있저, 말하면서물지고집에가는데가마귀는, 청비발애기뒤따라서올래어귀담에서울러갑데다. 청비발애기는, 물항에물부려두고또, 물팡에허벅부려

두고, 하루방할망앞에가서나데투갑서니죽는것은악구워지고, 하는말이, 느구실랑느데로
하레하난청비발애기씨는, 자손죽고우는것도거지시로구나. 아버지, 어머니앞에가서, 나
대리갑서고말하난, 아버지, 어머니도죽는것은악구워지여서, 느구실랑, 느대로하렌하
난청비발, 애기씨는, 자식죽어우는것도거짓시로구나면서, 방에드러가서, 육갑머리
세갑에갈라다와댕기드려서, 신체는방에두고목숨떠러저서, 가마귀뒤따라저승
가난에저승염라대왕이문서거더보고, 살날리먼애기, 대려오라구나면서가마귀
는또매을맛고이승으로내려삽데다. 그리하여서옛날말로, 열다섯십오세안내는
애기라제사안하고, 열여섯후로죽으면몽달귀신, 무호방친제사도하곡육지에는
몽달귀신총각귀신, 이라고하여서제사명절안할려고, 안저서망댁이씨위문냉함
니다. 가마귀는날아다이다가보니, 칠십너문할망이물대바지, 지여서물길러감십데
다. 가마귀는, 날아가면서머리조수난, 머리아파서허천을바려는것이, 발차서,
업더지난, 코대꺽거죽어불고, 물대바지는머리위로너머가서벌러지난, 사
람죽고누워난자리에사구멍치별느기마련도하였수다그리고청버드남
하여서그방에구진청사록적사록백사록흑사록내놀이기마련하였
수다체사님난산국본산국신푸럿수다. 기지여신하여삽서~~끝. ▶
체사본풀면는, 잔내기, 꼭할것.
명부대신왕몸바든, 천왕체사, 지왕체사, 인왕삼체사주잔드림니다. 삼신왕, 부림명도명감
체사, 주잔드
임니다. 문서찾이최판관, 몸바든오위체사옥황체사, 저승체사, 이승체사, 신당체사
본당체사주잔드림니다. 금일, 몸바든체사, 주잔드림니다. 목마른채사, 애마른체
사, 주잔드림니다. 이날이시에살첸목숨안동한체사주잔드림니다.
이도량청정, 노는체사, 주잔들만니드림니다. 주잔은만니권권드려서가며
제청불법전, 위올려드림니다. ~~다음은제비밭고~~끝~~~ ▶

1. 광산김댁전적본.
2. 고전적본.
3. 송당삼남매본.
4. 봉개임조방장본.

▶

강대원 심방 문서_일반신본풀이2

천지왕본

그옛날, 수면장제란 사람이, 아버지뼈빌고, 어머니, 살비러서, 탄생후, 크어
갈수록, 욕심이, 쎄여집데다. 이십, 스무살넘고, 삼세경, 갈임후에, 아들삼
형제 소생후로부터는, 구두세가되는것이, 남에곡식을 말로빌려줄때면
말되속에, 굴군자갈녹고, 우에는, 잔자갈녹고, 그우에는모래깔고, 또
모래우에는 죽은곡식녹고, 그우에는 염은쌀녹고해서주워따가, 곡식
을바들때면, 염은곡식을 말로주워다면서, 염은곡식을밭고합데다
그뿐만안니고, 부모님에게, 하루에밥을 삼끼드리다가, 양끼만드리고, 양끼
밥을드리다가, 하루에밥한끼만드리난, 아버지와, 어머님은, 배가곱파서
살수가엾스난, 아들 수면장제불러서하는말리, 아들보고 엇찌하여서, 하
루에, 밥을우리앞에삼끼주다. 한끼주리고 또양끼밥을주다. 하루한끼
만밥을주는냐이, 구두쇠수면장제아들하는말이, 아바님, 어머님아, 들어
봅서, 아버지, 어머니 살다죽으면, 영장은엇찌치우고, 대소상, 제사
명질은엇덕게함니까, 그레서, 곡식을 살렷다가영장도하고 ▶
대소상은엇덩하며 제사, 명질은엇덩함니까이, 아버지와어머니는우리,
는산때, 하루삼끼밥을달, 죽어서, 대소상, 제사명질을안해도좋하니,
수면장제는 아버지어머니, 말을뜻고서, 하루삼끼밥을뜨립데다. 그레서아
버지와어머니는 배분밭을, 먹고살다죽읍데다. 그레서수명장제는
상식도안하고 초하루, 보름, 상망도 소상, 대상, 제사, 명절도안하
고사는데, 한해는, 섯달구뭇이당하고, 염라대왕이, 옥사장을불러녹
고, 하는말, 이, 자손인는, 혼벽은-, 상밭고오고, 자손엾는 혼벽도, 인생
들이송아쓰대명절이라서, 명절끝에걸명이라도밭고오라고옥사장에옥문전부텨
러보내라고 명령이내리난, 옥산아장은염라대왕말대로, 옥문을전부열린후염라대왕
은, 옥방을다니보이을는 소리가들려서찾아가고보, 백발로장혼벽두리가
지옥방에서, 울고있습데다. 염라대왕은, 외대명절 바드러안, 간는낫이, 수면
장제아버지와 어머니는, 우리두혼벽은, 송아스, 대명절이라도, 이승서
저능녹을, 전부먹고저승을, 왓습니다고, 말씀합데다. 염라대왕은
걸명이라도, 밭다서오라고, 옥방문을전부여렷다고, 염라왕이말을하난, 수면
장제, 아버지와, 어머니는, 염라왕에하는말, 우리는, 자식과자손이, 있써도 ▶
우리는 산때배곱나, 이승록이나, 저승록이나 전부달라고, 하여서먹

왓끼때문에, 이승을내려가도, 걸명이라도, 줄인생이, 엾다고, 염
라대왕말을하난, 염라대왕은어느누구냐이, 수면장제아버지는아들
이름를 말합데다~그때염라대왕은, 천지왕를불러서, 이승에내려
가서, 수면장제집에, 숭엄을주고, 오라고말씀하난, 천지왕은 염라대왕 말씀데
로, 이승에, 내려오니, 날이저무러서 수면장제집에, 숭엄을못불러주고, 주인
을뭇는것이, 박구왕집에, 주인을무사게되난, 박구왕부인, 총명부인은, 천지왕이
집에오난저녁밥을차려올일쌀이엾스난, 수면장제집에가 쌀한되박
하여다. 저녁상을, 차려서, 들러다노니, 천지왕은 저녁밥상받고, 첫숫
갈래, 머울를십어갑데다. 천지왕은, 총명부인를불러서, 하는말이, 어던일로
밥첫수저에, 머울를십어고나, 말을하니, 총명부인은, 수면장제집에가서
천지왕님노니, 저녁쌀이, 엾써서, 수면장제집에가서, 쌀을가져다올렸읍니
다이. 천지왕은 말그데로, 마음이안좋구아생각하곤, 그밤잠자다가, 새벽
에, 소피를불려고, 화장실로가다보니, 불켜진방이, 있습데다 그것은바구
왕딸, 서수아미, 입데다. 천지왕은언약엾시. 서수아미와하루밤지내고
뒷날은, 천지왕이, 염라대왕, 말대로, 승엄주워갑데다. 밭갈소을집
붕위올려서, 홍예치면서, 상머르집붕을파게하난, 아들은그것을
보고, 아버지, 한난, 수면장제는, 외냐고 대답합데다. 소가집붕위올
홍예치면서, 집붕팜니다고, 말하난, 수면장제아버지는, 아들말레대 ▶
답하기를, 내여불, 여름농사 무더운절기에, 일하영하여부난, 더웟, 마
불임하여저, 말하난, 천지왕은, 이것은안되키여, 생각하고, 두번제는
부억에, 솟을, 마당에내여녹고, 춤을추게, 나둥굴게하난수면장제아들은
아버지, 부억에, 솟들이, 마당에나둥금니다이. 아버지, 수면장제는, 내여불라
하루삼끼불만마지난, 더워서 건불임하염저, 천지왕은이것도, 안되키여, 삼세
번제는, 수면장제, 머리무쇠철망씨우난, 수면장제는아들삼형제
불러녹고, 수면장제집한간마루대문집방배여누면서. 황계돗기
내여주면서, 큰아들보고, 머리을, 벌르라이못하고, 둘제아들도못하고,
작은아들앞에, 어버지, 수면장제머리을, 벌느렌하난, 작은아들은
황기독기로아버지수면장제머리놋첸하난, 천지왕은 무쇠철망을거두운다
거두고, 천지왕은 옥황으로도오르젠하난, 박구왕딸서수아미는하루밤을
지내도, 나이남편이됩니다. 본매을줍써이. 천지왕은꽉씨한방을
내여준다. 서수아미는 천지왕보고 아들을나면 이름을엇찌, 지우며, 딸
은나면 이름을, 엇찌, 지음니까이. 천지왕하는말이, 아들먼저난건
대별왕, 다음난건소별왕, 딸은먼저난건, 대별댁기 말제난건소별
댁이로 이름지우렌해두고, 저세상으로천지왕은, 도오릅데다

서수아미는 천지왕준꼭씨한방을집처마밑태, 싱그나꼭씨순이나,
입이나서, 한줄은, 집붕위, 벗고, 한줄은땅으로벗듬네다. 그레서 대별왕
과소별왕은, 아방국과어멍국을, 다투오갑데다 열다섯십오세가○ ▶
머가는 연세가되고, 열칠팔세가나가난, 더욱더 아방국과, 어멍국을투다가
소별왕이하루는, 형님대별왕보고, 형님옵서. 우리예숙제격서, 익이고, 지는데로
아방국과어멍국을찾지하로말하난, 대별왕은동생소, 별왕보고, 그리하라
고대답함데다. 소별왕은, 형님보고 하는말이, 동산에풀은 매가자르고
굴렁에풀은매가김니까이. 대별왕형님은 동생에게하는말이 바람이부
나, 비가오면밑거름이, 밑으로내려서, 동산풀은, 매가자르고 굴렁에풀은
매가긴다고말하난, 소별왕은형대별왕보고하는말이나앞에, 예숫하나지였
수다. 사람손과발에는털이엾고 머리에는우에라도 머리털이있수다
대별왕이동생소별왕에, 예숙진다소별왕이, 또형님보고, 은세양놋세
양내여녹고, 혹다마씨드려, 꽃이피여갈대, 소별왕은형대별왕보고
잠이나잘락하겐하난 대별왕은소별왕보고, 그리하라고하면서대별왕
은, 안심하고잠을자는데, 소별왕꽃은금유를꽃이되고 형꽃은꽃이만
발이피여시난, 대별왕, 형모르게꽃을박꾸워녹고잠자는척하다가
깨여낙고, 형대별왕은무심고잠을자는데, 소별왕은형, 대별왕보고, 무슨잠을
그리잠니까이. 형대별왕이잠에서깨어난다. ~~참고-이때고리동반박꾸워논다.
오른쪽에것은왼쪽으로, ~~왼쪽에것은, 오른쪽으로, 박구논다~~참고하세요
벌서, 소별왕은 꽃사발을, 박꾸워노아십데다. 형대별왕은, 동생소별왕, 니가이
승어멍국을, 찾이하라만은 너부터, 마음이틀이니, 이승에는강적, 수적, 역적
이만흐리, 말을하고, 대별왕은, 아벙찾저서 옥황으로도올라갑데다 ▶
대별왕은아방국을찾어가보니, 용상에, 아버지, 천지왕은엾써지시난에, 대별
왕은아버지, 안든용상에안지난, 용상이드르르루음데다. 대별왕은용상윈
뿔칩데다. 이용상아, 저용상아, 아무라도용상에안지면주인이된다
대별왕은, 하늘찾지하고, 소별왕은, 어멍국, 땅찾할때에, 글찌후
수면장제는 년세가드러서죽고 저서상간이, 저승염라대왕은 저승문서을
정리하다본이 수면장제가 죄만은수면장제낫타나이, 이승서불효죄척 이승서
죽은곡식주고 염문곡식바든죄, 전부마련고서, 나분직옥으로마련할, 때, 사
람죽고나서 귀양푸리에 오곡밥을기, 집타서불직긋에, 시걸명오
곡밥대우받기, 마련되였다고함니다 수면장제란천지
왕본푸리에는----끝----
그런데, 약일천구백팔심오년도 후배포치는것을보면, 천지왕
본이 몇가지인데, 배포치면서 천지왕본이드러가는지모름

니다----참고하세요----

천지왕, 구할망, 명진국본, 마누라본, 초궁, 이궁, 삼궁, 세경, 문전, 칠성, 체사, 지장, 명감 ▶

초궁본, 첫제 말식,

서른장구, 바다들러, 초궁연다리로, 어궁삼천전제석궁으로, 석사
릅니다. ~~장구몇번치고~~그번초궁다리로, 삼도래, 우심상으로
삼상향, 지도투와위올리고, 삼주잔, 개잔위올리고, 하늘같은, 신공
로, 시권제, 제인정바다위올리면서, 초궁난산국은, 본산국, 제내입서.
장구치면서, 공신으로, 시작되고, 국생기고, 주소생기고, 차래로, 년세
올리고, 어느해, 어느달, 어느날생기고, ~~참고, 집안, 소원그때그때,
집집마다, 틀인다. ~~참고하세요. ~~다음, ~굿한차래로, 거느리고,

다음은 초궁본풀기 전차래말

하늘같은, 신공시로, 글선생내입서. 불도선생, 곽곽선생, 주역선
생, 안초궁, 밭초궁내입서. 초궁성하르바님, 천아대궐금주님, 초
궁할마님, 지하대궐여주님, 초궁외하르바님임정국, 외할마님김진국
부인신공시, 초궁다리내입서. 초궁명도, 아버지, 황할남이, 명도어
머니녹화단풍애기씨, 초여드레신명일, 열여드레본명일, 스
무여드레, 사라살죽삼명일, 명도선생, 명철광, 대, 북장구 ▶
대양, 설쇠선생, 소미선생, 너삼무너도령, 삼형제, 내입서.
열두주이, 펜수청내입서. 심방선생유씨엄마대선생내입서.
자리선생보전지, 당반선생, 아와비, 기매선생날문이, 보답선생
문선왕 각출물선생내입서. 감주선생소주선생이태백이, 고기
선생강태공, 떡선생, 밥선생, 과일선생 초궁다리, 내입서.
금번이기도, 집사관, 몸바든, 조상님-차래로내입서초궁다리로
한억게동참한신소미조상내입서-참고년세차래로-한다음,
아는선생차래로각부락, -다음-살아인는, 사람몸바든조상거느
리고~~초궁본푼다

초궁본.

옛날옛적에 노신땅이란곳에천아임정국이살고, 지하김진
국이, 여자가사는데 천상배필무어서, 부부가되고, 갈임후에
잘삽데다 논전답강전답조와지고, 종하님거느려사라도
삼십서른세, 너머사고, 사십세가, 건당하도록, 자식생불무효 ▶
합데다. 그런데, 하루날은황금산, 부처님직한, 대사님이헌당헌
절수리도하고, 권제바어다 명자른자명도비러주고, 복엢는자복도
비러주고 모든소원를, 비러주저권제바드레내리는것이, 대사님은, 임

전국대감사는, 노신땅으로내려, 권제바드레단이다가임정국대감
집먼올래, 당도하면서, 소승은절이, 뱀니다이. 임정국에대감님은, 대사
님목소리듯고서, 수별감, 수장남을불러서, 저먼올래나고보라어느절
대서님이, 우리올래당한듯하다고말하난, 수별감수장남은, 올
래나고보, 대사가, 있씁데다. 수별감은, 우리대감님이, 진안으로청
하렌합데다. 하난 대사님은, 수별감따라드러가 대천한간열리돌○
으로업데하면서, 소승은절이뱀니다이, 임정국대감, 권제을, 내여주
합네다. 대사님은, 권제바드난 임정국대감은, 대사님보고, 우리부부사
주판단해달라고합데다. 대사님은, 임정국대감부부사주보고, 하는말
이, 자식은없찌안고있읍니다. 그런데금법부처님앞으로수록을
드렵서. 해두고, 권제밭고, 황금산으로, 도올라가불고, 임정국○ ▶
사님말대로, 수록드려서 자식을보젠하여서, 수록준비하고 마바리식거
서, 황금산대불법당으로, 갑데다. 임정국대감과김진국에부인, 부부
가, 금법당먼올래, 문에당도하난, 땅너구리개는 넷발꿀려서
죽구나, 대사님은속한이보고 땅너구리개가엇찌죽구젠느냐이 넷
발굴려죽굼니다이. 노신땅, 임정국대감이, 원불수록온다. 지한으로
청하렌말함데다. 속한이는, 대사님말한대로, 먼올래나가
서, 임정국이대감부부을청해드리고, 가저온것은, 대추나무은
저을대로저울리고, 그날부터, 임정국대감, 김진국부인, 다루방
에, 따로 눅지고수록을드리는데, 한달, 두달, 석달, 이, 너머가도
이런말, 저런말이, 대사님, 없씁네다. 그레서김진국부인은, ○
정국에대감보고, 내일낭, 수록끝나건, 법당하직하여서, 집
으로가게맛시말하난, 임정국대감도, 그리하자고, 말합데다.
그날밤, 꿈에선몽하기을, 청감주, 에, 흑박안주, 먹어데다.
뒷날은, 아침불궁끝나고, 김진국부인이, 대사님아, 우리법당을 ▶
하직겨줍서고, 말하난, 대사님은, 지난밤아무선몽없습데가.
말함데다. 김진국부인은 있썻수다. 대사님말씀이, 오늘법당
부처님하직하고, 집에가서, 합궁일바다서 천상배필무어봅서. 알
도래가있읍니다. 임정국대감, 김정국부인은, 부처님하직하고, 황금
산을내려, 집으로, 돌아오고, 남생기, 여복덕, 합궁일밭고, 배필을무
어서, 사라가는데, 김진국부인은, 포태가저서, 혜산달이당할때에
예산신구월달입대다. 예산구월, 열나흘날, 초경넘고이경이당하○
김진국부인은, 애기혜산시간이당하고, 임진국대감은, 느진덕정하님
불러서, 어느때가되연는냐이. 느진덕은, 예. 상저님. 초경넘고, 이

경너머, 깊은밤, 야사상경되여, 담월과삼태육성은, 정가운데있
고, 저산뒤줄이벗고, 이산앞, 발이버더온갓나무단풍이드럿수다.
임정국대감은, 아라젠느진덕에, 대답하고, 인는데, 김진국부인은, 혜산○
가될때에, 신구월보름자시가됩데다. 김진국부인애기난는것이, 녀궁
여탄생하난, 임진국대감은, 단풍든때난, 저산뒤줄이벗고, 이산
발이버더녹하단풍, 자시나난, 자지명왕애기라고이름지움
데다. 자지명왕애기씨, 키울, 상다락, 중다락하다락, 삼칭 ▶
경집도, 마련합데다. 자지명왕, 애기씨는, 어느세, 열칠팔세나가안,
임정국대감과김진국부인앞에, 서란장이, 내입데다. 임정국대감은
천아문장살서란장과, 김진국부인은, 지와문장살서란장이, 내인데
걱정이되여지여삽데다. 딸애기로, 아버지임정국이, 딸을, 대려○
려면, 김진국부인이, 안되고, 김진국부인딸을데려가면, 임정국대감
아버지가섭섭할모양이, 되여집데다. 그레서, 일른여덥고무살장,
꾸며서, 자지명왕애기씨을, 고무살장, 궁에가두면서, 일른여덥, 거부통쇠내○
녹, 아버지, 임정국대감, 장긴문에, 어머니, 김진국부인, 수레두고, 어머니
김진국부인장긴문에, 아버지, 임정국대감이수레두고, 느진덕정하님불○
서, 고무살장, 궁기로, 애기씨앞에궁기로, 밥주고, 물주고, 하면서, 과
거, 같아올동안, 키우고있스면, 과거같은오고, 종이문서, 삭식켜주맨
말하고, 임정국대감과, 김진국부인은, 문장사리갑데다. 간지○
황금산금법에서는, 삼천선비들이, 글공부하다가, 그날은대보름날이
라서, 글공부끝나고, 달구경나와서, 달구경하는데, 황금산황주
저, 대사님이, 달구경하는, 선비들앞에와서, 하는말이, 야. 선
비드라. 내가수수꺽기내거든, 내말드러서, 본매두고, 올수인 ▶
자, 앞에, 이절을, 전부막끼고, 대사로, 정해주맨말합데다
어느선배가 대답을, 대사님말씀에대답못할때, 황할라이, 명도○
버지, 수제자로, 대답합데다. 이때대사님말씀은, 황할람이,
보고, 본매을, 못두고오면, 엇찌하겐느냐이, 황할람이, 삼천선비
매, 한대석이라도, 삼천대가, 안이우과고, 대답합데다. 대사님은, 허급
하고, 황할람이, 명도아지는, 대사님, 행착찰려서, 노신땅, 임정국에집으로
내려삽데다. 황할람이는, 임정국대담님집, 먼올래당하고
방랑치고, 요랑흔들면서, 연불하는데, 일른여덥고무살장에, 인는좌지명
왕애기씨는, 느진덕을, 불러서, 저올래, 나고보라, 부모님이, 오는가왕방
을소리가남젠하난, 느진덕은, 자지명왕애기씨말대로, 올래가고본이,
금법당, 대사가내려십데다. 느진덕은, 자지명왕애기씨앞에와서, 상제님아

아버지, 어머님, 가안니고, 금법상대사님이, 내렷수다고, 말합데다.
느진덕보고, 자지명왕, 애기씨는무슨때문에, 대사님이내입데가
고, 드러보렌, 말합데다 느진덕은애기씨, 상전말대로, 올래
나가서, 대사님아, 엇찌하여서, 내입데가이, 황할람이, 는, 하는말이, ○
리절간와서, 수록드려난, 애기씨상전이, 지금궁안에, 가두워진애기씨운 ▶
명을, 집더보니, 운이안좋아지난, 시권제바다. 우리부처님에, 올려서, 명과복을
비러드리저, 시권제, 바드레, 내렷다고, 말을합데다. 느진덕은, 자지명왕애기
씨앞에가서, 느진덕은, 상전님아, 대사님하는말이, 상제님, 운수을들러보니,
운명이떠러질뜻하여서, 시권제내여주라고, 자지명왕애기씨는, 말합
데다. 느진덕은, 자지명왕애기씨말데로, 시권제가저서, 올래로가서, 느
진덕은, 시권제드리젠하난 황할람이는, 느진덕, 정하님손으로, 한말
쌀, 애기씨상전손으로, 한홉쌀과, 맛사지못합니다. 그런이애기씨상전손
으로, 시권제을, 내여주렌합데다. 느진덕은, 황할남이말데로, 자
지명왕애기씨, 상전앞으로가서, 상전님아, 대사님하는말이, 나손으로, 시권제○
말쌀과, 상전님손으로, 한홉쌀과, 시권제는, 맛사지못하덴, 대사님이말합데다
이, 또, 자지명왕, 애기씨하는말이, 아버지잠긴문에, 어머니가 수레두고, 어머니장
긴문에, 아버지가수레을둔, 거부통쇠을, 열일수가엢서서, 시권제을, 못내준다고○
하렌합데다. 느진덕은올래가서, 대사님아, 거부통쇠을, 아버지장긴문에, 어머
니가수레두고, 어머니장긴문에, 아버지가, 수레을두워부난, 문못열고, 시권제을 ▶
못내여준담니다고, 말합데다. 황할람이는, 느진덕보고, 문을열려주면
시권제내여줄수있수가고, 드러보렌하난, 느진덕은또자지명왕애기씨앞에가서
상제님아, 대사님이, 문열려주면, 시권제을, 내여줄수시엔함데다. 자지명왕애
기씨는, 문열려주면, 시권제, 내여죽키엔, 말하렌합데다. 느진덕은,
앞에가서, 대사님아, 문열려주면, 시권제, 내여죽키엔하염수다고, 말합데다
황할람이명도아버지는, 염불하면서, 드러가서, 천왕락화내여녹고, 동서우로삼세
번홍글치난, 장긴거부통쇠가, 열입네다. 자지명왕, 애기씨는하늘이나볼까
지하님이나볼가, 사람이볼가, 청너월, 백너월, 흑너월, 들러쓰고, 집안으로드러가
고, 고팡에가서, 아버지, 어머니, 먹는쌀항아리을, 열고보니, 좀도일고, 거미○
만쓰고, 자지명왕, 애기씨먹는쌀항을, 열고보니, 쌀이고와지고, 어름가○
은, 빛이나게고와집데다. 자지명왕애기씨 시권제거리로간틈에, 황
할람이, 는, 한쪽손은, 우머니속으로, 감추고, 한전대귀는, 입에물고한귀는
손에잡아십데다. 자지명왕애기씨는, 가저서, 나오다보니, 대사이한손이엢
고한전데귀, 입에물고, 한손으로는잡아바시난, 자지명왕애기씨는하는말이 ▶
한손은, 어제갈쓰면, 전데귀는, 니미귀라무엇수과이, 황할람이하는말이한손은, 하

늘옥황단수육갑집드러가부난, 한쪽귀는물고, 한귀는잡았수다이, 자지명왕
애기씨는, 시권제비우젠하난, 황할람이는, 높이들러, 야지비읍서말하면서
전데귀물걸내여부난, 시권제는, 알너레, 비워집데다 황할람이는, 무남제을, 내
여녹고, 이무남제로, 전부주어다뭇서, 한방우리떠러지면, 명과복이떠러짐니다.
말하난, 자지명왕애기씨는, 문남제받고, 방울, 방울, 쌀을주워다물때전데
로, 하늘옥황에, 단수육갑집뜨레같젠한, 손이, 나와서, 자지명왕애기씨, 머리을○
세번, 왼쪽, 오른쪽으로, 어러쓸데, 자지명왕애기씨는, 삼세번줍작거리면서, 일은
여덥고무살장안으로, 드러사면서, 양반이집못단일중이엔하면서드러갑데다
황할람이는, 임정국대감집나오면서, 하는말이, 지금은날보고욕을하염주마는에
예산신구월이, 당하여가면, 나이생각, 날거라면서, 황할남이는나오라가난, 자○
명왕애기씨는, 느진덕불러~야, 저중이상한말한다. 본매두란이, 느진덕은, ○
할남이앞에날려드러서, 한쪽송락귀여, 장삼옥한쪽, 철축대을꺼고송락, 장삼
치저서, 빼여서본매둘데, 자지명왕애기씨는, 야~느진덕아열인문장겨
두고가랭하라, 말함데다. 느진덕은, 황할람이불러, 열인문장겨두고갑서 ▶
이황할람이는, 되도라와서, 천왕락화내여녹고, 동서우로삼세번홍글치난, 거부통쇠
장겨진다. 이것도황금산신력이우다. 황할람이는황금산드러가는첫문에, 장삼○
송락, 철축대, 꺽거진거, 거러두고, 황금산, 대불법가, 부처님에, 선신하고, 대사
님과, 삼천선비앞에, 선신하난황금산황주저대사님은, 황할람이, 앞에수
제자, 대사로, 총책임를, 일임합데다. 노신땅임정국대감집에서는, 자지명
왕애기씨는, 황할람이, 시권제, 내여준후로, 자지명왕애기씨는, 먹단음식, 못먹
어갑데다. 옷새옷냄새, 밥에밥내, 국에장칼내, 냄새, 먹단음식못먹어가난에
느진덕은, 아이구, 상전님아, 무엇를, 먹구정허우과이, 시금세금, 정갈래나, 틀, 다래
나, 애미자을, 먹고푸다이, 느진덕은, 자지명왕애기씨말데로해드리저, 송동○
구니, 들러서, 신산곳에도오르고보고, 나무는높아지고, 틀, 다래는딸수가, 엾씁데
다. 그래서, 느진덕은, 하느님에등수듭데다. 명처사는, 하늘님아, 우리애기씨가, ○
무열매을먹고퍼서, 죽을사경되였수다. 이날이시로, 모진강풍한번부러줍서, ○
난, 난데엾는, 바람이부러서, 틀, 다래, 예미자열매을떠러지고, 송동바구니에주
워담고, 집으로와서, 자지명왕애기씨, 앞에안내난, 자지명왕애기씨는, 이것○
낭냄새나서못먹으키여, 또느진덕은, 상제님아무엇를먹구가고말하난에 ▶
대천바다에, 대전복, 소전복도, 먹구저하다고말하난, 느진덕은, 바다로가서, 전복하여
집에와서, 상전님아, 대전복, 소전복하여왓수다면서, 주난, 이것도못먹키여, 바다냄
새로못먹키여, 내처간다. 무엇을, 먹구가, 큰일낫고나, 느진덕은, 엇절수엾이, 천아문○
살려간, 임정국대감님과, 지아문장살레간, 김진국부인앞에편지서신, 설안장을보냅
데다. 큰일낫수다. 삼년살공서, 일년에, 끝내고, 일년살문장, 단석달에, 석달살

문장단삼일에, 끝내고, 옵서, 상제님내문장살내간후로, 애기씨상제님은, 먹을
것을못먹어서, 죽을, 사경되염수다고, 서란장, 편지을, 보냄데다. 느진덕보낸
서란장편지를, 임정국대감과, 김진국, 부인은보고, 부지런이, 문장사리끝내우고, 집
으로, 도라오고, 일른여덥고무살장, 장긴문을려이난, 자지명왕애기씨는자기방
에가서, 느진덕정하님불러, 아버지앞에, 선신을, 엇찌가겐느냐이, 풀죽치마, 저고리
입창문박으로, 가서선신하난에, 아버지가오랜하여서, 무릅에안지고, 질문을합데다
나딸가, 머리는엇지하여서, 매방석이되연느냐이, 자지명왕애기는, 아버지, 어○
니, 게신때는, 하루몇번식, 머리을빗저주원는, 아버지, 어머니엾고, 궁안에있
스니, 하루한번도, 못빗저주난, 매방석이되엿수덴, 대답합데다. 아버지는
또무사눈은흘그산이가시엔하난, 궁기로엔제면, 아버지, 어머니, 오실까바 ▶
부난, 흘그산이같수다. 입은무사, 작박뿌리되여시엔하난, 하도입트러지게우○
부난, 작박뿌리되였수다. 아버지는, 느배는무사, 두릉배가되여시엔하난, 아버지
어머니, 잇슨데는, 밥도홉마련하고, 밥을, 주원는, 아버지, 어머니엾스난, 홉만련
으로, 밥도, 안주고, 줄땐주고, 만줄땐아주난, 배창나, 부렀수다. 발은무사곱배
발이, 되여시엔하난, 서둠서부모기다리면서맥네려, 곰배발되였수다. 무사엉
둥이는뽀롱새가되여시, 단지안자대소변에뽀롱새가, 되엿수, 다. 임정국대
감은고생햇저, 니방으로나고가라, 아버지는, 자지명왕애기씨는, 방으로, 도라
가, 느진덕을, 또불러, 어머니, 앞에는, 엇찌, 선신가겐느냐이, 풀산치마, 저고
리입고, 갑서니, 느진덕말대로, 자지명왕애기씨는, 어머니앞에선신가난, 아
버지와똑같이, 질문하난, 그대로대답을합데다. 그런대어머니김진국부인
은, 여자라, 딸, 앞골름클러서, 옷을햇천보니, 젓줄이, 파라케서고젓머리
가, 거먹고나, 김진국에부인은, 궁안에도, 바람이드럿구나, 앞밭에버텅
걸라, 뒷밭에작도걸라, 좌강놈불느라, 큰일낫저, 궁안내도바람이드럿
저, 김진국부인은, 딸애기, 자지명왕애기씨죽이젱하면, 느진덕이달려들
고, 느진덕을죽이젠하면, 자지명왕, 딸이달려드러서, 느진덕이잘못 ▶
안이라내가잘못시니, 나을죽여줍서할때에, 김진국부인은, 임진국대감과
이논하고, 자식하나, 안이난마음먹고, 집박으로, 내쪽그기로의논하고, 김
진국에부인은, 딸애기입던 이복, 전부내여녹고, 명도마에실고, 집박으로, 보낼때에
군문잡고나갓저군문길설하자, 부모자식, 등지여같저등진다리마련하고, 자지
명왕애기씨나갈때에, 아버지천아임진국대감은, 서른애기, 갈길로, 찾어가다가
길이막키거든쓰라면서, 금봉도리채, 내여준다. 자지명왕애기씨는, 아버지준금
봉도리체밭고, 느진덕과, 명도마와서이서, 올래박겼나서니, 동드레, 서러레길이나고
동서막급하고, 우리갈길이어느쪽인지몰라지여사는데, 자지명왕애기씨는, 오
라가게, 자지명왕애기씨는, 느진덕과명도마와, 발가는데로황금산을찾어가는

데, 불이부트는산이있습데다. 자지명왕애기씨는, 야, 느진덕정하님아무사저산은불이부
텀시니, 말하난, 느진덕은, 한일알고, 두일모른상전님아, 부모가단딸애기, 내보내는데얼
마나가슴아푸며, 불이붓텀수가, 그와같은넉시우다. 자지명왕애기씨는, 아무말못하
고, 가단보난, 알로, 웃트레, 물이오르는산이있습데다. 야-느진덕아, 저산은물이
알로웃터레소사올람저, 느진덕은또, 아이구상제님아, 남자가, 여자을, 찾저오는것은
당연한일이주마는여자가, 남자을, 찾어가는길이라, 거신물건다리우다자지명 ▶
왕애기씨는, 아무말못하고, 가는데동이청산당한다. 청수와당너머간다. 남이적산당
하난적수와당너머간, 서해백산당한다. 백수와당너머간다. 북해흑산당하○
흑수와당너머간다. 가다보니, 우는펴지고, 알은뽀라진산이보이난자지명왕애기씨
는, 말하난, 느진덕은, 상전님아, 저기가서, 세갑머리, 육갑에, 갈라다워서, 그릅서.
자지명왕애기씨는, 느진덕말데로, 세갑머리푸러서, 육갑에갈라다워서, 머리올
려너머간다. 건지산너머서, 가단보니, 나무하나엢는, 은진미럭산이당합니다.
명도마을, 푸러서, 건지산으로, 올려두고, 느진덕은, 앞를 서고자지명왕애기씨는뒤
따라, 홀목잡고, 은진미럭산을, 오르고, 내려가는것이, 조심조심, 이너머같아하
여서, 조심다리가되였수다. 또가다보니, 넓고널은낙수와당, 서천강이당
도합데다. 그서천강은, 낙수와당, 당도하난, 자지명왕애기씨가, 아
버지, 준, 금봉도리체로, 물을, 때리데, 길이안이납네다. ~참고~여기서
심방집에서, 싸움말이, 만하지역본이됩니다. ~참고하세요.
1. 제주시, 서쪽으로는, ~ 건지산도오른명도마가, 산에서내려오고, 자지
명왕애기씨와, 느진덕을냉겨, 주니, 초궁다리마려되였다고, 합니다.
2. 제주시동쪽은 -용왕국, 자근딸이, 행실이, 나빠지여서강아지로도환 ▶
생식켜, 죄풀려오라고, 보낸때, 자지명왕애기씨가, 어느때집에대려다길우다
가길우다. 죽으난, 당파드난, 또용왕국으로, 드러가서, 있다가 자지명왕애기씨
와, 느진덕이, 강변에서, 고생하염시난, 거북으로, 올라와서, 냉겨주난, 초궁다리마
련되였다고합니다. ~남군으로, 대정삼면에는~3. 자지명왕애기씨와느진덕이
서천강낙수와당질못넘고, 있슨때, 황활남이, 대사가, 부처님에, 불궁하다가
캄박잠에, 꿈을꾸기을, 자지명왕애기씨와느진덕이황금산을찾어오다가, 낙수와
당서천강변에서, 고생하염시난산신단으로, 등수드난, 산신과용왕은친구난, 용
왕국에서는, 거북을보내여서, 거북이등에타고, 서천강, 낙수와당을, 너머같아는
말도있읍니다. ~4. 남군, 서귀포동쪽으로는, 아버지준, 금봉도리체녹고너머
같아고함니다. 그레서초궁다리말도되었수다. ~참고하세요.
서천강을, 자지명왕애기씨와느진덕은초궁다리설입하면서, 황금산을찾어간
는데, 백모래밭을, 너머가단보니, 황금산, 드러가는, 초군문이, 당도하고, 보니, 한
귀엢는송락, 비랑장삼, 꺽거진, 철축대며, 거러지여삽데다. 느진덕보고, 자지명왕

애기씨가, 맞추워보라이. 느진덕은맞추워보니, 마자집데다. 그레서초군문을드
러서어, 팔구세줌난, 애기중이길을띄암십데다. 자지명왕애기씨는, 느진덕 ▶
보고, 저기, 저속한이, 중보고, 드러보라황금산절을, 어데로, 가는냐고, 말합데다.
느진덕애기씨, 상전말데로, 애기중에, 길닥기는속한니중님, 황금산금법당을어데
로감이까이, 속하니는어데서, 오는길이엔말하난, 우리는, 노신땅에서황산절에인○
대사님을찾어오는길이라고, 대답을합데다. 속한이는, 대사님이부인님내오○
길을가르치렌하난, 마줌처내렷수다고 말합데다. 자지명왕애기씨와
느진덕은, 속한이뒤을따라가젠하난, 열두문을, 너머가야는데, 문민마다문직
이가, 인정달라하니, 인정걸게엾서지난, 자지명왕애기씨는, 치마한폭식, 찌지면서
인정거러서, 가는것이, 황금산절간, 큰문앞에가난, 자지명왕, 애기씨는, 치마열두폭, 치
마는한폭도엾써지고, 허리만나마십데다. 속한이는, 큰대문앞에서, 기다립서고, 말
하면서, 절로드러가고, 자지명왕애기씨는, 대사님이나오면, 엇찌대면하리, 하여서
느진덕을보니, 열두폭치마로구나, 여섯폭을갈라서, 자지명왕애기씨는, 앞를, 가려○
데다. 그리하여, 사람죽고, 저승길문은, 갈세길, 열내진간길이고, 올세길도, 열내진○
길, 가며, 오며, 저세상길은 옛날스물여덥제진길이라고하였수다. 요주금영혼
길치는문잡는것을보면시왕도군, 감상문, 십전대왕문열두개을잡읍니다. 원칙은
초귀양길에도 열내문잡는것이, 원칙임니다. ~참고하세요. ~그리하여서, 자○ ▶
명왕애기씨와, 느진덕은, 대사님을, 기달리는데, 속하니는, 차나록두동이를가져오면서
하는말이, 아기씨상제님아대사님은못나오고, 이차나록두동이를내여주면서짝○
엾시, 깨끗하게하여, 보내면, 대사님, 찾어온것이분명하다고함니다고말합데다.
자지명왕애기씨와느진덕은, 차나록두동이를밭고, 손콥으로, 차나록, 껍지을, 백
기련이, 손콥이아파지고, 짝쌀엾이, 한방을식 껍지을, 백기다눈물이, 비
새지듯하여갑데다. 자지명왕애기씨와느진덕은무정눈에잡이듭데다.
천왕새, 지왕새, 인왕에놀든새가, 도레려, 자지명왕아기씨와느진덕이
깊은잠에, 차나록두동이전부주동이로깨여산후, 자지명왕애기씨와느진
덕은잠에서깨여나면서, 요새저새야, 남이에간장, 속상한줄모른새야
새을다릴때, 차나록두동이, 체는, 전부, 불려나라나고, 고수란이차나록쌀○
나뭇데다. 그리하여서, 속한이, 불러서, 차나록두동이를, 대사님, 황할남이○
으로올려보내난, 대사, 황할람이는, 속한이보고, 날찾어온것은, 학실하나,
나는비고승이라, 부부매저, 금법당살수엾스난, 시왕고분다리, 내여주면서어
멍국, 불도땅, 찾어가랜하라고, 합데다. 그레서, 속한이는, 대사님이내
여준시왕고분다리길그린, 그림가저나와서, 자지명왕애기씨와 ▶
느진덕앞에, 멀리갈길을, 같차읍게가라는것을, 내여주난 속한이는, 대사님준걸
가지고, 자지명왕애기씨와, 느진덕앞에와서, 하는말이, 상저님아, 대사님은

이것을내여주며, 멀리도라갈길을, 같차움게갈길, 그림을, 내여주고, 부처님직○
비고승이라, 부부매저, 살수엾스난, 적금산, 어멍국, 불도땅을찾어가라함데다.
말하절로, 드러가부난, 자지명왕애기씨와느진덕은, 적금산불도땅어멍국을
찾어갑데다. 가단보니, 하늘도, 캄캄, 땅도왁왁한, 왕대월산, 금하늘이당
합데다. 자지명왕애기씨는, 아버지준, 금봉도리체, 내여녹고, 우로알더래, 내려치난
길이, 대신장로길이납데다. 그레서그길로적금산, 불도땅을, 찾어가는데, 길가운데
하늘높이, 대하나가서있습데다. 그대로, 평민집에, 사당클굿세는큰대하나세우
고, 심방집에는, 큰대와, 좌우득, 삼대세우는식설련되엾수다. 자지명왕애
기씨와느진덕은, 적금산, 불도땅을, 찾어가서, 얼굴못른, 매느리, 인사올입니다. 이
적금상, 불도당직한, 씨어머니는, 이게무슨말인이, 절간법당직한대사도부부○
저산데말이냐면서, 엇절수엾이, 자지명왕애기씨을보니, 헤산달이, 얼마안나마고나
안으로, 불려드레사는데, 애산신구월초, 팔일당하난, 자지명왕기씨는헤산때되는데
배속에인는애기는, 아버지본매엾는몸이라, 어머니, 자지명왕애기씨오른겨드랑 ▶
이햇처서탄생합데다. 초여드레, 본명도, 이름지웁데다. 열여드레당하난둘제애기가
소생할때, 어머님에, 아버지, 본매두난, 어머니구혜문못열려탄생할때, 잇겨드랑이
햇처서탄생합데다. 둘제는신명일로아름지와, 서대구덕에, 눕펴서, 초여드레
본명일, 도, 웡이자랑, 열여드레신명일도, 웡이자랑하면서, 키워가는데, 스무여드
레당하난또, 자지명왕애기씨는스무여드레, 당도하난, 또헤산때가, 되여서, 이세
상탄생하젠하난, 어머니구혜문열려, 탄생할수엾써진다. 아버지본매가안이둔곳이고
큰형은오른겨드렁이로, 세상, 탄생하고, 둘제, 신명일, 왼겨드렁이, 햇처탄생하고, 스물
여드렌날도, 아들나난사라살죽, 삼명일이, 지우고, 아들삼형제소생하난또애기○
을구덕찰려서, 자지명왕애기씨와느진덕은, 아들삼형제키워서일곱살에, 일○
서당글공부을식켜가는데, 양반이집자식드리, 궁이아들삼형제앞에, 글공부을, 못
배우게하여가난, 궁이아들삼형제는, 글공부자리을, 두고, 선생님에, 인는방굴묵하○
으로가서, 굴묵짓고, 불이꺼지면, 글공부종이, 글쓸것이, 엾스난, 시근제에서, 글
공부을하는것이, 양반이집자식들이, 한글을, 알면, 제에서공부한궁이아들
삼형제는, 몇배로, 배워갑데다. 그래서, 제에서, 공부하니, 별명으로젯북이
삼형제라고보통밸리, 이름을젝부기삼형제라함니다. 원칙은궁이아들이라고 ▶
하는것이, 올씀니다. 궁이아들삼형제가, 글공부끝나고, 열다섯십오세나는햇에
양반이집자식들이, 과거을하러간다고, 말을둣고, 어머니앞에와서, 우리도과거
을가겠습니다. 말하난, 어머니, 자지명왕, 애기씨는, 과거는, 못간다고, 말합데다.
그레도, 궁이, 아들삼형제는, 과거을감니다고하면서, 양반집자식과, 가는데, 너
머가던대사는, 앞에가는선비들은, 과거에떠러저도, 뒤에가은삼도령은, 과거에합
격한덴하난, 양반이집자식들은, 갈수록질투가더나고, 궁이아들삼형제을, 같이안데려

갈려고함데다. 궁이아들삼형제는, 뒤떠러지고, 양반이집자뒤따라가는데, 배지골이당
하난, 양반이집, 자식들이, 의논하고, 궁이아들삼형제보고, 저배남위에올라가서배따오면
과거을같이, 대려서간다고말합데다. 궁이아들삼형제는, 배나무을보니, 나무로올
라갈수엾씁데다. 궁이아들삼형제는, 하는말이, 나무가높아서, 못올라가키엔하난
양반이집자식들이, 모다드러서, 궁이아들, 삼형제, 배나무위로, 올려서, 배따는사이에못
내려오게, 가시나무싸두고도망가불고, 궁이아들삼형제는배나무에서못내려오고, 찬이슬과
찬바람을마저가면서인는데, 날이발아오는데, 배지골, 배정승이, 잠을자는데, 꿈에선몽
을하는것이, 배나무에, 청용, 백용, 흑용이, 가마진, 꿈꾸고, 소피, 을보젠, 나와서배
나무로보니, 배나무에, 세캄만게있스난, 귀신이면엾서지고, 사람이면 ▶
내려오렌하난, 궁이아들삼형제는, 우리귀신이안이고, 사람우덴하난배정승은, 내
려오렌함데다. 우리는, 배을만이따부난, 못내려감니다이. 배정승이떠러지
지말게, 잘잡고, 허릿띠클르라. 그러면배떠러지고, 누내는버려와진다고말
합데다. 궁이아들삼형제는, 배정승말대로하고, 삼형제는, 허리티클런허난, 배
는알너레떠러지고, 삼형제는, 내려와서, 배정승에, 인사하난배정승은, 어데로
가는, 도령들이, 야이, 우리는서을상시관에, 시험보레감니다고, 말함데다.
배정승은, 그때, 종이, 필먹을, 내여녹고, 글을쓰어보렌하나, 궁이아들삼형
제는, 배정승님말데로, 글을쓰고, 드리난, 배정승은, 천아문장, 깜이로구나. 배정승
은생각하고, 날이새난, 궁이아들삼형제도, 배정승도상관출근한는데, 궁이아들삼
형제는, 배가곱파지난, 팟죽할망, 팟죽파는데서팟죽사먹고, 돈을드리젠하난에
할망은간밤꿈본그대로삼도령꿈꾸고, 팟죽갑을안받고궁이아들삼형제, 과거보
레보냅데다. 궁이아들삼형제는, 고마운인사하고, 시험장으로가고보니, 시간이너
머서, 동문, 남문, 서문쪽전부장겨십데다. 궁이아들삼형제는, 드러갈수엾서서,
과거보레가지고간, 먹, 배루, 붓, 종이내여녹고, 그날, 시험답글쓰고상시관앞
으로, 던지난, 그날시험장에, 상시관은, 배정승입데다. 그굴석장을푸러서 ▶
선배들앞에, 이글은누구가써과인앞에던전느냐이, 선비들은, 아무도, 대답을못
합데다. 그리하여서, 배정승은, 문직이불러, 하는말이, 과거보러오고서, 문이
장기난, 과거못보는선비인느냐이, 있습니다고, 대답합데다. 배정승
불러드리하니, 문직이는, 궁이아들삼형제불러드립데다. 배정승은, 너희이글
쓰언느냐고말하난, 예하고대답을합데다. 금일과거는궁이아들삼형제장원이라
면서, 끝난이, 양반이집자식들, 심술을파라갑데다. 양반이집자식들시험장, 상
시관앞에가서, 중이자식은벼술주고양반이집자식들은, 과거을안이줍니까
고말합데다. 시험장, 상시관, 배정승은, 엇찌, 양반, 중인감를알수인느냐고
말하니, 도래칠반상에, 열두가지, 음식찰려서, 주워봅서. 선비들말하난, 상시관
배정승은, 선비들, 말대로, 각서출물, 술이여, 고기여, 찰려서같아주니, 큰성본명

일, 셋형신명일, 은, 많은음식만갈려서먹고, 술과고기는, 상알로, 곱저갑데다.
작은아시, 는형님들앞에고기여술이여, 먹음서고하면서, 고기로, 술로어거먹
는것이, 목위로토열를, 하는것이, 큰굿에, 악궁이것먹기가, 되였수다. 그리하여궁
이아들삼형는, 과거낙방되고, 시험장을나오다보니, 또선비들이, 무과급제, 병과
급제을보암시난, 활한대작은동생, 삼명일이버려옥황으로용심나난쏘우는 ▶
것이옥황도성문을맛처서, 부수우난, 옥황상제명부전에서는이게엇던일이냐누
가옥황도성문을맛천느냐이, 궁이아들삼형제가, 과거낙방하부에나서무과급제
선비앞에, 활비러쏘왔수다이, 옥황상제명부전에서는, 어머니좌지명왕애기씨
를깊은, 옥에, 아들삼형, 너무낫다면서가둡데다. 그때궁이들형제는집으로
도라오고, 느진덕정하님은, 편지을, 쓰고, 청만주엠이, 백만주엠이, 입에물려
서, 편지보냅데다. 궁이아들삼형제가어멍국으로, 내려오는데, 만주엠이가길을가로
질러가난, 궁이아들삼형제는하는말이, 우리가과거갈때도, 길갈라제수가엾더니, 또
올때도, 길갈남저, 하면서, 만주엠이목을발부난, 편지도박아간다. 만주엠이골리
로, 윈다리, 오른다리도가마진다. 그레서시왕대다리, 양쪽으로청비게, 백비게
만력되였수다. 편지박은건, 보니, 느진덕이편지로다. 상전님내잘못으로, 어머니는
깊푼궁에드렷수다. 써저시난, 삼형제가어머니집에와서, 어머니, 누워자는, 방에보
이, 어머니는엾고, 속옷하나, 거러, 지여십데다. 그결가지고, 느진덕을, 앞세워서외
가땅으로갑데다. 외가댁노신당가서, 외하르바님, 외할마니앞에선신하난에선
신은밭고, 가매우펜문은, 안연다. 그때에, 삼형제는, 외하르바님, 외할머님
보고하는말이, 우리아버지어데있수간이, 황금산황주저, 대사님이라고, 말 ▶
해줍데다. 삼형제는, 아버지찾어황금산절로찾어가고, 아버지앞에가서울고불고
통곡을하면서무사대사가됩데가말하난, 황금산부처직한대사님은, 무시울엄디하
○서말하난, 우리, 가과거합겻되연는데, 중이자식이라면서, 양반이집자식들로과
거낙방되였수다이. 아버지대사님은, 그건당대여, 만데우전식킬, 것을마련해주
마. 황할람이대사님은 아들삼형보고제일좋은것이, 멋이드, 냐고말합데다.
아들삼형제는, 도래칠반상에, 각서출물올인것이좋아집데다. 말하난, 아버지
대사님은, 하늘같은, 공시상마련한다. 청비쌀, 홍비쌀, 좋아집데다. 서란쾌지, 청○
도폭, 홍포관디, 조심띠가, 좋아집데다. 아들삼형제앞, 아버지본때가, 엾겐느냐
아들삼형제, 아버지찾어올때, 하늘보면서왓저. 하늘둥글다. 둥글렁하게만들고, 하늘천자
사기고, 저올내로찾어, 드러왓저, 올랜문자객을사기고, 아래, 천문을, 녹고볼때왼쪽은, 달
월○
오른쪽은, 날일자, 사겨서본매둡데다. 황할람이대사님은, 아들삼형제보고, 머리살발
하렌하난, 아버지듯고, 머리삭발하여간다. 또아버지보고어머니, 죄을풀려야하구덴
하난, 신산곳도올라서, 물사옥기, 흰사옥이, 먹사옥이, 끄너서첫동은, 동내울북마련

하고, 둘제동은, 북설련하고, 셋제동과넷제동, 다섯제동은, 소리좋은, 삼동막살장
구을, 만들라. 그리하여서, 아들삼형, 본명일, 신명일, 사라살죽삼명일은신산곳도 ▶
올라서, 열두주이를, 비러서, 물사옥이, 쇠사옥이, 흑사오기, 끄너서, 철동은, 동내울북도
만들고, 둘제동북, 셋제, 넷제, 다섯동하여서, 궁기, 뜰버녹고보니, 궁기는나도, 소리을벌수
엾어
지난, 한펜수, 목수가, 이웃밭보니사룸, 나룸난소가있스난, 그소을심어다. 앞에가죽하여
서, 울북과북을, 싸녹고, 소리나게칠체가엾스난, 족대, 수리대, 뿌리로, 케여다북채설연
하여, 두둘기난, 소리난다. 또, 신산곳도올라서, 뛰는노루심고, 가죽하여서털지와서, 두름
쇠하고, 장구을만둘려고, 하니, 걸일쇠을만드는열두가막쇠, 여섯부전에, 줄을걸려대
고, 두두리려이, 채가엾서지니, 왕대, 마작끄너서, 펭장빛나게, 각겨서두두난, 소리난다
그레서, 본명일, 신명일, 사라살죽, 삼명일이, 법당을하직하고, 어주외삼도전으로, 내려서
다보니, 엇던도령드리, 길래안자, 우럼시난, 어데로가는, 사람이냐이, 너삼무너도령삼
형제는, 올대갈대엾는, 아이라고밀함데다. 그레난우리하고같이글라면서, 어머
니옷내여녹고, 왼굴로써, 오른굴로벗고오른굴로, 왼굴로, 벗서, 육학열를무어삽데다.
그리하여서당조전, 안쪽, 발쪽으로, 육고비마련이되엿수다. 결의형제마련도, 되엿다
고합니다. 육학열무어서, 어주외, 삼도전거리로가서, 부정도안타고, 서정도, 안타는나무는
유자나무는, 탱자나무을비여서, 마은여덥상간주, 가지높은집을짓고, 탱자나무로서른여
덥중간주스물여덥, 하간주, 가지높은신전집을짓고, 계수나무상당클, 비자나무중당클 ▶
아외나무, 하당클, 만사당클입구자로매여서밤낫을하늘옥황으로, 드리울려, 내울려○
데다. 한데옥황상제, 명부전에서는, 밤낫으로, 울정, 울북소리난이엇던일이야니, 한
대신이, 지국성에서, 자지명왕애기씨, 아들삼형제, 가어머니깊푼궁에드렷스니, 풀려줍
서고, 옥황으로, 등수듬니다이. 옥황에서는, 자지명왕애기씨를, 풀려줍데다.
자지명왕애기씨는, 죄풀려, 아들삼형제을, 만나고, 하는말이, 아방국보안느냐이
아들삼형제는, 아방국, 보았수다이, 어머니는, 아버지가, 무슨본매주던냐이, 낭천
문본매줍데다. 어머니도, 난들, 본매엾써, 되겠는, 나무로만드, 술잔같은, 것을, 두
계, 내여, 줍데다. 어머니, 본매는, 모욕상자, 만련후, 아들삼형제는, 어머니, 자지명왕
애기씨보고, 하는말이, 외진땅, 외하르바님과, 외할머니보레그름서고하난,
자지명왕애기씨는, 대답합데다. 궁이아들삼형제는, 일천기덕지고어머
니, 앞을세워서, 노신땅외가댁을, 가는데, 삼형제는, 외가집드러가고, 어
머니는, 안드러갈대, 외손자가, 드러가니외하르바님, 임정국은, 가매우판문
열고, 외할머니는, 초석을, 들고나와서, 외손자들앞에초석을, 페와주면서,
진짐을부리라고, 합데다. 궁이아들삼형제는, 진짐부리난, 외할머니김진국에부인은
어머니는, 어데인느냐이, 저울래있수다고말합데다. 김진국부인, 외할머니는올래로 ▶
나아가면서, 서른애기얼굴보저, 전에얼굴시냐, 외할머니, 김진국부인이나갑데다.

김진국부인은, 올래로, 나가면서, 어데인는냐얼굴보저할때, 자지명왕애기씨는일
로절로, 함데다. ~이때, 제주시서쪽으로는, 고분명도길발유기마련도합데다.
안내서, 외손자, 삼형제는, 외하르바님안진자리옆을보니, 청비쌀, 홍비쌀이세
워지여, 십데다. 궁이아들삼형제는, 외하르바님보고, 하르바님, 그옆에인는
것을하나줍서하니, 외하르바님은, 무엇를하겐느냐이, 외손자, 궁이아들삼형제
는, 양반이 자식들, 원수갑푸다이외진임정국, 하르바님은, 나무로, 칼을만
들고, 외손자앞에, 칼을주, 이칼을, 많게쓰라면서, 내여준것이, 시왕대번지, 외하르방
본매우다. 이리하여, 부모님, 지년상봉하고, 외하르바님본매가지고, 어머니와같
이, 느진덕과, 삼형제는, 어주외삼도전거리로와서, 궁이아들삼형는, 할아
버지본매는, 금요랑과, 바랑이고, 외하르바님본매는, 나무칼에, 칼도자와발글명
자, 객을사격고, 아버지본매는남천문 어머니, 본매는, 낭상잔이난, 만대대
유전식킬수엾스난, 동이와당쇠철이들불러서, 백모레일러서, 쇠가르
해녹고, 명철광대인는불미왕에가서, 낭천문, 낭상잔, 낭신칼을, 전부박꾸고
쇠로박꾸로, 천문과상잔놀, 그른엷서지여서, 쇠물나문걸로상판접시같이 ▶
만드라노난좁데다. 또쇠물나문걸로, 대양도, 만들고, 설쇠도만듬데다.
그리하여서, 궁이아들삼형제는 어주외삼도전에서, 살면서, 양반이자들원수를
엇찌갑푸리할때에, 옥황에서, 궁이아들, 삼형제, 올라오렌, 서란장이내입데다.
그때서란장, 편지바든, 궁이아들삼형제는, 서란장보고, 어머님앞에, 하는말이, 어머
님아, 이일천기덕, 삼만제기, 팔지도말고, 또, 주지도말고, 나두면, 우리가, 옥황같다오고절○
을하겠읍니다고, 말하면서, 어머니, 동풍면동벽지서풍불면서벽으지합서, 그리고우리
생각나건일출동방동산새별보면서, 시름식거서, 사람십서. 해두고, 궁이아들삼형
제는등신불로, 옥황으로도올라갑데다. 옥황에, 도오르난, 명부전에서는, 삼형제에
직함을막입데다. 큰성, 본명일, 하늘찾이, 둘제신명일은, 땅찾이, 자근아시
사라살죽삼명일에는, 인생에, 찾지을, 마련하난, 사라살죽삼명일, 양반이원
수가품하저, 유저승따님애기씨, 잘노는, 삼도전세거리가서, 엽전여섯입묵
근것슬, 나두난, 유정승따님애기씨는, 그엽전을봉가서, 집으로, 도라온후에
피일차일금유를신병드러, 일곱쌀에, 눈어두어지고, 열일곱에안명발아
산때, 부모눈에갈이나고, 시찌나, 열아홉쌀나이, 죽도살도안하난부모버려
집박을떠납데다. 그레서, 옛어른말씀이, 여자나, 남자나, 아홉쌀 ▶
든때, 여자로남편죽으나, 남자로결혼후, 마누라죽으면, 팔자가쎄다고말함
니다. 그레서유씨엄마는, 거리궐식하면서사는데, 하룬날은아랫역에
자복장제, 외딸애기죽어, 일곱매묵어문계벽하 있제하난에, 소문드러
가서, 팔자구진아이다염수다이. 자복장제는하는말이, 팔자가구지면
어찌하며, 사주가구지면엇찌하리, 죽어일곱매묵어논, 애기살일수있스

랴. 말하난, 그레도, 유씨엄마는, 진맥이나한번해보구다고, 하는데, 자복장
제는안이된다고말할때, 옆에인는사람드리, 어린아이말도, 귀너머듯
말렌하여시난, 진맥이나, 하여보렌허락을주렌합데다. 자복장제는죽여
묵어논아기보렌허락하난, 유씨엄마대선생은, 장긴문열러서, 드러가, 진맥하난
삼신왕에걸려십데다. 유씨엄마선생은, 진맥하고나오면서, 시간은엾읍니다.
일문전앞으로, 초석페우고, 평풍치고, 큰상심고, 쌀세사발올리고, 향불피우고, 술
삼잔걸고, 찬물떠올리고, 보니, 할말이, 엾써지난, 첫제말이, 공신공신은, 장
신공신은, 말을하고, 삼신왕에, 역가을발치겠읍니다하면서, 소백지
석장에, 소지누울일때, 천문으로, 은인, 타인누울이고, 두번제는, 상잔으로, 금
인, 옥인를, 누울리고, 쌀을녹고, 세게로싸서, 산파으로, 감종수레울막여 ▶
서, 자복장제앞에, 주면서, 죽은애기, 머리밑에노아서, 배우고, 유씨엄마하는말○
제가저열이돌, 에서, 발내려녹고, 백보밖겻가기전, 애기씨, 숨소리나거든, 삼신왕에
역가을, 받집서고말하여서, 유씨엄마는, 열리돌에, 받디더사고, 자복장제는, 소지
꺽근거을, 죽은애기머리들너, 배우난, 애기숨소리가, 나고, 하난, 자복장제는, 유씨엄마
선생을, 찾어가서, 하는말이, 삼신왕에, 역가을, 받저줍서이, 유씨엄마는, 그리합서.
대답을햇는데, 조상도엾고, 일천기덕고엾고, 무엇이라고, 하여서, 역가를받저주린
생각하면서, 단이다가, 눈소문은, 못하여도, 입소문, 귀소문드러서, 어주외삼도전
거리찾어가면, 자지명왕애기씨앞에, 조상도있고, 일천기덕도있젠하난에
찾어갑데다. 어주외, 삼도전거리, 좌지명왕애기씨, 사는집, 먼올래당도
하고, 엾대하여있슨데, 궁이아들삼형제는, 어머니집으로, 지연상봉때입데다.
궁이아들삼형제는, 어머니앞에지연상봉하고, 너삼무너도령보고, 저올래, 문박겼
데, 외한여자가, 업데하였스니, 석자오치, 물맹지, 통전대, 앞송하여서, 불러드리고하
난, 너삼무너도령들나사, 문박게인는, 유씨엄마을, 대리고, 안으로, 드러가초인사에
불합겻만는것이, 초역가꽤진에가됩니다. 유씨엄마는, 두번제찾어가도백근이
못차다면서, 불합겻마는것이, 이역내, 도폭예고되답데다. 삼세번제찾아가○ ▶
대추나문, 은저울대로저울리난, 삼세번제는, 백근, 장대가마자지난에, 조상도내여주라
일천기덕, 궁전궁납, 내여준다. 이책, 저책, 비염말에, 복발게할책을, 내여준다. 유씨엄
마는책발고, 나오젠하난, 궁이아들삼형제가, 야내들도, 갈때, 올때엾는아이들인
데, 대리고가서, 일식키여서, 끝나보낼때에, 돈주고, 옷하여입를, 가지도주고, 밥허여먹을
쌀이영주렌하면서, 보냄데다. 유씨엄마는, 조상과, 일천기덕과너도령삼형제대리
고, 좌복장제집으로가서, 삼신왕에, 역가발저사고, ○나이, 너삼무너도령삼형제에
돈도주고, 쌀도주고옷하여입를가지도주웟는데, 바늘만안주었다고합데다. 그레서유씨
엄마는큰심방말이유전되고, 너삼무너도령은, 북, 장구, 대양, 설쇠선생, 소미선생○
이, 유전되였수다. 유씨엄마대선생은, 너삼무너도령보내고, 집으로조상모사드러

어데다모스리, 누워잠자는방, 괘우에, 못젠하난에남이와서볼까못모시고, 안고팡으로가서, 널판데기, 하나, 다라매고, 조상올리고, 일천기덕올리난, 좋아집데다만은고팡에, 들고나고할때에, 작꾸보아지염구나. 굿하여서버러논, 기지하여서, 궁기을따르고, 한것이, 일른여덥고무살장식, 마은여덥지게살장식, 서른여덥모람장마련되고, 들면안당조, 나면밭당조, 평민집에는, 안시왕으로상밭고, 그옛날심방집에굿할때, 당조방에도, 사당클매고, 마루에도, 사당클매고, 삼대세우서굿하였수다. ▶
그리하여, 유씨엄마대선은, 어느세7십칠세되고, 삼신왕에역가을한번이든, 두번이든밭치말씀이, 대천급도, 저울렸다고합니다. 초궁난산국, 본산국, 드러배운데로신푸렷수다. ~끝~
초궁다리, 신풀저할때, 거느린, 글선생, 초궁다리로, 개란안주일부한함서면서끝가지거느리고, 잔내는말하고, 개잔해올엔, ~끝~으로, 전승구진신청에도음북지잔이우다~끝~ ▶

이 궁 본

옛날, 옛적에, 한동, 내, 원진국이란사람, 김진국이란사람이한친구가삽데다.
원진국은결혼후, 잘살고, 김진국은결혼후못살라, 가난합데다. 그런데, 원진국은잘사라도자식엾고, 김진국은, 못사라자식엾서, 걱정되는데, 하루날은, 원진국이, 김진국이집에찾아와서, 놀다김진국보고, 하는말이, 야, 김진국아우리동개남상주절, 서개남은중절로원불수록가겐하난, 김진국은어서걸랑그리하라고대답합데다원진국은, 먹다, 쓰다, 나문것으로백근장제체워서, 원불수록, 금법당으로, 갈려고마음먹고김진국은, 하루삼끼먹던밥, 한끼주려양끼먹고, 수록드리러갈준비하여갑데다. 또, 한끼먹고, 양끼주려서, 백근을체워갑데다. 송락지구만장, 가사지구만장, 물맹지여강명지, 서미영서맛페대백미, 소백미, 돈천금, 은만량백근을, 채원서, 동개남상주절로원진국과김진국은원불수록갑데다. 원불수록가면서, 원진국하는말이, 우리금법가서, 수록드령왕, 느가아들나, 나, 내가딸을나, 나, 내가아들나, 나, 니가딸을나, 나사돈하게, 하면서, 구덕혼사을하면서, 원불수록석달열흘, 수록드려, 집으로와원진국도, 합궁일에, 배필무어서포태을가지고, 김진국부인도, 좋은날에, 배필을무으난포태가저사는데, 아홉, 열달만에, 혜산하는것이, 딸을난다김진국부인도, 열달만에혜산하는것이정성이깃득하난아들자식소생한다. 원진국딸은원강암미이름지우고김진국이, 아들은, 사라국, 사라도령이름지워서사는데, 어느세열다섯십세가, 나가고용잠대하여서, 세경땅, 농사지을년세가되여간다. 그래서, 김진국은수록드리러갈때, 원진국이, 한말이있스난, 사돈하겐, 하젠하루이틀제아침기도, 엾는생각하고, 사돈하겐말을못하고, 아들은긋어가고걱정이되여지는데 ▶
세번제아침에는, 드러가서, 사돈하겡하여도, 엾는생각하고, 말못하여서나올때, 원진국딸, 원강아미는아버지앞에가서, 하는말이, 아버지, 무사김진국이우리에하루도안이고이틀도안이고, 삼일제와서무슨말이라도, 하고갈뜻한데, 아무말엾이감수가이, 아버지원진국은느가알일이안이여, 원강아미는바른데로말합서. 아버지가말안해주면원강아미는, 발가는데로
가불구다이, 원진국은딸말에, 겁이나고, 말을합데다. 그것이안이고, 나도자식엾고, 김진국도자식
엾서지난, 원불수록가면서, 임진국이아들나나내가딸을나나, 사돈하겐구덕혼서무엇저그레서
김진국이, 사돈하겐오라서말하젠하여도, 엾는생각하여서감실거에말하난, 원강아미는
아버지보고, 인는사람은항시있고, 엾는사람은항시, 엾읍니까. 원강아미는, 아버지보고우리도
생각못한때, 사돈을하여시난, 나는김진국, 아들사라도령앞에씨집가구다이아버지, 원진국은 엾는집에, 씨집가서엇덩살티, 말하난원강아미는, 인는사람은항시있고, 엾는사람은항시엾읍니까고, 말하면서, 사라도령앞으로씨집을처녀몸으로가난아미가되고남자는총각

으로, 장가안가면늙어도총각이다. 동내사람들모두알면총각과아미란말이엾읍니다그레서
원강
아미는, 사라도령과, 살다보니, 나이가드러서포태을가저사는데, 우리인생, 문서, 호적찾
아, 불
도할마님은, 세경암대전수축하여서, 꽃씨드려서, 꽃씨가, 소사날무엾에걱정된다그레
서, 할마님은옥황상제님에도올라가서, 할마님은혼자서천꽃밭을, 직할수가엾으니, 꽃감
관을, 마련하여줍서고, 등수를듭데다. 옥황상, 제와, 만주대신에서는, 의논공논하는데
한대신이, 말하기을, 있읍니다이. 옥황상제는, 누구야이, 사라국사라도령인데지
금점고, 영역합니다이. 옥황상제는선관도사불러서, 사라국사라도령을불너오라
고말합데다. 선관도사는옥황상제분부데로, 사라국으로내려갑, 다사라국을내 ▶
려가는길에, 원강아미는물허벅지고, 물길너갈때, 길로변에서선관도사와, 마주치
여서선관도사가, 원강아미보고, 하는말이, 여기어느쪽에사라도령집이, 됩니까이. 원강
아미는, 엇찌하여서, 그집을, 차짐니까이. 선관도사는옥황에서, 만주대신이, 의논하고서천
꽃밭에, 꽃감관을막끼저, 하여서, 청하래가는길이엔하난, 원강아미는, 사라도령이
자기남편이란말도못하고, 같차읍게갈, 선관도사을, 멀리멀리보내여두고, 원강아미
는 물지고집에간보난, 선관도사는집에안오고, 남편사라도령만있스난, 물허벅비와부려
두고, 남편앞에가서, 고붓서, 도망갑써이. 사라도령남편보고, 옥황상제, 만주대신이
의논하고, 당신을, 서천꽃밭에곷감관을, 막끼젠선관도사가, 청하래오람십데가이
사라도령은, 어데로보내연는냐이, 원강아미는, 같차읍게, 올선관도사을멀리돌려보내였
수다니, 사라도령은, 외같차음게올사람멀리보내연느냐고할때선관도사는사라
도령집에드러가, 여기가, 사라도령집이되에야고무름데다. 사라도령은, 예그럿읍니다면서
엇찌하여오십데가이. 선관도사는, 옥황상제, 만주제대신에서, 의논하고, 불도할마님해○
서천꽃밭에꽃감관꽃성인를막끼저, 청하래왓따고, 말합데다. 사라도령은, 어덴영이라
거역하겐느냐고, 합포을싸라이, 원강아미는이어른아. 저어른아. 내혼자엇찌살아고, 혼자간
덴마리우과면서말합데다. 사라, 도령은, 선관도사을, 앞에보내고, 뒤따라간다면서각씨
말을듯고, 합포싸가는서천꽃밭, 가기전에, 날이저무러서, 청세왓데드러가서, 어욱대○
으지하여서, 찬이슬, 찬나롯을, 넘기는데, 먼동금동대명천지, 발아오는시간에
천년장제, 만년장제, 집기루는닭이목들러우러가난, 원강아미는, 남편사라도령
보고, 이우는닮이누구집에닭이냐이. 사라도령은, 천년장제만년장제집, 닮이라 ▶
이, 원강아미는, 나을, 천년장제집에종으로, 파라두고, 당신혼자, 서천꽃밭을, 가라고원
강아미는, 사라도령앞에말하난, 사라도령은엇덕에파는야이. 내일아침에천년장제
집울성박에서, 얼굴곱고, 몸짓조훈, 종삽서. 종삽서하염시면는, 알도래있수다이. 사라
도령은, 청세밭에원강아미나두고천년장제집으로가서, 울성장안박에서얼굴곱
고, 몸짓좋은종삽서. 종삽서하는동안청세밭에인는, 원강아미는 내가서천꽃밭을

찾어가는동안, 내다리, 마디마디피골은것은어욱대, 마디마디, 본매둔다. 내가슴에이열흰
피는, 고인적은, 어욱벵이본매둔다. 그때사라도령은천년장제집, 울성박에서종삽서. 종
삽서할때, 천년장제는, 큰딸불러, 나고보라이, 큰딸은올래가고보고와서, 아버지, 그종
사지맛서. 우리집망할종이우다. 셋딸나고보라이셋딸도큰딸과말이같아진다
작은딸, 불러서나고보라이, 작은딸은같아와서, 아버지그종삽서. 그종사면, 아버지심심
한때, 밤소열도좋고, 말, 벗도되구다이. 천년장제는작은딸보고, 얼마밭겐느냐고, 드러보랍
데다. 작은나가서, 얼마을주면팔거냐이. 사라도령은, 은백량, 돈백량바드키엔하난
에, 작은딸은, 아버지앞에와서, 은백량, 돈백량을바드키에하염수다이. 천년장제는, 작
은딸보고, 은백량돈백량주고사랍데다. 작은딸은, 아버지말데로, 은백량, 돈백량
주고, 원강아미산다. 사라도령은, 갈려사젠하난, 원강아미는, 천년장제보고, 이국절레는
엇전지몰라도우리국에절례는, 부부이별식키젠하면, 맛상차려주고, 이별식
킴니다. 이, 천년장제는그리하라고, 말합데다. 사라도령과원강아미는맛상밭
고나이또원강아미는, 천년장제님아, 이국에절래는엇전지몰라도, 우리국데
절례는, 부부이별을식킬려면올래어귀박에서, 백보박겼나가서이별합 ▶
니다이. 천년장제는, 너이국절례데로하라면서, 허락합데다. 사라도령과 원강아
미는, 백보박겻, 먼올래로나가서원강아미는, 사라도령남편보고, 아들나면이름은, 무어라
고지우
고, 딸은나면이름을, 무어라고, 지우는냐이. 남편사라도령은, 각씨원강부인보고, 아들은할
락궁
이, 딸은, 할락댁이로지우렌말합데다. 원강부인은본매을주고갑서니, 사라도령은삼동
남, 용얼레기, 내여녹고, 꺽거두게인데, 하나는 원강아미, 부인주고, 하나는부인사라도령남
편이가저서, 이별을합데다. 원강아미, 부인은, 천년장제집에종으로살게되고사라도령
은, 옥황에도도올라, 옥황상제, 만주제대신, 선신하고, 서천꽂밭명령밭고, 꽂감관으로청룡
산으로내려삽데다. 원강아미는천년장제집종으로사는데하룬날밤에는천년장제가원강
아미앞에오난, 원강아미는알고두고, 천년장제집종개야도라강잠자라, 나도못자
고, 느도잠못잠시에하난, 천년장제는, 나는종개가안이라천년장제엔하난
원강아미는, 이거엇덧일이우과이. 천년장제는종개가안이라천년장제인데심
심해서, 느와같이, 밤소열이나할까왓노라이. 원강아미는천년장제님아. 이골풍속은엇전
지몰라도, 우리국풍속은, 밴애기나, 혼세살나야부부밤소열법이있수다이. 천
년장제는, 너이국풍속데로하라면서도라간다원강아미는, 걱정된다한번속
이고, 원강아미는, 애기난것이, 아들납데다. 이름은남편사라도령말대로, 할락궁이로지워
서키우는
데혼세살나이또밤에천년장제온다. 할락궁이세살되난또원강아미는, 천년장제앞에이애기
혼일곱쌀되여서, 일천서당글공부가게되여야, 부부배필식이있수다이. 천년장제

는도라간다. 너이국절례대로하라면서, 도라간다. 원강아미는, 천년장제을, 두번속여
돌려세운다원강아미는이번천년장제가오면, 엇찌하리할때, 천년장제는밤에 ▶
또옵데다. 원강부인은알고두고, 이천년장제집종개야. 무사잠도안자고, 나도잠못자개하염
디말하난, 나는천년장제여. 종개가안이여하난, 원강부인은무사옵데가이. 밤이라심심
하여서왓노라고하니, 원강부인은이애기, 글공부끝나고세경땅, 용잠데거려서, 농사
을직게도여야, 부부배필식있읍니다이. 천년장제는, 너국, 절례데로하라면서돌
아갑데다. 원강부인는이번오면, 엇찌하리할때에, 할락궁이는, 눈치알고서, 어머님이
걱정되는눈치알고서, 어머니하고아들이부르난, 원강부인은무사하고대답하니
할락궁이는, 걱정될거엇수다면서하는말이, 어머니, 이번이랑오거든, 한번속이고
두번속이고, 여러번속엿수다면서, 막게차누웟다가창문염서한발드려녹거든, 막게
로, 알정구리때입서다신안옵니다고말합데다. 원강부인은, 아들할락궁이말
듯고서, 막게을머리뒤녹고자는데, 얼마엾써, 천년장제가옵데다. 원강부인은알고두
고, 요, 천년장제집종개야. 잠이나자주또잠못자게하느냐이. 천년장제는종개
가아니고, 심심해서, 밤소열이나하젠왓구랜하나, 원강부인은아이구몰랏수
다면서문을여난한쪽발은드려노난, 원강부인은, 막게로, 천년장제알정구리
때려부난, 천년장제는, 알정구리, 아파서, 저마당둥굴면서하는말이, 앞밭에벗텅걸라, 뒷
밭에랑작도걸라고, 말하난, 작은딸이, 아버지, 양반이집에서, 사람을죽인덴말
이, 무슨말이우과이, 천년장제는작은딸말듯고서, 달진밭, 별진밭, 갈고, 씨드리고, 발려오
란이, 열락서산해떠러지기전하고오니, 천년장제는또씨을전부거두와오란이거두워
다되마련하는데, 한되박귀가부족합데다. 천년장제는그되박귀을, 가득이라이, 원강
부인과, 할락궁이는, 달진밭과별진밭에, 고지잡고찾아보니, 장성거염지가, 씨 ▶
한방을장성거염지가, 겨을살젠씨한방을물고서, 이굴에서, 저굴너레, 너머감시난에, 원
강부인은, 이거염지야저거염지야, 너는엄동설한살려고, 그걸무런감주만은, 우리, 이색기
는얼마나고생되는, 줄아람시야면서거염지, 허리을발부난, 거염지는, 씨한방울무
럿다. 박급데다. 씨한방을찾고거염지몸에발을때고보이소리좋은삼동막, 살장구본이
난다~참고~그래서, 이궁마제, 꽃길칠데, 장구다리논다. 원강부인과, 할락궁이는씨한방
을같
아맛춘다. 천년장제는또, 원강부인과할락궁이를죽이젠하난, 작은이, 아버지저것덜, 이사
기을
또, 된버력식킵서. 천년장제는무슨버력식키리하난, 작은딸은, 어멍앞페랑서민영서마페
하루에오십필하여오렝하고, 아들할락궁이, 앞에랑, 노슈동이백발, 하루에, 하여오렝버력
식킴서하난, 천년장제는, 그리하라면서, 버력을식키는데, 하루날은, 비가옵데다할락
궁이는어머니앞에, 콩복아, 달라고말합데다. 어멍원강부인은, 콩어데, 이시엔하난할
락궁이는어머니하난어머니는무사, 대답하니, 할락궁이는, 이부자집에가을농사하연는

데콩눌밑에가서콩한줍못주수가이. 원강부인은아들말에, 콩눌밑에가서콩주워
다. 솟덕우에, 솟두껑녹고, 알로불때여서, 콩을복그는데, 할락궁이는, 어머니원강부인, 앞
에가서
어머니하고불르난, 어머니는무사, 하고말하난, 할락궁이는, 저올래엇던사람이와서, 어
머니찾점수다이. 원강부인은아들말듯고, 올래어머니간틈에, 할락궁이는, 콩젓던, 비자루
배수기전부곱저두고, 어머니, 멋하염수가올래가서콩캄수다. 원강부인은아들말듯고
올래가서그리, 저리, 살펴보데아무도엾다. 아들은어멍을부른다. 원강부인은
콩복그는데와서, 예야, 여기콩보구멍젓단, 배수기, 비짜루는어데가시엔하
난할락궁이는, 어머니콩캄수다. 아무걸로라도저습서이. 원강부인은손으로그래 ▶
저래저슬때, 할락궁이는, 어머니홀목잡고서, 콩복으는솟두경우에누드난어머니는이손
노란손캄저하니, 할락궁이는, 바른말합서우리아버지, 누구이과천년장제여. 안이우다
만년장제여. 천년만년장제가우리아버지면된버력, 안식킵니다. 이홀목노라손캄저
바른말합서할락궁이는어머니가바른말하키엔하난홀목노다. 원강부인은, 서른애기
다커구나면서, 할락궁이보고, 느이, 나배속에있슨때, 옥황상제님, 명령밭고서천꽃밤
에꽃감관꽃성인으로같저말하난그때할락궁이는어머니보고, 아버지본매있수가이. 어머
니, 원강부인은삼동낭얼래기반착을내여노면서요거여. 내여노난할락궁이는, 삼동낭
얼래기밭고, 뒷날은범벅을하여줍서이. 원강부인어머니는멋으로범벅을하느냐
이, 할락궁이는, 이천년장제집은, 모물낭곡지만터러도범벅두덩어리치는, 나옵니다이. 어머
니는, 아들말을듯고서, 모물낭, 눌레서모물범벅두개치터러과라서, 소금만이녹고서
범벅두덩어리, 만틈데다할락궁이는밤이깊푸난, 어머니보고, 죽어지나, 사라지나, 내가엾서
지건내간곳을, 말하지맛서해두고, 할락궁이는아버지본매가지고범벅두덩어리가지고
천년장제집을떠나갑데다. 할락궁이는서천꽃밭찾저가는데, 천리길을넘머가젠
하난, 천년장제집에서, 천리동이종개을버여녹고찾어오라이달려와, 바지옷물고댕기난
할락궁이는, 야천년장제집종개야나을대려가면, 너좋은것멋이하겐느냐여기까
지날찾어오젠하난배곱파구나. 범벅하나내여녹고, 이거먹고, 가랜하난, 천년장제집종
개는배곱푼데, 범벅바다먹고, 목마르난삼통에, 물먹으로, 간틈에, 천리길너머간다
만리길, 넘제하난, 만리동이개을내여녹고, 할락궁이, 찾어오라고합데다할락궁이, 만
리길넘젠하난만리동이개는, 할락궁이옷가락물어뎅기난, 할락궁이는, 범벅하 ▶
나내여녹고이거먹고가라. 만리길, 날찾어오젠하난배곱팟저. 천년장제집개만리동이는
범벅먹고만리동이개는, 삼통에, 물먹으로, 간틈에, 할락궁이는만리길너머간다. 아버지찾
어서천꽃밭가는데, 구마리차는물너머간다. 동무럽차는물너머간다. 세번제는허리차는물도
너머간다. 가다보니, 일곱가마귀가, 헌당헌절슈리하는데가있씁데다. 할락궁이는, 일곱가
마귀
앞, 여기어느쪽으로가면, 서천꽃밭을찾어가겐느냐이. 가마귀들하는말이, 우리하고같이,

이헌
당헌절수리해주면, 말해주맨하난, 할락궁이는, 가마귀와같이헌당헌절수리해주난
욜로해서가면서천꽃밭가진다고말해줍데다. 가다본이서천꽃밭을찾어가고, 보니
한살, 두살, 세살에간애기들은저승유모엄마손에, 청버드남밑에서, 아구것을, 어더먹고사람
고, 네살너머저승간애기들은꽃밭맛타서, 물떠다주는것을보니, 부자집애기들놋그릇
에밥먹다죽은애기, 산때, 밥매겨난대로놋그릇무더주면놋그릇으로물떠다꽃밭주
꽃번성되는대로, 이승형제도잘크고, 가난집애기들은이승서밥먹어난데로, 차롱착, 사기
그릇밥먹다죽어, 그대로, 차롱착이나, 사기사발무더주면저승가도물못떠다주면꽃밭
아서욕득곡, 매맛곡하염십데다할락궁이는, 삼통을가운데평자남있스난, 삼통물로평자
남올라서상손가락깨물고피빼여서, 삼통물에피뿌려부난, 편물들러꽃밭에물떠
다주는데금유를꽃된다하루는사라도령꽃감관은나오라꽃밭도라보고, 궁녀청, 신녀청
무동역이, 실총각불러서, 엇찌된일로꽃밭에금유를꽃이되여시엔하난, 궁녀신녀청과
무동역이실총각말이우다. 몇일전삼통가운데, 어더한총각이온후로부터는금유를꽃밭이되였
수다이. 그총각불러오랜, 꽃감관꽃성인이말합데다. 궁녀신녀청과무동역이실총각은할락궁
이앞에와서, 우리꽃감관꽃성인이대려오랜하염제하난, 할락궁이는, 너이꽃감관이면 ▶
꽃감관이지, 나을와서만라랜하난, 월궁녀, 신녀청은, 꽃감관앞에가서하는말이, 무등
력실총각이, 와서, 만나랜하염수다이. 꽃감관은, 아들이, 아방찾어서왓구나생
각하고, 꽃감관은가서, 사람이냐귀신이냐이. 나는사람이우다이. 꽃감관은성진역
은어데냐이. 성진력은김진국이우다고할락궁이는대답하난, 외진력은, 원진국이다. 아
버지는누구며, 어머니는누구야니, 우리아버지는, 사라도령이고서천꽃밭에꽃감관
이고, 어머니는 원강아미원강부인, 이우다. 너는누구야이. 할락궁이우다고대답을합데다
꽃감관은버려오라면서본매가인느냐, 있수다. 삼동낭얼레기, 반착자리, 내여녹고꽃감
관도내여녹고, 맛추난똑이마자진다. 꽃감관은서른애기, 고생했저. 날찾어오는길에
그레, 데, 어머니와이별하고, 날찾어오는길에, 천리길넘고, 만리길너머산후에, 구마리차는
물있드냐이, 할락궁이는, 있습데다고, 대답합데다. 두번제는동무럽차는물였더냐이
있습데다. 허리차는물있드냐이할락궁이는, 있습데다대답하고, 일곱가마귀헌당헌
절, 수리하는데있드냐이할락궁이는있습데다이꽃감관은, 할락궁이보고, 니가도망간
후, 너이어머니, 초대김, 이대김, 삼대김바든, 눈물이고, 일곱가마귀가헌당헌절수리
는, 너이어머니죽고무덤하는일이라이. 할락궁이는, 아버지, 꽃감관보고, 이원수을엇찌가픔
나까이. 꽃감관, 사라도령은, 아들, 할락궁이보고말하기를, 천개왕집에드러가면죽이젠
할거여, 하면서천개왕보고, 사돈일촌까지전부, 모아들면, 내가도망가, 배운것을보여
드리고, 천개왕에, 목숨을밭이구다고, 하면전부, 모, 여들거여. 그때는우숨꽃헛드고
두번제는, 느머리, 나머리, 싸움꽃헛트고, 삼세번제는, 천개왕작은딸댕겨두고, 악심꽃
을헛터불렌, 말하면서, 꽃밭으로대리고, 갑데다꽃감관으천개왕집멸망식킬꽃 ▶

을해주고, 원강아미, 어머니살일꽃, 해주난받고, 할락궁이는아버지, 만나, 이별하면서
서천꽃밭을나와서, 천개왕백개왕집으로드러가이, 아버지꽃감관말데로죽이젠하
난, 할락궁이는천개왕보고, 사돈일촌엽이, 모여듭서. 내가, 도망가서, 배운기술이, 나보
여드리고, 목숨을밭치겠습니다고말하난, 천개왕은그리하라면서, 전부모여드난
우숨꽃헛터분이, 천개왕집우숨이터질때, 느머리, 나머리심고서, 싸움꽃헛튼다
느머리, 나머리잡고싸울때에, 할락궁이는, 아버지꽃감관말, 대로천개왕, 자근딸댕기고
악심꽃헛트난, 전부죽고, 작은딸은살려줍서니, 너이종으로산, 우리어머니죽여서어데
무던는냐이, 천개왕작은딸은, 저청대왓데, 백대왓데, 흰돔박낭아래무덧수다고말
합데다. 할락궁이는어머니무덤찾어가고보니, 어머니무덤인는, 왕대족대, 수리대
나무우에는삼수색이들러써고나, 거더치우고, 고리동반, 너월자식마련하고, 두번제는
어머니눈머리뒤에는동백나무가있써기때문에중당클굿이나, 사당클굿에아, 불도마지만
하는굿에, 쌀사발에, 돔박남꽃이라, 위올리기식마련하고, 또어머니, 죽고, 무덤후에
열두신뼈, 살녹은혹은그냥두랴, 방울, 방울, 열두방울떡마려하면서, 할락이는, 방
울떡을만들고, 생각하난에, 어머니죽고살녹고, 뼈만나문때, 배석자리폐와논때에
머리박, 눈잇써난데, 코잇써난데, 귀잇서난데, 입잇써난데왕대, 족대, 수리대입이낫
드라. 방울떡에대입파리꼽기, 또너월씨우고, 떡을상에올리젠하난, 정반에도, 가
만이못논다어머니죽거갈, 초대김, 이대김, 삼대김바들때어머니가슴에하고푼일
못하고죽젠하난얼마나맛처시리, 정반떡하여서고리동반떡과대을꼽피굿 ▶
끝나서, 청너월도거더맛자. 백너월도, 거더맛자면서, 너월도전부뜨더버리고, 다음에
대섭을빼면서아들애기동굴동굴, 딸애기동굴동굴, 하면서 막산이구석밤밭에밤도
잘여럿하면서, 본조어멍이나매느리주고, 밑에정반떡은두개로나, 세계로꺼
굴, 그옛날원강아미, 된치주바드면서죽어갈때, 가슴답답, 아동답답햇저. 그리고
또큰심방도이기도받고끝날때가지, 가슴답답아동답답, 거정시름만하엿저
아산신가슴희여맛자면서두개세개로꺽그기. 마련도햇수다
그레서방울떡은본조주고, 정반떡은심방집에가저옵니다~끝~
잔내기. ▶

삼궁본,

옛날옛적에그어느세계에, 웃인이라부락에, 강이영션이란사람삽데다. 아랜역이란
마을에는, 홍수문천, 구예궁정애기씨가사라가는데, 칠년한기. 가뭄이드러살수엾
는흉년드러삽데가. 강이영선이서불은눈소문은못하고, 입소문, 귀소문에아렛
역에시절이좋아서, 어더먹고살기좋탠하난직보찰이매고, 어더먹고살젠하
여서, 아랜역으로내려오고, 아렛에홍수문천구예궁전애기씨도눈소문은못하
고입 문, 귀소문을못하고, 우인역에, 시절좋아지여서, 어더먹고살젠, 직보찰이
울러매고올라가는길에, 길노변서, 서로마주커러살때에 강이영선은남자이마
음라, 수작을거러갑데다. 어데로가는애기씨우과, 말하난, 홍수문천구에궁전애기
씨는말대답하기을, 난아렌역, 구에궁전, 애기씨우다. 우리아렌역에흉년드러서, 먹고살수
엾서지난, 눈소문은못하고, 입소문귀소문에우인역에풍면어서어더먹고살기좋아길
레, 어더먹고살젠감수다면서, 어데로가는도령임이됩니까이, ~강이영선이서불은
하는말이, 강이영신은, 난, 우인역에, 강이영선이서불이다. 그런데우인역도, 시절이구
저, 눈소문은못하고, 입소문, 귀소문드러, 아렌역에시절좋아지덴하난어더먹고, 살젠
감수다고, 말하면서, 하는말이, 우리, 한사주, 한팔자, 담수다말은하다보니통성명
도, 되여지고, 하면서, 강이영신은, 우리, 한술밥빌건, 반술식갈라먹고, 두술밥을빌건
한술갈라먹고, 살기가엇던냐고말합데다. 홍수문천구에궁전애기씨는, 그리합서고대
답을합데다. 그리하여서, 강이영선, 구에궁전애기씨는부부매지고낫에는일해주
면서, 어더먹고살, 밤에는말가래, 방안집에잠을자면서, 사라가는데, 밤에는 ▶
조용하게, 잠을자면서, 못살단보난, 구에궁전애기씨는, 포태가저사라가는데, 말가
레방아집에서, 애기납데다. 부락, 동내사람들은, 말방집에서어더먹는거와시, 애
기, 낫젠하면서, 먹을음식이여, 덥풀이불자리, 옷이여, 인는데로, 같아준다. 강이영선과
구에궁전애기씨는이애기, 이름을, 무엇으로지우리하면서, 첫제난애기는, 은장애기로지우
고, 부부
간은, 어더먹고살다보니, 또, 구에궁전애기씨는, 포태가저난는, 딸애기납데다둘제는놋장
애기
여근애긴, 아방업고, 두린애기어멍엾고, 일해주면서, 사는데, 또, 삼세번제, 구에궁전애기
씨는, 포태가저서열달춘삭후, 난는것이, 딸이태어난다셋제딸은, 감문장애기로이름
지와서, 여근애긴걸루고, 두인애긴엾고, 일해주면서, 사는것이, 감문장애기난후에크어갈수
록, 밭도나고, 집도나고, 부자로잘사라갑데다. 하루날은비도오고, 갈때올때어스난, 강
이영선과, 구에궁전애기씨는, 첫제딸, 은장애불러, 누구덕에사는냐이, 은장애기는하늘
님덕이우다. 지하님덕이우다. 아버지, 어머니, 덕으로 삼니다이, 느방으로, 나고가랍데다
둘제딸, 놋장애불러서, 너는누구덕에사는냐이, 놋장애기도, 하늘님, 지하님, 아버지,
어머니덕이우다이, 놋장애기보고도, 느방으로, 나고가랍데다. 셋제, 작은딸, 감문장애

불러서, 누구덕에 사는야이, 하늘님, 지하님덕이고, 아버지, 어머니덕이라도, 나이배똥알
과를선그뭇덕이우다이, 가문장애기씨는, 부모형제눈에 갈이난다. 아방어멍은, 가
문장애기씨, 입던이복, 먹을것슬, 가문암소에식그고, 느진덕과내보낸다. 은장애기
씨는, 느진덕과가문암소와, 발가는데로, 가는데 집에인는큰형은올내나와서높은팡돌
우에올라서고, 서른동생, 한저가라. 아버지, 어머니때리젠매들러왐저하는것이, 정
신엾이, 내려사는것이큰팡돌알로, 황지냉이로환생되여드러간다. ▶
둘제형, 놋장애기나와, 팡돌우에, 올라서고, 서른동생자게가라. 아버지, 어머니, 때리젠
매들러왐젠하는것이, 정신엾이, 팡돌알로, 내려서는것이, 용달, 버섯으로환생된다
아버지강이영선은, 휘욕하면서, 일문전으로, 나오는데일문전, 조외로, 천봉서만들고, 어머
니는
조왕문으로, 휘욕하큰딸, 둘제딸러외는것이, 조왕에서천봉서만든다. 하르방은할망
부르고, 할망은, 하르방, 부르고, 외는바람에, 동내빗천간은사람들은, 하르방할망, 먹
을거, 입을옷전부, 덕글이불까지가저가부난, 큼계되고, 강이영선하르방, 구에궁
전애기씨할망은, 한몽둥이집펴서또어더먹으면서, 사라갑데다.
작은딸가문장애기씨는신산, 만산, 발가는데로, 가다보니, 마퉁이, 마파는데보이난
느진덕보고, 저기가서, 어느만줌, 사람사는데, 이시영드러방오렌하난에, 느진덕은, 마파
는마퉁이앞에가서, 느진덕은, 마퉁이앞에, 미얀함내다만는, 어느만이, 사람사는데있
수과이, 대답안하고, 마를파다, 마, 꺽거지난, 오늘제수다. 발저면서, 휘욕한다여자란
끔매만식구어도, 새물이엔하연게만는하면말안해준다. 느진덕은가문장애기씨
앞에오난, 가문장애기씨는, 멋시앤하드야이, 느진덕은, 마파단꺽거지난욕만하
고, 안말합데다. 가문장애기씨는오라가게세지집이, 가단보난또마파는사람시난
저디나강드러보라이, 느진덕은거기가도마파단꺽거지난, 처얌갓이욕한다
또, 가단보난마파는데시난, 가문장애기씨는, 저디나강드러보련하난, 느진덕
은, 세번재마파는사람보고미얀함니다고말하난, 서른여덥, 니빠띠허와덩
삭우수면서, 느진덕말도하전에, 요제저제넘고가면, 비조리엄막집이, 있수다 ▶
고말하여줍데다. 느진덕은옵서가게, 요제, 저제넘고가면집이있젠하염수다
오라가게세지집이, 가단보난, 비조리엄막집이시난, 올래가문암소, 매여두고, 드러가서본
이, 할머니가있스난에, 가문장이, 할마님아집을오늘밤집조금빌려줍서고함데다. 할마
님은, 안됩니다. 어데, 조름데고, 눌자리, 엾읍니다. 정기한쪽구석이라도, 좋수다고, 말함데
다할마
님걸랑그리하라고하난, 부억한쪽빌고, 밥솟빌려줍서하여서, 밥솟보니, 마만살마먹어
나난솟에, 마누넝지삼세불씨서, 쌀녹고, 밥하젠허난, 배락천동소리난다. 가문장은할망
보고이게무슨소리우과이, 할망은큰아들, 마파서오는소리엔하난, 가문장은기다린다.
오건보난처얌본마퉁이여, 마시서쌀마서, 안내가양끝은어멍주고, 가운데살진건은

자기먹나또조금이시난, 배락천동이난, 가문장애기씨는기다린다. 두번제본마퉁이
여, 집에드러오고, 마씨서삼고, 양끝은어멍주고, 가운데살진마작은본인먹나그때또
배락천동소리난다자근마퉁이집으로, 오고먼올래소가매여지여시난드러와마시서살마
양끝은지가먹고, 가운데는어머니준다. 세번제본마퉁이여, 그때사쌀녹고밥하고
거려서, 가문장은느진덕보고가저가랍데다. 느진덕은가문장말데로, 할망앞에가난, 밥
상안반나, 큰아들앞에가도안반나, 셋아들안받나, 자근아들바다우로거드면서먹어가난
큰성은동생먹는것을본다. 동생마퉁이는, 큰형보고먹구겐하난, 형님 여밥속으로떠준다형
님은, 이
손에서저손드레, 둥구리면서, 먹는사이, 밥한사랍다먹고, 상물린다. 가문장은, 느진덕보고
와서드른말이나본말있건와서애숙이나제겨보렌하렌말하난, 느진덕은할망앞에가서드른말
본말있건, 애숙이나제겨봅서이할망은드르말도엾고, 본말도엾다고한다. 큰아들, 둘제아들도
▶
자근아들이러산, 가문장과, 느진덕에서자난말사라은역대을, 말을하고, 느진덕과가문장
은옷을만드라서, 입지고, 어머니앞에큰형, 들제형앞에, 인사보내난, 동내의장옵데가
반장이왓수가면서, 큰형과, 셋형은마파로가분다. 날이세난, 가문장과느진덕과자근마퉁
이는, 어제마를파난곳구경간다. 큰형마파난데, 셋마퉁이마파난데, 가갈돌과구진
개똥물만흐르고작은마퉁이마파난꽃은말근물을흐르는데, 돈줄만한물건모르난던저
부려고나, 그것을가문장은집으로와서, 가문암소에식거서, 장사보낸다. 일시거부자가되
고사는데가문장은, 부모생각이나고, 두일외, 열나흘거리장치한다. 거린잔친날은
거이되여도, 눈익수근, 하르방할망은, 안보인다거린잔치, 두번식세번식먹고가는거
인이있써도, 그레데끝나는날, 해는열락서신으로지여가는데, 앞에는할망이, 몽둥
잡고, 뒤에는몽둥이잡은, 하르방이온, 다. 그게나준, 부모로고나, 일하는하님들불러
서하는말이, 저기오는두거인이랑, 우로안건, 알로상놋타떠러주고, 알로안건우로놋타
떠러불고, 가운데로안건, 양쪽으로맥여가다주지말라. 해저물도록, 말을하난, 하님
들은, 가문장말데로하는데, 날저무라가고, 하르방, 할망은, 한몽둥이잡고밥도못어더먹고,
나○
는데, 가문장은하님불러, 저기나가는, 거린두하르방, 할망사랑방으로, 불러드리라. 그리고
큰상그득이, 찰려, 서하르방, 할망앞차려노랜합데다하님들은가문장말데로, 하르
방, 할망, 사랑방에모시고, 상가득차려서같아논후, 가문장드러가는데, 하
르방은할망보고, 우리오늘이럭게잘먹으면죽어질건가말하는데가문장은하
르방, 할망보고, 본말이나, 들은말이나, 시면말합센하난, 하르방, 할망은, 드르말도엾
고, 본
▶
말도엾덴하난, 그때, 에가문장은, 내가그리하면, 말하케매, 하르방은북을잡고, 할망

은장구잡 서~~~말하고~참고~이때또, 처얌부터, 끝에장구잡붓서한데까지노래
부른다.~노래는, 오늘날, 오늘이여, 1.~매일장삼오늘이여날도좋와오늘이라,~옛날옛적에
웃인역강이영신, 아랜역홍수문천구예궁정애기사옵데다~~하여부릅니다.
2.~또참고, ~만약노래못부르면, ~간단이, ~노래로, ~만나구나~만낫수다. 아방어
멍만나수다~~할때심방말로,~강이여선이서불아버지~어머니는, 나딸애기, 어데
만저보저할때, 상두개건드리난, 상우에서상알너레떠러춘다상잔두게갈라면
아방, 어멍눈이뜨엇쟁하고~또하나갈라지고, 엎더지면는, 그런사람있수과하나
눈병으로간사람이, 있수가드르면됩다.~끝~아버지, 어머니눈든다음,
아버지입은옷, 어머니이분옷은, 개똥, 쇠똥자리누워나분난, 옷백겨다올래, 먹구
낭가지, 다라매난, 동풍불면청사록, 남풍불면적사록, 서풍불면백사록, 북풍
불면흑사록, 중앙은황사록, 터신사록, 지신사록, 부군사록몸매드러가진사
록불러주곡~심방집에당조몸조불도로전부불러줍니다.~끝
다음은~~간냄니다~~말명, 입질, 언담, 본푸리, 불러주던, 신전주잔만이
권권합니다~열소잔권권하며개잔은개수하여상당불법위올리면
서~~신이집신공시엣선생날알구버생천합니다.

~~참고~제비~인사끝~~▶

지장본

지장아. 지장아. 지장아본이여. 청하늘청도전, 백하늘백도전
흑하늘, 흑도전, 도전이푸리로, 신가슴열입서. 바국성본이여. 지국성
본이여. 원사라본이여신사라본이여. 난산국본풀자. 여산국
본풀자~~~~~난산과, 여산이, 자식이엷서서, 무호야합데
다. 어느야절이, 영기가좋으냐, 어느당이신력이좋더야. 동개남상주절, 서
계남은중절, 남개남몽롱절, 영기가좋으라. 신력이좋트라수덕좋턴고, 만산
과여산은, 원수록가젠송락지구만장, 가산지, 구만장, 물맹지, 동아전
강맹지동아전, 대백미, 소백미, 돈천금, 은말량백근을채워서, 원수록
가는고, 원수록가고서, 원수록드리난, 세양지땅으로, 지장이애기씨, 소설아
나는고, 한살이, 나든해, 철몰라지고, 두살이나는해, 어머니무름에온조세불인다
셋살이나는해, 아버지무룸에, 온조세불인다. 넷살이나는해, 할머니무름
에, 온조세, 불인다. 다섯살나는해하르바님무름에, 온조세불인다. 여섯살
나는해, 어머니죽는고, 일곱살나는해, 아버지죽는고, 여덥살나는해할머
니, 죽는고, 아홉살나는해하르바님죽는고, 지장이애기씨, 어딜로가리요
나년이, 팔자여. 나년이사주여. 외삼촌집으로, 수양를갑데다. 수양을가난
에외삼춘댁에서, 지장이애기씨앞에, 개먹든접시에, 체밥을줍데다. 지장애기
씨술앞을덜레고, 오장을썩이고, 간장을석인다. 어름과구름은진녹아가는고 ▶
진흑도못하고, 지장이애기씨빌르럭세는고, 외삼춘집에서, 지장이애기씨죽
으라하고서, 삼도전세거리, 내던저갑데다. 지장이애기씨, 옥황에부엉새진날아
옵데다. 한날개갈리고, 한날개덮은다. 그런송, 저런송, 살아가는데, 열다섯십오세난
다. 원구역차는고, 동내, 방내착하단소문이나는고, 동으로오는건은장이거리여
서우로오는건놋장이거리여. 은장과놋장은, 다제쳐녹고, 서수왕서편은, 문수이
댁에서, 문언장옵데다. 허급을합데다. 사주가갑데다. 달글월하는고, 날글
월, 하고서, 막편지, 오는고, 질삭이나드라이버지오드라. 실랑이오는고
신부가, 가는고, 가는날저녁에부부간무엇저, 열여섯나는해, 생남자보
보는고, 열일곱나는해, 씨어멍죽는고, 열여덥나는해, 씨아방죽는고
열아홉나는해남편이죽드라. 같스물나는해, 생남자까지다죽어가는
고, 나년이팔자여. 나년이사주여. 어데로, 가리요. 씨누이방으로셋방을
갑데다. 한지방너무난죽일말하는고, 두지방너무난, 거, 배록닷되여
과는대질구덕에, 허우처담고서, 삼도전세거리, 드러가과는데질구던, 내
던저두고, 할일이, 엷서서, 쉬원자구뎅이허우여파고서, 굴묵낭외기둥에
잠나무서리, 서슬을걸처서, 청지에올려, 엄막을짓고, 세경땅에연뽕남
심고, 서천세약국드러가, 누에씨하여, 연뽕남입에, 누에씨올인다

누에밥맥이고, 누에잠저운다. 고치씨받고서, 올꼬리감는고, 성크레
올려서, 쿨맹지빠는고, 강맹지빠는고, 꼬리비단능나비, 서미영서마 ▶
폐하여녹고, 지장이애기씨서천강연못에연세답가고서연세답하
는고, 자그만애기와, 애숙을제낀다. 애숙이지드라. 물명지단속옷다
버서주는고, 동으로대서여, 서우로, 소서여. 지장애기씨. 나팔자갈입서나사주갈이
라. 대사님지장애기씨사주판단하고서, 초복은좋아도, 중복말복은궂수
라. 물명지, 적삼에짓바데, 때여서대액도막곳, 조상, 부모, 살아서먹
는목, 사라서쓰는목, 전세남, 올입서.지장애기씨, 물명주, 강명주하여서
초감제다리여. 천신다리, 불도다리, 할마님, 노각성다리, 걸레배, 월
광다리, 일광다리, 초궁전다리, 이궁전, 삼궁전다리, 삼신왕대다리
삼신왕양억게, 명도명감채사다리, 대신왕다리, 시왕전양억게, 대명왕
채사다리, 영신채사다리, 영신다리, 눈물수건, 땀수건하다나문건하여
다. 열대자드려아강배포만든다참고1.아강배포는스님등에지고다이는것
혼일곱자드려직보전대~2참고전대는, 쌀반는차디,
석자오치호롱준치만듭데다~ 참고3호롱준치는심방조상싸는전대
지장이애기씨, 아강배포, 외우들러, 나다매고, 나다들러, 외우매고
호호방문권제반나, 낫에는외난가위마련하고, 밤에는불싼가우마
려한다. 권제바다도라오고, 진너분그릇에물자바크고서, 굴뭉낭
방에, 도개남절구대~이여방에, 이여방에, 시콜방에, 세글러간
다~이집딸, 매누리, 손녀다불러세우라~이여. 이여. 시콜방에 ▶
시콜방에잘도진다. 채할망불르라. 채할망불렀저채합채드리라
채합채드리난, 채아레, 가른은잠질도, 잠질다자는펜하는고, 채우에가룰
은봉물도봉물다. 부정한가르여진너분사라에비워서진미러제석궁
시리에허우여담는고, 제석궁맷솟에위올려, 삼덕을괘운다. 수인씨불
러불화식, 식킨다. 더운직올린다아여도허리여. 세각씨물이라. 단짐
올이라. 아여도허리여. 허릿띠끼우라. 허릿띠씨윗저. 단짐올리라.
단짐올렷저. 박국성하늘로, 지국성하늘로, 초궁전하늘로이궁전하늘로
삼궁전하늘로, 삼신왕하늘로, 시왕전하늘로, 사자님하늘로채사님하늘
로위올려갑데다연당알신소미, 각발분식하고, 지장에기씨는조상
부모, 은공을잘갑푸난, 당이면당마다, 절이면절마다지장이
보살로, 사라갑데다~~끝~한데지장본은여가끝이고
다음은동서남북일천가르헛터맛고, 건는말하고,
다음군병길거느입니다----. ▶

강대원 심방 문서_일반신본풀이3

초궁본

참고~노신땅의~1.인도야- 2.중국이냐. ~우리나라야 알수엾읍니다.
그런데, 이글을, 쓰는, 본인은, 불교로보면, 인도고, ~한짜로보면중국이라고생
각하면서, 각선생님내가초궁푸는것을, 종합하고, 다음과같이써봅니다.

초궁본.

옛날, 노신땅이라, 부락에, 임정국이란사람, 김진국에여자와, 이십스몰살
넘고, 결혼하여서, 사라가는데, 삼십세가, 너머서, 사십세가, 건당해도
자식이, 엾써서, 걱정이됩데다. 그때에, 황금산, 절, 부처직한, 아침불공끝나고서
생각하기을, 인생들이, 사는데로가서, 권제을, 바더다, 헌당도, 헌절도, 수리하고, 권
제준집안에는, 단명자는, 장수장명, 비러주고, 단복자는, 석순이복을제겨줍서하
여서, 비러주저, 권제바드러, 노신땅부락으로, 내려가서, 집집마다권제바드
러, 다니다가, 임정국이대감집으로, 드러가면서, 소송은절이, 뱁니다이, 천하임
정국, 이대감은, 수별감, 수장남불러서, 우리올레, 어느절대사가온소리난다면서
말을하난, 수별감, 수장남은, 먼올레, 나고보니, 금법당, 대사님이, 먼올내있스
난, 우리대감이, 청하라함니다면서, 말씀하난, 황금산대사님은, 수장남뒤
따라, 대천한간으로, 구버생천하면서, 소송은절이, 뱁니다하난, 천하임정국
대감은, 권재를내여드리라이, 김진국, 부인은, 권제내여줍데다. 천하임정국대감님은
어느절대사며, 속한이가, 되는엔하난, 황금산대사님은, 저는황금산절부처
님직한, 대서라고, 대답을합데다. 노신땅천하임정국대감이, 대사님보고합 ▶
는말이사, 오행팔괘나, 단수육갑과사주역을볼줄알겠냐이, 황금산절직한대사님은
알겠씀니다이. 천하임정국대감은, 우리부부, 사주판단해달라이, 황금산대사님 천하, 임정
국에
대감사주판단함데다. 대사님은오행팔괘, 단수감, 사주판단하고, 하는말이, 대감님아, 부가
하고
지가하게, 갈님후사라도, 자식엾써서, 걱정이되는, 점사가남수다고, 말합데다. 임정국에대
감은하
는말리, 엇찌하면, 자식을보아짐니까이. 대사님은, 말씀하기을, 송낙지, 가사지, 대백미,
소백미, 물맹지, 강맹지, 돈천, 은말량, 백근을, 체워서, 금법당, 부처님, 앞으로, 낫도영청,
밤도극락, 백일를하면, 자식을, 볼뜻함니다. 말을해두고, 대서님은황금산

으로, 올라갑데다. 천하임정국대감은, 김진국부인과의논하고, 백근장제체워서
마바리에수록드릴물짜을, 식거서, 임정국대감과, 김진국에부인은, 황금산절간으로
올라갑데다. 황금산절간법당, 먼올레, 초군문이당도하난, 법당직한, 땅아구리, 개
가니발굴려, 죽거갈대, 부처직한대서님은, 법당직한속한이보고, 불러서, 땅아구리가엇
죽구겐느냐이. 속한이는, 내발굴려서죽거감니다이. 노신땅에, 천아임정국에대감님이
원불수록을, 오람시난, 진안으로청하라고, 대사님은, 말합데다. 속하이는, 대사님
말씀데로, 먼문에나고보니, 임정국대감이, 원불수록을, 오라십데다. 속하이는
임정국대감과김진국부인을, 청하여서, 부처님과, 대사님에선신식키고, 수록드릴
집푸러, 부처님큰상으로, 올려녹고, 대추나무저울대로저울리고, 그날부터서, 임정국에
대감, 김진국에부인은딴방찰려서, 한달, 두달, 석달체수록드리고, 석달너머, 백일급
수록을드려가는데, 좋아, 굿아는, 말도엷써진다 김진국부인은 임정국에대감앞에가서
하는말, 대감님아, 옵서, 내일수록을, 끝나거든, 법당하직하고, 집으로도라가게맙시 ▶
말하난에임정국대감도, 그리하렌, 허락합데다. 그날밤잠자는데, 임정국대감과김진국부
인이
꿈에선몽낭게일몽하는것이, 청감주와, 호박안주을먹어뱃데다. 뒤날, 수록가고, 수록끝이
나난, 김진국부인이, 대사님아, 우리법당하직을, 식켜줍서고, 김진국부인말하난, 대사님은
그게무슨말이우과이. 김진국부인은, 하루, 이틀도안이고, 백일수록이, 다되는데, 좋아, 굿단
말도, 엷써짐니다이. 부처직한대사님하는말이, 지난밤아무선몽이, 엷씀데가이. 임정국
대감과, 김진국부인, 은청감주에, 호박안주을, 먹어빼드렌말함데다. 대사님은, 오늘집에가
서, 남생기 녀복덕일를, 받고서천상배필을, 무어봅서고. 말합데다. 임정국대감과김진국
부인은, 법당하직하고, 노신땅집으로, 도라와서, 좋은날짜을받고, 천상배필무어삽데다
김진국에부인은 배필을, 무어사, 이삼개월이, 너머가자, 옷에옷냄세, 밥에밥냄세, 국
에장칼냄세가나감데다. 팔월구물고, 단풍드는에산구월, 반보름전날부터김진국에
부인는, 몸지려, 자리잡고, 해산때가, 당하여사난, 임정국에대감은, 느진덕정
님불러서, 어느때가되연는냐이. 저산앞줄이벗고, 발이버더, 초경넘고, 이경이너멋수다
하난임정국대감은, 아라다면서, 말을끟이고있따가또임정국대감은, 느진덕정하님불러
서어느때나되였느냐이. 저산녹이들고, 이산앞에단풍이들고담월정중간드엇수다이. 임
정국대감은, 아랏따면서할때, 김진국부인은, 해산을합데다. 그레서자지명왕명도
어멍이름은, 저산앞에줄이벗고, 저산천단풍이드러따하고, 에산구월십사일과십오일
사이정밤중, 자시에, 탄생하였따하여서, 녹화단풍, 자지명왕애기씨로, 이름을지
왓따고함니다. 그래서귀한애기가탄생하난, 임정국대감은, 자지명왕애기을키우젠하
난, 상다락, 중다락, 하다락삼칭경집을지여서, 봄, 여름, 가을, 겨울, 절기대로 ▶
맛추워, 키우가는대, 자지명왕애기씨, 열다섯십오세가, 너머가는데, 임정국대감은천아
문장살래오라고, 서란장이내리고, 김진국에부인은, 지와문장살레오랜서란장편

지가옵데다. 서란장편지바든, 임정국에대감과, 김진국에부인은걱정거리가생깁
데다. 김진국대감은, 생각하기을, 아방대려가면, 어멍, 김진국부인이섭섭하고, 부인김진국
이대령과거사리가면, 아방임정국대감이, 섭섭하고, 생각하다. 일른여덥, 고무살장, 마은여
덥모람장, 서름여덥빅골장, 지여갑데다. 임정국대감은, 느진덕정하님을불러서, 하는
말이, 자지명왕, 애기씨을, 궁안내, 녹고, 가두워서, 우리가, 과거같다, 올때까지, 이궁기로
옷주고, 밥주고, 물주면서, 키우고있스면, 우리가과거강오면, 종이문서도, 엽세고, 양반이
길로, 보내여주마면서좌지명왕애기를불러서, 일른여덥고무살장, 모람장, 빅골장속
에가두고, 임정국대감은, 일여덥거부통쇠로장가감데다. 김진부인은, 장긴통쇠확
인하고, 또임정국대감이, 확인하고천하문장, 지하문장사리을, 임정국에대감, 김진국
에부인는, 과거보레, 떠납데다. 글찌후, 황금산도단땅, 절에서는, 공부하던, 수다만은
선배들은, 글공부하다가, 밤에대보름달이, 뜻고오르난, 달구경을나와서, 달구경하는선
배도있고, 공부하다정신이엽써서, 정신차리러나온, 선배도 있써서, 달구경하는데, 부
처님직하대사님은, 선배들달구경하는데, 나와서, 말씀하기을, 지금궁안내가두워진, 자
지명왕, 애기씨앞에가서, 본매을두고, 오는자가있스면, 이절간과, 나이대투로식켜주마
이. 대답하는선배가엽써지는데, 대사님이, 수제자황할남이, 명도아방이, 대답하기
를제가같아오겠읍니다고말합데다. 그때, 대사님은, 황할람이수제자보고, 본매을못
두고오면, 엇찌하겐느냐이. 명도아버지, 황할람이는, 선배들매한대식이라도몇대 ▶
입니까, 내가사라나물수가, 엽슬것입니다. 대답을하고 황할람이명도, 아버지는, 대사님보
고,한는말씀
이, 제가본매을두고오면, 대사님이, 말씀데로, 해주겠읍니까고, 황할람이, 명도아버지는말합
데다말씀하고, 대사행착을찰려서, 노신땅임정국에대감집으로, 내려삽데다. 명도아방
황할람이는, 노신당, 임정국대감집, 먼올레당하난, 요랑을, 홍글고, 바랑을칩데다
녹화단풍애기씨는, 바랑소리와, 요랑소리을, 아라듯고, 느진덕을, 부르난, 느진덕정하님이
오난, 야, 저올래, 나고보라. 아버지가, 오는가. 어머님이오는가. 왕방울소리가, 난다고, 말
을합데다. 느진덕은, 올래에, 가고보니, 밭상제님은안오고, 하늘이가득한철축대을집득
고, 귀다리담숙, 굴송낙씨고, 아강배포등에지고, 어느절, 대사님이와십데다. 느진덕은좌
지명왕애기씨보고, 밭상전과안상전은, 안오고, 어느절, 대사가, 왓수다이. 좌지명왕애
기씨는, 무슨때문와시엥드러보랍데다. 느진덕은올래나가서, 황할람이보고, 대사님아
무슨때문옵데가느진덕은, 말을하난, 황할람이, 명도아방하는말이, 천지을집더보이, 우리
절에와서, 수록드려난애기씨가지금궁안에, 가두워지고, 금년운수가안좋후난권제바더
다가, 부처님에올려, 명과복을, 비려주저왓수다고, 황할람이는, 말합데다. 느진덕은
자지명왕애기씨, 앞에가서, 하는말이, 상제님아, 대사님하는말이상제님앞에권제
바드러왓젠, 하염수다. 말하난, 좌지명왕애기씨는, 느진덕보, 권제을내여주렌합
데다. 느진덕은자지명왕애기씨, 말데로, 권제가전가난, 황할람이는, 느진덕정

하님말로주는거보단, 애기씨상전홉으로주는것과, 맛사지, 못하덴하난, 느진덕은좌지명
왕애기씨앞에가서, 말합데다. 좌지명왕애기씨하는말이, 아버지장긴문에어머니수레두고
어머니장긴문에, 아버지가수레두난, 나갈수엾써서, 권제내줄수엾다고, 말하렌하 ▶
데다. 느진덕은올내로가서, 대사님아, 애기씨상전은, 지금, 궁안에, 있고, 아버지장긴문에
어머니가수레두고,

어머니, 장긴문에, 아버지수레두워서, 나와서권제을, 내여줄수가, 엾다고함니다이. 황
할람이는, 문을여러주면, 권제을내여줄수인느냐고, 드러보렌합데다. 느진덕은또좌지명
왕애기씨앞에가서하는말이, 상제님아, 대사님이, 문을여러주면, 권제을, 내여줄수인는
냐고합데다. 드르난, 녹화단풍자지명왕애기는, 하는말, 느진덕아, 문을열려주면, 권제을내여
준덴하라고, 말하난, 느진덕은, 올래, 가서, 대사님아, 우리상제님이, 문을열려주면, 권
제을내여준담니다고, 말합데다. 황할람이는, 염불면서드러가, 천왕낙화내여녹
고, 동드레한번서러레한번, 삼세번식, 홍글치난, 장겻든거부통쇠가열입데다
열리난, 자지명왕애기씨는, 하늘이나볼까, 지혜님이나볼까하여, 청너월
백너월, 들러씨고, 진안고팡으로가서, 아버지, 어머니, 먹던쌀항열고보니, 좀이일고, 거미
집만쓰어고나, 자지명왕, 이역먹덕, 쌀항열고보, 어름빛나게, 고아지여십데다. 자지명
왕애기씨는, 시권제뜨고, 나오는사이, 황할람이속한이는, 시권제바들, 전대을
내여노면서, 전대귀한쪽은, 입에물고, 한귀는손에잡고, 왼손은장삼속으로, 곱
저갑데다. 자지명왕애기씨는, 시권제가전나완보이, 속한이황할람이는
한손은엾고, 전대한귀는입에물고, 한귀는, 손에잡아시난에, 자지명왕애기씨
는, 왼손은, 어데간는냐이. 황할람이속한이하는말이, 왼손은하늘옥황
에단수육갑집드러가수다이. 자지명왕애기씨는, 전대귀는, 니미귀라물러
스면, 내비귀라물러느냐이. 황할람이속한이는, 시권제높이들러야지비웁써고말
할, 자지명왕애기씨는, 시권제을, 비우는데, 황할람이속한이는전대귀한 ▶
내여부난, 권제쌀은, 알더레허러지난, 황할람이속한이는, 무남제내여주며, 상제님아, 권제쌀
한방울리떠러지면명떠지고, 두방울이떠러지면, 복도떠러지는거우다면서, 무남제
주난, 자지명왕애기씨는, 무남제밭고, 권제쌀떠러진것을주어놀때, 엾던왼팔이나오고, 권
제준는자지명왕애기씨, 머리을, 삼세번외우, 나다어릅쓴거이. 자지명왕애기씨는, 삼
세번줌막거리면서, 궁안으로드러가면서, 양반이집, 못다일이면서욕함데다. 그때에
황할남이하는말이지금은, 나에게욕를하염주만는, 애산신구월이되면, 날생각나리. 라
면서, 말하난, 자지명왕애기씨는, 느진덕불러서, 그중이상한말한다. 본매을두랜하난
느진덕은황할람이앞에날려드러서, 송락귀치저안나, 장삼옷도한쪽찌저안나, 철축대도
꺼거녹고, 본매두워가는데, 자지명왕애기씨는, 느진덕불러서, 열린문을, 장가두고가랭
말함데다. 느진덕은, 또황할람이보고, 대사님아, 열린문장겨두고갑서고말하난, 황
할람이는또천왕락화내여녹고, 동, 서러레, 삼세번식, 홍글치난, 열린문이장깁데다

자지명왕애기씨는, 궁안에가두워지고, 황할람이는, 황금산절로, 드러가면서, 초군문에
송락, 장사, 철축대을, 거러두고, 황금산대불법당드러섭데다. 황금산절간법당부
처직한대사님은, 황할람이수제자보고, 본매을두고, 오란는냐이. 황할람이는말
씀하기을, 본매두고왓읍니다이황할람이, 수제자님은대사님은본매을엇찌두고
완느냐이. 황할람이수제님하는말이, 우리법당초군문에, 한쪽귀엾는송락과
한쪽팔엾는장삼, 반으로꺼거진철축대을거러녹고, 왓수다고말합데다.
대사님은, 수제자말데로, 확인하고, 대사님은, 수제자, 황할람이앞에, 법
당모든것을전부물려줍데다황할람이, 수제자님은, 황금산대불법당, 대사가 ▶
되여사고, 앞서큰대사님은이세상을못사라, 부처님, 연당알로, 좌정합데다굴후노신땅, 좌
지명왕애기씨는, 먹던밥을머러저갑데다. 애기상전이, 먹던음식을머러저가난, 느진덕정한
님은, 좌
명왕애기씨보고하는말이, 무엇를먹구가고말하난, 자지명왕애기씨는, 느진덕보고, 신산곳
도올라가서, 틀다래나, 애미자, 정갈래, 을먹고푸다고말합데다. 느진덕은송동
바구리들러서, 신산곳올라가면서, 나무집종도원살고, 신살것만, 하면서, 신산
곳을가고보니, 높은낭개열매라, 나무가높아서, 틀과다래을, 딸수가엾씁데
다. 느진덕은, 저열매을, 엇찌하여서따린한것이, 하느님에축수합데다
명처시던, 하느님아우리애기씨, 상전이죽게되여서, 먹을거못먹고, 죽을사경이되여지고
멋먹구게하난, 신산곳에인는, 틀이나, 다래나, 먹구젱하덴하난따래왓수다. 나무가높아
서, 올라갈수엾고, 저열매떠러지게, 호련강풍이나, 불개식켜줍서하난, 호련강풍
이, 난데엾이, 불고열매가떠러집데다. 이것도황금산, 신력이여, 느진덕은, 틀과다래
바구니에주서담고서, 좌지명왕애기씨앞에, 갈안주나, 애기는, 낭개나서못먹키엔하면서
안먹고내치난, 느진덕은또멋을먹구겐하난, 자지명왕애기씨는, 대천바다에대전복이
나, 소전복이나, 있스면, 먹어보카하여서말하난, 느진덕은, 대천바다로가서, 대전복
소전복하여다가, 애기씨에드리난, 바닷내나서, 못먹킨엔합데다. 느진덕은엇찌하
면좋우리생각하다, 임정국에, 대감앞에랑, 김진국부인앞에, 편지서신을, 써
서보냅데다. 삼년살공서일년에, 일년살공서, 석달에하고옵서. 상전님내
과거간뒤로, 얼마엾서, 애기씨, 상제님은, 음식을못먹어서, 죽을형편이
우다고, 편지, 서란장을, 보냅데다. 임정국에대감과, 김진국이, 부인는, 그편 ▶
지익어본단석달에과거분장사리보고, 옵데다. 부모가와장긴문을열입데다. 좌지명왕애
기씨는, 자기방에드러가서, 느진덕을불러서느진덕보고, 아버지앞에선신을엇찌가겠느냐이
풀죽은치마저고리입고선신감서. 좌지명왕애기씨는아버지방문옆에간사난, 아버지는오
라고애기씨을, 불러서, 무릅위에안저서, 질문하기을, 서른애기야, 머리는무사, 매방석이
되여시엔하난, 자지명왕애기는, 아버지, 어머니, 이신때는, 하르몇번식, 단장을해주고,
아버지, 어머니가엾고, 궁안에, 가두워노난, 하루한번도, 단장을못하였수다고말합데다

아버지는고생하엿저합데다. 아버지가, 또눈은무다흘그산이가시엔하난, 좌지명왕애기씨
는, 아버지, 어머니, 어는제면문장과거하여서오리울면서, 창곰망으로보는것이, 흘그산이
갓수다. 코는무사말똥코가되여시엔, 아버지는말하난, 자지명왕애기씨는, 울면서코
시먼푸러부난, 말똥코가되였수다. 입은무사, 작박뿌리, 되여시엔하난, 아버지, 어머
니, 기다리면서, 울단보난, 작박뿌리, 되었수다. 배는무사두룽배가되여시엔하난에, 아
버지, 어머니, 이신때는홉마련하고, 밥주단, 아버지, 어머니, 엾스난, 느진덕은, 차래로
밥줄때는주고, 홉마련안하고줄때, 주워부난, 두룽배가되였수다. 애기씨는
대답을합데다. 아버지는, 또발은무사곰배발이되여시엔하난, 아버지, 어머니
기다리면서, 울면서, 들러켜부난, 두룽발이되였수다면서, 말하난, 아버지는고생하였
젠하면서나가랜합데다. 자지명왕애기씨는, 느진덕을, 불러서, 어머니앞에는엇찌
선신가겐느냐이. 느진덕은, 풀산치마우알입고갑서. 자지명왕애기씨는, 느진덕
이말데로, 풀산치마입고, 어머니앞에선신감데다. 어머니도, 아버지와같이, 질
문을합데다. 자지명왕애기씨는, 또같이, 어머니말씀에, 대답을하연는데 ▶
김진국에부인은여자이몸이라. 자지명왕애기씨, 묵은저고리크루고, 앞가슴에피줄이섯고나
김진국부인은, 하님들불러서, 앞밭에, 버텅걸라. 뒷밭에작도걸라. 궁안에도, 바람이드럿고나
자지명왕애기씨을죽이젠하난, 느진덕이나사고, 애기씨잘못이, 안이우다. 내가잘못하난에
날, 죽여줍서하난, 자지명왕애기씨묵거다클러서, 느진덕묵그곡, 느진덕묵으면, 느진덕잘
못이, 안니
내가잘못이라면서, 자지명왕애기씨, 묵그곡하다가, 김진국부인이, 임정국에대감과, 의논
하고
자식하나, 안난폭하고, 집박졌, 내보내기로합데다. 그레서김진국부인은, 명도마, 를내여
녹고서, 입를옷과먹을것을식겨서, 내보내여갑데다. 아버지는, 금봉도리체을내여줍데다
부모와자식이별하고, 나감저. 군문다리법, 등지여감저등진다리마련되였수다. 자지명
왕애기씨와, 느진덕과, 명돈마는, 부모이별하여서, 올래박겻을나사난에, 동드레도길이
난다. 서우로도길이난다. 남으로, 북으로, 길이난다-이때초궁길이나, 당조길칠때에는, 신
칼다리놉니다~자지명왕애기씨는, 하는말이, 나도여자, 느진덕도여자, 명도마도여자, 오
라우
리, 세지집이, 발가는데로, 가보게. 가단보난, 불부뜨는산이있씁데다. 자지명왕애기
씨는, 느진덕아저건어던산이고. 하니, 느진덕은, 한일알고, 두일모른, 상제님아나은애
기보내는부모얼마니나가슴에불이부텀수가. 그제격이산이우다자지명왕애기
는아무말못하고오라가게. 가단보니, 알로웃터레손는물이있습데다. 자지명왕
애기씨는느진덕보고, 저산에는, 무사물이, 알로웃터레, 소사올람시엔하난, 느진덕은아구
상제님아, 남자가여자, 찾저오는물은, 차레로, 우로알너레내리고, 여자가, 남자을찾저
가는물은, 알로웃터레오릅니다. 거신산도너머간다. 동이청산당한다. 청수와당너머간

다. 남이적산당한다. 적수와당너머간다. 서이백산당한다. 백수와당너머간다. ▶
북이흑산, 흑수와당너머간다. 가다보니, 우는퍼지고, 알은, 뽀라진, 산이있습데다. 자지명왕애
기씨는, 느진덕아, 저산은무슨산고. 느진던은, 건지산이라고합니다. 애기씨는엇찌하면는좋
느냐, 남자가와서, 여자을대려갈데에는, 집에서, 세갑머리, 육갑에, 갈라다워서, 대려가건만
애기씨상전님은, 여자로, 남자을찾저가는길이라. 세갑머리, 육갑에갈라다워서, 머리올려
그릅서. 느진덕은말하난, 자지명왕애기씨는, 느진덕말대로, 세갑머리, 육갑에갈라다워서, 머리올
려, 건지산, 너머갑데다. 또가다보이, 나무도, 하나엾고, 일로도, 절로도, 못너머, 갈, 무등산이당하
난, 애기씨는, 느전덕아, 저건무슨산고합데다. 느진덕은, 은진미럭산이우다고대답하난좌
지명왕애기씨는, 엇찌하여서, 너머가리, 걱정이되여집데다. 명도마는짐부려건지산으로
올려두고, 느진덕은, 앞에나사서, 애기씨상전보고, 나을날주고, 나올라가는데로올라옵서면
서, 애기씨손잡고왼쪽으로, 오른쪽으로, 은진미럭, 무등산을, 올라갑데다. 막올라가고, 느진
덕정하님은또애기씨상전을모사서, 조심, 조심, 내가난, 무등산이당하고, 조심다리가되
였수다. 무등산과조심리, 본매로, 신칼자록이, 일로, 절로, 되아졌수다. 조심다리너머
사고보니, 낙수와당서천강이당합데다. 너머갈수가엾써진다. 아버지앞에바든, 금
봉도리채로, 아무리, 두들겨도, 강은흐르는, 물이라. 끝너지지안합데다. 애기씨와느진
덕은너머갈수가엾고, 울다벗치고, 잠이든다. ~참고이때에여러말이나고싸움만한
다. 아라두세요. -자지명왕애기씨와, 느진덕이잠이든때, 건지산올려둔, 명도마가상
전님과느진덕이, 황금산찾어가다, 낙수와당, 서천강바위에서, 고생하염고나, 명도
만은그것을보고, 은진미럭산너머, 낙수와당, 서천강바위에안진애기씨상전과, 느
진덕을, 잠잠시난, 나등에담서하면서, 잠자는상전과, 느진덕을, 깨워서명도마 ▶
등에타서, 너머간다 초궁다리마련되였수다. ~참고~②대정, 안덕, 중문지경까지는명도마라, 안고,
명도암소라함니다. ~③제주시동쪽으로는, 용왕국, 딸애기, 부모눈에, 갈이나서, 이세상강아
지로나와서, 자지명왕애기씨와살다죽고, 자지명왕애기씨가무더준이, 용왕국에가있
다가, 자지명왕애기씨와느진덕이, 낙수와당은서천강너머갈때냉겨주워따고합니다
참고하세요~자지명왕애기씨와느진덕은, 명도마덕으로, 낙수와당은서천강을넘
고, 황금산을찾어가단보니, 백모래밭당하고, 너머간다. 자지명왕애기씨와
느진덕은, 가다보니, 황금산절로가는초군문이당하여서, 가고보니, 한귀엾는송
락이여, 장삼이여, 꺼거진철축대여거러지여십데다. 자지명왕애기씨와느
진덕은, 송락이여, 장삼이여, 철축대, 본매둔거맞추난, 뚝기만아집데다
자지명왕애기씨와, 느진덕은, 초군문을, 드러서보이, 자그마한, 속한이중가, 그레, 저레

길을, 딱암시난, 자지명왕애기씨는, 느진덕보고, 황금산, 절간을찾저갈수인느냐고
드러보렌하니, 느진덕은팔, 구세난, 속한이보고, 어데로가면는, 황금산절을찾
어감니까고말하난, 속한이는, 어데서, 오는손님이뒙니까이. 느진덕은, 노신땅
서우리는황금산절에, 대사님을, 만나로오는길이엔, 말합데다. 속한이, 하는
말이, 나는대사님과같이인는속한이우다. 상제님내가, 오는길깨끗이, 따기곡, 길을가루치렌
하난여기까지왓수다고말합데다. 자지명왕애기씨와, 느진덕은, 속한이뒤따
라서가는데, 문직이가당하고, 인정걸라하난, 자지명왕애기씨는초군문에는문직
이가엾더니, 초군문을너머사, 문직이가인정걸렌할때마다, 치마한폭식찌저서, 인정
걸면서, 너머간다. 절간법당, 대웅전문이당함데다. 속한이는, 상전님내랑여기 ▶
서, 기다립서고, 말하면서, 속한이는, 대웅전대사님앞으로, 드러가고, 자지명왕애기씨와느
진덕은
큰대문앞에서, 대사님황할람이, 기다리면서자지명왕애기씨는, 앞을보난, 열두폭치마
는한폭도안남고, 치마옷허리만남아고나자지명왕애기씨는, 대사님황할람이나오면, 치마
엾시, 엇찌인사하라. 생각
하여서, 느진덕입은치마도, 열두폭치마난, 여섯폭식, 갈라입읍데다. 속한이는안내가서
황할람이대사보고, 속한이는대사님아, 상제님내가왓수다이. 황할람이대사님은, 차나록두
동이
내여주면서, 하는말이, 날찾저온게분명하면, 이차나록, 두동이짝쌀, 엾게, 만드러오면,
만나죽키엔하염젱하여서, 내여주랜, 합데다. 속한이는, 대사님말대로, 차나록두동이
자지명왕애기씨와, 느진덕에, 주면서, 하는말이사, 우리대사님이, 이차나록두동이를, 짝쌀
엾이, 만드러오면, 만나준덴하염수다면서, 속한이는, 가불고, 자지명왕애기씨와
느진덕은, 갈수록태산입데다. 자지명왕애기씨와, 느진덕은, 손콥으로, 차나록두동
이컵풀을백끼면서울다가, 무정눈에잠이오고자는데, 천왕새, 지왕새, 인왕새
가내려오라서, 모다드러조동이로, 차나록두동이를전부거죽을, 백겨녹고, 인는데, 자지
명왕애기씨와느진덕은, 잠에서깨여날때에, 새소리가납데다. 요새야, 저새야, 나미
간장, 오장타는줄모른새야, 하면서, 자지명왕애기씨와느진덕은, 잠을깨면서, 새
가, 나라나는바람에, 채는엾고, 찹쌀만두동이, 나마십데다. 자지명왕애기씨와
느진덕은, 속한이불러서찹쌀두동이를대서님에, 보냅데다. 속한이는찹쌀두동
을대사님앞에, 가저가이, 할락궁이대사님은, 찹쌀두동이를보고, 속한이보고, 날 ▶
찾아온것은, 학실하나, 우리절은, 비고승이고, 부부찰려서못사는절간이난, 어멍국, 금산,
불도
당으로, 내려가라고, 말하렌하면서, 어멍국불도땅아라갓차읍게가라고, 시왕고분다리길을
가루
주라고말하난, 속한이는↔대사말데로, 자지명왕애기씨앞에가서, 하는말리, 우리절은부부

찰려살수없는절간이라부난에, 어멍국, 적금산, 불도땅으로, 갑서면서, 시왕고분다리을가르
줍데다. 자지명왕애기씨와, 느진덕은, 황할람이, 대사와, 지년상봉도, 못하고, 얼굴못은
씨어머니, 사는, 적금산불도땅으로내려갈때, 먼길을, 갓참게, 가렌한, 시왕고분연길로
가다보이, 하늘만보이는왕대밭대다드러서난, 적금산불도땅을찾어갈수없써집데다
자지명왕애기는, 아버지준, 금봉도리체을내여녹고, 우로, 알너레, 내려치난, 길이나고가단
보이
길가운데큰왕대하나가, 길가운데서있시난 그대가큰굿에천지천왕염라대마련해
수다. 자지명왕애기씨, 느진덕은, 적금산, 불도당, 씨어머니앞에가서, 선신하난
적금산불도당, 적주부인, 씨어머니는, 절간중도, 부부찰려살겐느냐고, 말하면서
엇절수없이, 얼굴모른매누리, 바다드려, 사는것이, 애산구월이당합데다 초승초
팔일당하여가난, 자지명왕애기씨, 해산때가되고, 아구배여할때첫제아들, 본명일이탄
생할때, 어머니, 구혜문열려서탄생하저하되, 아버지본매가안니되나황금산신력으
로, 오른겨드렝이, 열려, 탄생합데다. 열려드러, 당하난, 자지명왕애기씨는, 또배아
파하는데, 또혜산하는데, 열여드레, 신명도가, 어머니, 구혜문열려탄생하젠하난아버
지본매못안두난, 어머니왼겨드렝이, 혜처, 탄생함데다. 스무여드레당하난, 또, 자지명왕
애기씨는, 혜산때가, 당합데다. 사라살죽삼명일은아버지가어머니구혜문본매안두엇저
어머니, 앞가슴햇처서탄생한다. 자지명왕애기씨와느진덕은, 초여드레, 본명도, 열여드
레 ▶
스무여드레, 사라살죽, 삼명일도, 웡이자랑하면서, 키우는데, 노는것도글소리, 자는것글소
리여. 일곱
살에글공부일천서당, 보냅대다. 양반이집자식드리, 계움합데다. 궁이아들삼형제는, 양반이
자식들로, 글공부할수없스난, 선생님, 굴묵하님으로글공부할종이가없으난, 굴묵제에서공
부합데다. 그레서열다섯십오세, 난이, 양반이집자식들, 과거간덴하난, 궁이아들삼형제도,
어머
니, 앞에가서, 과거을, 각구덴하난, 어머니, 자지명왕애기씨는, 아들삼형제보고, 과거가지
말라고, 말합데다. 그레도궁이아들삼형제는, 양반이자식들과, 과거을가는데, 어느절대사
님이
하는말이, 앞에가는, 선비들은과거낙방되곡, 뒤에오는선비들은, 과거득송하키엔하난에
양반이집, 자식들이, 투기하고서, 궁이아들삼형제같이못가게하다가, 배지골당하
고, 배정승집에, 비가열려, 익어시난, 선비들이저배따오면, 과거대령각키엔하난에, 궁이
아들삼형제는, 나무에못올라각키엔하난, 선비들이, 모다드러서, 배남무위로, 올리고, 선비들
은, 도망가불고, 궁이아들삼형제는, 바지에배따, 다무난, 나무에서내려오지못함데다. 그날
밤, 배정승은, 잠자다, 새벽에, 꿈을꾸는데, 배나무에, 청룡, 백룡, 흑룡이, 가마진꿈을
꾸고, 소

변보러, 마당에나와서, 배나무을보이, 먼가색캄망한게이스난, 호령하길, 사람이면내
려오고, 귀신이면사가지란이, 궁이아들삼형제는 사람이우다고, 대답합데다. 배정승
은, 내려오렌하난, 궁이아들삼형제는, 못내려감니다이. 배정승하는말이, 무사못내려오
겐냐이배을마니따노난, 못내려감니다이. 배정승은, 떠러지지, 안게잡고, 허리띠을클르
면, 배는알로전부, 떠러지건내려오라. 말하니, 궁이아들삼형제는, 배정승말대로, 나무
을잡고, 허리띠을, 클르난, 배는알로전부떠러지난, 궁이아들삼형제는나무에서내려와
서, 배정승에, 인사하난, 어데로가는, 선비들이냐이. 궁이아들삼형제는, 과거보러가 ▶
는길이우다니. 배정승은, 대백지, 내여녹고, 필먹을, 내여주면서, 글을써보내랜하난, 궁이
아들삼형
제는글을쓰어서, 배정승에드리난, 천하문장이로구나. 궁이아들삼형제배정승집에서, 과거
장으
로가는대, 청만주, 에미백만주에미가, 길가르고, 또배곱푸난, 팟죽할망앞에, 팟죽사먹고,
돈을주
난, 팟죽할망, 전날밤, 꿈에내일날, 과거가는선비, 셋사람앞에, 돈받지말고, 그양보내렌선
몽하난, 팟죽, 할망은, 돈안받고, 궁에아들삼형제을보낸다. 궁이아들삼형제는, 과거장
소, 가고본이, 동문, 남문, 서문, 전부장겨서, 과거본수엾스난, 문박에서, 글을쓰고, 시험장
상시관앞으로, 던집데다. 그때시험장, 판관은, 배정승입데다. 과거상시관앞에
떠러진것을, 주워서, 보고, 과거보는선비들앞에, 누구가, 이글을쓰고내앞으로보낸는
냐이. 아무선비도, 대답하는선비가, 엾씁데다. 그때과거책임자, 상시관, 배정승은, 과거장
문직이불러서, 문박에, 과거보래온, 선비가인는냐이. 문직이는, 있읍니다고, 대답합
데다. 과거는, 상시관은, 안으로, 불러서질문하기을, 이글을너희드리썻는냐이. 궁
이, 아들삼형제는, 그럿읍니다고, 대답합데다시험장책임자배정승은, 오늘과거합격
자는, 궁에아들, 삼형제라면서, 본명도, 신명도, 사라살죽삼명일, 앞에과거을
내여줍데다. 양반이집자식들은, 목이를부려갑데다. 양반이자식드른
과거을안주고, 중이자식은과거을, 준다면서, 목리을부려가난, 과게, 책임진상시관은
배정승인데, 양반이집자식들앞에, 엇찌하여중이, 자식이냐이. 칠반상에
열두가지, 음식을찰려주워봅서. 양반집자식들은말을, 합데다. 배정승은차려
주이, 궁이아들삼형제인다. 큰성본명과셋성신명도는, 말근, 미나리체나, 콩나물
채나많은것만먹고, 육고기, 술, 은안먹어가난, 작은삼명일은, 어거지로, 고기와술 ▶
을, 먹어갑데다. 억거지로먹으난, 우로, 역기징과토역이올라옵데다. 그것시큰굿에, 아궁
이밥을먹기마련되였수다고, 함니다. 양반이집자식들은, 저거봅서상시관님아, 도육
안주와, 술은, 안먹엄수게, 배정승상시관은, 엇절수엾이, 과거을삼형제에, 낙방식
켜갑데다. 궁이아들삼형제는, 부에가나서, 시험장문을나서고보니, 또, 양반이집자식드
리, 무과급제, 병과급제, 시험을보고있씁데다. 그때무과급제보는데가서, 천근드리백

쌀, 백근드리천근활비러서, 들러바다쏘우는것이, 저승연주문을, 맛칩데다. 저승에서
는, 이거어느누구야고, 이세상, 전갈이, 내리난, 이세상좌지명왕애기씨, 자식이우덴하난
옥황상제님에서는, 아들너무낫다면서, 자지명왕애기씨을, 깊푼전옥으로, 하옥식
켜갑데다. 그때궁이아들삼형제는, 집으로, 도라오는데, 청만주에미, 백만주에미, 흑
만주에미가, 길을갈라가난, 요놈이만주예미가, 과거갈때도보이고, 했는데, 또집으로돌
아갈때도, 보염고나면서, 청만주예미, 목을, 발부난, 종이를박급데다. 얼른, 종이를
박급데다. 그종이푸런보니느진덕이, 글씨고, 편지로구나. 상전님내잘못으로, 어머니
는, 깊푼궁에같수다. 과거가무엇시과면서, 청만주예미, 백만주예미, 앞에보내였구
나, 본명도, 신명도, 사라살죽삼명일이, 집에와서, 어머니있던, 방에보니, 아무것도없
고어머니옷, 소중기하나, 거러지였고나, 속옷가지고, 느진덕을, 앞세우고, 외가땅은노신
땅, 외
가, 외하르바님, 외할머니, 찾저가난, 외하르바님이, 가매우팬문을안여러줍데다
한데, 궁이아들삼형제는, 외하르바님앞에, 우리아버가, 어데있수가니, 황금산대불법당
찾어가랜말합데다. 궁이아들삼형제는, 황금산, 대불법당, 아버지찾어갑데다.
황금산, 대불법당, 아버지, 찾어가서, 울면서, 말을함데다. 아들삼형제는, 아버지 ▶
가, 중이대사가안이면우리, 과거낙방은, 안이될거안이우과고, 말하난, 아버지하는말이, 과
거는
당대여. 그보다더좋은, 일를하렌허난, 아들삼형제는, 아버지머시우과이. 느내들머리각
가서
부처님제자되라. 그리고, 과거에, 무엇이좋아지던야고, 아버지는, 멋이좋아이. 아버지
는말을
하난, 아들삼형제는, 청비쌀, 홍포관띠, 조심띠, 일괄록, 삼만관수, 좋아지고, 칠반상에,
각출물
좋아집데다이. 아버지, 황할람이, 대사님이, 그리하야면서, 하늘말이사, 그리하면, 각출물
칠반상이랑, 하늘같은공시상마련하라. 애기들날찾저오는길레, 하늘보면서왓저.
동굴한, 나무판자에, 하늘천자사기고, 올래보면서오랏저. 올래문자, 우알로, 사겨녹고,
좌, 우
쪽으로는, 달과날마다고생하였고나. 막게스라면서, 달월자, 날일자, 글을, 사겨준다.
아버지본매는, 두루대천문, 마련하다. 본명도, 신명도, 삼명일은, 아버지본매받고, 하는말
이, 깊은궁에든, 어머니, 죄을엇찌풀임니까이. 아버지, 황할람이는, 아들삼형제보고
하는말이, 어머니죄을풀이젠하면, 신산곳, 드러가서, 먹사오기, 물사옥이끝너서,
첫동은, 동내울복, 둘제동은, 울랑국, 셋제, 넷제, 다섯제동은끝어, 삼동막이, 살장구
만들때, 열두주이편수청, 불러서, 동내울북, 울랑국, 삼동막이살장구을만들적
세살, 넷살, 짜리, 암소, 앞다리, 뒷다리, 가죽하여서, 털백겨서, 울북과, 동내울북, 싸고보이

북두릴, 채가엾다. 왕대월산드러가서, 가는왕대뿌리까지파서, 북채만드라.
두둘기난,소리난다. 장구도, 달리는, 노루잡고, 거죽하여, 털지와, 쇠줄하여
서, 장구가죽하고, 왕대월산가, 왕대하여서, 채만든다열가막쇠, 여섯부전
으로, 느자왕나자왕맛추워, 치난소리난, 궁이아들삼형제는, 아버지준, 대
천문, 북장구지여서, 어주에삼로거리로, 내려오단보니, 엇던도령, 서이가안 ▶
자서, 우럼십데다. 궁이아들삼형제는, 느내는누구가, 되는엔하난, 우리는너삼무, 너도령
이라고합니다이. 궁에아들삼형제는, 어데로가는냐이. 너삼무삼형제는, 우린갈데도엾고,
집도엾
덴말합데다. 궁이, 아들삼형가, 우리하고같이글렌하난, 너삼무너도령, 삼형제와, 어주
외삼도
전에, 세거리가서, 궁이아들삼형제는, 어머니옷소중기, 내역녹고, 외우쓰고, 나다버고, 나
다스고,
외우버서, 육학열를뭇고, 유자나문비여다가, 상간주뭇고, 탱자나무비여다, 중간주
뭇고, 신풍나무비여다, 하간주뭇어갑데다. 계수나무상당클, 비자나무는
중당클, 아외나무하당클, 매여서, 북장구, 두둘기면서, 드리울려, 내울여
갑데다밤과낫, 석달열흘, 그때에, 옥황상제대명왕에서는엇더
한일로, 자극성에서, 밤, 낫, 울리는냐이. 지국성노신당, 자지명왕애기씨,
는깊푼궁에있고, 아들삼형제가, 모든것이잘못하였읍니다고, 생각하여서, 어머니을
야진궁으로, 내풀려줍서고, 옥황에, 등수드럼수다이. 옥황제님에서는, 자지명
왕애기씨를, 내풀려삽데다. 궁이아들삼형제는어머니, 자지명왕, 애기씨와
지년상봉됩데다어머니, 자지명왕애기씨는, 아들삼형제보고, 황금산아방
국을, 보안느냐이. 아들삼형제는, 보았수다고하난, 어머니자지명왕애기씨는
아버지, 무슨본매주던냐이. 낭천문본매줍데다고, 말합데다. 자지명왕
애기씨도, 본매을내여주는것이, 나무상잔을내여, 줍데다그리허난, 궁이아
들삼형제는, 어머니, 앞세우고, 노신땅으로, 외가댁, 내려갑데다. 아들삼형제는
느진덕과, 드러가고, 어머니는, 올래있쑵데다. 외하르바님, 임정국대감은, 감매
우판문을열리고, 외할머니김진국부인은, 초석을같고, 나와서마당에페우 ▶
면서, 등에진것을부리라면서, 하는말이, 어머니는, 어데인는냐이. 저올래있수다고말하난
김진국부인은, 전에얼굴, 이시야보저가난, 자지명왕애기씨와, 일로, 절로, 고붓제기식이되
여집데다. 그레서, 초이궁마지인때, 애기는어멍보저, 어멍은애기보저, 일부한자, 지
연상봉때, 말이낫수다. 궁이아들삼형제는, 외하르방천하임전국대감앞에랑
지하김진국부인, 외할망앞에, 인사하고, 외하르바님보고, 삼형제가하는말씀이
외하르바님보고하는말이사, 하르바님, 하난외하르바님은, 외냐고대답하난, 본명도, 신명
도, 사

라살죽삼명일, 하는말이, 하르바님옆에인는, 비조리창검하나줍센하난, 외하르바님
외손자들보고, 멋에쓸티엔하난, 외손자, 삼형제는, 하는말이, 우리삼형제과거낙
방시킨, 양반이, 자식원수갑품하구덴하난, 외하르바님하는말이, 그리헌야
면서, 이, 비조리창검보다, 더좋은칼을해주마고하난, 외손자삼형제가그
라합서고대답한후, 임정국대감은, 나무로, 칼을두개만드라서, 발글명자
와, 칼도자, 두글을세여서, 많게쓰렌줍데. 그레서성하르바님본매는, 금
바랑과, 옥바랑, 아버지본매는, 남천문과, 북, 장구, 어머니본매는낭상잔, 외하르방
본매는, 시왕대번지신칼이되여집데다. 궁이아들삼형제는, 외가땅도라고고, 어
머니, 모사, 어주외삼노거리, 집으로도오고, 인는데, 사라살죽자근아들은생
각하기을, 할아버지본매는, 금요랑과금바랑, 옥바랑이고, 아버지, 본매나, 어
머니본매와, 외하르바임본매는, 나무로만드거라서, 만대유전식킬수엾써
집다그레서, 사라살작은아들은, 동해와당쇠철이아들찾어가서, 하는말 ▶
이. 백모래, 일러서, 쇠가르을, 만드러달라이. 동해와당, 쇠철이, 아들님은, 대답하면서, 백모래
일러서, 쇠가르모여서, 사라살죽님에, 같아주이. 그쇠가르가저서, 삼명일은, 정나라정대장
악근도간, 한도간, 악근불미, 한불미, 악근도간에, 낭상잔이개, 낭천문두개, 낭신칼두개식 같지
고, 가서, 아버지본매, 어머니, 본매, 외할아버지본매을, 만들고, 쇠물이, 나무난, 또천문, 상잔
놀것이엾써서접시같이, 만들고천문과상잔노난좋아집데다. 그것이산판마련하고, 또
쇠물이, 나무난, 대양과, 설쇠도만듬데다. 그레서, 궁이아들삼형제는어머니앞에와서
어머님아, 아버지준, 본매와, 어머니준, 본매, 외하르바님본매는, 나무로만든거라서, 만대 유전
신킬수가엾씁데다고, 말하난, 어머니는, 무사고하니, 나무로, 만든거라서, 좀먹어나, 오래
면, 사가썩으나할거나, 전부쇠로, 만드라수덴말합데다. 그레서, 사는데, 옥황에
서, 궁에아들삼형제, 옥황으로, 올라오랜, 서란장, 편지가오난, 그때에삼형제는어머
니보고어머니만, 우리옥황에, 같아올동안, 동풍불건, 동벽을, 으지하고, 서풍이
불거든, 서풍을, 으지하여서, 시름시곡, 더욱더, 우리생각이나거든, 일출동방
동산새별에시름시엄십서. 그리고할르바님본매, 아버지본매, 어머니본
매, 울랑국에, 살장구는나. 대양, 설쇠는, 누구가도랭하여도주지말곡, 돈
바다서말도맛서합데다. 그리하여서, 바람부러, 바람도벽, 뜻부러라. 뜻
도벽, 령양육고비마련하고, 당조설련하였수다. 궁이아들삼형은, 옥황
상제명령받고, 옥황으로, 등신불로, 도오고가난, 옥황상, 대명왕이보난에
이세상한도을, 마련식키면할만하다하여서, 본맹도는, 하늘찾이, 신명

도는, 땅찰이, 사라살죽, 자근아들은, 인생만물찾이, 마련식켜삽데 ▶
다. 그레서궁이아들, 사라살죽은, 양반이원수갚품하저하여서, 할아버지아버지, 어머니
본매, 쇠로만들때에, 엾전여섯입도만드러서, 파란기지에, 묵거서, 옥황에서, 내려올때에
유정승외딸애기, 잘노는, 삼도전세거리, 돌듬에나두고, 어머니인는데, 어주외삼도전집으로온
지후, 유세엄마대선생은그엽전을봉아서, 누구가, 볼까, 누구가빼여아슬가하여서, 집으
로돌아와서, 사라가는데로, 신병이시작되고, 일곱살에, 눈어두고, 열일곱살눈을뜨어도,
피일, 차일, 신에조외로, 살수, 엾습데다. 그레서, 유정승, 내외간을, 딸애기을열아홉
부모이별하고, 유씨엄마대선생은, 집을떠나서, 낫에는외난가위, 밤에는불싼
가위마련하고사는데, 아랫엔역에, 자복장제, 딸애기, 죽어, 열두매에묵거있젠한
소문을드러서, 유씨엄마는찾어가서, 하는말씀, 팔자구진아이, 다염수다고하
니, 자복장제는, 팔자구진인생이면엇저며, 사주구진인생이면엇저리. 죽어
서, 열두매, 묵어논애기살일수있쓰랴, 고말합데다. 허니, 유씨엄마는, 그
레도한번, 진맥이나, 하여보구덴하난, 자복장제는, 진맥을하면엇지하
안하면엇찌, 죽은애기사라나랴, 하난, 옆에있던, 사람들이, 하는말이, 애기엾
게말도, 귀너머드지말렌하면서, 옆에사람말드러서, 자복장제는, 허락
하난, 유씨엄마는, 드러가서진맥하난, 삼신왕에거력고나면서, 나와
이, 애기살입서. 시간엾습니다. 일문전으로, 초석페우고, 평퐁치고, 큰상싱거
서, 쌀세사발, 올려, 찬물떠올리고, 향불피고, 술삼잔결고, 초불켜, 사난유씨엄마가드른말도본
말도엾써지고해도, 삼신왕임아, 이애기살려줍서, 하면, 삼신왕에역가발치구다고
약속으로, 백제왈다김을소백지석장에, 싸서, 유씨엄마는자복장제딸애기 ▶
머리밑에, 배워서, 하는말이, 자복장제님아, 제가이집열리돌, 알로내려서, 백보가기전에, 딸애
기씨가, 숨소리, 나거든, 날찾저와서, 삼시왕에, 역까을밭칩서고, 말하면서, 열리돌알로
내려서고, 저올래, 나가기전, 열두매에, 묵어노은애기에숨소리가, 나난, 그때에자복
장제는, 유씨엄마찾어가서, 애기가, 사라나시난, 삼시왕에, 역가를밭저줍서고, 하
니, 유씨엄마대선생은, 무엇으로, 삼시왕에, 역가를밭저주리. 생각하는대, 소문
득기에, 어주외삼도전거리에가면, 조상도있고, 굿하는식, 써진책도, 있젠하난, 처얍
으로, 찾어가서먼올래, 엾데하여, 인는데, 삼신왕, 본명도, 신명도, 사라살죽, 삼형제가
옥황에서, 어주외삼로길, 어머니, 집으로, 오다보니, 어머니사는먼올래, 외한여성이, 엾데하
여, 있써고나. 삼시왕, 삼형제는, 느진덕을불러서, 멋올래, 외한여성이엾데하였저, 물
맹지, 통전대, 앞송하여서, 안으로, 불러드리엔, 사라살죽, 인생에책임진, 작은

아들이영이남데다. 느진덕은, 사라살죽, 말데로, 물명지통전대, 앞송하여서, 안으로청합데다. 사라살죽, 엇더한일로, 어데서완는냐이. 나는팔자사주가, 구저지여, 부모눈박에나서, 거리궐식하면서삼니다. 그런데소문을듣는것이아랫역, 자복장제, 따님이, 죽어서열두매, 묵어서, 있따니가서, 진맥하고, 삼신왕에, 등수들고, 역가를밭치구다고, 백제왈다김을누울인것이, 사라나고, 자복장제집에서는, 약속대로해달라고말합데다
그래서, 소문을듣는것시, 어주외삼로거리에, 녹화단풍, 자지명왕, 어머님앞에조상도있고, 축원각책이, 있따하여서, 전득밭저왓수덴하 ▶

강대원 심방 문서_일반신본풀이4

체사본

옛날옛적에동경국에, 범무왕이, 삽데다. 초년에갈임하고, 사는데, 아들삼삼은구
아들아홉형제소생하고, 논전답, 강전답좋아지고, 수별감거느려잘살고, 동가
남상주절, 부처직한대사님이, 여든팔십세가넘고부처님직하고사는데, 하루날
은, 속한이불러서, 하는말이, 야, 속한아, 대사님은, 내살다죽거든, 낭천발이
드려서, 불천소화식키다나문것은, 독독 빠사서, 신산만산에, 삐여불라고
말하고, 부처직한대사님은, 얼마못사라죽어부난, 속한이는, 얼마못살고법
당부처님, 하직하난, 법당직한속한님은, 대사님, 말데로, 대사님육신사라
불천소해식켜서, 신체간곳엾이, 해두고, 부처님으지하고, 법당직하여서, 사는
데, 하루날은대사님이, 속한이꿈에선몽하기을, 대사님이, 야, 속한나잠
자는냐이. 속한이는꿈에도, 신체간곳엾는대사님입데다. 대사가하는말이
야- 속한아, 그리잠자면엇찌, 절과당을수리하겐느냐. 지금이러나서부
처님에, 불궁하고, 동경국범무왕이집을찾어가라. 범무왕이초년복은그리
졸수없다. 갈임후, 논전답좋아지고, 강전답좋아지고, 수별감거느리고, 아
들삼삼은구아들아홉형제낙고, 잘사는데, 사십세넘고, 중년은당하
난, 아들아홉형제에서, 우로삼형제십오세나는데로죽어서무덤하고
말으로도, 삼형제십오세나는데로죽어서무덤하고, 가운데로, 삼형제는
사라인는데, 내일모래사고전명막이난, 우리절간대려다, 년삼년살렵시면우리절
소문나곡 ▶
너는대서가되고, 범무왕아들삼형제는속한이가되여지리라고선몽합
데다. 속한이는잠에서깨고보니, 대사님이, 꿈이로구나. 속한이는빠른
행착차려간다. 날이발가온다. 속한이는빠른행착차린다. 부처님에
불궁하고, 대서행착차리고, 동경국범무왕, 집을차저내려간다. 이집저집권제바드
래단이다가, 범무왕집먼올래당도하고, 소송은절이뱁니다이. 먼올래서, 집에있
던, 범무왕은, 먼올에서, 속한이, 말소리아라듣고, 수밸감을불러서하는말이,
우리집먼올래, 어느절대사가온듯하다, 며, 진안으로, 청하랜함데다. 수별감수
장남은, 범무왕말데로, 먼올래나고보니, 귀다리담숙굴송락쓰고하늘이가득한
철죽대집푼대사가와십데다. 수별감은, 속한이보고어느절대사님이우과. 우
리집범무왕이, 진안으로청하라고함니다. 어서듭서수장남은말하난, 속
한이는, 수별감뒤따라, 드러가고, 속한이는, 범무왕집대천한간, 여리돌

알로구버생천하면서, 소송은절이뱁니다이. 범무왕은, 시권제, 내여주랜합
대다. 속한이는, 시권제받고, 일러서젠하난, 범무왕은, 속한이보고, 어느절대서며
어느절속한이야고, 말하난, 속한이는, 대사님은, 부처님직하여, 절에있고, 나는
법당직한속한이우다고, 대답합데다. 범무왕은그리하면속한이보고, 오행팔
괘, 집들줄, 알겐느냐. 단수육갑볼줄알겐느냐. 화주역를, 볼줄알겐느냐이
속한이는, 예, 오행팔괘, 단수육갑, 화주역, 볼줄압니다이. 범무왕은, 우리사주
팔자판단을하여달랜합데다. 속한이는, 범무왕말데로, 오행팔괘단수육 ▶
갑집더녹고, 화주역을내여녹고, 범무왕부부사주판단하저, 화주역에, 초년판단
을보니대사님선몽대로좋아지고, 중년에는좋구두고도, 나빠진다. 말년팔자는
범무왕이, 대사님선몽대로, 내일모래면, 아들삼형제도, 죽어, 범무왕이말년은
무호하랜한팔자입데다. 이리하여서속한이는, 범무왕보고, 초년은, 논전답조고
강전답족고, 아들아홉형제, 보아서, 잘살랜한, 팔자우다이. 범무왕이중년팔자
는, 엇던냐이. 속한이는좋고도, 나빠집니다고하난, 엇찌, 좋고도, 나뿌야이. 아들
아홉형제인데, 우로삼형제죽고, 알로도삼형제, 죽어서, 무덤한듯합니다고
대답합데다. 범무왕은, 그리하면, 말년팔자는엇더냐이, 속한이는범무왕보
고, 죄송한말씀이나, 지금아들삼형제, 사라있써도, 내일모래, 사고전명이떠러
지여서, 무모하랜한팔자우다이. 범무왕은, 이중아, 저중아, 무눈가슴말팍듯그
릿말, 말납데다. 속한이는, 그게무슨말이과. 범무왕은, 속한이보고, 이중아저
중아, 죽을점은잘하는데, 살아날, 점은할 수가, 엾겐느냐이. 속한이말은, 살
일점도할수있따고말합데다. 범무왕은엇찌하여서살일수있겐느냐이.
속한이는, 양반이집자식일찌라도, 대공대단드는곡칼로, 머리각겨서, 절간
법당가서, 년삼년법당종사하면, 명과복을비러살듯합니다. 말하고속한이
는, 절간으로, 도올라갑데다. 그리하여, 옛날, 단궐집애기들, 명잘라십오세열다
섯못넘는애기들심방집으로가서, 신충애기로, 녹고, 남이부모생기고, 자 ▶
기부모와살면서, 명복빌기마련하면서, 십육세너무면, 또신충내기굿하면, 평민
사람으로, 살기마련함데다. 그리하여범무왕, 부부는걱정되는데, 아들삼
형제는, 집으로, 드러오면서, 아버지와, 어머니, 얼굴보니, 보통부모얼굴이, 안
입데다. 아들삼형제는, 아버지, 어머니보고, 죽은애기들생각말고, 우리삼형
제생각합서고, 말함데다. 아버지, 어머니는, 느내들생각하는 것이, 걱정된다이. 아
들삼형제는, 그게무슨말이우과이. 범무왕은, 부모하는말드를수인느냐이. 아들
삼형제는 하느님하는일, 부모님하는말, 엇찌거역합니까이. 범무왕은지금
머리삭박하고, 절에가서, 삼년을, 살고올수인는냐이. 아들삼형제하는말은우리가대
가되면엇찌하고, 소가되면엇찌합니까. 오래사라서, 부모님살다죽어서삼년
몽상쓰고, 부모공갑푸는것이자식이, 도래가, 안이우과니. 범무왕그때아들삼형

제, 머리삭발식켜서따뜻한, 안방으로, 눅저서잠제워녹고생각을하는데, 그
데로, 절로보낼수엾서지난, 은기, 놋기, 와백비단내여녹고 석짐에묵어녹고, 그날
밤, 개, 고양이, 잠든시간에 아들삼형제깨워서, 일문전하직식키고, 부모하직식켜
서금법당으로, 보낸후, 이틀전날은 저세상에서, 범무왕아들, 삼형제잡피레, 삼채사
가, 범무왕집으로내입데다. 삼채사는범무왕집에, 내련보니, 범무왕아들삼형
제는엾서집데다. 삼체사는동으로서우로범무왕, 아들삼형제, 차질수엾스난
조왕할망에, 의논합데다. 조왕할망은, 소도리하기을, 어제그적거, 금법당에 ▶
대사가와서오늘아들삼형제, 명이막이에. 말하난, 조왕할망말은어제아침
보니, 아이들엇서지고, 어느절에간는지모른덴하난, 삼체사는조왕할망, 말듯고
동계남상주절, 서계남은중절로, 범무왕아들찾이러갑데다. 삼체사는, 이절
저절로다여도, 못찾고, 옥황으로시간넘무난도올라갑데다. 범무왕아들삼형제
는년삼년법당종서고, 속한이보고하는말이, 우리연삼년, 법당종사하여도, 절과당
은, 수리가, 안됩니다. 권셴문열려줍서. 우리가대사행착차려서, 권제바더다가
헌절, 헌당수리하구다이. 속한이는, 권셋문을, 열려준다. 범무왕아들삼형제는속
한이, 행착, 찰려서, 권제바드레단이다. 다리도아푸고, 지치기도하고, 삼형제
가쉬는대, 큰형이동드레보난, 초생반달이뜨고온다. 큰형하는말이, 저달은
하늘높이뜨고서, 우리집도보고, 우리부모도, 보건만, 우린언제집도보고, 부모도보리
형님은, 동생보고, 느내는집생각, 부모생각, 안나는냐이. 그런말맛서, 유월
영청한더위, 물기른것물이나떠먹건만, 우리는집생각, 부모생각, 더남니
다이. 형님은, 동생들데리고, 금법당가, 시권제바든것, 부처님에올리고, 또
속한이보고하는말이, 대서님아, 우리법당하직식켜줍서. 말하난, 속한이
는, 그게무슨말이야, 삼년만더사랑가라이. 범무왕아들삼형제는, 일
년도못살구다이, 속한이는, 일년만더살고가라이. 범무왕아들은, 석달
도, 못살구다이, 속한이는, 석달만더사랑가라하니, 범무왕, 아들단삼일 ▶
도못살구다. 부모생각, 집생가이, 너무나도간절함니다이. 속한이는, 내일아
침, 기도후에, 강오라, 부모도보고, 집도강방오라이. 범무왕아들삼형제는좋아
지고, 속한이는, 그날밤잠자는데, 대사님이, 선몽합데다- 야, 소서중아잠자는야
이. 속한이는예, 대답합데다. 내일아침부처님에, 불궁하고, 저아이들삼형제
보낼때, 우리절에, 올때, 가지고온거, 그데로, 내여주고, 또, 집찾어갈 때, 배곱
푸고, 시장끼나는데가있써질거난, 조심하고, 같아오랭하여보내렌
하난, 속한이는잠에서, 깨고본이날도발아십데다. 대사님이선몽입데다.
속한이, 아침찰려, 부처님에불궁하고, 집으로, 보낼 때, 범무왕아들삼형제올때
가지고온, 은기놋기, 백비단석집내여주면서, 조심하고집에가, 집도보고, 부모도보고
오라면서, 하는말이, 집차저가다가, 배곱고, 시장끼, 나는데가있슬거난조심하고, 너

머가라고, 하면서 아이들삼제을, 보냅데다. 범무왕아들삼형제는, 법당하직허
고, 집으로, 오는데, 김치고을, 과양땅에, 내려서이, 범무왕아들삼형제는시장허기
가, 납데다. 앞으로, 한발노면, 뒤우로두발, 짜국식무너사지난, 큰형이, 서른동
생드라, 배안고푸야, 못각키여. 식은밥에, 물점이라도사먹고, 가겐하난
동생들도, 배곱푸고, 내려오단보난, 울담도높푸고, 이문간도큼직한집가
있습데다. 부자집담수다. 작은아시하는말이큰형강옵서이 큰형이
드러가서, 시근밥에, 물점이나, 한술파라줍센하난, 안내서과양생이각
는, 서방도, 죽어분여자가나오도안하고, 구들에서, 창문조금열고 ▶
박그로보고, 나오도안하고, 오늘제수는다밭저. 아침부터, 애기중이와저. 수별감
불러서, 귀잡아돌려불렌하난, 수별캄은, 과양생이각씨만데로, 큰성귀잡아돌리난
마당에, 넓삭이엎더지고, 못일러납데. 작은아시는큰형안나오난, 셋형을보내
난, 셋형도, 안나옵데다. 자근아아가, 시근밥에, 물점이, 파라도랭하저드러간보이
형님내가, 마당에, 엎데하여시난 이어른드라. 저어른드라우리가본데중이안이
우다. 우리가, 단명하다하여서, 명도있고, 복도받젠, 금법당에, 수록드리레간
오단, 배곱푸난, 시근밥에, 물점이사먹젠, 들렸수다면서, 형님들일려세워서, 저올
간, 형님들도, 한짐식지고가는것을보니, 과양생이각씨는, 도둑이염치가납데다.
범무왕아들삼형제, 앞으로가서가로막아서고, 하는말이, 우리집안사랑좋수다. 밭
사랑좋수다면서, 시근밥에, 물점이, 먹고, 가는길갑서이. 범무왕아들삼형제는
배곱푸난, 드러간난간우에안자시난, 과양생이각씨는, 식근밥에물점이하여나완
범무왕아들삼형제앞페준다. 범무왕아들삼형제는, 시근밥물점이, 배곱데전부먹
고, 빈그릇주젠하난, 미얀하여서, 작은아시가, 형님내, 옵서. 밥값을, 물고가겐하난
형님드론, 무엇으로, 밥값을, 물겐느냐이. 작은동생은, 우리가은기를안지였수가, 놋
끼을안지였수가. 백비단을안지였수가. 은기, 한불, 놋기한불식하여내여녹
고, 백비단, 석자식끄너녹고, 주면됩니다이. 형님들은, 어서걸랑기영하게하면
서, 은기한불식과, 놋기하불식두불과, 백비단석자식끄너녹고, 과양생이, 각씨
앞으로주난, 과양이각씨는, 안이바난물건이로고나. 이어른드라, 이것은무엇이 ▶
엥하고, 저것은무엇이라고함니까고말합데다범무왕아들은, 이것은, 은기고, 이것은
놋기고, 이물건은, 백비단이엥함니다고. 말하난, 과양생이각씨는, 도둑에
염치인, 생각이더납데다. 과양생이, 각씨하는말은, 이좋운물건을같고단이다
가도중에서, 물건을, 도둑놈앞에, 일러부는것사허주만 목숨까지일르면엇찌
함니까. 우리집다신방누워, 잠자곡, 다신밥을해주건먹고, 가는길갑서고하니,
범무왕아들삼형는, 그말도, 드런보니, 그러십데다. 범왕아들삼형제는, 과
양생이각씨말드러서, 다신아방에가서누워잠자고, 과양생이각씨는
부억에가서, 큰솟에물녹고, 장작불살라서, 잉경난것은, 정동화르에담고

도금착에, 물적, 솟강알에, 찔러서, 연기내우면서, 고얌약주가전간, 잠자는
범무왕, 아들삼형제일려서, 이거한잔식먹고, 있스면조반밥이다되염수다이.
범무왕아들삼형제는잠자다깨여나서, 보이, 술냄세가납데다면서, 우리는이
런건안먹낸하난, 과양생이각씨는, 절박겻나오면술도먹고, 고기도먹읍니다면
서권주가을, 불러가난, 범무왕이, 아들더른엇절수엾이, 과양생이, 각씨말에먹
고, 무정눈에잠이든때에, 또과양생이각씨는, 삼년무근, 참기름, 괴워다양귀
레지르난, 범무왕아들삼형제는집도못보고, 부모도못보고죽음데다뒷날
과양생이각씨는, 수장남불러서, 야, 어제밤온손님, 죽은것담다. 저것덜, 아
무도모르게 거죽터기에싸서광청못에가서, 드른처불렌하난, 수장남은, 과양생 ▶
이각씨말데로, 범무왕아들삼형제를, 거축태기에싸고, 바지게에, 지여서, 광
청못에가서드르처붓데다. 광청못용왕국에서는, 범무왕아들삼형제앞에
누구명령밭고완느냐이. 범무왕아들은 우리가금법당대사님이, 단명하다고
하여서, 명과복을빌레 간오단시장하고, 허기벗처서, 시근밥물점이, 사
먹으로같아가죽어지여서왓수덴하난, 좌엾는애기들, 왓구나하여
서, 물박에삼색꽃으로, 도환생식켜삽데다. 과양생이집수별감은, 과양생
이각씨보고, 어제밤번돈, 갈라주렌하난, 조금시라, 내가광청못에강, 하긴하
영오라서갈라주마이. 수별감은, 어서걸랑그리하고수별감은기다리고
과양생이각씨는, 송동바구이에 주럭하나담고, 물막게녹고, 말익거
서, 광청못에가도라보고, 말물을매기젠하난에, 말은물먹젠하단앞발을
지여갑데다. 범무왕아들혼벽이, 어지련는지, 말물매기레강 말물먹을때앞발
진는 것은, 구진거보면 앞발짐니다. 과양생이각씨는, 팡돌, 우에안자두면서, 아무
것도, 안보이고, 삼색꽃만, 노람시난, 과양생이각씨는, 그꽃보난욕심이나서, 눈치난안
오고, 물막게로, 물당기난, 과양생이각씨앞으로, 오는것을보난, 앞에꽃은웃는넉시고,
번제꽃은용심난넉시고, 세번제꽃은, 우는넉시가됩데다. 과양생이각씨는, 삼색꽃을
송동바구이담고서, 집으로와서, 매일보제, 첫제꽃은상기도걸고, 둘제꽃은암문
전걸고, 셋제꽃은뒷문전거난, 과양생이, 각씨가, 앞으로박에나가젠하
면앞살작매고, 뒤우로나가젱하면뒷살작맨다. 옆으로, 서젱하면상곡 ▶
고서, 머리을전무매여가난과양생이, 각씨는, 이꽃이곱기는고와도, 행실이사, 구저
지다면서, 정동화르에숫불피워서, 지듭데다. 삼색꽃은또, 삼색구술로, 도환생합
데다. 그때, 동내할망은, 불인존와서, 과양생이각씨보고, 불인존해달렌하난에,
과양생이각씨는, 우리집불살아나건디오래엾수다화루에나강봅서, 불인존온, 할망
은, 화루에간, 보난, 불도있고, 삼색구술시난, 봉간나오는데, 과양생이각씨는, 불인
존온, 할망보고, 불심대겐하난, 할망은 불있선불이은존하고, 삼색구술시난봉아구렌하난,
과양생이각씨는, 어느것과말하난, 할망은요거엔하면서, 내여노안, 과양생이각씨는

이할망저할망이상한할망, 우리집은그구슬일러부런하는데, 하면서, 나무집에와서불
인존만하영가도조추기, 일러분구슬까지봉강가젠하염젠하면서손에녹고놀이다
입에녹고, 놀이단보이, 옥끄녹아서목알너레내려간다. 할망은, 불인존하고가불
고, 과양생이각씨는, 한달, 두달너머간다아홉달, 열달춘삭차난, 아들삼형제소생하
고, 나난아들삼형제가잠자는것도글소리여, 노는것도글소리난, 일천서당글공부식
켜서열다섯십오세과거가서, 삼형제가선달홍부벼슬받고내려올때과양생
이각씨는, 불임질, 동산에서불임질하는데풍악소리난보난과거하연, 오람고나. 과
양생이각씨는불임질하다하는말이, 어느집산천조와서자식들과거하영오곡, 우
리애기들은, 엇덩하여시리 저것덜랑이날이시로목이꺼거저불라. 잔동허리
나꺽거저불라휘욕하단보난, 이역집으로드러갑대다. 그레서과양생이각
씨는, 침매는외우드르고, 좀팍은높이둘러서, 얼시구좋아. 절시구좋아. 우리집산 ▶
천조우난, 아들삼형제낫고, 과거합겻하연왓젠하면서집으로가난, 아들삼형제는, 어머
님아우리삼형제과거한 것은, 산천이바원한일이고, 일문전으로나갓수다면서문전제
와터신제을지내구다이. 과양생이각시는, 아들삼형제보고, 서른애기드라, 느내들과
거하여오면동내와마을, 면에서, 무슨과거하영온줄아느니, 과거열명강오라이, 아
돌삼형제는, 김치원님앞에과거열명하난김치원은, 술한상에기생첩옆에녹고
한잔술을, 발으난아들삼형제는, 옆으로, 쓰러진것이코로쉬파리가, 나난죽엇수다이.
짐치원은, 과양생이각씨앞에, 아들죽엇다고, 부국을보내난, 과양생이각씨는짐치원
앞으로와서, 아들삼형제무사객사죽음식키리, 큰아들육신앞발뭇고, 둘아들, 뒷밭
뭇고, 자근아들, 웃역밭뭇더두고, 짐치원임앞으로, 백소지하루석장식, 아홉상자반
을, 석달열흘, 올리데짐치원은, 엇던소지인지, 말마디엷는소지, 글한자엷는소라존
데무심하는데, 과양생이각씨는, 식전아침새벽에, 짐치원이, 앞에가서, 개같은원님소
같은원님, 고울에녹만먹고, 소지절체못하는원님, 본금파직하면, 영역한관장드려
녹고, 소지절체, 혈노래, 휘욕만발합데다. 짐치원님은, 과양생이각씨입쌀에, 죽어질것
같으난, 본금파직하저삼일동안, 아침공서을안니바들때, 백비원이란사람이와서, 짐치원님
보고,
말을하되, 원님아무슨때문, 하루도안이고, 사흘아침공사을안바듭니까이. 짐치
원은, 백비원이보고, 그런것이 안이라, 과양생이, 각씨가남편도엷는여자가, 아기가낫고
커서글공부하고, 과거가서과거하고, 열명왓다죽고, 무덤후과양생이각씨는말한마디
엷는소지글한자엷는소지이리상자가득바닷건만, 식전아침동새벽에나보고본 ▶
금파직, 하저하노렌하난 백비원은, 짐치원보고, 그만식한것에, 걱정됩니까. 그러지말고사관
장을돌입서. 돌이면강님이가밋참될거우다. 그러거든큰칼목에씨읍서고 말을합데다.
안일케안니라, 강님이는, 장계간, 큰각씨, 방파두말말고도, 장안아홉첩성박겻아
홉첩이구십팔열여덥큰각씨하면열아홉각씨다도라보고, 오젱하면, 사관

장밋참할검니다고. 백비원이는말하난, 짐치원은, 사관장을돌입데다. 강임이는
성안, 성박갯에, 기생첩을전부돌단보난, 하루미참, 이틀, 삼일, 아침조회미참된다. 열락
서산해지게되여사동안마당에, 강님이사관장불이엔하면서, 업데하난, 짐치원은백비
원이말데로, 강님이목에큰칼씨워간다. 강님이는, 생각에, 요리죽어도죽일모양, 저리죽
여도, 트집잡고짐치원이가, 죽일것, 같읍데다. 그레서, 강임이는원님보고, 원님아, 날
로, 나이죄척은모름니다. 내가무엇을, 잘못햇수가이. 짐치원님은, 강임이, 보고, 야이
놈아내가이골원인데, 너를밋고, 일하는데하면서장안에목숨을밭이겐느냐
저승가서, 염라대왕를, 청하여, 오겐느냐이. 강임이는, 절머지고, 죽는것이억
을하여서, 저승가서, 염라대왕를청하여오키엔하난, 짐치원은, 지동토인보
고, 큰칼백기라, 고, 말하면서, 강임이, 사령행착을, 찰려주면서, 흰종이에
거문글쓰고, 불근도장녹고, 내여줍데다. 강임이는, 원님차려는데로사령행착차려
기생첩들찾저가서, 저생가고, 오는말이나드러난는냐이, 강임이저승가면못
올것을생각하고, 모른다면서, 기생첩드른, 가부난, 강임이는, 이방청에가서
저승가고, 오는길마리나, 드러난느냐이. 모른다고, 하이, 강님이는 성방청에가서 ▶
저승가고, 오는길이나, 알겐느냐이. 모른다고, 말합데다 강임이는녀청방에
가서, 서른누님내야, 저승가고, 오는말이나드러납데가이. 녀청방에서는우이
서, 내린, 령이라미얀하다. 저승가고, 오는길도, 모르주마는, 미얀한걸, 술삼잔
에돈석량내여준다. 강임이, 술삼잔어더먹고, 녀청방에서, 돈석량빌고, 더갈
데, 엾스난, 장계가는날집에데려다논, 큰각씨집으로, 가단보이, 큰각씨는, 육
월영청, 한더위, 보리방아지면서, 저올너레보난, 강임이가드러오람구나.
큰각씨는, 방아지면서, 엇덩하난, 오늘은저올레, 굿가시낭도거더지여신가, 실
거리가시남도거더지여신가 강임이낭곤님은, 날찾어, 오람신고, 이여방에, 이여방
방 에지여간다. 강임이는, 아무말엾이고개수겨서, 안으로드러갑데다. 큰각시는
방에짓탄, 그거이상하다. 불마진껑같이, 야게숙여서, 강임이는, 안으로드러간다.
강임이큰각씨는, 방에짓탄, 선님을생겨야훈님이로고나. 남편강임이오난에
큰각씨는, 안고팡에드러가쌀한좀인는거, 가저다가, 밥하고, 진지상차려서, 방으로들
러간보난, 지개문잡고, 안내안자시난, 큰각씨는, 지개문고망으로보니, 우럼고나. 강임이
큰 각씨는말을하되, 무사걱정이우과. 나가저어른, 밋때함데가밥상바듭서.
강임이는, 실친듯시, 문열고, 밥상들러노이밥상발고물려, 강임이각씨는멋대
문에걱정이과고드르난, 강임이은, 내일저승염라대왕청하러가는데저세상
가면, 와질티, 못올티, 모르난, 아버지랑어머니랑살다죽으면, 장사잘지내도렝
하고저승강오제하노렌하난, 그때큰각씨는강임이보고하는말이, 그만식한것에 ▶
걱정이우과이. 강임이보고, 말하면서 원님이, 저승강오렌하면서아무것도아해줍데
가말하난, 그때사큰각씨말에, 안심하고, 짐치원이, 해준봉토를내여노면서큰각씨

앞에줍데다. 큰각씨는밭고보니, 짐치원이, 글씨로다 이것은이승관과드는, 적배지고저승가 고
올저승법은, 불근지, 흰글씨고, 가저서저세상가고옵니다. 강임이큰각씨는강임이
보고, 이거가정원임앞에강옵서. 하난강임이는멋이라고말하리하난, 강임이큰각씨는
강임이보고면 저승안가고, 완느냐건, 원임보고, 이거가전저승한반을가단생각하난, 이
것은가저서저승가젠하고보이, 저승가지못하고가면오지도못할거난저승가고올것을
만드러달렝합서. 원임이엇덕에가고올것을만드냐거든, 불근종이에흰글을써주렝합서.
강임이는큰각씨보고, 불근종이엾다면, 불근토명지라도한발, 발고개란깨여서, 부
세적저글쓰고, 흰가르, 합채로치여서, 털면불근종이에, 흰글넉시가됩니다이. 강임
이는큰각씨, 말대로원님앞에가난, 안일케안이라. 원님은, 강임이보고, 저승도안가고완
느냐이. 강임이는, 원님앞에큰각씨말데로, 이것슨가저서저승가도못하고, 가면오지도
못할거난, 저승염라대왕, 청하여올, 불근종이에, 흰글을써줍서이 원임은이밋친
놈아, 불근종이가어데인느냐고, 욕하난 강임이는, 불근종이엾스면, 불근토맹지라
도, 한발, 발고, 그것에, 개란깨여, 붓에적저서글쓰고, 흰가르합체로치여털면불
근종이, 흰글이되여, 지여삽데다. 사람죽어명전식은강임이큰각씨, 내운식으로드
렷수다. 강임이는, 큰각씨앞에가배우난, 큰각씨는, 걱정마라서, 구돌에자리하 ▶
여시난잠, 잠십서, 해두고, 강임이, 큰각씨는, 강임이, 잠제워두고, 생각하기을죽어도마지막
이, 사람은나, 삼세번, 호서라는데, 부모혈로태어나서, 세살까지한번과, 크고결혼
할때나라에전쟁이나도하루결혼식휴가는보내준다두번, 살다가나이, 칠팔십나죽어입
옷호상식, 세번큰각씨는, 강임이저승가면언제오리, 홍포관디기지내여녹고, 홍포관디지
으면서, 귀엾는바늘, 두개을, 왼귀에찔녹고, 조심띠도차려녹고, 또이젠산두, 서말을내여녹
고, 한말쌀을만드러, 물에크고, 굴뭉낭방에녹삐저서, 한말쌀가루을제석궁백시리
에, 석징에치여서, 상징은일문전올리고, 둘제징떡은, 조왕할망에올려서, 일문전과조왕
에등수든다. 내일날강임저승감니다. 일문전대천왕과, 조왕할머니에서강임이저승가는길
앞서, 인도해줍서고등수들어난식으로, 문전과조왕철가리비염식도, 되였수다. 또제삼
막증떡은, 강임이, 저승가고, 오는길에, 저승가는데, 점심으로, 파란조각포에싸녹고옆
에벽장으지하고, 캄박하는것이, 일문전, 녹두성인이, 조왕할망어멍국에가서, 어
머니, 잠수가하며, 하는말이, 내일강님이, 저승갈거난, 저승길, 가르처두고옵서
는 꿈을꾸고, 깨고보니, 날이발아십데다. 강님이큰각씨는, 잠자는강임이깨워
창문박으로, 강님이나사난, 홍포관디입찌고, 조심띠매와줄때, 조왕문전으로백
발노장, 할머니가, 나와서, 저올내레나갑데다. 강님이는, 사나이대장부가
먼길을행하는데, 외한, 할망이야면서, 강님이는, 할망뒤따라갑데다. 그레
서, 옛날방에서, 사람이죽으면창문열고한간은대문을, 피하고나가는식을마
련햇수다. 강임이는할망따라가는데, 조왕할마님은, 이승과저승바가난 ▶

쉬여가난, 강님이는너머가면서, 인사합데다. 조왕할망은, 어드레가는절문이가
날같은늙이 앞에인사는냐이. 강님이는조왕할망보고, 나도할머니같은부모가
있읍니다. 하니조왕할망, 먼길가는절문이같은데점심이나가젓스면같이먹
고, 가겐하난에강님이는그리합서면서, 점심을내여녹고보니조왕할망점심과
강님이점심이같아진다. 할망은점심을먹는데, 강님이는, 조왕할망앞에배려가
난, 조왕할망은강님이보고, 외, 점심은안먹고, 나만보는냐이, 강님이는, 조왕할망앞
그게안이라할마님점심, 저이점심이, 한손매고, 한솟에서, 나온음식이같아짐니
다이. 조왕할망은, 강님이보고, 그것아, 너이큰각씨집조왕할망이. 되어지는데, 너이
행실은구저도큰부인정성으로, 너 승가는길가르처주저앞산노라고말하나, 그때
강임이는 일러서조왕할망앞에절을삼세번하난, 조왕할망이, 나이점심갈라먹고
너이점심은가지고가다보면, 배곱푼혼벽, 시장벗친혼벽이만하리라저승길은천
길이고, 극락에길은말리길이라면서, 할망점심갈라먹고, 저승가는데서천
꽃밭이당하난, 강님이꽃밭에간보니, 어린때죽은강님이동생도있고, 어린때저
승가꽃밭맛고, 꽃밭에물을못주면욕듯고매마자을럼고나. 강님이는돈석
양가진돈, 꽃감관에, 인정거러두고조왕할망과뒤따라가단보이, 거염지 윈
뿔만한금박올인길이있씁데다. 조왕할망은, 강님이보고, 이길이염라대왕이
저승과이승, 이승과저승, 오고가는길이여. 잘보앙두라이. 강님이대답하는
사이에할망은간데온데없써진다. 강님이는동서막급한길이된다. ▶
강님이는, 어대로가야저승가고, 어데로또오면이승을찾저가리, 하면서, 정신을차련보
이, 각신전, 차래로신전가는길을 세여가단보니, 조왕할망가르쳐준금박올인길을
찾어집데다. 그리여서우리인생군대가나타리먼곳사는자식, 잘되게하여줍서고문전
조왕비염식이되였수다- 그리하여, 강님이는, 조왕할망가르처준길, 옆에본이, 외한
사람이조람시난, 강님이는, 잠자는사람앞에, 초인사올렴수다면서, 절하고나서
무사거기서, 잠, 잠수가이. 그때이원갑이, 사람이, 나는염라대왕저승과이승
이승과저승오고가는길을딱그다배곱푸고시장에말려서조람구렌하난, 강님
이는 이승음식이라도먹고, 정신차리라면서시리떡내여녹고꺽거서입에먹이
고물맥이난, 이원갑이는정신납데다. 그레서길칠때인정받수다. 이원갑
이는 강님이보고, 어드레가는사람이야고드르난, 강임이는, 저승염라왕청하
레가는강님이노라고말합데다. 이원갑이는그게무슨말이우과, 저승염라대왕
인는데는, 저승간혼벽도못가는데, 이승인생이, 엇찌염라대왕앞에각구과이.
강님이하는말은, 저승왕도왕, 이승왕도왕인데, 짐치원이왕이라생각하고왕이왕
을못청하는냐고말하난, 이원갑이는, 그리하야면서내일, 모랜날, 아랫역에자복
장제집, 사남바드레내립니다. 이원갑이는, 내가배곱푼때살려준은공을갑푸
리다. 면서, 나미거공이먹어목걸이고, 공이입고, 등실이는법이우다. 강님이보고

속에속적삼입고옵데가이. 강님이는입원노라이. 이원갑이는버서내렌합데다.
강임이는속적삼버서줍데다. 이원갑이는강임이보고내가저승오고가게해주면 ▶
속적밭고하는말이, 강님이보고, 이원갑이는, 내가이구산에가서당신이름삼세번부르
면저승초군문당하거, 적배지부치고, 모렌날에는염라대왕탄가매가내려오거든
당신이수단것잡핏서, 이원갑이는, 강님이홋적삼가지고이구산에가서, 강님이보
강님이보, 삼세번부르난강임이는저승초군문당하난염라대왕잡필적배지부처
두고염라대왕올때을기다린다. 그전은몰라도강님이저승갈때삼혼씨여난식으로
사람죽고삼혼씨기마련도되였담니다. 강님이는저승초군문에서염라대왕
기다리는데, 염라왕탄가막가내려온다. 강님이는, 삼각수거스리고벙에눈버르
트고, 홍사줄을잡아다엺에오난, 홍사줄던지난염라대왕탄가마부출에거러지난
염라대왕은, 가매을하매식키고가마우페문을열고, 강님이보고, 홍사줄을거
드라. 말하난, 강님이는인정줍서사정줍무섭고석거운염라대왕이, 내가너이뜨
잡을바다보귀하연노라염라대왕도강님이앞는, 인정겁데다. 이때는채사본풀
때인정밭읍니다. 강임이는, 염라왕앞에인정바드난염라대왕은가마을
띠워가난, 강님이는, 쉬파리몸으로환생하여서, 가마부출에다라저간
다. 자복장제집올래가난, 염라대왕탄가마, 하매하고, 염라대왕살려옵
서, 신청계로, 신매우난, 염라대왕큰대맨, 시왕대다리, 줄바라, 시왕당클로
좌정하고, 강님이는오랜말을, 안하난, 용심이나지여서, 홍사줄을내녹고
굿하는신자리로, 던진때큰심방에, 가마지난, 신자리큰심방은사문절박
식켜산다~ 이때연당알신소미는, 채사거신기, 만드라서, 대에묵어서올래 ▶
가서드러오면서, 속는것은, 본조우다작상하나에, 쌀세사발에돈서푼녹고
상불피우고, 술삼잔에, 물반사발떠녹고, 올래가, 채사기아래노와두고, 드러
오면서, 산이채사도채사요죽은이채사도채사우다. 급한채사가당해수다.
큰상내여놉서. 열말쌀금시리떡치여냄서면서, 시왕당클알로, 큰상싱거, 각서출
물에백시리처다올려, 신소미는초번, 이번, 제삼번, 저승채서옵서, 이승채사옵서, 강님
채사도옵서, 초펀신매사와, 시왕당클로, 초방광, 월미권청공연한다. 이편신매와사자
상으로이방광, 월미권청, 공연올이고, 제삼번신매와 영혼몸바든체사영혼상방광
치고, 월미권청공연삼세번올려가난, 강님이술취하여, 조는사이, 큰심방은사라
난다. 옛날시왕마지에 방광세번치고, 월미권청도, 삼세번하고공연도삼세
번햇수다 요주금식은단한번에끝납니다. 그때염라대왕은강님이뜨집을바
다보젠하여서, 처얌은, 야계에흰줄들러진퀑으로큰대꼬구리안진때강님이는
잠자다깨고보니, 염라왕간곳이엶써진다심방도, 잠자불고, 본조도잠자불고한
데, 정지에서그릇소리난간보난조왕할망이그릇시섬시난에강님이는드러가조
왕할망보고염라대왕어데간는야이 조왕할망은, 강님이보고당신수단것잡

핏서. 큰대꼬구리, 야계흰떠둘러진불은, 장퀑으로, 고밭젠하난, 강님이는얼눈참매
몸으로, 부술부려큰대장퀑야개치젠하난, 염라대왕은살작시왕당클로내려안
진다또두번제는, 염라대왕이, 방안쓰는, 비차락으로, 사자상뒤, 비차락몸으로
고바있젠하난강님는자기상바든뒤평퐁뒤에서비차락을찾어서꺼끄젠 ▶
하난염라대왕이또시왕당클로좌정한다. 강님이는, 또막방광에상밭고
술취해서잠자고, 깨고보니, 또염라대왕간곳엷스난, 강님이는조왕할망앞에
의논하난, 시왕당클에, 쉬파리로, 고밭젠하난에, 강님이는, 거미몸으로, 되여서, 시
왕당클로올라간보니, 쉬파리가있스난, 검미조름으로줄흘이듯, 흘려서, 파리몸
에가마지고, 염라대왕몸을가마간다. 염라대왕은, 또본몸으로, 시왕당클에, 좌정한
다. 강님이는, 자기몸상에있스난, 염라왕이강님이불러서, 염라대왕이강님이보고웃
옷벗고도라안지라이. 강님이는웃옷버서도라안지난, 염라대왕은, 강님이등에삼천
회독이라도강님이등에진글을보라써주고, 야강님아, 내부술이좋아해도, 너
이부술만못하구나면서, 백강아지, 내여주고, 내일모래, 동안마당에내리겠다고
말하면서, 강님이보고강아지가는데로뒤따가면이승가진다면서염라대왕은
간곳엷고, 강님이는강아지뒤따가는데외나무다리가당하고, 강아지는바라
간다. 강님이도, 뒤따라가는데, 천지소, 알로, 강아지떠러진다강님이는나강아지하
면서, 심젠한것이, 강님이는이승도내려도, 낫도밤도캄캄하여서갑불못가리는데
정신차련보니, 불싸진집이보이난, 거기가고보니, 큰각씨집이고, 창고망터진데로
보니, 평퐁도처지고, 큰상도세워지고, 각씨는상을치왐시난에, 대문앞으로
가서, 이문열낸하난큰각씨는뒷집에, 김서방이건내일오면, 제사태물주
맨하난, 나는뒷집김서방이안이라, 강님이가되여진다이. 큰각씨말이
강님이건홍포관디, 왼쪽앞섭을, 이문틈으로드리치렌하난에강님이는홍포 ▶
관디왼쪽앞귀드르치난, 큰각씨는, 관디, 왼앞섭을만지난, 귀엷는, 바늘두개가껵
거진다그때사큰각씨는, 문을열고서, 강님이를드려논다. 강님이는각씨보고하는말
이, 이게엇더한일이냐고말하난, 큰각씨말은, 저어른저승간날로, 삼백육십오일은일년
소상, 이년은이십사개월대상, 삼십육개월첫제사우다. 강님이는그리하냐, 난저승
가서삼일살고완느데, 큰각씨말은저승이하루면, 이승은일년삼백육십오일리로구나
강님이는, 아버지, 어머니, 동생들은어데간냐이. 제사끝나고, 문도라가며장그고
나보고전부치우고잠자렌해두고갓수다고, 대답하난, 강님이는, 그러면전부치우고, 아
버지와, 어머님앞에, 내가저승가왓따고말하렌하난큰각씨는, 전부치우고
씨아버지, 씨어머니, 씨동생들앞에, 가서, 아까운아들저승갈아왓따고말합데다
아들강님이왓젠하난, 아버지는와서, 오른쪽에안지난성편마련하고, 결혼할때신
랑오른쪽서기, 어머니는와서왼쪽안지난외편마련하고결혼때, 신부는남자왼쪽
서기마련했담니다. 동생들와서여러형제, 앞에안진다. 강님이는아버지보고나

가어스난, 무슨생각이납데가이. 아버지는, 아들아그게무슨말고속은청청구려지면서,
밥적마다생각나고, 거름것다발찰대마다생각나드라. 강님이는, 아버지살다죽으면
방장대는마디인는, 왕대족대수리대로방장대서입하고삼년몽상써공가푸나
상복안단은푸러입기, 마련하구다. 누구에게잘못해도, 감추워주지안하난내
어머니보고는제가어스난, 엇던생각납데가이. 서른애기야그런말, 말라. 그간날로, 지금까
지한시도 못이저밭저하난, 강님이는, 어머니는왼쪽안지난외편마련하고, 살 ▶
다죽으면방장대는, 동쪽으로버든먹구남하여서, 방장대설연하곡모든일를, 아버지앞에
나, 남에게나잘못한일를, 감추워주기때문에상복알단은감추워입기마련하구다
삼년몽상써, 공갑푸구다그런대, 아버지보다 먼저죽으면일년에몽상써공갑푸구
다. 육개월에소상, 일년되면대상마련햇수다. 지금은, 이식도엷다. 약오십전있써든
일이, 갈수록보기힘듭니다. 강님이가, 동생들앞는, 형이어스난, 엇저드냐이,
동생들은, 하는말이, 남과싸움할때나씨름하는데서지면형님생각납데다말합
데다. 강임이는, 야, 형제간은, 옷우에바람이여, 형제간죽으면, 두건하나쓰고, 두루막
입고, 일년돌상마련한다. 기생첩들앞는엇찌생각나드냐이. 기생첩들은당신
저승간이, 이놈술맥겨술취하면정주고, 저놈도술맥여술취하면정주단보난저
어른생각은, 이저집데다. 강님이는, 나생각말고기생첩보고, 정준데로어서가라보내
고, 큰각씨앞에는, 저사람은, 내가엷스난엇찌생각나드냐이. 큰각씨는난저어른
이장계간날보고, 조운정도못밭고, 땅돈한푼못바다보남편이라오난에, 합주. 늙은부모와
어린씨동생광살면서, 아버지, 어머니죽으면엇덕게감장하린생각박게안드러렌
하난, 강님이는, 아무말도못한다그레서남자들은큰각씨모르게, 이것저것찾어
다이다야계숙여서본어걸찾어든담니다. 이젠강님이는모든걸마련하고부모
랑, 동생이랑전부보내고, 큰각씨집에서그날밤세는데늦잠잔다. 동내과양생
이, 각씨는 식계태물어더먹으레, 간보난, 정낭은내유와지마당에드러선보니, 코소리가 ▶
나고문은장가지고, 창구멍터진대로보니, 머리는두개고, 몸은하나로, 잠, 잠시난뒤물러서 고
짐추원이앞에고소장드러간다. 과양생이각씨는짐치원이앞소도리하기를, 강님이는
저승도안가고, 낫에는고팡살렴하고, 밤에는구들살렴하염십데다지난밤, 강님이죽
은날이난오늘식계태물, 어더먹으레, 간보난언치낙멋했는지, 지금늦잠을잠수덴하
난, 짐치원는령역한관장불러서, 강님이큰칼씨워서잡아드리렌 합데다. 짐치원이
령바든관장은, 나졸거느리고, 강님이큰각씨집으로가서, 강님이목에큰칼씨워서, 잡
펴간다. 강님이는짐치원앞으로오난, 짐치원은강님이보고, 외너는나이명령에반데
하여서, 저승도, 안가고, 큰각씨집에, 고팡살렴하는냐이. 강님이는, 저승같아오랏
수다. 옷옷버서, 배우면서, 염라대왕은, 내일사시에동안마당오기로하였수덴하
니, 짐치원은, 강님이등에쓴것을본다짐치원은강님가제주가좋아하여도자기
대로등에글을못쓸거알면서도염라대왕이, 내일동안마당안오면, 죽일걸로, 집푼

전옥으로, 가두웁데다. 안일커라내일날사시가당하여가난과랑비, 서비발로염라대
왕은동안마당내리난, 짐치원은무서워서굴묵어귀, 굴운기둥으로고바불고, 허자북이아
들은, 이레, 저레주왁거렴시난염라대왕은, 허자부이아들보고, 야이놈아하니, 허자북이
아들은, 예하고대답하난, 여기강님이는어데가고, 짐치원은어데인느냐이. 허자북
이아들은소도리하기을, 오늘염라대왕, 온다고해도, 염라대왕님안오면, 죽인다
면서, 깊푼전옥에하옥식켜수다고소도리하난염라대왕은강님이푸러내라이. 허자 ▶
북이아들은염라대왕말데로강님이푸러낸다. 염라대왕은알고두고, 강님보고, 저집을
누가지연는냐이. 강님이는, 강태공이지였수다이. 강태공이, 불러드리라고합데
다. 강태공이오난, 염라대왕은, 강태공보고, 너저집지연느냐이. 강태공은예하고
대답합데다그러면너, 안세운기둥이있겐느냐이, 강태공은, 저굴묵어귀에기둥이
우다이. 싸갈기라고합데다. 강태공은염라대왕말데로, 대톱바다들러서한번
톱질에짐치원은, 잔동이피흘이면서염라대왕앞으로나선다그때짐치원이잔동이피
흘려난식으로마을학교나, 공해당, 관사집은, 상기지둥에만한반데상향식피바
르고, 개인집에는, 사기둥상향식에피바르고, 닭머리떠러, 진대닭머리바르기도마
련햇수다. 염라대왕은, 짐치원이보고, 외, 오라가라느냐이. 염라대왕은말한다
짐치원은, 오라가라는것이안이고, 소지절체을식켜줍서할려고, 청했수다이. 염
라대왕은, 짐치원이보고, 어른, 아이, 할것없이, 좀파함박들러서, 관청못물을푸라
이. 물갑도못푼다. 염라대왕은관청못에간보니, 물을못푸고, 있쓰난염라왕이이물
속에범무왕아들삼형제육신이, 있거든단물용궁에서, 범무왕아들삼형제, 육을찾지
러왓스니, 이관청못물을뺄개하여달라고염라대왕은삼각수을거스리고, 벙애눈
을버르뜨고, 외여자치난, 물이빠짝마르고범무왕아들열두신뼈을, 배석자리레
차래로주서녹고염라왕이, 족남몽둥이로동서러레삼세번, 후려치난범무왕아
들삼형제는봄잠이라너무잣다면서, 이러납데다. 염라대왕은범무왕아 ▶
능장대드러눅듯씨러진다. 기동토인은, 죽엇수다이. 짐치원은, 강님이각씨앞에강님이
죽엇젠, 부국을부치라고, 말합데다. 기동토인는강님이각씨앞에강님이죽엇젠열
락한다. 강님이큰각씨가온다. 아버지, 어머니, 형제간동안마땅와서짐치원이
보고, 무사우리강님이죽게합데가고말을하면서, 저승가염라대왕를못청하여와십데가
이. 짐치원은, 아까운강님이죽게하젠한것이, 안이여만은, 죽은걸엇찌하겐느냐장사
나잘지낼치루와주랜합, 데다. 그러난강님이큰각씨는, 옆으로보니씨부모도오고친구벗들
도와십데다그레서, 강님이친구들보고, 그때사우리남편강님이객사죽음식킴니까. 산사람
술먹고, 취하여서, 인도하듯, 억개동무하여서집으로대려옵서서말해두고, 강님이각씨는집
으로
와밥상 차려나두고, 올래나가, 기다린다. 강님이친구들은, 강님이신체억개동무하고집으로
오라가난, 큰각씨는달려가서이어른나, 저어른아, 백도방해낫에, 술은무슨술이우과. 짐치원

님, 저승간왓젠하면서, 거름도못것게술을맥입데가헌저옵서, 밴안곱푸과
면서, 대리고집으로드러가서, 상기도에, 안처녹고, 밥상들러녹고, 있따. 큰각씨는밥다먹음데
가. 먹읍서. 큰각씨는, 상치운다. 조금있따시장한데밥먹으난괴롭수가, 방에누워잡
서. 자리하여서산일체로방에가잠제우면서, 창문과, 지개문을예상덕거있다가,
위와같이하여서박에나가죽은사람을집안내그옛날은드려녹고영장하였답니다. 참고
그리하여큰각씨는, 덕근지개문여러자치고창문열고, 이불자리거더치우면서잠은
무슨 낫에잠이웃과. 일이는식하면서큰각씨는머리풀고, 통곡한다. 죽어구나
죽억구나. 초소렴삼맷치묵어간다. 섭섭하다. 큰각씨는옆으로보이흰헌벅시난 ▶
머리묵어간다. 머리창드리기, 형제간드른, 눈물이여콧물이흰험벅으로딱고머리한쪽으
로묵은난통두건식코구멍으로구진벌레나들가코구멍막기, 저승가는데배곱풀까양식
물려사기, 이승말드러저승가소도리할까, 귀구멍막기, 창문안으로장겨개벽한다.
지개문장겨서개벽하고, 사람누워잠자는방에는굴묵이, 있고사람살다죽으면굴묵에
귀막기, 구진개, 고양이드러가면신체가일러낭안진덴말두고, 굴묵어귀막기, 마
력합데다. 큰각씨는마리에드러와서지개문앞에평풍치고, 상녹고, 향불피우고, 술한
잔거러도섭섭한다. 이젠정시찾어택일하고정시다라, 산터바도섭섭한다집에와
서, 지개문앞에, 상치우고, 평풍거더서, 지개문창문열고삼맷치푸러, 세로새호상
입지저, 강님이몸목욕식켜서섭하고, 호상입저섭섭하고 맷치하여섭섭한다
입관하여섭한다 삼혼씨여섭섭한다. 성복하고일포하여섭섭한다. 뒷날은일
른여덥역시군비러, 대편목에, 말캐낭드려, 줄녹고, 외우, 나다트러녹거녹고, 상여화
단꾸려녹고남편강임이, 장밭무덤가저, 하고본이, 앞이섭섭한다동내친구녀
자들설배매고, 연불, 소리하면서장발드러가, 하매하고강님이무덤자리
파도섭섭하고, 하관하여섭섭한다. 달구직고섭섭한다. 봉분하고용무제절빠고
산담둘러섭섭한다. 산담박겻나고보이, 상두어른먹다나문이시난, 용무제절에
올려서통곡하난초우제설집에와상모시고뒤날아침상에, 밥, 국올리고, 술한잔
거난우름난다제우제설년, 삼일제, 또밥올이고국올이고, 또술한잔거난지나간생
각이나고울러진다삼우제식마련함데다그런다음은하루세번아침정 ▶
그때랑수단것잡피라고, 애기업게가강님이보고, 말합데다. 강님이는, 애기업게주는숫도
받고, 고맙다면서, 관청못으로, 가서거문숫슬, 불에컷따가말유고, 또크고하다보니, 애기
업게말대로, 여든팔십되하르방이, 말물맥여고, 또한번은, 오십너문사람이말물맥여서,
가고, 삼세번제는, 애기업게말대로, 십오세줌난아이가와서말물맥이고, 가면서강님이을
보다
가엮에와서, 강님이보고, 여보시여가만서보니, 거문숫을물에적젓따말유왓따하는데
외그레요하고말합데다. 강님이는, 말을하되, 우리부모가백발이되연는데누구가, 말하기
을, 거문숫을, 물에담앗다가, 말유고하다보면, 흰숫이되여서, 흰숫을, 가라서노인을맥이

면 거문머리가되여진다고하여서, 거문숫을물에녹고적저서, 말유고한다고강님이는말
합데다. 그때동방석이하는말은, 내가동방석인데, 삼천년을사랏찌만이런말듯기는, 처
얌이라이. 그때강님이는, 동방석이잡피고, 저승염라대왕앞으로갑데다. 그말두고어린
애기업게말도귀너머듯찌말라고햇담니다. 강님이는동방석기잡혀염라대왕앞에
간이, 염라대왕은강님이는말대로영력하다. 이원갑이는저승채사강님이는이승채사로
마련할때, 염라대왕은, 강님채사앞에, 칠십세가, 고래로, 팔십세는전명으로, 인생살다가
죽기마련햇담니다. 요주금세상은먹을것이조아서, 구십백세가지살지만, 그옛법은그렛
담니다. 그레서강님이는이승채사가되고, 이승으로내려와서칠십고래, 팔십전명으로
사람을저승보내다가, 하룬날은종에다리도, 아푸고하여서, 높은동산에서쉬노라이간야
귀날아감시난, 불러서, 강님이가, 가마귀보고, 이승과저승사이에부름씨하고살라이가마
귀는강님이말에대답합데다. 가마귀는, 본향으로, 마을마다적배지붓찌레다이다가 ▶
배곱푼데, 마바람으지에서, 말피쟁이는, 말잡앗시난, 거기가서, 말잡아난데말고기해운물
한적
이라도어더먹고, 또적배지, 칠십고래, 팔십전명으로붓치 담우에안자인는데, 말피쟁이는
말잡다가말발통라서옆으로논는것을몰라. 맛첨시카부덴, 나는것이적배지는알로떠러
진다. 말피쟁이는, 옆에보난휫두룩한것이, 있스난봉간보굿도에나두웟따가, 말잡아난칼을
딱고, 담어염드레던저부난, 엉덕알에, 구렝이는있다가, 불구렁휫득하난, 말기름인가생각
하여서, 엉덕알로드러가부난, 가마귀는적배지일러불고, 글로나, 구렁이나올건가, 절로
나, 나
올건가그레저레살피는 것이, 가마귀담우에안지면, 그레저레했득했득한담니다
그러다가마귀는, 적배지엷스난, 부락마다, 높은나무, 상가안자울면, 나이든어른죽고, 중가
지안자울면절문이죽고, 하가지에, 집올레, 어귀담우에안자울면아이가죽고, 어른
갈때, 아이가라, 아이갈때, 어른갑고순서엷시, 보낸다. 그때저승염라대왕은, 소피
보래변소간을가면서보니, 저승초군문에 어른아이할것엷이, 혼벽이그득하난염라대왕
은강님이불러서, 이게엇던일이냐저승초군문에, 남녀노수, 어른, 아이가오락구나이. 강님
이는가마귀앞에적배지부름씨, 식켯수다고말하난, 간야귀불러드리라이. 강님이는, 간
야귀불러드려, 간야귀보고적배지, 엇찌하연느냐고무르난, 적배지, 붓치러, 당마다
마을마다, 다니다가배곱푸난, 말피쟁이, 말잡는데서, 적배지는, 일러불고해서
어른갈때, 아이가라. 아이갈디, 어른갑서하여보내였수다이. 염라대왕은
강님이앞에, 보리낭성클드리라밀남도리채드리라하여서간야귀묵
거서다리정구리때려부난가마귀종에고기엷고, 매독올라서검기마련 ▶
하였수다가마귀는매마지난, 앙분이터지여서, 사람먹는, 물도에간안자서우는데, 동내
열칠, 팔세난아이가물질간보난간야귀가울럼십데다청비발애기씨는물길면서, 헛소
리말한다우리집에가면, 하르방도있고, 할망도있고, 아버지, 어머니도있저, 청비발애기

씨, 는
물지고, 집에오난간야귀는, 집어귀담에안자서, 울러간다. 청비발애기는, 물비와두고, 하르방
앞에가서, 나대신감서, 하르방은, 느구실랑느데로하라고합데다. 할망앞에가서나데신저승 갑서니. 할망도, 느구실랑느데로하라니. 자손죽고우는것이, 거지시로구나면서, 아버지앞에가서, 나대신저승갑서니. 아버지도느구실랑느대로하라이. 어머니앞에가나데신저승갑서이. 어머니도, 느구실랑느데로, 하라이. 청비발애기씨는말을하되부모도, 자식죽고우는것이거
짓이로구나면서, 어귀담에안자서우는가마귀보고가만시라. 머리나단장하고가마면서, 청비발애기씨는간야귀뒤따라저승간다. 가마귀는, 청비발애기씨는저승가난염라대왕이문서보고, 강
님이불러, 오래살애기씨벌써오랏저빨리, 이승더레내보내라이. 강님이는청비발애기씨, 이승
대련나완보니, 벌써청비빨애기씨육신은, 땅에뭇처버렷고나. 청비발애기씨는, 저승도못가고, 이승도육신엾서, 이여중, 감중, 혼신은놉데다. 가마귀는청비발애기씨저승보내고이세상나라다이면서, 법치법을마련합데다. 큰나무상가지안자을면, 나이든사람죽고, 중가지안자을면, 중청년죽고, 하가지안자울면, 아이노세기노세죽기마련해두고, 또바람간야귀, 태, 가마귀, 밤중우는가마귀, 불날가마귀, 도둑들가마귀, 거리길에서우는가마귀. 는로중채사가마귀, 마련해두고, 날아다니다보니, 칠팔십난할망이물허벅지고, 물길래감시난너머가면서, 머리조수난, 아이구머리여하면서, 헛천드 ▶
레배레는것시, 발차엾더지난바가지는것이, 눈두사이, 부수는것이죽고, 대바지는머리로, 너머나서벌러지난, 그옛날, 집에서사람이살다죽으면사람죽어난자리망댁이, 벌르기 마련하고, 동드레버든, 청버드남가지하여서천나반사로, 구들바닥사록, 벽장사록, 죽은사
람누워난자리, 머리가난대, 발가난대, 몸천누워난데, 사록출, 또, 오곡밥하여서솟차, 아남비에오곡밥하면납비차, 대문앞에아자서옛날마음좋운수면장제시군줄도거느려사기고, 과양생이각죽여난, 일곱신왕아홉귀양군줄도사고, 오곡밥로, 또오곡밥하여난, 솟이나, 냄비이나, 엾퍼녹고조왕할망이승기별저승드레, 저승기별이승드레, 소도리말라면서수저로, 두, 두려-하영먹고가라면서수저올너레던저갈라지나, 업더지나~잘먹고갑서면-끝-다음잔내기
잔낼때,
천왕채사, 지왕채사, 인왕삼채사군졸사깁니다. 월직, 일직, 시직삼채사
삼신왕부림명도명감채사뒤, 문서찾이최판관십전대왕부림채사, 옥황채사방
나장, 저승채사이원갑이, 이승채사강님이, 본당채사, 신당채사, 금일, 영혼몸바든

채사, 뒤배곱푸고, 시장한채허기벗친채사, 목매르고, 애마른채사, 이날시살챈
목숨비고달고가는채사주잔이우다. 뒤로또악한채사, 독한채사, 나무에절양채사
물에엄사채사, 로중객사채사, 농약채사, 아미도령채사, 총칼채사주잔만이
드립니다. 개잔해드리면서, 상당불법전, 지도라감니다 ~끝.
꼭인사하기 ▶

강대원 심방 문서_굿 제차별 무가

1	2	3	4	5	6	7	8	9	10	11	12	13	14
도래배는식	신세우식	초상계	제상계.	넉드려푸다시	초궁매여듬	안시왕매듬	제오상계식	세경수피식.	고리동반놀임	용이전상푸리	본향필제잔	말노리식.	세경노리식.

이꼬마 0000-00-0000 보덕사 ▶

(편집자주 : 원문에는 보덕사 전화번호가 있으나 밝히지 않음)

도 래, 배 는, 식.

이도래, 배는식은, 두가지가, 있습니다. 문열이기전식이있고, 문열인후
도래들러배는, 식이, 인는데, 요주금은, 똑같이말을합니다
그러면, 문열리기전식으로, 도래들러배는식을써보겠읍니다
초감제, 인때나, 불도마제, 인때나, 초이궁, 마지인떼, 당조마제, 시왕마
제굿, 문열리기전식됩니다. 그러나, 영마지인때, 용왕마지인때는엾
읍니다. 도래배는식이, 아라두세요.
새다려난심방이, 도래을, 들러배게됩니다

첫 제 말 식.

초감제인때면초감제연다리로신이조상이신도업하고, 저먼정신이발동
하고, 있씁데다. 내리는길부정서정, 영정, 신가여신이앞에, 어지리는
새는, 다려, 있습니다신이조상, 시군문열려, 하강하저하는데, 영
이, 남니다. 너이국에절내가있겐는냐, 있습니다. 원은들면사례법
신은들면, 차레대로, 도래법있습니다
천왕도래, 지왕도래, 인왕도레, 삼도래, 신이부펴옵니다
1. 천왕도레, 신나소아부처---(연물친다소미, 상돌요랑들러춤추고서면
천왕초도래신나소아신붓처보니, 천왕감상관천왕초군문잡아옵니다
천왕초도래, 신나소아, 신붓치면, 천왕감상관이천왕초궁문열려서천군님대동
하여서신이부펴올뜻합니다천왕초도래신나소아신부처--- ▶

연물친다.---소미상돌요랑들러춤추고서면,
천왕도레신나소아, 신부치난, 천왕감상관이, 천왕초군문열려, 천군님대동하고
신이부처올뜻, 함니다. 천왕, 청이슬잔, 지냉김니다.
2. 지왕이도래, 신나소아신부처---연물친다. 소미, 상돌, 요랑잡고춤추고서면,
지왕이도래, 신나소아, 드니, 지왕감상관이, 지왕, 이군문을잡아옴니다
지왕도래신나소아, 신부이면, 지왕이군문열려, 지군님대동하여신이부퍼살뜻
함니다. 지왕도레 신나소아, 신부처---연물친다. 춤추고서면,
지왕도래신나손데, 흑이슬잔지냉김니다
3. 인왕도래, 신나소아신부처---연물친다. 소미상돌들고요랑잡고춤추고서면
인왕도래신나소난, 인왕감상관이, 삼사도군문잡아온다
인왕도래신나소아, 신부이면인왕감상관이, 삼사도군문열리고, 인
왕만군님대동하여서, 신이부퍼올뜻험니다
인왕도래, 신나소아신부처---연물친다춤추고서면,
인왕도래신나손데, 천지중앙,황이슬잔지냉기자
참고. 앞에식말씀은, 문열리기전식이됩니다. 아라두세요 ▶

여기도래배는식은, 문열린후에도래배는식.

소미, 구진새는, 난낫이다려있습니다신전조상이상바드러내리는데
영이남니다. 너이국에절래가있겐느냐있읍니다. 우리국에절래는,
원은들면, 사래법, 있고, 신은들면차래, 차래로, 도래발바내임니다
천왕도래, 지왕도래, 인왕도래신이부처옴니다
1. 천왕초도레, 신나소아---연물친다소미상돌과요랑들러서춤추고서면
천왕도래신나소아드리천왕감상관이, 천군님대동하여서신이부처
옴니다천왕도레, 신나손디, 청이슬잔지냉김니다
2. 지왕이도래, 신나소아---연물친다. 소미, 상돌, 요랑, 들러춤추고서면
지왕도래신나소아신부치난지왕감상관이지군님대동하여서신이부퍼
옴니다…지왕도래신나손디, 흑이슬잔지냉김니다
3. 인왕도래, 신나소아---연물친다. 소미상돌요랑들러춤추고서면,
인왕도래신나소아, 신부이난, 인왕감상관이인왕만군님대동하여서신
이부처옴니다. 인왕도래신나손데천지중앙황이슬잔지냉김니다 ▶
다음, 삼도래, 신나소훈, 후, 상방도래식말은같읍니다.

아 라 두 세 요.

이 아 래, 말 씀 식 은요.

똑같읍니다

상방상도래, 중방중도래, 하방하도래, 신나소아, 신부치난, 국도래가
신이부퍼옵니다. 왕도래, 원도래, 신도래, 제청방제도, 신이부퍼옵니다
국도래왕도래, 원도래신도래, 제청방제도래신나소아---연물친다춤추고
서면---안도래, 밭도래, 신이부퍼옵니다안도래랑, 박으로나소고밭
도래랑안으로, 동굴, 동굴, 신나소아신붓처---연물친다이때에, 원
칙은, 도래상들러, 하지만, 무거웁고해서, 상돌과, 요랑들러춤추고서면
도래상과, 상돌은연물앞으로녹고---다음안도래는박으로내놀리고, 밭도 ▶
래는안으로엾놀이고, 뛰놀리난, 신이조상에서, 공든자, 찾아주라. 지든자, 찾어주라
영이남니다어느누구, 공들고, 지든자가됩니까. 본조제관드리저하되, 공은들고,
지는못내드렷저거헝신해. 큰심방드리저하되, 공은들고지안드렷저합니다
연당알은, 구버보난, 녀삼무녀도령, 삼형제가, 밤도영청일외, 낫도영청일외, 우러
가고, 우러오는, 녀삼무너도령, 공이너머지가들고, 지가너머공이든도래
외다이도래랑, 울랑국삼동막장구, 대제김, 소제김앞으로삼상향삼주잔
각서출물, 위올려, 제반삼술, 거더, 무어드리면, 초여드레신명도, 열여드레본명도
스무여드레, 사라살죽삼명이이, 신이누굴뜻, 울랑국은범천왕, 삼동막장구대제김,
소제김신누굴뜻, 원불수록, 제북제마지굿, 치여올리면, 초여드레신명도, 열여드레
본명도, 스무여드레, 사라살죽, 삼명이신이부퍼올뜻하고, 울렁국범천왕, 삼동
막장구, 대제김, 소제김, 신이부퍼, 귀가열려올뜻합니다이집안원고자
앞도제수대통, 안평대길, 소원성취, 만수무강, 공든답, 지든답식켜줄뜻합니다
초잔, 이잔, 제삼잔, 각서출물거더서, 제반삼술부어드리면, 원불수록, 제북
제마지굿이외다. ---원불제북마제수록굿외다. 이때, 연물치는식.
참고. 보통이로치는식, 굉굉, 괴괴굉소리나게칩니다. 그게안님이다. 초공본에
드리울려, 내우령란말이, 있읍니다참고해보세요굉, 괴, 괴, 굉, 굉,
이말은드리울려내울려란말과같읍니다제북, 수록칠때에
북, 장구, 대양, 설쇠신칼지우고서면, 잔냄니다뒷장은잔내
는 식. ▶
도래마을, 제북, 제마제굿으로, 밭아나문주잔은
이때, 또1. 초감제면초감제로2. 불도월일광마제면, 불도월일광마제로3. 초이궁마제면
초이궁마제로, 4. 당조마제면당조, 연마제로, 5. 시왕마제면, 대신왕연마제로저면정, 내여다
옛날이라, 선생, 옛날황소뒤로주잔드립니다. 주이, 주이, 열두주이청, 주잔드립니다
북통을, 만드라오든선생주이청, 장구을만드러오든선생, 주이청주잔들, 드립니다
대양, 설쇠만드라오든, 명철광대, 악근도간한도간놀든신전주잔우루합니다
큰굿에는, 열두시에밭든선생, 상안채, 중안채하안채, 놀든선생, 주잔드립니다
안진제, 중당클, 여섯시에받든선생, 주잔드립니다. 작은굿은, 삼시에놀든

선생님, 주잔드립니다. 울랑국에시름시던선생, 삼동막장구에놀든선생, 대제김에, 소제김에, 시름시여놀든선생주잔드립니다. 에석고, 간장석고눈어둡고, 귀막아, 일천에간장석고눈물지던선생님내주잔드립니다
옛선생뒤로, 전승구진신내영양불도사록당조사록불러주든실명주잔드립니다
원살주, 신살주, 주잔입고, 상안채, 산돌에, 말팡돌우에부려오든실명주잔입고
품이적다고, 상점에, 술집에, 부려전당심저오든실명주잔입고, 북통을터주고장구을터주고, 대양, 설쇠, 벌러오는, 실명들주잔드립니다
도라안자서, 잘하니못하니, 길고짜른말성구부럼속담, 남이안에는실명, 남이굿을, 빼여오든실명, 혼자잘벌면말것을, 남을찌거내류는실명받들주잔드리며, 안한일를, 찌거내류는, 실명뒤, 명도명감채사, 주잔드립니다
석시마다떠러진, 신전조상, 도래마을주잔드리며, 개잔해불법전위올리면서 ▶
상당불법이우주외다불법전지도라가면서,
도래마을, 젯북제마제굿으로밭아나문건본조전과신이성방에음북도
지내려갑니다.

---끝--- ▶

신神 세世 우優 식植

1. 절에가면관육, 불공이라고합니다. 이불공은천도불공, 백일불공, 사십구제, 불공때만이, 볼수, 있다고, 생각을합니다.
2. 옛날, 구한국이시절법식이되고, 또, 약, 사십년전우리제주땅에나, 전국이통행금지, 시간이 있엇습니다또,
3. 제주토속신앙에드러서면, 신전을, 먼저생각하여야생사람집안원고자나안니면제주땅말로심방들이, 모든행동식, 굿이되겠읍니다
4. 머러저가는식굿식이, 되겠읍니다외, 그옛날제주토속신앙를만든, 선배선생들이, 그렌는지, 모름니다. 외냐면꼭, 사당클굿에만이, 이굿식을하라고하연는지 모름니다

요주금탁상굿에도, 식켯드라면좋을굿식인데, 배우기도하고, 알라나두면, 조후련만, 멀고머러지여가는굿식이, 되겠읍니다.

초감제한날너머서, 이틀제부터시왕마젠날아침까지만함니다.

그러면 뒷장에, 차례대로, 써봄니다. ▶

신 세 우 식

1. 동성개문영으로---(연물침니다간단손춤추고서면)
2. 천왕닭은목들러울고, 지왕닭은날개들러, 인왕닭은지리변변우러올때, 동방으로, 니엄들러, 남방으로, 활기들러, 서우로는철리들러, 북방으로는골리치난갑을동방천우성, 동산샛별, 뜨고온다. 벙정남방로인성, 경신서방직녀성, 임계북방, 대성북두칠원성군천지중앙, 삼태육성뜨고올적에, 먼동금동대명천지가, 발아옵니다. 일일, 동성, 상경, 개문으로---(연물치고손춤추고서면)
3. 옛날옛적, 구한국에, 시절법이외다. 우리나라, 왕이시절에, 아침에는, 일러나라고만민백성, 삼천만에, 동포앞이, 금종을, 삼십삼천, 서른세번을, 녹고, 저녁에는누워자라고, 금종을삼천리강산이들울리서, 이십팔수, 스물여덥번, 금종노아난법이있읍니다. 연당만당, 각오연당각신우엄전조상님전에, 지침령, 기동령까지노아---(연물침미다. 이때는, 요랑들러서춤춤니다서면)
4. 지침령, 기동령을노앗던니, 잠자든, 신우엄전, 조상님내가, 깨고, 일러나는뜻함니다. 자다깨고일러나니, 정신이흐려오는간, 함니다. 인이왈은, 신이외다. 신이왈은, 인이됩니다생사람도, 아침에깨어나면, 우선은, 담배불을찾씀니다. 신전조상에는상축지권상이, 우주외다. 집안일은정성은등향상축이외다. 연당, 만당, 각고연당, 각신우엄전님전, 삼상향으로신부처---

(연물친다. 상돌들러춤추고서면)

연당, 만당각신우엄전님전, 상축지권상, 신부치난신이조상앞도청청말아

오는뜻함니다. 집안원고자, 앞도말아오는듯함니다.
5. 인이왈신, 신이왈, 인이외다. 생사람에는일러나면, 누워난자리단속함 ▶
니다. 일른여덥고무살장문, 열임니다. 마은여덥지개살장문열임니다. 서른여덥모람장문
열임니다. 청너월은, 청장삼, 거더올임니다. 백너월은, 백장삼, 흑너월은흑장삼거듬니다
각고연당만당으로, 일른여덥, 고무살장, 마흔여덥지개살장, 모람장, 비골장도거더---
(연물침니다. 손춤추면서, 사당클로, 가리매건는식하고서면)
6. 가르다지, 홈다진문열렷수다. 자리단속끝에는, 우리인생은세수법이외다신전에는
신세우식됩니다. 하늘로, 내린물은, 천덕수외다. 산으로버린물은, 지덕수외다. 나무돌
급, 갈른물은, 나무입썩은물, 개발짐승, 손발시슨물, 됩니다.
이물저물, 다버리고, 산색벽틈으로, 옹금종금내리는, 연찬물급이작은, 차양
차대접에, 들러바다, 각신우엄전님전, 신세운물, 위올임니다.---
(연물친다. 물사발들러서, 각당으로둘러배고서면)
7. 신이조상, 얼굴에, 물을바르난, 얼굴닥을, 수건을드리라함니다. 일문전은
주문도청이가, 석자오치, 발간기, 신세우수건바다들러연당, 만당가고연당
으로 각신우엄전님전, 신세우수건위올임니다---
(연물친다신세우수건들러, 춤추고서면)
8. 신세우수건위올리난, 각신우엄전님내가, 얼굴을, 닥는듯함니다. 각신우엄전
님이, 의복단속하저신발단속허저함니다삼동나무, 용얼내기드리라함니다
머리덜, 비습서. 담발머리, 파마마리비습서. 상통차라상통참서. 낭자찰신
전낭제참서. 세갑머리육갑에비서, 육갑머리드림서. 분상식합서. 낫상
식합서. 각신우엄전님전, 도망근도, 위올임니다.---(연물치면손춤추고서면)
9. 각신우엄전조상님내가, 세수하고나서난, 저마당에서, 아침바람찬공기도
마시저, 산설, 물설, 울성장안도, 도라보저함니다. 저승천지천왕, 염라대도, 도라
보저, 함니다. 각신전이, 어마절진하는듯, 함니다. 그리말고신감상기와, 천왕락 ▶
화들러바다제청으로신매와, 신붓침니다---(연물친다. 감상기, 요랑들러서문전으로제청
오면선다
10. 신매와, 신부치난, 안질자리, 몰라옵니다. 쌀정미로, 우안찌고, 좌안짐니다. 우안찌고, 좌안
찌난에, 인이왈, 신이우다. 생사람도, 세수하고, 식사끝에는, 담배한대생각이납니다
제차원고자, 집안에, 이른정상은, 등향상축지권, 상이우다. 들러바다, 연당, 만당각신우엄전
님전, 상축권상, 담배불, 신부침니다---(연물친다또상불들러, 춤추고서면)
11. 담배불, 상축권상신부치난, 신전조상앞, 원고자집안앞막고청량함니다
또신우엄전조상에, 원고자, 바다드는, 인정이됩니다. 생사람은식사할때술한잔
생각이남니다. 신전조상에는, 초잔청감주외다. 이체잔은좌청주, 제삼잔은자소주

가됩니다. 영로삼주잔, 들러바다아침신세우로, 해방주잔, 서천제인정자신부침니다
(연물친다. 삼잔과대섭들어춤추면서각당에케우려서면)
12. 아침신세우로, 발아나문, 주잔은, 저먼정에, 내여다가, 어는젠랑신세우로술한잔
감주한잔바리, 기다리든신전조상, 주잔우로함니다말명에입질에, 언담에떠
러진, 신전조상주잔, 우로함니다. 제다리에떠러진신전님뒤, 굿석시에떠러진
신전조상주잔, 권권함니다. 지난밤천지대, 밑에서 찬이슬맛든신전님, 주잔입고
우장시며, 비으지, 바람으지하면서기다리든, 신전조상주잔권권함니다
너머가는채사너머오는채사이시간에살챈목숨비고, 달고가든애말라목마
른채사명도명감채사주잔드림니다(참고.)아는데로거느리면서잔내면된다
개잔하여불법전위올리면서신전님도신세우바닷수다원고자신이성
방님내도세수하레감니다끝 인사. ▶

초 상 식.

초상게식은,두가지로할수가, 있읍니다. 1. 초신마제너머서바로부처서도함니다
초신마제한심방이, 몸이고달푸지안느면, 부처하는식, 됩니다
초신마제너멋수다. 초상게로, 신매우저함니다. 각신전몸상으로, 엿주든말씀
날과달, 국도장, 시, 읍, 면, 동리, 번지는집안식구년세, 만단연유는권주권
감식켜삼니다. 초상게로초신마제, 미참된신전조상, 내리는문, 도라봄니다
문직대장, 문잡아옵니다. 인정거렷수다. 인정거난, 문열려가라, 영이남니다
문열린대, 제인영잔, 지냉기면서, 초감제떠러진조상, 초신마제매왓
수다. 초신마제, 미참된신전, 조상이랑, 초상게로, 연당만당, 가고연당
각신전몸상으로, 신매우저함니다. 저먼정, 삼도래, 우심상, 신수푸면서, 각신우
엄전님내랑, 초상게로, 신수퍼, 하강헙서. (시작)울랑국도버리면서, 살려살
려, 살려옵서. 천군, 지군, 인왕, 만군님내, 이알로, 올라옥황상제대명전,
내려, 집우사천대왕, 바구왕, 총명부인, 대소별왕, 초상게로, 살려살려살
려옵서. 어궁삼전전제석궁으로, 신매움니다산으로, 산황대신, 산신대왕
산신백관, 삼신전, 물찾이사만사천사해용신, 어궁전으로, 신매움니다

제다리식은, 또같읍니다아라두세요. 또뒷장은
초상게, 다로하는식이됩니다. 보세요 ▶

2. 초 상 게, 따로하는, 식.

초신마제끝나고, 초신마제한심방이, 지치면, 다른사람이할때식이됩니다
옷을차려입고서, 제청앞으로, 나섬니다. 나사면은, 첫제말식이됩니다

첫 제 말 식.

안으로입구자, 사해당클축겨매고, 박으로는천지천왕염라대는좌, 우득신수푸고, 대통
기는소통기, 지리여기, 양산기, 나비역기, 삼버리줄매여, 일문전초감제너머, 수다
초신마제, 너머드렷수다. 초신마지, 청한신해가, 몸이고달퍼지여서, 대신이집사가, 초신마
제미참된, 신전조상을, 청하저함니다. 저먼정, 삼도래, 우심상신수푸면서, 울렁
국, 삼동막, 살장구, 도내리면서, 천지, 음, 양지, 도업으로, 제일릅니다

두 번 제, 말 식. (배포을침니다)

1. 천지로다, 천지로다, 천지, 음양지, 도업으로, 제일르자. 2. 천지혼암제일르자
3. 천지개벽, 제일르자, 4. 천왕배포도업, 지왕배포도업제일르자5. 인왕배
포, 도업할때, 6. 수성개문, 선우성별, 도업제일르자.
7. 월일광도업, 제일르자. 8. 동성개문, 상경개문, 제일르자. 9. 산도업, 물도업,

국도업, 왕도업, 제일르자. 10. 제청도업제일르자, 제일르난,

다 음 식

날과달른, 올금년, ○○년○○월, ○○일, ○○시로, 부터축원합긴
원고자, 고향산천은국, 도, 시, 읍, 면, 동, 리, 번지,
집안식구, 대주 성, 년세주부성년세자, 여, 차례로 올임
집안연유, 차례로, 올임니다. 다음은, 신도업각신전조상올임니다
다음은문을도라보는말합니다 ▶
초감제로, 도라보던문, 도라봄니다. 초신마제로, 도라보던문, 초상게로, 도라봄니다. 초군문, 이군문, 삼시도군문, 각신전내리는문, 도라봄니다
도란보난, 문민마다, 문직대장, 감옥성방, 문잡아옴니다. 원고자집안식구
인정바다, 올임니다. 인정거난, 문열여가라함니다. 초군문이군문, 삼시도군
문초상게로, 열린대, 제인영잔, 지냉겨, 드림니다. 각신전내리는문열인데
제인영잔, 지냉겨, 드림니다. 초상게로, 금동타리, 금동탑서. 옥동타리, 옥동탑서
호홍하며, 살려살려살려들옵서. 이때부터, 제다리, 각신전차레로청합니다
아라두세요.
천군, 지군, 인왕만군님, 하늘찾이올라, 옥황상제대명부터, 신공시까지차레로
감상기들러서각당클로각신전, 몸상드레, 청하면서좌정식킴니다
공시옛선생까지하면상당알중당, 중당알, 하당, 조서말석까지신매움니다
(연물끝침니다.
1. 금사진치는말함니다. 2. 감상기와, 요랑들러서, 정대우함니다3. 쌀정미로
위안지는말함니다. 4. 상축권상말. 5. 잔드리고잔내는말함니다
6. 기초설입합니다. 각출물, 위버리고, 좌버림니다 기매기전도우버리고, 좌버
버림니다. 오방각기, 시군문도잡읍니다.
(참고)초감제나초신마제나, 원칙은, 제물과 기매을 못버리고, 초상게끝나
면서말그대로위와같이하는것이, 원칙이됨니다아라두세요.
초상게식이됨니다. 뒷장젯상게식. ▶

젯상게, 식에, 아라들말.

1. 제상계굿은, 초신마제다음은, 초상계굿이라고합니다. 제상계굿은, 초감제로
부터불도월일광마제넘고, 평민집에서는, 초이궁마제직전에한는걸로압니다
또제오상게굿은, 초이궁마제넘고, 대신왕마제, 앞에그러니, 대시왕마제전
날로하는것이, 원칙이라고, 함니다. 외나면모든굿식이, 토속신앙에, 는심방집
초궁전과, 당조전이항시들고, 나고, 집에드러오고, 나가고하는조상, 이됨니다
그레서, 평민단궐집안에서는, 사당클을매면, 꼬초이궁, 마제을합니다
심방집에는, 초궁마제따로하고, 당조연마제는, 대신왕, 마제전에하는것이
원칙이라고생각합니다. 외냐면, 옥화본을푸러보면압니다
궁이아들삼형제가옥황상제명부대신왕에, 명령을, 밭고서, 삼시왕으로, 드
러섯끼때문이라고생각을함니다.
이궁마제라는것은, 평민굿하는집에나, 심방집에나모든교인집안으로
생각해보면, 옛어른들이, 우리인생은하늘에매인목숨이다. 직, 인명, 人
命은제천在天이라고함니다. 절에서는극락極樂예수교나성당은천당
그러면한자로천당이라고씀니다. 천당天堂, 집당, 누구나저높은하늘에목
숨은있읍니다. 우리부모조상유전, 전할유儒, 전할전傳자가최고입니
다. 생각보세요. 이궁마제는, 누구나마다, 뒤따르신神, 이됨니다

그러면, 뒷장에, 제상계식을써봄니다 ▶

젯, 상 게, 식.

제상게, 할심방이, 옷을차려입서, 제청에, 나섬니다. 나서며는(푸다시말하듯시작됩니다

첫 재 말 식.

(날이외다. 달이외다. 하여서, 시작됩니다.)올고금년, 은,
○○년, ○○월, ○○일, ○○시로부터, 천신공양, 만신축원지, 자, 고향산천은
국은갈라감니다국, 도, 시, 읍면, 동, 리, 번지을(생기고나면,)
집안식구, 대주성, 년세, 주부성, 년세, 자, 여(차레로올임니다)
(다음은)집안소원된연유올리면,
신전을, 차레로, 신도업함니다(신도업하면는)
젯상게로, 갈산제산, 허터진, 각신전조상, 내리는, 초군문, 이군문, 삼시도군
도라봄니다각신전내리는, 신전문도라봄니다도란보니, 문민마
다문잡아옴니다. 초군문에, 이군문에, 삼시도군문, 각신전내리는문
집안에바다든인정, 젯상게로, 문민마다, 제인정, 제역가, 겁니다
인정거난, 문열려가라, 영이남니다초군문열린대, 제인영잔이외다

이군문, 삼시도군문, 각신전, 젯상게로, 내리는문열린대제인영잔드리면
서, 신감상, 좌정영기, 길캄관, 길토레비, 어간하면서젯상게로신
매웁니다. 살려, 살려, 살려옵서
젯상게로, 갈산제산, 허터지고, 제청에못위부픈신전조상님내살려
살려, 살려옵서---(참고. 이때는감상기로만합니다)뒤에제다리
각신전을차례로거느리면서합니다
천군, 지군, 인왕, 만군님, 내알내려서면, 올라, 옥황상제대명전님 ▶
젯상게, 연다리로신매웁니다. 신감상, 앞송하면서, 어궁삼천, 전제석궁으로,
내려, 땅찾이, 동방천왕, 남방천왕, 서방천왕, 북방천왕집우사천왕이됩
니다. 바구왕은, 총명부인, 대별왕은, 소별왕, 젯상게로삼천전제석궁으로, 신매
읍니다. (잠간참고.)원칙은집우사천왕다음산황대신산신대왕, 산신백관을거
(느리는것이, 원칙인대, 천지왕본에, 바구왕, 총명부인, 대소별왕관게가있써서
앞에거느립니다. 알라두세요.
산황대신, 산신대왕, 신신백관, 삼신전도, 젯상게로, 신매웁니다. 내려물찾이, 사
만사천사해, 용신님도, 신매웁니다. 인간찾이, 청용상대불법, 천왕불도, 지왕불
도, 인왕불도, 청용산, 명진국에, 할마님, 업게삼신, 구덕삼신, 삼불도, 대성북두
칠원성군님, 월광보살, 일광보살, 양대보살님도, 젯상게로, 몸상드레신매웁니
다. 얼굴찾이, 어전국, 대별상, 홍진국은소별상도, 할마님과동서벽으로, 신매
읍니다. 절찾이신삼부, 여례화주님도, 젯상게로, 신매읍니다살려살
려, 살려들옵서.
신감상앞송하면서, 어궁삼천전제석궁으로, 내려사면전승굿던, 초궁불법상시당밭초궁
밭당조전, 밭이궁은, 밭삼궁까지신매읍니다, 젯상게로어궁전으로, 살려, 살려
살려들, 옵서. ---
시왕전이됩니다. 안시왕은, 밭시왕, 시왕감사, 도사병사, 김추염라태산대왕전
도, 젯상게, 안시왕전으로, 신매웁니다불위본사, 제일진광대왕, 직본자심제이
초강대왕, 수이왕생제삼, 송제대왕, 칭량업인제사오관대왕, 당득작불제오염라
대왕, 젯상게로, 안시왕전, 신매웁니다. 살려살려살려옵서. 단분출옥제육변성
대왕, 수록선안, 제칠태산대왕, 불착사혼제팔평등대왕, 단지멸화제구도 ▶
시대왕, 권성불도, 제십오도전륜대왕, 젯상게로, 안시왕전, 신매웁니다. 살려
살려, 살려들옵서. 십일전, 좌두나찰, 좌두판관, 제십이전은, 우두나찰우
도판관, 십이동자최판관, 명부전은, 십육사자, 젯상게로, 신매웁니다
살려, 살려살려들옵서. 안시왕당클로, 신매웁니다. 삼명감은, 삼채사님도, 안
시왕당클로, 젯상게로, 신매웁니다. 살려, 살려, 살려들옵서---
연당알은, 좌부일월, 상세경, 중세경, 하세경도, 몸상으로신매웁니다

군웅이여, 일월제석, 이간주당, 성진성편, 외진외편, 부부간뒤로, 각군웅일
월제석도, 젯상게로, 신매웁니다. (참고 일월를알면, 거느리세요)몸상드레
부군이여, 부군칠사신, 강남옥골, 미양산길친, 밭서소사나든, 부군칠사신, 됩
니다. 아방국은장설용대감, 어멍국은송설용부인, 일곱애기, 단마을청이
외다. 공단애기, 비단애기, 안칠사신, 밭칠사신, 노적칠사신, 부군한집
도, 몸상드레, 젯상게로, 신매웁니다. 살려, 살려, 살려들옵서.
문호신장, 제토신, 성주대신, 조왕대신, 매웁니다젯상게로, 살려옵서.
안문전은, 밭문전, 이됩니다. 안문전은, 열여덥, 밭문전은, 두여덥, 일르러대
법천왕하늘님, 젯상게로, 문전당클, 신매웁니다. 문전뒤영역한녹
두성인도, 신매웁니다. 난는날은, 생산을, 찾이하고, 죽은날은장적을찾이
합니다. 이마을토조지관, 본향한집, 젯상게로, 신매웁니다
바람웃도한집, 웃손당금백조, 알손당, 소천국, 셋손당, 강진내기도갈채, 산신도한집
도젯상게로, 신매웁니다. 본향당클로, 정이성읍, 선왕당, 대정은과양당, 제주 ▶
시내외당도, 젯상게본향당클로신매웁니다. ---(여기서잠간제주시서쪽으로는
토산본향이잘없읍니다. 제주시동쪽, 구좌읍지경부터성산읍표선면, 남원읍
지금서귀포시, 서쪽하레동, 옛날, 동난드르란부락까지는토산우알, 양서본
향을거느려야됩니다. 젯상게로신매웁니다. 살려살려, 살려들옵서
(또한가지보통은, 세경버금에북군은일월군웅를, 먼저거느립니다남군은본향
다음에거느리고, 있읍니다. 아라두세요. 신매웁니다
일월제석두에는, 상청가면, 상마을, 중청가면중마을, 하청드러하마을
열명영신혼백, 님이외다. 양사돈은, 사, 사돈, 육사당, 영신도, 젯상게몸
상으로, 신매웁니다고조이상은, 지제조상으로, 상받읍니다. 고조알로
증조, 당조, 부모, 삼촌, 사촌, 사남, 받는영신, 길칠영신님내도젯
상게, 몸상으로, 신매웁니다. 올라하늘같은신공시, 내려, 연공시상으로도,
젯상게옛선생님내, 차래차래신매웁니다젯상게로살려살려살려옵
서상당알, 중당, 중당알하당조서야말석, 신매웁니다. 젯상게로---

끝하면서, 다음말식.

젯상게각신우엄전님내, 신매우단보난, 신이는착, 뒤떠러진간함니다
신감상들러바다, 금사진도치여---(연물친다. 감상들러춤추고서면)
신감상들러받고, 금사진치난, 오는신이가는듯가는신이오는듯함니다구십월나무잎
사기떠러진간함니다. 신감상, 앞송하며, 천왕낙화, 수게철들러바다
오리정, 정대우로, 신매웁니다---(연물친다감상기요랑들러춤추고서면)
오리정, 정대우, 신부치난제청에신이부펴산, 신전, 조상님내가, 안질자 ▶
리, 설자리, 좌정할자리가몰라서는간, 함니다. 서녹미쌀들러받고

위안지고, 좌안짐니다. 위안지고좌안지난, 집안일른정성머일러냐
초헌관아헌관종헌관, 제집사일른정성됨니다등향상축지권상으로
위올려신부침니다. ---(연물치는것이원칙이나)말로만한다
신이조상앞도, 많고, 청량한간, 집안원고자앞도, 많고청량한간함니다
신전조상이좌정을하난, 술한잔생각이남니다. 초잔은, 청감주, 이체잔은
좌청주요, 제삼잔은, 자소주가됨니다. 청대섭, 우숙이면서, 각신우엄전
님전, 젯상게로, 신세우잔, 신부처, 위올림니다.
젯상게로, 각신전조상, 밭다나문잔은, 내여다, 말명에떠러진신전
대우함니다. 입질에, 언담에떠러진신전주잔우로함니다
굿석시에, 떠러진신전대우함니다. 제다리에, 각신전에, 뒤에군졸
대우함니다. 명도명감채사뒤군졸, 주잔입고, 이시간에살챈목숨달
가는채서, 큰나무, 큰돌급에놀던, 신전, 지난밤, 찬이술맞든신전
오늘따뜻한, 햇빛맞든신전, 비오면우장쓰고, 바람불면바람으지
하든신전주잔만이, 권권함니다. 열소잔지냉기면서, 개잔은
개수하여위올리면서, 상당불법이우주외다. 제청으로지도라
가면서, 신이집사는신공시옛선생, 알로, 구버하전함니다
끝젯상게식. ▶

검난사람, 넋드리기식.

검나고, 놀낸사람을, 조상, 신전앞으로, 불러안저녹고, 성과, 이름, 몇살드른다음, 어느때에 어데서, 검나고, 놀낸말을, 드러논다음에는, 넋을, 드림니다. 아라두세요.

다 음 식 은, 넋드리기, 바로.

신우엄전조상앞으로, 성, 이름, 몇살, 불너안저서, 얼굴감상식켬수다. 맷이감상식켜수다 이자손이, 몇살적에, 검나고또몇살적에검이나고, 여러제번검나고놀래여서피일차 일, 금유을고있읍니다. 오늘은, 초넉, 이넉, 삼넉을, 드려서, 명과복을, 빌저함니다.

넋드리는식, 첫제, 옷드르고상불드르고.

1. 성이름, 홍길동몇살, 마은여덥상가매, 털궁기로,초넉옵서. 천지왕에뜬널, 지내입서. 지부왕에가친넉, 지도틉서. 하늘과땅사이, 건군에뜬넉, 찾저함니다. 산너머간넉 물너머간넉, 밤에, 찬이슬맛던넉, 낫제는따뜻한햇빛맛던넉, 거리길태장놀던 넉, 도옵서. 네발공상, 개짐승, 말발에, 날짐승, 인발에, 놀낸넉검난넉, 성이름 몇살, 마은여덥, 상가매, 털궁기로, 초넉드려줍서. ---연찬물로, 상가매털궁기로초넉점 조식켜줍서. 2. ---성이름, 몇살, 서른여덥중가매, 땀궁기로이너드림니다. 성이름몇살, 서른여덥중가매로, 초번부르다, 미참된넉옵서. 하늘이벌겅, 땅이 왁왁할때, 떠러진넉, 이우다. 가슴이들칵할때떠러진넉, 태두, 북부기, 간염통으로 나간넉, 날넘고달넘고해무근넉, 살넘고, 뼈로, 뼈넘고, 살로나간넉옵서. 서른여덥 중가매, 땀궁기로, 성이름몇살, 이넉옵서. ---연찬물로땀궁기레이넉드렴수다.
3. 스물여덥하가매로제삼넉부름이다성이름몇살악근넉한넉, 대넉을부름니다 초번부르다밀참된, 초넉, 이번부르나밀참된넉, 제삼넉으로, 전부옵서. 눈으로보아, 떠러진넉옵서. 귀로드러, 떠러진넉옵서. 입으로, 코로, 더워단징, 에떠러진넉, 옷앞 섭에떠러진넉, 발잣추에, 떠러진넉, 열두신뼈, 복싹할때사혈사태로떠러진 초넉, 이넉, 제삼넉, 악근넉, 한넉, 대넉이랑, 성, 이름, 몇살상가매중가매, 하 ▶ 가매로, 제삼넉옵서. 제삼넉이랑, 성, 이름몇살, 하가매로, 제삼넉, 드렴수다.
참고---해두고, 물사발들러서, 넋드리는사람에게삼세번맥이고나면, 머리로세번을, 합니다.
초넉이넉, 제삼넉, 저우점제식켭수다. 또물노아두고, 넋드리는옷에, 안섭으로초넉저우점제함니
다. 섭으로이넉저우점제식켭수다. 안섭발섭, 짓섭으로제삼넉을식켜가면서, 눈으로코로입으로나간, 더워단징은, 삼상향, 으로드려가면서, 본인양단억게레저우점제식켭수다
이때---넉드린옷, 본인머리로목드레입짐니다. ---다음은너드렷수가, 쌀제비밭읍니다
살제비는, 한방을두방을세방을여섯방울여덥방을, 열한방울갓습니다

다음 새다리기.

1. 새양아, 새양아, 새물로새양아, 원물로가이자, 신물로다리자. 안당에노념새, 밭당에신님새, 넉나게하든새, 혼나게하든새, 검나게하든새, 다리고다리자. 배곱푼새, 쌀을주며, 목마른새물을주며, 멀리다리자. 못보게다리자. 다리고가리자
주워라, 혈죽, 주워라저새. 상가매안자서한번을조수난, 승엄을주던고. 두번을조수난, 저외을주던고. 삼세번조수난신병을주던새, 주워라혈죽, 주워라저새.
엇던새합거든, 천왕새다리자, 지왕새다리자, 인왕새다리자, 옥황에부엉새
인간은도둑새, 동이청새, 남이적새, 서이백새, 북에흑새, 천지중앙황신새여
쌀주며다리자. 물주며다리자. 주워라헐죽, 주워라저새, 멀리다리자못보게
다리자, 산으로산신새, 중산촌신당새, 거리에길태장, 놀든새다리자
해각으로, 용왕새여, 선왕새여, 집안으로, 문호신장새, 숭엄새, 성주에목성새, 일문전도살새, 조왕에, 사록새, 칠성에풍문새, 일월에덕담새, 영가에원눈새, 반징새, 일곱은신왕새, 아홉은귀양새, 날신왕, 삼채사새, 꿈에선몽새, 낭게일몽새
배곱푼새, 살주며, 목마른새, 랑물을주며, 멀리다리자. 못보게다리자주워라헐죽, 주워라저새, 다리고다리자. 저마당월귀새, 저올내막음새, 요새에본초사
어데야합데가---옛날은옛적에, 서수왕딸애기, 문수이댁으로, 씨집을가젠하 ▶
하난, 지국성좌청비, 얼굴이좋던고암창개들더라. 서수왕딸애기, 세음이나든고. 서수왕딸애기막, 편지불사라먹고서, 문가진방에서, 물맹지통전대, 목매여죽드라석달열흘백일만에, 문열고보니, 새몸에가드라. 머리로나는건두퉁새여, 눈에는흘기새, 입에는함매새, 목에는목걸리새, 가슴에, 의열새, 장열새, 배에, 괴냉, 설냉, 날임, 설사새, 열두신뼈, 오금에조작새다리자. 쌀주며, 물주며, 주워헐죽, 주워저새, 멀리멀리다리자---
새끝에는매로구나시왕청너월, 둘러바아사들며, 조차들며푸러---연물친다서면
헛쉬, 헛쉬푸러내자새끝에는매로구. ---참고그옛날은, 새는신칼로, 신방이면 풀고
또, 보살과, 법사는, 신장칼로, 푸다시하는것이원칙이라생각합니다, 이글쓴사람이
다음---새끝에, 매길로, 푸다시하는데, 그옛날선배, 선생들보면, 신칼을나누고닭으로
매길을, 거느리면서, 푸다시하였읍니다. 요주금, 은볼수없는식이되겠읍니다. 다음
2. 천왕매도푸러내자. 지왕매도푸러내자. 인왕매길푸러내자. 동이청매, 남이적매
서이백매, 북에흑매, 천지중앙, 황신매여, 산으로산신매여, 중산촌에신당매길, 해각으로용왕매길, 배로, 선왕매길, 정월은삼상매길, 이월은영등매길, 삼월달은삼진매길, 사월은초파일매길, 오월은, 단오매길, 육월은, 유돈매길, 칠월은칠석매나, 팔월은추석매길, 구월은명도매길, 십월은, 단풍매길, 십일월은동지매길, 십이월은설매길
푸러내자. 평퐁에그릴매길, 꿈에선몽, 낭게일몽, 매길이여, 자리아래깔일매나자리우에덥풀매도, 천왕, 지왕, 인왕매로푸러---연물친다, 서면, 닭은문전으로죽여서
박으로던지고, ---심방이면, 신칼지우고. 참고요주금, 보살과법사는신장칼박으로던저

서날끝이박으로나가는쪽이좋고또만약도라오면날이본인환자머리삼세번돌
이고박으로, 던저서, 안나가면소주라도한병던지는게원친이됩니다외냐고제
주, 유, 불, 선, 삼교신자는무슨굿에라도꼭술을박으로냄니다아라두세요
다음3. ---헛쉬헛쉬푸러내자---1. 새끝에는 매여. 2. 매끝에는, 3. 군졸이여. ---참고이때
제주토속신자는, 각신전군졸거느림니다, 제다리라고하여서, 올라옥황상제대명 ▶
왕, 군졸푸러내자하늘찾이천지왕군졸푸러내자. 집우사천왕군졸, 산으로삼신전군졸, 물찾
이사
해용신군졸, 인간찾이삼불도시군졸, 어전국뒤홍진국마누라군졸푸러내자. 절찾이신삼부
군졸초궁뒤
이궁뒤, 삼궁뒤, 군졸푸러내자. 전병서뒤, 문서찾이, 십전대왕, 좌우득군졸푸러내자, 십육
사자군
졸, 신왕, 귀양뒤군졸, 푸러내자, 삼명감, 오위명감, 칠팔도명감군졸, 삼체사, 오위체사,
열명영신
몸바든체사, 세경뒤군졸푸러내자. 칠사신뒤, 문호문장, 성주, 문전, 조왕뒤군졸, 푸러내자
본당, 신당뒤군졸, 군웅일월뒤군졸, 열명영신뒤군졸랑, 시왕청너월, 시왕대번지로푸러

연물친다---푸다시하고서면, ---다음---헛쉬, 헛쉬, 푸러내자. 군졸끝에는, 못어더먹고
못어더슨,
게, 잡귀, 잡신이여. 어던것이, 잡귀며, 잡신이냐합거든, 이세상, 탄생하고, 다못사라제명에
못가고
제세상, 을못간것이, 잡귀고잡신이여. 천가지만가지성친에, 저승과이승사이에, 노는잡신
이여. 하늘
구신천군에잡신, 땅귀신은, 지군뒤잡신, 인왕, 만군에잡신이여, 자축인묘진사오미, 에순육
갑뒤잡
이여. 남자죽고남사귀냐, 여자죽고여사귀냐, 아이죽어기노새냐늘어죽어, 요망귀야, 절
머죽어청춘귀야, 몽달귀야, 조상, 부모형제명애비러, 원눈귀야사랑인사, 반짐귀야,
첩구을불러주던잡귀, 새신이여, 푸러내자. 시왕대번지, 잡귀잡는칼이로다아사들며, 나
사들며, 푸러---연물친다. 푸다시하고서면---헛쉬, 헛쉬, 푸러푸러푸러내자.
엇던잡귀, 엇던새신이냐. 함박거리, 장태거리, 물합퇴서, 배송기놀든잡귀야새신
아, 성이름, 몇살과, 신과인를갑을갈나, 속가철리, 속가말이나고가라. 사천이속신
하고, 사지에속민을식켜사라. 원령의정천도지상이요, 인의애지, 강이사올리난이
꿈에선몽하든잡귀, 낭게일몽하든, 잡귀잡신아, 목매여제명에못간잡귀며, 물에엄사
빠저죽고간잡신이여, 잡귀로다. 독약에가던잡귀, 칼마자죽고가든잡귀로다푸러내
자. 얼러, 버서, 굴머죽고간잡신, 푸러내자. 지양길에, 애기낫타, 죽고간잡신이

여, 배고죽고낙코죽고안고죽어제명에못간잡귀, 잡신, 시왕청너월로시왕
대번지로, 푸러---연물친다. 서면---헛쉬, 헛쉬, 푸러내자, 동설용에잡신이
여, 남설용에잡신이여, 서설용에, 잡신이여, 북설용에잡신이여, 천지중앙, 황설 ▶
용에잡신이여. 산으로는, 더운설, 단설, 녹이녹설받든잡신, 중산촌으로는, 신당에잡신이
여, 본당
에잡신이여, 올래지기어귀지기잡신이여, 시걸명잡식, 받든잡귀로다. 거리길태장, 큰남밑
에, 큰
끝젯상게식. 돌밑에, 놀든잡신, 니거리, 삼거리, 사거리, 오거리, 놀든잡신, 그옛날거리도제
받든잡신, 푸
러내자, 자동차나, 오도바이, 사고로, 저승가든, 시군졸잡신, 푸러내자. 용왕으로선낭으로
들물
에쌀물에해녀들, 솜비소리에놀든잡신, 푸러내자. 못어더먹고, 못어더쓴잡신이침노가
되였구나. 어른앞에아이로, 아이앞에어른행착으로, 변식하든잡신, 수시밥수시떡에좋
아하든, 김영감에, 김참봉에, 송영감, 에송참봉시군졸잡신, 나력손에다력손에월력시력
손에, 천왕손에지왕손에, 인왕손에가든잡귀잡신푸러---연물치면푸다시하고
신칼지와서, 술뿌리면끝이됩니다.
참고. 끝으로, 부탁할말은, 앞에와같이, 앞뒤엾이하지말고, 순서는, 넉드리고새다리고
풀고, 매길, 거느려풀고, 각신전거느려군졸풀고또, 잡신거느려풀적에시작인는
것은, 하늘부터, 땅, 인간시작이되면끝이있써야합니다. 끝에도천왕손, 지왕
손, 인왕손을꼭거느려모든 축원이, 시작으로끝이있읍니다---

다 음 은 푸다시잔내기식.

비염, 벌푸럿수다. 주잔은내여다, 저먼정나서면, 말명에떠러지고못위불은잡신
입길에떠러진잡신언담에, 제다리각신전뒤잡신주잔드립니다, 어느제랑푸다시
로주잔기다린신전, 찬이슬, 찬햇빛마지며비으지눈으지바람으지하면서기다린
잡신, 명도명감체사뒤, 이날이시살챈목숨달고가는애마른체사목마른체사
주잔입고, 거리길태장놀든잡신주잔만이만이권권합서.
개잔해불법전, 위올리면서상당으로위올리면서, 불법이위주외다불법
전축원은지도라감니다---끝---인사함니다꼭굿하였수다고. ▶

초이궁마제, 끝아, 매여드는식.

초이궁매여들, 심방이옷차려입고서, 마제필제상앞으로나서면, 감상기와, 시왕
명감락, 소미가줍니다, 그것을, 잡고서하는말식됩니다. 아래는.

첫 제 말.

1. 날이우다. 달이외다. 올금수년, 해로갈라, ○○년○○월, ○○일○○시로부터천신
공양, 만신축원지자, 고향산천은, 국은갈라감니다
(참고간단이)세게각국중, 대한민국, 제주도아무시, 읍, 면, 동, 리, 몇번지삼니다

축 원 식.

금번이집안, 좋은날짜받고, 천신공양, 만신축원조상부모공을갑저, 하기는
(소원친연유간단이올입니다)시간관계상.) 축원을하다가, 내일날은
높은저승명부대신시왕를, 청하여서, 이승대제판을, 올리젠하난, 전승궂고
팔제구진, 밭초궁불법상시당, 밭이궁연마지로, 등수들고, 시왕악심, 멸망악심
구천왕, 악심을, 다자바, 제출하고, 초이궁연마제로상당이도올라, 도수거서
양궁으로, 신수풀때가되였수다초이궁전, 밭다나문잔, 초이궁군졸제사
기면서, 거헝신내대신초궁은신줄, 이궁은연줄, 신이, 아이양단억게, 잉어
마지면서초이궁전하님이랑, 진안양궁으로, 잉어매살입니다
(참고.)연물친다. 춤추면서필제마제로절번하고, 박으로나감니다
2. 큰대앞으로좌우독앞으로생각하서절세번하고, 안으로드러올때또,
필제마제로세번절하고, 안내드러간다어궁, 시왕당클세번식하고또, 박으
로나가면큰대앞으로세번, 절하고안내오면또, 양궁에세번식절하고, 박으
로나가면큰대앞으로세번절하고, 안으로드러오면, 어궁, 시왕당클, 세번식 ▶
하나면, 연물이, 빠르게침니다. 기매놀리다가, 소미가산판주면, 산지와서또, 기매놀리
면, 소미가, 기매바다서한불식, 양궁에올리고, 상돌준다. 상축권상하고신칼춤추고
신칼지우면, 손춤추고섬니다. 다음은, 양억게가마진그대로말로한다.
초궁신줄, 이궁연줄, 랑, 거헝신해대신대납, 신이집사, 양단억게, 가마비여, 저러
맛자---(연물친다. 양억게초궁이궁다리, 가문대로, 손춤추고서면)
옛날이라선생님내매여맛든신줄연줄, 가마짐니다. 곽곽선생, 주역선생이슬푼소
강절, 글선생, 활선생, 불도선생, 맹도선생, 소미선생, 심방선생매여맛든, 신줄련줄가마
마짐니다. 자리선생, 당반선생, 기매, 보답각출물선생매여맛든, 신줄연줄, 가마마집니다
큰굿에는열두석시, 안진제굿여섯시에, 탁상우전삼시에밭든선생, 매여맛든선생매여
맛짐니다큰심방부터조상님내매여맛든, 신줄, 연줄, 매여맛짐니다. 수소미, 신소미, 금
제비청, 한억게동참한선생매여맛든신줄, 연줄, 매여마짐니다

(다음은아는선생님내, 매여맛든, 신줄연줄, 매여마짐니다거느리고)

다 음

신줄, 연줄, 가마비여, 저러맛자---(연물친다. 손춤추고서면)
당에당배, 절에절배, 궁에궁배가, 신이부펴옵니다당배랑당드레, 절
배랑, 절너레푸러---(연뭉치면, 억게맨거푼다서면)
당에당배, 절에절배는양궁드레푸럿수다. 신이신배랑, 신공시로푸러---
(연물친다푸러논다리는또양끝심고서공시앞으로놀려서면)
신이신배는신공시레푸럿수다. 악근가매, 한가매, 신이부펴옵니다
익근가매가마, (연물친다거반감고서면)한가매가마,, ---(연물친다전부감나서면) ▶
악근가매가맞수다. 한가매가맞수다. 악근돈지, 한돈지굿이신이부펴옵니다. 악근돈지, 한돈지, 가마비여, 저러맛자---(연물친다, 돈지을양손에저러마지면선다.)
(굿하는심방, 아이구, 아이고, 나죽어직키여하면서본조앞에감니다. 이거무사영하였수가 누구죄우나, 나 죄우가, 본조죄우가, 말하면(본인죄라고하면)잘아람수다해녹고)
아이구, 단궐님아, 인정줍서사정겁서. 맞수다맞수다단궐내조상이잘못한죄척이고
우리인생도, 죄지여서형사가와서, 잡혀갈때, 양홀목에, 수갑채워감니다사람
이살다, 채사에잡혀갈때도손에수갑, 발에박쇠, 밭고감니다.
오늘은, 초이궁연마제로두번제, 죄척을풀임내다(인정밭고제청에오면)
인정사정, 바닷수다. 연당, 만당, 가고연당으로, 장발괄비염굿이외다
(연물친다. 소미잔드르고, 대섭들러술케우린다끝나면서서)
주잔이랑저먼정내여다가, 초이궁연마지돈지마을배푸리로주잔드립니
다. 큰굿에는열두시에밭든선생, 안진제는, 여섯시에밭든선생님내, 탁상
우전삼시에, 밭든선생님내주잔드립니다초이궁돈지마을배푸리로
주잔드립니다상안채, 중안채, 안채포소미로놀든선생주잔드립니다
북선생, 장구선생, 대양선생, 설쇠선생, 명철광대주잔드립니다뒤우로
거헝신내몸바든조상뒤, 수소미, 신소미, 금제비청주잔드립니다
한억게동참한신에집사몸바든조상뒤에, 애석고, 간장썩던선생, 눈물지고
한숨지던선생, 귀막고, 눈어둠던선생님내주잔드립니다주이주이열두 ▶
주이청주잔드립니다뒤로원살주, 신살주, 개음, 투기, 명도발주잔드립니다
북터주기, 장구터주기, 대양, 설쇠, 벌러오든실명발, 주잔드립니다
안채포지영가다, 품이적다하여서, 술집에전당해서술먹든, 실명발
상점에, 산돌, 말가래, 말팡돌에, 부려오든신명발, 주잔드립니다
안넌모략하든신명발, 도라안자, 긴공논하든실명발주잔드립니다
명도명감삼채사뒤, 애말라, 목말라오든채사, 주잔드립니다

이날이시간에살챈목숨, 비고달고가든채사님, 주잔드립니다
말명에떠러지고, 입길에떠러진, 신전, 제다리에떠러진신전언담에떠
러진신전석시석시, 떠러진신전열두소잔권권함서---
개잔개수하위올리며, 각신우엄전에서, 인정사정절란하다합니다. 돈지마을푸러
가라함니다연당, 만당, 가고연당, 장발괄비염굿올리며, 돈지마을푸러---
(연물친다돈지부러서면)
방안방안구석구석, 진무더진청사록백사록나무광대구투실명사록이랑천지왕
골목박으로, 내푸거---(연물친다서면.
먹을연, 입을넌, 나소와줄, 금산사록이여, 부귀영화금산사록이랑영양
안으로잉어매살려---(연물친다. 서면)
제차제차, 지돌고위도라감니다삼상향, 상축권상이랑들러바다
연당, 만당가고, 연당으로신부처---(연물친다서면)
신이앞도말고청량함니다집안원고자앞도막고청량해옴니다
영로삼주잔일른역가바다듬니다초잔청감주, 이잔좌청주나 ▶
제삼잔도락닥근한단주, 랑, 청대섭꽃놀임하면선삼주잔신세우잔
신부침니다. ---(연물친다. 각당에잔케우리면, 선다잔냄니다)
개잔게수하여서제청에위올리면서, 제차제차삼상향신부처---
(연물친다. 각당에상축권상하고서면)
지가돌고위가돌아감니다. (참고북군애는군웅으로함니다)
또, 남군, 쪽, 옛날중문면지경하레동지금옛날난드르로부터는,
동쪽서귀포시, 남원읍표선면성산읍, 구좌읍지경까지는토산본먼저놀고
다음은군웅일월제석으로상축권상신부처서군웅놀면끝입니다
---끝--- ▶

시 왕 매드는 식.

저승명부대신왕필제너머공시푸리, 함니다. 다음은, 안시왕은, 안으로, 신수품
니다. 안시왕, 매여들, 심방이, 옷차려입고서, 시왕필제앞으로나섬니다

첫 제 말 식. 평민집에서.

1. 날이외다. 달이외다. 올금수년은, ○○년○○월○○일○○시부터좋은날짜받고, 천신공양
만신축원, 부모조상공을, 갑저, 거리공덕, 길공덕하는, 원고자고향산천은국은갈라감니다
원고자집안소원된여유올임니다)안으로만사당클, 박으로는, 천지천왕저승염라대신수푸
고, 축원하다. 2. ○○년○○월, ○○일, ○○시로, 는 밭시왕은명부대신왕, 안시왕은삼
신왕이됨니다. 연마제로, 제청을, 설연하고, 이승에는대제판, 목, 저승은만국제판
식은로좋은절차, 원고자도받고명부전잠자는, 초상부모, 열명영신, 절체도너
머드러천왕기는, 지도투고, 지왕기는 지내려, 인왕기는, 대신왕마제로, 각기하전
됨니다, 제차올입긴, 저승명부대신왕은, 저승으로도올르고이승도시왕은, 안시왕
은, 진안으로, 잉어매살일때되였수다.
3. 건헝신해, 대신대납, 시왕대다리, 동이와당, 청비개, 남이와당적비개, 서이와당백비
개북이와당흑비개, 어러비개, 절러비개, 팔만금사진은, 양단억게, 가마비여절어
마집니다. 4. 안시왕, 밭시왕, 밭아나문잔은, 내여다가시왕, 십전대왕
좌우득뒤에선봉대장. (뒷장, 보세요) ▶
후봉대장, 영기지기, 몽끼지기, 파랑당도기지기, 주잔드림니다. 기매들러오든군
졸, 가매들러오든신전, 억만군졸대우하면서, 영서명기들러받고, 신감
삼, 길토레비거마기면서, 진안, 안시왕당클로, 잉어매살임니다

(연물침니다. 필제시왕당클로, 삼세번절함니다.)

4. (참고차레식)시왕매여드는심방이, 박그로나감니다. 소미한사람은, 안내서기하나
받고, 가운대는도래상논다박에인는심방이세번큰대앞에같아, 도레상까지세번
옵니다. 도래상을가운대녹고세번, 안내소미가, 세번기매마주치면서, 안시왕
당클로, 부친다음, 박에심방이도래상욮에박으로안지면, 안내소미심방이 ▶
상돌을, 박에심방머로위로왼쪽, 오른쪽세번식둘르고삼잔은도래상양옆으로비운다
또안내소미심방이세번절한다. 천문한불낫다가, 안으로던저군문잡으면드러온다
박겻심방왼쪽으로, 소미는, 도래상들러, 앞서고, 시왕필제앞으로, 안시왕드러가
면절세번, 가이서서한다, 어궁에도한다. 다음도래상은, 시왕당클알로논다
이때부터, 시왕매드는, 심방은, 박으로나가서, 시왕필제된디외서, 절한번
하고, 안시왕한번, 어궁한번하고, 박으로나간다또, 드러올때, 시왕필제상한
번절하고안시왕먼저절한번, 어궁한번하면, 또박으로나가서, 큰대절세번
기매로하고, 안에드러오면, 시왕필제상한번한다음안시왕한번어궁한번절

하면, 기매드르고, 심방이호령친다. 그때부터연물이빨라진다. 춤추다산판지운
다그때더욱, 연물이, 빨라진다. 춤추다, 심방이소미에, 기매주면중판연물되고
신방이, 신칼춤춘다. 추다신칼지우면, 시왕매드는, 심방이말시작한다.
5. 저승면부대신왕, 십전대왕, 좌우득은, 대명왕, 채사님이모사저승으로상천하고
이승안시왕, 삼시왕은, 진안으로, 신수펴, 있읍니다. 거헝신내, 대신대납으로
시왕대다리, 와, 동이당청비게, 남이와당백비게서이와당백비게북이와
당흑비게랑, 신이집사양단억게, 거헝신해대신가마비여맛아---
(연물친다. 손춤추고걸레는억게맨대로)서면
옛날이라, 선생님내, 옛날이라황소님내, 매여맞든시왕대다리, 청비개
백비개, 가마, 마집니다, 거헝신대대신대납, 곽곽선생주역선생,
(참고. 이때부터는선생을전부차래로거느린다)
초이궁매여드려서, 선생전부거느리면, 6. 다음, 옛선생매여맛던팔만금사 ▶
진배랑거헝신해대신신이성방, 양단억게가마비여마자---(연물친다또서면)
7. 궁에궁배가신이부펴옵니다당에당배가신이부펴옵니다절이절배가신이부펴옵니다
당배랑당드레풀라절배는, 절너레풀라궁에궁배랑궁더레풀라합니다신에
집서양단억게, 가마마진팔만금사진배랑, 양궁드레푸러---(연물치면양억게거풀고
서면)신이신배랑하늘갈른신공시로푸러---(연물친다. 다리양끝심고서공시앞으로놀리고
서면)
8. 악근가매, 한가매가, 신이부펴옵니다. 악근가매가마, ---(연물친다시왕다반줌감고선다
9한가매가마, ---(연물친다. 전부감고, 양끝이한쪽가면좋아고, 합니다. 다음)
10. 악근가매, 한가매가맛수다11. 악근돈지, 한돈지가마비여저러마자---
(연물침니다돈지가마서본조앞에감니다초이궁매여든때같이.
(본조에질문하고, 인정받는말한다. 인정받고, 제청에오면다음.)
12. 제인정받았수다. 연당만당가고연당장발괄, 비염굿이외다. ---(연물친다. 소미는
(잔드르고심방이가는데로잔케우리고서면, 잔낸다)
13. 연당만당, 각신우엄전받아나무잔돈지마을배푸리로, 주잔들만니드임니다
(참고)여기에서도초이궁돈지가마인정받고잔내식은같으다)잔내고,
14. (제청에오면)돈지마을배푸리로주잔권권드렷다인정잔거난, 돈지마
을푸러가람니다. 연당만당, 각신우엄전님에장발괄비염굿이외다
(연물친다. 각당에비염하면서절러마진돈지불러서면)
15. 돈지마을, 푸렷수다. 이집안원고자웃대조상, 시문전박배, 떡하나술한감주한잔
주며푸러---(연물친다끝터머리로부터한고식푼다풀고서면또고조이알로길칠
영혼차래차래거느리면서푼다..(전부풀면.) ▶
영혼님묵어저승가던용두머리, 수면절박배, 떡하나, 감주한잔술한잔주면서

천지왕골목박으로제달내였수다.
16. 옛선생묵고가던애산수면절박배다술한잔감주한잔주며푸러
17저승용두머리수면절박배풀단보난방안방안구석구석청사록백
사록, 진무더지였고나. 천지왕골목박으로내푸거---
(연물친다박으로내푸거다리내버리고서면)
18. 다음은부터는똑같읍니다. 북군애월읍한림한경대정안덕
까지는군웅를놈니다조천읍지경제주시, 서쪽,
또, 옛날중문면지경서난드리지금태평리동쪽서귀포남원읍
표선면성산구좌읍까지는, 토산본향놀고, 군웅놀면잔내고
끝이됩니다.

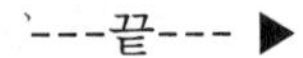

제오상계. 첫제차림식.

참고---눈치아는소미는, 제오상계할말을하면, 시렁목한필하여서, 문전본향당클중심
을잡고서, 시렁목을걸치면서, 안시왕당클로, 마을당클로, 어궁당클로, 문전본향
당클로, 걸치고, 도래상은가따논다. 문전, 본향당클알로, 감상끼영, 떡도하나, 물반
사발이영같아논후에, 제오상계할심방은, 두루막이입고, 송낙쓰고, 감상끼들르고
댕양들러서박으로나가면, 큰대앞에서, 대양세번치면서같이절세번한다.
참고---머리만세번식킨후, ---말을합니다. 평민집에큰굿이나, 심방집에삼대세운집이나
그레서, 그다음, 울성을돌고서, 집안으로, 드러가는것이, 원차래식이며, 큰대앞에서머리숙
인후
---말씀하는식은, 다음과같아---
금번에천변기도원고자, ---간단이---국은세계각국중대한민국제주도, 1. 어느시, 어드
동,
번지사는성, 몇살집안이우다. 2. 어느시, 어느읍, 어느마을, 번지삽니다.
성몇살3. 어느시, 어느면, 어느리, 번지사는, 성, 몇살집안이우다
양력, 몇년, 몇월, 몇일, 음력아무해, 아무달, 아무날아무시로부터
어느곶, 나무집을빌려서, 조상, 부모공갑푸저, 옛조상유전풍속대로, 박으로
천도천왕, 지도지왕, 인도인왕, 삼강, 오륜지, 법식으로천신을청하고, 만신을청하여서
축원올리다가, 내일날은, 몇월, 몇일날로, 초로인생목숨찾이명부대신왕님과, 문서
찾이십전대왕, 좌우득, 십육사자, 삼명감, 오위명감, 삼채사님과, 각신전을청하여서
이세큰재판, 밭는목, 갈산제산, 허터진, 신전조상을정, 지대로신매우저, 제오제상계
가어간됩니다. ---대양치며, 머리세번숙이고, 큰대오른쪽으로도, 큰대왼쪽으로
도, 한다음, 울성장안돌고안으로드러오면, 1. 어궁, 2. 안시왕, 3. 할마님쪽, 4만약
심방집이면, 당조에머리세번숙이면서, 대양세번치고, 5문전본향, 6. 마을당클, 7. 세경,
군응
부근칠성, 8공시세번하면---대양녹고, 감상기도래상녹고하는식이원칙임니다
참고··모든선생님선배님들하는것을종합적으로보면하는사람은하고, 또알고두
고안하는사람도있읍니다---끝---뒷장식 ▶

제 오 상 계식.

첫제, 말. ---장구몇번친다음---안으로입구자, 만사당클축겨매고, 박으로는, 천지천
왕저승염라대, 신수푸고, 좌, 우독을어간하여이집안낫도영청, 밤도극락, 원성기
도, 올입다가금번은내일날, 명부대신왕과십전대왕, 좌우독삼명감삼채
사, 각신전조상이, 이승만국제판목상을바드레내리는대, 정신엾이갈산
제산허터진, 신전조상을, 제오제산, 정지대처로, 삼읍토조지관본향한집

까지신매우저, 일문전은본향당클알로, 삼도래대전상으로삼상향지도
투와위올리면서청하저합니다. 제내려제오제산정지대처로, 하강합서.
장구치면서, 공신으로시작됩니다.
2. 만약심방집이면, 장구몇번친다음에, ---꼭먼저거느려야함니다.
1. 만약, 역가을, 한번이고, 두번이고당조삼신왕에역가밭인사람집이면
안으로, 전승구진성은아무가신해몸바든령양안초궁밭초궁은삼하늘, 령양
안당조, 령양, 밭당조, 당조삼신왕님어간하고, 대천마리우전입구자만사당
클, 축겨매고, 박으로는, 삼강, 오륜지법으로천도천왕저승염라대와, 좌득은우득
삼대신수푸고낫도영청, 밤도극락, 천변기도, 축원하다금번이는, 내일날, 명부전
은, 대신왕과, 대신왕에령을바든십전대왕좌우득십육사자삼명감, 대명왕
삼채사각신전이, 이승만국제판목상바드러내리는대, 삼읍토조지관바람웃
도, 각서본향이, 갈산제산신이눅어있읍니다제오제산정지대처로하강합서
장구치면서공신으로시작됩니다.
3. 만약심방집인데, 역가을한번이라도, 못밭인사람은, 신이아이라고칠십세가되여
도말한다고하고또역가밭이는굿에도, 약밥약술 밭으면초집서라한담니다.

뒷장. ▶

장구치면서, 공신은공신은, 강신공신, 제저남산, 인도역, 석가여레세존불법기도
원정올임니다. 올입긴국은갈라감니다, 서양각국, 동양은그옛날삼국인데,
우리나라해동조선국, 지금은, 대한민국, 전라도는호남일제주, 섬이우다. 월레근본인는
섬중안니우다. 소강남은왼뿔한쪽미여지여서화산으로폭발하면서, 소사오른섬중이우다
물로바위도라진섬중이고, 땅은녹이금천지땅이고, 산은제일명산한라영신이됩니다.
장광척수는우도라도사백리, 좌도라도사백리주이가됩니다.
이제주섬중이섬도島자쓰고만물풀입세, 제짐승이살고, 제일먼저, 발디더산성친
은, 모은골서, 고씨, 양씨, 부씨로, 제일먼저살고, 두번제는, 항바두리, 지금애월
읍고성리에서, 몽고인이와서구십육년동안, 살다가는사람, 몽고로가고사는사람
은사라갈때, 이태왕이시절에, 각성친이, 드러와서, 사라갈때, 육상, 해상, 일력
안되고초로인생병드러, 초약이무효될적에, 구학문좋은선생님내가, 글을보
고, 저산뒤당로벽당선생 이산앞은절로벽절선생마련하고, 신도법은공신하고
불도법축원하고, 선교식우찬하난제주초로인생, 살기편안합데다
그때에, 영청이완목사는제주시찰드러서삼읍은사관장, 각진조방장설련하고당
로벽은부수고, 절로벽은, 불천소해식키다나문절은, 미양, 안동절이우다
정이정당성읍리현감사라, 삼십팔리, 거느리고, 대정일경, 대정골, 원님사라
이십칠리二十七里, 거느리고, 주모관제주읍은, 판관사라, 팔십여리, 마려하고
대도장래, 서수문밭사십팔리, 소도장래동수문밭삼십팔리, 우도장래는명

월만호살고, 각진各進은, 명월진, 대정진, 서귀진, 성읍진, 별방하도진,
조천진, 화북진, 제주진, 이조방장마련되였수다
문명의학발전되난, 이섬중섬도島자쓰다그어느해는길도道자로박꾸워지면서, 남군
북군이갈라지고, 리는면, 면는읍, 읍은시가되난동도설년되였수다
일천구백팔십년도에는서귀포읍이, 중문면과합속되면서서귀읍이시가되였수다
제주는이군, 이시, 칠읍, 오면인데, 이천육년도칠월일일부터는, 군은엾서 ▶
지고, 시가읍, 면, 동, 리을, 관리합데다. 금번원고자, 주소는, 아무시, 아무동번지
삼니다---또, 아무시, 아무읍, 리, 번지삼니다. 아무시, 아무면, 리번지삼니다
평민집이면, 열명서대로, 올리면됩니다만---다음.
만약, ---전승구진집안이면, 이집안은전승구진, 집안니우다. 사가주당안이우
다. ---참고, 해서열명서대로올리고, ---나면,
무슨일로, 아무해, 아무당, 아무날제겨드러서, 몇일날부터천신공양
만신축원, 조상부모공을가푸저거리공덕길공덕하느냐면,
참고. ---간단이, 아무, 아무 원고가됩니다. ---축원하고, 난---다음
낫에는챗빛이비추듯, 밤에는달빛비추듯달엾는밤에별빛비추듯시
간행이, 바뿌신, 신전, 조상을, 청하여서, 축원합다가, 금번이는내일날
명부전, 저세상찾이한대신신왕, 십전대왕, 좌우득, 십육사제삼명감
삼채사각신전뒤, 제주절도, 바람웃도큰당한집, 삼읍토조지관, 각본
향을청하여명부대신왕님내리는데정지대로, 신매우저, 갈산질산
허터진, 신전조상도, 신매우저합니다---다음, ---초군문, 이군문삼사도군문제
오제산, 정지대처로각신전조상, 내리는문, 바람웃도삼읍토조지관각본향내리는
문도라봄니다. 운수운박문도라봄니다---신칼지우고---도란보난문민마다, 문직대
장, 감옥성방, 옥사나장, 안자눅고, 인정걸라함니다. 인정바다듬니다
길나자, 발나자, 저승지전인정, 청감주좌소주로, 문민마다재인정겁니다
신칼지우고---인정거나, 문민마다열려가라합니다. 문열렷수다. 초군문이군
문, 삼사도군문열린데제인영잔이우다. 각신전조상, 바람웃도, 삼읍토조지관, 각
본향문열린데, 제인영잔, 운순문열인데제인, 영잔, 지냉김니다. ---지냉겨드려
가명서, 명부대신왕, 십전대왕, 좌우득하강하는데정지데로, 신수퍼하강합서
살려살려, 살려살려옵서. ---참고, 신전차래로청함니다. 올라옥황상저대명
전, 내려집우사천대왕, 산으로산황대신, 산신대왕, 산신백관, 삼신전조상님 ▶
물로사해용신, 인생차이천왕불도, 지왕불도, 인황불도, 청용산대불도, 명진국할마님,
업계삼신, 구덕삼신, 내입서. 어전국은대별상, ---차래로, 본향에가면, 알손당, 소천국, 웃
손당금백조셋손당세명조, 하강합서. 둘제성읍선왕당, 셋제과양당, 넷제, 시내외당삼읍
토조지관, 이마을, 토조지관, 한집뒤, 각마을본향, 토조지관, 한집까지살려옵서. 정지대처

로, 본향뒤, 각군웅일월, 열명영신, 신공시로엣선생님, 정지대처로살려, 살려, 살
려옵서. ---참고---만양심방집이면안밭공시엣선생님, 도정지대로하강합서
상당알중당, 중당알하당, 하당알, 조서말석엾이, 신매읍니다.
참고---장구녹고, 이러서면, 제오제상계로각신전조상과, 삼읍토조지관, 바람웃도이마
을토조지관각본향신당신매웠읍니다. 신이조상신수옵다가저먼정뒤떠러진듯
합니다. 초번, 이번, 제삼번쌀정미로시매와, ---연물친다. 쌀드르고, 신칼들러춤추면
서, 같아, 왓다, 문전당클로하고신칼지워서면는, ---오리정신매단보니오는신전
가는듯, 가는신전오는듯합니다. 금사진처---연물치고춤추고서면, ---금사진치난
구십월나무입삭이떠러지듯합니다. ---신감상앞송하고천왕낙화들러바다
오리정정대우, 신부침니다. ---연물친다춤추면서, 왓다, 같아, 하고서면,
신이조상좌정자리, 몰라옵니다, 쌀정미로위안지고좌안짐니다. ---쌀뿌리고서면
안고보니, 시장허기벗친신이조상인는듯합니다. 집안에이른정성, 초잔청감주, 이채잔
자청주, 제삼잔좌소주로, 각신전조상, 앞으로, 명즙서, 복즙서주잔바다듭니다
밭아나문잔은내여다저먼정으로---말명에, 입질에, 언담에떠러진신전주잔드림
니다. 각신전뒤시군졸, 주잔드림니다. 이기도준비로, 굿시작후각석시축원에떠
러진신전조상주잔드리며, ---각신전못고내린채사님, 명도명감, 채사님주잔
드림니다,. 이시간에초롱인생수만명달고가는채사님주잔드림니다
개잔개수하여서불법전위올려드려가며, ---다음지돌고위도라감니다.
한데참고한가지더쓸말은, 시왕마제전에는정지대라고말하고, 제다리을
전부거느리고, 우에식으로, 또시왕마제뒤에는전송처지대로문열리는말도 ▶
본향알로, 군웅일월, 영가공시까지만거느려함니다

참고로, 아라두세요

시왕마제전에는정지대로신매움니다. 시왕마제뒤에는삼읍토조지관각본향
전송지대처로신매움니다.
알기쉽게말하면, 정지대라함은, 오는사람보러가는말이고, 또,
전송처말씀은, 잘갑서하는말뜻이되겠읍니다.

다음앞페말끝에지돌고위도라감니다
뒷장은세경수피, 말을쓰겠읍니다. ▶

세경수피식. 머리말.

제오제상개, 너머들고, 세경수피어간되였수다---각신우엄전조상에서영이
남니다. 웃전도거드라, 알전거드라. 웃전알전거더다, 성은아무가, 대투로
놀래왓치, 풍내왓치불러한새두새, 놀판하면서, 신에집사양단억게가마---
참고. ---이때에---니난이난노, 난노야. 니난이, 난노, 난노야. ---하면서 양억게
시렁목, 감씀니다. ---전부가무면, 고리동반하나, 머리녹고, 감상기들러서, 박
끄로나가면, 큰대에, 제일먼저가서, 머리세번숙이고, 큰대오른쪽세번, 큰대왼
쪽세번, 숙여서, 안으로드러오면, 고팡쪽, 방, 부억쪽도라보고, 어궁전앞으로, 안지
면, ---소미, 문, ---야---저어궁전앞에저거무엇이고, 종이머들가, 덤벌가, 엉덕동산가
저거보라, 무엇이냐, 말을한다. ---이때굿하는심방감상기한쪽으로, 어궁전을 가르
킨다. ---소미---야---신전이에, ---또뒷쪽안시왕전가르킨다. 안시왕이엔, ---할마님
가르친다---문전본향가르친다. 문전본향이엔---마을당클가르친다---소미---마을영
가엔, ---세경, 부근칠성, 군웅일월가르친다---소미---세경, 군웅, 부군이엔하염저---
굿하는심방---야---조상이발젠하염저---성은아무가주당전에서, 집안답답하여서
몇년도, 몇월, 몇일날부터, 천신공양 만신을청하여서, 조상부모공감저하염저하난
첫제
우선은굿할날발자. ---자부다리면, 택일잘바닷저. ---군문이나등진다리면주잔조이배자
공개하자. 2. ---해두고신칼공시녹고, ---이젠굿할이리도라와가난, 감주담자, 술담자,
술닥
그젱하면, 쌀하여서, 물크라, 쌀물컴저, 이제랑, 방에녹고지라. 이여, 이여, 이여방
에, 이여, 이여, 이여방에---야---방에귀가, 묵여노난, 작꾸다, 뒷고망드레만
드러감저. 이여, 이여, 이여방에, ---야---다지엿저. 오마가떡하여서술닥끄
저, 면, 솟도드리고, 고수리드리라. ---드렷저. ---자··술닥그자---술닥암저.
조심하라. 부정한사람이나, 냇너머온사람있스면, 술북근다.---
보라, 보라술북검저---하면서뿌머분다. 사방으로, 술너멈저, 술북검저 ▶
하면서, 큰일낫저, 빨리 술주시역, 술이영잘치우라---하면서---전부먹어분다
자술전부닥그난, ---자, 술짓짜. 우선본향지주짓짜. ---신칼지우면서함니다---자부다
리는잘하엿저. ---등진다리, 군문은---조이배자, 공개하자면서차래로함니다
본향지주지럿저. 초감제지주짓자. ---잘하엿저. 초신마제지주짓자. 초상게지주짓자
보세감상지물짓자. 불도마제지주짓자. 초이궁마제, 짓자시왕마제지주짓자
---자부다리잘하엿저---등진다리군문다리, ---공게하자조이배자---
자이젠세경수피로모든굿에비염에, 지주다마련햇저.
---참고. 일러서면서,, 지돌고위도라감니다.

뒷 장 ▶

고리동반 놀임식. 차래.

※1. 드님에도전상이여, 난님에도, 전상이여. 원님애기전상, 신님애기전상놀이
굿이신이수펴옵니다. 삼궁안당주년국, 강이영신이서불, 홍수문천
구애궁전애기씨, 은장, 놋장, 가문장애기씨, 월매월산, 신마퉁이삼형
제모진전상굿이, 신이수펴옵니다, 오리정신매우면서, 고리안동벽, 신
동벽이랑, 신이머리로, 잉어맛자---연물친다고리동반머리노면.
2. 아이구, 아이구---머리여, 머리, ---소미. 눈, 머리에동수살이여, 풍징이여, ---
---안이여, 점점아푸다. ---답전상이여---내려온다.
임댕이여, 이마박이여, ---아이구아푸다---소미문. ---무사, 무사, 풍경다라구나.
훈장, 주사, 별감낫첸하염저---심방---아이구더아푸다. ---답전상, 이여---내려간다
심방---눈이여, 눈, 왼눈, 오른눈이여---아이구아푸다---전상하면---내려온다.
심방---코, 코, 코여---코각씨낫저, 청빗구워다둘르라---아푸다---전상전상,
심방---입이여, 입이여----소미문---나에게못할말햇저---안이여더아푸다---전상
전상
심방---목이여, 목아푸다---소미문---목매여죽은귀신들렷저. 목암이여. ---안이여
---식도여.
나역이여---아이구아푸다, ---그것도전상이여전상. ---내려감저.
심방---가슴이여, 가슴, ---소미---문---야---그거젓몸살낫저. 심장병이여, 폐암이
여, 간
암이여. ---아구아푸다. ---야---야---전상이여. ---전상이엔하난내려간다
심방---위여, 위---소미. ---문---위---답위---소미. 문---위암이여---답---아이
구, 아푸다
소미---문. ---그거가만이보난전상이여---전상---내려간다
심방---배여---배---소미. ---문---그거엇그적에, 으선게만은, 어디가서, 본서방햇저
군서방햇저. ---여자같으면괘냉병이여---피배여---설냉병이여---안이여전상
심방. ---가운대큰소남밭이여---소미문---무슨거, 큰소남밭,---답응. --소미요거보라
점점이난, 큰소남밭이엔---소미그거믄, 냉병이여, 아기못상기젠하염저---안이여 ▶
외국연들이영허미, 매독이여, 임질병이여. ---아이구, 아푸다---전상이여, 전상.
심방---그대로서서, 말함니다---이집안식구에머리동수살, 무쇠철망바람징, 자식, 자
손에
공부에해말입불러주는전상, 임마박아푼데, 왼눈오른눈보운안게징불러주는전상이여
코에코결이요세들면, ---불러주는전상---입에하매전상. ---목에는가르징, 식
도염, 식도암, 나역병, 신경성갑상성병이여---위에는위염, 위암불러주는전상이여, 내놀
이자

배, ---대장염, 대장암, 소장염, 소장암, 명장염, ---피배, 괘냉, 설냉병내병불러주
는전상내놀리자. ---가운대큰소남밭은, ---매독, 임질병, 불러주든전상내놀이자
3. 심방. 아이구, 뒷머리여아푸다---소미---문. ---무슨거, 뒷머리, ---전상이여. ---
심방---뒷고개여, 뒷고개---소미, 문. ---뒷고개, ---그거개불하여서, 처매라. 삼대는죽
고, 구
면산다---아이구아이구, 아푸다. ---그거전상이여, 전상.
심방---아이구, 등이여, 등---소미문---등. 응---답등. ---소미문---등창에좋은약
있저
심방무슨약---아이구약이엔하난---아푸다---소미문---바다에가면, 개, 긍이잡아다가
등창에 청목고, 구워서발르면좋아---아이구아푸다---소미---전상이여.
일른이여, 일른. ---소미문---일른. ---문. 집너머지엿저. 용잠대로언치낙, 밭너무
가랏저---아이구아푸다. ---소미전상이여전상. ---내려온다
심방---아이구, 미지팡, 꽁지팡이여---전상이여---전상---심방서서말한다
뒷머리전상, 뒷고게전상, 등에전상, 가른전등이전상, 꽁문이팡이여---천지왕골목으
로내놀리자
4. 심방---오른귀여, 오른귀---소미문. ---오른귀, ---무사, 그거귀아들낫저, 귀아들.
안이여. 전상이여전상. ---내려간다
심방---억게여오른억게---소미문---억게---응---목도질너머하였저. 짐만이지였저
---목두질과짐만이지였젠하난---더아푸다---전상이여---전상.
심방---오른팔이여---팔아푸다---소미문---신경통이여. 주사마지라---아이구 ▶
아푸다---소미---야---그것도전상이여---내려간다
심방---손거림이여, 소거림---소미, 문. ---전상이여---전상
심방---겨드렝이여---겨드렝이, ---소미문. ---좋은약있저마는모루키여---전상---
전상이여.
심방---오른갈리여---오른갈리뼈---소미, 문---능망염이여, 능망염---간수여, 간염,
간암이여
심방---아이구아푸다. ---더아푼게---소미---답---전상---전상이여---
심방. ---일른이여---일른, --소미, 문--전상-전상이여-
심방-엉치여, -엉치팡---소미. 문---엉치, ---응엉치, ---소미문---엉치팡, ---엉
치광,
닭삭이팡, ---그건도전상---전상이여---
심방---아이구, 허벅다리여---허벅다리, ---소미문. ---허벅다리, ---또예---신경
통이난, 신경통약먹으라. ---전상---전상이여---
심방---동무릅팡, 닭색끼팡, 정반팡, 이여---소미문---정반팡무릅팡---소미전상, ---

전상이여
심방---성문이꽝이여, 마른꽝이여---소미문---성문이꽝, 마른꽝---전상, ---전상이여.
심방---안구마리, 밭구마리꽝, ---소미문---구마리꽝---예---전상---전상이여.
심방---발등댕이, 발거림---아푸다. ---소미문---발거림, ---예---소미그거신날하여서소콥발
랑흘트면좋아---아이구아푸다---소미---전상---전상이여---
심방서, 서말합니다
오른귀아푸대전상, 오른억게, 오른팔, 오른손거림, 오른저드랭이아푼데전상내놀리자
오른갈리뻐아푼데, 오른일른, 오른엉치뻐, 오른다리, 오른동머릅, 오른좀에
오른안구리, 밭구머리, 오른발등, 오른발거림아푸전상내놀리자---
5. 성편말면, 외편말리야---왼귀여---왼귀, ---답왼귀---왼귀에아들낫저, 귀창낫저
약바르면좋아---문---점점아푸다---전상---전상이여---내렴저
왼억게여---왼억게, ---답. 야---그거목도질너무하였저---문---아푸다---점점---답---야---
그것도전상---전상이여---왼팔이여---왼팔---답신경통이여---동티여---문---점점 ▶
아푸다---답전상이여---점상. 문왼겨드랑이여---왼겨드랑이---답전상---전상이여.
문왼갈리---왼갈리---답능막이여. 페염징, 페암이여. ---문---점점아푸다---답---전상---전상이여
문. 일눈이여---일눈. ---답---전상---전상이여---문. 엉치여, 또엉치---답---야---전상, 전상이
여---문. 허벅다리, 왼다리여---답신경통이여, 각끼요통이여---답전상이여전상.
문---마른정강이꽝이여---답전상이여, 전상. ---문---안귀마리여, ---밭귀마리여---
답---전상---전상이여---문---발거림, 발거림---답신날하여서, 소콥맥여서흘트면
좋아진다문아푸다---아파---답전상---전상이여.
전상만상---이로구나. 왼귀여, 왼억게여, 왼팔, 왼손거림, 왼겨드랑이, 왼갈리
왼일눈---왼엉칭아푸데전상, 내놀이자. 왼다리, 동무릅, 마른꽝, 아구마리, 밭구머리,
발거림아푼데, 전상내놀리자---
참고. ---전상만상, 내놀리면서, ---다음, 본조불러박갓쪽으로돌려안지고, ---심방
신칼지우고---다음푸다시로들러감니다---소미, 북장구잠고두둡니다.
1. 심방시작---소미대답---푸러, 푸러, 푸러내자. ---든님에도전상, 난임에도전상
원님애기전상, 신님애기전상푸러내자. 철리말리길로, 이집본조집안에, 전상푸
러내자. 머리아푼데전상, 임마박, 눈에전상, 코에, 입에, 목아푼데전상푸러내

자. 가슴아푼데, 배앞푼데, 가운데아푼데뒷머리, 뒷고개아푼데전상푸러내자.
등아푼데, 허리아푼데전상, 고들괘광, 아푼전상푸러내자. 오른귀, 오른억게, 오른팔
오른손거림, 오른겨드렝이, 오른갈리, 오른엉치, 오른다리아푼데, 전상푸러내자. 마른
꽝, 아구머리, 밭구마리, 발거림아푼전상푸러---대양두들긴다. ---푸다시하고서면.
2. 헛슈헛슈---푸러, 푸러, 푸러내자. 왼귀아푼, 데전상, 왼억게전상, 왼팔전상, 손거림,
왼겨드렝
이, 왼갈레아푼데전상푸러내자. 왼엉치, 왼종에왼동무릅, 마른꽝아푼데전상푸러
내자. 안구머리, 밭구머리, 발거림아푼데전상푸러내자. ---이집안터신사록, 지신사 ▶
록, 성주사록, 문전사록조왕, 칠성, 칙간사록푸러내자. 군웅사록영가사록푸러내자.
청사록전상, 적사록전상, 백사록, 흑사록, 나무광대구투실명사록, 모진신병, 본병사록
나력손에, 다력손에천왕, 지왕, 인왕사록이랑천지왕골목박으로푸러---
대양친다---푸다시하고, ---신칼지와---술푸무시고, ---잔내기.
모진전상푸러내였수다. ---주잔은내여다가, 저먼정나사면, 삼궁주년국뒤우로
몰라못거느려, 못위불은전상다리, 주잔들드립니다
말명에, 입질에, 언담에떠러진신전님내주잔드립니다모진전상뒤, 하군졸주잔
드리면서, 개잔게수불법전위올리면서.

뒷 장 ▶

용이전상, 배푸리굿식.

첫제말식. ---이집안모진전상푸리내놀려드려가면서용이전상배푸리가어간됩니다. 초궁에는신배, 이궁에는, 연배, 삼궁전에는전상배, 가됩니다.
령양당조삼신왕에는, 몸조다리, 신중다리, 당조삼신왕용이전상배, 명부대신왕전에는, 동이와당청비개용이전상배, 남이와당적비개, 서이와당백비개배
북이와당흑비개, 용이전상, 배가, 내입니다. 금번에거헝신해대신, 집안
부귀영화전상배랑, 신이집사, 거헝신해, 대신양단억게가마비여저러맞자
연물친다---심방, 손춤추고서면, ---또참고---만약에심방집이면, 이집안거헝신해대신---금번축원지자거헝신해대신---가마비여저러맞자---연물친다---다음은같아.
2. 초궁신으로, 영기와, 당조삼신왕, 실력, 수덕으로, 옛날이라, 선생님, 옛날에, 황소님내매여맞든, 용이전상배외다. 글선생님불도선생, 로자님, 곽곽선생, 주역선생님,
이슬푼소강절, 제갈공명대선생, 매여맞든용이전상배가됩니다.
명도선생, 소미선생, 북, 장구, 대양선생설쇠선생매여맞든용이전상배외다
심방선생매여맞든, 용이전상배우다. 자리선생, 당반선생, 기매선생, 보답선생, 각출물선생님내, 매여맞든용이전상배우다. ---참고. ---만약심방집이면, 안공시선생부터거느려야함니다---그리고평민집이면, 거헝신해몸바든선생부터거느리세요
또같이일간사람년세차래로, 거느린다음아는선생거느린다음.---
3. 용이전상배랑, 신이집사, 양단억게, 가마비여, 저러맞자---연물친다손춤추고서면
당이당배, 절이절배, 궁이궁배가, 신이부퍼옵니다. 당배랑당드레풀고, 절배는
절더레풀고, 궁이궁배랑, 양궁으로푸러---연물침니다---양억게가문시렁목을
---참고. 어궁앞으로품러놈니다. ---다음---신이신배랑신공시로푸러 ▶
연물을침니다. ---시렁목양끝심고, 공시앞으로, 놀리고서면---
동이와당, 청룡머리, 남이와당적용머리, 서이와당백룡머리, 북이와당, 흑룡머리, 신이부퍼옵니다. 동이와당청용머리랑, 어궁삼천전제석궁으로, 무어, 남이와당, 적룡머리랑, 안시왕드레무어, ---서이와당, 백룡머리랑, 일문전, 삼본향당클로무어---연물친다서면.
참고---이때, 시렁목끝을, 코구리지워서간단이묵어서, 당클로건다. 또한끝은, 안시왕으로걸고, 또중간은, 문전본향당클로, 거러논, ---다음,
동이와당, 청룡머리길, 도라보자. 남이와당적룡머리길도라보자---서해와당백룡머리길, 도, 도라바---연물친다---손춤추고서면, ---동해와당청룡길, 남해와당적용길,
서해와당, 백룡길도란보니, 악근듬북한듬북, 악근멀망, 한멀망길이되여지여옴니다.
1. 세경은날도로비여, ---연물친다. ---비는식하고서면---참고. 심방집이면제석궁은날도로
비여---하면연물침니다. ---참고하세요---서면, ---2. 악근듬북, 한듬북, 악근멀망
한멀망, ---신모람작대기로치와---연물친다---치우는식하고, 서면, ---다음식말.

3. 참고---심방, 본조앞에감니다. ---심방문---단궐님맛시---본조답. ---예.
심방문---나이젠, 저만큼, 벌겨노아시난, 나문시간에, 이제랑, 단궐님대로전부
설령, 치와붓서---본조답---나양으로하여질일이라도, 답답하난저어른들비
럿주그게무슨말이우가---심방문. ---무슨거맛시. 문찾아지건가라맛시.
버르처논거, 벌겨논거, 전부치와두고가라, 맛시. 짐진사람이팡을찾주, 짐안진사람이팡
을찾지랴---맛수다---경하면, 청구아구, 삼도구미을잡을려면, 좋은약이있저, 좋은약은
무엇이냐면, 삼신산, 불로초약이여. 이약을밭젠하면, 신공시로가서조상에영기와
신력, 수덕을줍서하고, 약바드레가자. ---신공시앞으로간다. ---다음, 말한다
신공시조상님아선생님아, ---의논왓수다. ---답. 주고, 반나. ---저에, 성은아무가
주당천변기도로, 열두숭엄주는청구아구삼도구미을잡아서제출식키젠, 잠제울약
의논왓수다---공시로---답. 기여. ---저삼도래우심상으로가면좋은약있저. ▶
심방, 문. ---야---신공시로의논하난, 삼도래우심상으로가면, 좋은약시난바다가랜.
심방, ---자---삼신산불초로약바닷저. 삼도구미, 잠제우레가자. ---참고---이때에, 눈
밸릅서
나고바불저, 어서리굿된다---다음, ---잠제웟저. 강보자. ---초경잠이여. ---또강보자
---이경잠은
안드럿저. ---또강보자. 깊은밤중이여. 무엇들해나신디사, 피곤하게잠드러서잠저.
자---이때, 요청구아구, 삼도구미, 잠는연습하고가자. 우로오는귀신은우로, 칼을바다찌
르고, 알로오는귀신은칼을알로찌르고, 동서쪽오는귀신은, 칼을양쪽손에잡고한박귀돌면
서, 찌른다. ---자---귀신잡는연습하였저. ---참고해두고---다음---말식,
어궁삼천, 전제석궁으로, 동이와당청용머리잡아---연물친다. ---동해와당청룡머리잡
았저. ---안시왕으로, ---백룡머리잡아---연물친다---서해와당백룡어리잡앗저.
남이와당적룡머리, 다잡아---연물친다---적룡머리잡앗수다.
참고---이때, 어서리굿식난다---청룡, 백룡, 흑룡이얼마나그동안잘먹어시냐보자.
아이구, 아이구, 못먹언, 박소리만남저---둑둑한박소리여, 되게상밭저하엿구나.
이---때, ---또두둘기면, ---야---몇일먹으난다르다. ---쇠소리남저. ---이제랑이거
골내자---골내는서욺하고---본조앞에간다---단궐님, 좋은약왓수다. 약삽서
약들삽서---머리아픈데좋은약, 풍징에좋은약, 만경징좋은약삽서. 약왓수다
예---에, ---혼자먹어서오레살주. ---자---약다파랏저. ---다음---말식.
동해와당청룡머리, 남해와당적룡머리, 서해와당백룡머리로구나. 동해와
당청룡머리랑, 청구름드레푸러---연물친다. 남해와당적룡머리랑
적구름드레푸러. ---연물친다서면---서해와당백룡머리랑---백구름으로
푸러---연물친다서면---청룡머리푸럿수다적룡머리푸럿수다
백룡머리푸럿수다. ---청룡, 백룡, 모진갈룡머리몸천도뱅뱅사려맨드

라---이때---신자리레, ---시렁목가마서, 배염식으로만드라논다 ▶
야---야---저신짜리에인는거무엇이우까. ---저거, 저거, ---저거무엇이랴---참고농담삼고서
시렁목가마진거신게---경허우과. ---안니여. 이집안, 조상이, 상밭젠, 승엄, 저외로나누웟저
심방문. ---본조맛시, 괄채나, 치마통이나하여서저거터진방으로치와다붓서. ---난못허구다
무사냐면---그옛날, 노루때려난몽둥이는삼년우려먹고---저건치우쟁하면, 삼대손
에죄가는거라부난, 못학구다. ---본조답---경하여도, 허는사람이, 아랑허주. 우리
못합니다---심방문---그리하면, ---나부터, 우리자식, 자손, 삼대먹을거죽구가
본조답---예---아이구, 고맛수다. ---참고---이때, 쌀하고, 돈하고같아논다
심방---야---이만하면, 되였고나---참고---이때, 쌀하여서, 제비을밭읍니다밭고나면,
심방---두루막기둘러쓰고, ---자, ---이젠저것을가르치렝합니다. ---청구아구, 삼도구미잡젱하면
심방문---난이젠, 앞으로못볼거난, 길을잘가르치라---1. 앞으로말하면뒤로가고, 2. 뒤로하면
바로안가서, 빅겨것고, 3. 좌측으로하면---오른쪽가고---4. 오른쪽하면---왼쪽으로가고
하면서, 어서리장난굿도친다. ---하다가, 바로가서, 시렁목가마논것을업더저심나
심방---심엇저, 심엇저. ---심방. ---동해와당청룡머리, 적룡머리, 백룡머리, 흑룡머리, 모진
갈룡, 머리청구아구삼도구미, 이집안승엄저외주는, 갈룡머리다잡앗수다. ---저마당나서
민, 천지천왕저승염라대박끄로, 내푸거---심방은박으로나감니다. 시렁목가문거가지고
박에나가면---심방. 큰대앞에서다음발식---동이와당청룡머리, 남이와당적룡머리, 서이
와당백룡머리북이와당흑룡머리, 청구아구삼도구미우다이집안승엄저외주는갈룡
머리, 천지천왕, 저승염라대알로, 천지왕골목박으로, 내놀입니다.
참고---그레서시렁목을풀고, ---서면---다음말식,
이집안, 부귀영자손창성, 안평대길식켜줄부근이랑진안으로잉어매살입니다
참고---이때보기족케하젱하면큰대앞에서연물엾이시렁목놀이고안으로문전까지
드러가면---소미는상잔천문같아주면---심방입에물고갈라저눕니다---또안내서
본조는고팡앞에침마를밭고안지면---심방은갈라저눈대로본조앞으로감니다
심방천문물고, 시렁목은다리두듬에녹고서, 그레저레둥굴면서, ---본조치마통앞에가며는 ▶
입에문, 상잔과천문을박아놈니다청룡, 백룡, 해득하기는, 다음과같읍니다
1. 청룡은상잔하나, 2적룡은, 상잔하나업더지고, 천문하나갈라진거고

3. 백룡은, 천문두개갈라지나, 안니면상잔두개업더지고천문두개갈라진거판다
4. 흑룡은, 그량, 상잔두개갈라지고천문두개글자보이는것으로판단해득함니다
이러면, 끝으로, 칠성본풉니다. 부근칠사신본富根七蛇神本.

끝. ▶

말노리식, 첫말.

상당이도올라도숙어각신우엄전, 조상님네가, 상천때가, 되였수다. 올때도, 말타고왓고, 갈때
타고갈, 호성안채, 말을대령하라고함니다. 우는각씨, 찝신사마서, 용갱기체워제달레면
서, 강남천제대국, 덕물산, 德物山으로말친심, 가자. ~어려려~~
덕물산으로, 말친심간보난, 말은, 좌두에서낙고, 소는, 우두에서낫저~자, ~이제랑말
을세여보자. ~일가래, 이청충, 삼적대, 사유마, 오, 월라, 육구렁, 말세였저.
말식굴배대봉하라~말식굴배, 대봉하였저. 말식그라말배에말식것저
강남처제국에서일본주년국으로말터저간다. 어려려~직구삼바시로말배
매고, 배에서내려, 이말드리, 일본국땅구경하고, 또말배타고, 한국땅은
독도너머서, 오육도로, 부산제일부두로, 말배터저온다~어려려~
부산제일부두말배대고, ~이말드리용도산으로안동땅으로태백산으로말
터저온다. ~어려려~강원도금강산구경하고~함경도백두산으로말터
저온다~어려려~앞녹강, 두만강구경하고, 평양도로말터저온다
어려려~평양도구경하고황해도로, 말터저온다. 어려려~황해도구경
하고, ~경기도, 서울, 지금도봉산, 옛날삼각산으로말터저온다~어려려~
서울동대문남대문, 서대문, 경복궁덕수궁창덕궁창경원전부구경하
고, 남쪽으로, 말터저온다~어려려~충청도로, 전라도로말터저온다
어려려~배진고달도수진포구로말터저온다. 어려려~말배대라
말배데엿저. 말식그라. 말식검저-말다식거고나. ~춘풍에돗달도바람
궁기터저온다. 사마물결이러온다~남방국일제주로말배터저온다
어려려~제주는 함덕수진포, 말배매자. 말배매였저. 말돌배에서내룻는
데조심하라. 말찬다그런데말가두울디만들라. 담을주워다가, 말가두울디만
드럿저. 말푸라. 말푸면서가두윗저. 이때함덕은사우장각씨, 삼월보름물찌
에, 기, 보말잡으레가단, 말가두운데, 도희여부난, 이말들이동문받은평대진 ▶
부풍원집으로말터저간다~어려려~평대, 부풍언집에간보난, 잔치너머낙고나, 이말들이, 탄물한
작박식어더먹고, 감나무알로너머가면서, 서른여덥번, 번개치는것이감이떠러지면서, 감씨한
방울조름에접쩌고이말이한라영산으로, 말터저간다~어려려~알송당으로
셋송당으로웃송당으로, 악근다랑수, 한다랑수로절물거리로, 성판앞으로말터저
간다~어려려~한라영산, 태역장우리, 물장우리, 구경하고, 동서남북을후망한다. 금번
굿하는집을찾저하는것이본적지로, 말터저간다~어려려~본적지간보난, ~타리로갈젠
하염저. ~현주소로, 말터저간다~어려려~현주소간보난, 시국도엄중하고, 집도작고하

여서널은집비러서간굿하염젠하난, 굿하는집으로, 말터저간다. ~어려려~
굿하는집을찾어간보난, 마당에큰대신수푸고, 굿하염고나. 조상들도가게되였고나.
경하난우릴찾엇고나. -저올래말들이당도하였저. -자조심하라말들찬다
이제랑말은왓저말들거두라. ~거두왓저,
말막으라~막앗저~자이제랑. ~이말은동경으로~세경드래. ~세경으로북도매레
얼러막고, ~저러막자~어려려~어려려~말털질하자~와, 와-갈비숨하자
갈비슴하엿저. ~어러막자~와, 와~진상매다갈박자~족자르자~비늘거스
리자. ~말솔질하자. ~참고이때, 본조앞에요랑들러서간다. ~단궐님, 말솔
질할때에, 엇덕게합니까. ~답, 본조~우로알너레합니다. ~참고그때심방은
요랑을꺼꾸로잡고~답이영맛시. ~본조문, ~요랑소리나는곳으로, 요랑치마쪽
으로하면곱다고합니다~심방~답맛수다~말솔질하자~말솔질하엿
저~말목제막이자~말목제막엿저~말석내자~참고이때~대나무에시
렁목을가늘게찌저서묵거녹고합니다~참고이때, 대나무에묵은시렁목을, 외우되움
니다~씰드린간하자. ~또올케하자면서~오른쪽으로, 되움니다~올드린간하자.
참고하면서~올케하자-이때또폼니다전부푸러지면, ~자한번, 본조대주배설
고비나, 아라보자~참고, -이때~오른쪽으로, 되와서느추면한고비두고비나, 가마지
면, ~또말한다. ~좋은듯하여도한고비너머두고비여. ~말하고~다음은 ▶
본조어머니, 배설고비아라보자~하면서, 앞에한고비풀고또되와서합니다. ~다음은,
배설고비, 아라밭저. ~이제랑, 금괘친내로가자. ~참고, ~전부잘풀고나면, ~다음은
끈는식합니다~입으로는방구소리내면서, 끈지안고, ~황에등심이여질기다~또입으로
방구소리내면서끈는선융하면서고래등심이여~야질기다~올케하자.
본조금괘친하자~안성방금괘친, ~참고~직업을거느리면서한뒤에
큰심방, 금괘친끈자~참고. ~해두고다음은~야말석이여, 본조금괘친, 큰심
방, 금괘친끄넛저. ~이제랑~이말들저마당큰대알로가서사름시젠하면
잘맥여사한다. ~다음말식,
참고~이때산판과, 상잔하나, 문전앞으로같아놈니다심방은, 대나무두개, 심고서시작
옛날옛적에, 좌청나라, 자청도령, 서천꼿밭에, 찾어가다가, 부선감대에, 주인무방할때에
말총겁으로말혀을묵어부난, 부선간종은논말판에논말죽하여다, 말앞에노아도안
먹은, 난, 부선간종은, 좌청도령앞에와서, 논말판에논밀죽하여주워도안먹엄젠
하난좌청도령은, 말앞에가서, 말삐얌을때리는척하면서총겁하나클르면서
난디나건, 난대중속, 든디들건, 든데풍속하라면서말석내부난, 왈탕발탕
잘먹어감데다~참고하면서상잔을걸려캐우린다. ~끝으로
야~말잘먹엇저~자이말랑큰대알로가서시름시우고본향다리로
각신전이상받고타고가게시름시우라~끝. ▶

세경노리, 이미식.

이굿식은그옛날, 어느곳에서난일인지는알수가엾읍니다. 외냐면옛선배선생들이
처얌에는, 어느곳에서난굿식이다고분명히햇건만세월이흘러가고, 그본은농사일
식인데, 보고, 드른걸로만찾어볼수박게엾읍니다
그레서, 어느곳에제일가난사람부부간이사한는데, 부인이포태가진걸로임신한
것으로부터, 시작이되고, 자식나서, 이름짐고, 공부못하고, 농사일로시작됩니다
세경놀이식.
1. 불도굿이여, 할망굿이여, 불도할망굿하난,
2. 바람사불젠하염신디, 비사오젠하염신디, 절산질산, 지리산송산하여온
다. 3. 일반신내앞에가서, 문점하자문, 여기일안신해나있수가
답, 있수다. 문, 문점오랏수다. 답그거갑자, 을축을접던보난한이북방
동티낫수다. 문아이구큰일낫저, 엇그지게, 큰서방오란간후에속이니울거리
고, 먹단음식못먹구, 저하늘에, 해만바려가도눈이어질어질하염수다
답, 그거나두민날차고, 달차면해결이됩니다.
4. 엇찌하면좋고, 날찾저, 달찾저, 아이구허리여, 아이구허리여, 자, 시름시자.
요레오라, 요레, 요레오랑, 시름시라, 아이구, 허리여, 아이구, 아이구, 아이고, 아이고,
아기낫저. 야, 조친거내우라. 내윘저내원보난소나이여. 애긴펭도리로고나
5. 이제랑, 이에기, 이름집자, 애기이름은펭도리여. 이애기, 젓비리애기멍키우자.
키윘저. 이젠글공부식키젠하면, 글공부식킬돈이셔샤할거난, 아방찾이라. 이때
펭을돌입니다. 펭뿌리가는데로, 말을합니다만, 펭뿌리가, 대주앒으로가면, 차비
돈반나, 또, 어멍찾이라하여도하고, 6. 그만하면공부할차비버렷저. 글공부가자 ▶
일천서당에, 글공부갇저. 펭도리, 선생님앞에글배원저. 선생님, 하늘천, 따지,
펭도리, 하늘천따지, 선생, 가물현, 누루황, 펭도리, 가멍밥떠, 누렁밥,
선생, 하늘천따지, 가물현, 누루황, 펭도리하늘천, 따지, 가명솟디, 누릉밥.
7. 야, 펭도리글공부안되키여. 선생이하는말이, 하늘천따지, 가물현누루황하니,
하여천따라지, 가멍솟에, 누렁밥이엔하염저. 이거큰일낫저. 이제랑, 활이나식켜
보자. 펭돌리, 활쏘운다. . 초천은불합격이여. 자돈쓰지. 돈썻저. 펭돌이활쏘운다
8. 펭돌이활쏘기, 불합격이여. 아이구이거큰일낫저. 글도안되고, 활도안되고
멋을, 하여보리. 야, 펭돌이글시길때가멍솟디, 누렁밥, 누렁밥하였저이제랑
농사나, 짓케하여보자. 9. 밭빌내가자. 어딜각코. 부자집으로. 가자. 부자집은
대한민국, 제주도, 시, 읍, 면, 동, 리, 번지, 아우성, 주당집이, 부자집이여. 그집으로
밭빌레, 가자. . 있수가. 본조, 에, 심방, 이집이, 부자집이엔하나, 밭이나조금빌려
줍서. 본조, 기영합서. 야, 심방, 별진밭, 달진밭세경너분드르땅, 빌려주키엔
10. 심방, 밭, 비럿저. 도라보자. 밭은도라보난, 남이손에서만, 농사짓던밭이여.

11. 자, 어염비자. 어염비염저. 와르륵탁, 와르륵탁, 다비엿저. 비난, 이걸랑
말유라. 말유암저. 불케우라. 불케웟저.
12. 이제랑, 남딸기, 드리라. 남딸기드렷저. 어염빈디, 파자, 이여도허랑, 이여도허랑
나달만석, 이러나라저달만석, 이러나라. 다팟저. 구진낭뿌리여, 세뿌리여다치
라. 치염저. 이것도, 말유라. 말유왓저. 불케우라. 불케우난
13. 소, 장남드리라. 소장남드렷저. 별도레랑, 달도레매우고달도레랑별도 ▶
도레매워서, 밭갈자. 여러찍직, 어러직직, 이대, 두사람이한다. 나무댁이에, 시렁목
찌저서묵은면한사람은앞에서당기는척하고, 뒤에서는밭가는사람, 잠대시머서밭가
는식을한다. 이때밭갈면서말이있다 당기라이소야여러찍직어러찍지.
자, 밭다가랏저. 벙에치였저. 씨드리자, 씨는어데가서타오리. 세경에가라. 세
경간, 씨타왓저. 씨드리라. 이때신자리페와녹고, 씨드리기전에제일먼저
씨드리는게있저. 담어염, , 머드레, 콩씨붓터놋자. 머드레콩씨 노앗저.
꾀써놋자. 이꾀, 저꾀, 허문꾀, 기름잘날, 덥부지꾀, 꾀씨노앗저.
콩씨놋자이콩저콩흰콩, 거문콩청태콩, 닭색기콩씨노았저.
이제랑좁씨, 드리자. 동경으로, 세경드레세경으로동경드레, 정씨놋차
말태우리, 드리라. 말태우리드렷저. 밭발이자. 어려려돌돌, 어려려돌돌, 이말아저말라
달랑, 달랑, 높은띠랑, 아자읍게곡식이랑잘나게. 달랑달랑발부라. 어려려돌돌, 어려
려돌돌, 어려려~밭다발바고나. 잘발바지여시니2. 몽둥이덜, 찔러보라
야잘발바지였저. 몽둥이도, 안드러가주마는, 쇠고지도, 안드러각키여~
이제랑, 태우리덜, 내멀라. 천왕태우리, 말마라가라, 지왕태우리, 말마라가라, 인왕태우리
말마라가라. 일소장, 이소장, 삼소장, 사수장, 오소장, 육소장, 칠소장, 팔소장, 구소장
십소장, 십일소장, 십이소장, 십삼소장, 심사소장으로말태우리말마라가라
말태우리, 내머랏저. 이제랑, 도애우라. 이때에도을, 막는사람이있읍니다
돌맹이로, 그런대, 여러식이지만, 밭에도는, 몇칠후담을답읍니다. 외냐면곡식이
난후에, 답읍니다. 걸질이, 만이난다고하여서, 직접도을, 안답읍니다 ▶
자조갈건디, 몇칠이되였저우리밭을보아야할건대, 심방우리밭덜보아신가, 하면
잡보았주. 문어덩하엿던고. 답, 야, 침질너서라. 문우리밭바서, 답, 보았주. 문어덩하여신
고. 답작박질렷선게. 문, 우리밭보아서, 답보았주. 문, 엇덩하였던고. 답초불검질매
게되연, 자초불검질매자. 사대소리하면서초불맨다, 사대소리, 앞멍에랑드러나오라
뒷멍에랑무너가라~이때, 신칼심고, 하다가, 신칼을두사람이하낙식심고하는대, 왼자
부나, 오른자부주면, 잘매였저하고, 이러서면, 또문, 우리밭바서, 답, 보았주.
문엇덩하였던고. 답, 두불검질, 매게되였젠. 자두불검질매자-이때도, 신칼하쪽
식잡고, 사대소리, 하면서또, 신칼녹고, 오른자부나, 왼자부되면잘매엿저하고, 일러섬
니다. 문, 또, 우리밭보아서. 답, 보았주. 문, 엇덩하엿던고. 세번제, 막번제검질

매게되연. 답세번, 막검질매자. 세번, 막검질은, 구버서맨다. 또신칼녹고서
오른, 자부나, 왼자부하면, 잘매였저. 하면서, 일러선다. 또, 문, 우리밭바서.
답, 보았주. . 문, 엇덩, 하엿던고. 답, 막입날려저. 문, 우리밭보아서. 답보앗주.
문, 엇덩하였던고. 답, 노린다리안자서라. . 벌서부룩안자서라. 문, 우리밭보아서
답, 보앗주. 문, 엇덩하엿던고. 답, 멍덩시리조, 여, 생이조여, 흐린조여, 잘되여선
게. 바람불면홍창망창, 하연, 마실만판, 거두게되여선게. 문그거엇덩하난
나무밭을, 잘아는고. 답, 저사람내, 옆에작은밭이우리바시내. 문, 아이구모르키여
한번밀집모자나, 조밭위로날려보자~이때, 송낙심어당, 날린다. 야-그거
곡식위로, 밀집페랑이가, 잘나라간다. 문, 야이사람아그작은밭우리큰밭드레
붓처불자. 답, 큰밭을, 작은밭드레, 부처불자. 야, 그게안니여. 구시월, 도지가무 ▶
섭다. ~~이때, 조을비는식을하게됩니다. 그레서조을비는데도여러가지식이
됩니다. 제주시, 서쪽은, 제일밑으로, 비고, 또제주시동쪽이나, 남군쪽에는밑으로약
이십센자카랑, 냉겨서, 비는말을합니다.
야조다비엿저묵으라묵을때, 요랑, 신칼을같이녹고서초석에가뭅니다
묵그는식하고, 조을질머서, 밭에서, 집으로, 오는식, 합니다. 그때에옆에서,
문, 할망, 어데간, 왐수가. 답, 조씨할거. 비연오람수다문좁씨좋수다
멍덩시리조씨우다. 요랑조씨우다신칼조씨우다. 집에왓저이제랑호미하영
조씨타다사허, 주. 조씨다끄넛저. 이제랑, 조씨, 장만하자. 자양쪽으로서라
독게들러서, 이여도, 허랑, 문, 이동산다리라. ~이때, 초석을양쪽에잡아서함니다
답, 저동산따리라. 문, 에야답, 문사. 문, 느내집에서방시냐답서방으로따, 문어데
가시니. 답, 원살내같여. 문, 개나시냐. 답, 개도, 으따. 문, 나나각하. 답오나마
나. (이걸로, 망당질은끝나고. 다음)자불임질하자야, 아이구, 부자집에마당
질하난, 바람은자부렷저. ~이때에, 초석을, 잡고서, 첫제, 어궁으로, 두번제안시왕
으로, 세번제, 문전, 본향으로, 네번제는마을당클로친다. 다음, 동도첫저. 서도첫저
남도첫저. 북도첫저.

다 음 식.

이때, 홉지기드리라. 되지기드리라. 말직이드리라. 섬직이드리라. 홉지기되지기말
지기. 섬지기드렷저. . 말이하냐, 되가하냐. 말은말. 되는되여. 그럿다관관직이
불르라관관이이오랏저. 관이크냐섬이크냐관직은한사람이여, 섬직이는여러
사람이난눈이여러시여, 그럿타이제랑관직이로, 차레대로, 녹을탄다 ▶
대주, 먹고살, 육괘, 안성방, 먹고사를육괘, 큰아들, 매느리, 손자, 차레로열명기에
쓴데로, 육괘, 끝나면, 다음을, 부근칠사신, 칠성이라고한데비러서
패모시면, 소지살사, 제비바드면, 끝남니다. -끝-

다음.
본상다리. 잔잡핀다~~ ▶
본상다리, 라고, 당숙여서, 각신에막잔잡피는식.
우리북군, 조천읍서쪽으로, 제주시, 애월읍, 한림읍, 한경, 대정, 안덕면지구까지는
바로, 당클셋맨굿이나, 사당클맨굿이라도, 바로, 어궁전으로
잔을, 잡피는줄, 암니다. 그러나, 옛날, 중문면지경, 서귀포시, 남원읍표선면
성산읍, 구좌읍지경은, 우, 알, 토산양서본향이, 있끼때문에, 당클셋을매면
안자서하고, 당클내게을맨사당클굿은, 신복을입고서본향들고, 함니다
그러면, 당클세게맨굿본향에, 잔잡피는식부터썻봄니다
본향에잔잡피상을차레로, 찰려놈니다본향상앞에는공시상, 도래상을
놈니다. 그레서, 큰심방이장구바다안자서시작합니다

첫제말식.

본상연다리로, 서른장구로, 신매와, 석사릅니다. 하면서, 장구두둘면서
공신은, 공신은, 강신공신으로드러감니다00년, 00월, 00일00시로부터
기도는시작되였수다. 원고자, 국, 도, 시, 읍, 면, 동, 리번지됨니다
다음은, 간단집안, 연유굿차래거느리고,
본상연다리로, 신도업합서. 차레로, 신도업거느림니다. 우, 선, 일문전, 부터, 그마을본향,
바람웃도, 알송당, 소천국, 웃송당금백조, 셋송당강진내기도갈채산신도, 신도업합서
본상다리로, 덕천큰아들문국성성읍리둘제선왕당, 셋제대정광양당넷제는
제주시, 시내외당, 다섯제, 대천동산신도, 여섯제, 삼양시월도병도, 여섯제김령괘
노기큰당태자님, 본상다리로, 신도업합서. 안성방성, 몇살뒤로, 본향거느린다
매느리, 뒤로본향, 웃당일외, 알당여드레, 우, 알, 양서본향신도업합서 ▶
신공시로옛선생, 어진조상, 한억게동참한, 신이조상신도업합서. 내려서면,
본상연다리로, 일문전각본향내리는문, 도라보저함니다-저먼정에삼도레우심상
신수푸면서, 문민마다, 초군문, 이군문, 삼시도군문, 본상다리로, 각본향내리는문도라
봄니다. 참고이때, 장구두두리면서함니다. 문민마다선신하고, 도란보난문직대장
감옥성방, 정이방문잡아옵니다. 문민마다, 제인정걸레감니다. 인정거난, 문열려가
라영이납니다. 문열인데, 제인영잔지냉김니다. 이때, 신칼지우고, 큰심방이, 안자둡서
요랑홍글면서, 함니다. 일문전으로, 제듭니다. ~~연물친다. 요랑홍글면
심방, 초잔은청감주로, 일문전, 대법천왕드레위올입니다-연물친다.
일문전바든잔, 이랑, 청대섭우수겨, 일부한잔함니다. ~소미문전으로잔케우린다
심방, 일문전, 대법천왕뒤, 녹두성인발아나문잔어멍국, 삼덕조왕억마육괘무움
(1번시작)   니다~연물친다소미외잔내유와서조왕에가비운다

심방, 이마을, 토조지관드레초잔청감주, 이체잔은좌청주, 제삼잔자소주로, 제듭니다
연물친다. 소미, ~삼잔에, 감주와술비워서, 본향당클로올린다.
심방, …안성방뒤로도, 삼사본향으로, 초잔청감주, 자소주로제듭니다. ~연물친다
소미~삼잔에감주, 소주비워서본향당클올입니다
심방, 매느리들, 뒤로도, 삼, 사본향드레, 초잔청감주, 좌소주로제듭니다~연물친다
소미~삼잔에감주와소주비워서본향당클로올입니다
심방~바람웃도로, 지도라감니다. 알송당소천국, 웃송당금백조셋송당, 강진내기도갈채산
신도정이선왕당대정과양당, 제주시, 시내외당삼읍토조지관드레도, 청감
주, 자소지로제듭니다~연물친다~소미또삼잔걸러서본향당클 ▶
로올입니다-이다음은, 만약에, 토산본향이있스면삼잔을올입니다
엾스면, 안해도됩니다다음은,
심방, 이마을, 토조지관밭은잔도내려, 청대섭으로, 일부한잔합니다. 밭아나문잔은내어다
신당한집
본향한집, 뒤, 당하님당군졸만이제사김니다. 연물친다~소미잔낸다또잔걸고
상우에놋읍니다
심방, ~안성뒤로, 신당에밭아나문잔도내려, 청대섭개란안주로, 일부한잔합니다
, 밭아나문잔, 은내여다신당뒤, 본향한집뒤, 당하님당군졸, 만이
제사김니다. 연물친다. 소미잔내고, 잔비와서상우에논다.
심방~매느리들뒤우로도, 신당한집밭아나문잔, 도내려, 청대섭개란안주로일부한
잔합니다. ~밭아나문잔은내여다, 신당뒤본향뒤, 당하님, 당군졸, 만이
제사김니다. ~연물친다. 소미, 잔내고, 잔비워서상우에논다
심방, ~바람웃도, 삼읍토조지관, 밭아나문, 청감주, 좌소주도내려, 청대섭, 개란안주로
일부한잔하다, 나문잔은, 것, 내여다, 당뒤, 본당뒤, 당하님, 당군줄, 만이
제사겨, 드립니다~연물친다. 소미, 잔내고잔거러, 상우에논다.
참고, 또, 웃당, 알당토산, 우알, 양서본향도있스면우에와같이한다

다음식.

안진제중당클, 출원으로, 상당이도올랏다도숙어본상연다리, 어간이되였읍니다
이마을, 토조지관, 대주뒤로, 본고향토조지관, 안성방, 매느리뒤로, 본향한집님
바람웃도, 삼읍토조지관이막잔밭고, 필부하전때가, 되였읍니다
우알양서본향, 제토산도, 막잔밭고도라설때가, 되였수다. 심방, ~~이마을토
조지관님과, 바람웃도, 삼읍토조지관, 우알, 양서본향이, 막잔, 필부잔바드레, 내임
니다. 산색벽, 물이시더지듯, 국이건당함니다 눗건느진대로, 빠르건 ▶
빠른대로, 초편이편, 제삼편으로, 신매와~연물친다.
소미는~팔지와, 감상기들러서, 세번, 왓다, 같아, 합니다.

신방~신칼지우면, 이러서서, 본조불러, 절식켜, 삼니다본향에소지살고하면, 쌀제
비, 바다주고나면, 또절한번식킨다. 다음, 은,
우, 알, 양서본향이, 인는집은, 본향푸리함니다. 엽스면그대로, 큰심방이잔을잡
필적에, 제다리로합니다. 올라옥황상제, 명부전, 으로부터, 공시상옛선생
조상전부, 잔잡피면, 끝이되고, 또이때, 고리동반도다뭅니다.
-끝-
다음은, 사당클, 에본향, 잔잡피는식이됩니다. ▶

사당클굿, 본향에, 잔잡피는식.

큰심방이본향에, 잔피로, 신복입고서, 제청문전, 본향, 당클앞으로, 나섬니다

첫제말식. (서서합니다)

본상연다리로도올라, 도생겨, 석사름니다. ~~연물친다서면,
본상연다리로, 날은어느날함거든, 굿시작한날부터생김니다. 올금년○○년○○월,
○○일, ○○시로제청설입하고, 박으로는, 천지천왕대를, 삼강, 오륜지, 법으로,
신수푸고, 낫도영청, 밤도극락, 신기원불을, 올려수다. 오늘은몇일만인대, 이마
을, 토조지관님과, 대주본고향, 안성방뒤본향, 매누리뒤로, 본향, 바람웃도삼읍
토조지관, 우, 알, 양서, 본향이, 막잔밭고, 필부하전때가되였수다.
원고자고향은, 국은갈라, 세게각국중, (간단히식)대한민국, 제주도, 시, 읍, 면
동, 리, 번지, 대주, 성, 몇살, 주부, 성몇살열명기쓴차레로올입니다
다음은, 연유, 간단히.
몇년도, 몇월, 몇일제겨드러서, 몇일날, 몇시부터천변기도, 대령청, 천신
공양만신에축원을하였수다. 조상부모, 이승역대, 저승원불을올렷수다
집안에, 자손들에, 엽는명, 엽는복사실을하였수다. 축원을하다보니, 도라설신전은
도올라행차하였읍니다뒤떠러진, 신전은이마을, 토조지관과, 안성방매누님뒤로
각본향과, 바람웃도알송당, 웃송당, 셋송당, 한짐과, 삼읍토조지관님, 우알양서
본향이, 뒤떠러저, 있읍니다. 본상연다리로막잔은, 필부잔드리저, 본상연다리어간
이되였수다. 본상연다리로, 일문전일르러대법천왕하늘님안문전열여덥, 밭문저은
스물여덥, 대법천왕, 하늘님뒤, 영력한녹두성인도신매와드림니다 ▶
애기, 자손, 사는 일문전도, 본상다리, 신매움니다. 각서본향이마을토조지관
본상다리로, 신매움니다대주, 본고향, 본향, 안성방뒤로, 각본향, 본상다리로신
매움니다. 매누리뒤로, 각본향, 신매움니다본상다리로, 바람웃도, 한집, 이
외다. 알송당, 소천국, 웃송당, 백조님, 셋송당은, 강진내기도갈채, 산신도, 도신매움
니다. 삼읍토조지관성읍리선왕당, 대정읍광정당, 제주시, 시내외당신매

움니다. 웃당일외, 알당여드레, 우알, 양서본향도본상다리신매움니다
하늘갈른, 신공시, 로, 옛선생님, 어진조상, 전득준선생님내, 한억게동참한신이
동간몸바든조상님내, 선생님내차레로올림다신매움니다
해두고, 다음식은.
본상연다리로, 저먼정삼도레, 우심상, 신수푸고, 각본향, 내리는문, 도와보저하
는데, 부정이, 사옵니다. 신소미나사, 연찬물로, 부정, 서정, 신가이고, 내카임니다
소미가, 물캐우려사면는, 큰심방이또
부정서정신소미, 내카이난, 신당본향, 내리는문, 도라보라함니다. 천왕낙화
둘러바다, 본상, 연다리로, 문민마다, 선신하면서, 도라봄니다. ~연물친다문도라본다
서면, 본상연다리로신당문본당문, 선신하면서, 도란보난, 문민마다, 문직대장
감옥성방, 안자녹고, 인정걸라고, 영이남니다. 인정마다다제인정걸레,
연물친다. 인정걸레간다. 인정거는말하고서면,
인정거난, 문열려가라, 영이남니다. 옛날상교, 상천문은열두집사가, 열렷수다
신전조상내리는, 문은신이집사가, 열입니다한데, 신이집사힘으로, 열릴능력
있읍니까. 엾읍니다. 몸바든조상, 영급밑고, 실력밑고, 옛선생지시대로
물리대로, 신감상시군문열려, 앞송하면서, 각본향, 바람웃도우, 알양서본향 ▶
옛선생내리는, 시군문, 열려~연물친다감상기들러서한번두번세번제로열린다
서면, 본상연다리로, 시군문열려수다. 두루대천문들러바다문열린가뭇,
연물친다. 천문으로문열인가뭇아라보고서면, 분부문안은권주권감식켜가며,
심방, ~일문전대법천왕, 하늘님전으로, 제듬니다~연물친다서면,
첫제잔은청감주로, 일문전드레, 위올임니다. 소미, 감주비워올림니다
일문전바든잔, 도내려서, 청대섭으로, 일부한잔합서, 일부한잔하다나문잔
어멍국, 삼덕조왕, 대신, 뒤, 여산부인, 조왕할망에, 억만육게무릅니다.
(1번) 연물친다. 소미, 조왕에가서잔비우고온다
심방. ··이마을, 토조지관 한집으로, 초간청감주로 제듬니다. -연물친다
　　소미, 삼잔에, 감주비워서, 본향당클로올입니다
심방··대주, 본고향한집으로도, 초잔청감주제듬니다~연물친다
　　소미~삼잔에감주비워본향당클로올인다
심방, 처가숙뒤로, 본향한집에초잔청감주로제듬니다~연물친다
　　소미, ~삼잔본향당클로, 올린다.
심방~매누리를, 뒤로각본향한집에초잔청감주제듬니다~연물친다
　　소미~삼잔, 본향당클로올린다
심방~바람웃도, 알송당, 소천국, 웃송당금백조, 셋송당, 강진내기도갈채산신도로, 삼읍
　　토조지관, 선왕당, 광양당, 시내외당한집으로, 초잔청감주제듬니다

연물친다. ~소미~감주로, 삼잔에거러서본향당클로올입니다
심방~웃당일외, 알당은여드레한집으로초잔청감주제듭니다~연물친다
소미, ~감주로삼잔거러본향당클로올린다 ▶
심방, …이마을토조지관, 바든잔, 도내려서, 청대섭으로일부한잔이외다~연물친다
소미~대섭으로 감주잘세번케우리면,
심방…이마을토조지관, 초잔청감주, 한잔하다, 나문것은, 내여다, 당하님, 당군졸만나권권함니다. ~연물친다~소미, 잔낸다, 심방서면,
심방~대주뒤로, 본고향, 한집밭아, 나문잔은도내려다, 청대섭으로일부한잔함니다~연물친다
소미~잔내류와서대섭으로잔케우리면,
심방. ~본향한집, 밭아나문잔, 내여다, 당하님당군졸, 만이권권함니다소미잔낸다
심방~안성방뒤로토조지관, 밭아나문잔, 도내려다, 청대섭으로일부한잔이외다~연물친다
소미, 대섭으로잔케우린다서면,
심방~안성방뒤로본향한집밭아나문잔, 내여다, 당하님, 당군졸만이권권함니다
연물친다. 소미, 잔케우린다.
심방…매누리뒤로, 토조지관, 밭아나문잔, 도내려다청대섭으로일부한잔이외다
연물치다. 소미~대섭으로, 잔케우린다
심방, ~매누리뒤로, 한집밭아나문잔, 내여다, 당하님, 당군졸만니권권함니다
연물친다 소미, 잔낸다.
심방~바람웃도, 알송당, 웃송당, 셋송당, 정이선왕당, 광양당, 시내외당밭아나문잔도내려다, 청대섭으로, 일부한잔, 이외다. ~연물친다
소미, ~잔케우린다. 대섭으로.
심방~바람웃도, 밭아나문잔, 내여다, 알송당웃송당, 셋송당뒤삼읍토조지관뒤, 당한님당군졸만이권권함니다~연물친다~소미잔낸다
심방~우, 알, 양서본향, 바든잔도내려다, 초잔청감주, 청대섭으로일부한잔이외다
연물친다. 소미~잔내유와서대섭으로잔케우린다
심방~우알양서본향밭다나문잔내여다당하님, 당군졸웃당뒤일곱애기시군졸사 ▶
김니다. 여드레, 한집뒤, 오름산이, 봉산이서저구리, 신삼철이외국나라마을레청군줄들들만이권권함니다~연물친다~소미~잔냄니다

2번 다음은,

참고, 나미나라는청주, 정종이있읍니다우리고향도, 옛날은 막걸리청주가있썻읍니다
그런대, 요즘은엾기대문에청주대리소주로두번을함니다말로청주라고함니다

두번제, 좌청주식.

이마을, 토조지관, 한집본향으로, 청감주, 개란안주로, 제듭니다~연물친다

소미, 삼잔걸고큰심방, 말대로, 본향당클에올린다.
심방, ~대주본고향본향한집으로, 자청주개란안주로, 제듬니다~~~연물친다
소미~삼잔걸고, 본향당클로올림니다
심방…안성방뒤로본향한집으로자청주개란안주로제듬니다~연물친다
소미, 잔올린다
심방, ~~매누리들뒤로각본향으로, 이채잔, 자청주, 개란안주로제듬니다~연물친다
소미, ~잔올린다
심방~~바람웃도본향한집과, 삼읍토조지관으로이체잔자청주개란안주로제듬니다
연물친다…소미~잔올린다
심방~웃당일외, 알당여드레, 양서본향으로, 이체잔, 자청주, 개란안주로, 제듬니다
연물친다….·소미, …잔걸고올린다다음심방신칼지워서면
다음은, 잔을내유게됨니다
심방, ~이마을, 토조지관본향한집바든잔도내려다, 개란안주로일부한잔이외다
연물친다. ~소미~~개란으로잔케우린다
심방~토조지관, 밭아나문잔내여다, 당하님, 당군줄, 만이제사김니다~연물친다
소미~잔낸다 ▶
심방~대주본고향, 한집바든잔, 도내려다, 자청주, 개란안주로일부한잔이외다
연물친다소미-잔케우린다
심방, ~한집이밭아나문잔, 내여다, 당한님, 당군졸만이권권함니다연물친다
소미~잔낸다.
심방~~안성방뒤로, 한집밭아나문잔, 도내려다자청주, 개란안주로, 일부한잔이외다
연물친다. 소미~개란들러잔케우린다.
심방, ~~한집에, 밭아나문잔내여다당하님당군줄, 올내, 어귀지신만이권권함니다
연물친다~소미~잔낸다.
심방……매누리뒤로, 삼사, 본향바든잔, 내려다, 자청주, 개란안주로일부한잔이외다
연물친다~소미~개란돌러서잔케우린다
심방~삼, 사, 본향밭아나문잔내여다, 삼, 사본향뒤, 당하님, 당군졸, 만이권권함니다
연물친다. ~소미~잔낸다.
심방~바람웃도, 알송당, 소천국, 웃송당, 금백조, 셋송당, 강진내기, 도갈채, 산신도, 성읍
선왕당, 대정, 광양당, 제주시, 시내외광, 삼본향, 바든잔, 내려다, 자청주, 개
란안주로, 일부한잔이외다~연물친다~소미, ~개란들러잔케우린다
심방~바람웃도, 삼읍토조지관, 밭아나문잔, 내여다, 바람웃도뒤시군졸당하님당
군졸만이권권함니다~연물친다~소미~잔낸다.
심방~웃당일외, 알당여드레, 한집, 밭아나문잔, 내려다, 자청주, 개란안주로, 일부한

잔이외다~연물친다. ~소미~잔들러서, 개란으로, 잔케우린다

심방~우, 알, 당, 밭아나문잔내여다, 당한님, 당군졸, 사김니다. 웃당한집뒤, 일곱에기단마을청, 제사김니다. 알당뒤, 외국나라마을에청, 오름산이, 봉산이, 서저구리, 신삼철이, 맴시박에시군졸, 만이권권함니다연물친다

소미~잔낸다. 다음은, 제삼잔소주차레가됩니다 ▶

심방, ~이마을, 토조지관한집으로, 제삼잔은좌소주, 닭주점으로제듬니다.

연물친다. ~소미~소주삼잔과, 닭고기조금녹고본향당클로올린다

심방~대주두로, 본고향, 토조지관본향으로, 제삼잔좌소주, 닭주점으로제듬니다

연물친다~소미~소주삼잔걸고닭주점하여서본향당클로올린다

심방~안성방뒤로, 신당한집뒤로, 제삼잔, 좌소주, 닭주점으로, 제듭니다

연물친다. ~소미, 삼잔을소주로걸고, 닭고기녹고본향당클로올린다

심방~매누리뒤로~삼사본향에도, 제삼잔좌소주, 닭주점으로제듭니다

연물친다~소미~삼잔을, 소주로걸고닭고기조금녹고본향당클올린다

심방~바람웃도, 알송당, 소천국, 웃송당백조님, 셋송당, 강진내기도갈채산신도, 삼읍토조지관성읍리, 선왕당, 대정광정당, 제주시, 시내외당한집으로제삼잔, 좌소주, 닭주점으로, 제듭니다. 연물친다~소미~잔올린다본향당클로

심방~웃당일외, 알당여드레우, 알양서본향으로도좌소주, 닭주점으로제듬니다

연물친다~소미~삼잔소주로올린다.

다 음 식 말은,

심방~삼본향연다리로상당이도숙어필부하전때가, 되였수다
이마을토조지관이나, 내외간매누리뒤로, 바람웃도삼읍토조지관이, 막
잔밭고도라살때가되였수다각서본향, 우알양서본향이요디
저기국이건당합니다늦건느진데로, 빠르건바른데로신당한집이산석벽
물시더지듯, 약근작지한작이, 이러온다상축권상가늠하면선초번이번
제삼번으로오리정신청개로신매와~연물침니다. 이때, ▶
큰심방팔에는, 팔치매고, 양억게도마거리매고감상기신칼요랑들러서보통
굿, 본향들듯, 삼세번에들고, 신칼지우면본조불러서절식키고소지삽니다
쌀제비밭고나면, 우, 알, 양본향도전부품니다. 그레서잔내고큰심방
조금쉬는동안, 본향당클에음식내릇와서잡식만들고소미두른본향군졸사기
로갑니다. 군졸사길때몇일날몇시로상바드레내린신전조상님내
본상다리로하군졸들, 결명잡식밭고, 도라섭서함니다군졸거느일때는
제다리, 각신권차레로거느리면서잔내고초감제로부터굿석시초신마제초
상계, 말명, 입질, 언담, 제다리, 밑참된신건군졸권권합니다해두고그다
음은각잡신거느리는식이원칙입니다

또안내는큰심방이쉰다음제다리로신공시까지제차본상다리잔바
듭서하면 끝납니다
-끝- ▶

강대원 심방 문서_당신 일람과 당신본풀이

구좌읍, 종달리 본향

소섬으로, 가지갈라온강남천제대국, 마른밭배달려오든장하르방장할망
백조올라, 조산주, 오금상도, 달이여, 별이여, 삼천백마, 초기연발, 거느리던, 한집뒤
소금발천신하르방해신당, 개당본향.

하도리.

강남무진땅, 삼신산서소사난, 도궐로도집사, 여례불도, 삼신할머니,
각씨당, 용여부인, 삼부처, 남당하루방, 남당할망~되지고기밭읍니다
황계당, 해신서, 난두리, 토기섬, 할미당, 삼천백마, 초기연발.

상도리.

막은길, 서당밭, 황세부인, 적세부인, 두름다리, 하늘공저, 송공저
바람웃도, 일외중저

세와리.

상서와리, 정주남머르, 천제하르바님, 외손녀, 백조마누라님뒤,
달로어든장수, 날로어든장수, 금상장수, ~돗제밭읍니다

평대리

강남서드러온, 신선백관, 하늘무장고씨책실, 신선하르바님마을찾어, 중동내와
서동내는각성친앞, 정월초일외, 열일외, 스무일외, 과세문안밭읍니다, 바람알도, 수
댁이송씨할망, 일외중저, 일곱애기단마을청, 소천국아들송상옥기되지고기밭고
동동내간마리는, 상동적지동이고, 하동소천국뒤정순빌레송씨할망해녀어부찾이 ▶

알손당

간마리, 송천국, 하르바님.

웃송당

당오름알, 좌정한, 금백주마누라님해년마다, 정월13일, 은신과세, 이월13일
은, 영등제, 칠월13일은, 마불림제, 십월, 13일은시만곡제, 각성친에서천제
인정밭읍니다. 백조마느라님은, 강남천제국, 백정승딸로태어낫읍니다
우리제주땅에서소사난송천국과부부매저아들칠형제낫읍니다
첫제아들, 덕천문국성~둘제성읍리, 마른밭배달~셋제대정광정당
넷제-시내외당-다섯제다리, 지금교래리산신일외, ~여섯제삼양시월
도병도와서벽제태자, 일곱제아들김령괴녹이본향뒤아들애
기열여덥, 딸애기스물여덥, 손지방답일른여덥각서본향칠송이우○

셋송당.

사라왕, 사라대왕, 산신도, 해외남굴, 강진내기도갈체, 딸님문광녹이
최강록이도갈채산신도, 하군졸대우, 우알, 양서본향

한동리.

구덕기산에서소사난, 안세움밭, 밭세음밭, 궹안진존제, 매안진존제좌정한
바람웃도, 상운이, 9월9일한집뒤, 우, 알양서본향, 뒤,
소천국, 본풀면서, 결혼식때나돗제로도상반나 ▶

행원리.

나주골나주목사, 나주판관, 김인드러절제석, 궁전용왕, 대부인, 남당칠머르
큰도안전, 큰도부인, 신영머르, 문씨할망, 오분작할망, 남당하르방, 남당할망
올래어귀박으로, 중이, 대사, 여례화주님본향돗제밭읍니다
당머쉬, 쇠하르방, 쇠할망, 넓은돌, 일외중저, 고양할망, 강남할망, 뒤
우, 알 양서본향 토산.

월정리.

신산국삼대왕, 아방국, 태호도, 어멍국자부도큰부인알로내려, 배롱개일외중
저, 태호도아들-해신당으로, 해녀, 어부찾이, 올래어귀박으로, 서당밭좌정한
서당할망, 서울황정승따님애기씨뒤일곱애기단마을청, ~돗제바듬

덕천리

송당, 소천국, 큰아들거멀문국성, 태자, 사라왈삼대왕, 뒤, 송씨하르방, 솟
불미, 찾이한본향, ~돗제, 그옛날바앗읍니다

김녕리.

괴녹기, 송천국일곱제태자큰당, 한집, -돗제밭읍니다, 중학교뒤밭, 큰도안
전, 큰도부인, 안성세기, 밭성세기, 내외천제동내국, 바람웃도, 소공주마
누라, 신쟁이머르, 산신일외, 나무레기, 여례불도애기당, 일외중저, 양주거
리, 일외중저, 구진허물할망, ~남당하루방, 남당할망 사계하르방, 사계할
망, 놀래왓치, 풍래왓치, 성안할망, 다리할망, 객사할망, 우알양서본향 ▶

동복리.

서동내, 소금막좌정한, 바람웃도, 용왕으로 상이화단올라온 상여하르방
바람알로 굴묵밭좌정하였다모사든, 상여할망, 돗제밭읍니다.
그옛날체얍은해년마다정월삼일초칠일, 십삼일, 십칠이십삼일이십칠일상바
단는데, 해방후 매해 초칠일 십칠일, 이십칠일에상밭고, 봄삼삭3월17일
여름철가리, 7월17일 가을은9월17일가을철가리상밭습니다 ▶

조천지경

북촌리

바람웃도, 포제터, 좌정한 제석천왕, 토조지관, 가리땅서, 소사난, 하로, 하로산도,
연산주는, 일외중저, 노산주는, 여르레, 상밭고, 당코돌, 노보름, 당밭하르방
당밭할망, 구지머르, 용여부인, 큰도안전, 큰도부인, 칠머르, 삼대왕,
해녀, 어부찾이, 해신당, 2월13일대제일바고, 해녀, 어부거리도청제밭든
사라삼거리, 삼보, 대왕, 시군졸, ~산신노리옛날햇담니다

웃선늘한집

웃선늘은, 탈남밭애기씨한집뒤김씨하르방.

알선흘.

마을호적찾이, 토조지관, 산신도, 산신하르방뒤삼천백마초기연발
마을거리도제와산신노리, 더운설밭든한집

선인동

와산리.

고장남밭좌정한제석삼불도, 옥황제말젯딸애기씨 3월13일날
각성친, 대제일밭고, 또, 7月13日마불임밭읍니다.
올래어귀박으로, 올래장군, 올래사자, 배락장군배락사자산신도한집 ▶

와흘리.

한가름, 금폭낭알, 좌정한산신도, 산신하르방, 김씨도령안으로, 백주, 노
산주, 백조마누라 뒤, 고씨할망~고씨할망되지고기먹어서부정하다바람
알로, 내려섯수다. ~뒤산신노리까지, 밭는한집,

대흘, 1, 2리본향

금퐁낭알 좌정한산신일외증저한집.

함덕리, 옛날4구찾이본향

동백제로, 금상, 서울먹장골로, 소사난급수황하늘, 안가름서물한집
돈지영감, 사신용왕찾이, 가는선오는선찾이.
은진미럭, 돈지하르방, 돈지할망, 가는선오는선찾이넷거리, 개당한집.
소지머르, 여드레, 진길알, 고씨할망 양둥이머르신당, 삼구아래, 고망하
르방, 고망할망, 소남굴할망 덕남머르하르방할망, 3, 4, 5, 본향

신흥리

밑볼래남알좌정한, 박씨할마님, ~이박씨, 할망앞에는녀심방만감
서편은개당축일, 해녀, 와, 어부찾지한, 해신당.

조천리.

바람웃도, 큰물동산, 하르방, 바람알도, 정종밭정종아미정종도령정
종부인
셋콧고망할망고망하르방. ▶

신촌리.

바람웃도, 제석천왕, 큰물, 머리, 달리여날리여, 고동지홍동이찾이한, 한집
동카름, 아외낭거리, 송씨할망, 일외중저.

동회천.

남선밭, 일외중저, 서당국은, 산신당, 하르방, 바람웃도, 삼천백마초기연발. ▶

제주시지경 서회천본향.

참고~동회천은하르방당, 이고, 서회천은할망당인데동회천은, 조천지경되고,
서회천은제주시지경이라서갈라진본향이된다~참고하세요.
바람알도, 큰도안전, 큰도부인, 할망당~이된다

명도암.

도용남밭, 좌정한, 일외중저할마님당

봉개동.

뒷솔남밭, 좌정한본향 동편강씨할망, 가운데는, 호적마을찾이, 옆으로, 어림
쎗고, 트림쎗고, 서리선선하임조방장하르바님뒤책실고씨하르바님
서로서편물비리, 당비리 허물할망, 바젯도한집

삼양동

감남밭, 감남하르방, 감남할망, 바람웃도, 시월도의병사뒤송당소천
국, 여섯제태자님, 올래어귀박으로일곱애기단마을청, 알로개당은
가는선, 오는선 상선, 중선, 하선배와, 해녀, 어부찾이, 본향

도련 상하동

웃밭우영 좌정한 송씨할망, 개당술일본향, 김씨영감

용강, (상동, 웃무드내)

괴당, 산신당, 송씨할망, 일외중저, 산신대왕. ▶

하동 영평 무드내

포제터 산신당, 제석천왕, 상고웃골목 금폭낭알 송씨할망 일외중저

죽성

산신당 여래화주, 일외중저, 두부군칠사신본향.

아라리.

진동머르좌정한, 송씨할망 일외중저, 뒤축일한집

간다라.

과양

과양당, 시내외큰당한집동과양본향 ▶

서과양

도남, 선운당, 잣길하르방, 잣길할망 열두시우전한집

정실

산신하르방 김씨도령 송씨할망열두시운전한집

연동

시내외당, 바람웃도, 능당 어걸이, 강철이, 여례불도, 제석도 칠성문전
조왕찾이한, 바람알도, 송씨할망, 일외중저, ~인데정월

오라, 1동2동3동 찾이

바람웃도, 달래당 시우전한집, 방에왓돌, 남세하르방, 남세할망,
동편강씨할망, 가운데, 호적찾이토조지관, 서편은바젯도, 물비리, 당비리찾이

동문통

바람웃도, 시내외당열두한집, 동문통운지당.

남문통

바람웃도 열두시우전한집뒤각씨당. ▶

용담, 1, 2, 동

바람웃도, 열두시운전뒤, 한내동력어귀, 과시락당, 용여부인.

지금, 용담3동 옛날닥그내.

바람웃도 열두시우전뒤 궁당, 해신당, ~구대학교서쪽이고,
지금사대부고와사대부중학교 서쪽터다

옛날해지고, 지금북초등학교뒷쪽

해지골, 동미럭, 서미럭은진미럭, 일외중저, 본향

옛날 건입동.

산지용궁칠머리 송씨할망, 지방감찰관, 세변도원수막아든본향
알로해신당개당, 용왕, 선왕, 해녀, 어부에 서천제인정받든본향

시내외당 과양당

바람웃도, 천국, 냇제아들과양당, 열두시운전은, -1동문통운지당~2화북
가릿당~3시월, 도이병사~4광영, 당~5도남서운당~6연동, 능당
7-오라, 달례당, ~8남문통각씨당, ~9용담과시랑, ~10-궁당
11-은진미럭, ~12산지용궁칠머리당, ~열두시우전이됩니다 ▶

어영, 용담3동 해안도로.

뒤당, 억물동산, 괄케하르방 괄케할망, 해녀, 어부찾지본향.

몰래물, 도두2동

과랑하르방, 과랑할망뒤, 도두로가지갈라온송씨일외중저,
해신당, 개당, 해녀, 어부, 가는선, 오는선, 찾이

도두1동.

도두오름중허리 좌정한송씨할망, 일외중저, 삼천백마초기연발, 뒤,

김씨영감~오리물철호부인, 남당하르방 남당할망, 한도, 두도, 스물두도
찾지한본향.

이호1동

한도, 두도, 스물두도로, 갈라온, 이호불근왕돌, 신님제석, 송씨할망
일외중저, 뒤, 올래어귀박으로 김씨영감.

다오동.

오도동, 이호2동.

소왕멋체좌정하여, 구과세, 신과세 서천제인정밭은, 바람웃도제석
천왕 바람알도송씨할망, 물비리, 당비리도찾지한본향 ▶

다랑굿 노형봉부락.

와당당, 막개당, 송씨할망 일외중저본향

광평, 노형, 서동내.

여례불도, 삼신할머니, 뒤마느라도찾이, 제석천왕명감도, 세경도
물비리도, ~뒤~연주현댁, 줄이버든산신부군칠사신본향.

해안동

동당은천지천왕대별와하르방옛날정일로세경놀이까지찾지하
고, ~서당은, 소별왕도, 송씨할망, 일외중저.

도평동.

산신도, 강씨하르방, 거미영청, 황하늘뒤 송씨할망, 일외중저.

현사동 옛날덕지답

원당내창, 동력엉덕으로, 좌정한 거세하르방, 거세할망, 알로해신당
송씨할망, 일외중저, 도두동으로가지가른한집

내도동

두루빌레, 좌정한, 천지천왕, 대별왕뒤송씨할망일외중저,
용왕부군 부귀영화한집하르방동편. ▶

외도동

한길, 알려밭, 서강도지, 좌정한, 송씨할망, ~지금외도지서집자리,
가는선, 오는선, 해녀, 어부찾지본향.

우렝이, 지금외도1동.

마을찾지, 산신일외뒤~송씨할망

연대동

마을찾이 송씨할망, 뒤, 해신당, 개당본향. ▶

애월읍지경~옛날동귀, 본향

개똥남밭, 금폭낭알, 좌정한, 송씨할망, 남당하르방, 남당할망, 돈지하르방

돈지할망, 뒤, 세촐나미, 김씨영감, 축일한집, ~해녀, 어부찾지.

광령3리, 좌중이부락.

광령1리.

자근태, 빌래, 포제터, 산신도, 뒤, 금폭낭알, 좌정한송씨할망송씨도
령, 오누이본향, 삼천백마초기연발, 묘일술일남생기녀복덕상바듬

광령2리~옛날이승굴.

바람웃도 김통정하르방김씨영감, ~바람알도 금폭낭알, 송씨할망
일외중저, 정월초일외, 열일외, 스무일외, 상받고, 남생기녀복덕도상바듬
올래, 어귀박으로, 아홉애기, 열애기나도, 억굴하고, 칭원한, 매구니할머니.

금덕리~옛날거문덕마을 장전위부락.

바람웃도, 제석천왕, 김씨영감 산신도, 제석도세경부군문전조왕찾이서편
황서, 국서, 을사장수좌정하고, ~바람알도, 괴집터송씨할망일외중저
상정월초정일, 대제일받고, 세경노리도받고, 액마기에받고, 액마기닭, 창지는
산신군졸대우햇수다. ▶

유수암리.

바람웃도, 김씨영감바람알도, 절머루금폭낭알좌정한옥황상제둘제딸애기
씨와뒤에, 송씨할망, 남생기, 녀복덕일상받는한집.

상귀리.

황다리, 괴안으로, 바람웃도송씨할망, 일외중저, 어귀박으로 산신도, 강씨
르방 삼천백마, 초기연발, 거느린본향.

하귀리

돌코리당, 백주, 노산주, 신산주 안으로송씨할망, 일외중저, 너분태역동내로,
가지갈라온김씨영감, 올래어귀박으로, 시결명바듬.

고성리

이마을, 본향이엾고, 각성친이, 모여든러삽니다, 그레서고향못가면중산
하여서 위망하는본향이우다

서, 물미, 수산.

당동내, 금폭낭알로좌정한, 옥황상제큰딸애기씨뒤 일외중저송씨할망

장전리.

마을찾이전씨할망, 동편강씨할망, 서편송씨할망삼본향. ▶

소길리.

덩덩굴, 금폭낭알로, 모슨본향은, 구거문덕, 신거문덕으로가지갈라온바람웃도
김씨영감, 제석천왕, 바람알도, 송씨할망뒤황서국서울서삼장수본향.

구엄리.

모감빌래, 좌정한 송씨할망뒤, 김씨영감본향

중엄리

당밭, 금폭낭알로 좌정한, 바람웃도, 제석천왕, 바람알도, 송씨할망,
일년한번 상정월, 첫정일로 마을천제축으로 상바듬, 글찌, 생기진일상바듬

신엄리

제비빌레, 금폭낭알좌정한 제석천왕, 김씨하르방 바람알도송씨할망

옛날송냉이, 지금용흥 상하동

진빌래, 좌정한, 송씨할망, ~이본향은, 구거문덕, 신거문덕으로, 가지갈라온본향

상, 하가리, ~옛날 더럭.

오당빌레, 좌정한, 송씨할망, 뒤제석천왕, 김씨하르방, 본향뒤
오름허리, 변집뒤칠성김씨영감, 산신도, 셋촐남이 영감도.

고내리.

남당, 황서, 국서, 병서도 삼장수뒤, 오름허리용왕말젯딸애기씨뒤.
고씨, 셋친영감, 남당하르방, 남당할망, 송씨할망일외중저본향. ▶

납읍리

구산이우영 금폭낭알 좌정한송씨, 일외중저, 남생기, 여복덕일, 상
밭읍니다, 올래박겻 시동영감.

어름비, 상동부락.

비들기동산좌정한송씨할망, 삼천백마, 초기연발거느린 산신도.

어음리, 하동부락.

비들기솔, 좌정한문씨영감, 산신도, 알로내려, 송씨할망, 삼천백매초기연발

옛날, 어도리, 지금 봉성리.

구머리, 금폭낭알, 송씨할망, 남생기, 여복덕일, 상밭읍니다, 올래박겻, 산신도
삼천백마, 초기연발.

한담리.

소로기텅에 좌정한 오일한집영감도, 계당한집

곽지리

작은오름알, 귀뿌리포제터, 좌정한 송씨할망, 일외중저,
남생기, 여복덕일상밭읍니다

금성리.

웃동내, 평퐁내, 금폭낭알 송씨일외중저 알로내려서면축일한집
남당하르방, 남당할망, 개당한집, 해녀, 어부찾이, 가는선, 오는선찾이.

애월리

해신당, 송씨할망 일외중저, ▶

한림읍, 지경, 본향

귀덕리, 2리, 3리, 4리.

귀덕1구, 진길2구, 세스멀, 3구, 멀왓리4구, 찾이한본향
해모살, 좌정한, 송씨할마님, 정축일에 정미일에각성치에상받고,
옛날은, 대제일상정월에, 받았수다, 알로축일영감도한집
가는선찾이, 오는찾이하던, 계당하르방, 계당할망 해여어부찾이
계당한집.

수원리.

영등대천, 영등대왕, 영등성방 영등하르방, 영등할마님, 뒤에,
송씨할마님, 알로내려 계하르방, 계할망, 계당한집
사, 오십년전에, 영등굳할때, 오게마을, 인정받고, 대제일받았수다
(부락은 수원본마을, 가자외, 대림리, 한다리, 한수리가됩니다)

한수리.

마을찾이, 남당하르방남당할망님뒤, 대섬, 탄섬은해녀, 어부찾이,
개하르방, 개할망, 개당한집.

한림, 리.

한길웃밭, 송씨할망뒤, 축일한집.

한림 서상동, 납동내, 진근이.

캐인틈, 축일한집 뒤.

강구못동내.

상대지경, 고한이동산, 금폭낭알, 축일, 한집이 본향은, 금악다신머들
아방국 산신일외, 뒤 축일한집, 어멍국허리궁, 호근이정자수딸애기 ▶
정종아미, 정종부인뒤, 정종도령, 일곱애기, 가지갈른한집.

괘수풀, 명월, 문수동.

방지물, 좌정한, 하원당, 궤인틈, 축일한집,

금악, 리, 월림

아방국, 다신머들, 산신도, 축일한집, 어멍국은 저청오름 허리궁, 좌정한
호근리 정자수따님애기, 정종아미, 정종부인, 뒤정종도령, 일곱애기다마을
청, 당동산오일한집, 개거리, 는, 개하르방, 개할망, 개당한집.

협제, 리.

한길 알력밭, 축일한집 해여, 어부찾이 해신당, 개당한집

비양도.

금능리.

한길알력, 바다엽 갯맛소왕굴, 송씨할망, 뒤축일한집,

영감도, 가는선오는선해여, 어부찾이. ▶

한경면 지경 본향

판포리, 금등부락같이,

연폭낭알, 축일, 술일한집, 알로내려, 해여, 어부찾이, 계당한집.

두모, 신창

거머들, 송씨할마님뒤, 축일한집 계당해여, 어부찾이.

한원리

낙천리

소롱낭머들 오일한집 천신할아버지, 영감, (죽장되지고기위망)

조수리

문건이, 좌정한, 삼대바지, 초축일, 이축일, 삼축일, 남생기, 여복덕일 상받읍니다,

산양리

소롱남머들, 축일한집, 산신도.

저지리

아방국은, 다신머들, 산신일외중저, 영감도한집 ▶

월림리.

병뒤터좌정한 검악다신머들산신도일외중저아방국
초3일 초7일상반느한집, 검악으로 중산한본향.

저, 청본향.

어멍국, 당오름좌정한정종아미, 정종부인, ~이어멍국본푸리,
옛날, 서귀포시, 호근동, 정자수딸인데 부모눈에갈리나고, 중산간
으로, 남군에서, 북군모관으로, 너머오는데, 아방국, 검악산신도
가사냥가올대, 서로만나, 부부매저, 사는데, 딸칠형제소사낫
고 정종부인은 좌손들집을, 도라보다, 잔치집이있서서, 너머가는○
먹은간쓴간하고, 갈려사는것이~아방국산신하르방은 저지다신머들좌
정하고, 어멍국, 정종부인은 당오름좌정하여청수단궐거느리며, 낫에는 연
불로, 밤에는 신불로 만나 상바듬니다.

맹이눈본향

오일한집, 뒤굴하르방 굴대왕, 솟불미, 산신도한집

용수리 〃 〃

꽃세왓 좌정한, 축일한집, 사해용신 개당한집, 해여, 어부찾이

고산리 〃 〃

당목이사해용신, 개당한집, 법서용궁, 자귀남알축일한집

오름허리, 오일한집영감도. ▶

대정읍, 지경본향

신도리 송씨일외한집뒤,

비자남밭축일한집, 계하르방, 계할망, 계당한집.

무릉리.

물동산, 일외중저, 오름허리, 축일한집.

평지동

포제터, 물동산, 진하르방, 모씨할망, 왕강이, 송동이

맹순이, 강장남, 수별감, 수장남

자기동

대정으로가지갈라온산지당, 일외중저, 산신도뒤, 영감군졸.

영낭리.

목제동산, 좌정한, 산신, 영감도, 계당한집.

일과리, (옛날, 날내, 그후, 동일리.

중이계남중이선생, 여레화주, 하로, 하로영산서무의이화로, 소사난, 아홉제아들, 제석천왕, 하로산도, 뒤계당한집.

신평리

송씨할망일외중저뒤, 굴하르방굴대왕, 산신, 영감도 ▶

구억리.

송씨할망, 일외중저, 굴하르방, 굴대왕 영감산신도.

보성, 인성, 안성, 삼계리, (옛날대정골)

동문밭산지당, 남문밭은하원당, 서문밭, 일외중저, 나졸, 포졸 거느리던한집.

지금 상, 하모리(옛날모슬포 상하동됩니다)

석산이물, 큰당한집, 계하르방, 계할망, 어부, 해여 찾이.

마라도.

허씨애기, 계당한집, 해여, 어부찾이, 하였수다.

마라도당 본초

지금은 마라도에 사람이, 살고, 있읍니다만, 그옛날은, 무인도였읍니다
한해여가, 허씨애기을, 대리고, 여러해녀가 물질갑데다. 해녀들이, 물길
하다가, 물때맞추고, 집으로, 도라올시간에, 난대엾는, 비, 바람이칩데다
그날 해녀들이, 못도라오고, 하루, 이틀, 배길이 막혀지는데, 하루밤에는,
백발할아버지가, 꿈에선몽함데다. 해녀들이, 집으로, 도라갈려면는,
허씨애기업개을, 나두고가면, 도라갈수있따고, 꿈에선몽함데다 애기업

개대련간, 해녀는, 서로할수엾이, 의논하고서, 애기업개잠든시간에,
배길을 띠와서 해녀들은집으로 도라오고 허씨애기업개는, 거기서죽고 ▶
난이 본향으로, 모셨다고합니다.(참고마라도 굿할때면 이본을품니다)

가파도　　　　　모슬포

석산이물가지갈라중산하여서 가파리상동 매보리갯맛좌정한, 일
외중저송씨할마님, 하동뒤성갯맛, 해녀, 어부찾이 개하르방개
할망, 선왕당한집

안덕면지경 본향

사계리

아방국은, 하로, 하로산도, 여덥제아들, 일문관, 동백제, 어멍국은
족다리, 대서부인, 셋제딸, 큰물당, 청밭할마님, 일외중저, 뒤, 계당한집

덕수리

송씨할마님, 솟불미, 산신일외중저, 한집(마을찾이본향)
(참고)덕수리, 본향, 에가서끝나면, 김댁사람집에나, 송댁에, 집안사람,
본향을비러 김씨하르바님, 송씨하르바님, 억만육괴, 상괴, 중괴, 하괴
도봉합니다고, 합니다. 또, 덕수리는, 일가면, 모든것을, 제석입후에
먹은건좋후나, 먼저음식을, 먹으면, 안됩니다. 주이하세요.

동 서, 광리

볼내남, 머르 산신일외중저

광평리(옛날수덕밭)

산신, 일외중저, 한집 ▶

안덕리, 옛날번내, 부락.

바람웃도, 웃더문길, 과양당한집 손당소천국, 셋제아들뒤,
아방국, 하로하로산도, 일곱제아들, 일문관동백저, 어멍국족다리
너설부인, 넷체딸, 원당밭, 일외중저~마을찾이, 한집.

감산리.

도구세미, 청밭일외중저, 할마님, 옛날은, 정월, 17일상받고, 과세로
가을은8月17일 가을, 철가리로 상받았읍니다.
바람웃도, 통물코지, 만년폭낭알, 좌정한 통물하르바님,
옛날은, 정월14일과, 8월14일, 두번, 위로굿을하였수다 지금은아무도안다님
니다)

창천리, ▶

서귀포시, 지경본향

하례동　　　　(옛날 동난드르됩니다)

(참고), 지금태평리지만, 옛날은서난드르고, 지금은서귀포로 갈라지여서,
하레동이, 되었읍니다. 옛날은동난드르로, 동, 서동내, 한부락인데,
서난드르, 태평리, 사람들이, 본향으로, 관세하니 임오년중산하여 가지
갈랏읍니다, 아라두세요. (마을본향은같읍니다.)
연지동산, 중산하여 좌정식킨, 아방국, 하로, 하로산도, 일문관동백제,
어멍국은, 족다리, 대서부인큰딸됩니다. (마을찾이함니다)
주문도천, 일외중저, 방에아홉, 과레아홉찾이한, 한집뒤,
제토산, 우당일외중저, 알당여드레, 우알양서본향.

지금, 상레동(옛날은 열리, 상중하동인데 중간동내)

아방국, 당올래, 하로, 하로산도, 일곱제아들, 일문관동백제,
어멍국은, 족다리대서부인(일곱제작은딸이, 중동내는찾이함니다)
뒤에제토산, 웃당일외중저, 알당은여드레한집, 우, 알, 양서본향.

상레동, 상동, 본향(상레동 상동, 본향)

아방국, 하로, 하로산도, 일곱제, 아들, 일문관, 동백제,
어멍국은, 족다리, 대서부인
동내찾이는, 둘제딸, 애기, 뒤에제토산웃당일외, 알당여드레한집

섹달동

당동산, 하로, 하로산도, 여섯제아들, 올라사면, 불근덕, 일외중저,
상외안전도집서, 일문과한집뒤, 제토산, 웃당일외중저, 알로여드레한집 ▶
바람알도할망당해녀어부찾이(색달동할망당,
물맹이동산, 채얌모사당가 배릿냇도 모슨
저신당 할마님일외중저한집 ▶

중문동

(참고)옛날은, 중문동, 회수동, 대포동, 삼계부락이, 합동으로, 같이위합데다
지금은, 삼계마을이, 따로 중산하여같읍니다(윈겨같읍니다)
불목당큰당한집, 하로하로산도, 다섯제아들, 백관도님,
정월, 초하른날, 각성친에, 대제일밭읍니다.
다람지괴, 좌정한, 한집뒤, 제토산, 웃당일외, 알당여드레한집

회수동

궹망동산, 중산하여서, 모순, 서당국, 불목당, 하로산도, 다섯제,
백관도님뒤, 제토산, 웃당일외중저, 알당여드레한집

대포동

코댕이머르로, 중산하여온한집 서당국은, 불목당,
아방국은 하로, 하로산도, 다섯제, 아들, 동백제, 백관도님,

어멍국은, 진공하늘, 진공부인, 마은여덥, 상에도청, 삼천백마, 수철이,
수장남, 수별감, 광주목에, 고자수, 코댕이머르, 토조지관, 큰당한집뒤,
일외중저, 알로, 여드레신당한집, 용왕애기, 선왕군졸 선왕애기용왕군졸
악근차세, 한차세, 가마맛자, 가마, 마진악근차세, 한차세, 푸러맛자
예산당산한집
어부찿 큰물머리금폭낭알과, 밑볼래낭알로자정한 개하르방, 개
할망, 돈지아미, 돈지도령, 개당한집,
해여찿이, 자장코지, 다리밭 자정한 용왕한집, 뒤토산, 한집 ▶

하원동

앞동산, 일외중저, 뒤에, 돔박남솔, 비바리, 처녀, 한집뒤, 웃당일외, 알당여드
레 우알양서 본향.

월평동.

모세기, 일외중저, 비바리처녀, 제석천왕, 성창골, 일외중저, 징그내, 여
드레, 뒷동산, 울랑국, 한집뒤 우알 양서본향.

도순동.

한길웃밭 일외중저, 중이게남, 중이대사, 서당국사, 일곱애기단마을
청, 강정동과 겨레형제매진한집, 뒤우알, 양서본향.

강정동

마을호적, 문서찿이큰당한집 바람웃도하르방당
해년마다 정월초루, 와, 팔월십오일추석과 두번, 각성친대제일밭웁니다
바람알도는 되지고기먹어다고하여 서당밭으로좌정한, 한씨할망당,
한씨할마님은, 강정동 제주고댁 대조할머니우다.
구름비에 좌정한 일외중저한집이고, 알당여드레는 지금해군기지개발하
는자리에 그전에는있썬는데 해군기지 개발하기전 구름비, 일외중저모슨
중산한 여드레 우, 알당한집, 본향, 이우다.

용흥동, 옛날 연돈리.

죽어물 알당여드레, 안여드레, 밭여드레한집 통물당, 일외중저, 우알양서본향.

범환동

앞당, 버염조리, 큰당한집, 동지일외중저, 알로개, 당한집뒤,
우알, 양서본향 웃당일외, 알당여드레. ▶
도순한길웃역밭 중이대사 여레화주한집은
강정큰당한집과 결의형제매진한집
강정마을호적찿이 바람웃도큰당한집 비우나라비우철리
홍포나라홍포철리큰당한집

<u>서당밭한씨할망일외중저 되지고기먹읍니다</u>
법환이, 큰당한망일외중저 물할망계할망
배염주리죽어물, 여드레한집 ▶

(호근리옛날)(지금 서호근동)

옛날 한라영산, 실거리된밭서 소사난, 하로하로산도, 넷제아들동백제백관리
가기갈라오는것이, 호근리 마을 인심이조와길뜻하난, 산혈발바 내리는것이, 산산
라는데 내려와서보니, 금배린물 좋아지여서 호근리동서동내각성친 상밭다가 동서
동내 갈라지는것이 서동내서호동은 가지갈라가는것이 첫제통물로, 두번제말물로
세번제죽어물, 여드레로모사서 상바듭니다, 뒤우알 양서본향.

서귀포.

일문관, 동백제, 삼처백마, 서백제, 진안관청할마님,
솔동산, 송씨할망이뢰, 거무용신대용신, 물우에, 용신선왕, 물아래애기○
선왕, 봉태하르방, 봉태할망, 고산국은, 지산국,
소남머르, 휜동산, 여드레, 밴머리, 맹석한망, 계당, 일외중저뒤,
제토산 웃당일외중저, 알당은, 여드레, 우알양서분향.

서홍리, (언니본향형)

홍포나라, 홍포철리, 비우나라, 비우철리, 고산국, 일외중저뒤,
제토산웃당일외중저, 알당여드레, 우알양서본향.

동홍리(동생본향)

비우나라, 비우철리, 홍포나라, 홍포철리, 지산국, 일외중저, 뒤
제토산, 웃당, 일외중저, 알당여드레, 우알양서본향.

퇴평동

맛세기왓, 막동골, 시내골, 감동낭밭, 헌서부인, 다라미,
초나라초포수, 이나라이포수, 산신당, 막게남밭, 도용남밭,
웃조노기, 알조노기, 조노기, 큰당한집뒤 제토산 웃당일외중저
알당은 여드레 우알양서본향. ▶

효돈, 신효, 동

웃조노기, 알조노기, 조노기, 큰당한집, 뒤에, 제토산,
웃당 일외, 알당여드레, 우알양서본향.

하효동

조노기, 큰당한집, 뒤, 소금막, 일외중저,
제토산, 웃당일외중저, 알당여드레, 우알양서본향

보목동

신나무청관도, 연대기 일외중저, 미아리, 여드레, 뒤계당한집

웃조노기 알조노기, 조노기 큰당한집, 뒤에
제토산, 웃당일외, 중저, 알당여드레, 우알양서본향, ▶

남원읍 지경 본향

예촌리

강남은 천제님 하로영산서, 소사난 셋제삼시백관님, 칠오름,
도이병서, 한담너머, 구렁머르, 여덥애기, 단마을청, 거리태장, 길태장
허자백기, 하마을청, 뒤, 웃당일외, 알당여드레, 우알양서본향

위미리

동마막, 서마막, 고부랑, 폭낭알, 삼천백마, 막은물, 금빼리고망물,
신서낭, 동카름, 허자수, 한별감, 서카름, 조자수, 조별감, 거리태장길태장
허자백기, 하마을, 우막근밭, 중산한 현씨아미한집뒤에
웃당일외, 알당여드레, 우알양서본향.

남원리와, 위귀리.

외우도라, 왼독개비, 나다도라, 나단독개비, 저하늘, 새별세각씨, 널당일외중저
뒤에, 웃당일외, 알당여드레, 우알양서본향, 삼형제한집둘제동생.

할람리

할람리, 원본향은, 작은동생, 산신일외중저가됩니다 뒤에,
허자수, 허자백이, 하마을청,
웃당일외, 알당여드레, 우알양서본향.

(할람리 본향본초.)

옛날에, 할람리, 각성친이, 산신일외, 중저, 한집을, 일년에한번식, 마을본향굳을,
서귀포시, 박씨, 신방을, 비러서, 1월15일날, 본향제일굳을, 치면서사는데,
마침내, 할남리 1월15일날, 본향제일굳을, 하는데 하예리, 허자수가, 처가댁
에세배을가서도라오는데, 당맨신해가, 굳을하다가, 허자수가, 당집졌에, 오라 ▶
가니, 굳하다가, 중단식켜서, 당올내나가고서 허자수보고, 말을타지말고,
내려서, 당올내을, 너머갑서하니, 허자수가하는말이, 나는양반이다면서
말타고서, 당올내을, 너머가젠하난, 말은담올내에서 앞발굴려서죽읍
데다, 그때허자수는 용심이나서, 굳하는신해보고, 말하기를 칼로 말을
잡지말고, 굳하는신칼로, 말을잡부라고, 합데다, 굳하는심방은, 굳하는
신칼로, 말을 자붑데다. 그일을 관청에서, 아라가지고, 말잡은 심방
이, 말피쟁이가, 안니라, 말잡부라고식킨, 허자수가, 말피쟁이다
그레서, 허자수는 직함이, 내려서, 허자백이로, 직함이되였수다
그리하여서, 할람리, 본향에는, 날간이듭니다.
또, 할람리, 예촌, 위미리본향은 허자백이하군졸거느리고 날간하

여서, 올내대우, 나가면, 거느리면서, 케우립니다

수망리

큰형 안여리, 밭여리, 산신여리, 마을여리, 가린냇도, 청폭낭알, 좌정한, 현일외중저, 허물할마님, 뒤, 웃당일외, 알당여드레 우, 알양서본향.

신흥1리(방구동과 보말개 합된 부락)

웃손당금백조, 셋손당세명조, 알손당 간머리동내 소천국하루방뒤, 웃당서당밭일외중저 알당은 여드레, 우알, 양서본향.(토산한집)

신흥2리(고수동, 석수동, 여우내 합된마을)

신구좌읍, 조계동산, 하로영산서, 소사난 천제하르바님, 서울정승 따님애기씨외손여, 백조마느라님 뒤서울삼각산서소사난 날로어든 금상장수한집뒤에 웃당은서당밭, 일외중저, 알당은 여죽은머들, 여드레, 우알양서본향(토산한집) ▶

표선면 지경 본향

토산1리

토산리 마을찾이본향은, (구좌읍김령리, 괴노기, 소천국일곱제태자 큰부인, 용왕국에, 말젯딸 용왕국에대부인 일외중저가됩니다)
올라당토하늘, 당토부인, 내려, 용왕하늘, 용왕부인, 남토산서당밭 일외중저, 일곱애기단마을청, 가지, 가지버러진한집, 세로세금상, 신님, 은 신중도, 업게낫청, 상마을, 애기낫청하마을, 벗성방, 벗이방, 사령성방, 찾이한 일외중저.

안좌리

당남우영, 문씨할마님, 뒤, 허포수, 산신도, 웃당은서당밭, 일곱애기단마을청, 알당여드레제토산, 우알양서본향

지금, 세화1리, (옛날 가마리 마을)

큰당, 돈지일외중저, 남당하르방, 남당할망, 계당한집뒤에 웃당, 일외중저, 알당여드레, 우알양서본향, 제토산.

표선리

어멍국, 저바당, 금백조, 노산주, 말케아미, 당케하르방, 당케할망, 고봉게, 일외중저, 돈지선왕뒤, 제토산 웃당서당밭, 일외중저, 알당여드레, 우알양서본향, 한집

지금 세화2리(옛날 돈오름 마을)

아방국, 문국성, 상외안전, 산신일외중저, 뒤제토산, 웃당, 서당밭일외중저, 알당여드레, 우알양서본향, ▶

가시리(하로산도들제)

구성물, 좌정한, 고비금사록, 여레화주, 하로, 하로산도, 사요소,
올라사면, 삼신산, 내려사면, 삼시백관, 도이병서도, 뒤, 제토산
웃당서당밭, 일외중저, 내려알당 여드레한집양서본향.

성읍리

일곱고비, 여덥간주, 마른밭, 배달임소사난, 문호안전, 문호부인,
동문밭, 초일외, 남문밭, 열일외, 서문밭, 스무일외, 계당한집,
동원할망, 객세할망, 수직할망, 창박할망, 염색할망,
아동골, 광주부인, 막동골축일한집, 계동산, 계당한집,
내외동산, 상교상천, 성방, 이방, 포도사령, 불이방찾이하고,
밤에는신불로, 낫에는, 기발로, 목사, 원님, 찾이한, 한집뒤제토산,
웃당서당밭일외중저, 내려알당, 여드레, 우알, 양서본향.

하천미

연두가름 좌정한, 예역한 현씨아미본향, 아방국연주현씨, 어멍국고
씨, 상오라방, 생기리와당, 파선선왕, 용왕칠성, 선왕칠성
옥정지소리, 금정지소리로, 일천간장 풀려오든한집뒤에, 제토산,
웃당, 서당밭, 일외중저, 알당여드레, 우알, 양서본향.

현씨아미본푸리.

옛날옛적에 표선면, 하천리, 연주현댁에, 아방국은현씨고, ▶
어멍국은 고씨가됩니다. 현씨아미님이, 다섯, 여섯살경에까지
아버지가죽고, 어머니가죽읍데다, 그레서오빠가사랏수다.
오빠등에업고서, 현씨아미는, 가난하게, 사라갑데다.
하루는, 동내에, 굳하는데가, 있스난, 굳구경을가고서, 울담박에서 담궁기로
보다, 안내드러가서 굳구경을하는데, 대신왕굳이라 마당에서굳하다
일월를청하고, 큰신방이, 덕담을하고, 담불을부르는데, 현씨아미가, 춤을
춥데다 현씨아미는, 그굳을구경하고, 굳이끝나난, 큰신방은김씨입데다
뒤따라가고서, 그좋은신방질을 배우는것이, 열, 칠팔세가되여지고, 그때
현씨아미가 굳을하게 되는대, 오빠는, 육지장사을가게되난, 오빠가
현씨아미동생을찾어가고서, 나동생에, 굳하염시라, 육지장사강올때
면, 연반물, 치마감, 전옥색저고리감, 해다주맨하여서, 이별하고,
오빠는, 육지장사나가고, 현씨아미동생은, 하천미에서 굳을할때인대
오빠는, 육지장서나가다 생기리와당에서, 호련강풍에 배파선되여죽읍데다.
그때, 동냇할망은, 그것을알고서, 현씨아미굳하는데찾어가서, 말하기을
아이구현씨아미야, 너는굳을하염고나, 느내오라방, (오빠)은 생기리와당
물머리에서, 호련강풍에 배파선되여, 죽엇젠하난, 현씨아미는초궁을

매여들다가, 신결매억게에진대로, 연두가름높은동산에가서 땅을치
면서을다가, 엇차실수에, 낭떠러지로 떠러져 죽읍데다
그때 그동내서는 것도모르고 굿하는집에서는 굿도끝나고, 그동내서는
찾어보도안고, 그대로 사라갑데다, 한해는 연주협집에, 굿을한창하여가는데, ▶
현씨아미는, 죽은줄도, 모르고, 안거느려주난, 현씨아미혼정이, 이탁이되여서,
남무입을 비러서, 말을합데다 나는현씨아미인데 연대가름서 떠러져서
죽었수다, 나이간장을, 잘풀려주는 공든덕과, 지든덕을, 죽키엔하난,
그때그러면, 엇찌엇지하여서, 상을밭젠수가말합데다. 큰굿에는 현집
에자손, 상단궐로, 큰굿에 열두번, 바랑소리, 요랑소리로 간장풀고
중굿에는 여섯번, 탁상으굿은, 세번으로, 안공시로 상바들노라합데다
그레서하천미, 현집에는, 굿할때, 안공시상 밭공시상놉니다
제사, 명질때는 안고팡, (쌀창고)으로, 상을모십니다.
현집에서는, 굿하다노아두고, 연대가름, 낭떠러지에간보니, 살녹고,
뼈가처저있습데다. 그신채을, 잘하여서 하천미, 거리에무덧수다.
그리하여서 본향무담이 없읍니다만 이현씨암미 본향무덤은있읍니다
(참고)끝으로, 이현씨, 아미, 우러굿할때면는, 꼬두가지물색을 끄너녹고
안공시차려서 굿하고, 현씨아미 에역한조상님 금정지금바랑소리로
옥정지는 금요랑소리로 일천간장풀려놉서하면됩니다
(노래는 담불소리로 불너야합니다) ▶

(성산읍지경) 신천리

※옛날 상천리가, 지금신천리, 마을, 지도보세요.
하르방당, 계로육섯도, 할망당은 고처당한집큰할망,
작은할망, 알당여드레, 한집, 우알양서본향

신풍리

자운당, 원당할망, 강씨하르방, 정태왓, 오씨안당,
계로, 육섯도, 해여, 어부찾이, 계당한집,
웃당서당밭, 일외중저, 알당은여드레, 우알양서본향.

삼달리

절터에좌정한 고양할망, 물비리, 당비리 싸주던 허물할마님
매머리, 좌정한 황서, 국서, 엄마장군 사라낙수, 통정대부, 김씨영감
매해, 12월1일날, 당문열러서 12월14일날 각성친에 대제일받읍니다
뒤에, 웃당, 서당밭일외중저 알당여드레, 우알양서본향

신산리

서당국서, 두지칠성 주문관 영사도님, 뒤에

웃당서당밭, 일외중저, 알당여드레토산리, 여죽은머들좌정함우알양서본향

난산리

일외한집 여드레한집뒤, 우당알당양서본향 ▶

온평리

수진계 명호안전명호부인, 계당한집뒤에,
웃당서당밭일외중저, 알당여드레, 우알양서본향

신양리

수신리로, 가지갈라온 한집이됩니다, 먼저, 수산리본향거느린다음,
알로 계로육섯도, 계당한집, 뒤에웃당일외중저, 알당여드레, 우알양서본향

수산 1, 2, 동과, 동남, 신양, 선성, 그옛날찾이.

너르목도, 울레머르, 조분목도울레머르, 아방, 하로하로산도, 큰아들, 제석천왕
제석천왕본푸리는, 한라영산, 실거리, 된밭에서, 9형제가, 소사날때에
하늘은, 아방삼고, 땅은, 어멍삼아서, 9형제가, 무이이와로, 소나납데다
열다섯, 십오세가되난, 9형제가, 갈라가는것이, 큰형은, 성산면수
산리, 제석천왕, ~둘제는, 가시리, 일문관동백저, ~셋제는 남원읍, 예촌리
삼시백관도이병서, ~넷제는, 서귀읍호근리, 동백제백관도, ~다섯번
제, 중문면, 중문리, 불목당, 동백저, 백관도, ~여섯제 색달리, 당동산
불근덕, 제석천왕 일외중저, ~일곱제, 열리, 당올래, 일문관동백저,
여덥제, 안덕면 사계리, 청밭, 제석천왕, ~아홉제는, 대정읍, 서림
중이대서여레화주, 제석천왕으로, 가지갈라갑데다.

성산리

금폭낭알, 장하르방, 장할망, 돈지일외중저 가는선찾이, 오는선찾이, 해녀, 어부찾이한 계당한집. ▶

오졸리

안족지, 발족지, 족지일외중저, 한집 촉지목에 목을잡아, 가는선
찾이하고, 오는선, 찾이하던, 억물, 계당일외중저, 뒤에,
웃당일외중저, 알당여드레, 우알당, 제토산한집.

시흥리

올라서면 삼신산, 내려, 서면, 삼백관, 송씨허천, 허씨허천, 김씨허천한집,
삼색물색으로, 청용머리, 백용머리, 흑용머리로, 노염하든
큰물당좌정한, 억굴하고, 칭원한 송감사따님애기, 송씨할마님뒤,
일외중저, 뒤 영등대왕영등성방, 영등이방삼대왕을 찾이하여서
2월15일, 어촌개대제일받고, 뒤웃당일외, 알당여드레우알, 양서본향

우도면

소섬 열두동내찾이한, 한집, 강남천제국에서, 마른밭, 배달려오든
장하르방, 장할망, 우가장, 좌가장, 번서, 목서, 수서, 천왕태우리,
지왕태우리, 인왕태우리, 동경태우리, 서경태우리, 각소장놀든태우리
뒤, 진질깍, 좌정한, 영등대왕, 영등성방, 영등이방, 영등별감
영등호방, 영등할망, 영등하르방뒤, 개로육섯도, 개당한집
정월열하루당문열고, 이월십오일, 강남천제대국으로전송받는영등대천
한집 옆으로 일외중저, 뒤금상장수, 우알양서본향 ▶
(참고) 이때, 시렁목으로, 방을내게을 매저논다. 그것을들너
서하게됩니다~뒷장식

(알당, 여드레, 본푸리식)

옛날옛적에, 옥항에서, 청용, 백용, 흙용이 나주영산금성산으로 내려서
청용도, 금준지무러서 도올르고, 백용도은준지무러서, 도오르고, 흙용은욕심
이만했는지, 준지무러서, 도올라가다가, 나주영산금성산 괄대왓
때떠러지여서, 사는데 나주골 나주목사을식켜나두면, 흙용조에로서
한번 목사로들러오면 삼년춘삭못채우고서 본금하직하여서, 감데다
하루날은, 너머가던, 걸추리, 선비란사람이, 지나가다가소문을, 드런는지, 나주골
드러가서, 말을하되, 나을, 이골, 목사을, 식켜주면 삼년준산을, 채우줄노라고
말을합데다, 나주골사람들은, 의논, 공논하고서, 걸출이선비을, 나주골에
목사로식킵데다, 걸출이선비는, 그날밤누워서잠을잘려고, 하는데, 초경넘고
이경넘고, 깊은밤, 삼경이 되여도, 잠이안이옵데다, 난데없는 바람이불러
서, 덕근창문이열입데다. 걸출이선비는, 가만서보니, 난대없는, 여자가일른
여덥, 방펜머리, 등에지고나타난이, 걸출이선비는, 큰소리로, 아무언약,
없시, 완느냐, 어서, 온길로, 도라가라니, 간곳없이, 여자는 사라집데다
걸출이선비는, 그날밤을세고서, 뒷날아침에는, 말정매을, 불너서, 말에안
장을, 지우라, 걸출이선비는, 말을타고, 말정매을, 거느, 리고, 산혈을 도
라보저, 물설을, 도라보저, 다니느대, 나주영, 금성산, 이당합데다, 말정매 ▶
목사님아, 말하매을하고, 산중을 올라그럽서하니, 걸출이선비는,
이골에, 내보다, 더근어른이, 있겐느냐하니, 말정매는, 예, 이산영기있고
실력이있읍니다이. 걸출이 선비는, 말한채을치니, 말발이절려서 못거러선다
나주영산은, 자지어남, 안게가잔득, 긴다, 말정매는, 목사님아, 하매하고서
입으로, 나는데로, 허제을합서. 하니, 걸출이선비는, 이산, 영기가있고, 실력이잇스면
이산안개도, 것고, 이말을다리을, 풀이게하여서, 영급을 배읍서하니, 금성산
자지어남, 거더간다. 말발이풀려서, 나주영산, 금성산, 중허리을, 도올라서
보니, 삼칭경 당집이있습데다. 동풍이불면, 서풍이왕강, 상강, 서풍이불면는,
동풍이, 왕강, 댕강하고, 열칠팔세난, 처냐가, 삼동낭용얼내기로, 일른여
덥, 방페머리, 빗고있습데다. 말정매는, 저게귀신이고, 이산영기가
됩니다고, 말을합데다. 걸출이선비, 목사님은, 이산영기와, 실력을
볼수, 있겐느냐이, 말정매는, 예, 볼수가있읍니다하난, 걸출이목사는
엇찌하여서보겐느냐. 예. 말정매는, 이당무여를 불너서 안으로만사
당클매고, 박으로, 천지염대을신수푸고, 굳을치면, 알도레있읍니다고
말씀합데다. 걸출이 목사는, 당장, 당신해, 무여불너서, 박으로, 천지천왕
염라대을신수푸고, 안으로, 만사당클, 축겨매고서, 굳을시작합데다.
초감제넘고 초신마지넘고, 초이궁마제, 신청게가당하난, 삼칭경, 당집, 상머

르에 청구아구, 구렁이가, 나옵데다. 말정매는 저것봅서, 목사님아, ▶
말을합대다. 걸출이목사님은, 온몸을, 나앗게굳을치라고합데다
대신왕마제신청게에는, 온몸이전부나안집대다 그때걸출이목사는
굳을중단식켜서, 굳하는무여를, 불너서, 드러바라, 팔모야강주나
생금푸르초을, 물언느냐고, 드러보라니, 굳하든신해는, 집붕상머르도올
라서, 조상님아, 생금푸르초니, 팔모야강주나, 물엇수가이, 안무렷다고
만니을 칩데다, 당맨신해는, 내려와서, 아무것도, 안무렷다고합니다.
말씀합데다. 걸출이목사는, 그게무슨귀신이되겐느냐. 이골에활잘쏘는,
일포수, 있겠느냐. 개잘때리, 정사령있겐느냐. 절집과, 당집, 신전집
니귀에불상발굳이여----(연물친다.매친방을 들너서 춤추고서면)
절집, 당집, 신전집니귀에, 불삼방붙이니, 청구, 아구는불에타서, 점, 점,
이끄너지고서, 금바득몸에, 옥바득몸에 변식을하고서, 종로내거리
애떠러지애서, 있습데다. 그때에,
우리제주땅, 표선면, 가시리, 강당장집안 강씨성방과, 남원읍의귀리,
군이오씨성방이 제주에서나는 소산지 제물, 을 서을상시관에, 진상을,
밭이면, 삼대는 안자도 먹어살고, 놀아도먹고 산대하난 산으로초기진상,
해각으로, 펜포진, 상, 전배독선을하고 청주한씨와 세사람이, 전배
독선하고서, 서을상시관에, 진상을, 밭이러, 춘풍에돗을달고서갑데다 ▶
배진고달포로, 배매여두고서, 서을상시관으로가단보니, 종로사거리에,
금바득, 옥비득이 있습데다. 강씨성방, 오씨성방 한씨선조가, 배가곱푸니,
주막집에드러, 밥먹고, 술먹고, 금바득, 옥바득을주니, 주막집주인은
당신내눈에는 제물같고 보물이같타배여도, 나이눈에는, 아무것도, 아니엔하난
강씨성방, 오씨성방은, 남이안니, 아라주는, 물건을, 무엇에쓰리, 던저두고서,
돈주워서, 밥값물고서, 서을상시관에 진상, 상납을, 가니, 좋은거, 구진거,
전부좋아고, 하여서 진상밭이고, 전배독선, 물건을밭고 배진고달포에, 와서
베에식거, 배질오니, 썰궁기 막음데다. 바람궁기 막히고 배질하여서,
제주로, 드러올수없습대다. 그때에피련곡절이여, 아는신해문점을갑데다
문점을하난, 눈으로본죄척이여, 입으로속절지죄여, 손으로지은죄라고말합데다.
엇찌하면, 좋읍니까이. 밥전에밥사고, 술전에술사고, 떡전에떡을사고, 고기전에
고기을사서, 이물로, 배코사을, 올려보면, 알도레가있읍니다고말합대다
강씨성방, 오씨성방, 한씨선조는, 그대로 물짜을 찰려서, 배에가서, 이물로
배코서을 올리고, 배장을 때고보니 난대없는, 삼색물색이 있습데다
그걸보고, 우리고향가면, 당도설연할만, 우리, 선왕으로도모슬만하다고
생각하여, 방구사채, 떵떵치니, 명지바당바람궁기터저온다

씰궁기난다, 제주절도, 성산읍, 온평리로 배드려~(옛날 열눈이가 됨)
(연물친다 춤추고서면는) 온평리, 갯맛으로, 배매고서, 강씨 ▶
성방, 오씨성방은 집으로가고, 한씨선조는, 배장우에, 누워서, 잠이들락
하는데, 꿈에선몽합데다, 월궁여, 신여청같은, 애기씨가, 배파락바리서,
배알너레, 내려갑데다. 한씨선조는, 영가화장아, 배알로내려보라
엇찌하여서, 우리배, 선왕님이 용왕님이 노실하여서 내리느냐 보렌하난
영가화장이, 배장알로내려서가고보니, 월궁여, 신여청애기같읍데다
우리배, 용왕님이우과, 서낭님이, 노실하여서내임니까이, 애기씨는날본말,
말라나는용왕도, 선왕도, 안니여, 날만날려면, 윤동지달초하룬날,
날만나렝하라, 말하고, 영가화장, 애기씨해여집데다.
영가, 화장은 올라가서, 한씨선조앞에, 아무것도, 안보임니다고, 말합데다
애기씨는 지금온평, 옛날, 열눈이 본향, 맹호안전맹호부인앞에 찾어가서
인사드리난 맹호안전맹호부인은, 땅도나땅이며, 물도나물이여, 자손도
내자손이라, 공초한땅, 남토산을, 가랜하난, 애기씨는, 남토산을,
찾어가는데, 표선면, 신하천미, 가당합네다. 계로육섯도가, 바득과, 장구
두다가, 어약업이날려드러서, 허리도안고, 홀목도, 잡읍데다.
그때애기씨는, 휘욕을합데다. 얼굴은 양반같으나얼굴은개만도못하다면서,
잡아난 홀목비여서, 명지수건으로싸서, 붕때려남토산
서당밭을가니, 어느자손 물한적안줍데다. 그때는 되껵거서 또
온평리, 맹호부인선신하난, 명호부인하는말씀이 가는도중에 아무일없 ▶
써뜨냐이, 애기씨는, 남토산을가는길에 하천미당하난, 어약없이, 날려드러서
얼굴은 양반같으나, 얼굴은, 개만도못함데다. 그레서, 남토산을, 간는데
어느 누구물한적안줍데다니, 맹호부인는, 아이구이년아, 거기서 그사람말을드
럿스면, 안자도먹고, 사도먹고, 놀아도, 먹고살것인데, 말하난, 또애기씨는,
엇찌함니까, 한잔술에, 합이하여서, 나을살게하여줍서고, 말합데다
맹호부인은, 신하천미과, 한잔술에 합이하여서, 소처로, 살입데다
그때한해는, 한라산이 요망지산이로구나. 봄에는화산, 여름은청산, 가을은황산
겨을은백산이라, 나도저만한 부슬사부리주, 대천바다로보니, 난데없는
외국나라, 팔대선이뜨고옵데다. 쉬운쌀 청풍채로 푸그난에, 외국나라팔대
선이파산되고, 단물찾어서 올라올때에, 가시오름 강씨성방딸애기는
느진덕, 정하님을대리고연세답가서, 세답(빨래)를 하는데 날씨가, 어두침
침하여가난, 강씨성방, 딸애기는, 느진덕에정하님아, 비가오저는냐, 바람이
불저하느냐, 하니, 느진덕은, 상제님아, 비도안오고, 바람도안불구다만은 외놈이
마을에청군졸이, 당함니다. 옵서가게. 애기씨는, 그것더리 우리을엇

찌보겐느냐, 느진덕이 말하기을, 그것드른 철리통, (망안경)을, 내여녹고
보면, 개미색기, 기는것도, 전부보임니다고, 하단보니, 외놈이 마을에청이
당합데다. 어서도망가저, 저진세답, 마른세답 노아두고, 악근성창,
한성창으로, 무근각단밭, 세각단밭으로, 얼그럭, 덕그럭도망을가단 ▶
보니, 켕이란것이, 머리는 숩속에찌르고 조름은 내여서 업더지엿다가, 날아가니,
애기씨는 나도저와같이, 고부면, 사라, 나질노구나, 생각하여서, 머리든숨속에
조름은내고, 업데하여십데다. 외놈이군졸이, 달려드러서, 이정, 저정
자부신경, 겁탈징이여. ~(연물친다 춤추고서면,)
느진덕은, 고밭다가, 나오고보니, 애기씨는, 죽어감드라, 느진덕은 애기씨상제
님아 할말이엢읍니까니, 애기씨는, 하는말이 나이간장 풀려줄려면, 아버지
첫서을간대, 선사준, 물맹지, 강명지가, 나누는, 침방전, 누르괘상에, 있스니, 그것을
내여녹고, 방을방을 세방을맛처서, 이내간장을, 풀려달랭하라. 하여두고, 애기씨는
죽음데다. 느진덕은집으로, 도라와서, 상전님아, 애기씨는, 연세답, 같아가,
외놈이청, 군졸에죽엇수다. 아이구, 날도하고, 달도한대, 멸망일에, 고초일에
나간죽엇고나, 죽은걸, 엇찌하리, 토산여죽은머들가서, 쌍묘로무을적
에, 여드레도로, 마련합데다. 그때강씨성방, 아들애기는, 남원읍
의귀리 군의오택과, 사돈을, 매저, 오씨성방딸애기 매느리로대려
완는데, 유월영청, 한더위에, 보리방에 물석겨 방에짓타가, 허광이
듭데다. 그레서, 강씨성방, 집에서는아는신해, 조심문이를 찾어가서
의논하고, 푸다시한다. 안조와지고, 일월마제하여도 안조와진다
할수엢이, 신당세남, 본당세남을하저, 안으로사당클, 밭으로, 큰대
저승염라대을 신수푸고, 초감제넘고, 초이궁마제가, 신청게가당하 ▶
여가난, 애기씨가, 못먹든, 미음을먹고 말합데다
강씨성방매느리는, 굳하는, 신방을, 불너서, 하는말이 누구우러서굳을
하는냐고 말합데다. 굳하는신해는, 애기씨우러서굳을함니다이.
애기씨는, 누구우러서, 굳을하는냐고, 무름데다, 누구가됨니까지, 나는
씨누이홀령이노라, 나이간장풀이케거든, 나누운, 머리맛데, 누르괴
상을, 열려서보면, 물맹지, 강맹지가 게여저있스니, 그결로나이간장
을, 풀려달낸합데다. 그때강씨성방은, 누르괴상을 열이고서, 물맹지,
강맹지, 내여녹고, 풀다보니, 청만주엠미, 흙만주엠이, 백만주엠이가, 말라
죽어있습데다. 강씨성방은, 이것보라, 신이성방아하고, 말하난강씨성방이, 굳하든
신해는, 아이구, 성방님아, 그것은, 눈에벤식이됩니다. 고말하여서, 대백지
내여놉서, 소백지내여놉서, 제맷치, 제신상을, 그려서, 대신왕연마지앞으로
초방광, 올리고, 초주육을사나와, 가니, 강씨성방, 매노리는, 대, 소변도보레, 다이고,

밥잘먹고 몸건강하여서 병이좋아집데다.
그때또, 신방은, 어더먹고, 살젠하난, 강씨성방님아, 중병드러굳한데는,
가소리을, 잘하여야함니다니, 강씨성방은, 매느리가, 사라난이,
어서걸랑그리하라, 엇찌하여서, 뒤마지을하겐느냐, 말을하라고합데다
신이성방은, 에, 알로내려, 곗맛, 청결터좋은대로, 대딱고, 되무어
천포단에천막치고, 소잡아젓불제, 되지잡고, 젓물제, 물한좀안떠러지 ▶
영급좋고, 실력좋은, 한진님아 맷친간장풀령갑서, 큰굳하면 큰밭사주고,
작은굳하면 작은밭, 사주고, 부귀영화, 식켜주든 한진님아, 맷인간장풀령
갑서~강씨는, 상단궐, 오씨는, 중단궐, 한씨는 하단궐 어든단궐,
비린단궐에, 부귀영화, 식켜주든, 한진님 맷친간장풀려, 풀려, 풀령
갑서~(연물친다 신킬지와 서면)
맷인간장 풀렷수다. 강씨성방, 맷처오든 상방울로푸러~(연물친다.
방을하나푼다서면) 오씨성방, 맷처오든, 서른여덥 중발울로푸러~
(연물친다. 또방울푼다서면)
한씨선조, 맷처오든, 스물여덥하방을로, 푸러~(셋제방을 풀고서면)
열여덥이방울은 어든단궐, 비린단궐에 맷친방울이됩니다. 중당상벌마작, 괘남
마작이됩니다. 큰일에, 큰마작에맷치고, 작은일에 작은마작에맷처오든
중당상벌마자, 앞으로, 맷인일, 뒤로, 풀입서, 뒤로매친마작, 앞으로풀입서
우로, 알로, 중당상벌마작도푸러~(연물친다서면,)
동이와당청용머리, 남이와당적용머리, 서이와당, 백용머리도, 가마다
본조, 양단억게로, 가마~(연물친다. 양억게가무연신칼지와선다)
한집에맷친간장, 결과죄척, 푸러내자, 사나, 사나, 사나줍서,
어진한집, 매친간장, 풀려줍서, 결과죄척, 불려줍서, 집안에잘못 ▶
한죄풀려줍서, 청명꽃삼월, 삼진일에는, 궁기마다, 숩속마다, 소사나서,
궹사농, 매사냥, 주치사냥, 나이다가, 배곱푸면, 닭텅에드러서, 달○
먹고, 못나와서, 있스면, 닭도둑놈다염젱하여서, 아그랑작대기로
걸려케우리면, 운이좋은집안에는, 선달하였구라면서, 배창지가, 도
라저도, 궁기마다, 숩속으로, 찾어서드러가고, 운이나뿐집안에는, 케우
리면, 열번에 열번이라도, 조외를주고, 신당세남, 본당세남을, 받읍니
다. 외도리도, 주욕이요, 내도리도, 주욕이됩니다. 양에왓은 과대왓
도, 주욕이되고, 상늘굽, 중늘급, 하늘급도, 주욕이외다.
날내멍석도 주욕잉외다. 죽은설로, 산설로, 배우면, 신당세남받읍니다
궁기, 궁기, 담궁기도, 지옥이됩니다. 구월구일, 상당일에는, 궁기마다드러감
니다. 한집에 매친간장 푸러~(연물침니다 본조에거렷던거풀러서)

알당여드레한집이랑 정이동산앞으로 푸러~(연물친다. 신칼지와서면)

푸다시식

푸러, 푸러, 푸러내자, 걸려구나, 걸려구나, 웃당은일외중저에, 걸렷
구나, 알당여드레한집에, 걸렷구나, 걸과죄척, 푸러내자, 걸려구나,
맷처구나, 외놈이, 마을에청에 걸렷구나, 걸과죄척, 푸러내자,
신당에걸려구나, 본당에걸렷구나, 간이영신, 육마을청양사돈
열명영신님에, 걸려구나, 푸러내자, 시왕처너월로~(연물친다
푸다시하면서, 서면) ▶ 푸러내자, 푸러내자, 청마을에청군졸, 적마을에적군졸, 백마을에백
군졸, 흙마을에, 흙군졸, 에걸려구나, 푸러내자, 청만주엠이군졸, 백만주엠
이군졸, 신당군졸, 본당군졸에 걸려고나, 푸러내자, 신당, 본당에, 어귀지기,
올내지기군졸이여, 시걸명잡식밭던군졸이여 푸러내자,
큰나무밑에놀던군졸, 큰돌굽에놀던군졸 푸러내자 거리태장 길태장에
놀던군졸, 거리도제시군졸들, 어러버서, 굴머죽어가든군졸랑, 시왕대번
지로 푸러~(연물친다. 푸다시하여서, 신칼지우면 술뿌리고, 선다.
본조는가분다. 다음은 잔낸다) 신당푸리로 주잔내여다 웃당군졸, 알당군졸들, 주잔내여다권권
함니다. 청마을, 청군졸, 백마을, 백군졸, 주잔드림니다 신당본당,
군졸, 주잔드임니다. 말명에, 입질에, 언담에떠러진군졸, 석시, 석시
마다 주잔못바든, 군졸들, 주잔, 권권함니다. 천지대밑으로, 밤에
찬이슬, 맛든, 군졸들, 주잔만이, 열두소잔, 권권함니다.
계잔하여서, 불법전 위올이면서, 제처에, 지도라감니다
위도라감니다 ▶

2번 표선면 토신리, 서당밭 일외중저,
본, 푸리가, 됩니다.

웃손당은어멍국, 금백조가됩니다. 알손당, 아방국에, 소천국하르바님 이됩니다.
아들애기, 딸애기, 손자방상, 칠소송이 가지갈라간한집
이외다. (참고 알로, 본푸리,)
옛날옛적에 우리제주땅 한라영산서, 하늘은, 아방삼고, 땅은어머니을,
삼아서 무의, 이와로, 탄생한, 소천국에하르바님과,
강남천제대국, (지금중국당) 백몰내밭서 소사난, 백정승딸, 백조마느라님
과, 부부간을, 매저서, 사는것이, 아들일곱형제가, 탄생하였읍니다.
일곱제아들, 태자가, 탄생하난, 낫에는 난역시, 밤에는 밤역시, 세여지고, 자리에
오줌싸기, 똥싸불기, 행실머리가, 구저집데다. 그리하여서, 백조님은 소천국
남편과, 의논, 공논하여서, 야쟁이불너 무쇠설캅을 짜녹고 먹을거 입을옷를
식거서 사해용신으로, 귀양정배, 마련을식켜갑데다
일곱제태자님은, 사신용왕에서, 든물나면, 서해바당, 쌀물나면, 동해바당
뜨고, 다니다가, 무에나무상가지에, 거러집데다. 그때벼란간에, 용왕
황제국에는, 요란하여집데다. 용왕황제님이, 큰딸불너서 박에나고보라,
엇찌하여서, 벼란간용왕국이, 요란하냐, 큰딸애기나오고, 박에보니, 아무것도안보이고,
사마물결소리만납데다. 둘제딸애기, 나고보라, 둘제딸애기, 나고보되아무것도안보인
다. 셋제딸에기나고보라, 셋제딸애기, 나오고보니, 무에나무, 상가지에무쇠설캅이
걸어지여십데다. 안내드러가고서 아바님아, 무에나무, 상가지에, 무쇠설캅이걸렷수다
고말을합데다. 용왕황제국은, 큰딸애기 내류우라 못내륜다 ▶
둘제딸애기, 내유우라 못내륜다. 작은딸애기, 내류우라, 내류운다.
요왕황제국은, 큰딸애기, 무쇠설캅 열나, 못열린다. 둘제딸열라, 못열인다
작은딸애기, 무쇠설캅열라, 작은딸이, 열입데다.
큰딸, 애기, 방으로, 들라, 소천국에, 태자는눈도안떠본다. 둘제방으로들라
만니만친다. 셋제딸방으로, 들렌하난, 서른여덥니빠디, 허와덩삭우수면서,
드러간다. 용왕황제국에서는, 작은딸방에 사위가드난 진지밥상차려든다.
소천국에태자는, 눈도안거듭뜬다. 용왕국에 작은딸은엇지하여서, 밥상을안바듬
니까니, 소천국, 태자가하는말이, 우리국은 소국이라도 밥도전동, 술도전춘이먹낸
하나, 용왕국에 작은딸은, 제차, 진지밥상을 차려갑데다.
용왕황제국이, 사위하나 못맥이리야하여서, 동창괘열려맥이단보니, 동창괴빈다
남창괴열려맥이는데, 남창괘빈다. 서창괴가 비여가난 용왕황제국에서는 큰일낫저,
작은딸불너서, 널로이른, 시름이로고나, 아방국이, 너이남편대리나고가랜합데
다. 소천국에 태자님과, 용왕국에, 말젯딸 애기는 낭낭선패두목배을타고서

남방국은제주절도, 구좌읍은, 하도리, 곗맛으로하여서, 웃손당을 도올라갈때,
알손당아방국에가, 선신하난 아버지가죽음데다.
웃손당어머님앞에가단보니, 가을농사하여서 불임질동산에서콩을불염드
라, 느진덕이, 정하님은, 콩불이다가, 소천국에태자가오는것을보고서, 상제님아,
죽으라고, 귀양보낸, 태자님이 오람수덴하난, 백조어머님은 어느누구가
밥주고, 옷주워서, 사라오겐느냐, 본디본말버리고, 드른데 드른말버리라면서
배리젠하난, 용왕국딸애기는, 청풍채로, 파닥, 푸그난, 백조님눈에콩껍질이
드러서, 아이구, 눈이여, 아이구, 눈이여할때, 재차청풍체로 푸그난콩껍질이, ▶
나오고, 소천국태자님은, 어머니에선신하난 어머니가죽음데다
아방국은, 어멍국, 장사지내두고, 큰대궐집에, 사라가는데, 용왕국딸애기는,
포태을 갇고사라가는데, 하루는, 소천국태자님이, 엾써지고, 용왕국부인은
남편, 찾이로, 나가서다니다가, 목이말라서, 물을먹고십퍼서, 산되지
발작국, 발바난데, 물이고여십데다. 태자님부인은, 그물을 업더지고
먹다가, 코구멍에 되지털이 박입데다. 산젱이 미승불비러서, 코구멍에
되지털을, 그스리난, 먹은간, 쓴간함데다. 그대용왕국, 말젯딸대부인
은집으로, 도라오고보니, 남편이집으로와 있씁데다.
소천국에태자님은, 용왕국부인을, 불너서, 무름에안지니, 존경내가 납데다.
소천국은 엇찌하여서, 부인위로, 존경내가남니다이, 용왕국부인은 사실대로
당신을 찾이러다니다가, 한말을합데다. 목이말라지여서, 산되지발작국
에물있스난, 그물을, 업더지고, 먹을떼에, 코구멍에, 산되지, 솔이, 바가지
여서, 산쟁이 미승불비러, 그시리난, 먹은간, 쓴간합데다하난, 소천국이태자는
부정하다. 대국에대부인이, 나무도, 물도엾는, 가자기섬, 마라도로, 귀양정
배, 마련합데다. 소천국에, 태자님은, 저산국에, 따님애기씨을 훗처로마련
하여서집으로, 대려서집으로오니, 저산국에, 따님애기씨는, 남편, 소천국에,
태자님보고, 하는말씀이, 바른데로, 말을합소서, 안그러면은 입은입옷에,
신은신에, 그대로, 가겠읍니다고, 말합데다.
소천국에, 태자님은, 말을합데다. 나을찾이러다니다가, 부정하여서마라도
섬중으로, 귀양을, 보내연노라고, 말합데다. 저산국에따님애기씨는,
말을하되, 큰부인도 그만한것에, 귀양을보내연는데, 나도잘못하면, 귀양을, ▶
보낼거난, 큰부인 귀양을 풀려오면나도살건만, 그러치안으면, 나도가구덴하난,
큰부인 귀양풀려오렌 허급을합데다.
저산국에, 부인은 용왕국에대부인, 귀양풀이레, 마라도섬에가고보니, 벌써애기
일곱을나고서 사람십데다. 그레서 저산국부인은 귀양을 풀이러왔수덴하난
용왕국부인은, 귀양풀이레, 왓다면서, 어느거, 애기, 지성기며, 걸내배냐고

말합데다. 저산국에부인은집으로, 도라와서, 걸내배여 지성기여, 찰여서 또
갑데다. 저산국에부인은, 용왕국, 큰부인보고, 형님은, 이애기들나, 살젠하난
얼마나, 배곱푸고, 입고밧읍니까, 해각으로가면서, 개, 보말, 주워먹으면서
남토산, 서당밭으로, 만나게맛시하고, 나는, 마른밭으로하여서, 애기를
대리고, 가면서, 삼동도 타맥이고, 삥이도, 빠맥이면서, 대령같구다고, 말을,
하고서갑데다. 용왕국부인은, 개, 보말주워먹으면서, 가고, 저산국에,
부인은, 애기들, 대리고, 삼방뒤바람잔밭, 당하난, 애기들, 부려녹고서,
오줌세우고, 똥세우고하는데, 당이당합데다 도둑이당합데다. 어서도망가저
저산국부인은, 애기들주서업고서, 남토산, 서당밭큰어멍앞으로가서, 형님아
애기들바듭서, 용왕국부인은, 애기을, 세여간다. 하나, 두게, 세게, 네게, 다섯게,
여섯게, 하나, 두게, 세게, 네게, 다섯게, 여섯게, 큰부인은하는말이, 이게다숨태
여, 다른게 다숨태가, 안니로구나, 눈이엷써버렷느냐 코가엷써버련느냐이,
저산국에부인은, 애기찾이러가저, 하여서, 큰어멍해준 던대떡, 작은어
멍해준, 좀매떡가지고, 애기지성기가저서, 삼방뒤 바름잔밭으로, 애기 ▶
찾이로, 가는길이여~(연물친다. 춤추고 서면,)
저산국에, 부인은 삼방뒤, 바람잔밭을가고보니, 애기는벌서, 가야귀가날려
드러서, 눈을조사분이, 눈어듭고, 아무데도못보는지, 가시나무에, 세비나무에
세그르에, 걸켜서, 글거지고, 끄너지고, 피가남십데다. 이본향에, 걸리면
물비리, 당비리, 너벅지신, 구진허물싸줌니다(참고, 요즘같은면피부병같이)
난산국, 신푸럿읍니다. 일른애기찾어 등에업고, 큰어멍해준 던대떡과
작은어머니, 해준, 좀매떡, 하여서, 우는애기달내면서 온갖조세굴
으로, ~(연물침니다 춤추면서, 떡하여서, 씨버서 맥이는 선융하고)
(서면 연물 끄늠니다 서면)
1. 아버지, 진지밥쌀, 어머니, 밥쌀, (방에짐정합니다.)
산판에쌀녹고, 이여방에 이여방에 이여도방에여, 가시오름강당집에,
시콜방에, 세글너간다. 방에지엿저,
2. 방엔지연보난, 바람자고, 큰일낫저, 채푸자, (체질합니다)
사라기랑 애기도매기자, 잘씨벙매기라, (쌀씹다가사방드레푸하여
서뿌린다. 또쌀제비잡아준다.)
3. 여름애긴너무오래, 어부면, 사퉁이무르고, 겨을애긴, 오래어부면은, 발고신다
애기부려서, 오줌세우고 똥세움정이여, 아이구, 애긴부련보난
사퉁이물녓저, 오줌세우자, 소나이면, (남자이면,)곳작싸건만는,
여자라부난, 그레, 저레, 쌈저, 아이구, 딱아주저, 몸목욕식키자 ▶
몸목욕식켜저, 4. 애기잘끄려사주, 따뜻하게쌋저,

5. 애기 좀매징하저, 던데징하저, (애기싸면 던대던대, 좀매좀매노념하였)
저, 만이만니, 만니징하였저,)
6. 자이제랑 애기젓매기라, 왼쪽, 오른쪽 젓매김징하였저,
7. 삼, 삼뭄징하자, 씰드림징하저, 하였저,
8. 자이젠 애기가안니고 일외중저한집이여 집안자손과 만민자손
에 인정밭자, (인정은돈이여,)전부본가붙어인정밭읍니다
9.인정바닷읍니다. 어진,일외중저한집이랑 어멍국으로, 도올려~
(연물칩니다. 소미가나사 당클로올입니다)
(참고)위와같이 서당밭일외중저, 는 우리제주땅본향이됩니다
손당본푸리, 1번은 돗제하는식이됩니다
2번은 제주땅원근본에 토산일외중저 본향놀리는굿으로 두가지로 본푸리가 됩니다
다음은 상돌들러서 군웅일월놀리굿으로 도라감니다 ▶

편저자 소개

강소전 건국대학교 국어국문학과를 졸업하고, 제주대학교 대학원 한국학협동과정에서 박사학위를 취득하였다. 현재 제주대학교 국어국문학과 강사이다. 저서로는 『제주도 큰심방 이중춘의 삶과 제주도 큰굿』(공저, 2013), 『종이예술로 빛나는 제주굿의 세계』(공저, 2023) 등이 있다. 근래 논문으로는 「제주도 무녀(巫女) 삼승할망 고찰」(2021), 「제주도 무속전통과 큰굿의 전승」(2023) 등이 있다.

이현정 제주대학교 국어국문학과를 졸업하고 동 대학원 국어국문학과에서 문학박사학위를 받았다. 현재 제주대학교와 한밭대학교 강사이다. 저서로는 『고전시가 형성·전승의 미학』(2023), 『한국 마을굿/동제의 전승과 정읍 내동마을 당산제』(공저, 2023) 등이 있다. 근래 논문으로는 「제주칠머리당영등굿의 현황과 과제」(2023), 「〈처용가〉 전승과 밀교 신앙의 연관성 고찰」(2023) 등이 있다.

송정희 제주대학교 대학원 한국학협동과정에서 박사학위를 취득하였다. 현재 제주학연구센터 위촉전문위원으로 활동하고 있다. 저서로는 『동복 정병춘 댁 시왕맞이』(공저, 2008), 『고순안 심방 본풀이』(공저, 2013) 등이 있다. 근래 논문으로는 「제주시 공동자원 신당의 소유 유형에 따른 관리 상태」(공저, 2021), 「학교문화 속 일제강점기 식민잔재 연구-제주도내 학교 교가를 중심으로」(2021) 등이 있다.

강경민 제주국제대학교 글로벌제주학융합대학원 해양문화콘텐츠학과에서 석사학위를 취득하고, 제주대학교 한국학협동과정에서 박사학위를 취득하였다. 근래 논문으로는 「제주시 조천읍 와산불돗당제의 특징과 공동체에 관한 고찰」(2022), 「제주도 〈메고할망〉 설화의 서사적 특징 연구」(2022) 등이 있다.

류진옥 이화여자대학교 국어국문학과를 졸업하고, 제주대학교 대학원 한국학협동과정에서 박사학위를 취득하였다. 현재 한국인문사회총연합회 소속 인문사회학술연구교수로 연구를 이어가고 있다. 『서순실 심방 본풀이』(공편, 2015), 『제주도 동복 신굿』(공편, 2019) 작업에 참여하였다. 근래 논문으로는 「제주도 조상신 신앙 연구」(2023), 「제주도 돗제 연구」(2023) 등이 있다.

김승연 제주대학교 국어국문학과를 졸업하고, 동 대학원 한국학협동과정에서 박사과정을 수료하였다. 저서로는 『동복마을본향당굿』(공저, 2016)이 있다. 근래 논문으로는 「송당본향당본풀이의 변용고찰」(2023)이 있다.

고은영 제주대학교 국어교육학과를 졸업하고 동 대학원 국어국문학과에서 문학박사학위를 취득하였다. 현재 제주대학교 국어국문학과 강사이다. 저서로는 『이승과 저승의 경계 넘어서기』(2021)가 있다. 근래 논문으로는 「'제주' 교과로서의 설화·고전소설 교육」(2022), 「제주도 무속 연구의 방향」(2023) 등이 있다.

탐라문화총서 32

강대원 심방 본풀이

2024년 1월 15일 초판 1쇄 펴냄

편저자 강소전·이현정·송정희·강경민·류진옥·김승연·고은영
펴낸이 김흥국
펴낸곳 보고사

책임편집 황효은
표지디자인 김규범

등록 1990년 12월 13일 제6-0429호
주소 경기도 파주시 회동길 337-15 보고사
전화 031-955-9797
팩스 02-922-6990
메일 bogosabooks@naver.com
http://www.bogosabooks.co.kr

ISBN 979-11-6587-659-3 93380

정가 50,000원